中 国 现 实 经 济 热 点 问

主编 刘秉镰

南开大学交通经济研究丛书

城市群空间结构演化
——交通运输业的作用及机理

The Evolution of Urban Agglomeraiton's Spatial Structure
——the Effect and Mechanism of the Transportation Industry

刘 勇 著

经济管理出版社
ECONOMY & MANAGEMENT PUBLISHING HOUSE

图书在版编目(CIP)数据

城市群空间结构演化:交通运输业的作用及机理/
刘勇著.—北京:经济管理出版社,2009.9
(南开大学交通经济研究丛书)
ISBN 978—7—5096—0631—5

Ⅰ.城… Ⅱ.刘… Ⅲ.市区交通—影响—城市
群—空间结构—研究—中国 Ⅳ.TU984.11 U491

中国版本图书馆 CIP 数据核字(2009)第 169891 号

出版发行:**经济管理出版社**

北京市海淀区北蜂窝 8 号中雅大厦 11 层
电话:(010)51915602　　　　邮编:100038

印刷:北京银祥印刷厂　　　　　　经销:新华书店

组稿编辑:郭丽娟　　　　　　责任编辑:郭丽娟
技术编辑:黄　铄　　　　　　责任校对:超　凡

720mm×1000mm/16　　　14.25 印张　　260 千字
2010 年 1 月第 1 版　　　2010 年 1 月第 1 次印刷
定价:150.00 元(共四册)
书号:ISBN 978—7—5096—0631—5

总　序

　　自古以来，人类文明的进步与交通运输的发展密切相关，交通运输承载着人们每天的生产和生活，交通运输的每一次革命，都拓展了人类活动的时空，推动着人类的全面解放和社会财富的迅速增长。在现代社会中，交通运输虽然是一个有着悠久历史的传统产业，但同时也是蕴涵着无限生命力并不断发展的战略性基础产业。交通运输中系统发展规律不仅要从技术进步的角度加以了解，还需要从经济学的视角去探寻、去发现、去揭示。

　　1987 年，由旅美华人、哈佛大学博士、前联合国交通运输署高级专家桑恒康先生创办的南开大学交通经济研究所是我国综合性高校中首个从事交通运输经济研究的学术机构，依托南开大学雄厚的经济学研究基础和力量，开辟了从交通的角度研究经济发展、从经济发展的角度看交通的研究风格，并注重发挥交通经济研究理论联系实际的特点，直接参与国家层面交通运输发展战略决策咨询，成为国内高校中承担国家级和省部级交通研究项目最多的研究所之一。

　　南开大学交通经济研究所从成立开始就瞄准国内外重大理论和应用中的前沿问题开展研究工作。1989 年，刚成立两年的交通所就成功主办了我国第一次交通运输项目评估国际研讨会，同年开始承担一系列前沿性交通重大攻关项目，如世界银行"中国国际集装箱多式联运系统研究"、"新亚欧大陆桥地区国际集装箱中转站综合规划"等，到 1998 年开始成为国家交通运输与物流最高战略决策部门的咨询支持单位，以及 2000 年交通经济研究在现代物流、产业经济和区域经济领域进一步延伸，成立现代物流研究中心和产业经济研究所。南开大学交通经济研究所的每一步成长，都是全体同仁在老所长"做人、做事、做学问"的精神感召下，勇于探索与辛勤付出的结果。而今日呈现在读者面前的这套"南开大学交通经济研究丛书"也是我们发展的又一次印证。

　　本套丛书包括《中国交通运输产业的改革与发展》、《城市群空间结构演化——交通运输业的作用及机理》、《中国交通运输产业的政府规制改革》和《中国交通运输业生产力与技术变动研究》等，全部由南开大学交通经济研究所的中青年教师撰写。丛书内容的总体安排是在全程扫描中国交通运输业改革与发展的基础上，分别从交通运输对城市群发展的作用、交通运输产业的规制改革以及交通运输产业的效率评价方面对交通运输业做更深入的理论与实证研究。

与以往的交通运输产业研究著作相比，本套丛书具有以下几个特点：

第一，注重对交通运输产业研究热点问题的深入剖析。交通运输作为国民经济发展的基础性产业，其发展与经济社会发展紧密相随并息息相关，由此衍生出一系列值得探讨的理论和实践问题。例如，城市群发展与交通运输的关系，以及对交通运输产业的规制演进等，这些在以往研究中较少涉及的内容，均成为本丛书的研究主题。

第二，以实证研究丰富交通运输产业研究的内容。以往我国对交通运输产业的研究，理论分析重于实证分析，而交通运输作为占用大量经济和社会资源，同时又产生广泛经济和社会效益的产业，对其运行绩效进行评价，并指出提升其经济运行效率的途径是必要而迫切的。因此，本丛书中专设一本来研究交通运输产业的生产力与技术变动，希望借此弥补以往研究中对实证分析的不足。

第三，着眼加强我国交通运输产业发展的对策研究。对交通运输产业研究的根本目的还在于促进交通运输业自身以及与我国经济社会的协调发展，在发展的主题下，无论是理论研究还是实证分析都只是工具，目的是提出有针对性的促进我国交通运输业高效、协调、有序发展的对策。因此，本套丛书特别注重对策研究。

交通的发展是人类社会普遍的、永恒的现象，也是经济学永恒的研究领域。南开大学交通经济研究所愿意与国内外同仁一道，在这条充满艰辛与乐趣的研究之路上持之以恒、孜孜不倦地探索下去。

摘　要

城市群是城市区域化和区域城市化过程中出现的一种独特的地域空间组织，其集约化的发展模式和巨大的经济能量，对区域、国家乃至国际经济发展起着极其重要的作用。

城市群空间结构不是单纯的空间构架，它与资源的空间配置以及经济活动的空间区位分布密切相关，在区域经济活动中具有特殊的经济意义。通过城市群空间结构的优化，实现基础设施、人力资本、产业等的最优空间配置，提高资源的空间组合效率，是促进城市群经济增长，提高城市群竞争力的重要途径。从国内外城市群发展来看，交通运输构成了城市群空间结构的骨架。借助于交通网络，既可以沿相应的轴线进行产业布局，又可以开展分工合作，增加区域城镇之间的相互联系，形成各具特色的地域分工体系，从而促进城市群的进一步发展和空间结构优化。如何通过交通运输的发展促进城市群空间结构的优化是本书试图研究的问题。

本书主要分两个层次探讨了城市群空间结构与交通运输之间的关系。

第一个层次分析了交通运输对城市群空间结构演化的作用机制。本书首先分析了城市群空间结构演化的机制。本书认为分工和专业化以及集聚和扩散是影响城市群空间结构演化的两个主要动力机制。分工和专业化通过影响城市群内城市空间结构演化、乘数效应以及促进要素流动和网络化空间组织来影响空间结构。对集聚经济效益的追求则构成了城市群空间结构演化的内在动力，在城市化早期主要表现为大区域的扩散和微观区域的集中，而在城市化晚期，经济发达的城市群地区则表现为大区域的集中和小区域的扩散。

在此基础上，本书分别研究了交通运输对城市群分工专业化和交通运输对产业集聚以及城市层级体系的影响。

在交通运输与城市群分工专业化的研究中，通过模型演绎得出了交通运输发展与分工之间存在正相关关系，以及随着交通运输的发展城市群内城市之间的分工程度将加深的结论，并具体分析了不同产业集聚的区位取向，即运输成本与产业规模比例比较大的产业将集中在市场规模比较大的地区。

在交通运输对产业集聚以及城市层级体系的影响的研究中，分析了交通运输对企业区位的影响，以及影响产业集聚的交通运输因素，并具体分析了交通运输对城市位置和城市层级规模体系的影响。

第二个层次探讨了交通运输与城市群空间结构协同发展的路径。本书在前述分析的基础上，进一步研究了交通运输与城市群空间结构的双向互动反馈作用。从自组织的角度探讨了交通运输与城市群空间结构演化之间的相互关系，提出了城市群交通运输与空间结构协同发展的作用机理。本书从时间、空间布局、制度保障三个方面对与城市群空间结构协同的交通运输发展路径进行了具体分析。

目　录

1 绪 论

1.1 选题的背景及意义

城市群是城市区域化和区域城市化过程中出现的一种独特地域空间组织，无论是在国内还是国外，城市群均已成为区域经济发展的重要支撑点。在经济全球化和信息化的今天，全球化、信息化和城市化交织一体，城市群在国际竞争中发挥着越来越重要的作用。超越行政区划的诸多城市以某个领先城市为核心，形成具有一定特色的城市群体是中国城市化进程中的一个最为明显的特征。

1.1.1 选题背景

1.1.1.1 全球化背景下的城市群发展

全球化以国外直接投资为手段，以跨国公司为载体，推动全球范围内的资本流动和国际分工格局转移，同时也推动产业结构重组与地域转移。在此背景下，全球经济与空间日益成为一个整体。

在全球化背景下，日渐完善的生产、市场、金融、服务、政治和文化等全球体系在空间上将各个城市紧密相连。由于城市是生产要素和经济活动的主要集聚地，国家与国家之间的合作和竞争越来越体现在城市之间的合作与竞争上。随着国际贸易的增加和新的国际地域分工的逐步形成，城市在全球经济中所扮演的角色日趋重要，城市间的经济网络开始主宰全球经济命脉。

总之，经济活动的全球扩散和一体化，一方面通过空间重组使主要城市的功能进一步加强；另一方面也促成了城市网络体系的发育，区域城市化和城市区域化成为发展趋势。城市体系的空间组织形式发生了重大变化，城市发展日益显现出集团化、规模化和一体化的发展特征，城市间的联系由分散状态向集聚状态发展，这导致城市群的出现。由于在城市之间实现了比较合理的资源配置和分工专业化，城市群在国际竞争中脱颖而出，以伦敦、纽约、巴黎、东京等大城市为中心的大城市群正成为这场竞争的主角。

　　如何使城市由功能分散走向功能整合，最终朝向以大型城市为中心的城市群发展以及如何使城市群健康发展是中国在经济全球化进程中亟待解决的问题。

1.1.1.2　城市群现象是中国城市化发展过程中的必然趋势

　　在过去的 20 多年中，中国经历了快速的城市化发展，尤其是 20 世纪 90 年代以后，以城市建设、小城镇发展和普遍建立经济开发区为主要动力，城市化进入了全面推进阶段。城市化率由 1992 年的 27.46% 提高到 2005 年的 42.99%，年均提高 1.19 个百分点。

　　根据美国地理学家诺瑟姆①（Northam，R. M.）的研究，城市化进程呈现阶段性规律，当城市化水平超过 30% 以后，城市化进程出现加快趋势，这种趋势一直持续到人口超过 70% 以后才会趋缓。从我国的城市化进程来看，与上述城市化发展规律具有很好的吻合性，我国 1996 年城市化率超过 30%，在此之后，城市化速度明显加快，城市化率年均提高 1.39%，与此前的城市化水平速度比较有明显提高。

　　目前，我国正处在城市化中期加速阶段，城市化已经成为我国社会经济生活的重要现象。根据有关学者的研究，在城市化的路径选择上有两种模式：一种是西欧模式，即中小城市模式；另一种是后发国家模式，即城市群模式。

　　我国作为工业化后发国家首先需要的是效率，而城市群由于它的积极作用，成为我国城市化进程中的一种重要选择。城市群的积极作用主要表现在以下几个方面：一是有助于克服单个城市在资源方面的不足，在更大区域范围内调整资源配置，在区域范围内实现单个城市无法达到的规模经济和集聚效应；二是城市群可以通过中心城市对群内其他城市的辐射和城市群整体对其他地区的辐射，既使城市群本身得到发展，又带动其他地区的发展；三是由于可以在更大范围内进行城市布局，城市群发展还可以有效地防止大城市病，从而为我国工业经济和信息经济发展提供高效率环境。

　　20 世纪下半叶，美国 GDP 的主要贡献出自大纽约区，大芝加哥、五大湖区和洛杉矶区，这三大组团式城市群对美国的经济整体贡献率为 67%，而日本 GDP 则主要产出于大东京区、阪神区和名古屋区，这三大组团式城市群对日本的经济整体贡献率超过 70%。就中国而言，珠江三角洲的 GDP 目前约占全国的 10%，长江三角洲的 GDP 约占全国的 18%，京津唐环渤海湾地区约占全国的 7%。我国的城市群还有很大的发展空间。

1.1.1.3　城市群空间结构合理化对城市群竞争力的提高有重要意义

　　空间本身是一种经济资源，而且是一种稀缺资源。由于空间是固定的，不

---

　　① Northam，R. M.，Urban geography，New York，John Wiley & Sons，1975

能通过异地交换来解决局部空间短缺问题，因此，尽可能高效地利用空间资源成为唯一选择。

城市群空间结构不是单纯的空间构架，它与资源在空间的配置以及经济活动的空间区位分布密切相关，在区域经济活动中具有特殊的经济意义。

首先，空间结构通过一定的空间组织形式把分散于地理空间的相关资源和要素连接起来，这样才能够产生各种经济活动。也就是说，没有空间结构，相关的资源和要素就无法结合在一起，就不可能有现实的经济活动存在。

其次，空间结构能够产生特有的经济效益。包括节约经济，即经济活动因选择合适区位、合理调配资源和要素而节约运费、减少相应的劳务支出和管理费用所产生的收益；集聚经济，即因相关集聚活动在空间上合理组合而在技术、市场、劳动力、基础设施、资源和产品利用等方面得以互补、共享所产生的收益；规模经济，即经济活动因区位优势、合理集聚而获得良好的发展机会，由此而引起规模增大所产生的收益。这些经济效益都是依托空间结构而取得的。

通过城市群空间结构的优化，实现基础设施、人力资本、产业等的最优空间配置，提高资源的空间组合效率，是促进城市群经济增长，提高城市群竞争力的重要途径。

1.1.1.4 交通运输对城市群空间结构形成与优化起着促进作用

从国内外城市群的发展历程来看，交通在其中起了相当重要的作用。交通运输业和信息产业的高度发达是国外城市群发展的主要驱动力。国外城市群大多拥有由高速公路、高速铁路、航道、通讯干线、运输管道、电力输送网和给、排水管网体系所构成的区域性基础设施网络，其中发达的铁路、公路设施构成了城市群空间结构的骨架。不论城市群的空间结构形态如何，城市群总是有一条产业和城镇密集分布的走廊，通过发达的交通、通讯网络相连。如美国大西洋沿岸或五大湖区重要的港口城市波士顿、费城、纽约、巴尔的摩等凭借方便的交通运输条件形成，并最终借助这一方便的交通运输网络而形成了波士顿—华盛顿大都市连绵带。另外一种情形是相互邻近的城镇之间，通过空间相互作用而逐渐形成由铁路、公路、管道、通讯线路、电力等各种线路形成的物质性网络组织，借助现代化的网络组织，各城市之间既可以沿相应的轴线进行产业布局又可以开展分工合作，增加区域城镇之间的相互联系，形成各具特色的劳动地域分工体系，最终形成城市群。如长江三角洲城市群的形成与发展，在新中国成立之前特别是在封建社会时期，众多的中小城镇都是依水而建、依水而兴，区内一些大中城市包括上海、南京等都是凭借优越的交通运输区位而迅速发展起来的；新中国成立以后，交通运输网络更是区域内各个城市之间相互联系的纽带，它对城市群的形成和发展起到了巨大的促进作用。

1.1.1.5 现有研究的主要局限

城市群空间结构的形成演化是地理学、城市规划学、区域经济学等学科研究的新的热点问题和管理层十分关注的重大问题，也是地域空间理论体系的重要组成部分。随着社会的进步、经济的发展、城市化的加速和城市范围日益扩大，城市形态呈现多样化，空间结构越来越复杂，城市空间关系从单一的城市内部关系走向与周边关系紧密相连的城镇群体关系，城市间的相互作用越来越明显，因此关注城市群空间结构的研究是大势所趋。

从理论研究来看，从城市地理学及城市规划学角度对城市个体空间结构研究的较多。国外代表性的学术成果如 The Urban Pattern (Gallion A B & Eisen，1983)，Human Aspect of Urban Form (Rapoport A，1997)，The Form of Cities (Scargill D L，1979)，等等。国内近年来也出现了一些代表性的研究成果，如研究城市内部结构的专著《城市空间结构优化的经济分析》(江曼琦，2001)，研究城市外部空间运动的专著《城市外部空间空间运动与区域经济》(陆军，2001)，专门研究大都市空间扩展的专著《中国大都市的空间扩展》(姚士谋等)，郭鸿懋先生的《城市空间经济学》(经济科学出版社，2002) 把城市内部、外部空间和城市经济运行结合起来研究城市经济运行。对城市群空间结构研究则涉及较少，而且基本上是以城镇体系的研究为主。最具代表性的如 System of Cities (Bourne L S & Simmons J W，1978)，Theories of Urban Layout (Ullman E L，1998)，The American Urban System (Johnson R J，1982)，Analytical Urban Geography (Cadwallader M T，1982)，以及中国学者顾朝林《中国城镇体系——历史、现状、展望》等，张京祥博士 (2000) 出版的《城镇群体空间组合》系统研究了城镇群体空间组合，朱英明博士的《城市群经济空间分析》(科学出版社，2004) 对城市群内城市之间的经济联系从宏观、中观、微观角度进行了分析。

有些学者注意到交通在城市群空间结构中的作用，并对其进行了一些研究，认为交通是经济要素集聚、扩散的载体，是经济流、资金流、技术流、人口流等的载体，但是对交通运输对城市群空间结构影响的机理则缺乏深入研究，研究的系统性也不够。

1.1.2 选题意义

城市群空间结构对城市群内资源的配置效率以及城市群本身的发展和城市群的辐射作用都有比较大的影响。城市群空间结构的演化及其优化受很多因素的影响，其中交通运输对企业区位的选择、生产要素的流动、城市群内经济联系、经济活动的集聚与扩散以及城市间的分工和专业化都有直接或间接作用，对城市群空间结构的演化有直接影响。

本书试图运用交通经济、区域经济、经济地理理论，从理论上探讨交通运输对城市群空间结构演化的作用机制，以及城市群交通与空间结构协同发展的路径选择，从而为通过城市群交通的规划和建设来合理引导城市群空间结构提供理论上的依据。

本书研究的理论和现实意义在于：

首先，从理论上系统探讨交通对城市群空间结构演化的作用机制，有助于完善城市空间结构演化理论。空间结构通过一定的空间组织形式把空间中的有关资源和要素连接起来，组织各种有序的经济活动。空间结构演化既是一种自组织过程，也受很多外部因素的影响和制约。空间结构演化具有双向性，既有可能是秩序进一步优化，资源配置效率更优的过程，也有可能是非秩序化，导致经济活动低效性，经济增长速度减慢。

城市群空间结构关系到城市群内部的资源配置效率，不仅和城市群自身的发展和竞争力有关，而且与城市群对其他区域的辐射力有关。因此，研究城市群空间结构优化对于区域经济甚至国家经济竞争力都有重要意义。深入研究交通对城市群空间结构演化的作用机制，有助于我们从理论上更深入地理解交通运输对城市群发展的作用，从而更好地促进城市群协调发展；也对城市群理论的研究以及交通经济的研究有促进作用，在一定程度上填补了城市群空间结构与交通协同发展的理论上的空白，对该理论的进一步研究起到抛砖引玉的作用。

其次，为城市群的交通规划提供理论指导。对城市空间结构不仅要从理论上弄清楚演化机理，更重要的是还要根据演化机理来谋划最佳空间组合，实现资源空间配置最优。也就是说，区域经济学要和规划学科协调配合，共同解决区域发展中的空间结构问题。

有学者指出，规划是宽泛的学科，而经济学是严密的学科，在城市群交通规划中引入经济学的理论和方法，有助于更好地完善交通规划的分析和评价，使我们可以更好地通过城市群交通发展来促进空间结构的协调发展。

1.2 相关概念界定

1.2.1 城市群概念

1.2.1.1 国外城市群概念的演进

20 世纪初以来，人们对于城市群这种特殊的区域产生了浓厚的兴趣，并相继出现许多相关概念。1898 年，霍华德在其著作《明天的花园城市》一书中便提出了城市群的模式，他所设想的城市群是一种城乡磁体，这一设计带有理想主义色彩，但由于其先驱性，影响深远。1915 年英国学者格迪斯在其著作《进化中的城市》中提出了"组合城市"概念，这被看做是城市群概念的雏形，格迪斯将组合城市定义为"由城市的扩展使其诸多功能跨越了城市的边界，众多的城市影响范围互相重叠产生的城市区域（City Region）"。格迪斯认为当时英国已有七大这样的集合城市区和大伦敦城市群，而法国的大巴黎，德国的柏林—鲁尔区，美国匹兹堡、芝加哥、纽约等地区亦已形成城市群等。德国地理学者克里斯泰勒首次将区域内的城市群体系统化，其著名的城市群体组织结构模式被广泛采用，他的中心地理论更是城市群研究的基础理论之一。

公认的最早注意到城市群现象并对其进行研究的是法国地理学家戈特曼，在研究了美国东北部大西洋沿岸的区域后，于 1957 年首先提出大都市带（Megalopolis）的概念，指的是"由连成一体的许多都市区组成，它们是在经济、社会、文化各方面活动上存在着密切的交互作用的巨大的城市地域复合体"。戈特曼的 Megalopolis 核心含义是城市群。它曾专门用来描述北起波士顿，南至华盛顿，由纽约、普罗维登斯、哈特德、纽黑文、费城、巴尔的摩等一系列大城市组成的功能性地域。在这一地域，城市沿主要交通干线连绵分布，城市之间联系密切，产业高度集聚，形成主轴长 600 英里、人口 3000 万的大城市连绵分布带。按照戈特曼的观点，城市群的基本含义是多个大城市圈聚合而成的一个高密度、关联紧密的区域，是城市化进程中出现的新的人类社会居住空间形态。在这种巨大的城市化地域中，支配空间经济的已经不再仅仅是单一的大城市，而是若干个都市区集聚在一起，并在人口和经济活动等方面密切联系，形成一个巨大的整体。

戈特曼通过研究认识了城市群的一些基本要素，包括城市景观连续性、人口高密度等，他的城市群概念主要强调了三个方面：空间结构的景观现象；相互关系；基础和条件。但是，戈特曼对城市群主要是侧重于对地理景观现象的描述和一些说明，而对形成"城市群"景观的原因没有进行解释。

此后，学者们和一些政府部门从不同方面对城市群的发展给予关注，并且从不同角度给出了定义，比如大都市区（Metropolitan District）、城市功能区（Urban Function Area）、城市场（Urban Field）、城镇体系（Urban System）、城市地区（City Region）等。这些概念大体来讲都是对城市群发展状态的描述，但其间又有一定的区别。各国使用的概念存在一定差异，英国使用"组合城市"（Conurbation），法国主要使用"城市群"（Urban Agglomeration）；德国使用较多的是"Urban Balunsraume"，美国学者弗里德曼和米勒1965年提出了"城市区域"（Urban Field）这种美国式的低密度、广阔的多中心的网络化区域城镇群体空间结构。所有这些词汇几乎都是限定在城镇密集发展的群体空间，带有城市密集区演化特定的地域、阶段色彩，并反映了人们不同的价值评判标准。

目前关于城市群的概念比较典型的是联合国城市群定义。联合国在1998年发布的"人口和住宅普查原则和建议"中将城市群定义为：城市群由适当的城市或城镇与其外围的郊区边缘带或居住密度大的边远地区组成，这些地区彼此临近。一个大的城市群可能包括多个城市或市镇及其郊区带①。

联合国城市群定义主要从外在形态上对城市群进行了描述，说明了城市群的组成范围，但是，该定义并没有注意到城市群的本质特征，组成城市群体的城市应该在功能上和空间上紧密联系，它们通过通勤、服务、产品和信息的交换等活动将各个部分融为一体，构成一个相互作用的复杂体系。当然，联合国的定义也指出了城市群的几个重要特征：一是城市群是由城市或市镇及其郊区带组成；二是它们具有地理上的临近性；三是人口密度比较大。

1.2.1.2　国内城市群的概念

在国内，有关这些方面的研究起步较晚，从20世纪90年代开始注意并展开对城市群的研究。在国内，城市群仍是一个争议性很强的概念，还没有一个公认的界定。不同的专家学者从不同的研究角度出发，并借鉴了国外有关城镇区域的研究成果，提出各自对城市群的理解。对城市群的定义主要有以下几种观点：

姚士谋对中国的城市群进行了详细的研究，在1992年主持编写了《中国城市群》，2001年在拓展研究的基础上进行了补充完善，出版了《中国城市群（第二版）》。在该书中，城市群被定义为：城市群是特定的地域范围内，具有相当数量的，不同性质、类型和等级规模的城市，依托一定的自然环境条件，以一个或两个特大或大城市作为地区经济的核心，借助于综合运输网的通达性，发生与发展着纯属个体之间的内在联系，共同构成一个相对完整的城市"集合体"。并且认为城市群要比城镇密集区的等级要高。他把中国划分为五个超大型城市群（沪宁杭城市群、京津冀城市群、珠江三角洲城市群、四川盆地城市群和辽宁中部城市群）和八大近似城市群的城镇密集区②。

姚士谋的城市群概念从区域空间、组成、自然要素、社会经济要素等方面提出了城市群的内涵，并且提出了城市群的根本特征在于地区间紧密联系。

周伟林认为：城市群是城市化过程中一种特殊的经济与空间的组织形式，是以中心城市为核心的，由不同等级—规模城市所组成的巨大的多中心城市区

---

① United Nations. 1998. Principles and recommendations for population and housing censuses
② 姚士谋等. 中国城市群. 中国科学技术大学出版社，2001

域。由于经济的高度发展及城市间的相互作用，致使城市间的地域边界相互蔓延，形成连接成片的城市地区，即城市群[①]。

朱英明认为：城市群是特定地域范围内不同性质、类型和等级规模的社会经济联系密切的城市构成的相对完整的城市"集合体"。

我国地理学家周一星、南京大学崔功豪教授把城市群定义为大都市连绵区或城镇密集地带。崔功豪认为："城镇群体空间和一般的人口稠密、城镇群体分布的空间形态有着质的区别。前者是在工业化社会，以城市为核心的区域发展过程中，有着主次序列、相互分工协作的城镇有机系统，而后者是在区域经济处于低层次发展阶段，城镇自发形成、孤立发展、缺乏内在联系的无序状态。"胡序威认为：城镇密集区与城镇群相比，前者更强调城乡间的相互作用和城乡一体化，而城镇群则更侧重城市之间的联系与作用。

董黎明认为："城市群，又称为城市密集地区，即在社会生产力水平比较高、商品经济比较发达，相应的城镇化水平也比较高的区域内，形成由若干个大中小不同等级、不同类型，各具特点的城镇集聚而成的城镇体系。"他认为城市群等同于城市密集区。

有人认为[②]：所谓城市群体是由若干个中心城市在各自的基础设施和具有个性的经济结构方面，发挥特有的经济社会功能，而形成一个社会经济、技术一体化的具有亲和力的有机网络。这种观点侧重于经济职能方面，而对城市群体的地区空间概念和自然要素考虑过少。而且，这种观点对城市群的经济学分析概括也比较欠缺，没有明确城市群的本质内容，也没有揭示城市群的经济运动内在机理。

山东曲阜师范大学的代合治[③]认为城市群是由若干个基本地域单元构成的连续区域，城市群区域具有较高的城市化水平，从我国实际出发，城市群地区应为城市行政区，即建制市的行政辖区。

陈凡等认为城市群是指在一定地区范围内，由各类不同等级规模的城市依托交通网络所组成的一个相互制约、相互依存的一体化城市网络[④]。

吴传清等认为城市群是在城市化过程中，在特定地域范围内，若干不同性质、类型和等级规模的城市基于区域经济发展和市场纽带联系而形成的城市网络群体[⑤]。

---

① 周伟林. 城市经济学. 复旦大学出版社，2004
② 冯之廷. 城市聚集经济. 东北财经大学出版社，2001
③ 代合治. 中国城市群的界定及其分布研究. 地域研究与开发，1998 (6)：40～44
④ 陈凡，胡涓. 中外城市群与辽宁带状城市群的城市化. 自然辩证法研究，1997，13 (10)：48～53
⑤ 吴传清，李季. 关于中国城市群发展问题的探讨. 经济前沿，2003 (增刊)：29～31

从以上的分析可以看出，对城市群的内涵主要从地理学角度和经济学角度来解读。从地理学的角度来看，城市群首先是一个地域概念："在特定地域范围"（薛东前等，2000）[①]；"在一定的地缘经济范围内"[②]（周玲强，2000）；"若干基本单元构成的连续区域"（代合治，1998）。其次，城市群应该是一个城市分布密度比较高的地域："具有相当数量的不同性质、类型、等级规模的城市"（薛东前等，2000）；"由若干个功能性质互补……所组成的城市网络群体"（周玲强，2000）。而从经济学角度看，城市群首先突出城市间的内在联系："以一个或两个特大或大城市作为地区经济的核心，借助于综合运输网的通达性，发生与发展着纯属个体之间的内在联系"[③]。再次，城市群内各城市间分工明确，实现了功能整合。最后，城市群内城市具有相互吸引集聚和扩散的辐射功能以及区内外的连接性和开放性特征。这都源于城市是一开放性地域系统及城市的形成和发展基于经济集聚—扩散机制的缘故。

1.2.2 空间结构

"结构"一词原指建筑物的内部设置，常用于土木工程方面，其指向对象是实体，引用到社会科学中指被研究对象所具有的系统性、持续性及可辨认的现象。空间结构中的"空间"并不等于物理学中的"绝对空间"和几何学中静止的"纯空间"，而是指经济现象和经济变量在一定地理范围中以分布的位置、形态、规模以及相互作用为特征的存在形式和客观实体，它反映的是以地理空间为载体的经济事物的区位关系和空间组织形态[④]。

对空间结构概念的定义和解释较多，其中有三种观点具有代表性。中科院地理所陆大道先生的定义是："空间结构是指社会经济实体在空间相互作用下所形成的空间集聚程度和集聚形态。"[⑤] 陆大道先生的概念突出了整个社会经济客体的空间相互作用，研究的重点是由这种相互作用引起的空间效果——空间的集聚与扩散，因此，他将空间结构理论称为总体区位理论。北京大学魏心填先生对空间结构的解释是："所谓空间结构是指某区域内自然、生态、经济和社会等结构的空间组合。"[⑥] 地域结构反映的是自然和人类活动作用于地理表面所形成的空间组织形式，一定地区地域结构的形式和变化取决于构成区域各成分或要素及各种不同物质结构间的对应变换关系。具体地说，取决于两方

---

① 薛东前等．城市群形成演化的背景条件分析．城市地域与研究，2000（12）
② 周玲强．长江三角洲国际性城市群发展战略研究．浙江大学学报（理学版），2000（3）
③ 姚士谋等．中国城市群．中国科学技术大学出版社，2001
④ 曾菊新．空间经济：系统与结构．武汉出版社，1996：119
⑤ 陆大道．区域发展及其空间结构．科学出版社，1995：24
⑥ 魏心填．国土规划的理论开拓．地理学报，1989（3）

面的相互作用：一方面是地球表面的性质，另一方面是人类自身的活动。魏心填先生谈到的地域结构是一个广义的空间结构概念，包容自然、社会、经济等要素在内的地理结构、资源结构、产业结构、技术结构、基础结构、社会文化结构和管理结构等七个子系统，主要强调地域系统的核心——人地关系，着重于人类活动对地球表面的作用所引起的空间组织形式的变化。中科院王铮先生的解释是："区域的空间结构常指以资源、人群活动场所为载荷，产业区位为中心问题的空间分异和组织关系。"[①] 王铮先生的解释强调资源、人类活动对产业区位的空间分异和组织关系的影响，中心问题是产业区位的空间变化。

综上所述，空间结构最本质的理解是人类社会经济活动在地域空间的布局和由此产生的空间分布状态及空间分异的组织形式[②]。它不是单纯的空间架构，而是能够通过一定的空间组织形式把分散于地理空间的相关资源和要素连接起来，产生各种经济活动。在这个过程中，集聚经济、分工经济、规模经济、外部经济等各种经济效应也会依托空间结构而产生。因此，各种空间分布状态与组织形式在区域经济活动中具有特殊的经济意义。它一般包括三个方面的内容[③]：第一，作为空间结构研究对象的人类社会经济活动和地域系统的空间关系；第二，人类社会经济活动的空间集聚形态和演变规律；第三，空间结构内部各要素的相互作用关系和演变的形态。

1.2.3　协同

在对协同的概念进行分析之前，我们先来了解协同学的发展过程。

协同学是由赫尔曼·哈肯（Harmann Haken）在 20 世纪 70 年代创建的一门交叉学科。它是研究开放系统通过内部子系统间的协同作用而形成有序结构机理和规律的学科，是自组织理论的重要组成部分[④]。Synergetics 为古希腊语，意为"合作的科学"（Science of Cooperation），表示在一个系统发生相变时，会因大量子系统的协同一致引起宏观结构的质变，从而产生新的结构和功能[⑤]。赫尔曼·哈肯对协同学概念和研究对象的表述是："协同学是一门横断学科（交叉学科），它研究系统中子系统之间怎样合作以产生宏观的空间结构、时间结构或功能结构（即怎样产生'自组织'）。它研究由完全不同性质的大量

①　王铮. 地理科学导论. 高等教育出版社，1993：192
②　李小健. 经济地理学. 高等教育出版社，1999：173
③　曾菊新. 空间经济：系统与结构. 武汉出版社，1996：118
④　王维国. 协调发展的理论与方法研究. 中国财政经济出版社，2000：71～72
⑤　郭治安，沈小峰. 协同论. 山西经济出版社，1991

子系统所构成的各种系统。"通过子系统之间的相互作用，整个系统将形成一个整体效应或者一种新型结构，这个整体效应具有某种全新的性质，而在子系统层次上可能不具备这种性质。赫尔曼·哈肯还强调：协同学从统一的观点处理一个系统各部分之间的相互作用，导致宏观水平上结构和功能的协作。

　　由此可见，"协同"是协同学与协同理论的基本概念，实际上就是系统内部各要素或各子系统相互作用和有机整合的过程。在此过程中强调系统内部各个要素（或子系统）之间的差异与协同，强调差异与协同的辩证统一必须达到的整体效应等。

1.2.4　长三角城市群范围

　　长三角城市群的范围有三种划分方法。第一种是小长三角，即"从经济区的角度看，长江三角洲是以上海为中心，以沪宁杭为主体，北部包括扬州、泰州、南通，南部包括南京、镇江、常州、无锡、苏州、上海、湖州、嘉兴、杭州以及处于杭州湾以南的绍兴、宁波、舟山共 15 个城市，其面积为 99530 平方公里"[①]。2003 年 8 月，在长三角城市第四次峰会上，台州被正式纳入长三角城市。在国家发改委制定的长三角"十一五"规划中，将长三角城市群界定为上述"15＋1"城市。

　　第二种划分方法是广义的长三角，将江苏、浙江、上海三省市全部作为长三角。这主要是因为在小长三角的城市都是苏浙两省的经济中心，为了获得数据的便利，很多研究就将三省市全部作为长三角地区。

　　第三种划分是泛长三角，即包括江浙沪和安徽等相邻省份。对泛长三角的界定，争议比较多，有的认为随着交通的发展，三小时通达圈的范围已经通达安徽等相邻省份，区域之间的经济联系也越来越紧密，同时，长三角本身是一个动态概念，它的规模由经济发展的内在要求决定。反对者则认为，长三角边界如果任意扩大，长三角原有特性和个性将逐步丧失，其分工合作的基础也不复存在。2006 年建设部主持的《长江三角洲城镇群规划》中就采用了这种泛长三角的界定。

　　为了前后的对比性，本书采用了第一种界定方法，同时，在写作过程中，为了照顾资料的获取，在部分章节用江浙沪代替了长江三角洲地区。

[①]　佘之祥．长江三角洲水土资源与区域发展．中国科学技术出版社，1997

1.3　研究内容和方法框架

1.3.1　研究的主要框架

在对城市群和空间结构的概念进行界定的前提下，本书主要分以下几个部分来研究交通运输与城市群空间结构演化及其协同发展。

第一部分是本书的第一章绪论，主要介绍本书选题的背景、选题的意义，相关的概念界定，研究的内容和方法框架，从而为后面的逻辑展开做好准备。

第二部分是本书的第二章，对相关的理论进行文献梳理。文献梳理主要包括以下几个方面的内容：对区域空间结构的研究；交通运输在区域发展和空间结构演化中的作用；有关城市群的研究。

第三部分是本书的第三章，对国外两个发展比较成熟的城市群空间结构演化与交通运输的发展之间的关系进行了总结与归纳，主要结论包括：交通运输是空间结构演化的基础与必要条件；交通运输主要通过分工专业化和产业集聚来影响城市群空间结构的演化；交通运输的发展与区域空间结构演化呈现出阶段性。

第四部分，研究交通运输与城市群空间结构演化之间的关系，主要包括第四章、第五章、第六章、第七章。其中，第四章研究城市群空间结构演化的动力机制，城市群空间结构演化的动力机制主要来源于分工与专业化效应以及集聚和扩散效应，这是本书研究的一个重要理论依据；第五章研究了交通运输与城市群空间结构演化有关的几个特性，以及交通运输发展对可达性和相关成本的影响；第六章、第七章在第四章、第五章的基础上重点研究交通运输对城市群内城市间产业分工与专业化的影响以及交通运输对产业集聚、城市群内城市产生、规模扩张、城市等级体系的影响。

第五部分是本书的第八章，研究城市群空间结构对交通运输的影响，以及交通运输与城市群空间结构之间的耦合关系。本书运用自组织理论对城市交通运输的发展进行了研究，指出城市群交通运输的发展是一种自组织发展，同时，它受他组织手段的影响。城市群交通运输与空间结构的协同发展应该坚持自组织和他组织的融合。

第六部分是本书的第九章，从时间尺度、空间布局以及制度途径提出了交通运输与城市群空间结构协同发展的途径。

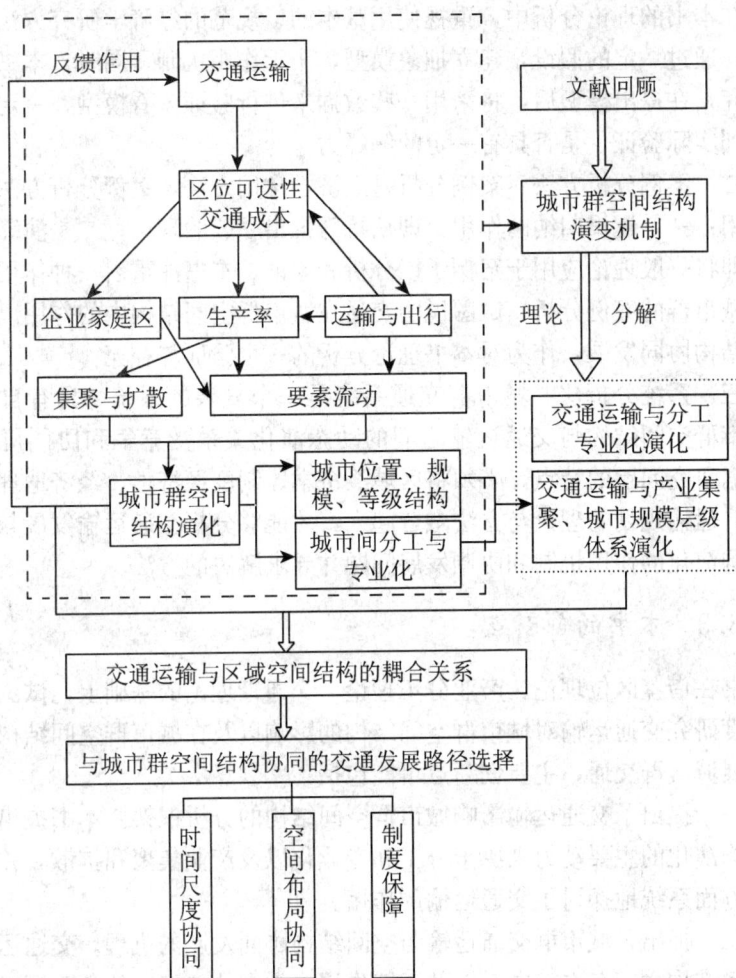

图 1.1 基本的研究思路

资料来源：本研究整理。

1.3.2 主要研究方法

对城市群空间结构与交通运输协同发展的研究涉及城市经济学、经济地理学、区域经济学、运输经济学、交通规划等学科。因此，必须应用多学科的理论、方法和技术手段，在方法上需要特别强调多学科的交叉与整合。具体来说，本书在研究方法上要把握以下原则：

第一，采用建模与实证研究相结合的方法。本书研究的理论基石是新经济地理学的有关理论，重视交通运输在城市群空间结构形成与发展中的作用机制研究。在本书的理论分析中，重视使用基本的、规范的经济学研究方法——抽象模型，通过一定的假设，建立抽象模型，明示作用机制。同时，本书还重视实证研究，在提出模型后，将采用一些数据来进行验证，看模型在一定条件下能否得到实际验证，是否具有一定的解释力。

第二，案例分析方法。案例分析是经济学常用方法，案例分析方法主要有两种作用：一是逻辑归纳的作用，即从特殊推出一般的理论；二是演绎推理的作用，即将一般理论应用于案例予以分析和验证。本书注重后一种作用，通过长三角城市群的案例分析，试图说明交通在城市群空间结构中的作用以及如何与空间结构协同发展，作为对本书理论分析的一个验证与补充。

第三，系统分析法。城市群交通系统是一个复杂的系统，具有自组织特征，城市群空间结构与交通运输之间的动态演化关系受竞争和协同机制的影响。根据研究问题的特点，必须将区域经济学、制度经济学、经济地理学、系统科学、运输规划的理论与方法融合起来，才能够分析交通运输发展与城市群空间结构演化的作用机制和协调发展问题并寻求解决的方法。

1.3.3 本书的创新点

本书在借鉴区位理论、产业分工理论、交通带理论的基础上，试图从经济学的角度研究交通运输对城市群空间结构的影响以及在城市群空间结构背景下如何发展城市群交通，主要创新点可能包括：

第一，提出了交通运输影响城市群空间结构的分析框架。本书提出城市群空间结构演化的主要动力来源于分工和专业化以及产业集聚和扩散，并分别从这两个方面系统地探讨了交通运输的作用。

第二，提出了城市群交通运输与空间结构协同发展的机理。交通运输与城市群空间结构之间存在双向互动的反馈作用，本书从自组织的角度探讨了城市群交通运输与空间结构演化之间的相互关系，并提出了城市群交通运输发展是自组织和他组织的融合，交通运输发展的他组织手段应该遵循自组织规律。

第三，提出了基于与城市群空间结构协同的交通运输发展路径。交通运输与城市群空间结构之间存在双向互动影响，交通运输发展必须采用动态的视角，考虑与空间结构这种双向反馈关系。本书从时间、空间布局、制度保障三个方面对与城市群空间结构协同的交通运输发展路径进行具体分析。

2 文献回顾

本书的研究涉及交通运输与城市群空间结构，所以有关的研究成果包括对区域空间结构的研究，交通运输在区域空间结构演化中的作用以及有关城市群的研究。

2.1 对区域空间结构的研究

2.1.1 区域空间结构要素理论

最早解释空间结构要素的美国地理学家哈格特[①]，他认为分析空间结构的第一个要素是"运动的模式"，即不同地方之间的货物、居民、货币、思想等的运动形式；第二个要素是"运动路径"，研究运动路径或网络的特点；第三个要素是"节点"，即网络或路径的交点；第四个要素是"节点的层次"；第五个要素是"地面"；第六个要素是"空间扩散"。

同时期的莫里尔（Morrill, R. L.）[②] 在《社会的空间组织》一书中认为，空间具有与理解人类行为有关的五大要点：距离，即空间的分离；可接近性；集聚性；大小规模；相对位置。他认为，空间结构取决于下列状况：空间土地利用的梯度；区域的空间等级；由于环境变量引起的变形而产生不太规则但可预测的区位类型，有时变形是由于并非最恰当的区位，有时变形是由于空间扩散的变化。他认为区域空间结构构成要素包括节点、通道、流、网络和等级体系。

对空间结构构成要素，其他比较有代表性的观点包括：有些学者认为可以划分为点、线、面三要素；也有的认为可以划分为节点及节点体系、线及网络、域面三要素。

总的来说，地理学家通过对空间结构要素的把握以及它们之间的有形、无

---

① Haggett P. Locational Analysis in Human Geography. London：Edward Arnold，1965
② 陈修颖．区域空间结构重组——理论与实证研究．东南大学出版社，2005

形联系来刻画空间的变化，以及度量空间结构的合理程度和功能完善程度。

值得注意的是，世界银行《2003 年世界发展报告》[①] 在讨论不同地区的经济与空间发展问题时，提出了"管理更为广泛的空间资产"的观点，他们认为空间结构是指影响经济发展过程的各种要素的空间组合状态，空间结构包括基础设施、产业组合、人力资源组合以及环境公共物品等子系统的空间结构。这种空间结构要素构成的观点更为强调区域发展过程中的空间组合和空间优化。

2.1.2　区域空间结构演化模式

2.1.2.1　核心—边缘空间结构演化模式

美国区域经济学家弗里德曼（J. R. Friedman）于 1964 年发表的《区域经济发展政策》一书中，借鉴罗斯托的经济成长阶段理论和中心地理论，提出了区域空间结构演化理论，他认为按照区域经济自工业化前期阶段—工业化初期阶段—工业化成熟阶段—工业化后期以及后工业化时期的演进顺序，区域空间结构相应地呈现出自离散型空间结构—集聚型空间结构—扩散型空间结构—均衡型空间结构的演替次序[②]。

（1）工业化前期阶段

相距甚远的不同城市中心开始出现人口集中，城市处于自发形成、孤立发展、缺乏内在联系的无序状态。从空间结构上看是相互孤立的、分散的和小型的，其活动范围或影响范围也较小。

（2）工业化初期阶段

随着工业革命的到来，大规模机器生产和相应的经济发展产生了空间上规模更大的集中和较大经济中心的出现，单个城市迅速扩张。但在此时期，城市主要集中于自身集中型发展，各区域经济中心之间的联系还比较微弱，各经济中心基本上还是孤立地起作用并影响各自的腹地。

（3）工业化成熟阶段

随着工业化日渐成熟，规模较大的经济中心更多地发展起来，城市空间的局限性凸现，人口、就业压力凸现，城市开始进入有序化疏散阶段，郊区化现象出现，多核化趋势显现。此阶段从空间组织上看则表现为各区域内较大规模经济中心的增多，空间上相互更加接近，经济中心间的相互联系也日益增多起来。

---

① Sustainable Development in a Dynamic world: Transforming institution, growth, and quality of life (World Development Report). New York: Oxford University Press

② 张秀生. 区域经济理论. 武汉大学出版社，2005：187~190

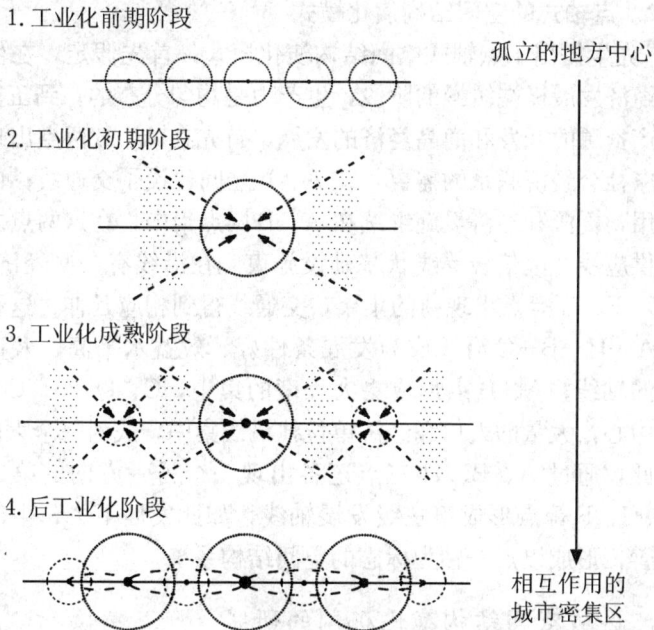

1. 工业化前期阶段

2. 工业化初期阶段

3. 工业化成熟阶段

4. 后工业化阶段

孤立的地方中心

相互作用的
城市密集区

图 2.1　城市群空间结构演化模式[①]

（4）后工业化阶段

城市之间的联系加强，交通基础设施不断完善并形成发展走廊。最后的结果是，功能上相互依存的城镇体系（即经济中心体系）的出现，大大小小的经济中心较均匀地分布于各区域，经济中心互相依存、经济腹地相互交叉，集聚和扩散在相伴发展。经济活动的空间联系已是网络般交错密集，城市密集区开始出现并迅速发展，其更高层次的空间组织形式——城市群体空间也随之形成。

戈特曼对大都市带的形成也进行了研究，根据他的观点，从地域空间结构看，大都市带一般要经历四个阶段：城市离散阶段、城市体系形成阶段、城市向心体系阶段（都市区阶段）和大都市带发展阶段。

从戈特曼和弗里德曼对城市群（都市带）的空间结构形成的观点来看，有大同小异之处，都认为首先是单个城市孤立发展，然后单个城市向外扩展，城市之间联系加强，最终形成城市群或都市带。他们都强调交通的作用，认为城市的发展会沿交通线的轴向延伸。

---

① J. R. Friedman，Regional Development Policy：A case Study of Venezuela. Cambridge，Mass：Massachusetts Institute Technology（MIT）Press，1966

2.1.2.2　点轴式的空间结构演化模式

陆大道[①]先生提出了点轴式空间结构演化模式：首先假定，在生产力水平低下，社会经济发展极端缓慢的阶段，生产力是均匀分布的；到工业化初期阶段，随着矿产资源的开发和商品经济的发展，首先在 A、B 两点出现居民点或城镇，并适应社会经济联系的需要，在 A、B 之间建设了交通线；由于集聚效果因素的作用，资源和经济设施继续在 A、B 两点集中，在这两点之间形成交通线、能源供应线、电信线等线状基础设施束。在沿线有一些经济设施建立，在 C、D、E、F、G 等点出现新的集聚，交通线得到相应延伸；这种模式再进一步发展，A—H—B—C 沿线成为发展条件好、效益水平高、人口和经济技术集中发展的轴线；A、B 点形成更大程度的集中，C、D、F、G、M、N 成为新的集聚中心，大量的人口和经济单位往沿线集中，成为一个大的密集产业带。不仅如此，通过 A、B、H 三点还各出现一个另一方向的第二级发展轴线，通过 D、I、F 等点形成第三级发展轴线，如此发展下去，生产力地域组织进一步完善，形成以点一轴为标志的空间结构系统。

2.1.3　区域空间结构演化机制的研究

当前的区域空间结构是从一个历史的空间结构发展而来，其形成和演变过程具有历史继承性和不确定性，受到很多因素的影响。对区域空间结构演变机制主要有以下几种观点：

一是以不完全竞争市场结构为前提，在垄断竞争基础上，假设规模报酬递增，通过建立模型，模拟区域经济空间现象的产生过程，解释区域经济空间现象的结构，最典型的是新经济地理学的 C—P 模型。

二是运用系统论研究区域经济空间结构的形成与演变。克鲁格曼运用复杂性理论来研究区域和空间结构问题，将最初的区域经济空间分异归于一种历史偶然，初始的优势因"路径依赖"而被放大，从而产生历史锁定效应。根据克鲁格曼在《自组织经济》[②] 一书中提出的"多中心城市空间自组织模型"，由于规模报酬递增的存在，导致了在存在不同消费者偏好的条件下，"集聚产生集聚"，引发了持续选择；而微观群组的选择，在经济体系规模递增的内在规定性作用下，"自下而上"地从"不稳定"最终演化出宏观上有序的多中心城市空间结构。阿伦（Allen P. M.）借助耗散结构理论，通过中心地之间的非线性、非对称的相互作用模拟生成了静态的克里斯泰勒的中心地空间结构。

---

① 陆大道. 区域发展及其空间结构. 科学出版社，1999

② Krugman P.，1996，The Self-orgnizing Economy，Cambridge，Massachusetts：Blackwell Publishers：The MIT Press

三是通过地域分工来解释空间结构的形成与演变。制度学派将新制度经济学提出并发展起来的交易成本概念引入空间分析，把企业间的交易活动看成一个生产系统，形成了自己的新工业区位理论，即 CWS（Coase Willamson Scott Model）模式。斯科特（Scott，A. J.，1985）[①]强调劳动过程对纵向一体化和纵向分解所起的作用，把纵向分解及由此产生的联系网络看成是现代城市出现的原因和雏形。斯科特（Scott，A. J.，1988）把劳动分工分为三个层次：企业内部的技术分工、企业间的社会分工和劳动的空间与国际分工，赋予了纵向一体化和纵向分解空间的概念，并且认为纵向联合和空间分散的生产组织方式比纵向联合和空间集聚的生产组织方式要优越，而纵向分离空间分散的生产方式最为优越。

按照斯科特的观点，当代西方国家中以大批量生产为核心的福特制正在衰落，而以更高的适应性技术和制度结构为基础的灵活生产系统正在大规模地扩张。在这种不同产业和生产的分散与重新集中的空间变化及发展中，都市中心被新的产业和经济活动、新的生产社会关系和新的劳动力市场形式所代替；城市的边缘区也已不再单纯地靠廉价、缺少组织性的劳动力等因素来吸引资金密集型和低劳动技能的分支公司，相反，变成高度多样化的经济活动和经济增长的重要地域。

总的来说，虽然已有部分解释区域空间结构形成与演变的研究成果，但是，现有成果还不能系统地、细致地揭示区域经济空间分异的规律性，还不能形象地、科学地描绘区域经济空间现象所形成的结构，也还不能完整地给出区域经济空间现象所形成的影响因素体系以及这些影响因素对区域经济空间结构形成与演变所发挥作用的大小。

2.2 交通运输在区域发展和空间结构演化中的作用

2.2.1 交通运输与企业区位选择

区位理论是距离的经济学，对于距离等空间维度的考察，经济学中往往以运输成本来体现，正是运输成本的差异导致企业在区位选择上不同。

2.2.1.1 交通运输与农业区位

约翰·冯·杜能（J. H. von Tunen，1826）在《孤立国同农业和国民经济

---

① Scott，A. J.（1985）：Location processes urbanization, and territorial development: an exploratory essay, Environment and Planning A，Vol. 17：479～501

的关系》中提出了著名的杜能圈，杜能以孤立国这一封闭的资本主义经济模式
为假设前提，把生产费用和运输费用最小以及销售价格最低视为生产布局的最
高原则，利用一系列假设条件描述了因运输成本不同导致的农作物带围绕孤立
国呈同心圆分布[①]。这是对运输与区域空间结构的最早描述。

杜能同时指出，如果是存在着交通方式的选择，同心圆式的作物带可能会
因为交通运输的发展而发生重大变化。这说明杜能已经意识到交通水平的提升
会影响到区域内产业的布局。

2.2.1.2 交通运输与工业区位论

劳恩哈特（C. F. W. Launhardt, 1882）和阿尔弗雷德·韦伯（Alfred
Weber, 1909）的研究则是针对铁路运输系统出现后引发的工业区位的变化
而展开的，韦伯考察了成本最小化支配下的区位选择。韦伯认为在存在两个
资源区和一个市场的情况下，最佳区位可能选在由这三个位置构成的三角
形之内；他进而将模型一般化，他假设运费最小点为 P，原料、燃料和市场
有 M_1，M_2，$\cdots$，M_n 个，运量为 m_1，m_2，$\cdots$，m_n，到 P 点的距离为 r_1，
r_2，$\cdots$，r_n，单位运输成本不变，则工业选址应当满足 $\min S = \sum_{i=1}^{n} m_i r_i =$
$\sum_{i=1}^{n} m_i \sqrt{(x-x_i)^2 + (y-y_i)^2}$。韦伯同时指出，运输系统的类型和使用范围
会使不同体系之间产生巨大的成本差异，即使在一个统一的运输系统中，系统
的不同部分使用的强度不同，这种不同的强度使得一定重量在一定距离上的运
输成本的不同，最终导致工业在空间上的分布不同[②]。

需要指出的是，韦伯提出了区位因子的概念。它主要包括从自然到社会的
各类工业区位形成的条件，目的是要实现工业生产和运输费用的节约。韦伯进
而指出运输成本、劳力费用和集聚是一般区位因子，其中前两者能够决定工业
区位的基本格局，而后者只有在格局形成以后，才能够对集中或分散做修正。

尽管韦伯将决定工业区位的变量设为运输成本、劳动成本和集聚效益，但
在给出的数学模型中运输变量成为决定工业选址的唯一变量。

我们可以借助奥沙利文的研究，对以韦伯理论为基础的企业的空间选址行
为做一小结。

---

① ［德］约翰·冯·杜能著，吴衡康译．孤立国同农业和国民经济的关系．商务印书馆，1986：22
② ［德］阿尔弗雷德·韦伯著，李刚剑等译．工业区位论．商务印书馆，1997：51

表 2.1　企业空间选址行为[①]

指向性	特　　性	例　　子
运输导向	运输成本占厂商总成本的比重较大	
(1) 资源指向的情况	原料体积比制成品大，在运输中比较容易损耗和压碎	球拍生产、罐头制造
(2) 市场指向的情况	制成品的重量和体积都大于原料，而且原料运输方便	拖拉机制造
其他投入品指向	运输成本占厂商总成本的比重较小	
(1) 劳动力指向的情况	劳动密集型行业	纺织厂
地区的适宜程度指向	高技能工人对气候、休闲等的要求而向更适于居住的地区转移	企业的研发部门
(2) 能源指向的情况	能源密集型行业	石油加工
(3) 中间投入品指向的情况		
本产业的投入品	地方化经济	服装设计
来自其他产业的投入	城市化经济	软件业

　　劳恩哈特和韦伯的局部静态分析高度强调运输成本在工业区位选择中的重要作用，将空间问题基本归结为运输成本问题或是运输决定区位变化。这有两方面的原因：一方面与铁路在当时经济活动中的强大作用有关，工业依赖交通运输体系进行布局则往往会有一定的优势；另一方面运输成本与其他区位因素相比更易于进行定量分析，这也是韦伯之所以在模型分析中将运输变量作为工业选址唯一变量的重要原因。

2.2.1.3　交通运输与市场区位

　　克里斯泰勒[②]（W. Christaller，1933）通过对德国南部的城市和乡村集镇及其四周的农村服务区之间的空间结构特征的研究，首创了以城市聚落为中心，以市场原则、交通原则和行政原则等中心地区原则进行市场区位与网络分析的中心地理论。

　　廖什（A. Losch）[③] 在 1945 年出版的《区位经济学》一书中，提出了与中心地理论相似的市场区位理论。廖什认为，区位选择正确的方法应是找出最大

---

①　［美］阿瑟·奥沙利文．城市经济学（影印本）．中信出版社，2002

②　［德］沃尔特·克里斯泰勒．德国南部中心地原理（中译本）．商务印书馆，1998

③　张秀生．区域经济理论．武汉大学出版社，2005：20～23

利润的地方，因此，需要引入需求和成本两个空间函数，同时，廖什也发现最佳区位的问题不能只靠个别厂商来解决。廖什把工业区位趋势解释为转移成本和规模经济相互作用的结果。

总的来看，古典区位论都很重视交通运输在区位选择中的作用，甚至在建立模型时，由于其可计量性，交通运输变量成为决定区位选择的唯一变量。也许正如贝克曼所说："没有运输成本就不会有区位的问题。其次，决定一个同质地区的区位格局的唯一因素是转运成本和规模经济。……区位模型的产生依赖于实际的资源分布和自然运输障碍与通道的布局……"[①]

2.2.1.4 交通运输在区位选择中的微观分析的数学化倾向

在接下来的研究中，发达国家日渐完善和复杂的交通运输网络使得对运输成本的考察变得更为复杂，交通运输的微观分析中开始出现明显的数学化倾向。工业区位分析被拓展到消费者和家庭区位分析、公共设施区位分析等，空间的供给和需求的均衡分析开始成为研究的主流。希契科克（Hitchcock，1941）、康托洛维奇（Kantorovich，1942）、科普曼斯（Koopmans，1949）利用线性规划着重研究了可获得性与可运输性之间的相互关系，确定了给定产量范围的产品生产的空间分布；萨缪尔森（Samuelson，1952）进一步通过非线性规划方法研究了空间市场均衡问题，即在流量约束条件下，确定位于需求区位的消费者剩余与生产和运输成本之差的最大值[②]。

拉伯（Labber）和蒂斯（Thisse, Jacques-Francois）等学者利用拓扑网络构建区位模型[③]研究微观经济主体的区位选择问题。哈克密（Hakimi S. L.，1964）用拓扑网络方法证明了劳恩哈特模型的结果，称为哈克密原理（Hakimi Theorem）[④]。该原理指出，网络点集含有一个最小区位点，包含两个特征：第一，含有优区位的点集是有限的；第二，当这些点集是市场区、原料地或节点时，从这些点集中找出优区位点的效果很显著。但是，企业最后定位在哪个点上，由网络的形状、市场的空间配置和物品（含投入品和产成品）的相对价值决定。拉伯（Labber，1985）在她的博士论文中对哈克密原理的扩展进行了综述。就区域经济学家来说，如何解决使运输成本最小化的多个企业的区位选择是最有价值的问题。由艾伦科特（Erlenkotter，1978）设计的对偶

---

① Beckman (1952) . A continuous model of transportation. Econometrica, 20：643～660

② ［英］伊特韦尔等. 新帕尔格雷夫经济学大辞典. 经济科学出版社，1996：242～243

③ Thisse, Jacques-Francois Location Theory, Regional Science, And Economics. Journal of Regional Science, Vol. 27, No. 4, 1987

④ Hakimi S. L. Optimum Location of Switching Centers and the Absolute Centers and Medians of a Graph. Operations and Research, 1964 (12)：450～459

运算规划技术，是一种解决极点集的优区位结构的有效方法①。

2.2.1.5 交通运输在新经济地理区位论中的作用

对新经济地理的主要模型，规模经济、运输成本和要素流动三大因素的相互作用的结果导致经济集聚。克鲁格曼认为②，运输成本是工业区位选择及经济集聚最为决定性的影响因素。

2.2.1.6 交通运输在企业区位选择中的作用争论

交通运输在企业区位选择中的作用是否在下降，其主要的争论点③是运输成本是否在下降，以及由此带来的距离远近对决定企业在某一市场上的竞争优势的作用是否变小。

对于这个问题的看法，有多种观点，有的认为信息和货物跨空间运输和运输成本在过去几十年间下降，有的则认为上升。

从总体上看，交通运输成本随着交通技术的发展确实在下降，但是如果分行业来看的话，就有明显的区别，在空间交易性质没有发生显著变化的行业，如原材料、农业、采矿业以及根据生命周期处于成熟阶段的制成品生产业，运输和交易成本一直在稳定地下降④。相反，在需求显著下降的生产部门，或者信息种类和复杂性已经显著增加的部门，空间交易成本在过去几十年中并没有明显的下降，在某些情况下，实际还在上升。

之所以与货物运输有关的交易成本在上升，是因为目前要求运输的次数更多。第一，货物装运的提前时间随着货物运输频率的增加已经缩短；第二，如果不考虑交通成本的各种成分，物流和交通活动占全球产出的比例在过去几十年中并没有下降⑤；第三，在过去几十年，虽然大宗原材料的交通运输成本在下降，但是，制成品运输成本占总产出的份额的比重却在上升；第四，对及时运输要求比较高的行业和产品价值非常高的行业倾向于重组它们的贸易模型，以有利于供给者和消费者在地理上的接近⑥。

从上述关于运输对区位影响的文献回顾中可以看出，从古典区位理论一直

---

① Erlenkotter. A Dual-Based Procedure for Uncapacitated Facility Location. Operations Research, 1978 (16)：992~1009

② Krugman and P. Space：The Final Frontier, Journal of Economic Perspectives, 1998 (12)：161~174

③ 高峰. 交通基础设施与经济增长. 中国财政经济出版社，2005

④ Vernon R.，International investment and international trade in the product cycle, Quarterly Journal of Economics, 1966, 80 (2)：190~207

⑤ Hummels D.，Have international transportation costs declined?, Department of Economics Working Paper, Purdue University, 1999, http：//www. nber. org

⑥ McCann P. The economics of industrial location：A logistics-costs approach, Berlin Springer, 1998

到新经济地理理论，运输成本始终是空间经济理论研究中的决定性变量。尽管随着信息技术和交通技术的发展，运输成本的下降趋势明显，但是正如有的经济学家指出的："从工业革命开始之时就出现的运输成本下降并不意味着生产活动与布局地点的选择一点关系都没有了，即使运输成本下降，对空间布局来说，真正起作用的也只是其相对的变化。"①

2.2.2　交通与产业集聚、扩散

集聚和扩散是区域发展和区域空间结构演进的最基本的力量，它们分别以自身的特殊作用机制推动区域空间结构的演进。但是，在古典区位理论中，虽然已经注意到了交通运输在区位选择中的决定作用，但其对运输在区域发展中的作用还是采用一种静态的观点，对区域动态发展中运输在集聚和扩散中的作用机理缺乏深入认识。

在新经济地理理论体系中，运输成本不仅是形成经济集聚的三大因素之一，而且还对其他两个因素有着深远影响。

在新经济地理最重要和最基本的模型之一，即核心—外围模型中，用市场接近效应、生活成本效应和市场拥挤效应来解释产业的集聚和扩散，其中前两种效应是空间集聚的向心力，后一种效应是离心力。

在运输成本、规模经济和要素流动的假设前提下，垄断竞争厂商一般会选择市场较大的地方作为生产区位，于是该区位的劳动力需求增加，从而市场需求也随之扩大，产品就近销售节约大量运输成本，该厂商利润增加，这会激励其他厂商生产也定于此区位，当众多厂商集聚于此区位时，集中供货、库存减少以及中间投入品的运输成本减少，厂商的利润增加，进一步增加其他厂商集聚，形成"市场接近效应"。大量厂商定位于此区位，使得该市场提供的商品种类繁多，消费者在当地购买本地产的商品可以节约运输成本，从而使价格指数降低，和产品的种类数一起提高消费者的效用，从而吸引劳动力集聚于本区位，形成"生活成本效应"。随着厂商在该区位的集聚，厂商间的产品竞争加剧，本地厂商需求减少，边际收益下降，利润减少，从而抑制进一步的集聚，产生"市场拥挤效应"。在离心力和向心力的作用下，整个区域经济在空间结构上形成一种动态均衡。

随着运输成本的下降，经济集聚的离心力和向心力都会减弱，如果运输成本明显下降，厂商集聚节约的运输成本会显得微不足道，"市场接近效应"就会减弱，同样，"生活成本效应"也会减弱，经济集聚的向心力就会减弱；

---

①　范剑勇．市场一体化、地区专业化与产业集聚趋势——兼谈对地区差距的影响．中国社会科学，2004（6）

同时,"市场拥挤效应"也会减弱。当然,运输成本下降带来的两种力量的变化比较复杂,在不同的情况下可能形成几个集聚地或者会分散于众多区位。

一些学者认为新经济地理不过是重复了韦伯、马歇尔以及其他发展经济学的观点,如其关于历史事件的"锁定"就与阿瑟的"新增长理论"密切相关,同时,其观点也难以解释对运输成本并不敏感的高新技术产业集聚现象以及交通通讯技术发展带来运输费用的普遍降低与产业群仍然构成世界产业空间格局这一悖论(朱华晟,2003)。

2.2.3 对交通走廊和交通经济带的研究

交通走廊的研究长期以来是国内外交通规划、交通运输经济、区域经济等多个领域的研究热点。

交通走廊是指由高度发达的多模式的交通网络连接的廊道状地域经济空间系统,主要强调交通走廊引发的部门与部门和区域与区域之间的辐射作用。与之意义相近的概念包括交通经济带。

2.2.3.1 交通走廊的形成

美国地理学家泰弗等人通过对发展中国家的考察,指出发展中国家的交通网络是以从沿海到内地深入性扩展为主。泰弗等将交通运输发展划分为六个阶段。在第六个阶段中,主要交通线路连接主要集散地和内陆中心,形成运输走廊。该理论模型说明了交通运输走廊是在交通运输系统发展到一定阶段才产生的[①]。

张文尝等认为,交通经济带是一个复杂而又特殊的带状区域经济系统,有其自身的构成要素,这些要素对它的形成、发展和演化有着重要影响。影响交通经济带形成的因素包括:交通基础设施是交通经济带形成与发展的前提条件;产业的发展与壮大是交通经济带的主体与核心;经济中心城市是交通经济带的主体与核心;自然资源的禀赋差异与开发时序影响交通经济带的形成特征与发展进程;交通区位也在交通经济带的形成过程中发挥重要作用[②]。

2.2.3.2 交通走廊与区域经济发展

德国学者沃纳·松巴特提出生长轴理论。该理论认为,随着连接中心城市的重要交通干线的建设,运输费用会降低,新的交通干线对产业和劳动力具有吸引力,使产业和人口向交通干线集聚,以交通干线为"主轴"将逐渐形成一条产业带。生长轴理论将人们对交通运输与区域经济作用的认识提高到一个新

---

① 曹小曙,阎小培. 20世纪走廊及交通运输走廊研究进展. 城市规划,2003 (1)
② 张文尝等. 交通经济带. 科学出版社,2002:43

的高度，并且在实践中得到了很好应用。原联邦德国就主要根据生长轴理论制定国土整治规划，通过改善交通条件来调节区域投资大小和人口流动方向，在实践中取得了很好的效果①。1984年，中国科学院地理研究所陆大道研究员以增长极理论和生长轴理论为基础提出了"点轴系统理论"，该理论强调社会经济因素在空间上的组织形态，包括集中与分散程度、合理集聚与适度规模，强调点与点之间、点与轴之间的关系等，尤其重视交通运输干线，即"轴"的作用②。张文尝等认为，交通轴线是工业波空间扩散的主要依托基础，新技术及生产方式首先在最有利的地点逐步成长为增长极，然后沿着交通线逐步向外扩散，在有利的地点形成新的生长点。这一扩散过程如同波浪，既有波峰也有波谷，增长极与新生长点相互之间在资金、技术、人员、商品营销、原料供应等方面保持着密切的联系③。

英国学者威尔逊（A. Wilson）和比利时学者艾伦（P. Allen）结合耗散结构理论和突变理论，分别就空间相互作用模型和中心地理论模型进行动态模拟，结果发现，新的经济中心、居民中心总是在靠近交通线的地方产生，城镇体系的演化也具有沿交通线两侧分布的特征④。

加拿大的法兰西·吉恩博（France Jean）⑤指出高速公路的修建有利于城市走廊的复兴，并通过案例分析了加拿大 Pembina 高速公路及其影响区，认为该高速公路是一条意义重大的交通走廊，成为到达温尼伯湖的重要通道与门户。

2.2.3.3 交通走廊的规划建设

20世纪60年代以来，一些发达国家的交通运输经济专家在总结本国交通运输发展的基础上，提出要解决好一个国家的交通运输问题，关键是要大力开发和建设各具特色的交通走廊。因此，许多国家都在不同程度地进行交通走廊的规划与建设⑥。美国在全国范围内目前已有10条综合交通走廊，成为美国运输体系的一个混合骨架，加拿大已有两条横贯全国大陆的东西运输大走廊，印度建成了4条全国运输走廊⑦。

美国运输部设立了建设交通运输走廊的专门机构，其任务是研究和建设交

---

① 张文尝等．交通经济带．科学出版社，2002：11～12
② 陆大道．区域发展及其空间结构．科学出版社，1995
③ 张文尝．工业波沿交通经济带扩散模式研究．地理科学进展，2000（12）
④ 张文尝等．交通经济带．科学出版社，2002：19
⑤ Cholakis. The regeneration of an urban corridor：Enriching the experience of a highway strip at the city's edge (Manitoba)，MAI，37/02，p. 399，Apr. 1999
⑥ 张国伍．交通运输系统分析．西南交通大学出版社，1991
⑦ 毛敏．城市化进程中的区域客运走廊的发展研究［博士学位论文］．西南财经大学，2005

通运输走廊。根据长期建设交通运输走廊的经验，美国编写了《交通运输走廊项目规划》、《波多黎各运输走廊可行性研究》、《东北运输走廊可行性研究》等①。

印度马德拉斯地区运输研究机构从发挥地区经济、提高综合运输能力出发，在1968~1970年间，完成了《1991年运输走廊》研究报告。

20世纪90年代初，美国学者沙利文（Edward C. Sullivan）等人对城市交通走廊进行了研究，提出了交通基础设施与沿线经济开发作为一个整体来看待，统一进行规划，并提出了三种与交通干线紧密相联的联合项目规划方法②。

加拿大彼得森（E. R. Peterson，2002）提出了一个公路走廊的规划模型——QROAD模型，该模型基于投资决算的约束，为公路走廊的规划提供一个最优的投资决算计划。该模型被用于提高印度近2000公里的国家公路等级项目③。

2.2.3.4 交通走廊运输领域的研究

为了提高运输走廊的运输效率和运输能力，很多学者进行了研究。1997年，加拿大学者Shahriar博士对城市交通运输走廊内多种运输方式的整合优化进行了研究，研究中提出了基于运输需求与运输供给之间的相互作用的模型和方法，根据选择的参数对走廊内旅客的出行决策进行模拟④。

澳大利亚的亨舍尔（D. A. Hensher）对悉尼—堪培拉之间的交通走廊进行了研究，研究了悉尼—堪培拉之间规划建设的快速轨道交通对人们出行行为的影响，并建立了模型估计运输走廊内各种运输方式之间的市场份额⑤。

美国的Chang Lljoon⑥对交通运输走廊内具有多种相互竞争的交通运输方式的市场份额进行了估计，提出了一个基于网络的模型，这个模型对静态交通量的分配方法进行了创新。

---

① 段国钦. 交通走廊运输需求分析及其运输结构优化研究 [硕士学位论文]. 长安大学，2000

② National Cooperative Hiway Research Program Report. Transportation Research Board, National Research Council U. S. , 1991

③ E. R. Peterson. A highway corridor planning model: QROAD . Transportation Research part A, 2002 (36): 107~125

④ Afandizadeh Zargari, Shahriar. Optimiazation of Integrated Multimadal Urban Transportation corridors. Carleton University

⑤ D. A. Hensher. A pratical approach to identifying the market potential for high speed rail: a case study in the Sydney-Canberra corridor, Transpn Res. -A, 1997, Vol. 31, No. 6: 431~446

⑥ Chang Lljoon. A network-based model for market share estimation among competing transportation (Maryland) . Dissertation abstracts international，2002, Vol. 62-02, Section B: 0801

2.3　关于城市群的研究

2.3.1　关于城市群结构体系的研究

国外关于城市群结构体系的研究最早源于 20 世纪初期。霍华德 (E. Howard)最先从组合群体角度研究城市群结构体系，戈德斯（P. Geddes）在 *Cities in Evolution* 中运用区域综合规划方法，将城市演化形态归结为城市地区（City Region）—集合城市（Conurbation）—世界城市（World City），其中集合城市被看做是城市群结构体系。芬兰沙利能（E. Saarinen）于 1918 年提出了城市群是有机生命体的观点①。

20 世纪 30 年代以后，随着西方国家城市化的推进和大城市扩散化趋势的逐步显现，越来越多的地理学者开始关注城市体系及其空间结构、规模等级的研究。德国地理学家克里斯泰勒（W. Christaller）首次对特定区域内的城市群体进行了系统化研究，在 1933 年的著作《德国南部的中心地原理》中提出了著名的中心地学说，成为城市群研究的基础理论之一。克里斯泰勒假定空间均质、交通系统统一和经济行为合理，经过研究得出城镇等级体系安排的一般原理，即市场原则、交通原则和行政管理原则。综合这三种原则的作用，一个国家或地区的城镇等级体系分布为：A 级城市 1 个，B 级城市 2 个，C 级城市 6～12 个，D 级城市 42～54 个，E 级城市 118 个②。此后，另一位德国学者勒施进一步发展了中心地理论，他遵循微观经济学的研究路径，使用与克里斯泰勒相似的假设，推论了一个拥有连续 K 值的更为一般的中心地体系，克里斯泰勒的三种形式仅是其中的特例③。

中心地理论认为，城市体系分布具有等级递阶特征，即一个中心城市地域上控制若干个次级城市，次级城市又控制若干个更小城市。遵循这种特征，一些学者开始了对城市体系等级—规模分布的探讨。贝克曼（Beckmann，1958）提出了著名的城市体系异速生长模型，表明城市体系中的首位城市的相对增长率与整个城市体系的相对增长率具有恒定的比值④。町伯根（Tinbergen，

---

① 林先扬，陈忠暖，蔡国田 . 国内外城市群研究的回顾与展望，热带地理，2003，23（1）：61～65

② 沃尔特·克里斯泰勒 . 德国南部的中心地原理 . 商务印书馆，1998

③ 奥古斯特·勒施 . 经济空间秩序——经济财货与地理间的关系 . 商务印书馆，1995

④ Beckmann M. J. City Hierarchies and Distribution of City Sizes. Economic Development and Cultural Change, 1958（6）：243～248

1968）建立了包括 N 级城市、各种产品等级间顺次单向流动的城市等级规模分布模型，通过设定若干参数可以得出各级城市所具有的经济规模①。戴维斯（Davis，1978）在研究 10 万人以上的城市规模分布时，发现了二倍数规律，即当城市规模按二进制规则自下而上分级时，各规模级的城市数自上而下倍增②。戴哥（Diego，1996）以交通运输成本、规模报酬递增、劳动力跨部门与地区流动等因素建立了首位城市优先生长模型，表明人口具有向顶级城市优先集中的倾向③。

与递阶模式不同，西蒙（Simon，1955）提出了一种城市体系规模分布的随机模式，指出城镇规模大小服从某种随机分布，这种分布是城市发展中空间、人口竞争的平衡点④。在西蒙研究的基础上，艾频克（Eppink，1987）的研究表明，城市体系中城市的规模分布服从帕累托分布⑤。

20 世纪 80 年代末期发展起来的新经济地理修正了传统中心地理论的前提假设，肯定了特定产业规模经济性和城市集聚经济性的存在，肯定垄断竞争的市场结构和运输成本的区际差异，为城市群和城市体系研究提供了一个空间的一般均衡分析框架。霍布森（1987）认为，城市居民对非贸易商品或服务多样性（如许多不同的剧院、公园、饭店等）的需求是单个城市规模扩大的原因。他建立了一个封闭城市体系内产业结构和总人口外生给定，存在差异化非交易品的城市体系规模结构模型，证明随着个体城市规模的扩大，城市内差异化非交易品的种类也将增多，即大城市的出现本身就包含了城市内产品生产多样化的过程；城市居民对产品多样化的偏好越强，城市规模就会越大；在城市总人口给定的前提下，个体城市规模越大，城市体系中均衡的城市数量就越小⑥。亨德森和阿卜杜勒—拉赫曼（1991）放松了非贸易商品的假设，建立了封闭城市体系内产业结构和总人口外生且差异化产品可交易的城市体系模型，主要研究产品多样性及城市间分工、贸易对城市体系规模结构的影响。结果表明，当存在差异化交易品时，个体城市的均衡规模比最优规模大，从而城市体系中的

---

① Tinbergen J. The hierarchy model of the size distribution of centers. Papers in Regional Science，1968，Vol. 20：65～68

② Davis K. World Urbanization：1950～1970. New York：Oxford University Press，1978

③ Diego P. Urbanization Patterns：European vs. Less Developed Countries. Center for Economic Performance，London School of Economics，Discussion Paper，1996

④ Simon H. On a class of skew distribution functions. Biometrika，1955，Vol. 42：425～440

⑤ Eppink W. A. Lognomal and Pareto estimates of city-size distribution：a critique. Regional Science & Urban Economics，1987，Vol. 27：443～474

⑥ Hobson P. Optimum product variety in urban area. Journal of urban Economics，1987，Vol. 22：190～197

均衡城市数量小于最优城市数量①。

另外，在新兴古典经济学框架内，杨小凯和霍宾（Yang，Hogbin，1990）关于城市分层网络的研究是城市体系空间结构研究的经典。该研究表明，交易的分层金字塔结构导致了城市分层网络，即城市体系的形成，最优交易效率决定内生分工水平、交易结构层次数和城市体系结构②。

刘继生等学者（1999）将分形理论引入城市群空间结构研究，提出城镇体系空间结构的分形维数指标及其测算方法③。薛东前、王传胜（2002）探讨了城市群空间结构的形成过程，指出在自然和社会经济条件均一的理想状态下，城市群形态应为多圈层同心圆形，包括核心首位城市带、城市组群发育带、城市个体分布带和城市群腹地带，但由于条件因素的不均一性，特别是交通条件的较大差异，使城市群形态呈现很大程度的变形，形成团聚状生长、带状生长和星状生长等多种形态④。另外，为了更为直观地反映城市群内部空间结构，刘小飞、司增绰（2005）基于城市地理空间、城市规模、城市功能完整性及城市开放程度四个方面的内容提出了一套综合指标体系，用于划分城市群内部空间层级⑤。

刘继生、陈涛（1995）实证研究了东北地区城市群空间结构的分形特征⑥。王良健、周克刚则以分形理论为依据，对长株潭城市群空间结构的分形维数进行了测度⑦。胡序威、周一星等人编著的《中国沿海城镇密集地区空间集聚与扩散研究》（2000）阐释了我国沿海地区四大城市群（珠三角、长三角、京津冀、辽中南）伴随城市化发展的空间结构演化过程⑧。周伟林（2005）从人地矛盾、政府竞争、企业选址、信息冲击四个方面探讨长三角城市群空间结构的演进机理⑨。盛科荣、张平宇等（2004）对辽中南城市群空间结构的形成

① Henderson J. V., Abdel-Rahman H. M. Efficiency through decentralization with product diversity, Regional science and urban economics, 1991, Vol. 21: 491～510

② Yang, X. and Hogbin, G. The Optimum Hierarchy. China Economic Review, 1990, Vol. 2: 125～140

③ 刘继生，陈彦光. 城镇体系空间结构的分形维数及其测算方法. 地理研究，1999，18（2）: 171～178

④ 薛东前，王传胜. 城市群演化的空间过程及土地利用优化配置. 地理科学进展，2002，21（2）: 95～102

⑤ 刘小飞，司增绰. 城市群空间层级的定量分析——一种方法的引入及在长江三角洲城市群中的应用. 华东经济管理，2005（6）: 13～16

⑥ 刘继生，陈涛. 东北地区城市体系空间结构的分形研究. 地理科学，1995，15（2）: 23～24

⑦ 王良健，周克刚. 基于分形理论的长株潭城市群空间结构特征研究. 地理与地理信息科学，2005（11）: 74～77

⑧ 胡序威，周一星等. 中国沿海城镇密集地区空间集聚与扩散研究. 科学出版社，2000

⑨ 周伟林. 长三角城市群经济与空间的特征及其演化机制，世界经济文汇，2005（4）: 132～137

与演化过程进行阶段性划分和数量分析[①]。方创琳、宋吉涛（2005）则明确提出城市群结构体系概念，对全国 28 个城市群的空间分布特征和分异格局进行了较系统的研究[②]。

2.3.2 交通运输在城市群空间结构形成与发展中的作用

大部分城市群都是出现在交通发达地区，学者们在研究城市群时很早就注意到这一现象，并且试图去解释交通在城市群发展中的作用。一般认为，交通和通信网络是形成城市群经济联系网络的物质条件和必要前提，良好的交通连接和通信传递与国家、区域和全球层次城市群的空间整合有着密切的联系。

法国地理学家 J. 戈特曼（J. Gottmann）[③] 在其发表的《大都市带：东北海岸的城市化》中，指出都市圈是构成都市带的基本地域单元，而大都市带（Megalopolis）是未来经济组织与人类聚居模式的方向，并探讨了都市带的空间生长模式，指出大都市的形成必须有五个基本条件：①区域内有比较密集的城市；②有相当多的大城市形成各自的都市区，核心城市与都市区外的地区有密切的经济社会联系；③有联系便捷的交通走廊把核心城市连接起来，各个都市区之间没有间隔，都市区之间有密切的社会经济联系；④必须达到相当大的总规模，人口在 2500 万以上；⑤属于国家核心区域，具有国际交往的枢纽作用。

周一星认为[④]，都市连绵区的形成必须有四个必要条件：①具有两个以上人口超过百万的特大城市作为发展极；②发展极和口岸之间有便利的交通干线作为发展走廊；③交通走廊及其两侧人口稠密，有较多的中小城市；④经济较发达，城乡之间有紧密的经济联系。

麦吉（T. G. McGee）[⑤] 在实证研究的基础上，于 1987 年提出了 Desakota 概念。将其定义为"沿大城市核心间的交通走廊延伸的农业活动与非农业活动高度混合的地域"。他还提出大都会带（Mega-Urban Region）的概念，认为它产生的条件是两个或两个以上核心城市由高效的交通路线联接起来。

---

① 盛科荣，张平宇. 辽中城市群规模结构演变分析. 中国科学院研究生院学报，2004（4）：233～240

② 方创琳，宋吉涛. 中国城市群结构体系的组成与空间分异格局. 地理学报，2005，60（6）：827～840

③ J. Gottmann. Megalopolis, or the Urbanization of the Northeastern Seaboard. Economic Geography，1957，33（7）：31～40

④ 周一星. 中国城市体系和区域倾斜战略探讨. 见张秉枕等. 中国城市化道路宏观研究. 黑龙江人民出版社，1991

⑤ T. G. McGee. The emergence of Desakota regions in Asia：Expanding a hypothesis. In：The Extended Metropolis：Settlement Transition in Asia, Ginsburg N. , Koppel B. , and McGee T. G. （Eds.）3-25, University of Hawaii Press, Honolulu, 1991

戴维斯（Davies，1990）认为，新的运输和通信技术的应用，空间的广度相应地扩展，出现了所谓的时间空间、成本空间和感知空间，城市间联系呈现出网络化特征①。

Kobayashi（1997）则以高速铁路系统建设为例，探讨了快速交通对城市资本、知识交流、城市规模分布、城际间相互作用等空间结构的影响，并建立多因子区际增长模型，动态模拟了城市群经济联系的发展②。T. Bunnell，P. A. Barter 和 S. Morshidi（2002）在评估大都市带区信息、技术、运输交流联系特征的基础上，分析了近几十年全球化进程中的城市社会空间联系扩展的演变过程③。

朱英明④认为，在城市群形成过程中，交通运输对城市组团或城市组群等地域结构基本单元起着制约、引导作用，从而形成沿交通走廊的城市组团或城市组群的城市群地域结构。并且认为城市群地域结构的演变的廊道效应将会更加显著，正像 20 世纪 90 年代杰夫等对美国加州人都市空间扩展的分析一样，城市群区的集散主要沿交通干线进行，城市群内的城市建成区扩展自市中心沿交通干线呈触角式增长。

旷彦昌认为⑤，交通通讯等基础设施条件是构成城市群的先决条件与关键，基础设施的布局影响生产要素的集聚和城市群的聚合能力，是决定城市群空间结构的关键。

杨建军认为⑥，交通作为人口流、物质流、资金流、技术流等的空间载体，已成为区域经济联系的纽带和城市群体空间建构的重要规划手段，而且直接影响着城市群空间的演变方式和发展方向，交通技术的每次创新都对城市群空间的演变起着不可替代的作用。

朱照宏⑦在谈到城市群综合交通系统构成时认为，在交通轴线上，各种运输方式的功能是不同的，应当协调发展形成综合交通通道。水运和大运量铁路运输特别有利于大宗货运；高速铁路、高速公路、城市快速轨道交通以及航空运输特别有利于客运。从区域综合交通系统的组成来讲，还应包括大中城市间

　　①　朱英明. 城市群经济空间分析. 科学出版社，2004：11～21

　　②　Kiyoshi Kobayashi, Makoto Okumura. The growth of city systems with high-speed railway systems. Annals of Regional Science, 1997, Vol. 31：39～56

　　③　T. Bunnell, P. A. Barter, S. Morshidi. Kuala Lumpur metropolitan area: a globalizing city-region. Cities, 2002, Vol. 19：357～370

　　④　朱英明. 我国城市群地域结构特征及发展趋势研究. 城市规划汇刊，2001（4）：55～57

　　⑤　旷彦昌，刘继红. 城市群内生发展研究. 湖南城市学院学报，2004（7）：100～102

　　⑥　杨建军. 交通引导下的城市群空间组织研究. 浙江大学学报，2005（9）：584～587

　　⑦　朱照宏. 城市群与城市轨道交通. 城市轨道交通研究，2003（4）：27～31

的大运量快速通道、向外联系的交通干线、连接地区内城镇体系的交通网络骨架以及对外联系的重要港口和疏港的重要通道等。

徐永健①则认为，都市连绵区的形成可理解成交易网络（Transaction Network）扩张，中心城市将周围县（市）纳入其交易空间（Transaction Space），共同参与全球经济发展的过程。当前中心城市往往已经历过"极化"发展（Densification）阶段，在此阶段，它们调整经济结构，发展服务业等经济活动，同时集中了大量的基础设施建设，从而控制着区域的交易空间。极化发展的目标在于创造更高的生产率、产生更多的资本。而无法产生足够高的资本的经济活动被分散至边缘地带。它们在那里的布局能提高当地的生产率。在EMR（典型都市连绵区）内，某种类型的经济活动的"极化"发展往往导致了另外一些活动的分散（Dissemination），如中心市内第二、第四产业的集聚导致 Desakota 区的工业活动的增加。随着交通基础设施和相关技术的发展，可达性提高，交通费用下降，许多原依赖于一定的劳动力、资源与市场等区位因素的经济活动可在任何接近高效的交通系统的区位分布，从而引发了经济活动空间分布的扩展过程（Extension）。扩展过程实际扩大了交通中心、经济活动中心的影响区域，即它的交易空间。但这种交易空间的扩大并不是无止境的，到一定的程度，收缩过程（Contraction）也许会发生，其原因可能是交通成本的急剧增加等。

基础设施则是交易环境的支撑骨架，基础设施的扩展往往导致中心城市辐射范围的扩大。便捷的交通、通讯基础设施加强了城市、乡村从经济到空间上的一体化，亦即大都市区、Desakota 区从劳动分工/生产组织变化到地域转型的空间过程。

孔令斌②用运输、服务、市场三要素来解释城镇密集区的形成。城镇密集地区在空间上的集聚和扩散是经济要素和产业集聚与扩散在空间上的反映，而交通运输则是空间和经济的联系特征的反映。区域交通运输体系是为集聚和扩散服务的重要支撑体系，既是生产成本的主要影响者，也是生产与服务、市场联系的纽带，是在城镇密集地区聚合上起主导作用的因素。

从上述研究可以看出，对交通运输在城市群空间结构中的作用主要从两个方面来进行：一些学者研究交通线路在城市群空间中的地位，指出交通运输是城市群空间的必要条件；另一些学者则主要研究交通运输在城市群空间结构中如何起作用，即从机理方面进行了研究。

---

① 徐永健等. 中国典型都市连绵区形成机制初探——以珠江三角洲和长江三角洲为例. 人文地理，2000（4）：19~23

② 孔令斌. 我国城镇密集地区城镇与交通协调发展研究，城市规划，2004（10）：35~40

2.3.3 交通运输与城市群空间结构的形成与演化

耶兹[①]（Yeates M.）根据经济生产方式及交通条件的变化将美国大都市地区的形成划分为五个阶段。

（1）重商主义城市时期（Mercantile City）

在资本主义早期商业原则的作用下，从城镇群体的地域来看表现为沿海城市以港口为核心、内陆城市以农业或资源地为核心的紧凑分布形态；从城镇内部来看，为了满足最大的商业追求而将街道网布置成紧密的棋盘状。城市规模很小，城镇间交通较少，交通方式以马车为主。

（2）传统工业城市时期（Classic Industrial City）

工业成为区域城市社会经济组织的主导，并成为城镇群体空间演化的主要推动力量。从城镇群体地域来看，出现了按生产要素接近原则形成的城镇组合；从城镇内部空间来看，区位效应使城镇内部的社会经济功能分区发生了改变。城市空间处于不断扩张时期，乡村地域成为生产要素净流出的边缘，交通方式以马车和铁路为主。

（3）大城市时期（Metropolitan Era）

区位条件优越的城市成为生产要素集聚的场所，城镇等级体系在工业大生产组织的作用下重新建构，大城市逐渐形成并占据了主导地位。由电车和火车组成的快速、大容量交通系统为城市由向心集中转向放射状的向外扩展提供了可能，郊区有特殊经济地理意义的活动中心已有形成。A. Park 与 Burgess（1925）同心圆模式、H. Hoyt（1939）的扇形模式、Harris 和 Ullman（1945）的多核心模式等，都是描述这一时期的城市空间扩展状态。

（4）郊区化成长时期（Suburban Growth）

第二次世界大战以后经济与技术的迅速发展及城市人口规模的迅速增加，改变了城市与乡村地域（首先是郊区）的比较优势，郊区的生态价值以及经济价值重新得到发现，人口分散化成为居民、企业、政府的一项主动选择。小汽车及高速公路的发展并非单方面促进了这一过程的加速，而且也和这种过程交合在一起相互推进，在郊区以及更为广阔的区域里形成更多的空间据点，对原先的城镇群体空间起到了加密、加紧一体化联系的作用。

（5）银河状大城市时期（Galactic City）

20世纪80年代以后城镇群体空间在区域层面的大分散趋势继续成为主流，传统中心城市的作用被一种多中心的模式所取代，形成城乡交融、地域连

---

① Yeates M. The North American City. Haper Collins Publisher，1989

绵的"星云状"的大都市群体空间。

在上述五个时期中,郊区化对城镇个体的形态及群体空间的演变具有最为重要的影响,而交通方式的变革和城际及州际交通运输网的完善促进了这一过程,而且也和这种过程交合在一起相互推进。在郊区以及更为广阔的区域里形成更多的空间据点,对原先的城镇群体空间起到了加密、加紧一体化联系的作用,并最终形成城乡交融、地域连绵的"星云状"的大都市群体空间,而原先中心城市的功能被一种多中心模式的城市群体整体功能所取代,其产业结构经历了由以第二产业为主向以第三产业为主的转变。

2.3.4 城市群内经济联系的研究

1957 年美国地理学者乌尔曼(Ullman E. L., 1957)提出用空间相互作用理论来研究城市群内外空间相互作用机制圈[1]。乌尔曼认为相互作用的产生有三个条件:互补性(Complementally)、中介机会(Intervening Opportunities)和可运输性(Transferability)。城镇之间、城镇与区域之间总是不断地进行着物质、能量、人员和信息的交换,这种交换称为空间相互作用(Spatial Interaction),正是这种相互作用,才把空间上彼此分离的城市结合为具有一定结构和功能的有机整体,即城市空间的分布体系。

美国学者海格特(P. Haggett)借用物理学热传递概念,提出一种空间相互作用形式的分类:对流、传导和辐射。这种作用形式近似于城镇密集区内城镇之间的相互作用。

1)对流:以物质和人的移动为特征,如产品、原材料在生产地和消费地之间的运输,人口移动,邮件等。

2)传导:各种交易过程,不是通过具体的物质流动来实现,而只是通过电子记录程序来实现,表现为货币流。

3)辐射:指信息流动和创新(新思维、新技术)的扩散。相互作用的产生和进行,需要借助各种媒介,其中交通通信设施是主要的手段。如果把相互作用赖以进行的各种网络和城市一起考虑,那么城镇就是位于网络之中的节点(Node)。交织在城市中的网络越多,说明城市的可达性就越好。

将上述物理学概念应用在城镇之间各种关联度分析上,可以较好地分类研究城镇群体的相互作用机制。一般来讲,可以将城镇之间相互联系分为自然、经济、技术、社会和行政五种基本类型。

戴维斯(Davies,1990)认为,城市间的联系从一开始便具有区域联系的

---

[1] Ullman E. L. American Commodity Flow. Seattle University of Washington Press,1957:60~73

特征。目前，区域城市间联系的特征是，相互作用的数量（或规模）和速度有了引人注目的增加。在城市群经济空间联系中，呈现出持续高水平的、以地区为相互作用的特征，具有空间结构流的形式。

G. Mulgan（1991）比较全面地分析了网络通讯技术对城市产业结构、城市间经济联系及城市体系地域扩展的促进作用[1]。格罗姆和马拉文（Graham，Marvin，1996）将信息技术对城市空间经济联系的作用概括为四种效应：协作效应、替代效应、衍生效应和增强效应[2]。Seil Mun（1997）建立了城市群的人口规模、工业结构、贸易水平、土地扩展及房产发展等与城市运网结构间的相互关系模型，强调运网投资带来的城市内部空间集聚特征以及运网发展引起的城市规模结构的空间分异现象[3]。Kobayashi（1997）则以高速铁路系统建设为例，探讨了快速交通对城市资本、知识交流、城市规模分布、城际间相互作用等空间结构的影响，并建立多因子区际增长模型，动态模拟了城市群经济联系的发展[4]。T. Bunnell，P. A. Barter 和 S. Morshidi（2002）在评估大都市带区信息、技术、运输交流联系特征的基础上，分析了近几十年全球化进程中的城市社会空间联系扩展的演变过程[5]。

对于城市群经济空间联系的未来发展趋势，朱英明认为，随着城市群区域经济的全球化步伐加快，城市群将会产生三种典型的技术—空间集聚。

表 2.2　城市群区域技术—空间集聚的三种类型[6]

技术水平	部门（例如）	支配的劳动力过程	公司间联系	灵活性类型
较高	微电子	灵活的	大量高技术专门化的小公司（联合、半横向一体化）	系统的灵活性

①　G. Mulgan. Communication and control: networks and the new economics of communication. Oxford: Polity Press, 1991

②　Graham S. , Marvin S. Telecommunication and The City, Electronics, Urban Places. London: Routledge, 1996: 434

③　Seil Mun. Transport network and system of cities. Journal of urban economics. 1997 (42): 205~221

④　Kiyoshi Kobayashi, Makoto Okumura. The growth of city systems with high-speed railway systems. Annals of Regional Science, 1997, Vol. 31: 39~56

⑤　T. Bunnell, P. A. Barter, S. Morshidi. Kuala Lumpur metropolitan area: a globalizing city-region. Cities, 2002, Vol. 19: 357~370

⑥　朱英明. 我国城市群区域联系发展趋势. 城市问题，2001（6）：22~24

续表

技术 水平	部门 （例如）	支配的劳 动力过程	公司间联系	灵活性类型
中等	汽车	新福特制	自动化大批量生产的大公司与转包 的小公司（垂直分解）	技术的灵活性
较低	纺织	新泰勒主义	劳动力密集的大公司与依赖的车间 （横向的半一体化）	数量的灵活性

城市群区域的核心城市逐渐转化成孵化新的创新产业的基地。更少的劳动力密集的新的技术体系和产业关系的建立，使产业再组织的方式发生变化。新泰勒主义和新福特主义的生产方式在远离核心城市的其他地区广泛应用，而核心大都市成为具体体现新的技术及其社会化的场所。

张会清、王旭（2005）着重探讨长江三角洲城市群两个副中心城市——南京和杭州间的竞合关系[①]。易开刚（2005）则将长三角城市群商贸经济一体化的运作机制总结为：规划对接与定位协调机制，产业分工与优势互补机制，资源共享、价值共创、利益共占机制，以及辐射与集聚机制[②]。张虹鸥、叶玉瑶等（2004）采用城市流强度指标测度了珠三角城市群内城市间相互作用和联系的程度[③]。戴学珍（2005）利用空间相互作用理论对京津冀城市群的双核——京津之间的空间互动与一体化发展问题进行了比较系统的研究，揭示了京津空间互动的历史演变和基本特征，探讨了京津两地实现市场和生产一体化的动机、现状和途径[④]。江曼琦、林泉（2006）则着重探讨了交通基础设施建设对京津两地分工、合作关系的影响[⑤]。

2.3.5 城市群内城市分工与协作关系研究

马智胜、孙育平（2005）探讨了城市群内部空间结构与城市间功能分工的关系，认为前者对后者起决定性作用，城市群内城市间分工与联系的强度主要

[①] 张会清，王旭. 城市群内部副中心城市间的合作关系研究——以南京和杭州为例. 华东经济管理，2005（8）：48~50

[②] 易开刚. 长三角城市群商贸经济一体化发展的成因机制与战略. 经济地理，2005（11）：775~778

[③] 张虹鸥，叶玉瑶. 珠江三角洲城市群城市流强度研究. 地域研究与开发，2004，23（6）：53~56

[④] 戴学珍. 京津空间相互作用与一体化研究. 中国财政经济出版社，2005

[⑤] 江曼琦，林泉. 双核心城市分工与合作的技术基础——以北京—天津为例. 经济与管理研究，2006（9）：46~50

取决于城市经济活动的影响力，即投资集聚能力、市场集聚规模和技术经济水平①。刘宏在其博士论文中，以赫克歇尔—俄林定理为依据，提出了城市群循环分工理论假说：群内城市的核心要素决定城市产业结构，这种由核心要素决定的产业结构决定城市间的产业分工模式；城市产业结构改变城市价值空间，改变城市群的价值空间结构；而城市价值形成过程又影响着城市的规模等级；不同规模等级的城市会吸引不同的核心要素；核心要素的不同进一步决定产业结构，如此循环往复，不断累积就形成了群内城市分工体系②。

欧阳南江（1996）③从专业化部门的数量和发展水平以及专业化部门地区分布和组合两个方面揭示了 20 世纪 90 年代珠江三角洲工业地域分工的基本特点，认为虽然不少城市存在专业化部门多而不精、工业结构趋同的问题，但珠江三角洲地域分工格局已开始形成。

范剑勇（2004）④、刘传江等（2005）⑤研究发现，随着长江三角洲地区一体化进程不断推进，上海的制造业份额趋于下降，周边地区制造业份额不断增加，并且，上海与周边地区制造业结构差异不断扩大，各地区专业化倾向有所增强。王维工（2003）⑥、赵丽与夏永祥（2004）分析了长江三角洲地区工业的区域分工现状。通过对长江三角洲地区的区域分工协作状况、工业化水平和产业结构现状的分析，城市间产业结构的低水平趋同及其背后深层次的原因都是长三角地区为实现区域经济一体化所必须破除的樊篱。并认为长三角地区各城市的产业结构趋同正是长三角地区得以形成一个经济区域的基础，也是实现长三角经济一体化的基础，产业结构趋同不一定是坏事⑦。

相对于长三角和珠三角城市群，京津冀城市发展较慢，没有形成合理的城市职能分工体系。陈航等（2005）⑧运用因子分析法对京津冀城市群内各城市职能的现状进行量化分析，认为京津冀城市群内各个城市的职能并没有发挥出自身的基础和优势。城市各个部门发展都相对平庸，城市之间竞争大于合作。因此，只有实现京津冀城市群内各城市职能的整合，才能提高京津冀城市群整体的竞争力。

---

① 马智胜，孙育平．城市群聚的空间经济分析．企业经济，2005（12）：117～119
② 刘宏．城市群分工研究［博士学位论文］．南开大学，2006
③ 欧阳南江．珠江三角洲工业地域分工研究．地理学报，1996（1）
④ 范剑勇．长三角一体化、地区专业化与制造业空间转移．管理世界，2004（11）
⑤ 刘传江，吕力．长江三角洲地区产业结构趋同、制造业空间扩散与区域经济发展．管理世界，2005（4）
⑥ 王维工．长江三角洲经济区域发展结构及其系统学研究［博士学位论文］．东华大学，2003
⑦ 赵丽，夏永祥，长江三角洲地区工业的区域分工协作现状及产业结构趋同现象浅析．苏州大学学报（哲学社会科学版），2004（4）
⑧ 陈航，栾维新，王跃伟．首都圈内城市职能的分工与整合研究．中国人口资源与环境，2005（5）

刘东勋（2005）对中原城市群九城市的产业结构特征和比较优势进行了分析，认为中原地区正处于经济崛起的初期阶段，中原城市群带动战略是中原腾飞的重要推动力，充分发挥中原城市群九城市各自的比较优势并进行产业分工，以大工业、大市场建立发达的专业化协作体系则是经济一体化的主要内容。为此，必须构筑发达的交通运输网络，建立统一的劳动市场和信息共享平台，加强各城市发展战略的协调①。

徐康宁（2005）认为产业分工是长三角城市群合作机制中最难破题的，但也是最关键的——没有产业上的适当分工，就没有真正的城市群一体化发展，也就没有真正形成有机的优势互补的城市群。长三角城市群内部合作在取得成绩的同时，还存在着诸多不足，其中最为突出的就是表现在产业分工上，城市间工业体系相似，结构雷同。长三角城市普遍的"大而全，小而全"的产业构架给以后长三角地区的经济整合、结构优化与升级等一体化进程设置了巨大的障碍，城市群整体竞争力的提高也迫切需要区域内城市在现有进展的基础上，进一步加强产业间的合作②。

2.4 简要述评

传统的区域空间结构理论主要是解释空间结构的自然演化结果，是对区域发展所导致的区域形态的一种诠释或者是历史描述。即使有解释，由于理论工具的缺乏，也主要归结于区域要素分布的非均匀性，而且解释缺乏系统性，对许多现象缺乏解释力。新经济地理的兴起，为人们解释空间结构提供了一种全新的视角，通过规模报酬递增和运输成本之间的循环累积关系，比较好地解释了区域空间结构问题中的两个最重要问题：产业集聚和产业分工问题。这也为我们研究区域空间结构问题提供了一个比较好的理论工具。

城市群作为一个特殊的区域，城市群空间结构也成为区域经济学家、地理学家的一个重要研究对象。最早对城市群现象予以关注的是地理学家，由于学科背景的不同，地理学家对城市群现象更多地从地理学的角度来研究其形成、发展的原因。经济地理学家在对城市群的研究中也已经注意到了交通运输在城市群发展中的作用，但是，他们关注的重点是交通运输在城市群发展中起"何"作用，而对"为何"起作用以及"如何"起作用即作用机制方面则相对关注较少。

---

① 刘东勋．中原城市群九城市的产业结构特征和比较优势分析．经济地理，2005（3）
② 徐康宁，赵波，王绮．长三角城市群：形成、竞争与合作．南京社会科学，2005（5）

经济学家对城市群的关注主要集中在城市的规模和等级结构体系方面，对城市群内城市间的分工虽然有所涉及，但关注还是相对较少。另外，经济学家虽然研究了交通运输对城市群空间结构的影响机制，但对交通运输与城市空间结构之间的双向反馈作用研究较少，也基本没涉及交通运输如何去适应和引导城市群空间结构。

3 国外城市群交通运输的发展与空间结构演化

3.1 "波士华"城市群交通运输发展与空间结构演化

3.1.1 "波士华"城市群概况

3.1.1.1 "波士华"城市群的范围

以纽约为中心的"波士华"（Boswash）城市群，是世界上第一个也是发育最成熟的城市群。该城市群分布于美国波士华平原，它北起马萨诸塞州的波士顿，南至哥伦比亚自治州的华盛顿，以波士顿、纽约、费城、巴尔的摩、华盛顿等一系列大城市为中心地带，其间分布的萨默尔维尔、伍斯特、普罗维登斯、新贝德福德、哈特福特、纽黑文、帕特森、特伦顿、威明尔顿等城市，将上述特大中心城市连成一体，其间有200多个卫星城镇，大小城市连绵不绝，在沿海岸600多公里长、100多公里宽的地带上形成一个由5大都市和40多个中小城市组成的超大型城市群，面积约13.8万平方公里，人口约4500万人，城市化水平达90%。

3.1.1.2 "波士华"城市群的经济发展水平

"波士华"城市群是世界上发育最成熟的大都市带，也是美国最大的城市群，由州际（95号）高速公路、航线和铁路等连接，华盛顿到费城，费城到纽约，纽约到波士顿乘车只需要3个小时左右，经济、社会、文化交流极其便利。该城市群虽然面积仅占美国国土面积的1.5%，却集中了全国人口的近20%，人口密度为每平方公里300多人，是全国平均人口密度的10倍以上。这条大都市带是美国经济的核心地带，制造业产值占全国的30%，是美国最大的生产基地。该城市群区域的各主要城市都有自己特殊的功能，都有占优势的产业部门，城市之间形成有紧密的分工协作关系。

图 3.1   波士顿—华盛顿城市群示意图

3.1.2   "波士华"城市群的空间结构

3.1.2.1   "波士华"城市群的主要城市的人口分布

"波士华"城市群的中心城市主要有纽约以及波士顿、费城、巴尔的摩和华盛顿。2000 年，纽约城市人口达到 1780 万人，城市面积 8583 平方公里，城市人口密度达每平方公里 2074 人。其他中心城市人口，费城 515 万人，波士顿 403 万人，华盛顿 393 万人，巴尔的摩 208 万人。

表 3.1   "波士华"城市群中心城市人口主要指标（2000 年）

中心城市名称	英文名称	城市人口	城市面积（平方公里）	城市人口密度（人/平方公里）
纽约	New York—Newark, NY—NJ—CT	17799861	8583	2074
费城	Philadelphia, PA—NJ—DE—MD	5149079	4607	1118
波士顿	Boston, MA—NH—RI	4032484	4444	907
华盛顿	Washington, DC—VA—MD	3933920	2961	1329
巴尔的摩	Baltimore, MD	2076354	1748	1188

资料来源：美国统计局网站。

3.1.2.2 "波士华"城市群的产业空间分布

"波士华"城市群内每个主要城市都有自己特殊的功能和占优势的产业部门，而且在发展过程中彼此间又紧紧地联系在一起，在共同市场的基础上各种生产要素在城市群中流动，促使人口和经济活动更大规模的集聚，形成城市群巨大的整体效应。

（1）纽约

纽约是美国纽约州南部的一个城市，位于哈得逊河口的纽约湾。它是全国最大的城市和金融、文化、商业、船运和通运中心。最初只包括曼哈顿岛，1898 年重新划定包括今天曼哈顿的五个行政区：布隆克斯、布鲁克林、昆士和斯特提岛。

纽约是这一城市群的核心之一，城市职能是综合性的，影响则是全球性的，联合国 6 个主要机构中有 5 个设在这里：纽约虽非国家的首都，却发挥着国际政治中心的职能；纽约的经济功能突出表现在金融、贸易和管理等方面，目前纽约在世界境外银行业务中所占的比重为 8％，全美 500 家最大的公司约有 30％的总部设在这里，与之相关的广告、法律、税收、房地产、数据处理等各种专业管理机构和服务部门也云集此，形成了一个控制国内、影响世界的服务和管理的中心。纽约有世界"银行之都"的称号，第三产业人口占总就业人口的 88.7％（1993 年），掌握着西方的经济命脉，影响着世界金融领域。纽约在产业结构调整中起着先导创新作用。通过合理的调整，既成功地加强了中心城市的实力和地位，又使周围地区获得了发展的契机。例如，纽约作为一个老工业中心，在 20 世纪初的就业人口中，制造业占 35％，到 1950 年下降为 29.5％，但制造业绝对就业人数缓慢增长。50 年代后，随着金融、服务职能的增强，制造业就业人数无论绝对量还是相对量都直线下降，1980 年仅占 17.4％，而同期第三产业却从 54.7％上升到 81.8％。

表 3.2   1950～1987 年纽约地区劳动力结构变化   单位：％

行 业 ＼ 年 份	1950	1960	1970	1980	1987
制造业	29.5	28.8	20.6	17.4	10.5
建筑业	6	3.1	3.5	2.7	3.3
服务业	65	67.1	74.9	79.9	86.2

资料来源：魏达志等．城市群与城市国际化．海天出版社，2006

（2）费城

费城是城市群中的第二大城市，位于美国宾夕法尼亚州东南角，距大西洋约 153 公里，是美国宾夕法尼亚州最大的城市，位于该州东南部、特拉华河上沿岸。在 1790 年到 1800 年，它曾作为美国的首都。

费城是一个多样化的城市，重工业发达，为美国东海岸主要的炼油中心和钢铁、造船基地，全市就业人口中的 2/5 从事制造业。其经济职能以重化工业为主，同时也是全国的重要水陆交通枢纽。费城为世界上最大的淡水港，是美国最大的外贸港口。铁、铜、锰、石油从这里进口，货物输入量占全美首位。利用这些发展了钢铁、石油加工和有色金属冶炼业，进而又建立了重型机器制造、造船、铁路机车制造与汽车制造以及石油化工业，费城是群内也是美国最重要的重工业城市。代表性产业有：纺织、食品、服装、石油（为美国东部最大的炼油中心）、出版印刷、仪表、化工、医药和造船等。

（3）波士顿

波士顿是美国马萨诸塞州首府和最大城市，位于该州的东部，马萨诸塞湾的一个海湾——波士顿湾上。现在它是一个主要的商业、金融和教育中心。波士顿的工业比较发达，原来的支柱产业是纺织、造船等传统工业，现在则以高科技行业为主要产业，是全美仅次于硅谷的微电子技术中心。另外，波士顿是有名的文化城市。市区人口不到 60 万人，却拥有 16 所大学，波士顿大都市区有 60 多所大学，注册学生总数达 25 万人，哈佛大学、MIT 在此。此外还有国家航空与宇航电子中心等重要科研机构。

（4）华盛顿特区

华盛顿位于该城市群的南端，美国首都，位于弗吉尼亚和马里兰之间的波多马克河畔，与哥伦比亚特区具有同等范围。华盛顿特区是世界各国中少有的仅以政府行政职能为主的政治中心。市区人口 60 万人中有近 30 万人是受联邦政府雇用的服务人员。

政府禁止该市发展其他无关工业，而获得长足发展的是为其庞大的行政和文化机构服务的印刷出版业、食品工业、高级化妆品业等。由于市区多为纪念性建筑及公园草地，旅游业相当发达。它还是科学文化中心，有多所著名大学和号称世界两大图书馆之一的国会图书馆。

（5）巴尔的摩

它是马里兰州北部的一座城市，位于华盛顿特区东北面的切萨皮克湾的一个分支处。巴尔的摩是重要的海港和工商业中心，人口 70 万人。其经济结构同费城极其相似，但重工业的比重更大些。在进口原料的基础上，巴尔的摩发展了钢铁、造船和有色金属冶炼等工业，以进口铁砂为原料的斯巴罗斯伯因特钢铁厂，经过扩建成为美国最大的钢铁厂之一。它还是美国东海岸重要的工商业中心，对外贸易在城市经济中占有重要地位。

由此可以看出，波士华城市群作为发展比较成熟、高级化的城市群，各个城市形成了比较合理的分工、专业化职能，实现了生产要素的合理配置，在共同市场的基础上，各种生产要素在城市群中流动，促使人口和经济活动更大规模的集聚，基本上形成功能一体化发展的完善空间结构体系。

3.1.3 "波士华"城市群交通发展与空间结构的演化[①]

交通运输的发展与美国波士华城市群的形成与发展密切相关，这使得在交通技术发展的不同阶段，该城市群体内城市间的经济联系、城市职能、产业的集聚与扩散运动状态及城市体系都呈现明显的不同特征。

3.1.3.1 河流和运河航运时代（1790~1840 年）

美国独立战争结束后，即从 1790 年开始，经济进入了所谓的开拓重商主义时代，经济主要以农业为主体。美国当时的城市主要是起了与欧洲各国联系的中转站作用，因此，当时的城市主要分布在临海的港湾地区和内陆水运比较发达的地区，尤其是接近海岸地区的城市数量和规模最大。

（1）城市职能单一，相互之间联系缺乏

由于运输方式单一，城市经济发展水平还很低，因而城市功能单一，商业贸易是各个城市的主要产业，城市主要发挥着商业集散功能，即从欧洲运来的各种工业产品由各城市疏散到全国各地，或者各种农产品、木材和毛皮等由这些城市转运到欧洲。城市的发展与交通条件的优劣具有重要的关系，如波士顿由于具有得天独厚的区位条件，因而有发达的航海业，在 1805 年美国的船运量为 100 万吨时，波士顿就占了 1/4，航海业的发展不仅带动了船舶制造、修理业发展，也促进了商业的发展。纽约市的发展主要与远洋贸易、农产品和黑奴贸易等原始资本积累有关。费城虽然不是临海城市，但由于它位于特拉河的河口，远洋巨轮可以直达费城港，因此它与波士顿、纽约一样具有共性，即便于通过航运与外界交流。

（2）城镇体系发育不完善

由于城市间联系不多，因而城市间不存在明显的等级体系，各城市规模基本相似，但城市之间的竞争已经出现，并且逐步形成经济发展差异。在 19 世纪初期以前，由于拥有良好的区位优势，波士顿、费城、纽约都得到了快速的发展，这三座城市的发展速度相当。在 1825 年开通伊利运河后，纽约的地位

① 张文尝，金凤君，樊杰．交通经济带．科学出版社，2002

发生了巨大的变化，在西北部港湾城市的竞争中居于领先地位，它的地位远远超过了费城、波士顿，成为全美最大的大都会。由于开凿了连接大西洋南北城市的运河，城市间的经济、人流等联系迅速增加。

3.1.3.2 铁路时代（1840～1930年）

在19世纪30年代以后，铁路铺设速度不断加快，交通网络的形成加速了美国工业化和城市化的发展，特别是为东北部各城市之间的经济和社会发展提供了基础。

（1）城市群快速发展，中心城市集聚扩散作用增强

铁路的大规模建设大大推动了工业化的发展，由此导致了城市职能转变、规模迅速膨胀。1840～1885年，全美5000人以上城市的人口占总人口比重由10％上升到了28％，费城、华盛顿等城市的发展比较迅速。在19世纪50年代之后，美国进入了经济发展的快车道，科学技术和生产技术日新月异，工业化和城市化突飞猛进，到1920年全美城市人口占总人口比重就已高达51.2％。工业化的迅猛发展，促进了人口向城市的集中，人口的增加进一步刺激了工业产品需求的增加；同时，大量工业产品的生产和销售也客观上带动了交通运输的发展。

（2）城市之间的联系加强，分工体系开始形成

铁路运输网络的建设和完善，把各个城市有机地连接在了一起，出现了规模和等级不同、职能分工各异的城市体系结构。

纽约在19世纪初与波士顿和费城不相上下。但是，纽约在区位和交通条件方面具有独特优势。纽约的区位条件与位于它南北的费城和波士顿相比，正好处于居中的位置，非常有利于与欧洲经济发达国家相联系，因此，它在技术、信息和经济上一直领先于其他城市。它拥有一个终年不冻的天然良港，这在当时主要以外向经济联系为主体的美国经济来说，纽约的地位举足轻重。到1860年，纽约占全美进口贸易的2/3，出口贸易的1/3。另外，由纽约通往中西部的交通体系极为完善，广阔的腹地和极为便利的交通条件为其发展营造了一个其他城市无法比拟的竞争环境，经济的迅速发展，极大地刺激了人口的集聚，而人口的发展反过来又进一步推动了经济的集聚，形成一个累积循环效应，使纽约在人口、工业、商业和贸易等各个方面居于绝对领先的地位，成为该城市群乃至全美最大商业、工业和贸易中心。

费城在19世纪中期随着交通的发展也表现出鲜明的区域性城市特色，在1830年费城就已经成为美国重要的工业和港口城市，经济表现出多样化的趋势，它在港口、纺织业和钢铁等综合产值已经超过当时世界上最发达的国家英国同等规模的城市。在19世纪50年代，费城的城市规模不断膨胀，产业的发

展也吸引了大量的移民和农村过剩劳动力，使其城市人口很快达到了纽约的一半。

波士顿由于地理位置远离西部和南部新开发地区，国内经济不断地西移，国外贸易因纽约的发展，其具有百年商业发展的优势逐渐被纽约所取代。在这种经济环境背景下，调整城市经济结构对于当时的波士顿来说势在必行。于是从 1800 年开始，经济发展重点由商业开始转向工业，在波士顿附近的沃尔瑟姆建立了纺织工业，纺织企业的成功刺激了相关行业的发展，在交通相对便利的周边小城市如劳伦斯、奇科皮等地也相继投资建厂，到 1840 年，有些小城市人口就达到了 2 万人。

除上述三大中心城市外，巴尔的摩、华盛顿等城市的发展也极为迅速，围绕各大城市周边的中心城市和卫星城市作为大城市的工业区、居住区发展也很明显。在"波士华"城市群中，城市的规模等级体系、职能分工体系已经明显化，如纽约是全美最大的全国性金融、贸易、工业和商业等中心，而费城、波士顿是地方性中心城市，费城在工业专业化上居于领先地位，华盛顿则是政治中心。

3.1.3.3 高速公路时代（1930 年以后）

从 20 世纪 30 年代开始，美国开始大规模的兴建高速公路，1941 年从费城到匹兹堡的宾夕法尼亚收费高速公路建成，之后在长岛上韦斯特切斯特县的纽约地区高速公路，以及康涅狄格州的梅里特高速公路也相继建成。1956 年，美国联邦政府通过了高速公路法，到 70 年代中期，美国的高速公路的总里程已经达到了 5 万英里。对"波士华"城市群起到重要促进作用的是 95 号州际高速公路，由北部的波士顿到南部的华盛顿 600 英里的路程大约只需要 8～9 个小时，便利的交通使得多个大中小城市紧密地联系在一起。

（1）高速公路建设推动了郊区化发展

中心城市中的一些居住职能分离出来，继而是制造业和商业等，而中心城市仍然维持着许多公共服务的职能，城市呈低密度扩展。高速公路和汽车的发展和普及，快速和方便的交通通道和运输工具为中高阶层的消费者选择舒适的居住环境和购物空间提供了坚实的基础条件，工作、居住和消费空间逐渐分离。在新泽西中心区集中了大量的商业和服务业，从事这些职业的人口也比较多，1924 年中心区人口为 230 万人，1948 年达到了 370 万人，但从 20 世纪 50 年代开始出现了由中心向周边地区迁移的现象，即工作在中心区，生活在周边区，到 1956 年中心区人口下降到了 330 万人。不仅居住空间由中心向周边发展，商业中心也出现了离心化的趋势，大城市中心区的零售额不断下降，一些大型商业中心在郊区拔地而起，而市中心区的商业区却逐渐萎缩，如纽瓦克市的市中心商业区曾是新泽西州最大的商业中心，但在 1964～1992 年，那里的百货店相继倒闭，而留下的却是在郊区发展起来的各种购物中心。

（2）高速公路的发展为产业的空间扩散创造了条件

大城市内部由于地价、交通和环境问题，带来了企业生产成本的提高，从20 世纪 50 年代开始，特别是在高速公路网络体系完善之后，许多企业开始趋向周边卫星城市转移。如在马萨诸塞州的 128 号公路和州际 495 号公路，是美国著名的高科技工业集聚地带。

（3）高速公路的发展推动了大量的小城市依托中心城市快速发展

高速公路的发展刺激了在纽约、华盛顿和费城大城市周边许多具有竞争力的新型中小城市的发展，像新泽西州的一些中小城市由于靠近纽约市而不断发展壮大。中小城市的发展使城市集聚度不断提高，逐步形成密集的城市群。主要大城市人口的增长趋于停滞，甚至负增长，波士顿和费城人口减少最为严重，纽约人口变化较小。总的来看，纽约仍是最大的中心城市，大纽约区由中心区和 60 多个卫星城市组成，市区面积大约 830 平方公里，人口约 1600 万人，它不仅是"波士华"城市群内最大的经济中心，也是世界上最大的金融、贸易、文化艺术等中心，出口商品占全美对外贸易额的 1/50。

3.2　日本东海道城市群交通运输与空间结构演化

3.2.1　日本东海道城市群范围

日本东海道城市群，又称日本东海道太平洋沿岸城市群，简称日本城市群，长约 600 公里，平均宽度 30～60 公里，属于带状狭长区域的城市群，是日本政治、经济、文化的中枢地带。东海道城市群由东京、名古屋、大阪三大都市圈组成，以东京、名古屋和大阪为核心城市，包括横滨、京都、神户等特大城市，大、中、小城市总数达 310 个。

全日本 11 座人口在 100 万以上的大城市中有 10 座分布在该城市群区域内，它集中了日本工业企业和工业就业人数的 2/3，工业产值的 3/4 和国民收入的 2/3。

3.2.2　东海道城市群的空间结构

人口和产业的集聚是该群最为显著的特征。人口集聚主要表现在东京、大阪、名古屋等中心城市，群内客流占全国的 64%。产业集聚表现在 20 世纪 60

年代已经集中了日本国民生产总值的 70%、工业生产额的 60%、工业就业人数的 63%、产业基础设施投资额的 50%。

3.2.2.1　东海道城市群的人口空间分布

日本东海道城市群由东京、名古屋、大阪—神户三大都市圈组成。三大都市圈国土面积约 10 万平方公里，占全国总面积的 31.7%；人口近 7000 万人，占全国总人口的 63.3%。东海道城市群的主要城市包括东京、大阪、名古屋、横滨、京都和神户。其中，东京是日本的首都和最大城市，有 800 多万人口；大阪有 260 多万人口；名古屋有 210 多万人口；横滨有将近 300 万人口；京都和神户有 140 多万人口。

3.2.2.2　东海道城市群产业空间分布

三大都市圈以及各主要城市各具特色，发挥着各自不同的功能。

（1）东京大都市圈产业空间分布

东京大都市圈居于日本三大城市圈的第一位，兼有全国政治、经济、文化中心功能，并逐步确立起全球三大金融中心的地位。东京是世界上经济最为集中的城市，集中了众多企业尤其是大型企业总部、银行、股票市场和广告代理店。东京与世界其他城市相比，企业和银行分别居于第一位，股票市场居于第三位，而广告代理则居于第二位。在 20 世纪 60 年代之前，东京都市圈是二元经济结构，20 世纪 60 年代之后，由于代转包的出现，大小公司之间的发展趋势由二元结构转向专业协作，大公司通过承包商获得特殊利益，它们通过帮助小公司提升专业技术而获得利润，在这种协作体系下，产生了集聚效应和区域优势，大公司总部、研发及原始创新部门都处于东京都市圈的中心，而大规模的生产基地则转到了周边地区。20 世纪 80 年代，产生了一次以金融和服务为主体向城市进行转移，同时制造业开始转移到工业中心的外围地区的运动。行业的分散和国际商业集团的增加，使东京成为世界性经济中心。这一过程的主要动力在于随着世界走向全球化，东京形成了更多具有中心功能的板块集聚。

东京大都市圈形成了明显的区域职能分工体系，即各核心城市根据自身基础和特色，承担不同的职能，在分工合作、优势互补的基础上，共同发挥出了整体集聚优势。

东京中心区集中了绝大部分的政府、行政、文化、管理机构以及服务业、批发业、金融业、印刷业部门，发挥着政治、行政的国际、国内中枢职能，金融、信息等的中枢职能，经济中枢职能，科教文化的中枢职能。多摩地区接受东京部分功能（主要是大学、研究开发机构和高科技产业方面）的转移，现已发展成为东京都高科技产业、研究开发机构、商业、大学的集聚之地。随着接受东京各种职能的转移，神奈川区域更好地发挥了作为工业集聚地和国际港湾职能，同时加强了研发、商业、国际交流、居住等职能。其中，横滨市拥有国内最重要的对外贸易港——横滨港，加上企业总部、国家行政机关的集聚，促进了国际化、信息化进程，正在增强国际交流职能；川崎市主要承担生产制造和研发职能，其石油行业销售总额占到全县总量的 60.4％（1998 年），川崎港主要为大企业运输原料和成品服务；厚木市则在研发、高技术产业和教育职能方面较集中。崎玉区域主要接纳了东京都部分政府职能的转移，已成为政府机构、居住、生活、商务职能集聚之地，在一定意义上成了日本的副都。茨城南部区域已形成以筑波科学城为主体的大学和研究机构集聚之地，目前，筑波科学城拥有 60 多个科研、教育、企业机构（政府科研机构 46 个），共有科研人员 1 万名，占日本国立科研机构人数的 1/2，其中获得博士学位的高级人员就有 2500 多名。

（2）大阪都市圈产业空间分布

大阪地区是西日本的经济枢纽。它包括三个大城市：大阪、神户和京都，由于发展基础和区域优势的不同，大阪市、京都市和神户市在都市发展及其产业配置方面各具特色。大阪和神户称"阪神工业地带"，重点发展钢铁、造船、石化、机械、纺织。京都曾为古都，有"西京"之称，是日本著名的文化城市。

大阪市根据其定位、地理位置、历史条件和土地利用状况，对大阪的都市空间发展进行布局，将市域划分为中心部、北部、东部、南部和西部，其中，西部区作为大阪市的"新区"，是各种商务功能集中的地区；中心部作为"老区"，在强化中枢管理、商业、国际金融等功能的同时，加强都市景观的整治与优化组合。通过"东西都市轴"连接"新区"和"老区"，"南北都市轴"连接北部区域和南部区域，两大都市轴相交会的地区即构成大阪市中心区，而连接各小区并与周边都市相联系的"广域轴"，和上述两大都市轴共同构成了大阪市"田"字形空间发展模式。

神户既有的都市功能及其产业配置格局为：山麓地带密集着传统的中小企业，港湾地带集中了钢铁等"长、大、重、厚"型产业部门，中间的平坦地带则为居住生活区和工商业区。神户现在面临着产业结构转型问题，正积极培育并发展高级服务型产业和高度头脑型产业。

京都市以历史文化景观闻名于世。在历史与文化名胜古迹集中分布的北部地区，绕着景观保护这一核心，从中寻求与居住休闲、文化交流、学术研究、国际交往诸功能之间协调发展的途径。京都的市中心区域具有在其他都市难以见到的特征，即居住区、工作区、文化区与旅游区等诸功能区之间的交互共存。因此，探寻现代商业、商务功能的集聚与传统店铺、街道之间的协调，是京都市中心区再生、发展的关键所在。此外，积极开发、建设新的都市功能集聚区。在京都市中心区的南部，作为今后发展的重点区域，主要形成具有工业发展与文化功能，优良的居住环境功能以及高度的休息、流通、商业与商务功能的集聚区。

（3）名古屋都市圈产业空间分布

名古屋地区位于东西日本的交接地带。汽车工业是其突出的专业化部门，占本区产值的40％和全国的35％，其次为机械、钢铁、石化等。区内形成许多专业化城市，如丰田汽车城、獭户陶都、炼油中心四日市等。名古屋是日本第四大港，年货物吞吐量超亿吨，年集装箱吞吐量超过2000万吨。

3.2.3 交通运输与东海道城市群空间结构演化[①]

与美国的"波士华"城市群类似，交通运输在东海道城市群空间结构演化中起了重要作用，交通技术的每次变革都引起了城市群空间结构的特征的改变。

3.2.3.1 马车时代（1870 年以前）

东海道修建的初衷是为便于朝魏（中央政府为了控制各诸侯国的政治和经济权力，避免分裂和叛乱，将各诸侯国领主的家眷留于东京，规定地方官员每年定期来中央政府朝魏），出于政治和军事的考虑而修筑的。随着政治和经济交流的频繁，53 个驿站的职能逐渐由单纯的军事和政治中心转变为综合性地域中心。东海道的 53 个驿站都位于交通要道上，部分驿站如江户（东京）、名古屋、京都等作为经济和文化重镇，成为区域性中心，但由于各个区域在政治和经济上相对独立，封闭性较大，区域间联系的内容以政治为主体，导致城市的职能和等级分工不显著。

3.2.3.2 铁路时代（1870～1962 年）

铁路的开通，加大了人和物的交流和移动。东海道城市群在 1889 年开通了对区域开发最重要的官营铁路干线东海道线，之后，特别是 20 世纪 50 年代，对该线重点进行了电气化和复线化等改造。东海道铁路干线的开通对连接关东和关西间的经济、社会交流和人员往来起到了巨大的作用，推动了日本工业化步伐，促使了重化工业不断向四大工业地带的集聚。

从明治维新到第一次世界大战是日本轻工业发展时期，明治维新后，工业布局的最大特点是向沿海如大阪、东京、名古屋等地发展。纺织业除在京都相对集中外，在名古屋和关东的许多地区的集中程度也较高，与军事工业相关的

重工业如钢铁、机械工业则主要布局在东京、大阪、名古屋、和歌山、横须贺等市。总之，在第一次世界大战爆发前，日本的经济重心已逐渐向东推进，三大工业地带的核心部分已初具规模。

第一次世界大战之后，工业发展重点由轻工业向重工业转移，经济中心的形成和发展以及空间转移过程的轨迹是沿东海道而推移和发展。工业布局的最大特点是工业生产向大都市的集聚。在20世纪20年代初期，在国家垄断资本主义直接控制下，京滨、阪神和中京工业地带已逐渐形成，至此太平洋沿岸城市群上的三大经济中心的雏形已经出现，随着三大工业带的发展，位于京滨之间的川崎工业区和介于阪神之间的尼崎工业区发展也非常迅速，成为太平洋沿岸新的经济中心。

第二次世界大战后，经过20年的恢复和发展，到20世纪60年代中期，原有三大工业地带工业急剧膨胀，不断向外延伸。如京滨工业带向千叶东京湾扩展，形成了京叶工业地带；阪神工业地带沿大阪湾向西扩展，延伸到播磨地区，向东南沿海延伸形成界泉北工业区；中京工业地带沿伊势湾延伸，如四日市主要发展石化工业，同时向东延伸到丰桥以及骏河地区，最终形成了东海工业区。

20世纪50年代末期和60年代初期是日本经济高速发展的时期。但是，交通设施相对于高速的经济增长已越来越不能适应社会和经济发展的要求，连接经济集聚的京滨、中京和阪神三大工业地带的重要干线已经阻碍了经济的正常和顺利发展。20世纪50年代，对东海道线重点进行了电气化和复线化等改造，加大了人和物的交流和移动。以三大工业集聚区（都市圈）为中心，以完善的交通和通讯网络轴线为纽带，在相互间的交流和发展的基础上，形成了一个以经济为主体、社会和文化联系密切的经济和社会综合体。

3.2.3.3 快速交通网时代（1962年以后）

作为国家开发战略的重要组成部分，大型综合交通网的建立与完善成为国土开发及城市职能调整的先决条件，得到了优先快速发展。日本的新干线、高速公路等大型交通网和现代化的通讯网络，加强了城市之间的联系，不同的城市依据各自的优势，在相互联系、相互作用中实现了更广泛的规模经济和社会分工，推动了区域经济一体化的发展，并促使城市群形态的多核心演变。

1962年实施的第一次全国综合开发计划，对东海道交通大动脉进行了大规模的整治，以消除三大工业集聚地带间联系的障碍，以及大都市集聚地带与地方城市和新产业城市间联系的不便。1964年开通了从东京经由横滨、静冈、名古屋和京都到大阪全长515公里的东海道新干线，形成了支撑日本经济社会发展的大动脉。

1969年和1977年进行的第二次（新全综）和第三次全国综合开发计划（三全综），促进了东海道高速交通体系的形成和发展。为了从根本上解决城市群内部发展不平衡问题，在"新全综"计划中，主要采取了网络式的开发模式，对东海道的交通体系进行了彻底的整治，具体包括建立高速交通网络体系，如高速公路、新干线和高速集装箱船舶等将大城市与中小城市连接起来。1958年动工修建第一条高速公路即名神线，同时，东名线也于1960年开工，并先后在1965年和1969年两线开通，至此东海道高速公路全线通车。

1987年进行的"四全综"则主要是建立中心城市间的"一日往返的交通圈"，其目的是扭转"东京一极化"的地域结构，形成"多极分散型"的国土结构。手段是建立高规格的干线道路，整治新干线、港湾和空港等，以及完善通讯和信息系统。这次综合开发计划，对太平洋沿岸城市群内都市职能分工和区域联系作用的意义较大。

交通运输业尤其是高速交通体系的发展在日本全国综合开发计划中占据重要地位，对东海道城市群的空间结构演变也起了重要作用。

高速交通体系的建立和完善，使经济由集聚走向分散成为可能。在日本经济高速发展时期，经济职能向大都市圈的高度集中，使企业在生产活动中获得了集聚效益，但是产业的集聚也导致区域经济发展的不平衡加剧。为了解决这一问题，日本政府在全国综合开发计划的基础上，在1966年制定的"新全综"，试图缓减产业和人口向三大都市圈的集聚现象。新干线和高速公路的建成无疑对该计划的实施起到了重要的作用。

新干线和高速公路的开通对工业布局的作用具体表现为：首先，促进了产业的扩散。由于交通的发展，运输成本下降和联系的便利程度增加，使产业的扩散成为可能。例如，京滨工业地带向厚木相模地区和东骏湾地区的扩展，以滨松为中心的西远工业区和丰田工业区向高速公路沿线内陆地区的扩散。其次，在大的交通出入口形成了新的工业带。例如，在烧津和盘田东西长约50公里的地域内的大井川和中远形成了新的工业地带。据静冈县的区位调查，从1962年到1969年间在该县布局的工业企业有60%是在高速公路沿线的市町村布局，以各高速公路出入口为中心沿东名高速路呈带状分布。最后，在新干线沿线的车站所在城市的都市工业的集聚程度也非常显著，如小田原、静冈等市形成了重要的工业基地。

另外，推动了都市圈内部的职能分化。20世纪70年代以来，三大都市圈人口和产业的集聚程度在减弱，各都市圈内部的职能空间分化也已显著化，但东京"一极化"的空间格局仍然没有改观，生产性企业向外扩散比较明显，但企业管理职能、信息咨询产业和金融保险等产业的集中程度仍在加强；大阪和名古屋也具有类似的特征，但不如东京显著。总的来看，三大都市圈产业结构的共同特点是第三产业占有绝对优势，出现了所谓的"服务经济化"的现象。

高速公路的开通将东海道上的中小城市融于太平洋沿岸城市群统一体中，形成了不同等级和职能的经济圈域和城市系统。以东京为中心的首都圈产业沿高速公路和一级公路呈放射状向外扩散，形成圈层式空间布局格局。以东京为中心，半径为100公里首都都市圈各产业在太平洋沿岸城市群，甚至在全国占有举足轻重的地位。大阪都市圈以大阪市为中心，各种产业沿高速公路延伸到了播磨、和歌山、滋贺和奈良，整个大阪圈已由过去半径为50公里的圈域扩展到半径为70公里的圈域。名古屋都市圈向外延伸到春日井、小牧、丰田、冈崎和津等地，其范围由过去半径为30公里的圈域扩大到50公里的圈域。

总之，高速公路全线运营使太平洋沿岸城市群成为一个等级分明、功能各异、内部联系紧密的经济统一体。

3.3　经验与启示

从以上两个城市群交通运输与空间结构演化的关系，我们可以得到以下启示：

（1）交通运输是空间结构演化的基础与必要条件

交通运输是影响企业区位选择的重要因素。按照胡佛的说法，影响经济活动区位结构的三个基本因素分别是：生产要素的不完全流动性；生产过程的不完全可分性；产品和服务的不完全流动性。其中第三个因素就强调了运输的重要性。空间位移要付出相当大的代价，运输成本在很大程度上限制了自然禀赋优势和空间集聚经济的优势实现。

（2）交通运输主要通过分工专业化和产业集聚来影响城市群空间结构的演化

城市群是客观形成和主观推动的产物，其建立的根本意义是打破行政界限，按经济与环境功能的整合需求及发展趋势，构筑相对完善的城镇群体空间单元，并以此作为更广阔空间组织的基础，同时增强城市群的整体竞争力。

成熟的城市群一般拥有合理配套的产业分工与协作网络，从而使得各城市优势互补，产生最大效益并实现资源的集约利用。要在城市群形成各具特色的劳动地域分工与协作体系就必须以发达的交通运输网为依托，使之成为城市间的联结枢纽。发达的交通通讯网络不仅将城市群内各城市联成一体，同时也保证了城市群与外部的社会经济文化联系，保证了资金、信息、物质、人口的交换与汇流。

成熟城市群具有完整的城市等级体系。不仅拥有数个大的中心城市，而且还有大量的中小城市，是一个包括大、中、小城市和市镇的城市群体。中心城市是人口与产业集聚的引力中心，在城市群形成和发展中起着核心作用。城市首先出现在交通比较发达的枢纽地，在这些城市集聚了大量的工业。随着水运航道和其他重要交通技术设施的发展，产业首先会向一些基础比较好的城市集聚，集聚水平达到一定临界点后，产业会向周围地区扩散、辐射，形成若干个人口、工业和经济活动集聚的城市，并逐渐形成重要的产业集聚带。

（3）交通运输的发展与区域空间结构演化呈现出阶段性

交通方式的每一次变革都带来区域、城市空间形态的显著变化。在铁路时代，一般呈大区域分散、小区域集中的态势，而在快速交通网时代，则呈现大区域集中、小区域分散的态势。交通运输的发展是时空成本不断下降的过程，因此交通联系密切性是城市群体空间整体性不断加强的基础。交通方式的变化对城市群体空间的演化有着持续和重大的影响，不但直接影响城市及区域的空间扩散形态，而且不断改变着城市的区位条件和作用范围。

4 城市群空间结构演化的动力机制

从前面关于空间结构演化的文献回顾可以看出，无论是弗里德曼的四阶段演化还是陆大道的点—轴空间结构演化，都主要涉及两个方面的内容：一个是不同区域之间的分工合作关系的演化；另一个是产业的集聚和扩散。本章主要从这两个方面来研究城市群空间结构演化的动力机制。

4.1 规模报酬递增：城市群空间结构演化的原动力

经济活动空间分布规律和演进机制是现实经济世界中无法回避的两大问题。离开对现实经济空间维度的考察，就不可能完整地理解经济活动的空间集中、产业集聚、区域增长、城市化等现象。

4.1.1 经济学对空间结构的解释

经济学对空间结构的研究产生了大量有价值的成果，早期的工作可以追溯到亚当·斯密，最近十几年兴起的新经济地理学使经济学对空间结构的研究跨上了一个全新的台阶。区域经济学认为空间结构主要体现为两个方面的内容：一是产业的集聚；二是区域间的分工和专业化。

4.1.1.1 古典经济学中有关空间结构的理论萌芽

亚当·斯密的《国民财富的性质与原因研究》[①] 是西方经济学的起源之一，亚当·斯密没有直接涉及空间结构，但是，在著名的斯密定理中，"分工源于交换能力。分工的程度，因此总要受交换能力大小的限制，换言之，受市场广狭的限制。""市场广狭"既是一个购买力的概念，也具有市场空间的含义，亚当·斯密提出的分工理论是后来研究空间结构的理论基石和主要的研究内容。

大卫·李嘉图对空间结构的影响也不容忽视，他的"比较优势"理论关注

---

① 亚当·斯密著，郭大力，王亚南译. 国民财富的性质和原因的研究（上、下）. 商务印书馆，1997

不同区域空间贸易发生的原理，对后来的空间经济和空间结构研究有重要影响，也有学者认为，李嘉图在研究农业生产问题时，只注重土地肥力的研究，而忽视了土地区位对生产力的重要影响，他的这一研究传统对后来的经济学家影响深远，使区位理论与空间问题被忽视。

总的说来，古典经济学家并没有系统关注经济发展过程中的空间结构变化问题，但是，他们也不是对经济活动的空间问题完全视而不见，在解析经济发展过程中的问题时也涉及多方面的空间含义，成为空间经济学的重要思想源头。

4.1.1.2 完全竞争框架下的空间结构解释

空间不可能定理[①]告诉我们，在一个只有有限个区位、消费者和厂商的经济中，假设空间是匀质的，运输是有成本的，消费者的偏好能在当地得到满足，那么不可能存在一个包含跨区域的竞争性均衡。根据空间不可能定理，如果要在阿罗—德布鲁框架下解释空间结构，只能假设空间的非均质性。这也是在新经济地理学之前用非均质假设来解释空间问题的理论上的原因。

空间非均质性假设主要包括两个方面的假设，即市场需求的非均匀分布和生产要素的非均匀分布。

市场非均匀分布假设在杜能的农业区位理论中得到最集中的体现，杜能假设人口（需求）集中于外生给定的城市，在这一假设前提下，即使不存在规模经济，经济活动也会出现空间结构，即"杜能环"。但是，杜能的理论无法解释城市最初是如何形成的，也就是说，杜能是用一个假设的"空间结构"来解释另一个"空间结构"，尽管如此，杜能的农业区位论比较清晰地描述了农业生产的空间结构，而且其采用的局部均衡分析方法也是比较严密的经济分析方法。他的研究方法对以后的空间经济的研究影响比较大，比如阿隆索用来说明城市空间结构分布的城市土地竞租模型，就几乎完全继承了杜能的思想。

赫克歇尔—俄林的要素禀赋理论[②]则假设生产要素在空间上的分布是非均匀的，在这一假设前提下，他们认为，要素禀赋的空间差异会造成不同区域的空间比较优势差异，并进而造成经济活动的空间差异以及形成区域分工。要素禀赋理论对产业的分工具有很强的解释力，但是，它很难用来解释产业的空间集聚。

---

① Starrett D.，1978. Market allocations of location choice in a model with free mobility, in Jacques-Francois Thisse Kenneth J. Button, Peter Nijkamp, Location Theory, Cheltenham: Brookfield, 1996：141~157

② 安虎森．区域经济学通论．经济科学出版社，2004：512~523

4.1.1.3　新经济地理的垄断竞争框架下的空间结构解释

垄断竞争理论的新发展为空间结构研究提供了新的技术手段，尤其是D—S模型的建立，使得可以突破阿罗—德布鲁框架，在规模报酬递增的假设下研究空间结构的变化，直接促使了新经济地理学的产生。

新经济地理学的创新之处在于用一般均衡方法研究了报酬递增条件下空间结构的形成与演化。

新经济地理学大致有三类模型：第一类是本地市场效应模型[①]，假设市场规模存在差异，且劳动力不可自由流动，在此假设下，如果考虑运输成本，那么具有规模报酬递增的商品生产将集中在拥有最大市场的国家。本地市场效应模型说明区域空间的差异来源于运输成本与规模报酬递增之间的循环累积因果关系，说明区域之间的微小差异在循环累积因果作用下，会导致长期的不均衡发展。

第二类是核心—外围模型[②]，放松了一些假设，假设劳动力可以流动，初始时劳动力（市场）是对称分布，在此假设下，外部的偶然变动有可能导致核心—外围空间结构形成。并且，运输成本越低，规模经济越显著，核心—外围结构越易持续。

第三类是维纳布尔斯建立的存在纵向关联的区位模型，它是指[③]当运输成本下降时，即区域一体化程度提高时，将出现生产要素转移到其他地区的情况。在运输成本很高时，企业会选址在靠近市场的区域。但是随着运输成本的降低，企业会选址在中间产品多的地区，最终，每个区域都会在一个部门上实现专业化生产。

4.1.2　规模报酬递增与空间结构演化

4.1.2.1　规模报酬递增是空间结构演化的原动力

在完全竞争框架下，空间结构问题是非匀质空间的空间结构问题，而规模报酬递增问题并未加以考虑。但是，真实世界中的经济活动是不完全可分的，因此规模报酬不变的假设具有一定的局限性。

规模报酬递增问题是解开经济活动空间分布和演进之谜的关键。实际上，区域经济学与经济地理学中与空间结构有关的理论都富有思想性和实践价值。

---

① Brakman, S., H. Garretsen and C. Marrewijk. An Introduction to Geography Economics. Trade Location and Growth, Cambrige University Press, 2001

② 藤田昌久等著，梁琦译. 空间经济学——城市、区域与国际贸易. 中国人民大学出版社，2005

③ Venables A. J. Equilibrium Location of Vertically Linked Industries. International Economic Review, 1996 (37)：341～359

按克鲁格曼的分类，空间结构有关的理论可以分为五个传统[①]：德国几何学、社会物理学、累积因果关系、当地外部经济、地租和土地利用。这五大传统中前四个都是"认识同一事物的不同方法"。克鲁格曼的"同一事物"正是规模经济。但是，由于无法使规模经济与完全竞争的市场结构相容，空间问题始终无法融入主流经济学。

因此，克鲁格曼指出："在讨论地理学时，哪怕仅仅是为了让讨论稍微合理些，我们也必须以某种方式考虑规模收益递增的作用。"[②]

新兴古典经济学和空间经济学文献认为，经济活动的空间集中源于报酬递增，克鲁格曼指出："这种生产在地理上的集中是某种收益递增的普遍影响的明证。"因此，任何一个完整的空间模型都必须首先阐释报酬递增的来源和性质，进而厘清报酬递增与经济活动空间聚散的关系。

克鲁格曼（Krugman P.）以规模报酬递增、不完全竞争的市场结构为假设前提，在垄断竞争模型的基础上，建立了两区域模型，认为区域空间分异的出现是由企业的规模报酬递增，运输成本和生产要素移动通过市场传导的相互作用而产生的。这样的循环累积过程使区域经济空间分异一旦发生，就能自我增强而持续下去。阿瑟（Archer W. B.）应用内生经济增长模型来介绍资本及劳动力的转移如何通过各地的报酬递增使某些地方的经济活动在损害其他地方的基础上逐渐集聚与增长。马丁（Martin R. L.）应用有关内生技术进步的模型来解释地方上的研究与开发如何产生这个空间集聚过程。这些模型从不同的角度解释了区域经济空间现象产生的动力和机制，并在一定程度上模拟了区域分异的过程。藤田（Fujita M.）通过研究多制造业经济体系中的运费与规模经济差异，引入了人口增长变量，构建了基础模型进行预测分析，认为经济体系会自动发展为一个变形中心地体系，随着人口增加会引起新城市在一定时期内在一个长而狭窄的经济体系产生，并沿着这条轴线逐渐向外扩展，形成"点—轴"型多城市空间结构。

总结区域经济空间结构形成和演变机制模型研究成果，可以说明空间规模收益递增是区域经济空间结构产生和演变的原动力，而人口增长、区域可达性的变化和技术发展都对区域经济空间结构的形成有重要的影响。

4.1.2.2 报酬递增对空间结构演化的影响路径

（1）报酬递增与分工演进

新兴古典经济学的基本观点认为，经济增长是分工演进导致报酬递增产生的结果，而经济发展的各个侧面，如产业结构的优化升级、区域经济空间结构

---

①② 保罗·克鲁格曼著，蔡荣译. 发展、地理学与经济理论. 北京大学出版社，中国人民大学出版社，2000

的高度化及企业组织结构、产权制度的变迁等都是分工演进的必然结果。从这个意义上说，区域经济空间结构演进是分工发展在空间维度上的展开。对于分工演进、报酬递增和空间集中，"杨小凯—赖斯"模型从交易的角度对此进行了解释。在该模型中，分工演进会导致分工网络效应显现，经济体报酬递增性质日益明显，但是用分工网络来组织经济亦有成本，由于分工网络中所有经济活动都必须经由交易来最终完成，分工网络的运行成本就主要表现为完成各种交易的成本，简称为交易费用。理论上讲，分工规模将被决定在其边际收益等于边际交易费用这一点。若降低交易费用，分工的边际收益就会大于其成本，分工的规模就会进一步扩张，分工的网络效应就会更加充分的涌现。因此，为了充分利用分工经济，经济活动必然产生降低交易费用的强烈动机，而经济活动的地理集中则是降低交易费用的主要手段。当然集中并不总是导致交易费用下降，交易的地理集中模式节省交易费用取决于分工水平，分工水平很低的时候，交易的地理集中不能节省交易费用反而会导致不必要的交易费用。该模型揭示了交易的地理集中降低交易成本从而导致分工网络不断扩大，进而要求经济活动在更大规模上集中的循环累积过程，城市将伴随这一过程而产生，城市的层级结构和城乡一元结构也会在这一过程中内生性地出现。因此，城市化就是"通过分工演进而把扩大的交易网络聚合到一个小区域获得一种特殊的经济效应。推动城市化进程的动力来自于交易效率的提高"。"杨小凯—赖斯"模型并不是一个完整的区域空间结构演进模型，该模型实际上只讨论了交易的地理集中问题，它把城市简单地看做交易地理集中的场所，把城市的层级结构看做交易费用与分工网络效应之间权衡的结果。

（2）报酬递增与产业集聚、扩散

新经济地理学从规模收益递增和不完全竞争的假设出发，认为外部规模经济和运输成本的相互作用是解释区域产业集聚和区域核心—边缘形成的关键。在新经济地理最重要和最基本的模型之一，中心—边缘模型的经济地域结构中，外围地区的租金和工资水平相对要低于中心地区，由此，当其他条件假定不变时，经济活动在外围地区进行可以降低产品费用，获得比中心地区较高的利润。然而，在规模经济条件下，当收入递增对生产活动发挥作用时，由于生产活动所需要的原材料、零配件等的购入以及所生产产品投向市场都需要运输费用，相关经济活动的企业在地理空间上相互接近集中生产，可以获得规模经济效益。集聚力促使企业为追求空间集聚效益而不断集中。至于具体的集聚区位的形成，则具有历史偶然性，偶然历史事件起着决定作用，一个区域一旦产生优势以后，便通过前向关联和后向关联产生累积效应，形成相关行业的地区集聚，产生区域专业化格局，即"路径依赖"。集聚力不仅存在于一个国家内部各地区之间，而且也存在于各国之间。在中心—边缘模型中，围绕着经济活动空间的向心力和离心力，从经济主体行为这一微观基础出发，研究了两种力量的来源问题。正是消费者对多样性产品的需求、消费者对工业产品的消费偏好、区域间贸易的运输成本和交易成本等因素的相互作用，导致了产业的集聚与扩散。中心—边缘模型从更微观的角度展示了向心趋势是如何出现的，从根本上响应了"集聚是集聚经济的结果"，清晰地解释了运输成本、报酬递增和关联效应对空间集聚的重要作用。报酬递增促使单个生产者集中他们的生产活动；运费因素使其愿意布局于较大市场周围；要素移动意味着生产者迁往一地后会使相关的市场规模增大，从而使得该地更具吸引力。

4.2 分工和专业化：城市群空间结构演化的根本动力

分工和专业化是经济空间结构形成和发展的最终决定性因素。不管是企业内分工还是社会分工，分工在长期中的演进不仅促进了技术进步、迂回生产、大规模长期投资的出现和发展，还产生了两个副产品：产品多样化和地区专业化。

分工使客观可能的空间分异条件最终落实到人们的生产活动中，并且分工的深化又进一步扩展了市场范围。其所带来的产业间、地区间相互供给与需求的增加，使得以满足相互需要为目的而进行的各种交易活动无论是在量上还是在质上均获得很大的进展。产业链条的延伸、地区生产的专业化和多样化必然带来交易的常规化。地区专业化的发展使得区域间的经济联系越来越密切，使得这种联系所依托的一定的空间结构对整体经济的影响力越来越强。

4.2.1 分工和专业化的内涵及其经济性

4.2.1.1 分工与专业化的内涵

"专业化，就是一个人或组织减少其在生产活动中的不同职能的操作种类；或者说，将生产活动集中于较少的不同职能的操作上。分工就是两个或两个以上的个人或组织将原来一个人或组织生产活动中所包含的不同职能的操作分开进行。"[①]

尽管先前已有许多关于分工的讨论，可是直到亚当·斯密在 1776 年出版《国民财富的性质与原因研究》之后，人们才意识到分工的重要作用。他把分

---

① 盛洪. 分工与交易. 上海三联书店，上海人民出版社，1995：33

工称为国民财富的人均产量增长的两个原因之一，而且是主导的原因。在他看来，分工和专业化的发展正是经济增长的源泉[①]。延续分工源于交换能力的论述，斯密推导出分工的程度要受交换能力大小的限制，即受市场广狭限制的结论。他进一步讨论市场规模与人口数量和密度，自然资源及可以得到的资本积累的数额，以及运输难易程度成正相关。总之，与当时工商业发展水平相适应，斯密已经将分工与市场规模联系起来，这是分工理论的一个重大发展。

杨格（Young, A., 1928）[②] 视分工为使一组复杂的过程转化为相继完成的简单过程，并使用了三个概念描述了分工：①个人专业化；②迂回生产链的长度，或称为迂回生产程度；③每条迂回生产链中的中间产品种类数。他集中讨论了两个相互依赖的方面：间接的或迂回的生产方法的增长与各行业中的分工。

施蒂格勒[③] 1951 年在《市场容量限制劳动分工》一文中指出斯密困境：如果定理成立，典型的产业结构必是垄断，这和强调竞争市场"看不见的手"的斯密理论并不相容。

施蒂格勒（1951）将斯密定理应用于纵向一体化和纵向分解的研究，指出："斯密定理，在不断壮大的产业中，典型的情况应是纵向分解，而纵向一体化倒是衰落产业的特征。"在施蒂格勒看来，决定纵向一体化还是分解的关键在于随着产业生命周期而变化的市场容量。考虑到运输成本的下降是提高市场容量的一条主要途径，施蒂格勒还专门探讨了产业的功能结构和地理结构的关系，认为"区域化是提高产业经济规模，从而获得专业化利益的一种方式。那些关系密切的辅助性、补充性产业若离中心产业很远，是不可能有效工作的。""产业的区域化程度越高，则单个工厂的专业化程度越高。在美国地理集中的产业中，工厂规模通常相当小。"

但是施蒂格勒并未运用科斯在 1937 年提出的交易成本的概念来分析纵向一体化和分解，由于科斯认为"企业的本质是对价格机制的取代"，导致许多经济学家发展了很多关于企业将外部效果内部化的理论，但并未对科斯的企业理论做实质性的发展。

直到张五常（1983）[④] 在《企业的契约性质》一文中才对科斯创立企业理

①　斯密著，郭大力，王亚南译．国民财富的性质和原因的研究．商务印书馆，1981

②　Young, A.（1928）. Increasing Returns and Economic Progress. The Economic Journal, 38 (4)：527～542

③　施蒂格勒（1951）．市场容量限制劳动分工．见施蒂格勒著，潘振民译．产业组织和市场管制．三联书店：22～38

④　张五常（1983）．企业的契约性质．见陈郁编．企业制度与市场组织——交易费用经济学文选．上海三联书店：240～269

论做出突破，认为科斯企业理论的精神实质是不同契约安排具有不同交易成本。他指出企业并不是用非市场的方式代替市场方式来组织分工，而是用要素市场（主要是劳动）代替产品市场。张五常实际上是回归到对交易成本的思考上，把企业也视为一种市场关系，甚至是一种高级的市场关系。产品市场与劳动要素市场在企业外部和内部分离的唯一原因就是为了节约交易成本，从而避免对要素投入进行直接的高成本的计量考核。

杨小凯的新兴古典经济学认为，分工和交易成本之间存在两难冲突，交易效率越高，折中两难冲突的空间越大，分工水平就越高。这样，他将斯密—杨格—科斯的理论统一在一个框架下。同时，他指出，内生交易成本对分工水平影响更大，只有内生交易成本才有可能通过制度创新来降低，从而提高分工水平。

4.2.1.2 分工和专业化的经济性

对分工和专业化的好处的讨论，前辈经济学家已经做了大量的论述。分工经济被罗森（Rosen）称为"一加一大于二的效果"，是一种个体与个体之间的互补经济[①]。这意味着，对社会而言，均衡的总合生产力会随着分工网络大小的提高而提高。这被杨格称为"全社会的递增报酬"，这种报酬递增即使在没有规模经济的条件下也会出现[②]。盛洪（1992）[③] 曾对此做了总结归纳。他将分工专业化的利益区分为直接和间接两种。直接的经济性是采用一定专业化生产方式较采用该方式之前带来的生产效率的提高或生产资源的节约。间接的经济性是指专业化的发展为生产方式的其他创新提供了条件，而对这些生产方式创新的采用会带来生产效率的提高或生产资源的节约。

直接的专业化经济大致有以下几个方面：

第一，专业化使得劳动者越来越将其生产活动集中在较少的操作上，能够较快地提高其生产的熟练程度。劳动熟练程度的提高意味着一个劳动者在单位时间内能够生产更多的产品，即劳动生产率的提高。

第二，专业化会使劳动者节约或减少因经常变换工作或变换生产活动中的不同操作而损失的时间。专业化减少了工作或操作的变化，实际上变相节约了生产的人力资源。

第三，专业化和分工使人们在既定的技术条件下变得较为简单。这样，可以减少工作的学习时间和培训时间；可以减少在工作中所应支付的质量资源，

---

① Rosen, S. Substitution and the Division of Labor. Economics, 1978, Vol. 45：235～250

② Young, A. Increasing Returns and Economic Progress. The Economic Journal, 1928, Vol. 38：527～542

③ 盛洪. 分工与交易. 上海三联书店，上海人民出版社，1995：33

降低紧张程度，可以减少工作中的失误；可以减少对高级技术、多面手个人的需求。

第四，专业化的发展使得劳动者可以节约生产时所使用的物质生产资料。因为专业化减少了单个生产者所需的工具数量，使其更有效地利用工作场所，减少放置不同原材料、不同设备所需占用的空间。

第五，企业的专业化和分工发展可以降低企业管理工作的复杂程度，从而可以提高企业的管理效率。

间接的专业化经济表现为以下几个方面：

第一，促进技术进步。一方面，专业化的发展使人们的注意力更加集中在较窄的生产领域中，因而技术创新更容易产生。另一方面，由于专业化使得生产者的操作趋向简单，为采用机器提供了条件。

第二，促进迂回生产方式的发展。迂回生产方式是指人类的生产活动将资源投入到对生产资料的生产上，而不直接投入到对消费资料的生产上。这种生产方式会促使中间产品数增加、新机器出现、消费资料生产增长、生产率上升。生产迂回链条加长会反过来促进专业化。

第三，创造了规模经济的利益。一方面，专业化生产以及工厂制的产生，使得原来分散在一家一户生产的产品可以集中到规模大小最适宜的单位中去生产，从而降低了单位成本。另一方面，中间产品生产或基本生产操作可以从生产活动的整体中分离出来，实现其最适生产规模，达到单位生产成本的最低点。

第四，促进了投资方式的出现和发展。专业化在促进机器设备的采用并拉长生产迂回链条的同时，也促进了投资方式的发展。因为前两者必然要通过投资方式来实现，所以现代生产方式的一个重要特点就是大规模的长期投资。

总之，尽管分工和专业化带来经济性的同时也带来了诸如"劳动异化"等非经济后果，但其经济性的一面占据绝对主导地位。

4.2.1.3 区域分工和专业化的经济性

（1）区域分工与专业化的内涵

区域分工和专业化是分工和专业化在地域空间上的表现形式。按照出现的先后顺序，可以把区域分工分为两种类型[1]：部门空间分工和产品内空间分工。

1）部门空间分工：传统的劳动空间分工形式。当某一特定的产业及相关的技术出现区域专业化时，便会产生部门空间分工。18、19世纪的工业革命

---

[1] 石崧. 从劳动空间分工到大都市区空间组织［博士学位论文］. 华东师范大学，2005

刺激了欧美国家工业的迅速发展，出现了一个个依托特定产业进行专业化生产的区域（或特定产业的相关组团），如棉纺、钢铁、造船、机械工业区和木材加工区。此时劳动过程的空间意义在于将分散的家庭作坊式的工序置于特定的空间和时间中生产，形成专业化协作，即从空间分散到空间集聚。此时的企业多是单厂形式，而特定产业的企业习惯于集聚在一起，这导致了产品的所有生产工序在一个地点上集中。对于这种经济地理现象，韦伯的工业区位论和马歇尔的产业区概念分别从单厂企业区位和产业区域两个角度做出了理论解释。

在部门空间分工阶段，影响企业区位选择的主要因素是原料、市场、运输、劳动力等。由于生产技术和运输条件的限制，导致生产成本在企业总成本中占了绝大部分比重，所以企业往往根据其产品的特性而选择邻近原料地或是市场。企业区位选址将运费作为一项可调节成本，常常要计算运费最低点。

由于企业间的交易成本仍然存在，这决定了企业天然地有着趋于集聚的倾向。韦伯和马歇尔都注意到这一点。马歇尔认为，同一产业的大量企业的地理集聚可以产生地方化的外部规模经济——地方化经济。首先，集聚能够产生地理接近的优势，降低运输和交易的成本，容易获得专业化的投入，如劳动力、服务和技术诀窍等。其次，集聚能够产生专业化经济。最后，同一产业的区域专业化能够刺激外部经济和新的企业家精神的形成，将企业融入相互依赖的地方生产系统，并为其提供必要的市场机会。

2）产品内空间分工：劳动过程空间分离的表现。产品内空间分工是全球化和信息化时代劳动空间分工的主要表现形式，是分工演进的最新阶段，强调围绕特定产品和服务生产过程的不同工序及相关的管理、研发活动，通过空间分散化成跨区域或跨国性的生产链条或体系。它与部门空间分工的区别关键在于劳动过程空间可分性大大增强，即由空间集聚转向空间分离。随着经济发展和科技进步，劳动过程逐渐分解为三类不同属性的劳动分工：行政管理、研发设计和生产工序，这三类劳动过程的不同环节有各自的空间性。

上述的讨论实际上是在一个企业的内部，而今天的企业边界已经越来越模糊，所以很多原来统一在一个公司内部的劳动过程也已经溢出并进入公开的市场，在生产过程中出现了越来越多的外包和转包现象，且过去传统的管理、研究和设计业务也都在逐渐分离出去，导致相关的商业服务部门（如广告业、咨询业等）快速发展。

在全球范围内，企业内管理、研发设计、生产制造及外部的商业服务等劳动过程通过各种有形和无形的联系整合成为一个完整的全球商品链。越来越多的相关企业围绕商品链条，根据各自的优势占据链条不同的价值端。在这些企业彼此间的分工与合作的网络中，形成全球生产系统。这也可以称之为商品链的全球性分工，它是将生产过程中的某一个环节交由一个地区的厂商负责，形成了在全球生产系统控制下的地方生产系统。在全球生产系统和地方生产系统的作用下，全球化已经被视为不仅仅是经济活动跨越国界的地理扩张，而且更重要地表现为全球散布的经济活动的功能整合。而在经济全球化的过程中，由于劳动过程的空间分离，使不同的劳动过程根据各自的劳动属性寻求最优的区位。如果把每一种劳动过程按照各自的地理特征进行空间投影，并将不同跨国公司构建的全球生产系统叠加起来，就形成了一定地域范围内的劳动空间分工体系图。

（2）区域经济专业化的经济性

区域经济专业化的外部性十分明显，区域经济专业化的外部性包括：可以利用具有比较优势的自然资源、地理资源和人力资源；可以共享基础设施，减少技术设施要求的复杂性，节约建设基础设施的费用；形成较为高效率的地方劳动力市场；共享辅助行业的专门服务；利于专业技术的传播与扩散[1]。

城市群的分工经济具体表现在以下几个方面[2]：

第一，群内城市分工使各地具有比较优势的资源条件得到充分利用，从而提高城市群经济发展水平，并增加城市群经济福利。

第二，群内城市分工可以产生规模经济和集聚经济效益。专业化生产是群内城市分工的具体形式，它有利于企业规模的扩大和同种企业在地理上的集中。这样，企业可以通过共同利用基础设施和商业服务设施，减少分散布局所需的额外投资，节省相互间物质和信息流的运输费用。同时，这种同行业的地理集中，有助于促进城市群技术创新、人力资本的积累以及企业间相互合作和竞争，从而形成较大的规模。这种由于群内城市分工所产生的规模经济和集聚经济，又会进一步加强城市群的专业化分工效应，从而形成一种正反馈环。

第三，群内城市分工有助于范围经济的形成。范围经济是潘热（Panzar, John C.）和威利格（Willig, Robert D.）等为解释多产品生产企业的经济学提出的（Willig and Panzar, 1981）。当两个或多个产品生产线联合在一个企业内生产比把它们分散到只生产一种产品的不同企业中更节约时，就存在范围经济。范围经济主要来源于可用于多种输出的共用要素的充分利用，由于共用要素具有不可分割性，把多种输出集中在一个企业生产就更为节约。范围经济概念用于城市群经济研究中，它主要指的是由于分工演进推动着城市群内新产业的衍生，以及城市群内相关辅助产业的发展，从而带来城市群生产率的增长。群内城市分工的细化将不断衍生出越来越多的新企业，这些具有前后关联

---

① 安虎森．区域经济学通论．经济科学出版社，2004：538
② 刘宏．城市群分工研究［博士学位论文］．南开大学，2006

的企业以及相关支撑结构在空间上的集聚，有利于企业集群的形成和发展，从而增强了城市群的竞争优势。

4.2.2 分工和专业化对城市群空间结构演化的影响

从城市产生的历史可以看出，分工的演进促使了城市的形成。分工对城市群空间结构的影响本质上表现为工业化对城市化的推动。随着分工的演进，工业化进程不断加速，工业化又推动了城市化的快速发展，使城市的数量和空间范围都在逐步扩大，最终形成了各种不同等级的城市体系，城市群是劳动空间分工演进到高级阶段后出现的。

4.2.2.1 城市群发展阶段及其分工特征[①]

(1) 城市群发展阶段

城市群的形成发展过程具有动态变化的特征。群内各类不同性质的城市，其规模、结构、形态和空间布局都处于不断变化的过程中。

1) 萌芽发展阶段：是城市群的初期发展阶段，这时已有城市群的雏形，但各项指标都非常低。中心城市有一定的集聚作用，城市群规模比较小，城市化水平较低，城镇体系发育极不完善，分工体系尚未形成。

2) 快速发展阶段：是城市群的快速发展阶段，这时城市群的发展势头较猛，但各项指标发展不平衡。中心城市的集聚与扩散作用都比较明显，城市群规模快速扩大，城市化发展速度极快，城镇体系发育还不完善，分工体系开始形成。

3) 稳定发展阶段：是城市群的较高发展阶段，这时城市群的作用显著，各项指标都较高。中心城市集聚与扩散作用明显，城市群规模比较大，城市化水平较高，城镇体系发育已趋于完善，分工体系较为合理。

4) 成熟期城市群：是城市群的高级发展阶段，这时城市群的作用相当显著，各项指标都很高。中心城市集聚与扩散作用明显，城市群规模大，城市化水平高，城镇体系发育已相当完善，已形成合理的分工体系。

(2) 不同阶段的分工特征

根据前面的分析，我们知道城市群发展过程可分为萌芽阶段、快速发展阶段、稳定发展阶段和成熟发展阶段。群内城市分工水平和分工模式也正是随着城市群发展阶段的不同而不同。

1) 萌芽阶段的群内城市分工。在城市化过程中，首先是单个城镇区域不断扩展，区域城镇个数不断增多并向着核心城镇集中，在空间上表现为城镇的

---

① 刘宏．城市群分工研究［博士学位论文］．南开大学，2006

集聚，城市群开始出现。此时分工处于萌芽状态，城市间的分工并不明显。以资源为特征的城市工业专业化指数很高，群内城市分工主要表现为矿产资源导向型分工。

2）快速发展阶段的群内城市分工。城市群的发展势头较猛，中心城市的集聚与扩散作用都比较明显，城市群规模快速扩大，城市化发展速度极快。此时的分工主要表现在大城市服务功能的优势开始慢慢形成，但制造业依然是群内各类城市的产业选择。此时，群内各城市的专业化处于明显的上升通道，群内城市分工表现为制造业内部分工。

3）稳定发展阶段的群内城市分工。随着城市群区域内城镇的质量优化和数量攀升，城市群的内涵式和外延式扩展持续进行，城市群持续扩张，在空间上表现为城镇的扩散，整个区域城市化水平达到均衡状态。中心城市制造业向群内中小城市扩散，服务业向中心城市集聚。此时的群内城市分工表现为产品分工和生产环节的分工。

4）成熟发展阶段的群内城市分工。在一个较高的起点上，城市群开始了新一轮的城市化发展。此时的群内城市分工表现为制造业与服务业的分离。

4.2.2.2 分工与专业化对城市群空间结构的影响

（1）通过对城市群内城市内部空间结构的演变影响城市群空间结构

在经济发展过程中，城市群内的城市都会根据自己在劳动空间分工中所处的地位，发展具有比较优势的产业，并吸引相关的企业前来投资。分工首先会影响到城市的产业演进和经济发展，城市经济的发展和工业化的加速进而会影响到城市化进程，从而促使城市空间结构不断发生变化。

谢守红、宁越敏（2003）认为，城市化和郊区化是转型期中国都市空间变化的双重引擎。城市群作为城市体系发展的较高级阶段，其空间结构的演变也受这两种力量的制约。不同的城市空间劳动力成本和土地成本等大都存在差异，在劳动空间分工中的地位也不尽相同，三大产业尤其是工业和第三产业在空间上不断调整其分布，推动了城市化和郊区化进程，进而影响城市群空间结构演变。

（2）通过乘数效应带动空间结构演化

具有相对优势的区域在分工中的发展，可以通过区位因素在空间经济活动中所产生的乘数效应，带动周围区域相关活动的发展。区域间的这种相互作用遵循"距离衰减规律"，即相互作用的强度会随距离增加而减小。

两个存在差异的城市之间，相对发达的区域的某些内部性因素向区外的扩散和辐射，在一定范围和一定程度上改造那些相对落后的区域外部性，对这些区域经济发展的内部机制产生积极影响，并引发一系列的波及效应，使区域外部性的总体水平不断提高，不仅推动了外部区域的经济发展，而且也推动了区域自身的经济发展。

同时，从区域间的这种相互作用中可以看出，区域间可以通过相互传递使不发达地区的外部性内部化，同时使发达地区的内部性外部化，从而促进整体经济的发展。因为对发达区域而言，它的内部性因素向区外的辐射和扩展，既在一定范围内改造了区域外部性，又开拓了本区域的生存和发展空间，在一定层次和一定程度上使区域的外部性和内部性都发生了蠕变，从而实现了区域内部性的外部化。对不发达地区来说，这种区域传递主要是相对发达地区的外部性因素向区域内的渗透式波及，在一定层次和一定程度上使区域内部性发生蠕变，从而实现了区域外部性的内部化。

（3）合理的群内城市分工有利于生产要素的区际自由流动

特别是促进技术的创新及其在城市之间的传播。要素的空间流动带有明显的增值倾向，它对群内城市分工的形成和发展具有重要作用，要素流动也是区域间实现分工利益的基础和动力。同时，分工格局形成后，又会使得要素流在空间经济方面所具有的各种"放大效应"得到更好的发挥。要素流的这种效应对区域空间结构而言，既可以促进趋同，也可以促进趋异。

技术创新及其区际流动（知识溢出）是区域经济发展的重要源泉。技术创新在空间的扩散会导致创新源地和被扩散地同时受益和效益增值。对一个区域而言，它的技术进步不仅取决于区域自身的创新能力，而且还在于接受其他区域创新技术的传播。当一个区域自身创新能力有限时，接受其他区域创新技术传播就对区域利益增进具有十分重要的意义。技术的区际转移有助于消除本区域与其他城市之间的技术差距，使整个区域在较高起点上通过掌握创新技术，以获得较大的经济效益。技术创新及其转移和扩散是区域经济活力之源。

（4）分工经济的网络化空间组织影响空间结构

随着产业内分工的发展，"价值链"概念被引入产业组织研究，"价值链"描述一个最终产品或服务在满足客户价值过程中的一系列行为。若干个企业将分别处于价值链条的不同片段。在价值链的不同链段上，生产活动的增值程度不同，因此不同链段上的企业会在空间上分离，寻求适宜的区位。由此，一个产业中的不同价值链段上的企业存在着不一样的空间区位偏好。同时，由于某些价值链段具有类似的生产要素需求，它们之间的关联性必须依靠空间上的临近来获得，因此它们具有较强的空间依存度。

由此，空间分工演进的趋势是：①在较微观的空间区位上获得越来越高的专业化水平，承担一个最终产品的更为细化的专业化环节；②在中观的空间区域中形成特定的产业集群，其成员企业包括上游的原材料、机械设备、零部件和生产服务等投入供应商，下游的销售商及其客户网络，侧面延伸到互补产品的制造商、基础设施供应商等，更包括行业协会、金融部门与科研、教育培训机构等这样的知识信息生产机构；③在更大的区域空间中形成较为完整的地方化生产网络或地方生产系统，这个区域向外部市场输出的主要是最终产品，而这些最终消费产品的生产又是由区域内不同空间区位的专业化企业协作完成的。

因为自然地理条件的约束，城市群空间结构不是均质连续的。随着经济的发展，价值链段会不断延伸和细分，一些能产生更高价值增值的链段会在大城市产生，同时随着分工与交易网络在空间的进一步扩展，一些价值链段又被离散出去，那些临近的中小城市因为临近，更容易接受这些离散链段或享受大城市新增链段的好处，随着区域分工的一体化演进，区域内的原先不连续的集聚空间将出现连续的趋势。

4.3 集聚与扩散：城市群空间结构演化的内在动力

空间集聚扩散是区域空间结构形成和演变的研究起点，集聚扩散的方式和强度则是区域空间结构演变的本质。

4.3.1 集聚经济的内涵及来源

4.3.1.1 集聚经济的内涵

所谓集聚经济又称集聚经济利益、集聚经济效益，一般是指因企业、居民的空间集中而带来的经济利益和成本节约[①]。

历史上，韦伯最早对经济集聚作用进行了研究。韦伯认为，集聚实质上是工业企业空间集中分布的一种生产力布局的形式，集聚能够使企业获得成本节约。但集聚经济并不是无条件的，只有把存在着种种内外联系的工业按一定规模集中布局在特定地点，才能获得最大程度的成本节约。韦伯认为集聚经济与规模经济相关，强调工业企业在空间上的规模化。根据韦伯的理论，集聚分为两阶段，即低层次阶段和高层次阶段，在低层次阶段，单纯由企业经营规模扩大带来的生产集聚，即所有具有自足完整组织的大规模经营。韦伯将集中经营局部性集结定义为高层次集聚。显然，韦伯的集聚经济是与厂商规模和集中相联系的内部和外部经济。

---

① 吕玉印. 城市发展的经济学分析. 上海三联书店，2000：14

美国经济学家艾伦·斯科特（Scot A. J.，1983，1986）从范围经济的角度认识集聚经济，提供了集聚经济内涵的一个新视角。斯科特给交易成本赋予"空间"的含义，并引入城市群的研究中。他认为，交易成本在生产过程空间纵向分解或纵向一体化中起着决定性作用。生产过程在空间上的纵向分解，导致交易活动范围增加；每单位交易活动费用越大，卷入其中的厂商或企业越可能通过空间集聚而减少交易费用，从而从相互集聚中享受范围经济利益。

4.3.1.2 集聚经济的来源

对集聚经济的来源有各种各样的解释，如马歇尔从外部性的角度进行解释，认为集聚经济来源于技术和知识的溢出效益、中间投入品的共享和专业化的劳动力市场，而新经济地理学派则认为产业的集聚是一种自组织行为，来源于集聚向心力和离心力的比较，并且用市场接近效应和生产成本来解释向心力，用市场拥挤效应来解释离心力[1]。以杨小凯为代表的新兴古典经济学家们在其新兴古典城市化理论[2]中认为经济活动的空间集聚的根本原因在于其减少交易费用，提高交易效率；安虎森（2001）[3] 则从信息获取的视角阐释了经济集聚的形成，指出在空间距离条件下，任何经济活动都要支付额外的成本，这种额外的成本包括显性成本与隐性成本，显性成本是指人人皆知的运输成本，隐性成本是指时间的损失和进入机会损失而导致的潜在收益的损失。而空间距离提高了信息生产成本，信息的生产成本按时间距离倍数增加。距离近，信息生产的有效投入增加，提高信息生产率；距离远，因克服空间障碍而支付的成本增加，信息生产的有效投入减少，降低了信息总的生产率。信息量的多少，与信息甄别能力、不确定性的降低是正相关的，不确定性小，对不确定性的贴现也小，保证市场的有效运作。这是经济活动空间集聚的主要的、本质的内容。魏后凯[4]则认为集聚经济效益主要来源于以下几个方面：指向相同或前后向关联企业集聚带来的生产成本节约，共用辅助企业，基础设施共用，市场规模扩大，成熟劳动力市场的形成，知识溢出以及促进企业革新等。

尽管这些论述非常多，但相对而言都比较零散，缺乏系统性和全面性，为详细说明问题，大致可以将集聚经济的成因分为以下四个方面[5]：

（1）分工和专业化利益

分工和专业化的发展，可以提高劳动生产率和节约生产要素的投入，而且

---

① 安虎森. 空间经济学原理. 经济科学出版社，2005
② 杨小凯，张永生. 新兴古典经济学与超边际分析. 中国人民大学出版社，2000：121
③ 安虎森. 空间接近与不确定性的降低——经济活动集聚与分散的一种解释. 南开经济研究，2001（3）
④ 魏后凯. 区域经济发展的新格局. 云南人民出版社，1995
⑤ 吕玉印. 城市发展的经济学分析. 上海三联书店，2000：23～33

为技术进步、企业经营管理效率提升和生产方式的发展提供了社会经济条件。社会经济活动的空间集中，不仅能够强化已有的社会分工与协作，而且由此形成的紧密联系将进一步推动分工与专业化生产的深化和发展。

（2）规模经济利益

规模经济利益来源于投入的不可分性和规模扩大而形成的生产、销售、管理等方面效率的提高，包括生产规模经济，也包括消费规模经济。它的实现既需要相应的技术条件，又要有相应的市场需求。经济活动的空间集中，为企业合理规模的实现提供了充分的社会经济技术和市场条件，为大规模生产和消费的集中实现提供了可能。

（3）外部性经济利益

集聚经济导致的社会经济活动的空间集中使得各种经济行为相互依赖与摩擦表现得格外剧烈，从而产生很强的外部性特征。首先，区位上的靠近和集聚，能够产生强有力的联系效应，同时能够形成中间产品的规模经济。其次，集聚导致的人口空间集中能够更加便利和高效地为经济活动提供充足的劳动力资源。再次，集聚有利于信息的交换和技术扩散，既能加快新技术的应用，也能够有助于激发新的技术发明和创新；集聚还可以带来经济社会活动在某一空间中的多样性，既可以提供多种多样的产品需求和供给，也可以全方位丰富社会文化生活环境。此外，这种多种行为个体及其活动的空间集聚还可以使得任何一项活动都有足够多的个体与之相适应，从而减弱社会经济活动波动的损失。

（4）市场效率的提高

空间集聚带来了市场效率的提高，由于空间集聚，经济活动竞争性增强，市场变得日趋发达和完善，从而使得企业的交易费用和生产经营成本大大降低，进而提高企业的市场效率。当各种生产要素充分集聚并引起各类市场效率提高时，整个区域的资源配置效率也就得到了提高，社会福利水平因之也大幅提高。

4.3.2　集聚不经济的内涵及来源

4.3.2.1　集聚不经济内涵

由集聚效应带来的集聚经济会使人口、经济活动向某些区位集中，进而形成城市，但是，这种趋势是否是无止境的呢？答案显然是否定的，原因在于集聚超过一定程度，会带来集聚不经济。

所谓集聚不经济是由经济活动及相关要素空间集中所引起的费用增加或收入、效用损失，因而又称为集聚成本。

从一定角度上，可以用外部性来解释集聚不经济。在集聚区域内，由于空间上的接近，居于其中的个体和组织会产生各种外部性，根据影响主体的不同，包括居民内部之间的外部性、厂商与居民之间的外部性、厂商内部之间的外部性以及城市交通的外部性[①]。外部性的影响具有两重性，有时是正的影响，有时是负的影响，城市集聚不经济就是由负外部性带来的外部不经济。

4.3.2.2 集聚不经济的来源

集聚不经济主要包括以下几个来源：

（1）因空间集聚而引起的拥挤成本

任何一个城市或区域，可以承担的发展能力总是有限的，超过一定限度必然造成拥挤，从而增加成本，降低经济活动效率，带来经济学上的"拥挤成本"。拥挤成本可以用供给、需求来解释，从需求上看，随着集聚规模的扩大，对交通、各种服务的需求会大幅增加，但是由于区域空间的限制，交通基础设施以及其他地区公共物品难以满足需求的上升。供求失衡导致交通运输成本上升，公共设施服务质量下降。

（2）因集聚而产生的社会成本

随着集聚规模的扩大，还有出现诸如环境破坏、生态破坏、犯罪率升高等社会成本，这些社会成本会给居民和整个区域带来社会福利净损失。

（3）因集聚引起的要素投入上升和规模不经济

类似于单个厂商的生产函数，当生产规模达到一定程度之后，由于要素边际生产力下降，会引起边际成本上升。随着城市和区域的集聚规模扩大到一定程度，城市的土地开发成本、供水成本、能源供给成本都会上升，导致规模不经济。过高的成本对整个城市和区域的竞争力以及产品出口显然会带来比较大的负面作用，沙利温（A. M. Sullivan)[②] 曾经建立了一个出口部门的成本函数：

$$X = \Psi(P_k, P_L(r), P_T(r)) \cdot \Omega(z) \tag{4.1}$$

其中：X 为出口部门成本，Ψ 为单位成本函数，P_k、$P_L(r)$、$P_T(r)$ 分别为资本价格、劳动力价格和土地价格，r 为到城市中心距离，$\Omega(z)$ 为规模经济函数，Z 为出口总产出。

从（4.1）式可以看出，如果随着集聚规模扩大，资本、劳动力价格和土地价格大幅上升，使得它们对成本的影响超过规模经济函数的影响，那么出口

---

① Yoshitsugu Kanemoto. Theories of Urban Externalities. North-Hollard Publishing Company，1980：1

② A. M. Sullivan. A General Equilibrium Model with External Scale Economies in Production. Journal of Urban Economics，13，1983：235～255

部门的成本就会上升，从而对出口部门来说，就存在一种集聚的负效应。

4.3.3 集聚—扩散与城市群空间结构的演变

4.3.3.1 城市群空间结构演化的动力——对集聚效益的追求

从区域经济学的观点来看，城市群空间结构形成与演化的内在动力在于对集聚经济效益的追求。

由于产业在空间上集聚可以获得规模经济、降低交易费用、分工和专业化利益等，企业布局会追求集聚经济。企业对集聚经济的追求使得生产要素和经济活动不断向城市集聚，最终导致城市规模的扩大和空间范围的扩张。当城市规模达到一定程度时，它对周边的辐射和影响力逐步增大，同时，在城市内部，高密度集聚经济和空间有限性之间的矛盾所带来的集聚不经济也促使城市开始向外扩散。中心城市通过对外产品输出、技术转让和产业空间重组将一部分生产要素和经济活动向外疏散，这种疏散保证了城市本身规模的适度和产业结构的优化。在空间上，中心城市的扩散表现为城市沿主要交通轴线圈层状蔓延，在蔓延过程中，中心城市加速了周边地区的发展，并与次一级的中心城市融合，在更大的空间尺度上实现集聚，并形成相互之间一体化发展的城市群。由上面的简要分析我们可以看出，集聚和扩散两种力量的互动，是推动城市群空间结构不断演化，实现城市群区域内地域空间组织优化的主要力量。

对上述过程我们可以用数学形式来描述。为了简化，我们考虑某一区域的两相邻城市，城市 A 和城市 B。假定初始阶段城市 A 规模大于城市 B，两城市的代表产品价格是相同的，并且假定在城市周围有很广阔的外围地区。

假设考虑城市规模的生产函数为：$Y_i = AK_i^a L_i^{1-a} U_i^r$ $i = A$，B (4.2)

并且满足如下性质：当城市规模 $U_i < U_i^*$ 时，$Y_u > 0$；当城市规模 $U_i > U_i^*$ 时，$Y_u < 0$，$i = A$，B。最佳城市规模 U_i^* 与城市的位置、区位条件以及功能等相关。

由 (4.2) 式可知：$Y_L = (1-a) AK^a L^{(-a)} U^r + Y_u U_L$ (4.3)

$$Y_K = aAK^{(a-1)} L^{(1-a)} U^r + Y_u U_L$$ (4.4)

在初始阶段，假定两城市的城市规模都小于 U^*，且处于均衡状态，即两城市的劳动力价格和资本价格都相等。但是，由于外围地区生产要素和产业追求集聚效应，外围地区的生产要素会向城市流动，假设外围地区有 ΔL、ΔK 的劳动力和资本流出，那么外围地区的生产要素会向 A 城市还是 B 城市流动呢？显然我们应该比较该要素到底流向哪里能获得更多的报酬，由于城市 A 的规模大于城市 B 的规模，由 (4.3) 式和 (4.4) 式可知，$Y_{L_A} + \Delta L > Y_{L_B} + \Delta L$，$Y_{K_A} + \Delta K > Y_{K_B} + \Delta K$，由于在市场竞争均衡条件下，劳动力工资、资本价格分别等于劳动的边际产品价格和资本的边际产品价格，因此外围地区生产要素流入 A 城市的工资、资本价格会高于流入 B 城市的工资、资本价格，此时，外围地区的生产要素向 A 城市流动，A 城市的规模会逐渐变大，由于集聚效应，B 城市的一部分生产要素也会向 A 城市流动，最终 A 城市成为该区域的核心城市。但是，A 城市的规模超过 U_A^* 时，由于规模不经济效应，$Y_{uA}<0$，外围地区生产要素向 B 城市流动获得的收益会超过流向 A 城市所获得的收益，外围地区的生产要素会向 B 城市流动，使得 B 城市的规模增加，由于集聚效应的作用，B 城市的要素价格会超过 A 城市，A 城市的一部分生产要素会向 B 城市流动，表现为 A 城市的扩散。

4.3.3.2 城市群空间结构的集聚—扩散机制

所谓的扩散是指社会经济因素从源地向外进行空间传播或转移的过程。空间扩散一般有三种形式：接触扩散、等级扩散和非等级扩散。前两种扩散方式属于均衡扩散的范畴，而第三种则属于非均衡扩散。随着经济全球化的进展，以及交通、通讯技术的有力支撑，使得社会经济要素的扩散呈现越来越显著的非等级扩散的特征。

集聚和扩散是社会经济要素在其空间分布动态过程中所呈现的对立统一过程，往往在集聚过程中有扩散，在扩散过程中有集聚，其主要倾向因时因地而异，并随一定条件的变化而相互转化，而且在集聚和扩散过程中要素组成以及其所引起的相应效果呈现出多样化。

要准确地对城市群空间结构的集聚和扩散状态进行描述，必须从其所处的发展阶段以及不同层面进行考察。

城市群的发展是与城市化发展联系在一起的，在城市化早期，社会经济要素总体表现为大区域的分散和微观区域（城市）的集中；而到了城市化晚期，则在经济发达的城市群地区又表现出大区域的集中和小区域的扩散（见图 4.1）。

在城市化早期，城市形成后，集聚对城市空间的扩张起主导作用，其扩展特征：一是城市扩展的相对独立性，城市间的联系微弱；二是扩展方向的不稳定性。此时期，集聚和扩散效应从宏观上看，产业向少数几个点（城市）扩展，但是从微观上看，则为产业围绕增长中心向外围扩展的过程。

随着扩展距离的延伸，同心圆膨胀的边际效益下降，沿交通线的扩展成为这一时期的主导，城市扩展表现出明确的空间指向，中心城市已被扩展轴联系在一起。城市群空间轴向扩展到一定程度，大中城市数量增加。此时城市的空间扩展既受自身向心力和离心力作用支配，也受区域城市影响力的制约。在向心发展过程中，城市间的吸引范围不断袭夺、削弱或加强。城市群体内部的联

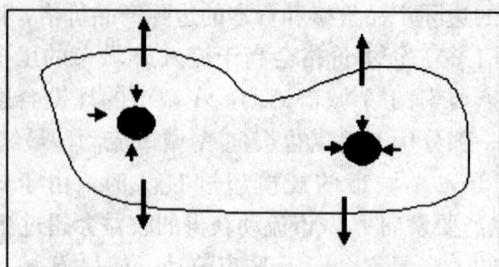

城市化早期：大区域扩散，小区域集中

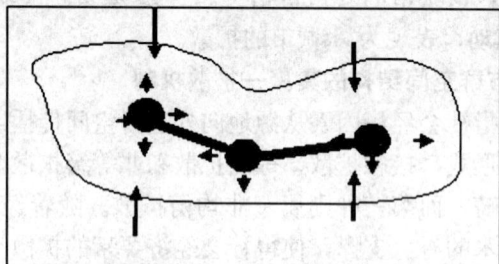

城市化晚期：大区域集中，小区域扩散

图 4.1 不同层面及时段的集聚—扩散效应表达①

系进一步密切，位移扩展和跳跃式扩展并存。两个或多个都市之间由于引力加强和影响空间的临近，会出现互为影响区、互为空间环境的局面，即形成了城市群。大都市沿交通走廊的扩展使它们进一步聚合，同时新生的次级交通走廊也成为城市群扩展的短轴方向，波及至城市化发展的低谷区形成交互式的扩展局势。在此时期，集聚—扩散效应从宏观上看，产业和社会经济要素从外围地区向城市群地区集聚，但是从微观上看，则表现为产业和社会经济要素从城市向外扩散的过程。

---

① 张京祥. 城镇群体空间组合. 东南大学出版社，2000：58

5 交通运输业与空间结构演化有关的特性

在对交通运输影响空间演化的作用机制进行研究前，我们先对交通运输业的一些特性以及交通运输业发展对可达性、运输成本、交易效率的影响进行系统分析。

5.1 交通运输业的产业特性

交通运输具有独特产业特性。我们对交通运输业的特性主要从交通运输业的产业属性、社会属性和经济属性等几个方面加以认识。

5.1.1 交通运输业的产业属性

从产业的角度看，交通运输业是以交通运输网络为基础的，以提供位移服务为主的产业，因此，从产业属性上说，交通运输业属于重要的第三产业和网络型产业。

5.1.1.1 交通运输业属于重要的第三产业

20 世纪 30 年代初，费雪（A. G. B. Fisher）提出了三次产业分类法，并首次将交通运输纳入第三次产业内；克拉克（C. G. Clark，1940）运用三次产业结构分类法研究了经济发展与产业结构之间的变化规律，交通运输的第三次产业属性得以传播。在 1985 年国务院转发的《国家统计局关于建立第三产业统计的报告》[①] 中，提出了第三产业的划分标准和具体范围，在这个报告中，我国将交通运输业作为流通部门划入第三产业。

作为第三产业的交通运输，其劳动与第一、二产业劳动不同，表现出服务性的特点。这种"服务"是指以劳务活动形式而非实物形式提供某种使用价值以满足人们需要的经济活动过程。交通运输者所提供的劳动不是制造物质产品，而是通过提供服务直接地去满足人们某种需要，这种需要也是我们通常所

---

① 国务院办公厅转发《国家统计局关于建立第三产业统计的报告》，载《人民日报》，第 2 版，1985-05-04

说的对交通运输的"引致需求"。这种服务同样是使用价值和价值的统一体。交通运输的位移服务就是商品。运输产品的使用价值是满足人们的空间位移需要，其价值也由提供服务产品所需要的社会平均必要劳动时间所决定。在一般情况下，运输服务与消费这种服务产品的过程同始同终，运输服务所创造的特殊使用价值和价值，也在消费过程中同时表现出来。

5.1.1.2 交通运输业是网络型产业

网络由多个节点和联结节点的联结构成，自身形成一个网状配置系统。网络这一概念目前应用很广，从其内涵与外延的角度可分为三类：第一类是实体网络，即有物质网络作为实体的社会基础设施，包括交通运输、电力、邮电、供水、供气等以实际的点线联结组成的网络；第二类是虚拟网络，包括信息、管理、组织、关系、营销、资金等组成的网络；第三类是因特网，它与完全实体网络和完全虚拟网络都不一样，形成了依靠实体但又超越实体的特定信息网络。

交通运输业是以交通运输网络为基础的产业。交通运输网络从组成来讲，可分为三部分[①]：一是由交通运输固定设施组成的运输实体网络，也是通常所指的交通运输基础网络；二是由交通运输线路与运输移动设备共同组成的交通运输运营网络；三是由各种交通运输资源信息组成的交通运输信息资源网络。从分布来讲，交通运输网络是由以城市为中心的交通运输枢纽和各种交通运输线路共同布局联结构成的网络系统，为社会经济提供客货运输服务，属于双向网络系统。因此，它具有网络与运输系统赋予的双重特性，即交通运输网络既具有网络自身的一般特性，又具有交通运输网络的系统特性。

对于实体网络而言，交通运输无疑是最重要和最复杂的网络。它主要由各种交通运输工具和其所依附的基础设施在空间中通过各种组织方式而形成的。从交通运输网络的服务对象来看，它是各种以实物形式存在的物质在空间内实现位移的载体。交通运输网络同时也包含了虚拟网络的一些重要特征，如运输组织和管理上的协调。此外，交通运输网络服务对象众多，人员、原材料和制成品等都是运输的对象，这远远地超过了诸如电力、通讯、供水和供气等只是单一服务于一种或几种物质组织形式的实体网络。这就使得交通运输网络表现出很强的经济属性，这种经济属性使得交通运输网络的供给、组织和管理变得相当复杂。交通运输网络还具有以下特性：

第一，交通运输网络具有规模经济效应。由于运输产品的特性，使在这个特殊的多产品行业中规模经济与范围经济[②]无法分开，并通过交叉方式共同构

---

① 黄静兰.交通运输网络特性分析.综合运输，2003（6）：11～13
② 荣朝和.关于运输业规模经济和范围经济问题的探讨.中国铁道科学，2001（8）：97～104

成了运输业网络经济。运输业网络经济是指运输网络由于其规模经济与范围经济的共同作用，运输总产出扩大引起平均运输成本不断下降的现象。由于运输业规模经济和范围经济的特殊关系，这种网络经济又进一步通过它们的转型，即运输密度经济和幅员经济共同构成。运输密度经济是指当运输网络在幅员上保持不变（以线路长度及服务节点数等衡量）的条件下，运输产出扩大引起平均成本不断下降的现象；运输网络的幅员经济是指在网络上的运输密度保持不变的条件下，与运输网络幅员同比例扩大的运输总产出引起平均成本不断下降的现象。运输业网络经济划分为线路通过密度经济、港站（或枢纽）处理能力经济、车（船、机）队规模经济、载运工具载运能力经济、运输距离经济等。

按照上述分析，运输业的规模经济更多地体现在运输密度经济方面。在运输密度经济中，线路通过密度经济最明显，在已有的实证分析中获得肯定也最多；密度经济的其他三种情况，即载运工具载运能力经济、车队规模经济及节点处理能力经济，也都与线路通过密度有关，而且又都能分别或共同地支持线路通过密度经济。幅员经济则主要体现的是范围经济，因为无论是线路延长或服务节点增多或二者同时作用造成的幅员扩大，都会导致更多种运输产品出现。

有些学者对交通运输业的规模经济进行了实证研究，如 Bracugam，Daughety 和 Turnquist（1984）估算铁路业运输密度经济大于 2；Caves 等人 1985 年测得密度经济为 1.76；Filippini 和 Maggi（1992）计算密度经济为 1.47[①]。密度经济大于 1 表明存在规模经济型。

第二，交通运输网络具有相容性。交通运输网络的通行能力表现出"短板"效应，交通运输网络的实际通行能力取决于通行能力最小的路段。一个运行效率良好的交通运输网络必须具备完整顺畅的联结，同时具有足够的通行能力，城市节点与路段、路段和路段之间的通行能力必须具有相容性。这种相容性不仅体现在基础设施通行能力、建设标准的相容性上，还涉及设备设施的相容性。

第三，交通运输网络具有系统性特性。交通运输网络表现出系统性的特性，综合交通运输网由公路、铁路、水路、航空、管道运输网组成，这些运输网又分别由运输线路、运输站点、运输设备组成。运输网络的组成元素相互依存、相互作用，又相互制约。交通运输网络需要通过连通顺畅的联结，包括不同运输方式之间的衔接和同种方式内部的衔接，实现交通运输系统的整体功能。

交通运输的网络特性要求打破地区、部门分割，建立跨地区、跨部门的规模化、节约化的交通运输网络，同时加快运输车辆的专业化、标准化步伐，提高运输网络综合效益。

---

① 吴金明. 对运输业属性认识的理论综述. 铁道学报，2004（10）：107～114

5.1.2 交通运输业的社会属性

交通运输业在经济、社会生活中是一种基础设施，同时，交通运输业具有很强的外部性，表现出全社会拥有、全社会使用的社会公益性。

5.1.2.1 交通运输业属于战略性基础产业

交通运输业是国民经济的基础产业，其基础性表现在工农业生产、人民生活、国防建设和社会生活对交通运输业具有普遍需求性。交通运输业是其他生产部门正常运转、协调发展的前提，是社会再生产得以延续的不可缺少的基本环节。1994 年，世界银行在《世界发展报告》中，把交通运输设施定义为经济基础设施，认为以道路、铁路、航道或各种客货运输枢纽为主体的基础设施与载运工具一起所构成的运输交通运输体系，是支撑一国经济、决定该国经济活力水平的前提，是国家最主要的基础产业。

交通运输业又具有军事战略性。交通基础设施在平时虽以民用为主，但同时也是军事力量部署与国防物资调配的重要依托，而一旦发生战争，则更是军力集结与军需补给的重要保障，因此，交通基础设施是国防力量的重要组成部分，在军事上具有重要的战略意义。交通基础设施的军事战略性在公路交通基础设施上体现得最为明显。国外尤其是发达国家对公路交通基础设施的军事意义非常注重，并在管理体制构架上予以充分考虑，其中以美国最为典型。美国公路的规划、设计、施工、使用、维护和管理都充分体现了维护国家安全的需要。在 20 世纪 50 年代，美国在制定其公路发展史上规模最大的具有划时代意义的公路建设计划即高速公路网发展计划时，就将该网的名称定为"州际与国防公路系统"，凸现了公路系统的国防功能。在《美国运输部战略计划(2003～2008)》中明确提出"交通系统达到国家安全要求"。

5.1.2.2 交通运输业具有显著外部性

交通运输业是具有显著外部性的部门。所谓外部性（又称外部效应）是指某一生产者或消费者的行为对不直接参与这一行为的团体或个人产生影响，且生产者或消费者对这种影响并不承担其后果。这也就是说受影响者没有因损害而得到补偿或没有因得益而付出代价。根据这种影响对他人的有利或不利，将其划分为正外部性和负外部性（又称外部经济与外部不经济）。从现实经济社会来看，交通运输的外部性是显著的。交通运输业的外部性既包括正外部性也包括负外部性。正外部性主要体现为交通基础设施的公共物品性质，包括：消费增加和生活水平的提高；拉动经济增长，优化产业结构；促进地区间商品和生产要素流动；节约运输时间价值和运输成本等。负外部性主要包括交通运输带来的环境污染、交通拥挤和交通事故等。

对交通运输外部性的研究①主要有以经济实体即运输企业为界、以系统即运输交易活动为界和以运输活动中的个体为界三种主要观点。比较系统地研究运输外部性的国外学者是 Werner Rothengatter，其 1993 年的研究结论是，运输外部性可以分为 3 个层次：①运输与环境、人力资本等非再生资源相互作用产生的外部性，如环境污染、交通事故等；②运输系统内部相互作用而产生的外部性，如交通拥挤等；③运输与政府、私人生产者和消费者相互作用而产生的外部性，如政府对运输业的价格管制，要求其以低价提供服务，使用户得到额外收益，这属于制度外部性。其 1996 年的研究结论是，运输系统外部性效应有 4 种基本类型：消耗自然和人力资源而未支付任何费用；将运输设施延伸到边远地区的项目所产生的协同效应；拥挤效应根源于运输设施的同时大量使用，这种相互作用的所有受影响方均在运输部门内部；运输对生产和消费模式的正影响。而其 2000 年新的研究结论则是运输外部性包括 4 个层次：①基础设施供给产生的正负影响，这些影响无法通过市场发生；②运输系统内部使用者之间的相互影响，即通过无意的交互作用导致的非效率；③由不应该付费的群体错误地支付了基础设施费用产生的现金流错置，即纳税人支付了比他们享有的公共服务价值多的费用，而私人使用者则支付了比他们实际使用的基础设施能力价值少的费用；④运输设施的行为影响到运输部门以外的第三群体，这在一定程度上产生错误信号从而降低市场效率。

分别从运输设施供给和使用方面来看，运输设施供给的正外部性主要体现为交通运输基础设施的公共物品性质，包括：消费的增加和生活水平的提高；收入效应和增加就业机会；拉动经济增长，优化产业结构；促进地区间商品流通；开发边远落后地区。交通基础设施的正外部性是政府供给运输设施的主要原因。而交通基础设施的负外部性则主要表现为环境污染、生态破坏以及人类沟通的隔离等。

交通运输设施使用的正外部性可以分为金钱正外部性和技术正外部性。金钱正外部性主要是由于运输成本降低所带来的一些额外收益，比如劳动力市场扩大、产品市场扩大等；技术正外部性主要是指由于运输设施提供了便捷快速的运送病人的条件而使病人减少的痛苦和伤残程度。运输设施的负外部性主要包括四个层面：交通拥挤带来的额外时间和运营成本；运输设施供给中没有包含的费用，即纳税人与使用者的现金流错位；运输活动带来的对环境的影响；交通事故造成的人力损失。

正是由于交通基础设施供给和使用具有比较明显的正外部性，使得交通基

---

① 林晓言. 关于运输外部性的一些新思考. 北京交通大学学报（社会科学版），2004（9）：7～12

础设施具有社会公益性，很多国家对交通基础设施的供给并不仅仅是从经济效益方面来考虑，而是在项目评估时将其社会效益也计算在内，特别是一些带有区域开发性质的交通基础设施项目更明显地偏重其社会效益。在一些国家的交通政策与发展战略、规划中也体现了对交通运输社会公益性的重视，例如，美国《交通运输部战略规划（2003～2008）》的战略目标中就提出，为人口和货物的流动提供可得、高效、联合的交通运输；建设一个能够推动经济增长与发展的更有效的国内国际交通运输。在英国《交通政策白皮书》中提出的交通政策的方针就包括促进郊区和边缘地带的发展，通过较好的交通规划来提高地方经济活力，促进地方经济的复兴。

由于交通基础设施具有的社会公益性，一些发达国家对交通基础设施特别是公路实行政府投资、统一归国家所有、全社会无偿使用等政策，即使财力短缺也会实行管制比较严格的特许经营，在特许经营期间按政府核定的费率收取费用，用以偿还建设投资本息和支付养护、管理费用，在特许经营期满后，不再收取费用而变为免费设施。

5.1.3 交通运输业的经济属性

从经济属性看，交通运输业是一种需要大量投资的产业，并且表现出准公共产品的特点，在经济发展中起着经济先导性作用。

5.1.3.1 交通运输业具有资本密集型和沉默成本的特点

交通运输业由交通基础设施网络和依赖于网络的运输生产企业组成，其中构成运输体系的公路、铁路线路、航道和各种枢纽等基础性设施，投资额巨大，使得交通运输业成为国民经济产业中固定资产总值数量最大的部门。而且交通运输基础设施一旦投资，就很难转移他用，形成巨大的沉默成本，在建设与使用上呈现出明显的不可分割性。

由于交通基础设施属于资本密集型产业，交通运输建设需要进行一次性大规模投资，零星的投资往往无效或效用不大；运输基础设施建设具有跨不同行政区域、不同地形地貌的特征，不仅需要有较长的勘察期与区际协调期，还需要有较长的建设周期，因而运输基础产业形成生产能力和投资回收的周期也很长。

另外，运输产品则是实现位移，它是一种不可储存的过程。需求量随时间、地点等条件的变化而快速变化，在种种快速变化的需求面前，运输供给难以及时地作出反应，但它又要尽可能地满足需求。所以，在运量急剧增加之时（如春运），只好以大幅度地降低运输质量去适应需求、求得均衡，而在运量大幅度减少之时，则只好靠闲置运力去求得均衡。

5.1.3.2 交通运输业具有准公共属性

布坎南[①]（J. Buchanan，1965）把社会物品分为公共物品、俱乐部物品和私人物品三类，他认为可能发生拥挤的公共物品就是俱乐部物品，当消费人数低于拥挤点时，该物品是非竞争的，而消费人数超过拥挤点时，这种物品的消费就会变得拥挤。他明确地把交通运输当做俱乐部物品，即拥挤性公共物品来看待，其基本特征表现在产品利益由集体消费但受拥挤约束。按照布坎南的分析，在达到运输基础设施经济运量约束 Q 之前，单位成本随运量的增加而不断降低，其中在接近 Q 点的一定区段为免费搭车者。当超过 Q 点时，就会导致拥挤，单位成本就会显著上升。因为在同一时间内，运输基础设施所能承受的载运工具是有限的，载运车辆越多，车速就越慢，这就意味着除了燃油费、维护费、车辆折旧费外，还必须支付时间损失费即拥挤费。因而运输物品是一种典型的准公共物品。

很多学者对运输产品的公共性进行了研究。王惠臣[②]认为：运输产品的拥挤临界点对运输产品的私人性、公共性有重要影响，所谓的拥挤临界点有具体而明确的定义，对列车来说，是指额定吨位或者额定载客量，而对运输线路来说，是指通行能力。运输产品未达到拥挤点之前，运输产品具有非竞争性、非排他性特点，是公共物品；运输产量在达到或者超过拥挤临界点时，运输产品的"公共性"开始弱化，私人产品的特性开始加强。因此，运输产品具有公共产品和私人产品的复合特征；运输产品的属性因需求函数的不同在公共产品和私人产品之间呈动态变化态势。

世界银行在 1994 年的发展报告中对包括交通在内的基础设施的性质进行了详细分类（见表 5.1）。他们认为城市公交既具有排他性又具有竞争性，属于私人产品；农村道路属于公共产品；铁路货运和客运服务属于私人产品；港口与机场设施属于准公共产品；港口与机场服务属于私人产品。

表 5.1 私人部门提供基础设施的可能性

部门和子部门	竞争潜力	商品或服务的特点	向用户收费补偿的可能性	公共服务的责任（从公平角度）	外部环境性	市场化指数
铁路路基与火车站	低	俱乐部产品	高	中等	中等	2.0
铁路货运与客运	高	私人产品	高	中等	中等	2.6
城市公交	高	私人产品	高	中等	低	2.4

---

① Buchanan J. M. An Economic Theory of Clubs. Economica，1965，(32)：1~14
② 王惠臣. 论运输管制公共性与企业性的悖论. 高等教育出版社，1997：5558

部门和子部门	竞争潜力	商品或服务的特点	向用户收费补偿的可能性	公共服务的责任（从公平角度）	外部环境性	市场化指数
城市地铁	高	私人产品	中等	中等	中等	2.4
农村道路	低	公共产品	中等	很少	高	1.0
一级、二级公路	中等	俱乐部产品	中等	很少	低	2.4
城市道路	低	公共产品	中等	很少	高	1.8
港口与机场设施	低	俱乐部产品	高	很少	高	2.0
港口与机场服务	高	私人产品	高	很少	高	2.6

注：市场化指数是指各种设施的商品化程度。1.0＝不适宜在市场出售；2.0＝基本适宜在市场出售；3.0＝最适宜在市场出售。

资料来源：World Bank，1994c：World Development Report 1994：Infrastructure for Development，New York，Oxford University Press. p. 115

另外，还有一些学者针对具体的运输产业分析其特性，如王振红[①]、成小洲[②]等均认为我国的铁路运输业属于准公共产品。

对于交通运输业的公共性，本书基本上同意世界银行的分析，但是，本书还是认为铁路运输业属于准公共产品，尤其是铁路运输业巨大的经济外部性特征，使其表现出比较明显的公共产品特性。

5.1.3.3 交通运输业在经济发展中具有先导性作用

交通运输业负责完成经济社会生活中的人和货物的空间位移，实现生产要素的流动，而生产要素和商品的流动是经济实现分工、专业化发展的前提之一。对交通运输在经济发展中的作用，有很多学者进行了研究。罗森斯坦·罗丹（Paul N. Rosenstein Rodan，1943）[③] 首先提出"社会先行资本"（Social Capital Overhead）概念，旨在强调在一般的产业投资之前，一个社会应具备的在基础设施方面的积累。社会先行资本包括诸如电力、运输、通讯之类所有的基础工业。他指出："在建设消费品工业之前，必须建立和支持主要的不可分的社会资本或基础设施的形成。那么，现代经济增长初期的社会先行资本的主要内容是什么呢？那就是交通运输。"阿默德（Ahmed，1976）曾经讲道："在许多发展中家，运输设施的不足是社会经济发展和民族融合的重要'瓶

① 王振红. 从我国铁路运输产品的公共性谈及运输经济管理体制改革. 中国流通经济，2000（2）：40～42
② 成小洲. 我国铁路运输产品公共性与铁路运输管理体制改革. 铁道经济研究，1998（4）：29～31
③ 熊永钧. 现代交通运输与经济发展关系的探讨. 北方交通大学学报，1993（3）：301

颈'之一。通常，缺乏运输设施会导致难以引入其他社会基础设施，如教育和医疗服务设施。现代技术的传播、农业生产的投入以及农业和其他经济部门通过市场的联系，都会因为运输设施的缺乏而受到阻碍。作为上述和其他因素的结果，农业——在发展中国家的经济占支配地位的部门——的生产率极其低下。"

从交通基础设施在经济发展中的作用可以看出，交通基础设施具有经济先导性，其适度超前发展可以支撑和促进经济发展，否则其有可能成为经济发展的"瓶颈"约束。

从发达国家的经验来看，在现代化初期和中期，交通运输得到了政府的广泛鼓励和支持，为推动经济增长起了十分重要的作用，其中最典型的是日本。日本经过"二战"后的经济恢复，1953年国民经济已超过"二战"前的水平，出现了交通运输不能适应经济发展的情况，为了改变这种状况，日本政府在20世纪60年代的中长期经济发展规划中，将交通运输建设作为第一重要任务，1953～1958年期间，日本用于运输通信设施的投资占该时期公共投资的19.2%，到1960～1970年期间，这一比例迅速提高到44.6%，由于60年代大规模交通基础设施建设为经济发展提供了良好的基础条件，日本只用了4年时间就使人均GDP从2000美元增长到4000美元，迅速迈入了中等发达水平国家行列[1]。

在一些发展中国家，由于资源缺乏，经济实力落后，采用了直接性生产活动（DPA）优先发展战略。从短期看，这种发展战略确实为发展中国家迅速摆脱贫困提供了一条有效、现实的途径。但是，随着经济发展，社会分工细化，产业部门增多，产业之间的交易规模不断扩大，部门之间的联系也更紧密。在部门之间依赖程度增大的情况下，结构效益就上升到重要地位。在这种情况下，交通运输滞后发展的"瓶颈"效应就逐步显现，交通运输会严重制约发展中国家的经济结构调整和经济发展。

伊朗的经济发展教训就可以看出忽视交通运输先导性的后果。1963～1972年期间，伊朗的国民生产总值年均增长率曾高达11.2%，人均收入从200美元增至400美元，一时被誉为"经济起飞国家"。1973年石油涨价3倍后，伊朗收入大增，投资近千亿美元于"高速现代化"建设，但却忽视交通运输的发展。初期大规模投资促使百业俱兴，经济形势一片大好，但是由于非常落后的基础设施无法承担经济大发展的重负，随之而来的就是经济一片混乱。在这个过程中，首当其冲者是交通运输系统，仅1975年就因港口堵塞未能及时卸货被罚款10亿美元；陆运能力的不足使得约10%的进口机器长期堆在码头受蚀

---

① 石友服等．中等发达水平的交通运输业．交通部科技情报研究所，1992：21

报废，20％～30％的农产品化作泥土。交通运输成为 20 世纪 70 年代伊朗经济腾飞的"瓶颈"，并最终使其经济发展计划未能实现。

从我国的经济发展实践来看，在改革开放后，我国实行"不平衡"发展战略，投资向 DPA 倾斜，这促进了我国经济的快速增长，使我国取得了举世瞩目的经济成就。但是，在近几年，随着经济的发展，交通运输滞后的"瓶颈"作用逐渐显现，例如，在 2003～2005 年，由于运输通道能力的不足，使得煤炭等能源运输受到制约，导致我国出现了全国性的电荒，在一定程度上影响了我国经济发展，更主要的是，为了保证能源运输，运输部门只能压缩其他产品的运输，对整个国民经济的运行都具有一定的影响。幸运的是，我国已经对交通运输的"瓶颈"作用有了清醒的认识，并已经提出来要加大交通基础设施投资，使其基本适应国民经济发展需要。

5.2 交通运输对可达性以及相关成本的影响

5.2.1 交通运输对可达性的影响分析

5.2.1.1 可达性内涵

可达性的思想渊源久远，在古典的区位论中就有所体现。一般认为 Hansen 在 1959 年首次正式提出了可达性概念[①]，她将可达性概念定义为交通网络中各节点相互作用机会的大小。

空间相互作用，被认为是区位选择及城市增长的重要因素，Mitchell 和 Rapkin 认为[②]，空间相互作用是社会实体之间连续的或反复的联系，这种联系导致了人员或物资的流动，并且决定了进行交流的社会实体的大致位置。在城市化地区内部，可达性通过不同活动之间的相互作用及其导致的交通行为来定义，它以在给定的交通条件下，一个地方的活动从另外一些地方接近的程度来衡量。因而可达性能够表示某一区域内不同地点之间的联系，并可衡量把某一活动放在不同地点的相对优势。

韦伯[③]等认为，可达性是社会实体之间不断重现的关系，不仅体现在人

---

① Hansen W. G. How accessibility shapes land-use. Journal of the American Institute of Planners, 1959，25：73～76

② Mitchell，R. and C. Rapkin. Urban Traffic：A Function of Land Use. New York：Columbia University Press，1954：217

③ Webber，M. The Urban Place and the Non-place Urban Realm. in Explorations into Urban Structure，Philadelphia：University of Pennsylvania Press，1964：79～153

员、物资的交流中，还体现在无形信息的交换中，各种活动的区位选择，是由它们之间的相互作用所决定的。个体、群体、企业和社会团体之间存在着相互依赖、相互作用的关系，这一关系像看不见的纽带，将各种要素结合成密切协作的系统。这种观点较好地道出了可达性的特点，可达性注重结构上的整体性，功能上的一致性。

至今学者们在可达性的精确定义上仍难以达成一致意见，但是他们普遍认为交通系统将可达性的基本含义和个体在空间中的移动的能力联系起来。按照李平华、陆玉麒的观点[①]，可达性具有以下几个方面的特征：

第一，可达性是一个空间的概念，可达性反映了空间实体之间克服距离障碍进行交流的难易程度，在空间意义上，可达性表达了空间实体之间的疏密关系。

第二，可达性具有时间意义。空间实体相互作用或接近经济活动中心主要是通过交通系统来完成，时间是交通旅行中最基本的阻抗因素，交通成本在很大程度上依赖于通行时间的花费，因此通常用时间单位来衡量空间距离。

第三，可达性具有社会和经济价值。较高水平的可达性与高质量的生活和满意度、吸引力以及经济发展等相关联。

第四，起点、终点和交通系统是可达性必备的三个要素。

5.2.1.2 交通运输对区域可达性的影响

一般来说，区域可达性的测量有以下几种尺度：①从一个港口或其他运输枢纽出发，在各种不同的时间范围内，人员或货物运输可能达到的空间范围；②从一个城市出发的区域通达性，即该城市的吸引范围；③一个区域在大范围运输联系过程中的通达性；④表现大范围各区域或点（城市）的位置中心程度或边缘程度的通达性。

总之，具有密度大、联结度高、通达度好、交通网络完善的区域可达性高，区域内外联系密切，自身发展能力强，获得的外部发展机会多，发展潜力大。

有很多学者研究了交通运输对区域可达性的影响，许多学者采用不同的可达性评价方法研究证实了跨欧洲高速铁路网和公路网均有利于提高边缘区的可达性水平。Gutierrez 和 Gonzalez[②] 对跨欧洲高速铁路网可能引起的欧洲各城市可达性值的变化进行了研究，结果表明，2010 年可达性较低的区域面积比1993 年将会大幅度减少，可达性最高的前两个等级的区域面积则会由 1993 年

---

① 李平华，陆玉麒. 可达性研究的回顾与展望. 地理科学进展，2005（24）

② Gutierrez J. , Gonzalez R. , Gomez G. The European Unions: the impact of the trans European road network. Journal of Transport Geography, 1996, 4 (1): 15~25

的 0.22% 上升至 50.46%。Pitts[①] 通过计算莫斯科在历史上不同时期的通达性解释城市的增长。经济学家 Clark[②] 用重力度量法模拟欧共体的组建和扩张、运输技术的改善、海峡隧道的修建对整个欧洲经济格局的影响，最终发现，运输技术的改善、海峡隧道的修建，尽管增加了伦敦的潜能值，但大陆国家获益更多，伦敦从欧洲的潜能中心之一转变为以下莱茵河谷为中心的欧共体的边缘部分。

5.2.2 交通运输对运输成本、交易效率的影响

5.2.2.1 从运输成本到交易效率——交通运输在空间结构演化中的作用

经济学在考察交通运输在空间结构演化作用的过程中，由于分析技术的变化，在不同时期，采用的分析角度不一样，也导致了交通运输在经济学中的地位的变化。

（1）采用运输成本考察交通运输的作用

经济学家很早就开始关注交通运输问题，但是从总体来说，交通运输问题长期以来一直不被主流经济学家所关注。

亚当·斯密在《国民财富的性质与原因研究》中指出，"通过水运，为每一种产业开辟了更加广大的市场，这是陆运所不能单独办到的，因此，正是在海岸以及在通航河道的两岸，各种产业自然而然地开始分工，并得到改进，这种改进常常要等待很长的时间以后，才能推广到一国的内地"。

这表明运输成本的高低是"斯密定理"（劳动分工受到市场范围的限制）发挥作用的重要限制性条件。如果区域间运输成本高，则市场范围必然狭小。当市场范围很小时，没有人能得到任何的鼓励，去专门从事一种职业，这时劳动分工便不会存在。相反，当运输成本低时，各个区域便能相互提供市场，对各自的产业给予大量的鼓励，劳动分工水平由此得到增进。因此，运输成本、劳动分工与市场范围三者之间存在密切的关系。

区位理论是距离的经济学，对于距离等空间维度的考察，经济学中往往是以运输成本来体现的，正是运输成本的差异导致企业或者产业在空间上的分布呈现出一定的规律性。

约翰·冯·杜能（J. H. von Tunen，1826）曾经在《孤立国同农业和国民经济的关系》中利用一系列假设条件描述了因运输成本不同导致的农作物带围

---

① Pitts, F. R. A Graph Theoretic Approach to Historical Geography. Professional Geographer, 1965 (17): 15~20

② Clark, C. et al. Economic Potential Experiment for Western Europe. Regional Studies, London: Pergamon Press, 1969

绕孤立国成同心圆分布[①]。杜能同时指出，如果是存在着交通方式的选择，如水路，同心圆式的作物带可能就会因为交通运输的发展而发生重大变化。劳恩哈特（C. F. W. Launhardt，1882）和阿尔弗雷德·韦伯（Alfred Weber，1909）的研究则是针对铁路运输系统出现后引发的工业区位的变化而展开的，他们认为最小运输成本是确定具有给定资源供给和产品销售条件的一个工厂最有效区位的方法。韦伯认为在存在两个资源区和一个市场的情况下，最佳区位可能选在由这三个位置构成的三角形之内；他进而将模型一般化，他假设运费最小点为 P，原料、燃料和市场有 M_1，M_2，$\cdots$，M_n 个，运量为 m_1，m_2，$\cdots$，m_n，到 P 点的距离为 r_1，r_2，$\cdots$，r_n，单位运输成本不变，则工业选址应当满足：

$$\min S = \sum_{i=1}^{n} m_i r_i = \sum_{j=1}^{n} m_i \sqrt{(x - x_i)^2 + (y - y_i)^2} \tag{5.1}$$

韦伯同时指出，运输系统的类型和使用范围会使不同体系之间产生巨大的成本差异，即使在一个统一的运输系统中，系统的不同部分使用的强度不同，这种不同的强度使得一定重量在一定距离上的运输成本的不同，最终导致工业在空间上的分布不同[②]。

到了新古典经济学，虽然也认识到了交通运输在区域分工与专业化中的作用，如马歇尔认为地方化工业的利益来源包括交通工具的改良对工业的地理分布的影响等。但是运输成本的存在会给新古典经济学带来难以处理的难题。这是因为，如果存在运输成本，那么距离远的人会比距离近的人支付更多的成本，这意味着地理、自然条件就会在客观上塑造出一定的垄断的地位，这不是新古典经济学愿意看到的现象。于是，新古典经济学只好将运输成本视作同生产成本毫无区别的一般成本，结果新古典经济学方法论的创新便将区位、空间和运输成本从现实中剔除掉了。

（2）"冰山运输成本"技术的发展

20 世纪 80 年代末期以后，新经济地理学的问世将空间和运输费用问题重新拉回到了主流经济学当中，"冰山运输成本"技术的运用能巧妙地避免单独引入一个运输部门给空间和地理模型化带来的难题，从而可以在迪克希特、斯蒂格利茨的垄断竞争一般均衡分析框架下进行直接的数学处理。

"冰山运输成本"首先由萨缪尔逊提出，指的是产品在区域间运输采取"冰山"形式的运输成本，即产品从产地运到消费地，其中有一部分在途中"融化"掉了。用数学语言叙述如下：运送 1 单位的产品，只有 τ（$\tau < 1$）部

---

① ［德］约翰·冯·杜能著，吴衡康译. 孤立国同农业和国民经济的关系. 商务印书馆，1986：22

② ［德］阿尔弗雷德·韦伯著，李刚剑等译. 工业区位论. 商务印书馆，1997：51

分能到达目的地，其余 $1-\tau$ 部分在运输途中损失掉了。

一部分学者认为"冰山运输成本"技术忽略了运输成本与距离关系，从而建立在"冰山运输成本技术"上的理论仍然是非空间的。针对此批评，克鲁格曼对萨缪尔逊的"冰山运输成本"进行了修正，将"冰山运输成本"函数定义为：

$$V_d = e^{-\tau D} \qquad\qquad (5.2)$$

其中：V_d 表示一单位产品最终送达目的地的数量，D 表示区域间的运输距离，τ 表示冰山形式融化参数。

（3）交易效率思想的提出

新兴古典经济学与新经济地理学一样，重视交通运输成本的作用，但是，它们之间存在重大差别。新经济地理学仅仅借助于"冰山运输成本"技术将过去不予理睬的区位与运输成本问题重新纳入经济学的分析框架，而后者不仅仅强调运输技术、运输设备、基础设施对运输成本的重要作用，而且也强调制度对交易效率的影响。

交易效率思想是在交易成本基础上提出的，交易成本从本质上说是经济制度或组织运作的成本。由于交易成本在分析经济发展问题时具有难以量化、难以操作的缺陷，杨小凯在新兴古典经济学中引进交易效率概念。杨小凯对交易效率（k）的技术处理同样采用了萨缪尔逊的"冰山"形式，表示每购买一个单位产品，买者只能收到 k，而 $1-k$ 则在交易过程中损失掉了，因此，这 $1-k$ 部分便称为交易成本，而 k 部分可称为该笔交易的交易效率。这样，交易效率既可由运输条件引起，也可由制度性变化引起，显然，这一概念明确了运输条件、运输技术和制度改革在经济发展中的同等重要性。

杨小凯和张永生认为："交易效率的改进与一个代表人口密度、制度环境和运输条件的参数变化有关。"[①] 运输条件主要影响外生交易费用，他们指出："根据经验研究，地理条件（糟糕的运输条件）是影响交易效率的一个重要因素。"[②]

5.2.2.2 交通运输的发展对运输成本及空间成本的影响

运输成本也称运输费用，是指为运输服务所付出的代价，它是由运输的货币成本、时间成本和其他成本构成。运输成本和距离、费率、运输方式相关，不同的运输方式通常具有不同的成本结构和服务特性，其优缺点各不相同，表5.2列出了五种运输方式的优缺点和服务特性。

---

① 杨小凯，张永生．新兴古典经济学与超边际分析．中国人民大学出版社，2000：49

② 杨小凯，张永生．新兴古典经济学与超边际分析．中国人民大学出版社，2000：102

表 5.2　不同运输方式的优缺点和服务特性①

运输方式	主要优点	主要缺点
铁路	终端成本高，需要较大初始投资 线路运输处于中等水平 随着运距增大，效率增加	需要对货物进行分类、编组，时效性差
水运	终端成本高于线路运输成本数倍 线路运输成本较低，只有铁路的 1/3 随着运距增大，效率增加 适合半成品、散装原料与集装箱运输	运输速度较慢
公路	终端成本较低，但车辆购置费较大 线路运输成本较高，是铁路的 4 倍多 短途运输成本比铁路低，覆盖范围广 适合易腐货物和旅客运输 灵活、方便，适合质量轻小的短途运输	成本较高 不适合大批量长途运输
航空	终端和起降成本高 线路运输成本高，是铁路的 16 倍 随着距离增加，具有远程运输经济 适合旅客及易腐、轻小、高附加值货物运输 快速	成本最高的运输方式
管道	固定成本高，随着距离增大迅速增加 线路运输成本最低 适合大批量长距离运输 适合大规模的液体运输	受商品种类限制 必须有规律的流动

随着运输技术的发展，货物运输的货币成本是不断下降的。但是，现代经济生活中所产生的市场信息、种类和复杂性在不断增加，运输的复杂性也在不断增加。而且，现在运输需求的家庭和企业消费者的需求变得更加成熟，对客、货运输的速度、可靠性和及时性的要求越来越高，也就是说，与运输有关的时间机会成本在提高。

5.2.2.3　交通运输对交易效率的影响

按照新兴古典经济学的理论，假设某产品的交易效率为 k，单位外生交易费用为 C_W，单位内生交易费用为 C_N，单位产品的交易价值为 P，则交易效率的一般模型为：

---

①　魏后凯．现代区域经济学．经济管理出版社，2006：27

$$k=1-(C_W+C_N)/P \tag{5.3}$$

再假设外生交易费用的交通运输因素为 T，外生交易费用的其他影响因素为 Q，对应的单位运输费用为 C_T，单位其他外生交易费用为 C_Q，则运输费用与交易效率的关系模型为：

$$k=1-(C_T+C_Q+C_N)/P \tag{5.4}$$

从 (5.4) 式我们可以看出：$\dfrac{\partial k}{\partial C_T}=-1/P$，这也意味着，在其他因素不变的情况下，交易效率是运输费用的减函数，当运输费用下降一个单位时，交易效率提高 $1/P$ 个单位。

6 交通运输与城市群分工专业化

在前面讨论分工和专业化的含义时，我们指出，斯密和斯蒂格勒均注意到交通运输发展在分工和专业化中的作用。正如杨小凯的观点，分工和交易成本之间存在两难冲突，分工会带来专业化效益，同时也会造成交易费用增加。只有分工带来的专业化效益超过增加的交易费用时，分工才会继续演进；否则，分工会停滞不前。空间交易成本的一个重要组成部分就是运输成本以及由空间距离所带来的空间成本，交通运输业发展会带来可达性的提高和运输成本的降低，从而降低交易成本和空间成本，进而促进分工和专业化的发展。

6.1 交通运输对分工发展的影响

6.1.1 交通运输成本与市场范围的变化

按照古典经济学的分工理论，分工与市场规模之间存在一种相互促进的关系，按照杨小凯和张永生[①]将杨格思想总结为"杨格定理"的说法，不但市场的大小决定分工程度，而且市场大小受分工程度的制约，分工的演进具有自组织的特征：

市场规模扩大→专业化分工↑→市场规模继续扩大→专业化分工↑

一般来说，影响市场规模的因素有三个：市场的地理范围、人口数量和人均收入。人口数量增长意味着潜在交易主体的增加，而人均收入是购买力的基础，因此简单来看，这两者与市场容量之间是一种正相关关系。但是，盛洪认为，这两个因素对市场容量的影响不具有突破性意义。因为人口数量和人均收入之间是一对相互制衡的因素，经常是相互反向变动的[②]。当总量一定时，人口增长带来人均收入的下降，进而影响购买力；而人均收入的下降带来人口增

---

① 杨小凯，张永生．新兴古典经济学与超边际分析．中国人民大学出版社，2000
② 盛洪．分工与交易——一个一般理论及其对中国非专业化问题的应用分析．上海人民出版社，2006：140

长的停滞，于是又会使人均收入增长。除非经济总量增长高速于人口增长（这在社会分工最初产生的前现代社会并不一定成立），否则人口数量和人均收入对市场容量的影响将是相互抵消的。所以，作为分工产生前提的市场容量的扩张，主要归因于市场范围的扩大。就此，我们可以推导出这样的命题：城市群内产业分工作为社会分工的空间形式，其形成须以区域（乃至全国）统一市场的建立和不断扩大，进而市场容量足够大为前提。

那么接下来需要考虑的是，区域统一市场的地理范围究竟能有多大，以及哪些因素影响其地理范围的问题。我们将构建一个基于新古典区位论和新制度经济学思想的模型加以解释。

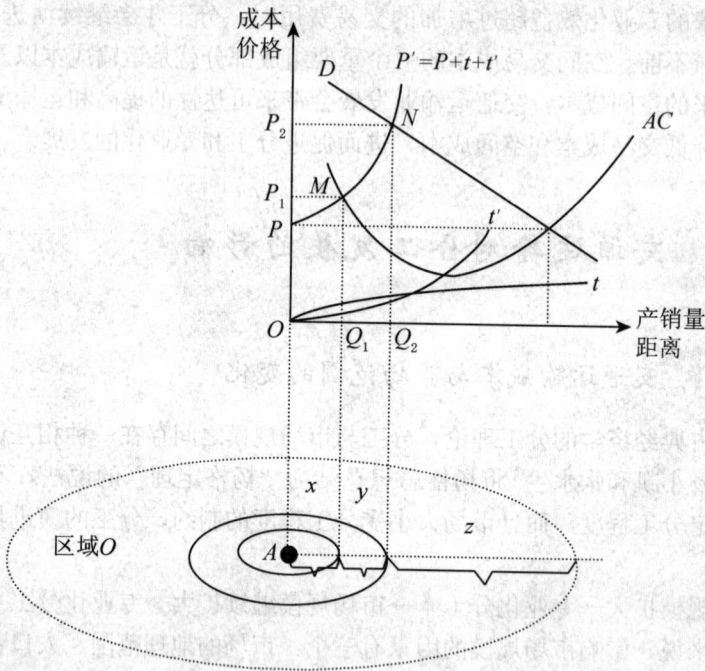

图 6.1　城市 A 某产业（产品）的区域市场范围
资料来源：作者研究整理。

如图 6.1 所示，假定某城市群区域 O 是半径为 $x+y+z$ 的均质圆形区域，群内人口密度、居民购买力及运输条件均相同。群内某城市 A（以点 A 表示）某基础部门制成品的行业平均成本曲线为 AC，区域 O 内消费者对该类制成品的需求曲线为 D，城市 A 该制成品生产企业（或行业联合体）依据平均成本定价原则，将平均收益（FOB 价格）定为 P。由于是基础部门，该类制成品

主要输出到城市 A 以外的地区，市内销售忽略不计。在对外销售中，需考虑运输费用和交易费用。这样一来，产品对外销售的有效价格（CIF 价格＋交易费用）$P'=P+t+t'$ 表现为一条向上倾斜的曲线。这是因为，单位产品的运输成本和交易成本均随产销地之间距离的扩大而提高，其中，单位运输费用具有随运距增加而边际递减的特征；单位交易费用则正好相反，产销两地距离越远，生产企业为销售一单位产品所必须投入的与交易相关的资源就越多，包括广告、宣传、设立销售网点等多种费用的均摊。

　　P' 与 D 曲线交于 N 点，这一点对应的产销量为 Q_2，价格为 P_2，投影在区域 O 上的产销地距离为 $x+y$。在运输条件均质的前提下，以城市 A 为圆心、$x+y$ 为半径的圆为城市 A 生产的该类制成品在区域 O 的市场范围的上边界。在此区域市场范围以外，由于有效价格过高，区域 O 中已不再有需求。另外，产品销售和区域市场的形成还必须满足企业的获利要求，即市场范围要大到足以使企业盈亏平衡。在图 6.1 中，P' 与 AC 的交点 M 即为盈亏平衡点，以 A 为圆心、M 点对应的产销距离 x 为半径的圆即构成城市 A 生产该类产品的区域市场范围的下边界。在此边界以内，由于平均成本过高，甚至高于其有效价格，企业因无法盈利将放弃生产。

　　理论上讲，该类产品区域市场的实际边界将位于上边界和下边界之间，其具体位置受市场结构、生产能力，甚至偶发事件等多种因素的影响。

　　根据该模型可知，影响区域统一市场范围的因素包括供给和需求两方面。供给方面主要涉及各种成本因素，包括交易成本、运输费用和生产成本，成本因素对区域市场范围的扩大起制约作用。此外，供给能力、市场结构、企业区位、竞争行为等也将产生种种影响。需求方面的因素则主要包括城市群内居民的购买力水平和消费偏好，这两个因素直接决定了需求曲线的位置和形状。

　　我们也可以用数学模型来描述交通运输对市场需求的影响。为了简化，我们假定企业生产单一的产品供应单一的顾客，此人的居住地在离企业事先确定的地点有一段距离，因此，商品要满足消费者的需求，必须克服空间距离的障碍，即会产生运输成本，假定运输成本由供应者负担。因此我们可以得到：

$$P_s=a_0+a_1Q_s+p_t \tag{6.1}$$

$$P_d=b_0-b_1Q_d \tag{6.2}$$

$$Q_d=Q_s \tag{6.3}$$

$$P_d=P_s \tag{6.4}$$

其中：P_s 是商品的供给价格；P_d 是商品的需求价格；Q_s 是商品的供应量；Q_d 是商品的需求量；p_t 是运至顾客手中的每单位商品的不变运输成本。

　　根据上述方程，我们可以求得利润最大化的供应量 Q^*：

$$Q^* = (b_0 - a_0) / (b_1 + a_1) - p_t / (b_1 + a_1) \tag{6.5}$$

从（6.5）式我们可以看出，随着运输成本的提高，由供求决定的均衡产量会下降。为了和现实更相符合，我们也可以对消费者在空间上的分布作出其他描述，但是，结论都是一样的，即：运输成本是决定企业服务市场地域规模的关键因素。运输成本越低，市场规模越大；运输成本越高，市场规模越小。

6.1.2 基于交通运输发展的分工模型[①]

交通运输发展会带来市场规模扩大，市场规模扩大则会促进分工，分工则会产生专业化经济，但是分工同样会带来交易数量和频率的增加，从而造成交易成本的增加。那么，最优的分工度则是在分工带来的专业化经济和交易成本增加之间的权衡。

用单位运输成本描述交通发展程度，用分工度定量测度社会分工程度，则可以通过分工度与单位运输成本之间的数理关系，表述交通发展与社会分工之间的关系。

设经济系统中的市场属于"纳什议价均衡"，即交易费用仅为外生交易费用（主要包括流通费用等），设在 T 分工方案下，在一定的交通条件时分工度为 f，经济系统中经济流数量为 M，则[②]：

$$f = \frac{1}{2} (1 + \sqrt{1 + 4M}) \tag{6.6}$$

式中：M 为经济系统中的经济流量数，f 为分工度。可得：

$$M = f (f - 1) \tag{6.7}$$

假设经济系统中每对协作关系的流量均为物资流量，每个物资流量大小为 q，系统中的总流量为：

$$Q = qM = qf (f - 1) \tag{6.8}$$

设系统中实行无歧视定价，且单位运输产品运价（即运价率）与单位运输成本具有简单线性关系，如每单位运输成本为 u，运价率为：

$$T = ku$$

式中：k 为参数，且 $k > 1$。

系统中物资流量的平均运距为 d，则系统中总的流通费用为：

$$C_t = TdQ = kudqf (f - 1) \tag{6.9}$$

在分工度 f 下，系统总生产费用为 f 的函数：

$$C_p = \alpha f^{-\beta} \tag{6.10}$$

---

① 王花兰等. 交通发展与社会分工关系模型研究. 铁道运输与经济，第 27 卷第 5 期
② 杨小凯. 数理经济学基础. 国防工业出版社，1985

　　式中：α、β 为大于零的参数。

　　为简单计算，取 β 为 1，此时，生产费用函数为：

$$C_p = \alpha f^{-1} \tag{6.11}$$

　　只有当分工度增加的流通费用小于提高分工度减少的生产费用时，分工才会演进。当提高分工度增加的流通费用等于提高分工度减少的生产费用时，分工度达到最佳经济效果，即：

$$\frac{\partial c^f}{\partial f} = -\frac{\partial c^p}{\partial f} \tag{6.12}$$

　　满足（6.12）式条件的分工度称为最佳分工度，用 f^* 表示，则：

$$2kudqf^* - kudq = \alpha\,(f^*) - 2 \tag{6.13}$$

　　求解（6.13）式，可得最佳分工度 f^*：

$$f^* = \frac{1}{6} + \sqrt[3]{\left(\frac{1}{216} + \frac{\alpha}{4kudq}\right) + \sqrt{\frac{1}{216} + \frac{\alpha}{4kudq} - \frac{1}{216^2}}}$$

$$+ \sqrt[3]{\left(\frac{1}{216} + \frac{\alpha}{4kudq}\right) - \sqrt{\frac{1}{216} + \frac{\alpha}{4kudq} - \frac{1}{216^2}}} \tag{6.14}$$

　　（6.14）式描述了最佳分工度 f^* 和单位运输成本 u 之间的关系，由此可见，最佳分工度 f^* 是单位运输成本的减函数，即单位运输成本降低，最佳分工度增大，说明社会分工水平提高引起的边际经济增长率大于边际交易费用，分工向前演进。

　　以上我们从理论上证明了交通运输发展与分工之间的正相关关系，美国从 19 世纪初到南北战争爆发之前，中西部地区交通运输业的发展对农业、工业的影响更直观地说明了上述理论[1]。

　　19 世纪初该地区的道路条件差，公路运输价格昂贵，农产品的运输费用制约了成交量、交换范围、交换价格，严重影响农业生产的规模，但从 1848 年起，中西部以北地区铁路运营里程数大幅增加，交通运输条件逐步改善，运输成本降低，这不仅给农民更大盈利空间，提高农民收入，而且使得消费者能够以更低的价格购买所需农产品，引起消费者对农产品需求的增加。这些铁路的建成沟通了东西部的经济联系，形成了全国性的统一市场，为西部大草原的畜牧业产品提供了广阔的国内市场。铁路的发展降低了货物的运输成本，高效的运输体系完成了对大量原料、中间产品和最终产品的运送工作，加强了直接生产部门内部的交换合作，使生产者之间交换商品的数目急剧增加，使得大规模生产成为可能，进一步降低生产成本，鼓励分工发展。这一时期稳定可靠的

---

　　① 杨铁. 从产业间分工角度谈交通运输对经济增长的作用. 沿海企业与科技，2005（2）

交通运输能力保证了 Ohio，Indiana，Michigan 等几个州的农产品在美国东部地区市场上的销售。随着中西部地区农业生产逐渐扩大，与农产品加工相关的行业在该地区越发重要，包括面粉业、皮革业、肉制品包装业等，例如在1840 年，大西洋中部一些州所生产的面粉量占总产量的 65%，而到了 1860年，这一比例仅为 39%。肉制品包装行业亦如此，1860 年芝加哥猪肉包装业的收入是 1852 年的 3 倍，牛肉加工业的收入是 1852 年的 2 倍。同时，农产品加工相关的行业因自身的特点为新行业创造了市场需求，比如，面粉行业需要大量的机器设备投入，1860 年该行业的单位产出所需资本量在所有行业中排第四，资本—产出率几乎是制造业的 2 倍。高资本—产出率鼓励了对蒸汽动力的使用，对蒸汽动力的使用又加大了对机器设备及生产工具等产品的需求，导致最终美国机床业的发展，而与此同时，农产品加工行业中的工人劳动生产率也已提高为从前的 2 倍还多。另外，先进的科学技术在国内的广泛传播和应用减缓了产业结构向更高级阶段过渡的过程中的压力，由于产业间的关联作用，整个经济体系当中便形成了一种无休止的产品供给和需求的"连锁反应"，使得市场规模扩大、产出水平提高、分工进一步深化，通过循环累积的过程实现经济增长。

6.2 交通运输对城市群分工和专业化的影响

6.2.1 交通运输与城市群区域分工、专业化格局的形成

区域分工和专业化的形成实际上是通过区域产业结构调整来实现的，产业结构调整又是通过新企业的定位选择和既定企业的重新定位这一动态过程来实现的。产业结构调整是一个复杂适应系统，它受到包括企业、地方政府、中央政府等主体以及环境等的影响和作用。我们主要分析交通运输对区域产业结构的影响，因此，假设经济和社会环境的变化对各地区及其企业的影响是普遍和平衡的。这样我们就可以将区域间产业结构调整进而区域间分工和专业化形成，看做是各区域的企业对交通条件的变化作出反应而自发演进的结果。

两个相邻地区间既定企业的重新定位问题可以近视地看做既定空间买卖双方垄断厂商的空间博弈问题。我们可以借助霍特林模型[①]来说明交通运输的改进对区域产业结构调整的影响。

假设两个位于既定区位的厂商 1 和厂商 2 销售相同产品，分布在长度为 l

---

① 彼得·尼茨坎普主编，安虎森等译．区域与城市经济学手册（第 1 卷）．经济科学出版社，2001：34~39

的线段上，离线段端点的距离分别为 a 和 b（$a+b \leqslant l$），他们在价格上相互竞争以吸引分散在空间的消费者。运输成本是距离的线性函数，令 t 为运费率。消费者沿直线均匀分布；不失一般性，设密度为1。每个消费者只购买一个单位的产品，不管其价格如何。由于产品是同质的，消费者将惠顾总价格更低的销售商。令 p_1、p_2 分别是厂商1、2设定的出厂价格，为了说明交通运输对产业结构调整的影响，我们假设厂商1所在的区位具有生产该产品的相对优势，即 $p_1 < p_2$，那么我们可以发现：

1）如果 $P_1 < P_2 - t$ $(l-a-b)$ 那么所有消费者都会购买厂商1的产品，厂商2的产量为0，也就是说此时只有区位1会生产该产品。

2）如果 $P_2 - t$ $(l-a-b) \leqslant P_1$ 那么市场边界位于两个厂商总价格相等的一点，对厂商1来说，该边界的距离为 $R = [$ $(P_2 - P_1)$ $+t$ $(l-a-b)] /2t$

$$(6.15)$$

从（6.15）式我们可以得到 $\dfrac{\partial R}{\partial t} = (p_1 - p_2) /2t^2$ $\qquad (6.16)$

由于 $P_1 < P_2$，所以 $\dfrac{\partial R}{\partial t} < 0$，也就是说随着交通成本的下降，厂商1的市场边界越来越大，直到 $P_1 < P_2 - t$ $(l-a-b)$ 时，全部市场为厂商1所占领。

从以上对霍特林模型的简单讨论我们可以知道，随着交通运输条件的改善，价格较低的厂商的生产规模将逐步扩张，而价格较高的厂商将逐步被驱赶出市场。

将同样的分析方法应用到两地区同一产业竞争的分析中，我们可以得到同样的结论：原先对某一产业具有相对优势的区域，随着交通运输的改善，其在该产业的相对优势会逐步扩大，生产规模也逐步扩张，而原先处于劣势的区域将被逐步赶出该产业的生产。

至于两个以上地区间既定企业重新定位问题，我们可以近视地将其看成垄断寡头条件下多个厂商的空间博弈问题。格林哈特等通过对厂商需求函数和市场均衡的分析发现，厂商的市场需求函数仅仅与相邻厂商的价格有关，而与更加远的厂商的价格无关，这意味着需求呈链状结构，每个生产者直接与它相邻的生产者进行竞争，而不必考虑相离的生产厂商。因此，在考虑交通条件变化与各地区工业结构调整问题时，主要是考虑相邻地区。

将以上结论用于分析交通运输对城市群城市间分工、专业化的影响，我们可以得到如下结论：①随着交通运输的发展，各城市间的分工、专业化程度越深；②交通运输对相邻城市的分工专业化的影响大于相离城市的影响。

6.2.2 基于运输成本的城市群地区专业化分析

以上部分我们仅仅说明了交通运输的发展会促进区域分工和专业化的发

展，但是，对于具体如何分工则没有涉及，只是说明了原来具有相对优势的产业将随运输成本的下降进一步得到加强。本部分主要从理论上说明不同运输成本的产业在空间上的分布①。

6.2.2.1　模型

假设有两个对称区域，H，F，K（$K \geqslant 2$）类产业和三种物品，即初始禀赋同质商品（它也被选作是记账单位）、用规模报酬递增技术生产的差异化产品以及土地。每类产业中有 N_k 种异质产品，假设每个企业只能生产一种产品，因此每类产业中都有 N_k 个企业，这些企业都服从规模报酬递增。假设工人不能在产业间流动，但是，工人可以在区域间自由流动，即认为工人在区域间流动的成本为 0。

除了企业要用地以外，工人住房也需要用地。并且假设每个地区都有CBD，这个区域的所有企业都位于 CBD，空间围绕 CBD 线性分布，每一区位有一单位土地。每个工人住房消费一单位土地，工人上下班往返 CBD，假设每单位距离的往返交通成本是 θ，土地的机会成本是 0，整个区域的土地租金平均分配给区域的所有居民。在上面假设下，每个工人的净城市成本（它等于土地租金支出＋往返交通成本－土地租金收入）是 $\frac{\theta}{4} \times$ 区域人口，这和工人的区位不相关。

根据 Tabuchi 和 Thisse（2003）② 的分析框架，假设工人有相同偏好，效用函数为：

$$U(q_0, q_i(j), j \in [0, N_i], i = 1, \cdots, K) = \sum_{i=1}^{k} \left[\alpha \int_0^{N_i} q_i(j)dj - \frac{(\beta - \gamma)N_i}{2\sum_{k=1}^{K} N_k} \int_0^{N_i} [q_i(j)]^2 dj - \frac{\gamma}{2\sum_{k=1}^{K} N_k} (\int_0^{N_i} q_i(j)dj)^2 \right] + q_0 \tag{6.17}$$

q_0 代表同质商品的消费数量，$q_i(j)$ 代表第 i 类产业第 j 种商品的消费量。我们假设 $\alpha > 0$，$\beta > \gamma > 0$，这也意味着工人偏好多种消费，从（6.17）式的第二项可以看出，具有更多企业的产业比具有更少企业的产业对工人的效用影响更大。

每个工人的收入预算约束为：

① 主要参考 Hajime Takatsuka and Dao-Zhi Zeng. Regional Specilization via Differences in Transport Costs: An Economic Geography Approach. Graduate School of Management, Kagawa University, Working Paper Series

② Tabuchi, T. and J. F. Thisse, 2003. Regional specialization, urban hierarchy and commuting costs, CORE Discussion Paper No. 2003-60. http: //www. core. ucl. ac. be/services/COREdp03. html

$$\sum_{i=1}^{K}\left[\int_{0}^{N_i} p_{ir}(j)q_{ir}(j)dj + \frac{\theta}{4}L_{ir}\right] + q_0 = w_{ir} + \bar{q}_0 \tag{6.18}$$

其中：$p_{ir}(j)$、$q_{ir}(j)$ 分别是区域 r 的工人消费第 i 类产业第 j 种产品的价格和数量，L_{ir} 是区域 r 第 i 类产业工人的数量，w_{ir} 是区域 r 第 i 类产业工人的工资。$\bar{q}_0$ 是初始赋予的同质商品数量，假设它足够大，使均衡消费 q_0 为正。

由工人的效用最大化，可以得到需求函数和直接效用函数 V_{ir}：

$$q_{ir}(j) = \frac{\sum_{k=1}^{K} N_k}{N_i}\left[a - bp_{ir}(j) + c\frac{P_i}{N_i}\right]$$

$$V_{ir} = \left(\sum_{k=1}^{K} N_k\right)\left\{\frac{Ka^2}{2(b-c)} - a\sum_{k=1}^{K}\frac{\int_{0}^{N_k} p_{kr}(j)dj}{N_k} + \frac{b}{2}\sum_{k=1}^{K}\frac{\int_{0}^{N_k}[p_{kr}(j)]^2 dj}{N_k}\right.$$
$$\left. - \frac{c}{2}\sum_{k=1}^{K}\frac{[\int_{0}^{N_k} p_{kr}(j)dj]^2}{N_k^2}\right\} + w_{ir} + \bar{q}_0 - \frac{\theta}{4}\sum_{i=k}^{K} L_{kr} \tag{6.19}$$

其中：$a=\alpha/\beta$, $b=1/(\beta-\gamma)$, $c=\gamma/[\beta(\beta-\gamma)]$，$P_i$ 是区域 r 第 i 产业的价格指数。由于 $\beta>\gamma>0$，因此我们有 $b>c>0$。

由于需求函数是价格的线性函数，不同产业价格的系数是不同的，因此，企业越多的产业，它的需求价格弹性越小。

每个企业都以垄断竞争的方式生产差异化产品。假设每个企业都是足够小，它的价格对价格指数几乎没有什么影响。同样假设所有产业都能用一单位劳动生产一单位的差异化产品，因此有 $N_i = L_i$。不同产业的跨区域产品运输成本是不同的，第 i 产业的一单位产品运输成本为 τ_i。在上述假设下，在同一区域同一产业内的企业都是对称的。区域 r 第 i 产业的典型企业最大化利润为：

$$\pi_{ir} = p_{irr}q_{ir}(p_{irr})\sum_{i=1}^{K} L_{ir} + (p_{irs}-\tau_i)q_{irs}(p_{irs})\sum_{i=1}^{K} L_{is} - w_{ir} \tag{6.20}$$

其中：q_{irs}、p_{irs} 分别是位于区域 r 的第 i 产业的企业在区域 s 的需求和价格。

在最大化利润为 0 以及自由进入的假设下，可以得到均衡价格和工资：

$$p_{irr}^* = \frac{2a + c\,\tau_i(L_{is}/L_i)}{2(2b-c)}, \quad p_{irs}^* = p_{iss}^* + \frac{\tau_i}{2} \tag{6.21}$$

$$w_{ir}^* = \frac{b\sum_{k=1}^{K} L_k}{L_i}\left[(p_{ir}^*)^2\sum_{k=1}^{K} L_{kr} + (p_{irs}^*-\tau_i)^2\sum_{k=1}^{K} L_{ks}\right] \tag{6.22}$$

从上述方程，可以得到不同区域的产业 i 的工人的效用差为：

$$V_{iH} - V_{iF} = (S_H - S_F) + (w_{iH} - w_{iF}) \tag{6.23}$$

$$S_H - S_F = \sum_{i=1}^{K} \left(\frac{1}{2} - \lambda_i\right) \left[\bar{L} \frac{b^2(b-c)\tau_i^2 - 2a\tau_i}{(2b-c)^2} + \frac{\theta}{2} L_i\right] \tag{6.24}$$

$$w_{iH} - w_{iF} = b\bar{L} \left\{ \left(\frac{1}{2} - \lambda_i\right) \frac{[b + \frac{c}{2}(\frac{\bar{L}}{L_i} - 2)]\tau_i^2 - 2a\tau_i}{2b - c} \right.$$

$$\left. + \frac{(b-c)\tau_i^2 - 2a\tau_i}{(2b-c)L_i} \sum_{j \neq i} L_j \left(\frac{1}{2} - \lambda_j\right) \right\} \tag{6.25}$$

其中：S_r 是区域 r 的消费者剩余，λ_i 是产业 i 居住在 H 区域的工人的比例，$\bar{L}$ 是工人总数。

另外，为了简化，假设 $\tau_i = \omega_i \tau$，$\theta = \rho\tau$，这也意味着随着 τ 下降，运输成本和通勤成本分别按一定比例下降，这个假设比较严格，但是，可以使我们只用一个参数 τ 来描述技术进步。

在这些假设下，效用差（$V_{iH} - V_{iF}$）可以重新写成：

$$V_{iH} - V_{iF} = \left(\frac{1}{2} - \lambda_i\right)(\omega_i v_{1i} - \omega_i v_2 + \frac{\rho}{2} L_i \tau) + \sum_{j \neq i} L_j \left(\frac{1}{2} - \lambda_j\right)(\omega_j^2 \mu_1 - \omega_j \mu_2 +$$

$$\omega_i^2 \xi_1^{ij} - \omega_i \xi_2^{ij} + \frac{\rho}{2} L_j \tau) = \sum_j \left(\frac{1}{2} - \lambda_i\right)\delta_{ij} \tag{6.26}$$

其中：

$$v_{1i} = \frac{b\bar{L}\tau^2}{2(2b-c)^2 L_i} [(2bc - c^2)(\bar{L} - L_i) + (6b^2 - 6bc + c^2)L_i],$$

$$v_2 = \frac{2ab(3b-c)}{(2b-c)^2} \bar{L}\tau$$

$$\mu_1 = \frac{b^2(b-c)}{(2b-c)^2} \bar{L}\tau^2, \quad \mu_2 = \frac{2ab^2}{(2b-c)^2} \bar{L}\tau, \quad \xi_1^{ij} = \xi_1 \frac{L_j}{L_i}, \quad \xi_2^{ij} = \xi_2 \frac{L_j}{L_i}$$

$$\xi_1 = \frac{b(b-c)}{2b-c} \bar{L}\tau^2, \quad \xi_2 = \frac{2ab}{2b-c} \bar{L}\tau$$

$$\delta_{ij} = \begin{cases} \omega_i^2 v_{1i} - \omega_i v_2 + \frac{\rho}{2} L_i \tau, & i = j \\ \omega_j^2 \mu_1 - \omega_j \mu_2 + \omega_i^2 \xi_1^{ij} - \omega_2^{ij} + \frac{\rho}{2} L_j \tau, & i \neq j \end{cases}$$

最后，可以用下述动态系统来描述区域间的迁移行为：

$$\frac{d\lambda_i}{dt} = V_{iH}(\lambda) - V_{iF}(\lambda) = \sum_j \left(\frac{1}{2} - \lambda_j\right)\delta_{ij} \tag{6.27}$$

6.2.2.2 基于交通技术进步的区域专业化

现在我们再来看看当交通技术进步、运输成本和通勤费用降低时，产业区位是如何变化的。我们可以看见产业区位的变化将取决于交通成本与产业规模的比例（ω_i/L_i），我们将该比例称为调整交通成本。为了简化，我们采用以下三条技术性假定：

1) 任何两个产业的调整交通成本都是不一样的，即：

$$\omega_i/L_i \neq \omega_j/L_j，如果 i \neq j \tag{6.28}$$

2) 产业不能划分为具有相同工人的两类。即 $1, \cdots, l, \cdots, K$ 类产业中的任何一种排列 $i_1, \cdots, i_l, \cdots, i_k$，都有：

$$\sum_{j=1}^{l} L_{i_j} \neq \sum_{j=l+1}^{K} L_{i_j} \tag{6.29}$$

对 K 类产业的任何划分 $\{1\}, \{i_1, \cdots, i_{l1}\}$ 和 $\{j_1, \cdots, j_{l2}\}$（$l_1 \geq 0$, $l_2 \geq 0$, $l_1 + l_2 = K-1$），都有：

$$\sum_{K=1}^{l_1} \omega_{i_k} - \sum_{K=1}^{l_2} \omega_{j_k} \neq (\sum_{K=1}^{l_1} L_{i_k} - \sum_{K=1}^{l_2} L_{j_k}) \frac{\omega_l}{L_l} \tag{6.30}$$

上述假设比较严格，把参数空间中测度为 0 的参数排除了。

不失一般性，产业按下列顺序排列：

$$\omega_1/L_1 \geq \omega_2/L_2 \geq \cdots \geq \omega_K/L_K \tag{6.31}$$

我们可以得到以下定理：

定理 1：如果 τ 足够小，最多只有一个产业扩散。

证明：我们以下证明，对于足够小的 τ，任何一种 k（≥ 2）类产业扩散的配置都是不稳定的。采用反证法。

假设一种有 k 类产业扩散的稳定均衡。把扩散产业用 $1, \cdots, k$ 表示，定义

$$\Delta = (\delta_{ij})_{k \times k} \tag{6.32}$$

δ_{ij} 如前面定义，考虑与动态系统相关的均衡稳定性，$-\Delta$ 的特征根的实数部分一定小于 0，因此，可以得到 $|\Delta| > 0$。

设定：

$$\Upsilon = (v_{ij})_{k \times k}, \quad 其中 v_{ij} = \begin{cases} \omega_i^2 v_{1i} - \omega_i \mu_2 - \omega_i \xi_2, & i = j \\ \omega_j^2 \mu_1 + \omega_i^2 \xi_1^{ij} - \omega_j \mu_2 - \omega_i \xi_2^{ij}, & i \neq j \end{cases} \tag{6.33}$$

$$\Theta_i = \frac{\rho \tau}{2} L_i \begin{bmatrix} 1 \\ \vdots \\ 1 \end{bmatrix}_{k \times 1} \tag{6.34}$$

$(\Theta_i, \Upsilon^{-i})$ 是矩阵 Υ 的第 i 列由 Θ_i 代替，其他元素不变形成的矩阵。由于 $v_2 = \mu_2 + \xi_2$，它服从

$$|\Delta| = |\Upsilon| + \sum_{i=1}^{k} |(\Theta_i, \Upsilon^{-i})| \tag{6.35}$$

其中：第一项是 τ 的 $2k$ 阶多项式，第二项是 τ 的 $2k-1$ 阶多项式。我们可以证明多项式中 $2k-2$ 阶以下的项系数为 0，因此，多项式中 $2k-2$ 阶这项

非常重要。我们可以证明 $|\varUpsilon|$ 的 $2k-2$ 阶项为负，$\sum\limits_{i=1}^{k}|\Theta_i,\varUpsilon^{-i}|$ 的 $2k-2$ 阶项为 0。因此，当 τ 足够小时，$|\Delta|<0$。

和前面 $|\Delta|>0$ 相矛盾，因此证明了不可能有两种以上产业同时扩散。

这个定理也告诉我们，如果 τ 足够小，只有以下两种区位模式是可能的：一种是每一类产业都集聚在其中一个区域；另一种是只有一类产业是扩散的，其他产业都是集聚的。

在前面假设两个区域是对称的，为了区分区位模型，我们假设 H 区域的人口大于等于区域 F 的人口，对 i，$l=1$，$\cdots$，K，设定：

$$\rho^{\dagger}(i,l)=\frac{4ab\overline{L}}{2b-c}\left(\frac{\omega_i}{L_i}+\frac{b}{2b-c}\frac{\sum\limits_{j=1}^{l}\omega_j-\sum\limits_{j=l+1}^{K}\omega_j}{\sum\limits_{j=1}^{l}L_j-\sum\limits_{j=l+1}^{K}L_j}\right) \tag{6.36}$$

函数 $\rho^{\dagger}$ (i,l) 有以下性质：

引理 1：1) $\rho^{\dagger}$ (i,l) 是 i 的严格单调减函数，即 $\rho^{\dagger}$ $(i,l)>\rho^{\dagger}$ $(i+1,l)$，对 $i=1$，$\cdots$，$K-1$。

2) 如果 $\sum\limits_{j=1}^{l}L_j>\sum\limits_{j=l+1}^{K}L_j$，则 $\rho^{\dagger}$ (i,l) 对任意 i 都是正的。

3) 如果 $\sum\limits_{j=1}^{l-1}L_j>\sum\limits_{j=l}^{K}L_j$，则 $\rho^{\dagger}$ $(l,l)<\rho^{\dagger}$ $(l,l-1)$。

上述引理的证明比较简单，此处从略。

假设产业 $l_{\#}$ 满足：$\sum\limits_{j=1}^{l_{\#}}L_j>\sum\limits_{j=l_{\#}+1}^{K}L_j$，$\sum\limits_{j=1}^{l_{\#}-1}L_j<\sum\limits_{j=l_{\#}}^{K}L_j$ $\tag{6.37}$

为了简单，我们假设 $\rho\neq\rho^{\dagger}$ (l,l)，$\rho^{\dagger}$ $(l+1,l)$，对 $l=l_{\#}$，$\cdots$，K

为了方便，我们定义 $\rho^{\dagger}$ $(K+1,K)=0$，采用这种方法，我们把参数空间中测度为 0 的参数排除。

下边的引理给出了每一类产业都集聚在其中一个区域以及只有一类产业是扩散的，其他产业都是集聚的稳定条件。

引理 2：对一个足够小的 τ，如果有一类产业 $l\geqslant l_{\#}$ 使产业 1，$\cdots$，l 集聚在 H 区域，产业 $l+1$，$\cdots$，K 集聚在 F 区域，并且使得 $\rho^{\dagger}$ $(l,l)>\rho>\rho^{\dagger}$ $(l+1,l)$，那么每一类产业都是集聚的均衡是稳定的。

引理 3：对足够小的 τ，如果有一类产业 $l\geqslant l_{\#}$ 使产业 1，$\cdots$，$l-1$ 集聚在 H 区域，产业 $l+1$，$\cdots$，K 集聚在 F 区域，并且 $\rho\begin{cases}\in(\rho^{\dagger}(l,l),\rho^{\dagger}(l,l-1)), & l>l_{\#} \\ >\rho^{\dagger}(l,l), & l=l_{\#}\end{cases}$，那么，只有一类产业是扩散的均衡是稳定的。

上述引理有以下隐含含义：第一，对足够小的 τ，具有大的调整运输成本的产业和具有小的调整运输成本的产业的区位是分离的，也就是说，基于调整运输成本的区域专业化出现。第二，具有大的调整运输成本的产业位于人口数量较大的地区。第三，扩散产业 l 由通勤费用与运输成本的相对大小即 ρ 决定。

从以上的分析我们可以看出，随着交通运输技术的进步，不同区域间将会出现专业化，同一种产业将呈现集聚分布的状态，而且运输成本与产业规模比例比较大的产业将集中在人口数量比较大的地区，也就是市场规模比较大的地区。当然，以上的讨论均没有考虑如集聚产生的知识溢出效应等，仅仅是考虑了交通运输成本。

6.2.3 交通运输发展与城市群分工与专业化发展轨迹

城市群是城市集团式发展战略的空间表现形式，是由核心城市及其周边城市和地域共同组成的紧密联系的一体化区域。城市群体是一个高密度、关联紧密的城市空间，城市群本质上是个区域一体化的概念。在经济全球化背景下，各国各地区的经济由彼此孤立走向联系和依赖，这是生产社会化发展的客观要求。在经济全球化背景下，各类生产要素的远距离高度整合成为现实。在一国范围内，则表现为以城市群的形成为标志的区域经济一体化，这是区域经济发展的必然趋势。在经济全球化背景下，城市间的竞争不再单纯地存在于城市之间，城市的竞争更多地表现为区域竞争或集团竞争，这也是世界上很多大的城市群出现的重要原因之一。在城市群内，各城市从自身比较优势和竞争力出发，通过竞争实现整合，逐步形成以分工协作为基础的区域性城市网络、产业网络，进而逐步形成整体优势与竞争力，是各城市参与全球竞争应采取的发展战略。

交通运输是实现城市间物质、能量交换的载体，发达的交通设施是实现城市间合理分工和经济一体化的必要条件。一个成熟的城市群不仅内部有发达的铁路、公路、水运和通讯网络将大小城市连为一体，而且城市群还通过现代化的海港、国际航空港与其他地区发生密切联系，参与国际分工。

按照新经济地理学的理论，运输成本不但是市场一体化的反义，而且对地区专业化、产业集聚来说始终是外生的。报酬递增与运输成本结合起来，制造业厂商总是选择最接近于大市场的空间某一点进行制成品生产，当许多厂商都抱有相同的决策时，"空间外部性"或称"产业集聚的正外部性"就被创造出来了。在这种情况下，由运输成本引起的产业集聚向心力导致一个具有初步制造业优势的地区可以通过累积循环机制将这一优势逐渐放大和巩固，直到别的地区制造业逐渐消失，这时产业分布就呈现出"制造业中心—农业外围"格局。几乎所有的产业都集中在制造业中心地带，这一地区的产业平均集中率、地区间专业化指数与地区相对专业化指数都处于极高的水平。因此，伴随着运输成本的最初降低，地区的产业集聚现象发生，极化效应开始显现。

随着交通运输的进一步发展，运输成本进一步降低，地区的产业集聚状况将发生显著变化，此时极化效应弱化和扩散效应开始显现。因为在这一情况下，产业集聚到一定程度后产生的地区内非贸易品价格高企不下、环境污染等拥挤成本往往超过了引向集聚的向心力，部分技术含量低、劳动密集型产业将不得不率先从原制造业中心向周边地区转移，而原制造业中心可能会衰落，或者发展成为技术或资本密集型产业中心，或者纯粹成为技术创新、贸易、金融服务等中心。因此，可以想象此时地区之间开始实现产业梯度转移和分工协作。

如果交通运输业进一步发展，制度进一步完善，城市群的一体化水平推进到很高的水平，由于制造业规模报酬递增特性，某一产业将集中在一个地区生产来满足其他地区对该产品的需求，相应地，别的地区也专注于另一种产品的生产，各地区都实现了有差异的产品生产，从而出现了近似的地区完全专业化，此时单个产业的集中度与地区专业化都处于很高的水平。

综上所述，我们可以总结出交通运输与城市群分工和专业化发展水平演化之间的关系：

在城市群发展的初始阶段，由于交通运输极不发达，此时各城市之间各自独立发展，城市间的联系很少，没有形成专业化的分工合作，城市间的分工水平极低；在交通运输发展到一定程度之后，各城市之间发现专业化带来的规模报酬递增能弥补分工带来的包括运输成本在内的交易成本的增加，此时，由于制造业刚处于起步阶段，通过循环累积机制的作用，部分具有区位优势的城市将成为产业集聚地，城市群内的分工专业化水平很高；当城市群的交通等推动的一体化推向高级阶段时，由于产业集聚的拥挤效应的出现，此时制造业会开始出现梯度转移和分工协作，但此时的城市间的分工、专业化水平会下降；随着交通运输业的进一步发展以及制度的完善，城市群的一体化水平会达到很高程度，此时城市群内各城市之间的职能分工比较明确，各城市都会基于自身的优势专注于少数产品的生产，此时城市群的专业化分工水平会进一步发展，值得注意的是，此时的分工有可能是产业内分工，如果以产业部门的产值或就业来度量分工水平，则反而从数值上表现为分工水平下降。

Kim[1]（1995），Gordon[2]（1998），Meyer[3]（1983）发现在美国地区经济发展史上，在一体化水平的前期阶段，即在 19 世纪末 20 世纪初，随着以铁路、运河为内容的交通运输建设的展开，美国制造业主要集中在东北地区、大西洋沿岸中部和以五大湖为中心的中西部地区，此时地区专业化水平处于较高水平；但随着一体化的更进一步推进，20 世纪中期以后，美国制造业迅速向西部地区、南部地区扩散开来，专业化水平急速下降。

这些事实揭示了一个已被理论证明了的经验规则[4]（Fujita，Krugman and Venables；1999），即一体化水平从低级阶段向中级阶段挺进时，产业的地区集中率是上升的；而一体化从中级阶段向高级阶段挺进时，产业的地区集中率是下降的，即新经济地理学所谓的著名倒"U"字形曲线。

6.3　交通运输发展与长三角的分工和专业化演化

改革开放后，长江三角洲地区已成为中国经济增长中最有活力、增长潜力最大的地区，无论从经济规模、人口数量和质量还是从市场化和国际化等因素来衡量，长江三角洲地区已成为中国经济增长的发动机。我国正处于工业化中期阶段，工业化成为推动城市化和经济发展的主要动力。长江三角洲作为中国经济的龙头，在改革开放后，工业化飞速发展，工业地理集中现象明显。在 1965～1978 年期间，江苏省工业产值占全国的比重只上升了 1.7 个百分点，浙江省几乎没有发生变化，而上海下降了 4 个百分点，总体上江浙沪工业地位呈下降态势。1978 年以后，江浙两省的工业地位急剧上升，到 2003 年江苏的工业比重上升为全国的 12.68%，浙江上升到 9.04%，上海的工业产值比重上升到 7.27%。总之，江浙沪的工业占全国的比重从 1978 年的 23.22% 上升到 2003 年的 28.99%，增加了近 6 个百分点，长江三角洲地区成为中国最大的制造业带。

① Kim S. Expansion of Markets and the Geographic Distribution of Economic Activities：The Trends in U. S. Regional Manufacturing Structure，1860-1987. Quarterly Journal of Economics，Vol. 110，1995：881～908

② Gordon，P. ，H. Richardson，and G. Yu. Metropolitan and Non-metropol-itan Employment Trends in the U. S. ：Recent Evidence and Implications. Urban Studies 35：7，1998，1037～1057

③ Meyer D. Emergence of the American Manufacturing Belt：An Interpretation. Journal of Historical Geography，IX，1983：145～174

④ Fujita M. ，Krugman P. and Venables A. J. The spatial economy：Cities，regions and international trade. MIT Press，1999

　　长三角制造业带兴起的部分原因来源于连接该区域各城市的铁路干线及沿干线附近城市的公路网。交通网络本身就是制造业优势的一部分，制造企业在选择生产区位时必然考虑地区的市场和运输条件。一方面，如果固定成本相对于运输成本足够大，人口较多的地区将会吸引制造品的生产集中在该地区；另一方面，运输本身有规模经济，一条铁路线或一条公路代表一个不可分的投资，制造企业越是集中，区域内部之间的运输量就会大大高于其他线路上的运输量，意味着运输成本较低，这反过来强化了长江三角洲作为生产地区的优势。长三角地区不仅人口密集，运输网络也更为发达，制造商容易进入市场。因而，运输网络效应和当地市场规模效应在长三角制造业带的形成过程中是共同发挥作用的，市场规模的扩大是基于工业化程度提高和劳动力收入的较大幅度增长所带来的。应该说，劳动力收入增长比人口增长更重要，它使当地市场迅速扩大。

　　对于城市群来说，内部是否形成分工专业化，将决定城市群的竞争力。而对于长三角内部是否存在产业同构现象是一个尚未解决的问题。很多研究都认为长三角存在产业同构问题，城市之间的分工和专业化不显著。那么，长三角究竟存在怎样的分工、专业化模式，下面将进行深入研究。

6.3.1　分工、专业化的度量

　　有很多统计指标可以用来度量区域分工和专业化，如区位商、集中度、赫芬达尔指数、基尼指数等。我们这里用熵指数来度量分工、专业化。使用熵指数具有如下优点：首先，熵指数可以反映个别产业变动对整体产业变动的影响；其次，它是将各产业的变动加总得到整体产业的变动，而像集中度等指标就没有加总性的特征。

　　所谓地区专业化，就是"各个地区专门生产某种产品，有时是某一类产品甚至是产品的某一"[①]。地区专业化是对一个地区的专业化发展过程和专业化发展程度的描述。一个地区在某一时点上可能表现为极为专业化，如一个地区只有一个产业；也可能表现为完全多样化，如一个地区其所有产业的从业人员一样多，增加值的贡献一样多，产值一样多。当然这是两种极端现象，更多情况是某一个或某几个产业的从业人员占该地区从业人数的多数。我们可以用专业化熵指数来度量地区专业化程度：

$$SPEC_j = -\sum_{i=1}^{n} (X_{ij}/X_j)\ln(X_{ij}/X_j) \tag{6.38}$$

---

　　① 列宁全集（第3卷）．人民出版社，1972：389

其中：X_{ij}表示j地区第i产业的产出，$i=1,\cdots,n$，$j=1,\cdots,k$；

$\sum\limits_{i=1}^{n}X_{ij}=X_j$表示$j$地区各产业产出之和；$\sum\limits_{j=1}^{k}X_{ij}=X_i$表示各地区第$i$产业产出之和。

从（6.38）式我们可以看出，如果一个地区极端多样化，每个产业的增加值都相等，那么对所有i都有$X_{ij}/X_j=1/n$，从而专业化熵指数将$SPEC=\ln n$；反之，如果一个地区极端专业化，地区只生产一种产品，那么$SPEC=0$。通常，一个区域专业化程度越高，$SPEC$越趋向于0，也就是说，$SPEC$与专业化程度呈反相关关系。

产业的地理集中考察的是一个产业在不同地区的分布情况，即产业的空间分布，对于产业的地理集中度我们可以用以下公式表示：

$$CONC_i=-\sum_{j=1}^{k}(X_{ij}/X_i)\ln(X_{ij}/X_i) \tag{6.39}$$

和产业专业化熵指数类似，产业的地理集中熵指数位于0和$\ln k$之间，并且指数值与产业的地理集中度呈反向变化，即地理集中度越高，$CONC_i$越低。

为了得到整个区域或国家的产业分工专业化程度以及产业集中度，我们将上述得到的各地区专业化指数和产业集中度指数用加权平均数求和：

$$TYSPEC=\sum w_j SPEC_j \tag{6.40}$$

$$TYPCONC=\sum v_i\cdot CONC_i \tag{6.41}$$

其中：$w_j=X_j/X$ （6.42）

$v_i=X_i/X$ （6.43）

将（6.38）、（6.39）、（6.42）、（6.43）式代入（6.40）、（6.41）式我们可以得到：

$$TYSPEC=-\sum\sum(X_{ij}/X)\ln(X_{ij}/X_j) \tag{6.44}$$

$$YTPCONC=-\sum\sum(X_{ij}/X)\ln(X_{ij}/X_i) \tag{6.45}$$

6.3.2 长三角的结果分析

为了计算长三角的分工与专业化程度，我们采用江苏、浙江以及上海三省市的24个制造业增加值来分析（资料来源于《中国工业统计年鉴》）。根据上面公式我们计算了长三角的三省市专业化熵指数，结果见表6.1。我们发现上海和江苏的熵指数都是在1994～2000年间逐步上升，而在2000年以后逐步下降；浙江则在1994～1997年间专业化指数逐年上升，在1997年后则逐年下降。由于熵指数是和分工、专业化水平呈反方向变化的，因此，上海和江苏的专业化水平在 1994~2000 年间是逐步下降，而在 2000 年后是逐步上升的；浙江则在 1997 年后专业化水平逐步上升。

表 6.1　长三角地区间专业化指数变化

	1994 年	1997 年	2000 年	2003 年
上海	2.67874	2.74355	2.76919	2.68621
江苏	2.78623	2.84146	2.85925	2.84307
浙江	2.76692	2.84558	2.83805	2.83602

而从三省市的比较来看，上海的熵指数最小，浙江其次，而江苏最大，表明上海的专业化水平最高，浙江其次，而江苏最低。

这和长三角地区包括交通在内的一体化进程是相符的，从 20 世纪 90 年代后期开始，长三角城市群加大了交通运输业投资。尤其是沪宁高速公路、沪杭甬高速公路分别在 90 年代中后期建成通车，将长三角各城市更紧密地联系在一起，有力地促进了地区一体化以及分工、专业化的发展。我们可以预期，随着在 2010 年前江苏 10 座跨江通道、浙江杭州湾大桥和舟山跨海大桥的成功建设，杭甬、杭沪、杭宁、沪宁间的高速公路的扩建、再建，以及舟山连岛工程的建成，整个长三角的经济将形成更密切的分工合作关系，分工与专业化程度将进一步加深。

同时，我们也计算了集中指数，结果见表 6.2。

表 6.2　长三角产业地理集中指数

	1994 年	1997 年	2000 年	2003 年
TYPCONC	0.9695	0.9801	1.0106	0.9967

表 6.2 的数据表明，长三角产业地理集中趋势和产业分工、专业化的变化趋势基本一致，在 2000 年之前，产业的地理集中分布呈分散状态，在 2000 年之后，地理集中度开始有所提升。

上面我们只是得到了长三角地区分工、专业化发展趋势，为了进一步分析地区间产业结构差异我们采用下列公式：

$$K_{ij} = \sum_k |s_i^k - s_j^k| \qquad (6.46)$$

$$s_i^k = E_i^k / \sum_k E_i^k$$

$$s_j^k = E_j^k / \sum_k E_j^k$$

其中：i、j、k 分别为地区 i、地区 j、产业 k，E_i^k、E_j^k 分别为地区 i、j 产业 k 的增加值。

根据上面公式我们可以得到衡量制造业结构差异的各省市之间的专业化指数，结果如表 6.3 所示。

表 6.3　长三角各省市之间的专业化指数变化趋势

	1994 年		1997 年		2000 年		2003 年	
	浙江	江苏	浙江	江苏	浙江	江苏	浙江	江苏
上海	0.6385	0.5761	0.5883	0.5687	0.5762	0.5006	0.6769	0.5395
浙江		0.2511		0.3070		0.2909		0.3951

从表 6.3 我们可以看出，江苏、浙江和上海之间的专业化指数表现出相同的发展趋势，即在 2000 年之前是逐年下降的，而在 2000 年之后是逐年上升。江苏和浙江之间的专业化指数则是逐年上升。

而从各省市之间的结构差异来看，上海和浙江之间的结构差异最大，江苏和上海的结构差异次之，而江苏和浙江的制造业结构最为雷同。通过这些数据我们可以得到如下结论：①浙江相对于江苏来说，随着长三角一体化的推进，它与上海更有效地实现了产业分工，浙江更专注于劳动密集型产业生产而上海更注重于资本技术密集型、港口型产业生产。②江苏与上海之间的专业化指数在 2000 年之前下降比较大，2000 年之后虽有所提高，但是提高速度缓慢，说明江苏内部的主导产业与上海可能有重叠之处，即可能都偏向于重化工业，而不像浙江那样侧重于消费类轻工业。③江苏省的人口规模、制造业总体规模远远大于其他两个省市，它通过自给自足来满足自身需求的程度更高，这导致江苏省与其他两省市的制造业结构差异最低，特别是与同处于工业化起飞阶段的浙江省相比，制造业结构差异程度相对于地区间一体化水平、地理位置相邻等条件来说处于不相称的地位。

7　交通运输与城市群产业集聚及城市层级体系

从产业集聚的起源和微观层面来看，产业集聚首先是企业的集聚，企业集聚是产业集聚的最初形态。因此，我们可以根据集聚企业的产品属性对产业集聚进行划分，将产业集聚划分为同类产品企业的集聚和不同类产业企业的集聚①。

行业内集聚带来地方化经济效益，包括共享投入要素、熟练劳动力和产业内联系等，但是这种外部效益也可能因行业内大量企业集中而产生的拥挤效应而抵消，因此，行业内集聚常常会促进专业化城镇的发展，而难以形成大规模城市，行业间集聚则因行业间的差异性、互补性和学习性等带来持续的外部性，所以行业间的集聚常常会促进城市规模的不断扩大，并且随着人口规模的扩大、产业层次的提高和结构的复杂而加速大城市空间结构的演变，促进城市群的形成与发展。

本章主要研究交通运输对产业集聚的影响，由于不同行业间集聚促使城市规模扩大，并进而促进城市群的形成与发展，因此，本章重点研究交通运输对城市规模、城市层级的影响。

7.1　交通运输与产业集聚和扩散

7.1.1　交通运输与企业区位选择

产业集聚从微观的角度看，涉及企业如何选择区位的问题，本节我们先研究交通运输对企业区位选择的影响。

7.1.1.1　交通运输特性与企业区位选择

（1）接近效应——为产业空间布局提供可能

产业布局的微观基础是企业。任何企业布局都需要考虑两个问题：一是生

---

① Hideki Yamawaki. The Evolution and Structure of Industrial Cluster in Japan. World Bank Institute，2001

产要素的获取；二是产品运达市场。生产要素在自然界是不均匀分布的，同时，生产要素往往和市场不在同一地，这就对要素和产品产生了位移的需求。交通运输的基本属性决定了交通运输是产业空间转移的介质和基础。正是由于交通运输技术的发展，使人类可以很便利地跨越空间障碍，得到生产所需的原材料，以及将产品比较便利地运往市场。从这个意义上来说，交通便利地区往往成为企业布局考虑的首选之地。

（2）成本收敛效应——产业空间布局的现实选择

企业的理性选择是追求利润最大化，在完全竞争条件下产品的价格是由外部条件给定的，企业考虑的主要因素是空间布局对企业成本的影响。交通运输具有很强的时空收敛性，在交通运输条件较好的地区往往就是成本相对较低的地区。这些地区能够以相对较低的成本将各种要素组合起来。更重要的是，在交通条件好的地区，人员与外界的流动更加频繁，信息交流更便利，从而引起空间成本和交易成本的下降，使区域经济活动的发生成为可能。

由于交通运输引起的运输费用、空间成本、交易成本的降低，提高了企业的市场竞争力，扩大了企业或者经济中心的地域服务范围，从而吸引产业向交通区位优越的地点集聚，交通运输对产业布局表现出"费用—空间收敛"效应。

（3）规模经济性——产业集聚的内生性作用

交通运输具有规模经济性，随着运输总产出扩大，平均运输成本不断下降。这样，在交通便利的地区，随着产业的集聚，对原料和产品的运输需求会增加，运输需求的增加会促进交通基础设施的建设，由于交通运输的规模经济性会导致运输成本进一步降低，从而进一步增强该地区对产业的吸引力，这就在产业集聚和交通运输之间形成一种循环累积的因果关系。克鲁格曼将交通运输与产业集聚之间的这种循环累积因果关系称为"运输成本"本身的内生性作用，并进一步指出："可以将运输网络效应看做是工业地理集中的一个独立来源——也就是说，我们可以构造一个没有当地市场规模效应的模型。"[①]

（4）准公共性——交通运输对产业布局的外生性影响

交通运输是一种准公共产品，具有外部性，就是说企业布局在交通运输便利的区域，它可以免费获得交通运输便利所带来的各种收益。Banister, Berechman（2001）[②] 认为基础设施投入运营后，由于网络可达性提高，会产生旅行效益，包括时间节约、成本降低、通行能力增加、经济活动在空间上的扩

---

① 保罗·克鲁格曼．地理与贸易．北京大学出版社，中国人民大学出版社，2002：24

② Banister, David and Berechman, Joseph. Transport Investment and Economic Development, UCL Press, 2000

散等直接经济效益。通常基础设施比较好，尤其是生产型基础设施较好的地区，能够使投资者节省资金、缩短工期、获得较好的投资收益。施梅纳（Schmenner）[①] 考察了在全美国建立分支工厂的大量企业的厂址选择问题，比较重要的是接近交通公用设施以及环境方面的考虑，铁路服务（47%）和接近高速公路（42%）列在前两位。

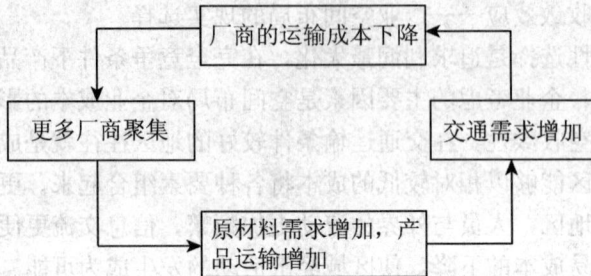

图 7.1　交通运输与产业集聚的循环累积因果关系

资料来源：作者整理。

7.1.1.2　交通运输对企业区位选择的影响路径

（1）从外生比较优势角度看交通运输对企业区位选择的影响

传统的区位理论从静态、外生比较优势的角度来研究区位选择问题。比如韦伯认为工业所在的空间位置由成本因素决定，成本优势可以作为吸引工业选址的条件。所以他所定义的区位因素是指经济活动发生在某个特定点或若干点上，而不是发生在其他点所获得的优势上。

对于区域经济学而言，有四种基本的区位成本，即距离交易成本、区位要素效率成本、等级协调成本和等级一致成本。

距离交易成本是克服空间距离而带来的成本。距离交易成本一般由运输成本、通信成本和旅行成本组成，如果产品和产品等级是不变的，那么后两种类型的成本相对于运输成本来说一般非常低。生产货物的特征是控制距离交易成本的基本问题。

区位要素效率成本的基本要素投入的标准是新古典生产函数。这种分析范例是以新城市经济学和效率—工资理论为代表的。

根据公司所在的生产和消费等级的种类和稳定性的差异，公司面对的成本又可以划分为两类，即等级协调成本和等级一致成本。

---

① Schmenner, R. W. Making Business Location Decision. Prentice-Hall, 1982

从外生比较优势的角度来看，交通运输对区位成本的作用主要体现在两个方面，即对距离交易成本的影响和对区位要素效率成本的影响。

1）交通运输对距离交易成本的影响。按照胡佛的观点，运费对区位的影响要强于其他因素，并且可以进行定量分析[①]。企业会根据产品的技术特性，在原料地与市场地之间的连线上选择最优区位。在考虑运费的情况下，企业会被吸引到具有最低运输成本的地方。根据运输成本是使得区位靠近原材料产地还是靠近最终消费者，后来的经济学家将产业划分为"以原料为导向的产业"、"以市场为导向的产业"和"中间地点指向产业"。

中间地点布厂的特殊条件有两个：运输单位给予运费优惠；中间地位于货物的转运点，尤其是河港和海港。美国五大湖沿岸的芝加哥、格里、布法罗等港口，就是由于地处煤炭和铁矿石的转运点而形成的钢铁产业集聚地。

我们可以以日本钢铁业为例说明运输成本对企业区位进而对产业集聚的影响。日本是一个缺少重要工业原料，市场占有量取决于生产大量低廉工业产品和在竞争中扩大市场的国家。所以，无论从原料还是市场来看，日本都不是企业布局指向地点。但是，日本把运输作为关键问题，通过降低运输费用来加速工业发展。

日本在第二次世界大战后改变了工业布局状况，在战前，一般工厂都是利用海运从海外运来原料，卸在码头，然后用火车运到工厂，运输费用非常大。第二次世界大战后，日本填海造港，将大型工厂设于沿海，工厂与码头相结合。用巨型专用船将原料运到码头，再用自动传送带运到车间。通过这样的布局，日本钢铁业形成了原料码头—炼铁—炼钢—轧钢—成品—成品码头的最短直线生产流程，减少了运输费用，货流变得通畅。通过这种考虑运费的产业布局，日本克服了市场与原料两方面的局限，成为世界最大的钢铁出口国。

2）交通运输对区位要素效率的影响。从企业的角度看，企业作为追求利益最大化的个体，会倾向于在区位要素效率最大的区域布局。

按照 Meade（1952）的理论，基础设施通过两种方式影响企业产出：一种是作为"环境因素"（environmental factor）影响生产效率，其作用和技术进步类似；另一种方式是作为"免费的生产要素"直接进入生产函数。交通基础设施同样也可以通过这两种方式影响产出。

根据罗姆和卢卡斯的研究[②]，生产率增长的地区差异是与公共基础设施地区差异相关的。基础设施创造了外部性，而外部性导致地区内规模经济和投资回报率的增长。在生产要素自由流动的情况下，生产要素常常流向基础设施较

① 刘继生，张文奎，张文忠．区位论．江苏教育出版社，1994：174
② 杨军．基础设施对经济增长作用的理论演进．经济评论，2000（6）：7～11

好的区域。

（2）从内生比较优势角度看交通运输对企业区位选择的影响①

区域经济是块状经济，区域之间存在某种非均衡力，非均衡力是本地市场效应、价格指数效应和市场拥挤效应之和，前两项是集聚力，后一项是排斥力，集聚力和排斥力的大小决定要素的流动方向。

在新经济地理学的核心—边缘模型假设下，在对称均衡状态时，如果某种外来的冲击导致工业劳动力从南部转移到北部，那么需求的空间结构也随之改变，北部的市场份额变大而南部的市场份额变小。在存在贸易成本而其他条件相同的条件下，任何企业都会选择市场规模大的区域，企业会倾向于流入北部。随着企业向北部迁移，北部生产的产品种类数会增加，由于本地生产的产品在本地市场出售不需要支付贸易成本，因此，产品种类的增加将降低从区外购入的商品数量，从而使支付的贸易成本降低，并导致价格指数和生活成本降低。在上述两种与成本关联的循环累积因果关系影响下，企业和工人都会不断向北部集聚。但是由于存在市场拥挤效应，区域的产业集聚会有一个临界值，当超过临界值时，产业拥挤效应的负作用会超过本地市场效应和价格指数效应的正作用，此时，产业集聚处于均衡状态。

空间经济学用贸易自由度来表述某一区域内部以及区际要素流动所受到的限制，贸易自由度小，则要素流动受到很大限制，无法实现要素的优化配置。贸易自由度与贸易成本成反比。贸易成本主要包括两个方面的内容：一是自然成本，即运输成本；二是制度成本，主要是指地区间不同的地方性法规、地方保护政策以及人们观念差异所导致的成本。

在贸易成本中，通常涉及两种贸易成本：一是区内贸易成本，是指区内要素流动所受到的限制，区内贸易成本越大，区内要素流动受到的限制越大，在核心—边缘模型中是假设不存在区内贸易成本；二是区际贸易成本，是指区际要素流动所受到的限制，区际贸易成本越大，则区际要素流动受到的限制就越大。一般认为区际贸易成本大于区内贸易成本。

资本具有趋利性，某一个区域的资本的名义收益率高，则资本会流向该区域，因此，在长期均衡时，两个区域的资本收益是相同的。这也就意味着，当处于均衡状态时，两个区域的资本收益是相同的，资本流动处于相对静止状态。

在假设存在南北两区域，区内也存在贸易成本以及资本可以自由流动等条件下，根据修正的局部溢出模型，在长期均衡状态时，北部地区的市场份

---

① 安虎森. 空间经济学教程. 经济科学出版社，2006；168～187

额为：

$$s_n = 1/2 + \frac{2(\phi_D\phi_D^* - \phi_I^2)(s_E - 1/2) + \phi_I(\phi_D - \phi_D^*)}{2(\phi_D - \phi_I)(\phi_D^* - \phi_I)}$$

其中：s_n 为北部地区市场份额；s_E 为南部地区市场份额；ϕ_D 为北部地区区内贸易自由度；ϕ_D^* 为南部地区贸易自由度；ϕ_I 为区际贸易自由度。

根据上面的市场份额公式，可以得到：

1) $\dfrac{\partial s_n}{\partial s_E} > 0$ (7.1)

2) $\dfrac{\partial s_n}{\partial \phi_D} \geqslant 0$ (7.2)

3) $\dfrac{\partial s_n}{\partial \phi_I} \gtreqless 0$ (7.3)

从（7.2）式我们可以看出，在其他条件都相同的情况下，如果一个地区的区域内部交通条件改善，那么它将提高本区域内部的贸易自由度，区域内部的商品和要素流通受的限制较小，这会提高本区域对企业的吸引力，进而会导致企业向本区域迁移。从（7.3）式也可以看出，随着区际交通运输条件的改善，区际贸易自由度会提高，如果北部市场规模较大，且北部贸易自由度大于南部贸易自由度，那么，北部对企业会更有吸引力，企业会向北部集聚，这也说明区际交通条件的改善有可能导致区域差异更大。

以上我们从外生和内生的角度探讨了交通运输对企业区位选择和产业集聚的影响。从上述的讨论可以知道，不论从内生角度还是外生角度来看，改善区域内部的交通条件都将有利于增强区域对企业的吸引力，从而促进产业的集聚。

7.1.2 基础设施建设投资与核心—外围空间结构的形成

Martin 和 Rogers（1995）在报酬递增条件下，建立了一个 C—P 模型的扩展模型，考察基础设施的投资建设与企业迁移的关系。对基础设施的投资假设，一方面为企业生产的外部环境所需；另一方面，投资也必须得到回报。因此，投资是以获取最高报酬为导向的。在 Martin 和 Rogers 的理论模型中假设有两个国家，每个国家的消费者有着相同的效用函数：

$$U = \frac{1}{\alpha^\alpha(1-\alpha)^{1-\alpha}}D^\alpha Y^{1-\alpha}$$ (7.4)

其中：Y 是一种标准化的代表商品，Y 的生产是完全竞争和规模报酬不变的市场结构；而 D 是一些有差异的商品的组合，其生产是垄断竞争和规模报酬递增的；α 表示消费者在 D 上的消费支出比重。

$$D = \left[\sum_{i=1}^{N} D_i^{1-1/\sigma} \right]^{1/(1-1/\sigma)}, \quad \sigma > 1 \tag{7.5}$$

其中：N 是国内外生产的差异性产品的总数。

国内消费者将会选择差异性产品 D_i 和 Y，在以下预算约束下，使其效用最大化：

$$\sum_{i=1}^{n} \tau_D p_i D_i + \sum_{j=n+1}^{N} \tau_I \tau_i^* p_j D_j + Y = I \tag{7.6}$$

式中，星号（*）表示国外。$N=n+n^*$，n，n^* 分别表示国内和国外生产的差异性产品；τ_D，τ_D^*，τ_I，τ_i^* 分别表示本国的国内交易、国外的国内交易、本国的国际交易和国外的国际交易的交易成本，这些交易成本是由国内国际的基础设施现状决定的。在 $M—R$ 模型中，公共基础设施是一个广义概念，不仅仅包括常规意义上的基础设施，如公路、铁路、通讯等，也包括有助于生产者和消费者之间相互联系的其他设施、机构、法律、制度等。落后的基础设施会增加国内和国际间的交易成本，并且这种成本呈萨缪尔森设计的"冰山"成本形式：如果基础设施比较落后，则生产和交易的商品会有很大一部分被"融化"掉，而不能被消费者实际消费。在国内生产的产品，只有交易量的 $1/\tau_D < 1$ 实际被消费，国外生产的产品在国内只有交易量的 $1/\tau_I \tau_i^* < 1$ 部分被消费。$M—R$ 模型还假定每生产一个单位标准化产品 Y 只需投入一个单位的人工；每一种差异性产品 D_i 的生产需要一个单位的投资品作为固定成本，因此差异性产品的种数是由投资的总数决定的；每生产一件产品的变动成本为 β 个劳动力，劳动力在国际间是不流动的，在国内则可以自由流动。

在垄断竞争的条件下，企业将以利润最大化作为其定价标准，由一阶条件得出国内生产的产品的价格为：

$$p_i = w \omega \sigma/(\sigma - 1) \tag{7.7}$$

投资的报酬等于收入减去劳动成本后的差，即：

$$r = p_i x_i(p_i) - w \beta x_i(p_i) = \frac{w \beta x}{\sigma - 1} \tag{7.8}$$

由于 Y 是标准化的，故利润最大化意味着 $W=1$。每个消费者提供一个单位的劳动，拥有 K/L 个单位的投资品（其中 L 为本国全部劳工人口数），因而每个个人的收入为 $I=1+RK/L$，由消费者效用最大化的一阶条件得出消费者的需求函数为：

$$D_i = \frac{\sigma - 1}{\beta \sigma} \frac{\rho_D \alpha I}{\tau_D(n\rho_D + n^* \rho_I \rho_i^*)} \tag{7.9}$$

$$D_i = \frac{\sigma - 1}{\beta \sigma} \frac{\rho_I \rho_i^* \alpha I}{\tau_I \tau_i^* (n\rho_D + n^* \rho_I \rho_i^*)} \tag{7.10}$$

式中：$\rho_D = \tau^{1-\sigma}$，ρ_I，ρ_I^* 定义类似。由于 σ，τ_D 分别大于 1，因此 $0 < \rho_D < 1$，ρ_D 越接近于 1，表明国内的基础设施条件越好。ρ_I，ρ_I^* 情况类似。

由于规模报酬递增，所以一个企业只生产一种产品；而每一种产品的生产又需要一个单位的投资品，所以，企业的定位完全取决于投资的初始禀赋。假设国内有 K 个单位的投资品，国外有 K^* 个单位的投资品，则国内有 K 个企业，国外有 K^* 个企业。

有四个均衡条件决定了企业的规模（x，x^*）以及企业在两个国家之间的分布。首先，在两个国家生产的差异性产品，其国内外的需求与供给必定相等，即有：

$$x = \frac{\alpha(\sigma-1)}{\beta\sigma}\left(\frac{\rho_D LI}{n\rho_D + n^*\rho_I\rho_I^*} + \frac{\rho_I\rho_I^* L^* I}{n^*\rho_D^* + n\rho_I\rho_I^*}\right) \tag{7.11}$$

$$x^* = \frac{\alpha(\sigma-1)}{\beta\sigma}\left(\frac{\rho_D^* L^* I^*}{n^*\rho_D^* + n\rho_I\rho_I^*} + \frac{\rho_I\rho_I^* LI}{n\rho_D + n^*\rho_I\rho_I^*}\right) \tag{7.12}$$

其次，当投资品流动不受限制时，在均衡状态下，两国投资的报酬必定相等，这意味着：

$$x = x^* \tag{7.13}$$

最后，两国企业总数与投资总数相等，即：

$$n + n^* = n^w = K + K^* = K^w \tag{7.14}$$

解上述四个方程，可得：

$$x = x^* = \frac{\alpha(\sigma-1)}{\beta(\sigma-\alpha)}\frac{L+L^*}{K+K^*} = \frac{\alpha(\sigma-1)L^w}{\beta(\sigma-\alpha)K^w} \tag{7.15}$$

$$n = \frac{\sigma-\alpha}{\sigma}\frac{L^w}{K^w}\left(\frac{\rho_D^* LI}{\rho_D^* - \rho_I\rho_I^*} - \frac{\rho_I\rho_I^* L^* I^*}{\rho_D - \rho_I\rho_I^*}\right) \tag{7.16}$$

$$n^* = \frac{\sigma-\alpha}{\sigma}\frac{L^w}{K^w}\left(\frac{\rho_D L^* I^*}{\rho_D - \rho_I\rho_I^*} - \frac{\rho_I\rho_I^* LI}{\rho_D^* - \rho_I\rho_I^*}\right) \tag{7.17}$$

其中：

$$I = 1 + \frac{\alpha}{\sigma-\alpha}\frac{L+L^*}{K+K^*}\frac{K}{L} = 1 + \frac{\alpha}{\sigma-\alpha}\frac{K/K^w}{L/L^w} \tag{7.18}$$

$$I^* = 1 + \frac{\alpha}{\sigma-\alpha}\frac{L+L^*}{K+K^*}\frac{K^*}{L^*} = 1 + \frac{\alpha}{\sigma-\alpha}\frac{K^*/K^w}{L^*/L^w} \tag{7.19}$$

从以上方程可以得到如下结论：

1）企业的规模与平均每个劳动力拥有的投资品数量成反比，而与各国的基础设施发展水平无关。

2）在其他条件相同，只有两国国内基础设施不相同时，假设本国的基础设施水平低于外国，这时：

$$n^* - n = 2(K-n) = 2K\frac{\rho_I\rho_I^*(\rho_D^* - \rho_D)}{(\rho_D - \rho_I\rho_I^*)(\rho_D^* - \rho_I\rho_I^*)} \tag{7.20}$$

即两国企业数的差是投资数从国内（基础设施差）迁移至国外（基础设施好）的数量的两倍。这意味着贸易的一体化将导致企业向国内基础设施好的国家迁移，这是因为，落后的基础设施会提高本国的差异性商品的消费价格，从而减少本国商品的需求而增加外国商品的需求。对于企业来说，则会选择需求较大的国家（市场）以获取规模报酬，因而会向基础设施较好的国外转移。值得一提的是，用于国际间贸易的基础设施的发展水平并不会直接导致企业的迁移，只会增大企业对两国国内基础设施差异的敏感性，也就是说，当两国的国际贸易基础设施水平很高时，只要两国的国内基础设施水平存在很小的差异，都容易引发企业向国内基础设施水平较高的国家转移。

3）假设两国的基础设施水平相同（$\rho_D = \rho_D^*$，$\rho_I = \rho_I^*$）且劳动力禀赋也相同（$L = L^*$），而投资品禀赋不同，此时，投资品从国内向国外转移的数量为：

$$K - n = \frac{n^* - n}{2} - \frac{K^* - K}{2} = \frac{K^* - K}{2}(\frac{\alpha}{\sigma} \frac{\rho_D + \rho_I^2}{\rho_D - \rho_I^2} - 1) \qquad (7.21)$$

从（7.21）式可以看出，如果 $\frac{\alpha}{\sigma} \frac{\rho_D + \rho_I^2}{\rho_D - \rho_I^2} - 1 > 0$，则投资会流向原来资源禀赋比较丰富的国家。资源禀赋的不同，对企业的迁移具有两个方面相反的作用。一方面，资源禀赋较少的国家，由于其生产的差异性产品较少，企业间竞争不是很激烈，使得这一国家具有较大的吸引力；另一方面，资源禀赋较少的国家其收入水平也较低，从而对商品的需求较小，又使得该国对企业失去吸引力。这两种力量的对比取决于多个因素的状况，如果规模报酬递增很显著（σ较小），差异性产品的比重较大，且基础设施水平很高 $\rho_D > \rho_I^2$，那么，后者的力量将大于前者的力量，资源丰富的国家将会吸引更多的资本和企业。

7.1.3 交通运输影响集聚和扩散的因素

前面我们分析了交通运输成本对企业区位选择，进而对产业集聚和空间结构的影响。交通条件对集聚经济和空间结构的影响主要从以下三个方面发挥作用：

第一，在运输作业中，大量的成本组成是固定的，因此线路运输量、站场作业量和运输设备以及发货量具有规模经济的特点。选择交通场站附近的区位可以节约交易成本和信息成本，获得较高的集聚效应。因此，交通场站成为区域内吸引人流与物流的中心，对运输量大且运输频繁的产业具有更大的吸引力。

第二，交通运输沿线形成低运输成本轴带。交通沿线总是产业密集带，是导致区域不平衡发展的重要原因。从历史考察，工业革命之前，水运是主要的交通方式，因此大多数厂商沿河布局。工业革命后，铁路作用上升，铁路沿线成为厂商新的集聚地。

第三，交通线路的会集点由于其交通的便捷性而吸引周边区域的人流和物流，长期的发展使这些交通节点演化为不同等级的城市。在通常情况下，城市的等级和活力与所会集的交通线路等级和数量密切相关。因此，由线路网布局造成区域内不同地段集聚效应的差别，影响到企业和消费者的选址，并最终构成区域空间结构新的结构骨架。

但是，交通运输的集聚扩散能力不同，导致交通对社会经济活动的影响有很大差异。运输的集聚扩散能力是指运输对社会经济活动的吸引、辐射能力。吸引力、辐射力大，能够在交通线路周围集聚扩散更多的社会经济单位（密度大、规模大），产生更为频繁的社会经济活动；反之，吸引力、辐射力小，则周围集聚的社会经济单位少（密度小、规模小），社会经济活动不频繁。这种集聚扩散能力取决于两个因素：线路运输能力和运输线路特点。

线路运输能力是指运输服务能力的贮备，即供给结构，它可表现为线路总运力、线路供给产品种类、线路服务水平等。运输能力的充裕与不足，会影响到运输交易达成的难易程度或成交的概率，最终体现在运输交易成本的大小上。通道运输能力的充裕将导致整个社会运输交易成本降低，不足或短缺将直接导致换手成本的增加、不成交的可能性增大或运输作业风险的增大，最终引起运输交易成本的增加，运输交易成本高低同通道运输能力高低呈反向的变动关系（见图7.2）。

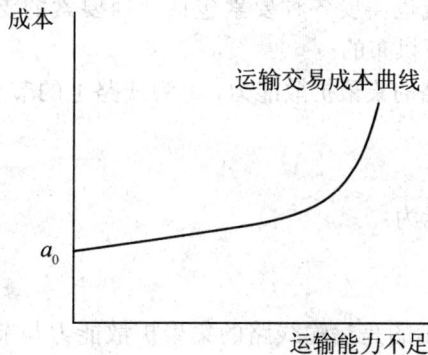

图7.2　运输能力不足与运输交易成本的关系图

资料来源：作者根据黄承锋（2003）整理。

运输交易成本作为运输成本的组成部分，根据我们前面的分析，其将影响集聚与扩散能力。

　　同时，运输自身能力与选择的运输方式密切相关。不同的运输方式其集聚
扩散能力是不一样的，同一运输方式的不同等级也有所不同。例如，公路便利
的通达性和一定的开放性与铁路的封闭性表现出来的集聚扩散能力就有很大的
不同；一般低等级的公路与高速公路所表现出来的集聚扩散能力也有较大的差
异。这主要是与各种运输方式自身的特性、适用对象和运输能力密切相关的。

　　运输线路特点是指在运输方式选定后线路上"节点"的类型、数量和特
征。"线路"是运输作业的承担者，旅客、货物通过"节点"与"节点"的转
移，才能最终获得空间效用和时间效用，"节点"代表了直接意义上的可达性，
所以，"线路"是集聚扩散能力的生产者，但并不是实际的、直接的体现者，
直接体现者是"节点"，如图7.3所示。而且，胡佛已经证明，在"节点"上
货物可以节约倒装费用，使总成本降低。

图7.3　通道产生的集聚扩散的基本形态

资料来源：作者整理。

　　在社会生产力布局航拍图上，我们看到的正是各种社会经济组织在"节
点"上集聚形成了城镇、大型工矿企业（作为大型经济组织，交通产业自身的
运转需要各种要素的支撑，包括资金、能源、钢铁、化工、人力、食品等，形
成集聚；其他产业运转也需要各种要素包括交通要素的支撑，也形成集聚），
而在"线"上多是星罗棋布的。

　　假设 p 为运输线路的集聚扩散能力，k 为线路上的节点数量，c 为线路通
行能力，此函数满足：

$$p = f(k,c) \tag{7.22}$$

用二维坐标图表示为：

$$\frac{\partial^2 p}{\partial k^2} < 0, \frac{\partial p}{\partial c} > 0 \tag{7.23}$$

图7.4中的 A 表示的是运输线路的集聚扩散能力与节点之间的关系，即
倒"U"形曲线的关系，最初运输线路的集聚扩散能力随节点数目增加而增
大，当达到一定程度之后，运输线路的集聚扩散能力开始随节点数目的继续增
加而降低；B 反映的是集聚扩散能力与线路能力之间的关系，线路能力越大，
则集聚扩散能力就越大；C 表示的是节点和线路能力之间的关系，线路能力的
发挥受节点数目的制约，节点数越多，线路能力的发挥越低。

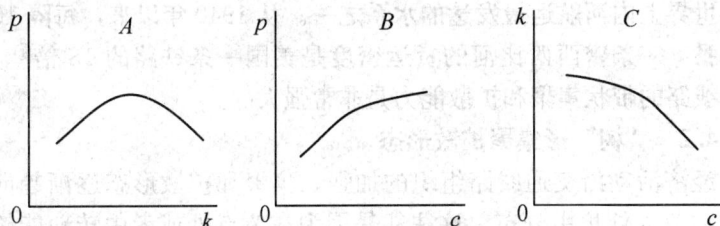

图 7.4 集聚扩散能力的影响因素及相互关系[①]

7.1.4 交通运输的空间分布与集聚扩散

交通运输在空间的分布最终表现为运输线路和节点在空间上的分布。这里分别考察封闭性的交通线路和开放性的交通线路以及线路节点对区域空间结构的影响。

7.1.4.1 散布的"带状"形态

这种形态主要是呈开放状态的各种等级公路和水路附近的状况。由于线路是开放状态,线路上的任何一点都可以成为客货流的出入点,形成开放交通,相当于"线路"由无穷多个"节点"组成,"线路"就获得了很大的集聚扩散能力,形成"带状"集聚扩散区,是开放的态势。

图 7.5 交通运输线路的"带"状集聚扩散形态

资料来源:作者整理。

在生产力水平较低的"匀质"区域,开放的线路能够在更大的范围内吸引更多的生产活动组织集聚,从而发挥交通运输线路的集聚效应和规模效应。交通经济带的形成和发展就是基于这个原理。

以美国的密西西比河发展为例。1930 年,美国政府集中治理了密西西比河,通过治理航道和港口,在 1952~1976 年的 24 年中,沿河新建和扩建的工业企业达 1 万多家,平均每年新建 400 多家,每 2.5 公里一家工厂,使密西西

---

① 赵金涛. 交通运输与区域经济发展研究 [博士学位论文]. 南开大学,2005:104

比河成为世界上内河航运最发达的水系之一。从 1940 年以来，每隔 10 年货运量就翻一番，一条密西西比河的货运密度是美国一条铁路的 18 倍①。由此可见，交通线路的带状集聚和扩散能力是非常强大的。

7.1.4.2 "树"形集聚扩散形态

随着经济活动沿交通线路组织的加强，集聚和扩散形态逐渐趋向于沿线分布向大的节点处集中分布。这往往是因为在节点处或者中转地能够出现较大的和更为便利的交通基础设施，提供更为便利和集中的服务。例如，铁路专用线的末端往往会形成大型企业，高速公路出入口通常是大型工业园区选择的最佳地点，航空港附近则是临空型高科技、高附加值工业区，如天津的空港保税物流园区，即使是在输油气管道的出入口，也往往是大型化工业企业的存在地。

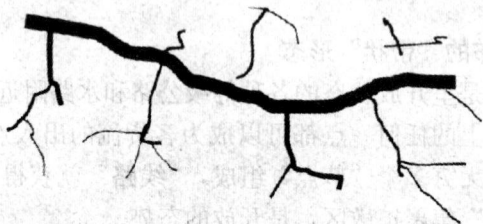

图 7.6 交通运输线路的"树"状集聚扩散形态
资料来源：作者整理。

节点处或中转地往往会形成较大规模或大规模经济活动的进一步集中，也是很多城市和产业兴起和发展的所在地。

7.1.4.3 线路性质产生的强制集聚作用

以封闭型的高速公路说明线路性质不同产生的强制集聚作用。新建的高速公路，会对原有的生产区位产生一定的影响，致使产品生产向出口支线或消费地（其实也是出口点）集聚，这就是封闭型高速公路产生的强制集聚作用。

强制集聚作用会引起集聚起点和集聚影响的变化。从微观上考察，由"节点"及引出的支线附近形成集聚，这些地区成为集聚区，是线路的主要收益区域，见图 7.7。而位于发展区之间的部分地域，由于被线路所封闭，对外交流不畅，这些地域成为劣势区位后，生产活动受到抑制，成为低发达区。

封闭线路的强制集聚作用使得整个线路的生产力布局相对集中在几个集聚点附近，有利于发挥经济规模效应和集聚效应。开放交通线路则不存在这种强

---

① 马继列．交通运输与区域经济的相关关系（一）．综合运输，1998（2）

制集聚力，其一般集聚力是将经济活动吸引、靠近线路，因而低发达区在开放形态的线路附近是不存在的（即线路附近全部都是发达区），但生产力在整个线路上布局较为分散，能输送的交通量小，不利于经济规模效应和集聚效应的发挥。

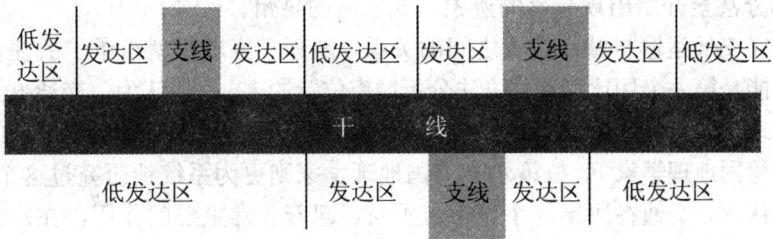

图 7.7　封闭线路的强制集聚作用模式

资料来源：作者整理。

7.2　交通运输与城市位置

7.2.1　交通运输与城市位置：历史视角及其解释

交通运输与城市出现、发展、繁荣和衰落有着密不可分的联系。城市最初的出现是因为商品生产和交换的需要。由于早期交通运输条件极端低下，运输成本在商品价值中所占的比重过高，从而使得商品必然要集中到易于达成交换的地点。这些地点通常就是交通运输条件相对便利、运输成本较低的地点，如河海等易于航运或者是平原易于构建陆路体系的地点。由于水路提供了运送货物和人口的便捷、经济的渠道，历史上大多数的城市都曾因位居河口和河流的交汇处而受益匪浅。例如，纽约的诞生就是依靠港口而发生的。1604 年荷兰人买下此地，取名"新阿姆斯特丹"，1664 年英国殖民者占领此地，更名纽约。凭借良好的区位优势和交通条件，纽约迅速发展起来。天津的发展也是依靠水运而出现和发展起来的。在未开埠之前，天津城市因运河漕运而出现，在整个传统时期，一直作为漕运枢纽城市而存在。随着近代海运的兴起和沿海的开放，天津迅速发展成为中国北方经济中心。

工业革命后，铁路业得到迅速发展，铁路具有的无与伦比的优势使得经济活动在空间中尤其是在陆路上流动的速度和规模大大地提高，从而极大地提高了与铁路联系的城市向内集聚和对外扩散的力量。一方面，实现铁路联系的早期城市获得了较大的发展，如美国的纽约；另一方面，铁路的发展使得在铁路干线的交叉点或者是与其他运输方式的衔接点出现了大批新的城市，如我国的哈尔滨、长春、武汉、郑州、石家庄、徐州、柳州等城市。在这个过程中，没有与铁路相连接的城市，其集聚力逐渐下降，使得城市的发展受到很大的影响，部分甚至开始出现衰落的迹象，如我国的泉州。

对于交通运输与城市位置之间的关系，地理学家较早就给予了关注，J. G. 科尔可能是第一个用比较现代方法分析城市位置的人[①]。他认为，交通方式与人类聚居地之间存在着密切关系，在某种程度上交通甚至是决定城市位置的重要因素。德国地理学家 F. 拉策尔和美国地理学家则更为系统地研究过这个问题。拉策尔认为，交通在决定一个城市位置时，起着非常重要的作用，在一条交通线路的末端，两条不同交通线或同种交通线的交叉点处都有可能意味着城市的产生，这些观点表明：在地理学家眼中，交通条件是决定城市位置的根本因素。

对交通运输与城市位置之间的关系，经济学家们也给出了自己的解释。米尔斯（Mills, 1972）等认为，由于气候、土壤等技术条件或一些不可流动生产要素比如矿藏、人力和资本的跨国限制，每一地区在生产某些产品时都会拥有一定的比较优势。在河流和沿海的某些较好地段，由于拥有这些便利的运输条件，故厂商和个人就会在这些地方进行规模报酬不变的生产活动，并与其他地区进行贸易，因为这样能利用这些优势，降低运输成本，便于产品外运和进口，久而久之，城市在这些地方兴起。显然，这种解释城市位置的理论是一种建立在比较优势基础上的新古典贸易理论，不同的是加进了区位和地理位置的内容。但是，它难以解释这样的现象——世界上很多港口城市为什么在失去原先的水路便利优势后在很长的时间里继续繁荣兴旺。另一些城市经济学家认为，为了清楚地解释交通运输与城市位置之间的关系，需要跳出新古典贸易和比较优势的框架，启用报酬递增和交通成本。克鲁格曼、藤田昌久等人认为，报酬递增是厂商生产活动集中的根本原因，如果没有报酬递增就很难产生生产和其他活动在地理上的集中，若没有交通成本，地理区位也就将失去意义。另外，需求的区位也取决于生产的区位，两者相互作用，而且至少一些生产要素不可流动，否则所有的经济活动就会集聚于一个城市，只有这样才能较为清楚地解释城市的位置。

7.2.2 一个交通枢纽与城市位置模型

对于城市的起源，有两种完全不同的解释[②]。一种观点认为先有农村，后

---

① 贝洛克. 城市与经济发展. 江西人民出版社，1991
② 姚士谋等. 区域与城市发展论. 中国科学技术出版社，2004：131～132

有城市。随着交易效率的提高，会出现农民和工业品制造者之间的分工，随着交易效率的进一步提高，在非土地密集型的工业制成品制造上会出现足够高水平的分工，为了节省交易成本，此时会出现城市[①]。

J. 雅各布斯提出了另一种城市起源的观点，即城市与城市生活优先于农村的发展。她认为，城市是从集市中心发展起来的，在那里，过着游牧生活的猎人碰到当地的居民，后者把本地区发现的矿产和其他原料同食物及兽皮进行交换。过了一个时期，商人被吸引到集市中心，当地的一些生产者也从事买卖活动。显然，这种说法提出了城市生活必然先于农业的观点，而且认为城市生活是农业发展不可缺少的先决条件。

第一种观点获得了大多数学者的赞同。人类定居下来的原始聚落形式是乡村。正如芒福德（Lewis Mumford）说的"远在城市产生之前就已经有了小村落、圣祠和村镇"[②]。虽然城市起源的解释从一定程度上解释了为什么会出现城市，但是，它并没有解决城市在什么地方出现的问题。藤田昌久、克鲁格曼以及维纳布尔斯给出了一个解释，解释为什么交通枢纽易于成为城市中心[③]。

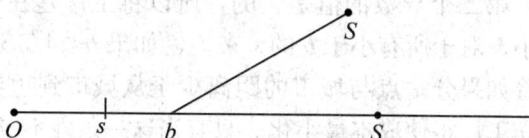

图7.8 交通枢纽与城市位置[④]

假设经济体就是一条直线，这条线在 b 点出现分叉。两条分支上都分布着农田并一直延续到 S 点，b 点到 S 点和 O 点的距离相等。为了便于讨论，假设已有一个城市坐落在 O 点，那么当人口增加时，新的城市会坐落在哪里呢？

显然，分叉点 b 具有特别优势。设想一家已在 O 点设有工厂的企业，它在 O 点右边设立第二个工厂时，总的运输成本的变化情况如下：

首先，当我们将工厂从 O 点向右推移时，运往 O 点左边的农民的运输成本将会上升。而运往 O 点右边的农民的运输成本会不断下降。但是，当工厂越过 b 点向另一分支移动时，将商品运往另一分支上的农民的成本将会增加。因此，分岔点是总运输成本曲线的一个极值点。

① 杨小凯．经济学——新兴古典与新古典框架．社会科学文献出版社，2003：285~300

② 芒福德著，倪文彦，宋俊岭译．城市发展史：起源、演变和前景．中国建筑工业出版社，1989

③④ 藤田昌久等著，梁琦译．空间经济学——城市、区域与国际贸易．中国人民大学出版社，2005

那么，在 O 点和 s 点之间的农民，有 $s/2$ 的农民仍由原工厂供应，他们距离原工厂的平均距离为 $s/4$，另外 $s/2$ 的农民由新工厂供应，他们距离新工厂的平均距离也为 $s/4$；在直线上 S 与 s 之间的农民由新工厂供应，他们的数量为 $(S-s)$，他们距离新工厂的平均距离为 $(S-s)/2$；在分叉支上的农民由新工厂供应，他们的数量为 $S-b$，他们与分叉点的平均距离为 $(S-b)/2$，分叉点与工厂的距离为 $b-s$。

因此，企业的运输成本可以用下式来表示：

$$TC = \tau d[s^2/4 + (S-s)^2/2 + (S-b)(|b-s| + (S-b)/2)] \tag{7.24}$$

其中：τ 是单位运输成本，d 是农民密度，s 是新工厂距 O 点的距离。

运输成本函数在分岔点左右两侧的导数表示如下：

对于 $s < b, \dfrac{\partial TC}{\partial s} = \tau d(3s/2 + b - 2S)$ \qquad (7.25)

对于 $s > b, \dfrac{\partial TC}{\partial s} = \tau d(3s/2 - b)$ \qquad (7.26)

除非分岔点位于已开发区域的边缘，否则第一个导数的值将小于第二个导数值；因为 $s > b$，第二个导数的值是正的，所以将工厂建在分岔点的右侧不能使成本达到最小。对于所有小于 b 的 s 来说，如果 $b < 4/5S$，则第一个导数值为负。这意味着如果分岔点与城市的距离少于从城市到边界的距离的 $4/5$，那么在分岔点建立工厂将使成本最小化。只有当这一条件不成立时，即分岔点非常接近 S 时，在其他点设厂才会使成本最小化。

从上述的说明我们可以看出，交通枢纽在相当大的参数范围内将成为企业的集聚地，从而成为城市所在地。

7.3 交通运输与城市规模层级结构

交通运输的发展会带来可达性和生活空间的扩展，引发城市规模的变化。本节首先从历史角度考察交通运输与城市规模和形态之间的演变关系，然后对这种关系做出理论解释。

7.3.1 交通运输发展与城市规模的演化

由交通改善所带来的城市规模和空间结构的变化非常显著，许多学者曾以交通工具的变化来描述城市规模与空间结构的发展过程，按照交通技术的发展历史，我们可以分成以下几个阶段来考察交通方式和城市规模以及空间结构之间的关系。

（1）步行和马车时代（　～1825）

步行和马车时代，货物运输靠人力拖拽或马车来运，只有富人才能坐得起马车，步行通勤每小时约 5 公里，城市中货物和人的空间位移成本极高。由于当时交通工具的速度和运量都不高，道路建设的数量与质量也处于一种较低水平，所以人们的可动性也有限。由于受交通条件制约，城市一般规模较小，城市的径向距离一般不会超过 5 公里，以保证城市居民在半小时内就可以从城市中心步行到达城市边缘。例如，伦敦的城市半径在 19 世纪 30 年代不过 3 英里，上下班最大步行距离为 1 英里。同时，城市呈现出单中心模式，布局紧凑，城市中所有的功能都集聚在一起，工厂、码头和办公楼往往就相隔几个街区。

（2）轨道交通时代（1825～1930）

从工业革命开始，一些先进的交通工具，例如火车、地铁、电车等，逐渐代替了人力和骡马，开始成为城市中的主力，这些新兴交通方式的出现，对城市规模和空间结构产生了巨大的影响。由于这些交通方式的出现，过去只有拥有私人马车的上流社会阶层才能享受的郊区生活逐渐变得平民化，城市向郊区扩展的趋势开始出现。例如，以伦敦为例，1801～1851 年，城市人口从 100 万人增加到了 200 万人，但是城市面积只是增加了很少一部分，城市呈现明显的集聚形态。在 1860 年左右，随着城市东北部为普通工人服务的大东铁路的兴建，使工人住宅得以扩展到较远的郊区。至此，城市的建成区开始向各个方向扩展，蒸汽火车为距离中心 15 英里的区域提供了非常方便、快速的联系。同样的过程在其他城市也发生着，只不过起作用的可能是运载量较小的电车和公共汽车。总之，通勤火车、电车为当时的郊区生活提供了必要的交通服务，这使得城市拥有了前所未有的扩张力，城市规模大大扩张。

（3）小汽车及综合交通时代（1930～　）

汽车出现后代替马车成为运输货物的工具，汽车作为一种灵活方便的交通运输工具，大幅度地降低了运输成本和通勤成本。汽车路网的建设，使车辆能方便地从城市的这一端到另一端。由于汽车不受轨道限制，原来放射状之间的空地被迅速地填补起来。一方面，以轨道交通、公共汽车等公共交通工具所组成的城市公交系统，使城市的集聚更加容易，中心区所覆盖的面积越来越大；另一方面，以小汽车为代表的私人交通工具进一步增强了城市扩散的能力，使城市从单中心同心圆结构向着分散结构发展。

鉴于小汽车交通带来的种种不利影响，西方一些国家认为必须步入后小汽车时代，在现代公共交通和小汽车交通之间寻找平衡。其中，轨道交通由于其客运量大、速度快、无污染的特点备受推崇。此外，一些常规公共交通工具如公共汽车，也可以有效地代替小汽车交通，在许多城市发挥着重要作用，引导城市发展沿着主要的公共交通线路成轴向发展。

　　城市规划师阿瑟·加林（Arthur B. Gallion）和西蒙·艾斯勒（Simon Eisner）认为，马车时代城市半径仅 2～2.5 英里（等于 3.2～4 公里）；轨道交通时代这一半径扩大到 5 英里（约等于 9 公里）；而小汽车的使用，则使得城市半径扩大到了 15 英里（约等于 27 公里）。

　　（4）高速公路时代

　　高速公路的建设大大提高了交通出行和货物运送的速度，节省了时间成本，形成了一种多中心、分散、低密度的城市结构。为了保证高速公路高速、安全行驶，实行封闭运输，集聚效应改善的只是那些拥有公路出口、入口的地方，其他地方并不能享受交通改善所带来的实惠，反而多了一道封锁线。这样，城市沿线连续带状的土地开发建设模式向间断、组团式布局发展，城市规模也更加扩大。交通运输发展与城市规模、空间结构演化的关系见图 7.9。

交通方式	建成区面积（km²）
步行	20
自行车	100
公共汽车、无轨电车	300
地铁＋市郊铁路	700
市域快轨、小汽车	1300

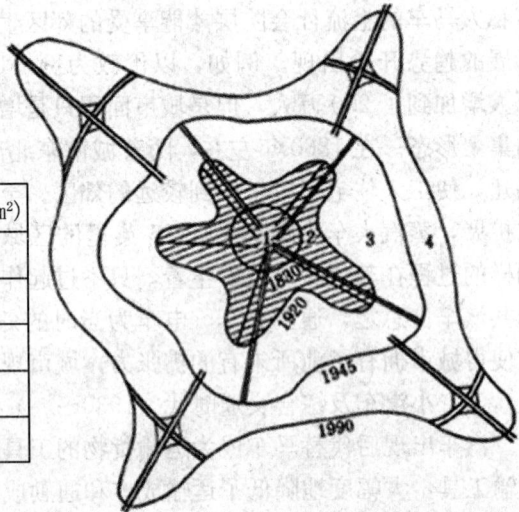

1. 步行和马车时代——紧凑同心圆形态
2. 通勤电车火车时代——沿干线定向扩展时代
3. 私人小汽车时代——郊区化蔓延形态
4. 高速公路时代——更松散的城市化区域形态

图 7.9　不同城市交通方式与城市形态变迁的关系[①]

① 吴传俊．现代经济地理学．江苏教育出版社，1997：252

7.3.2   对城市规模的解释

以上我们简要地从历史角度考察交通运输与城市规模和形态之间的演变关系，对这种演变关系要从理论上加以解释，我们首先要理清城市规模是由什么因素决定的。

对城市规模的决定因素众说纷纭、莫衷一是。从总体上看，最佳城市规模的理论基础是两种，即以成本为主的最小成本理论和以效益为主的集聚经济理论。

最小成本理论是最早的最佳城市规模理论之一，它认为最佳城市规模（人口规模）是人均成本的函数，其成本包括城市服务设施如下水道等的投资成本与城市运营成本等。一般而言，城市规模与人均成本之间呈现"U"字形关系。虽然最小成本理论是较早提出来的，但是它具有一些缺点。不同的成本口径、分析期间、分析对象、分析方法导致不同的结果。而且，最小成本理论不考虑城市规模效益，理查德森（Richardson H. W.，1972）[1] 对最小成本理论的批判概括为：第一，最佳城市规模并不单纯是公共成本的函数；第二，除了经济因素以外，接近度、保健、犯罪和安全等非经济因素的影响也重要，而这些因素取决于社会偏好函数，但是实际上难以求解；第三，最佳城市规模并不是静态的，而是动态的，因此，理查德森指出最小临界规模（Minimum Threshold Size）或城市规模的范围概念。

阿隆索（Alonso W.，1970）[2] 提出生产和成本双方面的成本收益理论，其基本模型的横轴是城市人口规模，而纵轴是成本，类似于微观经济理论的生产曲线。因此，平均成本和平均生产（平均收益）的交叉点就是理查德森所提出的最小临界规模，而平均成本和边际成本的交叉点就是最小成本规模。从城市居民的角度看，最佳城市规模是平均生产和平均成本差异最大的规模，但是，从全社会角度看，最佳城市规模是边际生产和边际成本的交叉点。该模型以十分简明的方式说明了城市规模的决定因素不仅来自城市成本，也取决于城市收益。但是，他并未说明这些成本和收益是如何影响城市规模的。

米尔斯（1967）认为，一个经济中形成城市的原因是，在工业生产中存在规模经济，它导致工人和厂商在大型的聚合体中集聚。通过一系列因素，城市中经济活动规模的增大提高了生产率，这些因素是：通过厂商之间的"交流"

---

① Richardson，H. W. Optimality in City Size. Systems of Cities and Urban Policy: A Skettic's View. Urban Studies. Vol. 9，1972：29~48

② Alonso，W. The Economics of Urban Size. Working Paper. Center for Planning & Development Research，University of California，1970，No. 138

提高了采纳新技术的速度和对变化着的国内国际市场条件的反应速度；通过工人和厂商各自寻找特定工作岗位和特定技能组合的劳动市场经济；通过为厂商（和工人）活动的专业化提供更多的机会；通过提供了中间性一般投入（码头设施、库房、动力等）的规模经济。规模经济取决于商人和厂商在空间上紧靠某个地方（如城市的中心商业区）集中在一起工作。最后，这些规模经济适用于生产那些从这个城市向其他城市或其他经济出口的商品。

与此同时，有些消费和生产的不经济与人们在城市地区的集聚有关。比如，单中心城市中通勤成本的上升，犯罪、污染和社会冲突等不利条件。在一个几乎所有居民都在小型商业区工作的单中心城市里，当城市规模扩大时，居民总体上会住得离城市中心越来越远，所以不得不通勤越来越长的路程。当城市规模扩大时，这些不经济所产生的后果最终将抵消生产的规模效益，从而把城市限制在不同的均衡规模里。

城市集聚经济理论明确地表明城市规模和城市效率的关系，就是最佳城市规模问题。城市规模处在临界规模的左边，随着城市规模的扩大，城市集聚经济创造出正的外部效应，但是，城市规模经过临界规模并处在右边的时候，城市规模的扩大必然造成负的外部效应。从而，城市集聚经济效应衡量最佳城市规模的理论依据就是倒"U"字形关系。城市集聚经济理论的难处是如何界定城市集聚经济，如果把城市的人均所得当做城市集聚经济的最终表现，不少的实证研究表明城市人口规模和城市人均所得间呈现正的相关关系，并且，城市规模越大，其集聚经济效应也越高。

亨德森[①]（Henderson，1974）承认规模经济和通勤成本是决定城市规模的两大因素，但对于城市的规模为什么会有很大的不同，他认为主要取决于城市的功能。由于不同的城市会专注于不同产业，而这些产业的外部经济的差异性很大，它们的规模经济程度不同，所能承受的通勤和污染程度也不同，因而城市规模也不同。至于为什么城市会形成不同的功能，专注于生产一个或几个行业，是因为把不存在相互溢出效应的产业布局在同一城市不能产生正的外部效应，反而会增加通勤成本、地租等，使得城市产生规模不经济性。所以，不如把这些产业布局在不同的城市。

从集聚经济理论对城市规模的解释来看，它们把城市规模归集于集聚力和离心力的作用，集聚力和离心力的均衡状态决定了城市的规模。

我们可以建立简单的城市经济模型来说明城市规模的决定[②]。

---

① 藤田昌久等著，梁琦译．空间经济学——城市、区域与国际贸易．中国人民大学出版社，2005：24～25

② 王小鲁，夏小林．优化城市规模，推动经济增长．经济研究，1999（9）：22～29

首先建立集聚收益函数，它反映城市集聚收益 Y_A 与城市规模 U 之间的关系：

$$Y_A = Y_A(U) \tag{7.27}$$

相应地，城市集聚的成本函数，反映城市集聚的外部成本 X_s 与城市规模 U 的关系：

$$X_s = X_s(U) \tag{7.28}$$

那么，城市的最优规模即使得：

$$dY_A/dU = dX_s/dU \tag{7.29}$$

对哪些因素会导致集聚力，经济学家的认识分歧比较大，但是，对于在规模报酬不变或递减情形下不能产生向心力的结论，则得到了大多数经济学家的认可。对离心力的看法比较一致，大多数经济学家认为，交通成本、通勤成本、高地价、高污染可以用来解释经济活动的离心趋势。有学者对城市规模的决定因素进行了大致分类（见图 7.10）。

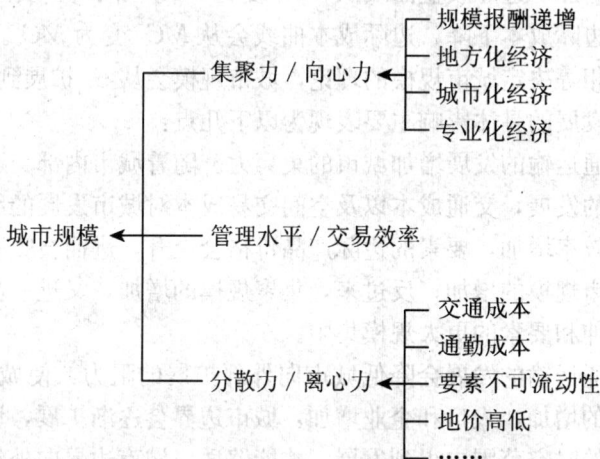

图 7.10　城市规模的决定因素[①]

7.3.3　交通运输对城市规模扩展的影响机理

把交通运输看做外生性变量，对于交通运输改善对城市规模的影响，我们可以采用类似阿隆索的方法来分析。

---

① 赵红军. 交易效率、城市化与经济发展. 上海人民出版社，2005：197

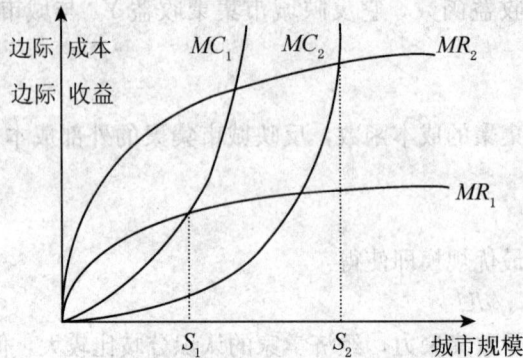

图 7.11　交通运输业的发展与城市规模

资料来源：作者根据有关资料整理。

交通运输业的发展会降低交通成本，导致城市的总体集聚效应增加，使城市的边际收益增加，边际收益曲线从 MR_1 变为 MR_2；同时，交通运输的改善也会使城市的边际成本下降，边际成本曲线会从 MC_1 变为 MC_2。根据边际收益与边际成本相等决定城市规模的理论，城市规模会从 S_1 扩展到 S_2。

交通运输发展的具体影响主要表现为以下几点：

第一，交通运输的发展增加城市的集聚力。随着城市内部交通运输和城市对外交通运输的发展，交通成本以及空间交易成本对城市发展的约束降低。城市的资源利用效率增加，要素的边际产品价格会上升，进而会吸引要素更大规模的集中和城市规模的增加；反过来，集聚规模的增加，又进一步促进了城市空间范围的延伸和要素的更大规模集中。

第二，交通运输的发展会降低城市向外部扩展的阻力，使城市边界扩张。随着集聚规模的增加，人口和企业增加，城市边界会逐渐扩展，城市交通体系必须要在更大的时空范围内得到发展，才能够适应城市边界向外扩展。按照阿隆索的城市区位理论，企业和家庭会在地租和交通成本之间权衡决定自己的区位。交通运输的改善，使得区位单位之间的联系成本大为降低，厂商和居民靠近市中心所获得的集聚效应下降，对市中心的依赖性降低。加上生产者和消费者能以更系统和更有效的方式收集和传播信息，大大降低了信息获得和传递的费用。最终使得生产单位可以远离生产要素集中地，定位在离市场更近的地区，居民可以远离市中心，生产要素在空间的移动和集聚更加自由方便。

第三，交通运输决定城市扩张的方向和路径。主要交通干道的建设或者局部地区的交通管制，使城市内部原有的相对区位均衡优势被破坏，在城市整体集聚效应增加的情况下，对城市空间结构带来两种影响。一是某些交通条件优越的地点（如主要干道交汇处）集聚效应增加，城市土地价格上涨，城市最初的同心圆式的空间结构被打破，城市空间结构由单中心向多中心演变。二是由于交通条件的改善，集聚效应增加，城市扩展将沿交通线的方向优先扩展。当扩展到一定距离时，沿线集聚效应随地价上涨消失，城市的扩展便转向主要交通线以外的低地价方向，出现横向或内向扩展。随着城市的进一步发展，这些地区得到开发，地价也开始上升。等这些地区发展到一定规模，主要交通线方向的集聚效应优势又开始向前优先推进。

7.3.4　交通运输与城市规模分布层级体系

7.3.4.1　城市规模分布的规律性研究

经济活动区位的一个最惊人的规律性体现在不同城市的集中度上。由于城市形成了不同规模，一个永久性课题就是描述城市系统的城市规模分布问题。

奥尔巴克早在 90 多年以前就讨论过该问题[1]，辛格[2]在 70 多年前也讨论过该问题。两个人都证明，城市规模分布可以用帕累托分布函数来描述。

$$y=Ax^{-a} \tag{7.30}$$

写成对数形式为：

$$\log y=\log A-a\log x \tag{7.31}$$

其中：x 为特定人口规模，y 为人口规模超过 x 的城市数量，A 和 a 为常数。辛格进一步指出，正如帕累托的收入情况一样，系数 a 是分布模式的有效测度，在这种情况下 a 是大都市化指数，可以估测在居住地系统中的大小集聚点类型的相对作用。

齐普夫[3]是最早把帕累托分布应用于城市规模分布研究的学者。他认为城市规模分布不仅可以用帕累托分布来描述，而且当 $a=1$ 时，这种分布表现出特殊的形式，齐普夫定律最初的表现形式为：

$$R_iS_i=A \qquad i=1,2,\cdots n$$

其中：R_i 表示为城市 i 的等级，S_i 表示城市的规模，A 为常数。

齐普夫定律说明，任何城市的人口乘以其在城市等级中的排序等于最大城市的人口。

尽管仍然缺少令人信服的理论框架证明，但这一规律却与大多数后工业国

① Auerbach, F. Das Gesetz der Bevolkerungsoncentration. Petermanns Geographisehe Mitteilungen, 1913, 59: 74~76

② Singer, H. W. The "courbe des population": a parallel to Pareto's law. Economic Journal, 1936, 46: 254~263.

③ Zipf, G. K. Human Behaviour and the principle of Least Effort (Addison-Wesley, Reading, MA.), 1949

家的城市规模分布惊人地相似。克鲁格曼称其为"经济学中最不可忽视的实证规律之一"[①]。对上述规律有很多学者进行了实证研究，例如 Rosenthal 和 Resnick（1980）[②]，Carroll 等人发现，在过去的一个世纪的时间里，美国的城市体系一直遵循着齐普夫定律。宋顺峰、张宏霖[③]基于 1991 年和 1998 年的中国城市数据的经验分析，也表明中国的城市体系也遵循齐普夫定律。

7.3.4.2 对城市规模分布的解释

城市规模分布模式，主要有两种解释：一种是以经济联系或经济模型为基础的解释（城市系统理论）；另一种是随机的解释。其中第一种解释又可以分为中心地理论派生出来的模型和基于微观行为主体的模型解释。

（1）中心地理论

中心地理论的基础是市场区分析的简单扩展，由于不同产业的规模经济和人均需求的差异，它们的市场区不同，不同的产业有不同的区位模式。该理论认为，城市层级体系的出现起因于制造业和服务业的规模经济与不可流动的生产要素引起的交通成本之间的冲突。中心地的首要功能是为周围市场提供商品和服务，提供的商品和服务越多，中心地的规模越大，等级越高。等级较小的地区为较小的市场提供便利的商品。等级较高的地区数量较少，在更大范围内提供商品和服务。中心地理论指出了不同规模的城市的存在，产生了不同城市的等级系统，即高级、中级、低级三种不同类型的城市。

但中心地理论的缺陷在于它不是从"经济人"自利决策行为推导出这一结果，没有明确地给出决策者是谁以及决策者决策时的市场结构或者厂商之间是否存在相互作用的问题。正如克鲁格曼所说："中心地理论提供的是某种纲要，一种可以把你对城市系统的思想和数据结合起来的方法，而没有提供一个更深层次的原因来解释观察到的结构的模型。"伊文思对中心地理论的评价和克鲁格曼的评论如出一辙，即它无法解释何种机制促成中心地系统进而形成了今天我们所观察到的城市规模分布形式问题[④]。

（2）基于微观行为主体分析的模型解释

用微观主体行为分析来解释城市层级体系，是在微观经济学的理论框架

① Krugman Paul. Confronting the mystery of urban hierarchy. Journal of the Japanese and International Economics, 1996, 10 (4): 1120~1171

② Rosenthal, Stuart S. and William C. Strange. Evidence on the Nature and Sources of Agglomeration, 2002

③ 宋顺峰，张宏霖. 中国的城市化及城市规模分布研究. 中国城市化：实证分析与对策研究. 厦门大学出版社，2002

④ Evans, A. W. The pure theory of city size in an industrial economy. Urban Studies, 1972, 9: 49~77

内，分析厂商或家庭的行为决策的结果怎么导致城市体系的变化。它一般分为两种：一种是以美国城市经济学家亨德森为代表的新古典城市体系理论；另一种是以美国经济学家克鲁格曼为代表的新经济地理学派。

亨德森吸取了中心地理论有关经济由城市体系组成的概念，以米尔斯的完全"广义"均衡城市模型为基础，建立了一个广义均衡模型来说明城市体系的构成[①]。他的基本观点是工业在城市集聚的外部规模经济和城市拥挤的不经济之间的均衡会产生城市最优规模。因为工业集聚的规模外部经济主要发生在产业内部，将不具有双向溢出效应的产业布局在一个城市中只会增加外部不经济，因此城市在均衡时会实现专业化（如果不是完全专业化，至少在贸易产品的生产上出现）。因为不同产业的技术差异，城市的规模随着专业化产品的不同而变化，像钢铁、金融等产业的外部经济效果显著，定域化经济更强，而纺织业的外部经济效果不显著，所以钢铁、金融等城市的最优规模较大，而纺织业城市的最优规模较小。在人口、生产要素自由流动，人们理性充分的条件下，整个经济将达到均衡。一个城市带给人们的效用水平如果不如其他城市，那么人们便会迁往其他城市，最终不同类型城市代表居民的福利水平将出现均等化，城市层级体系由此产生。"城市的规模分布不是一种自然事件，它直接与产出和生产条件的区域组合是联系在一起的。"[②] 但是，亨德森的城市体系模型未触及城市位置以及相互区位形成这一城市经济学的核心问题。

藤田昌久和克鲁格曼在迪克希特—斯蒂格利茨模型的基础上，以产品的多样化需求为基本假设，以及在其他一系列假设的基础上，分别利用价格指数、收入等式、工资方程、市场潜能函数，直接描述了单一中心城市的均衡状态[③]。之后，藤田昌久和克鲁格曼利用市场潜能函数分析了城市结构和体系的动态变化。他们发现，当考虑距离 r 带来的运输成本和贸易成本时，市场潜能函数曲线会随人口的增长而向上移动，进而，他们根据行业市场潜能函数的变化分析了城市结构可能出现的两种情况：如果假设人口的初始值 N 足够小，所处经济的空间结构为单一中心城市，那么，当某一行业的市场潜能函数为1时，将会出现拥有该行业的新的城市。在该模型中，已经证明了由于行业间规模经济和运输成本上的差异，使分散的消费者与已形成的集聚之间的力量相互抗衡，从而可以对不同的行业按次序排列；行业的这种排序转而又导致了一

---

① Henderson J. Vernon. The sizes and types of cities. Amerecan Economics Review, 1974, 64 (4): 640~656

② Henderson, J. V. Urban development: Theory, Fact and Illusion (Oxford University Press, New York), 1988

③ 藤田昌久等著，梁琦译. 空间经济学——城市、区域与国际贸易. 中国人民大学出版社, 2005

个包括许多不同类型的城市的层次体系。在这个层级体系中，较高级别的城市比较低级别的城市包含更多的行业种类。

上述模型从理论上研究了一种空间经济从单一中心城市向分级的城市体系演化的条件和路径。但是，从上述模型中，我们仍然无法确定哪一种城市体系或结构是一种均衡状态。为了弥补以往的研究不足，藤田昌久和克鲁格曼在2000年提出了一个空间经济的正式模型[1]（A formal Model of a Spatial Economy），该模型的求解可能产生从单一中心城市到分散多中心城市的多个均衡空间结构。这样，该模型和分级的城市体系演化模型一起，构成了比较完善的关于城市体系的分析模型和方法。

总之，新经济地理通过对城市体系演变模型的研究得到如下一些结论：随着城市区域总人口的增加，城市体系会开始升级演化，在一个城市周围会出现新的城市，从而引起城市结构和体系的演变；城市体系的形成与演变使企业和个人在空间状态下追求效用最大化的自组织过程；空间结构的自组织行为决定了城市间的空间距离对应着不同的城市体系的均衡结构状态。

尽管新经济地理学用空间自组织行为来解释城市体系演变规律，使城市经济学的研究焕然一新。但是，也必须注意到，新经济地理模型实际上主要是建立在美国19世纪城市发展的基础之上的，是在制度不变的条件下研究城市体系演变的，对于我国这种制度干预比较强的国家不一定完全适用。

虽然新古典城市体系理论和新经济地理学的理论框架都是微观经济学，但由于两者的研究思路和研究角度不同，所以在城市体系分析过程中它们所用的理论以及所得到的分析结论也不同。对此我们可以用表7.1来总结。

表 7.1　新古典城市体系理论和新经济地理学的比较[2]

	新古典城市体系理论	新经济地理学
理论基础	杜能土地租金模型和阿隆索单中心城市模型	新贸易理论、自组织理论
基础模型	米尔斯"广义"均衡模型	Dixit-Stiglitz 的不完全竞争模型
其他概念	中心地理论"城市体系"概念	萨缪尔森"冰山运输成本"概念
集聚力	本地化的外部规模经济	规模报酬递增和外部规模经济

① Jean-Marie Huriot，Jacques-Francois Thisse edited. Economics of Cities：Theoretical Perspectives，Cambridge University Press，2000

② 葛莹等. 试论城市体系的微观经济分析. 经济学研究，2005（3）

	新古典城市体系理论	新经济地理学
分散力	城市地租	运输成本
影响因素	生产厂商规模经济、土地租金和政府政策	生产厂商的规模经济、运输成本以及要素流动
分析对象	城市内部结构	区域内部结构
分析结论	一整套城市体系结构	中心地理论的城市体系结构
城市职能	商品生产的专业化分工	商品服务范围
城市规模	当集聚力和分散力均衡时，商品生产的规模经济程度和资本密集程度	商品生产的规模经济程度和运输成本大小
城市区位	当集聚力和分散力均衡时，城市区位按对称结构分布	无法确定

（3）城市规模分布结构的随机增长模型

大部分城市规模分布模型无论其复杂程度如何，一般都暗含着一个关键性的成本—收益比较，如亨德森模型强调了城市内外部经济与不经济的比较，新经济地理学则描述了规模经济与距离之间的权衡关系。由于新古典城市模型和新经济地理模型都不能为城市规模的有规律分布提供一个完整的解释。有学者提出城市体系内各种规模不同的城市之所以能够并存，恰恰是因为经典的城市经济理论是不存在的[①]。吉布雷特的随机增长理论的结论是：如果不同的城市以同样的期望增长率和方差随机增长，城市规模分布的极限将符合齐普夫定律。吉布雷特对这一定律进行了证明[②]。

克鲁格曼也回归到了随机过程的研究，并把这种过程和非同质的自然优势和规模经济的相互作用结合起来。克鲁格曼认为城市规模分布的齐普夫定律可能来源于自然优势的齐普夫定律，他指出一些证据表明河流的规模遵循齐普夫定律[③]。

有学者认为随机模型是从经济或社会发展过程中抽象出来的，随机模型采取的是虚无主义的态度，它无法解释城市规模分布。这说明那些能够解释城市

---

① Simon, H. On a Class of Skew Distribution Functions. Biometrika，1995，42：425～440

② Gabaix, X. Zipf's Law for Cities：An Explanation. Quarterly Journal of Economics，1999 (114)：739～767

③ Krugman, P. The Self-Orgnizing Economy. Blackwell Publishers, Oxford，UK and Cambridge，Massachusetts，1996

规模分布的这种人们偏好的分布并非那么困难，然而证明这种偏好的存在比说起来难得多，因而这种解释只能是精心的兜圈子罢了[1]。

7.3.4.3 交通运输与城市规模结构体系

从前面的文献回顾我们也可以看出，经济学家已经注意到交通运输在城市规模结构体系发展中的作用，随着交通运输的发展，运输成本会下降，城市层级体系越来越容易形成。许学强和朱剑如的分析显示，中国的城市体系既不属于随机型也不属于均匀分布型，而属于集聚分布型，这种集聚分布的主要自然因素是地形因素，主要经济基础是交通因素[2]。而周一星[3]的研究也强调了水运、铁路、海运条件在决定城市层级体系中的重要作用，其结果是中国的城市层级体系在空间上极不均匀，只有建立起密集的交通运输网络，才能改变这种状态。

实际上我们还可以发现，往往交通越发达的城市，城市规模越大，在区域城市体系中层级越高。对这一现象，我们可以用交通密度经济和产业集聚之间的循环累积因果关系来解释。

在交通运输发达的城市，企业所需材料和产品的运输成本都较低。据日本物流系统联合会的资料[4]，主要的生产厂商支付的运输成本占销售总额的8.69%。同时，除了这些金钱上可以度量的成本外，交通运输发达还会使运输的时间成本也降低。特别是随着柔性化生产的发展，交通运输发达带来的时间和空间成本降低越来越明显。在这种情况下，企业选址时都愿意选择区位可达性高、交通发达的城市。

随着城市集聚产业的增加，城市的交通需求会增加，并且会促进交通运输网络的发展，由于交通运输业存在规模经济和密度经济[5]，这会导致交通运输成本的进一步降低，运输成本的降低则又会增强城市对企业的吸引力，从而吸引企业进一步向该城市集中。

在这种循环因果关系的作用下，交通运输发达的城市在整个区域的城市规模体系中，层级处于较高的位置。

① 保罗·切希尔.城市区域规模和结构的变化趋势.保罗·切希尔，埃德温·S.米尔斯主编，安虎森等译.区域和城市经济学手册：应用城市经济学（第3卷）.经济科学出版社，2003：25

② 许学强，朱剑如.现代城市地理学.中国建筑工业出版社，1988

③ 周一星.城市地理学.商务印书馆，1995：377～378

④ Japan Logistic System Association. Report on logistics costs by the type of industry. Unpublished manuscript. Tokyo：Japan Logistics System Association，1996

⑤ 荣朝和.关于运输业规模经济和范围经济问题的探讨.中国铁道科学，2001（8）：97～104

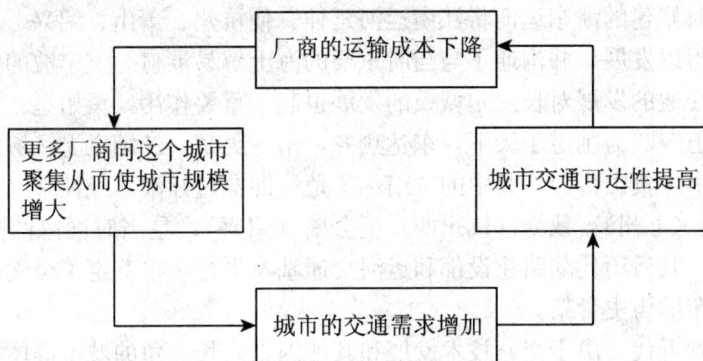

图 7.12 交通运输密度经济与城市规模之间的循环累积因果效应

资料来源：作者整理。

7.4 交通条件引导下长三角城市空间格局的演化

对交通运输与城市群城市层级体系的演变，我们可以通过长三角城市群内城市层级体系的演变来说明。

7.4.1 交通运输与长三角城镇的发育[①]

长三角是一冲积平原，早期冲淤过程复杂，水系变迁频繁，易受"河流泛涨、海湖浸灌"之忧，因此早期是泛滥之地。直到秦汉时期，长三角都还是比较落后的地区，处于严重欠开发状态。

从六朝至宋元，全国经济中心逐渐向江南转移，长三角奠定了全国首要基本经济区之不可动摇的地位。长三角地区除上海和南通外的主要城市在这一时期均已基本形成。

长三角城市的发展与繁盛以商业因素为重，而水运对这个地区城市商业繁盛与否起了决定性作用。长三角很多城市都因水运的发展而达到繁盛的顶点，如隋唐的国际性商业港口城市——扬州、宋时国内水运中心——真州（今仪征）、宋元时国际性港口城市——明州（今宁波）等。长三角水运系统的骨架——京杭大运河、长江及海运对当时城市的产生和发展极具影响，隋唐时京杭大运河（江南运河）的修建带动了沿岸城市金陵、广陵、晋州、苏州的繁

---

① 张京祥. 城镇群体空间组合. 东南大学出版社，2001

盛。南宋时修建的浙东运河将江南运河延伸，使杭州、萧山、绍兴、上虞、余姚、宁波得以发展，并沟通了与当时重要的海上贸易港口——宁波的联系。同时，陆上交通的发展对长三角城镇的发展也起了重要作用，秦始皇二十七年宣布"治驰道"："为驰道于天下，东达燕齐，南尽吴楚，江湖之上，濒海之观毕至"（《汉书·贾山传》）。其中的"南尽吴楚"即穿过江淮，经江乘（今句容县北）、吴县（苏州）、钱塘（杭州西）至会稽（绍兴），是当时国家的陆路交通动脉之一。其后历代陆路建设都和运河交通基本平行，也奠定了今天沪宁杭沿线城镇分布的历史骨架。

一直到近代，由于交通技术发展和其他因素，长三角的城市群体空间发生了比较大的变化，突出表现在以下两方面：

首先，长三角经济中心向东部以上海为中心的近海地区转移。鸦片战争后，沿海沿江城市如上海、宁波、杭州、镇江等开埠口岸成为外国势力进入中国的门户，这些城市尤其是上海迅速壮大。上海在开埠前仅是"全国十八行省之一的江苏省所属八府三州之一的松江府所属七县之一"。开埠初期仅是一个不大的城市，"县城周围约五英里……人口据说约 12 万……在建筑、外贸、富裕等方面，均次于宁波。"[①] 但因为其便利的交通条件，"经由水路交通，它就能够和三分之一以上的中国联系起来"[②]。在中国的外国轮船公司，总部有相当部分都设在上海或在上海设有分公司。因此，依靠长江流域广阔的腹地市场和便利的交通条件，上海开埠以后很快取代广州成为中国进出口贸易中心。到 1911 年时，上海在中国对外贸易总值中占有 44.2％以上的比例，此后比例进一步增加，到 1947 年时占到全国对外贸易额总值的 69.4％[③]。上海能够在全国对外贸易中占有如此重要的地位，与其重要的交通地位是紧密联系在一起的。在 20 世纪 20 年代初时，上海已成为包括内河、长江、沿海和外洋四大航线的港口枢纽城市，再加上 1908 年沪宁铁路和 1909 年沪杭铁路通车以及 1929 年连接国内各大埠的航空线开通，上海成为全国重要的交通运输枢纽城市。这种因商而兴的特点，又带动了金融、工业等的发展，到 20 世纪 30 年代，上海成为中国最大城市。

其次，铁路和轮船出现，使依赖运河发展的城市处于衰退。以现代机械为动力的轮船选择江海为主要的航道，使长三角传统以纵横分布的水网为主要渠道的内河航运从属于长江航运和海上航运。水运交通线路的变化给依靠水运发展起来的城市带来了根本性影响，上海、宁波等海港城市兴起的同时，一些依赖运河的城市如扬州等逐渐衰落。

①② 姚贤镐. 中国近代对外贸易史资料（第 1 册）. 中华书局，1962：556，559
③ 严中平. 中国近代经济史统计资料选辑. 科学出版社，1956：69

对近代长江三角洲城市空间变动影响更大的是铁路运输的出现与发展。随着沪宁铁路、沪杭铁路、杭甬铁路（1914）、津浦铁路的建成通车以及南京铁路轮渡、苏嘉铁路和钱塘江大桥的建设，长三角主要城市之间形成了紧密一体的关系，并影响至今。

从上述简单的长三角城市发展历史回顾中可以看出，交通运输发展在其中所起的重要作用。交通运输的发展和布局对区域经济发展中心、城镇群体发展、城市空间扩展都产生了重要影响。

7.4.2 交通运输与长三角城市体系空间分布形态①

长三角城市分布的基本轮廓，一是沿主要水体分布，二是沿主要交通干线分布，两者的叠加则呈现"∑"空间分布形态。

7.4.2.1 城市沿主要水体分布

长江三角洲的主要水体，一是长江，二是京杭大运河，三是太湖。长江沿岸分布了上海、南通、镇江和南京，从城市规模看，其中上海为巨大城市（市区非农业人口 938.21 万人），南京为特大城市（市区非农业人口 255.86 万人），镇江为大城市（市区非农业人口 51.87 万人），南通为中等城市（市区非农业人口 48.64 万人）；京杭大运河沿岸分布了 7 个地级以上城市，即扬州、镇江、常州、无锡、苏州、嘉兴和杭州，从城市规模看，其中杭州为特大城市，镇江、常州、无锡、苏州四城市为大城市，扬州和嘉兴为中等城市；太湖沿岸分布着 3 个地级以上城市，即湖州、苏州和无锡，从城市规模看，无锡和苏州属于大城市，湖州为中等城市。

从总体上看，长江、京杭大运河和太湖作为长三角地区的主要水系，其沿岸分布着整个长三角地区 70% 多的中心城市、近 50% 的设市城市、40% 多的市和县城镇数量，分布着整个长三角地区约 90% 的中心城市总人口和非农业人口，是长三角地区城市密集分布的主要地带之一。从形态上看，长三角沿长江、京杭大运河和太湖等主要水体分布的城镇密集轴带，大致是一个西北—东南方向倾斜放置的"X"形。

7.4.2.2 城市沿主要交通干线分布

长三角地区的主要交通干线主要有沪宁铁路、沪杭铁路、杭甬铁路、沪宁高速公路、沪杭高速公路、杭甬高速公路、宁南（启）高速公路、312 国道、320 国道、318 国道、204 国道、104 国道、328 国道、329 国道等，这些交通干线有些是沿同一方向、相互贴近、呈集束轴线状延伸的。这些集束状交通干

---

① 靖学青．长江三角洲地区城市化与城市体系．文汇出版社，2004

线基本可以分为沪宁方向、沪杭方向、杭甬方向以及宁南方向四条集束交通干线。

　　其中，沪宁方向交通干线上分布着上海、苏州、无锡、常州、镇江和南京六个城市，从城市规模看，其中上海为巨大城市，南京为特大城市，苏州、无锡、镇江和常州为大城市。沪杭方向上有上海、嘉兴和杭州三个城市，从城市规模看，上海为巨大城市，杭州为特大城市，嘉兴为中等城市。沿杭甬方向交通干线上分布着杭州、绍兴、宁波和台州四个城市，其中 1 个特大城市（杭州），1 个大城市（宁波）和 2 个中等城市（绍兴、台州）。沿宁南交通干线上分布着南京、扬州、泰州和南通四个城市，其中 1 个特大城市（南京），3 个中等城市（扬州、泰州、南通）。

　　从总体上看，沪宁、沪杭、杭甬、宁南四个方向的集束交通干线及其附近分布了整个长三角洲地区 85％的中心城市、56％的设市城市、47％的市和县城镇数量，分布着整个长三角地区约 95％的中心城市的市区总人口和非农业人口，是长三角地区又一市、镇主要密集分布带。从形态上看，长三角地区沿几个交通干线分布的城镇密集轴带，大致呈"Σ"形。

　　将沿主要水体和沿集束交通干线分布的城镇叠加在一起，其空间分布形态仍然大致呈"Σ"形。这是因为沿长江分布的城市和沿宁南高速公路分布的城镇走向一致且相邻，而沿大运河分布的城镇在扬州以北不但数量少、密度低，而且规模也不大；大运河的其他部分，则与沪宁和沪杭集束交通干线走向一致且相邻。

7.4.3　交通运输与长三角城市规模分布相关性分析

　　按照我们前面的理论分析，交通运输与城市规模之间呈现出一种正相关关系。我们以长三角城市群区域看这种正相关关系是否成立。

　　对城市规模的划分，有的主张以人口来度量，有的主张以城市经济总量来度量，对这两种观点我们不予评价，我们分别以这两个指标代表城市规模，看它和交通运输之间的关系。这里以货运量来反映城市所处交通区位，货运量越大，表明城市交通越便利，相应地单位运量的运输成本越低。

表 7.2　长三角 2004 年底主要数据

地区	货运量（万吨）	人口（万人）	GDP（亿元）
上海	68710	1352.39	7450.27
南京	16938	583.6	1910

续表

地区	货运量（万吨）	人口（万人）	GDP（亿元）
杭州	18895	651.68	2515
宁波	15826	552.69	2158.04
扬州	5518	454.29	788.13
泰州	5374	502.77	705.2
镇江	5426	267.21	781.16
南通	7859	773.79	1226.06
常州	5647	348.97	1100.61
无锡	7431	447.19	2350
苏州	9001	598.85	3450
嘉兴	7919	333.94	1050.6
湖州	12152	257.21	590.7
绍兴	10307	434.72	1313.9
舟山	5430	96.91	212.4
台州	8849	555.92	1173.8

资料来源：中国城市统计年鉴（2005）

从计量结果来看，货运量和城市人口为代表的城市规模之间的相关系数为0.84，货运量和城市 GDP 为代表的城市规模之间的相关系数为0.91。这说明交通运输和城市规模之间确实呈现出正相关关系，城市所处位置交通越便利，城市规模就可能越大。

7.4.4 交通引导下长三角未来城市空间格局演变

今后，长江三角洲将进入高速公路和城际轨道交通快速发展时期，2004年交通部出台了《长江三角洲地区现代化公路水路交通规划纲要》，计划至2020年底，长江三角洲公路里程增加到30万公里，公路密度大体接近欧洲发达国家水平，高速公路里程增加到1.18万公里，基本联结10万人口以上的城市、主要港口及机场；2005年3月，国务院审议并原则通过的《环渤海京津冀地区、长江三角洲地区、珠江三角洲地区城际轨道交通网规划（2005～2020)》，计划至2020年底，长江三角洲城际轨道交通里程达到815公里。随着交通条件的变化，产业将在长江三角洲内重组，城市空间格局将随之发生重大变动。

7.4.4.1 城市群空间向北延伸，沿海发展轴形成

长江三角洲城市群将由上海跨过长江向北延伸，逐步形成以上海为中心，向北延伸至南通—盐城—连云港，向南延伸至嘉兴—宁波—舟山—台州的沿海城市发展轴。促成这一城市群空间格局变化的原因主要有：

首先，沪通过江通道的修建为上海产业向北转移及境外资金向北落户提供了交通前提。通道建成后，南通与上海的交通条件将明显优于长江三角洲的杭州、南京等城市，而与无锡、苏州相近。为南通接受上海辐射，加快产业和城市发展步伐提供良好的机遇。

其次，中国沿海大动脉的联通有利于更方便地配置更广阔领域的资源。2006年7月，连接南通、盐城、连云港三市的沿海高速公路江苏段全线贯通，加强了沿海各城市间的联系，使其可以更方便地接受上海的辐射。在合理组织产业分工和协作的基础上实现共同发展。2008年已建成的杭州湾大桥进一步缩短了上海与宁波至舟山与台州的空间与时间距离，促进这一区域产业带和城市带的延伸。

7.4.4.2 宁杭经济带发展逐步成熟，将形成长江三角洲内"金三角"城市空间新格局

宁杭经济带由于距上海相对偏远，多年来未能获得较好发展。随着以下两个主要因素的变化，宁杭经济带发展逐步成熟，可以成为长江三角洲一体化的主要支撑，作为区域紧密体参与城市竞争。一是多年的产业积累和集聚效应使杭州市和南京市具备了一定的规模效益和较强的辐射能力，两市已成为长江三角洲的第二和第三大城市，两市人口规模之和已接近上海（1360万人），成为长江三角洲区域的次中心。二是宁杭高速公路和轨道交通的建设，使南京和杭州的时间距离缩短为2～3小时，大大密切了两地交流。

7.4.4.3 城市群圈层结构进一步演变，逐步形成四大圈层

随着沪通通道、苏通通道、苏常和苏嘉城际轨道交通等快速干线的建设，长江三角洲将形成网络化的快速道路空间格局；在此基础上，受与上海的时间和空间距离差异的影响，长江三角洲城市群的圈层结构将进一步演变，未来5～10年后将逐步形成以上海为中心的四大圈层。

第一圈层主要是指上海市这一长江三角洲的首位城市。其集聚国际要素的能力与对四周的辐射能力都将进一步强化。

第二圈层包括苏州、嘉兴、南通在内，形成"1小时紧密都市圈"，距离上海100公里以内，各城市间以轨道交通联结，产业互补性强、城市关联度高，是长江三角洲的中心区。

第三圈层包括南京、镇江、泰州、扬州、湖州、绍兴、宁波等在内的"3小时都市圈",距离上海 300 公里以内,是长江三角洲的主体区。随着高速铁路和轨道交通的进一步发展,这一区域与上海的时空距离将逐步缩减为 2 小时,变为"2 小时都市圈",成为长江三角洲以上海为中心的紧密区。

第四圈层包括江苏、浙江的大部分地区,以及逆江而上的安徽省的芜湖、马鞍山、铜陵、滁州乃至合肥等市。随着沿江交通条件的改善,长江三角洲的城市空间格局将沿长江向中游延伸,安徽省的芜湖、马鞍山、滁州乃至合肥等城市将逐步融入长江三角洲都市连绵区中。宁合、合汉城际铁路的相继建成,使上海至武汉的交通时间将节约一半,重庆至上海的沿江高速也将全线开通,两地的车程将骤减到 20 小时左右。沿长江高速公路、铁路与黄金水道交通体系的形成,将进一步加强长江沿线城市间的经济联系。强化沿江、沿线城市与上海的联系,从而进一步促进重庆至上海沿江城市带与经济带的发展。

长江三角洲未来城市空间格局将呈现出以上海为中心,以南京、杭州为次中心,以无锡、宁波为三级中心的"轴线+圈层"的空间结构特征。城市网络交通系统不断完善,外围空间不断拓展。在这一发展过程中,中国经济的迅速发展和经济国际化的进一步深化是长江三角洲城市空间扩展的基本条件;高速公路、高速铁路、轨道等快速交通条件的改善以及资源互补性的增强是长江三角洲城市空间演变的前提。

8 交通运输与城市群空间结构协同机理分析

在前面几章中我们研究了交通运输对空间结构演化的作用机制，实际上交通运输和空间结构演化之间存在着相互反馈的作用，不仅交通运输影响空间结构演化，空间结构演化反过来也影响着交通运输的发展。本章我们首先研究空间结构演化对交通运输发展的影响，然后研究空间结构演化与交通运输之间的互动耦合关系。

8.1 空间结构演化对交通的影响

8.1.1 交通运输发展的影响因素

从交通运输发展与经济社会发展的拟合程度来看，目前主要形成了三个研究交通运输发展的视角：第一类是以交通运输技术更替为主线展开的研究；第二类则是以需求满足为主线进行的研究；第三类是以制度变迁为主线进行的研究。对这些研究的经济学归纳有助于我们更好地从整个社会经济发展的角度把握交通运输发展的经济规律，这对揭示区域经济发展中交通运输的作用机理是非常必要的。

8.1.1.1 技术主导的交通运输发展

以技术更替为主线的研究主要从交通运输领域的技术进步和技术更替入手，考察并总结长期交通运输技术发展演进和更替的一般规律，主要有运输技术发展阶段模型、运输技术的扩散—替代模型和运输与国民经济的交替推拉模型等。

运输技术发展阶段模型主要以世界运输业发展的历史经验作为其理论支撑，着重概括世界运输业发展的一般历程。以运输技术特征划分运输业发展阶段，基本一致的划分方法是：运输方式发展经历了水上运输阶段（从原始社会到 19 世纪 20 年代）、铁路运输阶段（19 世纪 30 年代到 20 世纪 30 年代）、公路、航空和管道运输阶段（20世纪30年代到50年代）、综合运输阶段（20世纪50年代以来）。

奥地利维也纳技术大学格鲁贝勒（Amulf GmUec，1989）在其博士论文的基础上于1990年出版了《基础设施的涨落：运输技术变迁及其演进动力学》。格鲁贝勒认为，某一种运输方式的技术变迁可以类比于生物的成长，如具有进化、繁殖、选择和增长的特征。他认为典型的生物和技术的增长像一个"S"形模式，开始是缓慢增长，接着加速增加，最后导致饱和。

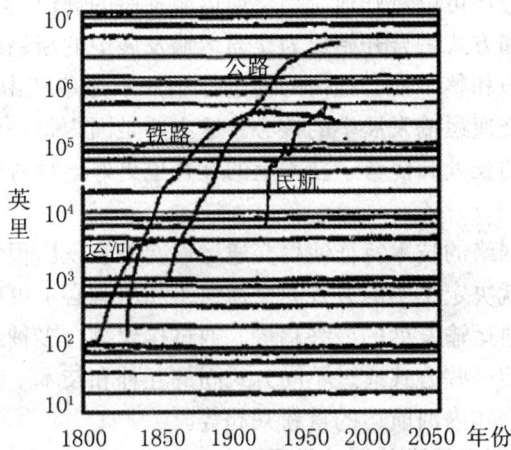

图8.1 美国各类运输基础设施里程增长变化[①]

在格鲁贝勒的运输技术扩散和替代模型中，美国运河的扩散率为31年，完全的扩散跨度为60年。这就是说，在美国，运河网络的成熟花了近半个世纪，大多数（近80%）运河是在30年内建成的，1835年达到了最高增长。达到了饱和水平之后，运河网络由于铁路竞争性的替代而使其迅速衰退。格鲁贝勒的模型表明，在运河之后的运输基础设施如铁路、公路也有一个相似的增长模式。在格鲁贝勒描述的运输进化模型中，限制每一条成长曲线饱和阶段最高点的是决定该种运输方式发展极限的自然环境和资源条件，如所需的水运条件、相应的能源供应、修路和停车的地面空间等；而决定每一种运输方式曲线下降速度的则是下一种新兴运输技术所形成的竞争压力。从总的运输变化来看，格鲁贝勒认为旅客运输是一个持续不断的增长过程，货物运输却由于当前经济结构的高技术和服务化趋势而从数量增长转向更注重提高运输质量。

---

① 荣朝和．运输发展理论的近期进展．中国铁道科学，2001（3）

　　熊永钧在其《运输与经济发展》[①]一书中提出运输成本法阈值律，他把运输看做是经济增长中的变量。现代经济增长过程只是在运输成本降低到某一个阈值时才出现的。运输技术的创新与突变，是新运输方式或运输系统形成的首要的或决定性的力量，每一次运输技术创新导致运输成本降低。

　　以技术为主线的研究仅仅关注交通运输自身的内部发展，因此这种归纳只是对交通运输发展表面现象的抽象和归纳。近年来，交通运输发展研究的技术视角开始逐步和社会经济发展的视角融合。这主要是因为任何技术创新都离不开其所处的社会经济大环境，从更广的角度观察和分析整个社会的交通运输基础结构演变过程，可以更好地总结交通运输发展的规律。

　　技术互补和方式融合开始成为交通运输发展中的新趋向。运输技术和运输方式对基础设施和整个社会经济的促进作用并不是单纯由技术替代来完成的，技术互补更是交通运输发展中的核心。这主要是因为每一种运输方式都有其他方式所不具备的长处和优势，技术上的互补也更好地将每种方式的优势淋漓尽致地发挥出来。

　　交通运输网络的技术特征使得交通运输网络表现出很强的密度经济和范围经济特性，这就决定了不同方式间交通组织和协调必不可少，不同方式间的融合开始成为交通运输发展的最终趋势。通过构建融合多种运输方式的综合交通运输网，可以使一些方式通过不同方式间的互补和技术上的创新得到新生，如海铁联运的发展和内河航运的重新兴起等。

8.1.1.2　制度导致的运输发展[②]

　　运输业的发展实质上是运输生产率的提高，生产率的提高有两种途径：一是运输技术变迁；二是运输技术潜能得到充分释放。运输业发展受多种因素的影响，需求、相对要素价格、技术和制度这些因素相互支持、相互制约，共同决定运输业的发展，其中制度创新在运输业的发展中起着至关重要的作用。运输业的发展离不开技术进步，而技术进步是相应制度发展的结果。在运输业的发展中，制度因素的作用主要体现在以下几个方面：

　　第一，制度化的技术创新方式加速了现代运输技术的产生。在17世纪科学技术革命之后，科技创新方式发生了根本性的变革，实验创新取代经验性创新成为创新的主导方式，在此情况下，企业和各种类型的科研机构开始出现，并以它们为主体通过市场交易来组织创新，各类运输技术研究机构对运输技术的改进和创新起了重大的推动作用。

　　第二，运输企业组织变迁适应了技术进步的要求。诺斯认为"交易费用与

---

　　①　熊永钧. 运输与经济发展，中国铁道出版社，1998
　　②　魏纪刚. 运输业发展中的制度因素. 经济科学出版社，2002：84～126

技术是密不可分的，它增加了专业化从而导致组织创新，组织创新导致了技术变化，技术变化进而需要组织创新去实现新技术的潜能"[①]。钱德勒研究了美国铁路运输业的制度变迁，从19世纪40年代开始，由于铁路运输技术创新，需要保证乘客的安全和更高的效率，需要更有特殊技能和经过训练的人员进行调度，铁路安全，客、货运调度，铁轨、车站和其他设备的维护和修理，有赖于相当规模的管理组织，在这种情况下，第一代现代工商企业的雏形因铁路管理的需要而出现。

第三，市场制度对运输业的发展起着基础性支撑作用。运输市场通过价格机制反映要素相对价格变化和运输需求变化，对运输技术变迁的速度和方向产生影响。运输市场通过价格信号诱致创新，从而减少运输技术创新的不确定性。

第四，政府的直接干预影响着技术进步和基础设施建设。由于运输业的准公共产品特性以及自然垄断特性和运输的外部性，使得政府在运输业的发展中起了相当重要的作用。

第五，产权结构、融资制度对交通运输业的发展起了重要作用。有效的产权制度通过制度安排，使创新者的个人收益率尽可能接近社会收益率，形成了对创新行为的制度性激励，从而有利于促进技术创新和经济发展。杨小凯深入地分析了产权结构对交通运输设施发展的影响，认为产权结构在很大程度上决定着一个国家或地区的运输基础设施的发展速度。而像我国20世纪80年代后开始实施的BOT制度也有力地促进了我国交通基础设施建设。

第六，文化等非正式制度安排在交通运输业的发展中也起着重要作用。一些学者研究中国和日本近代交通运输的发展时指出，中国之所以在相同经济发展阶段和日本呈现很大差异，主要原因是中国保守和封闭的意识形态以及文化传统妨碍了运输技术的引进和扩散。

第七，制度变迁影响着既定技术条件下的运输生产率。按照诺斯的分析，任何一种运输技术都有其生产最大可能性边界，在现实中它们往往很难达到最大可能性边界，通过制度的改进可以促使其释放技术潜能。

8.1.1.3 需求引致的运输发展

交通运输发展中呈现出一种很强的运输需求不断产生又不断得到满足的发展趋势。经济活动引发的运输需求层次、规模的发展变化推动交通运输不断发展。部门需求运输发展模型、区位运输网络演化模型、运输化模型等都从需求角度探讨了交通运输的发展。

---

① 道格拉斯·C. 诺斯. 经济史中的结构与变迁. 上海三联书店，1994：190

罗斯托认为经济增长阶段的更替会带来主导部门次序的变化，相互联系的主导部门一起构成主导部门综合体系。主导部门综合体系通过旁侧效应和前瞻效应诱致出了对交通运输的需求。部门需求的运输发展模型是基于运输需求角度来分析运输业发展的，该模型的优点是对于具体的某一部门或产业的发展提出一种对运输发展的需要，能够在具体的操作中使人们知道需要发展什么样的运输工具。

荣朝和在其博士论文《论运输化》中详细论证了运输化理论，提出了将各种运输方式作为一个系统进行分析，从交通运输长期变化的角度刻画了交通运输与社会经济发展之间的关系。运输化理论认为运输化是工业化的重要特征之一，也是伴随工业化而发生的一种经济过程。运输化理论认为社会经济发展可以分为前运输化、运输化、后运输化三个阶段，其中运输化阶段又可以分为初步运输化和完善运输化两个分阶段。在不同的发展阶段，由于工业化发展阶段不同，生产特点也不同，对产品的空间位移要求也不一样，对运输需求也有很大区别，如表 8.1 所示。

表 8.1　工业化和运输化的关系[①]

运输发展阶段		工业化（经济）发展	运输需求	运输技术
前运输化		前工业化（从原始部落到游牧经济、传统农业社会、手工业和后来的工场手工业阶段）	近距离运输、货运量少，农产品和手工业品运输	帆船、马车
运输化	初步运输化	初步工业化	纺织原料、煤炭、矿石、钢铁等运输需求急剧增加，货运数量剧增	运河、铁路、公路
	完善运输化	完善工业化	多批量，高价值的运量比例上升，运输质量要求高	高速公路、航空、超级远洋货轮，集装箱
后运输化		后工业化（信息社会、知识经济）	灵活多变和及时送达运输	多式联运、综合物流

图 8.2 是各发达国家运输化分阶段示意图，从中可以看出运输化与工业化及运输技术进步的对应关系，图中总货运量是一条先逐渐加速增长（在初步运

---

① 魏际刚．基于制度分析的运输发展模型研究．数量经济技术经济研究，2002（3）

输化阶段），然后逐渐减速增长（在完善运输化阶段），最后在后运输化阶段基本停止增长的曲线。

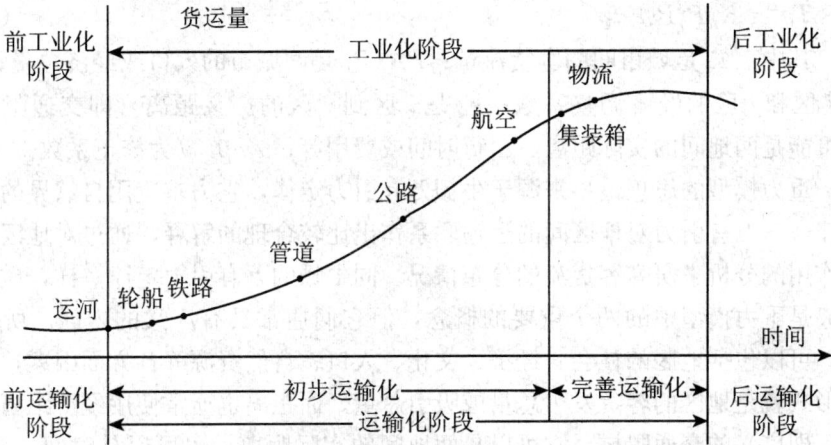

图 8.2 运输化与工业化阶段的对应示意图[①]

从上述三种交通运输发展的理论可以看出，交通运输发展主要还是受供给和需求的影响，技术和制度都是从供给方面对交通运输的发展形成一些制约。

8.1.2 城市群空间结构演化对交通运输发展的影响分析

交通运输业作为一种"引致性"产业，它的发展必须围绕着怎么满足国民经济发展和人民生活需求来进行。在城市群中，经济活动空间结构对运输网布局的影响也越来越突出。城市群运输资源的空间配置最终都是围绕区域框架来进行的，运输线路和运输流量在空间的网状分布，与社会经济一切客体的活动轨迹和组织状态有着同构性。城市群空间结构主要从需求方面对交通运输的发展产生重要影响。

8.1.2.1 空间结构演化影响着城市群交通需求总量

（1）集聚和城市的规模影响着城市间的交通需求

根据重力模型，地区间的客货流量是两地区间相互吸引、相互排斥的结果，从出行起点 O 到讫点 D 的客货流量与 O 点的总出行发生量和 D 点总吸引量成正比，而与 O，D 两点之间的距离成反比。

国外对重力模型的研究始于 20 世纪三四十年代，最初是为了分析城市间

---

① 荣朝和．运输发展理论以运输化为主要线索的新进展．北方交通大学学报，1995（12）

的人口流动及客流分布情况，随后这种模型被推广开来。几十年来，对重力模型的研究重点主要在模型变量的选择及参数的修正等方面。

经过多年演变，目前常用的重力模型的基本表示形式为：

$$T_{ij} = K_{ij} P_i^\alpha P_j^\beta F_{ij}^{-\theta} \tag{8.1}$$

其中：T_{ij} 是城市间的客货流量；P_i，P_j 是两城市的人口或经济总量；K_{ij} 是 i 区和 j 区的经济调整系数；F_{ij} 是 i 区到 j 区的广义距离（即交通阻抗），它可能是两地间的实际距离、出行时间或费用等；α，β，θ 为修正系数。

重力模型的思想最早来源于牛顿万有引力定律，它力求应用自然界的普遍规律——万有引力对地区间的运输联系作出比较合理的解释，通过对地区间相互作用的分析来研究客货流的分布情况。同牛顿的万有引力定律一样，质量和距离是重力模型中的两个重要的概念，但它们通常具有广义的内涵。所谓质量，可以包括地区的社会、经济、文化、人口、自然资源等各方面因素，其表现形式就是地区的客货发生总量或吸引总量。而距离也通常使用经济距离的概念，即广义的交通阻抗，它可以是两地间的实际距离，也可以是时间、费用，或者其他因素的组合。

由重力模型的基本形式可以看出，在交通阻抗不变的情况下，两城市之间的交通流量与两城市的规模成正比。

（2）分工和专业化对城市交通运输的影响

根据空间运输联系理论，运输联系的目的就是消减由于社会经济活动引起的空间势能的差异，使不同的区域一体化或协同化。因此，区域差异的程度、互补和依存的能力、强度是空间运输联系产生和演变的客观动力。

建立在差异基础上的互补与依存是空间运输联系产生的直接刺激因素，并制约着其联系的地域范围、联系方向、联系强度和联系特征。同时，运输联系也是这种互补与依存实现的重要标志。

区域生产专业化发展加剧了区域间相互依存的强度，因为其生产的目的就是为了满足其他区域的需求。因此，区域生产专业化的地域服务指向决定着空间运输联系的地域方向，需求与供给的强度决定着运输联系的强度。无论是产品生产专业化还是产品生产工序专业化，对空间运输联系的作用都有促进作用。

生产与消费以及生产环节空间分布产生的区域依存与互补关系，即产品生产专业化和产品生产工序化引起的区域相互协调与统一，这种关系在运输联系发展的过程中，使不同区域能够各展所长、相互协调，形成有机的整体。

区域生产专业化内容的转化对空间运输联系的发展有着直接影响，这种转化主要表现为产品生产专业化向生产工序专业化的转变。以产品生产形成的区域专业化所产生的运输联系多发生在互补区域之间。随着技术的进步，最终产品的生产不再局限于一个厂区内部，各个环节在空间上相互独立，引起工序专业化的发展。这种专业化的产生和发展，不仅加强了异质区间的互补联系，同时也促进了同质区间的运输联系。

8.1.2.2　城市群空间结构演化对交通运输方式的影响

在城市群发展的初期，城市群空间结构特征表现为城市孤立内聚发展，城市间的分工不明显，城市间的差异性和互补性不明显，城市间的运输联系不是很大。此时，城市群的交通运输发展主要以城市内部交通发展为主，城市间的交通运输方式单一，线路较少。

随着城市群进入快速发展时期和成熟期，城市群内的集聚和扩散作用明显，分工体系形成，特别是随着产品内分工的发展，企业在时空上的关联度不断提高，相互联系的准确性要求也不断提高。同时，城市群的经济增长方式逐步从粗放式向集约化转变，产品从劳动密集型向技术密集型转化。企业为了提高竞争能力，提出了零库存方案，由此对运输业提出了即时供货系统（Just in Time System），要求运输系统运送货物的时间既不能提前，更不能推迟。在现代化的生产组织与管理中，缺料造成的损失是巨大的，为了防止出现这种情况，要求运输业能提供货物动态信息，即所谓"可视物流"（Visible Logistic）。除尽可能压缩库存外，企业还想方设法缩短货物在途时间，要求运输过程尽可能减少中转环节。整个物流因此而呈现出量少、批次多，运送要求极高的趋势。

随着专业化进程加速，大量与货物运送有关的厂家将未能形成规模化生产的业务环节剥离出来，形成物流系统的业务内容，其中最多的是包装业。这也是厂家、商家减少资金占用的重要措施。而对于运输系统来说，这有利于提高车厢容积、重量的利用率，降低运输成本。由上述可知，在经济发达的国家，运输过程对需求者的影响已经远远超出运输本身，运输业正逐步被融合到整个经济活动系统中而失去其个性。

随着社会经济的发展，客运需求层次上升，各种运输方式间的竞争由数量竞争进入质量竞争，旅客开始重视客运的安全性、舒适性、速达性、便捷性等运输质量。

由于对运输供给的可靠性、时效性、灵活性、直达性提出越来越高的要求，城市群的交通运输一般会出现由各种运输方式的兴衰交替发展到综合运输的过程，同时，由于道路运输在时效、灵活性和直达性方面的优势，公路运输的地位会逐渐上升，而铁路、水运的地位逐步下降。

长三角运输结构的变化，也表现出从铁路、水运为主向综合运输发展的过程，并且公路运输地位逐步上升。在 20 世纪 80 年代以前，铁路是长江三角洲的客货运输的主导方式，水运在货运总量中也占据相当地位，而公路的客货运距离平均不足 30 公里，只是作为相邻城市间的交通运输的一种补充。在 80 年代后，长江三角洲地区的综合交通发展局面形成，其中公路的发展远远超过铁路和水运的增长速度，尤其是高速公路快速发展，成为诱发和构架地区内联系的主导力量。

8.1.2.3 空间结构演化对交通运输布局的影响

经济活动的空间差异是空间运输联系产生的经济基础，在城市群内部，城市规模以及各城市间的分工、专业化水平均不相同，这种由于空间结构导致的差异形式是决定城市间货物运输量、人流量大小的重要因素。经济空间子结构相同的区域间交换的运输量较小，而经济空间子结构不同的区域间交换的运输量比较大。

经济空间借以维系的区域内在经济和地理的客观联系，其结构是区域内多个不同等级的空间子集内在经济联系的反映，经济空间随着所反映的地区内在联系的波动和演变发生结构变动。经济空间结构处于演变中，运输布局也随之不断变化，在不同的经济发展阶段，经济空间结构与运输网的布局和运输方式的选择具有一致性。

不同空间分布类型的城市体系，决定了其内部各中心城市间的相互交流的空间格局，从而对应着不同布局形式的区域运输网络，如图 8.3 所示。

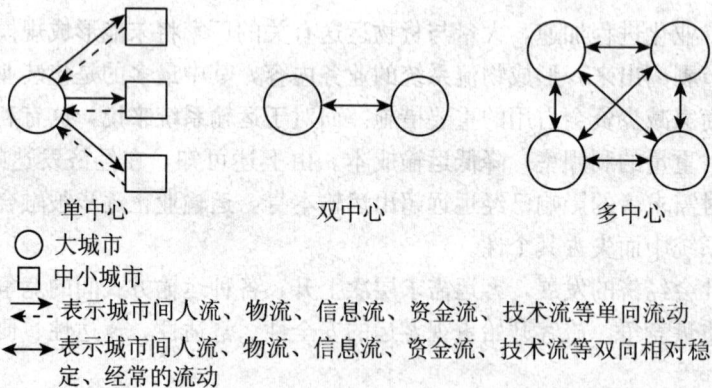

图 8.3　不同空间结构的城市体系内部要素流的流动

资料来源：作者根据有关资料整理。

从图 8.3 中我们可以看出：单中心城市体系，城市间主要是垂直等级联系，这种城市间的关系，决定了城市间的交通运输网络布局形式主要是中心——

腹地蛛网交通线网；双中心城市体系，城市间主要是水平联系，城市间的交通运输网络布局主要是发达的带状综合交通运输走廊；而多中心网络化城市体系，城市间主要是横向水平联系，城市间交通运输网络布局是以运输走廊为骨架的发达的综合交通运输网络。

8.2 交通运输与城市群空间结构的竞争与协同

8.2.1 城市群交通运输的自组织发展

20 世纪 60 年代末，由于对系统的性质、结构、功能、控制等研究的深入，人们更加关心系统的动态演化过程。在一系列的物理、化学试验中，一些"特殊"现象如激光、贝纳德对流、B-z 反应，以及在数学中发现的混沌现象等，均引起了科学家们的高度重视。通过对这些特殊现象的分析，系统的复杂性特征逐渐浮出水面。在随后的研究中，人们发现这些"特殊"现象其实包含着具有普适意义的运动规律。科学家认识到他们的研究对象大多不是简单系统，而是复杂系统。对于这样的系统，以往简单的系统分析方法失灵了。人们的结论是，以复杂思想研究复杂系统，这样自组织科学和复杂性研究便应运而生了。

8.2.1.1 自组织理论内涵

自组织领域涉及的是事物自发、自主形成结构的过程，在这种过程中存在着特有的自组织特征、条件、环境和动力学规律。自组织理论是一个理论群，它主要由 20 世纪六七十年代以来兴起的一些系统理论构成：包括有普里戈金 (CI. Prigogine) 等创立的"耗散结构"理论、哈肯等创立的"协同学"理论、托姆创立的"突变论"数学理论、艾根等创立的"超循环"理论 (Hyperoyole Theory)，以及曼德布罗特 (B. B. Mandelbrot) 创立的分形理论 (Fractal Theory) 和以洛伦兹为代表的科学家创立的"混沌"理论 (Chaotic Theory) 等。

在自组织理论体系中，耗散结构理论深刻地揭示了自组织现象形成的环境与产生条件；协同学较多地涉及了自组织形成的内在机制；超循环理论阐述了系统自组织演化的具体形式以及结合发展的过程；而突变论则着重剖析了自组织演化的途径；混沌动力学和分形理论则对系统走向自组织过程中的时间复杂性和空间结构与特性进行了解释和描述。以上这些理论在极短一个时期内相继问世并迅速发展，形成了当今自然科学探索自组织的复杂性演化的前沿。

　　自组织系统理论所刻画的系统演化可以概括为：在开放的、远离平衡的和有外部物质、能量、信息的非特定输入、输出的条件下，系统以其内部子系统之间的非线性相互作用为动力，即以其子系统之间的竞争和协同为动力，同时受到内、外涨落的随机启动，产生出集体运动的协同效应，其协同关联所产生的"序参量"（即集体运动的基本模式）又进一步支配了系统内各个子系统的竞争与协同，从而使系统走入循环、交叉作用并关联于放大的循环链圈之中。通过这种有效利用物质、能量和信息的循环过程，系统便经历多种突变、渐变，从无序跃变为有序或使有序程度进一步提高，系统便从混沌（平衡态）走向有序，又进一步演化为包含有序结构的非平衡混沌，而呈现在人们面前的便是一幅系统从简单到复杂、从无序到有序、从低级到高级的自组织演化图景。

8.2.1.2　自组织概念

　　自组织理论的核心概念是自组织，一些新兴学科从不同角度对自组织概念进行了界定。从系统论的观点来说，"自组织"是指一个系统在内在机制的驱动下，自行从简单向复杂、从粗糙向细致方向发展，不断地提高自身的复杂度和精细度的过程；从热力学的观点来说，"自组织"是指一个系统通过与外界交换物质、能量和信息，而不断地降低自身的熵含量，提高其有序度的过程；从统计力学的观点来说，"自组织"是指一个系统自发地从最高几率状态向几率较低的方向迁移的过程；从进化论的观点来说，"自组织"是指一个系统在"遗传"、"变异"和"优胜劣汰"机制的作用下，其组织结构和运行模式不断地自我完善，从而不断提高自身对于环境的适应能力的过程。

　　协同学的创始人哈肯给自组织下了一个经典的定义，这一定义在自组织学科共同体内获得公认，他说："如果系统在获得空间的、时间的或功能的结构过程中，没有外界的特定干预，我们便说系统是自组织的。这里的'特定'一词是指，那种结构和功能并非外界强加给系统的，而且外界是以非特定的方式作用于系统的。"[①]

　　自组织概念，作为一种过程演化的哲学上的抽象概念，包含着三个过程：Ⅰ由非组织到组织的过程演化；Ⅱ由组织程度低到组织程度高的过程演化；Ⅲ在相同层次上由简单到复杂的过程演化。这三个过程都具有本质区别。过程（Ⅰ），是从非组织到组织，从混乱的无序状态到有序状态的演化，它意味着组织的起源，需要研究的是组织起点和临界问题；过程（Ⅱ），是一个组织层次跃升的过程，是有序程度通过跃升得以提升的过程，研究的是组织复杂性问题，而组织复杂性被认为是 20 世纪和 21 世纪科学研究的前沿；过程（Ⅲ），

---

　　① H. Haken. Information and Self-Orgnization: A Macroscopic Approach Systems. Spring-Verlag, 1988: 11

标志着组织结构与功能在相同层次上从简单到复杂的水平增长。这种组织复杂性的增长，也是复杂性研究的重要任务。这三个过程形成了组织化的连续统一体，可以用图 8.4 来表示。

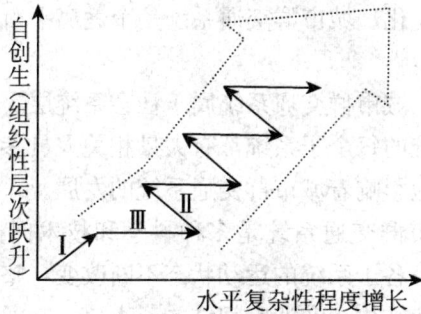

图 8.4 自组织演化过程①

8.2.1.3 城市群交通系统的自组织特征

城市群交通系统是一个复杂的社会—技术系统，该系统由人员子系统、技术子系统、组织设计与管理子系统、环境子系统四个子系统构成。其中的人员子系统是指系统中所有行为者组成的集合，包括供给群和需求群，供给群是指从事客货运输活动的人员，需求群是指客货运输的需求者。技术子系统包括交通基础设施、交通运输设备和安全设施等，随着先进技术在交通系统中的应用，技术子系统在城市群交通系统中的地位越来越重要。组织设计与管理子系统是指城市群交通的规划设计和管理部门，主要是对城市群交通系统进行宏观上的管理和调控。环境子系统，包括自然、政治、社会经济的影响，是城市群交通运输系统发展的外部影响因素之一。

城市群交通系统是一个开放的、能随内外部条件变化而作相应变化的高度集成化的灵活的系统，交通系统的四个子系统之间相互影响、相互制约，系统通过这些相互作用而形成复杂结构。城市群交通系统表现出如下系统特征：

第一，开放性。城市群交通系统是一个开放的系统，它不断地与人口、环境、资源、经济和社会进行着物质、能量和信息的交换。在开放条件下，交通系统不断与外界交换得到负熵，系统能不断地得到熵减，从而进入相对有序的状态。

---

① 吴彤．自组织方法论研究．清华大学出版社，2001：11

第二，非线性相互作用。城市群交通系统内部各子系统之间通过关联与协同产生整体行为，并且通过竞争与合作形成一种不可分割的关系。这种关系不是简单的线性关系，而是复杂的非线性关系。

第三，动态演化性。城市群交通系统内部各子系统之间的联系在不断发生变化，同时，城市群内部的空间结构以及城市间的相互作用不断变化，城市间的客货交通流不断发生变化。城市群交通系统是个远离平衡态的开放系统，呈现动态变化特征。

第四，人的参与性。城市群交通系统属于社会系统层次，社会系统的要素是有意识的人，交通系统的每个子系统都有大量相关人员参与，参与者的自觉性和高度能动性都深刻地影响着城市群交通系统的发展。

第五，涨落性。城市群交通系统是多种科学和技术门类的交叉，涉及社会、经济和生活各行业，各子系统的运动状态不断改变，整个系统的状态也不断改变。经济总量、产业结构、产业空间结构、人口、交通基础设施建设等都会对城市群交通系统状态产生影响，这些因素的变化对城市群交通系统的涨落都会产生影响。城市群交通系统的涨落贯穿于交通系统发展的每个环节，并通过涨落完成功能与结构的不断调适，进而推动系统的进化。

通过以上分析，城市群具有自组织系统的特征，自组织现象在城市群交通系统的演化中存在着，因此，城市群交通系统的发展是自组织的，自组织对系统的发展起了巨大的推动作用。

8.2.1.4 城市群交通系统的自组织机制特征

城市群交通系统发展自组织是一种多因子共同作用、相互关联、互为制约、自上而下的系统组织机制，其运作过程中具有以下特征：

第一，隐性。城市群交通系统发展的自组织机制作为城市群交通系统内部多种要素的相互关系的整体体现，以一种潜在的方式作用于系统，即具体的作用力与最终的宏观表现之间没有必然的联系，道路系统的集聚与扩散、交通空间的蔓延与跨越等都是在一种无形力量的控制下发生着，我们可以感觉到这种力量的存在，但却因为缺乏目标与结果之间的线性关系而无法完全把握它。

第二，永久性。城市群交通系统发展的自组织机制是一种永久性机制，只要交通系统满足开放、远离平衡、内部的非线性相互作用以及存在的内部涨落的耗散结构条件，自组织机制就会永无休止地进行着调整和演化，使系统从无序走向有序，而这些条件是交通系统作为一个"活"的系统所必须具备的。

第三，进化性。交通系统发展的自组织机制是一种进化机制，其进化性体现在新的、更适于发展的道路结构的不断涌现上，即更高级的"序"的产生。在交通系统的发展演化中，城市群空间结构与交通系统是一对矛盾体，随着城市群空间结构的演化，会对交通系统不断提出新的要求。当旧的交通系统逐渐不能满足新的功能要求时，新的系统便在自组织机制的作用下开始孕育，当然，其发展的过程也不是一蹴而就的，其间或许会走很多弯路，但其发展的主线是在反复迭代中不断趋于进化的。

第四，自主随机性。城市群交通系统发展的自组织机制是以路网的自主随机生长、宏观有序为特征的。在微观层次上，空间单元的构建、拆迁和置换是没有规律的，它取决于建设个体的主观决策和目的性的自主行为，呈现出一种随机无序的态势，但是在宏观层次上，路网系统的发展却表现出有趣的同质空间集聚的整体有序，这是自主随机在投入—产出平衡下自组织演化的结果。

8.2.2 城市群交通系统与城市群空间结构的竞争与协同机制

8.2.2.1 自组织发展的竞争与协同机制

协同学认为，自组织系统演化的动力来自系统内部的两种相互作用：竞争与协同。子系统的竞争使系统趋于非平衡，而这正是系统自组织的首要条件，子系统之间的协同则在非平衡条件下使子系统中的某些运动趋势联合起来并加以放大，从而使之形成有序参量，占据优势地位，支配系统整体的演化。

竞争是系统演化的最活跃的动力。只要系统内部或系统之间存在差异，就会有竞争。系统发展的不平衡性实际上是竞争存在的基础。再加上系统诸要素或不同系统间对外部环境和条件的适应与反应不同，获取物质、能量、信息的水平也存在差异，因而必定存在和造成竞争。而竞争的存在和竞争的结果则可能造成系统内部或系统之间更大的差异与不平衡。从开放系统演化的角度看，竞争一方面造就了系统远离平衡态的自组织演化条件（至少对这种演化条件起了推动作用），另一方面推动了系统向有序结构的演化。

协同是系统诸多子系统相互协调的、合作的或同步的联合作用的集体行为。协同是系统整体性、相关性的内在表现，狭义的协同是与竞争相对立的合作、协作、互助，而广义的协同则既包括合作，也包括竞争，协同是系统竞争后期自组织演化的一种表现。

竞争是保持个体性的状态和趋势的因素，也就是使得系统丧失整体性、整体失稳的因素。而作为竞争对立面的协同——保持集体性的状态和趋势的因素，则是使得系统保持和具有整体性、整体稳定的因素。如果系统只是失稳，越来越不稳定，系统就会解体，最终就会不复存在了；反之，如果系统只是稳定，系统就不可能有发展，因为任何新的因素出现都要引起一定程度上的失稳，尽管这种失稳可以是局部的而非整体的。现实的系统都在发展演化之中，竞争因素和协同因素都是不可缺的，稳定和失稳都是需要的，稳定使得系统可以得到保持，稳定之中的失稳可以导致系统的发展，真正的发展演化都是在竞争和协同、稳定和失稳两种因素的相互作用中实现的。

8.2.2.2 交通运输与城市群空间结构动态演化关系

根据我们前面的分析，交通运输与城市群空间结构演化之间存在相互反馈的关系。空间结构演化从通达性方面对交通提出需求，而通达性需求是城市群交通基础设施的推动力量，按照交通发展理论，需求是推动交通运输最重要的力量之一，只要存在足够的潜在需求，就会寻求满足这种需求的手段，从而促进交通的发展，使交通基础设施供给和城市群空间结构演化提出的交通需求达到短暂的均衡。而交通运输的发展则又会推动促进产业的集聚，使城市规模进一步扩大，城市之间的专业化分工进一步深化，从而使城市群空间结构进一步演化，这种演化会进一步加强城市间的空间经济联系，形成新的交通需求，并在更高的非均衡水平上形成城市群区域的交通"瓶颈"约束，拉动城市群交通基础设施的进一步发展。

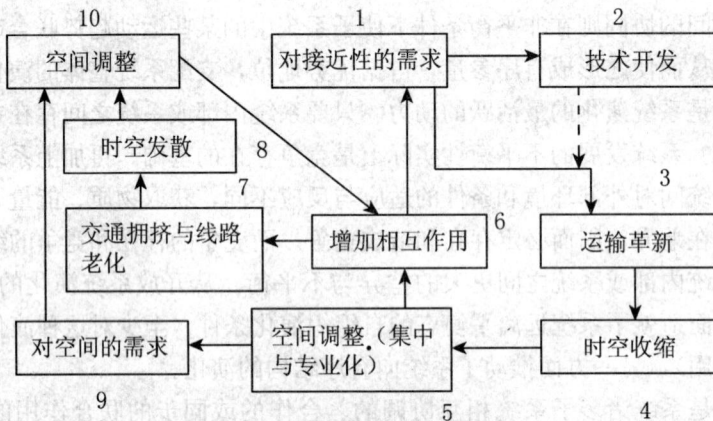

图 8.5　Janelle 时空收缩模型[①]

从图 8.5 中我们可以看出，城市群区域经济的发展使城市之间的经济联系更加紧密，城市间的相互作用得到加强，这对城市间的可达性提出了需求（图 8.5 中 1）。

根据需求诱致运输技术变迁的理论观点，运输技术创新依赖于一个足够大的市场。运输技术创新是一种特殊的产品，如果存在足够大的市场，运输技术创新会带来丰厚的利润；而如果市场容量很小，就不值得投入大量资本进行创

---

① 陈秀山，张可云．区域经济理论．商务印书馆，2003

新。城市间的可达性需求会促进技术创新（图 8.5 中 2），诱致技术变迁，导致运输革新（图 8.5 中 3）。

由于运输革新，人们克服空间分离造成的困难越来越小，在一定程度上空间距离对经济和人们的影响减小（图 8.5 中 4）。

由于时空收缩的影响，企业为追求规模报酬递增和专业化分工效应，会发生产业空间结构调整，形成产业集聚和分工专业化（图 8.5 中 5）。

随着产业集聚和分工专业化的发展，城市间的商品和原材料贸易量增加，城市间的相互作用越来越大（图 8.5 中 6），相互之间的联系越来越紧密。这种经济活动会增加交通需求，造成交通拥挤（图 8.5 中 7），带来集聚非经济效应，在一定条件下，会形成产业扩散（图 8.5 中 8），带来新的空间结构调整（图 8.5 中 10）。而这种调整又会对城市间的相互作用产生影响，并且对可达性提出新的需求，从而引起交通运输与城市群空间结构新一轮的动态演化。

从以上交通运输与城市群空间结构动态演化关系可以看出，交通运输与城市群空间结构之间的冲突——协调——再冲突——再协调的演化轨迹。

8.2.3 城市群交通系统的他组织发展

8.2.3.1 他组织的内涵

他组织是与自组织相对应的一个概念，都是组织下面的概念。如果系统在外界的特定干预下获得空间的、时间的或功能的结构，我们便称系统是他组织的。可见，所谓"他组织"，从事物自身来看，它的组织化不是它自身的自发、自主过程，而是被外部动力驱动的组织过程或结果。

表 8.2　组织、非组织、自组织和他组织概念关系比较[①]

一级概念	组织（有序化、结构化）		非或无组织（无序化、混乱化）	
涵义	事物朝有序、结构化方向演化的过程		事物朝无序、结构瓦解方向演化的过程	
二级概念	自组织	他组织	自无序	他无序
涵义	组织力来自事物内部的组织过程	组织力来自事物外部的组织过程	非组织作用来自事物内部的无序过程	非组织作用来自事物外部的无序过程
典型例证	生命的生长	晶体、机器	生命的死亡	地震下的房屋倒塌

注：吴彤认为组织化分为两类，即自组织和被组织。被组织的内涵和他组织一致，我们这里采用了他组织的概念。

---

① 吴彤. 自组织方法论研究. 清华大学出版社，2001：11

相比较而言，自组织更为根本，而他组织是在系统演化到一定阶段，为对付日益增大的复杂性而进化出来的。当系统的复杂性在演化过程中增加到一定程度时，单纯依靠组分之间的相互作用而引起的自组织已不足以迅速满足系统对组分行为有效协调的要求，需要从更高层次处理信息，甚至分化出专门从事协调控制的子系统才能解决问题，他组织便应运而生。

8.2.3.2 城市群交通系统的他组织发展

城市群交通系统除了按照自组织规律发展外，还受到他组织的干预。可以说，人对城市群交通系统的宏观干预几乎伴随着城市群交通系统的发展，人们总希望按照自己的意愿来组织、安排交通系统的发展。人的这种主动的、有意识的干预，对城市群交通系统的形成和演化起了相当大的外部组织作用。可以认为道路系统的发展已经不仅仅是其自身发展的结果，而且已经融入了人对其有意识的控制。影响城市群交通系统的他组织包括交通规划、交通政策、交通管理等。

我们以交通规划为例说明他组织对城市群交通系统的影响。

交通规划作为人类干预和组织城市群交通系统发展的直接外部手段，是对城市群交通系统发展的"特定干预"。它作为一种来自于交通系统外部的组织手段，作用于交通系统的形成与发展。

交通规划作为一种建立在人类意志、价值观基础上的、试图使系统偏离目标的变化控制在允许范围之内的人为干预，是一种自上而下的组织机制，在其运行过程中具有以下特征：

第一，显性。交通规划作为一种人为的控制，其过程分为目标确定、调查描述、规划预测、规划设计与规划决策五个阶段，并通过道路建设活动中的规划引导和规划控制、管理进行实施，基本上呈现一种目标—结果的线性操作模式。

第二，阶段性。城市群交通规划是一种以一定期限内城市群区域土地利用与交通空间作为组织对象的阶段性过程，规划期限分为近期、远期及远景，为了寻求远近期结合，城市群交通规划还具有阶段性和实效性特征。

第三，优化性。城市群规划的实效在于，当旧的交通系统逐渐不能满足该城市群发展要求时，通过主导控制以达成新的城市群交通的外部条件和环境，通过诱导控制加大引导力度，从不同侧面加强向新的路网转变的优势，最终导致更有序路网结构的自创性，达到少走弯路，减少不必要的损失。从整体上讲，城市群交通规划编制及其实施过程是对城市群路网系统发展进行优化的过程。

8.2.4 城市群交通系统与空间结构的协同发展——自组织与他组织的融合

从以上分析我们可以看出，城市群交通系统的发展既受自组织作用，又受他组织影响。其中，自组织规律对城市群交通系统的发展来说是一种内生作用，他组织对城市群交通系统的发展是一种外生作用。他组织作用应该建立在遵循系统自组织规律的前提下，从而使他组织作用和自组织作用统一起来，事半功倍地保证系统发展的连续性和稳定性，以保证我国城市群交通系统能够处于所能具有的最优或满意状态。

城市群交通系统的发展是一种自组织和他组织复合发展的过程，其中城市群交通系统发展自组织作为一种内在的规律性机制，隐性而长效地作用于城市群交通系统的发展和演化；而城市群交通系统发展他组织手段，显性地作用于城市群交通系统的发展，同时也在一定程度上体现了人们对交通发展规律的认知程度。从整体上讲，自组织机制更为根本。也就是说，城市群交通系统发展他组织手段能否发挥作用及其作用的程度如何，关键在于其是否能与城市群交通系统发展自组织机制相匹配，以寻求自组织与他组织的同向复合，而成为城市群交通系统协调发展的必然结果。

8.2.5 城市群交通运输系统与空间结构协同发展的过程

城市群交通系统与空间结构协同发展的本质是要求交通系统与空间结构系统都能持久、有序、稳定的发展。由于交通系统受到自组织和他组织的影响，城市群交通系统表现出发展的阶段性，如果自组织和他组织同向复合，城市群交通系统就可能出现和空间结构系统协同发展的局面，否则，则可能出现发展混乱的局面。

8.2.5.1 交通系统与空间结构协同程度不断提高阶段

在城市群的初期发展阶段，交通系统和城市群区域经济都处于起步阶段。此时城市群规模比较小，城市化水平较低，城镇体系发育极不完善，分工体系尚未形成，各个城市之间的联系相对较少，各城市各自制定自己的交通政策和措施。

在自组织机制的作用下，在各城市的交通引导下，城市内部的空间结构会发生变动，中心城市的集聚和扩散作用逐步增强，城市之间开始出现分工体系，城市之间的交流增加，使得城市之间的交通需求增加，从总体上来看，交通运输与城市群空间结构的协同程度不断增加。

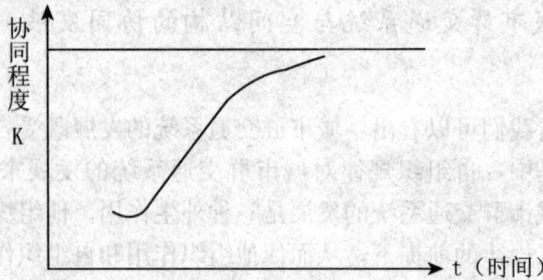

图 8.6   交通运输系统与城市群空间结构协同程度不断提高
资料来源：作者整理。

8.2.5.2   城市群交通系统与空间结构协同发展遇到"瓶颈"

随着城市群空间结构的进一步演化，中心城市的集聚和扩散作用很明显，城市群规模扩大，城市之间形成了比较合理的分工体系。城市群空间结构的这种特征对交通运输提出了更高的要求，比如对交通运输的方便、舒适、快捷的要求更高，此时，由于城市群交通系统和城市群空间结构的协同程度出现"瓶颈"，城市群交通系统出现一个临界点或者系统演化的分叉点。城市群交通系统此时的行为选择决定了交通运输系统以及城市群经济能否持续发展。城市群交通系统的演化面临多种前景，其不同的发展形式如图 8.7 所示。

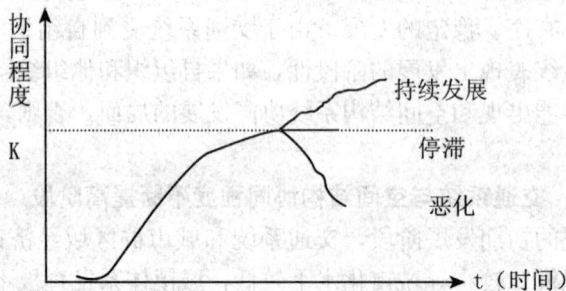

图 8.7   交通运输与城市群空间结构协同的"瓶颈"状态
资料来源：作者整理。

在一定时期内，城市群区域交通运输系统的模式既可以是可持续的模式，也可以是不可持续的模式（停滞、循环、灭亡），图中 K 由社会经济发展水平、空间结构、资源消耗、环境容量、科学技术、管理运营水平等因素决定。要保障区域交通运输系统不断发展进步，一方面要协调区域交通运输系统与社会经济、资源、环境之间的关系，另一方面要依赖科学技术水平以及新的管理运营模式。

8.2.5.3 进入到协同发展新阶段

当出现临界点或者系统演化的分叉点时，城市群交通系统就达到了某一发展阶段的顶峰期，要继续发展，就必须克服限制因子。可见，实现区域交通运输系统发展的关键要采取有效的协同发展模式，这一过程需要创新。协同发展模式就是一种新型的、能够克服这一系统发展"瓶颈"的新的管理体制和技术手段的结合，如果能够不间断地实现和完善城市群交通与空间结构的协同，区域交通运输系统就会更快更好的发展。

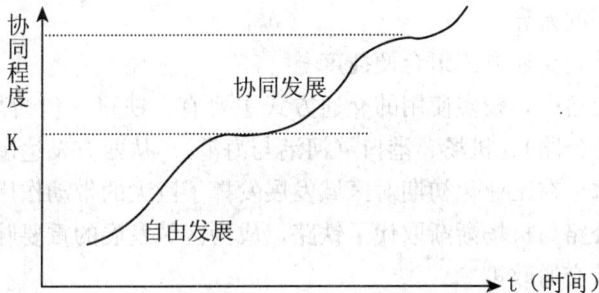

图 8.8 交通运输与城市群空间结构的协同发展过程

资料来源：作者整理。

8.2.6 与城市群空间结构协同的交通运输发展途径

8.2.6.1 影响城市群空间结构的交通因子分析

前面我们主要从理论上分析了交通影响空间结构的作用机制，交通系统的发展会影响运输成本和区域通达性，进而影响分工和集聚。但是对于交通系统哪些因子会影响空间结构，我们需要进一步分析。影响城市群空间结构的交通因子主要包括：

（1）交通设施的区域稀缺性

交通设施的区域稀缺性决定了它被使用的强度，它是区域空间结构构建和演化的重要影响因子。从人们的选择方面看，交通设施的稀缺性越高，人们选择使用的可能性越大，这一交通基础设施对于城市乃至区域的价值就越高。

（2）交通节点的设置

作为区域这个面状经济体中重要的集聚、辐射源，交通节点影响着区域空间结构的形成和演变，合理的交通节点的设置将有助于各类资源要素在区域中的适当集聚和有效流通。从城市角度看，通过性交通流的大小对城市自身在区域中地位的提升并不起多大的作用，甚至可能会带来负面影响，所以，城市要努力促使相关区域交通流在本地的消费和再生产行为，才能改善和提高城市在区域中的地位与作用。同样，城市内部交通节点的合理设置也有助于城市自身的空间结构的优化。

（3）区域交通设施建设时序

区域是一个面状要素，城市之间的交流可以看做是点与点之间的连通，这样的组合方式是相当多样化的，交通设施建设时序的决策往往能大幅度地改变区域的城镇等级及空间结构布局。一般而言，在分析了区域内外的交流需求强度以后，往往会首先在交通"瓶颈"部位解决交流需求，这也在一定程度上反映了建设时序的差异。

（4）区域间交通方式组合便捷度

在区域交通中，较多使用的交通方式主要有：铁路（包括高速铁路）、公路（包括高速公路）、机场、港口（河港与海港）。从西方发达国家的发展经验看，铁路和水运在工业化初期对区域发展发挥了巨大的带动作用，在后工业化时代，高速公路与机场渐渐取代了铁路，成为区域发展的重要脉搏。

（5）区域交通政策

随着城市群空间结构的演化，城市之间的联系越来越紧密，对交通运输系统发展提出了新的要求。交通运输系统涉及因素众多，是一项涉及体制、政策、行业、市场等环节，需要长期实施的复杂的系统工程。城市群交通系统的发展要求整个区域内优化配置交通运输资源，充分发挥各种交通运输方式优势，打破行政界限、部门界限、地域界限，推动区域综合运输系统的协调发展，以提高区域交通运输总体效益和服务水平的动态过程。这一过程需要通过政策、法规对交通需求和运输供给市场进行管理、限制和引导，以达到一体化运输的实践目的。

8.2.6.2　与城市群空间结构协同的交通运输发展路径

通过以上分析，笔者认为要使交通运输与空间结构协同发展，交通运输发展的路径选择主要集中在以下三个方面：

（1）交通运输与空间结构在时间尺度的协同

交通基础设施的稀缺性是影响空间结构的重要因素，同时，它也影响交通运输投资本身的效率。交通基础设施的投资是一种"社会分摊资本"投资，和其他社会直接性生产投资之间有替代关系。如果交通投资过大，则造成交通投资的效率低下和投资浪费；反之，如果交通投资过少，则会造成交通紧张，影响其他直接生产投资效率的发挥。从时间尺度来看，交通运输投资应该保持一种动态的最优投资，才能使社会整体投资效益最佳。

（2）交通运输的空间布局和城市群区域空间结构协同

交通运输和区域空间结构之间存在着相互作用的自组织机制。从根本上说，城市群交通运输是由城市群社会经济发展水平及其空间分布决定的，交通运输的空间布局应该满足社会经济发展所提出的交通要求。另外，交通运输又会对区域空间结构演化起着反作用，引导着空间结构的演化。由于存在着这种相互反馈关系，怎样通过交通布局来促进交通运输与城市群空间结构演化之间的良性循环，也是城市群空间结构优化的一个重要基础。

（3）制度上为交通运输与城市群区域空间结构协同提供保障

从一定意义上来说，在经济全球化下，区域规划并不仅仅是一种技术性规划，而且是一种政策选择。城市群交通运输的规划以及发展离不开政策以及制度保障。随着空间结构的演化，城市群经济一体化发展迅速，这也要求交通运输一体化。在我国目前的行政管理体制下，交通一体化还面临着比较多的制度协同问题，如何从制度上保障交通运输与空间结构协同是一个重要问题。

在后面一章我们将从上述三个方面对交通运输与空间结构协同发展路径进行详细论述。

9 与城市群空间结构协同的
交通运输发展路径

根据前一章的分析，本章主要从时间、空间、制度三个方面对与城市群空间结构协同的交通运输发展路径进行具体分析。

9.1 与城市群空间结构演化协同的交通运输发展时间尺度路径

9.1.1 交通运输投资在区域经济发展中的作用探讨

对交通运输与区域经济发展，人们进行了大量研究，普遍认为交通运输在区域经济发展中起着重要作用。阿默德（Ahmed，1976）曾经讲道："在许多发展中国家，运输设施的不足是社会经济发展和民族融合的重要'瓶颈'之一。通常，缺乏运输设施会导致难以引入其他社会基础设施，如教育和医疗服务设施。现代技术的传播、农业生产的投入以及农业和其他经济部门通过市场的联系，都会因为运输设施的缺乏而受到阻碍。作为上述和其他因素的结果，农业——在发展中国家的经济占支配地位的部门——生产率极其低下。"[①] 朱利安·西蒙（J. Simon，1981）在论述不发达国家经济发展的条件时谈道："如果经济发展的关键因素只有一个，那么它不是文化，也不是制度和心理特征，而是交通运输和通讯系统。"韦尔弗雷德·欧文（W. Owen，1987）在《交通运输与世界发展》一书中，从当前世界上富国与穷国的对比中阐述了运输与发展的关系，认为运输仅是经济增长的必要条件而不是充分条件，但人口与货物的流动性同国家的发展程度之间有着十分密切的联系，正是因为世界上的运输资源配置严重不平衡导致了目前极富国家和极贫穷国家之间出现经济增

---

① 转自 ［英］肯尼斯·巴顿，冯宗宪译. 运输经济学. 商务印书馆，2002：335~336

长方面的悬殊差距。因此，需要建立全球的运输体系。① 当然，也有部分学者提出不同意见，如 Foge（1964）认为 19 世纪美国经济发展动因是制造业的技术革命和农业、社会文化的变革，而不是铁路的铺设。但对交通投资与区域经济发展的因果关系的讨论，则像"先有鸡还是先有蛋"的问题困扰着人们。

罗森斯坦·罗丹 1943 年在其著名论文《东欧和东南欧国家工业化问题》中提出"平衡增长大推进"战略，他在该战略的研究中充分肯定了社会先行资本在工业化过程中所起的决定性作用。他提出"社会先行资本"概念，旨在强调"在一般的产业投资之前，一个社会应具备的基础设施方面的条件"。社会先行资本的最主要作用是在其他的产业中造成投资机会。

赫希曼则是非平衡增长理论的主要代表人物，他在 1958 年出版的《经济发展战略》一书中，从理论上对社会间接资本和直接生产性活动之间的关系进行了全面、系统的研究，"社会分摊资本"（SOC）是指用于基础设施建设的投资，它是由公共机构或受公共机构控制的私人机构向全国提供，是为许多经济活动提供服务的，并且不能进口。"社会分摊资本"的特点是"不可分性"和高资本—产出比，投资规模大、建设周期长、收益慢且低、投资效率低而受益面广，主要是指交通运输等方面的投资。而"直接生产性活动"（DPA）是指直接投资于工业、农业等产业部门中并能迅速见效，直接增加产出和收益的投资行为，其特点是投资集中、周期短、收益快、投资效率高。SOC 和 DPA 均是经济增长所必需的，均可以创造"引致投资"增加产出和收益。但赫希曼指出，发展中国家有限的资源往往不允许 SOC 和 DPA 平衡增长，在这种情况下，就应当对两者发展的优先次序做出选择，采取不平衡增长战略。赫希曼认为，SOC 和 DPA 的增长是不平衡的，并且会采取以下两条可能的路径中的一条：一条路径以 SOC 优先发展为基础，另一条途径以 DPA 优先发展为基础。如果选择 SOC 优先发展的策略，则 DPA 有可能变得不太昂贵，并鼓励在该部门投资；如果选择第二种方法，则 DPA 先是扩大，然后 DPA 的成本将大幅度提高，就需要通过建造更多的 SOC 设施来实现 DPA 的成本节约。

姆里纳尔·乔德赫提出交替优先增长战略，主张让基础设施与加工工业交替优先增长。他认为，最优化实践探索表明，在国民经济发展的最初阶段，应该集中精力发展尚属非生产性的社会分摊资本，在下一阶段，储蓄将直接形成生产性资本。基础设施的过剩能力耗尽阶段很快就会到来，国民经济再一次需要集中形成社会分摊资本，如此循环往复。

以上这些学者仅仅是从理论上定性分析了交通运输在区域经济发展中的作

---

① Wilfred Owen：Transportation and World Development，Johns Hopkins University Press，Baltimore，1987：6

用，而要从定量上评价交通运输在区域发展中的作用，笔者认为应该从资源配置效率的角度来考虑。交通投资作为资源投入的一种方式，它和其他生产性投资是一种替代关系，在资源稀缺的情况下，如果对交通投资的比例过大，就会影响其他生产性投资，有可能会造成投资的浪费；反过来，如果交通投资比例过小，有可能造成交通"瓶颈"，影响其他生产性投资效率的发挥。从这个意义上来说，交通投资对区域经济发展的影响有积极、中性、消极三种情况[①]。

9.1.2 城市群最优交通投资量模型的探讨

用 K_1 表示交通部门的资本存量，资本存量的大小反映交通运输能力。用 K_2 表示除交通外的其他固定资本存量。在其他条件不变的情况下，一个地区国内生产总值 Y 可以表示成 K_1 和 K_2 的函数：

$$Y = F(K_1, K_2) \tag{9.1}$$

假设总产出 Y 中有 δY 用于扩大再生产，$(1-\delta)Y$ 用于消费，δ 为积累率。决策者进一步要决定将 δY 中的多大比例用于交通方面的投资，多大比例用于其他方面的投资。假设 $a\delta Y$ 用于交通固定资产投资，$(1-a)\delta Y$ 用于其他方面的投资，在这种假设下，交通投资决策等价于要确定 a，从而使累计产出最大。

从上面的假设，我们可以得出增加交通能力的投资为：

$$I_1 = a\delta Y \tag{9.2}$$

而用于其他方面的投资为：

$$I_2 = (1-a)\delta Y \tag{9.3}$$

如果不考虑折旧，那么交通固定资本存量增量就等于交通投资，即：

$$dK_{1t}/dt = I_{1t} = a_t\delta Y_t \tag{9.4}$$

除交通外的其他固定资本存量增量即为其投资额，即：

$$dK_{2t}/dt = I_{2t} = (1-a_t)\delta Y_t \tag{9.5}$$

开始时，各种固定资本存量为 $K_1(0)$，$K_2(0)$。我们希望在 T 时间后，让它们各自达到 $K_1(T)$，$K_2(T)$，同时使得累积的总产出最大，在上述条件下我们可以建立数学模型：

$$\max \int_0^T Y_t dt = \int_0^T F(K_{1t}, K_{2t}) dt$$

$$\text{s. t. } 0 \leqslant a_t \leqslant 1$$

---

① Wilson, G. W. Introduction. Wilson G. W., Bergmann B. R., Hirsch L. V., Klein M. S. (Eds). The impact of Highway Investment on Developm ent Washington DC: The Brookings Institution 1996：1~16

$$dK_{1t}/dt = I_{1t} = a_t\delta F(K_{1t}, K_{2t}) \tag{9.6}$$

$$dK_{2t}/dt = I_{2t} = (1-a_t)F(K_{1t}, K_{2t})$$

$$K_1(0), K_2(0), K_1(T), K_2(T) \text{ 为已知}$$

实际上，进行交通决策投资时，经常是对当期的投资进行决策，在此时，其最优投资决策就是使当期的产出最大，即 $\max F(K_{1t}, K_{2t})$。在此时，根据经济学原理，资源在各产业的边际收益相等时，其配置达到最优状态，即最优资本存量应满足：

$$\frac{\partial F}{\partial K_{1t}} = \frac{\partial F}{\partial K_{2t}} \tag{9.7}$$

根据上述模型我们可以确定交通投资的最合理规模。如果实际交通资本存量小于最优交通资本存量，那么应该增加交通投资的比例，直到达到合理规模为止；反之，则减少交通投资的比例。

按照经济学的有关理论，经济发展存在一条最优的协调发展轨道，如果经济系统不在这条轨道上，则应该尽快调整到这条轨道上。对交通投资来说，只有当交通投资与其他投资成比例时，才能实现经济的最优发展。

我们还可以在上述模型的基础上对其进行扩展，从而得到各交通方式的最优投资决策。假设一个区域有 n 种交通方式，它们的资本存量可以分别表示为 K_{11}，K_{12}，$\cdots$，K_{1n}，假设用于各交通方式的投资分别为 $a_{11}\delta Y$，$a_{12}\delta Y$，$\cdots$，$a_{1n}\delta Y$，在上面同样的假设下，我们可以得到最优投资：

$$\max \int_0^T Y_t dt = \int_0^T F(K_{11t}, K_{12t}, \cdots, K_{1nt}, K_{2t}) dt$$

$$\text{s.t. } 0 \leqslant a_{it} \leqslant 1$$

$$0 \leqslant \sum_{i=1}^n a_{it} \leqslant 1$$

$$dK_{1t}/dt = I_{1t} = a_{1t}\delta F(K_{11t}, K_{12t}, \cdots, K_{1nt}, K_{2t}) \tag{9.8}$$

$$\vdots$$

$$dK_{nt}/dt = I_{nt} = a_{nt}\delta F(K_{11t}, K_{12t}, \cdots, K_{1nt}, K_{2t})$$

$$dK_{2t}/dt = I_{2t} = (1 - a_{1t} - \cdots - a_{nt})F(K_{1t}, K_{2t})$$

$$K_{11}(0), \cdots, K_{1n}(0), K_2(0), K_1(T), K_2(T) \text{ 为已知}$$

如果仅仅决定当期交通投资量，那么最优投资应该满足：$\dfrac{\partial F}{\partial K_{11t}} = \cdots = \dfrac{\partial F}{\partial K_{1nt}} = \dfrac{\partial F}{\partial K_{2t}}$，即各交通方式投资的边际收益和其他投资的边际收益均应相等。

9.2 与城市群空间结构演化协同的交通运输空间布局路径

从前面的分析我们可以看出，交通运输对城市群的发展具有战略性和先导性作用，这也决定了城市群的交通规划和传统的区域规划以及城市规划中先做好总体布局规划再考虑交通设施规划有很大的不同。

根据朱照宏等（2006）的观点，城市群交通战略规划与城市交通规划对比如表 9.1 所示。

表 9.1   三种类型交通规划的对比[①]

研究角度	城市交通规划	公路网规划	城市群交通战略规划
对象	城市范围内的交通系统	地区范围内的交通系统	城市群范围内的综合交通系统
目的	合理解决城市内交通问题	区域公路网的合理布局	区域大交通网络框架
结果	规划方案	规划方案	发展政策的参考意见

按照我们前面的分析，城市群的布局、城市间的职能分工以及产业集聚规模都会随着交通基础设施布局和建设而发生变化，在进行城市群交通基础设施空间布局时必须考虑这种反馈关系，才能使城市群交通与空间结构协同发展。

9.2.1 城市群交通运输空间布局的主要影响因素分析

城市群是在国际竞争的前提下，各城市为了充分利用各自的资源优势而组合起来，在区域范围内进行分工合作而形成统一区域经济实体的群体结构，因此其最重要的因素就是生产联系，生产联系的出现与发展是城市群中城市经济联系区别于传统城市间经济联系最重要的特征。区域尺度上城市相互作用和一体化趋势的加强，城市之间的交通联系成为城市群区域交通的主体需求，这也对城市群交通的布局结构提出了要求。

关于交通系统的合理布局，争论颇多[②]。一种意见认为，交通运输业存在的目的是为工业、农业、城市商业等部门在地理空间上的联系提供服务的，因

---

① 朱照宏等. 城市群交通规划. 同济大学出版社，2006：22

② 施欣. 关于交通布局因素的实证分析. 上海海运学院学报，1996（2）

此，交通系统在布局发展方面的基本使命必须服从于整个外部社会经济环境对系统提出的运输布局需要；另一种意见则认为，交通运输业和其他产业及城市的布局一样，都要受到自然地理条件的限制和影响，因此，交通系统的布局在受自然地理环境支配的同时，也应满足外部社会经济环境的运输布局需要，这一观点似带有"地理环境决定论"的倾向；还有一种意见认为，交通系统的布局对外部社会经济环境的布局有很大的影响作用，工业、农业的布局以及城市的集聚都把交通作为一个重要的因素来考虑，为此，交通系统的布局应当放在整个社会经济系统布局的首位来加以考虑。影响城市群交通布局结构的因素很多，本部分主要分析社会经济环境对城市群交通布局的影响。

9.2.1.1 城市群网络形态对城市群交通布局结构的影响分析

进行城市群的形态研究，首先得了解城市群中个体城市形态。因为不同的个体城市形态将具有不同的交通特性，这就决定了该城市的交通分布，在此基础上也就影响了城市群的网络特性。

由于各种自然历史因素，城市群内城市具有各自独特的发展特点和趋势，各城市群形成了不同的网络空间结构，使城市群内各城市之间的联系呈现很大差异性。根据城市群的网络形态①，可以分为四种类型，即极核型、双子座式、多中心式和走廊式。

极核型城市群体系主要表现在极核型城市与所在国家或地区所拥有的网络联系，都是一流水平的设施、一流的管理体系，表现出高度现代化标准。极核型城市群的区域结构，是以特大城市为中心，与本区其他大中小城市、郊区工业点、县城镇共同构成有机联系的城市群体系。城市等级主次分明，核心城市突出，居绝对主导地位，是整个地区城市相互作用的引力中心和辐射源，首位度极高，城市间联系密切，但以向心联系为主，同级规模城市间的横向联系较为薄弱。

在很多城市群区域内，有一对城市无论在城市的经济力量、地理区位、城市规模与吸引能力的强弱，还是城市在区域中所起的作用大小，在城市群的形成发展过程中始终起"双核心的作用"，形成区域内的双子座网络化发展模式。该种城市群体系内中心城市的主次关系不是很明确，城市间相互依存又相互制约，尤其体现在行政与经济职能中，区域原材料、能源供求关系和商品交换等方面的联系是密不可分的；在地区资源开发利用、交通运输条件以及未来发展趋势方面，中心城市的带动作用比较明显。

多中心式城市群主要表现在一个大的经济区内，在经济发展水平一般的条件下，如果资源条件与交通条件相同，城市发展呈现一些类似性，一般城市规

---

① 年富华等. 试论城市群区域内的网络化组织. 地理科学，2002（5）

模小，城市职能较为单一，工业门类不可能样样齐备，城市之间的互补性较强。例如，我国湖南省的长沙、株洲、湘潭三个城市，其城市群体的发展模式呈现分散形式。

从我国的经济发展水平分析，由于我国许多城镇密集区的范围比较广阔，而区域性的基础设施水平较差，城市发展与区域经济总体布局沿着交通条件比较优越或用水、用地条件好的发展轴线展开，形成在交通走廊上发展起来的经济发展轴线和城市发展地带。

城市群网络形态对交通布局有很大影响，极核型形态的城市群的交通规划以该核心城市为主体进行一系列的规划，并以放射式公路交通网为主，而航空和铁路则是以核心城市为枢纽的对外交通联系的主要方式。如果是多核心的形态，这些城市的联系根据当地的自然条件可能形成各种样式的交通形式，其中比较常用的一种形态是环状网络的选择。而多中心城市群，其交通网络布局一般呈现分散化发展。

9.2.1.2　产业空间结构演化对城市群交通布局的影响分析

城市群形成的主要动力机制之一就是各城市为了合理有效地利用区域内的资源，充分发挥各自的优势，进而提高整体竞争力，因此城市群首先要进行的就是产业空间结构重组。产业空间结构演化和重组会使产业形成地域分工以及产业的集聚和扩散，这会造成不同的交通需求，导致不同的交通强度和方式，所以在规划城市群交通布局的时候，必须考虑城市群产业空间结构的演化和重组。而产业空间结构演化又与城市现有的自然资源、科技实力、城市基础设施等有关。只有考虑产业空间结构演化对交通需求的动态影响，才能使交通运输的布局与城市群的空间结构协同发展。

9.2.1.3　城市居住空间结构演变对城市群交通布局的影响分析

城市居住空间结构演变将成为影响城市群地域结构的重要因素。人的空间行为（如居住行为、迁居行为）和生活方式都在很大程度上影响着城市景观生态格局的变化，从而不断地改变城市的能流、物流、信息流的空间态势，进而影响城市群地域结构。城市群空间由自然空间、经济空间和社会空间三部分组成，其中经济空间和社会空间随着社会经济的发展而容易发生显著的变化。随着我国社会经济的快速发展，人民生活水平的提高，价值观念的转变，人们对城市居住空间的选择正发生着显著的变化，城市群内的居民将在群内广阔的区域里考虑居住选址。

9.2.1.4　城市群发展时序及空间发展模式选择对城市群交通规划的影响分析

城市群是由大小不一的城市组成的经济实体，其内部必然存在发达地区和不发达地区以及大中小等城市规模的差异，在发展过程中，发达地区与不发达

地区、核心地区与边缘地区、大中小城市之间由于达到回浪—扩散效应
（Spillover Effect）最大极化点的时间有先有后，造成城市群形态在时序轴上
存在生长差异。我们只有适时地把握时间差，配合发展时序，才可以使得各部
分达到"共振"，促进城市群的良性发展，避免空间的恶性蔓延发生，能完成
这一任务的主要物质载体就是城市群交通网络系统。所谓回浪—扩散效应，又
称为溢出效应，是空间经济扩散理论中的基本概念。缪尔达尔（G. M. Myrdal）
指出：发达地区在经济化过程中对落后地区的推动作用称为扩散作用，其对周
围地区的阻碍作用称为回浪效应。

城市群的空间发展模式是指城市群内各城市的空间发展取向。城市形态对
交通产生很大的影响。在点轴开发和网络开发阶段，交通运输通过区域间空间
联系的实现、物质与能量的交换，作用于空间组织的过程。Janelle 于 1962 年
提出了解释这一现象的基础模型。对可接近性的需要是一个驱动力，若潜在的
需求足够大，则会出现搜寻满足这种需求的方式，从而导致技术发展，成功的
技术发展必然会导致运输的革新，促进时空收缩，而时空收缩会导致集中与专
业化。调整的结果是运输速度提高，运输量增加。区域间时空距离的缩短必然
会使区域相互作用增强，从而使得空间联系得到增加。空间联系的增加一方面
会提高可接近性需求，从而进入新一轮循环；另一方面又有可能导致拥挤。拥
挤会使得时空发散，即时空距离或时间成本增大。另外，集中与专业化会增加
对空间联系的需求。时空发散与空间联系需求增大要求调整空间活动，这又要
求提高可接近性，从而回到新一轮循环。

9.2.2 城市群交通空间布局结构的主要内容

城市群交通网络布局不仅仅是满足交通需求，还要为社会经济的可持续发
展提供基础支撑条件。按照朱彦东（2001）[①] 等的观点，城市群交通规划的主
要目标包括：建立合理有效的综合运输体系，为经济发展奠定物质基础和创造
良好的外部条件；实现综合交通系统与区域经济发展的有效协调；达到各种运
输方式的优势互补、协调发展；引导城市群空间结构的有序演变，充分发挥集
聚与扩散作用；打破行政和行业界限，努力在不均衡战略中创造协调发展的条
件。按照这样的预期目标，城市群交通规划更侧重于指导功能、协调功能、服
务功能和制约功能，更注重其长期性、战略性。从上述目标出发，笔者认为城
市群交通空间结构布局重点考虑以下几个方面的内容。

9.2.2.1 通道布局

从城市群空间结构变化看，工业化是按照点—轴—集聚带的顺序逐渐演进

---

① 朱彦东等．城市群综合交通系统战略规划研究．现代城市研究，2001（4）：44～47

的。即大工业首先集聚在个别城市，然后沿交通干线，诸如铁路干线、公路通道、水运航道，继而向周围地区放射扩散，经过相当长时期的开发建设，在一城市群区域内形成若干人口、各类城市、工业和经济活动密集的重要带状集聚区——产业带。

交通运输在点—轴—带的空间结构演化中起着重要作用，两者之间存在相互作用、相互依存的良性循环关系。一方面，交通运输加强了原料地、加工地和消费区三者之间的地域联系，工业的空间分布也就从集中于某个地点逐渐变为沿交通线向新的、更多的区域扩散，形成了沿交通干线分布的带状产业密集区，产业带的形成是经济较为发达的空间结构标志，也是经济技术获得进一步发展的有利的空间结构形式。另一方面，发展轴、产业带的开发也需要建立发达的基础设施，其中包括交通、能源、通讯、金融和贸易流通体系等，特别是重要产业带的形成需要有强大的束状交通运输体系作为基础条件。同时，随着经济水平的提高，可以有能力将更多资金投入到交通基础设施建设中去，提高道路等级，改善交通条件，提高本区域通达性。

9.2.2.2　交通节点的设置

作为区域这个面状经济体中重要的集聚、辐射源，交通节点影响着区域空间结构的形成和演变，合理的交通节点的设置将有助于各类资源要素在区域中的适当集聚和有效流通。同时，我们也注意到由于货运和客运追求的目标不同，它们对交通需求的指向也不同，这往往在城市群内形成两个交通主枢纽。企业对低成本运输和高水平服务的趋向使城市群地区在交通需求上向服务中心和港口的指向明确，其中，客运交通需求形成以服务中心为核心的向心交通，货运交通形成以枢纽港口为中心的向心交通。

像这方面的例子还有很多[①]，在珠三角区域交通需求分布上，香港港口作为世界第一大集装箱港口和香港对珠三角区域的企业在国际市场服务、金融服务等方面的职能，以及广州作为广东省的行政中心，在信息服务、技术服务上的优势，使珠三角区域形成以香港与广州为中心的向心客运交通需求分布（国际、国内）和以香港为核心的货运交通需求分布。在京津冀地区，在金融、信息、科技等方面的优势使北京成为区域客运交通的中心（国际、国内）和国内客运交通的中心，而天津港口作为区域内的主要港口，是区域内对外贸易和联系广阔市场腹地的主要设施，从而形成区域内货运交通需求以天津为中心的分布特征。长三角的客货运输也是如此，客运以上海为中心，而货运以上海和宁波为中心分布。这也表明了市场服务和港口交通运输服务区域化带动了区域内

①　孔令斌. 我国城镇密集地区城镇与交通协调发展研究. 城市规划，2004（10）：35～40

城市职能的区域性分工，区域内部交通已经不能单从一个城市来考虑，必须综合考虑区域内其他城市的影响。

9.2.2.3 交通方式组合

在区域交通中，较多使用的交通方式主要有铁路（包括高速铁路）、公路（包括高速公路）、机场、港口（河港与海港）。区域交通方式的组合便捷度取决于区域内各种交通方式的完备度和不同交通方式之间的结合度。区域内上述各种交通方式越完备，各种交通方式之间的结合度越高（所花费的时间成本越低），区域间交通方式的组合便捷度就越高。

在交通运输领域，每一种运输方式都有各自的技术特点，以及最能适用的范围。这个范围的界定，与运输工具本身的营运绩效以及运输距离有关，图9.1是英国1968年运输中的运距与运输量构成的相关图。

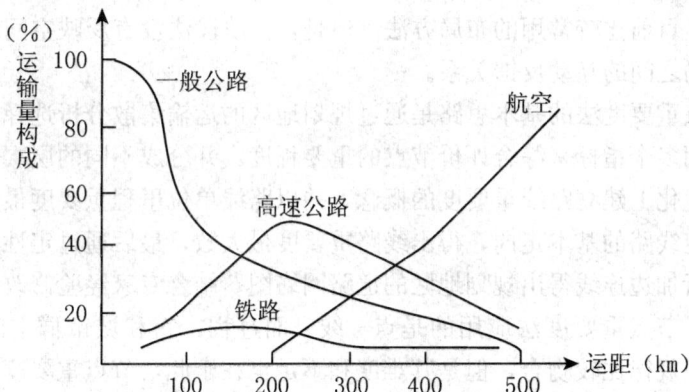

图9.1 1968年英国运距与运输量构成的相关性[①]

随着高速运输技术的发展，运输距离与运输方式关联度减弱，在500公里范围内运输构成方式出现多样化趋势，竞争比较激烈，每种交通方式都有一定的市场份额。

9.2.2.4 区域交通建设时序

区域是一个面状因素，城市之间的交流可以看做是点与点之间的联通。交通设施建设时序的决策往往能大幅度地改变区域的城镇等级及空间结构布局。一般而言，在分析了区域内外的交流期需求强度以后，往往会首先在交通"瓶颈"部位解决交流需求，这也正是在一定程度上反映了建设时序的差异。

---

① 管楚度. 新视域运输经济学. 人民交通出版社，2001：150

9.2.3 与城市空间结构演化协同的交通空间布局

9.2.3.1 重要节点与运输通道布局

（1）常用的交通网络布局方法[①]

常用的交通网络布局方法有直线连接法、四阶段法、节点重要度法和交通区位法。

直接连线法依赖于专家经验，主观性较强，缺少科学依据和足够的定量分析，由于受人的经验和基础资料的限制，随机性较大，所得的成果比较粗糙，难以实现规范化和系统化，往往适用于短期内的修建计划。

四阶段法是在研究城市交通规划中产生，它以交通网络上交通流现状 OD 调查为基础，通过交通需求产生预测、OD 流分布预测、运输方式分布预测以及路线交通量分配预测，把交通网络的布局同规划区的经济发展有机地联系在一起，是目前比较常用的布局方法。但是，四阶段法没有反映空间结构演化与交通布局之间的互动反馈关系。

节点重要度法的基本思路是通过规划地区的运输集散分析选择交通运输节点，运用多个指标来综合评价节点的重要程度，并分成不同的层次，在路线的选择与优化上建立路线重要度的概念，并以路线单位里程重要度最大化作为目标，确定线路的基本走向，得出线路重要度最大数，最后通过定性与定量相结合，进行加边连线得出规划地区的道路网络图，结合专家经验修改调整得出合理布局。节点重要度法应用的是点—线—面过程，它和城市群空间结构的集聚—扩散规律比较吻合，但是其难度和不足也在于此，节点重要度是一个动态概念，但一般规划布局中按静态的方法来计算节点重要度。

交通区位法布局是在交通区位论的基础上发展起来的一种新兴的交通网络布局方法，它从运输生产的源头出发，通过对城市群中城市的经济地理特征、经济发展模式、分工和专业化特征等对交通需求有影响的因素的分析，从根本上找出交通产生可能性最大的地带，以此作为线路布局走向的依据来布局交通干线。这种方法布局的线路不仅在运输上是必需的，而且从经济上也是运费最低的，但是，交通区位法是一种宏观的布局方法，当规划区域较小或等级较低时无法很好地处理，同时，量化程度较低，对不确定的潜在因素难以分析。

按照陆化普的分析，采用交通区位法与节点重要度法相结合的方法是对传统区位布局的改进：利用节点分析的结果，可以使区位理论应用在区域交

---

① 陆化普．区域可持续发展的交通规划理论研究．国家发改委交通运输司课题，2005：65

通网络布局时有针对性，也可以通过节点重要度计算结果定量比较区位线的差异，本书采用交通区位线与节点重要度联合布局法来确定交通网络空间布局结构。

（2）节点重要度的测算

确定规划区域的节点后，用节点的总人口、人均纯收入、国内生产总值等能反映节点功能强弱以及地位高低的指标，计算各节点的重要度。在计算节点重要度的过程中，需要确定各项指标对节点的影响程度。用得比较多的是 Delphi 法、AHP 法，也可以采用主成分分析法，也可以根据各变量的交通运输周转量弹性系数赋予各指标权重。节点重要度计算出来后，可以根据系统聚类分析方法，对区域内各节点进行聚类分析，将其分为三到四类，然后根据聚类分析的结果，分层拟定各类节点联系线路的走向，划分其功能和作用。

（3）交通运输通道重要度的测算及运输通道布局

交通运输通道是由多个不同的路段所组成，运输通道的重要性依赖于其联结的路段的重要性，运输通道的重要度等于路段重要度之和。而路段的重要性则依赖于其所联系的节点重要度。

路段重要度的公式为：

$$IM_a = \sum_i \sum_j I_i I_j / \int (U_y) \tag{9.9}$$

其中：IM_a 是节点 i 和 j 之间路段 a 的重要度；I_i 和 I_j 分别为城市群内节点 i 和 j 的重要度；$\int (U_y)$ 是节点 i 和 j 之间的交通阻抗。

有了通道重要度就可以逐层求解通道重要度最优数，然后以通道重要度最大为优化目标函数，求出最优交通布局。

9.2.3.2 通道交通方式组合

城市群交通应以"区域城市化和城市区域化"为前提，从区域的角度考虑，按照区域对外、区域内部、城市内部三个层次进行，改变传统规划中城市对外和城际联系的交通系统规划模式，并根据不同交通方式的运行特征，充分发挥不同交通方式的优势，在建设和运营上实现区域交通网络的一体化。

城市群交通主要包括航空、铁路、公路、水运四种运输方式，各种运输方式各有不同的技术特性和合理使用范围。各种运输方式的技术经济特点比较如表 9.2 所示。

表 9.2　各种运输方式的技术经济特点比较[①]

运输方式	占地面积	运输量	运输成本	速度	连续性	灵活性	安全性	环境污染
铁路	4	3	3	3	1	3	2	3
河运	2	2	2	5	5	4	3	2
海运	1	1	1	4	4	5	4	4
公路	5	5	4	2	2	1	5	1
航空	3	4	5	1	3	2	1	5

注：数字表示在五种运输方式的技术经济性能相对优势，把优劣程度分成 5 个等级，数字越小表示相对优势越大。

　　各种运输方式如果能够根据其技术特点在最适用领域展开，那么就能充分发挥各种运输方式的优势，扬长避短，提高运输效率与效益。

　　客运交通与货运交通的适用范围如表 9.3 所示。

表 9.3　客运交通方式功能划分

交通方式	主要分工服务范围	
高速铁路	长距离	国家主要发展带上大都市地区之间的高速客运
区域快速铁路	中长距离	大都市区域内主要客运走廊
市郊铁路	中长距离	大都市区域内次要客运走廊
普通铁路	不同距离的客货运输	
城市轨道（地铁、轻轨）	短距离	城市内主要客运走廊
快速公共交通（BRT）	短距离	城市内次要客运走廊
常规公共交通	轨道交通集散客流	
郊区公共汽车	远郊区	
小汽车		

资料来源：作者整理。

　　随着城市化的加快和城镇群的逐渐形成，交通运输的需求量将迅速增长，对运输质量的要求也随之提高。城市化的发展呼唤区域交通结构的转化，对快速、安全、便捷之类的交通工具的需求大幅增长，如快速轨道交通、磁悬浮等

---

① 陆化普．区域可持续发展的交通规划理论研究．国家发改委交通运输司课题，2005：65

交通方式,以满足城市化发展带来的适合现代生活形态、节奏和品质的交通需求。

根据不同的交通特征和目的,区域交通网络将承担区域对外联系、都市区之间联系、都市区内部联系以及城区内部联系交通。

表9.4 货运交通方式的有效适用范围

交通方式	交通设施	功　　能
1. 航空	航空门户	承担区域与国外以及国内主要地区的长距离客运联系
	航空枢纽	承担与国内、世界其他地区的长距离联系,以及与腹地之间的中、短程航空联系
	支线航空	承担与邻近地区之间短距离的航空联系
2. 铁路	高速国铁	承担门户枢纽、主要服务中心与国内其他地区高服务水平陆路客货运联系
	普通国铁	承担与经济腹地和国内其他地区之间普通服务水平联系
	地方铁路	承担区域内部主要客货运枢纽与腹地之间的联系
3. 高速公路	干线高速公路	承担门户枢纽港与国内其他地区,区域内服务中心之间交通联系
	内部高速公路	承担区域内一般都市区之间、核心区内部主要节点快速联系
	城市主要快速路	承担都市区内部、相邻城市之间、组团之间的快速联系
4. 区域轨道与城市轨道	区域高速轨道	承担区域内都市区之间、主要门户客运枢纽之间高服务水平、长距离的客运联系
	区域快速轨道	承担区域内都市区内部、交通枢纽之间的中长距离客运联系
	城市轨道交通	承担城市内部以及相邻城市之间短距离的客运
5. 港口	门户枢纽港口	承担长三角与国内其他地区以及中国、泛长三角地区与世界各地的远距离、大运量的区域对外货运交通联系
	枢纽港口	承担与国内其他地区,以及部分与国外的货运交通联系
	支线港口	承担门户枢纽港口喂给、短距离的货运交通

资料来源:作者整理。

9.2.3.3　通道建设时序

通道建设时间排序受多种因素的影响，各种影响因素构成了通道建设的约束。城市群通道建设应优先考虑对网络整体效应发挥最大的区域；同时，通道建设还受到用地条件、工程条件、已有交通条件、生态环境等约束。对于这种多目标下方案选择问题，我们可以采用层次分析法。借鉴朱照宏等（2006）的方法，我们可以画出通道建设时间排序层次分析结构模型。

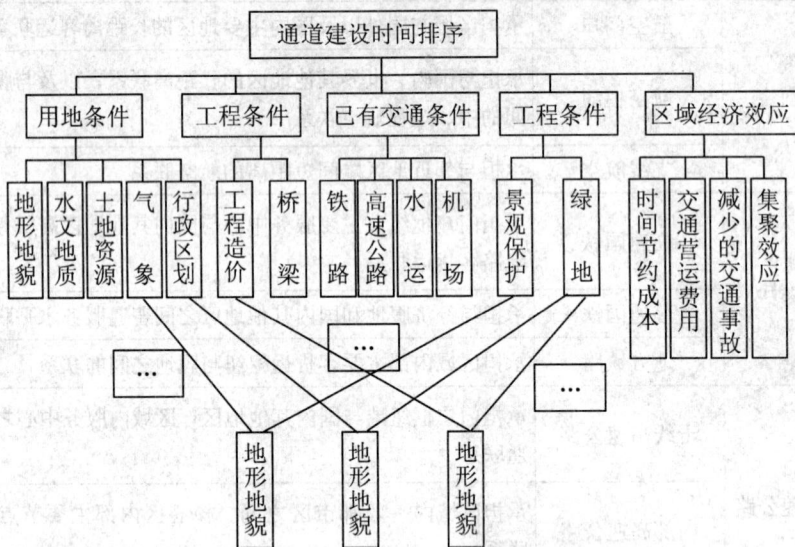

图9.2　通道建设时间排序层次分析结构模型

资料来源：作者整理。

在此，我们着重对交通通道的区域经济效应进行解释。

传统上，在对交通项目进行经济评估、计算交通项目的收益时，假设需求是固定的，在此基础上计算新项目建设给所有用户带来的时间节约价值，减少的交通事故损失以及交通运营和维护费用，由于假定交通需求是固定的，所以这种估计方法通常被称为"固定需求模型"。但是，新交通基础设施的建设往往会带来大量的引致需求，而这些需求被固定需求模型排除了[①]。而且，传统的评估方法认为交通使用者本身并不会通过交通使用创造任何附加价值，同样，它也没考虑城市群或都市圈的集聚效应的影响。

---

① Litman T. Rail transit in America：A comprehensive evaluation of benefits. Victoria Transport Policy Institute. Canada，2000

对城市群中交通通道的集聚效应，我们简单地说明如下：

为了简化，我们假设交通通道连接两个城市，即一个中心城市，一个非中心城市。其中，中心城市在交通通道建设前就业人口是 M，非中心城市是 M'，$M>M'$。

假设两个城市的生产函数具有相同的形式，即它们是就业人口的半 C—D 函数：

$$Y = AL^{\beta} \tag{9.10}$$

β 大于 1，表示生产函数是规模报酬递增。

$$\frac{\partial Y}{\partial L} = \beta(Y/L) \tag{9.11}$$

由于 β 大于 1，劳动的边际产出会大于平均产出。

由于交通通道的建设，在城市群内给通勤交通带来更多的便利，这也使更多的非中心城市的劳动力可以选择在中心城市就业。假设通道的建设使得中心城市有 N 个就业者，那么中心城市由于增加就业人口带来的产出净增加为 $AN^{\beta}-AM^{\beta}$，而非中心城市由于通道建设所带来的就业人口转移，通道建设后就业人口变为 $(M+M')-N$，由于就业人口减少给非中心城市带来的产品减少为 $AM'^{\beta}-A(M+M'-N)^{\beta}$，则由交通通道建设所带来的集聚效应为 $AN^{\beta}-AM^{\beta}-(AM'^{\beta}-A(M+M'-N)^{\beta})$。

9.3 与区域空间结构演化协同的交通运输发展制度路径

按照"新区域主义"的理解，区域被看做是当今全球竞争体系中协调社会经济生活的一种最先进形式和竞争优势的重要来源。当今国家和区域之间的竞争，在相当程度上取决于制度的竞争。城市群作为全球一体化背景下的竞争主体，能否获得持续的制度性优势，不仅关系到城市群的竞争力和长远发展，也关系到整个中国的长远发展。从这个意义上说，交通运输与区域空间结构演化协同发展，除了从投资以及空间结构布局方面协同外，更重要的是从制度方面加以保障。

9.3.1 主要大都市区的交通发展协调机制

9.3.1.1 大温哥华地区协调机构发展经验

大温哥华地区位于加拿大西海岸比西省西南菲沙河（Fraser River）河口，北面是山区，南与美国华盛顿州相接，西邻太平洋，东部通向菲沙河口，面积

3260.5平方公里（包括陆地和水域）。这是一个以加拿大第三大城市和西海岸最大港口温哥华为中心，包括20个市和2个选区的大都市区。

大温哥华地区的规划及实施管理是通过大温哥华地区政府（简称GVRD）进行的。GVRD是一种灵活的政府形式，是由区内政府选派有关代表组成的联合政府形式。其组织包括董事会及下属各部门，并设有区域长官管理下属各部门的运转。

GVRD的主要职能有两个：一是协调跨市、区的区域性事务，包括区内各市之间，以及与省政府、联邦政府协调与大温哥华地区发展有关的项目、计划、提案等。二是为大区居民提供比各市单独提供更有效的区域性的基本服务，包括供水、污水处理、空气质量管理、交通规划、固体废物处理、大区营利住房、大区公园、市政劳工关系、医院规划和投资等。

GVRD成立于1967年，1971年比西省政府从法律上明确了GVRD的功能和地位。其原因在于随着经济的发展，大温哥华地区已成为一个整体，但由于其范围跨越不同的政体界限，包含22个具有不同功能和权力地方政府，各地方政府的利益和面临的矛盾不同，使地方政府的许多项目相互之间缺乏协调而产生摩擦，与区域整体目标相抵触。而地方政府并没有职责为区域的发展制定公共准则，创造条件或为私人企业的发展提供区域设施或服务，为消除经济发展一体化和政治分割之间的矛盾及对区域产生的负面影响，协调区内各地方政府发展的目标。

GVRD的设立实际上遵循了西方大都市区二级政府的管理模式，即地方性的需求和服务由地方政府解决，只有更大范围的区域性职能才由区政府承担。区政府不是一个超级政府，它不涉及区域社会经济的各个方面，其职能仅限于协调区域基础设施和服务，如区域公共交通、供水、废物处理、区域性公园等和编制实施区域规划。确立区政府在协调区域发展、保障区域整体利益方面发挥积极作用，包括制定区域规划和实施规划的权威性。

9.3.1.2　美国南加州大都市区管理

美国是由50个州组成的联邦制国家，每个州分成若干郡，下辖市和一般地区（旧金山例外，郡和市的地区范围一致），大都市区是由若干市（郡）组成的成片地区。美国有联邦政府、州政府、郡政府和市政府，但没有协调郡和市主要事务的区域政府。

在崇尚"地方自治"的美国要建立大都市区政府这类区域性行政组织决非易事。但事实上，如果没有更高层次行政组织的协调，大都市区中有许多问题单个地方政府根本无法解决。在这种背景下，产生了一种由地方政府自愿联合，获得联邦和州政府支持的半官方性质的、松散型的行政组织——地方政府协会。这类组织易被各方接受，且具一定的协商、协调功能，发展较快。

南加州政府协会是其中最大的政府协会之一，成立于1966年，管辖范围涉及洛杉矶、奥兰治郡和里弗赛德郡等6个郡、188个城市、1600万人口、约9.8万平方公里。辖区内城市是否参加协会完全自愿，目前188个城市中有135个参加了协会。

协会设有董事会，重大问题由董事会表决决定。现有董事会成员70个，规模较大的城市一市1个，一些较小的城市则联合推选1个成员，董事会成员必须是民选官员。

其职能主要是从事交通、住房、空气质量、水资源等方面的区域性规划。南加州大都市区的交通规划机构由南加州政府联盟负责。主要职责有：①滚动、综合、协调地开展规划，编制区域交通规划，制定交通改善计划；②提供区域内人口预测的数据；③审阅重大项目的环境影响评估报告；④评估区域内住房的需求。

协会的日常运行经费由联邦和州政府拨款及各协会成员城市缴纳年费解决，每年2200万美元。工作人员100人左右。

9.3.1.3　柏林与勃兰登堡州地区的协调发展

柏林与勃兰登堡州共有土地3万多平方公里（占德国国土面积9%），人口600万人。其中，柏林891平方公里，人口350万人；勃兰登堡州2.81万平方公里，人口250万人。在行政区划方面，柏林经过2001年的区划调整后共有12个区。勃兰登堡州在1993年进行了区划调整，现有14个县和4个县级市。根据宪法，这些区县在行政管理上实行自我管理。

统一后的柏林成为德国的首都，成为联系东西欧政治、经济、文化的重要桥梁，同时为柏林和勃兰登堡州的发展提供了新的发展动力，而引进的市场经济体制和消除东西柏林经济、社会隔阂等措施，为柏林和勃兰登堡州地区提供了新的就业市场和广阔的发展空间。

更为重要的是，从欧洲的区域发展来看，多年来人们一直认为欧洲的经济中心位于伦敦至米兰之间的轴线上，它集中了欧洲60%的国民生产总值。但是，就目前而言，欧洲迫切需要向更加边缘、交通便利的地区发展，为投资和经济发展创造新的条件。向东欧发展正是这一战略选择的重要方向。

但是，发展中的柏林和勃兰登堡州由于不协调面临着挑战。柏林与勃兰登堡州曾试图通过合并来共同面对地区发展中的挑战，但这一建议在1996年的公民投票中因为未能获得勃兰登堡州居民的同意而搁浅。

尽管如此，柏林和勃兰登堡州决定采取措施，共同编制柏林和勃兰登堡州区域规划以及空间发展框架，为柏林和勃兰登堡州的共同发展创造条件，为区域城市化进程创造双赢的发展机遇。

为了使柏林与勃兰登堡州的区域发展能够协调统一，柏林和勃兰登堡州决定成立共同的"区域规划委员会"，采取协调的区域发展策略和空间模式。区域规划委员会的主要任务是寻求合适和必要的政策和法律支持，通过各种手段，促进整个区域的协调发展，实现不同规划层次和不同专业之间的利益共享与互动。

9.3.1.4　跨界规划立法

日本东京城市圈道路网规划始终与城市的空间布局具有紧密的联系。1919年公布的都市规划法，使得东京城市规划可以超越城市行政区划确定规划的制定范围。1922年制定的东京城市规划，将周边的 82 个市町村纳入东京城市规划的范围，开始建立大东京规划的基础。1932 年，东京将周边的这 82 个市町村合并，建立了当时为 35 个区的大东京市。其面积从 83.6 平方公里扩展为550.8 平方公里，人口从 200 万人（1925 年）扩展为 497 万人（1930 年）。而1927 年进行的东京道路规划，则是在城市扩展之前，先行建立城市骨架设施的一个重要步骤。

9.3.2　我国城市群交通与空间结构协同发展的制度路径

9.3.2.1　建立一体化规划机制

正如我们前面分析的，城市群空间结构的优化与发展，要求城市之间、城市与腹地、城市与世界经济有效地连为一体，这需要高效的交通基础设施来作支撑。基础设施网络的优化提升，对于加强城市群城市间的经济引力起着关键作用。此外，区域内主要交通线路的布局对城市群空间形态起着关键性作用。例如，通过先行建设区域交通基础设施来引导城市群地区的发展，通过构筑区域交通网络来调控区域空间布局。城市群交通运输与空间结构之间存在着相互反馈关系，为了实现区域交通运输资源在时间和空间上的最优配置，充分发挥交通运输在城市群经济发展中的重要作用，应该建立一体化规划机制。一体化规划机制包括两个方面的内容：一是交通运输与城市群空间规划从实质到内容的一体化；二是城市群内交通规划的一体化。

规划的基础要充分反映规划区域内交通运输与经济社会发展状况的拟合程度。从这个意义上讲，交通运输与区域空间一体化规划就不仅仅是规划体系和规划内容的协调。在反映区域内二者拟合程度的基础上，充分考虑交通运输的改善对区域经济社会发展所产生的影响，并且要在交通运输提供以及区域发展的各个阶段，进行系统的、并行的规划调整和修订，从而保证交通运输与区域发展的有机结合，有效地促进区域社会经济快速、协调发展。一体化规划一方面要求从交通运输发展角度考虑与区域经济发展的结合，另一方面则要求从区域经济发展的客观要求来处理交通运输问题。一体化规划的主体应当包括中央政府、各级政府及其所属的多个产业部门等多层次组织机构，需要多个部门的参与和协调。要形成较强的规划效力，同时保持政策的弹性和连续性，切忌交通运输与区域经济规划的频繁调整，避免造成交通运输的无序建设和资源浪费。

而从城市群交通运输规划的一体化的角度来说，城市群交通运输的规划与发展在时间和空间上保持协调配合，首先从时间角度看，应使区域内各个组成部分在发展过程和发展阶段保持衔接性和配套性，同时对各个运输子系统间进行统筹规划，避免争相投资、重复建设、无效竞争等现象的发展。从空间角度看，城市群交通运输系统一体化发展涉及多个城市及地区，这些地区既有共性又有个性，在一体化发展模式建设中，要打破地理和行政界限，建立区域内甚至全国范围内的综合运输网络系统。

9.3.2.2 建立互动协调式的规划组织方式

作为区域规划体系的一种形式，我国城市群规划沿袭了自上而下式的规划组织方式，通常的做法是先由各级政府的相关主管部门立项，并成立一个领导小组来主持工作，然后由具体编制单位成立项目编制小组来负责编制。城市群规划的编制主体通常为城市群城市所涉及的共同上级政府，其中同一省级范围内的由省政府或省政府和相关部委启动，跨省域范围的城市群规划由核心城市所在的省政府启动，相关职能部门负责编制。

从城市群发展交通基础设施的提供来看，参与发展的不同城市、部门，分属不同的行政管理和投资体系，具有不同的地方和部门利益，在常规的区域管理体系下很难协调；相互之间发展的竞争，容易导致区域和部门封锁，造成相互间的隔阂和戒备，对发展政策和发展目标很难取得一致意见；城市和部门之间的行政隶属关系又多为平级，即便是上下级，由于各有不同的发展重点和要求，相互间也很难约束，使得发展具有更强的动态性和不可预见性；然而，一般的规划通常需要制定较为严格的发展步骤，确定较为明确的发展目标，难以将这些动态的因素纳入规划之中。

建立互动协调式规划组织方式，可以在相对大的平台上形成区域交通运输系统的共享和共同发展。通过建立城市与城市之间、区域内部、区域和区域之间不同层次的合作网络，召开各种区域交通发展研讨会，或者各专业部门内部就有关问题进行磋商或技术咨询，形成非正式的合作对话机制，调动区域中各级政府和部门参与区域交通协调发展的积极性，共同制定区域发展战略和采取相应的行动。

从我国城市群、都市圈规划实践来看，互动协调规划组织方式已经成为城市群规划的一种新类型，如在 2002 年底广东省和建设部联合开展的"珠江三角洲城镇群协调发展"研究和规划编制工作中，这种互动协调就贯彻规划编制工作的始终，通过互动协调规划的组织方式，一方面体现了互动、开放特性，另一方面有助于各方城市利益的表达，使规划更加务实和具有操作性。

9.3.2.3　建立城市群交通运输系统的分工与合作机制

按照城市群交通与空间结构协同发展的要求，城市群地区大型交通基础设施虽然在管理上隶属于所在城市，但其服务范围为整个区域。按照协同发展的要求，各城市之间的大型交通基础设施之间应该有比较合理的分工与合作机制，但是，目前属地化管理导致交通组织系统是以所在城市为主体构建的，这导致基础设施重复建设和恶性竞争比较严重。例如在 2000 年时，珠三角在相近区域范围内建设了 5 个机场，最近的相距 27 公里，最远的也仅有 110 多公里；长三角已建和在建的机场共 10 个，但除了上海、南京、杭州、宁波四个机场外，其余年客运量高的 10 万人次，低的仅 6000 人次。港口建设的竞争则更为激烈，仅南京下游的长江江苏段就排列了 9 个港口，100 多万吨级码头，港口平均距离 25 公里，陆路距离不过 50～60 公里，甚至一个县级市就有两个港口。

针对这种现象，我们分析其背后的原因，主要是有两个：

首先，由于各城市的交通基础设施都是从服务本城市为立足点进行规划和建设的，区域中不拥有大型对外交通设施的城市由于在服务上难以得到保障，这导致这些城市纷纷考虑建设自己的机场、港口等设施，造成区域内设施服务的恶性竞争和低水平重复建设。这种不从服务区域来考虑大型交通基础设施建设和管理的现象比较普遍，如首都机场集散交通系统（高速公路、轨道交通）主要考虑北京，并没有把它作为区域内的枢纽机场考虑与天津、唐山等区域内主要城市的联系；环渤海地区港口定位不清晰，各城市纷纷建设自己的港口；珠三角、闽东南地区港口建设规划中，各城市都把建设自己的港口作为提升城市航运服务水平的手段。

其次，行政型竞争代替市场竞争机制。大型交通基础设施的建设或管理的决策主体是各城市政府机构，各级地方政府就会在分工合作与不分工合作中权衡。假设现有城市 A、B，城市 A 内交通基础设施状况良好，城市 B 可以选择分工，利用城市 A 内交通基础设施进行经济联系，也可以不选择分工，重建交通基础设施。这个决策过程中的主体为地方政府。选择分工的收益在一定程度表现为微观经济活动主体的收益，表现为未来地方政府税收的增加；而不选择分工，收益则在一定程度上表现为中央政府向地方政府的直接投资和转移支付的增加、短期内就业的增加以及官员个人效用的增加。在实际行为过程中，往往会选择不参与分工，从而也就容易形成区域交通运输基础发展的"反分工"。

针对上述原因，除了建立一体化规划机制外，城市群还应该建立大型交通基础设施的分工与合作机制。

第一，建立统一的交通运输管理制度和规范。从城市群区域整体利益出发，制定相关的管理制度和标准规范，取消带有地方保护主义的条款，形成统一、公开透明的市场准入规定；进一步改革相关管理制度，推动形成区域统一的市场和相关保障体系，建立起真正公平、公开、公正的交通运输竞争市场，从制度上能保证大型基础设施服务的区域化，而不仅仅是本地化。

第二，交通基础设施建设引入市场竞争机制，用市场竞争替代行政型竞争。由于企业追求利润最大化，在交通基础设施建设中引入市场竞争机制，会更多地关注交通需求、运输服务等市场化问题，和政府决策部门主要考虑中央政府向地方政府的直接投资和转移支付的增加、短期内就业的增加以及官员个人效用的增加等是两种不同的价值取向，充分的市场竞争可以对交通基础设施重复建设形成有效的修复机制。

第三，建立利益补偿机制。从城市群整体来考虑交通运输问题，必然会有部分城市从中受益大些，一些城市受益小些，城市群交通运输分工与合作机制的形成必须有配套的政策体系作为保障，其中之一可以考虑利益补偿机场。如机场建设问题，在制定投资政策和产业政策时，可以考虑给支线城市机场一定的政策倾斜，从而有助于发挥交通的整体效应。

第四，在基础设施的经营上建立合作模式。最突出的例子就是可以在港口间建立联营体实现合作。港口群内一些主要港口的一些码头泊位由某一港口经营人（公共港口经营人）经营，或者各港口的港口经营人进行合并或联合，这样港口群内各港口就可以以港口经营人和（或）其联营体为节点而结成统一体，港口经营人和（或）其联营体就可以对港口群内各港口进行统一经营、发展和规划，在一定程度上实现港口群分工专业化与一体化。不过，这种方式如果掌握不好度，就容易产生垄断。另外一种途径是港口群内不同港口的码头经营人与同一个航运公司或航运联营体进行联盟，或纵向合并，这样各港口就可以以航运公司和（或）其联盟为节点而达到一定程度和范围的港口群一体化。这种形式的联营体，不仅在一定程度上实现了港口间的协调，而且还实现了港口与船公司间的协调，实现了纵向的一体化。在国际上就有这样的先例，如德国的汉堡和不来梅通过公共经营人来实现合作。

这种新的合作模式把原来的竞争对手变为竞争的合作伙伴，缓和了原有矛盾，增强了联合体的市场竞争实力，提高了整体的优势。而且，它还有利于发挥规模经济的效益，提高企业抗御风险的能力，实现了联合体内经营项目和经营条件的优势互补，实现了资源的优化配置，对抑制无序竞争也有积极作用。

9.3.2.4　合理设置城市群交通运输权威性管理机构

L. 芒福德曾经指出："如果区域发展想做得更好，就必须设立有法定资格的、有规划权力的区域性权威机构。"P. Roberts 和 G. Lloyd（1996）在总结过去的区域规划失败的原因时，指出失误的首要原因是缺乏具有区域管理和责任的固定体系。

按照王京祥等[①]的分析，为某项规划专门设立一个区域协调机构的做法，使原本就纷繁复杂的管理工作变得更加烦琐，在实际工作中的效果并不好。针对中国的行政区划体制和行政建制特征，应当充分发挥现有地方政府的事权，发挥其本身应有的职能促进城市群交通规划的实施。在我国省、市、县三级地方政府中，真正能够发挥区域协调职能的是省级政府。因此，以协调发展为主要目标的城市群交通规划，在近期应主要由省级政府来负责实施，并由国务院来监督。

对长三角地区来说，应将长三角城市群区域的交通规划的各项目标分解到各级政府，借此机会来增强省级政府的区域调控职能。

如果有必要且条件允许，可以尝试借鉴国外的区域管理模式，设置独立的区域规划委员会，这个委员会在近期更多地起监督作用，在中远期则可发展为专门性的协调结构和企业化的执行组织。例如，江海港口、高速公路、铁路、机场等涉及区域协调发展的重大问题由该委员会解决。同时，为促进该区域协调机构的有效运作，应该赋予它交通建设资金的分配权等。

随着国家政治体制改革的推进，在远期，城市群区域可以借鉴西方大都市区"双层制"管理体制。双层制管理模式是一种较为成功的大都市区政府模式，它并不是严格的等级隶属制，而是在两个层次之间进行明晰的分权[②]。在中国的城市群地区可以建立由两级双层管理体制组合成的三层管理系统：第一层是进行大范围的区域性协调（多个大都市区联合的层面）；第二层是提供地区范围的多种服务（大都市区层面，如整个地级区域）；第三层是地方政府提供的所有其他服务（市/县、镇层面）。

首先是改变传统市管县的等级化行政管理模式，中心城市将具体的城市管理职能交由区级政府负责，而重新恢复其作为一级区域性政府（大都市区政府）职能；其次是随着城市政府职能的改革将经济运行、管理职能淡化，进而

---

① 王京祥等. 国内外城镇密集地区比较研究. 长江三角洲城镇群规划专题研究，2006
② 顾朝林. 中国大都市地区行政区划体制改革设想. 中国方域，1999（3）

逐步将宏观经济协调的职能转移到多个大都市区的联合组织或省级、国家级层次，以此共同组成一个空间一体化管理的大都市区双层政府体制。处于下层的县/市、区的政府负责所在城市的日常社会服务职能，如教育、住房、城市卫生、社会福利、城市建设，小城镇政府更加强调社区生活服务的色彩，而将交通、水利、土地、环境等条条性的规划管理职权移交给上层政府，但可以在本级政府内设置具体实施的机构。处于上层的大都市政府则负责全地区的区域性服务职能，如区域供水与排水、垃圾处理、公路交通等基础设施的协调建设、环境保护、农业发展、区域空间开发管理、战略规划编制及实施监督等，以条条性的管理职能为主。

9.4 长三角交通运输与空间结构的协同发展途径

9.4.1 长三角交通运输现状

9.4.1.1 长三角公路建设现状

长三角地区陆路交通便捷，公路是主要的运输方式。自 20 世纪 90 年代以来，通过大规模投资建设，区域交通服务水平和功能得到极大提升，尤其是高速公路建设呈现"井喷"式增长态势，网络化交通体系初具规模。从 1995 年到 2005 年，高速公路里程从 458.75 公里增加到 6206 公里（两年均包括正在建设的高速公路），增长了 13.53 倍。其中：上海市由 57.75 公里增加到 549 公里，10 年之内增加了 514.56 公里；江苏省由 1995 年 263.7 公里（沪宁高速 1995 年已经建成，但尚未正式通车）增加到 3541 公里，增长速度位居三省一市之首；浙江省由 137.3 公里增加到 2116 公里，10 年之内增加了 1978.7 公里。

长三角公路交通布局特点是以中心城市为辐射点向外扩散。江苏省公路网以南京为最大枢纽，辐射全省并与邻近各省 100 多个市县相连：以南京为中心，沪宁（上海—南京）、宁通（南京—南通）、宁连（南京—连云港）、宁合（南京—合肥）、宁马（南京—马鞍山）、宁淳（南京—高淳）6 条高速公路呈放射状分布。到 2005 年底，江苏已建成高速公路出省通道 11 条，其中通往上海方向三条，浙江方向两条，安徽方向三条，山东方向三条。浙江省以杭州市为辐射中心，主要干道包括沪瑞线、宁甬线、京福线、杭沈线等。

9.4.1.2 长三角铁路建设现状

长三角铁路建设速度较慢，由 1995 年的 2244.7 公里发展为 2005 年的

3254 公里，增加 1009.3 公里，增长 45％。

长三角铁路网布局结构为两横两纵，其中南北方向的第一通道是沪宁和京沪铁路，第二通道是宣杭线，中接新（江苏新沂）长（浙江长兴）线，南连沪杭线、浙赣线。东西方向的干线通道有两条，一条是横跨长三角的沪杭、浙赣复线铁路，另一条是宁西、宁启铁路。

长三角的铁路也是以中心城市为枢纽形成的区域路网结构。其中上海铁路网成放射状分布，沪宁、沪杭线通往全国各地，主要辐射西北、西南；江苏铁路网特点以南京、徐州为双枢纽；浙江铁路网则呈现"一环四射"，甬台温铁路与金温铁路、浙赣铁路、萧甬铁路连成环状，沪杭、浙赣、萧甬、宣杭线、温福线等为放射干线。

9.4.1.3 长三角航道建设现状

长三角航道基本形成网络：内河水系众多，航道密布，海上运输和内河水运在全国最发达。其中，上海内河航道网连接上海港主要港区及各县（区）主要城镇和工业区，与江苏、浙江二省主要航道相通，通过京杭大运河辐射到长江流域；江苏水运网络发达，纵横交错，长江、淮河、京杭运河形成三大水系；浙江内河干线航道是指钱塘江、曹娥江、甬江、椒江、瓯江、飞云江、鳌江、东西苕溪、京杭大运河水系的干流与重要支流。

港口布局以上海港口为中心，由南北沿海和长江沿岸所形成的 T 字形港口分布；沿海地区是中国港口最密集区，尤其是长江出海口区域，1995 年到 2005 年港口个数以及规模都有了很大增长。

内河港口群以长江主干道为骨干，众多小港为基础，目前主要的内河港口有苏州、南京、上海、杭州、南通等，形成了全国最为密集的内河港口群。其他如长江、京杭大运河等大多数内河航道处于天然状态，水深不足、航道不稳，港口布局以自然布局为主，规模较小。

9.4.1.4 长三角航空运输发展现状

目前，长江三角洲机场众多，密度正在逐渐加大。上海有虹桥、浦东机场，杭州有笕桥机场、萧山新机场，南京有南京、禄口机场，另外还有无锡硕放机场、苏州光福机场、常州机场、南通机场、宁波机场、舟山机场。从总体情况来看，机场供应能力显然过大，有些机场客源少，难以维持。

当前迫切需要在整合中求发展，对机场盲目建设、重复建设的现象，立足于对现有资源的整合，加强已有资源管理，配备相应的地面交通，充分发挥其效益是必然选择。

2005 年三省市综合交通系统统计如表 9.5 所示。

表 9.5　长三角三省市综合交通现状

设施	上　海	浙　江	江　苏
机场	拥有浦东机场、虹桥机场	拥有 7 个机场，其中 3 个国际机场	拥有 9 个机场，其中 1 个国际机场
铁路	京沪线、沪杭铁路	沪杭、浙赣、杭甬、杭宣、金温	四条主干线、京沪铁路过境
港口	上海港、洋山港	宁波、温州、舟山、乍浦和海门	多个长江港口及连云港
高速公路	上海的高速公路通车里程已达 108 公里，至 2005 年底，上海将建成总长近 600 公里的高速公路	浙江高速公路总里程已达 1307 公里，预计到 2005 年，累计建成高速公路将达 2000 公里	江苏高速公路通车里程已突破 2000 公里，总里程数位居全国第三，其密度全国第一

资料来源：根据有关资料整理。

9.4.2　长三角城市群交通投资协同程度的分析

根据上面的分析，我们可以对长三角交通投资协同程度作一个判断。

我们采用 C—D 函数来描述产出，即：

$$Y = AK_1^{\alpha}K_2^{\beta} \tag{9.12}$$

对该式两边取对数我们可以得到：

$$\ln Y = \ln A + \alpha \ln K_1 + \beta \ln K_2 \tag{9.13}$$

其中：K_1 表示交通固定资本存量，由于数据原因，我们用的是公路、水运固定资本存量，K_2 是除交通外的其他资本存量。

根据前面第二部分的分析，最优交通投资应该满足：$\dfrac{\partial Y}{\partial K_1} = \dfrac{\partial Y}{\partial K_2}$

从而可以得到交通资本存量与除交通外的其他资本存量的比例应为：

$\alpha/K_1 = \beta/K_2$

9.4.2.1　数据处理

以 1978 年为基年，数据来源于《中国国内生产总值核算历史资料 1952～1995》、《中国国内生产总值核算历史资料 1996～2002》、《新中国五十年统计资料汇编》、《新中国交通五十年统计资料汇编》以及 2000～2005 年《中国统计年鉴》。

对资本存量的测算基本上使用 1951 年戈德史密斯（Goldsmith）开创的永续盘存法。根据资本品效率递减模式的不同，可以采用线性效率递减模式和几何效率递减模式。本书采用几何效率递减模式，其基本公式为：

$$K_{it} = I_t + K_{it}(1 - \delta_{it}) \tag{9.14}$$

其中：i 是第 i 个地区，t 指第 t 年，I 是以不变价格表示的投资，δ 是折旧率。

用上述公式估算资本存量涉及四个变量的选取，即：基年资本存量的确定、投资价格指数的确定、经济折旧率的选取以及各年投资的确定。

为了获取以 1978 年为基年的各年固定资本存量和公路、水运固定资本存量，我们的处理方法如下：

1) 首先以 1952 年为基年计算各年的固定资本存量和公路、水运固定资本存量，然后将得到的结果分别乘以 1978 年的固定资本形成总额指数（1952年＝1），得到以 1978 年为基年的固定资本存量和公路、水运固定资本存量。

2) 固定资本投资平减指数的构造方法：我国 1993 年才开始公布固定资产投资价格指数，并且只是 1991 年之后的时间序列数据，此前的数据在《中国统计年鉴》以及其他相关统计年鉴均不可得。本书采用张军等（2004）的方法估算 1995 年之前的固定资产投资价格指数，对 1995 年之后的投资平减指数直接采用《中国统计年鉴》公布的固定资产投资价格指数。

将张军[①]（2004）一文对固定资产投资价格指数的计算方法摘录如下：

$$\frac{\text{某一年的固定资本形成}}{\text{总额指数（上一年＝1）}} = \frac{\dfrac{\text{当年固定资本形成总额（当年价格）}}{\text{当年的投资隐含平减指数（上一年＝1）}}}{\text{上一年的固定资本形成总额（当年价格）}}$$

由于固定资本形成总额指数、当年固定资本形成总额以及上一年的固定资本形成总额等指标均可从《国内生产总值核算历史资料（1952～1995）》获取，我们利用上式就可以得到当年的投资隐含平减指数，假设 1952 年的投资隐含平减指数＝1，我们就可以得到以 1952 年为基年的各年份投资隐含平减指数。

3) 基年资本存量的处理：本书采用张军的方法来估算基年资本存量，即以各省市区 1952 年的固定资产投资除以 10％作为该省市的初始资本存量。

4) 对折旧的处理：本书采用几何效率递减模式：

$$d_t = (1 - \delta)^t \qquad t = 1, 2 \cdots \tag{9.15}$$

其中：d_t 是资本品的相对效率，δ 是折旧率。

对各省的固定资本形成总额的经济折旧率 δ 采用张军的数据，为 9.6％。公路、水运固定资产投资中，公路固定资产投资大约占 90％，水运固定资产投资占 10％左右。公路固定资产投资中超过 95％都用在线路和桥梁建设，水运投资中有超过 50％用于港口投资。由于公路根据路面以及道路等级不同而使用年限也不同，沥青路面从 5～15 年不等，水泥路面从 20～30 年不等，公

---

① 张军，吴桂英，张吉鹏．中国省际物质资本存量估算：1952～2000．经济研究，2004（10）

路桥梁设计使用年限就更长，达到 100 年，而码头一般设计使用年限为 50 年。由于没有详细的投资数据，我们综合假定公路水运固定资产使用年限为 25 年，则折旧率为 12.1%。

5）采用国内生产总值作为衡量总产值的指标，并且以 1978 年为基年进行可比价格换算。

6）我们将江苏、浙江和上海的各年以 1978 年为不变价格的国内生产总值和资本存量直接加总作为长三角以 1978 年为不变价格的国内生产总值和资本存量。

9.4.2.2 结果分析

通过对自相关的修正，我们得到的回归结果如下：

$$\ln GDP = 1.602 + 0.057 \ln K_1 + 0.733 \ln K_2 + 1.237 AR(1) - 0.413 AR(3)$$

$$R^2 = 0.999 \qquad DW = 1.892$$

$$(9.16)$$

所以最终回归方程为

$$\ln GDP = 9.098 + 0.325 \ln K_1 + 4.161 \ln K_2 \qquad (9.17)$$

根据（9.17）式，公路、水运固定资本存量在总固定资本存量中所占比例应该达到 0.325/（0.325+4.161）＝7.24% 才达到合理规模。具体数据如表 9.6 所示。

表 9.6　公路、水运固定资本存量合理规模　　　单位：亿元

年　份	公路、水运资本存量	其他固定资本存量	合理交通资本存量
1978	17.95517	520.7786	38.98116
1979	19.52305	578.0058	43.2354
1980	20.94	649.0902	48.48138
1981	21.71024	726.0104	54.10282
1982	22.61617	857.4086	63.67595
1983	24.72847	993.7838	73.69649
1984	30.08225	1162.54	86.29456
1985	36.70452	1400.276	103.9756
1986	47.68849	1687.786	125.5737
1987	60.98605	2013.372	150.0943

年　份	公路、水运资本存量	其他固定资本存量	合理交通资本存量
1988	72.17526	2374.75	177.0522
1989	82.87127	2643.172	197.2483
1990	92.32467	2922.378	218.1348
1991	105.8307	3261.887	243.678
1992	132.8294	3800.275	284.5876
1993	161.7666	4531.49	339.5899
1994	208.8805	5366.975	403.4522
1995	265.1875	6362.061	479.5278
1996	321.8073	7498.572	565.8592
1997	378.5425	8674.074	655.0202
1998	481.2762	9922.421	752.7803
1999	580.3661	11211.04	853.1908
2000	685.1476	12598.81	961.1873
2001	800.4918	14117.76	1079.44
2002	928.1764	15931.79	1219.937
2003	1079.293	18464.68	1414.144
2004	1324.525	21358.14	1641.25

资料来源：作者整理。

从表 9.6 我们也可以看出，长三角公路、水运交通投资仍低于合理规模，交通投资尚不足，但从发展趋势看，近年长三角三省市的交通投资发展较快，交通实际固定资本存量和合理资本存量之间的相对缺口在逐渐变小。

9.4.3　长三角综合交通与区域空间结构协同存在的问题

由于体制和其他方面的原因，完整、高效的长江三角洲地区统一交通运输网络还远未形成，交通运输与空间结构之间的不协同现象仍然存在，道路、机场、码头建设各自为政的现象十分突出，导致不少交通设施闲置、利用率低下，财政资源浪费十分严重。

9.4.3.1　交通布局和经济空间结构演化不协同

由于各城市、各交通方式各自独立发展，导致长三角区域的交通从局部地区进行规划，而没有从区域整体来考虑。

长三角交通布局一个突出的问题是各种交通运输方式规划均围绕着如何对接上海展开，一方面加重上海市对外交通设施建设的压力，使上海本已紧缺的土地资源更加紧张；另一方面容易造成交通压力的局部集中，大大降低整个运输网络的稳定性和安全性。

铁路方面，长三角的铁路线路少，部分节点城市由于隔湖、隔江、隔海至今仍游离于主要的铁路货物分流线路之外。省会城市南京与杭州之间至今无直达铁路，货物运输需绕行上海。而与长江干流平行的沟通东中西部的铁路在南京以北几乎没有，即便是在南京以南，由于铁路线路沿长江以南延伸，对江北的城市而言不仅降低了它们在区域交通网络中的地位，制约了它们潜在沟通南北货流的能力，也大大加重了长江以南城市的交通压力。高速公路网布局以上海及周边苏锡常、杭州、南京、宁波为主要城市组织，传统的"Z"字形布局仍然没有打破；以铁路和高速公路组成的交通通道在促进地区社会经济快速发展的同时，也对城市发展空间的拓展形成新的障碍，如沪宁通道，对苏州、无锡、常州等城市向北发展的阻隔作用明显。骨干机场布局以沿海和长江的"L"形结构，对长三角区域服务有限；对苏锡常所在的苏南地区、苏中地区的服务不便，骨干机场以75公里半径的服务范围人口占三省一市内河航道建设与城镇规划、建设的协调不畅，航道网中当地政府、水利、交通部门的养护责任等问题也制约了内河航运的进一步发展。

9.4.3.2 各交通方式之间缺乏配合，多式联运的现代化交通体系尚未形成

尤其是铁海联运差，上海港作为年吞吐量超过2亿吨货物的世界性大港，集疏铁路仅有2条，更无通向沿江腹地的铁路动脉，而北仑港、张家港、南通港等优良港口也缺乏相应的铁路支线与之衔接，现有交通体系严重影响了各港口的吞吐能力和沟通内外作用的发挥。

9.4.3.3 缺乏有效的区域交通发展协调机制

上海、浙江和江苏早在1999年就开始探讨长江三角洲经济一体化问题，2002年更是有了突破性进展。沪、浙、苏成立了常务副省长（副市长）的沟通渠道和沟通机制，从解决区域大交通体系规划、出台三省市电子信息资源和信用体系资源的共享方案、加快区域旅游合作、建立三省市生态建设和环境保护的合作框架、实现区域内气源互补五大方面入手，大力推进区域一体化发展。2004年交通部牵头制定了《长三角地区现代公路、水陆交通规划纲要》。但是由于行政管理体制方面的原因，区域交通协调机制并未真正建立。造成交通基础设施属地化管理与区域性服务之间的矛盾仍然比较突出，基础设施重复建设、恶性竞争现象仍然比较严重。

9.4.4 长三角交通与空间结构协同发展途径

9.4.4.1 长三角的交通运输空间布局战略规划

(1) 建立分级交通枢纽城市体系

在构造一个区域的交通区位线网络时，首先要根据交通节点的理论，通过背景分析法选择节点，长江三角洲区域交通节点应分层次选取，应和都市区的发展相结合。

在长三角地区，城市空间的发展围绕上海、杭州、宁波、苏州、南京等中心城市展开，形成围绕这些中心城市发展、联系密切的都市区。其他城市发展根据经济联系和开发关系依附于这些中心城市，形成以都市区为基础组织经济、交通、空间、土地开发，并从整体上依赖门户设施和上海的区域核心职能考虑整体的发展。

根据各城市在长三角交通运输中的作用以及在城市群空间结构的地位，我们可以将长三角划分为三级交通枢纽，其中上海是客、货运主枢纽，宁波、杭州、苏州、南京等城市为二级枢纽，其他城市分别依托所属都市区形成三级交通枢纽城市。

交通网络要按照都市区联系、门户设施与上海的关系综合考虑，形成整体对接上海、对接门户设施，而各都市区又密切联系，为核心区内各发展地区提供均等的发展机遇的交通网络，形成各都市区均与上海、各都市区之间多通道联系，各都市区均与门户设施联系，门户设施之间以及与次级设施之间密切联系的网络。

形成苏锡常都市区、杭州都市区、宁波都市区与上海中心区的多通道联系，长江口、杭州湾北岸门户设施主要服务于上海、苏锡常都市区，杭州湾南岸门户设施主要服务于杭州、宁波都市区。

(2) 长三角城市群的交通网络模式

长江三角洲经济系统对交通需求不像行政系统那样只要求将特指地域内每一点都变成自己系统上的一部分，同时还要将行政界线以外的资源点和市场有选择地成为自己系统的一部分。这就要求与此需求同构的交通网络要具有集聚—辐射的功能。布局方法是将交通的辐射线等向外拓展到不能再拓展的地方，尽可能多地把各资源集聚点和市场点整合到辐射线上，同时还需把各辐射线整合成一个整体，在工程上还要使辐射中心的交通网络结构具有枢纽结构。所以，长江三角洲地区大型、特大型城市必须要能形成辐射—枢纽环交通模式结构的交通区位网络。

特大型、大型城市采用射环网络结构的交通区位网络，其一可使交通网络系统的有效性最好。因为网络本体与网络服务的客体（城市生产力）之间的需求是同构的，即在大格局背景中是均衡的。其二可使中心城市带动地域发展时，只存在距离中心远近的差异，而不存在方向上的差异（必须是无差异的地理条件），使大城市与周边地区的经济形成一种大圆锥体经济。

在长江三角洲地区，大型、特大型城市只是少数，绝大部分还是中小城市和小城镇。在次一级的省级交通网络下，应该将绝大部分中小城市整合纳入到一个统一的交通网络中去，这时就不能采取射环交通网络的布局了，而应采用纵横正交交通网络（以下简称纵横网络）。在这种理想纵横网络中，只存在在网（线）上和不在网（线）上的交通效应差异，不存在这部分网络与那部分网络间的交通效应的差异，从而赋予了地区的利益均等。

因此，在长江三角洲交通网络规划时，必须优先照顾大型、特大型城市生产力发展的需求，然后考虑其他城市（镇）全部均等发展。大型、特大型城市的交通网络突出射环正交结构，其他城市又突出纵横正交结构，形成层次分明、结构合理的区位交通网络。

（3）长三角与空间结构协同的通道建设

长三角的空间结构正处于巨变过程中。按照我们前面的分析，长三角目前已经形成了沿沪宁、沪杭方向的经济带，而长三角未来的发展除了继续沿沪宁、沪杭方向集中外，还会形成由上海向北延伸至南通—盐城—连云港的沿海向北发展轴和向南延伸至嘉兴—宁波—舟山—台州的沿海向南发展轴，以及重庆至上海沿江城市带与经济带也将得到进一步发展。

根据长三角未来经济空间结构的演化趋势，长三角交通未来应重点发展和完善沿海向北通道、沿海向南通道以及沿江向西通道的建设。

9.4.4.2 长三角交通运输与空间结构协同的制度途径

根据长三角城镇群未来空间发展和经济组织的研究，打破行政界线的都市区将成为未来长三角空间、交通、经济组织的基础，在都市区范围内要实现交通、空间、经济组织的同城化。而这在区域发展的时序上，也是区域内首先需要在交通、空间、产业发展策略等方面进行整合和协调的。

（1）建立城市群一体化的规划机制

长三角目前正处于城市交通和区域交通设施大规模发展的时期，城市快速交通系统、区域性交通设施、对外交通设施布局必须按照城市群进行一体化规划，在目前区域规划的基础上，通过立法支持城市群交通规划，作为城市群空间、各组成城市的城市规划、交通规划的依据。

建立各组成城市的规划相互参与制度。在整体交通规划的基础上，通过城市群内部城市规划管理部门在城市总体规划、边界地区分区规划、详细规划上的相互参与，实现在开发上的一致。

建立由城市群各城市规划管理部门共同组成的规划实施监督机构，监督城市群各城市交通规划、空间发展规划的实施情况，加强相互之间的协调。

建立区域统一的交通规划，建设信息平台，实现区域内部交通规划和建设信息共享。

(2) 建立大型交通基础设施共享机制

区域性的战略资源只分布在个别城市，但在运营和服务的范围上要涵盖整个区域或者区域内的一部分地区，因此，区域性的大型交通基础设施实现区域共享是区域整体竞争力提高的关键。

目前港口、机场等区域性的战略资源在运行上的市场化程度都比较高，管理上实行属地化管理。因此，在同类型的交通基础设施发展上，通过相互参股实现联合运营，提高整体大型交通设施的服务水平，控制恶性竞争，并在区域内次一层级的相关基础设施开发中，体现大型交通基础设施运营商的利益。

通过大型交通基础设施服务范围内的城市共同建设，实现大型交通基础设施城市间的共享。

在集疏运和关联的交通设施建设上，区域大型交通基础设施要与区域的骨干网络衔接。

(3) 建立权威性的协调机构

在长三角区域，跨省行政区使相互之间的发展协调难度增加，应在目前长三角以市级为主导的协调机构基础上，建立省、市两级和不同专业的协调机构，主要就跨省的交通发展进行协调。

建立长三角区域的交通信息平台，通过平台或者定期的信息发布，实现相互之间的交通发展信息共享、通报。

针对一些跨省域运营组织的特殊交通系统如航运等，建立区域性的管理机构，实现区域内这些交通设施的统筹管理。

10 结论和研究展望

10.1 研究的主要结论

本书以交通运输与城市群空间结构的演化与协同作为研究的主体，试图在交通运输对城市群空间结构演化的作用机制以及协同发展途径方面做一些探索，为城市群交通运输的发展提供理论依据和一些有益的政策建议。本书的主要创新工作如下：

第一，本书系统地分析了城市群空间结构演化的动力机制，指出城市群空间结构演化的根本动力机制为区域间的分工、专业化，内生动力机制为产业的集聚与扩散。分工与专业化通过影响城市内部空间结构的演变、促进要素流动以及分工经济所产生的网络化组织影响城市群空间结构。人们对集聚利益的追求会导致经济活动在空间上的集聚和扩散，集聚和扩散这两种力量的互动是推动城市群空间结构不断演化，实现城市群区域内地域空间组织优化的主要力量。在城市化早期，集聚对城市空间的扩张起着主导作用；在城市化后期，城市群内部扩散成为主导，城市群内部联系进一步加强。

第二，交通运输通过影响分工和专业化会对城市群空间结构产生影响。交通运输业发展会带来可达性的提高和运输成本的降低，从而降低交易成本和空间成本，进而促进分工和专业化的发展。本书还研究了交通运输发展和区域分工专业化之间的相关关系，指出随着交通运输的发展，各城市之间的分工专业化程度加深，同时，文章进一步考察了不同运输成本的产业在空间上的分布演化趋势，通过模型演绎，得出运输成本与产业规模比例比较大的产业将集中在市场规模比较大的地区的结论。

第三，交通运输通过影响企业的区位选择进而影响产业的集聚，运输线路的能力和运输线路的特点都会对产业集聚能力产生影响。城市从本质上说是多产业的集聚，交通运输通过影响城市位置、城市规模等都会对城市群空间结构产生影响。

第四，交通运输与城市群空间结构演化之间存在着双向反馈关系。交通运输的发展受到自组织机制和他组织力量的双重作用，其中自组织机制对城市群交通系统的发展是一种内生作用，他组织力量顺应自组织机制，才能更有效地促进交通运输发展，交通运输与城市群空间结构演化的协同发展应考虑交通运输与空间结构演化之间的双向反馈关系。本书还考察了交通运输系统与城市群空间结构协同发展的过程。

第五，城市群空间结构协同的交通运输发展路径选择。影响空间结构的交通因子主要包括交通设施的区域稀缺性、交通节点的设置、建设时序、交通方式组合、交通政策等。交通运输与空间结构协同主要从三条路径来实现：交通运输与空间结构在时间尺度的协同；交通运输的空间布局和城市群区域空间结构协同；制度上为交通运输与城市群区域空间结构协同提供保障。

10.2 本书的不足之处以及有待进一步研究的问题

本书写到这里，不免有些遗憾。由于受数据的限制以及研究资料和时间的限制，在本书的个别观点和政策建议等方面还有待完善和进一步改进。

关于交通运输与城市群空间结构协同发展，还有很多问题值得我们深入探讨，可以在以下几个方面进一步研究：

首先，城市群空间结构的演化受到很多因素的影响，本书主要研究了交通运输对空间结构演化的机制，而基本没有考虑其他因素。但是城市群空间结构的演化比如集聚，不仅受交通运输的影响，还受知识外溢等的影响，如果考虑这些因素的变化，产业的空间结构会变得更复杂，如何将其他因素也纳入进来，是值得进一步探讨的问题。

其次，本书主要是从经济学角度研究了交通运输与空间结构演化协同，然而从规划学角度出发有很多问题需要进一步研究，从而使操作性更强。

参考文献

1. 姚士谋等．中国城市群．中国科学技术大学出版社，2001
2. 周伟林．城市经济学．复旦大学出版社，2004
3. 冯之廷．城市聚集经济．东北财经大学出版社，2001
4. 代合治．中国城市群的界定及其分布研究．地域研究与开发，1998（6）
5. 陈凡，胡涓．中外城市群与辽宁带状城市群的城市化．自然辩证法研究，1997，13（10）
6. 吴传清，李季．关于中国城市群发展问题的探讨．经济前沿，2003（增刊）
7. 薛东前等．城市群形成演化的背景条件分析．城市地域与研究，2000（12）
8. 周玲强．长江三角洲国际性城市群发展战略研究．浙江大学学报（理学版），2000（3）
9. 曾菊新．空间经济：系统与结构．武汉出版社，1996
10. 陆大道．区域发展及其空间结构．科学出版社，1995
11. 魏心填．国土规划的理论开拓．地理学报，1989（3）
12. 王铮．地理科学导论．高等教育出版社，1993
13. 李小健．经济地理学．高等教育出版社，1999
14. 王维国，协调发展的理论与方法研究．中国财政经济出版社，2000
15. 郭治安，沈小峰，协同论．山西经济出版社，1991
16. 佘之祥．长江三角洲水土资源与区域发展．中国科学技术出版社，1997
17. 陈修颖．区域空间结构重组——理论与实证研究．东南大学出版社，2005
18. 张秀生．区域经济理论．武汉大学出版社，2005
19. ［德］约翰·冯·杜能著，吴衡康译．孤立国同农业和国民经济的关系．商务印书馆，1986
20. ［德］阿尔弗雷德·韦伯著，李刚剑等译．工业区位论．商务印书馆，1997

21. ［美］阿瑟·奥沙利文. 城市经济学（影印本）. 中信出版社，2002

22. ［德］沃尔特·克里斯泰勒. 德国南部中心地原理（中译本）. 商务印书馆，1998

23. 张秀生. 区域经济理论. 武汉大学出版社，2005

24. ［英］伊特韦尔等编. 新帕尔格雷夫经济学大辞典. 经济科学出版社，1996

25. 高峰. 交通基础设施与经济增长. 中国财政经济出版社，2005

26. 范剑勇. 市场一体化、地区专业化与产业集聚趋势——兼谈对地区差距的影响. 中国社会科学，2004（6）

27. 曹小曙，阎小培. 20 世纪走廊及交通运输走廊研究进展. 城市规划，2003（1）

28. 张文尝等. 交通经济带. 科学出版社，2002

29. 张文尝. 工业波沿交通经济带扩散模式研究. 地理科学进展，2000（12）

30. 张国伍. 交通运输系统分析. 西南交通大学出版社，1991

31. 毛敏. 城市化进程中的区域客运走廊的发展研究［博士学位论文］. 西南财经大学，2005

32. 段国钦. 交通走廊运输需求分析及其运输结构优化研究［硕士学位论文］. 长安大学，2000

33. 林先扬，陈忠暖，蔡国田. 国内外城市群研究的回顾与展望. 热带地理，2003，23（1）

34. ［德］奥古斯特·勒施. 经济空间秩序——经济财货与地理间的关系. 商务印书馆，1995

35. 刘继生，陈彦光. 城镇体系空间结构的分形维数及其测算方法. 地理研究，1999，18（2）

36. 薛东前，王传胜. 城市群演化的空间过程及土地利用优化配置. 地理科学进展，2002，21（2）

37. 刘小飞，司增绰. 城市群空间层级的定量分析——一种方法的引入及在长江三角洲城市群中的应用. 华东经济管理，2005（6）

38. 刘继生，陈涛. 东北地区城市体系空间结构的分形研究. 地理科学，1995，15（2）

39. 王良健，周克刚. 基于分形理论的长株潭城市群空间结构特征研究. 地理与地理信息科学，2005（11）

40. 胡序威，周一星等. 中国沿海城镇密集地区空间集聚与扩散研究. 科学出版社，2000

41. 周伟林. 长三角城市群经济与空间的特征及其演化机制, 世界经济文汇, 2005 (4)

42. 盛科荣, 张平宇. 辽中城市群规模结构演变分析. 中国科学院研究生院学报, 2004 (4)

43. 方创琳, 宋吉涛. 中国城市群结构体系的组成与空间分异格局. 地理学报, 2005, 60 (6)

44. 周一星. 中国城市体系和区域倾斜战略探讨. 见张秉枕等. 中国城市化道路宏观研究. 黑龙江人民出版社, 1991

45. 朱英明. 城市群经济空间分析. 科学出版社, 2004

46. 朱英明. 我国城市群地域结构特征及发展趋势研究. 城市规划汇刊, 2001 (4)

47. 旷彦昌, 刘继红. 城市群内生发展研究. 湖南城市学院学报, 2004 (7)

48. 杨建军. 交通引导下的城市群空间组织研究. 浙江大学学报, 2005 (9)

49. 朱照宏. 城市群与城市轨道交通. 城市轨道交通研究, 2003 (4)

50. 徐永健等. 中国典型都市连绵区形成机制初探——以珠江三角洲和长江三角洲为例. 人文地理, 2000 (4)

51. 孔令斌. 我国城镇密集地区城镇与交通协调发展研究, 城市规划, 2004 (10)

52. 朱英明, 我国城市群区域联系发展趋势. 城市问题, 2001 (6)

53. 张会清, 王旭. 城市群内部副中心城市间的合作关系研究——以南京和杭州为例. 华东经济管理, 2005 (8)

54. 易开刚. 长三角城市群商贸经济一体化发展的成因机制与战略. 经济地理, 2005 (11)

55. 张虹鸥, 叶玉瑶. 珠江三角洲城市群城市流强度研究. 地域研究与开发, 2004, 23 (6)

56. 戴学珍. 京津空间相互作用与一体化研究. 中国财政经济出版社, 2005

57. 江曼琦, 林泉. 双核心城市分工与合作的技术基础——以北京—天津为例. 经济与管理研究, 2006 (9)

58. 马智胜, 孙育平. 城市群聚的空间经济分析. 企业经济, 2005 (12)

59. 刘宏. 城市群分工研究 [博士学位论文]. 南开大学, 2006

60. 欧阳南江. 珠江三角洲工业地域分工研究. 地理学报, 1996 (1)

61. 范剑勇. 长三角一体化、地区专业化与制造业空间转移. 管理世界, 2004 (11)

62. 刘传江，吕力．长江三角洲地区产业结构趋同、制造业空间扩散与区域经济发展．管理世界，2005（4）

63. 王维工．长江三角洲经济区域发展结构及其系统学研究［博士学位论文］．东华大学，2003

64. 赵丽，夏永祥．长江三角洲地区工业的区域分工协作现状及产业结构趋同现象浅析．苏州大学学报（哲学社会科学版），2004（4）

65. 陈航，栾维新，王跃伟．首都圈内城市职能的分工与整合研究．中国人口资源与环境，2005（5）

66. 刘东勋．中原城市群九城市的产业结构特征和比较优势分析．经济地理，2005（3）

67. 徐康宁，赵波，王绮．长三角城市群：形成、竞争与合作．南京社会科学，2005（5）

68. 张文尝，金风君，樊杰．交通经济带．科学出版社，2002

69. 亚当·斯密著，郭大力，王亚南译．国民财富的性质和原因的研究（上、下）．商务印书馆，1997

70. 安虎森．区域经济学通论．经济科学出版社，2004

71. 藤田昌久等著，梁琦译．空间经济学——城市、区域与国际贸易．中国人民大学出版社，2005

72. ［美］保罗·克鲁格曼著，蔡荣译．发展、地理学与经济理论．北京大学出版社，中国人民大学出版社，2000

73. 盛洪．分工与交易．上海三联书店，上海人民出版社，1995

74. 施蒂格勒．市场容量限制劳动分工．见施蒂格勒著，潘振民译．产业组织和市场管制，上海三联书店，1989

75. 张五常．企业的契约性质，见陈郁编．企业制度与市场组织——交易费用经济学文选．上海三联书店，1996

76. 石崧．从劳动空间分工到大都市区空间组织［博士学位论文］．华东师范大学，2005

77. 吕玉印．城市发展的经济学分析．上海三联书店，2000

78. 安虎森．空间经济学原理．经济科学出版社，2005

79. 杨小凯，张永生．新兴古典经济学与超边际分析．中国人民大学出版社，2000

80. 安虎森．空间接近与不确定性的降低——经济活动集聚与分散的一种解释．南开经济研究，2001（3）

81. 魏后凯．区域经济发展的新格局．云南人民出版社，1995

82. 张京祥．城镇群体空间组合，东南大学出版社，2000

83. 国家统计局关于建立第三产业统计的报告．人民日报，第 2 版，1985-05-04

84. 黄静兰．交通运输网络特性分析．综合运输，2003（6）

85. 荣朝和．关于运输业规模经济和范围经济问题的探讨．中国铁道科学，2001（8）

86. 吴金明．对运输业属性认识的理论综述．铁道学报，2004（10）

87. 林晓言．关于运输外部性的一些新思考．北京交通大学学报（社会科学版），2004（9）

88. 王惠臣．论运输管制公共性与企业性的悖论．高等教育出版社，1997

89. 王振红．从我国铁路运输产品的公共性谈及运输经济管理体制改革．中国流通经济，2000（2）

90. 成小洲．我国铁路运输产品公共性与铁路运输管理体制改革．铁道经济研究，1998（4）

91. 熊永钧．现代交通运输与经济发展关系的探讨．北方交通大学学报，1993（3）

92. 石友服等．中等发达水平的交通运输业．交通部科技情报研究所，1992

93. 李平华，陆玉麒．可达性研究的回顾与展望．地理科学进展，2005，24（23）

94. 魏后凯．现代区域经济学．经济管理出版社，2006

95. 盛洪．分工与贸易——一个一般理论及其对中国非专业化问题的应用分析．上海人民出版社，2006

96. 王花兰等．交通发展与社会分工关系模型研究．铁道运输与经济，2005，27（5）

97. 杨小凯．数理经济学基础．国防工业出版社，1985

98. 杨铁．从产业间分工角度谈交通运输对经济增长的作用．沿海企业与科技，2005（2）

99. ［美］彼得·尼茨坎普主编，安虎森等译．区域和城市经济学手册（1）．经济科学出版社，2001

100. 列宁全集（第 3 卷）．人民出版社，1972

101. ［美］保罗·克鲁格曼．地理与贸易．北京大学出版社，中国人民大学出版社，2002

102. 杨军．基础设施对经济增长作用的理论演进．经济评论，2000（6）

103. 刘继生，张文奎，张文忠．区位论．江苏教育出版社，1994

104. 安虎森．空间经济学教程．经济科学出版社，2006

105. 赵金涛．交通运输与区域经济发展研究［博士学位论文］．南开大学，2005

106. 马继列．交通运输与区域经济的相关关系（一）．综合运输．1998（2）

107. 贝洛克．城市与经济发展．江西人民出版社，1991

108. 姚士谋等．区域与城市发展论．中国科学技术出版社，2004

109. 杨小凯．经济学——新兴古典与新古典框架．社会科学文献出版社，2003

110. ［美］芒福德著，倪文彦，宋俊岭译．城市发展史：起源、演变和前景．中国建筑工业出版社，1989

111. 吴传俊．现代经济地理学．江苏教育出版社，1997

112. 王小鲁，夏小林．优化城市规模，推动经济增长．经济研究，1999（9）

113. 赵红军．交易效率、城市化与经济发展．上海人民出版社，2005

114. 宋顺峰，张宏霖．中国的城市化及城市规模分布研究．中国城市化：实证分析与对策研究．厦门大学出版社，2002

115. 葛莹等．试论城市体系的微观经济分析．经济学研究，2005（3）

116. 保罗·切希尔．城市区域规模和结构的变化趋势．保罗·切希尔，埃德温·S. 米尔斯主编，安虎森等译，区域和城市经济学手册（第3卷）：应用城市经济学．经济科学出版社，2003

117. 许学强，朱剑如．现代城市地理学．中国建筑工业出版社，1988

118. 周一星．城市地理学．商务印书馆，1995

119. 张京祥．城镇群体空间组合．东南大学出版社，2001

120. 姚贤镐．中国近代对外贸易史资料（一）．中华书局，1962

121. 严中平．中国近代经济史统计资料选辑．科学出版社，1956

122. 靖学青．长江三角洲地区城市化与城市体系．文汇出版社，2004

123. 荣朝和．运输发展理论的近期进展．中国铁道科学，2001（3）

124. 熊永钧．运输与经济发展，中国铁道出版社，1998

125. 魏纪刚．运输业发展中的制度因素．经济科学出版社，2002

126. ［美］道格拉斯·C. 诺斯．经济史中的结构与变迁．上海三联书店，1994

127. 魏际刚．基于制度分析的运输发展模型研究．数量经济技术经济研究，2002（3）

128. 荣朝和．运输发展理论以运输化为主要线索的新进展．北方交通大

学学报，1995（12）

129. 吴彤. 自组织方法论研究. 清华大学出版社，2001

130. 陈秀山，张可云. 区域经济理论. 商务印书馆，2003

131. ［英］肯尼斯·巴顿著，冯宗宪译. 运输经济学，商务印书馆，2002

132. 朱照宏等. 城市群交通规划. 同济大学出版社，2006

133. 施欣. 关于交通布局因素的实证分析. 上海海运学院学报，1996（2）

134. 年富华等. 试论城市群区域内的网络化组织. 地理科学，2002（5）

135. 朱彦东等. 城市群综合交通系统战略规划研究. 现代城市研究，2001（4）

136. 管楚度. 新视域运输经济学. 人民交通出版社，2001

137. 陆化普. 区域可持续发展的交通规划理论研究. 国家发改委交通运输司课题，2005

138. 王京祥等. 国内外城镇密集地区比较研究，长江三角洲城镇群规划专题研究，2006

139. 顾朝林. 中国大都市地区行政区划体制改革设想. 中国方域，1999（3）

140. 张军，吴桂英，张吉鹏. 中国省际物质资本存量估算：1952～2000. 经济研究，2004（10）

141. Northam, R. M. Urban geography, New York, John Wiley & Sons, 1975

142. United Nations. Principles and recommendations for population and housing censuses, 1998

143. Haggett P. Locational Analysis in Human Geography. London: Edward Arnold, 1965

144. Sustainable Development in a Dynamic world: Transforming institution, growth, and quality of life（World Development Report）. New York: Oxford University Press

145. J. R. Friedman. Regional Development Policy: A case Study of Venezuela. Cambridge, Mass: Massachusetts Institute Technology（MIT）Press, 1966

146. Krugman P. The Self-orgnizing Economy, Cambridge, Massachusetts: Blackwell Publishers: The MIT Press, 1996

147. Scott, A. J. Location processes urbanization, and territorial development: an exploratory essay, Environment and Planning A, 1985, Vol. 17: 479～501

148. Beckman. A continuous model of transportation. Econometrica, 1952 (20): 643~660

149. Thisse, Jaques–Fracois Location Theory, Regional Science, and Economics. Journal of Regional Science, 1987, Vol. 27, No. 4

150. Hakimi, S. L. Optimum Location of Switching Centers and the Absolute Centers and Medians of a Graph. Operations and Research, 1964 (12): 450~459

151. Erlenkotter. A Dual–Based Procedure for Uncapacitated Facility Location. Operations Research, 1978 (16): 992~1009

152. Krugman and P. Space: The Final Frontier, Journal of Economic Perspectives, 1998 (12): 161~174

153. Vernon R. International investment and international trade in the product cycle, Quarterly Journal of Economics, 1966, 80 (2): 190~207

154. Hummels D. Have international transportation costs declined?, Department of Economics Working Paper, Purdue University, 1999, http: www. nber. org

155. McCann P. The economics of industrial location: A logistics–costs approach, Berlin Springer, 1998

156. Cholakis. The regeneration of an urban corridor: Enriching the experience of a highway strip at the city's edge (Manitoba), Apr. 1999

157. National Cooperative Hiway Research Program Report. Transportation Research Board, National Research Council U. S. , 1991

158. E. R. Petersen. A highway corridor planning model: QROAD. Transportation Research part A, 2002 (36): 107~125

159. Afandizadeh Zargari, Shahriar. Optimiazation of Integrated Multimadal Urban Transportation corridors. Carleton University

160. D. A. Hensher. A pratical approach to identifying the market potential for high speed rail: a case study in the Sydney – Canberra corridor, Transpn Res. –A, 1997, Vol. 31, No. 6: 431~446

161. Chang, Lljoon. A network–based model for market share estimation among competing transportation (Maryland) . Dissertation abstracts international, 2002, Vol. 62-02, Section B: 0801

162. Beckmann. M. J. City Hierarchies and Distribution of City Sizes. Economic Development and Cultural Change, 1958 (6): 243~248

163. Tinbergen J. The hierarchy model of the size distribution of centers. Papers in Regional Science, 1968, Vol. 20: 65~68

164. Davis K. World Urbanization: 1950~1970. New York: Oxford University Press, 1978

165. Diego P. Urbanization Patterns: European vs. Less Developed Countries. Center for Economic Performance, London School of Economics, Discussion Paper, 1996

166. Simon H. On a class of skew distribution functions. Biometrika, 1955, Vol. 42: 425~440

167. Eppink W. A. Lognomal and Pareto estimates of city-size distribution: a critique. Regional Science & Urban Economics, 1987, Vol. 27: 443~474

168. Hobson P. Optimum product variety in urban area. Journal of Urban Economics, 1987, Vol. 22: 190~197

169. Henderson J. V. Abdel-Rahman H. M. Efficiency through decentralization with product diversity, Regional Science and Urban Economics, 1991, Vol. 21: 491~510

170. Yang, X. and Hogbin, G. The Optimum Hierarchy. China Economic Review, 1990, Vol. 2: 125~140

171. Gottman J. Megalopolis, or the Urbanization of the Northeastern Seaboard. Economic Geography, 1957, 33 (7): 31~40

172. T. G. McGee. The emergence of Desakota regions in Asia: Expanding a hypothesis. In: The Extended Metropolis: Settlement Transition in Asia, Ginsburg N., Koppel B., and McGee T. G. (Eds.) 3-25, University of Hawaii Press, Honolulu, 1991

173. Kiyoshi Kobayashi, Makoto Okumura. The growth of city systems with high-speed railway systems. Annals of Regional Science, 1997, Vol. 31: 39~56

174. T. Bunnell, P. A. Barter, S. Morshidi. Kuala Lumpur metropolitan area: a globalizing city-region. Cities, 2002, Vol. 19: 357~370

175. Yeates M. The North American City. Haper Collins Publisher, 1989

176. Ullman E. L. American Commodity Flow. Seattle University of Washington Press, 1957: 60~73

177. G. Mulgan. Communication and control: networks and the new eco-

nomics of communication. Oxford: Polity Press, 1991

178. Graham S. , Marvin S. Telecommunication and The City, Electronics, Urban Places. London: Routledge, 1996: 434

179. Seil Mun. Transport network and system of cities. Journal of urban economics. 1997 (42): 205~221

180. Starrett D. Market allocations of locaotion choice in a model with free mobility, in Jacques-Francois Thisse Kenneth J. Button , Peter Nijkamp, Location Theory, Cheltenham: Brookfield, 1996, 141~157

181. Brakman, S. , H. Garretsen and C. Marrewijk. An Introduction to Geography Economics. Trade Location and Growth, Cambrige University Press, 2001

182. Venables A. J. Equilibrium Location of Vertically Linked Industries. International Economic Review, 1996 (37): 341~359

183. Young, A. Increasing Returns and Economic Progress. The Economic Journal, 1928, 38 (4): 527~542

184. Rosen, S. Substitution and the Division of Labor, Economica, 1978, Vol. 45: 235~250

185. Yoshitsugu Kanemoto, Theories of Urban Externalities, North-Hollard Publishing Company, 1980: 1

186. A. M. Sullivan. A General Equilibrium Model with External Scale Economies in Production, Journal of Urban Economics, 13, 1983: 235~255

187. Buchanan J. M. An Economic Theory of Clubs. Economica, 1965 (32): 1~14

188. Hansen W. G. How accessibility shapes land-use. Journal of the American Institute of Planners, 1959 (25): 73~76

189. Mitchell, R. and C. Rapkin. Urban Traffic: A Function of Land Use. New York: Columbia University Press, 1954: 217

190. Webber, M. The Urban Place and the Non-place Urban Realm. Explorations into Urban Structure, Philadelphia: University of Pennsylvania Press, 1964: 79~153

191. Gutierrez J. , Gonzalez R. , Gomez G. The European Unions: the impact of the trans European road network. Journal of Transport Geography, 1996, 4 (1): 15~25

192. Pitts, F. R. A Graph Theoretic Approach to Historical Geography.

Professional Geographer , 1965, 15~20

193. Clark, C. et al. Economic Potential Experiment for Western Europe. Regional Studies, London: Pergamon Press, 1969

194. Hajime Takatsuka and Dao - Zhi Zeng. Regional Specilization via Differences in Transport Costs: An Economic Geography Approach , Graduate School of Management, Kagawa University, Working Paper Series

195. Tabuchi, T. and J. F. Thisse. Regional specialization, urban hierarchy and commuting costs, CORE Discussion Paper No. 2003 - 60. http: // www. core. ucl. ac. be/services/COREdp03. html

196. Kim S. Expansion of Markets and the Geographic Distribution of Economic Activities: The Trends in U. S. Regional Manufacturing Structure, 1860-1987. Quarterly Journal of Economics, 1995, Vol. 110: 881~908.

197. Gordon, P. , H. Richardson, and G. Yu. Metropolitan and Non - metropolitan Employment Trends in the U. S. : Recent Evidence and Implications, Urban Studies, 1998: 1037~1057

198. Meyer D. Emergence of the American Manufacturing Belt: An Interpretation. Journal of Historical Geography, 1983: 145~174

199. Fujita M. , Krugman P. and Venables A. J. The spatial economy: Cities, regions and international trade. MIT Press, 1999

200. Hideki Yamawaki, 2001: The Evolution and Structure of Industrial Cluster in Japan, World Bank Institute

201. Richardson H. W. Optimality in City Size. Systems of Cities and Urban Policy: A Skettic's View. Urban Studies. 1972, Vol. 9: 29~48

202. Alonso, W. The Economics of Urban Size, Working Paper. Center for Planning & Development Research, University of California, 1970, No. 138

203. Auerbach, F. Das Gesetz der Bevolkerungsoncentration, Petermanns Geographisehe Mitteilungen 59, 1913: 74~76

204. Singer, H. W. The "courbe des population": a parallel to Pareto's law, Economic Journal , 1936, 46: 254~263

205. Zipf, G. K. Human Behaviour and the principle of Least Effort (Addison-Wesley, Reading, MA.), 1949

206. Krugman, Paul. Confronting the mystery of urban hierarchy, Journal of the Japanese and International Economics, 1996, 10 (4): 1120~1171

207. Rosenthal，Stuart S. and William C. Strange. Evidence on the Nature and Sources of Agglomeration，2002

208. Evans，A. W. The pure theory of city size in an industrial economy，Urban Studies，1972 (9)：49～77

209. Henderson J. Vernon. The sizes and types of cities，Amerecan Economics Review，1974，64 (4)：640～656

210. Henderson，J. V. Urban development：Theory，Fact and Illusion，New York：Oxford University Press，1988

211. Jean-Marie Huriot，Jacques-Francois Thisse edited. Economics of Cities：Theoretical Perspectives，Cambridge University Press，2000

212. Simon，H. On a Class of Skew Distribution Functions. Biometrika，1955，42：425～440

213. Gabaix，X. Zipf's Law for Cities：An Explanation，Quarterly Journal of Economics，1999 (114)，739～767

214. Krugman，P. The Self-Orgnizing Economy，Blackwell Publishers，Oxford，UK and Cambridge，Massachusetts，1996

215. Japan Logistic System Association，Report on logistics costs by the type of industry. Unpublished manuscript. Tokyo，1996

216. H. Haken，Information and Self-Orgnization：A Macroscopic Approach Systems，Spring-Verlag，1988：11

217. Wilfred Owen：Transportation and World Development，Johns Hopkins University Press，Baltimore，1987：6

218. Wilson，G. W. Introduction. Wilson G. W.，Bergmann B. R.，Hirsch L. V.，Klein M. S. (Eds) . The impact of Highway Investment on Development. Washington DC：The Brookings Institution，1996：1～16

219. Litman T. Rail transit in America：A comprehensive evaluation of benefits. Victoria Transport Policy Institute. Canada，2000

中国现实经济热点问题系列

主编 刘秉镰

南开大学交通经济研究丛书

中国交通运输业生产力与技术变动研究

Study on Productivity and Technology Change of
Chinese Transportation Industry

庞瑞芝 著

经济管理出版社
ECONOMY & MANAGEMENT PUBLISHING HOUSE

图书在版编目(CIP)数据

中国交通运输业生产力与技术变动研究/庞瑞芝
著.—北京:经济管理出版社,2009.12
(南开大学交通经济研究丛书)
ISBN 978-7-5096-0631-5

Ⅰ.中… Ⅱ.庞… Ⅲ.①交通运输业-生产
力-研究-中国②交通运输业-技术革新-研究-
中国 Ⅳ.F512

中国版本图书馆 CIP 数据核字(2009)第 169887 号

出版发行:*经济管理出版社*
北京市海淀区北蜂窝 8 号中雅大厦 11 层
电话:(010)51915602　　　邮编:100038
印刷:北京银祥印刷厂　　　　经销:新华书店
组稿编辑:郭丽娟　　　　　　责任编辑:郭丽娟
技术编辑:杨国强　　　　　　责任校对:陈　颖
720mm×1000mm/16　　　　14.75 印张　　281 千字
2010 年 1 月第 1 版　　　　2010 年 1 月第 1 次印刷
定价:150.00 元(共四册)
书号:ISBN 978-7-5096-0631-5

总　序

　　自古以来,人类文明的进步与交通运输的发展密切相关,交通运输承载着人们每天的生产和生活,交通运输的每一次革命,都拓展了人类活动的时空,推动着人类的全面解放和社会财富的迅速增长。在现代社会中,交通运输虽然是一个有着悠久历史的传统产业,但同时也是蕴涵着无限生命力并不断发展的战略性基础产业。交通运输中系统发展规律不仅要从技术进步的角度加以了解,还需要从经济学的视角去探寻、去发现、去揭示。

　　1987 年,由旅美华人、哈佛大学博士、前联合国交通运输署高级专家桑恒康先生创办的南开大学交通经济研究所是我国综合性高校中首个从事交通运输经济研究的学术机构,依托南开大学雄厚的经济学研究基础和力量,开辟了从交通的角度研究经济发展、从经济发展的角度看交通的研究风格,并注重发挥交通经济研究理论联系实际的特点,直接参与国家层面交通运输发展战略决策咨询,成为国内高校中承担国家级和省部级交通研究项目最多的研究所之一。

　　南开大学交通经济研究所从成立开始就瞄准国内外重大理论和应用中的前沿问题开展研究工作。1989 年,刚成立两年的交通所就成功主办了我国第一次交通运输项目评估国际研讨会,同年开始承担一系列前沿性交通重大攻关项目,如世界银行“中国国际集装箱多式联运系统研究”、“新亚欧大陆桥地区国际集装箱中转站综合规划”等,到 1998 年开始成为国家交通运输与物流最高战略决策部门的咨询支持单位,以及 2000 年交通经济研究在现代物流、产业经济和区域经济领域进一步延伸,成立现代物流研究中心和产业经济研究所。南开大学交通经济研究所的每一步成长,都是全体同仁在老所长“做人、做事、做学问”的精神感召下,勇于探索与辛勤付出的结果。而今日呈现在读者面前的这套“南开大学交通经济研究丛书”也是我们发展的又一次印证。

　　本套丛书包括《中国交通运输产业的改革与发展》、《城市群空间结构演化——交通运输业的作用及机理》、《中国交通运输产业的政府规制改革》和《中国交通运输业生产力与技术变动研究》等,全部由南开大学交通经济研究所的中青年教师撰写。丛书内容的总体安排是在全程扫描中国交通运输业改革与发展的基础上,分别从交通运输对城市群发展的作用、交通运输产业的规制改革以及交通运输产业的效率评价方面对交通运输业做更深入的理论与实证研究。

与以往的交通运输产业研究著作相比,本套丛书具有以下几个特点:

第一,注重对交通运输产业研究热点问题的深入剖析。交通运输作为国民经济发展的基础性产业,其发展与经济社会发展紧密相随并息息相关,由此衍生出一系列值得探讨的理论和实践问题。例如,城市群发展与交通运输的关系,以及对交通运输产业的规制演进等,这些在以往研究中较少涉及的内容,均成为本丛书的研究主题。

第二,以实证研究丰富交通运输产业研究的内容。以往我国对交通运输产业的研究,理论分析重于实证分析,而交通运输作为占用大量经济和社会资源,同时又产生广泛经济和社会效益的产业,对其运行绩效进行评价,并指出提升其经济运行效率的途径是必要而迫切的。因此,本丛书中专设一本来研究交通运输产业的生产力与技术变动,希望借此弥补以往研究中对实证分析的不足。

第三,着眼加强我国交通运输产业发展的对策研究。对交通运输产业研究的根本目的还在于促进交通运输业自身以及与我国经济社会的协调发展,在发展的主题下,无论是理论研究还是实证分析都只是工具,目的是提出有针对性的促进我国交通运输业高效、协调、有序发展的对策。因此,本套丛书特别注重对策研究。

交通的发展是人类社会普遍的、永恒的现象,也是经济学永恒的研究领域。南开大学交通经济研究所愿意与国内外同仁一道,在这条充满艰辛与乐趣的研究之路上持之以恒、孜孜不倦地探索下去。

前　言

20世纪90年代末期以来,中国进入一个发展新阶段。随着工业化、城市化和国际化进程的加快,中国经济增长进入快车道,国民经济保持了连续十年双位数的增长。这一时期也是中国交通运输业发展最快的阶段。在国家拉动内需和倾斜性区域政策支持下,交通运输业在基础设施规模、运输供给能力等方面取得了巨大的成就,交通运输业的长足发展为中国经济社会的快速发展提供了保障。但是不容否认的是,从总体上看,交通运输发展依然没有改变主要依靠土地、资源和高投入的方式,交通运输业的全要素生产力依然比较低、发展方式依旧粗放,并对资源和环境造成了压力。

21世纪中国交通运输业可持续发展面临着资源和环境的双重约束,而克服双重约束的一个重要途径就是提升交通运输业全要素生产力和推动技术进步,进而通过推进交通运输业发展方式转型来推动经济社会转型。然而,"不能测量就无法改进",因此,衡量和评估中国交通运输业的生产力成长与技术变动就成为一个非常必要和基础的问题。准确、客观地衡量和评估中国交通运输业的生产力成长、效率变迁与技术变动情况,是推进交通运输业进一步发展、提升全要素生产力水平的前提。然而,如何衡量和评估中国交通运输业这样一个庞大、复杂体系的生产力成长与技术变动、采用什么样的方法去衡量等都是摆在面前首先需要解决的问题。本书正是在这一背景下,以中国交通运输产业为研究对象,从生产力成长、综合技术效率变化与技术变动以及中国绿色交通运输业发展等多个视角,全面探索了从20世纪90年代末期以来中国交通运输业的成长与面临的问题。

交通运输业全要素生产力与技术变动的衡量与评估作为典型的实证研究,首先要解决的是理论与方法的选择问题,为此,本书主体上分为两大部分:第一部分是理论部分,这一部分对有关生产力与技术变动评估理论与方法进行了简要介绍;第二部分是实证研究部分,这一部分采用理论部分介绍的研究和评估方法对中国交通运输业生产力成长与技术变动深入各个行业进行具体研究。就一般意义而言,生产力的衡量通常与效率评估联系在一起,因此,本书的理论部分围绕生产力与效率的内涵与评估展开。有关生产力和效率的理论与评估方法已经发展比较成熟,但是将其引入交通运输业分析并且系统地对交通运输业发展进行衡量与评估,是本书的主要工作。通过对中国交通运输业整体和分行业的全要素生产力、技术效率以及技术变动的深入分析,可以看到中国交通运输业在经济社会发展大背景下的成长及发展轨迹。透过这些成长及发展轨迹,我们能够发现中国交通运输业发展与改革进程中所面临的问题及制约因素,只有充分认识到这些问题和制约因素并且试图找到克服和解决的途径,中国交通运输业才能够从根本上提升全要素生产力水平,才能推动技术水平不断提升。

本书是南开大学交通经济、产业经济学术团队多年来从事交通运输产业系统研究的成果,具有一定的理论高度和重要的应用价值,可作为交通运输经济专业、产业经济专业研究生的教学参考书,也能够为我国网络型基础产业的改革与发展提供科学依据。全书共分为 11 章,由作者主笔,一些研究生同学参加了相关资料搜集、整理和部分章节的初稿写作工作,他们是:王卢羡(1、2 章)、张泉(4、5 章)、杨明(6 章)、赵立青(7 章)、满晓明(8 章)、谢蕊蕊(10 章)等,在这里一并向他们表示衷心感谢。由于作者水平有限,加之本研究领域尚处于不断探索的发展阶段,书中难免存在疏漏与不妥之处,敬请各位读者批评指正。

庞瑞芝

2009 年 7 月于南开园

目　录

1 效率、生产力及其衡量方法

效率和生产力都是考察经济运行状况的重要指标,在经济研究和分析中得到了广泛的应用。二者在内涵和衡量方法上都有着很强的内在联系,经过多年的发展,效率和生产力的衡量方法不断完善和系统化。本章将对生产力和效率的内涵进行阐述并对生产力和效率的衡量方法做简单的介绍。

1.1 效率和生产力的内涵

效率和生产力之间存在一定的联系,但在内涵上有着本质的区别。为使读者对生产力和效率之间的区别和联系有一个直观的印象,在正式介绍效率和生产力的内涵之前,我们首先结合一个例子说明效率和生产力的关系。

生产力是产出与总投入的比值,而效率是实际生产力与潜在生产力的比值。因此,生产力不一定小于1,而效率一般不会大于1。表1.1列出了一个芯片制造商的投入产出指标以及生产力和效率的数值。每个芯片制造商在生产初期会设定它的生产目标,如表1.1中第2列,也可利用第1列劳工小时数下,所预期生产之芯片数目。根据目前的生产技术,在利用第1列中的劳工投入所能生产的最大产出(潜在产出)在第3列中给出。在生产期结束后,实际芯片产出数量在第4列中给出。第5、6、7列分别计算每小时的规划生产能力、潜在生产能力与实际生产能力,是将相关产出量除以劳工小时数得到的。第8列即为效率,是由实际生产力与潜在生产力的比值求得的。由表1.1我们可以清楚地看到,生产力与效率的区别与关系。

表1.1　生产力与效率的内在联系

决策单元	投入: 劳动小时(1)	规划产出: 芯片数(2)	潜在产出: 芯片数(3)	实际产出: 芯片数(4)
A	40	200	280	220
B	50	350	500	400

续表

决策单元	投入： 劳动小时(1)	规划产出： 芯片数(2)	潜在产出： 芯片数(3)	实际产出： 芯片数(4)
C	30	180	240	210
决策单元	规划生产力 (5)=(2)/(1)	潜在生产力 (6)=(3)/(1)	实际生产力 (7)=(4)/(1)	效率 (8)=(7)/(6)
A	5	7	5.5	0.786
B	7	10	8	0.8
C	6	8	7	0.875

资料来源：黄镜如，傅祖坛，黄美瑛. 绩效评估——效率与生产力之理论与应用. 新陆书局股份有限公司，2008

1.1.1　效率的内涵

"效率"的概念已经根植于社会经济生活中的各个领域和方面，在经济学中几乎没有比"效率"应用更为广泛的概念了。具体来说，效率就是描述各种资源使用有效程度的指标，从资源配置的角度而言，效率就是指在既定的产出水平下，追求成本投入的最小化；或者是在既定的成本约束下追求产出水平的最大化。在经济学史上，在不同的时期，经济学家对效率概念的解释有着不同的认识。

在西方经济理论的发展过程中，最早全面系统地研究经济效率理论的学者是英国剑桥大学经济学家 M. J. Farrell(1957)。M. J. Farrell 从微观层面对企业的效率情况作了定义：一个企业或部门的效率包括技术效率和配置效率两个部分。其中，技术效率是指企业或部门在既定的技术和环境下，用特定的投入生产最大可能产出的能力和意愿，也就是说，如果一个企业或部门在既定投入的条件下能够实现最大的潜在生产能力，它就具有技术效率。配置效率是指在现行的要素市场供求条件下，企业或部门为获得最大的净利润而使用不同要素的数量比例的能力和意愿，进一步来讲，配置效率将价格因素考虑了进来。这两种效率的总和反映了企业或部门的总的经济效率（Overall Efficiency）。技术效率与配置效率之和为总的经济效率。可用图 1.1 描述 M. J. Farrell 效率的关系。

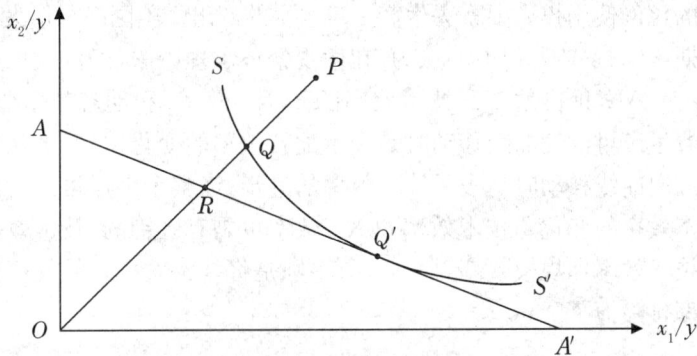

图 1.1　技术效率、配置效率与综合效率[①]

资料来源:Coelli,T.，D. S. Prasada Rao and G. E. Battese. An Introduction to Efficiency and Productivity Analysis. Boston:Kluwer Academic Publishers,1998(2):52

在图 1.1 中,x_1、x_2 为两种投入,y 为产出。规模报酬不变 SS' 代表效率决策单元(曲线上各点技术效率相同,均为1),落在 SS' 曲线右上方则为技术无效率,如 P 点,AA' 代表最小成本线。当一个企业以 P 点的投入组合生产单位产品时,线段 QP 代表该企业的技术无效率,当投入由 P 点等比例降至 Q 点时,产量并不减少,因此 QP/OP 可用来表示所有投入可以降低的比例,于是企业的技术效率(TE)可被确定为 $TE = OQ/OP = 1 - QP/OP$。在已知投入价格比(图 1.1 中的 AA')中,P 点的配置效率(AE)定义为:$AE = OR/OQ$。

不少学者对 M. J. Farrell 的观点进行了有益的扩展。Kalirajan(1994)认为,经济效率是技术效率和配置效率的综合反映。一个经济决策单元(Economic Decision Making Unit)如果同时具有技术效率和配置效率,它在经济上就是有效率的。Whitesell(1994)认为,经济效率(Economic Efficiency)是指一种经济在既定的生产目标下的生产能力,也就是指在恰当的生产可能性曲线上恰当的点。经济效率同样可以分为技术效率(Technical Efficiency)和配置效率(Allocation Efficiency)。一种经济运行状态可以是技术效率比较高但是配置效率比较低,也可以是配置效率比较高但技术效率比较低的。Mo 和 Li(1998)认为,经济有效性是指一个企业或部门在最低可能成本的条件下生产一定水平的产出。这种成本可能由缺乏技术效率或配置效率而增加不必要成本。因此,经济效率是比技术效率或配置效率更宽泛的概念。技术效率是指一个企业或部门在投入的最小成本条件下生产一定水平的产出,而配置效率是指一个企业如何

[①]　图 1.1 是从投入导向对效率的内涵进行描述的,实际上效率的内涵可以从投入和产出两个导向进行阐述。效率衡量的导向问题将会在后面的章节中进行具体的介绍。

按照正确的比例使用投入要素去生产一定水平的产出。美国匹兹堡大学经济学教授托马斯·G. 罗斯基(1993)认为,在微观经济学理论中,经济效率主要指三种:配置效率(AE,价格效率)、技术效率(TE,X—效率)和动态效率(革新率)。当经济沿着生产可能性曲线移动时是表示配置效率的变化;当经济从生产可能性曲线下方向曲线移动时是表示技术效率的进步;当整个生产可能性曲线移动时表示动态效率的变化。技术效率和 X—效率也是有区别的:技术效率可以被分解为纯技术效率和规模效率,而 X—效率则是将技术效率中的规模效率和范围经济效率排除掉了。

1.1.2　生产力的内涵

在了解了效率与生产力的关系和效率的内涵之后,我们有必要来了解生产力的内涵。生产力的内涵起源于西方 18 世纪的思想,当时认为劳动力是重要的生产性资源,研究劳动生产力是有意义的。美国国家标准《工业工程术语》给生产力下的定义:产出与总投入的比值;实际生产量与规定的一个工人或者一组工人的标准产量之比。日本学者新井警介认为,生产力是表达三个要素的有效使用程度,用产品的生产数量与为此而投入的生产要素之比来表示。马汉武(1999)指出,生产力的实际内涵是对生产能力利用的考核,是对资源利用程度的考核。在效率经济理论中,"生产力"是指在生产过程中投入转化为产出的能力。生产力可用来衡量生产组织(如企业、政府),也可用来衡量各种产业、部门或整个经济系统。生产力用于衡量资源和这些资源产出的产品、劳务之间的关系,比如人工、资本、原材料、能量、信息等资源是否有效地生产出各种产品和劳务。综上所述,各学者对生产力的具体描述虽各不相同,但有一点不可否认,生产力反映的是在特定时期投入和产出在数量上的关系,而生产力的增长反映科技与组织的进步。

通常在经济学的研究中,用产出和投入的比值来表示生产力[①]:

$$生产力 = \frac{产出}{投入} \tag{1.1}$$

产出与投入在此均采用广义的定义。例如,电脑厂商每小时产出,其产出为电脑数目,投入即为生产该产出所需的劳工投入数。这种仅利用单一产出与单一投入的比值所表示的生产力被称为"单要素生产率"(Partial Factor Productivity,PFP),因为这种比值没有考虑所有投入与所有产出。一家电脑厂商可能生产多种产出(如台式电脑与笔记本电脑、企业服务、零件),而同时使用了多种

---

① 黄镜如,傅祖坛,黄美瑛. 绩效评估——效率与生产力之理论与应用. 新陆书局股份有限公司,2008:6

投入(如资本、能源、物料等)。当所有产出项及所有投入项均分别加总,加总后的产出与投入的比值就可以用来衡量联合生产力,这个比值成为"全要素生产力"(Total Factor Productivity,TFP)。鉴于全要素生产力全面反映了各种投入与产出的效率,并在实证研究中的广泛使用,本书所讲的生产力指的是全要素生产力。

1.2 效率的衡量

西方经济效率理论的效率衡量,其方法是建立在一些严格的假设前提基础之上,以数理推论和实证分析为主进行效率评估的。正是由于对效率与生产力理论的认识与发展,带动了对效率和生产力实际运用及度量的发展。距离函数是衡量决策单元(DMU)效率的理论基础,其核心思想是:构造一个生产前沿面,观察现实数据所表示的 DMU 所处的位置与生产前沿面的距离。DMU 与生产前沿面的距离越大,其效率水平越低,与生产前沿面的距离越小,其效率水平越高,处于生产前沿面上的 DMU 则被认为是有效率的。而距离函数的思想也在一些全要素生产力指数中得到了应用(如 Mulmquist 指数)。效率分析的过程是在距离函数构造的框架内进行的,而生产前沿面和效率衡量的具体方法则多种多样,总体来说分为参数法和非参数法。本节首先对距离函数进行详细的介绍,而后对用于效率衡量的具体方法进行概括性的描述。

1.2.1 距离函数与效率的衡量

1953 年,Malmquist 用相对于无差异曲线的径向移动幅度,首次给出了距离函数的定义。1970 年,Shephard 根据生产函数再次定义了距离函数,并被学者广泛使用。距离函数可以从投入和产出两个不同的导向给出:投入距离函数是以给定产出下,投入向量能够向内缩减的程度来衡量生产技术的有效性;产出距离函数则是在给定投入的条件下,考察产出向量的最大扩张幅度。我们接下来对距离函数的具体原理进行介绍。

对于有 m 种投入、s 种产出的生产活动,我们可以用 m 维向量 x 表示其投入向量,用 s 维向量 y 代表其产出向量。用 $P(x)$ 表示产出集合,它包含了在一定技术条件下,用 m 种投入 x 所能够生产的全部产出向量,即 $P(x)=\{y:y$ 可以用投入量 x 生产出来$\}$。对任意的投入向量 y,假定产出集合 $P(x)$ 具有如下性质:

① $0 \in P(x)$:没有任何产品产出,即允许经济系统不生产。
② 关于产出的可控性:若 $y \in P(x)$,对 $y_1 \leqslant y$,则 $y_1 \in P(x)$。

③$P(x)$为凸的有界闭集。

在 $P(x)$ 上定义的产出距离函数 $d_o(x,y)$ 为：

$$d_o(x,y)=\text{Min}\{\delta:(y/\delta)\in P(x)\} \tag{1.2}$$

从产出集合 $P(x)$ 所具有的性质，我们能够直接得到产出距离函数 $d_o(x,y)$ 具有如下性质：

①$d_o(x,y)$ 是关于 x 的非增函数，关于 y 的非减函数。

②$d_o(x,y)$ 是 y 的线性齐次函数。

③若 $y\in P(x)$，则 $d_o(x,y)\leqslant 1$。

④$d_o(x,y)=1$ 的充分必要条件是 y 在集合 $P(x)$ 的前沿。

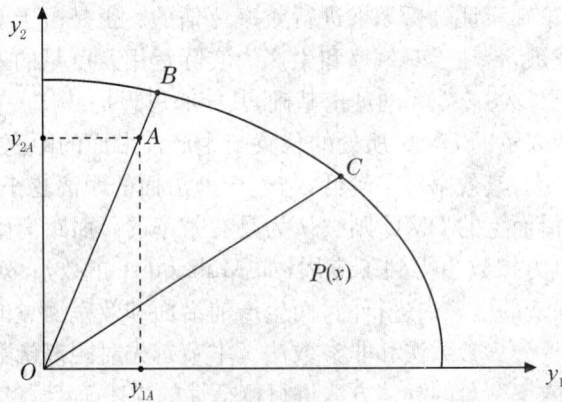

图 1.2　产出距离函数示例图

资料来源：Coelli, T. , D. S. Prasada Rao and G. E. Battese. An Introduction to Efficiency and Productivity Analysis. Boston：Kluwer Academic Publishers，1998(2)：48

在两种产出的情况下，产出距离函数可通过图 1.2 加以说明。对于用给定的投入 x 生产两种产出 y_1 和 y_2 时，产出集合 $P(x)$ 是由生产可能性前沿与 y_1 轴和 y_2 轴围成的区域。当生产单元用给定的投入量 x，生产 A 点代表的产出 (y_{1A},y_{2A}) 时，其产出距离函数值等于 OA 与 OB 的比率，即：

$$d_o(x,y_A)=\frac{OA}{OB} \tag{1.3}$$

它等于投入不变和保持生产在技术上可行，即在 $P(x)$ 内的条件下，产出可扩大倍数的倒数。B 点和 C 点都是生产可能性前沿上的点，产出可扩大倍数为 1，因此其距离函数值也是 1，即：

$$d_o(x,y_B)=1, \quad d_o(x,y_C)=1 \tag{1.4}$$

根据 Farrell(1957) 的观点，这说明生产活动从技术角度来讲，其效率为 1，也就是说在给定投入的情况下实现了最大产出。在单一投入和单一产出的情况下，假设规模报酬不变(CRS)，当平均生产率达到最大时，最大可能的产出也就实现了。这个平均化的生产率就是最佳实践，这个最佳实践可以用数据包络分析(DEA)方法来计算。

类似产出导向的产出可能性集合以及距离函数的定义、投入导向的投入集合可写成 $L(y)=\{x:x$ 能够生产出 $y\}$。在此集合上投入距离函数定义为：

$$d_i(x,y)=\text{Max}\{\rho:(x/\rho)\in L(y)\} \tag{1.5}$$

另外，在技术设定为规模报酬不变时，投入导向的距离函数与产出导向的距离函数互为倒数关系，即：

$$d_i(x,y)=1/d_o(x,y) \tag{1.6}$$

在得到了距离函数数值的前提下，我们可以对特定 DMU 的技术效率进行估计，根据技术效率的定义以及距离函数的原理我们很容易得出：产出导向的技术效率值等于产出导向的距离函数值，而投入导向的技术效率值等于投入导向距离函数值的倒数，即：

$$TE_o=d_o(x,y) \tag{1.7}$$

$$TE_i=1/d_i(x,y) \tag{1.8}$$

1.2.2 非参数法与参数法

目前，评价效率的方法主要有非参数法和参数法两大类。非参数方法主要包括数据包络分析法(Data Envelopment Analysis，DEA)和自由处置包法(Free Disposal Hull，FDH)；参数方法主要包括随机前沿方法(Stochastic Frontier Approach，SFA)、自由分布法(Distribution-Free Approach，DFA)和厚前沿方法(Thick Frontier Approach，TFA)三种。其中以非参数方法中的数据包络分析法和参数方法中的随机前沿方法运用最为广泛。这些方法之间的根本差异在于对以下各种情况中的数据所设定的假设不同：①最优运营边界的函数形式不同，也就是说，较多限制条件的参数形式与较少限制条件的非参数形式；②是否考虑那些可以暂时导致一些生产单元或高或低的投入、产出、成本或利润等的随机误差项；③在存在随机误差项的条件下，用来将无效率从随机误差项中区分开来的无效率项的假设概率分布不同，如半正态分布、截尾正态分布。因此已建立的效率测度方法之间的主要差异就变成了边界函数与随机误差项和无效率分布假设之间的差异。下面我们来简要介绍这些方法，并在以后的章节中详细介绍两种最常用的方法——数据包络分析法(DEA)和随机前沿方法(SFA)。

(1)非参数方法

非参数方法是与参数法相对应的方法，使用非参数方法对效率进行评估时，不必估算效率前沿函数的参数及规定函数的具体形式。非参数方法主要包括数据包络分析法和自由处置包法。

　　数据包络分析法最初由 Charnes,Cooper 和 Rhodes 于 1978 年提出,是从相对效率概念角度在数学规划的基础上建立起来的一种效率评价方法,以 Pareto 优化这一经济学概念为基础,以规划理论为工具,按照多种投入和多种产出的观察值,可用来评价决策单元(DMU)的技术有效性。Charnes,Cooper 和 Rhodes 提出的数据包络分析最初用来测度公共部门和非盈利机构的效率。DEA 是一种线性规划方法,这种方法说的是最佳营运集合或边界观测值表现为,没有其他决策单元(DMU)或决策单元的线性组合具有同样或更多的每一种产出(设定投入)或只需要同样或更少的每一种投入(设定产出)的集合。DEA 边界是由形成凸形生产可能性集的最佳运营观测值连结起来的分段线性组合形成的,因此,DEA 并不需要明确界定基本生产关系的形式。运用数据包络分析法来测度决策单元的效率,首先要根据样本得到各项数据,再利用线性规划方法找出这些样本的投入产出组合点的包络面,这个包络面必须能够反映决策单元效率前沿的函数,即效率前沿决策单元的投入—产出关系;然后,通过比较待考察决策单元与效率前沿决策单元的投入—产出水平即给定的投入—产出水平的差异,来评估待考察决策单元的效率水平。根据规模报酬假设的不同,DEA 估计方法又可以分为规模报酬不变前提下的 CCR 模型以及规模报酬可变条件下的 BCC 模型。这两种计算结果分别为 CRS 技术效率(简称技术效率)和 VRS 纯技术效率(简称纯技术效率),利用技术效率和纯技术效率可以求出规模效率,等于 CRS 技术效率除以 VRS 纯技术效率,即可将 CRS 技术效率分解为 VRS 纯技术效率和规模效率(SE)。

　　自由处置包法是数据包络分析模型的一种特殊情况。DEA 模型中连结各顶点的曲线上的点并不包括在边界之内,相反,自由处置包法的生产可能性集仅由 DEA 的顶点和顶点内部的 FDH 点构成。因为 FDH 边界或者与 DEA 边界一致,或者在其内部,FDH 分析将产生比 DEA 分析更具代表性的较大平均效率估计(Tulkens,1993)。除不受控观测值 100% 有效外,任何一种方法均允许效率随时间变化,也无须对所有观测值的无效率分布形式进行任何先验假定。

(2)参数法

　　与非参数方法相比,参数方法在测度效率时需要规定效率前沿函数的具体形式,并通过样本数据估算出效率前沿函数中的各个参数。同时,参数方法假定随机误差项会受到计量问题、会计数据以及运气等随机因素的影响,且随机误差服从一定的分布。根据测度的无效率项和随机误差项及对两者分布函数的不同假定,参数方法主要包括随机前沿方法、自由分布法、厚前沿方法三种。

　　随机前沿方法也称计量经济前沿法,是由 Aigner,Lovely Schmidt(1977)以及 Meeuser,Van den Broech(1977)分别独立发展而成。SFA 法假定随机误差项和无效率项的存在导致待考察决策单元与效率前沿决策单元发生了偏离,给出一种成本、利润,或者投入、产出和环境之间的生产关系的函数形式,并允许出现随机误差项。Greene(1990)讨论了使用截断分布与半正态分布定义无效率项分布类型的有效性,得出不同的分布类型有时会影响决策单元的平均效率数值。随机前沿方法的主要缺陷是对无效率项分布的假设有些随意,且该假设本身又难以验证,这就降低了 SFA 法的有效性。另外,一旦无效率项的实际分布偏离了所设定的分布形式,那么使用 SFA 法仍将无法区分决策单元效率中的无效率项和随机误差项。

自由分布法指的是 DFA 假定每个决策单元的效率不随时间变动,而随机误差的平均值随着时间的推移而趋于零。固定样本数据的每个决策单元的无效率估计由它们的平均残差与边界上决策单元的平均残差之间的差异来决定,同时,需要进行一些舍位操作以解决随机误差的平均值不能绝对为零的问题。然而,如果效率因技术、监管改革或其他影响而随时间的推移发生了变动,这时DFA 法描述的将是每个决策单元与运营边界的平均偏差,而不是任何一点上的效率。

厚前沿方法指的是 TFA 设定了一种函数形式,并且假定,在观测值的最高和最低绩效四分位数(按规模类别分层)之内与预计绩效值的偏差代表随机误差,同时,在最高和最低四分位数之间的预计绩效偏差代表无效率。除了假定在最高和最低四分位数之间的无效率有所不同以及其中存在随机误差外,这种方法对无效率或随机误差没有给出任何分布假定。厚前沿方法本身不能提供单个决策单元效率的点估计,相反这种方法试图提供一种一般水平总效率的估计。

(3)非参数方法与参数方法的比较

两种方法各有优缺点,在使用的时候要根据具体问题来选择。非参数方法的优点是不需要事先确定函数形式,避免了由于采用错误的函数形式而得出错误的结论,并且在研究中受到的约束较少;可以很好地处理多投入、多产出的情况;对样本的数量要求较低。非参数法的主要缺点是无随机误差项假定。其假定如下:在作边界图时无任何测度误差;对于同一个决策单元,不存在任何偶然地得到一个年份比下一个年份更好地测度绩效的运气;不存在因会计规则产生的不精确性,这些会计规则可能使测度投入和产出偏离经济投入和产出。此类误差确实会在无效率单元的数据中出现,其中任何一种都可以作为测度效率变化的反应。另外,如果处于效率边界单元中的一个单元出现上述误差中的任何一种,都可能改变该单元或包括该单元的线性组合进行比较的所有的测度效率。由于设定了一个确定性边界,不考虑运气成分、数据问题或其他计量问题引起的随机误差,将所有对生产边界或成本边界的偏离都归因于低效率,这显然是不符合实际情况的。此外,对效率的估计偏低,离散程度较大,不能检验结果的显著性。

　　参数方法的优点是先估计一个函数,误差项由无效率项和随机项构成复合结构,正是由于无效率项和随机误差的分离,确保了被估效率有效且一致。这可以很好地处理单投入单产出和多投入单产出的情况,还可以方便检验结果的显著性。考虑运气成分、数据问题或其他计量问题引起的随机误差,如果存在这些随机因素的影响,则评价的效率值可能会是有偏的。而非参数法不考虑上述因素,这与现实经济也是不符的;与非参数方法相比,参数方法能方便地检验结果的显著性。其缺点是需要确定的函数形式,函数形式对要素替代率和技术进步限制较严;对样本数量要求严格,需要较大数量的观测值。由于数据包络分析法和随机前沿法相对于其他方法的优势和在研究中被广泛使用,本书在以后的章节中将会详细地介绍这两种最常用的方法。

1.3　生产力的衡量

　　在本节中我们将对生产力衡量过程中的相关问题进行阐述。首先我们讲的生产力的衡量是指对全要素生产力的衡量,全要素生产力是相对于单要素生产率而言的,我们将对全要素生产力进行较为全面的介绍;在经济学中,对于全要素生产力的衡量方法是多种多样的,常用的方法有生产函数法、原子论法、投入产出法、增长曲线模型法、指数法等,而指数法由于其经济意义上的直观性、数据的可得性和操作的简单性而多年来在对生产力的衡量中得到了广泛的应用。

1.3.1　全要素生产力

　　生产力从度量的难易程度上可以分为单要素生产率和全要素生产力。单要素生产率(Single Factor Productivity,SFP)指的是某一单位要素投入的产出水平,如劳动生产率、土地生产率、资本生产率等;全要素生产力(Total Factor Productivity,TFP)指的是一个生产单元(企业、行业、国家或地区),在一定时期内生产的总产出和总投入之比,用公式表示即是:TFP＝总投入/总产出。由于全要素生产力指数能够全面地反映生产力的增长情况,因此本书使用全要素生产力指数来对交通运输业的生产力增长和技术变动进行实证分析,并主要介绍全要素生产力指数。

　　在传统的效率经济理论中所涉及的生产力指标仅仅是"单要素生产率"。传统的技术效率测算也是在单要素生产率的基础上进行的,如测算劳动生产率、资金产值率等。单要素生产率指标具有易于计算和比较分析的优点,但是单要素生产率往往只是针对某一种相对关键的投入要素,测算角度单一,并未考虑要素之间存在的有机组合和内在联系,在实际应用中生产力的变化很难是在保持部分要素不变的情况下单一要素作用的结果。在现实的生产过程中通常需要同时使用劳动和资本等多种生产要素,当我们用资本来代替劳动(增加资本的投入而减少劳动的投入)并生产出和原来一样多的产品时,劳动生产力将会因为劳动投入的减少而提高,而资本生产力却由于资本投入的增加而降低。在这种情况下,单要素生产率并不是一个很好地反映生产力变动的指标。单要素生产率的高低不完全取决于要素本身的发展水平,还与投入要素的组成结构有关,即除了单项投入要素的生产率之外,还存在着投入要素的最佳组合的问题。随着规模经济和要素配置效率问题逐渐被人们所重视,需要有一个综合指标来描述生产力,全要素生产力则是解决此问题的一个重要方法。全要素生产力与单要素生产力相对应,理论上是表示全部投入要素的产出效应水平,全要素生产力中的产出变化与所有投入要素的变化相关。采用全要素生产力来反映要素投入的综合效率更加科学、全面。因此,在经济研究的文献里,通常使用"全要素生产力"及其变动来度量企业的生产力水平和生产力的变化。本书提到的生产力指的都是全要素生产力,它是一种包括所有生产要素的生产力测量。全要素生产力的具体衡量方法在以后的章节中会详细介绍。

1.3.2　指数法及 Malmquist 全要素生产力指数

指数是用于测定多个变量在不同场合下综合变动的一种特殊相对数。从概念上讲,指数可以用来比较随时间或者空间或者随两者同时变化的量。指数在社会经济领域有着广泛的应用。一方面,各类指数本身是一种非常重要的分析工具,指数可以用来比较随时间变化的价格与数量,也可以用来衡量不同厂商、行业、地区或国家的水平差异,它不仅被应用于经济效益、生活质量、综合国力、社会发展水平的综合研究,而且还是分析社会经济动态和预测的重要工具;另一方面,在经济研究的过程中,统计机构公布的各类数据往往不能直接使用,而需要进行一定的调整(如价格紧缩调整),而指数是对数据进行调整,从而得到可用于研究的数据的重要工具。在众多指数的基础上,经济学家们创造出了多种全要素生产力指数用于生产力的变动,而其中影响最深远的是 Malmquist 全要素生产力指数。

Malmquist 全要素生产力指数是当今应用广泛、影响力巨大的全要素生产力指数,它是由 Caves,Christensen 和 Diewert(1982a,1982b)在其所写的两篇很有影响的文章中首先介绍的。在这两篇文章中,Caves,Christensen 和 Diewert利用 Malmquist 投入和产出距离函数定义了全要素生产力指数,称为Malmquist 全要素生产力指数,这种构造全要素生产力指数的方法称为 CCD 方法。由于距离函数有投入导向和产出导向之分,因此 Malmquist 全要素生产力指数也可分为投入导向和产出导向的。而 Malmquist 全要素生产力指数可进一步分解为技术变动因素和效率变动因素,进而可以对生产力变化的来源进行较好的解释。从本质上说,Malmquist 全要素生产力指数可以归类于生产力变化测算的指数法,但它与其他指数又有着很多的不同之处。Malmquist 指数方法是基于数据包络分析法方法提出的。这种生产力指数有两个主要的优点:一是它不需要相关的价格信息。但是它不能对单一的国家或地区样本测算,对包含多个对象和指标的样本才能测度。由于相关投入和产出的数据较易获得,而要素的价值份额和价格等信息的获得较难,故这个优点就显得尤为重要。二是它可以分解为生产效率变化和技术进步变化两个部分。这样,我们就可以从中测算出效率和技术的变动情况。由于 Malmquist 全要素生产力指数的这些优点,我们在下面的章节中将对 Malmquist 全要素生产力指数进行详细分析。

Malmquist 全要素生产力指数成为最常用的衡量生产力变动方法的主要原因有三个:一是仅依靠数据就可以得到,特别当价格信息不易获取或价格被扭曲时。二是它对行为的假设很严格,因为它并没有假设成本最小化或收益最大化行为。三是如果反面数据可以得到,它可以把生产力的变化分成两个部分:一部分叫技术变化(TC),也就是技术进步,代表两个时期内生产前沿面的移动,被称为"增长效应",这种效应表明了技术的创新,该效应的度量与所选参考期的生产前沿面相关,当该值大于 1 时,直观上讲就意味着生产前沿面"向上"移动;另一部分叫技术效率变化(TEC 或 EC),是相对前沿效率的提高,代表了两个时期相对技术效率的变化,也被称为"追赶效应"或"水平效应",它衡量了决策单位是否更靠近当期的生产前沿面进行生产,当 TEC 大于 1 时,表明决策单元的生产更接近生产前沿面,相对技术效率有所提高,该度量与参考基期的选取无关。

2 数据包络分析方法

人们在生产活动和社会活动中常常会遇到这样的问题：经过一段运营时间之后，需要对具有相同类型的厂商或部门（称为决策单元）进行评价，本章我们将开始介绍这些衡量厂商或部门层面效率水平的方法。在第 1 章中，我们已经讨论了效率、生产力的内涵以及相关的评价方法。本章将要介绍的数据包络分析方法评价的依据是决策单元的"输入"数据和"输出"数据。输入数据是指决策单元在某种活动中需要消耗的某些量，如投入的资金总额、投入的总劳动力数、占地面积等；输出数据是指决策单元经过一定的运营之后，产生的表明该活动成效的某些信息量，如不同类型的产品数量、产品的质量、经济效益等。根据输入数据和输出数据来评价决策单元的优劣，即所谓评价部门（或单位）间的相对有效性。在本章以及后面的章节中，我们将介绍一些具体方法，这些方法用来估计边界函数并衡量与这些估计边界有关的厂商的效率。Lovell(1993)在效率衡量这方面的研究为本书提供了一个详细的参考。比较常用的两种方法主要是资料包络分析法（DEA 模型）和随机前沿分析法（SFA 模型），我们在本章中将对 DEA 模型的相关原理及基本模型进行介绍，在第 3 章则介绍 DEA 方法的一些扩展模型，而 SFA 模型则将在第 4 章进行介绍。

2.1 数据包络分析法简介

数据包络分析法（Data Envelopment Analysis, DEA）是一种衡量多种投入和多种产出决策单元（Decision Making Unit, DMU）相对效率的综合评价方法，主要用来评价同类单位之间的相对有效性。自 1978 年，由美国学者 A. Charnes 和 W. W. Cooper 等人给出第一个 DEA 模型和 CCR 模型以来，这种通过构建生产前沿面来评价决策单元相对绩效的方法受到了广泛的关注，并且获得了快速的发展。数据包络分析法通过对具有基本相同背景环境生产决策单元（DMU）在生产过程中的输入、输出情况进行比较，得到一个标量结果指标，我们通过该指标可以对各 DMU 的相对有效性进行评估。该方法在各 DMU 的输入和输出因素之间建立了明确的关系。如果输出是单目标，这种关系代表了输入和输出因素之间的生产函数,该函数以给定输入条件下输出最大为目标取向;当输出为多目标时,这种关系就定义为有效生产可能面(Efficient Frontier)或称为生产前沿面。因为该前沿面实际上来自于对样本单元的经验观察,因此通过该方法得到的标量指标实际上表明了在目前技术条件、管理体制和生产组织方式下,各 DMU 能够达到的相对效率。

例如,在评估一个银行支行的运营效率时,可以用一个会计比率,如每笔出纳交易的成本。相对于其他支行,一个支行的比率较高,则可以认为其效率较低,但是较高的比率可能是源于一个更复杂的交易组合。运用简单比率的问题就在于产出组合没有明确,关于投入组合,也能作出同样的评论。广泛基础上的指标如盈利性和投资回报,与全面绩效评估高度相关。但它们不足以评估一个服务单位的运营效率。比如,你不能得到以下的结论:一个盈利的支行必定在雇员和其他投入的使用上是有效的。盈利性业务的比率高于平均水平比资源运用的成本效率更能解释其盈利性。这里特别需要指出的是,DEA 方法是纯技术性的,与市场(价格)可以无关。

2.1.1 数据包络分析法的发展

数据包络分析法于 1978 年由著名的运筹学家 A. Charnes,W. W. Cooper 和 E. Rhodes 基于 Farrell 生产效率的观点首先提出,他们的第一个模型被命名为 CCR 模型,随后 Banker,Charnes 和 Cooper 对这一模型进行了拓展,得到了规模报酬变化时效率测量的 DEA 方法。DEA 方法用来评价部门间的相对有效性(因此被称为 DEA 有效),但主要用于评估公共部门和非盈利部门的效率。Charnes 和 Cooper 等人应用 DEA 的第一个十分成功的案例是在评价为弱智儿童开设公立学校项目的同时,描绘出可以反映大规模社会实验结果的研究方法。在评估中,输出包括"自尊"等无形的指标,输入包括父母的照料和父母的文化程度等,无论哪种指标都无法与市场价格相比较,也难以轻易定出适当的权重(权系数)。

从生产函数角度来看,数据包络分析模型是用来研究具有多个输入特别是具有多个输出的"生产部门"同时为"规模有效"与"技术有效"的十分理想且卓有成效的方法。这种方法的使用在 Fare,Grosskopf 和 Lovell(1985,1994);Seiford 和 Thrall(1990);Lovell(1993);Ali 和 Seiford(1993);Lovell(1994);Charnes et al. (1995);Seiford(1996);Cooper,Seiford 和 Tone(2000)以及 Thanassoulis(2001)的文章中可见。Farrell 提出这个分段线性凸面接近边界估计,这一观点在 Farrell 的论文发表后的 20 年里只被少数几个学者关注并研究。Boles(1966),Shephard(1970)和 Afriat(1972)提议利用数学规划方法可以完成这个目标,但是直到 Charnes,Cooper 和 Rhodes(1978)在其论文中首次使用

DEA,这个方法才得到广泛的关注。

1984 年 R. D. Banker,A. Charnes 和 W. W. Cooper 给出了一个被称为 "BCC 的模型"。1985 年 Charnes,Cooper 和 B. Golany, L. Seiford,J. Stutz 给出了另一个模型(称为 CCGSS 模型),这两个模型是用来研究生产部门间的"技术有效"性的。1986 年 Charnes,Cooper 和魏权龄为了进一步地估计"有效生产前沿面",利用 Charnes,Cooper 和 K. Kortanek 于 1962 年首先提出的半无限规划理论,研究了具有无穷多个决策单元的情况,给出了一个新的数据包络模型——CCW 模型。1987 年 Charnes, Cooper,魏权龄和黄志民又得到了称为锥比率的数据包络模型——CCWH 模型。这一模型可以用来处理具有过多的输入及输出情况,而且锥的选取可以体现决策者的"偏好"。灵活地应用这一模型,可以将 CCR 模型中确定出的 DEA 有效决策单元进行分类或排队等。这些模型以及新的模型正在被不断地完善和进一步发展。DEA 方法和模型以及对 DEA 方法的理解和应用还在不断地发展和深入。除了上面提到的新的模型 BCC、CCGSS、CCW 和 CCWH 外,在具体使用 DEA 方法时,如"窗口分析"方法,使 DEA 的应用范围拓广到动态情形;将 DEA 应用于决策单元为私人部门(商业公司)时,各决策单元之间存在着激烈的相互竞争作用等情况。本书主要介绍 DEA 模型及其扩展——SBM 模型。

2.1.2 数据包络分析法的优势

数据包络分析(DEA)方法是评价多投入、多产出的决策单元经营有效性的十分理想和卓有成效的方法,广泛用于金融企业、医院、学校、机场等公共事业单位的运营效率评价中。因为一方面这些机构的输入、输出情况很难进行明确界定;另一方面其输入因素、输出结果一般都缺乏自然价格,难以采用资金收益率等常规经济指标来评估,这一点促成了 DEA 分析方法近年来在公共服务机构运行效率分析评估中得到了广泛应用。数据包络分析法所具有的优势在于:评价时不必考虑指标的量纲,可以不考虑输入、输出产品的价格参数情况,具有很强的客观性;由于该方法是以投入产出指标的权重为变量,从最有利于被评价单元的角度进行评价,无须事先确定各指标的权重,避免了在权重的分配时评价者的主观意愿对评价结果的影响;可以避免寻求相同度量因素所带来的许多困难;不需要事先确定指标的相对权重以及决策单元的各输入、输出之间的显式函数关系,即不必设定特定的函数形式;不允许由运气成分、数据问题或者其他测量误差所引起的随机误差;排除了许多主观因素,增强了评价结果的客观性,还使问题得以简化;DEA 模型允许分析者根据管理的重点选择投入和产出,例如如果重视利润,则把它作为一个产出,如果重视中间业务收入,则把它作为产出,如果重视管理费用,则把它作为一个投入;DEA 模型可以使用不同单位的变量而不必将其标准化(如美元、交易数量或者员工数量)。DEA 比财务比率方法以及回归分析方法有着许多独特的优势,从技术用度上讲,它使用非参数的线性规划技术来建立经验性的生产边界,并衡量生产单元的相对效率。在处理复杂程序尤其是多个输入、输出变量的情况下,DEA 尤其出色。

DEA 的优点吸引了众多的应用者,应用范围已扩展到美国军用飞机的飞行、基地维修与保养,以及陆军征兵、城市、银行等方面。目前,这一方法应用的领域正在不断地扩大。DEA 也可以用来研究多种方案之间的相对有效性(如投资项目评价);研究在做决策之前去预测一旦做出决策后它的相对效果如何(如建立新厂后,新厂相对于已有的一些工厂是否为有效);在评价某城市的高等学校时,输入可以是学校全年的资金、教职员工的总人数、教学用房的总面积、各类职称的教师人数等,输出可以是培养博士研究生的人数、硕士研究生的人数、大学生的人数、学生的质量(德、智、体)、教师的教学工作量、学校的科研成果(数量与质量)等。此外,DEA 模型甚至可以用来进行行政部门的绩效评价。但是在很多的文献中,都没有很好地解决决策单元的同质性的问题。因为在评价企业的经营的绩效水平时要受到三个因素的影响:管理者组织生产的效率、企业经营环境的特征以及经营中运气或其他忽视的因素等随机误差的影响。由于环境的不同,对处于不相同的经营条件下的不同的决策单元进行的评估是"不公平的",所以在评价中使用的模型必须要能够解释或考虑环境因素和误差的影响(Fried,2002)。但是,由于 DEA 是确定性边界模型,所以它本身无法解释随机误差的影响,这是 DEA 模型的主要不足之处。

2.2　基于固定规模报酬的 CCR 模型

根据 Farrell(1957)的定义,运用数据包络分析法来衡量厂商的绩效必须通过与其他的厂商相互比较而得,因此 DEA 是一种相对效率(Relative Efficiency)评价模型。Charnes,Cooper 和 Rhodes(1978)参考 Farrell(1957)的效率概念,提出 DEA 的 CCR 模型,用以评估技术效率。通过 CCR 模型可计算出厂商的总体效率和技术效率。这是 DEA 的第一个模型。CCR 模型假定规模报酬不变(CRS)和从投入角度(Input Orientation)进行计算。以后有许多研究逐步放松和扩展了 CCR 模型的这两个假设,所以现有的许多 DEA 模型有很多可以扩展到可变规模报酬(VRS)和从产出角度(Output Orientation)来进行计算等。

2.2.1　CCR 模型介绍

Charnes,Cooper 和 Rhodes(1978)提出了一个投入导向并且假定固定规模报酬的 DEA 模型。在他们以后发表的论文中,分别考虑了其他一些不同的假设前提,例如 Fare,Grosskopf,Logan(1983)和 Banker,Charnes 和 Cooper(1984),这些学者在其论文中提出了可变规模报酬模型。由于投入导向 CRS 模型是首先被广泛应用的,所以我们关于 DEA 的讨论要从描述这个模型开始。

(1)投入导向的 CCR 模型

CCR 模型假设每个厂商的生产为固定规模报酬,以此为假定来求得每个厂商的技术效率值。首先,我们定义一些符号:假设有 n 个厂商中每个厂商的 m 种投入和 s 种产出的数据。对于第 i 个厂商,投入和产出分别表示为列向量 x_i 和 y_i。$m \times n$ 阶投入矩阵 X 和 $s \times n$ 阶产出矩阵 Y 代表所有 n 个厂商的数据。

一个直观的方法是通过比值形式来介绍数据包络分析法。对于每一个厂商,我们想要获得一种包括所有产出和所有投入的比率衡量方法,例如 $\frac{u'y_i}{v'x_i}$,其中 u 是表示产出权重的 $s \times 1$ 阶向量,v 是表示投入权重的 $m \times 1$ 阶向量。通过求解式(2.1)的数学规划问题可以得到最适权重:

$$\max_{u,v}(u'y_i/v'x_i) \tag{2.1}$$
$$s.t. \quad u'y_i/v'x_i \leqslant 1 \qquad i=1,2,\cdots,n$$
$$u,v \geqslant 0$$

这涉及求解 u 和 v 的值,满足所有的效率值都不大于 1,以便使第 i 个厂商的效率最大化。关于这个比值的一个问题是有无限多个解。为了避免这一问题,我们可以在式(2.1)中加入约束条件 $v'x_i=1$ 来求解式(2.2):

$$\max_{u,v}(u'y_i) \tag{2.2}$$
$$s.t. \quad v'x_i=1$$
$$u'y_i-v'x_i \leqslant 0 \qquad i=1,2,\cdots,n$$
$$u,v \geqslant 0$$

线性规划问题式(2.2)中的 DEA 模型是乘数形式的模型。利用线性规划的对偶性,我们可以得到本问题的一个等价包络形式:

$$\min_{\theta,\lambda}\theta \tag{2.3}$$
$$s.t. \quad -y_i+Y\lambda \geqslant 0$$
$$\theta x_i-x\lambda \geqslant 0$$
$$\lambda \geqslant 0$$

其中 θ 表示一个标量,λ 表示一个 $n \times 1$ 阶常数向量。这个包络形式涉及的约束比乘数形式($m+s<n+1$)的少,因此这种包络形式一般成为解决问题的首选形式。这样得到的 θ 值是第 i 个 DMU 的效率。根据 Farrell(1957)的定义,θ 满足:$\theta \leqslant 1$,数值 1 表示在效率边界上的点,这样的 DMU 是技术有效率的。对于上面的例子,这种线性规划问题必须求解 n 次,即对每一个厂商都需要求解一次。

　　线性规划式(2.3)中的 DEA 问题具有良好的直观解释。实质上,这个问题是使第 i 个厂商保持在可行投入集合以内的前提下,寻求投入向量 x_i 在射线方向上的冗余尽可能小。这个集合的内边界是由观测数据点(例子中所有的厂商)所确定的分段线性等产量线(参见图 2.1)。投入向量 x_i 的径向收缩在此技术前沿面上会得到一个投影点 $(X\lambda,Y\lambda)$。这个投影点是这些观测数据点的一个线性组合。线性规划式(2.3)中的约束条件保证了这些投影点不会落到可行集合外部。

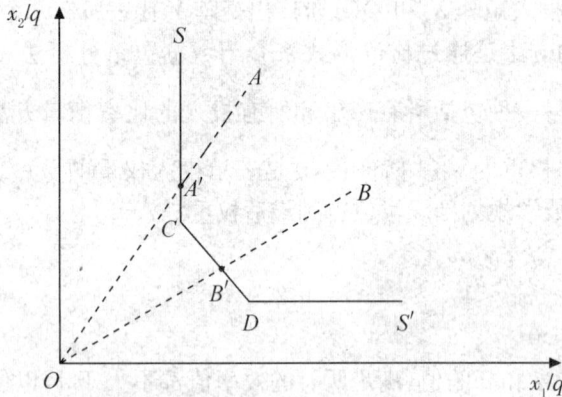

图 2.1　效率计算和投入冗余

资料来源:Coelli,T.,D. S. Prasada Rao and G. E. Battese. An Introduction to Efficiency and Productivity Analysis. Boston:Kluwer Academic Publishers,1998(2):165

(2)产出导向的 CCR 模型

　　产出导向的 CCR 模型与投入导向的 CCR 模型原理相同,只不过考察效率的角度有所不同,投入导向的 CCR 模型是在固定产出的条件下,通过比较特定DMU 的投入与生产前沿面上的投入来确定该 DMU 的效率值,而产出导向的CCR 模型则是在固定投入的条件下,通过比较特定 DMU 的产出与生产前沿面上的产出来确定该 DMU 的效率值。我们仍然使用投入导向 CCR 模型中设定的符号,则产出导向 CCR 模型效率值的求解可通过线性规划式(2.4)来实现:

$$\max_{\phi,\lambda}\phi \tag{2.4}$$

$$s.t.\quad -\phi y_i+Y\lambda\geqslant 0$$

$$x_i-X\lambda\geqslant 0$$

$$\lambda\geqslant 0$$

　　线性规划式(2.4)求得的 ϕ 反映了在特定投入的情况下,各种产出同比例扩张的程度,因此对 ϕ 取倒数则可以求得产出导向的 CCR 效率值。值得一提的是,在规模报酬不变假设下的 CCR 模型下,投入导向和产出导向的效率值在数值上是相等的。

如 Fare 等人(1994)所阐述的,与线性规划式(2.3)和式(2.4)有关的生产技术可以定义为 $P=\{(x,y):y\leqslant Y\lambda,x\geqslant Y\lambda\}$,并指出这种技术定义了一个封闭的、凸的、固定规模报酬的、强可抛性的生产集合。在下面的小节里,我们考虑其他具有较少生产技术约束的数据包络模型,如可变规模报酬。

2.2.2 关于松弛的说明

DEA 模型中非参数边界的分段线性形式可能导致一些效率衡量方面的问题。问题出现于分段线性边界的个别部分与坐标轴平行(如图 2.1)的时候,而这种情况不会在大多数参数方程中出现。为了说明这个问题我们来看图 2.1,使用 C 点和 D 点投入组合的两个 DMU 均是有效率的,也就是说它们是处于效率边界上的,而处于 A 点和 B 点的 DMU 是无效率的。Farrell 衡量技术效率的方法给出了 DMU A 和 DMU B 的效率分别为 OA'/OA 和 OB'/OB。尽管如此,A' 点是否是有效率的点存在疑问,因为我们可以减少投入 x_2 的使用量(可减少的量为 CA')而保持产出量不变。这种现象就是文献中经常提到的投入松弛。当我们考虑一种涉及多投入和(或)多产出的情况,图形就不再这么简单了,而且产出松弛也可能会发生。一些学者指出,Farrell 技术效率和任何非零的投入产出松弛应当进行报告,以便在数据包络分析中为 DMU 的技术效率提供一个准确的说明。

现在我们可以对松弛的问题表述如下,对于第 i 个 DMU,对于给定的最适权重 θ 和 λ,如果 $Y\lambda-y_i=0$,那么产出松弛为零;如果 $\theta x_i-X\lambda=0$,那么投入松弛为零。尽管如此,我们需要注意在 Koopmans(1951)看来,通过线性规划式(2.3)计算得出的松弛不必识别所有"真实的"松弛。对于一个特定的 DMU,当存在两个或多个最适权重 λ 向量时,这种情况便可能发生。因此,如果我们想要确定所有的效率松弛,我们必须解决另外的线性规划问题。然而,在本章的其余部分,我们避免仅通过线性规划式(2.3)来识别全部效率松弛这种简单的例子。尽管如此,正如我们在以后的章节中将要讨论的,由于各种各样的原因,松弛的重要性可能被夸大。

2.3 基于可变规模报酬的 BCC 模型

当所有厂商都在最佳规模下运营时,固定规模报酬假设是恰当合理的。然而,不完全竞争、政府规制、财政约束等可能导致一个厂商无法在最佳规模下运营。许多学者如 Afriat(1972)，Fare、Grosskopf 和 Logan(1983)，Banker，Charnes 和 Cooper(1984)提出将固定规模报酬(CRS)DEA 模型调整为可变规模报酬(VRS)的情况。当并非所有的厂商都在最佳规模下运营时，使用固定规模报酬假定会导致技术效率(TE)的计算被规模效率(SE)混淆。使用可变规模报酬假定允许在计算技术效率时忽略这些规模效率的影响。

2.3.1　BCC 模型介绍

简单地说，BCC 模型与 CCR 模型的不同之处就是 BCC 模型比 CCR 模型多出一项约束条件，称为凸性约束。比较两个模型的差异就可以计算 DMU 规模变动对效率的影响，即规模效率问题(Scale Efficiency)：$TE_{CRS} = TE_{VRS} \times SE$。因此，CRS 条件下的技术效率就分解成两个部分："纯"技术效率(Pure Technical Efficiency)和规模效率(Scale Efficiency)，规模效率就可以直接通过比较两种条件下的技术效率而得。利用 Banker 等人(1984)提出的 DEA 改良模型——BCC 模型，可将 CRS 条件下的技术效率分解为规模效率和纯技术效率。相应地，DMU 的纯技术效率值等于 1 表示纯技术有效，小于 1 表示纯技术无效。BCC 模型假设 DMU 在变动规模报酬下生产，即在 CCR 模型上加上一个约束条件 $\sum \lambda_i = 1$，此时，求解所得到的效率指数值即为 DMU 的纯技术效率。CCR 模型所求得的技术效率值除以 BCC 模型所求得的纯技术效率值，即可得到 DMU 的规模效率。规模效率值等于 1 表示 DMU 在最优规模下生产，小于 1 则表示 DMU 的规模无效率。

(1)投入导向 BCC 模型

在式(2.3)中加入凸性约束条件：$e\lambda = 1$，固定规模报酬线性规划问题就可以容易地修正为可变规模报酬下的线性规划模式，如式(2.5)：

$$\min_{\theta,\lambda} \theta \qquad\qquad (2.5)$$

$$s.t. \quad -y_i + Y\lambda \geqslant 0$$
$$\theta x_i - X\lambda \geqslant 0$$
$$e\lambda = 1$$
$$\lambda \geqslant 0$$

其中 e 是一个 $n \times 1$ 阶向量。这种方法可以构造一个凸边界，这个基于可变规模报酬的凸边界比固定规模报酬的锥面更紧密地包络这些数据点，这样计算得到的技术效率值要大于或等于使用固定规模报酬 CCR 模型计算所得到的值。

注意这个凸性约束条件($e\lambda = 1$)，实质上它保证了一个无效率 DMU 仅与类似规模的边界上的标杆 DMU 相比较。也就是说，在 DEA 边界上的投影点(对于这个 DMU 来说)是被观测 DMU 的一个凸组合。在 CRS 情况下，这个凸性约束条件并不强。这样,在固定规模报酬 DEA 模型中,一个 DMU 可能作为另一些规模远大于或小于此 DMU 的标杆。在这种情况下,权重 λ 之和小于(大于)1。

(2)产出导向 BCC 模型

同理,在线性规划(2.4)的约束条件中加入凸性条件 $e\lambda=1$ 即可得到产出导向的 BCC 模型,如线性规划(2.6)所示:

$$\max_{\phi,\lambda}\phi \qquad\qquad\qquad\qquad (2.6)$$
$$s.t. \quad -\phi y_i+Y\lambda\geqslant 0$$
$$x_i-X\lambda\geqslant 0$$
$$e\lambda=1$$
$$\lambda\geqslant 0$$

其中 $1\leqslant\phi<\infty$,$(\phi-1)$ 表示在投入量不变的情况下,第 i 个厂商的产出可按比例增加的量。$1/\phi$ 表示技术效率,其取值范围从 0 到 1。

一个具有两种产出的产出导向 DEA 可以用分段线性生产可能曲线表示,如图 2.2 所示。我们注意到当生产点通过产出径向扩展被投影到曲线的一些部分时,通过位于此曲线下方的观测点和曲线与轴具有右夹角的这些部分,就能求出所导致的产出松弛。例如,将 P 点投影得到 P' 点,P' 点位于前沿曲线上但不在有效前沿上。这是因为我们可以在不增加任何投入使用量的情况下,提高 AP' 单位的产出量 y_1。在这种情况下,就存在产出冗余 y_1。

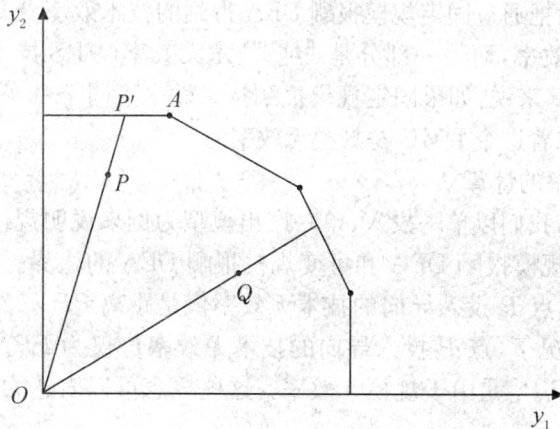

图 2.2 产出导向 DEA

资料来源:Coelli,T., D. S. Prasada Rao and G. E. Battese. An Introduction to Efficiency and Productivity Analysis. Boston:Kluwer Academic Publishers,1998(2):181

(3)投入导向 BCC 模型和产出导向 BCC 模型的差别

在前面的章节中,我们曾讨论过投入导向数据包络模型。该方法的基本思路是:在保持产出水平不变的情况下,通过按比例减少投入量来测算技术无效率。这符合 Farrell 的基于投入的技术无效率测量。我们也可以在保持投入不变的情况下,通过按比例的增加产出来测算技术无效率。在固定规模报酬条件下,这两种方法算出的数值是相等的,但是,在可变规模报酬条件下,两种方法算出的数值是不相等的。如果线性规划不存在诸如联立方程偏倚这类统计问题,那么导向选择就不如在计量经济估计中那么关键了。在大量的研究中,分析者倾向于选择投入导向模型。原因在于许多厂商要满足特定的订单要求(如发电量),所以投入量成为基本的决策变量,尽管这种观点不一定适用于所有行业。在一些行业中,我们或许要求厂商用给定资源投入量生产尽可能多的产出。在这种情况下,产出导向模型更为合适。实质上,我们应该根据管理者最能控制的变量(投入或产出)来选择模型的导向。进一步,在多数情况下,导向的选择对所求结果的影响是很小的(Coelli 和 Pereman,1999)。

一个关键点是,我们利用投入导向和产出导向的数据包络模型估计的效率边界是完全一样的。因此由定义可知,二者可以识别相同的有效 DMU。只有当测算无效率 DMU 的效率时,两种方法的结果才会出现差别。

2.3.2 规模效率

每个 DMU 的规模效率可以通过固定规模报酬 DEA 和可变规模报酬 DEA 模型来计算,进而把通过固定规模报酬 DEA 得到的技术效率分解为两个部分:一部分是规模无效率,而另一部分是"纯"技术无效率(VRS 技术效率)。对于一个特定的 DMU 来说,如果固定规模报酬技术效率不同于可变规模报酬技术效率,那么就意味着这个 DMU 是规模无效率的。

(1) 规模效率的计算

在图 2.3 中,我们以单一投入、单一产出模型为例来说明规模无效率问题。图中标明了固定规模报酬 DEA 和可变规模报酬 DEA 的边界。在固定规模报酬(CRS)情况下,点 P 投入导向的技术无效率值是距离 PP_c。然而,在可变规模报酬(VRS)情况下,点 P 投入导向的技术无效率值仅为 PP_v。这两种衡量 TE 方法的差别 P_cP_v 是由于规模无效率。这些概念可以表达为衡量效率的比值形式:

$$TE_{CRS} = AP_c/AP \tag{2.7}$$

$$TE_{VRS} = AP_v/AP \tag{2.8}$$

$$SE = AP_c/AP_v \tag{2.9}$$

以上这些数值均在 0 和 1 之间。我们也注意到由于 $AP_c/AP = (AP_v/AP) \times$

(AP_c/AP_v)，所以有：

$$TE_{CRS}=TE_{VRS}\times SE \qquad\qquad (2.10)$$

这样，固定规模报酬技术效率被分解为"纯"技术效率和规模效率两部分。这种规模效率可以粗略地解释为一个厂商在点 P_v 运营的平均产品与在最佳规模下运营(点 R)的平均产品的比值。

(2) 规模报酬的类型

这种规模效率衡量方法的一个缺点是所求的值不能表明这个厂商是在规模报酬递增还是规模报酬递减范围内运营。我们可以在 DEA 模型中加入非递增规模报酬(NIRS)假设来解决这个问题。在线性规划(2.5)中用 $e\lambda\leqslant1$ 来替代 $e\lambda=1$ 约束而得到改进的 DEA 模型就可以解决。如式(2.11)所示：

$$\min_{\theta,\lambda}\theta \qquad\qquad (2.11)$$

$$s.t. \quad -y_i+Y\lambda\geqslant0$$

$$\theta x_i-X\lambda\geqslant0$$

$$e\lambda\leqslant1$$

$$\lambda\geqslant0$$

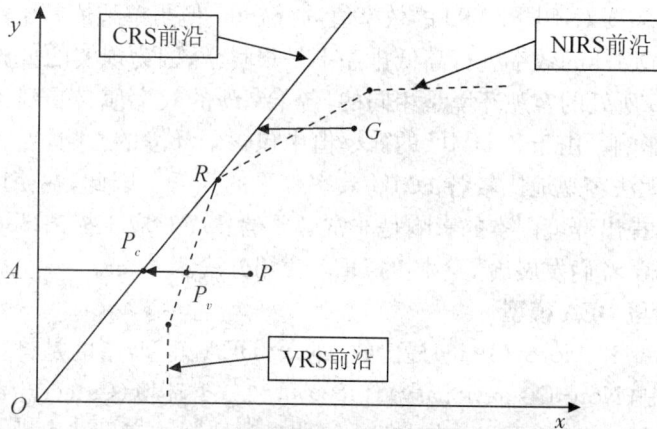

图 2.3　DEA 模型中规模效率(SE)的计算

资料来源：Coelli, T. , D. S. Prasada Rao and G. E. Battese. An Introduction to Efficiency and Productivity Analysis. Boston：Kluwer Academic Publishers,1998(2)：174

在图 2.3 中我们同样给出了非递增规模报酬的 DEA 边界。对于一个特定的 DMU 来说，规模无效率(由于 IRS 或 DRS)的性质可以由非递增规模报酬的技术效率是否等于可变规模报酬的技术效率来确定。如果它们不相等(如图 2.3 中点 P 的情况)，那么对于这个 DMU 来说存在规模报酬递增。如果它们相等(如图 2.3 中点 G 的情况),那么对于这个 DMU 来说存在规模报酬递减。Fare,Grosskopf 和 Logan(1983,1985)曾用这种方法研究过电力行业的案例。

注意 $e\lambda \leqslant 1$ 这个约束保证了第 i 个 DMU 对于规模远大于它的其他 DMU 来说不是"标杆",但是这个 DMU 可以与规模比它小的 DMU 做比较。

2.4　DEA 方法的应用

DEA 方法在应用的过程中往往需要考虑不同 DMU 所处的客观环境是不同的这一现实,因此根据消除环境因素影响的不同思路,DEA 方法在应用的过程中分为不同的类型,主要有一阶段 DEA 模型、二阶段 DEA 模型和三阶段 DEA 模型,我们在本节将会对这三种模型进行介绍,并介绍在使用 DEA 方法解决具体问题的过程中的基本思路。

2.4.1　DEA 方法应用的类型

我们在应用 DEA 方法就某一问题进行分析时,会得到每个 DMU 的效率值,我们进而需要对不同 DMU 的效率值进行分析,但是单纯依靠比较得到的效率值来对各 DMU 的效率进行高低排序不是很科学,因为现实的世界不可能保证每个 DMU 所处的客观环境是相同的,各 DMU 的效率值会受到各自所处的客观环境的影响。由于各 DMU 的效率值中包含了环境的影响,因而单纯比较效率值可能无法客观地比较各 DMU 效率水平的高低。因此,在使用 DMU 方法的过程中,提出环境因素的影响是非常必要的。而对应于提出环境因素影响的不同思路,学者们发展出了不同的 DEA 应用方法。

(1)一阶段 DEA 模型

由 Banker 和 Morey(1986)提出的一阶段 DEA 模型,指的是将环境变量分为非自由控制(Non-Discretionary)环境变量和分类环境(Categorical Environmental Variables)变量两种。在求解中将非自由控制的变量纳入投入变量或产出变量中构建一个模型,并用分类变量来控制相似的评价范围。一阶段 DEA 模型的缺点是由于使用分类变量来控制相似的条件,使得相互比较的基准范围缩小,影响计算结果的有效性,这种方法也没有考虑误差的影响;同时一阶段 DEA 模型必须确定环境变量对经营绩效的影响方向,由于影响经营的非自由控制因素是很多的,要将它们包含在同一个 DEA 方程中会造成评价准则过多,从而使 DEA 方程复杂化,进而其计算结果不一定更精确(Fried,2002)。

(2)二阶段 DEA 模型

二阶段 DEA 模型是由 Timmer 首先使用的。二阶段 DEA 模型的具体方法是在一阶段首先求出 DEA 的值,而暂时不考虑环境因素,然后在二阶段利用计量、统计或回归的方法来解释环境因素和 DEA 效率值的关系,进而解释 DEA 值存在差异的原因。这种方法的缺点是没有办法利用统计的结果来调整一阶段的评价结果,也没有考虑误差项的影响,因此得出的只是外部因素影响程度的大小,割裂了两个阶段之间的关系。Mccarry 和 Yaisawarng(1993)以及 Bhatta-charyya et al.(1997)针对二阶段 DEA 模型的这个缺点,使用回归的残差项来调整一阶段的 DEA 效率值,Fried(1999)则使用 TOBIT 方程根据环境变量调整投入或产出的值,从而重新计算 DEA 的值。这些方法虽然考虑了环境变量对于经营绩效的影响,也可以调整一阶段的 DEA 效率数值,但是还是没有考虑随机误差的影响,具有一定的局限。

目前使用二阶段 DEA 方法进行效率评价的文献相对比较多。Brown 和 Ragsdala(2002)使用的是聚类分析的方法,Mortimer(2002)则使用 TOBIT 模型来考虑外部因素的影响,Hwang et al.(2003)使用的是 Mann-Whitney 统计检验的方法验证在不同外部环境因素的影响下 DEA 效率值的差异是否显著,Shinn Sun(2005)利用方差分析的方法考虑了 8 种环境因素下 DEA 效率值是否差异显著,Sigala et al.(2005)利用多元回归模型考虑 DEA 效率值与外部环境因素的关系。Reynolds 和 ThomPson(2002)使用了另一种方法,这种方法在一阶段完全使用不可控的环境因素作为投入变量来计算 DEA 效率值,而在二阶段使用 STEPWISE 回归验证 DEA 效率值与选取的可控制变量之间的关系是否显著,如果显著则证明 DEA 效率值是有效的。

(3)三阶段 DEA 模型

Fried(2002)提出的三阶段 DEA 方法解决了环境变量和误差的影响。这种方法的思想是在一阶段先求出 DEA 的效率数值,而不考虑环境因素。在二阶段则利用随机边界分析(SFA)的方法以环境因素为自变量进行回归,以投入或产出的松弛变量为因变量,并且考虑了误差的影响,根据回归的结果对原投入或产出变量值进行调整。三阶段用调整后的值重新计算 DEA 数值,从而得出排除环境因素和误差影响的值。三阶段 DEA 模型在文献中被广泛应用。

2.4.2 DEA 模型的基本思路

(1)明确评价的目的和模型的选择

运用 DEA 方法进行效率评价时需要明确一系列问题,如哪些区域或者评价输入指标适宜在一起进行评价,通过什么样的输入和输出指标体系进行评价,选择什么样的模型进行评价,参考集的确定等问题,所有这些都应当服从于我们应用 DEA 方法的具体目的。

(2)决策单元(DMU)的选择

选择 DMU 就是确定参考集。DEA 方法是在同类别的 DMU 之间进行相对有效性的一个基本要求是 DMU 同类型。所谓同类型,就是要求具有以下三个特征:一是具有相同的外部环境;二是具有相同的输入和输出指标;三是具有相同的目标和任务。

(3)输入、输出指标的选择

由于建立 DEA 模型时并不需要特别指定输入和输出的指标,所以在建立指标体系时,会加入评价者个人的主观判断,为了比较准确地反映评价目标的真实情况,我们在建立输入、输出指标集合时有一些问题需要注意。首先要考虑能够实现评价绩效目的,也就是说输入向量与输出向量的选择要适合我们确定的评价目的;同时,输入向量与输出向量的选取要能全面反映评价目的,缺少某个或某些指标常会使评价目的不能完整地实现;而且对输入、输出指标进行选择时要考虑输入、输出指标体系的多样性,我们在可以实现评价目标的大前提下,设计多个输入、输出指标体系,在对个体系进行分析后,将分析结果放在一起进行比较分析。

2.4.3 传统 DEA 模型的缺陷

基于 Farrell 在 1957 年效率测度思想的 CCR 模型和 BCC 模型同属于径向(Radial)(从原点出发的射线)和线性分段(Piece-Wise Linear)形式的度量理论。这种度量思想主要是它的强可处置性(Strong Disposability),即它的线性分段前沿有时会平行于 x 轴或 y 轴(如图 2.3),它确保了效率边界或无差异曲线的凸性(不会折弯),但却造成了投入要素的"拥挤"(Congestion)或松弛(Slacks)。

我们重新来看图 2.1,它显示了生产技术的前沿是由 C 点和 D 点两个有效率生产单元所构成的线性分段前沿 SS',处于 SS' 折线上的点都是生产技术有效率的点,因此 A 和 B 两生产单元即是无效率生产点。依据径向技术效率的测度办法,A 和 B 的技术效率程度可分别表示为 OA'/OA 和 OB'/OB,位于生产前沿上的 A' 点和 B' 点就是 A 和 B 有效率的参照点。与 C 点和 D 点一样,A' 点和 B' 点也是技术效率为 1 的点。比较 A' 点和 C 点,我们发现 A' 点的生产可以通过继续减少 x_2 的投入量(减少 $A'C$)而和 C 点生产同样的产出 y,在 DEA 的文献中,这种情况被称做"投入松弛"(Input Slacks),扩展到多投入多产出的情况,产出松弛(Output Slacks)也会发生。完全有效率要求既没有无效率又没有投入要素的松弛。这就是传统 DEA 模型所无法解决的主要问题,不考虑投入松弛的影响直接运用 CCR 模型和 BCC 模型有可能造成对效率测度的巨大偏误。因此,经济学家们在 DEA 基本模型基础上又发展出了多种拓展模型以解决不同的具体问题,传统 DEA 的缺陷可以在很大程度上得以克服,我们在第 3 章将会介绍一些常用的 DEA 拓展模型。

3   DEA 拓展模型[①]

我们在第 2 章中对 DEA 方法的原理及其 CCR 模型和 BCC 模型作了介绍。DEA 方法有很多模型,在方法上,不同的模型对变量关系的处理方式有所不同——射线性的和非射线性的。所谓射线性的方法,是指在进行效率衡量的过程中,使各种投入或产出进行同比例的变化;而非射线性的方法则是指各种投入或产出的变化不需按某特定比例进行。前文介绍过的 CCR 模型和 BCC 模型都是射线性模型,本章中我们将介绍几种 DEA 方法的拓展模型,其中加和模型和 SBM 模型是非射线性的模型,而 Hybrid 模型则将射线性方法和非射线性方法结合起来使用。在应用上,面对不同的问题,不同的模型有其各自的优势。CCR 模型和 BCC 模型是 DEA 方法的基本模型,但在解决某些问题时也存在一定的缺陷,比如在存在"坏"产出的情况下,CCR 模型和 BCC 模型则不能对效率进行准确的评估。所谓的"坏"产出是指在生产过程中产生的副产品,这种副产品是人们所不愿意得到而在某种程度上又是无法避免的,最明显的例子是工业生产中产生的"三废"。在效率评估的过程中,"坏"产出与"好"产出不同,在特定的投入水平下,"好"产出越多,效率越高,而"坏"产出越少,效率越高,这一性质是 CCR 模型和 BCC 模型所不能处理的。而 SBM(Slack Based Measure)模型在解决上述问题方面具有明显的优势。我们将在本章第二节对 SBM 模型的拓展应用进行介绍。

3.1 DEA 方法的几种拓展模型

针对不同的具体问题,DEA 方法有很多拓展模型,而不同的拓展模型在实际应用中又可以根据所研究问题的具体情况进行进一步的拓展,在本节中我们将对几种较为基本的拓展模型——加和模型、SBM 模型以及 Hybrid 模型分别进行介绍。

3.1.1 加和模型

前面讲述的 CCR 模型和 BCC 模型都分为产出导向和投入导向的模型。而

---

① 本章参考 Cooper_Data Envelopment Analysis_2nd Edition

在这里我们将介绍一种将两种导向的模型结合起来的模型——加和模型（Additive Model，ADD），加和模型从松弛变量入手，是一种非射线性的模型，由于加和模型同时考虑了投入的冗余和产出的不足，因此是将两种导向结合在了一起。

(1)加和模型的基本形式

加和模型有多种类型，我们从中选取了一种类型的加和模型，如式（3.1）所示：

$$\max_{\lambda,s^-,s^+} z = es^- + es^+ \tag{3.1}$$

$$s.t. \quad X\lambda + s^- = x_o$$
$$Y\lambda - s^+ = y_o$$
$$e\lambda = 1$$
$$\lambda \geq 0, s^- \geq 0, s^+ \geq 0$$

我们利用图 3.1 对该模型进行说明，图中标出了 4 个单投入、单产出的 DMU：A、B、C 和 D。式（3.1）的约束条件表明，ADD 模型具有和 BCC 模型相同的生产可能集合，其效率前沿是连续的，包括线段 AB 和 BC。现在我们考虑 DMU D 是如何被加和模型所衡量的。因为是单投入、单产出模型，所以式（3.1）的目标函数具体到这个例子中就成为 $s^- + s^+$，在图 3.1 中，我们可以很容易看到 $s^- + s^+$ 的最大值将在 B 点出得到，正如图中的虚线所示。很显然，该模型是要得到与 D 点距离最大的效率前沿上的点，而在寻找这个最大距离的时候同时考虑了过量的投入和产出的不足。

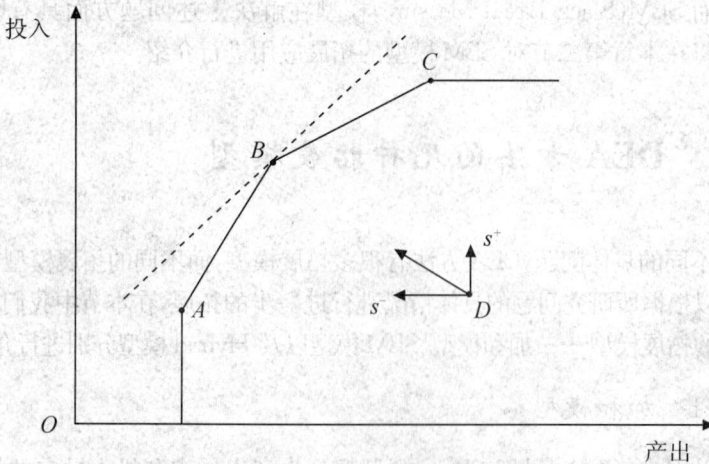

图 3.1　加和模型

资料来源：Cooper Data envelopement analysis 95

假设加和模型的最优解为$(\lambda^*, s^{-*}, s^{+*})$。那么在加和模型下,对于一个特定的 DMU,当且仅当 $s^{-*} = 0$ 并且 $s^{+*} = 0$ 时,该 DMU 是 ADD 有效率的。ADD 模型是所有投入和产出的松弛变量的加和,因此 ADD 模型的数值反映的是 DMU 的非效率程度。ADD 模型可以辨识有效率的 DMU,但对于存在非效率的 DMU,则不能给出具体的反映效率水平的数值,因此在对不同 DMU 的效率水平进行比较分析时,ADD 模型是有其局限性的。

(2)ADD 模型与 BCC 模型的联系

ADD 模型同 BCC 模型存在一定的内在关联性,当且仅当特定 DMU 是 BCC 有效率的,该 DMU 是 ADD 有效率的。对于这个结论的证明可以在 Ahn 等人的著作中找到。这里,ADD 模型中松弛变量 s^{-*} 和 s^{+*} 中隐含了效率高低的成分,但无法得到对效率值 θ^* 的精确衡量。

同时,ADD 模型所衡量的非效率与 BCC 模型所衡量的非效率在内涵上是有区别的。BCC 模型得到的 θ^* 反映的是 Farrell 有效(弱有效),而 ADD 模型反映了以投入和产出的松弛变量确定的全部非效率程度。更近一步讲,这种区别取决于两种模型所使用的方法的不同。ADD 模型使用的方法是非射线性的,BCC 模型则是射线性的方法。因此在 BCC 模型(或者 CCR 模型)中,可以观察到$(1-\theta^*)$表示在不改变各种投入之间比例条件下投入的减少,而(ϕ^*-1)则反映了产出的增长,这种增长是以不改变各种产出之间的比例为前提的,而 ADD 模型的结果则是加和了各种投入和产出的所有松弛变量,在这个效率衡量的过程中各类投入和产出的比例会发生变化。

因此严格来讲,ADD 模型所衡量的非效率并不是"技术非效率",而应称为"混合非效率",所以由于各类投入产出比例的变化导致的非效率和技术非效率是不同的,但在相关的 DEA 文献中并没有对这两种非效率进行严格的区分,所以我们使用较为宽泛的"技术效率"的定义,这样一来"技术非效率"就将"混合非效率"包含在内了。当需要明确二者之间的区别时,我们会特别指出。

3.1.2　SBM 模型

在 3.1.1 中,我们讲到了使用非射线性方法的 ADD 模型,ADD 模型的最大优点是从松弛变量入手,这样可以考虑到所有非效率的来源,但 ADD 模型由于其自身设置的缺陷,不能对效率水平进行精确的衡量,从而在使用中具有很大的局限性,在这里我们将介绍另一种非射线性的模型——SBM 模型(Slack Based Model),这是一种较为完善的 DEA 拓展模型,可以很好地解决 ADD 模型存在的问题。

(1)SBM 模型介绍

SBM 模型具有两个重要的特性:

① 对效率衡量的结果是不受衡量投入和产出项所用的单位影响的。

② 效率值与每个投入和产出的差额是单调递减的。

对于有 m 种投入和 r 种产出的生产，我们可以得到生产可能集合：

$$P=\{(x,y)\,|\,x\geqslant X\lambda,y\leqslant Y\lambda,\lambda\geqslant 0\} \tag{3.2}$$

使用 SBM 模型对具有 m 种投入和 s 种产出的 $DMU(x_o,y_o)$ 的效率进行衡量，则式(3.3)描述的是 SBM 模型的基本形式：

$$\rho^* = \min \frac{1-\dfrac{1}{m}\sum_{k=1}^{m} s_k^-/x_{ko}}{1+\dfrac{1}{s}\left(\sum_{r=1}^{s} s_r^+/y_{ro}\right)} \tag{3.3}$$

$$s.t. \quad x_o = X\lambda + s^-$$

$$y_o = Y\lambda - s^+$$

$$\lambda \geqslant 0, s^- \geqslant 0, s^+ \geqslant 0$$

在这个模型中，我们假定 $X \geqslant 0$。如果 $x_{ko}=0$，则删去目标函数中的 s_k^-/x_{ko}。如果 $y_{ro} \leqslant 0$，则用一个非常小的正数将其代替以保证 s_r^+/y_{ro} 在对效率的预测中发挥作用。

该目标函数值 ρ 满足上面提到的第一个重要特性，这一点已经得到了证明，因为目标函数里分子和分母中的每一部分都是采用相同的单位。第二个特性也是满足的，通过下面的分析我们可以清楚地看到这一点。

在模型中，ρ^* 表示 $DMU(x_o,y_o)$ 的效率值，s_k^- 表示第 k 种投入的冗余，s_r^+ 表示第 r 种产出的不足，λ 是调整矩阵，$X\lambda$ 表示前沿上的投入量，$Y\lambda$ 则表示前沿上的产出量。

在该模型的目标函数中，$\dfrac{1}{m}\sum_{k=1}^{m} s_k^-/x_{ko}$ 为 m 项投入的冗余占各自实际投入量的比例的平均值，也即 m 项投入的平均非效率水平，因而分子反映了各项投入的平均的效率水平；$\dfrac{1}{s}\sum_{r=1}^{s} s_r^+/y_{ro}$ 为 s 项产出的不足占各自实际产出量的比例的平均值，也即 s 项产出的平均的非效率水平，因而 $\dfrac{1}{1+\dfrac{1}{s}\left(\sum_{r=1}^{s} s_r^+/y_{ro}\right)}$ 则表示了产出的效率水平。可见，在 SBM 模型中，每个 DMU 的效率值是各项投入的平均效率水平与各项产出的平均效率水平的乘积。投入和产出的效率水平都会对 SBM 效率值产生影响。

由模型(3.3)的目标函数形式我们可以清楚地看到，SBM 模型采用非射线式的方式直接把松弛变量引入到目标函数之中，这样，相对于射线性的方式来说，因为考虑到了全部的松弛变量，就能够更为准确地对效率值进行评估。由

SBM 模型的方程形式可以看出，SBM 效率值 ρ^* 满足 $0 < \rho^* \leqslant 1$，且 ρ^* 对于 s_k^- 和 s_r^+ 单调递减，当且仅当 $s^- = s^+ = 0$ 时，$\rho^* = 1$，也即 DMU(x_o, y_o) 处在效率前沿上。

通过式(3.3)的约束条件我们可以观察到，对于任意 $k, s_k^- \leqslant x_{ko}$ 总是成立的，因而 $0 \leqslant s_k^- / s_{ko} \leqslant 1 (k = 1, \cdots, m)$，而只有当该生产不需要任何投入时，才会有 $s_k^- / x_{ko} = 1$。因此会得到：

$$0 \leqslant \frac{\sum\limits_{k=1}^{m} s_k^- / x_{ko}}{m} \leqslant 1 \tag{3.4}$$

但这个约束关系对于产出并不成立，因为产出的不足有可能大于实际的产出量，但在任何情况下都会有：

$$0 \leqslant \frac{\sum\limits_{r=1}^{s} s_r^+ / y_{ro}}{s} \tag{3.5}$$

(2)SBM 模型基本形式的求解

在式(3.3)所描述的 SBM 基本模型中引入一个标量 t，则原模型可转化为式(3.6)所描述的线性规划形式：

$$\min_{t, \lambda, s^-, s^+} \tau = t - \frac{1}{m} \sum_{k=1}^{m} t s_k^- / x_{ko} \tag{3.6}$$

$$s.t. \quad 1 = t + \frac{1}{s} \sum_{r=1}^{s} t s_r^+ / y_{ro}$$

$$x_o = X\lambda + s^-$$

$$y_o = Y\lambda - s^+$$

$$\lambda \geqslant 0, s^- \geqslant 0, s^+ \geqslant 0, t > 0$$

在此，为了计算方便，我们定义三个新的变量：

$$S^- = ts^-, S^+ = ts^+, \Lambda = t\lambda \tag{3.7}$$

则式(3.7)所描述的线性规划形式变为如式(3.8)所描述的关于 t, S^-, S^+ 和 Λ 的线性规划：

$$\min \tau = t - \frac{1}{m} \sum_{k=1}^{m} S_k^- / x_{ko} \tag{3.8}$$

$$s.t. \quad 1 = t + \frac{1}{s} \sum_{r=1}^{s} S_r^+ / y_{ro}$$

$$tx_o = X\Lambda + S^-$$

$$ty_0 = Y\Lambda - S^+$$

$$\Lambda \geqslant 0, S^- \geqslant 0, S^+ \geqslant 0, t > 0$$

假设式(3.8)的最优解是$(\tau^*, t^*, \Lambda^*, S^{-*}, S^{+*})$,则我们可以得到式(3.6)的最优解:

$$\rho^* = \tau^*, \lambda^* = \Lambda^*/t^*, s^{-*} = S^{-*}/t^*, s^{+*} = S^{+*}/t^* \tag{3.9}$$

当且仅当$\rho^* = 1$时,DMU(x_o, y_o)是SBM有效的。这个条件等同于$s^{-*} = 0$且$s^{+*} = 0$,这意味着在最优解情况下,不存在投入的过度使用和产出的不足。

对于一个SBM非效率的DMU(x_o, y_o),其投入产出向量可以表示为式(3.10)和式(3.11)的形式:

$$x_o = X\lambda^* + s^{-*} \tag{3.10}$$

$$y_o = Y\lambda^* + s^{+*} \tag{3.11}$$

而通过消除投入的过量和产出的不足,DMU(x_o, y_o)的效率可以得到提升,从非有效变为SBM有效,这一过程被称作SBM投影:

$$\hat{x}_o \Leftarrow x_o - s^{-*} \tag{3.12}$$

$$\hat{y}_o \Leftarrow y_o + s^{+*} \tag{3.13}$$

3.1.3　Hybrid 模型

射线性的方法在CCR模型和BCC模型中都进行了介绍,这种方法的缺点是忽略了非射线性投入或产出的松弛变量。非射线性的方法在SBM模型中进行了介绍,这种方法的缺点是忽略了投入或产出的射线性关系。而我们将介绍的Hybrid模型将两种方法融合在一个模型构架之中。

(1) Hybrid 模型介绍

令观测数据的矩阵分别为$X \in R_+^{m \times n}, Y \in R_+^{s \times n}, n, m$和$s$分别表示DMU的数量、投入的种类以及产出的种类。我们将投入矩阵分解为射线性部分$X^R \in R_+^{m1 \times n}$和非射线性部分$X^{NR} \in R_+^{m2 \times n}$,其中$m = m_1 + m_2$,如下所示:

$$X = \begin{bmatrix} X^R \\ X^{NR} \end{bmatrix} \tag{3.14}$$

类似地,我们将产出矩阵Y分解为射线性部分$Y^R \in R_+^{s1 \times n}$和非射线性部分$Y^{NR} \in R_+^{s2 \times n}$,其中$s = s_1 + s_2$,如下所示:

$$Y = \begin{bmatrix} Y^R \\ Y^{NR} \end{bmatrix} \tag{3.15}$$

我们假设这些数据集合是正的,即$X > 0, Y > 0$。生产可能性集合可以定义为:

$$P = \{(x, y) \mid x \geqslant X\lambda, y \leqslant Y\lambda, \lambda \geqslant 0\} \tag{3.16}$$

其中λ是一个非负向量,$\lambda \in R_+^n$(必要时,可以添加约束条件$\sum_{i=1}^{n} \lambda_i = 1$,这个条件使模型具有可变规模报酬)。

我们用一些数学公式来描述一个特定的 $DMU(x_o,y_o)=(x_o^R,x_o^{NR},y_o^R,y_o^{NR})\in P$，

$$\theta x_o^R = X^R\lambda + s^{R-} \tag{3.17}$$

$$X_o^{NR} = X^{NR}\lambda + s^{NR-} \tag{3.18}$$

$$\phi y_o^R \leqslant Y^R\lambda - s^{R+} \tag{3.19}$$

$$y_o^{NR} = Y^{NR}\lambda - s^{NR+} \tag{3.20}$$

其中，$\theta\leqslant 1,\phi\geqslant 1,\lambda\geqslant 0,s^{R-}\geqslant 0,s^{NR-}\geqslant 0,s^{R+}\geqslant 0,s^{NR+}\geqslant 0$，向量 $s^{R-}\in R^{m1}$ 和 $s^{NR-}\in R^{m2}$ 分别表示射线性和非射线性投入的过量投入，而 $s^{R+}\in R^{s1}$ 和 $s^{NR+}\in R^{s2}$ 则分别表示射线性产出和非射线性产出的不足。我们将过量投入和产出的不足统称为松弛变量。

在式(3.17)～式(3.20)的基础之上，我们可以按如下方式定义一个指数 ρ：

$$\rho = \frac{1-\dfrac{m_1}{m}(1-\theta)-\dfrac{1}{m}\sum_{i=1}^{m_2}s_k^{NR-}/x_{ko}^{NR}}{1+\dfrac{s_1}{s}(\phi-1)+\dfrac{1}{s}\sum_{r=1}^{s_2}s_r^{NR+}/y_{ro}^{NR}} \tag{3.21}$$

从式(3.21)中可以看出，指数 ρ 与 θ 呈正相关，而与 ϕ,s_k^{NR-}（$\forall i$）以及 s_r^{NR+}（$\forall r$）呈负相关关系，该指数的结果同样不随着数据所使用单位的变化而变化。

对于一个特定 $DMU(x_o,y_o)$，当且仅当 $\rho=1$，也即 $\theta=1,\phi=1,s^{NR-}=0$ 且 $s^{NR+}=0$ 时，$DMU(x_o,y_o)$ 是有效率的。

(2)Hybrid 模型求解

通过对式(3.21)求解，可以得到用于衡量效率水平的 ρ 的数值：

$$\rho^* = \min\frac{1-\dfrac{m_1}{m}(1-\theta)-\dfrac{1}{m}\sum_{i=1}^{m_2}s_k^{NR-}/x_{ko}^{NR}}{1+\dfrac{s_1}{s}(\phi-1)+\dfrac{1}{s}\sum_{r=1}^{s_2}s_r^{NR+}/y_{ro}^{NR}} \tag{3.22}$$

$$s.t. \quad \theta x_o^R \geqslant X^R\lambda$$
$$x_o^{NR} = X^{NR}\lambda + s^{NR-}$$
$$\phi y_o^R \leqslant Y^R\lambda$$
$$y_o^{NR} = Y^{NR}\lambda - s^{NR+}$$
$$\theta\leqslant 1,\phi\geqslant 1,\lambda\geqslant 0,s^{NR-}\geqslant 0,s^{NR+}\geqslant 0$$

假设这个问题的最优解是 $(\theta^*,\phi^*,\lambda^*,s^{NR-*},s^{NR+*})$，则我们可以得到如下结论：当且仅当 $\rho=1$，也即 $\theta=1,\phi=1,s^{NR-}=0$ 且 $s^{NR+}=0$ 时，$DMU(x_o,y_o)$ 是有效率的。

通过 Charnes-Cooper 转换，Hybrid 模型可以转换为式(3.23)所示的线性规划的形式：

$$\tau^* = \min t - \frac{m_1}{m}(t-\Theta) - \frac{1}{m}\sum_{i=1}^{m_2}S_k^{NR-}/x_{ko}^{NR} \tag{3.23}$$

$$s.t. \quad t + \frac{s_1}{s}(\Phi - t) + \frac{1}{s}\sum_{r=1}^{s_2} S_r^{NR+}/y_{ro}^{NR} = 1$$

$$\Theta x_o^R \geqslant X^R \Lambda$$

$$t x_o^{NR} = X^{NR}\Lambda + S^{NR-}$$

$$\Phi y_o^R \leqslant Y^R \Lambda$$

$$t y_o^{NR} = Y^{NR}\Lambda - S^{NR+}$$

$$\Theta \leqslant t, \Phi \geqslant t, \Lambda \geqslant 0, S^{NR-} \geqslant 0, S^{NR+} \geqslant 0$$

如果这个线性规划的最优解为 $(t^*, \Theta^*, \Phi^*, \Lambda^*, S^{NR-*}, S^{NR+*})$，则我们可以通过这个最优解得到 Hybrid 模型的最优解：

$$\rho^* = \tau^*, \theta^* = \Theta^*/t^*, \phi^* = \Phi^*/t^*$$

$$\lambda^* = \Lambda^*/t^*, s^{NR-*} = S^{NR-*}/t^*, s^{NR+*} = S^{NR+*}/t^* \tag{3.24}$$

(3) 非效率的分解

使用 Hybrid 模型的最优解 $(\theta^*, \phi^*, \lambda^*, s^{NR-*}, s^{NR+*})$，我们可以将 Hybrid 效率值 ρ^* 分解为四个因素：

射线性投入非效率：$\alpha_1 = \dfrac{m_1}{m}(1-\theta^*)$ $\tag{3.25}$

非射线性投入非效率：$\alpha_2 = \dfrac{1}{m}\sum_{k=1}^{m_2} s_k^{NR-*}/x_{ko}^{NR}$ $\tag{3.26}$

射线性产出非效率：$\beta_1 = \dfrac{s_1}{s}(\phi^*-1)$ $\tag{3.27}$

非射线性产出非效率：$\beta_2 = \dfrac{1}{s}\sum_{r=1}^{s_2} s_r^{NR+*}/y_{ro}^{NR}$ $\tag{3.28}$

在此基础上，我们可以定义投入非效率和产出非效率：

投入非效率：$\alpha = \alpha_1 + \alpha_2$ $\tag{3.29}$

产出非效率：$\beta = \beta_1 + \beta_2$ $\tag{3.30}$

从而 ρ^* 可以用投入非效率和产出非效率来表示：

$$\rho^* = \frac{1-\alpha}{1+\beta} = \frac{1-\alpha_1-\alpha_2}{1+\beta_1+\beta_2} \tag{3.31}$$

使用这种表述方式对于寻找非效率的来源是非常有利的，而且能够反映出各种非效率对 Hybrid 效率值 ρ^* 的影响。

3.2 SBM 模型的相关属性和拓展模型

我们在 3.1 中介绍了 DEA 方法中较为常见的三种拓展模型。其中 SBM

模型具有很多优良的性质,并得到了非常广泛的应用。首先,SBM 模型是非射线性的模型,能够充分考虑到全部的非效率来源。其次,SBM 模型的设置使其能够得到不同 DMU 的精确效率值,从而能够进行不同 DMU 效率水平的比较分析。另外,也是非常重要的一点,SBM 模型很容易进行进一步的拓展进而能够处理很多较为复杂的问题,尤其在处理具有"坏"产出和存在不可分情况的问题时具有明显的优势,因而我们将对 SBM 的模型的相关属性及其拓展模型进行说明。

3.2.1 SBM 模型的相关属性

(1)参考集合

在上述 λ^* 的基础上,我们可以得到关于 DMU(x_o, y_o) 的参考集合的概念。在求解的 SBM 效率的过程中得到的集合 λ^* 中,所有的 $\lambda_i^* > 0$ 的 DMU 所构成的集合称为 DMU(x_o, y_o) 的参考集合。

当然,不同的 DMU,其各自的参考集合是不同的。在此我们仍然以 DMU (x_o, y_o) 为例,我们用 R_o 表示 DMU(x_o, y_o) 的参考集合,那么参考集合的数学表达式可写成式(3.32)的形式:

$$R_o = \{i | \lambda_i^* > 0\} \quad (i \in \{1, \cdots, n\}) \tag{3.32}$$

这样的话,$(\hat{x}_o, \hat{y}_o)$ 可以表示为:

$$\hat{x}_o = \sum_{i \in R_o} x_i \lambda_i^* \tag{3.33}$$

$$\hat{y}_o = \sum_{i \in R_o} y_i \lambda_i^* \tag{3.34}$$

点 $(\hat{x}_o, \hat{y}_o)$ 位于效率前沿上,表示的是 DMU(x_o, y_o) 提升效率的投影过程的目标点,由上式可以看出,该点是参考集合中的投入产出向量的线性组合。

(2)规模报酬问题

前面对 SBM 模型相关问题的讨论是在规模报酬不变的假设下进行的,而对于各种规模报酬的情况,我们可以通过在 SBM 模型基础上增加下列约束条件来实现:

$$L \leqslant e\lambda \leqslant U \tag{3.35}$$

其中,$e = (1, \cdots, 1) \in R^n$,$L(\leqslant 1)$ 和 $U(\geqslant 1)$ 分别表示强度系数 λ 的下限和上限。$(L=1, U=1)$,$(L=0, U=1)$ 和 $(L=1, U=\infty)$ 分别对应规模报酬可变(VRS)、规模报酬递减(DRS)和规模报酬递增(IRS)的情况。

(3)SBM 模型的导向性

前面在介绍 SBM 模型中目标函数的同时考虑了投入和产出的松弛变量,可以说不具有投入导向和产出导向的问题,但是 SBM 模型的这种非导向型其实是同时考虑了投入导向和产出导向的效率。如若单独考虑投入导向或者产出导向的效率,基于松弛变量的方法也是可以使用的,基于松弛变量方法的投入导向和产出导向效率如式(3.36)和式(3.37)所示:

$$\rho_I^* = \min_{\lambda, s^-} 1 - \frac{1}{m} \sum_{k=1}^{m} s_k^- / x_{ko} \tag{3.36}$$

$$s.t. \quad x_o = X\lambda + s^-$$
$$y_o \leqslant Y\lambda$$
$$\lambda \geqslant 0, s^- \geqslant 0$$

$$\rho_o^* = \min_{\lambda, s^+} \frac{1}{1 + \frac{1}{s} \sum_{r=1}^{s} s_r^+ / y_{ro}} \tag{3.37}$$

$$s.t. \quad x_o \geqslant X\lambda$$
$$y_o = Y\lambda - s^+$$
$$\lambda \geqslant 0, s^+ \geqslant 0$$

很容易看出,$\rho_I^* \geqslant \rho^*$,$\rho_o^* \geqslant \rho^*$。

(4)加权 SBM 模型

在实际的研究中,我们可以根据不同投入产出项的重要性来对模型中的相关项施加权重,如下所示:

$$\rho = \frac{1 - \frac{1}{m} \sum_{k=1}^{m} w_k^- s_k^- / x_{ko}}{1 + \frac{1}{s} \sum_{r=1}^{s} w_r^+ s_r^+ / y_{ro}} \tag{3.38}$$

而这些权重需要满足如下约束条件:

$$\sum_{k=1}^{m} w_k^- = m, \quad \sum_{r=1}^{s} w_r^+ = s \tag{3.39}$$

权重的选择反映了决策者的价值取向,以产出为例,如果所有产出都用同一种单位来衡量,常用的权重选择方法如式(3.40)所示:

$$w_r^+ = s \sum_{i=1}^{n} y_{ri} / \sum_{i=1}^{n} \sum_{r=1}^{s} y_{ri} \tag{3.40}$$

这个权重选择方法用第 r 种产出在所有产出中所占的比重来作为权重,反映了第 r 种产出的重要程度。投入权重的选择也和产出的情况类似。

(5)非效率的分解

在得知了 DMU 的效率值后,我们往往需要进一步研究分析非效率的来源。我们可以在式(3.3)所描述的 SBM 基本模型的基础上,对非效率进行分解。

$$\rho^* = \frac{1 - \sum_{k=1}^{m} \alpha_k}{1 + \sum_{r=1}^{s} \beta_r} \tag{3.41}$$

其中,

$$\alpha_k = \frac{1}{m} \frac{s_k^{-*}}{x_{kio}} (k=1,\cdots,m) \tag{3.42}$$

$$\beta_r = \frac{1}{s} \frac{s_r^{+*}}{y_{ro}} (r=1,\cdots,s) \tag{3.43}$$

α_k 衡量了第 k 种投入的非效率水平,β_r 衡量了第 r 种产出的非效率水平。

3.2.2 带有"坏"产出的 SBM 模型

在现实的经济中,在生产产品的同时也会不可避免地产生一些副产品,比如工业生产过程中产生的废气、废水、废渣等,而这些副产品是我们所不希望得到的,我们将希望得到的产出称为"好"产出,而将不希望得到的副产品称为"坏"产出。

在投入一定的情况下,我们希望得到尽可能多的"好"产出和尽可能少的"坏"产出。尤其是随着环境的日益恶化,人们对环境的关注程度越来越高,因此在对经济生产的效率进行衡量时,必须要对环境的因素加以考虑。

(1)带有"坏"产出的 SBM 模型的模型形式

SBM 的基本模型能够对效率进行较为准确的衡量,但是并未考虑"坏"产出对环境的影响。在考虑了环境因素的情况下,如果"坏"产出的量保持不变,那么投入越少,"好"产出越多,效率就越高;而在投入和"好"产出都不变的情况下,"坏"产出的减少会使效率值得到提升。因此,我们可以得到带有"坏"产出的生产可能集合:

$$P = \{(x,y^g,y^b) \mid x \geqslant X\lambda, y^g \leqslant Y^g\lambda, y^b \geqslant Y^b\lambda, \lambda \geqslant 0\} \tag{3.44}$$

其中,x 为投入向量,y^g 为"好"产出向量,y^b 为"坏"产出向量,同样对于 $\mathrm{DMU}(x_o, y_o^g, y_o^b)$,我们对 SBM 基本模型进行适当的修正,即可用于衡量存在"坏"产出情况下的效率值,如式(3.45)所示:

$$\rho^* = \min \frac{1 - \dfrac{1}{m} \sum_{k=1}^{m} \dfrac{s_k^-}{x_{ko}}}{1 + \dfrac{1}{s_1 + s_2} \left(\sum_{r=1}^{s_1} \dfrac{s_r^g}{y_{ro}^g} + \sum_{r=1}^{s_2} \dfrac{s_r^b}{y_{ro}^b} \right)} \tag{3.45}$$

$s.t. \quad x_o = X\lambda + s^-$

$\qquad y_o^g = Y^g\lambda - s^g$

$\qquad y_o^b = Y^b\lambda + s^b$

$$s^- \geqslant 0, s^g \geqslant 0, s^b \geqslant 0, \lambda \geqslant 0$$

其中，s_k^- 为第 k 种投入的冗余，s_r^g 为第 r 种"好"产出的不足，s_r^b 为第 r 种"坏"产出的冗余。

与 SBM 的基本模型相比，式(3.45)在目标函数中加入了"坏"产出的冗余的因素，从而在对效率值进行衡量的过程中考虑了环境的因素，调整后的 SBM 模型的目标函数值依然满足 $0 < \rho^* \leqslant 1$，且 ρ^* 对于 s^-、s^g 和 s^b 单调递减，当且仅当 $s^- = s^g = s^b = 0$ 时，$\rho^* = 1$，此时，DMU(x_o, y_o^g, y_o^b) 是有效率的。

(2)带有"坏"产出 SBM 模型的求解

对式(3.45)进行一下变换，Charnes 和 Cooper(1962)得到一个等价的线性规划，如式(3.46)所示：

$$\tau^* = \min t - \frac{1}{m} \sum_{k=1}^{m} \frac{S_k^-}{x_{ko}} \tag{3.46}$$

$$s.t. \quad 1 = t + \frac{1}{s_1 + s_2} \left(\sum_{r=1}^{s_1} \frac{S_r^g}{y_{ro}^g} + \sum_{r=1}^{s_2} \frac{S_r^b}{y_{ro}^b} \right)$$

$$x_o t = X\Lambda + S^-$$

$$y_o^g = Y^g \Lambda - S^g$$

$$y_o^b = Y^b \Lambda + S^b$$

$$S^- \geqslant 0, S^g \geqslant 0, S^b \geqslant 0, \Lambda \geqslant 0, t > 0$$

假设 $(t^*, \Lambda^*, S^{-*}, S^{g*}, S^{b*})$ 是式(3.46)的最优解，那么我们就得到了式(3.45)的最优解：

$$\rho^* = \tau^*, \lambda^* = \Lambda^*/t^*, s^{-*} = S^{-*}/t^*, s^{g*} = S^{g*}/t^*, S^{b*} = s^{b*}/t^* \tag{3.47}$$

式(3.46)保证了 $(\lambda^*, s^{-*}, s^{g*}, s^{b*})$ 的存在，并且 $t^* > 0$。带有"坏"产出的 SBM 模型是在 SBM 基本模型的基础上发展而来，其相关属性与 SBM 模型相同，这里不再具体描述。

3.2.3 基于 SBM 模型基础上的不可分的"好"产出和"坏"产出模型

在进行效率评估的过程中我们还必须注意到这样一个现实：特定的"坏"产出和相应的"好"产出通常是不可分的。在特定生产技术条件下，减少"坏"产出产量都会不可避免地伴随着"好"产出产量的减少。而且也经常会出现某种特定"坏"产出和某种投入紧密相连，进而这种"坏"产出和对应投入也是不可分的，例如在电力行业，氮的氧化物和二氧化硫的排放量是与作为投入的燃料的消耗量成一定比例的。

为了对投入产出之间存在不可分性的情况进行分析，我们将投入和"好"产出分为可分的和不可分的，而"坏"产出自然是不可分的。进而我们可以得到生产可能集合如下：

$$P_{NS} = \left\{ (x^S, x^{NS}, y^{Sg}, y^{NSg}, y^{NSb}) \, \middle| \, \begin{array}{l} x^S \geqslant X^S\lambda, x^{NS} \geqslant X^{NS}\lambda, y^{Sg} \leqslant Y^{Sg}\lambda, \\ y^{NSg} \leqslant Y^{NSg}\lambda, y^{NSb} \geqslant Y^{NSb}\lambda, \lambda \geqslant 0 \end{array} \right\} \quad (3.48)$$

其中，x^S 是可分投入向量，x^{NS} 是不可分投入向量，y^{Sg} 是可分"好"产出向量，y^{NSg} 是不可分"好"产出向量，y^{NSb} 是不可分"坏"产出向量。

由上面的分析可知，由于不可分投入、不可分"好"产出与不可分"坏"产出具有紧密关联，而且在特定生产技术条件，三者之间是成一定比例的。因此，我们分别用 αx^{NS}、αy^{NSg} 和 αy^{NSb} 表示不可分投入、不可分"好"产出和不可分"坏"产出的变化，这样便体现了三者之间不可分的特性。其中，$0 \leqslant \alpha \leqslant 1$。

如果 $\mathrm{DMU}(x_o^S, x_o^{NS}, y_o^{Sg}, y_o^{NSg}, y_o^{NSb})$ 是不可分条件下生产可能集合中的点，如果满足下列两个条件，则 $\mathrm{DMU}(x_o^S, x_o^{NS}, y_o^{Sg}, y_o^{NSg}, y_o^{NSb})$ 是有效率的：

①可分投入和可分"好"产出固定不变，如果不可分投入保持不变，不可分"好"产出和不可分"坏"产出在现有技术水平条件下不可能得到缩减。

②在生产可能集合中不存在另外一个点，使得在不可分投入、不可分"好"产出与不可分"坏"产出与 DMU_o 相同的条件下，可分投入比 DMU_o 更少，或者可分"好"产出比 $\mathrm{DMU}(x_o^S, x_o^{NS}, y_o^{Sg}, y_o^{NSg}, y_o^{NSb})$ 更多。

上述对于 $\mathrm{DMU}(x_o^S, x_o^{NS}, y_o^{Sg}, y_o^{NSg}, y_o^{NSb})$ 有效率的条件用数学语言来表述如下所示：

①对任意 $\alpha(0 \leqslant \alpha < 1)$，有 $(x_o^S, x_o^{NS}, y_o^{Sg}, \alpha y_o^{NSg}, \alpha y_o^{NSb}) \notin P_{NS}$。

②不存在 $(x^S, x^{NS}, y^{Sg}, \alpha y^{NSg}, \alpha y^{NSb}) \in P_{NS}$，使得 $x_o^S \geqslant x^S, x_o^{NS} = x^{NS}, y_o^{Sg} \leqslant y^{Sg}, y_o^{NSg} = y^{NSg}, y_o^{NSb} = y^{NSb}$（其中至少有一个式子是不等式）。

同时满足这两个条件，则 $\mathrm{DMU}(x_o^S, x_o^{NS}, y_o^{Sg}, y_o^{NSg}, y_o^{NSb})$ 在不可分条件下是有效率的。

在带有"坏"产出且投入产出之间存在不可分性质的条件下，对 $\mathrm{DMU}(x_o^S, x_o^{NS}, y_o^{Sg}, y_o^{NSg}, y_o^{NSb})$ 的效率进行评估，可通过式(3.49)来进行：

$$\rho^* = \min \frac{1 - \dfrac{1}{m} \displaystyle\sum_{k=1}^{m_1} \dfrac{S_k^{S-}}{x_{ko}^S} - \dfrac{m_2}{m}(1-\alpha)}{1 + \dfrac{1}{s} \left[\displaystyle\sum_{r=1}^{s_{11}} \dfrac{S_r^{Sg}}{y_{ro}^{Sg}} + (s_{21} + s_{22})(1-\alpha) \right]} \quad (3.49)$$

$s.\,t. \quad x_o^S = X^S\lambda + s^{S-}$

$\qquad \alpha x_o^{NS} \geqslant X^{NS}\lambda$

$\qquad y_o^{Sg} = Y^{Sg}\lambda - s^{Sg}$

$\qquad \alpha y_o^{NSg} \leqslant Y^{NSg}\lambda$

$\qquad \alpha y_o^{NSb} \geqslant Y^{NSb}\lambda$

$\qquad s^{S-} \geqslant 0, s^{Sg} \geqslant 0, \lambda \geqslant 0, 0 \leqslant \alpha \leqslant 1$

$\qquad m = m_1 + m_2, s = s_{11} + s_{21} + s_{22}$

在目标函数中，$\dfrac{m_2}{m}(1-\alpha)$ 表示不可分投入减少的平均比例，$\dfrac{s_{21}+s_{22}}{s}(1-\alpha)$ 表示不可分"好"产出和不可分"坏"产出减少的平均比例。这样一来，就使得不可分投入、不可分"好"产出和不可分"坏"产出三者之间的不可分性质在效率评估的过程中得到了考虑。

目标函数是关于 $s_k^{S-}(\forall i)$、$s_r^{Sg}(\forall r)$ 和 α 单调递减的，假设式（3.49）的最优解是 $(\rho^*,\lambda^*,s^{S-*},s^{Sg*},\alpha^*)$，则有 $0<\rho^*\leqslant1$。当且仅当 $\rho^*=1$，也即 $s^{S-*}=0$，$s^{Sg*}=0,\alpha^*=1$ 时，$DMU(x_o^S,x_o^{NS},y_o^{Sg},y_o^{NSg},y_o^{NSb})$ 是在不可分条件下有效率的。

如果 $DMU(x_o^S,x_o^{NS},y_o^{Sg},y_o^{NSg},y_o^{NSb})$ 是在不可分条件下非效率的，也即 $\rho^*<1$，那么通过式（3.50）~式（3.54）所示的投影过程可以获得效率的提升，从而变为不可分条件下有效。

$$\hat{x}_o^S \leftarrow x_o^S - s^{S-*} \tag{3.50}$$

$$\hat{x}_o^{NS} \leftarrow \alpha^* x_o^{NS} \tag{3.51}$$

$$\hat{y}_o^{Sg} \leftarrow y_o^{Sg} + s^{Sg*} \tag{3.52}$$

$$\hat{y}_o^{NSg} \leftarrow \alpha^* y_o^{NSg} \tag{3.53}$$

$$\hat{y}_o^{NSb} \leftarrow \alpha^* y_o^{NSb} \tag{3.54}$$

式（3.49）对存在"坏"产出情况下的不可分性问题进行了较好的解决，但仍然存在一些缺陷。

首先，由式（3.49）的约束条件我们可以得到如下关系式：

$$s^{NS-*} \equiv \alpha^* x_o^{NS} - X^{NS}\lambda \geqslant 0 \tag{3.55}$$

$$s^{NSg*} \equiv -\alpha^* y_o^{NSg} + Y^{NSg}\lambda^* \geqslant 0 \tag{3.56}$$

$$s^{NSb*} \equiv \alpha^* y_o^{NSb} - Y^{NSb}\lambda^* \geqslant 0 \tag{3.57}$$

这意味着在含有不可分投入和产出的模型中，即使在经过了投影过程的调整后，仍然有一些松弛变量是正的，而且这些数值上仍然为正的松弛变量并不包含在最后的不可分条件下的效率值之内，因为我们假设了"坏"产出减少的比例（α^*），对可分投入产出应用的是非射线性的方法，而对不可分的投入产出则是使用的射线性的方法。

另外，在模型的使用中，需要对 α 的取值设定一定的约束条件。我们的原则是，对于不同的 DMU，分别设定其 α 使得不可分"好"产出的量减少以后而"好"产出的总量保持不变，其数学表达式即为：

$$\sum_{r=1}^{s_{11}}(y_{ro}^{Sg}+s_r^{Sg})+\alpha\sum_{r=1}^{s_{21}}y_{ro}^{NSg}=\sum_{r=1}^{s_{11}}y_{ro}^{Sg}+\sum_{r=1}^{s_{21}}y_{ro}^{NSg} \tag{3.58}$$

这样，在存在"坏"产出且存在不可分情况下，我们得到了较为完善的效率评估模型：

$$\rho^* = \min \frac{1 - \dfrac{1}{m_1}\sum_{k=1}^{m_1}\dfrac{s_k^{S-}}{x_{ko}^S} - \dfrac{1}{m}\sum_{k=1}^{m_2}\dfrac{s_k^{NS-}}{x_{ko}^{NS}} - \dfrac{m_2}{m}(1-\alpha)}{1 + \dfrac{1}{s}\left[\sum_{r=1}^{s_{11}}\dfrac{s_r^{Sg}}{y_{ro}^{Sg}} + \sum_{r=1}^{s_{22}}\dfrac{s_r^{NSb}}{y_{ro}^{NSb}} + (s_{21}+s_{22})(1-\alpha)\right]} \tag{3.59}$$

$s.t.\quad x_o^S = X^S\lambda + s^{S-}$

$\qquad\quad \alpha x_o^{NS} = X^{NS}\lambda + s^{NS-}$

$\qquad\quad y_o^{Sg} = Y^{Sg}\lambda - s^{Sg}$

$\qquad\quad \alpha y_o^{NSg} \leqslant Y^{NSg}\lambda$

$\qquad\quad \alpha y_o^{NSb} = Y^{NSb}\lambda + s^{NSb}$

$\qquad\quad \sum_{r=1}^{s_{11}}(y_{ro}^{Sg} + s_r^{Sg}) + \alpha\sum_{r=1}^{s_{21}}y_{ro}^{NSg} = \sum_{r=1}^{s_{11}}y_{ro}^{Sg} + \sum_{r=1}^{s_{21}}y_{ro}^{NSg}$

$\qquad\quad \dfrac{s_r^{Sg}}{y_{ro}^{Sg}} \leqslant U(\forall r)$

其中,m_1 为可分投入的种数,m_2 为不可分投入的种数,s_{11} 为可分"好"产出的种数,s_{21} 为不可分"好"产出的种数,s_{22} 为不可分"坏"产出的种数。

在模型(3.49)中,由于设定了三者之间变化的共同比例 α,因此我们对这三者关系的处理使用的是射线性的方式,对于这三个变量,其松弛变量不会被完全地纳入到模型的目标函数中来,因而在模型(3.49)的基础上,模型(3.59)对目标函数的设定进行了一些调整,在分子和分母中分别加入了 $\dfrac{1}{m}\sum_{k=1}^{m_2}\dfrac{s_k^{NS-}}{x_{ko}^{NS}}$ 和 $\dfrac{1}{s}\sum_{r=1}^{s_{22}}\dfrac{s_r^{NSb}}{y_{ro}^{NSb}}$,这就使得所有变量的松弛变量都被完全纳入到模型中予以考虑,从而可以对带有"坏"产出的不可分情况下的效率值进行准确的评估。其中分子表示了各种投入的平均效率值,而分母的倒数 $\dfrac{1}{1 + \dfrac{1}{s}\left[\sum_{r=1}^{s_{11}}\dfrac{s_r^{Sg}}{y_{ro}^{Sg}} + \sum_{r=1}^{s_{22}}\dfrac{s_r^{NSb}}{y_{ro}^{NSb}} + (s_{21}+s_{22})(1-\alpha)\right]}$ 则表示了各种产出的平均效率值。

这样,对模型[SBM−NS*]求解即可得到在带有"坏"产出且不可分条件下的效率值。$0 < \rho^* \leqslant 1$,且 ρ^* 对各松弛变量单调递减,对 α 单调递增,当且仅当所有松弛变量为 0,且 $\alpha=1$ 时,$\rho^*=1$。

同 3.1.3 中 Hybrid 模型的分解类似,基于 SBM 模型基础上的不可分的"好"产出和"坏"产出模型可写成如下形式,从而对非效率的来源进行了分解。

$$\rho^* = \frac{1 - \sum_{k=1}^{m_1}\alpha_{1k} - \sum_{k=1}^{m_2}\alpha_{2k}}{1 + \sum_{r=1}^{s_{11}}\beta_{1r} + \sum_{r=1}^{s_{21}}\beta_{2r} + \sum_{r=1}^{s_{22}}\beta_{3r}} \tag{3.60}$$

可分投入非效率：$\alpha_{1k} = \frac{1}{m}\frac{s_k^{S-*}}{x_{ko}^S}$ $(k=1,\cdots,m_1)$ (3.61)

不可分投入非效率：$\alpha_{2k} = \frac{1}{m}(1-\alpha^*) + \frac{1}{m}\frac{s_k^{NS-*}}{x_{ko}^{NS}}$ $(k=1,\cdots,m_2)$ (3.62)

可分"好"产出非效率：$\beta_{1r} = \frac{1}{s}\frac{s_r^{Sg*}}{y_{ro}^{Sg}}$ $(r=1,\cdots,s_{11})$ (3.63)

不可分"好"产出非效率：$\beta_{2r} = \frac{1}{s}(1-\alpha^*)$ $(r=1,\cdots,s_{21})$ (3.64)

不可分"坏"产出非效率：$\beta_{3r} = \frac{1}{s}(1-\alpha^*) + \frac{1}{s}\frac{s_r^{NSb*}}{y_{ro}^{NSb}}$ $(r=1,\cdots,s_{22})$ (3.65)

3.2.4 SBM 超效率

大部分 DEA 模型（包括 SBM 模型）中普遍存在的一个问题是往往有效率（等于1）的决策单元不止一个，即存在着一个以上的有效率单元。因此，进一步区分这些有效率的生产单元成为一项必须面对的问题，即有效单元的排序问题。许多研究者进行过有益的尝试，他们区分这些有效单元的一个办法是允许效率值大于1或等于1，而不再限制等于1，因而称为超效率（Supper Efficiency）。从超效率的研究进展来看，较成功地解决了此类问题的主要是 Tone 在其 SBM 模型的基础上提出的 SBM 超效率模型（Super-SBM）。

Tone 首先定义了一个排除了 DMU(x_o, y_o)的有限生产可能性集：

$$P\backslash(x_o, y_o) = \{(\overline{x}, \overline{y}) \mid \overline{x} \geqslant \sum_{i=1}^n \lambda_i x_i, \overline{y} \leqslant \sum_{i=1}^n \lambda_i y_i, \overline{y} \geqslant 0, \lambda \geqslant 0\} \quad (3.66)$$

其中 $P\backslash(x_o, y_o)$ 是指排除了 DMU(x_o, y_o)的生产投入集合，在$P\backslash(x_o, y_o)$投入集的基础上，再定义一个子集合 $\overline{P}\backslash(x_o, y_o)$：

$$\overline{P}\backslash(x_o, y_o) = P\backslash(x_o, y_o) \bigcap \{\overline{x} \geqslant x_o, \overline{y} \leqslant y_o\} \quad (3.67)$$

由于 $X > 0, Y > 0$，所以 $P\backslash(x_o, y_o)$ 是一非空集合。它的含义指(x_o, y_o)到$(\overline{x}, \overline{y}) \in \overline{P}\backslash(x_o, y_o)$的平均距离，利用此距离定义指数$\delta$：

$$\delta = \frac{\dfrac{1}{m}\sum\limits_{k=1}^m x_k/x_{ko}}{\dfrac{1}{s}\sum\limits_{r=1}^s y_r/y_{ro}} \quad (3.68)$$

δ 的含义可解释如下：δ的分子指x_o到$\overline{x}(\geqslant x_o)$的平均距离，表示从$x_o$到集合空间$(\overline{x}, \overline{y}) \in \overline{P}\backslash(x_o, y_o)$的点$\overline{x}$的平均扩张程度或扩张率；分母指$y_o$到$\overline{y}(\leqslant y_o)$的平均距离，表示从$y_o$到集合空间$(\overline{x}, \overline{y}) \in \overline{P}\backslash(x_o, y_o)$的点$\overline{y}$的缩减程度或缩减率。$\delta$的分母越小，$y_o$到$\overline{y}$的距离就越远。因此，$\delta$就解释成投入空间和产出空间中，特写生产单元与生产前沿面的平均距离。基于上述集合的定义与解

释，DMU(x_o, y_o)的 SBM 超效率的规划问题可写为：

$$\delta^* = \min\delta = \frac{\dfrac{1}{m}\displaystyle\sum_{k=1}^{m} x_k/x_{ko}}{\dfrac{1}{s}\displaystyle\sum_{r=1}^{s} y_r/y_{ro}} \tag{3.69}$$

$s.t. \quad \overline{x} \geqslant \lambda X$

$\qquad \overline{y} \leqslant \lambda Y$

$\qquad \overline{x} \geqslant x_o, \overline{y} \leqslant y_o, Y \geqslant 0, \lambda \geqslant 0$

求解式(3.69)即可得到各 DMU 的 SBM 超效率值。

4 随机前沿分析与效率评价[①]

对 DMU 的效率进行衡量，首先要根据观测到的数据构造一个生产可能性前沿(也叫技术前沿)，然后根据 DMU 的观测值与对应的生产可能性前沿上的值进行比较。本书第 2 章介绍了估算生产可能性前沿和效率值的数据包络分析法(DEA)，DEA 采用线性规划的方法，计算简单，而且无需知道生产函数的具体形式。本章中则介绍常用的效率评价的另一种方法——随机前沿分析法(SFA)，与 DEA 不同，在对生产可能性前沿进行估计的时候，SFA 需假定投入与产出之间的关系具有某个给定的函数形式，然后运用计量经济学的相关方法对待估参数进行估计从而确定生产可能性前沿，进而进行效率衡量。由于 SFA 确定的生产可能性前沿是生产函数的性质，因此适用于单一产出(或加总的产出)的情况，且在此基础上得到的技术效率是产出导向的。本章将对随机前沿分析方法及其在效率评估方面的运用进行系统的介绍。

4.1 随机前沿生产函数的介绍

对随机前沿生产函数模型的了解需要从通常的生产函数入手。按照萨缪尔森的定义，生产函数描述生产过程中一定的投入要素组合与其最大产出量之间的关系。但在实践中，由于一般无法得到最大产出量的样本观测值，只能用实际产出量作为样本观测值来估计生产函数模型。为将这种用实际产出作为样本观测值估计出来的生产函数与理论上的生产函数区别开，我们通常称前者为平均生产函数或均值生产函数，理论上所期望的描述一定投入要素组合与最大产出量之间关系的生产函数为前沿生产函数。

平均生产函数与边界生产函数的区别主要在于：对于平均生产函数，实际产出量可以在它的函数曲线上方，也可以在它的下方；而对于前沿生产函数，实际

---

① 本章参考黄镜如，付祖坛，黄美瑛. 绩效评估——效率与生产力之理论与应用. 新陆书局股份有限公司，1997 和 Coelli, T. , D. S. Prasada Rao and G. E. Battese. An Introduction to Efficiency and Productivity Analysis. Boston：Kluwer Academic Publishers，1998(2)

产出量不可能在它的上方,只能在它的下方。前沿生产函数实际上是平均生产函数向上的平移。正因为如此,前沿生产函数在比较不同样本点的技术效率方面具有重要的实用价值。在实践中,前沿生产函数常用于测算技术效率,即技术利用的程度。在技术水平不变的条件下,生产前沿上的最大产出是确定的,这时人们关心的往往是实际产出与生产前沿相差有多远,即技术效率。实际产出落在生产前沿上时,生产系统的技术效率为 1;当实际产出落在生产前沿下面时,生产技术存在效率损失,技术效率小于 1。

前沿生产函数法最早由 Aigner 和 Chu 两位学者于 1968 年提出。此后,前沿生产函数在几十年的发展过程中经历了两个阶段,即早期的确定性前沿生产函数和现在的随机前沿生产函数。

4.1.1 确定性前沿生产函数

确定性前沿生产函数可以写成如下形式:

$$y = F(x)e^{-u} \quad u(\geqslant 0) \tag{4.1}$$

其中,x 为投入向量,y 为产出量的实际观测值,$F(x)$ 为确定性生产前沿。确定性生产前沿反映了特定技术和特定投入量下所能达到的最高产量水平,因此所有观测点都位于确定性生产前沿的下方或位于确定性生产前沿上。当观测点位于确定性生产前沿上时,表明该观测点的技术效率值为 1,而一旦观测点位于确定性生产前沿的下方,则是由于技术非效率所致。

由技术效率的含义可知:

$TE = \dfrac{y}{F(x)}$,由式(4.1)可知,$TE = e^{-u}$

由于 $u \geqslant 0, 0 \leqslant e^{-u} \leqslant 1$,因而 e^{-u} 反映了生产的技术效率水平。由确定性前沿生产函数的模型设置可知,确定性前沿生产函数的一个重要特点是把影响产出量的不可控因素如观测误差、方程设定误差等和可控因素如生产非有效等因素不加区别,统统归入一个单侧的误差项中,作为对非效率的反映。

确定性前沿生产函数存在明显的缺陷:首先是对观测数据的误差比较敏感,稳定性较差;同时由于模型将影响经济单位的外生扰动因素也计入内生的技术无效当中,从而导致所测定的技术效率与真实的效率水平之间有很大偏差。

4.1.2 随机前沿生产函数

由于确定性前沿生产函数无法对随机因素和技术非效率进行区分,经济学家对此进行了进一步的探索,Aigner,Lovell 和 Schmidt(1977)提出了随机前沿生产函数,在确定性前沿生产函数的基础上又加入了反映对生产前沿随机影响的因素,随机前沿的函数形式如下式所示。

$$y=F(x)\times e^{v-u}=F(x)\times e^{v}\times e^{-u}\quad(u\geqslant 0)\tag{4.2}$$

式中，$F(x)\times e^{v}$ 为随机生产前沿，其中 e^{v} 为随机误差项，反映了模型设置误差、观测误差、随机冲击等因素对技术前沿的影响。而 e^{-u} 表示技术效率，如下式所示：

$$TE=\frac{y}{F(x)\times e^{v}}=e^{-u}\tag{4.3}$$

因为此时模型中包含了影响技术前沿的随机因素，所以实际观测到的产出值 y 并不一定位于确定性生产前沿 $F(x)$ 的下方，也有可能位于确定性生产前沿的上方，如图 4.1 所示。

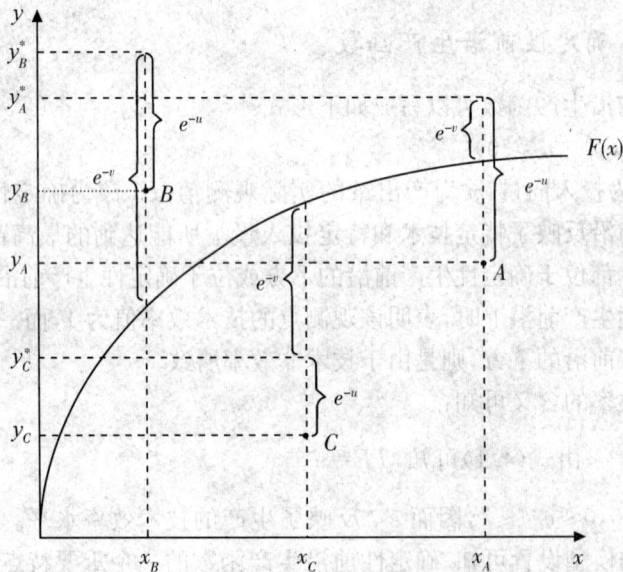

图 4.1　随机前沿

资料来源：黄镜如，付祖坛，黄美瑛. 绩效评估——效率与生产力之理论与应用. 新陆书局股份有限公司，1997：205

当 $v_i>0$ 时，表示该随机因素有利于生产，此时 $e^{v_i}>1$；当 $v_i<0$ 时，则表示该随机因素不利于生产，此时 $e^{v_i}<1$。在图 4.1 中，DMU(B)因为同时存在着一个较大的有利的随机因素 v_i 和一个较小的无效率 u_i，所以 $v_i-u_i>0$，从而随机因素和无效率因素对产出量的总的影响效果 $e^{v_i-u_i}>1$，此时DMU(B)的产量位于确定性生产前沿 $F(x)$ 的上方。随机因素并不总是有利于生产的，也有不利于生产的情况（如自然灾害等），此时 $v_i<0$，$e^{v_i}<1$，则此时的产出量必定在确定性生产前沿的下方。还存在另外一种情况，随机因素对生产是有利的，但非效率的

因素太大,以至于二者对生产的影响的总效应是不利的,即 $v_i - u_i < 0, e^{v_i - u_i} < 1$,此时产量也会位于确定性生产前沿的下方。总之,实际产量与确定性生产前沿的相对位置取决于随机因素与非效率因素对生产的总影响效应。

将式(4.2)左右两边取对数,可得到如下式子:

$$\ln(y_i) = \ln[F(x_{1i}, x_{2i}, \cdots, x_{ki})] + \varepsilon_i, i = 1, 2, \cdots, N \tag{4.4}$$

其中,$\varepsilon \equiv v_i - u_i$ 是组合误差,是随机因素与非效率因素的组合。v_i 是双边分布的随机误差项,即 $-\infty \leqslant v_i \leqslant +\infty$;而 μ_i 则为单边分布的随机误差项,即 $u_i \geqslant 0$。组合误差 ε_i 可能是正值也可能是负值,但在多数情况下是负值。

4.2 参数估计

前面提到,SFA 需要对生产函数的具体形式进行假设,生产函数有多种类型,在实际运用过程中,应根据所研究问题的具体情况选择最为合适的生产函数形式,常用的生产函数如表 4.1 所示。

表 4.1 常用生产函数形式

线性函数	$y = \beta_0 + \sum\limits_{n=1}^{N} \beta_n x_n$
柯布—道格拉斯生产函数	$y = \beta_0 \prod\limits_{n=1}^{N} x_n^{\beta_n}$
二次函数	$y = \beta_0 + \sum\limits_{n=1}^{N} \beta_n x_n + \dfrac{1}{2} \sum\limits_{n=1}^{N} \sum\limits_{m=1}^{N} \beta_{nm} x_n x_m$
正规化二次函数	$y = \beta_0 + \sum\limits_{n=1}^{N-1} \beta_n \left(\dfrac{x_n}{x_N}\right) + \dfrac{1}{2} \sum\limits_{n=1}^{N-1} \sum\limits_{m=1}^{N-1} \beta_{nm} \left(\dfrac{x_n}{x_N}\right) \left(\dfrac{x_m}{x_N}\right)$
超越对数	$y = \exp\left(\beta_0 + \sum\limits_{n=1}^{N} \beta_n \ln x_n + \dfrac{1}{2} \sum\limits_{n=1}^{N} \sum\limits_{m=1}^{N} \beta_{nm} \ln x_n \ln x_m\right)$
广义里昂惕夫	$y = \sum\limits_{n=1}^{N} \sum\limits_{m=1}^{N} \beta_{nm} (x_n x_m)^{1/2}$
常数替代弹性(CES)	$y = \beta_0 \left(\sum\limits_{n=1}^{N} \beta_n x_n^r\right)^{1/r}$

资料来源:Coelli, T., D. S. Prasada Rao and G. E. Battese. An Introduction to Efficiency and Productivity Analysis. Boston: Kluwer Academic Publishers, 1998(2): 211

表中所列的生产函数大多数关于参数都是线性的,其中柯布—道格拉斯生产函数和超越对数函数通过两边取对数的变换后也可以转化成关于参数的线性形式。

计量经济学中对于关于参数是线性关系的模型的估计方法主要有最小二乘估计法和最大似然估计法。而各种估计方法的使用都是建立在对随机性分布特征假设的基础之上。

4.2.1 SFA 模型中随机项的分布特征

与通常情况下的计量经济学模型不同,随机前沿生产函数的模型中包含两个随机误差项——双边分布的误差项 v_i 和单边分布的误差项 u_i。对于这两个误差项的分布,通常假定 v_i 与 u_i 互相独立,并且两个误差项都与解释变量不相关。此外,一般假设 v_i 和 u_i 满足下列基本假设条件:

$E(v_i)=0, E(v_i^2)=\sigma_v^2$

$E(v_iv_j)=0$ 对任意 $i \neq j, E(u_i^2)=$常数

$E(u_iu_j)=0$ 对任意 $i \neq j$

在对参数进行估计的时候,需要在上面这些基本假设的基础上进行进一步的假设,对随机变量的不同的假定方式在对 v_i 的分布假定上是一致的,一般假定 $v_i \sim iidN(0,\sigma_v^2)$,而对于 u_i 的分布的假定则有所区别,通常对 u_i 的分布假设有以下几种:

$u_i \sim iidN^+(0,\sigma_u^2)$(半正态分布)

$u_i \sim iidN^+(\mu,\sigma_u^2)$(截断正态分布)

$u_i \sim iidG(\lambda,0)$(均值为 λ 的指数分布)

$u_i \sim iidG(\lambda,m)$(均值为 λ,自由度为 m 的 gamma 分布)

对随机变量设定什么样的假设,一方面取决于所研究问题的具体情况,另一方面依计算的便捷程度而定,本章将以半正态分布假定为例进行讨论。

在半正态分布的假定下,我们可以通过随机误差项 v_i 和非效率误差项 u_i 的分布特性来得到组合误差项 ε_i 的分布特性。

由于 $v_i \sim iidN(0,\sigma_v^2)$, 所以 $E(v)=0, Var(v)=\sigma_v^2$

由于 $u_i \sim iidN^+(0,\sigma_u^2)$,我们可以得到:

$$E(u) = \sigma_u\sqrt{\frac{2}{\pi}} > 0, \quad Var(v) = (1-\frac{2}{\pi})\sigma_u^2 < \sigma_u^2 \tag{4.5}$$

而组合误差项 $\varepsilon_i \equiv v_i - u_i$ 由于是正态分布和半正态分布的两个随机变量的代数和,因此在概率分布上具有偏态性,其各项统计指标分别为:

$$E(\varepsilon) = - E(u) = -\sigma_u\sqrt{\frac{2}{\pi}} \tag{4.6}$$

$$Var(\varepsilon) = Var(v) + Var(u) = \sigma_v^2 + (1 - \frac{2}{\pi})\sigma_u^2 \tag{4.7}$$

$$E\{[\varepsilon - E(\varepsilon)]^3\} = \sqrt{\frac{2}{\pi}}(1 - \frac{4}{\pi})\sigma_u^3 < 0 \tag{4.8}$$

4.2.2　动差估计法（MME）

动差估计法（Moments Methods Estimation, MME）假设样本的动差与实际动差相等，进而得出随机变量实际方差的估计值。所谓动差，是对样本一些数据统计特性的统称，其中 1 级动差指平均数，2 级动差指方差，3 级动差指偏态性。动差估计法与 OLS 方法相结合则可以对具有两个随机变量的 SFA 模型的参数进行估计。为了对式（4.4）的参数进行估计，我们利用估计的残差值来仿效式（4.6）～式（4.8）所描述的组合误差项 ε_i 的动差特性，即平均数、方差和偏态性。

在这里，我们以柯布—道格拉斯生产函数形式的随机前沿生产函数为例进行说明。对随机前沿上生产函数两边取对数可得到如下式子：

$$\ln(y_i) = \beta_0 + \beta_1 \ln(x_{1i}) + \beta_2 \ln(x_{2i}) + \cdots + \beta_k \ln(x_{ki}) + \varepsilon_i \tag{4.9}$$

因为 $E(\varepsilon) = -\sigma_u \sqrt{\frac{2}{\pi}} \neq 0$，所以在参数估计时直接使用 OLS 方法是不合适的。但是如果将组合误差项 ε_i 进行适当的调整，OLS 方法还是可行的，调整过程如下：

$$\ln(y_i) = [\beta_0 + E(\varepsilon_i)] + \beta_1 \ln(x_{1i}) + \beta_2 \ln(x_{2i}) + \cdots + \beta_k \ln(x_{ki}) + [\varepsilon_i - E(\varepsilon_i)] \tag{4.10}$$

调整之后，式（4.10）的随机误差项 $\varepsilon_i - E(\varepsilon_i)$ 的三级动差分别为：

$$E[\varepsilon_i - E(\varepsilon_i)] = 0 \tag{4.11}$$

$$Var[\varepsilon_i - E(\varepsilon_i)] = \sigma_v^2 + (1 + \frac{2}{\pi})\sigma_u^2 \tag{4.12}$$

$$E\{[\varepsilon_i - E(\varepsilon_i)]^3\} = \sqrt{\frac{2}{\pi}}(1 - \frac{4}{\pi})\sigma_u^3 \tag{4.13}$$

我们可以看到，式（4.10）的随机误差项的方差与偏态性均与调整之前的组合误差项的方差和偏态性相同，但均值为 0。这样就可以运用 OLS 估计法，得到：

$$\ln(y_i) = \hat{\beta}_0 + \hat{\beta}_1 \ln(x_{1i}) + \hat{\beta}_2 \ln(x_{2i}) + \cdots + \hat{\beta}_k \ln(x_{ki}) + e_i \tag{4.14}$$

其中，$\hat{\beta}_1, \hat{\beta}_2, \cdots, \hat{\beta}_k$ 分别是 $\beta_1, \beta_2, \cdots, \beta_k$ 的无偏估计值，而 $\hat{\beta}_0$ 则是 $\beta_0 + E(\varepsilon_i)$ 的估计值。若要得到 β_0 的估计值，则需要在 $\hat{\beta}_0$ 的基础上减去 $E(\varepsilon_i)$，而 $E(\varepsilon_i)$ 的大小与 σ_u^2 有关。接下来则可以用动差估计法来得到 σ_u^2 的估计值。由于 e_i 是调整后的误差项 $\varepsilon_i - E(\varepsilon_i)$ 的估计值，因此按照动差估计法的原则，我们认为 e_i 的二、三级动差分别与 $\varepsilon_i - E(\varepsilon_i)$ 的二、三级动差相等。

e_i 的方差(为写作方便,我们记作 M_2): $M_2 = \frac{1}{N} \sum_{i=1}^{N} (e_i)^2$ (4.15)

e_i 的偏态性(我们记作 M_3): $M_3 = \frac{1}{N} \sum_{i=1}^{N} (e_i)^3$ (4.16)

令 M_2 和 M_3 分别与式(4.12)和式(4.13)相等:

$$M_2 = Var[\varepsilon_i - E(\varepsilon_i)] = \sigma_v^2 + \left(1 - \frac{2}{\pi}\right)\sigma_u^2 \qquad (4.17)$$

$$M_3 = E\{[\varepsilon_i - E(\varepsilon_i)]^3\} = \sqrt{\frac{2}{\pi}}\left(1 - \frac{4}{\pi}\right)\sigma_u^3 \qquad (4.18)$$

由式(4.17)和式(4.18)可得到 σ_u^2 及 σ_v^2 的估计值:

$$\hat{\sigma}_u^2 = \left[\frac{M_3}{\sqrt{\frac{2}{\pi}}\left(1 - \frac{4}{\pi}\right)}\right]^{\frac{2}{3}} \qquad (4.19)$$

$$\hat{\sigma}_v^2 = M_2 - \left(1 - \frac{2}{\pi}\right)\hat{\sigma}_u^2 \qquad (4.20)$$

进而我们可以得到 β_0 的估计值:

$$\hat{\beta}_0^{MME} = \hat{\beta}_0 - \hat{\sigma}_u\sqrt{\frac{2}{\pi}} \qquad (4.21)$$

这种 OLS 与动差估计法相结合的估算方法易于使用,但是在运用上也存在一定的限制,当 $M_3 > 0$ 时,动差法可能无法求解出式(4.19)中的 $\hat{\sigma}_u^2$,因为组合误差项必须具有负向偏态的特性,如式(4.8)所示。另外,若 $M_2 < \left(1 - \frac{2}{\pi}\right)\hat{\sigma}_u^2$,则无法求出式(4.20)中的 $\hat{\sigma}_v^2$,因为方差 $\hat{\sigma}_v^2$ 必须为正。

4.2.3 最大似然估计法(MLE)

最大似然估计法在参数估计方面具有一些优势,最大似然估计法不用考虑生产函数的具体形式,并且在样本足够大的情况下,得到的参数估计值具有一致性。最大似然估计法在计量经济学中应用广泛,也可以有效地避免动差估计法在 SFA 模型中的局限性。因此,我们将对最大似然估计法及其在 SFA 模型中的应用进行介绍。

(1)最大似然估计法的介绍

最大似然(ML)估计法的概念是以下述思想为基础的,即一个特殊的观测值样本最有可能来自于某些分布,而不是来自于其他分布。例如,如果观测样本的均值是 $\bar{y} = 10.2$,那么在其他情况相同的条件下,该样本最有可能是来自均值为 10 的分布,而不是来自均值为 30 的分布。因此,未知参数的最大似然估计值是能使得随机抽取的特殊样本观测值的概率最大化的参数值。

为了对最大似然估计法的原理进行说明,我们首先以普通的计量经济学模型为例进行分析,如下式所示:

$$y_i = x_i'\beta + v_i, i = 1, \cdots, N \tag{4.22}$$

其中,随机误差项 v_i 是独立同分布的正态随机变量,即 $v_i \sim iidN(0, \sigma_v^2)$,其均值为零,方差为 σ_v^2。由正态分布的性质可知:

$$y_i \sim iidN(x_i'\beta, \sigma_v^2) \tag{4.23}$$

得知了 y_i 的分布类型,我们可以进一步将观测值向量 y 的联合密度函数写成如下形式:

$$L(y \mid \beta, \sigma_v) = (2\pi\sigma_v^2)^{-N/2} \exp\left[-\frac{1}{2\sigma_v^2} \sum_{i=1}^{N} (y_i - x_i'\beta)^2\right] \tag{4.24}$$

这个联合密度函数称为似然函数(Likehood Function)。它将样本观测值的概率写成了关于未知参数 β 和 σ_v^2 的函数。使用最大似然估计法估计待估参数就是通过求解 β 和 σ_v^2 使得似然函数取最大值,因此可以用似然函数分别对 β 和 σ_v^2 求导并令导数为零:

$$\frac{\partial L}{\partial \beta_i} = 0 \quad i = 0, 1, 2, \cdots, k \tag{4.25}$$

$$\frac{\partial L}{\partial \sigma_v^2} = 0 \tag{4.26}$$

求解式(4.25)和式(4.26)可得到待估参数 β 和 σ_v^2 的估计值。等价地,还可以通过对似然函数的对数求解最大化来得到待估参数的估计值,对数似然函数如下式所示:

$$\ln L = -\frac{1}{2}\ln(2\pi) - \frac{1}{2}\ln(\sigma_v^2) - \frac{1}{2\sigma_v^2} \sum_{i=1}^{N} (y_i - x_i'\beta)^2 \tag{4.27}$$

最大似然估计法在实际的研究工作中应用非常广泛,因为最大似然估计不用考虑所估计模型的类型,如果支持模型的假设是有效的,那么最大似然估计量具有大样本性质。可以证明,最大似然估计量具有一致性且渐进正态分布,并且其方差并不大于任何其他 CAN 估计量的方差。

(2)最大似然估计法用于随机前沿生产函数的估计

Aigner,Lovell 和 Schmidt(1977)在半正态分布的假定下用最大似然估计法对随机前沿生产函数进行了参数估计。为了使模型简化,Aigner,Lovell 和 Schmidt 定义了两个参数 σ^2 和 λ^2:

$$\sigma^2 = \sigma_u^2 + \sigma_v^2, \quad \lambda^2 = \frac{\sigma_u^2}{\sigma_v^2} \tag{4.28}$$

参数 λ 表示了非效率误差项 u 在组合误差项 ε 中的重要程度。若 $\lambda = 0$,则意味着 $\sigma_u^2 = 0$ 且 $u = 0$,或者是 $\sigma_v^2 \to \infty$,此时 $\varepsilon = v$,不存在非效率,技术效率值为

1. 若 $\lambda \rightarrow \infty$，则意味着 $\sigma_v^2 \rightarrow 0$ 且 $v \rightarrow 0$，或者 $\sigma_u^2 \rightarrow \infty$，此时 $\varepsilon = u$，则此时的随机前沿生产函数等同于确定前沿生产函数。

由于 $v_i \sim iidN(0, \sigma_v^2)$，$u_i \sim iidN^+(0, \sigma_u^2)$，我们进而可以得到组合误差项 ε 的概率密度函数：

$$h(\varepsilon) = \frac{2}{\sqrt{2\pi}\sigma} \exp\left[-\frac{1}{2}\left(\frac{\varepsilon}{\sigma}\right)^2\right] \times \Phi\left(-\frac{\varepsilon\lambda}{\sigma}\right) \tag{4.29}$$

其中，$\Phi\left(-\frac{\varepsilon\lambda}{\sigma}\right)$ 为在 $\left(-\frac{\varepsilon\lambda}{\sigma}\right)$ 点评估的标准正态分布函数。进而我们可以得到随机前沿生产函数的对数似然函数：

$$\ln L(y \mid \beta, \sigma, \lambda) = -\frac{N}{2}\ln\left(\frac{\pi\sigma^2}{2}\right) + \sum_{i=1}^{N}\ln\Phi\left(-\frac{\varepsilon_i\lambda}{\sigma}\right) - \frac{1}{2\sigma^2}\sum_{i=1}^{N}\varepsilon_i^2 \tag{4.30}$$

为使对数似然函数值达到最大值，我们分别对 β、σ^2 和 λ 求导并令导数为零：

$$\frac{\partial \ln L}{\partial \beta_i} = 0 \quad i = 0, 1, 2, \cdots, k \tag{4.31}$$

$$\frac{\partial \ln L}{\partial \sigma^2} = 0 \tag{4.32}$$

$$\frac{\partial \ln L}{\partial \lambda} = 0 \tag{4.33}$$

求解式(4.31)～式(4.33)可得到参数 β、σ^2 和 λ 的估计值。

4.3　技术效率的预测与假设检验

前面介绍了随机前沿生产函数的概念以及对前沿生产函数参数的估计，求得了随机前沿生产函数，接下来就需要对技术效率的数值进行估计，对技术效率值的估计分为对单个 DMU 技术效率值的估计和对产业技术效率值的估计，而产业技术效率值可以定义为整个行业内所有单个 DMU 技术效率值的均值。本节将对技术效率预测的具体方法进行介绍，并对随机前沿生产函数的假设检验进行介绍。

4.3.1　技术效率值的预测

对技术效率值的预测可以分为对特定 BMU 技术效率的预测和对产业技术效率的预测，所谓产业技术效率反映的是整个行业中所有 DMU 的综合技术效率表现，在实际操作中，用样本厂商技术效率值的平均值来表示。我们接下来将分别对两种技术效率值的预测进行介绍。

(1)特定 DMU 的效率

前面已经提到,第 i 个 DMU 的技术效率定义为 $TE_i = e^{-u_i}$,本节将在半正态分布模型的基础上探讨技术效率的预测的问题。很显然,要预测第 i 个 DMU 的技术效率值,我们需要知道 u_i 的取值。而通过前面介绍的参数估计方法,我们只能得到 ε_i 的估计值,因此对技术效率的估计需要进一步从 ε_i 中区分出 u_i。在得知了 ε_i 的信息的情况下,u_i 的分布可以表示为截断正态分布的概率密度函数形式:

$$p(u_i | \varepsilon_i) = \frac{1}{\sqrt{2\pi\sigma_*^2}} \exp\left[-\frac{1}{2\sigma_i^2}(u_i - u_i^*)^2\right] \bigg/ \varPhi\left(\frac{u_i^*}{\sigma_*}\right) \qquad (4.34)$$

其中 $u_i^* = -\hat{\varepsilon}_i \hat{\sigma}_u^2/\hat{\sigma}^2$,$\sigma_*^2 = \hat{\sigma}_u^2 \hat{\sigma}_v^2/\hat{\sigma}^2$。得知了的概率密度函数,Jondrow(1982)在此基础上进一步求得了 u_i 的期望以作为 u_i 的估计值:

$$\hat{u}_i = E(u_i | \varepsilon_i) = u_i^* + \hat{\sigma}_* \left[\frac{\phi(\hat{u}_i^*/\hat{\sigma}_*)}{\varPhi(\hat{u}_i^*/\hat{\sigma}_*)}\right] \qquad (4.35)$$

其中 $\phi(x)$ 表示标准正态随机变量的概率密度函数在 x 处的值。Horrance 和 Schmidt(1995,1996)证明了在给定显著水平 α 下,$\hat{u}_i$ 的置信区间为 (L_i, U_i)。

其中,

$$L_i = u_i^* + \sigma_* \varPhi^{-1}\left[(1-\alpha/2)\varPhi(u_i^*/\sigma_*)\right] \qquad (4.36)$$
$$U_i = u_i^* + \sigma_* \varPhi^{-1}\left[(\alpha/2)\varPhi(u_i^*/\sigma_*)\right] \qquad (4.37)$$

得知了 u_i 的估计值 $\hat{u}_i$,则第 i 个 DMU 的技术效率就显而易见了,即 $T\hat{E}_i = \exp(-\hat{u}_i)$,而在给定显著水平 α 下,技术效率估计值的置信区间为 $[\exp(-U_i), \exp(-L_i)]$。

上述对特定 DMU 技术效率值进行预测的方法分为两个步骤,首先由 u_i 的概率密度函数得到的 u_i 估计值,然后再根据 u_i 估计值 $\hat{u}_i$ 来计算技术效率的预测值。另外,Battese 和 Coelli(1988)也在 u_i 的概率密度函数的基础上提出了特定厂商技术效率的估计方法,这种方法只有一个步骤,如下所示:

$$T\hat{E}_i = E\{\exp(-u_i) | \varepsilon_i\} = \left[\varPhi\left(\frac{u_i^*}{\sigma_*} - \sigma_*\right) \bigg/ \varPhi\left(\frac{u_i^*}{\sigma_*}\right)\right] \exp\left(\frac{\sigma_*^2}{2} - u_i^*\right) \qquad (4.38)$$

在给定显著水平 α 下,这种方法得到的技术效率估计值的置信区间仍然是 $(\exp(-U_i), \exp(-L_i))$。这里的 L_i 与 U_i 的值分别由式(4.36)和式(4.37)求出。

(2)产业效率

产业效率指的是一个产业当中所有 DMU 的技术效率值的平均值。因此,在求得了个体 DMU 技术效率值的基础上,产业效率可以通过对样本中 DMU 的技术效率值求平均进而得到产业效率的估计值,如下式所示:

$$\overline{TE} = \frac{1}{N}\sum_{i=1}^{N} T\hat{E}_i \qquad (4.39)$$

另外,产业效率也可以通过另外一种途径求得。在半正态分布的假设下,即 $u_i \sim iidN^+(0,\sigma_u^2)$ 的条件下,我们可以得到 u_i 的半正态分布概率密度函数:

$$p(u_i) = \frac{2}{\sqrt{2\pi\sigma_u^2}} \exp\left(-\frac{u_i^2}{2\sigma_u^2}\right) \tag{4.40}$$

得知了 u_i 的概率密度函数,我们则可以通过求解 u_i 的期望值来得到产业效率的估计值,如下所示:

$$T\hat{E} = E\{\exp(-u_i)\} = 2\Phi(-\sigma_u)\exp\left(\frac{\sigma_u^2}{2}\right) \tag{4.41}$$

在给定的显著水平 α 下,产业技术效率的预测区间为 $[\exp(-U), \exp(-L)]$,其中 $L=z_{0.5+\alpha/4}\sigma_u$,$U=z_{1-\alpha/4}\sigma_u$。

在实践中,式(4.39)描述的方法应用得更为普遍,一方面操作较为简单,另一方面该方法更多地反映了样本数据所包含的信息。

4.3.2 随机前沿模型的假设检验

对于随机误差项服从正态分布的计量模型,对待估参数 β 的假设检验有多种方法可以选择。常用的有 t 检验、F 检验、似然比检验、Wald 和拉格朗日橙子统计量检验。除了 t 检验和 F 检验,上述几种检验方式都是渐进合理的,只有当样本量很大的情况下,这几种检验才是可靠的。而在随机前沿模型中,由于组合误差项并不服从正态分布,因此,t 检验和 F 检验也只是渐进合理,在小样本情况下,t 检验和 F 检验的结果也是不可靠的。

在随机前沿模型的情况下,除了对待估参数 β 进行假设检验以外,还需要对非效率效应是否存在进行检验。当所有厂商都是有效率的,即效率值 $\exp(-u_i)$ 时,非效率效应不存在,对应地,$u_i=0$。因此在对非效率效应是否存在进行假设检验时,我们可以设定原假设为 $\sigma_u^2=0$,或者 $\lambda^2=\frac{\sigma_u^2}{\sigma_v^2}$,如果接受原假设,则不存在非效率效应,如果拒绝原假设,则存在非效率效应。

(1)渐进正态分布检验

这里我们使用 Aigner ,Lovell 和 Schmidt(1977)提出的参数 λ 的原假设和备择假设:

$H_0:\lambda=0$;$H_1:\lambda>0$

检验统计量为 $z=\dfrac{\tilde{\lambda}}{se(\tilde{\lambda})}$,且 $z \sim N(0,1)$,其中 $\tilde{\lambda}$ 表示 ML 估计,而 $se(\tilde{\lambda})$ 则表示对 λ 的标准差的估计。

在给定显著水平 α 条件下,若 $z>z_{1-\alpha}$,则拒绝原假设,非效率效应存在;若 $z<z_{1-\alpha}$,则接受原假设,非效率效应不存在。

Coelli (1995)在研究中发现,上述 z 检验在小样本情况下具有欠佳的容量特征,即会过度倾向于拒绝原假设。另外,似然函数的数值最大化会使协方差矩阵的估计不可靠,一个直接的结果就是标准差的估计不可靠。在这一方面,概似比检验具有更为优良的特性,因而也得到了更为广泛的应用。

(2)概似比检验

我们仍然以统计量为例,原假设和备择假设仍然为:

$H_0:\lambda=0;H_1:\lambda>0$

概似比定义为 $LR=\dfrac{L(\lambda=0)}{L(\lambda=\tilde{\lambda})}$,其中分母 $L(\lambda=\tilde{\lambda})$ 表示存在非效率效应情况下随机前沿生产函数的估计值,而分子 $L(\lambda=0)$ 则表示不存在非效率效应情况下随机前沿生产函数的估计值。在这个概似比的基础上,我们可以建立如下检验统计量:

$$\chi^2=-2\times\ln LR=-2\times[\ln L(\lambda=0)-\ln L(\lambda=\tilde{\lambda})] \tag{4.42}$$

该统计量服从自由度为 1 的混合 χ^2 分布,该分布在显著水平 α 下的临界值为 $\chi^2_{2\alpha}(1)$。若 $\chi^2>\chi^2_{2\alpha}(1)$,则拒绝原假设,存在非效率效应;若 $\chi^2<\chi^2_{2\alpha}(1)$,则接受原假设,不存在非效率效应。

5 生产力的衡量[①]

在对生产力进行衡量的过程中,涉及两个有所差别的概念:生产力水平和生产力水平的变化,生产力水平的衡量可用于在给定时点上对不同 DMU 之间的绩效进行比较。而生产力水平的变化则是指厂商或经济体的绩效随时间的变动。

对于经济分析者而言,了解生产率水平的情况非常必要,但是如果没有对不同 DMU 之间生产力水平的比较或者同一 DMU 在不同时点上的生产力水平比较,单独的生产力水平的数值所能说明的问题非常有限。因此,对生产力的衡量在很大程度上是对生产力水平变化的衡量,我们在本书中提到的生产力的衡量是指生产力水平变化的衡量,这里的生产力水平变化的衡量不仅包括同一 DMU 在不同时点上的生产力水平的变动,也包括同一时点上,不同 DMU 之间生产力水平的比较。

对生产力的衡量要用到 TFP 指数(全要素生产力指数),TFP 指数是指在指数法的基础上发展起来的用于测算生产力变化的指数,很多经济学者从不同的角度、使用不同的方法定义了不同种类的 TFP 指数,本章我们将对 TFP 指数进行较为详尽的介绍。

5.1 几种常用指数

在对 TFP 指数进行介绍的同时,我们首先对指数进行介绍,这是 TFP 发展的基础。指数是用于测定多个变量在不同场合下综合变动的一种特殊相对数。一方面,各类指数本身是一种非常重要的分析工具,指数可以用来比较随时间变化的价格与数量,也可以用来衡量不同厂商、行业、地区或国家的水平差异,它不仅被应用于经济效益、生活质量、综合国力、社会发展水平的综合研究,而且还是

---

① 本章参考黄镜如,付祖坛,黄美瑛. 绩效评估——效率与生产力之理论与应用. 新陆书局股份有限公司,1997 和 Coelli, T. , D. S. Prasada Rao and G. E. Battese. An Introduction to Efficiency and Productivity Analysis. Boston:Kluwer Academic Publishers,1998(2)

分析社会经济动态和景气预测的重要工具。另一方面,在经济研究的过程中,统计机构公布的各类数据往往不能直接使用,而需要进行一定的调整(如价格紧缩调整),而指数是对数据进行调整,从而得到可用于研究的数据的重要工具。

指数方法从产生到现在已经有 300 多年的历史。300 多年间,涌现出了几百种不同的指数,其中最常用的有拉氏指数、派氏指数、Fisher 理想指数、Torn-qvist 指数和 Malmquist 指数等。

5.1.1 拉氏指数和派氏指数

拉氏(Laspeyres)指数和派氏(Passche)指数是较早提出的两类指数。拉氏指数由德国经济学家拉斯贝尔于 1864 年提出,他主张指数应按其基期水平进行加权;而德国经济学家的派许(1874)则认为指数应按其报告期水平进行加权,无论数量指数或价格指数均应采用报告期水平作权数。由于计算简单,拉氏指数和派氏指数在现实中得到了广泛的应用,大多数国家统计机构都以这两种指数为基础计算各种各样的指数,比如 CPI。

以价格指数为例,拉氏价格指数的计算公式为:

$$\text{拉氏指数} = P_{st}^{L} = \frac{\sum_{m=1}^{M} p_{mt} q_{ms}}{\sum_{m=1}^{M} p_{ms} q_{ms}} = \sum_{m=1}^{M} \frac{p_{mt}}{p_{ms}} \times \omega_{ms} \tag{5.1}$$

其中,$\omega_{ms} = p_{ms} q_{ms} / \sum_{m=1}^{M} p_{ms} q_{ms}$ 表示基期第 m 种商品的价值占基期商品总价值的比重,称做价值份额,它的大小反映物品的相对重要程度。式(5.1)有两层含义:一是拉氏指数是以基期数量指标作同度量因素计算的报告期和基期 m 种物品价值总量的比率;二是它是以基期价值份额为权重的 m 种物品个体价格指数的加权平均值。

与拉氏指数不同,派氏指数则是使用报告期价值份额为权重:

$$P_{st}^{P} = \frac{\sum_{m=1}^{M} p_{mt} q_{mt}}{\sum_{m=1}^{M} p_{ms} q_{mt}} = \frac{1}{\sum_{m=1}^{M} \frac{p_{ms}}{p_{mt}} \times \omega_{mt}} \tag{5.2}$$

其中,权数 $\omega_{mt} = p_{mt} q_{mt} / \sum_{m=1}^{M} p_{mt} q_{mt}$ 是第 m 种物品在时期 t 的价值份额。式(5.2)表明派氏价格指数是以报告期数量为同度量因素,分别以报告期价格和基期价格计算的两时期 m 种物品价值总量之比;或者说,是以报告期价值份额为权重的个体价格指数的加权平均值。

在某种意义上说,拉氏指数和派氏指数代表了两个极端,拉氏指数以基期

（时期 s）数量作为同度量因素，而派氏指数以报告期数量（时期 t）作为同度量因素。如果每种产品的个体价格指数相同，那么这两个指数的值是一致的，也就是说，如果 $p_{mt}/p_{ms}=c$，那么拉氏指数和派氏指数相同，均为 c。而当不同产品的个体价格指数差别较大时，这两种指数的值也会有较大差别。由于这两种指数的权数选择都带有一定程度的极端性，这与现实经济状况是不相符的，因此对经济现象进行分析时，指数结果都会有所偏差。对同一经济现象进行分析时，拉氏指数通常会对经济现实做出偏高估计，派氏指数的估计值则会偏低。

与价格指数相对应，拉氏公式和派氏公式定义的数量指数分别为：

$$Q_{st}^L=\frac{\sum\limits_{m=1}^{M}p_{ms}q_{mt}}{\sum\limits_{m=1}^{M}p_{ms}q_{ms}} \text{ 和 } Q_{st}^P=\frac{\sum\limits_{m=1}^{M}p_{mt}q_{mt}}{\sum\limits_{m=1}^{M}p_{mt}q_{ms}}$$，拉氏和派氏数量指数的性质与其各自

对应的价格指数相同，这里不再详述。

5.1.2　Fisher 理想指数

由于拉氏指数和派氏指数在对经济现象的评估中存在偏差，美国统计学家 Fisher 于 1922 年提出，先分别用拉氏和派氏公式编制总指数，然后对它们进行几何平均以得到一个新的指数。很明显，这一新的指数是对拉氏和派氏公式的折中，用它进行研究得到的结果一定介于拉氏指数和派氏指数的结果之间；与拉氏和派氏公式相比较，它的结果存在的偏差要小得多，同时这一指数还具有很多理想的统计性质与经济理论性质。正因为如此，这一新指数被称为"Fisher 理想指数"（Fisher ideal Index）。

Fisher 理想指数的计算公式为：

$$P_{st}^F=(P_{st}^L\times P_{st}^P)^{0.5} \tag{5.3}$$

用 Fisher 理想指数计算的数量公式为 $Q_{st}^F=(Q_{st}^L\times Q_{st}^P)^{0.5}$

Fisher 理想指数有着许多令人满意的统计和经济理论上的性质，能够满足一些重要的统计检验，如时间转换检验和因子转换检验等（而拉氏指数和派氏指数本身都不能通过这些检验）。同时由于 Fisher 理想指数体系融综合指数的两套分析体系于一体，兼顾并中和了拉氏指数和派氏指数由于权数选择不同而导致的差异性，从而避免了综合指数的失真性。正是由于 Fisher 指数所具有的良好性质，它在经济统计中被广泛应用，有着很大的吸引力。尽管 Fisher 指数是"理想的"，但它仍然存在一些不足之处：首先，Fisher 指数要求它的数据达到能计算拉氏指数和派氏指数的要求，数据需求量大。这不仅会增加核算费用，而且会由于工作量的加大而导致计算和结果公布的延迟。其次，Fisher 指数不像拉氏指数和派氏指数那样容易理解。拉氏指数和派氏指数可以简单地解释为计量

指定的一揽子货物和服务的价值变化,而 Fisher 指数不可以。再次,Fisher 指数不具有可加一致性,即使对于最基本的年度间数据变化也是如此。这一缺陷严重制约了它在核算框架中的应用。

5.1.3   Tornqvist 指数

Tornqvist 价格指数定义为个体价格指数的加权几何平均值,其中权数为时期 s 和时期 t 的价值份额的简单算术平均值,即:

$$P_{st}^{T} = \prod_{m=1}^{M} \left[\frac{p_{mt}}{p_{ms}} \right]^{\frac{1}{2}(\omega_{ms}+\omega_{mt})} \tag{5.4}$$

其中,ω_{ms} 和 ω_{mt} 分别为第 m 种物品在基期 s 和报告期 t 的价值份额。Tornqvist 指数一般写成它的对数形式:

$$\ln P_{st}^{T} = \sum_{m=1}^{M} \left(\frac{\omega_{ms}+\omega_{mt}}{2} \right) (\ln p_{mt} - \ln p_{ms}) \tag{5.5}$$

这种对数变换形式为实际计算提供了方便。对数形式下的 Tornqvist 指数是对数形式的个体价格指数的加权平均。由于第 m 种产品价格的对数变化,

$$\ln p_{mt} - \ln p_{ms} = \ln \left(\frac{p_{mt}}{p_{ms}} \right) \cong \left(\frac{p_{mt}}{p_{ms}} - 1 \right) \tag{5.6}$$

代表了第 m 种产品价格变化的百分比,因而对数形式的 Tornqvist 价格指数表现的是总体价格的增长率。

相应地,Tornquist 数量指数为 $Q_{st}^{T} = \prod_{m=1}^{M} \left(\frac{q_{mt}}{q_{ms}} \right)^{\frac{1}{2}(\omega_{ms}+\omega_{mt})}$

其对数形式为 $\ln Q_{st}^{T} = \sum_{m=1}^{M} \left(\frac{\omega_{ms}+\omega_{mt}}{2} \right) (\ln q_{mt} - \ln q_{ms})$ (5.7)

5.2   TFP 指数

我们在本书 1.3 中讲过,衡量全要素生产力的方法多种多样,而指数法由于其特殊的优势在经济研究和社会生活中得到了最为广泛的应用,因此本书介绍的衡量全要素生产力的方法是指数法。首先,指数法的最突出优点是避开了具体函数形式的制约,可以通过统计资料直接衡量生产力指数,从而也避开了生产函数法等经济计量学方法常常可能遇到的多重共线性、解释变量内生等问题。其次,利用指数法衡量生产力增长的分析资料容易获得,理论原理简单明了。对于任意 DMU(企业、行业、国家或地区),只要能够获得其任意两个时期的投入产出数量和相应价格(或价值份额)资料,就可以计算相应的生产力变化,方法简

单,易于理解。再次,指数法可用于解决多产出和多投入问题,可以对使用不同技术进行生产的单位进行比较。因此指数法在实践中得到了广泛的应用,而指数法在发展过程中也不断完善,产生了多种多样的全要素生产力指数。

全要素生产力指数的具体形式虽多,但都必须反映出全要素生产力的基本性质,那就是:如果产出不变,而相应地投入使用量减少了,那么全要素生产力提高了;如果保持投入不变,而产出增加了,那么全要素生产力也提高了。因此,假定如果我们用函数 $F(x_t,y_t,x_s,y_s)$ 表示 TFP 指数(其中 x_t、x_s、y_t 和 y_s 分别为时期 t 和时期 s 的投入和产出),那么任何有意义的 TFP 指数应满足如下性质:

$$F(\lambda x_s,\mu y_s,x_s,y_s)=\mu/\lambda, \text{对于所有 } \mu,\lambda>0 \tag{5.8}$$

这意味着 TFP 指数关于 y 的齐次次数为+1,关于 x 的齐次次数为-1。当我们选择一种方法来计算 TFP 指数时,所得到的指数需要满足式(5.8)所示的性质。

5.2.1　HM TFP 指数

Hicks 和 Moorsteen(1961)提出了一种简单使用投入增长和产出增长来衡量全要素生产力变化的指数,如下式所示:

$$\text{HM TFP}=\frac{\text{产出增长}}{\text{投入增长}}=\frac{\text{产出量指数}}{\text{投入量指数}} \tag{5.9}$$

由此我们可以清楚地看到,如果产出增长的幅度大于投入增长的幅度,那么 HM TFP>1,全要素生产力水平有所提高;反之,如果产出增长的幅度小于投入增长的幅度,那么全要素生产力的水平就会降低。产出量指数和投入量指数可以使用在前面提到的几种指数进行计算,由于各种指数计算方法的性质不同,在具体应用过程中,应根据所研究问题的具体情况选择合适的指数计算方法。

HM TFP 指数的经济意义简单明了,具体操作过程也比较简单,但该指数存在明显的缺陷,那就是对生产力变化的来源缺乏解释力。

5.2.2　基于利润率的 TFP 指数

设 R_s、R_t、C_s 和 C_t 分别表示给定厂商在时期 s 和时期 t 的收益和成本。利润率可作为厂商全要数生产力水平的衡量,而剔除了投入与产出价格因素影响的利润率可作为不同厂商之间全要素生产力水平的比较。同理,可以通过厂商在时期 s 与时期 t 的利润率的比较(前提是剔除了从时期 s 到时期 t 的价格变化因素的影响)得出厂商的生产率变化情况,以及基于利润率的 TFP 指数。在时期 s,关于投入、产出数量基期价格的数据可由 (x_s,y_s,p_s) 和 (x_s,y_s,w_s) 给出,在时期 t 的相应数据由 (x_t,y_t,p_t) 和 (x_t,y_t,w_t) 给出。令 R_s^*、R_t^*、C_s^* 和 C_t^* 分别表示经过价格调整后 DMU 在时期 s 和时期 t 的收益与成本,则基于利润率的

TFP 指数可定义为：

$$\text{TFP index} = \frac{R_t^* / R_s^*}{C_t^* / C_s^*} = \frac{(R_t / R_s) / \text{产出价格指数}}{(C_t / C_s) / \text{投入价格指数}} \tag{5.10}$$

由于式(5.10)的 TFP 指数提出了价格因素的影响，因此从时期 s 到时期 t 的全要数生产力变化来源于技术变化与效率变化。

其中产出价格指数和投入价格指数可以通过所观测到的数据利用前面所述的指数公式求得。前面所述的四种指数计算方法各有其不同的特性，因此选用哪种指数计算方法也会是求得的基于利润的 TFP 指数带有该指数计算方法的特性。由于 Fisher 理想指数具有众多优良的特性，而 Diewert 也于1992年证明了用 Fisher 理想指数求得的基于利润的 TFP 指数对于一个可塑的可变利润函数是准确的，是一个超越指数。因此，Fisher 理想指数在计算基于利润的 TFP 指数的过程中得到了广泛的应用。

5.2.3 Malmquist TFP 指数

Malmquist TFP 指数是由 Caves，Christensen 和 Diewert(1982a,1982b)在其所写的两篇很有影响的文章中引进的。在这两篇文章中，CCD 利用 Malmquist 投入和产出距离函数定义了 TFP 指数，称为 Malmquist TFP 指数，这种构造 TFP 指数的方法称为 CCD 方法。该指数是通过在时期 s 到时期 t 所观测到的投入产出向量来衡量的，CCD 方法是运营在参照技术下，通过时期 s 到时期 t 的产出观测值以及 x_s、x_t 所能生产的最大产出水平(保持产出组合不变)之间的比较来衡量生产力的。由于距离函数有投入导向和产出导向之分，因此 Malmquist TFP 指数也可分为投入导向和产出导向。而 Malmquist TFP 指数可进一步分解为技术变动因素和效率变动因素，进而可以对生产力变化的来源进行较好的解释。

从本质上说，Malmquist 生产力指数可以归类于生产力变化衡量的指数法，但它与其他指数又有着很多的不同之处。实践中，研究者常把 Malmquist 指数与边界分析技术结合起来运用，并在此基础上实现对生产力增长的分解和测算技术效率，这是它与其他指数方法相比较的一大优势。因此我们在下一节单独对 Malmquist 指数进行详细分析。

5.2.4 从生产力变化的来源衡量的 TFP 指数及技术进步的衡量

前面所讨论的三种衡量生产力变动的方法是利用了生产力变化直观概念的衡量体系，一旦得到了生产力变动的数值，就需要对这一数值进行解释，分析生产力变动的来源(技术的进步还是效率的提高)，这类方法被称为"自上而下"的方法。在这种方法中，生产力变化的一些来源可能得不到适当的解释，在对结果的阐释上也有一些困难。

　　为了针对这一情况做出改进，Balk(2001)提出了一种"自下而上"的方法，试图确定所有的生产力变化来源。这种方法从所有生产力变化可能的来源开始，使用最合适的方法对每一个来源进行衡量，最后把它们合成起来得到出生产力变化指数。

　　Balk 指出了生产力变动的四个来源：技术变化(TC)、效率变化(EC)、规模效率变化(SE)和产出混合效应(OME)或者投入混合效应(IME)。

　　技术变化是生产力变化的重要来源。我们通过 DMU 在时期 t 利用给定投入向量生产多于(或少于)时期 s 可行的产出水平的能力来衡量一个 DMU 的技术变化。对于投入产出向量 (x,y)，可以利用产出距离函数，通过比较产出向量 y 在时期 s 和时期 t 的生产前沿上的径向投影来衡量技术变化，如下式：

$$TC_o^s = \frac{d_o^t(x,y)}{d_o^s(x,y)} \tag{5.11}$$

　　其中，式中的下标"o"表示产出导向。在进行测算的过程中，投入产出向量 (x,y) 既可以选择时期 s 的观测值，也可以选择时期 t 的观测值，相对应地，TC_o^s 就有两种测算形式。因此在对技术变动进行测算时，两种测算形式的几何平均值：

$$TC_o^s(x_s,y_s,x_t,y_t) = \left[\frac{d_o^t(x_s,y_s)}{d_o^s(x_s,y_s)} \times \frac{d_o^t(x_t,y_t)}{d_o^s(x_t,y_t)} \right]^{0.5} \tag{5.12}$$

　　技术效率变化也是生产力变化的重要来源。在产出导向的情况下，距离函数只与技术效率的值是相等的，因此技术效率变化可以由下式来表述：

$$TEC_o^s(x_s,y_s,x_t,y_t) = \frac{d_o^t(x_t,y_t)}{d_o^s(x_s,y_s)} \tag{5.13}$$

　　各 DMU 可以通过变动它的运营规模使得 DMU 运营于生产技术最优规模处，进而提高其生产率。要考察一个 DMU 由于运营规模的对其技术效率的影响，我们可以利用观测到的投入产出数据构造一个规模报酬不变(CRS)的生产前沿和一个规模报酬可变(VRS)的生产前沿，通过比较某一时期所考察 DMU 与 CRS 生产前沿的距离和与 VRS 生产前沿的距离来确定该 DMU 的规模效率。则 DMU 在时期 t 的规模效率如下式所示：

$$SE_o^t(x,y) = \frac{TE_t^*(x,y)}{TE_t(x,y)} = \frac{d_o^{*t}(x,y)}{d_o^t(x,y)} \tag{5.14}$$

　　其中，$TE_t^*(x,y)$ 是 DMU 相对于 CRS 生产前沿的技术效率。规模效率的数值总是位于 0 和 1 之间，如果规模效率值为 1，则说明 DMU 的规模是有效的。

　　得到了规模效率的计算公式，我们可以进而得到在时期 s 和时期 t 规模效率变动的计算公式：

$$SEC_o(x_s, x_t, y) = \frac{SE_o^t(x_t, y)}{SE_o^t(x_s, y)} \qquad (5.15)$$

式(5.15)衡量了相对于特定的产出向量 y，分别使用投入向量 x_s 和 x_t 得到的规模效率值的比值。如果该比值大于1，则说明时期 t 相对于时期 s 更具有规模效率。我们还需要看到，在式(5.15)的计算中，特定产出向量 y 既可以使用时期 s 的数据，也可以使用时期 t 的数据，而测算规模效率时也同样既可以选择时期 s 的技术又可以选择时期 t 的技术，因此对两种选择进行几何平均，便得到了更为合理的关于规模效率变动的测算：

$$SEC_o^g(x_s, x_t, y_s, y_t) = [SEC_o^s(x_s, x_t, y_s) \times SEC_o^t(x_s, x_t, y_t)]^{0.5} \qquad (5.16)$$

产出混合效应。式(5.16)是分别定义在产出向量 y_s 和 y_t 上的规模效率变动几何平均值，但是并没有考虑到产出向量从时期 s 到时期 t 的变化对规模效率的影响，而产出混合效应正式描述对于特定投入向量 x，产出向量由 y_s 变为 y_t 对规模效率变动的影响。Balk 给出了测算产出混合效应的公式：

$$OME^t(x, y_s, y_t) = \frac{SE_o^t(x, y_t)}{SE_o^t(x, y_s)} \qquad (5.17)$$

式(5.17)是参照时期 t 的技术来计算的，同规模效率变动的情况一样，也可以参照时期 s 的技术来计算，因此，将二者进行几何平均，便得到了如下公式：

$$OME_o^g(x_s, x_t, y_s, y_t) = [OME^t(x_t, y_t, y_t) \times OME^s(x_s, y_s, y_s)]^{0.5}$$
$$\times \left[\frac{SE_o^t(x_t, y_t)}{SE_o^t(x_t, y_s)} \times \frac{SE_o^s(x_s, y_t)}{SE_o^s(x_s, y_s)} \right]^{0.5} \qquad (5.18)$$

在 TFP 变化的来源都可以得到衡量的前提下，Balk 提出的这种从生产力变化来源衡量的 TFP 指数则为上述的技术变化、技术效率变化、规模效率变化和产出混合效应的乘积：

$$TFPC^g(x_s, x_t, y_s, y_t) = \left[\frac{d_o^t(x_s, y_s)}{d_o^s(x_s, y_s)} \times \frac{d_o^t(x_t, y_t)}{d_o^t(x_t, y_t)} \right]^{0.5} \times \frac{d_o^t(x_t, y_t)}{d_o^s(x_s, y_s)}$$
$$\times [SEC_o^s(x_s, x_t, y_s) \times SEC_o^t(x_s, x_t, y_t)]^{0.5}$$
$$\times [OME^t(x_t, y_t, y_t) \times OME^s(x_s, y_s, y_s)]^{0.5} \qquad (5.19)$$

5.3 Malmquist 生产力指数及技术进步的衡量

Malmquist 数量指数由瑞典经济学和统计学家 Sten Malmquist 于 1953 年首次提出，当时是用来分析不同时期的消费变化；比照 Malmquist 数量指数，Caves，Christensen 和 Diewert(1982)首先将该指数用于生产力变化的衡量，分别构造了产出导向和投入导向的 Malmquist 生产力指数；此后与 Charnes et al. (1978)建立的 DEA 理论相结合，在生产力衡量中的应用日益广泛。1994 年，

Fare,Grosskopf,Norris 和 Zhang 建立了用来考察全要素生产力增长的 Maimquist 生产力指数,进而应用 shephard 距离函数将生产力增长分解为技术进步与技术效率变动,该方法不仅可以度量全要素生产力的逐期变化动态,而且可以将这一变化更进一步分解为技术进步、纯技术效率变动和规模效率变动等几个重要组成部分。

5.3.1　Malmquist TFP 指数及其分解

Malmquist 指数是建立在距离函数基础之上的,距离函数有产出导向和投入导向之分,因此 Malmquist 指数也可以分别从产出和投入两个导向来定义。

(1)产出导向 Malmquist TFP 指数

产出导向生产力指数的衡量是通过比较所考察 DMU 在时期 s 和时期 t 的投入产出向量与特定的生产前沿的距离进行比较而得到的。所用到的距离函数当然都是产出导向距离函数,计算公式如下:

$$m_o^s(x_s,y_s,x_s,y_t)=\frac{d_o^s(x_t,y_t)}{d_o^s(x_s,y_s)} \tag{5.20}$$

产出距离函数 $d_o^s(x_s,y_s)$ 表示了在特定的投入水平下,DMU 的产出水平与 s 时期的技术前沿上的产量的比值;而产出距离函数 $d_o^s(x_t,y_t)$ 则表示了在特定投入水平下,DMU 在时期 t 的产出水平与 s 时期的技术前沿上的产量的比值。这样一来,式(5.20)就反映了从时期 s 到时期 t DMU 生产力变动的情况。由于时期 t 的特定投入产出向量并不一定位于时期 s 的技术前沿的下方,因此 $d_o^s(x_t,y_t)$ 有可能大于1。当 $m_o^s(x_s,y_s,x_s,y_t)$ 大于 1 时,表明 DMU 在时期 t 的生产力水平相比于时期 s 有所提高;如果 $m_o^s(x_s,y_s,x_s,y_t)$ 小于1,则表明 DMU 的生产力水平有所下降。

式(5.20)中是使用时期 s 的观测数据所确定的技术前沿作为参考,同样,我们也可以采用时期 t 的观测数据确定的技术前沿作为参考,从而得出另外一个 TFP 指数,如下式所示:

$$m_o^t(x_s,y_s,x_s,y_t)=\frac{d_o^t(x_t,y_t)}{d_o^t(x_s,y_s)} \tag{5.21}$$

选择不同时期的技术前沿作为参考会使结果产生差异。为了消除由于参考技术前沿的选择而带来的偏差,Malmquist TFP 指数定义为二者的几何平均值:

$$m_o(x_s,y_s,x_t,y_t)=\left[m_o^s(x_s,y_s,x_t,y_t)\times m_o^t(x_s,y_s,x_t,y_t)\right]^{0.5} \tag{5.22}$$

$m_o^s(x_s,y_s,x_s,y_t)$ 大于 1,表明厂商在时期 t 的生产率水平与时期 s 相比有所提高;$m_o^s(x_s,y_s,x_s,y_t)$ 小于 1,则表明 DMU 的生产力水平有所降低。在生产技术具有规模报酬不变的情况下,生产力的变化有可能来自于技术变化或者技术效率的变化。Malmquist TFP 指数很容易进行进一步的分解,式(5.22)经过简单的数学变换,可以写成如下形式:

$$m_o(x_s,y_s,x_t,y_t) = \left[\frac{d_o^s(x_t,y_t)}{d_o^s(x_s,y_s)} \times \frac{d_o^t(x_t,y_t)}{d_o^t(x_s,y_s)}\right]^{0.5}$$

$$= \frac{d_o^t(x_t,y_t)}{d_o^s(x_s,y_s)} \left[\frac{d_o^s(x_t,y_t)}{d_o^t(x_t,y_t)} \times \frac{d_o^s(x_s,y_s)}{d_o^t(x_s,y_s)}\right]^{0.5} \tag{5.23}$$

$$TEC = \frac{d_o^t(x_t,y_t)}{d_o^s(x_s,y_s)} \tag{5.24}$$

$$TC = \left[\frac{d_o^s(x_t,y_t)}{d_o^t(x_t,y_t)} \times \frac{d_o^s(x_s,y_s)}{d_o^t(x_s,y_s)}\right]^{0.5} \tag{5.25}$$

式(5.24)是 DMU 在时期 t 和时期 s 的技术效率值的比值,反映了技术效率的变动,而式(5.25)则反映了从时期 s 到时期 t 技术前沿的变动。这样一来,在确定了 Malmquist TFP 指数的数值之后,就可以进一步分析生产力的变化在多大程度上是来自于技术前沿的变动和在多大程度上来自于技术效率的变化。

(2) 投入导向的 Malmquist TFP 指数

投入导向的 Malmquist TFP 指数与产出导向的 Malmquist TFP 指数的构造方式相同,只不过使用的是投入导向的距离函数,从投入缩减的角度来考察生产力水平的变动。

选择时期 s 的生产技术前沿作为参考技术前沿,TFP 指数可写成如下形式:

$$m_i^s(x_s,y_s,x_s,y_t) = \frac{d_i^s(x_t,y_t)}{d_i^s(x_s,y_s)} \tag{5.26}$$

同样,若选择时期 t 的技术前沿作为参考技术前沿,则 TFP 指数可写成如下形式:

$$m_i^t(x_s,y_s,x_s,y_t) = \frac{d_i^t(x_t,y_t)}{d_i^t(x_s,y_s)} \tag{5.27}$$

出于与产出导向的情况下同样的考虑,投入导向的 Malmquist TFP 指数也同时采用时期 s 和时期 t 的技术前沿作为参考,即取式(5.26)和式(5.27)的几何平均值,如下所示:

$$m_i(x_s,y_s,x_t,y_t) = \left[m_i^s(x_s,y_s,x_t,y_t) \times m_i^t(x_s,y_s,x_t,y_t)\right]^{0.5} \tag{5.28}$$

同产出导向的情况相同,投入导向的 Malmquist TFP 指数也可以分解为效率变化和技术前沿变化两个部分,具体过程同产出导向的情况相同,这里不再赘述。

5.3.2 Malmquist TFP 指数的相关问题

(1) 投入导向与产出导向 Malmquist TFP 指数的关系

投入导向和产出导向的 Malmquist TFP 指数在计算的过程中分别使用了投入距离函数和产出距离函数,因此不同导向的 Malmquist TFP 指数在数值上是有所不同的。如果潜在生产技术在时期 s 和时期 t 都呈现出规模报酬不变的性质,则投入导向和产出导向的 Malmquist TFP 指数的结果是一致的。

(2)Malmquist TFP 指数与生产技术的规模报酬效应

上面已经介绍了 Malmquist TFP 指数可以分解为技术变动和技术效率的变动,因此可见 Malmquist TFP 指数只考虑了全要素生产力变动的两个来源。由 Balk 的理论可知,全要素生产力的变动有四个来源,Malmquist TFP 指数并未考虑规模效率变动和产出混合效应两个来源。在生产技术是规模报酬不变的情况下,Malmquist TFP 指数可以准确地衡量出全要素生产力的变化,而如果生产技术是规模报酬可变的,Malmquist TFP 指数对现实生产力变化测算的结果则会产生偏差。

针对这一情况,Fare 等(1994)提出将技术效率变化进一步分解为纯技术效率变化和规模效率变化,如下式所示:

$$PTEC = \frac{d_{ov}^t(x_t, y_t)}{d_{ov}^s(x_s, y_s)} \tag{5.29}$$

$$SEC = \left[\frac{d_{ov}^t(x_t, y_t)/d_{oc}^t(x_t, y_t)}{d_{ov}^t(x_s, y_s)/d_{oc}^t(x_s, y_s)} \times \frac{d_{ov}^s(x_t, y_t)/d_{oc}^s(x_t, y_t)}{d_{ov}^s(x_s, y_s)/d_{oc}^s(x_s, y_s)} \right]^{0.5} \tag{5.30}$$

其中,$PTEC$ 为纯技术效率变化,是时期 t 和时期 s 在规模报酬可变条件下的技术效率值的比值;SEC 则表示规模效率的变化。Fare 等人将技术效率变化分解为纯技术效率变化和规模效率变化的做法得到了广泛的应用,但也存在一些问题,因为在计算 Malmquist TFP 指数时所用的距离函数是在规模报酬不变的假设下求得的,而在对技术效率变动的分解时需要在规模报酬可变假设下求得距离函数。对于同一个生产技术,在计算过程的前后对其规模报酬性质的假设不一致,这在很大程度上影响了这种分解法的科学性。

5.3.3　Malmquist TFP 指数的估算

要对 Malmquist TFP 指数的数值进行估算,则需要首先计算出构造 Malmquist TFP 指数的四个距离函数的数值,在对距离函数值的估算中,最常用的是 DEA 方法和 SFA 方法,我们接下来以产出导向的情况为例分别予以介绍。

(1) 使用 DEA 方法估算

对于距离函数 $d_o^t(x_t, y_t)$ 和 $d_o^s(x_s, y_s)$ 的计算,与本书前面介绍的用 DEA 方法测算效率值的过程相同,可通过下面两个线性规划过程求得:

$$\underset{\phi, \lambda}{\text{Max}} \quad \phi = [d_o^t(y_t, x_t)]^{-1} \tag{5.31}$$

$$s.t. \quad -\phi y_{it} + y_t \lambda \geqslant 0$$

$$\qquad x_{it} - x_t \lambda \geqslant 0$$

$$\underset{\phi,\lambda}{Max} \quad \phi = [d_o^s(y_s,x_s)]^{-1} \tag{5.32}$$

$$s.t. \quad -\phi y_{is} + y_s\lambda \geqslant 0$$

$$x_{is} - x_s\lambda \geqslant 0$$

$$\lambda \geqslant 0$$

对于距离函数 $d_o^t(x_s,y_s)$ 和 $d_o^s(x_t,y_t)$ 的计算,仍然使用 DEA 线性规划的方法,只需将约束条件进行简单调整即可:

$$\underset{\phi,\lambda}{Max} \quad \phi = [d_o^t(y_s,x_s)]^{-1} \tag{5.33}$$

$$s.t. \quad -\phi y_{is} + y_t\lambda \geqslant 0$$

$$x_{is} - x_t\lambda \geqslant 0$$

$$\lambda \geqslant 0$$

$$\underset{\phi,\lambda}{Max} \quad \phi = [d_o^s(y_t,x_t)]^{-1} \tag{5.34}$$

$$s.t. \quad -\phi y_{it} + y_s\lambda \geqslant 0$$

$$x_{it} - x_s\lambda \geqslant 0$$

$$\lambda \geqslant 0$$

这里有两个问题需要说明一下:

1) 在上述四个线性规划中,使用的都是规模报酬不变效应,这样可以确保得出的 Malmquist TFP 指数满足式(5.8)描述的性质。而若要将 Malmquist TFP 指数分解得到的技术效率进一步分解为纯技术效率和规模效率的时候,则需要在规模报酬可变的情况下分别计算厂商在时期 s 和时期 t 的距离函数,具体过程只需在式(5.31)和式(5.32)的约束条件中加入约束条件 $\sum_{i=1}^{n} \lambda_i = 1$ 即可。

2)在式(5.33)的线性规划计算的是时期 s 的投入产出向量与时期 t 的观测数据构造的技术前沿的距离,由于时期 s 的投入产出点不一定位于时期 t 的技术前沿的下方,也有可能位于其上方,因此,$d_o^t(x_s,y_s)$ 的值有可能大于1,同样的道理,$d_o^s(x_t,y_t)$ 的值也有可能大于1。

(2)使用 SFA 方法估算

Malmquist TFP 指数所需的距离函数值同样可以用 SFA 的方法来计算。本书所给出的方法是以 Fuentes, Grifell-Tatje 和 Perelman(2001)与 Orea(2002)提出的超越对数形式的生产函数方法为基础的。我们要考察的超越对数形式的随机生产前沿定义如下:

$$\ln y_{it} = \beta_0 + \sum_{k=1}^{m} \beta_k \ln x_{kit} + \frac{1}{2}\sum_{k=1}^{m}\sum_{j=1}^{m}\beta_{kj}\ln x_{kit}\ln x_{kit} + \sum_{k=1}^{m}\beta_{tk}t\ln x_{kit} + \beta_t t + \frac{1}{2}\beta_{tt}t^2$$

$$+ v_{it} - u_{it} \quad i = 1,2,\cdots,n, \quad t = 1,2,\cdots,T \tag{5.35}$$

其中，y_{it}表示第 i 个 DMU 在第 t 年的产出；x_{kit}表示第 k 个投入量；t 表示技术变化的时间趋势；β 表示要估计的位置参数向量；v_{it}表示随机误差，假定 v_{it} 与 u_{it} 相互独立并且同分布，服从 $N(0, \sigma_v^2)$ 的正态分布；u_{it} 表示技术无效因素。

上述模型具有时间趋势 t 与投入变量的交互作用，这考虑了非中性技术变化。

可利用前面章节概括的方法来预测每一年度每个厂商的技术效率，也就是在给定 $e_{it} = v_{it} - u_{it}$ 值下，我们得到 $\exp(-u_{it})$ 的条件期望。因为 u_{it} 是一个非负的随机变量，所以技术效率的预测值都是介于 0 和 1 之间，取值为 1 时表示完全技术效率。

技术效率的测算结果如式(5.36)所示：

$$TE_{it} = E[\exp(-u_{it}) | e_{it}] \tag{5.36}$$

其中 $e_{it} = v_{it} - u_{it}$，可用于计算效率变化成分，即通过 $d_o^t(x_{it}, y_{it}) = TE_{it}$ 与 $d_o^s(x_{is}, y_{is}) = TE_{is}$，我们计算效率变化指数如式(5.37)所示：

$$TEC = TE_{it} / TE_{is} \tag{5.37}$$

第 i 个 DMU 从时期 s 到时期 t 的技术变化指数可以从估计的参数中直接计算得到。一种方法是，利用第 i 个 DMU 在时期 s 与时期 t 的数据，求出生产函数对时间的偏导数。从而两个临近的时期 s 和时期 t 的技术变化指数成为这两个偏导数的几何平均值。当涉及超越对数函数时，上述结果等价于求对数导数的代数平均值的指数函数。也就是：

$$TC = \exp\left[\frac{1}{2}\left(\frac{\partial \ln y_{is}}{\partial s} + \frac{\partial \ln y_{it}}{\partial t}\right)\right] \tag{5.38}$$

这种测算可以直接同式(5.25)进行比较。然后，由式(5.37)和式(5.38)得到技术效率变化指数和技术变化指数。

6 中国交通运输业的生产力成长与技术效率变动

6.1 中国交通运输业的发展概述

交通运输业是国民经济的基础产业,是国民经济各子系统得以有效运转的主要承载体,它是所有经济活动正常运转的基本保障,对国民经济的发展起着至关重要的作用。

6.1.1 交通运输业在国民经济中的重要地位

作为国民经济的重要组成部分,交通运输业的发展状况对整个国民经济的发展产生很大的影响,它对国民经济的影响主要体现在以下几个方面:

(1)交通运输业是经济发展的子系统和重要价值创造部门

交通运输直接参与经济社会的生产过程,交通运输将社会生产、分配、交换和消费等各个环节有机地联系起来,通过提供运输产品和服务创造价值,直接促进经济增长;同时交通运输是联系几乎所有经济活动的桥梁和纽带,并贯穿经济活动始终,因此交通运输的发展对经济活动的影响是持续的。

(2)交通运输业具有很强的产业关联效应

交通运输的发展必须要与其他产业的发展紧密地结合在一起,才能够共同完成其提供的产品和服务的供给活动。交通运输的产业关联效应表现在以下两个方面:一是体现在交通运输对其他产业的需求总量和需求结构的影响上,比如运输工具的生产、线路等规定设施的制造等;二是体现在交通运输对其他产业的服务和配套支持上,交通运输通过提供多层次的服务,对其他产业的发展水平形成支撑,发挥影响,从而优化产业结构,促进经济结构调整。

(3)交通运输业的效率高低直接影响着经济发展速度和经济运行效率

交通运输业作为社会经济活动必不可少的一部分,其生产力成长与技术效率的变动会直接影响和制约整个社会生产力水平的提升以及经济活动运行的效率。交通运输的效率高低体现在物流和客流的及时、准确、安全、质量和成本等方面,通过提高交通运输业的管理水平来提高交通运输服务的规模和质量,能够促进经济活动的运行效率。同时,交通运输的正外部性和准公共性能够给使用交通运输服务的人或者物品带来收益或者价值增值,增加社会的整体福利。交通运输业的高效率直接体现在综合交通运输成本的下降,因此,交通运输效率的提高、交通成本的下降,将有效地提升经济运行的效率和发展速度。

(4)交通运输业存在着一定的负外部性

交通运输的负外部性是指在交通运输活动过程中所产生的负外部性,包括运输工具和基础设施使用对社会和环境所带来的负面影响,也包括基础设施在建设过程中所产生的影响。具体而言,交通运输业的负外部性包括环境污染、交通事故、交通拥挤、运输噪声污染和生态环境破坏。交通运输的负外部性对经济发展和社会福利都产生不利影响,在发展交通运输过程中应尽量减少其负外部性的发生。

6.1.2   中国交通运输业的发展现状

随着国民经济的发展,国家不断加大对基础设施的投资力度,这促进了中国交通运输业的发展,同时也引起了国内学者对于中国交通运输业的成长与发展的关注。

(1)中国交通运输业发展总体情况

1997～2007年间,中国交通运输业继续坚持改革与发展战略,交通运输能力保持了较快的增长速度,推动了国民经济的持续、快速、健康发展。

第一,综合交通运输能力显著提高。如表6.1所示,1997～2007年,随着对交通运输业投入的加大,运输能力大幅度增加。2007年全国各种运输方式完成货运量约223.6亿吨,比1997年增长74.97%;客运量221.4亿人,增长67.00%。交通运输业的快速发展基本满足了经济与社会持续快速发展的需要。

表6.1   1997～2007年来中国交通运输业的发展

年份	国内生产总值(现价)(亿元)	货运量总计(万吨)	客运量总计(万人)
1997	78973.0	1278218	1326094
1998	84402.3	1267427	1378717
1999	89676.1	1293008	1394413
2000	99214.6	1358682	1478573
2001	109655.2	1401786	1534122
2002	120332.7	1483446	1608150

年份	国内生产总值(现价)(亿元)	货运量总计(万吨)	客运量总计(万人)
2003	135822.8	1561422	1587497
2004	159878.3	1706412	1767453
2005	183866.9	1862066	1847018
2006	211923.0	2037892	2024158
2007	249529.0	2236453	2214629

资料来源:根据《中国统计年鉴》整理而得。

第二,交通基础设施建设取得重大进展。以交通运输网络为重点的基础设施建设保持了较快的发展速度。到 2007 年底,公路里程 358.37 万公里,其中高速公路 5.36 万公里,经过多年的大规模建设,全国公路网主骨架"五纵七横"已于 2007 年底基本贯通,2008 年,路网结构得到了进一步完善,重点路段全线贯通工作正在加速进行中;到 2006 年底,铁路里程达 6.7 万公里,路网规模不断提高,路网结构明显优化,形成了贯通全国东、中、西部和东北地区的大能力骨干网。交通网络的扩大,进一步提高了综合运输能力。

第三,交通技术装备水平获得较大提升。2008 年,全国乡镇通沥青(水泥)路率达 88.7%,西部地区建制村通公路率达 78.1%,公路质量整体提升;从 2003 年以来,铁道部充分发挥政府部门的主导作用,瞄准世界铁路先进技术,按照国家"引进先进技术、联合设计制造、打造中国品牌"的总体要求,把原始创新、集成创新和引进消化吸收再创新紧密结合起来,成功引进并全面掌握了具有世界先进水平的时速 200 公里及以上的"和谐号"动车组的核心技术,并实现了国产化批量生产,目前,京津城际铁路、合宁客运专线和胶济客运专线已开通运营。中国高速铁路移动装备设计、制造技术已达到世界先进水平。

(2)中国交通运输业生产力成长的现状分析

王亚华、吴凡、王争(2008)对 1980 年到 2005 年的交通行业发展运用 Bootstrap-Malmquist 指数分析方法对其生产力变动进行了评价,应用 DEA-Malmquist 方法测算了中国交通全行业及四个主要部门 1980~2005 年间的生产力变动。研究结果表明,尽管中国改革以来的交通运输业取得了巨大成就,但 20 世纪 90 年代初期以来交通行业 TFP 增速有所下降,技术效率显著下降;2000 年之后,交通各部门的技术进步率大幅度上升,技术效率继续下降。中国交通行业的发展模式面临转型,构成中国经济增长方式转变的重要组成部分。

余思勤、蒋迪娜、卢剑超(2004)运用交通运输业 1990~2000 年的数据,把扩展的 DEA-Malmquist 方法引入交通运输业,来测量交通运输业生产力变化总量以及影响因素,通过交通运输业 Malmquist 指数的变化,得出交通运输业全要素生产力在多数年份是上升的,但个别年份(1994~1996)有不同程度下滑的结论。进一步从全要素生产力分解因素来看,全要素生产力的变动与技术水平变动一致,但是资源配置效率的变化对全要素生产力增长产生影响。同时,这个阶段整个交通运输业(除个别年份外)呈规模效率递增态势,表明运输业具有明显的规模经济特征。

从现有研究上看,我们可以得出中国交通运输业发展的初步结论:改革开放以来,中国交通运输业得到了较快发展,技术进步获得较快提升,但是由于技术效率没有明显提高,甚至出现下降趋势,导致中国交通运输业的全要素生产力进步不大,甚至出现下滑。

6.1.3　中国交通运输业发展存在的主要问题

(1)综合交通运输体系的整体效能有待提高

综合交通运输是指长途、全程、无缝、连续的运输过程。近年来我国逐渐加大基础设施建设投资力度,各种运输方式特别是高速公路、港口和管道建设取得了巨大的发展,但是由铁路、公路、水路、民航与管道构成的中国综合交通运输体系建设刚刚起步,各种运输方式之间的协同性和兼容性差、系统功能不强,制约了交通运输一体化建设和整体效能的提升。各种交通运输方式适用的领域不同,因此,中国交通运输业的发展亟待将铁路、公路、水路、民航等部门进行综合调整和统筹,使各种不同的运输方式实现统一规划,最终实现各种运输方式无缝连接的综合运输体系。

(2)中国交通运输业发展存在区域不平衡

一方面,中西部交通运输业的发展同东部相比仍有很大差距。中国改革开放 20 年来,特别是实施西部大开发以来,中国虽然加大了中西部地区交通基础设施建设的投入力度,西部地区交通基础设施得到加强,但相对于东部沿海地区,中部与西部在基础设施水平上存在较大差距。从总体上看,铁路和公路布局存在“东密西疏”的特点,西部的铁路营业里程、公路里程和内河航道里程公里数全部低于东中部地区;从交通运输线路综合密度来看,东中西呈现出明显的阶梯状发展差距,短时期内这种差距呈现不断扩大的趋势。

另一方面,城市与乡村之间的交通基础设施建设差距较大。近年来,中国对乡村交通基础设施建设的投入不断增加,农村交通条件得到了一定改善,但是不通公路和不通硬化公路的行政村仍然比较多,这些行政村经济发展的水平都比较低,改善交通条件的难度非常大。进一步看,乡村交通基础设施技术等级较低,建设质量较差,通达水平低。从总体上看,乡村交通运输发展能水平远远低于城镇交通运输水平,这种发展格局进一步加剧了中国二元经济结构的矛盾。

总之,交通基础设施不足已成为制约中西部地区,特别是广大农村地区经济发展的重要因素之一。

(3)交通运输业的发展滞后于国民经济的发展

交通运输业是社会经济发展的一个基础性和先导性行业。改革开放以来我国经济建设取得了重大进展,由于我国经济增长方式粗放,加上我国资源分布和生产力布局高度分离,这带来交通运输需求快速增长。然而,我国交通运输建设的步伐落后于社会经济发展的需要,十几年来运输需求的增幅明显高于运输供给的增长,铁路干线、沿海主要外贸港口、公路国道干线基础设施供给明显不足,导致供需矛盾尖锐、运输严重超负荷,这些问题对国民经济健康快速发展带来不利影响。

(4)交通基础设施建设中重复建设与供给不足并存

改革开放以来,随着交通运输投资和管理体制改革,中国各地方政府发展交通基础设施的积极性日益高涨,使得交通运输基础建设加快了步伐,这极大地促进了中国交通运输业的发展。但是在这一过程中,由于缺乏系统规划,个别地区交通运输建设存在投资过度的问题,这主要体现在一些经济发达地区出现了互相攀比、争上大项目的现象,于是出现交通运输基础设施重复建设局面,这造成了资源浪费。另外,在一些经济发展相对落后的地区,交通运输总量规模小,路网密度低、能力供给弹性差,再加上投资环境较差,投资经济效益低,一些偏远的中西部地区、乡村地区的交通运输基础建设条件差、交通运输供给能力不足。交通运输业中这种重复建设与供给不足的矛盾使得交通运输业的供需不平衡的矛盾加剧,对于综合交通运输体系的协调发展不利。

6.2 中国交通运输业全要素生产力成长与技术变动

随着中国经济发展水平的不断提高和改革不断深化,中国交通运输业出现了快速发展态势。特别是近年来,国家不断加大对交通运输业基础设施建设的投资力度,中国交通运输骨干网络已初具规模。本节将对中国交通运输业的生产力成长和技术变动做出测度与分析,以考察中国交通运输业的发展变迁以及在发展过程中存在的问题。

6.2.1 指标选取和数据来源

(1)数据来源

考虑到数据可得性和统计口径一致性,我们选择了 1997~2007 年中国 29

个省、市①的交通运输业作为研究对象。为了对交通运输行业进行整体研究,我们选取了交通运输业和仓储业、邮电通信业的数据代替交通运输业数据②,其原因在于:一方面,由于统计数据中无法直接获取交通运输业数据,交通运输业数据难以从现有数据中分离出来;另一方面,交通运输是此类数据中的重要组成部分,占据着重要地位,选择该类数据具有一定的代表性。本章所采用的相关数据来源于《中国统计年鉴》(1997~2008)、中经网数据库以及国研网数据中心。

(2)模型选择

为了全面对中国交通运输业的生产力成长和技术变动进行研究,本章将从三个角度选取三个模型对交通运输业的发展进行评价。这三个研究角度分别是:

1)运用 DEA-Malmquist 指数对交通运输业的全要素生产力进行研究。全要素生产力衡量的是在既定的投入下,实际产出与最大可能产出的比例,或者是在既定的产出条件下,投入所能减少的程度,而测定全要素生产力最常用的方法之一就是非参数的 Malmquist 生产力指数法。采用 DEA-Malmquist 指数法不仅可以测度我国交通运输业的总体成长状况以及成长的动态性,而且 Malmquist 生产力指数还可以分解为技术效率变动指数及技术进步指数,可以更加清楚地分析交通运输业成长中的促进因素和制约因素。

2)运用 SBM 模型对中国交通运输业的技术效率的动态变动与区域差异进行比较研究。在技术效率评价中,最为常用的是非参数的数据包络分析(DEA)法中的 CCR 模型和 BCC 模型,但是这两个模型在效率的测量过程中可能造成投入要素的松弛问题,从而产生测量误差,因此本章采用 SBM 模型对交通运输业的技术效率进行较为准确的衡量。

3)运用含"坏"产出的 SBM 模型对中国发展绿色交通运输进行评价。由于交通运输具有负外部性,要发展绿色交通就需要考虑到交通运输的负外部性,本书选取了含"坏"产出的 SBM 模型,将交通运输业对环境的负面影响考虑到模型的测算中。

(3)指标选取

由于以上三个模型对指标的要求有所不同,为了便于理解,这里将各个模型的不同指标列举如表 6.2 所示。

---

① 这 29 个省、市是:北京、天津、河北、辽宁、山东、江苏、浙江、上海、福建、广东、海南、黑龙江、吉林、山西、河南、安徽、湖北、湖南、江西、广西、内蒙古、重庆、四川、贵州、云南、陕西、甘肃、青海、新疆。由于数据的不可获得性,西藏和宁夏除外。

② 下文如无特别说明,均并采用运输业和仓储业、邮电通信业的数据代替交通运输业数据。

表 6.2　中国公路运输效率研究指标体系

DEA-Malmquist 指数模型与 SBM 模型		含"坏"产出的 SBM 模型	
产出指标	投入指标	产出指标	投入指标
交通运输业生产总值	各地区交通运输业全社会固定资产额	交通运输业 CO_2 排放量	各地区交通运输业全社会固定资产额
	各省交通运输业年末在岗职工数	交通运输业生产总值	各省交通运输业年末在岗职工数

在运用 DEA-Malmquist 指数模型与 SBM 模型进行分析时,投入变量主要包括资本和劳动。对于资本投入,一般采用资本存量,但是由于数据来源的局限性,无法获取固定资产的净值和原值相关数据,故本研究将各地区交通运输业全社会固定资产额作为资本投入,且以 1997 年为基准,按固定资产投资价格指数进行可比价格处理;对于劳动投入,严格地说应该考虑数量和质量两个方面,但考虑到数据的可得性,本研究用各省交通运输业年末在岗职工数作为劳动投入;产出变量采用各省交通运输业生产总值表示,并以 1997 年为基准,按居民交通和通信消费价格指数进行可比价格调整。

而在运用含"坏"产出的 SBM 模型进行分析时,除了采用以上的指标外,还进一步考虑了交通运输业的负外部性,本研究主要考虑环境污染负外部性。各地区交通运输业的能源消耗主要为煤炭和石油,这些能源为含碳能源,对环境造成的负外部性主要表现为 CO_2 排放。因此,本模型的"坏"产出用交通运输业的 CO_2 排放量[1]来表示。由于历年的相关统计年鉴都没有 CO_2 的统计数据,但是 CO_2 排放与各种能源的使用密切相关(胡鞍钢等,2008),所以本研究对于交通运输业所排放的 CO_2 量进行了相关测算。目前能源消费和 CO_2 排放之间的换算关系采用以下方法[2],即:

CO_2 排放量＝含碳能源消费量×碳折算系数×CO_2 气化系数

CO_2 气化系数是指碳完全氧化成为 CO_2 之后和氧化之前的质量之比,其值为一个标准量 3.67(44：12)。碳折算系数则采用中国国家发展改革委员会能源研究所制定的系数 0.67。故各地区交通运输业的能源消耗量采用煤炭和石油消耗量的加总,从而形成含碳能源消费量的总量。

---

[1]　交通运输业对环境造成的损害不仅表现为交通运输带来的空气污染,还包括固定垃圾、噪音污染、交通拥堵等。但为了进行量化处理和出于数据的可得性,本书仅考虑其对空气污染的影响。

[2]　节能手册 2006.《节能与环保》杂志社,2006

6.2.2　中国交通运输业全要素生产力与技术变动分析

采用样本数据,我们运用 Deap 2.1 软件对中国交通运输业 Malmquist 生产力指数进行计算,并对其进一步分解,得到实证结果,整理结果见表 6.3。

表 6.3　中国交通运输业的全要素生产力及技术变动(1997～2007)

期　间	全要素生产力(TFP)	技术变动指数(TP)	技术效率变动指数(EC)	纯技术效率指数(PC)	规模效率指数(SC)
1997～1998	0.893	0.811	1.101	1.068	1.031
1998～1999	1.202	1.299	0.926	0.999	0.926
1999～2000	1.119	1.269	0.882	0.916	0.962
2000～2001	0.950	0.804	1.182	1.095	1.079
2001～2002	1.021	1.046	0.976	0.983	0.993
2002～2003	1.218	1.305	0.933	0.934	0.999
2003～2004	1.056	1.073	0.984	0.984	1.000
2004～2005	0.867	0.777	1.116	1.088	1.026
2005～2006	0.979	1.068	0.917	1.001	0.917
2006～2007	1.094	1.104	0.991	0.956	1.036
均值	1.034	1.037	0.997	1.001	0.996

从表 6.3 可以看出,中国交通运输业全要素生产力有一定程度成长,但是成长过程具有较大幅度波动;从全要素生产力的指数分解中进一步可以看出,中国交通运输业取得一定程度的技术进步,但存在着与全要素生产力变化相同的波动趋势;与全要素生产力和技术进步相比,技术效率变动指数则表现得不尽如人意。以下将对中国交通运输业全要素生产力、技术变动以及技术效率变动进行详细分析。

6.2.2.1　中国交通运输业生产力成长与变动分析

中国交通运输业的成长是与国民经济发展和国家政策环境变化密切相关的,根据表 6.3 所示,结合 1997～2007 年间中国交通运输业成长的国民经济发展背景,我们对交通运输业生产力成长、变动及其原因进行分析。

(1)中国交通运输业生产力成长较为缓慢

从总体上看,中国交通运输业 1997～2007 年的全要素生产力的均值为

1.034，这表明 1997~2007 年中国交通运输业全要素生产力的平均成长速度为 3.4%[①]，总体上成长速度缓慢。一方面，1997~2007 年的交通运输业增加值年均增长速度为 13.51%[②]，相比之下，中国交通运输业全要素生产力的成长远远低于交通运输业增加值的增长；另一方面，中国 1997~2007 年 GDP 年均增长速度为 9.52%[③]，与之相比，交通运输业的全要素生产力成长滞后于国民经济增长。这说明，虽然中国交通运输业的生产力有一定成长，但是速度较慢，对国民经济增长的贡献度较低，尚未对国民经济发展形成真正的推动力。这种情况的出现可能是由于以下两个方面的原因：

第一，综合交通运输体系尚不完善，在一定程度上制约了生产力成长速度。改革开放以来，国家对交通运输基础设施建设的力度不断加大，这促进了中国交通运输全要素生产力的成长。但是在交通基础设施迅猛发展过程中，由于诸多因素影响，如政府之间、部门之间、各地方之间在交通基础设施建设和协调问题上产生多重博弈，难以形成统一规划，使相互协调的综合交通运输体系发展受到制约，交通运输业整体生产力和综合效能难以有效提升，交通运输业质量整体改进程度不够明显，由此形成交通运输生产力成长缓慢、对经济发展推动作用较弱的局面。

第二，大量交通基础设施投资尚未转化为真正的运输能力，使得生产力衡量被低估。在改革开放初期，由于中国交通运输业一直是经济发展的"瓶颈"，因此为了缓解和消除这种"瓶颈"因素制约，从 20 世纪 90 年代中期以来，国家加大了对交通运输基础设施建设的投资力度，在本研究中，意味着投入大幅度增加，但是，由于交通运输基础设施的建设完成到发挥作用需要一个过程，也就是说，相对于前期的基础设施投入，交通运输产出具有较强的滞后性，这样我们衡量出的生产力就被低估了。

(2) 中国交通运输业生产力成长波动较大

从表 6.3 还可以看出，1997~2007 年中国交通运输业全要素生产力成长具有较大波动性，为了进一步分析中国交通运输业全要素生产力这 10 年间的变动趋势，根据表 6.3 我们做出了 TFP 指数及其分解指数的变化趋势图，如图 6.1 所示。

---

① Malmquist 生产力指数衡量的是该期相对于上一期的全要素生产力的变动，若该指数大于 1，表明上一期到该期的全要素生产力是提升的；反之，则表示下降。
② 根据国研网整理的 1997~2007 年交通运输、仓储和邮政业增加值进行计算而得。
③ 根据国家统计局公布的 1997~2007 年 GDP 增长率进行平均而得。

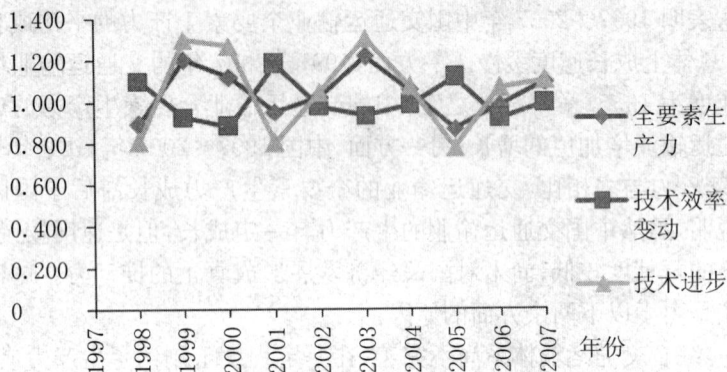

图 6.1　交通运输业全要素生产力及技术变动趋势

　　从图 6.1 的生产力变动趋势可以看出,中国交通运输业全要素生产力成长呈现起伏不平、波动较大的趋势。其中有四个期间的全要素生产力指数小于 1,这表明在这些期间全要素生产力是下降的,这四个期间是:1997～1998 年、2000～2001 年、2004～2005 年以及 2005～2006 年,其中 1997～1998 年和 2004～2005 年这两个期间下降最为剧烈,下降幅度超过 10%。而全要素生产力成长较快的期间主要为 1998～1999 年、2002～2003 年,这两个期间的增长速度均超过了 10%,有的期间甚至超过了 20%。全要素生产力在部分期间下降与在部分期间上升有其深层次的原因。

　　第一,1997～1998 年的全要素生产力增长缓慢主要是受到经济发展环境的制约。这一时期恰逢亚洲金融危机,中国面临着出口下降,同时内需不足的局面,为了缓解经济增长幅度下滑的局面,国家大幅度投资于基础设施建设。如表 6.4 所示,1998 年全社会交通运输、仓储及邮电通信业全社会固定资产投资额达到 5422.29 亿元,和上一年相比增长 44.46%,短时间内基础设施大幅度增长,产出增长具有明显滞后性,因此在这一期间全要素生产力出现明显下降。而对于 2004～2005 年来说,全社会固定资产投资额相比上年增长了 25.74%,远远高于 1997～2007 年这 10 年平均 15.28%[①]的增长速度,故其全要素生产力再次出现了下降。

　　第二,1998～1999 年、1999～2000 年以及 2002～2003 年三个阶段全要素生产力成长与中国所面临的经济形势密不可分。这三个时期我国正处于从应对亚洲金融危机到逐渐恢复调整,直到 2003 年开始新一轮的经济快速增长期,这一时期国家启动内需的政策效果开始显现,经济活跃程度逐渐增强,交通运输需求

---

① 将 1997～2007 年交通运输业全社会固定资产投资增长率平均而得。

不断增长,同时国家用于基础建设的投资也提升了交通运输的基础条件和技术水平,所以这一时期交通运输业的生产力得到比较大的提升。

表6.4 中国交通运输业全社会固定资产投资额及其增长率

年　份	固定资产投资额(亿元)	固定资产投资增长率(%)
1997	3753.40	17.40
1998	5422.29	44.46
1999	5587.56	3.05
2000	5898.61	5.57
2001	6631.54	12.43
2002	6818.78	2.82
2003	6289.40	−7.76
2004	7646.20	21.57
2005	9614.00	25.74
2006	12138.10	26.25
2007	14154.00	16.61

注:根据中国国家统计局公布的数据计算而得。

(3)中国交通运输业生产力成长主要得益于技术进步

从图6.1和表6.3中可以看出,在中国交通运输业全要素生产力起伏波动的同时,中国交通运输业技术变动也保持了相似的变化态势。中国交通运输业技术变动指数为1.037,表明1997～2007年中国交通运输业技术进步的平均增长速度为3.7%;而技术效率变动指数则表现出相反的变化趋势,且总体表现为负增长。由此可以得出结论:中国交通运输业的全要素生产力增长主要得益于技术进步。下面将对中国交通运输业技术变动与技术效率变动进行详细分析。

6.2.2.2 中国交通运输业技术变动分析

通过以上对中国交通运输业生产力成长的变动分析可以看出,中国交通运输业全要素生产力的成长主要得益于技术进步,以下详细分析技术进步变动及技术效率变动情况。

(1)中国交通运输业技术进步相对缓慢

由表6.3和图6.1中可以看出,1997～2007年中国交通运输业的技术进步保持了年均3.7%的增长速度,略高于中国交通运输业全要素生产力3.4%的增长速度,但是相比于交通运输业增加值以及整个国民经济的增长速度来看,技术进步速度显得相对缓慢。分析其中原因,可能有以下几点:

第一，方法及数据带来的技术进步程度被低估。在本模型中，技术变动代表的是在既定投入产出关系下，生产前沿面向内或向外移动，而并不是直接反映交通运输业技术水平的进步。因此，本研究所说的技术变动指的是生产前沿面的移动，与我们现实生活中所感受到的交通运输业的技术进步概念有所不同，但是二者之间也存在一定关系。例如，中国交通运输工具的更新换代，动车组、城际高速以及磁悬浮列车等新的运输方式和运输工具的启动是交通运输业技术进步的体现，会带来运输服务水平和价格的上升以及运输效率的提高，但是在本研究技术变动的核算中，这些新的运输方式启动是以投资方式被核算为投入变量作为条件，而这些新技术所带来的产出具有相对滞后性，所以在 Malmquist 生产力指数的衡量中，技术变动的衡量有一定的误差，这种误差有可能低估新技术采用当期的技术效率变动指数。

第二，由于区域之间、运输方式之间以及新旧技术衔接等带来交通运输协调性较差的问题，阻碍了技术进步的提升。交通运输业各种方式以及区域之间的协同性对于其整体技术水平的提升至关重要，中国交通运输业在发展过程中一直存在重视增量增长而忽视存量整合，所以最终导致交通运输业投资力度较大，但是技术进步却不明显的局面。

(2)中国交通运输业技术变动指数波动较大

从技术变动的趋势来看，中国交通运输业技术变动指数的变化趋势与全要素生产力的变动趋势基本一致，但是波动幅度更大。在这种波动变化中，1998年、2001年以及2005年相对于各自的上一年，出现了技术退步的情况。从技术退步所出现的年份来看，基本和全要素生产力下降的期间保持一致；技术进步较快的年份为1998～1999年、2002～2003年，这与全要素生产力提升期间相吻合。技术进步变动也主要是受到宏观经济发展环境的变化影响，具体来看，有以下几点：

首先，技术退步发生的主要原因在于这几个时期交通运输业基础设施投入相对较大、增长较快，而与投入相比，交通运输基础设施效能发挥相对滞后，产出能力在当期没有明显提升，所以在本研究中技术变动指数被评估为小于1。其次，对于技术进步的发生则主要是这些时期中国国民经济处于从金融危机中恢复调整过来，并实现新的增长，同时前期投资的交通运输基础设施在这些期间能够带来越来越多的产出，在两方面作用下，产出水平有较大提高，结果使得技术变动有较大提升。

6.2.2.3　中国交通运输业技术效率变动分析

对于技术效率变动指数[①]而言，它等于纯技术效率变动指数与规模效率变

---

① 技术效率变动指数衡量的是该期相对于上一期的技术效率的变动，若该指数大于1时，表明该期相对于上一期的技术效率是提升的，反之，则表示下降。

动指数的乘积。纯技术效率变动指数是指短期内在规模报酬不变的情况下,投入与产出之间的技术效率变动情况;而规模效率是衡量决策单元是否处于最优规模,反映的是发展规模及增长空间情况。

中国交通运输业技术效率呈下降趋势

为了对技术效率变动进行进一步分析,根据表 6.3,我们可以画出技术效率变动的趋势图,如图 6.2 所示。

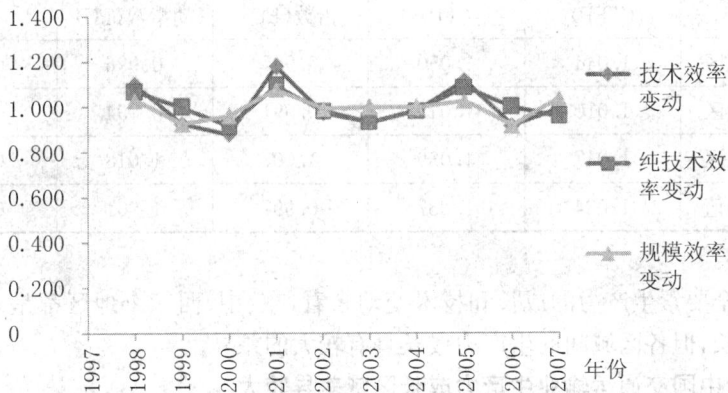

图 6.2 技术效率变动指数及其分解指数变化趋势

1997~2007 年中国交通运输业的技术效率变动指数平均值为 0.997。这表明 1997~2007 年中国交通运输业的技术效率平均每年下降 0.3%。进一步分析,在这 10 年中,仅有 3 年技术效率在提升(技术效率变动指数大于 1),其他年份均处于下降,因而总体上技术效率呈现下降趋势。从技术效率变动的指数分解来看,表 6.3 表明 1997~2007 年中国交通运输业的纯技术效率变动指数均值为 1.001,这说明纯技术效率年均仅提升 0.1%,幅度非常小。这意味着这 10 年期间,中国交通运输业的纯技术效率基本没有提高。

究其原因,一方面可能是由于技术进步促使生产力边界外移,但是由于交通基础设施投资转化为产出具有时滞效应,这些投资还没有发挥促进产出能力显著提高的效应,故在技术进步发生时,技术效率反而降低;另一方面也可能是由于受到中国交通运输业的管理水平、交通运输业区域发展不平衡、综合交通运输体系整体运作能力较低、交通运输市场结构不合理以及整个行业的管理体制等因素的束缚,导致交通运输业的技术效率难以真正改进。

6.2.3 中国交通运输业全要素生产力的区域比较

中国经济的发展具有明显的区域特征,交通运输业的生产力成长与技术变动也表现出区域性特征。本研究所选择的中国大陆地区 29 个省级行政单位分属于不同的经济区域,按照中国国家统计局对中国经济区域的划分①,本研究将1997～2007 年中国东、中、西部各自所包含省级单位②的交通运输业全要素生产力值进行平均,得到东部、中部和西部交通运输业的全要素生产力值,见表 6.5。

表 6.5　1997～2007 年中国交通运输业全要素生产力变动的区域比较

区　域	全要素生产力 (TFP)	技术变动指数 (TP)	技术效率变动 指数(EC)	纯技术效率变 动指数(PC)	规模效率指数 (SC)
东部地区	1.044	1.050	0.995	0.996	0.999
中部地区	1.010	1.019	0.991	0.994	0.997
西部地区	1.047	1.039	1.007	1.018	0.989
全国均值	1.034	1.037	0.997	1.001	0.996

从全要素生产力的成长和技术变动来看,东、中、西三个地区都呈现一定程度的成长,但各区域间的生产力成长具有较大的差异。

(1)中国交通运输业生产力成长区域差异较大

从生产力成长来看,1997～2007 年西部地区的全要素生产力指数平均为1.047,这表明西部地区交通运输业的全要素生产力的年均增长速度为 4.7%,东部地区交通运输业的全要素生产力年均增长 4.4%,而中部地区交通运输业全要素生产力年均增长 1%,相比之下,西部地区全要素生产力增长最快,甚至超过东部地区的增长速度。从技术进步来看,东部地区增长最快,技术进步率达到年均 5%,西部地区仅次于东部地区,增长速度为 3.9%,技术进步速度最慢的中部地区为 1.9%。由此看来,东部地区和西部地区的生产力成长与技术进步的增长速度均高于全国平均水平,远远高于中部地区的增长速度。

(2)东部地区生产力成长较快、技术进步最快

由表 6.5 可以看出,东部地区交通运输业技术进步率年均 5%,远远高于全国平均水平 3.7%,在三大经济区域中交通运输业技术进步速度最快。首先,跟中、西部地区相比,东部地区经济发展水平高、经济活跃度高,交通运输需求较为旺盛,同时基础设施建设的基础条件较好,交通运输网络建设相对较为完善,较

---

①　详见 http://www. stats. gov. cn/was40/gjtjj _ detail. jsp? searchword ＝% C7% F8% D3% F2&channelid＝7565&record＝2

②　东部地区包括北京、天津、河北、辽宁、上海、江苏、浙江、福建、山东、广东、广西、海南 12 个省、市、自治区;中部地区包括山西、内蒙古、吉林、黑龙江、安徽、江西、河南、湖北、湖南 9 个省、市、自治区;西部地区包括重庆、四川、贵州、云南、陕西、甘肃、青海、新疆 8 个省、市、自治区,下同。

旺盛的运输需求和完善的基础设施使得东部地区交通运输业发展很快；其次，由于东部地区经济在全国率先发展起来，因此其交通基础设施比较发达和完善，这样在本研究考察期间东部地区基础设施投资增长率相比而言并不高。由图 6.3 可以看出，东部地区的投资增长率大部分年份都低于中西部地区，这是由于东部地区交通设施基础比较好的缘故。

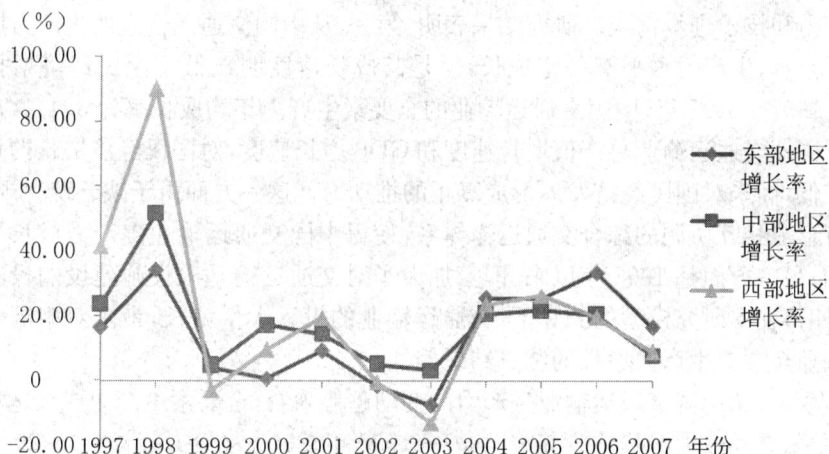

图 6.3 中国交通运输业全社会固定资产投资增长率的区域比较
注：根据中国国家统计局公布各地区 1997～2007 年的交通运输业全社会固定资产投资额计算而得。

(3)西部地区生产力成长最快、技术进步仅次于东部地区

总体来看，西部地区 1997～2007 年的全要素生产力成长与技术变动增长相对较快，这是由于近年来实施的西部大开发战略促进了西部地区经济不断崛起。2000～2004 年，西部地区国内生产总值分别增长 8.5％、8.8％、10.0％、11.3％ 和 12％①，与 20 世纪八九十年代的经济发展速度相比有了很大飞跃。在经济快速发展的带动下，交通运输需求也日渐旺盛，再加上国家在基础设施投资方面不断向西部倾斜，经济的快速增长和交通基础设施投资的带动促进交通运输业生产力不断成长和技术进步不断加快。

(4)中部地区生产力成长和技术进步相对较慢

中部地区在全要素生产力与技术进步方面表现得不尽如人意。首先，中部地区经济发展水平相对东部地区较为落后，无法形成对交通运输业的拉动作用；其次，从投资力度来看，西部大开发以来，中部原本落后的投资增长速度又落后于西部地区，没有投资的推动，经济增长速度相对较慢；最后，在政策方面，相比

① 根据国家统计局公布的 1997～2007 年各省 GDP 进行计算而得。

于东部地区和西部地区,中部成为"政策洼地",加上中部地区开放滞后,从而失去了发展先机。因此,在诸多因素影响下中部地区出现生产力成长和技术进步增长缓慢的局面。

6.2.4 小结

本节运用 DEA-Malmquist 生产力指数法分析了中国交通运输业的全要素生产力和技术进步情况。研究结果表明:第一,从中国交通运输业的生产力成长状况来看,生产力水平有一定成长,但是其成长速度明显低于国民经济增长速度。1997～2007 年,中国交通运输业的全要素生产力年均成长率为 3.4%,远远低于同期交通运输业总产值增长速度和 GDP 增长速度,对国民经济增长的贡献度较低,尚未对国民经济发展形成真正的推动力。这一方面由于缺乏统一规划,没有形成相互协调的综合交通运输体系,使得中国交通运输业生产力成长受到制约;另一方面是 1997 年以来,国家加大了对交通运输基础设施建设的投资力度,使得在本研究模型的测算下,交通运输业的投入大量增长,带来对中国交通运输业全要素生产力增长的测算结果偏低。

第二,从中国交通运输业生产力的变动趋势来看,全要素生产力成长呈现起伏不平、波动较大的趋势。其中,1997～1998 年、2000～2001 年、2004～2005 年以及 2005～2006 年四个期间的全要素生产力指数小于 1,表现为生产力下降;而全要素生产力成长较快的期间主要有 1998～1999 年、2002～2003 年,这两个期间生产力成长速度均超过了 10%,有的期间甚至超过了 20%。这种阶段性的成长与下降,与我国所面临的经济形势密不可分。

第三,从全要素生产力的主要增长来源看,生产力成长主要得益于技术进步。交通运输业的技术进步保持了年均 3.7% 的增长速度,但是从技术变动指数的发展趋势来看,其波动趋势与生产力的变动基本一致,但是其波动幅度更大。

第四,相比于生产力成长与技术进步,技术效率变动则显得更不容乐观。技术效率变动总体上呈现负增长,对中国交通运输业全要素生产力提升形成制约。这也能够看出,中国交通运输业生产力成长缓慢的主要原因是由于交通运输业综合技术效率低导致。综合技术效率难以提升与中国交通运输企业的产权制度、治理机制、管理经营能力以及中国交通运输业的宏观环境、管理体制以及市场结构等诸多因素密不可分。因此,为了提高中国交通运输业的生产力水平,不仅需要加大基础设施建设,更需要通过制度改革以及管理水平改进来提高技术效率。

第五,从区域角度来看,东、中、西部地区交通运输业在生产力与技术进步方面差异表现比较明显。1997～2007 年西部地区全要素生产力保持了 4.7% 的增长,技术进步保持了 3.9% 的增长,东部地区的全要素生产力与西部较为相当,保持了 4.4% 的增长速度,但东部地区技术进步则更快,为 5%。全要素生产力成长与技术进步增长最慢的地区为中部地区,分别为 1% 和 1.9%。东、中、西部地区生产力与技术进步表现差异明显的主要原因在于,各地区之间经济发展与交通基础设施建设方面都存在很大差异,区域经济发展与区域交通运输业发展相互影响、相互促进。

6.3　基于 SBM 模型的中国交通运输业技术效率评价

由 DEA-Malmquist 模型的结果可知,中国交通运输业成长中的主要问题在于技术效率的不断下降,为了进一步对中国交通运输业的技术效率进行深入分析,本节采用 SBM 模型,分析 29 个省、市交通运输业的技术效率,并将其划分为三大地区进行技术效率的区域比较分析。SBM 模型能够将基本模型中无法分离出来的冗余分离出来,对于效率的分析更为准确。

6.3.1　中国交通运输业技术效率综合分析

为了分析各个地区的技术效率值的高低以及技术效率的有效性,本小节运用 DEA-Solver Pro 5.0 对 1997～2007 年中国大陆交通运输业的省级面板数据进行了分析,各个地区 1997～2007 年来每年的效率值如表 6.6 所示。

表 6.6　各地区交通运输业技术效率(1997～2007)

地区	1997 年	1998 年	1999 年	2000 年	2001 年	2002 年	2003 年	2004 年	2005 年	2006 年	2007 年	均值
北京	0.539	0.438	0.551	0.517	0.591	0.477	0.450	0.447	0.662	0.401	0.503	0.507
天津	0.658	1.000	1.000	1.000	1.000	1.000	0.792	1.000	0.770	0.758	0.843	0.893
河北	0.601	0.576	0.530	0.522	0.694	1.000	1.000	0.874	0.743	0.853	0.825	0.747
山西	0.586	0.512	0.494	0.419	0.376	0.402	0.397	0.377	0.603	0.740	0.573	0.498
内蒙古	0.744	1.000	0.551	0.495	0.658	0.587	0.374	0.346	0.551	0.630	0.509	0.586
辽宁	0.490	0.523	0.497	0.544	0.588	1.000	1.000	0.691	0.665	0.429	0.595	0.638
吉林	1.000	0.620	0.534	0.475	0.674	0.670	0.436	0.360	0.519	0.564	0.481	0.576
黑龙江	0.359	0.367	0.453	0.391	0.416	0.473	0.528	0.516	0.567	0.459	0.514	0.458
上海	0.661	0.614	0.743	1.000	0.801	0.941	0.476	0.525	0.680	0.580	0.595	0.692
江苏	0.613	0.668	0.652	0.647	0.711	0.794	0.751	0.803	0.771	0.683	0.752	0.713

地区	1997 年	1998 年	1999 年	2000 年	2001 年	2002 年	2003 年	2004 年	2005 年	2006 年	2007 年	均值
浙江	0.773	0.628	0.601	0.563	0.738	1.000	1.000	1.000	1.000	0.590	0.863	0.796
安徽	0.545	0.599	0.501	0.380	0.458	0.552	0.504	0.514	0.655	0.688	0.619	0.547
福建	1.000	1.000	1.000	1.000	1.000	1.000	1.000	1.000	1.000	1.000	1.000	1.000
江西	0.550	0.616	0.709	0.626	0.640	0.481	0.428	0.432	0.509	0.488	0.476	0.542
山东	1.000	0.860	0.809	0.698	1.000	0.786	0.802	1.000	1.000	1.000	1.000	0.905
河南	0.797	1.000	0.657	0.480	0.541	0.498	0.477	0.544	0.476	0.536	0.519	0.593
湖北	0.439	0.498	0.435	0.414	0.462	0.449	0.411	0.400	0.511	0.401	0.438	0.442
湖南	0.643	0.584	0.506	0.440	0.530	0.658	0.487	0.670	0.703	0.650	0.675	0.595
广东	1.000	1.000	1.000	1.000	1.000	1.000	1.000	1.000	1.000	0.580	0.860	0.949
广西	0.554	0.458	0.490	0.504	0.583	0.685	0.646	0.560	0.493	0.494	0.516	0.544
海南	1.000	1.000	1.000	1.000	1.000	1.000	1.000	1.000	1.000	1.000	1.000	1.000
重庆	0.506	0.359	0.353	0.406	0.395	0.360	0.429	0.299	0.494	0.527	0.440	0.415
四川	0.413	0.354	0.357	0.351	0.424	0.452	0.466	0.578	0.542	0.528	0.549	0.456
贵州	0.234	0.188	0.377	0.350	0.265	0.280	0.296	0.303	0.458	0.479	0.413	0.331
云南	0.344	0.287	0.318	0.259	0.331	0.397	0.320	0.393	0.398	0.307	0.366	0.338
陕西	0.529	0.393	0.437	0.386	0.447	0.502	0.425	0.429	0.420	0.369	0.406	0.431
甘肃	0.388	0.378	0.250	0.212	0.238	0.259	0.252	0.240	0.480	0.674	0.465	0.250
青海	1.000	1.000	1.000	1.000	1.000	1.000	1.000	1.000	1.000	1.000	1.000	1.000
新疆	0.507	0.470	0.640	0.526	0.528	0.482	0.347	0.329	0.419	0.479	0.409	0.467
全国	0.637	0.620	0.602	0.573	0.624	0.662	0.603	0.608	0.658	0.617	0.628	0.621

(1)中国交通运输业的技术效率整体水平较低

技术效率衡量的是在一定产出下最小投入与实际投入之比,或者是在一定的投入组合下实际产出与最大产出之比,当技术效率值为 1 时,其投入与产出水平达到最优。由表 6.6 可知,中国各地区 1997~2007 年交通运输业的 SBM 模型平均效率值为 0.621,还远远小于 1,这表明中国交通运输业的技术效率水平处于相对较低的水平。

从各个地区来看,这 10 年中,一直处于技术前沿面(效率值为 1)的省份包括福建、广东、海南以及青海;除此之外,部分年份处于技术前沿面的省、市还包括天津、河北、辽宁、浙江以及山东。由这些省、市的分布区域来看,主要分布在东部沿海地区,特别集中在珠三角、长三角和环渤海地区。这些地区经济发展水平较高,地处沿海,交通投资力度较大,同时交通运输需求较高,交通运输业管理水平也相对较高,故技术效率比较高;而对于青海,一直处于技术前沿面,可能是由于其地处西部,交通基础设施投资力度不大,但是其承担的运量和中转作用明显,这样在模型评价中,产出相对于投入来说水平较高,使青海一直处在技术前沿面。

(2)中国交通运输业技术有效性水平低且呈现区域不平衡特征

由表 6.6 可以看出,处于技术前沿面的省、市大多位于东部沿海地带。为了分析中国交通运输业技术效率的整体情况,本节对各个地区交通运输业的技术有效性进行划分,把技术效率均值处于 0.8～1 区间的地区划分为技术有效,技术效率均值处于 0.6～0.8 区间的划为技术弱有效,而技术效率值低于 0.6 的省、市则属于技术无效,得到如表 6.7 所示的结果。

表 6.7   不同地区交通运输业技术有效性划分(1997～2007)

交通运输技术有效性	技术有效 (0.8～1.0)	技术弱有效 (0.6～0.8)	技术无效(<0.6)
包括的省、市	天津、福建、山东、广东、海南、青海	河北、辽宁、上海、江苏、浙江	北京、山西、内蒙古、黑龙江、吉林、安徽、江西、湖北、湖南、广西、重庆、四川、贵州、云南、陕西、甘肃、新疆、河南
省、市数量(个)	6	5	18
所占百分比(%)	20.69	17.24	62.07

由表 6.7 来看,中国交通运输业处于技术有效的地区仅包括 6 个省、市,占所研究 DMU 总数的 20.69%,而处于技术无效的省、市个数为 18,占总数的 62.07%,可见中国大多数省、市交通运输业处于技术无效状态,这也反映了中国交通运输业整体上处于较低水平。并且从不同的技术有效性区间所包含的省、市来看,技术有效的 6 个省、市中 5 个省、市属于东部地区,1 个属于西部地区;技术效率弱有效所包含的 5 个省、市全部属于东部地区;而技术无效的省、市大多位于中、西部地区。由此,从区域之间来看,东部地区的技术效率要远远高于中、西部地区;但是从区域内部来看,同样也存在着一定的不平衡性,东部地区有一部分省、市属于技术有效区间,但是更大部分的省、市属于技术弱有效和无效区间。这说明中国交通运输业的发展不仅存在区域间的阶梯状不平衡问题,同

时还存在着区域内发展分化的问题。下面对中国交通运输业的区域不平衡问题
进行详细分析。

6.3.2　中国交通运输业技术效率区域比较分析

由上面分析可以看出,技术效率不仅整体水平比较低,同时还存在着区域不
平衡问题。为了衡量这种技术效率的区域差异性,这一部分对中国交通运输业
技术效率的区域差异进行静态和动态分析。

(1)中国交通运输业技术效率区域差异较大

为了对中国交通运输业技术效率的区域差异进行评价,本节选取三个研究
期间进行区域比较分析,这三个研究期间分别是 1997 年、2002 年和 2007 年,如
表 6.8 所示。

表 6.8　1997～2007 年中国交通运输业技术效率值

年份　　　　地区	东部地区	中部地区	西部地区	全　国
1997	0.741	0.629	0.490	0.637
1998	0.730	0.644	0.429	0.620
1999	0.739	0.538	0.466	0.602
2000	0.750	0.458	0.436	0.573
2001	0.809	0.528	0.453	0.624
2002	0.890	0.530	0.466	0.662
2003	0.826	0.449	0.442	0.603
2004	0.825	0.462	0.446	0.608
2005	0.815	0.566	0.526	0.658
2006	0.697	0.573	0.545	0.617
2007	0.779	0.534	0.506	0.628
1997～2007	0.782	0.537	0.473	0.621

首先,从 1997 年的技术效率值来看,东部地区的技术效率为 0.741,而中部地
区为 0.629,西部地区则为 0.490,东部地区最优,中部地区仅次于东部地区,西部
地区最差,而且远远落后于东部地区。从 2002 年的技术效率值来看,东部地区的
技术效率值为 0.890,中部地区变为 0.530,西部地区仅次于中部地区,为 0.466,东
部地区与中部地区的技术效率相差较远,而中部地区与西部地区则变得相差不大。

从 2007 年来看,东、中、西三大区域之间的差异程度已经在缩小,东部地区略高于中、西部地区。其次,从 1997~2007 年 10 年的平均值来看,东部区的技术效率达到了 0.782,而中部地区为 0.537,西部地区为 0.473,东部地区的交通运输业技术效率远远高于中、西部地区,中部地区又略高于西部地区。

以上比较分析表明,东部地区的技术效率无论是从不同的研究期间来看,还是从 10 年的平均值来看,都要高于中、西部地区。这说明经济发展水平对交通运输业发展具有较强的影响。东部地区经济发达,交通运输业基础设施建设完善,同时对交通运输业的需求很大,故呈现出整体较中、西部地区都要高;而中部地区的技术效率在 1998 年表现较好,但是在其他研究期间表现较差,2007 年有所好转,但是整体水平仍不容乐观;西部地区交通运输的技术效率水平相对最低,特别是在开始研究期间和中间期间,远远低于全国平均水平,这主要是由于基础设施建设不完善、经济发展水平较低等原因导致。

(2)技术效率呈现东部与中、西部地区差异先增大后缩小,中部与西部不断缩小的趋势

由上面分析可以看出,中国交通运输业技术效率在区域之间不仅表现出不平衡的特点,同时还表现出在不同年份差别不同的特点,因此为了进一步分析交通运输业发展的区域差异动态性特征,根据表 6.8 我们画出三大经济区域之间交通运输业技术效率差异图,如图 6.4 所示。

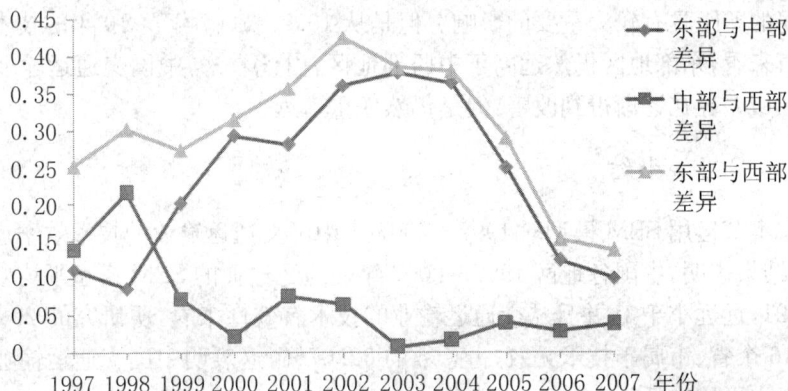

图 6.4　中国交通运输业技术效率区域差异的动态变化趋势

首先,从东、中、西部地区两两之间的差异来看,呈现东部与中、西部地区差异先增大后缩小,中部与西部不断缩小的趋势。但是东部地区与西部地区的差异一直较大,直到 2006 年和 2007 年才有逐步缩小的趋势,而对东部与中部地区的差异来说,1997 年和 1998 年两者之间的差距并不大,但是后来二者差距迅速扩大,到 2006 年再一次缩小差距;从中部与西部地区的差异来看,则出现了差异先大后小、逐渐下降的趋势。由以上可以看出,东部地区的技术效率基本保持了不断增长的态势,西部地区也在逐渐得到改善,但是中部地区则出现了逐渐下降的情况,直到最近几年才有所改善。

其次,从差异程度来看,东部与中、西部地区差异较小的年份处于研究期间的初始阶段和结束阶段,而差异比较大的年份则主要分布在 2000～2005 年期间。分析原因,就东部地区而言,由于东部地区经济发展水平较高、交通运输基础设施完善,使其一直处于技术效率前沿,并且在不断改善;西部地区由于西部大开发战略的实施,经济增长有所起色,交通基础设施投资力度不断增大,使得西部地区交通运输水平也在不断提升,特别是在基础设施投资建设逐步发挥效能的期间,其技术效率得到一定改善。在图 6.3 中,从 2003 年开始,西部地区与东部地区、中部地区的差距在不断下降;对于中部地区而言,从 1999 年开始,中部地区与东部地区之间的差距不断拉大,相对于东部地区的不断发展,中部地区基本陷于停滞状态,直到 2005 年才有所好转,这也正是国家提出并开始实施"中部崛起"战略的时间,在这一倾斜政策的作用下,2006～2007 年,中部地区交通运输业的技术效率有所提高。

最后,从 2006 年和 2007 年东、中、西三大地区所表现出的差异程度来看,中国交通运输业的技术效率区域差异在逐步缩小。这说明我国在发展东部地区交通运输业的同时,国家实施的"西部大开发"战略和"中部崛起"战略对于缩小区域间的差距具有较为重要的影响。但是从 1997～2007 年这 10 年的技术效率的均值来看,东部地区仍然远高于中西部地区,由此看来,中国交通运输业技术效率区域差异在逐渐得到改善,但是仍然任重道远。

6.3.3　小结

本节运用 SBM 模型对 1997～2007 年中国交通运输业的技术效率进行了评价,结果表明,中国各地区 1997～2007 年交通运输业的 SBM 模型平均效率值为 0.621,远远小于 1,并且从交通运输业的技术有效性来看,所研究的 29 个省、市中 16 个省、市属于技术无效,占总数的 62.07%,这表明中国交通运输业的技术效率水平比较低。

从区域来看,首先处于技术前沿面(效率值为 1)的省、市主要分布在东部沿海地区,特别集中于珠三角、长三角和环渤海地区,而技术无效的省、市大多位于中、西部地区,这说明东部地区的技术效率高于中、西部地区。其次,通过东、中、西三大地区技术效率区域差异的静态和动态分析可以看出,东部与中部地区、东部与西部地区的交通运输技术效率差异表现为由小到逐渐增大、然后又逐渐缩小的趋势。从中部地区与西部地区的差异来看,则出现了区域差异先大后小、然后逐渐下降的过程。

从原因来看,东部地区交通运输业的技术效率要远远高于中、西部地区,这与东部地区经济比较发达密不可分,东部地区经济发展水平较高,地处沿海,交通投资力度较大,同时交通运输需求较高,经营管理水平也比较高,故技术效率比较高;中国在发展东部地区交通运输业的同时,国家实施的"西部大开发"战略和"中部崛起"战略,促进了西部地区和中部地区交通运输业在近几年得到了一定程度的改进;但是从1997~2007年这10年的技术效率均值来看,东部地区仍然远高于中、西部地区,可见要缩小东、中、西地区交通运输业技术效率的差距,需要从国家政策、体制改革、加大投资、提高管理水平等多方面对交通运输业的发展提供支持,以促进东、中、西交通运输业的协调发展,进一步促进全国综合交通运输体系的建立和完善。

6.4 基于含"坏"产出的 SBM 模型的中国绿色交通运输绩效评价

交通运输业的发展,一方面会对国民经济发展、社会福利改进以及人民生活水平提高起到促进作用,另一方面也会产生负外部性,突出表现在:目前交通运输越来越拥挤,交通堵塞状况日益严重;生态环境日益恶化,大气环境污染日益严重,交通污染已成为当今难以解决的顽症。因此,如何构建新的交通运输体系,以使交通系统发展符合未来环境保护、健康、安全和效率的共同需要成为当今各界关注的话题。在此情形下,"绿色交通"应运而生。

鉴于此,为了全面分析中国交通运输业的发展水平,衡量中国绿色交通运输业的发展状况,本章将 CO_2 的排放量作为新的指标纳入 SBM 模型,对中国交通运输业的绩效进行重新测定,以全面分析交通运输业的环境效率[①]。同时,为了分析交通运输业的负外部性对交通运输业的效率提升是否具有明显的约束作用,本书进一步将包含"坏"产出 CO_2 的环境效率值与不包含"坏"产出的技术效率值进行了对比。

6.4.1 中国绿色交通运输环境效率总体评价

考虑到"CO_2 排放量"这一指标,采用包含"坏"产出的 SBM 模型,运用 DEA-Solver Pro 5.0 软件,对中国绿色交通运输环境效率进行计算,结果如表 6.9 所示。

---

① 为了区分不包含 CO_2 和包含 CO_2 的 SBM 模型值,本章将不包含 CO_2 的 SBM 模型值称为"技术效率值",而将包含 CO_2 的 SBM 模型值称为"环境效率值"。

表 6.9　各地区 1997～2007 年交通运输业环境效率

地区	1997 年	1998 年	1999 年	2000 年	2001 年	2002 年	2003 年	2004 年	2005 年	2006 年	2007 年	均值
北京	0.461	0.375	0.443	0.458	0.492	0.426	0.397	0.396	1.000	0.438	0.612	0.500
天津	0.554	1.000	1.000	1.000	1.000	1.000	0.617	1.000	0.761	0.750	0.837	0.865
河北	0.550	0.518	0.483	0.487	0.673	1.000	1.000	1.000	0.889	1.000	0.963	0.778
山西	0.478	0.415	0.411	0.415	0.359	0.385	0.374	0.358	0.637	1.000	0.665	0.500
内蒙古	0.534	1.000	0.444	0.473	0.552	0.533	0.384	0.335	0.464	0.575	0.458	0.523
辽宁	0.379	0.402	0.383	0.421	0.437	1.000	1.000	0.568	0.687	0.439	0.565	0.571
吉林	1.000	0.461	0.435	0.475	0.662	0.649	0.422	0.391	0.561	0.571	0.508	0.558
黑龙江	0.304	0.302	0.366	0.352	0.370	0.433	0.460	0.483	0.571	0.455	0.503	0.418
上海	0.511	0.467	0.554	1.000	0.594	0.701	0.362	0.394	0.604	0.520	0.506	0.565
江苏	0.552	0.667	0.646	0.645	0.643	0.820	0.746	0.739	1.000	0.706	0.815	0.726
浙江	0.636	0.513	0.488	0.453	0.606	1.000	1.000	1.000	1.000	0.547	0.849	0.736
安徽	0.452	0.474	0.430	0.393	0.448	0.520	0.498	0.531	0.748	0.779	0.686	0.542
福建	1.000	1.000	1.000	1.000	1.000	1.000	1.000	1.000	1.000	1.000	1.000	1.000
江西	0.537	0.529	0.602	0.591	0.551	0.437	0.385	0.428	0.535	0.541	0.502	0.513
山东	1.000	1.000	1.000	1.000	1.000	1.000	0.715	1.000	1.000	1.000	1.000	0.974
河南	0.668	1.000	0.548	0.430	0.488	0.554	0.584	0.507	0.534	0.626	0.556	0.590
湖北	0.346	0.380	0.343	0.338	0.372	0.365	0.324	0.321	0.460	0.385	0.389	0.366
湖南	0.542	0.481	0.423	0.384	0.460	0.532	0.416	0.561	0.700	0.631	0.631	0.524
广东	1.000	1.000	1.000	1.000	1.000	1.000	1.000	1.000	1.000	0.546	0.849	0.945
广西	0.523	0.400	0.444	0.462	0.499	0.572	0.548	0.502	0.479	0.491	0.491	0.492
海南	1.000	1.000	1.000	1.000	1.000	1.000	1.000	1.000	1.000	1.000	1.000	1.000
重庆	0.454	0.331	0.343	0.467	0.439	0.416	0.469	0.315	0.501	0.556	0.457	0.432
四川	0.354	0.301	0.301	0.314	0.369	0.400	0.402	0.512	0.535	0.533	0.527	0.413
贵州	0.284	0.250	0.385	0.453	0.389	0.398	0.375	0.407	0.496	0.517	0.473	0.403
云南	0.316	0.274	0.306	0.309	0.333	0.376	0.316	0.468	0.350	0.317	0.378	0.340
陕西	0.440	0.334	0.377	0.436	0.464	0.511	0.407	0.427	0.426	0.403	0.419	0.422
甘肃	0.352	0.334	0.274	0.289	0.308	0.360	0.310	0.300	0.514	0.669	0.494	0.382
青海	1.000	1.000	1.000	1.000	1.000	1.000	1.000	1.000	1.000	1.000	1.000	1.000
新疆	0.422	0.396	0.511	0.494	0.479	0.465	0.370	0.377	0.395	0.491	0.421	0.438
全国	0.574	0.573	0.550	0.570	0.586	0.650	0.582	0.597	0.684	0.638	0.640	0.604

(1)中国交通运输业环境效率水平较低

同技术效率一样,当环境效率值为1时,表明绩效最优。由表6.9可知,中国各地区1997～2007年交通运输业环境效率均值为0.604,远远小于1,这说明中国交通运输业环境效率总体水平较低,中国绿色交通运输发展水平不高。这可能是由于以下原因造成的:一是综合交通运输体系尚不完善,单一运输方式不仅会造成运输过程中的货损、货差,而且还无法选择最优的运输线路,造成运输路线的迂回,从而增加了运输过程的资源浪费,增加了对能源的消耗,这必然会增加环境污染物的排放量,使得绿色交通的效率因运输体系不协调而进一步提高。二是从不同的运输方式对大气的污染程度来看,统计资料表明,民航、公路、铁路的单位运输量平均能耗之比约为11∶8∶1,铁路是最节约能源的交通运输方式,在对大气造成的污染中,铁路是公路的1/40～1/4,与其他运输方式相比,铁路具有排放低、污染小的优势。但是从中国交通运输方式的发展来看,公路、航空和港口发展较快,但是铁路发展相对滞后,由于受铁路运输能力不足的限制,大量的货物运输不得不转由其他运输方式承担,甚至出现了以高端能源消耗为代价,这也造成了整个交通运输业的环境效率水平偏低的现状。三是由于城市轨道交通建设滞后,私人轿车增长过快带来严重的大气污染和交通堵塞,同时在货物运输市场,由于市场结构失调带来的大量低水平恶性竞争以及严重超载运输等现象,这些都会带来环境效率的下降。

(2)与技术效率前沿面省、市相比,中国交通运输业环境效率前沿面省、市变化不大

从处于效率前沿面的省、市来看,这10年中一直处于效率前沿面(环境效率值为1)的省、市包括福建、海南以及青海;除此之外,部分年份处于效率前沿面的省、市还包括广东、天津、河北、辽宁、浙江以及山东。与6.3节中国交通运输业技术效率的研究结果相比,处于效率前沿面的省、市基本没有变化。因此,考虑到交通运输业发展对环境所产生的负面影响而评价出的环境效率相对于不考虑环境影响的技术效率,对于所处前沿面的省、市产生的影响并不大,处于效率前沿面的省、市均分布在我国经济发达的珠三角、长三角以及环渤海地带。导致出现这种结果的原因可能是两个方面:一是中国交通运输业处于高速增长期,相对于固定资产投资、劳动力投入以及交通运输产值等其他指标来说,环境对于交通运输业效率的衡量尚不足以构成较大的约束作用;二是由于中国国民经济的核算体系尚没有考虑到环境成本因素,所以统计数据还难以反映交通运输发展所带来的真实社会成本。

6.4.2　中国交通运输业环境效率的区域比较

从中国交通运输业环境效率的总体分析可以看出,中国绿色交通运输业的发展水平还很低,除此之外,本节还进一步对环境效率进行了区域对比分析,结果如表 6.10 所示。

表 6.10　中国交通运输业环境效率的区域比较(1997～2007)

年份＼地区	东部地区	中部地区	西部地区	全　国
1997	0.681	0.540	0.453	0.574
1998	0.695	0.560	0.402	0.573
1999	0.703	0.445	0.437	0.550
2000	0.744	0.428	0.470	0.570
2001	0.745	0.474	0.473	0.586
2002	0.877	0.490	0.491	0.650
2003	0.782	0.427	0.456	0.582
2004	0.800	0.435	0.476	0.597
2005	0.868	0.579	0.527	0.684
2006	0.703	0.618	0.561	0.638
2007	0.790	0.544	0.521	0.640
1997～2007	0.763	0.504	0.479	0.604

(1)环境效率呈现东部地区与西部地区缓慢提升、中部地区不断下降的趋势

从东、中、西部不同地区的环境效率变化趋势来看,东部地区的环境效率在 2005 年以前基本保持了提升趋势,但是到了 2005 年以后,环境效率出现了下降趋势;中部地区则恰好出现了相反情况,即从 1998～2004 年环境效率不断下降,这表明这段时期相对于其他地区环境效率提升而言,中部地区发展相对滞后;西部地区的环境效率则保持了缓慢上升的趋势;从全国来看,总体表现出环境效率缓慢提升态势。

(2)东部地区环境效率远远高于中、西部地区

从环境效率区域差异来看,中国交通运输业环境效率 1997～2007 年的平均值总体表现为东部地区较高,中、西部地区较低且中、西部地区相差不大的情况。但是从 10 年的环境效率值来看,东部地区基本保持在 0.7 以上,而中部地区有 6 年的环境效率值低于 0.5,而且仅有 1 年高于 0.6,这表明中部地区的环境效率处于较差状态,西部地区交通运输的环境效率有 8 年低于 0.5,从没有高于 0.6 的时候。这表明相对于中国交通运输业的最优水平来说,中、西部地区的发展水平非常低,也反映出中国交通运输业的发展区域不平衡现象较为严重。

(3)环境效率的区域性差异呈动态变化特征

从环境效率的区域差异的动态变化来看,东部地区与中部地区在1997年、1998年的差距较小,但是在1999~2002年期间差距开始逐渐增大,之后差距有所下降,但是差距仍然较为明显;从东部与西部的差距来看,一直保持差距比较大的趋势,直到2005年才开始出现下降,这说明东部地区与西部地区的环境效率改进程度都不明显,到了2005年以后,西部地区有所改进,出现差距下降的趋势;从中部与西部地区的差距来看,差距一直保持比较小的趋势,甚至在1999~2004年出现了中部与西部保持相当水平,甚至出现中部地区低于西部地区的局面。

以上分析了东、中、西部三大地区环境效率的变化趋势、区域之间的绝对差异以及这种差异的动态表现,归结起来,出现以上研究结果的原因可能有三个方面:

一是经济方面原因。东部地区经济发展水平和交通基础设施相对完善,中部地区在交通运输发展中无论从经济发展带来的交通运输需求还是从基础设施投资方面均表现动力不足,西部地区环境效率的改善主要来源于投资增长,但是整体水平仍然比较低,说明综合交通运输体系整体建设还需加强,系统完善还需较长时间。

二是政策方面原因。这既包括国家的"西部大开发"和"中部崛起"战略,同时还包括一系列重视环境的政策的出台,例如油价上涨、治理超载现象等。这些政策对不同地区的影响是不同的,受环境保护政策影响较大的地区为中部地区,因为在限制对环境的危害影响时,也必然对交通运输业产值增加带来负面影响,所以政策层面对不同区域交通运输业的影响是不同的。

三是区位与运输方式选择的互动与影响。面临同样的运输需求时,不同区位会影响和制约着运输方式的选择,东部地区各种交通运输基础设施相对完善,所以运输方式之间的联运做得比较好,这一方面会提高运输效率,另一方面也可以减少环境污染,而中部地区的运输属于大宗货物运输,如生产原材料、煤炭、粮食等,这些运输产值相对较低,而油耗却比较大,因此这些地区交通运输的环境效率就较低,西部地区的运输主要是长途运输,大多选择铁路,但是由于其需求尚未真正激活,加之投资力度尚需加强,所以整体环境效率也不高。

6.4.3 中国交通运输业环境效率与技术效率对比分析

虽然环境对中国交通运输业效率前沿面所包含省、市没有约束性影响,但是环境对各地区交通运输业技术效率的影响程度是不同的。为了说明这一点,本节进一步将不同地区在考虑环境影响的环境效率排名和不考虑环境影响的技术效率排名进行比较。进一步,相对于技术效率而言,环境效率排名会出现排名不变、排名倒退和排名前进三种情况,将这三种情况下所包含的省、市进行归类,得到如表 6.11 所示的结果。

表 6.11 　环境效率排名相对于技术效率排名的变化情况

排名变化　比较时间	排名不变	排名倒退	排名前进	排名倒退超过三位
1997 年	吉林、福建、山东、青海、湖南、江西、辽宁、贵州	广东、河南、内蒙古、上海、山西、安徽、陕西、新疆、湖北、黑龙江	海南、浙江、天津、江苏、河北、广西、北京、重庆、四川、甘肃、云南	内蒙古、上海
2002 年	天津、河北、辽宁、浙江、福建、广东、海南、青海、江苏、内蒙古、新疆、江西、甘肃	上海、广西、湖南、安徽、陕西、北京、四川、湖北、山西、云南	山东、吉林、河南、黑龙江、重庆、贵州	湖北
2007 年	福建、山东、海南、青海、江苏、云南	浙江、广东、天津、湖南、辽宁、上海、四川、广西、黑龙江、内蒙古、重庆、湖北	河北、安徽、山西、河南、北京、吉林、江西、甘肃、贵州、新疆、陕西	上海、广西、内蒙古、湖北
1997~2007 年	福建、海南、青海、天津、江苏、辽宁、新疆	广东、浙江、上海、湖南、内蒙古、广西、黑龙江、四川、湖北、云南	山东、河北、河南、吉林、安徽、江西、北京、山西、陕西、重庆、贵州、甘肃	湖南、广西、湖北

　　通过对 1997 年、2002 年、2007 年各年的排名变化以及 1997~2007 年平均排名变化的比较可以看出,排名不变的省、市主要是处于效率前沿面的省、市,包括福建、海南、青海、江苏等,这些省、市大多分布在东部沿海地区,这说明东部沿海地区不仅环境效率相对较高,而且从与不考虑环境的技术效率比较来看,在排名前进和排名不变中保持了较高的比例,这说明东部沿海地区相对于中、西部地区来说属于集约型增长。传统的增长模式即为:交通运输业产值的增长必然也会导致 CO_2 排放量的增长,要想减少 CO_2 排放又会导致交通运输产值降低。但是从东部地区的发展现状来看,说明运输业产值与 CO_2 排放量同样是可以协调的,比如说实施车辆对环境造成的影响进行成本核算,提高大型货车的通行费用,鼓励人们使用更加环保的车辆和出行方式,促进增长模式的转变,最后实现产值增长的同时 CO_2 排放量增长相对变得缓慢。

无论是从单个年份还是从 10 年的平均变化来看,排名倒退所包含的省、市主要集中在中部地区,特别是湖北、内蒙古和湖南地区,排名后退较为严重,这些地区属于中部地区重要的中转城市和枢纽点,运输量大,但是由于运输设施和环境方面制约,环境效率总体下降严重。这说明中部地区的效率不仅从整体上表现较低,而且在交通运输业的发展过程中,增长方式相对较为粗放,对于环境的危害较为严重,环境因素对其交通运输业的发展有较大的约束作用。因此对于中部地区交通运输业的发展,应该加大投资铁路建设,一方面缓解基础设施的压力,另一方面也可以在带动需求增长的同时,减少环境的污染程度,逐步向集约型增长转变。

6.4.4 小结

本节运用含"坏"产出的 SBM 模型对中国绿色交通运输的发展进行了评价,研究结果表明,中国各地区 1997～2007 年交通运输业环境效率均值为 0.604,中国交通运输业环境效率总体水平较低,这说明中国绿色交通运输发展的水平不高。由于综合交通运输体系尚未形成,造成资源浪费和污染排放增长,同时污染相对较小的铁路运输能力不足,导致运输方式选择不合理,加上运输市场的结构失调导致了这种局面。

从环境效率的效率前沿面来看,首先处于效率前沿面的省、市主要分布在我国经济发达的珠三角、长三角以及环渤海地带,相对于技术效率的前沿面省、市基本没有变化。这一方面可能是中国交通运输业处于高速增长期,相对于其他的指标来说,环境对于交通运输业效率的衡量尚不足以构成较大的约束作用;另一方面由于中国国民经济的核算体系尚没有考虑到环境成本的因素,所以造成全国对交通运输发展在环境方面的表现相差不大,对于最终的核算影响不大。

从环境效率的区域比较来看,东部地区的环境效率在 2005 年以前基本保持了增长趋势,2005 年以后出现了下降趋势,中部地区从 1998～2004 年环境效率不断下降,西部地区的环境效率则保持了缓慢上升;环境效率区域差异方面主要表现为:1997～2007 年环境效率的平均值总体表现为东部地区较高,中、西部地区较低且中、西部地区相差不大的现状,说明中国交通运输业的发展不平衡现象较为严重;从环境效率的区域差异的动态变化来看,东部地区与中、西部地区差距呈现先增大后减小的趋势,而中部与西部地区的差距减小的趋势,甚至部分年份出现中部地区小于西部地区的状况。其原因在于三个方面:一是经济方面,东部地区经济发展水平和交通投资相对完善,中部地区在交通运输发展中出现投资与需求均不足的情况;二是政策方面,这包括国家的"西部大开发"、"中部崛起"战略以及环境保护政策等;三是所处的区位制约着运输方式的选择,从而影响了区域的环境效率不平衡性。

通过环境效率与技术效率对比，可以得出如下结论：东部沿海地区交通运输业增长相对于中、西部地区来说属于集约型增长；而中部地区不仅技术效率水平较低，同时对于环境的危害较为严重，说明其交通运输业的增长在一定程度上属于粗放增长模式。

6.5　中国交通运输业可持续发展的影响因素分析及对策建议

从以上三个模型的分析以及结论可以看出，中国交通运输业发展主要存在的问题主要表现为以下几个方面：一是中国交通运输业成长较慢，且质量不高；二是中国交通运输业的技术效率整体水平较低，且有不断下降的趋势；三是中国交通运输的区域发展极为不平衡。

6.5.1　中国交通运输业可持续发展的影响因素分析

结合以上对技术效率影响因素的一般性分析和中国交通运输业发展现状的分析，从定性的角度来讲，本书认为制约中国交通运输业技术效率提升、可持续发展的影响因素包括以下几个方面：

(1)多部门分散的管理体制导致交通运输基础设施综合效率难以提高

我国目前的交通运输体系处于多头管理、条块分割的状态。在现行体制下，交通部、铁道部、民航总局分别负责城市以外的全国公路网和水运交通设施、铁路设施、民用航空运输设施的规划、建设、管理。建设部、公安部分别负责城市内部的交通设施规划建设、公共交通运输和城市道路安全及交通秩序的维持。这种管理体制在历史上曾经发挥过重要作用，但随着我国市场经济体制改革的逐步深入，管理部门分割带来的分头管理使得无法形成对交通运输网络规划进行综合协调管理，最终导致政出多门、资源分散、重复投资、重复建设等问题，统一的综合交通运输体系难以建立，综合交通运输的协同作用难以发挥，从而制约了交通运输产出能力和技术效率的提升，交通运输的总体效率难以提高。

(2)经济发展水平不平衡、自然条件及历史因素导致中国交通运输业区域发展不平衡

由于自然条件差别、社会经济发展不平衡及历史积累等原因，中国交通运输业发展呈现出不同的现状和发展趋势。就中国东、中、西部三大地区来说，首先由于经济发展水平的差别导致了交通运输业的区域发展不平衡。这一方面体现在对交通运输业的投资方面，东部地区在大量的投资下，交通基础设施发达、网络相对完善，但是中、西部虽然近年来投资力度较大，但是效用尚未完全发挥；另一方面则体现在经济发展水平对交通运输的需求方面,有效需求是拉动交通运输发展的重要制约因素,东部地区有效需求相对较大,而中、西部地区的需求则较小。其次由于自然条件方面的差别导致了交通运输业的区域发展不平衡,东部地区处于沿海地带,对外贸易发达,而中、西部地区由于地处内陆,交通发展相对滞后。最后从历史原因来看,东部沿海地区的交通运输发展基础较好,历史悠久,而中、西部地区发展相对较晚,投资力度相对较小,特别是西部地区,西部大开发战略促进了其交通运输的发展,但是时间相对较晚,尚不能完全发挥其作用,从而形成了交通运输发展区域不平衡的现状局面。

(3)交通运输市场结构失衡以及监管不力导致了技术效率和环境效率均较低

由于交通运输的市场准入门槛较低,因而在交通行业形成了"小而多"的市场竞争局面,企业规模小、管理分散、员工素质低,在市场竞争中,主要依靠低层次的服务以及价格恶性竞争,这不仅形成了依靠透支成本的竞争格局,使得中国交通运输业技术效率水平低下,同时还导致了超载等现象严重,给社会和环境造成了负面影响。另外,交通运输市场的执法监管力度不够,难以形成公平交易的市场局面。这主要表现为运输市场地方保护和部门保护现象严重,并存在着制约运输一体化发展的相关制度及政策障碍,难以形成全国统一开放、竞争有序的运输市场,进一步制约交通运输一体化和综合化的发展,导致交通运输业的整体效能难以发挥,综合效率低的局面。

6.5.2　促进中国交通运输业可持续发展的对策建议

通过对交通运输业技术效率低和区域发展不平衡深层次原因的分析可以看出,经济转型期间交通运输业迅速发展的同时,还受到管理体制、经济体制和外部环境的影响和制约,全要素生产力和技术进步还有待进一步提升。因此,从产业发展和政策层面来看,提高中国交通运输业的技术效率和发展质量应从以下几个方面着手:

(1)推进中国交通运输业管理体制改革,发展综合交通运输

继续推进"大部制"体制改革,最大限度地避免政府职能交叉、政出多门、多头管理,统一制定全国交通运输业发展规划,打破传统的各种运输方式各自为政的局面,各种运输方式在提高服务质量、应用先进技术装备等方面,充分发挥自身技术经济优势,改善运输方式组合,加强各种运输方式之间的有效协调和有机衔接,促进全国与区域交通运输基础设施网络的整合与协调,形成网络化、社会化、专业化的交通运输服务体系,发挥交通运输服务体系的协同作用,推动交通运输服务能力提升,促进交通运输业的集约化发展,实现以最小的资源投入最大化地满足社会经济的交通运输需求,促进交通运输产能和技术效率改善。

（2）建立运价机制，加强市场监管，促进交通运输优化和整合

建立符合运输市场体制的运价形成机制，以市场形成价格为主、政府指导价格相结合，分类指导、分类管理，鼓励运输企业充分利用市场机制，建立多种价格形式组成的价格结构，合理规定运价水平；以市场为主的价格形成机制建立后，同时政府要建立和完善公开、公平、有序的"市场准入"机制，加强监督和管理，特别是社会性管制，制止行政性垄断，打破地区封锁，创造统一有序、公平竞争、服务高效的市场环境；凡是符合标准和要求的企业都可以进入投资领域和运输市场。进一步打破过去的行业垄断，适当提高交通运输市场准入标准，促进现有企业的优化整合，防止过度竞争，进而促进交通运输业形成有效竞争的市场结构，推动交通运输业效率提高。改革运输领域的审批制度，鼓励运输市场的合理竞争，保持适度的市场竞争规模，合理划分适度竞争与低水平重复建设的界限，通过市场经济规律淘汰经营效益较低的运输企业。

（3）重视科技创新，提升交通运输技术水平

交通运输业的发展离不开高新科技的支持，中国交通运输业的发展也必须走以科技为本的道路。中国交通运输业的发展必须紧随全球高新技术发展潮流，研制、发展高新交通运输技术，促进其他领域新技术、新方法在交通运输业中的应用，全面关注交通运输装备技术、交通运输工程技术、交通管理与控制技术、交通信息与通讯技术、交通网络规划技术的创新与应用，大幅提高交通运输业的科技水平，发展智能交通，以改善交通条件、减少交通拥挤、充分发挥交通潜能、实现有效监管，同时应尽快加强交通节能技术的研究、推广与开发，促进交通动力系统的升级改造和新动力能源的使用开发。

（4）加强环境保护，发展绿色交通

发展绿色交通体系，实现协调、和谐的交通运输业。一是大力发展多式联运，以减少包装支出，降低运输过程中的货损、货差，克服单个运输方式固有的缺陷，同时大力发展低污染、少能耗的运输方式，加上通过最优化运输线路的选择、各种运输方式的合理搭配，使各种运输方式扬长避短，实现运输一体化，从而在整体上保证运输过程的最优化和效率化，以此降低能源浪费和环境污染。二是发展共同配送，最大限度地提高人员、物资、资金、时间等资源的利用效率，取得最大化的经济效益。同时，可以去除多余的交错运输，以取得缓解交通、节约能源、防止环境污染。三是建立信息网络，同时建立和运用企业间的信息平台，将分属不同所有者的运输资源通过网络系统连接起来进行统一管理和调配使用，运输服务和货物集散空间被放大，使运输资源得到充分利用。四是制定并执行严格的机动车船排气标准，加强交通大气污染的防治工作，颁布环境噪音标准和有关的法规，采用减少噪音影响的各种技术措施，实行交通噪音管制。

7 中国铁路运输业生产力发展与技术变动

铁路运输作为最基础、最重要的运输方式之一,在一个国家综合运输体系中占有重要地位,对国民经济发展发挥着不可替代的基础性作用。对中国而言,铁路是国民经济发展的大动脉,在国民经济和社会发展中具有重要的战略地位。中国庞大的人口规模及广阔的国土面积更加决定了铁路运输在中国交通运输体系中的重要作用。经过改革开放30多年的发展,中国铁路运输业取得了长足的进步。但是在铁路业以及综合运输体系发展过程中,一些问题和障碍性因素制约了铁路业的健康快速发展,铁路运输一度成为中国综合运输体系发展的"瓶颈"。近年来,为了打破铁路发展的"瓶颈",国家制定了一系列政策扶持铁路发展,并取得了一定的成效。本章将从中国铁路运输业的发展变迁、中国铁路运输业的生产力发展与技术变动来考察中国铁路业深层次的发展与存在的问题。

7.1 中国铁路运输业发展变迁

7.1.1 铁路在国民经济中的地位与作用

在综合交通运输体系中,和其他运输方式相比,铁路运输具有运距长、成本低的优势,中国的国情和经济发展阶段也决定了铁路运输是目前以及今后相当长时期内的主导运输方式,也是目前各种运输方式中负荷最重的运输方式。铁路运输业在中国经济社会发展中具有极其重要的地位和作用,具体表现在以下几个方面:

(1) 铁路运输是连接国民经济活动的大动脉

中国国土面积和资源分布特点决定了铁路在交通运输网中的主导作用。中国幅员辽阔、内陆深广、资源丰富,但分布却十分不平衡。只有依靠铁路这种具有中长距离运输优势的路上交通方式,才能完成大宗货物的长途运输任务,把各个区域内的国民经济活动衔接起来。中国东西跨越5400多公里,南北相距5200公里,各大区域经济增长核心城市之间的距离均比较远,再加上资源分布很不平衡,中西部、北部地区矿产资源丰富,而东部地区经济发达、资源消耗量大。中国的资源分布特点和经济发展格局决定了西煤东运、北煤南运、北粮南调、南矿北运、西棉东送的状况。铁路具有运距长、运量大、连续性强、速度较快、费用低等综合特点,作为大跨度经济联系和长距离大运量的运输方式,其作用是其他运输方式难以代替的。铁路运输就像中国经济发展的大动脉,其综合优势与中国经济活动的特定运输需求决定了铁路运输在中国经济发展中扮演着不可替代的作用。

(2) 铁路运输在各种交通运输方式中占有明显优势

中国能源供应比较紧张,是目前制约经济发展的"瓶颈"之一,尤其是石油更是短缺,进口数量逐渐增多,而且能源消耗会带来环境污染。能源消耗的高低是选择各类交通方式的重要因素之一。据有关材料分析,在中国各式运输方式中,铁路的内燃牵引的能源消耗是较低的,在客运中,铁路的千人公里平均耗柴油2.3公斤,公路约为5.9公斤,航空耗油更高。在货运中,铁路内燃牵引每千吨公里为3.63公斤,水运为5公斤以上,汽车则最高,为每千吨公里消耗汽柴油50公斤以上。而且,从单位运量能耗来看,铁路运输更是占有绝对优势。从目前发达国家的情况来看,运输业是主要的能源消耗行业之一,随着中国经济规模逐步扩大,交通运输业的能耗量也日益上升,如何通过调整各运输方式间的比例结构和运输业生产力来减少能源消耗量将是中国运输业面临的长期任务。

(3) 铁路是促进综合交通运输网络优化的关键节点

根据有关学者对新中国成立以来各种交通运输方式之间运量增长的相互关系分析表明,各种运输方式客货周转量的关联度都很高,关联度值大部分都在0.9左右,这说明中国各种运输方式从整体上看是相互依存和相互促进的。在当前条件下,在中国的整个运输网中,铁路是骨干和主体,这是带动和促进其他运输方式发展的关键节点。只有铁路业健康发展,而且布局合理,经济"大动脉"通畅无阻,其他运输方式发展才不会受到制约。而铁路业的健康、畅通发展,会促进公路和水运等其他交通方式的发展,从而使得综合运输网络得到优化。

综上所述,铁路运输在交通运输网建设中居于十分重要的地位,它是运输网的骨干和主体,是建设中国综合交通运输网的关键,在国民经济发展中占有重要的地位。

7.1.2 中国铁路业改革历程与发展现状

自20世纪80年代以来,中国铁路业采取了一系列改革措施,尤其在2001年以后,中国铁路业发展改革进入快车道。但一个不争的事实,是通过这么多年改革,中国铁路业发展仍然存在着诸多问题,改革效果始终不是很明显。

(1) 中国铁路改革历程

改革开放以前,国家铁路实行"政企合一"的计划管理体制。这种管理体制与国家宏观计划经济的整体基础相适应,也与铁路当时自身经营的环境与条件相适应。当时中国经济基础薄弱、技术水平落后、资金严重短缺,在当时条件下,需要统筹规划发展适合中国国情、运价低廉的铁路运输业,铁路运输因而长期处于垄断地位,没有受到来自任何方面的挑战。

中国的铁路改革自 1980 年开始可以分为三个阶段:①1980~1985 年的放权让利阶段,即铁道部在计划、财务、劳资、物资、人事等方面对下属路局放权让利。②1986~1992 年的经济承包阶段(大包干)。1986 年 3 月,国务院下发了《关于铁道部实行经济承包责任制的方案》,实行经济责任承包制,打破了国家对铁路"收支两条线"的财务体制。③1993 年至今的公司化改造阶段。

自 2001 年开始,为配合国家宏观经济的调控,铁路改革进入新时期。2001年,全国铁路系统通过铁路局或铁路总公司的资产剥离和重组,在各地相继成立了一批铁路客运公司和货运公司,实现了"客货分离"。同时,将铁路路网剥离出来成立一家全国性的路网公司,负责路网的建设、保养和铁路调度,实现了"网运分离"。但由于原有利益格局被打破,各个部门之间出现了扯皮和掣肘,原本铁路运输就存在运力不足的问题在这种情况下进一步加剧,铁路运营一度出现了混乱,这一改革最终于 2003 年被决策层搁置。2003 年,参考美国与加拿大的铁路运营和管理体制,铁道部推出了"网运合一、区域竞争"的方案,由于此方案不能解决市场垄断问题而未获批准。2003 年下半年,铁道部推出了主辅分离的改革措施,扫清了铁路改革的外围障碍。2005 年,铁道部撤销了铁路分局这一层级,减少了管理链,铁路运营效率得到提升。

不过,纵观中国铁路的改革历程可以发现,铁路的改革始终在铁道部的内部进行,其中很多改革措施旨在通过提高铁路运营效率来应对外部的竞争和争夺市场。无论是"网运分离"还是"区域竞争",铁路的所有者始终是国资,引入的竞争主要是国有资本间的竞争。另外,由于铁路长期是由铁道部拥有经营,从铁道部到地方铁路局已经形成了一个大利益集团,当铁路进行改革,没有外部利益集团制约时,改革将由铁路内部的利益集团来引导,而本应作为改革一极的政府和消费者由于信息不对称等原因,无法对其进行必要的制衡。那么,铁路内部利益集团推出的方案必将实现内部的利益最大化,而不是社会利益的最大化。

(2)中国铁路发展现状

各种运输方式各有各的优势。铁路作为典型的有轨运输工具,具有投资省、占地少、容量大、运距长、运价低、能耗小、污染轻、全天候、安全性强等特点。然而长期以来,中国铁路建设始终比较缓慢,明显落后于其他交通运输基础设施发展,从而使得铁路运输没有发挥其应有的作用。铁路基本建设投资占全国固定资产投资比例偏低,路网营运里程增长十分缓慢,大大落后于高速公路、航空等其他交通运输基础设施。

　　具体来看,从 1999～2007 年,铁路基本建设投资占固定资产投资的比例一直在 1％～2％,将近 10 年没有大的变化。从路网营运里程增长来看,从 1981～2007 年将近 30 年时间里,铁路营运里程仅增长了不足 50％,但是公路增长了近 300％,铁路基础设施增长速度之慢可见一斑。从已有数据来看,从 1980～2007 年,铁路的客运量占总客运量的比重从 27％下降到 6％,铁路货运量占总货运量比重从 20％下降到 14％。随着中国经济的快速发展和城市化进程的加速,落后的铁路路网越来越无法适应客运以及货运需求的高速增长。由于路网不足以及运力不够,铁路的客运周转量以及货运周转量增长都要明显落后于高速公路业以及航空运输业。由于铁路运输难以满足其巨大的需求,越来越多的客货运输需求转向其他运输方式,而一些资源型商品,如煤炭、钢铁、石油等高度依赖铁路运输的商品由于铁路运力不足造成地区供需失衡。

7.1.3　中国铁路与世界铁路对比

　　进入 21 世纪,世界发达国家铁路通过信息技术的广泛渗透和关联带动作用,使铁路在较高的起点上,以全新的方式、用较短的时间完成了由传统产业向现代产业的升级。中国铁路经历了很多年的改革,国家也在逐渐重视铁路的发展,逐步加大对铁路的投资。中国铁路要由传统产业向现代产业转变,就迫切要求缩短与发达国家铁路之间的差距。以下几项指标能比较详细地概括中国铁路与世界铁路的差距:

　　(1) 铁路路网密度比较

　　按国土面积计算,中国每万平方公里拥有铁路 74.89 公里,而德国为 1009.2 公里,英国为 699.1 公里,法国为 538.3 公里,日本为 533.62 公里,印度为 191.73 公里,中国在世界排名第 60 位之后。按人口计算,中国铁路路网密度为每万人 0.56 公里,而加拿大为 16.18 公里,俄罗斯为 5.9 公里,美国为 5.55 公里,法国为 5 公里,德国为 4.4 公里,英国为 2.85 公里,日本为 1.59 公里,印度为 0.63 公里。换句话说,中国仅为加拿大的 3.5％,美国的 10％,人均仅 5.6 厘米,不及半根铅笔长,在世界排名第 100 位之后。

　　(2) 铁路线路负荷比较

　　与铁路的运输效率直接相关的一项重要指标是铁路的运输负荷,即运输密度。中国铁路营业里程占全世界的 6％,完成的工作量占全世界的 25％左右。目前中国铁路的负荷是日本的 2.58 倍,美国的 2.66 倍,印度的 2.75 倍,德国的 7.5 倍,法国的 7.7 倍,英国的 9.65 倍。从货运来看,目前全国铁路每天 28 万辆左右的请求车,最高达到 30 万辆,而每天只能装运 10 万车,铁路装车兑现率只有 35％左右,大量货物不能及时承运。从客运来看,全国铁路开行客车每天能够提供各种席别的客座能力是 242 万人而日均实际运送旅客达到 305 万人,许多列车常年拥挤。

(3) 运输服务质量比较

运输服务质量也是评价铁路绩效的一个重要方面。法国、德国和日本铁路服务水平都比较高。欧洲和日本的铁路将客座利用率控制在70%的服务水平，旅客随时上车均有坐卧席位，严格控制超员。我国铁路给人印象最深刻的是买票难、乘车挤、超员严重、晚点现象普遍。对于货车则是要车困难，不能及时承运。铁路服务水平低与快速的经济建设和人民日益提高的生活水平不相符，也与建设和谐社会目标相背离，其主要原因之一就是运输能力满足不了运输需求。

(4) 客货共线运输比较

客货分线运输是世界许多发达国家铁路运输的共同特点，目前法国铁路客货分线运输里程占路网总里程的32%，德国占19%，英国客运专线正在改造之中。中国除秦沈客运专线外，均为客货共线运输。客运快速与货运重载难以兼顾，无法满足客货运输的巨大需求。客运与货运互争能力的现象十分突出，客运提速后，客货列车速度差别拉大，客货列车在同一线路上运行消耗不少运力。每年春运、暑运、"五一"、"十一"等客流集中时段，铁路都必须采取压货运、保客运、限量运输等多种措施来保证客运需要，从而影响一些工矿企业正常生产。

与世界发达国家相比，中国铁路还存在一定差距，必须要有一个快速发展阶段。借鉴世界铁路发展的经验教训，制定中国铁路发展战略，即以提高运输能力为目标，大幅提高旅行速度与强化安全并举，以信息化、自动化为手段，构建有中国特色的多层次铁路运输系统。在此发展战略指引下，积极努力推进铁路跨越发展，形成后发优势，最终赶上发达国家水平，并为我国经济建设社会发展服务。

7.1.4 中国铁路业发展存在的主要问题

改革开放以来，中国铁路事业发展取得了长足的进步，铁路运输为促进国民经济的快速增长发挥了巨大的作用。然而，在中国综合交通运输体系中，铁路业发展一直成为"瓶颈"，诸多问题与障碍制约着中国铁路业的健康、快速发展。为了推进铁路业进一步改革与发展，我们需要对现存的问题有清醒、深刻的认识。

(1) 铁路基础设施建设不足

与国民经济发展速度相比，中国铁路基础设施建设严重不足，这是中国铁路运输供需矛盾的主要原因。改革开放以来，中国铁路营运里程从1978年的5.17万公里增加到2007年的7.80万公里，30年增加了2.63万公里，平均每年增加876.7公里，年均增长速度仅有3%，跟中国的GDP增长速度相比，铁路业发展明显滞后。在一些经济发展较慢的地区，铁路路网至今还是空白，有些地方虽然通了铁路，但多为单线。同时，由于全国路网仍然是客运、货运共线经营，快速客车和低速重载货车共线经营，经常在某些区段由于种种原因存在"瓶颈"制约,对车辆周转和列车速度提高都有负面影响。

（2）体制性障碍制约铁路业快速发展

这一点在铁路建设资金的短缺问题上明显体现出来。铁路运输一直是国家预算内投资,国家在铁路上的投资近几年都在 500 亿～600 亿元,投资很有限,根本无法满足铁路实际建设的需要。在铁路建设的总投资中,国有资本占到97.5%,民间资本只有不到 2.5%,铁路业对社会资金开放性程度之低可见一斑。铁路行业如此有限的资金根本无法维持铁路建设的需要,这种状况更加重了铁路基础建设不足的矛盾。

从深层次上看,铁路建设资金短缺是中国铁路运输的管理体制所带来的问题。在铁道部一家独大情况下,民营资本进入面临着不利的竞争地位和较大的经营风险。从 2005 年开始,铁道部就开始频频向各界发布投融资的信息,但应者寥寥。铁道部既是铁路的经营者又是管理者,依靠政府行政权力进行全国路网统一指挥调度,其他投资者投入资金后,在铁路经营方面几乎没有自主权。在这样的体制下,不可能出现独立的公司制铁路企业,也很难吸引社会资本进行铁路建设。这就更使得铁路行业的投资融资举步维艰。

（3）铁路行业经营状况堪忧

当前中国铁路运输表面上是以 18 个铁路局为单位运营的,但在实际经营过程中,铁道部拥有整个铁路路网的统一调度指挥权力,铁路局不过是铁道部这个超大型企业的地方分支结构。在这样的管理体制下,各个铁路局几乎没有什么实际的自主权,这种僵化的体制阻碍了铁路运营效率的提高。

近些年来,从全国范围来看,铁路行业 80%亏损,比如哈尔滨局、沈阳局、成都局、昆明局等从 2005～2007 年连续三年都亏损,即使是处在经济总量全国第一的广东省的广铁公司,经营状况也令人堪忧。中国铁路的这种管理机制如果不发生根本性的转变,经济效率很难得到比较大的提升。

（4）铁路运输业成为综合交通运输发展的"瓶颈"

长期以来,中国的交通运输业已经有了长足的发展,但是各种运输需求与交通设施供给之间的矛盾仍然尖锐。为了促进交通运输体系的发展,国家提出加强综合交通运输体系建设,使各种交通运输工具各得其所地协调发展,实现有机衔接。但是在国家 2008 年的大部制改革中,只有铁路未并入交通运输部。

建设综合交通运输体系,快速扩大"体系"的总体运能,尽快突破运输的"瓶颈"制约,最重要的是加快铁路发展。虽然近几年公路的市场份额上升,已经超过了铁路,但是中国很多大宗物资运输需要依靠铁路来完成运输任务的国情决定了铁路仍然还是交通运输的骨干。中国铁路目前存在的基础设施建设不足、经营效率较低、行业的垄断性等问题都使铁路成为整个交通运输发展的一块"短板"。

7.2　中国铁路运输业技术效率及其变动分析

由前面分析可知,中国铁路运输业由于管理体制制约而使经营效率比较低,这一节将从实证角度来评价中国铁路运输业的经营效率及其变动情况。铁路行业在运营管理上与其他交通运输业有一些不同。中国铁道部是负责铁路建设、运营和管理的部门,既担负着国家对铁路的行政管理职能,同时也行使铁路的运营管理职能。

交通运输是国民经济发展的先行行业,而铁路运输一直以来是交通运输的骨干。自 20 世纪 90 年代以来,中国铁路不断探索改革经营管理体制和运输组织方式,如前面所提到的实行资产经营责任制、提速工程、组建客运公司等,对这一阶段中国铁路的生产效率进行分析和评价,可以看到中国铁路在改革过程中所取得的成绩,也有助于正视存在的问题,有利于采取相应措施,不断提高生产效率。

铁路主要是以火车为交通工具为货物或者人员提供运输(空间位移)服务,具有多投入、多产出的复杂生产关系特性,难以用单一绩效指标衡量。国外对铁路运营效率研究有一些成果。Cave 等(1981a)通过一个变动成本函数直接估计美国一级铁路的生产率改变。Wilson(1997)对美国铁路 1978~1989 年期间估计了一个对数变动成本函数,显示美国铁路实施客运专营、客货分化后生产力有明显的提高。Perelman 等(1988)基于 19 个铁路样本 1970~1983 年期间的数据,使用修正的最小二乘法建立了一个对数前沿生产函数来测量纯技术效率,国内如今也有较多这方面的研究。吴卫平(2002)利用投入产出分析方法,对跨世纪的铁路建设投资对中国国民经济的拉动作用进行了分析,并将其对铁路行业的贡献也进行了分析。张利等(2006)通过数据包络方法分两个阶段对中国铁路的绩效进行了考察,得出改革开放前中国铁路产出效率高,而改革开放后投入产出效率基本没有什么变化的结论。本节运用 DEA 方法和非参数的 Malmquist指数法,根据 1998~2007 年中国铁路投入与产出的分省面板数据,估计出中国各地区的铁路全要素生产力增长及其构成的变化。

在指标的选取上,铁路行业的技术效率衡量涉及的要素很多,要考虑所有投入产出指标要素往往是不太现实的,而且一些指标的具体数据也不可得。考虑到数据可得性和数据可替代性,中国铁路运输业投入指标选取各地区交通运输、邮电通信业职工人数和铁路营业里程两项,产出指标选取各地区的旅客周转量与货物周转量,这两项指标能够反映铁路运输业的总体产出水平。我们选取了全国 30 个省、市、自治区(其中西藏自治区由于数据缺失,我们此处不予考虑)1998～2007 年的数据进行分析,所有数据均来源于《中国统计年鉴》(1999～2008)。

7.2.1　中国铁路运输业整体技术效率分析

铁路业目前仍是垄断性很强的行业,我们试图以每一个省、市作为一个独立的单元,来考察不同单元铁路运输业的发展及效率变迁。本节利用数据包络分析(DEA)方法,以区域数据为基础,对铁路行业 1998～2007 年这 10 年间的综合技术效率做出评价,具体数值见表 7.1。

表 7.1　1998～2007 年铁路全行业综合技术效率、纯技术效率与规模效率

年　份	综合技术效率	纯技术效率	规模效率
1998	0.629	0.705	0.904
1999	0.651	0.725	0.908
2000	0.613	0.702	0.891
2001	0.680	0.737	0.932
2002	0.707	0.721	0.975
2003	0.645	0.696	0.932
2004	0.640	0.697	0.923
2005	0.618	0.678	0.918
2006	0.629	0.688	0.922
2007	0.612	0.683	0.904
平均值	0.642	0.703	0.921

注:表 7.1 中的数值是以全国分区域数值为基础,然后对区域数值进行平均得到。

(1) 铁路行业整体综合技术效率偏低

由表 7.1 可知,1998～2007 年间,铁路的综合技术效率平均值为 0.642,除 2002 年为 0.7 以上外,其余几年全部都低于 0.7。综合技术效率的高低主要取决于产业管理方法的优劣和管理层的决策正确与否。铁路业 10 年的综合技术效率没有提升,说明在管理组织方面存在问题。

铁路行业意在提升生产效率的改革一直在进行,但 10 年间全行业技术效率基本没有提升。铁路行业是典型的网络型产业,这使得铁路运营体制的改革异常艰难。近年来我国铁路行业进行了一系列的改革,比如铁路的主辅分离,精干了运输主业,实现了社会职能的移交,从而有利于提高铁路行业的技术效率。但

这样的改革都是在对整个铁路运输网络依赖性不强的领域内进行的,而铁路运输的运营体制并未从根本上得到改变,这就导致了中国铁路行业的运营效率无法得到很大提高。

(2)综合技术效率提升受限

从表7.1可知,综合技术效率较低,主要原因是纯技术效率较低,10年的纯技术效率平均值为0.703,1998～2002年纯技术效率一直在0.7以上,但是从2003年开始,纯技术效率下降,一直到2007年一直低于0.7。纯技术效率是以既定投入资源提供相应产出的能力。10年纯技术效率都不高,与本研究选择的评价方法也有一定关系。本研究选择的方法,评价的是相对效率,是以少数有效率的省、市为参照,其他省、市与之相比所得出的效率值。中国省、市较多,各地区之间发展很不平衡,而且铁路运营效率较低的省、市占大多数,这样总体经营效率就比较低,这也从另一个侧面反映出中国在铁路运输方面存在着区域发展不平衡的特征。

纯技术效率近年来没有得到提升,与铁路本身存在的供需矛盾有很大关系。铁路基础设施建设不足,既定的投入有限,虽然铁路业的运输需求很大,但是由于铁路网的布置不尽合理,经济发达地区的路网基本成型、比较便利,但是一些能源大省比如山西、内蒙古等路网有限,这些能源又需要运送到经济发达地区,这种结构性矛盾使得现实中的一些运输需求不能得到及时消化。投入不足,加上需求不能及时满足,使得铁路业的纯技术效率一直没有得到有效提升。

7.2.2　中国铁路运输业省际技术效率分析

我们在7.2.1中主要对铁路行业整体的效率进行了分析,铁路的发展离不开区域经济的带动,对各地区铁路的运输效率分析可以从中观层面分析铁路业运营情况。本节采用DEA方法,以全国30个省、市的面板数据为基础,对2007年铁路行业各省、市、自治区的技术效率进行分析,具体效率值见表7.2。

表7.2　2007年中国省际铁路行业综合技术效率、纯技术效率和规模效率

省、市、自治区	综合技术效率	纯技术效率	规模效率	省、市、自治区	综合技术效率	纯技术效率	规模效率
北京	0.827	0.857	0.965	湖南	1.000	1.000	1.000
天津	1.000	1.000	1.000	广东	0.865	0.871	0.993
河北	1.000	1.000	1.000	广西	0.442	0.450	0.981
山西	0.651	0.701	0.929	海南	0.037	1.000	0.037
内蒙古	0.356	0.493	0.721	重庆	0.325	0.325	0.999

省、市、自治区	综合技术效率	纯技术效率	规模效率	省、市、自治区	综合技术效率	纯技术效率	规模效率
辽　宁	0.588	0.671	0.877	四　川	0.467	0.492	0.950
吉　林	0.294	0.301	0.976	贵　州	0.545	0.552	0.988
黑龙江	0.256	0.350	0.730	云　南	0.232	0.234	0.991
上　海	0.744	1.000	0.744	陕　西	0.565	0.600	0.942
江　苏	0.919	0.943	0.974	甘　肃	0.692	0.710	0.975
浙　江	1.000	1.000	1.000	青　海	0.249	0.292	0.853
安　徽	0.985	0.992	0.993	宁　夏	0.412	0.539	0.764
福　建	0.344	0.345	0.996	新　疆	0.378	0.390	0.967
江　西	0.909	0.925	0.982	平均值	0.612	0.683	0.904
山　东	0.642	0.702	0.915	东部地区	0.724	0.854	0.864
河　南	0.918	1.000	0.918	中部地区	0.718	0.753	0.936
湖　北	0.730	0.758	0.963	西部地区	0.424	0.462	0.921

(1)各地区铁路运输业技术效率值差距较大

就 2007 年整体情况而言,整个铁路行业综合技术效率平均值仅有 0.612,总体效率偏低。湖南、天津、河北、浙江属于综合技术有效的区域,上海、北京、江苏、广东等地,综合技术效率均在 0.7 以上,属于综合技术效率较高的区域,这几个地区的经济相对其他地区较为发达,腹地经济发展推动了对铁路运输的需求,综合技术效率相对较高。综合技术效率值低于 0.5 的省区有新疆、宁夏、青海、云南、四川、内蒙古、黑龙江等,这些地区基本上处于中国的中西部地区,经济发展相对比较落后,铁路基础设施建设也较为落后,铁路运输在这些地区的经营效率都比较低。从区域来看,西部地区的效率值为 0.424,也远远低于中、东部地区。

从以上分析来看,铁路行业的运营效率与所处地区的地理条件和经济发达程度是紧密相关的。地处西部地区的甘肃、青海、陕西、宁夏、新疆五省及内蒙古,综合经济效率都比较低,这些地区的面积占到全国的 36%,但是铁路营业里程仅占到全国铁路营业里程的 13.9%,路网密度为 31.5 公里/万平方公里,是目前中国铁路唯一未成网的地区,甚至连铁路的基本骨架都未形成。铁路基础设施的薄弱极大地制约着这些地区运营效率的提高。相比之下,包括上海、浙江、江苏、安徽、江西、湖南、湖北、四川和重庆在内的长江三角洲及长江经济区,虽然未达到综合技术效率均有效,但是效率值大都比较高,大部分都在 0.7 以上,这部分地区是中国经济最发达的地区之一。这部分地区面积仅占全国的15%,铁路营业里程占了全国的23.1%,路网密度为121.6公里/万平方公里,远远高于西部地区的路网密度。由于这些地区铁路基础设施、路网设施和系统较为完备,经由本区的铁路干线较多,经济的发展也带动了这些地区铁路业的发展,铁路行业整体效率值相对也比较高。

(2)铁路运输存在供需不平衡,结构性矛盾突出

综合技术效率可以分解为纯技术效率和规模效率。从全国平均水平来看,铁路运输业规模效率为0.904,明显高于纯技术效率值0.683。这说明中国铁路运输无效率主要来自于纯技术无效率,纯技术效率衡量的是以既定投入资源提供相应产出(或服务)的能力。西部地区的纯技术效率为0.462,也明显低于中、东部地区。全国有11个省、市的纯技术效率低于0.6,也就是说全国超过了30%的省、市在铁路运输的经营方面存在低效率现象,这种低效率表面上看似乎是投入过度或者产出不足,但事实上,由于铁路运输在供给和需求之间存在结构性矛盾、局部地区基础设施建设缺乏制约了路网综合效能的发挥等多种因素带来的结果。铁路基础设施供给方面的结构性矛盾、铁路运输需求方面的结构性矛盾,以及二者之间结构性矛盾在区域之间表现得尤为明显。

纯技术效率整体偏低,在现实中表现为中国铁路路网结构无法满足铁路行业的运输需求。中国铁路经历了近几年的快速发展,铁路路网有了比较大的完善,但是整个铁路运输业的运行呈现出苦乐不均的状况。目前中国铁路运输量主要集中在东部沿海地区,以珠江三角洲、长江三角洲、京津塘地区为中心,三个中心连成一线,东部沿海地区的铁路运输量占据铁路总运输量的较大份额。这些经济较为发达地区的铁路网,很多干线能力紧张,无法满足运输需求。比如处在东南沿海的福建、广东两省,经济发展处于全国领先地位,已形成了由京广、京九南端及广深、鹰厦、外福、横南、三茂、广梅汕和赣龙等干线组成的区域铁路网,但是由于既有干线运能紧张,而且福建省缺乏大能力铁路通道,导致福建省的纯技术效率较低,仅有0.345。而处于西部的12个省、市、自治区,占中国国土面积71.5%,集中了全国50%以上的煤炭储量和81%以上的天然气储量,但由于基础设施不足,进出西部的铁路能力十分紧张。从全国的平均值来看,规模效率值为0.904,而且全国90%以上省市规模效率都在0.9以上,从区域来看,说明我国铁路现有投入和最佳投入规模差距并不是很大,规模无效率并不是影响中国铁路总体效率的主要因素。

7.2.3　中国铁路运输业技术效率变动分析

前两部分具体分析了铁路业整体和分区域的技术效率情况,这一部分根据1998~2007年的中国30个区域的相关数据,利用Malmquist指数方法,分析10

年间铁路业整体的技术效率变动。具体效率值见表7.3。

表7.3　1998～2007年铁路业技术效率变动分析

效率变动区间	综合技术效率变动	纯技术效率变动	规模效率变动
1998～1999	1.044	1.037	1.007
1999～2000	0.944	0.966	0.978
2000～2001	1.115	1.061	1.050
2001～2002	0.976	0.977	0.999
2002～2003	0.943	0.950	0.993
2003～2004	0.986	1.010	0.975
2004～2005	0.954	0.950	1.004
2005～2006	1.027	1.015	1.012
2006～2007	0.969	0.998	0.971
平均值	0.994	0.995	0.999

(1)10年间铁路业技术效率变动不升反降

从表7.3来看,中国铁路运输业技术效率变动值平均为0.994,这表明,从1998～2007年这10年间,技术效率平均每年下降0.6%[①]。铁路业技术效率10年间不仅没有提升,反而表现出下降,不得不令人深思。铁路业10年间经历了提速、改革等多项措施,但是还是不能改变发展迟缓、运行效率低的现状。进一步分析可以发现,铁路运输业技术效率下降主要是由于纯技术效率下降所致。从1998～2007年10年间纯技术效率变动指数平均为0.995,这意味着中国铁路运输业纯技术效率10年间平均每年下降0.5%。纯技术效率下降意味着在现有铁路资源投入下,产出没有增长,反而有所下降。这说明在现有对铁路运输需求的背景下,供需矛盾更加紧张,即需求不能得到有效满足的矛盾有所加剧。分析深层次原因,跟部分路网路段的"瓶颈"制约以及供求结构性矛盾一直得不到缓解有关。

(2)铁路基础设施建设的区域性不平衡矛盾突出

铁路基础设施建设区域性不平衡性矛盾突出,这是铁路运输业纯技术效率出现下降的另一个深层原因。从全国路网来看,东部经济区、环渤海经济区、长三角经济区、东南沿海经济区、中部五省经济区(安徽、江西、河南、湖南、湖北)

---

① 技术效率变动指数是以前一年为基准,每一年与上一年相比得出的增长或下降率。

这些地区的面积总共占到全国面积不足 40%，但是铁路营业里程占全国铁路营业里程超过了 70%，平均路网密度在 130 公里/万平方公里以上，经济发达程度也处在全国前列。而剩余的西南、华南、西北经济区面积占到全国 60% 以上，但是营业里程占到全国却不足 30%，路网密度更是低到 30 公里/万平方公里左右。路网建设的不平衡性可见一斑。

7.3　中国铁路运输业全要素生产力与技术变动分析

上一节分析了中国铁路运输业的技术效率及其变动，为测度铁路运输业的生产力变动，分析中国铁路运输业近年来的生产力发展，本节利用非参数的 Malmquist 指数法，分别对全国和各地区的全要素生产力和技术变动进行实证分析，本节样本选择与指标选取与上一节相同。

7.3.1　中国铁路运输业整体全要素生产力与技术变动分析

为探究中国铁路运输全行业全要素生产力及技术变动，本节采用 Malmquist 指数法，以中国 30 个区域的相关数据为基础，考察了 1998～2007 年间中国铁路业整体的全要素生产力与技术变动，并与相应评价区间的 GDP 变化进行比较，具体变动值见表 7.4。

表 7.4　1998～2007 年铁路全行业全要素生产力指数、技术变动及 GDP 变化

效率评价区间	技术变动	Malmquist 生产力指数	GDP 变化
1998～1999	1.078	1.126	1.079
1999～2000	1.138	1.075	1.086
2000～2001	0.907	1.011	1.081
2001～2002	1.094	1.068	1.095
2002～2003	1.091	1.029	1.106
2003～2004	1.125	1.108	1.104
2004～2005	1.109	1.057	1.112
2005～2006	1.061	1.090	1.118
2006～2007	1.135	1.101	1.122
平均值	1.080	1.073	1.100

(1)铁路行业的改革促进了铁路业较大幅度的生产力提升

从表 7.4 可以看出,纵观 1998～2007 年中国铁路的 Malmquist 指数变化可以看出,在 1998～2007 年间中国铁路全要素生产力指数为 1.073,年平均增长 7.3%。1998～2007 年间,全要素生产力一直都在上升,但是不同年份生产力进步的幅度不尽相同,从 1% 到 12.6%,表现出较大的跳跃性。1998～1999 年和 2003～2004 年这两个评价区间,全要素生产能力指数分别为 1.126 和 1.108,即生产力提升分别达到 12.6% 和 10.8%,铁路业的生产力提升幅度大于同期 GDP 增长幅度,表现出强劲的增长态势。从整体来看,虽然铁路运输业在交通运输体系中所占的市场份额在下降,但是铁路行业整体的生产力水平提升还是比较突出的。

铁路行业整体全要素生产力的显著提高得益于一系列的改革措施。从 1994 年开始,铁路部门的公司化改革开始运作,铁路行业投入到激烈的市场竞争中去,公路、民航的崛起带来了日益激烈的行业间竞争。在新的形势下,为适应激烈的市场竞争环境,铁路不断深化改革,逐步剥离冗员,并努力实行政企分开,虽然改革仍有不尽如人意之处,但对铁路行业生产力水平的提高起到了很大的促进作用。另外,自 1995 年以来,铁路运输价格实施了"小步快跑"的调整,加上 1997～2007 年间的六次大提速,以及 1999 年资产经营责任制的实施,这些措施保证了铁路行业的积极性,提升了运输效率,使铁路业全要素生产力有所提升。

(2)改革的不连续性使各年铁路业生产力提升有较大波动性

从总体来看,大部分考察期间内铁路业生产力提升都在 5% 以上,但是 2000～2003 年,全要素生产力进步都不明显,尤其是 2000～2001 年和 2002～2003 年,全要素生产力增长分别为 1.1% 和 2.9%。这一情况的产生与我国铁路行业的改革历程有很大关系,2001 年以来我国对铁路行业进行了一系列的调整与改革,由于缺乏相关经验以及铁路行业的复杂性,在探索中进行的改革并不是一帆风顺,这对铁路行业生产力增长的连续性产生了一定影响。2001 年,全国铁路系统通过铁路局或铁路总公司的资产剥离和重组,在各地相继成立了一批铁路客运公司和货运公司,实现了"客货分离"。同时,将铁路路网剥离出来成立一家全国性的路网公司,负责路网建设、保养和铁路调度,实现了"网运分离"。但由于原有利益格局的打破,各个部门之间出现了扯皮和掣肘,加上运力不足的客观现实,铁路运营出现了混乱,这一改革最终于 2003 年被搁置。2003 年,参考美国与加拿大的铁路运营和管理体制,铁道部推出了"网运合一、区域竞争"的方案,由于此方案不能解决市场垄断问题而未获批准。下半年,铁道部推出了主辅分离的措施,扫清了铁路改革的外围障碍。改革过程中的跌宕起伏,影响到整个铁路行业的生产力提升。

(3)铁路行业的投资和新技术采用提升了技术进步水平

从技术变动来看,除 2000～2001 年技术变动有下降(技术变动指数为
0.907)之外,其余年份均有不同程度的提升,而且提升幅度均在 5%以上。这与
国家对铁路逐渐加大投入,以及铁道部本身的技术创新战略有关。

国家对铁路基础设施的投入在逐步加大,铁路基础设施也在逐步完善。在
"十一五"期间铁路基本建设投资达到 1.25 万亿元,相当于"十五"期间铁路总投
资的 3.96 倍,平均每年 2500 亿元,投资增速在交通运输子行业中高居榜首。从
2004 年开始,铁路固定资本投资、基本建设投资和更新改造及机车购置投资的
增速都在增长,这些新增基础设施大都采用了较为先进的技术,这在很大程度上
提升了中国铁路业的技术水平和技术进步速度。

铁道部也一直大力实施铁路科技创新战略,积极推进原始创新、集成创新和
引进消化吸收再创新。比如在铁路既有线路提速技术上,掌握了既有线路时速
200 千米及以上等级的设计、施工、制造、试验、运营、管理和维修成套系统集成
技术;有效地解决了客货共线运行、不同等级列车混跑、动车组跨线运营系统设
备互联互通等技术难题;特别是第六次大面积提速涉及京哈、京九、京广、京沪、
陇海、兰新、浙赣、胶济等主要干线,覆盖 17 个省市,实施后客运和货运能力分别
增长 18%和 12%,首次开行时速 200 千米的"和谐号"动车组列车,标志着我国
既有线提速技术一举实现质的跨越,跻身世界先进行列。总之,铁路行业新增投
资和新技术的采用在很大程度上推动了铁路运输行业的技术进步。

7.3.2 中国铁路运输业省际全要素生产力与技术变动分析

前面部分我们从铁路运输业整体角度来考察了 1998～2007 年间生产力提升
与技术变动情况,这一部分将从各区域入手分析铁路运输业生产力和技术变动在
不同区域间的表现。对 1998～2007 年分区域的铁路运输行业全要素生产力和技
术变动进行考察,各地区 10 年间全要素生产力变迁与技术变动情况见表 7.5。

表 7.5　1998～2007 年中国省际铁路行业全要素生产力及技术变动

省、市、自治区	技术变动	Malmquist 生产力指数	省、市、自治区	技术变动	Malmquist 生产力指数
北　京	1.042	1.105	湖　南	1.055	1.055
天　津	1.058	1.070	广　东	1.079	1.061
河　北	1.105	1.105	广　西	1.111	1.100
山　西	1.059	1.102	海　南	1.129	1.075
内蒙古	1.150	1.124	重　庆	1.028	1.005

省、市、自治区	技术变动	Malmquist生产力指数	省、市、自治区	技术变动	Malmquist生产力指数
辽 宁	1.059	1.044	四 川	1.124	1.072
吉 林	1.072	1.063	贵 州	1.110	1.064
黑龙江	1.087	1.046	云 南	1.088	1.112
上 海	1.002	1.026	陕 西	1.059	1.067
江 苏	1.024	1.015	甘 肃	1.096	1.103
浙 江	1.086	1.102	青 海	1.130	1.154
安 徽	1.088	1.086	宁 夏	1.125	1.058
福 建	1.089	1.052	新 疆	1.144	1.110
江 西	1.070	1.110	平均值	1.080	1.073
山 东	1.066	1.040	东部地区	1.067	1.063
河 南	1.045	1.035	中部地区	1.063	1.069
湖 北	1.031	1.053	西部地区	1.106	1.088

(1)各区域铁路运输业生产力提升幅度不均衡

从表7.5可以看出,所有地区的全要素生产力水平都呈现出提升态势,平均增长率为7.3%,具体到各个区域,铁路业生产力增长率从0.5%~15.4%不等。为分析方便,我们按全要素生产力增长数值的高低将生产力增长分为三等,增长率从0.5%~5%为低成长,从5%~10%设为中等成长,10%以上为高成长。

铁路业全要素生产力属于低成长的区域分别有辽宁、黑龙江、上海、江苏、山东、河南、重庆;生产力属于中等成长的区域有天津、吉林、安徽、福建、湖北、湖南、广东、海南、四川、贵州、陕西、宁夏;生产力属于高成长的区域有北京、河北、山西、内蒙古、浙江、江西、广西、云南、甘肃、青海、新疆。一般经济较为发达的地区,其铁路基础设施路网相对比较完善,从基础设施发展角度来看,铁路发展潜力相对有限,生产力成长空间也比较有限,比如上海、江苏、山东等都处在低成长范围内。但是对于甘肃、云南、青海、新疆等这些较为偏远的地区,由于经济发展水平和自然条件制约,铁路业发展比较落后,而且铁路基础设施建设的不完善也限制了其发展,随着国家政策对西部地区的倾斜,这些地区铁路运输业生产力提升很快,都在10%以上。北京比较特殊,国家对北京铁路在资金和技术投入上都比较大,因而其全要素生产力增长还是比较快的,这和北京作为首都的特殊地位分不开。

(2)铁路运输业技术进步西部地区较为明显

从表7.5来看,技术变动比较突出的有河北、内蒙古、广西、海南、四川、贵州、青海、宁夏、新疆,这几个地区的技术变动都在 10% 以上,而且都是正向变动,即技术进步。这些地区大部分属于西部地区,西部地区的地理条件相对中、东部地区来说有较大差异,铁路基础设施建设的技术水平比较落后,这些地区的铁路技术基础比较薄弱,随着国家近几年对西部地区的投入加大,以及对铁路的投资也逐步加大,这些地区的技术提升幅度跟自身落后的基础相比就比较大。上海、北京的铁路运输业技术条件相比全国其他地区,本身基础水平就比较高,所以在铁路业加大投资后,技术进步相对就不是很明显,上海仅有 0.2%,北京也仅是 4.2%。

关于东、中、西部三个地区的全要素生产力提升和技术变动,都是西部地区最高,这主要是由于西部地区发展基础薄弱、基点水平低,因而在后来的发展中进步幅度相对就会比较大。2000 年国家开始实行西部大开发战略,西部大开发涉及的工程里就有宁西铁路、渝怀铁路、青藏铁路等,国家加大了对西部基础设施以及资金的投入,西部地区铁路业的全要素生产力和技术变动在国家政策推动下,有了很大提升,全要素生产力增长 8.8%,技术变动增加达到 10.6%。

7.4 全国各铁路局运营绩效分析

中国铁道部有下属 18 个铁路局,铁道部对各铁路局的管理主要是实行资产经营承包责任制,各铁路局的收入和运营状况将直接影响到各自的业绩和效益,所以,本节从铁路经营的主体角度考察铁路行业的运营绩效。目前中国铁路运输系统实行铁道部、铁路局(公司)、基层站段三级管理体制。在市场经济条件下,我国现阶段铁路行业是以铁路局作为市场主体运营的。铁路局的运营绩效可以从企业层面反映我国铁路运输业现阶段的发展情况,本节对我国现有的 17 个铁路局的运营绩效进行分析评价。

针对铁路相关投入(如营业里程等)在短期内难以调整的特性,本研究采用产出导向型的 DEA 模型。另外,根据对数据的分析和相关统计数据的可得性,本节采用铁路旅客周转量(百万人公里)、货物周转量(百万吨公里)、利润总额(亿元)这三个指标作为铁路局生产的产出指标;采用铁路局在岗职工人数(人)、铁路营业里程(公里)作为铁路局生产的投入指标①。本节的研究对象是 2005～2007 年的 17 个铁路局,相关统计数据来源于《中国交通年鉴》(2006～2008)及

---

① 鉴于铁路局规模在近期内不会发生太大变化,铁路的建设也需要较长时间,另外,铁路局的在岗职工人数和营业里程按年份变化的数据难以获得,本节根据各铁路局网站获得近期的这两项指标的数据,3 年内的投入指标的数据未作改动。

各铁路局网站①。

7.4.1　全国铁路局综合技术效率分析

中国铁路运营主要以铁路局为单位,铁路局的综合技术效率从企业层面反映了铁路行业管理能力和运营绩效。2005～2007 年各个铁路局的综合技术效率如表7.6 所示。

表 7.6　中国各铁路局综合技术效率(2005～2007 年)及其平均值

铁路局	2005 年	2006 年	2007 年	各铁路局 3 年平均值
哈尔滨局	0.480	0.384	0.355	0.406
沈阳局	0.645	0.558	0.544	0.582
北京局	0.822	0.681	0.656	0.720
太原局	1.000	1.000	1.000	1.000
呼和浩特局	0.799	0.640	0.609	0.683
郑州局	0.743	0.539	0.533	0.605
武汉局	0.892	1.000	1.000	0.964
西安局	0.744	0.885	0.857	0.829
济南局	1.000	1.000	0.966	0.989
上海局	1.000	1.000	1.000	1.000
南昌局	1.000	1.000	1.000	1.000
广铁(集团)公司	1.000	1.000	1.000	1.000
柳州局	0.807	0.732	0.701	0.747
成都局	0.740	0.648	0.628	0.672
昆明局	0.620	0.726	0.617	0.654
兰州局	0.762	0.653	0.749	0.721
乌鲁木齐局	0.865	0.740	0.679	0.761
全国平均值	0.819	0.776	0.758	0.784

(1) 各铁路局技术效率普遍偏低,各局之间效率差异较大

从综合技术效率来看,2005～2007 年间全国技术效率平均值均在 0.8 左

---

①　柳州局于 2007 年 11 月 16 日南迁到南宁,改名南宁铁路局,本书为分析方便,2007 年仍以柳州局作为分析对象。

右,效率值不是很高,太原局、上海局、南昌局、广铁(集团)公司四个铁路局是技术有效的,其他路局比如哈尔滨局、沈阳局效率都较低。除此之外,只有武汉局、西安局和济南局三个铁路局的技术效率值在0.8以上,其他11个铁路局3年的平均技术效率值均在0.8以下,而其中尤以哈尔滨局和沈阳局的技术效率值最低,均在0.6以下。

铁路局的效率高低,与辖区的经济水平和地理环境有很大关系。比如太原铁路局虽然成立于2005年,建局时间并不是很长,但是由于其主要担负着国家能源工业基地——山西省的客货运输任务,货运量在所有铁路局中处于前几位,运输收入也排在前面,所以发展很快,整体效率也较高。太原铁路局全局日均装车17000车以上,完成换算周转量580百万吨公里以上。年货运量3.95亿吨、客运量3125万人、运输收入在229亿元以上,是全铁路行业货运量最大、运输收入最高的路局。另一个效率较高的是上海铁路局,其地处东南沿海长江中下游地区,线路主要分布在安徽、江苏、浙江和上海市。因为其经济腹地人口稠密,旅游资源丰富,经济也较为发达,是全国客货运输最繁忙的铁路局之一,同时运营过程中也注重效率提升。东北地区铁路线路密集、路网发达,区内矿产丰富,但自身也是重工业基地,因此大宗商品周转量相对较少,再加上人口稀少,使得东北地区的可获周转量相对于其铁路设施投入而言较少,因此造成哈尔滨局和沈阳局技术效率值比较低的情况。

(2)各铁路局技术效率提升不明显,一些路局甚至有效率下降的趋势

各个铁路局3年效率变动不是很大,大部分路局都在原来水平上徘徊,17个铁路局中有9个在3年里综合技术效率有下降的趋势,效率提升方面存在问题。出现这样的情况首先跟我们的模型设置有关,我们通过考察投入与产出的关系来确定各铁路局的技术效率水平,由于近年来我国加大了在铁路方面的投入,而大量的铁路基础设施建设的投入要转化为相应产出是需要一定时间的。同时,很多用于铁路投资的成果不能通过我们选取的指标反映出来,比如有大量的资金投入是用于提高运输速度、提高旅客舒适程度和安全程度的,而这些成果并没有包括在我们选取的产出指标之内,因此会在一定程度上造成对技术效率值的低估,这是2005~2007年间一些铁路局技术效率值呈下降趋势的原因之一。

铁路局效率提升有困难,深层次的原因还是中国铁路的管理体制问题。铁道部既是铁路行业运营规则的制定者又是实际经营者,在政企不分的体制下,铁道部依靠行政权力进行全路统一调度,一直没有制定公平、公正、公开的调度原则,也没有对调度信息进行披露和有效监管。虽然中国铁路运营表面上看是各铁路局作为企业运行,但是这种依靠行政命令的全路统一调度事实上是对各个铁路局的自主经营进行干预。另外,在收入分配模式上,铁道部没有建立科学合理的清算体系,铁道部一直采用高度集中的"收支两条线"的分配模式,对运输收入进行"统收、统支、统分"。铁道部根据过去几年各铁路局的实际经营成本,并考虑一定利润来确定各铁路局的清算单价,以便维持各铁路局大体相同的盈亏水平。这种全路一本账,虽然平衡了各铁路局在运营成本上的差异,但也扼杀了各铁路运输企业的积极性,各铁路局提高效率的动力不足。铁路行业整体管理体制不改变,则铁道部对铁路局就没有激励机制,那么铁路局作为企业其经营就没有提高效率的动机,因此,铁路行业经营效率低就成为现有管理体制下的一个必然结果。

7.4.2　全国铁路局纯技术效率和规模效率分析

在上一节中,我们对各路局综合技术效率进行了分析,这里我们对各铁路局纯技术效率和规模效率进行分析和评价,整理各个铁路局纯技术效率值和规模效率值的结果见表 7.7 和表 7.8。

表 7.7　中国各铁路局纯技术效率值(2005~2007 年)

铁路局	2005 年	2006 年	2007 年	各铁路局 3 年平均值
哈尔滨局	0.578	0.554	0.530	0.554
沈阳局	0.843	0.984	1.000	0.942
北京局	1.000	1.000	1.000	1.000
太原局	1.000	1.000	1.000	1.000
呼和浩特局	1.000	1.000	1.000	1.000
郑州局	0.988	0.891	0.879	0.919
武汉局	1.000	1.000	1.000	1.000
西安局	0.846	0.911	0.893	0.883
济南局	1.000	1.000	0.987	0.996
上海局	1.000	1.000	1.000	1.000
南昌局	1.000	1.000	1.000	1.000
广铁(集团)公司	1.000	1.000	1.000	1.000
柳州局	0.886	0.824	0.819	0.843
成都局	0.785	0.715	0.703	0.734
昆明局	1.000	1.000	1.000	1.000
兰州局	0.766	0.661	0.753	0.727
乌鲁木齐局	1.000	1.000	1.000	1.000
全国平均值	0.923	0.914	0.916	0.918

表 7.8 各铁路局规模技术效率值(2005～2007 年)

铁路局	2005 年	2006 年	2007 年	各铁路局 3 年平均值	规模报酬
哈尔滨局	0.830	0.693	0.669	0.731	递减
沈阳局	0.764	0.567	0.544	0.625	递减
北京局	0.822	0.681	0.656	0.720	递减
太原局	1.000	1.000	1.000	1.000	—
呼和浩特局	0.799	0.640	0.609	0.683	递增
郑州局	0.753	0.606	0.606	0.655	递减
武汉局	0.892	1.000	1.000	0.964	递增
西安局	0.879	0.972	0.959	0.937	递增
济南局	1.000	1.000	0.979	0.993	递减
上海局	1.000	1.000	1.000	1.000	—
南昌局	1.000	1.000	1.000	1.000	—
广铁(集团)公司	1.000	1.000	1.000	1.000	—
柳州局	0.911	0.889	0.855	0.885	递增
成都局	0.942	0.906	0.893	0.914	递减
昆明局	0.620	0.726	0.617	0.654	递增
兰州局	0.995	0.988	0.994	0.992	递减
乌鲁木齐局	0.865	0.740	0.679	0.761	递增
全国平均值	0.887	0.848	0.827	0.854	

(1)在各铁路局经营中,铁路运输供需不平衡矛盾仍有所体现

从各铁路局的纯技术效率来看,大部分路局纯技术效率为 1,达到了纯技术有效,比如北京局、太原局、呼和浩特局、上海局、南昌局、昆明局等在 3 年内都是纯技术有效。但是还有 30% 的铁路局,比如哈尔滨局、郑州局、西安局等 3 年内均是纯技术无效。大部分铁路局纯技术效率有效表明,在现有的铁路基础设施供给下,对于铁路运输的需求非常旺盛,很多时候的供给都无法满足需求,尤其是那些铁路枢纽局。这里得到的实证结果之所以与前面从区域角度分析得到的结果不同,产生这种背离,正是基于铁路基础设施从总体上看处于供给不足、需求难以有效满足的背景下发生的。

从全局来看,目前作为企业实体的铁路局(公司)其管理权限很有限,每个铁路局(公司)的大部分货物都要发到其他铁路局,无法在自己管辖范围内完成大部分的车流调整工作,车辆调整调度实际上都是需要上一层负责铁路局之间车流调整的部门机构或是铁道部来统一调度处理,铁道部通过这种方式保证铁路路网的使用效率。在现有的铁路基础设施条件下,铁道部的这种组织协调方式虽然在很大程度上限制了各个铁路局提升效率的积极性,但是对整个铁路局管理协调而言,它保证了整个铁路网的统一调度和使用,对于提升整体路网的使用效率也具有促进作用。当然,这种促进作用的发挥是建立在目前中国铁路路网基础设施还非常有限、各铁路局还不能自主经营的前提下。所以,我们这里的分析似乎产生一个矛盾:一方面我们前面分析认为现有的铁路管理体制限制了以铁路局作为经营主体的技术效率的提升;另一方面这里的分析又指出现有的管理体制在目前铁路基础设施供给不足情况下保证了铁路路网总体的使用效率。其实,这正是一个问题的两个方面,理解这个看似矛盾的结论的关键就是:中国铁路基础设施建设相比于货物运输对铁路基础设施的大量需求来看处于严重不足状态。

(2)大多数铁路局规模不当是限制效率提升的主要问题

从规模效率来看(见表 7.8),3 年里一直规模有效的只有 4 个路局,分别为太原局、上海局、南昌局和广铁(集团)公司。其他路局分别存在不同程度的规模无效率:呼和浩特局、武汉局、西安局、柳州局、昆明局和乌鲁木齐局这几个局处于规模报酬递增状态,意味着这几个局如果能够扩大经营规模就可以提升规模效率,从而提升技术效率。其中比如呼和浩特局和乌鲁木齐局,其管辖范围内铁路线路由于地理条件限制而无法像其他铁路局的线路那么四通八达,所以规模难以达到最优状态。其余铁路局显示规模报酬递减,说明这些铁路局的经营已经超过最优规模,可以通过缩减规模来提高规模效率。比如北京局,北京铁路局有铁路办事处 3 个(北京铁路办事处、天津铁路办事处、石家庄铁路办事处),全局下辖单位 72 个,其中运输站段 49 个;共有车站 483 个,其中特等站 7 个(北京站、丰台西站、丰台站、北京西站、天津站、石家庄站、唐山站)、一等站 20 个(北京南站、天津西站、天津北站等)、二等站 40 个、三等站 96 个。如此庞大的机构设置,使得北京铁路局在管理运营中难免会存在问题,进而影响到整个铁路局的经营效率。

对大部分铁路局来说,综合技术效率低的主要原因是规模无效。比如北京局、武汉局、上海局等纯技术效率 3 年里一直处于最优,但是因为其规模不足或者过大,导致综合技术效率较低,这表明铁路局的规模对其经营效率有一定影响。在实际经营中,可以通过合并和调整铁路局来达到理想规模。例如为合理配置铁路运输资源,提高运输效率,更好地为国民经济和社会发展服务,铁道部从 2004 年 5 月 9 日起,将福州铁路分局与南昌铁路局合并。此次合并,有利于优化运力资源配置,提高运输效率和效益,挖掘运输潜力,确保重点运输需求,适应铁路运输管理体制改革的需要。2005 年铁道部做出了撤销分局、撤并站段的生产力布局调整决定,撤销了 10 个铁路局下属 41 个铁路分局,并且减少了管理层次,由原来的铁道部—铁路局—铁路分局—站段四级管理体制,改为铁道部—铁路局—站段三级管理模式。这些调整必然会对各铁路局的生产经营效率产生影响,通过改变铁路局的经营规模来改善其技术效率,进而提升铁路业整体的经营效率水平。

7.5 本章结论及对策建议

7.5.1 本章结论

本章主要利用 DEA 和 Malmquist 指数法,分别对全国和省际铁路的技术效率、技术效率变动、生产力变动及技术变动进行了详细分析,并且对铁路的运营单元——各个铁路局的技术效率进行了分析与评价,我们初步获得以下结论:

第一,中国铁路运输业综合技术效率较低。无论是对全国铁路运输业还是对省际铁路运输业进行考察,综合技术效率都比较低,而且在考察期间技术效率提升不明显,甚至有进一步下降趋势。这与铁路业总体的发展趋势相悖,尤其是近几年国家对铁路业更为重视,并逐步加大投入,铁路行业内部也采取了一些意在提高行业效率的改革措施,在这些大背景下,铁路行业依然效率较低,不能不引起我们深思。

第二,铁路基础设施建设供需矛盾突出。通过对全国和省际铁路业发展的分析来看,都表现出铁路基础设施建设供需矛盾突出的问题。从铁路基础设施的供给来看,铁路基础设施建设不足,全国仍有很多地区的铁路未成网,这对铁路业发展形成限制。另外,对铁路运输的需求很大,但是由于路网限制,很多需求并不能及时满足,这也对铁路业发展形成制约。

第三,铁路运输业发展区域不平衡现象明显。中国地域广阔,经济发展表现出极不平衡的特征。在铁路运输发展方面,无论是全国还是省际,也都表现出明显的地域性差异。经济发达地区,铁路运输业技术效率比较高;而经济较为不发达的地区,铁路运输技术效率也比较低。区域经济发展与铁路运输业发展相辅相成、相互影响,随着国家对西部地区越来越重视,基础设施投资逐步加大,区域发展不平衡的矛盾可能会得到一定程度的缓解。

第四,铁路运输业全要素生产力有较大幅度增长。虽然铁路行业技术效率总体上看表现不佳,但是铁路业全要素生产力还是有较大提升。这和铁路行业总体发展态势相吻合,也和铁路行业一直以来的改革分不开。尽管铁路行业改革措施都未能触到根本问题,但是改革还是取得了一定成绩,铁路行业从全国和各区域来看,生产力增长幅度都比较大。

第五,研究期间铁路行业技术进步较为明显。在考察期间,交通运输业生产力增长较大,很大一部分贡献来自于铁路行业的技术进步。在研究期间,铁路行业固定资本投资、基本建设投资和更新改造及机车购置投资都在增长,铁道部也在积极引入新技术,自主开发研制很多新技术投入使用,这对铁路行业的技术进步都有很大促进。

通过对中国各个铁路局的经营效率分析,我们初步获得以下结论:

第一,各铁路局之间经营效率有较大差异。由于各个铁路局管辖的范围不同,铁路运输业技术效率又与腹地经济发展有紧密联系,经济发达地区货物运输需求也比较大,货物周转效率也比较高;有些路局辖区内路网建设不完善,经济发展水平比较低,这些因素都会影响到铁路局的经营效率。

第二,部分铁路局规模效率有待提升。将各个铁路局作为企业进行研究,可以发现铁路局的经营规模是否处于最优状态。铁路局经营规模过大或者不足,都会对综合技术效率提升形成制约。有的铁路局辖区跨越好几个省份,辖内车站、人员等都很多,规模过大,使得经营管理效率较低。适当拆分、合并现有路局,通过调整规模能够实现经营效率提升。

7.5.2　提升中国铁路运输业生产力水平的对策建议

通过前面实证分析,我们发现中国现阶段铁路业发展还存在很多问题。根据前面的分析结果,结合中国目前铁路业发展实际情况,我们提出以下一些改善中国铁路运营状况,从而提升铁路运输生产力的对策建议。

(1)实现真正意义上的政企分开

在铁路行业的管理体制上,政府有其发挥作用的领域,市场机制也有其发挥作用的空间。铁路管理体制上要实现政企分开,并非忽视政府作用、片面强调市场机制作用,而是要实现管理体制上的转型,将铁道部作为游戏规则制定者的角色与目前既是规则制定者又是企业经营者的角色分离开来,明确界定监管部门的责任与任务、企业经营的权限与义务,实现真正意义上的政企分开。

(2)通过多种方式筹集资金

基础设施建设滞后一直是中国铁路业发展的"瓶颈",铁路建设资金主要依赖于铁路建设基金的收取与国家开发银行的长期借贷,如今这部分资金已经远远不能满足铁路的建设资金需求。要解决铁路基础设施供给不足、基础路网有限的问题,就必须要融得足够的资金。对铁路而言,投融资问题归根结底还是体制问题。受到中国铁路业现有管理体制制约,以及清算体制和资金转移机制等方面的影响,铁路投资者的投资收益有很大不确定性,许多投资者并不会轻易进入铁路行业。因此,要吸引资金进入铁路行业,就必须改革铁路业管理体制,实现管理与经营真正分开,创造各种投资公平竞争的环境。

(3) 继续加大技术创新

从前面分析来看,技术进步对铁路行业的生产力提高有很大促进作用。因此,在国家加大基础设施建设的同时,要保持对最新行业技术的跟踪和应用,以不断更新现有基础设施,提升总体行业技术水平。在铁路机车方面,为降低能耗,应该尽快以电力和内燃牵引取代蒸汽牵引。另外,要对铁路信息化建设进行投资,将一些高新技术尽快引入铁路行业来,比如铁路基础网络技术、信息集成化技术、铁路智能化技术等。通过构建铁路运营信息共享平台,来提高铁路运输的经营管理和决策能力及水平,从而提升整个行业的运营效率和生产力。

8 中国公路运输业运营效率 与生产力变动

改革开放以来,中国经济经历了 30 多年的快速发展,国家经济实力和人民的生活水平显著提高。在此期间,中国的公路运输业得到了快速发展,特别是近 10 年来,公路基础设施规模不断扩大,成为我国基础设施建设的主要投资方向之一,在拉动内需和促进国民经济发展方面起到了非常重要的作用。随着中国公路基础设施建设的飞速发展,公路运输业也在不断的改革和进步,行业规模不断扩大。本章着重于研究中国公路运输业的运营效率与生产力变动,考察中国在公路运输基础设施方面大规模投资的实际运营效果,并根据分析结果对进一步发展中国公路运输业提出对策与建议。

8.1 中国公路运输发展历程概述

在各种运输方式中,公路运输以其灵活、快捷、覆盖面广的特点,在中国交通运输业中扮演着十分重要的角色。公路运输在国民经济发展中具有基础性与先导性的地位和作用,是促进国土均衡开发和保证国民经济持续、快速、健康发展的重要基础。当代发达国家的经验表明,公路运输业的发展规模和水平,不仅直接影响到一个国家或地区生产力的进步、综合国力的增强和人民生活水平的提高,而且在一定程度上也反映了其国际竞争力。

2007 年,全国公路客运量达到 205.07 亿人次,占当年全国各种运输方式客运总量的 92.05%;同时公路客运周转量为 11507 亿人公里,占全国客运总周转量的 53.29%。在货运方面,2007 年公路货运量为 163.94 亿吨,为全国货运总量的 72.04%;公路货运周转量 11355 亿吨公里,占货运总周转量的 11.2%[①]。可见,无论是在客运方面还是货运方面,公路运输在现阶段从绝对量上已经是社会运输的主体。公路交通运输在中国综合运输结构体系中占据了主导地位,承载了改革开放、经济发展、产业结构优化升级所引发的巨大运输需求。

---

① 数据源自《2008 年中国统计年鉴》。

8.1.1　公路运输对国民经济的作用

公路运输业是先导性基础产业,对国民经济的发展有巨大的带动作用。发展公路运输业,有利于扩大国内需求,带动其他产业快速发展,同时可以连接不同的交通运输方式和不同的区域,改善区域整体投资环境。公路运输的发展对国民经济的促进作用主要表现在以下几个方面:

第一,公路运输是中国国民经济发展的重要支撑。它可以扩大国内需求,促进国民经济增长,并带动建材、石化、汽车、商业、旅游等相关产业的发展,直接及间接地创造大量就业机会。就公路运输基础设施建设而言,它对国民经济发展的促进作用体现在从建设活动到建成营运的全过程中,而且影响面广、持续时间长。第二,公路运输可以改善区域投资环境,促进沿线地区产业带的形成和经济的繁荣,促进国土资源均衡开发,是促进社会发展与进步的重要途径。第三,公路运输是连接其他运输方式的纽带。公路运输与其他运输方式相连接,提高其运输能力,有利于各种运输方式各展所长、充分发挥自身优势,是促进区域综合运输体系逐步建立与完善的基础。此外,公路运输对贫困地区经济发展有巨大的促进作用。公路运输是广大农村组织生产、发展经济、改善生活的基本条件,特别是边远地区和山区的农村,由于特殊的地理环境,其他运输方式都不可能连接到这些地方,于是发展公路交通就成了最优的也是唯一的运输方式。

8.1.2　改革开放以来中国公路事业的发展

中国的公路事业经过 50 多年的建设,较之新中国成立初期有了翻天覆地的变化。新中国成立初期,全国(港、澳、台地区除外)公路通车里程仅为 8 万公里。截至 2008 年底,全国公路总里程达 368.4 万公里,其中,国道 13.71 万公里,省道 25.52 万公里,县道 51.44 万公里,乡道 99.84 万公里,专用公路 5.71 万公里,村道 162.15 万公里,高速公路里程达到 5.36 万公里,有 21 个省区市高速公路里程超过 1000 公里。其中,河南、山东两省突破 4000 公里,江苏、广东两省突破 3000 公里。2008 年新修通高速公路 6433 公里,高速公路通车总里程达到 6.03 万公里,继续居世界第二位。特别是改革开放以来,中国公路事业发展速度明显加快。为了更直观地反映改革开放以来中国在公路建设方面的成就,在此我们将 1997~2008 年全国公路线路里程以及 1979~2007 年全国货运量和客运量的数据整理成如下三张图(见图 8.1~图 8.3)。

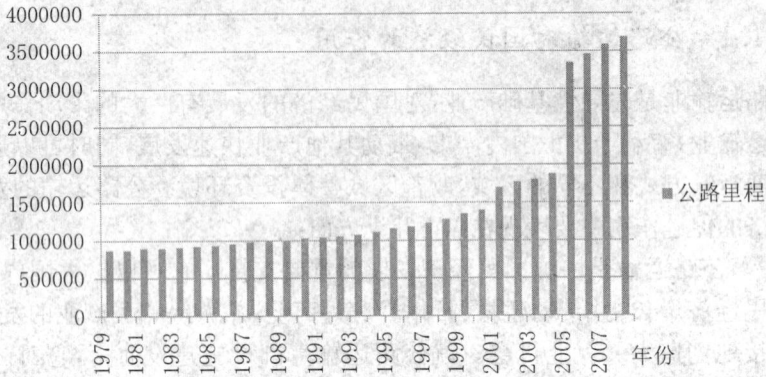

图 8.1　改革开放以来全国公路线路里程变化图(单位:公里)

注:从 2005 年起,公路里程包括村道,故与历史数据不完全可比。

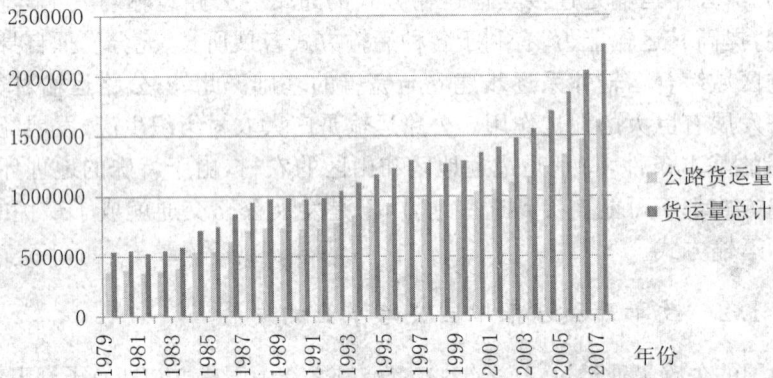

图 8.2　改革开放以来全国公路货运量与货运总量比较图(单位:万吨)

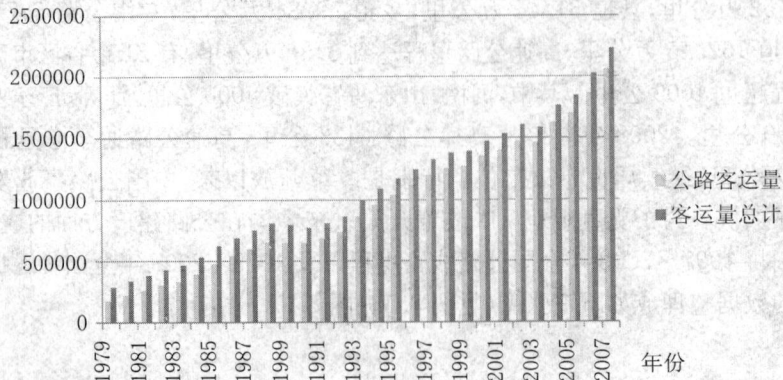

图 8.3　改革开放以来全国公路客运量与客运总量比较图(单位:万人)

通过图 8.1~图 8.3 可以看出,改革开放以来,中国公路发展大致经历了四个阶段:①1978~1985 年,这一阶段国民经济恢复较快,交通紧张问题凸现,交通运输系统内结构不合理问题逐渐暴露,国家开始着力调整国民经济结构,加强以铁路为中心的运输基础设施的建设,对公路建设也给予了相应重视。国家颁布了国道网规划,并采取措施加快发展公路建设。至"六五"规划结束时,公路通车总里程增长到 94.24 万公里,其中一级公路 422 公里,四级及等外公路 79.23 万公里。"六五"期间,公路通车里程年均增长 1.1 万公里。②1986~1990 年,国家明确交通运输是国民经济发展的"瓶颈"产业,国务院批准设立公路建设专项基金和车辆购置附加费,专门用于公路建设。根据我国人口密度大,车辆技术水平差异大,大量农用拖拉机、牲畜车上路运输的国情,首次明确提出汽车专用公路的概念,国家开始较大规模地建设汽车专用公路,建成了沈阳至大连、上海至嘉定等共约 600 多公里高速公路,实现了我国大陆高速公路零的突破。"七五"期末,公路通车总里程为 102.8 万公里,其中高速公路 522 公里,一级公路 2617 公里,四级及等外公路 61.3 万公里。公路通车里程年均增长 1.7 万公里。③1991~1999 年,"八五"初期,根据国民经济发展对交通运输的总体要求,以及社会主义市场经济建设的特点,我国在总结以往公路建设经验后,提出公路建设的方针是"普及与提高相结合,以提高为主",使公路建设事业能够更好地适应经济结构转变以及人民生活水平提高对公路运输质量的要求。为突出重点,在国道网规划基础上研究形成了"五纵七横"12条国道主干线规划,设想用二三十年时间,逐步建成以二级以上汽车专用公路为主组成的国道主干线网。这一时期我国公路建设利用外资成绩斐然,对加快我国公路建设事业发展,提高公路设计、养护、管理水平起到了极大的推动作用。但是1997 年之后,受到东南亚金融危机的影响,我国整体的经济增长势头出现了放缓现象,公路事业发展也受到波及,公路基础设施建设投资增长率降低,全国公路货运量和货运总量都有不同程度的降低。④2000 年至今,进入新千年后,中国社会经济从东南亚金融危机的影响中恢复过来,同时伴随着 2000 年这一跨世纪的一年对经济的刺激作用,中国又开始了对公路等基础设施的大规模投资建设。固定资产投资增长率由 1999 年的 5.1% 上升到 10.3%,2001 年上升到 13%,2002 年又升至 16.1%。在高投资和整体社会经济高增长的双重刺激下,公路线路长度、货运量、客运量增长迅速,2003 年"非典"带来的负面影响也很快被克服,中国的公路事业在新的千年里进入了前所未有的快速发展期。

未来一段时间内,中国的公路发展重点将放在高等级公路特别是高速公路以及农村公路的建设上,一方面提升道路交通系统的质量,另一方面扩大公路交通的覆盖率,带动农村经济快速发展。至 2008 年底,中国"五纵七横"的国道主干线基本贯通,全国乡镇通沥青(水泥)路率达 88.7%,东、中部地区建制村通沥青(水泥)路率分别达89.7% 和 79%,西部地区建制村通公路率达 78.1%。同年,交通部发布了 2009 年交通固定资产投资1万亿元的投资目标,投资重点在农村公路和高速公路建设,其中用于高速公路的投资将达到4000亿~5000亿元,农村公路将达到2000亿元①。

8.1.3 当前中国公路运输发展中存在的主要问题

改革开放以来中国公路事业发展成果显著,为促进中国经济腾飞起到了巨大的推动作用。但是,30年来在公路运输业快速发展的同时,一些问题也日益突出和显露出来。特别是在当前金融危机的影响下,全球经济不景气,中国经济发展也面临着巨大压力,国家推出总投资高达4万亿元的经济刺激方案,这其中很大一部分是要投入到公路基础设施建设上,公路面临着新一轮的建设高潮。但是如果这些潜在的问题没有得到重视和解决,公路运输就很难有效地带动经济健康快速发展。这些问题主要包括:

(1)公路建设的区域不平衡,导致公路运输效率难以提高

中国区域经济发展的格局是东部地区远远领先于西部地区,公路运输业的发展也是如此。无论是从路网规模、从事公路运输业的人员数量、运输工具的数量的技术水平,还是从客货运输的运量、服务水平等各个方面来看,东部地区的公路运输都占据绝对领先地位。公路运输的这种发展格局,在改革开放初期需要促进东部地区经济优先发展的情况下,有力地推动了东部地区的经济腾飞。而近年来,在东部地区经济率先发展起来之后,公路建设却仍然保持这种格局,而且东、西部之间公路建设投入的差距有越来越大的趋势,这给公路运输的发展带来了问题:首先,东部地区公路基础设施存在重复建设的问题。东部地区经济发展起来之后,公路网络建设已经比较完备,公路对经济的推动作用的边际效用下降,而地方政府仍然延续着公路建设带动经济发展的老思路,造成公路重复建设,公路利用率下降,公路运输效率难以提高。公路运输走的依然是靠增加投入来提高产出的"粗放型"发展道路,没有转变到适合社会经济可持续发展的依靠提高效率来增加产出的"集约型"发展道路上来。其次,西部地区公路基础设施发展滞后。西部地区经济比较落后,公路路网还没有形成规模,正需要公路建设来刺激经济发展。但是西部地区政府却因为政策和资金问题难以开展大规模的公路基础设施建设,这使得西部地区,特别是偏远地区难以与外界开展频繁的经济交流活动,东部地区"要致富先修路"的发展经验也难以在西部得到应用。同时,因为公路建设、运输工具等原因限制,西部地区的公路运输业也难以达到有效规模,运输效率处于比较低的状态。

(2)公路发展中的城乡之间的差距加剧了"二元经济结构"

城乡二元经济结构是指城市中比较发达的现代工业与乡村中落后的传统农业并存的经济结构,这是发展中国家在工业化初期阶段形成的一种经

---

① 数据源自《2009年中国现代物流发展报告》。

济结构①。中国公路运输不仅仅存在着区域之间发展不平衡的问题，城乡之间的差距也十分明显。在现实生活中，我们经常看到两种截然不同的现象：一方面，城市里公路平坦宽阔，车辆川流不息，城市间的高速交通通道在紧锣密鼓的建设之中；另一方面，农村道路质量普遍偏低，运输工具缺乏，农产品因无法外运造成农民严重损失的新闻屡见不鲜。

交通运输业对经济发展有先导作用。交通运输发达的地区的经济具有较大的活力，原材料、商品、人员流动速度快，经济发展迅速；而交通运输落后的地区的经济活动难以和外界有效展开，由于无法与其他地区进行经济活动交流，工商业、服务业难以发展，经济发展缓慢。中国公路运输业的城乡差距势必造成城市和乡村经济发展速度的不平衡，拉大了城乡经济差距，加剧了二元经济结构。

与此同时，二元经济结构的加剧反过来又会造成城乡经济发展的进一步失衡。城市和乡村之间经济水平的差距使得不同地区的政府之间争取有利于经济发展的公路等项目时，经济发达的城市地区占据明显优势，乡村地区明显处于劣势。这样，经济落后的乡村地区便陷入了恶性循环。从全国范围来讲，东部地区以城市为主，西部地区以农村为主，二元经济结构的现状进一步制约了西部地区公路交通运输的发展。

(3)公路运输的供需不平衡带来严重的交通拥挤和安全事故

目前，中国由公路运输带来的城市交通拥挤与堵塞问题已成为人们的热门话题和研究的热点问题。公路运输的需求与供给之间的不平衡，使得交通拥挤加剧、交通延误增大、汽车行车速度低，带来了时间损失和燃料费用的增加；低速度的汽车行驶增加了排污量，导致环境恶化；交通拥挤加剧，使得交通事故增加，影响工作效率和人们的身心健康。

改革开放以来，中国的经济进入了全面快速发展时期，汽车拥有量增长迅速。伴随着经济快速增长和汽车保有量的迅速增加，公路运输需求不断增加，由于公路运输基础设施增长缓慢，迅猛增长的交通需求与相对滞后的公路基础设施及其管理之间的矛盾不断加剧，导致隐患增多，交通事故也明显增加。特别是经济发达地区，交通运输需求大，公路运输量大，交通事故频繁，交通事故所占比重较大。

据公安部交通管理局《2008 年道路交通事故统计公报》显示，2008 年，全国共发生道路交通事故 265204 起，造成 73484 人死亡、304919 人受伤，直接财产损失 10.1 亿元。而同年其他运输方式交通事故死亡人数总和不超过 500 人，可见公路交通安全亟待提高。

(4)公路运输的快速发展给生态环境带来巨大压力

随着中国城市化进程的不断发展，环境问题已经成为社会各界广泛关注的

---

① 中国社会科学院经济研究所编．现代经济词典．凤凰出版社，江苏人民出版社，2005

焦点问题,而环境问题的起因、恶化与公路运输的尾气排放、噪声污染等密不可分。尽管中国是一个机动化水平还比较低的国家,然而汽车污染所引起的危害已经相当严重,已直接影响到国家的经济发展和人民生活质量的提高。从环保部门测定的数据可知:汽车每燃烧 1 吨燃料,产生的有毒物质达 40～70 公斤。每千辆汽车每天排出的一氧化碳约为 3000 公斤,碳氢化合物约为 200～400 公斤,氮氧化合物约为 50～150 公斤。据此推算,中国仅民用汽车每天排放的这三种有毒气体就达 5 万吨左右。此外,公路基础设施的建设会占用大面积的耕地资源,对周围居民会带来噪音污染。

因此,采取有效措施减少公路运输对生态环境的破坏和污染十分必要。加强对汽车污染的治理与防治力度,研制绿色环保汽车,开发新型低污染或无污染的能源,更加科学合理地建设公路网络等,都将成为我国公路运输领域的必经之路。

中国公路运输业发展面临的问题是多方面的,本书主要研究交通运输行业的效率与生产力提升。要提高公路运输业的效率和生产力水平,一方面公路运输要根据各地区不同情况,合理规划、走集约化发展道路,解决公路运输发展的区域不平衡和城乡不平衡问题;另一方面,公路运输的发展要融入整个综合运输系统的发展之中,协调好不同运输方式发展的关系,充分发挥公路运输连接其他运输方式的纽带作用。如此,公路运输才能进一步提高效率,提升生产力水平,带动经济快速、可持续发展。

8.2　中国公路客货运输绩效分析

目前,国内外学者对公路运输绩效的研究还不多。静态效率方面,帅斌、杜文(2006)基于产业综合投入产出比的评价角度,分别使用 DEA 方法和经调整的主成分分析(PCA)方法对物流产业进行定量评价。贺竹磬、孙林岩(2006)利用数据包络法对中国 31 个省、市、自治区区域物流的相对有效性进行测算,结果显示,不仅中国区域物流效率地域差距明显,而且中国非有效区域大多处于规模收益递增阶段。党永强(2007)在对物流产业进行界定的基础上,运用 DEA 模型对我国 31 个省、市、自治区的物流产业效率进行了分析。高腾(2008)运用 DEA 模型对中国地区的物流效率进行了研究,得出经济发展水平与物流效率无关、中国物流效率低下的主要原因是管理问题的结论。顾瑾、陶绪林、周体光(2008)运用 DEA 方法对江苏省 2004 年各省辖市公路交通运输有效性进行了评价,从投入冗余和产出不足两个方面分析了非 DEA 有效单元存在的问题。

以上的研究主要是从物流的角度考察公路货运的效率,而对中国整个公路运输行业的效率和生产力还缺乏研究。公路运输主要由货运和客运两大体系构成,本节研究中国公路运输的绩效时,将货运和客运两个体系分别进行考察,并分析中国不同地域的公路运输业发展情况。

8.2.1 指标选取和数据来源

样本方面,我们选取中国 31 个省、市、自治区作为研究的决策单元(DMU)。对公路运输业的效率和生产力进行研究,既可以选取公路运输企业作为决策单元,以公路运输企业的投入产出数据作为研究对象,也可以将各省、市、自治区公路运输业的投入产出数据综合作为研究对象。我们选取中国 31 个省、市、自治区作为决策单元,一方面由于在中国现阶段,公路运输企业数量众多、规模分散,难以获得有效数据;另一方面,也是更为重要的一点,选取省、市、自治区作为决策单元,我们可以从总体上对中国公路运输业现有资源的利用效率进行衡量,进而从总体上对中国公路运输业的问题进行分析。

本节选取客货运输的周转量作为产出指标,这一指标最能代表公路系统的运输综合能力。投入指标我们选择等级公路线路长度和运输车辆数两项,这两项指标体现了公路运输最主要投入——基础设施和交通工具。各指标的具体数据取自 1999～2008 年的《中国交通统计年鉴》。需要特别说明的是,本章所提及的公路运输业的投入产出指标,无论是货运业还是客运业,都不仅仅包含经营性主体,还包含了私人客货运输。之所以这样选择,一方面是由于数据原因,从获得的统计数据上我们无法将两类运输主体分开;另一方面也有利于从总体上反映公路运输业的整体绩效,毕竟公路等基础设施是由两类运输主体共同使用的。综上所述,我们将本书研究的指标体系确定如表 8.1 所示。

表 8.1   中国公路运输效率研究指标体系

公路货运模型		公路客运模型	
产出指标	投入指标	产出指标	投入指标
货运周转量	等级公路长度	客运周转量	等级公路长度
	货运车辆数		客运车辆数

8.2.2 中国公路货物运输效率分析

中国公路货运业近年来发展十分迅速,各地以公路运输为主要业务的物流企业纷纷出现,成为带动当地经济发展的动力之一。但是,公路货运业出现了过度发展的迹象,货运企业多而不强,效率低下,资源投入浪费严重。随着经济的进一步发展,快速发展的公路货运业的效率如何,是否适应构建资源节约型社会的要求是值得我们去认真分析和考察的。根据上述公路货运效率分析模型,公路货运的主要投入是道路和运输工具,主要产出是公路货运的周转量。我们将2007年中国31个省、市、自治区的货运数据导入专业分析软件 Deap 2.1,得到公路货运数据进行数据包络分析,结果如表8.2所示。

表8.2　2007年中国省级单位公路货运效率

省、市、自治区	技术效率	纯技术效率	规模效率	省、市、自治区	技术效率	纯技术效率	规模效率
北　京	0.420	0.453	0.929	湖　北	0.415	0.458	0.907
天　津	0.831	0.838	0.992	湖　南	1.000	1.000	1.000
河　北	0.735	1.000	0.735	广　东	0.651	1.000	0.651
山　西	0.530	0.540	0.981	广　西	0.689	0.753	0.916
内蒙古	0.752	0.776	0.970	海　南	1.000	1.000	1.000
辽　宁	0.867	0.989	0.876	重　庆	0.504	0.516	0.976
吉　林	0.278	0.380	0.733	四　川	0.388	0.390	0.995
黑龙江	0.484	0.537	0.901	贵　州	0.313	0.422	0.740
上　海	0.827	0.833	0.993	云　南	0.552	0.568	0.971
江　苏	0.697	0.725	0.961	西　藏	0.347	1.000	0.347
浙　江	0.584	0.711	0.821	陕　西	0.599	0.680	0.881
安　徽	0.624	0.637	0.980	甘　肃	0.496	0.632	0.786
福　建	0.612	0.651	0.940	青　海	0.494	1.000	0.494
江　西	0.455	0.522	0.870	宁　夏	0.542	0.840	0.645
山　东	0.673	1.000	0.673	新　疆	0.737	0.789	0.935
河　南	0.557	0.557	1.000	平均值	0.602	0.716	0.858

资料来源:作者根据 BBC 模型结果整理。

(1) 公路货运业整体效率偏低

如表8.2所示,2007年我国公路货运平均规模效率0.858,规模效率比较高,说明我国公路货运的规模已经达到比较有效率的水平。与之相比,公路货运效率的主要问题在技术效率和纯技术效率上,平均技术效率值为0.602,而纯技术效率也仅有0.716,都是比较低的。技术效率低主要受纯技术效率影响,即不考虑规模对效率的影响,公路货运的平均技术效率也仅仅能达到0.716的水平,这说明相对于公路基础设施和货运车辆的投入,我国公路货运业产出(货运周转量)是不足的。另外,公路货运企业经营管理效率也比较低。

(2)公路货运业区域发展不平衡

首先,我国省级单位之间的公路货运差距大。从技术效率来说,效率达到1

的省份有湖南和海南两个,效率最高并不代表这两个省份的公路货运业是最发达的,只能证明这两个省份在公路货运方面的投入与各自的货运需求相适应,投入转化为产出的效率最好。而技术效率最低的吉林省效率值仅为 0.278,在东北三省中,吉林省的 GDP 仅为辽宁省的 48%、黑龙江省的 75%,经济发展水平比较低[①],货运需求相对较少,而吉林省在公路建设和运输车辆生产方面则达到了较为先进的水平,因此,使得该省的公路货运效率较低。技术效率没有超过0.5 的省、市、自治区达到了 10 个,约占全国的 1/3,这里北京市的公路货运效率仅为 0.420,与其经济地位严重不相称。究其原因是北京市近年来的制造业外迁的发展趋势使得货运需求减少,造成投入要素的进一步冗余,这就使得北京市在我们的技术效率衡量体系中,产出减少了而投入并未减少甚至是在增加,因此导致北京市的技术效率值较低。技术效率超过 0.7 的省、市、自治区数量仅为 8个,约占全国的1/4。各省之间效率高低差距非常明显。

从纯技术效率的角度来看,效率差距大的情况有所改观,与技术效率值的差异相比,所考察的 31 个省、市、自治区之间纯技术效率值的差距要小得多。纯技术效率为 1 的省、市、自治区有 7 个,分别是湖南、海南、河北、山东、广东、青海和西藏,而纯技术效率最低的还是吉林省(0.380),其次是四川省(0.390),没有超过 0.5 的省份仅有 5 个。

其次,我国区域经济发展很不平衡,公路货运运输效率也有很大差异,东、中、西部地区公路运输业的技术效率差异明显。按照中国国家统计局对东、中、西部三大区域的划分标准[②],我们将不同区域的公路货运效率分析结果归类总结成表 8.3。

表 8.3 2007 年中国公路货运区域效率比较

区 域	技术效率	纯技术效率	规模效率	规模效率递增省份数(比例)
东部地区	0.716	0.829	0.874	3(25%)
中部地区	0.566	0.601	0.927	7(77.8%)
西部地区	0.497	0.684	0.777	8(80%)

注:东部地区:辽宁、河北、北京、天津、山东、江苏、浙江、上海、福建、广东、广西和海南;中部地区:黑龙江、吉林、内蒙古、山西、河南、湖北、江西、安徽和湖南;西部地区:陕西、甘肃、青海、宁夏、新疆、四川、重庆、云南、贵州和西藏。

资料来源:作者根据 BCC 模型结果整理。

---

① 2007 年吉林省的 GDP 是 5284.69 亿元,辽宁省是 11023.49 亿元,黑龙江省是 7065.00 亿元。数据源自《2008 年中国统计年鉴》。

② 划分标准见国家统计局网站:http://www.stats.gov.cn/was40/gjtjj_detail.jsp?searchword=%C7%F8%D3%F2&channelid=7565&record=2

如表 8.3 所示,在我国三大地区中,东部地区的技术效率和纯技术效率都是最高的,具体来说,技术效率的现状按照技术效率值由高到低进行排序的结果是:东部地区、中部地区、西部地区;按纯技术效率的排序则是东部地区、西部地区、中部地区。无论是技术效率还是纯技术效率,东部地区都要比其他两个地区至少高 15% 左右,东部地区在公路货运的投入产出效率和经营管理方面具有一定的优势,中、西部地区相比,中部地区的公路货运技术效率又高于西部地区。

而在规模效率方面,中部地区则占据优势,其次是东部地区,最低是西部地区。中部地区公路货运的发展规模距其纯技术效率的最优规模很接近,而且中部地区的 9 个省基本都处于规模效率递增的状态,可以通过扩大公路货运规模来提高技术效率。东部地区的 12 个省、市中大部分规模效率递减,也就是说,东部地区的公路货运规模发展程度已经普遍超出了效率最优的规模水平。西部地区的规模效率最低,而且 10 个省、市中有 8 个规模报酬递增,说明西部地区的公路货运规模太小,导致技术效率也难以提高。

(3)公路货物运输效率变化

为了研究我国的公路货运近年来发生的公路货运效率相对变化,为了考察近年来我国公路货运技术效率的变化,我们根据 1998 年的公路货运相关数据利用同样的模型计算公路货运的分省效率和区域效率。我们使用相同的模型分别利用 1998 年和 2007 年的公路货运的相关数据得到了不同区域的技术效率值,如表 8.4、表 8.5 所示。

表 8.4　2007 年与 1998 年中国区域公路货运效率比较

年份	地　区	技术效率	纯技术效率	规模效率	规模效率递增省、市、自治区数(比例)
1998	东部地区	0.760	0.802	0.946	6(50%)
	中部地区	0.750	0.764	0.982	5(55.6%)
	西部地区	0.634	0.761	0.849	7(70%)
2007	东部地区	0.716	0.829	0.874	3(25%)
	中部地区	0.566	0.601	0.927	7(77.8%)
	西部地区	0.497	0.684	0.777	8(80%)

资料来源:作者根据 BCC 模型结果整理。

表 8.5　2007 年与 1998 年中国分省公路货运效率比较

项　目	1998 年	2007 年
平均效率值	技术效率 0.717 纯技术效率 0.777 规模效率 0.925	技术效率 0.602 纯技术效率 0.716 规模效率 0.858
有效率省、市	天津、江苏、广西、新疆	湖南、海南
所占比例(%)	12.9	6.5
效率最低五省	西藏、广东、贵州、吉林、黑龙江	吉林、贵州、西藏、四川、湖北
效率≤0.5 省、市比例(%)	16.1	32.3

资料来源：作者根据 BCC 模型结果整理。

第一，2007 年与 1998 年的公路货运区域效率相比，东部地区与中、西部地区的公路货运效率的差距在扩大。1998 年我国公路货运的区域效率差距并不大，技术效率东部地区和中部地区相当，均仅比西部地区高 12% 左右；纯技术效率三个地区比较接近，东部地区略高，但是总体相差不足 4%；到了 2007 年，这两项效率差距，东部地区都要比中、西部地区高出 15% 以上。从规模效率来看，2007 年和 1998 年的公路货运规模效率区域格局是相同的，按规模效率从大到小排列都是中部地区、东部地区、西部地区，但是 1998 年的规模效率值三个地区都比 2007 年高。而且，1998 年三个地区大部分省、市的规模效率都是递增的，有通过扩大规模提高效率的空间，而 2007 年东部地区大部分地区出现了规模效率递减，说明东部地区公路货运经过近年来的高速发展，要素投入达到了比较高的水平，这时应该着力刺激货运方面的需求以扩大产出，提高规模效率。

将 1998 年的区域货运结果与 2007 年进行比较，我们发现经过 10 年的发展，区域间公路货运效率的差异扩大了。2007 年东部地区的技术效率和纯技术效率都大大高于中、西部地区，而在规模效率方面，东部地区的大部分省、市由规模效率递增变成规模效率递减，而中部地区和西部地区的大多数省、市依然保持着规模效率递增。这说明 10 年间的公路货运发展，东部地区的发展力度远远大于中、西部地区，而且东部地区已经出现规模发展过大而影响技术效率的情况。反观中、西部地区，因为得不到应有的发展，技术效率已经被东部地区甩在后面。同时，规模效率的下降表示中、西部地区距离技术效率的最优规模已经越来越远。

第二，相比于 1998 年，2007 年公路货运效率表现在下降。从平均效率来看，2007 年的公路货运效率普遍低于 1998 年，效率值不能比较，因此这不能说明 1998 年的公路货运效率高，但是可以说明省、市之间的效率差距在 2007 年要比 1998 年大，省级单位之间公路货运发展不平衡。从 1998～2007 年的平均技术效率变化图

(见图 8.4)中可以看出,近 10 年来,我国公路货运的平均技术效率总体上是在不断下降的,表明了我国公路货运省、市、自治区之间的效率差距有不断扩大的趋势。同时,2007 年平均规模效率为 0.858,而 1998 年的平均规模效率达到了 0.925,说明现在公路货运业的规模对运输效率的促进作用不如 1998 年时大。

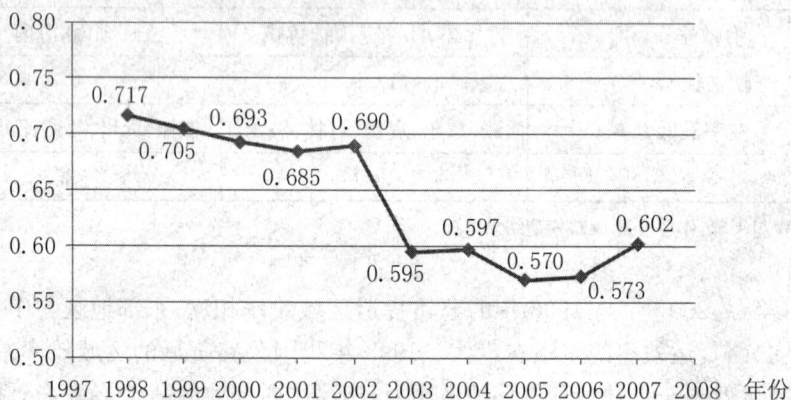

图 8.4　1998～2007 年中国公路货运平均技术效率变化图

　　比较两个时期各省的效率,我们发现 1998 年时有效率的省、市、自治区中既包括东部地区的省、市、自治区,也有西部地区的省、市、自治区,同时,货运效率最差的 5 个省、市、自治区中也是东、中、西部地区的省、市、自治区都有。而到了 2007 年,公路货运相对有效率的省份中全部为东、中部地区的省、市、自治区,效率最差的 5 个省、市、自治区中也全部来自中、西部地区的省、市、自治区。这从另一个角度也说明了我国东部地区近年来的公路货运发展要领先于西部地区。

8.2.3　中国公路旅客运输效率分析

　　客运是组成公路运输的另一个重要部分,近年来我国公路客运经历了 2003 年"非典"的低潮后稳步发展,客运量和客运周转量迅速增加。这一部分公路客运效率的研究体系和货运基本相同,这里就不再赘述。同样应用 DEAP2.1 软件计算出 2007 年我国公路客运的效率,如表 8.6 所示。

表 8.6　2007 年中国省级单位公路客运效率

省、市、自治区	技术效率	纯技术效率	规模效率	省、市、自治区	技术效率	纯技术效率	规模效率
北　京	0.655	0.664	0.987	湖　北	0.577	0.588	0.982
天　津	0.354	0.807	0.439	湖　南	0.780	0.814	0.958

省、市、自治区	技术效率	纯技术效率	规模效率	省、市、自治区	技术效率	纯技术效率	规模效率
河　北	0.428	0.460	0.929	广　东	0.848	1.000	0.848
山　西	0.227	0.247	0.917	广　西	1.000	1.000	1.000
内蒙古	0.365	0.406	0.899	海　南	1.000	1.000	1.000
辽　宁	0.319	0.343	0.929	重　庆	0.733	0.794	0.924
吉　林	0.190	0.251	0.756	四　川	0.530	0.556	0.954
黑龙江	0.436	0.461	0.946	贵　州	0.547	0.618	0.886
上　海	0.768	0.833	0.922	云　南	0.319	0.347	0.922
江　苏	0.962	1.000	0.962	西　藏	0.316	0.316	0.316
浙　江	0.754	0.783	0.964	陕　西	0.382	0.418	0.914
安　徽	0.968	1.000	0.968	甘　肃	0.476	0.605	0.787
福　建	0.629	0.655	0.960	青　海	0.303	0.737	0.411
江　西	0.545	0.606	0.899	宁　夏	0.421	0.830	0.508
山　东	0.359	0.396	0.904	新　疆	0.568	0.621	0.914
河　南	0.441	0.507	0.870	平均值	0.555	0.656	0.857

资料来源:作者根据 BCC 模型结果整理。

(1)同公路货运相比,公路客运效率更低

我国公路客运在 2007 年的技术效率平均仅为 0.555,技术效率小于 0.5 的省、市、自治区有 15 个,大约占一半,说明目前我国公路货运技术效率普遍处于比较低的状态。在影响技术效率的两个因素中,纯技术效率和规模效率相比,纯技术效率较小为 0.656,而规模效率较大为 0.857。这表示造成我国公路客运效率低的主要原因是纯技术效率低,这同我国公路客运运营主体一直是国家统一管理、统一运营的国有企业,存在着效率和体制上的固有顽疾不无关系。而从规模效率上来看,平均规模效率达到了 0.857,说明公路运输规模比较符合效率的发展要求。

(2)公路客运省级单位之间效率差距更大,区域不平衡更明显

如表 8.6 所示,2007 年我国公路客运相对有效率的省份为广西和海南,同货运情况类似,这两个省份都不是经济最发达的,但是从效率衡量的角度出发,它们的公路客运发展却是最符合高效率要求的,公路客运投入符合当地的需求水平,投入要素的利用水平比较高。技术效率最低的省份效率值仅为 0.190(吉林),与效率高的省份差距很大,这也是与吉林省在东北三省的经济地位以及吉林省本身人口基数小,人员流动不足有关。在效率低的省份中出现了天津等经济发达的地区,而造成天津市公路客运效率低的原因,一是天津紧邻首都北京这一客运枢纽,客运需求受到影响;二是天津近年来公路运输的发展目标是成为中国北方的物流中心,比较重视货运发展,而对客运相对重视程度不足。

与公路货运类似,公路客运也存在区域发展不平衡的现象,在此,我们将2007年公路客运分区域效率比较的结果整理成表8.7。

表 8.7　2007 年中国公路客运区域效率比较

地　区	技术效率	纯技术效率	规模效率	规模效率递增省、市、自治区数(比例)
东部地区	0.673	0.745	0.904	2(16.7%)
中部地区	0.503	0.542	0.911	6(66.7%)
西部地区	0.460	0.653	0.753	9(90%)

资料来源:作者根据 BCC 模型结果整理。

从表8.7中我们可以看出,总体技术效率还是呈东部地区最高、中部地区次之、西部地区最低的格局,反映了当前公路客运区域发展的不平衡。再看构成技术效率的两个要素,纯技术效率方面依然是东部最高,但是西部的纯技术效率要高于中部,这就表示西部技术效率低的原因在规模效率上,正如表8.7所示,西部地区平均的规模效率为0.753,比中、东部地区少15%左右。这说明了中部地区和西部地区技术效率低的原因是不同的:中部地区效率低的主要原因是纯技术效率低,即相对于客运周转量的产出,公路和客运车辆投入过度,公路客运企业的运营管理效率也较低;西部地区效率低的主要原因是公路客运规模太小,规模距离效率最优的规模差距大。另外,与公路货运类似,客运的规模效率东部省区大都处在规模效率递减的阶段,而中部和西部省区大部分处在规模效率递增的状态,表现了中、西部省区通过增加投入,扩大规模提高公路客运效率的潜力。

(3)公路客运效率变化

同公路货运一样,我们用同样的模型计算1998年的公路客运效率,并将2007年的效率结果同1998年进行对比,如表8.8所示。

表 8.8　2007 年与 1998 年中国区域公路客运效率比较

年份	地　区	技术效率	纯技术效率	规模效率	规模效率递增省、市、自治区数(比例)
1998	东部地区	0.559	0.771	0.726	7(58.3%)
	中部地区	0.500	0.561	0.867	9(100%)
	西部地区	0.398	0.672	0.650	10(100%)

续表

年份	地　区	技术效率	纯技术效率	规模效率	规模效率递增省、市、自治区数（比例）
2007	东部地区	0.673	0.745	0.904	2(16.7%)
	中部地区	0.503	0.542	0.911	6(66.7%)
	西部地区	0.460	0.653	0.753	9(90%)

资料来源：作者根据 BCC 模型结果整理。

表 8.9　2007 年与 1998 年中国分省公路客运效率比较

项　目	1998 年	2007 年
平均效率值	技术效率 0.490 纯技术效率 0.678 规模效率 0.743	技术效率 0.555 纯技术效率 0.656 规模效率 0.857
有效率省、市、自治区	江苏、浙江、福建	广西、海南
所占比例（%）	9.7	6.5
效率最低五省、市、自治区	西藏、北京、吉林、青海、天津	吉林、山西、青海、西藏、云南
效率≤0.5 省、市、自治区 所占比例（%）	64.5	48.4

资料来源：作者根据 BCC 模型结果整理。

2007 年我国公路客运效率与 1998 年相比具有如下特点：

第一，公路客运效率区域差距扩大。1998 年我国东部地区和中部地区公路客运的技术效率差距不大（分别 0.559 和 0.500），西部地区的技术效率差距比较明显(0.398)。与之相比，2007 年我国公路客运东、中、西区域间的效率高低格局没有变化。但是，可以明显地看出，10 年间东部地区的效率得到了突出的发展，与中、西部地区的效率差距拉大到 17% 以上，而西部地区则一直处于效率相对较低的状态。经过 10 年的发展，原本人口众多的东部地区经济更加发达，人员流动性更强，客运发展也更快；反观西部地区，人口基数少的现实加上经济发展缓慢，使得客运得不到快速发展。

第二，公路客运平均效率状况有所改善。1998 年全国公路客运的平均技术效率仅为 0.490，这说明各省之间的技术效率差距很大。技术效率不足 0.5 的省、市、自治区有 20 个，占据了全国省、市、自治区的 2/3 左右，大多数省、市、自治区处于技术效率比较低的状态。而到了 2007 年，平均技术效率有略微的上升，客运平均效率有所改善。纵观 10 年间的我国公路客运平均技术效率变化（见图 8.5），我们发现公路客运的平均技术效率有上升的趋势，说明省级单位之间的公路客运效率差距有所减小。但是平均纯技术效率有所下降,纯技术效率和规模效率之间的差距拉大,说明制约技术效率的主要因素是纯技术效率,即我国公路客运的产出相对于现有投入状况还是不足的。

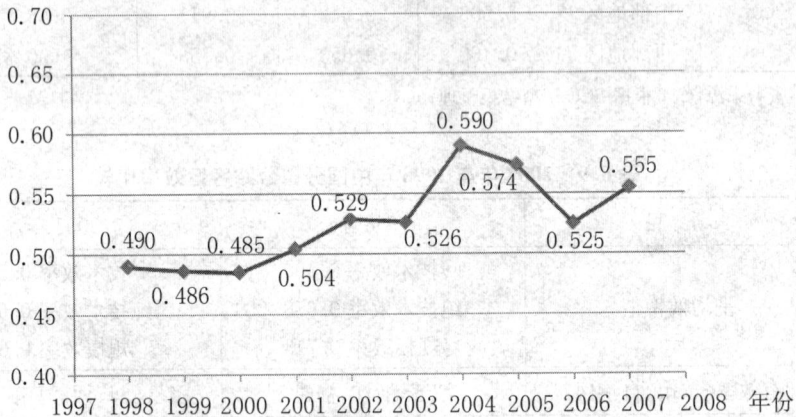

图 8.5   1998～2007 年中国公路客运平均技术效率变化图

8.3   中国公路运输效率综合分析

上一节我们从货运和客运两个方面分别分析了公路运输效率的现状以及变化,但是公路运输的这两个组成部分是相互联系、密不可分的。本节将综合考虑货运和客运两个方面的因素,考察我国公路运输的综合效率现状。

8.3.1   公路运输综合效率分析体系的建立——二维分析模型

为了体现不同省、市、自治区公路运输的综合效率,基于前面对公路货运和客运的效率研究,我们建立下面的公路运输效率分析矩阵(见图 8.6)。

如图 8.6 所示,我们以公路货运效率和客运效率作为两个维度,并以 0.6 为标准将货运和客运效率值分成高和低两个层次。这样,整个分析矩阵就分成了四个区域(A～D),每一个区域代表了不同的公路运输效率状态,根据每个省、市、自治区在分析矩阵中的区域位置,可以为其确定公路运输效率综合水平并显示提高效率的路径。

(1)区域 A ——公路客货运输效率双低型

处于 A 区域的省、市、自治区的公路客运和货运效率都很低,公路运输粗放

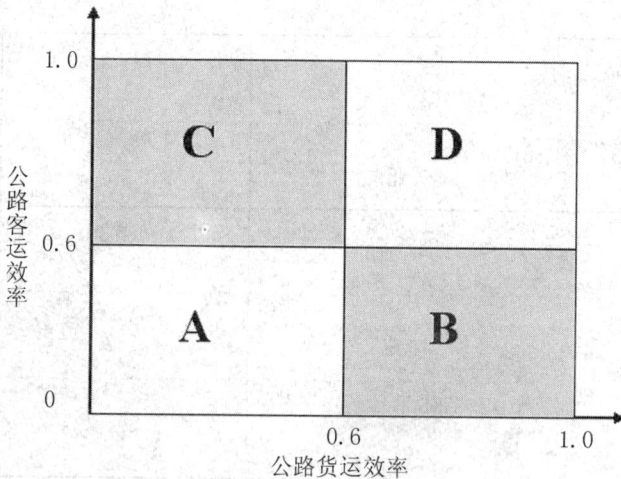

图 8.6　公路运输效率分析矩阵

型发展。造成公路客货运输效率双低的原因是多种多样的,公路运输投入无法形成相应产出、公路运输企业经营管理不善以及公路运输的行业规模与经济规模不相适应等因素都可能造成公路运输效率值低。

(2)区域 B、C——公路客货运输效率不平衡型

B 区域公路货运效率水平高,而公路客运效率水平低,货运集约型发展、客运粗放型发展;C 区域的情况正好与 B 区域相反,公路客运效率高,货运效率低,客运是集约型发展而货运是粗放型发展。处于这两个区域的省、市、自治区的公路客货运输效率不平衡,可能的原因是该省、市、自治区重视其中一种运输方式的发展,而忽视了另一种,或者采取客货运输同步发展的方针,但是与该省的实际客货运输需求不平衡的情况相冲突。

(3)区域 D——公路客货运输效率双高型

在这个区域的省、市、自治区,公路客运货运的效率都很高,公路运输整体上处于高效发展状态,充分利用了公路运输的基础设施和车辆等投入要素,运输行业整体的经营管理效率也比较好,是其他区域省、市、自治区学习的榜样。

8.3.2　公路运输综合效率分析

我们将 2007 年的公路货运和客运的效率结果显示到分析矩阵图中,得到的结果如图 8.7 所示。

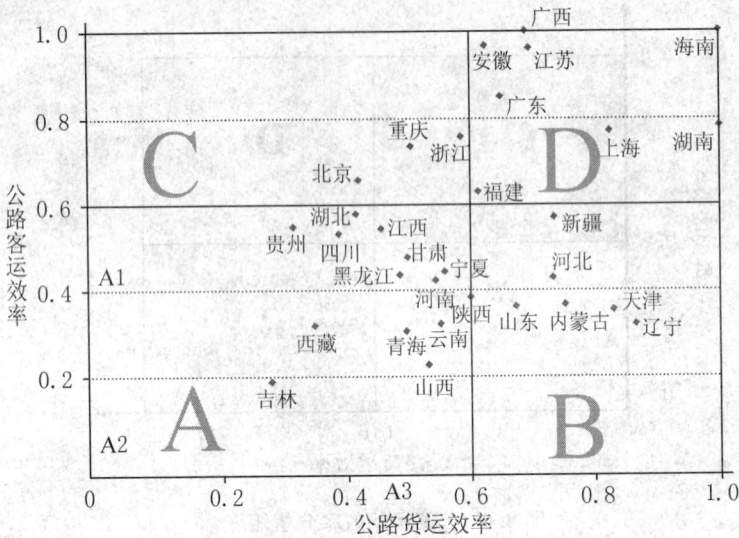

图 8.7   2007 年我国公路运输效率分析

由图 8.7 可以看出,我国大部分的省级单位的公路运输效率比较低。其中货运和客运效率都比较低的省份有 14 个,占 45%;货运效率高而客运效率低的省份有 6 个,占 19%;客运效率高、货运效率低的省份有 3 个,占 10%;客货运输效率都达到我们设定的 0.6 的标准的省份只有 8 个,仅占 26%。

(1)区域 D ——公路运输综合效率高

这个区域中的省、市、自治区公路货运和客运效率都很高,是其他区域省份学习的榜样。其中海南省无论客运还是货运效率都为 1,是所有省份中相对最高的,说明海南省的公路运输发展过程中高效地利用了公路运输资源,而且其公路建设投入和实际运输需求相适应,没有出现过度建设的情况。而 D 中的其他 7 个省市虽然效率值也比较高,但与海南省相比,还存在着一些差距,需要进一步提高运输效率。D 区域内的 8 个省市有 6 个位于东部地区,2 个位于中部地区,相对而言,东部地区的公路运输综合效率还是高于中、西部地区。

(2)区域 B、C ——公路运输效率发展不平衡

处于这两个区域的省份的公路货运和客运发展从效率上来讲是不平衡的。区域 B 的省、市、自治区的货运效率高但客运效率低,位于区域 B 的 6 个省、市、自治区有一个共同的特点,都是以货运为主,或者自然资源丰富(如新疆、山东、内蒙古、辽宁),或者在区域物流中占有很重要的地位(天津、河北)。而区域 C 的情况同区域 B 相反,位于区域 C 的省、市、自治区的公路运输效率的共同特点是客运效率高而货运效率低,这个区域的省市比较少,只有 3 个——北京、重庆和浙江,这三个省市都是区域性的客运中心,现代服务业发达,人员流动频繁。

(3)区域 A ——公路运输综合效率低

区域 A 是公路运输综合效率最低的区域,同时这个区域中省份最多,有 14 个,而且无一例外都是中、西部地区的省份。这说明我国中、西部地区的公路运输综合效率相对较低,无论是货运还是客运效率都亟待提高。值得注意的是,在全国所有省份中,吉林省的客运和货运效率都是最低的,与其地理位置相近的黑龙江省相比,吉林省在公路基础设施和运输工具投入相差不大的情况下,客货运输周转量都仅为黑龙江的 1/3 左右,可见吉林省在公路运输投入与产出之间不匹配,运输企业的经营管理方面也存在着比较大的问题,效率分析的结果是吉林省的纯技术效率比规模效率低得多①,更印证了以上两方面的问题。

8.4 中国公路运输行业的生产力变动分析

在我国公路运输业生产力变动研究方面,贾强等(2007)DEA-Malmquist 方法对公路运输进行了绩效评价以及动态分析,得到 2000～2001 年影响 Malmquist 指数变化的因素主要是综合技术效率,而 2001～2004 年的主要影响因素是技术变动的结论。贾强等(2008)又对山东省的数据进行基于 DEA 一致性 Malmquist 模型的公路运输系统适应性研究,也得到不同时期影响 Malmquist 指数的诸因素贡献不同的结论。孔尚惠等(2008)通过基于 Malmquist 指数的公路运输企业分析,说明与其他行业不同,公路经营行业的生产率进步不是来源于技术的进步,而是得益于技术效率的提升。

以上的研究对我国公路运输生产力变动的考察期间都比较短,而且研究结论并不相同。为了反映我国公路运输生产力变动的趋势,本节中我们将研究的时间区间进行扩展,运用 DEA-Malmquist 模型考察我国公路运输在 1998～2007 年之间的生产力与技术变动,并分析公路运输全要素生产力变动的问题。本节的研究主要分两个步骤:首先考察综合的公路运输系统的生产力变动,然后从货运和客运两个方面来挖掘公路运输生产力变动的深层次问题。

8.4.1 1998～2007 年中国公路运输生产力变动分析

为综合反映公路运输的近年来生产力变动的情况,我们选取能够反映整个公路运输行业成果的货运周转量、客运周转量作为产出指标;而在投入指标方面,我们选择等级公路线路长度、货运车辆数、客运车辆数三个指标,这三项指标分别代

---

① 具体效率值见表 8.2 和表 8.6。

表了我国公路基础设施的投入水平、货运设备的投入水平和客运设备的投入水平。

根据 Malmquist 指数的理论模型,运用 Deap 2.1 软件,我们将所得的生产率指数分解为综合效率变动和技术变动,并进一步将综合效率变动分解为纯技术效率变动和规模效率变动,结果如表 8.10 所示。

表 8.10　　1998～2007 年中国公路运输全要素生产力动态变化

年　份	技术效率变动	技术变动	纯技术效率变动	规模效率变动	Malmquist 指数
1998～1999	0.974	0.978	0.970	1.004	0.953
1999～2000	0.987	1.005	0.994	0.993	0.992
2000～2001	1.028	0.922	1.001	1.027	0.948
2001～2002	1.006	0.971	1.007	0.999	0.977
2002～2003	0.925	1.015	0.939	0.985	0.939
2003～2004	1.039	1.009	1.058	0.982	1.048
2004～2005	0.981	0.985	0.969	1.012	0.967
2005～2006	0.971	0.910	0.988	0.983	0.884
2006～2007	1.044	0.954	1.020	1.023	0.995
1998～2007	0.950	0.771	0.943	1.007	0.733

资料来源:作者根据 DEA-Malmquist 模型结果整理。

由表 8.10 我们可以看出以下问题:

第一,1998～2007 年我国公路运输的 Malmquist 生产力存在着明显的下降。较之 1998 年,2007 年的 Malmquist 生产力指数仅为 0.733。具体到每一年,我们可以看出,Malmquist 生产力指数几乎每一年都是下降的,所以才造成十年总体上生产力指数 22.7% 的下降。但是,我们不能简单地认为 Malmquist 生产力指数的降低就代表了现实中公路运输生产力的下降。造成 Malmquist 生产力指数降低的原因,一是由于我们考查的指标体系并不能把所有代表生产力发展的因素(如运输的便利程度、安全水平的提升等)包括在内,二是交通运输业有引领经济发展的作用。1998 年以来,为了拉动内需,我国开始了大规模的基础设施建设,公路里程迅速增加,但是公路基础设施发挥作用却需要较长的一段时间,公路建设不能立即形成公路运输产出,因此我们考察的 Malmquist 生产力指数出现了下降的趋势。

第二,技术变动指数下降幅度大。10 年间公路运输的技术变动为 0.771,技术效率变动为 0.950,造成全要素生产力水平下降的主要原因是技术变动,当然这也不能说明显示生活中技术是倒退的,而是就我们的分析体系来讲,我国近10年来公路运输技术进步不足。

第三,技术效率略微下降。2007年的技术效率比1998年降低了5%,我们再将技术效率变动进行进一步分解,发现纯技术效率变动为0.943,规模效率变动为1.007,即造成技术效率下降的原因是纯技术效率的降低,而规模效率则保持不变。这说明我国公路运输投入产出效率下降,在管理上也存在着问题,同时近10年我国公路运输规模的迅速扩大也并没有带来规模效率的显著提高。

公路运输业动态效率分析的结果说明我国公路运输业发展蒸蒸日上的同时还存在着效率上的问题。伴随着国家和各地政府近10年来对公路运输业的大规模投资和公路运输业规模的迅速发展,公路运输的整体效率并没有明显的提高。公路运输毕竟是由货运和客运两个独立的部分组成,公路运输综合生产力的变动分析虽然给我们呈现出了近10年的总体变化趋势,但无法研究各项效率变化的原因,要深入挖掘就必须对货运和客运两个方面单独进行分析。

8.4.2 1998～2007年中国公路客货运输生产力变动分析

在指标选取方面,我们对公路货运和客运两个模型采用和8.4.1节相同的指标选择方案。货运模型的产出指标为公路货运周转量,投入指标为等级公路长度和货运车辆数;客运模型的产出指标为公路客运周转量,投入指标为等级公路长度和客运车辆数。分别将1998～2007年的公路货运和客运数据导入DEA-Malmquist模型得到表8.11、表8.12所示的结果。

表 8.11 1998～2007 年中国公路货运全要素生产力动态变化

年 份	技术效率变动	技术变动	纯技术效率变动	规模效率变动	Malmquist 指数
1998～1999	0.992	0.980	0.974	1.018	0.972
1999～2000	0.984	1.036	1.005	0.979	1.020
2000～2001	0.994	0.960	0.983	1.012	0.954
2001～2002	1.008	1.008	1.005	1.003	1.016
2002～2003	0.856	1.145	0.887	0.966	0.981
2003～2004	1.010	1.033	1.080	0.935	1.044
2004～2005	0.952	1.078	0.963	0.989	1.026
2005～2006	1.012	0.954	1.007	1.005	0.965
2006～2007	1.035	1.001	1.016	1.018	1.036
1998～2007	0.843	1.196	0.913	0.925	1.010

资料来源:作者根据 DEA-Malmquist 模型结果整理。

表 8.12　　1998～2007 年中国公路客运全要素生产力动态变化

年　份	技术效率变动	技术变动	纯技术效率变动	规模效率变动	Malmquist 指数
1998～1999	0.982	0.977	1.009	0.973	0.959
1999～2000	0.995	0.972	0.990	1.005	0.966
2000～2001	1.095	0.868	0.995	1.100	0.955
2001～2002	1.056	0.906	1.028	1.027	0.956
2002～2003	0.988	0.889	0.985	1.003	0.879
2003～2004	1.147	0.957	1.086	1.056	1.097
2004～2005	0.987	0.927	0.943	1.046	0.914
2005～2006	0.916	0.919	0.925	0.991	0.842
2006～2007	1.062	0.912	1.029	1.032	0.968
1998～2007	1.229	0.494	0.981	1.252	0.604

资料来源:作者根据 DEA-Malmquist 模型结果整理。

从以上两表的结果我们可以看出,近 10 年来,我国公路运输的货运和客运呈现了截然不同的发展趋势。

(1)公路货运生产力变动分析

如表 8.11 所示,公路货运近 10 年的全要素生产力变动为 1.010,基本上没有变化。10 年间,全要素生产力变动幅度也都在 5% 以内,可以说公路货运的生产力水平在最近 10 年都处在稳定的水平上。然而,构成全要素生产力的各要素变动幅度却比较大。

首先,我国公路货运的技术变动有一定幅度增长。10 年间,公路货运技术的进步率为 19.6%,货运的技术进步主要表现为车辆载重技术的提高。近年来,我国从国外引进的斯太尔等重型载重汽车迅速普及,国产的"解放"、"黄河"等载重汽车的载重技术也获得了突破,促使了公路货运技术的进步。

然而,我国公路货运的技术效率却是在不断下降的。正是因为在技术进步的同时,公路货运的技术效率在不断下降,公路货运的技术进步才没有带来生产力水平的提高。从 1998～2007 年,公路货运的技术效率下降了 15.7%,将这一指标分解,纯技术效率和规模效率分别下降了 8.7% 和 7.5%。这说明 10 年间,我国公路货运在经营管理、投入产出比和规模上都出现了造成低效率的问题。

结合我国公路货运发展的实际情况,效率问题主要出现在如下几个方面:①公路货运行业膨胀过快,货运企业多而不强。随着社会各界对物流的重视程度不断加深,物流成为近年来发展的热点,各种物流企业如雨后春笋般在全国各地出现,公路货运行业的规模也随之迅速扩张。但是这种扩张是极为盲目的,没有考虑到实际的需求,必然会引起效率的下降。②公路货运企业存在过度竞争,投入过量,没有与实际需求相适应。各种公路货运公司为了抢占市场、扩大业务量,不断地购置新的运输设备,而且这些运输设备也以大型重型车辆为主;各级政府为了刺激经济发展也在不断地修建高等级的公路。但是,在实际经营中,这些众多大型车辆却并没有完全发挥作用,有的车因为没有业务而闲置,有的大型车辆仅仅装载很少的货物,空车返回等问题更是经常发生,可以说很大一部分货运能力都被浪费了。③公路货运企业经营管理的低效率。由于我国的物流行业还处在起步阶段,很多经营公路货运的企业管理并不正规,管理方式落后,造成运输的低效率。同时,很多规模较大的货运企业在网络设计上还不够科学,这也是造成效率低下的原因。

(2)公路客运生产力变动分析

与1998年相比,2007年我国公路客运的全要素生产力指数仅为0.604,出现了明显的下降。将全要素生产力指数进行分解,我们得到了与货运刚好相反的结果:近10年,我国公路客运的技术变动指数出现大幅度的下降,而技术效率却有所提高。

第一,造成公路客运全要素生产力下降的主要因素是技术变动指数的下降。在表8.12中我们可以明显地看到,1998~2007年的技术变动仅为0.494,也就是说,10年间公路客运技术进步指数下降了一半多。但是这种下降并不是代表科学技术的退步,本章研究的是公路运输的效率问题,在客运方面,以较少的投入完成更多的客运周转量就是高效率。而按照我们分析的指标体系,结合近年来我国公路客运的发展,可以确定造成技术进步倒退的原因主要是私家车的大量增加。私家车的大量增加虽然代表了社会的进步和人民生活水平的提高,但从运输效率上讲,私家车作为运输工具是低效率的,与大型客车相比,私家车完成同样的运量无疑要消耗更大的投入。而且,特别在城市中,数量众多的私家车造成了严重的环境污染和交通拥挤等社会问题。为了提高公路客运的技术水平,政府应该加大大型客车的生产和使用,同时大力发展城市公共交通,使其在一定程度上代替私家车。

第二,公路客运技术效率的提高表现为纯技术效率的稳定和规模效率的提高。1998~2007年,我国公路客运的经营管理效率并没有提升,还存在着一定问题,但是客运规模的增大却带来了更多的客运需求,规模效率得到增加。为了进一步提高公路客运的技术效率,应该着力改进公路客运的经营管理水平,提高纯技术效率,同时维持合理的规模,保持规模效率增加的状态。

8.5 本章结论及政策建议

8.5.1 本章结论

本章首先将公路运输的两个方面:货运和客运分别建立 DEA 模型进行效率分析,在研究当前公路运输效率的同时将 1998 年的效率情况与现在作对比。而后,将货运客运结合起来分析我国公路运输的综合效率,并提出了各省、市、区提高公路运输效率的路径。通过对公路运输效率的静态分析,得到以下主要结论:

(1)我国公路运输效率低主要是由纯技术效率低导致

无论是货运还是客运,无论是 2007 年的效率分析还是 1998 年的效率分析,都显示了一个同样的结果——纯技术效率低是导致公路运输技术效率低的主要因素。这反映了我国公路运输的货运和客运两方面都存在着经营管理的低效率,公路运输周转量产出不能与基础设施和运具投入相适应。

(2)公路运输效率区域发展不平衡

我国公路运输的区域效率分析显示,东部地区的公路运输效率较高,中部地区次之,西部地区最低。通过与 1998 年的区域效率对比发现,东部地区和中、西部地区的效率差距拉大了,说明东部地区近 10 年的公路运输发展力度远远大于中、西部地区,中、西部地区的公路运输效率仍然偏低。我国公路运输效率的区域格局和发展都极不平衡。

(3)过度投入现象开始显现

1998 年的公路货运和客运效率分析都显示,我国绝大多数省份都处在规模效率递增的阶段。而在 2007 年的公路货运和客运效率分析中,中、西部地区的大多数省份仍然是规模效率递增的,但是东部地区大多数省份的规模效率递减。这不但反映了公路运输的区域发展不平衡,而且揭示了一个更严重的问题——我国东部地区的公路运输经过近年来的快速发展,运输规模即公路基础设施和运输设备的投入水平已经高于运输效率最优的临界值,出现了规模效率递减。目前又正值我国大规模投资以拉动经济而走出金融危机影响的时期,过多的投入势必会引起东部地区公路运输效率的进一步下降。因此,对公路运输的投资应该更偏重于更需要通过扩大运输规模来提高公路运输效率的中、西部地区。

通过对 1998~2007 年我国公路运输全要素生产力分析以及对公路货运和客运两方面全要素生产力的具体分析,我们可以得到以下结论:

第一,我国公路运输总体全要素生产力下降主要是由客运的全要素生产力下降引起的,而公路客运全要素生产力下降的主要原因又是客运的技术进步指数下降。所以,导致近 10 年我国公路运输全要素生产力下降的最主要因素是公路客运的技术进步指数下降,即私家车的大量增加造成的客运低效率。

第二,近 10 年我国公路货运和客运全要素生产力发展的态势是大致相反的。公路货运的技术进步,但是技术效率不断降低,纯技术效率和规模效率均有不同程度的下降。而客运方面技术大幅度退步,而技术效率却在提高,纯技术效率略有下降,规模效率大幅提高。

第三,无论是货运还是客运,纯技术效率都有一定程度的下降,说明我国公路运输业整体上在经营管理等方面还存在着相当大的问题。我国公路运输管理机构和企业都要积极吸收先进经验,促进管理机制的改革,以提高公路运输效率。

8.5.2 提升公路运输业生产力水平的政策建议

本章分析了我国公路运输的效率以及全要素生产力的变化,通过分析我们发现,目前我国公路运输效率还存在着很多问题。作为本章的结束,本节将根据以上对公路运输的分析结果,结合我国目前经济发展现状,提出一些改善我国公路运输效率状况的政策建议。

首先,在公路运输区域发展战略上,要偏重中、西部地区和农村的公路运输事业的发展。在目前金融危机形势下,我国要通过大规模的投资来拉动经济增长,这势必掀起新一轮基础设施建设热潮。但是在公路基础设施方面,"投入拉动需求"不是一成不变的。公路基础设施建设要根据实际需要理智投资,改变"投入就能拉动需求"的观念,减少公路"政绩工程"建设。研究表明,我国最需要公路基础设施建设的是中、西部经济落后的地区,这些地方的公路运输的规模效率递增,加大公路建设投入、扩大公路运输规模,不仅会带动经济发展,还会促使公路运输效率的提高。

在经济发达的东部地区,特别是公路运输规模效率递减的省、市,本来公路网络就比较发达,增加公路建设投资非但不会为经济发展起到大的带动作用,反而会进一步降低公路运输的效率,增加社会和自然环境负担,政府明显能够得到的也只有 GDP 的增长和"政绩"而已。在这些地区,需要进行投入的是乡村公路建设,特别是一些贫困地区的县乡公路大都年久失修或者是质量很低的等外公路,严重制约了经济的发展。对县乡公路的升级翻新,使之与城市的公路网络联通,形成通畅的公路运输体系,才能带动农村、贫困地区经济发展,同时给城市经济发展带来新的机遇。

其次,在微观企业层面,要采取切实措施提高公路运输的经营管理效率。8.2 节的效率分析和 8.4 节的生产力变动分析均表明,影响我国公路运输效率的主要因素是纯技术效率。纯技术效率低下是目前我国公路运输提高效率，走向集约式发展道路亟待解决的问题。我国政府目前对公路货运和客运管理方式是完全不同的，公路货运采取放松政府管制、市场自由竞争的方式，而公路客运则还是由政府主导和管理的。

我国公路货运市场经过近几年的迅速膨胀，现在企业众多，且鱼龙混杂。大部分的小型货运公司没有正式的组织管理结构，完全忽视经营管理问题，更不用说效率问题。大型企业的经营管理人员冗余、水平普遍偏低，管理方式和网络设计管理也不够科学。这时政府应该采取措施，促进公路货运市场的竞争，这样货运企业迫于生存压力会改善自身管理，采取更先进的管理理念和技术，整个公路货运行业的纯技术效率也会得到提高。客运方面，因为一直由政府主导，所以客运企业一直存在着机构冗余、人员过多、管理方式落后等问题。为了提高管理效率，政府应该为公路客运企业建立现代的企业经营管理体系，精简机构，提高效率。另外，采用流水发车等新式经营方式也是改善客运效率的有效途径。

最后，在技术层面，要推进公路运输行业的技术进步，增加大型运输车辆的比例。现在公路运输的交通工具向着大型化、高速化发展。大型车辆不但可以更有效地运输旅客和货物，而且单位产出的能源消耗小、环境污染少，还比小型车更安全。政府可以通过给予大型车辆的生产和销售更优惠的政策，给予汽车制造企业研发大型车辆的补贴程度，来提高大型车辆的使用比例，推动交通运输业的技术升级。

总而言之，改善公路运输的效率，对于整个交通运输系统效率的提高，实现我国经济集约化、可持续发展有重要意义。只有政府、运输企业、车辆制造企业各方共同努力，从政策、经营、技术等多方面着手，形成合力，才能实现我国公路运输效率的跨越式发展。

9　中国高速公路行业经营绩效分析

　　高速公路是汽车高速、安全、畅通运行的现代化公路，它的起源来自国外。高速公路是社会经济发展到一定历史阶段的必然产物，是衡量一个国家和地区经济发展水平和现代化程度的重要标志。高速公路的产生和发展，能有效地提高综合运输体系的运输效率，从而改善商品的交换和流通。

　　在第8章中，我们阐述了改革开放30年以来公路运输业飞速发展的现状以及公路运输业的效率。本章我们来介绍高速公路行业的发展变迁并重点研究我国高速公路行业的成本效率问题，以揭示近年来影响高速公路行业发展的因素，并根据分析的结果提出改善我国高速公路行业效率的政策建议。

9.1　中国高速公路行业发展变迁

　　高速公路是经济发展的必然产物，高速公路的建设和发展是国家经济发展水平的风向标。在中国经济比较发达的珠江三角洲、长江三角洲和京津冀地区高速公路的建设和发展速度最快，同时高速公路为这些地区带来的经济效益也十分显著。在今后的经济发展中，这些地区仍旧是高速公路的重点需求区域。但是，随着国民经济的快速发展，物流、人流、商品流大幅度增加，提高高速公路运输效率、降低运输成本的要求日益迫切。到目前为止，中国所修建的高速公路仅满足了所需高速公路的30%多，应该说对高速公路的需求还是很突出的。中国高速公路的发展相对于对其需求来讲还有一定的差距，并且建设和管理方面的体制都不是很完善。因此，加快高速公路建设是中国经济社会发展的需要。

9.1.1　高速公路在国民经济发展中的重要地位与特征

(1)高速公路在国民经济发展中的重要地位

　　高速公路以其快速、安全、经济、舒适的优势在国民经济发展中的地位日趋重要。从总体上讲，高速公路运输与国民经济之间的关系是"互动"的关系，如果单纯讲高速公路运输在国民经济发展中的重要地位与作用，则主要体现在以下三个方面：①扩大国内外市场的重要途径；②促进资源的合理开发；③带动后联工业的发展。其中前两个贡献是最直接的效益,也是有关专家研究比较多的。单纯就高速公路而言,贡献率更大。在第三个贡献中,与公路运输直接相关的是汽车工业,而汽车工业的发展对一个国家的贡献是任何国家都不能忽视的。翻开世界历史的长卷不难发现,汽车工业对西方主要国家的贡献率是何等之大,以至于美国被誉为"轮子上的国家"。美国等西方国家汽车工业的发展壮大与高速公路的发展密不可分。所以美国人把高速公路称为美国经济的支柱。

(2)高速公路在国民经济发展中的特征

高速公路运输近些年来良好的发展势头,以其快速、安全、经济、舒适的优势在综合运输体系中日趋重要,这与高速公路的特征是紧密结合在一起的。高速公路运输的特征主要表现为以下几点:

第一,高速公路运输速度快、时间省、安全保障好。据相关资料介绍,高速公路的设计速度为110公里/小时,平均营运速度为90公里/小时,大大超过了一般火车和一般公路上汽车的营运速度。同时,旅客乘车与货物运输手续简便、候车时间短,从而节省了大量的运输时间,具备了在一定范围内与铁路、民航客货运竞争的条件。另外,高速公路采用全封闭、全立交运行,驾驶员也需经过严格练习和考核,这就为保障安全提供了很好的条件。

第二,高速公路客运旅客层次高,对服务要求也高。高速公路客运的旅客成份中城市居民占了很大比重,其中相当一部分是从民航、铁路、自备小车转移到高速公路的公出人员,这部分人员对客运的硬件和软件要求都较高。

第三,投入高,产出也高。由于高速公路设计的时速比较高,无论从技术角度分析还是从经济角度分析,从事高速公路运输的车辆应该是技术性能较好的高速车,而一般高级高速公路运输车辆多则上百万辆,少的也需几十万辆,要形成一定规模则需几千万元甚至上亿元资金。因此,高资本、高投入带来的高运价以及高速公路运输带来的车辆高效率、高收入、高效益,也是十分明显的。

第四,高速公路运输要与集约化、统一调度的经营方式相适应。高速公路运输是利用现代化的公路设施,采用现代化技术生产的大客车和高效运营组织治理所从事的运输经营活动,是一种科技含量很高的社会化大生产,它所应达到的安全、正点、优质、高效必须通过采用集约化经营和统一规划布局、统一调度指挥、统一车辆维修、统一安全保障等制度予以保证。

因此,高速公路运输绝不是车速提高了的一般公路运输,而是在技术、经济、营运组织与治理等各个方面都与一般公路运输存在本质区别的新型运输产业。

9.1.2　中国高速公路行业的发展历程、现状及前景

(1)中国高速公路行业的发展历程

近年来,随着中国高速公路陆续建成通车,中国的高速公路事业从无到有、

飞速发展,取得了举世瞩目的成绩,为拉动国民经济增长做出了重要的贡献。

从中国高速公路行业的发展历程来看,1988年,上海至嘉定高速公路和被誉为"神州第一路"的沈大高速公路的通车拉开了中国高速公路大发展的序幕,实现我国大陆高速公路零的突破,结束了我国大陆没有高速公路的历史。1988～1997年的10年间,相继建成了沈大、京津塘、成渝、济青、京石、沪宁、广深等一大批具有重要区域性影响的高速公路工程。到1997年底,我国高速公路通车里程已达4771公里。从1998年至今,高速公路建设进入了发展高峰期,年均通车里程超过4000公里,年均完成投资1400亿元,这个速度在其他任何国家都几乎是不可想象的。1999年,全国高速公路里程突破1万公里。2000年,国道主干线京沈、京沪高速公路建成通车。2001年,近代史上就有"西南动脉"之称的西南公路出海通道全线贯通。到2002年底,我国高速公路通车里程一举达到2.5万公里。到2006年底,全国高速公路通车里程超过4.5万公里。到2008年底,全国高速公路通车总里程达到6.03万公里,仅次于10万公里的美国,位居世界第二位。

步入2009年,中国高速公路事业依然如火如荼的发展。经过20余年的发展,我国高速公路事业的发展已经步入快车道,路网效应的逐步显现也使高速公路在客运和货运中的优势地位日渐明朗。按照中国2005年公布的高速公路网发展规划,到2020年,基本建成国家高速公路网,届时,中国高速公路通车总里程将达到10万公里。可以说仅仅20年,中国高速公路的发展走过了许多发达国家一般需要40多年才能完成的发展进程,创造了世界瞩目的中国速度。

(2)中国高速公路行业的现状与前景

和许多其他行业一样,高速公路行业同样存在其行业生命周期。高速公路行业的生命周期同高速公路产品的存在属性、成长规律相关。高速公路产业的生命周期可分为三个阶段:产业发展期、产业持续期、可能的产业衰退期。目前我国的高速公路行业正处于产业发展期,这是因为:①我国高速公路主干线已初具规模,但高速公路总量仍然不足,网络还未完全形成。一方面,我国高速公路仅覆盖了省会城市和城镇人口超过50万的大城市,在城镇人口超过20万的中等城市中,只有60%左右有高速公路连接。另一方面,我国一些人口和经济总量已达到相当规模的地级城市与省会城市之间以及地级城市之间还没有通高速公路,在相邻省份之间尚未形成高速公路的有效衔接,即使在我国经济最发达、人口最稠密的东部沿海地区,高速公路依然没有实现真正的网络化服务。②在未来较长的一段时间内,中国高速公路建设处于网络化的关键阶段。根据交通部制定的《国家高速公路网规划》,预计到2010年将建成5万～5.5万公里,占总里程的60%左右,基本贯通"7918"当中的"五射两纵七横"14条路。因此,现阶段高速公路建设已处在由主干线建设转向大规模的跨省贯通发展。在经济发达地区和城市密集区,高速公路发展开始进入网络化的关键阶段。

一方面,依据国际上高速公路网发展的经验,高速公路在形成网络的过程中,将同步带来车流量高速增长的时期,其后车流量增长基本与GDP的增长同步。可以预测到2030年我国完成"7918网"所规划的所有8.5万公里的高速公路里程的这段时间里,我国高速公路运输都将保持快速增长的态势。另一方面,从我国公路和高速公路的发展来看,客货周转量在过去25年里的年均复合增长率保持在10%以上,基本与我国经济发展相一致,说明随着经济增长,公路客货周转量保持同步增长基本是没有问题的。从长期来看,普遍预测我国在2050年将成为全球最大的经济体,超过美国。但是从目前来看,我国高速公路运输水平与美国仍有差距,随着我国经济总量的不断增长,高速公路行业必将分享中国经济的增长。

9.1.3　中国高速公路行业发展中存在的问题

经过改革开放30年以来中国经济的持续快速发展,中国高速公路行业也有了飞速发展,高速公路运输基础设施总体服务水平实现了历史性跨越,行车条件的落后局面得到了明显改善。中国高速公路行业发展迅猛,为带动国民经济的发展起到了巨大的作用。高速公路运输作为带动国民经济发展的重要力量,肩负着重大的历史使命。但是,在高速公路行业迅猛发展的同时,一些问题也日益暴露出来。总结近年来高速公路发展过程中出现的问题,主要包括:

(1)供需结构性矛盾突出与运力资源浪费严重并存

在本章一开始,我们谈到目前中国所修建的高速公路仅满足了所需高速公路的30%多,应该说对高速公路的需求还是突出的。这点与高速公路运力资源浪费严重看似矛盾,实际上说的是两个不同的方面。

首先,中国经济发展对高速公路运输的需求是突出的,主要指的是如京津塘、长三角和珠三角等发达地区的高速公路不能满足该地区的物流、人流和商品流需求,这主要是因为这些发达地区的经济发展迅速,对高速公路运输的需求也很大,而这些发达地区的高速公路本身就不能满足该地区的运输需求,加上这些发达地区周边交通设施的可替代性差,便造成了上述发达地区的高速公路需求问题突出。而从整体上看,中国高速公路建设也不能满足社会经济发展的需要。目前我国的高速公路分布零散,没有形成网络,也没有一条贯穿东西、南北的通道。

其次,我国的高速公路已达6万多公里,除了几条干线利用率比较高以外,中、西部地区高速公路上车辆寥寥无几。这些利用率低的高速公路同样要占用土地,每年维护管理的成本也非常高,而且日晒雨淋,几年之后还需要重修。这种因过剩而造成的资源浪费难以计算。另外,由于人们对高速公路运输方式的要求不是太熟悉,对经营者的准入条件要求不足,运输行业治理部门对运力调控采取的手段不力,造成运力发展过快,大大超过运输需求,使车辆使用高速公路的经济效益得不到充分的体现,运输的整体效益不佳。

(2)高速公路监管与经营体制性错位

目前,我国高速公路通车里程已达6万多公里,仅次于美国,居世界第二位。高速公路建设完全达到世界水平,但现代化的交通并没有与之相配的现代化管理。与普通公路不同,高速公路是个封闭体系并靠收费运营,从市场经济角度看其承运人是经济主体,应该拥有自主经营权利并为其所提供道路的安全、高速、通畅负责。交通管理部门只需严格监管承运人的权力与责任,维护社会公众利益。

但是我国高速公路监管与经营的现状是:高速公路承运人负有道路养护的责任,同时具有收取费用的权力;而本该对其进行监管的交管部门却亲自承担起决定道路开关、准许车辆进入、疏导交通、减少事故等具体管理职责。高速公路承运人和监管部门职能错位的结果是高速公路上行驶的车越多则承运人收益越大,而且不用为通行质量下降负责,所以承运人就没有动力来采取措施、增加投入以保证道路安全、通畅的积极性和紧迫感,这就造成了承运人的责任缺失,不利于保障高速公路运输的安全;交管部门陷入具体管理,又形成对承运人的监管真空,这样当一条道路的事故和伤亡数量超过平均数和正常值时,无法界定承运人的责任,最终变成谁都不负责任,损失只能由社会公众承担。

(3)高速公路发展存在区域性不平衡

我国高速公路运输业的发展存在着严重的区域性不平衡特征。从高速公路的质量方面来讲,东部地区高速公路基础设施建设明显好于中、西部地区;从高速公路的利用效率方面来讲,东部地区高速公路利用效率高、效益较好,中、西部地区则利用效率低、效益较差。具体来说,东部地区高速公路基础设施较为先进,在国际上也处于领先水平,但是在运力上却不能满足本地区经济发展的需求,这势必会造成高速公路带动本地区社会经济发展的效应不能发挥到最大限度;中、西部地区高速公路基础设施发展滞后,西部比较落后的地区的高速公路网还没有形成规模,高速公路的网络效应难以发挥,但西部地区的政府却因为政策和资金的问题使得大规模的高速公路基础设施建设不能落实,这使得西部一些偏远地区难以与外界经济交融,社会经济难以快速发展。同时,由于高速公路建设、运输工具等原因的限制,西部地区的高速公路行业也难以达到有效规模。

这种高速公路区域不平衡的发展格局,在改革开放的初期需要促进东部地区经济优先发展的情况下,有力地推动了东部地区的经济腾飞。而近年来,在国家实行西部大开发战略之际,中、西部地区发展经济的要求凸显出来,高速公路作为带动经济发展的重要途径其重要性不言而喻。而当下的情况是东、西部地区之间高速公路建设投入的差距有越来越大的趋势,这不利于我国高速公路整体效益的发挥,不利于带动中、西部地区的经济发展,也不利于全国经济的和谐发展。

(4)高速公路网络化管理程度低

随着我国高速公路规模的不断扩大,高速公路管理程度在高速公路行业的发展过程中显得越来越重要。在我国高速公路发展的初期,对于分散独立建成的高速公路,各级管理部门实行的是由一个公司来管理一个路线的管理方式,这在当时符合了高速公路不相连通的现实情况。但随着高速公路规模的不断扩大和路线之间的相互连通,这种一个公司管理一个路线的管理方式分割了高速公路的整体路网、机构重复,并将高速公路运行效率低的缺陷逐渐暴露出来。特别是相邻高速公路管理主体之间,有些高速公路路线上多个公司并存,这些公司之间互相独立,分散收费,造成主线站设置密度太大,严重影响了高速公路畅通的优势。高速公路网络化管理是改善现有高速公路分割式管理弊端的有效措施,高速公路管理能够网络化,使我国高速公路发展到一定规模,通过改善管理技术给管理方式带来重大变革,是不断提高高速公路管理水平的重要途径。

9.1.4　中国高速公路上市公司的发展

一度成为制约经济发展的高速公路网络在各级政府的重视下得到迅速的发展,自1988年我国高速公路建设起步之初只有271公里,我国仅用了20多年的时间就走完了发达国家高速公路40多年的发展历程。目前,我国高速公路通达里程仅次于美国,位居世界第二。高速公路的快速发展有效地推动了国民经济和物流事业的发展,而经济和物流业的发展反过来也进一步增加了对高速公路发展的需求。随着我国经济持续高速增长,高速公路网络日益完善,高速公路的使用率将会有所增加,其效率也将逐渐体现。到2020年,中国高速公路总里程将达到10万公里。

随着我国高速公路的发展,高速公路经营公司也随之发展起来,截至2007年底,我国已拥有300多家公路经营企业,共设立了19家主要的高速公路上市公司,它们为我国高速公路建设事业的快速发展做出了重要贡献。当前,在上市的高速公路公司中,很多都兼营公路投资和建设,并且都会利用自身优势进行融资,因此在未来10年里都基本能保持营运能力的成长性。但是,需要注意的是,由于目前运输超载现象十分严重,对高速公路的路况造成了十分严重的危害,使得很多高速公路的维护费用剧增,对业绩造成严重的冲击。

9.2　中国高速公路上市公司成本效率影响因素及研究方法选择

高速公路行业上市公司的成本效率问题是指在一定产出水平下可能达到的最小成本。同时,为了实现高速公路上市公司的效率,哪些因素影响到公司的成本效率,找出这些重要的因素,从而能更有效地提高高速公路上市公司的运营效率。高速公路上市公司的效率高低不仅影响和制约着整个交通运输体系的效率，而且关系着整个国民经济的发展。

为了对我国高速公路上市公司的成本效率状况进行全面和深入的研究，我们在随机前沿分析法（SFA）的基本原理和特性的基础上，构建了衡量高速公路上市公司的随机成本边界模型，研究在一定的产出下可能达到的最小成本；而且找到了影响高速公路上市公司成本效率的因素，进而分析出在实践中怎样改善公司的成本效率。

9.2.1 中国高速公路上市公司成本效率的影响因素选择

本章根据高速公路行业的发展特点和企业的经营特性，就国内外文献中有关高速公路行业和其他交通运输业对企业效率的研究进行梳理的基础上，结合高速公路行业的特点，最终确定了本章实证研究中影响高速公路上市公司成本效率的因素为高速公路企业的规模、地理位置和股权结构。

(1)企业规模对企业效率的影响

企业规模与效率之间的两难冲突是经济学界的一个古老谜团，新古典经济学和新制度经济学没有对此形成一致的理论解释。在许多问题的解释上，我们更依赖于经验解释和实证研究。

传统的新古典经济学把这一关系区分为正相关（规模报酬递增）、不相关（规模报酬不变）和负相关（规模报酬递减）三种情况，分别对应于平均成本曲线上的下降、水平和上升三个区域。但是，新古典经济学对成本曲线背后的故事却没有作出任何说服力的解释。Coase 认为交易既可以在市场上通过价格机制来组织，也可以在企业内通过雇主权威（计划）来组织，前者的代价是市场交易成本，后者的代价是企业内部组织成本。随着更多的交易从市场转移到企业内（企业规模扩大），组织成本将递增（企业效率下降），直到与市场交易成本在边际上相等，这时企业规模与效率的两难冲突便达到了均衡。之后的新制度主义企业理论大都支持了规模报酬递减规律，而主流新古典经济学对固定成本的考虑却明显地说明了规模报酬递增的逻辑。因此，我们发现理论上企业规模与效率仍然存在着矛盾，这使我们在研究中缺乏理论上的支持。

通过实证研究发现不同的行业在不同的阶段，企业规模都对其效率产生不同的影响，从而在实践中针对不同的企业有着不同的指导意义。本章研究的 19 家高速公路上市公司，大都是行业中资本比较雄厚、成立较早的企业，企业规模对其效率势必产生一定的影响。经实证结果验证，高速公路上市公司的规模同企业的效率呈负相关，即企业规模越大企业越无效率。对于本章的研究对象——高速公路企业来说，需要适度扩张其规模，使企业的效率得到提高。

(2) 企业所处的地理位置对企业效率的影响

我国是一个地域辽阔的国家,地区间经济基础、文化背景、资源禀赋差异较大。改革开放 30 多年来,在经济持续快速增长、综合国力明显增强、人民生活水平有了显著提高的同时,地区间经济发展不平衡、区域差距不断扩大的问题仍未得到有效的解决,在许多行业表现得尤为明显。由于东、中、西部地区在人力、物力和财力很多方面的差异,使得区域之间的效率差异很大。在有关效率研究的文献中,表现为东部地区的效率好于中部地区,中部地区的效率好于西部地区,且区域间效率差异非常明显,在很多行业都是如此。

高速公路的建设投资额大,受国家经济实力的制约。尤其是由于东、中、西部地区地理位置、自然条件的差异,使中、西部地区高速公路建设难度大、投资较高,又因为这些地区经济发展相对落后,进一步减弱了其融资能力,使高速公路在中、西部地区发展较东部地区缓慢。而高速公路上市公司的效率情况是受到区域属性的影响还是表现出行业自身的特点,相关的文献在这一方面论述很少,本章在此基础上充分考虑区域属性对高速公路上市公司效率的影响,将区域属性作为影响企业成本效率的因素。在本章的模型中,区域属性很难用数值来表示,从而引入虚拟变量。将 19 家高速公路上市公司按照国家统计局对东、中、西部地区划分的解释,设 0~1 变量,将东部地区设为 1,将中部地区和西部地区设为 0,来检验区域属性对高速公路上市公司产生怎样的影响。我们将在后面小节的实证结果中看到,区域属性对高速公路上市公司成本效率的影响并不显著,表现出该行业自身的特点。

东部地区由于地形、历史等多方面的原因,经济条件和投资环境都要好于中部地区和西部地区,改革开放 30 多年来,地区间经济发展不平衡、区域差距不断扩大的问题仍未得到有效的解决,东部地区较中部地区和西部地区在很多方面都显示出优势。如何改变长期以来中、西部地区的不利地位,不仅对高速公路行业有借鉴意义,同时对中、西部地区的未来发展尤为重要。首先,亟待改善中、西部地区的投资环境,适当地给予政策优惠,良好的投资环境为中、西部地区的发展提供外部环境。其次,转变企业的经营理念和管理定式。东、中、西部地区由于不同的区域位置,长期以来形成了较为固定的经营方式,在一段时间内这可能是适合企业发展的,但长此以往,会在企业中形成一种固定模式和惯性,将不利于企业的创新发展和进步,而技术创新对中、西部地区特别重要。东、中、西部地区之间的差异不仅表现在经济上,也表现在思维上。总之,通过实证研究我们看到了东部地区同中、西部地区在高速公路行业上的差距,东部地区在保持优势的同时,需进一步调整企业的规模和投入产出比例来不断提高自己的成本效率水平。而中、西部地区需要找到自身成本效率低下的原因,通过股权结构的改革、企业规模的调整等方面来弥补地理位置上的不足,从而缩小与东部地区的差异。

(3)企业的股权结构对企业效率的影响

上市公司的股权结构是公司治理的重要组成部分,我国上市公司的股权结构是否优化,将关系到我国经济的战略性改组。根据《公司法》组建的上市公司的内部结构已基本符合现代公司所要求的运行规范和治理功能,但还很不完善,不仅影响了上市公司经营者的积极性及能力、水平的发挥,而且直接影响到上市公司的效率。因此,本章研究高速公路上市公司的效率时,考虑到股权结构是影响其效率的因素之一。

由于我国上市公司大部分是由国有企业转制而来,60%以上的上市公司中设有国有股,国有股在公司股本中占有较大比例,而且由于国有股的不可流通性,无法通过市场的手段改变国有股"一股独大"的局面,并且在法人股中,也有大量属于国有性质的法人股。本章的研究对象高速公路上市公司也不例外,19家公司中16家设有国有股,其中国有股持股比例在50%以上的占到47.4%,国有股持股比例在30%以上的占到68.4%之多。可见,国有股在公司高速公路上市公司中占有很大比重,往往为公司中的大股东,它势必对公司的融资决策、利益分配和经营管理等方面产生较大的影响,从而影响高速公路上市公司的效率。

以往单独针对某一特定行业来研究股权结构对上市公司效率影响的文献很少,对高速公路行业的研究更是没有。而对我国所有权结构效率实证研究的总结中可以看出,各项研究之间的差异很大,无论是有关股权结构构成的研究,还是有关股权比例的研究,所得到的结论基本上涵盖所有可能的结果。因此,相应的结论无法反映我国股市的真实情况,更不能作为研究高速公路上市公司的参考。在本章的实证分析中,我们假设国有股所占比例高的高速公路上市公司的成本效率要差于国有股所占比例低的公司。

9.2.2 研究方法与样本选择

(1)研究方法选择

运用随机前沿分析法(SFA)对我国高速公路上市公司的成本效率进行实证研究时,分析和找出影响高速公路上市公司效率低的因素是非常关键的一环。通常有两个渠道可以帮助合理地选取企业成本效率低的因素:一是通过统计上的相关分析、回归分析检验彼此间的相关程度,从而确定引起企业成本效率低的因素;二是根据经验选取影响因素,根据该行业中有关效率研究来确定影响企业成本效率低的因素,并最终通过回归分析来验证影响因子的影响程度。

1)一般随机边界成本函数及其估算方法。本章以参数边界法中的随机性边界法(Stochastic Frontier Approach)来衡量高速公路上市公司的效率。由于边界生产函数在进行估算上有所限制,即仅能对单一产出的生产函数加以估计,因此本章实证研究舍弃了边界生产函数,而采用边界成本函数为估计的模型[①]。

以成本函数直接进行推估时,通常都假设:成本最小化、产出多样化以及同时衡量技术效率与配置效率。一般应用于估计随机成本边界的函数为:

$$\ln C_i = C(Y_i, P_i, \beta) + v_i + u_i, i = 1, 2, 3, \cdots, n, \tag{9.1}$$

其中,C 为函数形式;C_i 为第 i 家厂商的生产成本;Y_i 为第 i 家厂商的产出数量;P_i 为第 i 家厂商的投入价格;β 为尚未被估计的参数;v_i 为估计误差及其他随机因子;u_i 为非负的成本无效率值[②]。

2)横截面数据的随机边界成本函数。分析厂商的成本效率,以横截面数据(Panel Data)设定的模型如下:

$$C_{it} = \alpha + X_{it}\beta + v_{it} + u_{it} \tag{9.2}$$

其中,$t = 1, 2, 3, \cdots, T$ 为时间;$i = 1, 2, 3, \cdots, n$ 为厂商个数;C_{it} 为总成本;X_{it} 为厂商 i 第 t 期的投入要素;β 为尚未被估计的未知参数;v_{it} 为厂商 i 第 t 期的随机干扰项,与解释变量 X 不相关;u_{it} 为非负的随机变量,可衡量生产的技术无效率。

为了对无效率项做更深入的探讨,Pitt and Lee 与 Kalirajan 等学者[③]在估算随机型边界模型时,均对造成厂商效率的外生因素,利用二阶段估计方法来进行效率评估。但是此方法的缺点是忽略了边界生产估算与外生变量的参数估算的关联性,造成在第二阶段每家厂商的 u_i 分配不同。

Reifschneider and Stevenson 针对此缺点加以改正,主张应将可能造成技术无效率的解释变量与随机干扰项加入随机边界模型中[④]。Huang and Liu 也针对此缺点加以修正,假设效率受外在解释变量影响,同时投入与外在解释变量也会受到影响,所以将可能造成技术无效率的外在解释变量与随机干扰项加入随机性生产边界模型中,同时进行估算[⑤]。Battese and Coelli 再将模型扩充为横截面与时间序列混合资料的形式(横截面数据),将所有可能影响效率值的因素

① Schimdt and Lovell(1979)利用生产边界函数作为成本函数具有对偶性的关系,导出成本边界函数,以弥补仅能对单一阐述生产函数估算的缺点。因此,往后研究者就直接由成本边界函数估算厂商的技术效率值,由此转化,使成本函数的形式和变量个数符合厂商的多投入多产出的要求。

② U 在成本边界函数中为正值,因为旨在极小化成本函数,故无效率部分增加会使成本随之增加。

③ Pitt, M. M., and L. F. Lee. Measurement and Sources of Technical Inefficiency in the Indonesian Weaving Industry. Journal of Development Economics, Vol. 9, 1981:43~64; Kalirajan, K. P.. An Econometric Analysis of Yield Variability in Paddy Production. Canadian Journal of Agricultural Econometrics, Vol. 29, 1981:283~294

④ Reifschneider, D. and R. Stevenson. Systematic Departures from the Frontier: A Framework for the Analysis of Firm Inefficiency. International Economic Review, Vol. 32, No. 2, 1991:715~723

⑤ Huang, C. J. and J-T. Liu. Estimation of a Non-Neutral Stochastic Frontier Production Function. The Journal of Productivity Analysis, Vol. 5, No. 2, 1994:171~180

和厂商的生产边界同时利用最大似然法进行估计。因此,可同时推估参数估计值与技术无效率值,并解释外生变量与无效率的关系[1]。

3)高速公路企业的成本效率及影响因素评估模型。本章依据 Battese and Coelli(1995)建立随机成本边界模型,并依据 Altunbs 等(2000)衡量技术变动的方式,在模型中加入 $1+t+t^2$;无效率模型则衡量成本无效率指标与股权结构、企业规模和企业所处的地理位置(设置东部地区、中部和西部地区的 0~1 虚拟变量)的关系,亦即将此三项控制变量设定为影响无效率 u_{it} 的外在因素,进行联立的估计。该实证模型如下:

$$\ln\left(\frac{TC_{it}}{P_{Lit}}\right)=\beta_0+\beta_1\ln\left(\frac{P_{Kit}}{P_{Lit}}\right)+\beta_2\ln Q_{it}+\frac{1}{2}\beta_3\left[\ln\left(\frac{P_{Kit}}{P_{Lit}}\right)\right]^2+\frac{1}{2}\beta_4(\ln Q_{it})^2$$

$$+\beta_5\ln\left(\frac{P_{Kit}}{P_{Lit}}\right)\ln Q_{it}+\beta_6 t+\beta_7 t^2+v_{it}+u_{it} \tag{9.3}$$

$$u_{it}=\delta_0+\delta_1 D_i+\delta_2\ln Q_{it}+\delta_3\ln S_{it}+\varepsilon_{it} \tag{9.4}$$

式(9.3)为随机成本边界函数,式(9.4)为影响无效率程度的因素。

其中,i 是速公路上市公司的数量,$i=1,2,K,n$;t 是时间,$t=1,2,K,T$;TC_{it} 是总成本;P_{Kit} 是资本投入要素价格;P_{Lit} 是劳动投入要素价格;Q_{it} 是总产出,在无效率模型中代表高速公路企业的规模;v_{it} 是高速公路上市公司 i 在第 t 年的随机误差项,呈正态分布,即 $v_{it}:N(0,\sigma^2)$;u_{it} 是高速公路上市公司 i 在第 t 年的无效率误差项,代表成本无效率的程度,为非负的正态分布,方差为 σ^2,$u_{it}\geqslant0$;S_{it} 是高速公路上市公司中国家或国有股份持有的比例;D_i 是高速公路企业的区域属性,$D_i=0$ 代表中部或西部地区,$D_i=1$ 代表东部或东部沿海地区;ε_{it} 是随机误差,为非负的正态分布,方差为 σ^2,$\varepsilon_{it}\geqslant-\delta Z$。

高速公路上市公司 i 在第 t 期的效率指标值为 $\exp(-u_{it})$,即无效率程度(u_{it})越高,其效率指标值越低。效率指标值 $\exp(-u_{it})$ 位于 0 与 1 之间。效率指标值越高,表示高速公路上市公司 i 在第 t 期越有效率。无效率指标数等于 $\exp(u_{it})$,恰为效率指标值的倒数,位于 $1\sim+\infty$ 之间。无效率指标值越高,代表高速公路上市公司 i 在第 t 期越无效率。本实证研究除了估计投入与产出的关系外,还加入了技术变动的分析,特别着重分析影响无效率的因素(高速公路企业的规模、区域属性和股权结构)。

(2)样本选择、数据来源与变量定义

1)样本选择与数据来源。本章的研究对象为以下 19 家高速公路上市公司,其中上海证券交易所共 11 家,深圳证券交易所共 8 家。它们分别是东北高速

---

① Battese, G. E. , and T. J. Coelli. A Model for Technical Inefficient Effects in a Stochastic Frontier Production Function for Panel data: 325~332

（600003）、福建高速（600033）、赣粤高速（600269）、宁沪高速（600377）、山东基建（600350）、深高速（600548）、皖通高速（600012）、五洲交通（600368）、西藏天路（600326）、中原高速（600020）、重庆路桥（600106）、ST 延边（000776）、海南高速（000886）、湖南投资（000548）、华北高速（000916）、厦门港务（000905）、现代投资（000900）、粤高速（000429）和漳州发展（000753）。这些高速公路上市公司大多成立时间较早，资本比较雄厚，多是行业和地区的"领头羊"，比较具有代表性。通过对这 19 家高速公路上市公司成本效率的研究，我们能够基本了解整个高速公路行业的经营情况。而该行业的发展又对整个实体经济起着举足轻重的影响。因此，对高速公路上市公司的成本效率进行研究与探讨是非常必要的。由于数据的可得性，本章选取了 2001～2007 年 7 年的数据作为样本，这些数据主要来自各家上市公司历年公布的财务报告，相关数据经作者整理获得。

2）变量定义。对于模型中投入产出变量的选取，由于高速公路行业历来被认为是投资大、回报期长的行业，需要在人力、物力、财力和技术等多方面加以投入。因此，在投入变量的选取上借鉴了以往的相关效率研究的文献和高速公路行业的特点，将劳动力投入、资本投入和总投入确定为投入变量。在产出变量上，本章的研究对象为成本效率，因此将成本效率作为产出变量，用单位劳动力价格下的总产出来表示。

本章一共选取了 19 家高速公路上市公司，在财务资料方面，为了使资料来源与项目分类一致，本研究的财务资料大都来自上海证券交易所和深圳证券交易所公开的财务报告，个别数据来自金融界网站上公布的数据。数据有据可查，使实证分析更加精确和有说服力。下面对本研究中的财务资料做一具体的说明：

①总成本（TC）：采用利润表中的营业成本。

②总产出（Q）：采用利润表中的营业成本净额。

③资本量（K）：采用资产负债表中的固定资产总额。

④劳动量（L）：资料来源于财务报告中的员工人数。

⑤股权结构（S）：资料来源于财务报告中的公司股份变动情况表。

⑥资本价格（P_K）：等于折旧加上利润表中的利息支出，再除以固定资产。代表平均每单位固定资产所分摊的折旧和利息支出，即为资本价格。其公式如下：

$$P_K = \frac{折旧＋利息支出}{固定资产}$$

⑦劳动价格（P_L）：采用现金流量表中的支付给职工以及为职工支付的现金，除以员工人数。代表平均支付给每位员工的薪资支出，即为劳动价格。其公式如下：

$$P_L = \frac{薪资支出}{员工人数}$$

⑧高速公路上市公司的区域属性(D)：依据各家高速公路上市公司所处的地理位置的不同，将这 19 家高速公路上市公司按照区域属性分成两大类并设定为虚拟变量。

（ⅰ）$D_i=0$ 代表高速公路上市公司 i 在中部或西部地区。具体划分依据国家统计局对东部、中部和西部地区的划分。由于东、中、西部地区地理位置、自然条件和经济发展的差异，使中、西部地区高速公路建设难度大，投资较高，又因为这些地区经济发展相对落后，进一步减弱了其融资能力，使高速公路在中、西部地区发展较东部地区缓慢。

（ⅱ）$D_i=1$ 代表高速公路上市公司 i 在东部或东部沿海地区。

将上述变量的定义和说明，整理如表 9.1 所示。

表 9.1　各变量的定义和说明

变量	定义	单位	说　　明
TC	总成本	人民币元	利润表中的营业成本
Q	总产出	人民币元	利润表中的营业成本净额
K	资本量	人民币元	资产负债表中的固定资产总额
L	劳动量	人	财务报告中的员工人数
S	股权结构	%	公司股份变动情况表中国有资本占总资本的比值
P_K	资本价格	人民币元	$P_K = \dfrac{折旧+利息支出}{固定资产}$
P_L	劳动价格	人民币元	$P_L = \dfrac{薪资支出}{员工人数}$
D	区域属性		$D_i=0$ 代表上市高速公路企业 i 在中部或西部地区 $D_i=1$ 代表上市高速公路企业 i 在东部或东部沿海地区

9.3　中国高速公路上市公司成本效率分析

在上一节模型构建的基础上,本节对实证结果进行分析。对我国高速公路上市公司的成本效率的实证研究是多方面、多层次展开的,并结合 2001~2007 年 7 年间我国股市运行状况和高速公路行业的改革,利用 SFA 模型得到的结果进行了实证与理论、定量与定性相结合的深入系统分析。整个实证结果分析主要从以下两个方面展开:一是利用随机成本边界模型求得模型中参数 β 值,得到各解释变量同高速公路企业的成本效率的关系,并检验结果的显著性。利用成本效率模型求得模型中参数 δ 值,得到各成本效率因素同高速公路企业的成本效率的关系,并检验结果的显著性。二是通过模型得到的成本效率值,对 19 家高速公路上市公司的成本效率进行整体分析。

9.3.1　成本效率模型估计结果

依据 2001~2007 年 19 家高速公路上市公司的数据,使用 Frontier 4.1 程序对随机成本边界模型进行估计,通过求得的 β 值,得到各解释变量同高速公路企业的成本效率的关系。

表 9.2　随机成本边界函数估计结果

解释变量	参数	参数估计值	标准差	T 统计量
常数项	β_0	28.8270	0.8959	13.6001
$\ln\left(\dfrac{P_{K_{it}}}{P_{L_{it}}}\right)$	β_1	4.3421	0.9919	3.0661
$\ln Q_{it}$	β_2	-2.0907	0.6791	-1.2475
$\ln\left(\dfrac{P_{K_{it}}}{P_{L_{it}}}\right)^2$	β_3	0.5989	0.0139	4.2873
$(\ln Q_{it})^2$	β_4	-0.0649	0.0827	-1.8670
$\ln\left(\dfrac{P_{K_{it}}}{P_{L_{it}}}\right) \cdot \ln Q_{it}$	β_5	-0.0371	0.0079	-0.6947
t	β_6	0.1008	0.1566	0.3531
t^2	β_7	0.0107	0.02983	0.5033

由上面的实证结果,我们可以得出以下观点:

第一,资本与劳动力投入的相对要素价格同成本呈正相关,且二次式得知相对要素价格造成成本增加的速度也是显著递增的。从而得到相对要素价格造成成本提高的速度是递增的,即在相对要素价格增加的幅度不变的情况下,成本随着相对要素价格提高而增加的幅度越来越大。

第二,总产出同成本呈显著的正相关,即成本随着总产出的增加而增加,且增加的幅度是显著递增的。从二次式亦得知总产出与成本为显著相关。

第三,产出同相对要素价格的复合效果,与成本呈现出不显著的负相关,即产出同相对要素价格的复合效果与成本的相关性不明显。

第四,时间变动与成本呈现出不显著的负相关,即表示出在 2001~2007 年的 7 年间,成本效率并未随时间的变化表现出显著的变化。

第五,资本与劳动力投入的相对要素价格的弹性为 4.3421,即 $\beta_1 = 4.3421$;总产出的弹性为 2.0907,即 $\beta_2 = 2.0907$。说明在成本中,相对要素价格比总产出的贡献大。

9.3.2 成本效率影响因素实证结果分析

依据 2001~2007 年 19 家高速公路上市公司的数据,使用 Frontier 4.1 程序对随机成本边界模型进行估计,通过求得的 δ 值,得到无效率因素同高速公路企业的成本效率的关系。

表 9.3 影响成本无效率程度的因素的估计结果

解释变量	参数	参数估计值	标准差	T 统计量
常数项	δ_0	0.6413	0.8762	0.7319
D_i	δ_1	0.5724	0.5132	0.1115
$\ln R_{it}$	δ_2	0.0000	0.0000	-0.8834
$\ln S_{it}$	δ_3	0.0044	0.0133	-0.3309

由上面的实证结果,我们可以得出以下观点:

①区域属性(东部地区、中部和西部地区的虚拟变量)同成本效率呈现不显著的正相关。若为显著正相关,则代表东部地区的成本效率优于中部及西部地区的成本效率,但在本研究中区域属性表现出不显著的变化。

②高速公路上市公司的规模同成本效率呈显著的正相关。即企业的规模越大则成本越有效率,这说明高速公路上市公司处于规模报酬递增的阶段:高速公路上市公司的长期平均成本随着产量增加而减少。

③国有股占比与成本效率呈显著负相关。也就是说，国有股占比越高，高速公路企业的成本效率越低；反之，若国有股占比越低，高速公路企业的成本效率越高。可见，减持国有股的比例，增加其他股种在总股份中的比例，能有效地应用高速公路上市公司成本的控制或产出的提升，进而使成本效率提高。

通过上面的实证结果分析，我们可以进一步得到以下结论：

第一，地理位置作为外生变量，对于高速公路企业来说，不是显著影响其成本效率的要素之一。由于东部、中部及西部地区先天的区域差异，东部地区在很多方面表现出优于中部地区和西部地区，有时它们彼此的差距非常明显。而通过高速公路上市公司的实证研究发现，区域优势对其成本效率并不表现出明显的差异。究其原因，是因为高速公路企业在道路、桥梁、隧道的建设等方面并不完全按照区域进行划分。例如，东北高速（600003）其主营业务地区分布在东北地区、华东地区、华北地区、华南地区和华中地区；华北高速（000916）其主营业务地区除了华北地区还有四川地区；深高速（600548）在承建深圳地区的公路等方面建设的同时，也积极参与广东省及其他省份的收费公路投资。在企业追求自身利益的今天，以招投标作为承建公路建设的最重要方式，选择投资者的标准不再以区域位置作为主要的考虑因素，那些资本雄厚、信誉良好的外区域企业也具有开发本地区路面的资格。随着未来市场的激烈竞争，对于高速公路上市公司来说，地理位置对其成本效率的影响将越来越不明显。

第二，通过对高速公路上市公司规模的实证研究，发现企业处于规模报酬递增阶段，企业规模适当扩大会提高成本效率。规模不经济有两种：一种是企业规模过小，达不到所属行业要求的最低规模；另一种是企业规模过大，超过了一定限度，产品产量的增加幅度小于生产规模扩大的幅度，甚至产品产量绝对地减少。由于企业处于规模报酬递增的阶段，因而在企业规模扩大后，平均成本会降低，边际收益上升。因此，高速公路上市公司需要适当扩大规模来满足公司发展的需要，应该合理地扩大企业规模，注重效率的提高，才是企业未来发展和生存的根本所在。未来的企业发展越来越回归理性，适度发展是高速公路企业发展的必然趋势。

第三，高速公路上市公司的国有股在总股份中比重越大，其成本效率越低，这与我国其他上市公司的研究是基本一致的。国有股权有两个重要特征，即"主体缺位"和"一股独大"，这两个问题决定了国有股权对公司治理和经营绩效的影响方式。首先，国有股权的"主体缺位"问题使得国有股东缺乏监督、约束管理层，不利于企业提高效率。所谓"主体缺位"，严格讲应是"微观主体缺位"，即理论上国有股的最终所有者是明确的，为全民所有；但是，全民是整体性概念，无法人格化到具体自然人身上。实际上，由国有资本出资人的代表——政府再委派代表作为公司国有股权的代表人来行使股东权力。这种集委托人和代理人两种身份于一体的特殊情况，不仅导致了国有股东和管理层间的多层级委托代理关系,更重要的是由于国有代理股东并不享有剩余索取权,其利益与企业效率的一致程度较低,难以确保其对管理层有足够的监管动力而不与管理层合谋发生败德行为。其次,国有股权"一股独大"问题使得国有股东侵害其他小股东利益、产生"隧道效应"①。我国高速公路上市公司的设立多是在原有企业基础上通过改制而来。在计划经济体制下,国有企业占据国民经济大中型企业的绝大部分,反映到证券市场上就表现为国有股权处于绝对控制地位或相对控股地位的"一股独大"现象。于是,公司的大股东通过关联交易等方式来侵占小股东利益。由于我国证券市场对外部股东尤其是流通股小股东的保护制度不健全,而国有大股东又是"主体缺位",因而"隧道效应"时有发生,甚至有大股东掏空整个上市公司的案件,对公司的效率产生严重影响。此外,国有股东的治理目标并不是纯粹的公司利润最大化,还包括诸如职工就业、社会稳定等其他目标,这也会对高速公路上市公司的成本效率产生一定的影响。通过实证研究也进一步证明,高速公路上市公司的国有股占比越大则企业的成本效率越低。

9.3.3 高速公路上市公司的成本效率比较

通过实证结果,这一部分我们对 2001～2007 年 19 家高速公路上市公司的成本效率做整体分析。

高速公路上市公司 7 年间的整体成本效率变化情况

使用 Frontier 4.1 程序对随机成本边界模型进行估计,得到 19 家高速公路上市公司 7 年间的成本效率值,将其整理如表 9.4 所示。

表 9.4　2001～2007 年高速公路上市公司的成本效率值及排名

	2001 年	2002 年	2003 年	2004 年	2005 年	2006 年	2007 年	均值	效率排名
ST 延边	0.2502	0.2397	0.2386	0.2513	0.2453	0.2846	0.2697	0.2533	19
东北高速	0.6190	0.3432	0.3730	0.3813	0.5393	0.2564	0.5238	0.4001	12
福建高速	0.4916	0.6494	0.7284	0.7462	0.8652	0.6899	0.8244	0.6927	4
赣粤高速	0.7205	0.6084	0.4895	0.6260	0.7674	0.5909	0.6839	0.6289	5
海南高速	0.3227	0.2797	0.2883	0.3434	0.3289	0.2800	0.3609	0.3119	15
湖南投资	0.6965	0.6221	0.6709	0.5905	0.3699	0.6756	0.8134	0.6014	7
华北高速	0.4203	0.4475	0.5316	0.6005	0.8164	0.2580	0.5277	0.4619	10

---

① 所谓"隧道效应",是指公司的外部大股东可能与经理层共谋,以外部小股东的利益为代价追求自身利益。因此,股权分散型公司的绩效和市场价值要优于股权集中型公司。控股股东往往是采用隐秘的手段来侵害小股东的利益,这被称为"隧道效应"。

续表

	2001年	2002年	2003年	2004年	2005年	2006年	2007年	均值	效率排名
宁沪高速	0.8255	0.8205	0.8406	0.7948	0.7769	0.9296	0.9941	0.8488	1
山东基建	0.8514	0.7743	0.7459	0.7659	0.9011	0.9516	0.8825	0.8327	2
深高速	0.4961	0.4678	0.3929	0.6009	0.6162	0.5292	0.6319	0.5202	8
皖通高速	0.4326	0.4174	0.4155	0.3989	0.4559	0.3929	0.4321	0.4198	11
五洲交通	0.2516	0.3327	0.3224	0.2967	0.3156	0.3229	0.3040	0.3043	16
西藏天路	0.2493	0.2855	0.2967	0.2502	0.2553	0.2669	0.3172	0.2724	18
厦门港务	0.2658	0.2796	0.3773	0.4744	0.4191	0.2732	0.2727	0.3210	13
现代投资	0.3291	0.2946	0.3170	0.3606	0.2798	0.3423	0.3085	0.3168	14
粤高速	0.4833	0.5643	0.4647	0.4492	0.6681	0.4592	0.4154	0.4895	9
漳州发展	0.2444	0.3286	0.3229	0.3075	0.2554	0.3224	0.3084	0.2948	17
中原高速	0.8349	0.9109	0.6789	0.7847	0.8530	0.7108	0.6621	0.7665	3
重庆路桥	0.6266	0.6837	0.6139	0.6766	0.6754	0.4127	0.6983	0.6086	6
均值	0.4095	0.4168	0.4200	0.4416	0.4452	0.3911	0.4507	—	

通过表9.4,我们能清楚地看到19家高速公路上市公司从2001～2007年7年间的成本效率变化情况。

首先,这19家公司7年间的成本效率大体上呈递增的趋势,但成本效率变化的幅度并不明显。即高速公路上市公司可以通过减少国有股在股份中的比例,保持适度企业的规模等努力,有效地提高高速公路企业的成本效率。

其次,东部地区的成本效率指标值高于西部和中部地区,特别是有些区域良好的东部企业,像宁沪高速、山东基建,它们的效率明显地好于其他17家企业。虽然实证估计结果显示,区域属性对于成本无效率是不显著的影响,但是我们通过该表仍能看到区域之间的效率差异。

最后,这19家高速公路上市公司的成本效率排名比较稳定,没有太大的变化。

通过上面的分析,我们初步得到以下结论:

第一,高速公路上市公司7年来的成本效率均值是逐年提高的,仅在2006年略有下降,如图9.1所示。可见,企业在资本、劳动和总产出方面的投入及国有股占比等方面是逐年改善的。高速公路行业7年来的改革和探索还是比较成功的,使得企业的成本效率得到改善。虽然大多数企业在2006年的成本效率值略有下降,但应该总结经验教训,找到影响企业成本效率的因素,为今后的发展做更大的努力和探索。

成本效率值

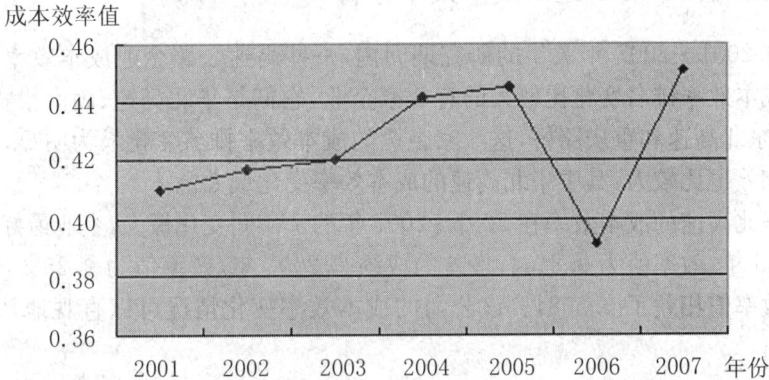

图 9.1　2001～2007 年 7 年间高速公路上市公司的平均成本效率变化

为了更直观地看到高速公路企业的成本效率 7 年间的效率变化情况,通过图 9.1 能够直观地看到高速公路企业的平均成本变化情况,总体变化趋势是良好的。前 5 年的成本效率稳定增长,到了 2005 年有了较大的改善,从 2001 年的 0.4095 到 2005 年的 0.4452,到 2006 年成本效率下降至 0.3911,到 2007 年成本效率又上升至 0.4507。

第二,政策的连续性和稳定性以及经营理念的保持,使各家企业在每年效率提高的同时,排名并没有较大的变化。高速公路企业应该不断地追求创新,在企业自身的成本效率提高的同时,努力学习那些效率多年来保持较高的企业的经营理念和方法,为企业在今后的发展中找到更多的方法。随着市场竞争的加剧,固守自己的经营理念,维持现状不变是不可取的。

第三,高速公路行业整体的成本效率值并不高。由于该行业的特殊性,表现出行业整体的低效率。虽然效率值 7 年来有所提高,但仍需找出提高企业效率的关键所在。

9.4　中国高速公路上市公司成本效率变化分析

本章总共研究了 19 家高速公路上市公司,在上节对高速公路行业整体的成本效率进行分析的基础上,本节有必要对其个体的效率情况做一下分析,尤其是对 19 家企业中较具代表性的三家企业进行成本效率分析,它们分别是 7 年来成本效率变化最大的华北高速、效率排名第一的宁沪高速和效率排名倒数第二的西藏天路。

9.4.1　华北高速的成本效率分析

在 2001～2007 年 7 年的研究期间内,一些高速公路企业成本效率变化较大。成本效率排名变化比较大的有 5 家企业,它们是华北高速、湖南投资、福建高速、东北高速和重庆路桥,这 5 家企业的成本效率排名变化最为明显,成本效率值相差也比较大,其中华北高速的成本效率变化最大。

华北高速的成本效率在 2001～2007 年的 7 年间变化最大,企业最好的成绩是 2005 年,效率值为 0.8164,最差的成绩是 2006 年,效率值为 0.2580,两年的成本效率值相差了 0.5584。该公司的成本效率变化情况可以直观地从图 9.2 中看出。

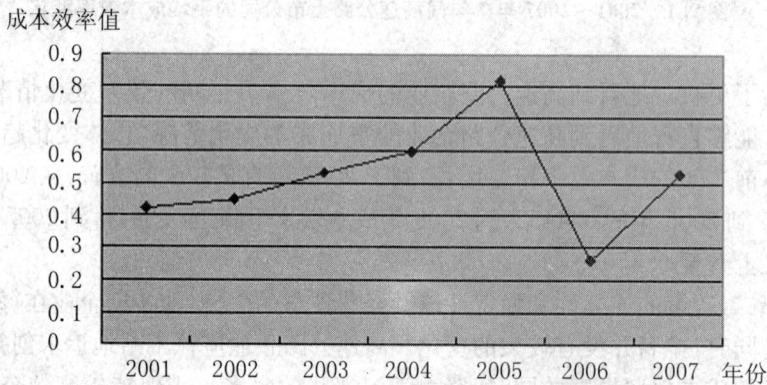

图 9.2　华北高速 7 年间成本效率变化情况

一个可能的解释是,高速公路行业正处于扩张期,一些企业在样本期间因为投资项目缘故使得每年企业的成本支出和收益发生较大变动,在一定的产出水平下企业的成本变化较大,导致企业的成本效率忽高忽低,排名也不稳定。随着高速公路行业从行业扩张期向稳定发展期转变,企业更多地将面临路面维护、收费管理等业务,届时企业的成本效率将会保持相对稳定。虽然华北高速是京津之间唯一的高速公路,通行价格有加大的优势和较好的区域优势,但成本效率变化很大,其各方面的优势也未加显现,说明公司的经营管理和成本控制等方面存在一定的问题。公司应对其现状进行分析,找出问题所在,争取培养新的投资增长点。随着京津塘地区的快速发展,尤其是天津滨海新区的发展,将会给公司带来新的、更多的机会。同时,公司应看到市场的竞争,随着京津北通道、京津城际铁路的相继建设完成,为道路出行者提供了更多的出行选择,对公司利润将造成一定的影响。

9.4.2 宁沪高速的成本效率分析

通过成本效率的排名，我们看到宁沪高速的成本效率均值排名第一，且成本效率值远高于同行业的其他企业。总体看来，该企业经营情况良好，值得其他企业学习。

成本效率值

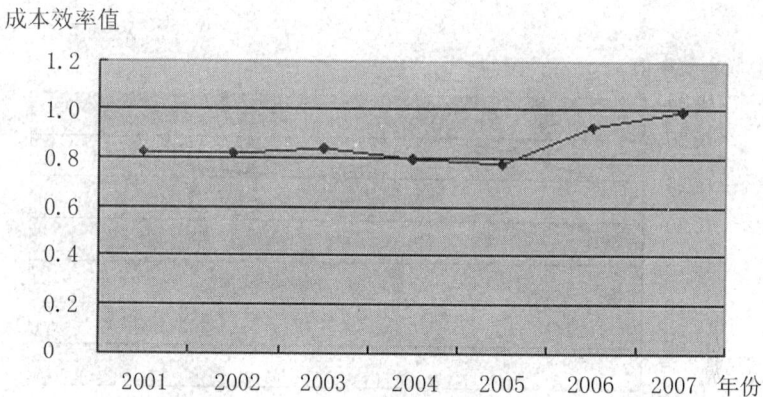

图 9.3 宁沪高速 7 年间成本效率变化情况

江苏宁沪高速公路股份有限公司于 1998 年 8 月 1 日在江苏省成立，主要从事投资、建设、经营和管理沪宁高速公路江苏段及本集团拥有或参股有关江苏省境内的收费公路，并发展该等公路沿线的客运及其他辅助服务业。其为江苏省唯一的交通基建类上市公司。宁沪高速的核心业务是收费路桥的投资、建造、营运和管理，除宁沪高速公路外，公司还拥有宁沪二级公路江苏段、锡澄高速公路、广靖高速公路、宁连高速公路南京段、江阴长江公路大桥以及苏嘉杭高速公路等位于江苏省内的收费路桥全部或部分权益。该公司的经营区域也非常优越，位于中国经济最具活力的地区之一——长江三角洲，公司所拥有或参股路桥项目是连接江苏省东西及南北陆路交通大走廊，活跃的经济带来了交通的繁忙。其核心资产沪宁高速公路江苏段连接上海、苏州、无锡、常州、镇江、南京 6 个大中城市，已成为国内最繁忙的高速公路之一。

凭借着良好的经营和优越的地理位置，宁沪高速在 2001～2004 年的成本效率值一直保持着比较稳定的态势，但 2005 年成本效率下降，主要原因是在 2005 年公司对宁沪高速公路进行了扩建，投入了大量的人力、物力和财力，对集团业务和经营业绩造成了一定的影响，也使得成本效率下降。随着沪宁高速公路的扩建通车，不仅会对区域经济发展带来巨大的宏观效益，也将对公司效益产生重大的影响,2005 年成本效率下降的情况得到了很大的改善。2006 年和 2007 年成本效率大幅度上升,这说明 2005 年的扩建大大地改善了宁沪高速的成本效率情况。

9.4.3　西藏天路的成本效率分析

西藏天路的成本效率值在 2001～2007 年未有太大的变化,排名在 19 个样本中倒数第二,仅好于 ST 延边。

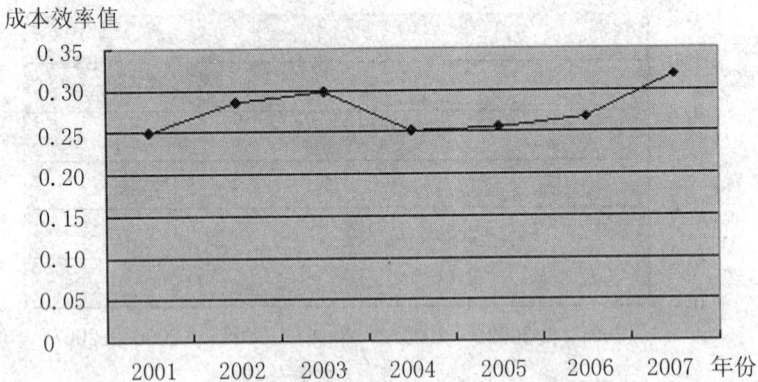

图 9.4　西藏天路 7 年间成本效率变化情况

西藏天路公司的主营业务在 7 年间未发生变化,为公路工程施工的基础设施建设,主要承担西藏自治区内的公路、桥梁的建设任务。

公司的成本效率低下主要有以下几个方面的原因:首先,恶劣的气候环境加大了成本投入。由于高原气候等不利因素,给施工和维护带来很大的难度。其次,原材料涨价,加大了基础设施建设成本,对该区影响比较明显。由于交通运输的原因,运抵该区的原材料不仅耗时,而且价格远高于外区的企业。最后,公司承建的所有工程均为国家投资的项目,国家资金能否按时拨付对公司的主营业务收入有至关重要的影响,也给公司的经营带来一定的难度。因此,西藏天路公司长期的成本效率值比较低,且为研究样本中比较落后的企业。

公司为了提高竞争力,摆脱气候等自然条件的不利影响,提高成本效率,需要加快技术创新,通过技术创新来降低客观条件给企业带来的不利影响。同时,加大企业的宣传力度,提高企业的知名度。随着未来竞争的加剧,招投标成为趋势,通过知名度的增加来提高企业的竞争,使企业能拿到更多更好的项目。随着国家对西部开发的重视和各方面政策的倾斜,西藏天路公司未来将有更多的机会,经营环境也将得到改善,企业应立足现有优势,争取在经营效率上能有较大提高。

9.5　研究发现与结论

在对我国高速公路上市公司的成本效率进行实证分析的基础上,本节就该研究得出的主要结论做出归纳总结,并根据研究结论有针对性地对我国高速公路上市公司如何提高其成本效率提出建设性的意见和建议。

9.5.1　研究发现

本书运用随机前沿分析法(SFA)对我国 19 家高速公路上市公司 2001～2007 年的成本效率状况进行了实证研究。其主要研究结论如下:

第一,对于高速公路企业来说,区域属性对其成本效率的影响是不显著的。东部、中部和西部地区由于经济技术条件、投资环境、政策环境等方面的差异,虽然在很多行业表现出明显的地域差异,但就本章的研究对象高速公路上市公司来说,这一影响并不明显。企业是以利润最大化为目的,随着市场竞争的加剧,高速公路的承建等是通过政府招投标来完成的,并不是简单地以区域作为选择企业的标准,只有那些信誉良好、资本雄厚的企业才具有比较优势。同时,从 19家企业的成本效率排名来看,排在前五名的企业一半来自中部和西部地区,而排在最后五名的企业一大半来自东部地区,进一步阐明了高速公路行业的成本效率与其所处地理位置相关性并不显著。

第二,高速公路上市公司的规模同企业的成本效率负相关,即规模越大则企业成本效率越低,说明我国的高速公路上市公司正处在规模不经济的阶段。规模不经济有两种:一种是企业规模过小,达不到所属行业要求的最低规模;另一种是企业规模过大,超过了一定限度,产品产量的增加幅度小于生产规模扩大的幅度,甚至产品产量绝对地减少。本章研究对象大都是行业中资本比较雄厚、规模较大的企业,造成这些企业成本效率低下的原因是过度的扩张,使企业在管理、质量和成本控制等方面产生了诸多问题。企业以营利为目的,虽然 19 家上市公司的主营业务都是高速公路或交通运输相关行业,但是随着资本的积累和竞争的加剧,很多公司在传统优势项目的基础上投资更多的领域,这势必对企业的效率产生影响。过度的扩张造成了规模不经济和成本效率降低。

第三,高速公路上市公司的国有股比重同成本效率负相关,即国有股比重越大则成本效率越低,这也是近年来股权结构改革的原因。国有股在上市公司股份中占比很大,而且往往为公司的大股东。国有股的“主体缺位”和“一股独大”特征,使其代理股东既有动力也有能力通过侵害其他股东尤其是小股东的利益而获利,造成企业的效率低下。通过比较 19 家高速公路上市公司的平均成本效率发现,虽然国有股占 50% 以上的企业的成本效率高于国有股比例不足 50% 的企业,但是国有股比重减持是近几年才开始的,对成本效率的影响只有在一段时间后才会显现。另外,非国有股股票中存在很多国有性质的股票,对企业的成本效率有很大的影响。

第四,从 19 家企业历年的成本效率情况来看,2001~2007 年,企业的成本效率是逐年提高的。虽然个别企业在个别年份表现出一定程度的降低,但总体趋势是良好的,说明企业在股权结构、企业规模和投入产出各方面的努力使得企业经营状况良好,效率逐年改善。

第五,对 19 家高速公路上市公司的个体进行分析,对选取的有代表性的企业的实际情况和成本效率做一下比较分析。首先,当企业对高速公路进行扩建、维护或投资新项目时,企业成本效率就会下降。例如,宁沪高速 2005 年的扩建就对其成本效率造成影响。其次,若企业不重视好的投资项目,过分依赖于某一个项目,该项目的稍事变化对企业的效率影响较大。例如,华北高速过分依赖京津塘高速,其利润的 90% 以上来源于此,当京津塘高速进行维护而封闭部分路段时,对企业的成本效率影响较大。最后,对于中、西部地区的高速公路企业来说,由于其气候、地理、资金等不利影响,对企业如何有效利用资金来控制成本提出了很高的要求。例如,西藏天路这样的企业,其成本控制是企业提高成本效率的关键。

9.5.2 结论与政策建议

本章通过对 19 家高速公路上市公司的成本效率进行研究,不仅能够帮助其经营者、股东及时了解该家企业的经营情况,发现企业无效率投入的所在,从而在操作上加以改进;同时,政策的决策者亦可根据实际情况制定相应的政策,使我国高速公路企业能够更加良性的发展,使其对国家经济的发展起到更加保障性的作用。

(1)优化产权结构

资源配置的有效性取决于产权界定的清晰度,现代企业资源合理配置是以企业产权明晰为前提的。不进行产权结构的优化,企业的效率问题就无法解决。优化产权结构主要从以下几个方面着手:

第一,设置明晰的产权主体。根据科斯的产权理论,已具有明晰产权的企业组织代替市场可以降低经济制度的运行成本。但同时,企业的规模太大,也会起到副作用。所以,企业只能部分地替代市场,在传统计划经济下企业均是国家为产权主体的交通类上市企业,它如同一个放大了的"科斯企业",完全替代了市场,这就使得企业没有必要保留独立从事生产和交换的权利。而且,这又会造成企业间的外部性和企业办社会,加大了运行成本。而在现代企业制度下,国家按投资人的资本额享有所有者权益,对企业的债务承担有限责任,企业依法自主经营,自负盈亏,有利于政企分开和企业转换经营机制。所以,建立具有明晰产权关系的高速公路上市公司制度是企业改革的方向。

第二,产权结构多元化。在产权结构单一或基本单一的情况下,由于没有其他产权主体,或虽有其他产权主体但财务比例太小,不足以与国有产权主体相制衡,就无法形成民主决策程序。公司决策由单一主体作出,不受集体约束,难免出现失误。实际上,这样的决策机制与过去的国有企业没有什么不同。由于只有一个产权主体,就很难做到产权明晰。理论上讲,可以划分出资人所有权和法人财产权,但实际操作起来很难把二者分清,因此也就不能实现所有权和经营权的明确分离。为了建立现代企业制度,必须建立产权关系明晰的产权制度;为了实现产权关系明晰,必须形成多元化的产权结构。

第三,培养产权交易市场,提高现代企业制度的运作效率。为了使现代企业产权制度更具有效率,还需以实现产权的自由交易作为保障。为此,要允许产权作为一种资本可以进行交易,开辟产权交易市场。通过产权的流动实现企业产权的重组,以达到规避风险和优化资源配置的作用。

(2)建立健全法人治理结构

目前,我国高速公路上市公司的法人治理结构主要面临以下问题:

第一,国有资产所有者缺位问题是健全高速公路上市公司的法人治理结构的难题。国有资产所有者"缺位",是国有企业改革的一大难题,由此引发一系列矛盾。

第二,高层经营管理人员的产生在很大程度上还受制于政府主管部门。企业的董事长以及总经理基本上不是真正按照法定程序产生的,而是由政府有关部门任命或在原来的主管部门的直接干预下产生的。

第三,"三会一总"之间的权责没有理顺,即股东会、董事会、监事会和总经理之间的关系没有理顺。在有些公司中,董事会凌驾于股东会之上,成立事实上的最高权力机构,股东会成为摆设。

第四,"新三会"与"老三会"之间存在矛盾。"老三会"指中共党委会、工会和职工代表大会。"新三会"指股东会、董事会和监事会。在现代企业制度中,"新三会"必须要在企业生产经营活动中起到决定性作用,由此引发新、老之间的矛盾。

对上述问题的基本对策是:

第一,加快"国有股减持"的步伐,切实调整高速公路上市公司的股权结构。十五届四中全会的《决定》首先明确指出:"选择一些信誉好的、发展潜力大的国有控股上市公司,在不影响国家控股的前提下,适当减持部分国有股,所得资金由国家用于交通类上市企业的改造和发展。""国有股减持"作为国有经济退出机制的第一步举措,对推动高速公路上市公司的改造具有重大意义。

第二,强化董事会对高层经理的监督,理顺"新三会"和"老三会"的关系。董事会作为公司的最高决策机构,它的一项重要职能是决定高层经理人员的任免,并对他们进行经常性监督。目前,在高速公路企业中,董事长兼任总经理的情况很多,很容易出现"内部控制人"问题,应尽量不让董事长和总经理合而为一,以便使董事长能有足够的精力来研究企业的长远发展,并能客观地对经理层的工作进行有效的监督和公正评价。

第三,制定科学的考评体系,建立强有力的激励、约束机制。没有对经理人员的足够激励,就很难保证经理人员的积极性和创造性;没有相应的约束机制进行制约,必然会使股东的利益失去应有的保证。

(3)控制企业规模、提倡适度发展

高速公路作为投资成本高、回报期长的行业,人力、物力、财力等各方面都需要很大的成本投入,过高的成本投入并不一定带来产出的增加。对于高速公路行业来说,过多的资本投入会带来规模不经济,进而影响企业的效率。高速公路企业应根据发展的需要和自身的资本能力,适度地扩张企业的规模,找到规模和效益的平衡点。

当前,高速公路正处于高速发展时期,为了经济发展的需要,各地都把高速公路建设作为财政支出的重点项目。这种情形无疑给高速公路企业的发展带来了很多新的问题,同时也带来了很多机遇和挑战。因此,高速公路企业应抓住机遇,更好地利用自身优势,合理配置资源,在保持发展速度的同时,争取获得更大的效益。

(4)推动技术进步

科学技术是高速公路发展的原动力,当前高速公路企业还存在区域发展不平衡、造价过高等多方面的问题,解决这些问题的关键在于技术创新和科技进步。从高速公路发展的主要制约因素上看,当前应以降低造价、提高管理水平和经济效益为目标。而高速公路作为公路运输体系的基础设施,实现高速公路企业的现代化水平还需提高载运工具和管理水平的现代化,着眼于整个交通运输体系的技术水平。推进技术进步重点抓好以下几个方面:

第一,加强对克服施工障碍、减少工程造价和提高养护水平的关键技术的研究发展和新工艺、新材料、新设备的推广应有。

第二,加强对能极大提高道路通行能力、保证交通安全、降低油耗、减少运输成本、提高运输效益的以现代化通信技术和现代控制技术为核心的"智能交通系统"的开发研究。占据世界交通科技的制高点,抓住高速公路发展的经济增长点,变高速公路的资源驱动为技术驱动。

第三,加强对现代科技人才的培养,着力培养三种人才:一是工程技术人才,他们是未来高速公路工程设计、建设、养护的根本保证;二是高新技术人才,掌握现代信息技术、控制技术和通信技术的高级技术人员是高速公路科技创新的动力;三是现代化复合型高级管理人才,随着高速公路的大规模建设逐步转入全面运营管理,这方面的人才严重缺乏,已经成为制约高速公路企业发展的"瓶颈",加快对该类人才的造就和培养已成为当务之急。

(5)政府宏观调控

政府主要运用法律、经济手段和借助于必要的行政手段,通过立法对高速公路产业的发展实施决策、组织、控制、调节等干预活动。对经济活动进行宏观调控,是市场经济体制下政府的主要职能,尤其对高速公路这种基础产业的调控对推动国民经济发展具有重要意义。高速公路作为重要的国民经济基础设施,在产业链中处于基础的先导地位,产业关联性强,对经济、社会发展具有战略性,其发展速度、规模、布局及其经济行为将直接关系到国家的全局利益,必须接受政府调控。另外,高速公路属自然垄断型产业,具有很强的外部经济溢出性,存在自然经营状态和市场失效现象,政府有必要通过政策和经济调节,推进高速公路生产经营市场化。

由于高速公路所具有的基础性、公益性等特征,同其他竞争性产业相比,国家的宏观调控力度应该更大、范围应该更广,其调控原则应该是充分发挥高速公路的商品属性,实现高速公路经营机制的市场调节与政府调控有机结合、相互弥补。政府高速公路行政主管部门应积极转变职能,从管钱、管物、管工程的微观事务中解脱出来,集中精力制定宏观政策,搞好行业规划,充分发挥政府投资对社会资金的导向作用,调整投资机构,提高投资效益。政府宏观调控内容基本包括:制定发展计划;区域公路网规划;融资规划;制定公路资产监管政策;市场规划;收费站设置审批;收费费率、收费期限、费率调整政策制定;经营期限、经营权的转让与处置;所有权归属;组织制度及分配政策等。

(6)专职部门管理

政府交通主管部门应设置专职机构,具体实施对高速公路的管理。管理包括三个方面的内容:行政管理、资产管理和技术管理。这种管理属于中观层次,负责国家宏观产业政策、产业方针、产业规划和法律、法规、技术标准、技术规范的贯彻落实,代表政府行使监督、协调职能;代表政府监督高速公路资产,保障国有财产的保值增值。在高速公路经营期,作为国有资产投资主体参与高速公路企业的决策、监督和管理活动;执行对高速公路市场的监督,推进基本建设市场、养护市场、经营市场的有序竞争和完善。近几年来经过不少省份的探索证明,由交通主管部门设置或授权委托专业机构管理是富有效率和发展潜力的。交通主管部门作为国家政府的职能部门,主要职能是宏观调控,如果直接进行高速公路管理,不仅进一步增加财政负担,而且将重蹈政府办社会的覆辙,严重约束企业的积极性,不利于行业发展。专职机构的职能也不能统一到底,其主要职能应该以国有资产代表者的身份行使股东权利以及成为政府职能的落实者,不参与具体的管理,不直接介入企业的经营活动。专职机构设置应当处理好与交通主管部门的权责关系,符合精简、统一、效能的原则,同样要防止机构重叠和职能错位。我国地域辽阔、各地发展不平衡、交通地理及经济环境差异较大,根据我国高速公路现行的投资决策、产权机构,应该以省为高速公路管理主体,设置省级管理机构。高速公路处于发展时期,在交通部门设立机构行使政府委托的高速公路管理职责,既符合高速公路发展的实际,又有利于对行业进行统筹规划和运作协调,能促进高速公路行业快速、健康、协调发展。

(7) 企业特许经营

高速公路经营主体的企业化,是市场经济运行机制的客观要求,也是高速公路资产终极国有化的有效实现形式。国内外经济组织投资建设、授权经营,或通过授让由政府已建成高速公路的经营权进行收费经营,使高速公路的投资由政府的单一主体转变为国内外及社会的多元主体,大大拓宽了高速公路投融资渠道,提高了资源配置和利用效率。同时,根据资产核算制度,高速公路资产由事业管理改为由企业经营,才能打破资产的凝固和封闭状态,使高速公路基础设施以资产形态进入市场流动,实行资本经营,真正实现资产的保值增值。按照经济学基本原则,资产只有当它作为资本的一种形态运用到物质生产领域,才会实现其价值的转移与保全,并为价值的增值创造条件。近年来,我国已先后有 19 家高速公路经营企业通过国内外市场发行股票,以高速公路资产为主要融资资本,取得了成功,证明了高速公路资本经营的巨大潜力和优势。目前普遍存在的政府"收费还贷型"事业管理方式,虽不失为一种高速公路经营的方式,但同"企业经营型"相比,则不具有让资本进入市场流动、使价值有效运动和保值增值的功能。

(8)市场有效竞争

有效竞争是指在高速公路经营中,规模经济与竞争活力相互协调,形成一种有效的竞争格局。有效竞争是处理自然垄断与自由竞争的关系的原则。垄断与竞争是相互排斥的,垄断可以使企业获得规模经济效益,但却会使企业失去活力,规模经济与竞争活力似乎是不相容的。但是,在高速公路行业中,而这是可以相互协调的。因为在高速公路管理中,除了应当继续保留的一部分垄断形式外,如高速公路网的规划等,由政府进行必要的管制,使之在保证公共服务质量的同时获得高速公路的战略化发展。对于其他环节,则引入竞争机制,激发企业的活力,从而提高企业的经营效率。

高速公路产业化的顺利推进依赖于市场体系及市场机制的建立,政府通过立法确立市场体制,管理机构则通过市场监管维护市场秩序、规范市场行为、保持有序竞争,使社会资源向效率高、效益好的经营企业和经营项目流动,实现资源有效配置。高速公路产业市场基本上涉及资金市场、建设市场、养护市场、技术市场和项目市场。由于高速公路具有明显的自然垄断性和经济效益的地域差异性,因此,高速公路市场特征在全国分布极不均衡,表现为东、中、西部及经济发达地区与欠发达地区其市场活跃程度依次减弱。从全局来看,越是交通基础设施薄弱地区其经济实力越差,而交通基础设施作为国家的基础结构和地域经济起飞的条件,在经济欠发达的地区则越需要首先得到发展。以上矛盾正是国家宏观调控的重点。通过宏观调控激活企业活力和创造市场条件,如资金扶持、税收倾斜、征地减费、人才支持、特许经营等政策法律措施,培育市场,引导市场要素的流动。管理机构的主要职责是贯彻执行政策法律,维护市场秩序,保护企业的合法权益,监管市场运行,从整体上发挥高速公路产业市场对高速公路各种要素的基础性配置作用。

(9)统一行政

当前高速公路行政管理矛盾最为突出的是高速公路运营期的路政管理和交通安全管理。这两个管理分别属于两个行政执法部门,造成了一系列弊端。解决这一矛盾的根本出路只有一条,即"集中、统一、特管",针对高速公路的特点,实行有别于一般道路的混合交通管理模式,将路政和交通安全划由高速公路管理机构统一管理,即高速公路交通安全管理所有职能统一属于交通主管部门,这一方案实施难度很大,但较彻底。交通安全管理,从本质上讲是依据交通规则对道路使用者进行的秩序管理,其目的在于维护交通运输经济秩序,维护国家和人民生命财产安全。这种职能,从广义上讲属政府职能,从狭义上讲则属经济行政职能。公安机关属于政府的政务部门,其职能中不应包括对交通运输经济技术活动的管理。因此,交通安全职能归位,不仅能使交通部门充分发挥交通运输管理的职能,而且使公安部门能集中精力强化公安的专职功能。只有这样才能充分利用高速公路的管理资源,精简机构、提高效率,真正体现高速公路高速度、大通道的强化功能。

10 中国干线机场经营绩效分析

机场是航空运输业的重要基础设施,它是供航空器起飞、降落和地面活动而划定的一块地域或水域,包括域内的各种建筑物和设备装置。机场是民航活动的中心,是民航运输系统结构中最复杂的子系统,已经成为人们生活中很密切的一部分。改革开放以来,随着经济的发展和人民生活水平的提高,对航空运输需求不断增加,机场也随之快速的发展起来。2009 年国家计划投资 2000 亿元用于新建和扩建机场,到 2010 年投资规模将达到 2500 亿元。机场的大量投入是否带来了有效率的产出,是我们目前所关心的问题。在这种情况下,对我国机场效率进行研究具有较强的现实意义。一方面,通过研究机场的效率可以为相关的决策部门和决策人员提供建设性的意见,有利于提高机场建设的针对性,减少盲目性;另一方面,也有利于航空资源的优化配置和有效利用,减少资源的浪费。此外,对民用机场的运行效率进行评价,根据评价结果找出中国干线机场业存在的问题,并针对性地提出解决问题的对策并实施,就有可能提高机场的效率。

10.1 中国民用机场的发展及现状

机场是航空运输不可缺少的一部分,随着经济的发展和人民生活水平的提高,对航空运输的需求不断增加,机场的建设和发展更是不可轻视。在研究机场的运营效率之前,有必要对中国机场业的发展历程及其存在的问题进行一定的了解,这样有利于我们对机场业的效率进行实证研究,并有针对性地提出提高干线机场效率的对策。

10.1.1 机场在国民经济中的重要地位

机场是飞机飞行的起点、终点和经停点,是上下旅客、装卸货物、加油和维护修理的场所,承担着航空运输网络中的节点功能,满足出港、进港、过境旅客或货物的各种需求。美国著名的未来学家约翰·奈斯比特在《亚洲大趋势》中曾经提到:机场是经济成就的象征,可以成为经济发展的催化剂,同时也塑造了国家形象,是政府影响力的体现。机场又被公认为是区域经济发展的重要引擎,起着支撑区域经济活动的重要作用,被誉为"国家和地区经济发展的发动机"。

在经济全球化的今天,机场在社会生活中扮演着极为重要的角色:它是现代快速交通运输的大门,为人们提供方便快捷的出行方式,它所提供的运输服务使商品和服务的流通更加快捷,使劳动者的流动也更加及时,极大地提高了经济运行的效率。机场对地方经济的发展具有很强的促进作用。首先,机场直接创造大量的 GDP、税收和就业机会。其次,机场具有很强的产业关联性,机场的发展对区域内相关产业比如建筑业、餐饮业、旅游业、电子信息技术产业、金融服务业等都有很强的带动作用。再次,机场可以提高所在地区的区域竞争力,"接近空港"具有很强的区位优势,其所带来的可达性改善了地区的投资环境,提高了该地区企业吸引外资的能力。

机场地区是对外开放的窗口,满足本地区与外界之间稳定、快捷、高效的人流和物流需求。机场作为重要的基础实施,它所提供的服务具有准公共特性;它属于资本密集型行业,投资规模巨大,建设时间也非常长;它的经营状况与宏观经济环境的相关性较强;它具有自然垄断性,资产专用性强,沉淀成本大,进入壁垒高[①],具有很强的规模经济性;它具有明显的网络经济特性,存在需求正外部性;它具有环境负外部性,飞机起飞产生的噪音以及运行过程中排放的废气对空气的污染都给机场周边地区居民带来很大影响。

总之,机场对所在地的经济和社会发展具有重要作用。因此,对机场运营效率进行研究就显得格外重要,机场运营效率不但反映了国家用于机场基础设施建设的大量投资的使用情况,同时也会对区域经济发展产生很大影响。

10.1.2 中国民用机场的发展历程

中国的民用机场从 1910 年起步以来,经过一个世纪的发展,特别是改革开放 30 多年来的快速发展,经历了从无到有、从小到大、从简单到复杂、从单一功能到多种功能的漫长发展历程。机场的发展历程按历史演进可分为三个阶段,即改革开放之前、改革开放到属地化改革之前,以及属地化改革之后。在不同的历史阶段,由于国家和政府对机场建设的重视程度不同,机场的建设和发展也就呈现出不同的特征。

第一阶段是从 1910 年起步到改革开放之前的阶段。这一时期由于受宏观政治经济条件限制,机场的各项发展都比较缓慢,机场的规模比较小,大多数是中小型机场。新中国成立之前的机场主要是为了配合抗战而建立的,新中国成立之后,民航事业才逐渐走向正规,进入了欣欣向荣的新局面。1958 年,首都机场建成,使新中国的民航从此有了一个较为完备的基地。从总体上看,这一时期

---

① 陈共荣,刘志仁. 论民航机场对地方经济发展的梯层贡献. 求索,2008(8)

民航的各项发展都比较缓慢,基本建设投资较少,到改革开放前,航班运行的机场达到了 70 多个。

第二阶段是从改革开放之后到属地化改革之前。改革开放以后,中国民航业发展迅速,机场的发展也呈现出了前所未有的蓬勃生机。这一时期是我国民用机场建设的高峰时期,民航基本建设投资和技术改造投资都达到了前所未有的水平。国家为了满足改革开放和经济快速发展的需要,为了满足迅速增长的航空运输需求,确定了集中力量抓重点的机场建设指导思想,扩宽了融资渠道,加大了投资力度,加快了机场建设的步伐。到 1995 年底,有航班运行的机场总数已经达到了 139 个。

经过以上两个阶段的发展,机场在建设和运营方面取得了很大的成就,但是由于管理体制一直制约着机场的进一步发展。机场业从开始以来很长一段时间都处于高度垄断、军民合一、政企不分的状态,这一阶段确切地说根本没有独立的民用机场业。随着改革开放以及政府的放松管理,从 20 世纪 80 年代末起,民航也开始了市场化改革,这是一次全面的行业管理体制改革,尝试将航空公司、机场和航空管理当局进行分离,使其独立运行从而为机场业的独立发展创造条件。这次改革使得航空公司、机场和航空管理当局进行了表面的分离,但是机场的建设投资还是由政府通过行业主管部分即中国民航总局实施,机场的考核指标只有规模,运营效率没有得到应有的重视。随着改革开放的进一步深入,中国的机场业在管理结构和经营模式的转型中,逐渐从规模管理向效率管理转变,机场开始了属地化改革的实践。

1988 年 10 月,厦门机场下放给了厦门市人民政府投资管理,机场属地化改革的实践正式开始,1995 年,虹桥机场下放给上海市政府管理,标志着机场属地化的改革方向在实践上得到了进一步的认可。20 世纪末国家出台了《90 年代国家产业政策纲要》,为地方政府和其他资本参与机场投资、建设和管理提供了政策和法律依据。自此,我国机场业的改革与发展走上了快车道,地方政府积极参与机场业的建设发展,形成了投资主体多元化和管理模式多样化的格局。2001 年 3 月,国务院通过了《民航体制改革方案》,决定对除首都国际机场和西藏区局所属机场外的 129 个民用机场全部实现属地化管理,把山东省、湖南省和青海省作为试点。2003 年 9 月,国务院批复《省(区、市)民航机场管理体制和行政管理体制改革实施方案》,机场属地化工作全面展开。2004 年 7 月,兰州、庆阳、嘉峪关、敦煌四个机场移交给了甘肃省,至此,机场的属地化改革全部完成。

机场属地化改革从 1988 年 10 月厦门机场下放给厦门市人民政府投资管理开始,到 2004 年 7 月属地化改革全部完成。属地化改革的初衷和根本目的在于实行政企分开,充分发挥市场机制的作用,使机场的发展融入当地区域经济的发展中,实现机场与区域经济的良性互动,彻底改变机场单一的运输功能,进而推进政企分开,使机场真正成为航空运输的市场主体,实现企业化运作和管理,并以提高运营效率和经济效益为目标。随着属地化改革的完成,机场有了追求效率的行为和动力,从此对机场效率的考察便有了一定的现实基础。

机场业发展的第三阶段主要指的是属地化改革之后的时期。属地化改革后的机场自身开始规划未来的发展,逐步转化自身管理机制,努力提高自身效益;地方政府主动地把机场发展纳入当地的经济发展规划中,从多方面努力为机场创造良好的发展条件。属地化改革前,全国机场特别是中小机场绝大多数都在亏损,属地化改革使得各个机场都在探索股权多元化,在资本运作上"外引内联",开始了"脱贫解困"。融资方式的多元化,使得机场的建设飞速发展,短短几年共实施了 73 个机场建设项目,其中新建 21 个,迁建 9 个,改造复航 4 个,改扩建 39 个。截至 2008 年底,中国大陆(不含港、澳、台地区)共有民航运输机场158 个,初步形成了以北京、上海、广州等枢纽机场为中心,以成都、昆明、重庆、西安、乌鲁木齐、深圳、杭州、武汉、沈阳、大连等省会或重点城市机场为骨干以及其他城市支线机场相配合的基本格局。

10.1.3　当前中国机场业发展中存在的问题

虽然改革开放以来我国的机场有了很大的发展,吞吐能力大大提高,布局范围也不断扩大,但是仍然存在着很多问题。大多数机场经济效益还是不尽如人意,一批又一批机场陷入经营亏损困境,目前全国 150 多个全国通航的运输机场中经营良好、尚有盈利的机场已不多。究其原因可能是多方面的,既有投资与管理体制方面的,也有布局规划与建设方面的,还有宏观经济环境方面的问题。此外,还存在部分机场建设规模和标准脱离实际,过度超前;业务总量不足;资本结构不合理,资产负债率高;机场收费脱离市场等问题。究其更深层次的原因是由于机场管理体制的问题,属地化改革后,由于种种原因,政府对机场仍然干预过多,使得机场管理者没有效率改善的动机,只是一味地强调市场占有率,重视速度而忽略了效率。具体问题有以下几点:

(1)局部地区机场重复建设,地区分布不尽合理

虽然经过改革开放 30 多年的飞速发展,中国的机场在数量上有了很大幅度的增长,2008 年全国境内民用航空通航机场已经达到 158 个,已经基本上覆盖了全国比较发达的大中城市,但是在局部地区存在重复建设和分布格局与需求格局不太符合的现象。部分东部发达经济地带的机场密度过大,机场资源布局存在严重的缺陷。"长三角"地区的机场密度已经达到每万平方公里 0.8 个,超过了美国每万平方公里 0.6 个的水平,但是由于经济发展水平和人均收入水平尚未达到一定的标准,对航空运输的需求与美国相比还存在很大的差距。而且随着"长三角"地区日益明显的"同城效应",如此大密度的机场带来的必然是部分机场客源不足,资源严重浪费。目前,长三角地区的部分支线机场,如南通机场、无锡机场由于浦东机场的影响,客流量严重减少,资源利用率显著降低。在10万平方公里的土地上坐落着7个民航机场的浙江省,也随着沪杭甬高速公路的拓宽,加上遍布浙江的高速公路网的开通,客流量大大减少,越来越多的浙江人选择到上海坐飞机出行,一些机场陷入了航班少、客源少、亏损大的困境之中。与长三角机场密度过大相对应的是,在一些西部地区,机场建设非常缺乏,导致部分地区的航空资源和潜在市场得不到有效配置和开发,与带动西部地区经济社会发展,维护社会稳定及增进民族团结、开发旅游资源等现实需求相比,供求矛盾还比较突出。虽然西部地区经济活动少,人民收入水平低,但是由于铁路、公路网络建设费用更大,机场作为"点"经济,投资相比会少一些。

(2)机场管理体制改革力度不够,经营仍然缺乏活力

属地化管理后,大部分机场都由地方政府直接经营,也取得了不错的业绩。属地化管理虽然完成,但是政府过度干预的现象仍然存在。机场企业和其他企业一样,仍然普遍存在着观念陈旧、体制机制老化、编制臃肿和吃"大锅饭"等现象,改革的动作太小,实质性、根本性的问题没有得到解决。因此,目前的机场业迫切需要深化改革,进行"脱胎换骨"的公司制改造,建立健全富有生机活力的现代企业产权制度、组织制度和管理制度,打破一潭死水的局面。虽然已经有一些大中型机场已先进行了股份制改造,有的也实现了上市融资的目标,如上海机场、深圳机场等,但是我们也要看到,股份制改造并非"一股就灵"。股份制改造的完成,只是万里长征的第一步,它仅为建立健全现代企业制度铺平了道路,而建立健全现代企业制度却是一个不断深化改革、不断创新、没有穷尽的长期过程。倘若仅仅满足和津津乐道于股份制改造的完成上,"穿新鞋、走老路","换汤不换药",这种"壳牌"公司必然逐渐失去生机和活力,甚至会失去生命力。因此,作为已完成股份制改造的机场企业,改革也同样如同逆水行舟,不进则退。只有乘势而上,通过不断的深化改革,努力建立健全现代企业制度,不断巩固和发展改革成果,转变增长方式,才能逐步实现由经营管理型向管理型的转变,增强生机与活力,最大限度地提高经济效益,永葆企业的青春,以丰厚的效益回报股东、回报员工、回报社会①。

(3)机场业总体上经营理念落后,运营管理水平不高

目前,机场虽然基本上完成了属地化改革,大部分地方政府已经把机场定位为企业,按照企业的管理和经营方式来运营,但其经营和管理水平还是不能适应市场经济以及新的民航管理体制的要求,从而制约了民航总体管理水平的提高。因此,应该进一步推进机场走向专业化、集团化,鼓励国外专业机场经营管理公司或大机场参与我国民用机场的经营管理中来,从多方面对机场的经营和管理进行相

① 宋玉歧. 对当前机场企业深化改革的几点思考. 民航管理,2007(2)

应的调整和变革。要充分引进国外特别是民航业发达国家机场管理的先进经验。在有些国家或地区,如新加坡以及中国香港地区,机场管理机构都不直接经营机场业务,普遍都以特许经营或者专营的方式委托专业公司经营,机场收取特许经营费。通过引入这些专业化公司,可以提高整个机场的运行效率,降低运行成本。通过专业公司之间的相互竞争,可以大大地提高为旅客和航空公司服务的质量。

(4)机场与基地航空公司之间协调不足、矛盾重重

航空公司是机场最重要的客户,它们应该是合作伙伴,而并非竞争对手,但由于历史的原因,中国大部分机场都直接或间接从事地面活动等经营活动,与航空公司在地面服务等业务上形成了竞争关系,出现了很多矛盾,经营业务重叠、设施重复投资等,导致很多资源浪费。另外,目前两者在机场收费、航班延误处置、紧缺资源分配使用等方面,也存在一些不同认识[①]。目前机场因航空公司欠费和不签订收费协议等问题,与航空公司"兄弟阋墙"。截至 2008 年 10 月,国内的 16 个机场对航空公司的应收账款累计已达 43.25 亿元。"欠款"问题使机场与航空公司的矛盾升级,造成整个航空市场不得"安宁"。机场与航空公司关系不顺,已经影响了民航整体的运行效率,在一定程度上制约了航空运输业的健康发展。事实上,机场和航空公司作为航空运输的供给方,应该各司其职,共同协作来满足航空市场的需求,实现"双赢"的目标,发挥两者的集体优势,共同来创造更加优质的服务。

目前机场业存在很多问题,而解决这些问题,改善机场业的效率,比增加机场投入资源更加重要、更加有效,高效化的机场管理和集约化的资源利用是提高机场效率的关键路径,追加机场投入资源则需要在合理预测未来需求变化、评价目前生产效率的基础上进行科学规划,避免资源浪费。

10.2 中国民用机场绩效评价的模型准备

绩效评价常被应用到各个行业的研究中,随着经济全球化的不断深入,机场作为未来交通运输的重要基础设施之一,吸引着越来越多的人关注其绩效问题。理论界已经有很多发展比较成熟的效率分析方法,我们在综合分析多种方法的情况下,采用了 Super-SBM(Slacks Based Measure)模型对我国 40 家干线机场从 2001～2007 年的技术效率和规模效率进行研究,通过对这些有代表性的机场的运行效率的分析,可以使我们对中国民用机场的发展状况有个更加客观和清晰的认识,也有助于有关部门了解机场业目前所存在的问题,并据此提出有针对

---

① 李家祥．明确机场定位　统筹处理五大关系　进一步促进机场又好又快发展——对贯彻落实《民用机场管理条例》的几点思考和认识．中国民航报,2009(7)

性的解决方案。本节主要对绩效评价模型的方法选择、指标与数据处理等问题给予介绍,然后分两个小节分别介绍一个机场绩效的静态分析和动态分析,最后是本章实证分析的结论和政策建议。

10.2.1 中国民用机场绩效评价的方法选择

常见的效率衡量的方法有财务指标衡量法、全要素生产力法、数据包络分析法以及随机前沿分析法等。财务指标衡量法简明且易于理解,但是它只考虑了单一投入,有可能遗漏一些重要的信息;全要素生产力法区分生产力增长的来源,必须辅助进一步拆解分析,而拆解时还需要有产出项的成本弹性及边际成本,这些数据都需要由成本函数计算而得;随机前沿分析法只能进行单一产出的绩效评估,并不符合机场效率评估要求的多产出特性。

DEA 作为一种非参数的相对效率衡量方法,符合机场服务产业多投入、多产出的特性,并且无须设定具体的生产函数形式,因此已被许多学者用于衡量机场业的效率。Gillen 和 Lall(1997)首先用 DEA 对美国的部分机场的效率进行了评估。此后,不少学者纷纷用该方法研究美国、欧洲、北美等地区的主要机场的运行效率。近几年来,我国学者也开始纷纷用 DEA 来研究我国主要机场的效率。都业富等(2006)把我国的民用机场分为四类,对不同类别的机场进行了效率分析;孙新宪等(2006)也采用 C^2R 模型和 BCC 模型对我国中西部机场的技术效率和规模效率进行了定量分析,然后采用聚类分析对中西部机场进行了分类;张越等(2006),李兰冰、刘秉镰(2006),李兰冰(2008),刘晏滔(2008)也把该方法用来评价样本机场的效率。这些研究在对机场效率进行研究时,在横向截面上一般都采取了 CCR 模型,假设规模报酬不变机场之间的相对效率。在纵向上一般都采取 Malmquist 指数法衡量机场全要素生产率随时间的变动情况。考虑到机场的实际,我们对以上的方法做了一些改进。由于机场的建设一般都具有超前规划的特性,也就是说它在建设的时候一般都考虑未来的客流量,因此在运行期很容易出现产出不足或者投入拥挤的现象。为了排除这种情况下松弛变量对效率值的影响,更准确地评价机场现实的经营效率,我们采用了基于松弛变量的超效率 DEA 分析法,即 Super SBM-DEA 模型。该模型与传统的 CCR、BCC 模型的不同之处在于通过将松弛变量放入目标函数,一方面弥补了由于投入过剩或者产出不足所带来的效率评价的误差,解决了投入产出的松弛性问题;另一方面,通过允许效率值大于等于1,解决了有效单元的排序问题。

10.2.2 干线机场绩效评价的指标选择和数据处理

截至 2008 年底,我国共有 158 个民用航空运输机场,根据 DEA 模型对 DMU 同质性的要求,结合我国机场的现状,我们选取了 40 个机场作为我们的样本 DMU。这些机场的规模相差不大,基本上在相同的市场条件下运作,面对着相同的行业政策和环境。同时,这 40 家机场在样本研究期间的旅客吞吐量、货物吞吐量和起降架次分别占到全国市场份额的 93%、98% 和 85%,基本上代表了我国机场的整体发展水平(见表 10.1)。这 40 家机场包括 3 家枢纽机场即北京首都机场、上海浦东机场和广州白云机场,其余 37 家干线机场主要坐落于省会、自治区首府、直辖市、主要经济特区、开放城市和重要旅游城市,如上海虹桥、浙江温州和海南三亚等。

表 10.1　2001~2007 年中国 40 家干线机场的市场份额　　　　单位:%

市场份额	2001 年	2002 年	2003 年	2004 年	2005 年	2006 年	2007 年
旅客吞吐量	92.60	92.93	93.47	92.86	93.06	92.92	92.50
货物吞吐量	97.87	97.99	98.37	98.24	98.26	98.25	98.06
起降架次	82.58	84.40	86.28	85.98	85.82	86.05	84.66

DEA 模型的性质决定了选择不同的投入产出指标,效率衡量的结果会有很大差别,因此投入产出指标选取的科学性对研究机场效率至关重要。目前国内外已有的对机场绩效衡量采用的投入产出指标可见表 10.2。综合考虑已有研究和数据可得性后,我们选择跑道长度、候机楼面积和机坪面积三个指标作为投入项,选择旅客吞吐量和飞机起降架次两个指标作为产出项。

表 10.2　机场绩效评价常用的投入产出指标

投入指标		产出指标
基础设施	跑道长度 跑道数量 候机楼面积 停机坪面积 机场占地面积 登机门数量 办公用品的数量 职工人数 停车场面积 货运库面积	旅客吞吐量 货邮吞吐量 起降架次 主营业务收入 机场收益
财务指标	主营业务成本 固定资产净值 流动资产	

10.2.3　投入产出相关性

根据 DEA 对投入产出项相关性的要求,我们对投入产出项进行了统计相关检验,如表 10.3 所示,投入产出项的相关性基本都在 0.75 以上,从中可以看出我们选择的投入产出之间具有很强的相关性。

表 10.3　样本投入产出指标的相关性检验

投入/产出	旅客吞吐量	货物吞吐量	起降架次
跑道长度	0.774	0.794	0.750
候机楼面积	0.804	0.743	0.778
机坪面积	0.838	0.720	0.857

我们在第 2 章中介绍过,使用 DEA 模型进行效率衡量,可以从投入和产出两个导向来进行,考虑到机场沉淀资本高的特性,它的基础设施投入建设在一段时期内不会发生频繁变化,因此本书选取产出导向模型进行绩效分析。

10.3　干线机场的静态效率分析

本节我们选择 2007 年的投入产出数据,从横截面对 40 家干线机场的效率进行了比较。由 Sover 5.0 软件可得 2007 年各机场的技术效率(Technical Efficiency,TE)和纯技术效率(Pure Technical Efficiency,PTE)。经计算可得其规模效率,具体结果如表 10.4 所示。

表 10.4　2007 年 40 家干线机场效率值

机　场	TE	PTE	SE	机　场	TE	PTE	SE
哈尔滨太平	0.182	0.188	0.968	南昌昌北	0.297	0.324	0.917
长春大房身	0.529	0.640	0.827	西安咸阳	0.570	0.655	0.871
沈阳桃仙	0.413	0.451	0.915	兰州中川	0.254	0.281	0.905
大连周水子	0.745	0.765	0.973	乌鲁木齐	0.357	0.361	0.990
首都国际	1.023	1.358	0.753	西宁曹家堡	0.198	1.000	0.198
天津滨海	0.278	0.301	0.923	重庆江北	1.189	2.025	0.587
石家庄正定	0.182	0.220	0.828	成都双流	0.754	0.756	0.998

机 场	TE	PTE	SE	机 场	TE	PTE	SE
太原武宿	0.421	0.494	0.851	昆明巫家坝	1.147	1.154	0.994
呼和浩特白塔	0.260	0.341	0.761	贵阳龙洞堡	0.593	1.023	0.580
上海虹桥	1.475	1.628	0.906	银川河东	0.311	1.035	0.301
上海浦东	1.244	1.250	0.995	拉萨贡嘎	0.250	1.000	0.250
南京禄口	0.418	0.435	0.961	广州白云	0.695	1.042	0.667
杭州萧山	0.656	0.660	0.994	深圳宝安	1.115	1.140	0.978
温州永强	0.763	1.000	0.763	南宁吴墟	0.446	0.515	0.865
宁波栎社	0.322	0.348	0.926	桂林两江	0.291	0.315	0.925
厦门高崎	0.581	0.632	0.920	海口美兰	0.231	0.234	0.987
福州长乐	0.188	0.209	0.902	三亚凤凰	0.567	1.008	0.562
济南遥墙	0.464	0.995	0.466	武汉天河	0.700	0.709	0.987
青岛流亭	0.770	0.770	0.999	长沙黄花	0.752	1.104	0.681
合肥骆岗	0.504	1.014	0.497	郑州新郑	0.379	0.381	0.995

10.3.1   干线机场总体效率的比较静态分析

从上面的分析中可以看出,2007 年中国干线机场的总体效率水平并不高。综合技术效率平均值只有 0.563。由于我们采用的是超效率模型,前沿面机场的效率都大于 1,在这样的情况下,样本机场的综合技术效率平均值只有 0.56 左右,可以看出中国机场的效率水平确实比较低。以下我们根据样本机场的综合技术效率值,把样本干线机场分为三类,即低效率机场(0~0.6)、中效率机场(0.6~0.9)和高效率机场(>0.9)。各效率等级对应的机场如表 10.5 所示。

表 10.5   2007 年干线机场综合技术效率等级

效率等级	效率值区间	总数	对应机场
低效率机场	0~0.6	26	哈尔滨 长春 沈阳 天津 石家庄 太原 呼和浩特 南京 宁波 厦门 福州 济南 合肥 南昌 西安 兰州 乌鲁木齐 西宁 贵阳 银川 拉萨 南宁 桂林 海口 三亚 郑州
中效率机场	0.6~0.9	8	大连 杭州 温州 青岛 成都 广州 武汉 长沙
高效率机场	>0.9	6	首都 虹桥 浦东 重庆 昆明 深圳

根据表10.5,我们可以初步得出以下结论:

(1)中国干线机场的总体效率水平偏低

2007年40家干线机场的综合技术效率平均值只有0.563,机场业的整体效率水平较低。低效率机场的个数达到26个,占样本机场总数的65%。鉴于DEA衡量的是相对效率,相对于少数机场大型枢纽的高效率机场而言,大部分中西部地区的中小型机场效率水平很低,而且这种机场的数目又远远超过了少数几家超效率机场,因此总体效率的水平就比较低。

究其更深层次的原因,则是由于部分机场的建设和运营管理水平偏低造成的。在机场建设方面,由于缺乏合理的需求预测和布局规划,导致部分机场超负荷运行,而部分机场客源不足并存,造成在全国范围内一些机场资源不足而另一些机场资源浪费严重的情况,极大地影响了机场的业绩和效率水平。在机场运营方面,中国机场管理水平和服务水平与发达国家相比,总体上还处于比较低的水平,干线机场的纯技术效率偏低。目前有望引进西方发达国家先进的机场管理和服务理念,给中国的机场管理注入新的活力,这样才能提高我国机场的效率水平。

(2)不同地区之间的机场经营效率差异较大

首先,从表10.5可以看出,经济发达地区的核心城市机场都处于高效率水平,如首都机场、上海虹桥机场、上海浦东机场以及深圳机场,它们分别处在中国最活跃的三大经济地带,即环渤海、长三角和珠三角的核心城市,这四个机场的综合技术效率分别达到了1.023、1.475、1.244和1.115。处于这些区域经济带中的次核心城市机场和它们相比,效率明显偏低,如天津滨海机场、南京机场和杭州机场以及广州机场。当然,像天津滨海机场效率低的原因可能是多方面的,需求水平尚未达到规模水平也是很重要的一个原因,但是不能否认首都国家机场对其业务量的影响。中国经济还不够发达,大多数人的收入水平还不能支付航空消费,再加之飞机飞行速度快等优点,飞机只是高收入水平以及远距离旅行时可选择的运输方式。因此,当经济带有一个核心枢纽机场的时候,临近的次核心枢纽机场就会因为大机场业务量的影响而造成需求不足,效率不高。从总体上看,区域经济带中的核心城市和次核心城市机场之间的经营绩效效率差异非常明显。

其次,从东、中、西部机场效率来看,低效率机场大部分都处于中、西部地区,而高效率机场大部分处于东部地区。当然,也有个别西部地区的机场属于高效率范畴,但是,这些地区都有自己独特的地方。比如昆明作为旅游城市,航空需求比较活跃;重庆作为西部唯一的直辖市,其发展速度非常快,带动航空需求的快速发展,这与它的政治和经济发展背景密切相关。

(3)不同管理模式下的机场之间经营效率差异巨大

属地化改革后,中国机场主要有四种管理模式,即国家民航行政管理部门管理、省级机场集团管理、地方政府管理以及航空运输企业管理。大部分机场都隶属于所在地的机场集团公司,但是作为国有企业的机场存在政企不分,吃"大锅饭"现象,亏损现象十分严重,运行效率也不高。为了摆脱困境,一些大中型机场率先进行了股份制改造,也有部分机场上市融资,如上海机场、深圳机场等。从表10.5可以看出,上海机场作为上市企业,其麾下的浦东机场、虹桥机场的经营效率都很高,深圳机场也属于高效率机场,这三家机场的经营效率都远远高于其他机场。一方面,这与这些机场所在地区经济发展水平比较高有关;另一方面,这些机场在经营管理模式上与未上市的机场也有很大不同。这种经营管理模式上的差异对机场的经营效率会产生很大影响。

10.3.2　不同枢纽机场效率比较静态分析

综观我国机场的区域分布,根据民航总局"十五"规划发展,初步形成了北京、上海、广州三大国际枢纽机场和虹桥、深圳、成都、西安、武汉、沈阳、乌鲁木齐、昆明八个区域枢纽机场的框架格局,枢纽机场和非枢纽机场在建设和发展方面存在很大的差别,因此表现出不同的特点,具体有以下几点:

(1)枢纽机场与非枢纽机场发展极不平衡

2007年,51.26%的旅客吞吐量和72.5%的货邮吞吐量集中在北京、上海、广州、深圳、成都、昆明这些枢纽机场。由此可见,中国机场业的吞吐量的集中度还是相当高的。通过表10.6可以看出,三大国际枢纽机场平均的综合技术效率为0.987,远远高于区域枢纽机场的0.817和非枢纽机场的0.449。国际枢纽机场和区域枢纽机场基本上都为高效率机场。非枢纽机场的效率基本上都处于较低的水平上。这可能是因为客货运业务量过多地集中在了大型枢纽机场,一些机场处于超负荷运转状态。而非枢纽机场的业务量相比较而言就比较小,导致这些机场的资源浪费,不利于机场的发展,也不利于地方经济的发展,在属地化经营后,已经成为地方经济的负担,给国家民用航空运输体系的整体发展带来困难。

(2)国际枢纽机场规模过大,造成管理经营困难

从表10.6可以看出,国际枢纽机场的规模效率为0.805,低于区域枢纽机场的0.955。国际枢纽机场的规模效率低于区域枢纽机场,这是由于三大国际枢纽机场处于国家经济最发达的城市北京、上海和广州,当地经济社会发展水平高,人们的收入水平和消费水平都比较高,航空运输的需求量也比较大,因而对机场的建设投资比较大,导致机场规模过大,管理和经营起来非常困难。虽然航空运输的需求继续增加造成对机场的需求也不断增加,但是鉴于目前的规模过大,基本上可以说已经处于规模报酬递减的阶段,在当地新建一个机场的效果可能会显著优于对目前机场的扩建。例如,上海地区目前运行浦东和虹桥两个机场就比一个机场的效果好。

表 10.6　不同枢纽级别的机场效率比较

机场类型	总数	平均 TE	平均 PTE	平均 SE
国际枢纽机场	3	0.987	1.217	0.805
区域枢纽机场	8	0.817	0.857	0.955
非枢纽机场	29	0.449	0.664	0.769

(3)非枢纽机场建设超前,带来资源浪费

从表 10.6 可以看出,非枢纽机场的规模效率只有 0.769。这些非枢纽机场大多处于经济不是很发达的城市,由于地方经济不发达,造成机场客源不足。但是随着机场属地化改革的进行,地方政府在机场建设规划过程中"贪大求全",过分夸大机场对地方经济的贡献,造成已经亏损的机场还在无休止地扩建与改建。非枢纽机场的建设规模严重超前,规模明显大于需求水平,造成投入拥挤、产出不足,因而规模效率偏低,综合技术效率水平也不高。因此,这些机场一方面在融资扩建,另一方面客源不足、资源浪费、运营亏损严重,形成了恶性循环。

从严格意义上说,我国的枢纽机场和枢纽—干线—支线中枢航线结构尚处于建设阶段,一个明显的问题就是基地航空公司的建设相对落后。从国外机场发展经验来看,每一个大型枢纽港都有一个实力雄厚的基地航空公司与之配合,基地航空公司的实力在很大程度上影响枢纽机场的竞争力。然而,由于我国航空业体制的历史遗留问题,近几年才放开了对基地航空公司的管制,基地航空公司的建设才刚刚起步。由此可见,中枢航线结构所需的机场和基地航空公司互相依赖、互相支持的良性格局还需进一步加强建设,在改善枢纽干线机场的经营效率的同时,带动支线机场的发展,全面提升我国机场的效率表现。

10.4　干线机场的动态效率分析

本节我们选择 2001~2007 年这 7 年的数据对干线机场效率年份之间的变化进行分析,其效率值情况详见表 10.7。

表 10.7 2001～2007 年干线机场效率比较

	EFF	AVG	MAX	A-DMU	MIN	I-DMU
2001 年 40 家机场效率值概况						
TE	8	0.532	1.237	上海浦东	0.131	拉萨贡嘎
PTE	12	0.645	1.418	首都国际	0.158	济南遥墙
SE	2	0.826	1.101	温州永强	0.147	西宁曹家堡
2002 年 40 家机场效率值概况						
TE	5	0.444	1.559	广州白云	0.090	石家庄正定
PTE	9	0.539	1.600	重庆江北	0.101	石家庄正定
SE	0	0.854	0.999	广州白云	0.161	西宁曹家堡
2003 年 40 家机场效率值概况						
TE	4	0.456	1.577	广州白云	0.110	石家庄正定
PTE	7	0.541	1.761	重庆江北	0.111	石家庄正定
SE	0	0.864	0.998	上海虹桥	0.227	西宁曹家堡
2004 年 40 家机场效率值概况						
TE	3	0.423	1.519	重庆江北	0.098	石家庄正定
PTE	7	0.525	1.978	重庆江北	0.115	石家庄正定
SE	0	0.840	0.998	上海虹桥	0.242	西宁曹家堡
2005 年 40 家机场效率值概况						
TE	7	0.498	1.299	上海虹桥	0.106	拉萨贡嘎
PTE	8	0.604	1.389	首都国际	0.138	拉萨贡嘎
SE	1	0.826	1.062	温州永强	0.210	石家庄正定
2006 年 40 家机场效率值概况						
TE	8	0.532	1.237	上海浦东	0.131	拉萨贡嘎
PTE	12	0.645	1.418	首都国际	0.157	济南遥墙
SE	2	0.826	1.101	温州永强	0.147	西宁曹家堡

2007 年 40 家机场效率值概况					
EFF	AVG	MAX	A-DMU	MIN	I-DMU
TE	6	0.563	1.475	上海虹桥	0.182	哈尔滨太平
PTE	14	0.744	2.025	重庆江北	0.188	哈尔滨太平
SE	0	0.809	0.999	青岛流亭	0.198	西宁曹家堡

10.4.1　干线机场动态效率总体分析

从前面分析中可以看出,近几年来,中国的机场业发展非常迅速,航空运输在整个运输体系中的重要性不断提高,成为中上收入人群出行的首选。机场业的快速发展以及对机场需求的持续增加并没有带来机场效率的改善。2001~2007 年间,干线机场的效率一直处于较低的水平,机场的建设规划和运营管理仍然存在很大的问题,具体表现为以下几点:

(1)干线机场整体效率普遍较低的状况没有得到明显改善

从表 10.7 和图 10.1 可以看出,7 年来,40 家机场效率总体水平不高,也没有很大的提高。综合技术效率 7 年的平均值只有 0.492。每年各机场的综合技术效率平均值一直处于 0.5 左右,从 2001~2004 年,综合技术效率和纯技术效率持续下降,2004 年之后稍有回升,但是改善不大,到 2007 年也只是刚好回到2001 年的水平。7 年来样本干线机场的规模效率变动不大,基本都处于 0.8 以上,因此纯技术效率低下是造成我国机场效率水平不高的主要原因。机场运营管理水平相对于机场规模来说是造成机场效率低下的原因。

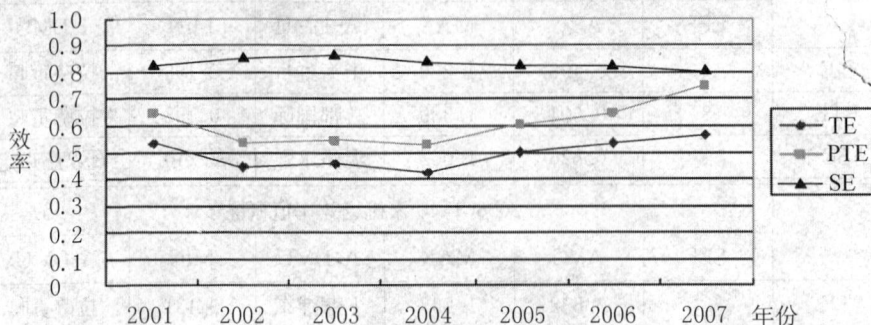

图 10.1　2001~2007 年我国 40 家干线机场的效率变动趋势

(2)机场效率差距比较大,而且还在继续扩大

从表 10.7 可以计算出,2001 年,效率最高的上海浦东机场的效率值达到 1.237,而效率最低的拉萨贡嘎机场的效率值只有 0.131,浦东机场的效率几乎是拉萨贡嘎机场的 10 倍。到 2007 年,效率最高的上海虹桥机场的效率与效率最低的哈尔滨太平机场的效率之间的差距扩大为 12 倍。虽然西部大开发增加了对西部地区各项投资和开发,但东、西部地区的经济差距还在持续增大,经济发展的不平衡造就了航空运输发展的不平衡,东部沿海地区机场的运营效益远远好于西部地区。机场效率差异扩大的现象反过来又加剧了"二元经济"的格局。

(3)机场分布格局与需求格局不相适应

近几年来,中国的经济发展非常迅速,人们在出行方面更加要求快捷、舒适以及安全,因此对航空运输的需求迅速增长,造成了部分机场高峰时期超负荷运行、航班延误增加以及服务质量下降。但是大多数西部机场以及部分东部支线机场却客源不足,机场资源空置。因此,枢纽机场经常人满为患、拥挤不堪而部分西部机场却处于空闲状态,造成了机场资源区域分布的不平衡。造成干线机场效率低以及低效率机场个数多的一个很重要的原因是因为机场的分布格局与需求格局不相适应。

10.4.2 干线机场效率变动分解

我们知道,数据包络分析法在评价 DMU 效率时,将其分解成规模效率和纯技术效率。本书将规模效率和纯技术效率分别放在横、纵坐标上,以样本机场纯技术效率和规模效率的平均值作为横、纵坐标轴划分的标准,从而形成一个效率矩阵。根据 40 家干线机场在样本期间的效率评价,一一划分在四个象限中,从而分析这些机场在未来建设中应当着力提高的是纯技术效率还是规模效率,具体情况如图 10.2 所示。

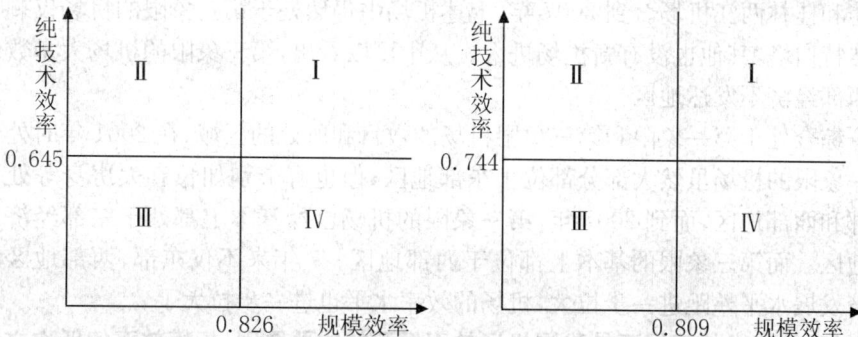

图 10.2 2001 年和 2007 年干线机场效率分解比较(左图为 2001 年,右图为 2007 年)

表 10.8　干线机场象限变动表

年　份	2001	2007
第一象限	长春 天津 石家庄 上海虹桥 上海浦东 温州 成都 昆明 深圳 武汉 长沙	大连 上海虹桥 上海浦东 温州 青岛 成都 昆明 深圳
第二象限	首都 合肥 西宁 重庆 贵阳 银川	首都 济南 合肥 西宁 重庆 贵阳 银川 拉萨 广州 三亚 长沙
第三象限	沈阳 呼和浩特 南京 宁波 福州 西安 拉萨 南宁 桂林	呼和浩特
第四象限	哈尔滨 大连 太原 杭州 厦门 济南 青岛 南昌 兰州 乌鲁木齐 广州 海口 三亚 郑州	哈尔滨 长春 沈阳 天津 石家庄 太原 南京 杭州 宁波 厦门 福州 南昌 西安 兰州 乌鲁木齐 南宁 桂林 海口 武汉 郑州

(1)经济发达地区的机场效率高于经济落后地区,并且这种差距不断扩大

第一象限的机场为纯技术效率和规模效率均高于样本平均值,这些机场大部分都位于东部经济发达地区。它们的纯技术效率和规模效率水平都比较高,处于 40 家干线机场的前列。2001 年处于第一象限的机场包括长春大房身、天津滨海、石家庄正定、上海虹桥、上海浦东、温州永强、成都双流、昆明巫家坝、深圳宝安、武汉天河和长沙黄花在内的 11 个机场。到 2007 年,这 11 个机场中仍然处于第一象限的机场仅剩上海虹桥、上海浦东、成都双流、昆明巫家坝、深圳宝安 5 个机场,余下的 6 个机场如长春大房身、天津滨海、石家庄正定、温州永强、武汉天河和长沙黄花由于纯技术效率或者规模效率的下降,不再处于第一象限,而另外两个机场大连周水子和青岛流亭则由于效率的提高进入了第一象限。

相反的,位于第三象限的机场为纯技术效率和规模效率都低于样本平均值,这些机场基本上位于西部、东北等经济不发达地区。2001 年处于该象限的机场包括沈阳桃仙、呼和浩特白塔、南京、宁波栎社、福州、西安咸阳、拉萨贡嘎、南宁吴墟和桂林两江机场。到 2007 年,上述机场中仍然处于第三象限的机场仅剩呼和浩特白塔,其他也没有新机场进入。从中可以看出,第三象限的机场大多数位于西部经济不发达地区。

综合处于第一象限和第三象限机场的数目和所处的区域,在 2001 年时处于第一象限的机场虽然大部分都位于东部地区,但也有个别如长春大房身等处于中部和西部地区,而到 2007 年,第一象限的机场已经基本上都处于东部经济发达地区。而第三象限的基本上都位于西部地区。7 年来不仅东部、西部地区的经济发展水平差距进一步拉大,机场的效率水平也进一步拉大了。

(2)纯技术效率低下是我国机场效率低下的主要原因,规模效率偏低次之

处于第二象限的机场为规模效率低于样本平均值,纯技术效率高于样本平均值,该象限的机场处于相对优越的状态,纯技术效率高于样本平均水平说明其绩效表现主要来自管理水平,为了进一步增强绩效,则需要提高硬件的使用效率。与此相反,处于第四象限的机场为规模效率高于样本平均值,纯技术效率低于样本平均值。比较位于第二象限和第四象限的机场数目,第四象限的机场数目几乎是第二象限机场的三倍,是所有其他机场数目的两倍。这说明我国大部分机场都处于规模效率高于样本平均值,纯技术效率低于样本平均值的水平,即管理效率偏低,机场业务量的增长主要是依靠规模效率在发挥作用。如果增加一点硬件容量,则这些机场很可能滑落到第三象限,将存在资源浪费和机场需求不足的现象。因此,这些机场或者说我国机场业当务之急:一是要加快管理效率的改进,通过吸收国外机场公司的先进经验,找到适合我国机场业发展的管理模式;二是要进一步加快经济建设和对外开放程度,不断促进航空运输业和机场服务的需求增加。

(3)继续推进西部大开发,通过经济的发展带动西部地区航空需求的增加

单看第三象限的机场情况,我们知道这一象限的机场为规模效率和纯技术效率均低于样本平均值,这类机场不仅管理水平落后,而且规模与需求水平也不相符合,离最佳规模点距离也很大。要么规模过大造成设备浪费,要么规模小导致机场拥挤。2001年处于该象限的机场有8家左右。到2007年,仅剩呼和浩特白塔一家,其他也没有新机场进入。这说明7年来干线机场中一部分机场的纯技术效率提高,一部分机场的规模效率提高了。由于该象限的机场处于最差的状态,两个效率值都低于样本平均水平,一方面说明不仅机场的硬件设施存在浪费现象,而且管理服务水平也差;另一方面也反映出航空需求在这些地区并不旺盛。2001年,处于该象限的机场基本上都地处东北、华北、西北等经济不发达地区。经济的落后必然抑制航空运输业的发展,进而抑制机场的效率改进。经过7年来经济水平和投资环境的改善,从而创造出航空运输业的需求,促使机场改善了经营管理,提高效率。

从上述分析中我们可以看出,从2001年到2007年这7年来,中国干线机场的效率总体来说有所改善,但仍然处于较低的水平上。区域之间机场的效率不仅没有缩小,反而有扩大的趋势,东部地区的机场由于投资多,规模进一步增大,在管理和服务水平上也优于中部和西部地区。经济的发展导致东部地区航空需求的增加,使得机场的效率跟经济发展水平一样,把东、西部地区之间的差距进一步拉大。

10.5　干线机场绩效分析的结论和政策建议

本章运用Super-SBM模型对中国40家干线机场2001～2007年的综合技术效率、纯技术效率和规模效率进行了分析,根据效率分析的结果,可以看出目前机场的建设和运营管理状况,有助于我们针对性地制订提高机场效率的方案。

10.5.1 干线机场绩效分析的结论

上述的实证研究分析了我国 40 家干线机场当前运营效率状况,可以得到以下结论:

(1)干线机场总体效率低下,并且多年来改善不大

从效率分析的结果可以看出,中国干线机场的总体效率水平低下,而且多年来没有明显的改善。其中,纯技术效率低下是造成机场运行无效率的主要原因,解决纯技术效率低下问题,是我国机场行业整体面临的当务之急。所以,对于民航总局、各地政府以及机场本身来说,应该重点提高机场的管理水平,合理配置机场的人力、物力,使机场的经营效率有更好的表现。

(2)机场区域发展极不平衡,东西部机场效率存在很大的差距

从效率等级表可以看出,高效率机场基本上都分布在东部经济发达地区。西部地域广阔,机场密度小,效率也不高。机场的这种格局与区域经济发展的格局相互影响,加剧了东、西部地区的"二元经济"现象。而且 7 年来,这种现象并没有随着国家倡导的西部大开发得到缓解,反而有进一步加剧的趋向。

(3)枢纽机场与非枢纽机场发展也很不平衡

国际枢纽机场的效率远远高于区域枢纽机场和非枢纽机场。枢纽机场的规模过大,造成经营管理困难,规模效率低下。非枢纽机场的建设超前,造成规模与需求水平不相符合,投入过多,客源不足,资源浪费,亏损更加严重。

(4)机场分布格局与需求格局不相适应

从上面的分析中可以看出,中国干线机场中部分机场效率很高,部分机场效率很低,投入严重浪费。这主要是由于机场在布局和建设的时候,并没有进行很好的需求预测和布局规划,造成效率高的机场处于超负荷运转中,效率低的机场客源不足,出现资源浪费的现象。而且,7 年来这种现象不仅没有改善,反而在一定程度上加剧了。因此,机场的发展和规划不能贪大求全,凭空想象,要建立在对市场进行研究和需求预测的基础上。

10.5.2 改善干线机场绩效的对策建议

在评价我国干线机场的效率后,结合前面所述我国机场发展的现状以及效率低下原因的研究,本节将提出提高我国机场效率的对策建议。

从机场效率的分析中我们可以看出,40 家干线机场的整体效率水平不高,而且多年来改善不大。一部分机场常年超负荷运行,而另一部分机场却常年客源不足,造成资源浪费。针对此种情况,提出以下几点建议:

（1）机场的扩建和新建要综合考虑航空运输需求水平和地方经济发展水平

目前中国干线机场数量不多，机场平均密度水平也不高，并且呈现出"东密西疏"的格局。但是综合考虑当地经济发展水平和航空运输的需求水平，东部地区也有某些城市的机场满足不了航空运输需求，另外也存在某些区域机场密度过高的现象。如果当一个城市的社会经济发展水平和人们的收入水平提高到一定的程度时，对航空运输的需求就会越来越大，而且这种需求还会呈现出多样化的趋势。因此，目前我国的三大国际枢纽机场在某种程度上出现了业务量饱和、超负荷运营的状态，而大多数西部地区的机场却终年客流缺乏，硕大的机场每日人迹寥寥。究其原因，很大部分是由于机场在建设的时候没有对航空运输需求做很好的考察和预测。部分机场建设规模和标准脱离实际，过度超前，造成投入浪费，没有需求的投入是无效的投入、产出不足的投入。在对我国机场进行区域布局时，要考虑多方面的因素，比如经济规模、人口数量、自然环境、国家安全等。因此，经济发达、人口稠密的地区的机场密度要比经济落后、人口稀少的地区的机场密度大些，适应区域经济对航空运输的需求，并发挥机场对区域经济的关联效应。反之，不一定要追求机场布局的平均性，在人口稀疏、经济较落后的地区，机场面积密度可以较小。日后的机场新建和扩建一定要综合考虑区域的航空运输需求水平和地方经济发展水平，从实际出发，不能贪大求全，在需求量大的大城市，考虑修建两个机场，在业务量不足的西部小城市，要考虑机场的停运和合并。

（2）提高机场的服务水平，挖掘潜在需求

近几年来，随着经济和社会的发展，人们对出行要求的快捷、舒适、安全等方面的要求越来越高，航空运输由此得到了飞速发展，其在综合交通运输体系中的地位和作用不断提高。以机场布局规模不断扩大和航空网络逐步拓展完善为基础，航空运输在中国中长途旅客运输、国际间客货运输、城际间快速运输及特定区域运输方面逐步占据主导地位，对促进国际间人员交往、对外贸易和出入境旅游发展发挥了重要作用[①]。但是当前的机场在建设和服务方面存在很多问题，很多服务相对其他运输方式来说不是很人性化。首先，机场一般离市区距离过远，花费在从市区到机场上的时间和金钱使得不少潜力需求者放弃了乘坐飞机。其次，机场内物价过高，阻止了部分乘客的消费。最后，目前的"易登机"服务很不规范。绿色通道带来很大的安全问题。机场作为公共设施，应该从消费者的需求出发，提供的服务要尽量满足消费者的潜在需求。

---

① 吴晓. 探讨我国民用机场发展战略——解读《全国民用机场布局规划》. 中国科技投资，2009（1）：61～63

(3)改善基础设施水平,提高机场运营效率

从上面效率分析结果可以看出,目前干线机场综合技术效率水平过低,并且7年来提高的趋势不大,这在一定程度上跟机场的基础设施水平有关。机场的基础设施运用情况直接与旅客、货物的流通效率相关,因此,提高机场效率必须对机场基础设施的运作方式进行改善。具体说来,我们可以从以下几个方面来改善机场基础设施水平:

首先,提高登机门利用率。目前,我国多数机场发展出现的空侧"瓶颈"就是缺少连有廊桥的靠桥登机门,因此应引进发达国家特别是美国机场专门的登机门利用管理,持续改善我国登机门的利用现状。新的机场实施规划应该格外注意靠桥机位和远机位的分配。其有效的平衡点能够获得更高的飞机利用率和登机门利用率,节省航油,并缓解由于远机位运营的增加带来的潜在安全问题。

其次,提高空侧运行效率。每个机场都应该主动全面地进行飞行区规划,在设计时确保对安全的考虑,使用最先进的跑道技术,还应该重视合理的滑行道设计和建设,使用飞行区模拟分析来仿真和检测飞机在滑行道、跑道和机坪滑行区的运行情况,从而缩短飞机在地面或空中的待命时间,节省航油,提高飞机的组织运行效率,提高正点率。

(4) 引进国外先进管理经验,提高机场综合技术效率

从上面效率评价的结果可以看出,纯技术效率低下是造成我国机场经济效率低下的主要原因,而机场的经营管理不当又是造成纯技术效率低下的重要原因之一。因此,改善机场自身的经营管理水平,将有利于提高机场的经营效率。这里将从机场商业化管理、特许经营权、机场内部管理三个角度进行探讨,提出提升机场自身管理水平,从而提高机场综合技术效率的建议:一是要推动干线机场从经营型向管理型转变;二是要发展特许经营权,实现机场的商业化管理;三是要提升干线机场内部管理水平。

(5)推进机场管理体制商业化,增强对管理者改善效率的激励

机场效率低下的很大一部分原因是由于机场管理者缺乏改善机场效率的动机。目前,虽然机场属地化改革基本完成,但是机场作为辅助航空公司完成民航客货运输的后勤部分的性质仍然没有改变,大部分机场改建、扩建、亏损的资金仍然需要依靠政府来支持,造成机场过度依赖政府,没有改进效率的动机。只有实现机场的商业化经营,让机场做到自负盈亏,才能使管理者把提高机场的效率放在首要位置,中国的机场才能走出效率低下和连年亏损的困境。

11 中国沿海港口的生产力提升与技术变动

港口作为全球综合运输的枢纽,对世界运输体系起着至关重要的作用。世界贸易的 85% 都靠海运来完成,因此港口在国际贸易中的作用越来越得到重视,因此有时把一个国家的国际性港口的数量和吞吐量作为衡量一个国家贸易水平和经济水平的指标。据有关资料显示,全球 35 个国际化的城市中,有 31 个是由港口而发展起来的国际化城市,前 10 名的城市几乎都是港口城市,可见港口对于其经济增长与发展的重要作用。本章试图通过中国沿海港口业生产力成长与技术变动来透视近年来中国港口业整体的发展变迁以及在发展过程中存在的问题,并希望通过实证分析能够对这些问题有较为深入的认识,以便在提升我国港口业的生产力方面提出一些可供参考的建议和对策。

11.1 中国港口概况

11.1.1 港口在国民经济中的重要地位

港口无论是对城市经济、区域经济还是国民经济,都具有重要的影响和作用,主要表现为以下几个方面:

首先,港口是交通运输体系的枢纽,发挥着重要的物流节点的功能。港口是各种交通工具转换的中心,通过大量的货物集散来拉动经济的发展。同时,港口周边地区又发展加工工业,带动了临港工业的发展。随着港口功能的不断拓展,港口又促进了国际贸易的发展,国际贸易的进一步发展反过来又促进了港口物流业的发展。到今天,已经发展到第四代港口,港口已经成为全球资源配置的一个枢纽,在经济全球化背景下,国际物流已经发展成为全球产品供应链的一个核心环节,资源和产品在全球范围内的流动与配置让港口这个国际物流的枢纽成为全球资源配置的一个核心节点。在区域经济发展中,港口对于整合各种生产要素和发展临港产业集群具有非常重要的意义。

其次,港口是国民经济的重要基础设施和对外贸易的重要枢纽,对港口腹地经济具有较强的辐射带动作用。港口作为交通运输网中的节点、枢纽,贸易往来中的门户与窗口,在发展国内外贸易、沟通地区间物资交流和方便人们出行,从而带动一方经济发展方面发挥着重要的作用。在港口的装卸、运输功能基础上,往往会聚集与装卸运输业有着紧密联系的海运业、集疏运业、仓储业等共生产业;并会派生充分利用港口区位与自然条件的依存产业,如石化、钢铁、电力等大型加工业,船舶修造、粮油加工、木材加工、水产品加工等制造业和加工业,以及与共生产业、依存产业相关的金融、保险、商贸、娱乐等生产性和生活性服务业。

　　港口与城市之间通过临港产业形成一种"港为城用、城为港兴、港兴城兴、荣辱与共"的良性互动发展机制,如图 11.1 所示。港口城市通过特殊的港口资源要素吸引相关航运服务业、商业和工业等要素的聚集,而资本、人才和技术的聚集又进一步提升了港口的扩散效应,带动城市和周边区域经济的发展。

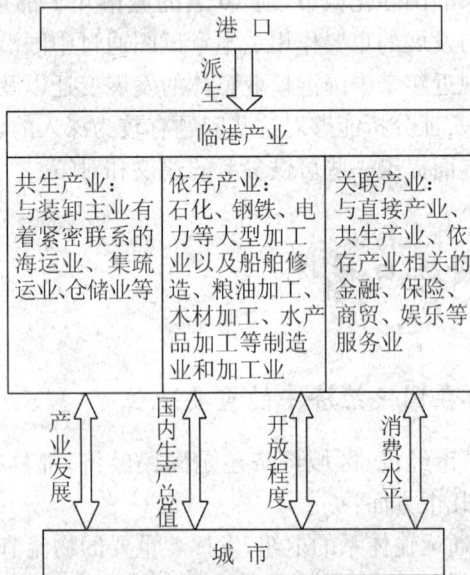

图 11.1　港口与城市关联机制

资料来源:杨静蕾,国家自然科学基金青年项目"港口群和城市群的协同发展研究"(项目号:70903038)的阶段性研究成果

　　随着港口和城市都出现新的发展形态,港口与城市的作用机制也发生了相应变化。除了单一港口与其所在城市的协同发展外,港口群内港口间以及城市群内城市间的分工协作要求港口群和城市群协同发展,港口群与城市群的关联机制如图 11.2 所示。

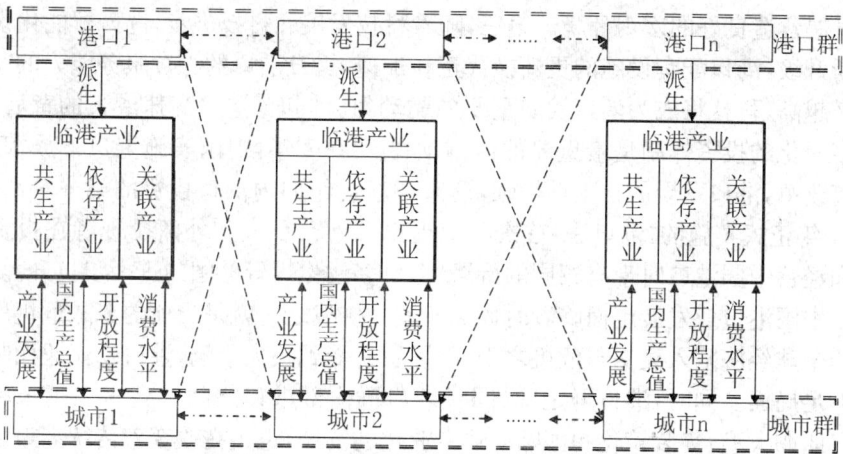

图 11.2 港口群与城市群关联机制

资料来源:杨静蕾.国家自然科学基金青年项目"港口群和城市群的协同发展研究"(项目号:70903038)的阶段性研究成果

从图 11.2 中可以看出,港口群和城市群之间的交互作用更为复杂,要保持高效的群体间的协同,需要形成一种有效的规模等级结构和分工体系,以保证群体的稳定性和开放性。因此,港口群之间的协作以及港口群与城市群之间的协同会在很大程度上推动港口城市群所在的区域经济一体化发展,并通过这种高度一体化的经济发展最大限度地发挥港口的辐射带动作用。

11.1.2 中国港口的发展历程和现状

改革开放以来,随着中国外向型经济的快速发展和经济的持续高速增长,中国港口业也取得了巨大的发展。以集装箱运输的发展速度为例,1979 年,中国主要港口完成集装箱吞吐量为 3.3 万标箱,到 1997 年中国集装箱吞吐量突破 1000 万标箱,不到 20 年时间集装箱吞吐量翻了 300 多倍。接下来的发展速度更是惊人,从 1997 年的 1000 万标箱到 2007 年的 1 亿标箱,仅用了 10 年时间。2007 年,中国港口集装箱吞吐量达到 1.14 亿标箱,全球占比高达 23%。全球前 20 名集装箱港口中,中国独占 9 席,其中上海与香港分居第二位和第三位,目前中国已经成为集装箱大国,港口业发展已经进入新的发展阶段。

当前,中国港口业发展正面临历史机遇与挑战。从机遇角度来看,第一,世界经济格局和产业布局正处于调整期,我国已经抓住了世界产业转移的重大机遇,并因此催生了众多原材料和产成品的运输,直接推动了港口外贸吞吐量特别是集装箱业务的高速增长。第二,中国仍然是世界上增长最快的经济体之一。随着国家宏观调控渐入佳境,"十一五"期间中国经济将朝着又好又快方向发展,从而为港口的发展营造良好的宏观环境。第三,随着科技发展和科技进步,港口智能化设备不断升级,港口配套设施的更新换代正在加速,提升港口的综合服务能力的呼声越来越高,科技将成为港口发展重要的驱动力。同时,港口高速成长的背后,更加多元化的投资体制是最重要的体制动力。2002 年,中国实施港口下放、政企分离改革,港口发展的自主性增强,迎来了新世纪国内港口投资的第一轮高峰;2004 年正式实施的《港口法》首次明确提出,国营、私人和外商投资者在投资建设和经营中国港口时享有相同的待遇,港口多元化投资的闸门进一步打开。

中国港口业发展也面临着时代的挑战。挑战之一就是当前的金融危机所引发的全球经济陷入衰退与危机之中,国际贸易受到很大影响,港口物流业面临需求不足局面。同时,港口群之间、同一港口群内部港口之间的竞争也越来越激烈。船舶大型、集装箱化和国际运输专业化的发展,也正在改变着传统港口的竞争形态,空间临近的港口正逐步以港口群体的形式参与新一轮港口的竞争。

2006 年 9 月中国交通部出台的《全国沿海港口布局规划》将港口群作为港口发展的主导模式规范下来,标志着我国港口进入了新的发展阶段,中国港口群分布见表 11.1。

表 11.1　我国港口群分布

港口群	主要港口
环渤海地区	丹东港、大连港、营口港、锦州港、秦皇岛港、唐山港、天津港、沧州港、烟台港、青岛港、日照港
长江三角洲地区及长江内河	连云港港、徐州港、上海港、苏州港、南通港、江阴港、镇江港、南京港、武汉港、嘉兴港、湖州港、杭州港、宁波—舟山港、台州港、温州港
东南沿海地区	福州港、泉州港、厦门港
珠江三角洲地区	汕头港、惠州港、香港港、深圳港、广州港、珠海湾、中山港
西南沿海地区	湛江港、防城港港、海口港

资料来源:交通部公布的《全国沿海港口布局规划》,http://www.moc.gov.cn/2006/jiaotongjj/gangkough/

经过十多年的快速发展,中国港口在业务规模方面已然居于世界前列。然而,2009 年全球经贸放缓、中国外贸的结构变化以及港口规划建设的超前将给中国港口业带来很大的负面影响,对港口自身的建设发展提出了更高的要求。

11.1.3　中国港口发展存在的问题

我国港口业的发展对国民经济增长与发展起到了重要的推动作用,但是与

其所承担的任务相比还有较大差距,从发展需要来看,我国港口业还存在以下问题:

(1)港口业发展存在结构性矛盾

我国港口业的结构性矛盾在于,港口码头泊位大多数处于中小规模,大型专业化深水泊位少。我国现有港口的中小泊位占85%,万吨级以上泊位仅占15%,这样的比例结构与港口大型化、物流化发展趋势相悖。在我国,大型专业化集装箱等深水泊位明显不足,适应大型船舶靠泊的集装箱码头和大宗散货码头明显不足,而万吨级以上的泊位能力已趋饱和①。现有港口集疏运条件差,中转储存能力低,港口航道水深不适应船舶大型化的发展要求。我国港口业的结构性矛盾已成为限制我国港口发展的重要因素。

(2)港口重复建设问题突出

近年来,随着国家港口管理权限的下放,沿海港口建设规模骤然升级,一些地方的港口设施档次远远超出了区域规划和定位。一些区域内港口盲目发展、设置过密、经济腹地重叠,码头功能雷同,一般散杂货码头明显过剩,低水平重复建设较为严重。结果带来港口间的恶性竞争和资源的浪费,这为港口业的健康发展带来隐患。

(3)港口间存在无序竞争

我国港口业发展中存在地方保护主义,一些地区港航企业为了争夺货源,竞相采取恶性价格战进行竞争,致使经济效益下滑严重,阻碍了港航企业的进一步发展。而随着我国港航市场不断开放,外资港航企业凭借其优质高效的作业服务以及先进的经营管理理念和模式,占据了我国市场相当份额。我国港口的服务停留在简单的机械操作,缺少高附加值的技术和咨询服务。我国港航企业一方面面临着国内同行的无序竞争,另一方面又面临外资企业的强势竞争。

(4)港口管理政企不分现象依然存在

我国港口的管理体制仍存在政企不分的现象,使港口企业无法按现代企业制度的要求自主决策、自主经营,致使与港口关联的临港工业、商贸业、运输业、港口服务业以及现代物流业得不到相应发展。港口功能结构不合理,且较为单一。

(5)港口物流功能有待提高

一方面,港口物流联盟程度低,港口物流的信息系统利用率不高。港口信息系统存在"孤岛"现象,数据交互障碍重重,"一站式"通关方式未能广泛采用。我国沿海港口的信息化投入较高,但是信息化服务水平不高,难以满足客户需求。另一方面,港口物流效率不高,物流服务功能有限。港口受到体制、资金、技术等

---

①　徐进杰,尹崇斌.我国港口整合的动因和路径研究.水运科学研究,2008(12)

方面的限制,其港口服务功能局限于装卸、仓储、运输等传统物流服务,很少能提供全程的物流服务,物流功能延伸和增值服务就更少。

近20年来新的港口不断崛起,港口间的竞争日趋激烈,各国家港口都面临着提高服务水平、降低成本的巨大压力。在当前全球性金融危机背景下,受到国际贸易大幅下降的影响,各国港口经营都面临业务剧烈下滑的压力,中国沿海港口也不例外。

国内外集装箱港口之间的竞争激烈,突出表现为兴建大型泊位、开发水深优势、配备先进的机械设施、推行港口经营改革、采取相应政策充分发挥集装箱港口功能等。但是,对硬件的大量投入并不一定会取得成效。并且在我国经济快速发展的背景下,港口建设出现了资源浪费的现象。在竞争日益加剧的市场环境中,各大集装箱港口必须寻找一条可持续发展的道路,增强其竞争力,而港口效率是对投入产出进行综合评价的结果,是港口竞争力的一个重要体现。这时,港口的绩效评价显得非常必要。因为港口的绩效评价不仅是港口当局提升管理绩效的强有力工具,并且通过绩效评价给国家和相关地区的港口规划及管理提供非常重要的信息。对于港口绩效评价,传统的方法有很多,而从港口效率角度进行定量分析的研究却并不多见。从经济学角度上讲,港口效率是对其资源的有效配置,是投入产出能力、竞争能力和经营管理水平的总称。近几年来,在衡量港口生产效率的研究方面有了比较大的进展,尤其是利用非参数前沿方法研究港口效率进展更大。因此,本章将选择中国主要沿海港口来分析中国港口业的生产力成长与技术变动,并通过这些分析来透视整个港口业的发展变迁。

11.2　中国主要沿海港口经营效率及其变动

本章所分析的港口业的生产力与技术变动是建立在港口生产基础上的,并非参数方法。在分析中国港口业生产力与技术变动以前,我们首先来分析港口业的生产及经营效率,通过分析港口业的生产经营效率可以发现中国港口业在资源利用与生产方面是否存在低效率等问题。

11.2.1　港口业经营绩效评价研究进展

港口主要是为航商和货主以及内陆运输提供服务,因此港口提供的服务具有复杂性的特点,很难用单一的绩效指标来衡量。用多重指标衡量港口绩效的研究有 Talley(1994)对澳大利亚港口业的绩效分析以及 UNCTAD(1987)的研究。Talley(1994)在此基础上进一步使用单一绩效指标进行衡量——用每单位美元利润的港口货物吞吐量来衡量港口的绩效。这种方法能克服多指标衡量的不足,用多指标进行绩效评价时,有时会出现一部分绩效指标改善而另外一些绩效指标恶化的情况,这时对总体效率变动情况很难判断。为了更准确地评价港口绩效,一些评价方法相继问世。例如,估计港口的成本函数(De Neufville and Tsunokawa,1981)、估计港口的全要素生产率(Kim and Sachish, 1986)以及利用多元回归分析建立港口绩效和效率分析模型(Tongzon, 1995)。

近几年,一些研究开始用 DEA 方法分析港口绩效,这种分析方法与传统分析方法明显不同。最大的不同是,DEA 方法可以用来分析具有多种投入和多种产出的复杂生产关系,这恰好符合港口服务的特点。同时,DEA 方法无须指定投入、产出间的特定技术函数关系,这也正好适合港口服务这样具有较复杂投入、产出关系的决策单位的绩效评价。

在这一类研究中,Roll 和 Hayuth (1993)率先迈出了尝试性的一步。然而,他们的研究只能看做是将 DEA 应用于港口部门的一个理论探索,而不是一个真正意义上的应用,因为他们并没有收集实际数据并进行分析。Martinez-Budria et al. (1999)将 26 个港口分成三组,即高复杂性组、中等复杂性组和低复杂性组。在利用 DEA-BCC 模型对这些港口效率进行考察后,研究指出,高复杂性组港口具有较高效率,相应地,其他港口具有中等效率和低效率。Tongzon (2001)使用 DEA-CCR 模型和 DEA 可加性模型分析了 1996 年 4 个澳大利亚港口和其他 12 个国际集装箱港口的效率。然而,由于数据缺乏,样本空间小(仅有 16 个观测值),研究结果是,有效率的港口要多于无效率的港口。由于存在这个严重缺陷,作者建议,进一步的研究应该扩大样本数量。Valentine 和 Gray (2001)应用了 DEA-CCR 模型分析了 1998 年世界前 100 名集装箱港口中的 31 个集装箱港口的效率。

以上文献用 DEA 方法评价港口绩效时存在两方面不足:一是它们对港口绩效的评价都是利用标准的 DEA 模型进行分析的,如 CCR 模型和 BCC 模型,因此评价的都是某一特定时期的静态效率;二是从数据上看,以上研究或者存在样本数量不足,或者存在数据分析不足,即没有将效率进行进一步分解。本章拟用 DEA 模型、Deap 2.1 软件和 Malmquist 生产力指数对我国沿海主要港口的效率进行排序和动态分析,并尽量扩大样本容量和空间,以保证实证分析结果的稳定性。

11.2.2　研究方法选择与数据

关于港口效率分析,目前国际上使用 DEA 方法分析港口效率的文献中,几乎所有研究都将货物吞吐量列为产出指标。一些研究还将其他项目列为产出指标,如用户满意度或者港口利润等。对于港口投入指标,主要从资本、劳动和土地三个角度去衡量。其中,资本投入是港口最重要的投入,所以几乎所有研究都重点强调了资本投入指标。在资本投入项中,码头泊位长度、起重机数量和泊位数量是最重要的指标。此外,堆场面积和员工人数等也是较为常用的投入指标。有些研究 (Martinez-Burdia,1999)从费用角度考虑港口的投入也是可行的。本书研究我国 44 家沿海主要港口,港口的数据来自《中国交通年鉴》、《中国港口年鉴》和《中国海 洋统计年鉴》(2003~2008),我们采用 2002~2007 年的数据进行分析。关于我国 港口投入、产出指标的选择问题,我们选择港口总吞吐量作为港口的产出指标,拟 选择港口总泊位长度、泊位数量、堆场面积和起重机数量作为港口投入指标,但是, 在查找这些数据时,我们仅能获得关于泊位长度和泊位数量比较全面的信息,因 此,限于数据的可获得性,本书只能选取两个投入指标:港口泊位长度和港口泊位 数量①。本书共得 44 家沿海港口有效数据,共 264 个投入、产出观测值②。

11.2.3　中国主要沿海港口生产技术效率与规模效率分析

利用前面所选择的样本数据和研究方法,我们可以获得 44 家沿海港口 2002~2007 年的生产经营效率,根据这些实证结果,我们可以对这些港口的技 术效率与规模效率进行评估与分析。

(1)中国沿海港口生产技术效率与规模效率分析

本章主要采取 BCC 模型,而 BCC 模型的效率分析可从综合技术效率值、纯 技术效率值和规模效率值三方面开始着手。我们将 44 家沿海港口三年的投入 产出数据经过 DEA 的软件 Deap 2.1 运行计算所得到的综合技术效率值、纯技 术效率值和规模效率值的结果进行整理,可以获得各年度各效率的平均值,我们 将其列于表 11.2 中并加以说明。

表 11.2　我国 2002~2007 年主要沿海港口的平均效率值表

我国沿海港口业	2002 年	2003 年	2004 年	2005 年	2006 年	2007 年
综合技术效率平均值	0.346	0.291	0.360	0.341	0.321	0.319
纯技术效率平均值	0.524	0.450	0.463	0.521	0.522	0.509
规模效率平均值	0.683	0.670	0.779	0.695	0.643	0.655

根据表 11.2,我们可以画出我国沿海港口的技术效率、纯技术效率与规模

---

① 这样选择指标的确有粗陋的嫌疑,事实上还有很多可以代表港口投入的指标,即使对于泊位这 个投入值而言,因为泊位有不同的等级,一概而论也有不妥;产出指标也存在不足。但是,在目前由于我 国港口统计分类还不够详细、不够全面,限于数据可获得性,我们不得已做出这样的指标选择。尽管如 此,本书效率模型的分析并据此得出的结论在一定程度上还是反映出我国港口业存在的主要问题。

② 因为篇幅关系,作者略去 44 家港口的投入、产出观测值,感兴趣者可向作者索要。

效率平均值的变化趋势图,如图 11.3 所示。

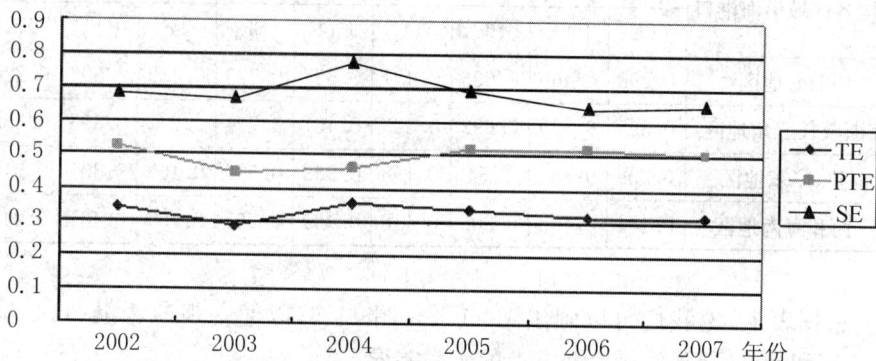

图 11.3 我国沿海港口各年平均效率值

注:TE、PTE 和 SE 分别代表综合技术效率、纯技术效率和规模效率。

由表 11.2 和图 11.3 我们可以看出,我国沿海港口业的综合技术效率平均值都比较低,这说明我国沿海港口业的整体效率比较差。同时可以看出,在各年度中规模效率的平均值都高于纯技术效率的平均值。由此我们可以知道,我国沿海港口的无效率主要来自纯技术无效率,纯技术效率衡量的是以既定投入资源提供相应产出(或服务)的能力。我国沿海港口业的技术效率低可能是因为港口基础设施相对于港口吞吐量而言过多,或者运量不足及经营不力所造成。

从另外一个角度来看,虽然我国沿海港口业也存在着规模无效率,但是它并不是总体经营无效率的主轴。分析规模无效率的原因,我们会发现,因为港口毕竟还是一个规模经济的行业,因此具有强大的货物吞吐量支撑下的较大规模港口才会达到较高的规模效率。从这一个角度来看,我国的沿海港口数目众多、分散,而且规模小,这恰恰是港口规模无效率的根源。从根本上消除我国沿海港口的规模无效率,就必须整合目前的港口资源,根据经过科学论证的全国港口发展规划进行整体布局安排,以节约资源、提高港口规模效率。

(2)中国各区域沿海港口效率分析

我国沿海港口业发展并不平衡,各沿海港口吞吐量的货物构成以及各区域港口在全国和地方经济发展中的功能定位也各不相同,管理体制也各具特点,这些都会间接地影响到港口的经营效率。沿着我国海岸线将本书所研究的 44 个沿海港口分成四大区域,它们是:环渤海地区(包括天津、辽宁和山东省)、江浙及长三角地区(包括江苏、浙江和上海)、福建和广东地区以及广西和海南地区。我们将 Deap 2.1 得出的计算结果整理出来,列于表 11.3 中,表 11.3 列出了 2002年、2004 年和 2007 年的情况。

表 11.3　我国分区域港口经营效率分析

我国各区域沿海港口	2002 年			2004 年			2007 年		
	TE	PTE	SE	TE	PTE	SE	TE	PTE	SE
环渤海地区	0.298	0.469	0.636	0.431	0.557	0.773	0.439	0.605	0.726
江浙及长三角地区	0.395	0.569	0.692	0.325	0.461	0.704	0.221	0.396	0.558
福建、广东地区	0.209	0.387	0.54	0.198	0.353	0.562	0.153	0.301	0.510
广西和海南地区	0.144	0.473	0.305	0.118	0.462	0.257	0.104	0.431	0.241

根据表 11.3,我们可以画出图 11.4～图 11.6,以便直观地看出 2002 年、2004 年和 2007 年各区域沿海港口的效率差异。

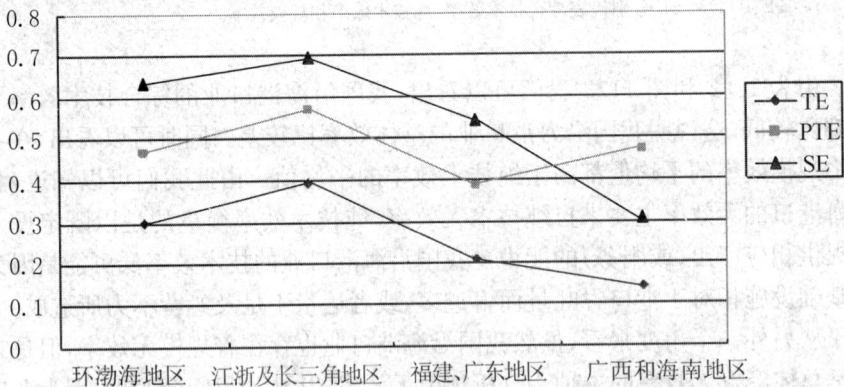

图 11.4　2002 年我国不同区域沿海港口平均效率值

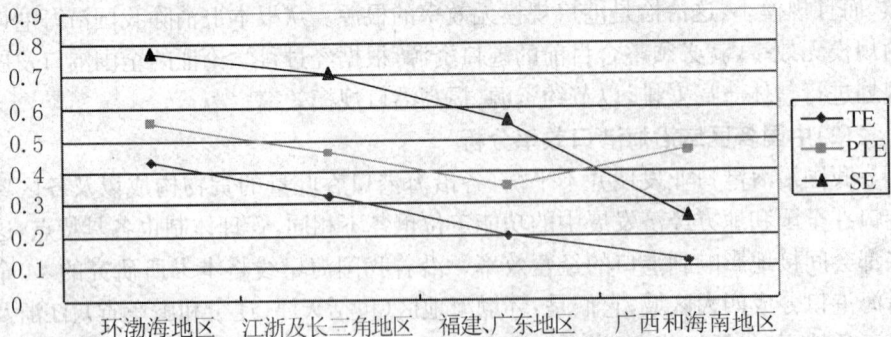

图 11.5　2004 年我国不同区域沿海港口平均效率值

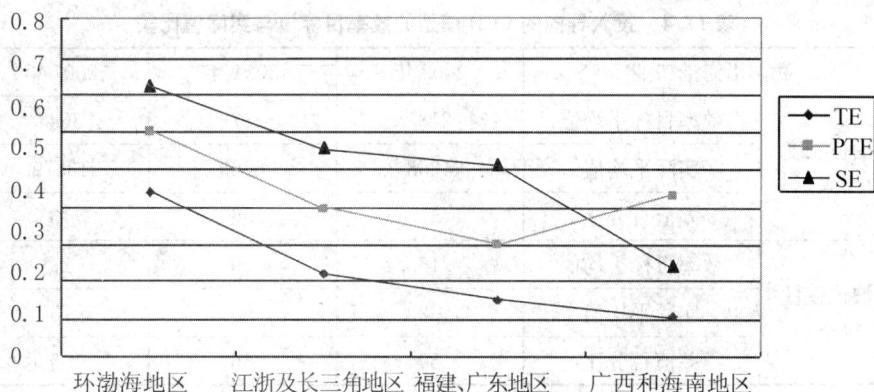

图 11.6 2007 年我国不同区域沿海港口平均效率值

由表 11.3 及图 11.4～图 11.6 所示,各区域沿海港口的效率并不相同。2002 年,江浙及长三角地区沿海港口的经营效率在四个区域中相对最高,其次是环渤海地区,再次是福建、广东地区,最后是广西和海南地区。规模效率排序也是这样。纯技术效率是福建、广东地区排名最低,这与福建、广东地区沿海港口普遍存在的规模扩张程度相对较高不无关系。2004 年和 2007 年,沿海港口的效率排序发生变化,江浙及长三角地区的经营效率由相对第一位下降为第二位,环渤海地区港口的经营效率跃居第一位,其他地区效率排序没有变化。但是一个值得注意的地方是,虽然广西和海南地区沿海港口的综合技术效率平均值最低,但是该地区港口的纯技术效率值并不低,而规模效率在四个区域中最差。这表明,该地区港口的无效率主要是由规模无效率造成,从进一步分析来看,目前这些港口的生产都是处于规模经济增长阶段,因此可以初步判断是由于港口的生产规模较小造成。这表明,该地区港口经营有很好的潜力,而且港口资源整合的空间非常大,通过港口资源整合来减少港口数量、提高港口规模将会大幅度提升该地区港口的规模效率,从而提高整体经营效率。

11.2.4 中国主要沿海港口生产的投入拥挤分析

根据投入导向的 CCR 模型所设定的效率前沿标准,我国沿海港口业在吞吐量不变的情况下,投入应该大幅度下降,根据 Deap 2.1 计算出来的投入目标值与实际投入进行比较,我们可以分析我国沿海港口生产过程中存在的投入拥挤情况。根据实证结果,我们整理出研究样本的沿海港口有效率生产的目标投入值,并将效率目标值与实际投入指标进行比较,如表 11.4 所示。

表 11.4 投入导向的 CCR 模型的效率目标值与实际值比较

我国沿海港口业		2002 年	2004 年	2007 年
泊位长度 （米）	效率目标平均值	2185	2873	3688
	实际平均值	4358	6469	13879
	差值百分比	50	56	73
泊位数量 （个）	效率目标平均值	16	19	27
	实际平均值	32	55	75
	差值百分比	50	66	63

表 11.4 中的效率目标平均值是 CCR 模型根据有效率（效率分数为 1）的港口设定的效率前沿计算出来的，是指无效率港口若要达到有效率的标准应该达到的目标值。我们可以看出，目标值要明显小于实际值，这说明在给定产出水平下存在明显的投入拥挤，即存在明显的港口资源浪费。投入拥挤的程度年平均要达到 50% 以上。2007 年，两种投入的拥挤程度都达到 60% 以上，可见港口资源的浪费程度之大。

同时，我们再从另一个侧面看这个问题。根据产出导向的 CCR 模型所设定的效率前沿标准，我国沿海港口业在既定投入不变的情况下，吞吐量应该大幅度增加。根据 Deap 2.1 计算出来的产出目标值与实际产出进行比较，整理出如下结果，见表 11.5。

表 11.5 产出导向的 CCR 模型的效率目标值与实际值比较

我国沿海港口业		2002 年	2004 年	2007 年
港口吞吐量 （万吨）	效率目标平均值	7419	11758	17748
	实际平均值	3685	5481	8764
	差值百分比	101	115	103

由表 11.5 可以看出，效率目标值要远远大于实际值，差值都在一倍以上。这说明，目前的港口投入水平完全可以支撑更大规模的产出。根据表 11.5 列出的结果，说明现在的产出应该再增加一倍以上才能达到最高效率。表中所列三年产出差值的百分比都在 100% 以上，即要达到效率为 1 的生产经营水平，在既定投入不变的情况下，港口的货物吞吐量应该再增加一倍以上。

比较上面的分析会发现，港口生产一方面是投入拥挤、产出不足，另一方面是规模无效率，这两个看似矛盾的问题实际是一个问题的两个方面，它们都说明了我国港口资源配置的不合理。正是因为港口众多、分散并且普遍规模不大,使得在既定的市场需求下,总体上大规模的需求被分散,这样平均每一家港口它的投入水平相对于被分散的市场需求而言存在过剩,或者说存在投入拥挤。因此,要整体上提高港口的纯技术效率和规模效率,即消除或减少投入拥挤和规模无效率,就必须对沿海港口进行合理布局,从整体上整合港口资源。

11.3 中国主要沿海港口生产力成长与技术变动

前一节分析了中国主要沿海港口的生产经营效率与规模效率及其变动,本节将从生产力成长与技术变动角度来分析中国主要沿海港口的发展变迁。这里我们采用 Malmquist 全要素生产力指数来衡量中国港口业的生产力变动,所采用的投入产出数据与上一节相同。

11.3.1 中国沿海港口的生产力成长与技术变动分析

我们这里对我国沿海主要港口在 2002~2007 年这 5 年内生产力及技术变动情况进行考察,由前面分析可知,表示生产率变动的 Malmquist 生产力指数可以进一步分解为综合技术效率变动和技术变动。其中,综合技术效率变动表示产业管理方法的优劣与管理阶层决策的正确与否,而技术变动表示的是行业的技术进步。综合技术效率变动又可以进一步分解为纯技术效率变动和规模效率变动。由 Deap 2.1 软件给出的计算结果整理出表 11.6。

表 11.6 考察期间内我国沿海港口业的 Malmquist 全要素生产力指数及技术变动

考察期间	综合技术效率变动	技术变动	纯技术效率变动	规模效率变动	Malmquist 生产力指数
2002~2003 年	0.854	1.232	0.787	1.085	1.052
2003~2004 年	1.281	0.854	1.074	1.193	1.095
2004~2005 年	0.955	1.117	1.171	0.816	1.067
2005~2006 年	0.876	1.292	0.976	0.897	1.132
2006~2007 年	0.969	1.072	0.957	1.012	1.038

由表 11.6,我们初步可以得到以下几点结论:

(1)考察期间港口业生产力一直都在提升

在这五个时期间内,我国沿海港口业的 Malmquist 生产力指数都大于 1,该指数大于 1 表明全要素生产力在提升。这五个考察期间全要素生产力指数分别为：1.052、1.095、1.067、1.132 和 1.038,它们意味着在这五个考察期间内我国沿海港口业的生产力分别提升 5.2%、9.5%、6.7%、13.2%和 3.8%。尽管提升的速度有快有慢,但是从总体上看,我国沿海港口业的生产力呈现不断改善的趋势。

我国沿海港口业的生产力持续提升是在中国经济持续高速增长的背景下取得的,沿海港口业的发展离不开宏观经济迅速发展的大背景。我国宏观经济连续 10 年近双位数的增长与我国外贸出口连续超过双位数的增长是促进港口业迅速发展的前提。沿海港口业作为国际物流的重要节点,为促进区域经济发展和国际贸易活动发挥着重要的推动作用。正是在中国经济长期快速增长、国际贸易活动日渐增强的大背景下,中国沿海港口业取得了快速发展,港口业的生产力也因此不断得到提升。

(2)技术变动是生产力提升的关键

由于 Malmquist 生产力指数可以被分解为综合技术效率变动与技术变动,由表 11.6 可以看出,考察期间我国沿海港口业生产力的提升主要来源技术进步,而不是综合效率的提高。表 11.6 显示出,在 2002~2007 年这五个考察期间内,仅有 2003~2004 年期间技术变动指数小于 1,为 0.854,其他期间全部都大于 1,分别为 1.232、1.117、1.292 和 1.072。该指数大于 1 表明,在所考察期间内,后一年跟基年相比发生了明显的技术进步,2003 年相比于 2002 年、2005 年相比于 2004 年、2006 年相比于 2005 年、2007 年相比于 2006 年的技术进步率分别为 23.2%、11.7%、29.2%和 7.2%。

随着我国沿海港口业的快速发展,港口行业无论是基础设施还是港口经营企业,在港航硬件和管理软件方面都取得了很大进步。在港口工程建设与运行管理方面,我国港口业先后引进了卫星遥感技术、卫星定位系统(GPS)、地理信息系统(GIS)和决策支持系统(BSS)等一批高科技成果。这些高科技成果的应用不仅保证了港口安全生产,而且也为港口的科学管理提供了科技支撑,对于港口的建设与经营具有重大意义,也是港口业生产力提升的关键。

11.3.2　中国沿海港口的技术效率变动分析

跟港口业生产力提升与技术进步相比,港口业的综合技术效率变动表现却不容乐观。对于考察期间我国沿海港口业的技术效率变动,通过表 11.6 我们可以发现两点：

(1)沿海港口综合技术效率总体上呈现下降趋势

港口业的综合技术效率变动不容乐观：除了 2003~2004 年期间综合技术效率变动大于 1 外,其余各期均小于 1,2002~2003 年、2004~2005 年、2005~

2006 年和 2006～2007 年四个期间的综合技术效率变动指数分别为 0.854、0.955、0.876 和 0.969。这意味着在这四个时期,港口的综合技术效率在下降。港口的综合技术效率不仅受港口基础设施建设等硬件以及港口腹地经济发展水平等供需因素影响,而且也受到港口经营与管理等软件因素的影响。在硬件因素不变情况下,港口业的整体管理方法与港口当局的决策是影响该项指标变动的关键因素。再进一步分析影响综合技术效率变动的两个指标会发现,综合技术效率的下降是受到纯技术效率和规模效率两方面因素影响的结果。综合技术效率变动指数小于 1,从本书所选择的投入指标来看,说明我国沿海港口当局普遍存在扩大投入能力的倾向,即各港口普遍存在大规模增加基础设施,如增加泊位数量、扩大堆场面积等,由于产出(港口吞吐量)受到其他因素(主要是腹地经济的发展水平等)影响,无法随着港口投入能力的增加而相应增长,因此会出现技术效率下降的情况。这也从另一个侧面表明,我国沿海港口业盲目扩张的结果是以牺牲资源和效率为代价的。

(2)港口业发展竞争大于合作导致资源利用低效率

进入 21 世纪以来,随着中国经济的持续快速增长,中国沿海港口城市对于港口的建设进入了"白热化"的竞争阶段。各地方政府为了在经济发展中争取有利的竞争地位,都试图通过大举兴建港口来抢夺经济发展中的战略制高点,带来的结果是同一区域内出现功能相似、定位雷同的多个港口,为吸引货源采取低价竞争、以邻为壑的现象。这不仅浪费资源,而且在港口管理与经营方面也陷入恶性循环,造成港口生产经营效率下降。

11.3.3 研究结论与引申

本部分利用 DEA 模型和 Malmquist 全要素生产力指数对我国主要沿海港口的经营效率、生产力与技术变动进行分析,研究结果表明:第一,我国沿海港口业总体上效率很低,而且纯技术无效率是造成我国沿海港口业整体上经营无效率的来源。同时,我国沿海港口众多,并且普遍规模较小,这是导致港口规模无效率的根源。然而,改变这一现状的结论不是像目前那样普遍上规模,而是应该整合港口资源,减少沿海港口数量。第二,由各区域沿海港口的效率比较发现,各地区港口的效率并不平衡。从总体上看,环渤海和江浙及长三角地区沿海港口的总体经营效率较高,福建和广东地区沿海港口的经营效率则比较低。一个值得注意的地方是广西和海南地区,这个地区港口的纯技术效率比较高,而规模效率在四个区域中最差。第三,港口效率改进分析表明,我国沿海港口存在着严重的投入拥挤和产出不足现象。第四,我国沿海港口的生产力与技术变动分析表明,考察期间港口业生产力一直都在提升,技术变动是生产力提升的关键。沿海港口综合技术效率总体上呈现下降趋势,港口业发展竞争大于合作带来资源利用低效率。

当然,以上分析仅是在本研究所获得的数据基础上得出来的结论。事实上,目前有很多因素在制约着港口发展和港口经营效率的提高。首先,我国各沿海港口在集疏运系统方面不同程度地存在"瓶颈",港口经营效率受到"瓶颈"制约难以大幅度提高。集疏运系统的"瓶颈"一方面会降低对货源的吸引力(这间接影响港口的经营效率),另一方面会直接影响港口的经营效率。其次,与国际一流口岸相比,我国沿海港口口岸的通关效率较低(如海关通关效率)。这也直接影响着港口经营效率。此外,统计数据跟实践相比存在滞后、有失客观的现象。例如,我国沿海港口的一些非专业码头存在闲置、改用和占用的现象,这些近几年发生的现象有时在统计数据上难以反映出来,因此会影响到本研究效率的评价。总之,港口经营效率的提高还受到很多环境因素、市场因素和其他相关系统因素的影响。

不管怎样,目前我国沿海港口经济的增长速度年均在 30% 以上,这是一个远高于国民经济增长的数字。在这一高速增长过程中,难免存在不协调因素。我国沿海港口要从根本上提高整体经营效率,就必须用科学的发展观来指导港口管理与经营、来协调港口这个子系统与其他经济系统之间的关系。一方面,通过政府的宏观调控来整合各沿海港口资源,以防止各港口盲目扩张,避免资源浪费;另一方面,要协调港口发展和总体经济发展以及与其他系统发展的关系,并通过协调发展来互相促进,从而从根本上提高港口的经营效率与生产力水平。

参考文献

[1] 蔡博. 基于 DEA 的铁路与公路运输的协调性研究. [硕士学位论文]. 西南交通大学,2007

[2] 冯正民,邱裕钧. 研究分析方法. 建都文化事业股份有限公司,2004

[3] 韩冰雪. 基于因子分析法的吉林省公路运输绩效评价研究. [硕士学位论文]. 吉林大学,2006

[4] 黄镜如,傅祖坛,黄美瑛. 绩效评估——效率与生产力之理论与应用. 新陆书局股份有限公司,2008

[5] 蒋太胜. 基于 DEA 的公路运输企业经营绩效评价研究. [硕士学位论文]. 中南大学,2007

[6] 李贵山. 基于模糊综合评价的吉林省公路运输绩效评价. [硕士学位论文]. 吉林大学,2007

[7] 李京文. 铁道与发展. 社会科学文献出版社,1998

[8] 孟郁. 基于数据包络分析的综合运输效率评价研究. [硕士学位论文]. 北京交通大学,2006

[9] 桑恒康. 中国的交通运输问题. 北京航空航天大学出版社,1991

[10] 沈瑞光. 基于不确定多属性决策方法的汽车运输绩效评价. [硕士学位论文]. 大连海事大学,2008

[11] 王海平. 港口发展战略与规划. 天津人民出版社,2005

[12] 王志永. 中国民航市场结构重组、分类管制与协调政策研究. 中国民航出版社,2006

[13] 张凤波. 中国交通经济分析. 人民出版社,1987

[14] 白雪洁,姜凯,庞瑞芝. 基于外资与土地利用视角的我国主要国家级开发区的运行效率及提升路径选择. 中国工业经济,2008(8)

[15] 曹菁. 试谈中国铁路投资体制改革的实践和深化建议. 铁路经济研究,1999(2)

[16] 陈超,李纪生. 基于 SBM 模型的中国水稻生产效率分析. 农业技术经济,2008(4)

[17] 陈共荣,刘志仁. 论民航机场对地方经济发展的梯层贡献. 求索,

2008(8)

[18] 崔鲜华,李伟. 论我国机场管理的问题与对策. 广州市财贸管理干部学院学报,2002(1)

[19] 丁冬梅. 机场专营权管理模式研究与实践分析. 机场管理,2006(188)

[20] 都业富,朱新华,冯敏. DEA 方法在中国民用机场评价中的应用研究. 中国民航大学学报,2006,12(4)

[21] 甘小丰. 中国商业银行效率的 SBM 分析. 金融研究,2007(10)

[22] 甘小丰. 中国商业银行效率的分析——控制宏观和所有权因素. 金融研究,2007(10)

[23] 高宏伟,刘延平. 铁路行业产出效率的测量与经济政策评估. 统计研究,2006(7)

[24] 高腾. 基于 DEA 的中国地区物流效率研究. 中国市场,2008(6)

[25] 高维贵. 向管理创新要效率——广州白云国际机场迁建工程指挥部合同管理的做法. 民航管理,2006(6)

[26] 顾瑾,陶绪林,周体光. 基于 DEA 模型的江苏省道路交通运输效率评价与分析. 现代交通技术,2008(2)

[27] 顾六宝,张凌洁. 我国铁路经济效率的评价. 统计与决策,2008(4)

[28] 贺竹馨,孙林岩. 我国区域物流相对有效性分析. 科研管理,2006(6)

[29] 胡鞍钢等. 考虑环境因素的省级技术效率排名(1999~2005). 经济学,2008(3)

[30] 孔翔等. 国有企业全要素生产力变化及其决定因素. 经济研究,1999(7)

[31] 贾强,刘军,晏克非. 公路运输绩效评价及动态分析. 交通与计算机,2007(4)

[32] 贾强,刘军,晏克非. 基于 DEA 一致 Malmquist 模型的公路运输系统适应性. 系统工程,2008(10)

[33] 蒋作舟,高金华,宿百岩. 航空百年民用机场的建设和发展. 中国民用航空,2003(11)

[34] 李静. 基于 SBM 模型的环境效率评价. 合肥工业大学学报(自然科学版),2008(5)

[35] 李兰冰. 生产效率视角下我国国际机场的绩效评价. 统计与决策,2008(23)

[36] 李兰冰. 我国铁路系统生产效率的实证研究. 软科学,2008,22(4)

[37] 李兰冰,刘秉镰. 我国对外开放机场的动态生产效率研究. 中国工业经济,2007,12(10)

[38] 刘华,幺培基. 中美铁路行业治理制度及其效率的比较分析. 北京交通大学学报,2007,6(1)

[39] 李小平等. 中国工业行业的全要素生产力测算. 管理世界,2005(4)

[40] 庞瑞芝. 我国国有银行和股份制商业银行的效率差异及投入拥挤实证研究. 中央财经大学学报,2006(10)

[41] 彭胜. 民用机场特许经营权溯源. 机场管理,2005(4)

[42] 邱永和,胡均立,曹嘉麟. 台湾生物科技厂商之成本效率分析. 农业与经济,2003,2(31)

[43] 邵邦胜. 运用系统理论探讨提高铁路运输效率的对策措施. 经营管理,2007(2)

[44] 帅斌,杜文. 物流产业结构的 DEA/PCA 评价. 西南交通大学学报,2006(5)

[45] 孙新宪,胡新建. 基于 DEA 聚类分析的我国中西部机场经营模式研究. 统计与决策,2006(10)

[46] 索贵彬,张晓林. 基于超效率 DEA 方法的第三产业竞争力评价. 统计研究,2005(7)

[47] 谭道君. 关于提高运输效率的思考. 铁道运输与经济,2004(7)

[48] 唐琼沅,张明玉. 面向绩效的机场企业模型构建研究. 机场管理,2005(181)

[49] 王亚华等. 交通行业生产力变动 Bootstrap-Malmquist 指数分析(1980~2005). 经济学,2008(3)

[50] 王云访. 民用机场转型与机场业务的特许经营. 国际航空杂志,2006(1)

[51] 王志永. 中国民航市场结构重组分类管制与协调政策研究. 机场管理,2006

[52] 吴晓. 探讨我国民用机场发展战略——解读《全国民用机场布局规划》. 中国科技投资,2009(1)

[53] 吴卫平. 跨世纪铁路建设投资的贡献分析. 铁路经济研究,2002(2)

[54] 徐存辛. 中国民航机场概述. 民航经济与技术,1995(162)

[55] 叶怀珍,任民. 用 DEA 方法评价旅客列车运营的相对有效性. 西南交通大学学报,1998,33(3)

[56] 余思勤等. 中国交通运输业全要素生产力变动分析. 同济大学学报(自然科学版),2004(6)

[57] 张利,李琪,汪贵浦. 基于 DEA 的中国铁路运营绩效分析及评价. 系统工程理论方法应用,2006,15(3)

[58] 张越,胡华清. 基于 Malmquist 生产力指数的我国民用机场运营效率

分析. 系统工程,2006,24(12)

[59] 郑京海等. 中国改革时期省际生产力增长变化的实证分析(1979～2001). 经济学,2005(2)

[60] 周强. 机场集团管控模式初探. 机场管理,2007(8)

[61] 周旻彤. 现状下提高铁路运输效率的可能性及对策. 上海铁道科技,2008(2)

[62] 朱晓立,叶峻青. 1990～2001 年我国铁路运输效率的综合评价. 技术经济,2005(3)

[63] 2008 年民航机场生产统计公报. 中国民用航空局规划发展司,2008

[64] Aigner,Dennis. ,C. A. Knox,Lovell and Schmidt,Peter. Formulation and Estimation of Stochastic Frontier Production Models. Journal of Econometrics,1977(6)

[65] Altunbas,M. H Liu,Molyneux and Seth. Efficiency and Risk in Japanese Banking. Journal of Banking and Finance,2000

[66] Banker R. D. ,A. Charnes and W. W. Cooper. Some Models for Estimating Technical and Scale Inefficiencies in Data Envelopment Analysis. Management Science,1984

[67] Battese G,Coelli T G Battese and T. Coelli. A Model for Technical Inefficiency Effects in a Stochastic Production Frontier for Panel Data. Empirical Economics,1995

[68] Caves,D. W. ,L. R. Christensen and W. E. Diewert. The Economic Theory of Index Numbers and the Measurement of Input,Output,and productivity. Econometrica,1982

[69] Charnes,A. et al. Measuring the Efficiency of Decision Making Units. European Journal of Operational Research,1978

[70] Coelli,T. et al. An Introduction to Efficiency and Productivity Analysis. Kluwer Academic Publishers,Boston,1998

[71] Cooper,Seiford and Tone. Data Envelopment Analysis. Springer Publishers,2007,2nd Edition

[72] De Neufville and Tsunokawa. Productivity and Returns to Scale of Container Ports,Maritime Policy and Management,1981

[73] Farrell M J. The measurement of productive efficiency. Journal of the Royal Statistical Society,1957,120(3)

[74] Färe,R. ,S. Grosskopf,B. Lindgren and P. Ross. Productivity Changes in Swedish pharmacies 1980～1989：A Non－Parametric Malmquist

Approach. Journal of Productivity Analysis,1992

[75] Huang Cliff and Ting Kun Liu. Estimation of a Non2Neutral Stochastic Frontier Production Function. Journal of Productivity Analysis,1994

[76] Gillen. D and A. Developing Measures of Airport Productivity and Performance: An Application of Data Envelopment Analysis. Transportation Research Part E,1997

[77] Kim,M. and A. Sachish. The Structure of Production, Technical Change and Productivity in a Port. Journal of Industrial Economics,1986

[78] Kumbhakar,S1C1 and C1K1 Lovell. Stochastic Frontier Analysis. Cambridge University press,2000

[79] Martinez-Budria,E. et al. A Study of the Efficiency of Spanish Port Authorities Using Data Envelopment Analysis. International Journal of Transport Economics,1999

[80] Talley,W. K. Optimum Throughput and Performance Evaluation of Marine Terminals. Maritime Policy and Management,1998

[81] Talley,W. K. Performance Indicators and Port Performance Evaluation. The Logistics and Transportation Review,1994

[82] Tongzon,J. L. Determinants of Port Performance and Efficiency. Transport Research A:Policy and Practice,1995

[83] Tongzon,J. L. Efficiency Measurement of Selected Australian and Other International Ports Using Data Envelopment Analysis. Transportation Research A,2001

中国现实经济热点问题系列

主编 刘秉镰
南开大学交通经济研究丛书

中国交通运输产业的政府规制改革

Government Regulation Reform on Chinese Transportation Industry

王燕 白雪洁 著

经济管理出版社
ECONOMY & MANAGEMENT PUBLISHING HOUSE

图书在版编目(CIP)数据

中国交通运输产业的政府规制改革/王燕,白雪洁
著 . 一北京:经济管理出版社,2009.9
(南开大学交通经济研究丛书)
ISBN 978－7－5096－0631－5

Ⅰ. 中…　Ⅱ. ①王…②白…　Ⅲ. 交通运输业－
经济体制改革－研究－中国　Ⅳ. F512.1

中国版本图书馆 CIP 数据核字(2009)第 169890 号

出版发行: **经济管理出版社**

北京市海淀区北蜂窝 8 号中雅大厦 11 层

电话:(010)51915602　　　邮编:100038

印刷:北京银祥印刷厂　　　　经销:新华书店

组稿编辑:郭丽娟　　　　　　责任编辑:郭丽娟
技术编辑:杨国强　　　　　　责任校对:郭　佳

720mm×1000mm/16　　18 印张　　343 千字
2010 年 1 月第 1 版　　　　2010 年 1 月第 1 次印刷
定价:150.00 元(共四册)
书号:ISBN 978－7－5096－0631－5

总　序

　　自古以来，人类文明的进步与交通运输的发展密切相关，交通运输承载着人们每天的生产和生活，交通运输的每一次革命，都拓展了人类活动的时空，推动着人类的全面解放和社会财富的迅速增长。在现代社会中，交通运输虽然是一个有着悠久历史的传统产业，但同时也是蕴涵着无限生命力并不断发展的战略性基础产业。交通运输中系统发展规律不仅要从技术进步的角度加以了解，还需要从经济学的视角去探寻、去发现、去揭示。

　　1987年，由旅美华人、哈佛大学博士、前联合国交通运输署高级专家桑恒康先生创办的南开大学交通经济研究所是我国综合性高校中首个从事交通运输经济研究的学术机构，依托南开大学雄厚的经济学研究基础和力量，开辟了从交通的角度研究经济发展、从经济发展的角度看交通的研究风格，并注重发挥交通经济研究理论联系实际的特点，直接参与国家层面交通运输发展战略决策咨询，成为国内高校中承担国家级和省部级交通研究项目最多的研究所之一。

　　南开大学交通经济研究所从成立开始就瞄准国内外重大理论和应用中的前沿问题开展研究工作。1989年，刚成立两年的交通所就成功主办了我国第一次交通运输项目评估国际研讨会，同年开始承担一系列前沿性交通重大攻关项目，如世界银行"中国国际集装箱多式联运系统研究"、"新亚欧大陆桥地区国际集装箱中转站综合规划"等，到1998年开始成为国家交通运输与物流最高战略决策部门的咨询支持单位，以及2000年交通经济研究在现代物流、产业经济和区域经济领域进一步延伸，成立现代物流研究中心和产业经济研究所。南开大学交通经济研究所的每一步成长，都是全体同仁在老所长"做人、做事、做学问"的精神感召下，勇于探索与辛勤付出的结果。而今日呈现在读者面前的这套"南开大学交通经济研究丛书"也是我们发展的又一次印证。

　　本套丛书包括《中国交通运输产业的改革与发展》、《城市群空间结构演化——交通运输业的作用及机理》、《中国交通运输产业的政府规制改革》和《中国交通运输业生产力与技术变动研究》等，全部由南开大学交通经济研究所的中青年教师撰写。丛书内容的总体安排是在全程扫描中国交通运输业改革与发展的基础上，分别从交通运输对城市群发展的作用、交通运输产业的规制改革以及交通运输产业的效率评价方面对交通运输业做更深入的理论与实证研究。

与以往的交通运输产业研究著作相比，本套丛书具有以下几个特点：

第一，注重对交通运输产业研究热点问题的深入剖析。交通运输作为国民经济发展的基础性产业，其发展与经济社会发展紧密相随并息息相关，由此衍生出一系列值得探讨的理论和实践问题。例如，城市群发展与交通运输的关系，以及对交通运输产业的规制演进等，这些在以往研究中较少涉及的内容，均成为本丛书的研究主题。

第二，以实证研究丰富交通运输产业研究的内容。以往我国对交通运输产业的研究，理论分析重于实证分析，而交通运输作为占用大量经济和社会资源，同时又产生广泛经济和社会效益的产业，对其运行绩效进行评价，并指出提升其经济运行效率的途径是必要而迫切的。因此，本丛书中专设一本来研究交通运输产业的生产力与技术变动，希望借此弥补以往研究中对实证分析的不足。

第三，着眼加强我国交通运输产业发展的对策研究。对交通运输产业研究的根本目的还在于促进交通运输业自身以及与我国经济社会的协调发展，在发展的主题下，无论是理论研究还是实证分析都只是工具，目的是提出有针对性的促进我国交通运输业高效、协调、有序发展的对策。因此，本套丛书特别注重对策研究。

交通的发展是人类社会普遍的、永恒的现象，也是经济学永恒的研究领域。南开大学交通经济研究所愿意与国内外同仁一道，在这条充满艰辛与乐趣的研究之路上持之以恒、孜孜不倦地探索下去。

前　言

我国的交通运输产业是一个非常庞大而复杂的系统，其规制改革是一件极为不易的事情，制度上的路径依赖使得长期形成的计划经济痕迹难以轻易地消除，体制上的相互制约使得无论是哪项改革都有牵一发而动全身的困扰，中国的具体国情又使得发达国家的改革经验在我们这里并不能完全奏效和适用，但正是由于这种难度和挑战，赋予了我国交通运输业规制改革研究的理论价值和现实意义。

交通运输产业属于网络型基础产业，该产业一直以来都是规制与竞争理论的主要研究对象。一般认为，交通运输产业的某些环节或领域具有自然垄断性质，因此，长期以来多数国家的政府一直对其实行垄断经营和严格的产业规制。但是由于传统规制产生的政府失灵问题越来越严重，受规制企业效率低下、入不敷出成为普遍现象，给各国政府造成巨大的财政负担。为了摆脱这种困境，自 20 世纪 70 年代和 80 年代开始，以欧、美、日等发达国家为先导，其他发展中国家紧跟其后，启动了一轮旷日持久的放松经济规制和加强社会规制的改革，我国的交通运输产业也从 20 世纪 90 年代开始加入改革行列。本书正是在这一背景下，以我国交通运输产业为研究对象，从经济、社会、法律等多个视角，全面探索了政府规制改革的一系列问题。

经济规制改革研究涉及四大领域：一是进入规制改革研究，主要分析如何打破原有的垄断经营市场结构，在市场中引入多个经济主体，形成有效的竞争格局；二是价格规制改革研究，主要侧重于在一定的市场结构下，如何通过激励性价格规制模式的选择与实施来刺激企业的竞争行为，以达到降低运营成本、提高生产效率、保护消费者利益等目标；三是投融资体制改革研究，主要讨论如何吸引多元化投资主体参与基础设施建设，以及如何引导社会资金流向交通运输这一重要领域；四是数量规制改革研究，主要针对我国交通基础设施的供给问题，从规划层面讨论交通基础设施建设的规制数量如何科学确定。社会规制系统研究涉及三大方面：一是环境规制，主要分析如何克服交通运输业发展所带来的环境负外部性，以及如何开辟保护环境和交通运输业协调发展的途径；二是安全规制，主要研究如何实现交通运输安全，确保所有交通运输参与者和公民的生命财产安全和身体健康等问题；三是质量规制，主要探讨如何确保和提高交通运输服务的质量，以及如何防止交通运输服务因为放松经济性规制而出现的提供低劣产品或服务等问题。另外，由于交通运输产业是由铁路、公路、水运、民航等多方式共同构成的综合交通运输系统，因此本书还从法律建设的角度，以提升综合交通系统整体效率为目的，对制定我国《综合交通促进法》的必要性、法律定位以及内容框架等问题进行了一些探索。

本书是南开大学交通经济、产业经济学术团队多年来从事交通运输产业系统研究的成果，具有一定的理论高度和重要的应用价值，可作为交通运输经济专业、产业经济专业研究生的教学参考书，也能够为我国网络型基础产业的规制改革提供科学依据。全书共分为 10 章，第 1～4 章由王燕主笔，第 5 章由刘勇主笔，第 6、10 章由刘维林主笔，第 7～9 章由白雪洁主笔。另外，郑梅、卢洁、王愉超、王璐、林坦、谢蕊蕊、赵立青、赵婧、满晓明、房伟等研究生也参与了部分章节的写作工作，在这里一并向他们表示衷心感谢。由于作者水平有限，加之本研究领域尚处于不断探索的发展阶段，书中难免存在疏漏与不妥之处，敬请各位读者批评指正。

作　者

2009 年 7 月于南开园

目　录

1 政府规制概述

规制几乎是所有国家政府用来干预经济活动主体行为的重要手段，其最主要的作用表现在克服自然垄断、信息不对称所导致的市场失灵，抑制外部性所导致的不良后果，以及公共物品所导致的供给不足等方面。本章将重点介绍规制的内涵和政府规制的多重目标，其中规制目标将作为本书政府规制改革研究的重要指向。

1.1 政府规制的基本内涵

规制的内涵将回答什么是规制，谁是规制者和被规制者，规制包含哪些类别和内容等问题，通过明确规制的概念、要素、结构和范围，可以使我们对规制系统有一个更清晰的认识。

1.1.1 规制的名词释义

"规制"一词来源于日本经济学家对英文"Regulation"或"Regulatory Constraint"的翻译。我国学者朱绍文在翻译植草益所著的《微观规制经济学》一书的译后记中对"规制"一词做了详尽的解释，他指出"Regulation"或"Regulatory Constraint"的含义是有规定的管理或有法规条例的制约，若将其翻译成为"管制"、"管理"、"控制"、"制约"、"调整"、"调控"、"规定"等都不符合原意。虽然许多文献在论及计划经济体制时习惯使用"政府管制"，在论及市场经济体制时习惯使用"政府规制"，在论及金融和电力市场时常用作"监管"，在论及电信市场时常用作"规制"，但比较起来，"规制"带有依照规则行事的含义，更接近英文原来的词义，它所强调的是政府通过实施法律和规章制度来约束和规范经济主体的行为，比较准确地表达了政府对于市场经济活动的影响力。鉴于"规制"具有政府管理市场经济的一般意义，因此本书将采用"规制"来表明"Regulation"或"Regulatory Constraint"的含义。

1.1.2 规制的一般概念

对于规制，很多学者都阐述了自己的见解。

日本经济学家植草益认为：规制是在以市场机制为基础的经济体制条件下，以矫正、改善市场机制内在的问题为目的，政府干预和干涉经济主体（特别是对企业）活动的行为[1]，从广义"市场失灵"的角度对规制进行了具体解释。

马基尔（Magill）认为：规制是通过设立政府职能部门来管理经济活动，通过对抗性的立法程序而不是毫无束缚的市场力量来协调产生于现代产业经济中的各种经济冲突。因此，规制这种社会管理方式，存在于政府所有制和自由放任的市场这两个极端的体制之间，产生于当立法者相信存在市场失灵并可通过立法管理形式带来经济和社会合意结果之时。规制反映了在一个"混合经济"中，经济决策一部分是由市场经济主体做出的，另一部分是由公共政府官员做出的[2]，从政府与企业相互作用和公共政策的角度对规制给予了体现混合经济思想的解释。

伯吉斯（Burgess）则从比较狭义的角度对规制的含义进行了描述，他认为政府规制是指政府通过修正或控制生产者或消费者的行为来达到某种特定目的的干预行为，它是衡量政府与市场之间相互作用的一个尺度。政府规制可以决定商品的价格，或者对生产什么及生产多少产生影响。在一些特殊的情况下，政府规制甚至能决定由谁和怎样来生产商品或服务[3]。

维斯库兹（Viscusi）等学者认为，政府规制是政府以制裁手段，对个人或组织的自由决策的一种强制性限制。政府的主要资源是强制力，政府规制就是以限制经济主体的决策为目的而运用这种强制力[4]。

史普博（Spulber）认为，政府规制是行政机构制定并执行的直接干预市场机制或间接改变企业和消费者供需政策的一般规则或特殊行为[5]。

梅尔（Meier）认为规制是指政府控制公民、公司或下级政府行为的尝试，在某种意义上，是指政府对社会范围内公民选择的限制[6]。

我国学者王俊豪认为，政府规制是具有法律地位的、相对独立的政府规制者（机构），依照一定的法规对被规制者（主要是企业）所采取的一系列行政管理与监督行为[7]。

---

[1] 植草益．微观规制经济学．中国发展出版社，1992：19

[2] Frank N. Magill. Survey of Social Science—Economics Series. Vol. 4. Salem Press Inc.，1991：1973~1974

[3] Gile H. Burgess. The Economics of Regulation and Antitrust. Portland State University，1995：4

[4] Viscusi W. K.，J. M. Vernon，J. E. Harrington，Jr.. Economics of Regulation and Antitrust，The MIT Press，1995：295

[5] 丹尼尔·F. 史普博．管制与市场（中译本）．上海三联书店，上海人民出版社，1999：45

[6] Meier，K. J.. Regulation：Politics，Bureaucracy and Economics. New York：St. Martins Press，1985：10

[7] 王俊豪．政府管制经济学导论——基本理论及其在政府管制实践中的应用．商务印书馆，2001：1，98~99

我国学者张红凤认为，现代通常意义上的规制是指政府（或规制机构）利用国家强制权依法对微观经济主体进行直接的经济、社会控制或干预，其规范目标是克服市场失灵，实现社会福利的最大化，即实现"公共利益"，而实证目标则是实现利益集团的利益①。

综上所述，本书所研究的政府规制是指社会公共机构（主要指政府）为了实现一定的政策目标，依照一定的规则，通过运用法律、法规、政策、行政等手段，对市场经济主体（主要指企业）的活动进行限制的行为。即规制就是在以市场机制为基础的经济体制下，以矫正和改善市场机制内在问题为目的，政府根据相应的规则对微观经济主体行为实行的一种直接干预。

1.1.3 规制的主体和客体

规制是由规制机构、消费者和企业三方共同参与的，这三个行为主体相互作用，相互影响。规制的主体是特定的行政机构，规制的客体是微观经济主体，包括企业和消费者，其中企业是被规制的主要对象。

(1) 规制的主体

政府对自然垄断企业行为的管理必须由相应的规制主体来实施，根据规制的概念界定，规制主体应是以政府为主要代表的社会公共机构，而实施规制的社会公共机构将涉及行政机关、立法机关和司法机关等多个层面。其中，立法机关主要负责立法，确定是否对某一行业进行规制，并指定规制的实施机构及其职责；司法机关主要负责解决规制实施过程中产生的纠纷；行政机关则主要指具体执行规制的政府部门及下属部门。

1) 规制主体的权威性。作为规制实施的主体，规制机构的权威性主要表现在以下几个方面：首先，规制机构有权根据总的规制政策和目标，制定详细规则，行使类似于立法权的权力；其次，规制机构有承担从信息搜集到法律执行的各种行政任务的行政权力；最后，规制机构具有对违法行为进行裁决的权力，这类似于司法权力。如我国的《中华人民共和国证券法》第 180 条规定，经国务院证券监督管理机构主要负责人批准，证监会可以冻结和查封与被调查事件有关单位、个人资金账户、证券账户和银行账户。这无疑是对证监会这个规制机构的"准司法权"的授予。不过，规制机构作为执行规制的主体，也面临着双重约束：一方面，规制机构的规制必然受到政治力量的控制和利益集团的影响；另一方面，规制目标一般均以公共利益为重进而实现社会福利最大化，所以要求规制机构能尽量减少政治或行政因素的影响，避免政府干扰规制机构依法公正地行使权力。

---

① 张红凤. 西方规制经济学的变迁. 经济科学出版社，2005：8

2) 规制主体的独立性。从我国政府规制的具体情况看，具有规制执行职能的机构有两种：一种是国家发展和改革委员会、工商总局、商务部、人民银行总行、环保总局等综合性机构，另一种是银监会、证监会、电监会、民航总局、铁道部、卫生部等部门性机构，即我国的政府规制机构既包括政府宏观调控部门，也包括现存的集规制、行业发展和国企管理三种职能为一身的产业主管部门。首先，规制主体的独立性要求规制机构在结构上与政府政策部门分离，这种分离并非指"独立"的规制机构可以不受政府政策的约束，而是指它能够独立地执行规制政策而不受利益相关方的干扰，尤其是不受可能作为现有公司利益相关者的政府政策部门的不必要的干涉；其次，规制主体的独立性要求规制机构在结构上与产业主管部门分离，这主要是由于目前我国某些产业政企不分的情况依然严重，产业主管部门充当规制者很可能形成规制机构既是裁判员又是运动员的局面，这将大大降低规制的效能。

随着现代企业制度和国有资产管理体制的建立健全，政企分开、政资分开格局的初步形成，目前政监分开已经进入操作阶段。如先后成立的证券监督管理委员会、保险监督管理委员会、国家电力监督委员会等机构，其组织形式、职能范围及运行方式都参照发达国家规制机构的模式，并且基于独立性等因素的考虑，这些机构都具有国务院直属事业单位的法律性质[1]。

3) 规制主体的专业性。有效规制对政府的管理能力和水平提出了很高的要求，因此，规制机构的任职者应该由特定领域的专家组成，具有职务所需的专门知识和技能。规制机构的职能专业化将有助于提高政府规制的绩效，如在信息获取方面，规制机构所具备的专业化能力可以降低信息搜集成本；专门执行某项特殊规制的职能部门，由于专业化程度不断提高，因此可以节约交易成本。规制机构在行使职能时可以以行政规章的形式建立法律法规与标准，并通过监督与制裁来贯彻执行，这也要求规制机构具有一定的人力资源，从政人员自身必须具备相应的专业素质和社会经验，以便能够灵活、综合地实现规制手段。

总之，未来的规制主体必须是政企、政资分开，宏观政策和微观管理职能分离，规制职能尽量综合或集中，设置灵活，具备充足的可支配行政资源和知识结构完善的，以及与自律性行业组织有机合作的行政组织；它们的规章制定、行政执法和司法性裁决权必须尽可能地排除其他政府部门或相关利益集团的干扰[2]。通过专门立法和行政机构体制改革的有机结合，缔造具备权威性、独立性、专

---

① 闫海. 规制机构的独立性——分权理论框架下的论证. 公法研究，2007 (5)：58～59

② 中国基础设施产业政府监管体制改革课题组. 中国基础设施产业政府监管体制改革研究报告. 中国财政经济出版社，2002：14

业性且职能分工合理明确的规制主体结构。

（2）规制的客体

规制的客体是以企业和消费者为主要代表的市场经济主体。

1）企业是规制政策的监管对象。由于受到政府规制的各国自然垄断产业在放松规制改革之前大多都是国有企业，放松规制改革后，又大多实现了民营化，因此无论是公有企业还是私人企业，一般应纳入被规制对象这一范畴，只是规制的方式和规制的程度都在发生变化。西方的政府规制，主要是针对自然垄断和外部性问题，而我国除此之外还存在比较明显的行政性垄断问题。在我国的规制实践中，许多自然垄断产业都是以国有企业为主要形式存在的，尽管电信业、电力业、民航业等都先后实行了政企分开和重组改革，但这些产业一般都因具有一定程度的自然垄断性等理由仍受到政府有关部门的规制。

值得关注的是，当政府对企业进行规制时，理论上对被规制企业的资源配置和经济选择增加了外在限制，改变了企业的供给决策，直接影响了市场的资源配置结构，使被规制企业因受到外在强制力量的限制而处于被动地位①。但在实际运作中，如果规制机构与企业之间存在政企不分的情况，或者企业通过"寻租"等各种方式收买规制者，则企业将会直接影响甚至左右政府的规制政策。

2）消费者是规制政策的保护对象。消费者在规制中有很特殊的地位。理论上讲，消费者在规制过程中是与企业利益集团相抗衡的另一利益集团，但实际上，消费者利益集团的分散性、弱组织性和信息劣势特点决定了消费者必然成为弱势群体。由于规制政策的后果对每个消费者的影响远不如企业大，因此"搭便车"效应使得消费者个体缺乏为集团利益努力的动机，难以与企业相抗争，所以，消费者有时也会成为规制过程的受损者。以出租车行业的进入规制为例，政府的准入许可加大了出租车的综合成本，而增加的这部分成本将提高出租车的服务价格，从而部分转移到消费者身上。因此在规制的过程中，一方面消费者要通过各种形式（如利用政府举办的价格听证会）维护自身利益，使规制朝着正确的方向进行；另一方面政府在进行规制决策时也必须充分考虑消费者利益，做好消费者的代言人工作。

1.2 政府规制的主要内容和审批过程

规制是政府根据相应规则对微观经济主体行为实行的干预，是市场经济条

---

① 马云泽. 规制经济学. 经济管理出版社，2008：24

件下国家干预经济政策的重要组成部分。规制分为私人规制与公共规制，公共规制又分为经济规制和社会规制，本书所研究的规制隶属于公共规制的范畴，通常是指政府对微观经济领域的主体的进入/退出、价格、投资以及涉及安全、环境、质量等方面的一种干预行为。

1.2.1　规制分类

规制依据不同的属性和分类标准，可以分为不同的类型。

根据规制目的的不同，规制可以分为竞争性规制和保护性规制。竞争性规制是指政府对特许权或者服务权的分配，保护性规制是指通过设立一系列条件以控制私人行为而维护公共利益的规制[①]。

根据规制的干预对象不同，史普博将规制分为直接干预市场配置机制的规制、通过影响消费者决策从而影响市场均衡的规制和通过干扰企业决策从而影响市场均衡的规制[②]。

日本学者植草益也详细归纳了规制的 8 类政策：①主要以保证分配的公平和经济增长、稳定为目的的政策——财政、税收、金融政策；②主要为提供公共产品（包括公共设施及公共服务）的政策——公共事业投资、社会公共服务的提供、福利政策等；③主要是处理不完全竞争的政策——反垄断法、商法，依据民法产生的规制企业活动的政策；④主要以处理自然垄断为目的的政策——在公用事业等领域的进入、退出、价格、投资等规制政策；⑤主要以处理非价值性物品和外部不经济为目的的政策——防止和缓解在经济活动中产生的社会问题的规制政策；⑥主要以处理信息不对称为目的的政策——保护消费者利益、公开信息、对广告和说明制约、知识产权的赋予等；⑦与多样化的市场失灵相关的政策——产业政策（新生产业政策、不景气产业的结构调整政策、中小企业政策等）和科学技术振兴政策（包括专利、实用新法、设计、商标和著作权在内的与知识产权相关的政策和标准化政策）；⑧其他政策——特别是劳动政策（与劳动转移、劳动条件、工会、劳动环境等相关的政策），以及与土地、自然资源相关的政策[③]。

规制还可以分为直接规制和间接规制。直接规制是指由政府的行政机关和立法机关直接实施的政府干预，即对特性强烈的公共物品和外部不经济性以及严重影响社会公益活动直接进行约束和规制。直接规制的形式是依据由政府（行政机构）认可和许可的法律手段直接介入经济主体决策，参与其定价、投

---

① 郑奇宝. 从垄断到竞争. 人民邮电出版社，2005：19
② 丹尼尔・F. 史普博. 管制与市场（中译本）. 上海三联书店，上海人民出版社，1999：87
③ 植草益. 微观规制经济学. 中国发展出版社，1992：19～20

资决策、产品销售、原材料选择等经济决策过程。间接规制是指在维护市场经济主体自由决策的前提下，以形成和维持竞争秩序为目的，不直接介入经济主体的决策而只制约某些阻碍市场机制发挥职能的行为。间接规制一般是司法机关为了防止不公平竞争而根据反垄断法、民法、商法等法律制度，对垄断行为、不公平竞争行为以及不公正交易行为等进行的间接制约，如政府实行的反垄断政策、反不正当竞争政策和发布市场信息政策等。直接规制称为狭义的公共规制，直接规制和间接规制总称为广义的公共规制。

由于本书不涉及私人规制问题，以下所论及的规制均指公共规制。依据政府规制特点和内容的不同，本书从经济和社会的两个角度对规制进行研究。经济性规制主要是指价格规制、进入/退出规制、投融资规制以及数量规制；社会性规制主要是指以提供良性的环境、安全和服务质量为目的的政府规制，如制定环境标准与安全标准，要求受规制者提供服务和生产产品必须达到有关标准等。

1.2.2 经济规制

我国学者于立认为，经济性规制不是针对所有涉及市场失灵的经济活动，而主要是针对自然垄断的。非自然垄断（人为垄断）的规制主要是反垄断法的干预内容；而对于自然垄断，则允许它存在，但要规制垄断者行为①。以此为线索，本书所涉及的经济规制主要有价格规制、进入/退出规制、投融资规制以及与产业发展规划密切相关的数量规制等内容。

价格规制主要是指在垄断产业中，规制者从资源有效配置和服务公平供给的观点出发，以限制垄断企业确定垄断价格为目的，对自然垄断性产业的产品和服务的价格水平和价格体系进行的规制。其中，价格水平规制主要针对受规制企业和用户之间的风险和利益分配问题，无论是对提供服务的受规制企业而言，还是对接受服务的用户或消费者而言，无疑都有非常重要的影响。因此，政府机构为了确保资源分配效率和分配公平，都将价格水平作为规制的重要内容。具体地讲，价格水平规制是指对单位产品或服务的收费标准所进行的规制，一般考虑正常成本和合理报酬两大因素并以总成本作为计算依据；而价格体系规制（亦称价格结构规制）主要是针对同一产品或服务对不同的消费阶层和不同的需求弹性制定不同的单价②。对大多数自然垄断产业而言，它们提供的产品或服务往往面向的是不同类型的用户群，不同类型的用户有不同的需求特点，这种需求差异又会产生成本差异，理论上讲，规制价格应该反映这些差

---

① 于立. 产业组织与政府规制研究新进展. 东北财经大学出版社，2006：1
② 于良春等. 自然垄断与政府规制——基本理论与政策分析. 经济科学出版社，2003：74

异，但在产品或服务的生产过程中，许多成本又是"共同成本"，即同时提供多种业务而支付的成本，如铁路的路轨和电信业的传输电路、交换设备等，这就要求规制者监督企业如何将许多共同成本合理地分摊到各种产品或服务之中，该类规制就是所谓的价格结构规制，主要解决生产者的资源和不同用户群的利益分配问题。目前对价格体系方面的规制越来越放松，因此本书主要讨论价格水平规制问题。

进入规制是政府通过发放许可证或是制定较高的进入标准，对企业进入某一产业或对产业内竞争者的数量进行规制，这种规制主要是从产业的规模经济性或成本弱增性角度出发，政府仅允许一家或几家企业进入产业而限制其他企业进入的干预行为。进入规制以限制过度竞争为主要目的，在具有自然垄断产业中从确保规模经济和范围经济，以及提高生产效率出发，特许一家企业或极少数几家企业进入，而限制其他企业进入，如我国的铁路业，对企业进入有严格的规制政策。进入规制主要有许可、注册、申报、资格证书等几种方法；退出规制是指对已进入自然垄断产业的企业在退出方面做出某些限制，主要是由于该类产业一般属于基础性产业，提供的产品和服务在很大程度上是生产和生活的必需品，而且往往难以马上找到其他替代品。因此，为了保证供给的稳定性，政府会限制企业任意退出产业，由政府出面干预，要求进入该产业中的企业提供"供给责任"，以保证产品和服务能够满足社会需求。如美国曾经对铁路企业退出客运经营领域有严格的规制，用立法的手段要求企业不仅要从事有利可图的货运业务，还要提供具有社会公益性的客运服务。

投融资规制通过对投资主体、投资资金渠道来源、投资规模、投资方向进行规制与调控，以满足不断增长的产品或服务的需求，又要防止企业间过度竞争、重复建设。对于交通运输产品这样的准公共产品的投资规制问题，不仅需要解决投资主体问题，而且需要建立包括调控管理、协作、竞争及公私投资者有效地融合到一起的复杂的体制。具体来说，投资规制主要解决以下几个方面的问题：投资主体问题主要解决由政府投资还是由社会投资的问题；建立合理的价格形成、收费机制，要吸引多元投资主体进入公共服务领域，必须以一定的价格机制为支撑，形成回报机制；融资渠道问题，投资必须要有一定的投资来源，融资决定于投资，又制约着投资；投资的流向问题，交通运输产业具有时间分布和空间分布的特征，为了保证投资的效率和效益，交通的投融资流向需要遵从该产业的时空要求。

数量规制是指通过控制数量的方法来达到纠正市场失灵目的的各种干预行为。尽管在以往文献中，采用"数量规制"表述的并不多见，但在涉及公共领域的规制实践中，数量规制的应用十分广泛。在公共领域中，单纯由市场机制调节时容易发生公共产品投资不足的问题，而当政府担当起公共产品的提供者时，由于软预算约束的内在缺陷，又容易出现投资过度的问题，这就需要事先通过科学的计算来确定一个有效的数量，并通过规划、法律、政策等形式加以实施。在交通运输领域主要表现在两个方面：一是对交通基础设施有效规模的控制，世界各国在发展交通运输的过程中，都会预先制定一系列中长期规划、发展战略等来指导交通基础设施的建设，测算未来交通运输的合理数量，进而通过政府审批、资金支持等机制使之符合未来的经济社会发展要求。二是对于交通运输行业中经营者数量的管理，以使交通运输市场实现有效竞争，这部分内容与进入/退出规制在方法手段上是基本一致的。

以上几项内容在规制实践中是相互影响、相辅相成的，如进入规制越宽松，市场上企业的数目越多，将会形成企业间的竞争行为，市场机制发挥作用的空间就越大，此时政府对价格的干预行为如果不改革，则放松进入规制的效果将会大大降低；反过来价格规制的放松，需要一定的竞争环境来配合，否则放松价格规制的政策效果也会大打折扣，如我国台湾地区虽然对航空公司实行了价格幅度管理的规制政策，但由于垄断没有被打破，航空公司的票价往往在价格规制的上限附近运行，使得价格规制的下限标准在一定程度上失去了意义。

1.2.3 社会规制

社会规制是以保障劳动者和消费者的安全、健康、卫生、环境保护、防止灾害为目的，对产品和服务的质量以及伴随着它们而产生的各种活动制定一定标准，并禁止、限制特定行为的规制。目前的总体趋势是，经济规制越来越放松，社会规制越来越受到政府和学术界的关注。20 世纪 70 年代发达国家对社会规制问题的重视开始显现，如美国在这一时期设立了许多有关健康、安全和环境保护的政府规制机构，包括美国环境保护局、国家高速公路交通安全管理局、消费品安全委员会、职业安全与健康管理局和原子能规制委员会等。20世纪 80 年代以来，在西方国家不仅社会规制所占的比重不断扩大，而且社会规制也成为规制经济学研究的热点问题。

(1) 社会规制的缘由

社会规制主要针对经济活动中外部不经济和信息不对称等问题，用来保护环境以及劳工和消费者的健康、安全和合法权益。前者是指交易双方在市场交易过程中，会产生一种由第三方或社会全体支付的成本（如环境污染）、自然资源的掠夺性和枯竭性开采等，对此政府必须对交易主体进行设定标准和收费等方面的规制；后者是指交易双方在市场交易过程中，某一方具有信息优势但不向另一方完全公开，由此造成的非合约成本由信息不足方承担的情况，如假劣药品的制售、对工作场所的安全、卫生隐患不负责任或隐瞒等，对此政府也要实行严格的标准以及信息披露方面的规制。

（2）社会规制的特点

社会规制的特点主要表现在以下几个方面：一是社会规制属于一种具有普遍性质的政府直接规制措施，这种规制措施大多针对具体的行为而很少针对特定的产业；二是社会规制手段较为广泛，它既包括对某些行为的直接禁止或限制，又包括对市场准入、产品或服务质量、特定生产经营行为、生产设备和产量等方面的一系列限制性规定；三是社会性规制通常针对某类特定的行为设有专门的社会规制机构，如美国环保局（EPA）是专门的环境规制机构。当然，也有一些社会规制机构主要是针对某一产业内的某些行为，如由欧盟各成员国代表组成的欧盟民用航空安全管理委员会；四是社会规制的依据既有经济方面的因素，也有政府对一些非经济问题的考虑，如国家安全、意识形态以及文化教育等[①]。

（3）社会规制的重点内容

本书所讨论的社会规制主要包括质量规制、环境规制和安全规制，规制方式主要有设立相应标准、发放许可证、收取各种费用等。

质量规制是指政府为了避免垄断产业提供的产品或服务质量的下降，以及竞争产业提供低劣产品或服务的行为所采取的监督和管制措施。质量是产品或服务的生命。由于产品质量方面产生的问题可能会给消费者带来灾难性损害，对质量的规制措施应该是全方位的，包括事前规制、事中规制和事后规制。事前规制主要涉及产品市场准入规制、产品质量标准规制、消费者购买和使用行为规制和产品信息强制披露规制；事中规制措施是对企业在销售产品的过程中采取的规制，主要包括广告的规制、品牌的规制；事后规制主要是对产品售后服务的规制。

环境规制是指政府为了保护环境，避免由于环境污染造成的外部不经济，实现保持环境和经济发展相协调的目标，对企业等个体的经济活动所采取的规制政策与措施。具体包括工业污染防治和城市环境保护。环境污染等外部性问题存在的原因在于，产权没有明确界定或虽然产权确定但交易成本太高，导致这种行为的收益和成本不能在市场上被权衡，政府可通过直接干预、征收环境税、明确环境产权并降低交易成本等措施加以解决。但这并不意味着政府规制一定有效率，因为外部性问题的解决从根本上讲还是成本（包含交易成本）与收益的比较，即针对外部性这种行为效应，市场或政府干预是否包含较低的社会成本，以产生较高的社会净收益或较低的净损失。只有当实施环境规制政策获得的社会效益大于由规制所产生的社会成本，才意味着这一规制政策相对市

---

① 夏大尉，史东辉等．政府规制理论、经验与中国的改革．经济科学出版社，2003：27

场缺失或市场失灵更有效率，因此，成本—收益分析可作为衡量和评估环境规制政策效率的标准之一。

安全规制是政府为了保证工作场所或公共安全对直接或间接影响到公民的生命财产安全和身体健康的社会经济活动所进行的规制管理行为。安全规制的涵盖范围相当广泛，所有和安全相关的活动都可以纳入安全规制的范畴。安全规制普遍存在于食品和药品、环境、作业场所安全与健康、道路、汽车、核电厂等领域。例如，由劳动安全环境卫生法、保护消费者法、公路交通法、建设标准法、消防法等产生的规制。

1.2.4 规制的审批过程

以美国规制的审批过程为例。首先，规制机构关于联邦规制的新提议必须得到执行机构——美国白宫管理与预算办公室（OMB）的批准；其次，在新提议得到批准之前，OMB 的下属单位——信息和规章事务办公室（OIRA）对提议进行成本—收益分析；再次，OIRA 会与相关机构商议对提议的修改或完全不改变；最后，这些修改一旦获得批准，将在《联邦纪事》（*Federal Register*）上正式公布。

值得关注的是，在规制的审批过程中，政府要对即将实施的规制进行社会成本—效益分析，如果规制的社会效益大于社会成本，规制计划才可能得到批准，反之，规制计划将会遭到否决，这不仅体现了规制制定的规范性，也对政府的规制能力提出了很高的要求。在这些方面，我国政府规制的科学性尚待提高。

表 1.1　美国社会规制总的年收益与成本估计值（对比 1996 年与 2000 年）

单位：10 亿美元

规制内容	1996 年收益	2000 年收益
环境规制	97	1610
运输规制	84	110
劳动力	28	30
其他	45	49
总收益或总成本	254	1799
净收益范围	5	1653

资料来源：OMB, OIRA. Making Sense of Regulations；2001 Report to Congress on the Costs and Benefits of Regulations and Unfunded Mandates on State, Local and Tribal Entities. http：//www. whitehouse. gownmb/inforeg/costbenefitreport，2001

1.3 政府规制的多重目标

政府规制的目标依据性质的不同可以分为经济规制目标和社会规制目标。其中，经济规制的目标主要包括公平目标、效率目标和财务目标，从西方国家政府规制机制研究的发展过程看，所有机制设计的目标函数几乎都是社会福利最大化，追求的是公平目标，而激励相容约束和参与约束则不同程度地反映了效率目标和财务目标；社会规制的目标主要包括可持续发展目标、安全性目标和服务质量目标等，一般是为了避免由于外部性、信息不对称所引发的各种问题，如环境污染、自然灾害、各种事故造成的健康和安全问题，企业的趋利行为而产生的低质产品对安全和健康的损害等。

1.3.1 经济规制目标

成功的经济规制应该能够模拟市场竞争的结果，使得公平目标、效率目标和财务目标能够在一定程度上得以兼顾。

(1) 确保公平的利益分配

垄断使得市场机制不能充分发挥作用，会扭曲社会的利益分配。因此，对自然垄断产业的经济规制一般需要考虑两个方面的公平问题。

1) 运营商和用户之间的公平。运营商和用户之间的公平是指用户和运营商之间要公平地分配利益，或者说社会总剩余中生产者剩余和消费者剩余之间的合理权衡。一般认为，允许垄断运营商长期获取高额利润而不要求其改进业务水平是不公平的，因此公平的目标就是致力于消除这部分经济租金，同时还要确保在运营商和用户之间公平分配因技术进步、管理水平提高而产生的成本降低的利益。

2) 用户和用户之间的公平。用户和用户之间的公平是指在不同的用户群体之间分配利益。如自然垄断产业惯用的交叉补贴机制，就会导致这种不公平的产生。一方面提供补贴的业务价格远远高于成本因而压制消费，另一方面接受补贴的业务价格大大低于成本有可能出现过度消费。如常见的以长途和国际电话补贴本地业务的情况，相当于向需求价格弹性高的业务收税，用来补贴需求价格弹性低的业务，这导致了价格体系与拉姆齐定价原则的偏离和福利损失，政府规制应该有效地控制这种行为。但是如果涉及普遍服务问题，则应该另当别论。大多数自然垄断产业提供的产品和服务是公众的基本生活所需，普遍服务就是要求自然垄断企业以绝大多数人承担得起的价格提供基本服务，服务质量要一视同仁，资费标准要统一，如村通工程、农村公路、电信地区包干等。虽然人人都有获得交通服务、电信服务的权利，但是从企业的角度因为没有利润可图，不是市场机制所致，因此需要政府对提供普遍服务而产生的企业亏损进行不同形式的补贴。

(2) 激励企业提高效率

由于自然垄断产业的垄断经营，企业所受到的竞争压力比较低，在这种情况下，如果不加规制，企业提高内部效率的积极性就会大大降低，因此，无论是进入规制还是价格规制改革，都应以提高这方面的效率为重要目标之一。一般认为，规制应该促进产业提高各种效率，主要包括配置效率、生产效率、动态效率和规模效率等。

1) 配置效率。在完全竞争市场中，市场机制会形成一个合理的价格水平，实现资源的高效配置。但是在自然垄断领域，几乎不存在竞争或竞争很弱，垄断的市场结构使市场机制很难发挥作用，如果不进行规制，垄断企业可能会滥用市场支配力。所谓市场支配力，是指垄断价格的确定和价格差别对顾客有差别地提供服务。将价格确定在边际成本水平之上的这种垄断价格，会影响实现帕累托效率的资源配置，也就是造成资源配置的低效率和社会福利的损失。因此，政府要进行规制来限制垄断价格决策，实现资源的有效配置。

2) 生产效率。生产效率亦称资源运用效率，是指企业如何组织并运用自己可支配的稀缺资源，使之发挥出最大的作用，从而避免浪费现象，用既定的生产要素生产出最大量的产品。生产效率又分为生产的技术效率与生产的经济效率，包括两个相互关联的方面：一方面是在一定产出水平下最具效率的投入组合（资本、劳动力等），另一方面是在一定的成本水平下获得最优的收益。具体地，在现有可以利用的技术条件下，实现投入物的最优组合所带来的效率；以最优的生产规模进行生产所产生的效率；以最优配送系统进行发送所带来的配送效率；实现尽可能高的设备负荷率所带来的设备利用效率都属于生产效率的内容。如目前各国自然垄断产业普遍采用的价格上限规制，就比较充分地体现了提高企业生产效率、技术进步效率和管理效率的目标，其内在驱动机制就是对企业效率增长率有明确的要求。以美国电信业为例，联邦通信委员会认为，随着时间的推移，企业的生产效率、管理水平必然要提高，生产单位产出的成本必然下降，为了使消费者也能够享受到生产率增长带来的好处，必须在价格规制调整时考虑到生产率增长的因素。经过广泛的研究，联邦通信委员会最终将生产率调整因素确定在 3%，即价格规制对企业生产效率的提高提出具体的要求。

3) 动态效率。动态效率指创新效率，创新能推动技术进步，技术进步则改变了企业生产经营的外部条件，使得生产成本大大降低。技术进步是动态的，不同的市场结构类型对技术进步的影响是不一样的。自然垄断产业存在行业的弱竞争性，垄断的市场结构导致市场信息不对称，阻碍了创新，政府必须对此做出反应，通过建立类似于创新环境的激励性规制，使其有利于促进技术创新。

4）规模效率。自然垄断产业具有成本弱增性，由一家或少数几家企业提供产品和服务，通常比多家企业提供相同数量的产品和服务具有较高的规模效率。规模不经济的状况下的竞争是一种低水平的竞争，而低水平的竞争意味着要以更多的资源投入才能得到一定量的产出，表现为经济效率低下。因此，政府规制也要考虑规模效率目标，阻止低效率的非规模经济企业进入自然垄断产业，保证产业的有效规模。

(3) 维持企业的财务平衡

规制的财务目标是指政府规制政策在确保社会公平和内部效率的同时，还要顾及产业的持续发展能力。自然垄断产业具有投资额大、投资回收期长的特点，而且，随着国民经济的发展，对自然垄断产业的需求具有一种加速增长的趋势。为了适应这种大规模、不断增长的需求，就需要自然垄断产业不断进行大规模投资，以提高市场供给能力①。否则，如果企业不具备自我积累、良性发展的能力，这些产业便可能成为制约整个国民经济发展的"瓶颈"，从我国目前的发展阶段看，这个问题尤为突出。所以，政府在规制时要使企业有发展潜力，保证企业维持简单再生产和扩大再生产，除了补偿企业生产成本这个维持企业简单再生产的基本条件外，还要保障企业的合理利润水平，使企业有一定的自我积累、扩大再生产的能力。如我国的电网建设投资额大，投资回收期长，如果企业不具有一定的自我积累能力，输配电业务便可能成为制约电力产业甚至整个国民经济发展的"瓶颈"。因此，通过政府规制确保受规制企业能够获得足够的收入来维持运营并进行将来的投资，便构成政府制定规制政策的第三个目标，这也是在自然垄断产业中通常采用平均成本定价方式的重要理由之一。

综上所述，公平目标、效率目标、财务目标是政府经济规制必须要考虑的三项内容，它是政府制定相应政策的主要经济依据，也是进行规制政策分析的重要工具。这三项内容既包含从社会层面考察的社会目标，也有从企业层面考察的企业目标。这就要求政府在进行经济规制时，既要考虑社会利益，又要兼顾企业利益，协调好各目标之间的关系。

1.3.2 社会规制目标

社会规制主要是为了规避由于外部性和信息不对称所引发的各种问题，以

---

① 王俊豪. 政府管制经济学导论——基本理论及其在政府管制实践中的应用. 商务印书馆, 2001：1，98～99

便实现保护环境，防治公害，防止产业灾害，保障国民安全、健康、卫生以及提高产品或服务质量等目标，从根本上增进社会福利。

（1）克服外部不经济

外部不经济是指生产或消费给其他人造成损失而其他人却不能得到补偿的情况。如交通运输过程中产生的空气污染和噪音污染就是一种外部不经济，排污企业在为自己创造财富的同时，给周边其他单位和个人造成了损害，产生了"外部成本"，而一直以来，这种"外部成本"并没有计算到企业的生产成本中。造成这种现象的根源在于环境资源的不可分割性，使其产权界定成本非常高或根本就难以界定，环境资源全部或部分公共性又使得人们可以互不排斥地共同使用，而不考虑其公正性和整个社会的意愿。由于外部不经济性问题很难依靠市场机制和个人行为来解决，需由政府的公共规制来实现，因此，社会性规制的重要目标之一就是采用准入、标准以及信息披露等方面的监管措施，控制"外部不经济"（External Diseconomy）情况的产生。

（2）保护信息劣势方权益

在社会经济活动中，市场交易双方往往处于信息不对称状态，即在交易过程中，一方控制信息但不向另一方完全公开，由此造成的非合约成本由信息不足方承担，导致安全风险、健康风险、质量风险等问题。因此，各国都将保护信息劣势方权益作为社会规制的重要目标，以便提高社会安全度、健康水平和服务水平。这种社会规制一般采用立法的形式，如规定交通运输安全条例、广告质量的优良度、社会产品或服务的质量、从业人员的职业标准以及劳动安全标准等，力求保障信息劣势群体的权益。

1.3.3 规制目标的冲突和权衡

政府规制虽然致力于实现多重目标，但这些目标之间呈现出相互影响、相互制约甚至相互冲突的关系，政府规制不得不在多重目标之间寻找均衡区域并确定比较合理的均衡点，导致各种规制在目标的实现上呈现出有限性和次优的特点。例如，规制的政策导向应该是在维护社会公共利益的前提下，对企业生产效率产生刺激，同时还要鼓励企业进行必要的投资，这两个基本目标之间就会产生相互影响。自然垄断企业由于缺乏市场竞争压力或内在激励，因而缺乏成本最小化的动力，在资源运用上导致 X 非效率，为了解决这方面的问题，规制的设计应该考虑让市场机制发挥更多的作用。一个众所周知的方法就是利用边际成本定价。运用边际成本来获得生产效率，对于任何一个试图最有效率地利用其资源的社会或组织来说都是适用的。但对于自然垄断产业，边际成本定价虽然能有效地刺激生产效率，但难以解决产业的投资回收问题，甚至造成企业的生存危机。因此，为了保证产品或服务的有效供给，又必须使价格回归至平均成本附近，吸引更多的要素流向该产业，以维持供需均衡。值得注意的是，这种投资的刺激如果把握不好尺度，企业又会产生一种盲目地扩大资本基数的冲动，通过运用过多的资本投资来替代其他投入品，以期获取较多的绝对利润，这种 A—J 效应将会进一步造成生产低效率。由此可见，政府规制的目标导向是模式选择的重要影响因素，即不同政府规制方式只能实现有限目标。

2 规制的相关理论

规制理论是从产业组织理论中衍生出来的分支，它从另一个角度讨论了产业组织领域众多的问题，其主要特征是在产业组织的研究中进一步地引入了政府的角色，对政府和企业间的关系进行广泛的探讨。规制理论历经了公共利益规制理论、规制失灵论和新规制经济学的发展过程，而新规制经济学的建立，又得益于非对称信息经济学、委托—代理模型、机制设计理论的强有力的支撑。本章将对不同阶段的规制理论进行综述，为本书的研究提供最基本的理论和方法工具。

2.1 自然垄断理论

在经济生活中存在着各种各样的垄断，这是政府为什么要对经济进行干预的重要原因之一。垄断主要包括由资源的天赋特性带来产品（服务）的独特性、发明的专利权或版权或像可口可乐配方那样的商业秘密、赢家的垄断、成本特性产生的垄断以及强制形成的垄断[①]。政府规制特别是经济规制主要涉及这些垄断中由成本特性产生的自然垄断。自然垄断的概念在经济学中由来已久，而且对自然垄断的认识也在不断深化。

2.1.1 规模经济与传统自然垄断理论

自然垄断理论萌芽于 19 世纪，英国古典经济学家约翰·穆勒首次提出自然垄断的概念。他主要从自然资源的特性来理解自然垄断，认为如果某种社会制度的垄断权力占有了最稀缺的自然要素——特别是土地，就会产生租金，而"地租是自然垄断的结果"[②]。也就是说，穆勒把地租形成的原因归结为制度安排和自然要素的稀缺性共同作用的结果，而这种结果即为所谓的自然垄断。显

---

① 周其仁. 竞争垄断和管制——"反垄断"政策的背景报告. 国家体制改革办公室产业司委托研究项目，2001

② 约翰·穆勒. 政治经济学原理（上卷）. 商务印书馆，1991：472

然，穆勒的观点并不是自然垄断流行的观点，因为他所提出的自然垄断概念并没有涉及产业经济特性的内涵。

法罗（T. H. Farrer）则是最早从经济特征的角度来理解自然垄断的学者之一。他将自然垄断产业描述为从来没有发生过竞争或即使发生过竞争但最终失败的产业，并具体总结了自然垄断产业五大特征：一是该产业能够提供某种必需的产品或服务；二是该产业的生产环境和地理条件具有天然优势；三是产品不可贮存；四是具有规模经济特征；五是通常只能在垄断的条件下才能实现有效供给[①]。基本上，法罗提出的这五个特征与现实中的自然垄断产业相符。

法罗之后，更多学者对自然垄断理论进行了多角度的研究，比较有代表性的人物是克拉克森和米勒（Clarkson and Miller），他们认为，自然垄断的基本特征是生产函数呈规模报酬递增状态，即平均成本随着产量的增加而递减。这样，由一家企业来提供产品就会比多家生产的效率更高，成本更低。假定一个产业只能容纳一家企业的生存，那么就会有一个幸存者为了降低成本而不断扩大产量，进行低价竞争，最终把对手挤出市场，形成垄断，这就是自然垄断[②]。

综合起来看，传统的自然垄断理论侧重于单一产品范畴，认为随着生产规模的扩大，在一定的产出范围内，自然垄断产业具有生产函数规模报酬递增、投资额巨大、投资回收期长、固定资产沉没成本大等特点，这表明规模经济成为自然垄断产业最重要的性质，即平均成本随着产量的增加而降低，企业规模越大，产品的单位平均成本越小。例如，电力、电信、铁路、民航等基础设施产业都有类似的特征。因而可推出结论，由多家企业提供产品或服务将会导致资源浪费和低效率，而由一家企业进行垄断经营最为划算。这种传统自然垄断的认识，为政府对该类产业实行严格的进入规制提供了理论依据，而且在20世纪七八十年代之前的相当一段历史时期中，很多国家也是如此行事的。

2.1.2　成本劣加性的自然垄断理论

20世纪70年代末以后，自然垄断理论在单一产品和规模经济研究基础上又取得了进一步的拓展，以鲍莫尔（W. J. Baumol）为代表的新自然垄断理论用成本劣加性（Cost Subadditivity）来刻画自然垄断的性质，将单一产品扩展到多产品范畴，在规模经济的基础上加入了范围经济的视角，使得自然垄断的概念得以充实。

---

① T. H. Farrer. The State in Its Relation to Trade. London：Macmillan, 1902

② Kenneth W. Clarkson, Roger Leroy Miller. Industrial Organization：Theory, Evidence, and Public Policy. McGraw—Hill Book Company, 1982：119

鲍莫尔在 1977 年发表的"论对多产业自然垄断的适当成本检验"中首次以多产品企业的成本劣加性来定义自然垄断①。随后，鲍莫尔、潘札（J. C. Panzar）和威力格（R. D. Willig）在 1982 年出版的《可竞争市场理论》②，夏基（W. W. Sharkey）1982 年发表的"自然垄断理论"③ 更加明确地提出，自然垄断的最显著特征就是成本劣加性。

所谓成本劣加性是指单个企业能比两家或两家以上的企业更有效率地向市场提供同样数量的产品，或者说在一定的产量区间内，随着产量或品种的增加，总成本增加的幅度小于总产量增加的幅度。成本劣加性表明，只要成本函数在相关的全部产量范围区间内具有劣加性，就会导致自然垄断。或者说，自然垄断的充要条件是任意产量水平上存在严格的成本劣加性。在成本劣加性的条件下，无论生产采取怎样的资源配置方式，当多个企业的联合生产不如单一企业提供相同产量的成本低时，即使在单位成本上升的情况下，由一家企业提供服务也是最经济的（见图 2.1）。

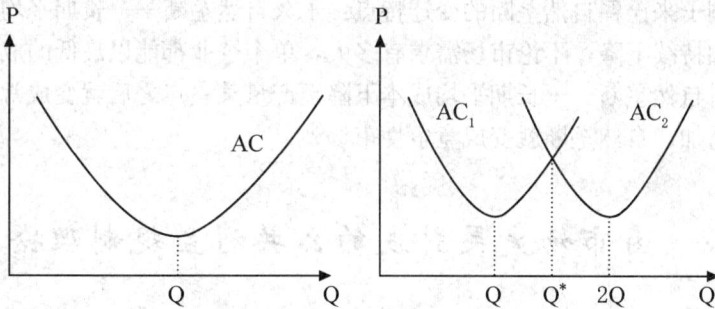

图 2.1　自然垄断的成本劣加性

资料来源：杨圣杰. 浅析自然垄断. 探索，2002（1）：24～28

图 2.1 中的左图显示了单个企业的平均成本曲线，右图中的 AC_1 由左图复制而得，AC_2 即为由两个企业构成的行业平均成本曲线（假设两个企业的成本函数一样）。其中 Q^* 点决定了成本劣加性的范围：当产量小于 Q^* 时，单个企业生产的成本最低；当产量大于 Q^* 时，单个企业的成本优势才丧失。而

---

① W. J. Baumol. On the Proper Cost Tests for Natural Monopoly in a Multiproduct Industry. American Economic Review, 1977（65，5）：810～822

② W. J. Baumol, J. C. Panzar and R. D. Willig. Contestable Markets and the Theory of Industry Structure. New York：Harcourt Brace Jokanovich, 1982

③ W. W. Sharkey. The Theory of Natural Monopoly. Cambridge：Cambridge University Press, 1982

在 Q 点与 Q* 点之间的区域内，平均成本曲线是上升的，即仍存在成本劣加性，该成本劣加性对单产品和多产品来说都是适用的。

在单一产品假设条件下，仅存在规模经济问题，但规模经济只是成本劣加性的必要条件而非充要条件。在多产品假设条件下，不仅存在规模经济问题，也存在范围经济问题，但范围经济也只是成本函数严格劣加性的必要而非充分条件。进一步，规模经济和范围经济同时存在也不能必然得到成本劣加性，即规模经济和范围经济同时成立并不是成本劣加性的充要条件[①]。显然，鲍莫尔等人对自然垄断的新诠释，拓展了传统自然垄断概念的范畴。

自然垄断理论的另一个新进展表现在自然垄断属性的变化方面，沃特森（Waterson）等指出，自然垄断属性并非一成不变。技术进步和需求变化既可能使自然垄断属性消失，也可能使某些原本不具有自然属性的产业具备该属性[②]。如两个地区之间的航空服务需求量大增，就会导致多企业加入这一航线，这类服务的提供就会从一个自然垄断产业转变为寡头垄断。维斯库兹、维纳和哈瑞顿（W. K. Viscusi, J. M. Vernon and J. E. Harrington）也用单一产品的例子来诠释自然垄断的变迁特点：永久自然垄断——长期平均成本随产量的增加持续下降，不论市场需求有多大，单个企业都能以最低的成本生产出来；暂时自然垄断——长期平均成本下降至产量某一点之后就变成常数，随着需求的增加，自然垄断就变成竞争性市场[③]。

2.2 由市场失灵引发的公共利益规制理论

传统规制起源于市场失灵的出现，政府作为公众利益的代表者，当市场机制因垄断、外部性、信息不对称等的存在不能正常发挥作用时，政府为保护消费者的利益和追求社会福利最大化，就要出面对相关经济领域进行干预，即市场失灵是政府进行规制的理由，由此衍生出公共利益规制理论。

---

① John C. Panzar. Technological Determinants of Firm and Industry Structure. Edited by R. Schmalensce and R. D. Willig. Handbook of Industrial Organization, Volume 1, Elsevier Science Ltd., 1989

② Waterson, M.. Regulation of the Firm and Natural Monopoly. Cambridge, MA: Basil Blackwell, 1988

③ W. K. Viscusi, J. M. Vernon and J. E. Harrington, Jr.. Economics of Regulation and Antitrust. Massachusetts: The MIT Press, 1995

2.2.1 公共利益规制理论的起源

关于政府与市场的争论，从来就是西方经济学发展过程中的一个重要议题。规制理论的产生与两大主流思潮论战的胜负有着直接的关系。19 世纪，新古典经济学以"供给会自动创造需求"的萨伊定律（Say's Law）作为核心，主张生产决定论的经济观，并长期占据主导地位。而以凯恩斯（John Maynard Keynes）为代表的国家干预主义则一直作为"在野"思潮对其加以批判和抨击。直到 1929~1933 年大危机的到来才宣告了自由放任主义的破产，自由放任主义思潮遭受了前所未有的挑战和动摇，而面对生产过剩束手无策的政府则从国家干预主义那里找到了缓解危机、走出困境的"理论援助"。凯恩斯于 1936 年发表的《就业、利息和货币通论》运用宏观动态分析方法，比较系统地形成了以"国有化"、"福利国家"和"市场经济"为主要内容的"混合经济"理论，为国家干预经济的合理性提供了一整套理论证明。

实际上，早在 19 世纪中叶，一些西方国家政府就认识到铁路、煤气、自来水等行业具有自然垄断的特点，其垄断势力很可能对公共利益造成损害，于是对行业的经济活动实行了公共规制。从那时候起，经济学界开始了对政府规制理论的最初研究[1]。如杜普伊（Dupuit）作为第一个强调规制设计问题的学者，探讨了价格规制问题，研究市场失灵和政府的矫正措施[2]；再如穆勒（Mill，1848）对伦敦煤气和自来水等自然垄断产业的竞争状况进行了研究，指出在自然垄断存在以及大规模经营才有利的情形下，最好的政策是将该产业看做是一项公用事业，由政府经营或交给条件最好的企业经营[3]。此后，许多学者围绕这一主题进行了广泛研究，从而衍生出公共利益规制理论。

2.2.2 公共利益规制理论的主要观点

公共利益规制理论由理查德·波斯纳（Richard A. Posner）于 1974 年提出，他认为，在集中度高和具有外部性的产业中，如果让市场任其发展，那它将是极其脆弱的，并且容易出现运行缺乏效率和公平的情况[4]。公共利益规制理论是在传统的市场失灵观点的基础上建立起来的，它假定规制机构具有完备

① 王雅莉，毕乐强. 公共规制经济学. 清华大学出版社，2002：3

② Barback，R. H.. On the Measurement of the Utility of Public Works. International Economics，1952（2）：83~110

③ John Stuart Mill. Principles of Political Economy with Some of Their Applications to Social Philosophy. Republished by W. J. Ashley，ed. London：Longmans，Green. 1932

④ Richard A. Posner.. Theories of Economic Regulation. Bell Journal of Economics and Management Science，1974，5（2）：335~358

信息即规制中不存在信息不对称，规制机构可以采用相应手段矫正市场失灵，而且规制机构能够代表公众利益为社会谋福利。该理论认为，无规制的市场一般是失灵的市场；只有在一定情况下，无规制的市场才是高度竞争的有效市场。任何产业的生产过程都明显具有规模经济性和规模成本递减的特征，而企业在追求上述两个目标时必然会逐步走向垄断或寡头垄断，从而最终导致低效率和不公平交易。在此情况下，政府规制可以矫正市场失灵，提高市场效率，特别是政府进入规制可以保证规模经济的有效性，政府价格规制可以抑制企业制定垄断定价，从而保护消费者利益，并改善垄断厂商提供产品和服务的市场行为。

2.3 基于政府失灵的利益集团规制理论

公共利益规制理论建立的基础是认为通过政府规制能够克服市场失灵，于是对这种政府规制效力的实证检验便成为对该理论的试金石。在实践中，这种以维护公共利益良好愿望为出发点的政府规制，由于规制目标与规制结果不相一致，因此"规制失灵"问题越来越受到人们的普遍关注，对公共利益规制理论的批判也随之而起，并成就了以规制俘虏理论和规制经济理论为延展内容的利益集团规制理论。利益集团规制理论始于对公共利益规制理论的质疑和批判，并在"寻求规制政策的政治原因"的研究主题下产生和发展起来①，该理论经历了规制俘虏理论和规制经济理论两个发展阶段。

2.3.1 对传统规制理论的质疑

对公共利益规制理论的质疑始于很多学者对规制实践进行了大量实证研究，实证结果表明，公共利益规制理论的目标很难达成，而且这种规制还带来了诸多传统规制本身难以克服的负效应。对于传统规制理论的批判主要表现在以下几个方面：

第一，由于受规制的垄断企业没有外部竞争的压力，造成企业内部低效率，又称之为"X非效率"。美国学者莱本斯坦（Harvey Leibenstein）认为，自然垄断的传统观点假定企业能有效地购买和使用生产要素，垄断的弊病只是价格和产量的扭曲，垄断的福利损失仅限于哈伯格三角形。而实际上，处于垄断状态的企业很难有效地购买和使用生产要素，因为在受规制的垄断市场环境中，垄断企业没有外部竞争和生存压力，上至经营者下至作业者都会形成一种

---

① 张红风. 利益集团规制理论的演进. 经济社会体制比较，2006（1）：56

惰性，久而久之，惰性变成惯性，垄断企业内部就产生了"X非效率"①。

第二，由于规制者和被规制者之间存在着信息不对称，导致企业产生道德风险和逆向选择的行为。很明显，具备完全信息的规制者在实践中是不存在的，一般情况下受规制企业对成本、市场需求、技术变动、服务质量等具有信息优势，它们会在规制过程中充分利用这些信息优势来增加利润或追求其他管理目标，使得规制者和消费者处于不利地位。以传统的回报率规制为例，它作为政府设计的一种规制合约，其支付原则（或收费原则）仅仅依赖于不变的投资回报率和投资水平，也就是说，无论企业努力与否，政府最终对其的支付水平不能对企业的努力程度产生内在影响，这必然引致道德风险问题的发生；即使是高激励的价格上限规制，在信息不对称条件下，也会导致受规制企业的机会主义行为。一方面，这种规制模式在理论上为企业降低成本提供了最大的激励，在基于价格上限约束的企业价格决策条件下，企业每节约1单位成本就意味着增加1单位净收益，即企业对成本节约拥有完全的剩余索取权，这一事实刺激了企业不断努力降低成本。另一方面，这种规制模式也导致了企业产生隐瞒成本类型的冲动，企业将乐于使规制者确信它们具有比实际水平更高的成本，以便使规制者设定较高的价格上限，这样企业就可以获得更多的攫取利润的空间，当然这是以侵占消费者剩余为前提。当规制者不能分清企业成本类型是高是低时，价格上限规制就存在着一个潜在的逆向选择问题。

第三，由于在政府对自然垄断企业的规制中，大多假设规制者是公众的代言人和国家利益的维护者，因此会导致两方面的问题：一方面，规制者把规制视为一个简单的行政过程，与受规制企业之间形成命令和服从的关系。实质上，这种逻辑忽略了规制的合约性质，忽略了政府与企业之间的委托—代理关系，忽略了受规制企业对政府规制的策略性反应，因此，传统规制的这种逻辑必然会附带出许多政府规制的低效问题，也是使规制目标无法得到真正落实的根本原因。另一方面，在规制实际运作过程中，规制者不仅是公共利益的维护者，也是自身效用最大化的追求者，这种双重身份有可能导致规制者利用自身的权力与受规制企业形成合谋。自然垄断产业具有明显的规模经济性，投资额巨大，回报相当可观，因此，巩固垄断地位成为企业获取利益的重要途径。为此，企业将不惜投入大量资源以促进财富由消费者（通过定价）或政府（通过补贴）向垄断者转移，即通过损害国家或消费者的利益，以达到追求自身效用最大化的目的，这就大大提高了受规制企业向规制者"寻租"的动机。被规制利益集团与政府规制官员之间的"寻租"、"创租"行为一旦出现，将造成社会

---

① Leibenstein, Harvey. Allocative Efficiency vs. "X－Lnefficiency". American Economic Review，1966（56）：392～415

成本的增加，违背规制的初衷。

在对传统规制理论质疑的过程中，规制研究也有了进一步的拓展，利益集团规制理论和可竞争市场理论就是伴随着对公共利益规制观点的批判而产生的。

2.3.2 规制俘虏理论

"规制俘虏"常用来形容被规制企业控制了规制机构政策过程的这样一种经济现象①，它是在与公共利益规制理论的交战中逐步确立起来的。规制俘虏理论（Capture Theory of Regulation）是利益集团规制理论（Interest Group Theory of Regulation）起步期的一种观点，这一理论最早可追溯到马克思关于大企业可以控制政府机构的观点，到 20 世纪六七十年代，一些具有洞察力的经济学家更为深入地开始研究传统规制的利益受众问题，用经验研究的方法证明了规制的无效性，同时又论证了规制的结果往往有利于受规制企业的利益集团。

例如，对 19 世纪末美国规制历史特别是对 1887 年州际商业委员会（ICC）实施的铁路运价规制的实证研究表明，规制并不能很好地解决市场失灵问题，不仅如此，规制非但没有维护公共利益，反倒朝着有利于生产者的方向发展，提高了产业内厂商的利润，如出租车行业中，政府规制阻止了新的进入者，并允许定价高于成本。再如，施蒂格勒（G. J. Stigler）也对 1912～1937 年美国各州电力公司的收费情况从三个方面进行了分析。从电费水平方面，考察了规制与无规制的两种状态，认为规制的目标应该使电费有所降低；从电费结构方面，考察了用电大户与用电小户电费金额的比率，认为规制的目标应有利于小户；从股东收益方面，考察了不受规制或刚受规制的公司投资者是否比长期以来处于规制之下的公司投资者的收益更高。研究结果发现，受规制的公司与不受规制的公司相比较，其电费水平、电费结构和股东收益都没有很大的区别。由此他得出两方面的解释：一是规制理由——供电企业是垄断企业——或许不成立，动摇了规制的前提；二是规制可能根本没有收到预期的效果（降低电费），规制机构实现规制目标的能力值得怀疑②。这些经验研究促成了规制俘虏理论的产生和发展。

与规制公共利益理论完全相反，规制俘虏理论认为，规制的提供正适应产业对规制的需求，不仅立法者能被受规制产业控制，而且规制机构也会逐渐被

---

① Levine, M. E. Regulatory Capture in New Palgrave Dictionary of Economics and the Law, 1998 (3)：267～271

② G. J. 施蒂格勒. 产业组织和政府管制. 上海人民出版社, 上海三联出版社, 1996：157～177

产业俘获，从这个角度上来看，规制方案的设计也必然受到在位企业的影响，成为其提高自身利益而不是社会福利的工具。

规制俘房理论在一定程度上解释了长期以来规制目标难以实现，规制结果总是有利于生产者的现象，从而说明了公共利益规制理论的基础是不牢靠的。不过，该理论也因存在明显的缺陷而受到了很多指摘。一是它没有提供规制机构如何被企业收买的科学依据；二是它没有解释清楚在规制过程中，消费者、劳动者组织和厂商都作为利益集团，为什么规制者不受其他利益集团的影响，而总是被受规制产业所左右，而且规制实践中也存在着通过规制使得受规制企业利润降低的例证；三是它不能预测当一个规制机构对几个相互之间具有替代关系的产业进行规制时，会偏向哪一产业。由于对这些方面规制俘房理论并没有给出一个圆满的回答，因此规制俘房理论本身缺乏理论内涵和现实解释力，只是在经验研究的基础上证实了公共利益规制理论的目标和结果不相一致的现象。

2.3.3 规制经济理论

由于规制俘房理论有着先天不足，许多经济学者在此基础上又进行了更为深入的探索，规制经济理论（Economic Theory of Regulation）就是在这样的背景下产生的，该理论的发展使利益集团规制理论框架得到进一步拓展和不断完善。我国学者肖兴志对规制经济理论做出了全面概括，总结了生产者总能赢的施蒂格勒理论、生产者和消费者都能赢的佩尔兹曼（Peltzman）理论和利益集团压力竞争的贝克尔（Becker）理论[1]。

（1）施蒂格勒理论

施蒂格勒于 1971 年发表了《经济规制论》一文，在这篇论文中他依然坚持自己的论点，认为规制通常是产业自己争取来的，规制的设计和实施主要是为被规制产业的利益服务的。但更重要的是施蒂格勒首次尝试用经济学的基本范畴和标准分析方法来分析规制的内在机制，开创了规制经济理论。他运用经济学中最常用的标准——供求分析方法分析政府规制问题，将利益集团和政府视为规制的需求方和供给方。一方面，他认为影响一个产业对政府规制需求的主要因素是规制可以提供的多种收益：直接的货币补贴、控制新竞争者进入、干预替代品和补充品生产、实行固定价格等；另一方面，他认为影响政府规制政策决策的主要因素是能否获得稳定其政治地位的支持，即需要被规制产业"必须支付两项政党所需要的东西：选票和获得选票的资源"[2]。施蒂格勒研究

---

[1] 肖兴志. 规制经济理论的产生与发展. 经济评论，2002（3）：67～69
[2] G. J. 施蒂格勒. 产业组织和政府管制. 上海人民出版社，上海三联出版社，1996：224

的假设前提包括：其一，强制力是政府拥有的根本性资源，利益集团可采取行动使政府利用这种独特的资源来改善该集团的福利；其二，规制机构也是由理性人组成的，其行为选择的指向同样是追求效用最大化；其三，规制机构的规制供给与利益集团收入最大化行为的要求相适应，通过政府规制行为，规制者和利益集团均可增加其收入。施蒂格勒模型的中心论题是"规制由产业谋取，并主要根据其利益来设计和运作"。通过分析，施蒂格勒认为规制通常使组织良好的利益集团获益，而生产者对立法过程的影响较之消费者而言具有明显的优势，因此立法者常常被产业所俘虏而规制机构也最终会被产业所控制①。

（2）佩尔兹曼理论

1976年，佩尔兹曼沿着施蒂格勒的思路，对其理论的内容进行了扩展，并最终形成了佩尔兹曼模型。佩尔兹曼模型是一种规制的政治或立法模型，该模型的关键性假设是：规制者为了维护自身利益，在运用规制权力时会选择使其政治支持达到最大化的政策。佩尔兹曼认为"搭便车效应"使较小的利益集团更容易俘虏规制者。在确定价格规制和进入规制等规制政策时，立法者可通过价格、利润等规制政策来决定受规制利益集团的规模以及企业的受益程度，如哪些消费者获益、哪些消费者蒙受损失以及企业的受益程度②。佩尔兹曼模型主要关注哪些行业最有可能受到规制，实践表明，电力、天然气和铁路等垄断行业以及出租车、保险业等相对竞争性行业都倾向于实行经济规制。佩尔兹曼通过研究政治支持函数达到最大支持时的价格问题，证明了最优规制价格处于利润为零的竞争性价格与产业利润最大化的垄断价格之间。生产者和消费者的政治支持都是规制机构获得政治支持的来源，因此规制价格将平衡消费者与生产者的利益。也就是说，立法者或者规制者不会制定使行业利润最大化的价格，而会选择使其政治支持最大化的规制价格。

（3）贝克尔理论

施蒂格勒理论和佩尔兹曼理论虽然有所区别，但其主要观点都表明，立法者可以选择规制政策以获得政治支持最大化。而贝克尔理论对规制研究的切入角度不同，他更强调利益集团之间的竞争，认为规制倾向于增加具有较大影响力的利益集团的福利③。贝克尔认为，在假定其他利益集团行为选择的影响力水平条件下，每个利益集团都会选择使其福利最大化的影响力水平。实质上，这是一种以成本—效益分析为导向的优化问题研究方法。一方面，较大影响力

---

① 王述英，白雪洁，杜传忠．产业经济学．经济科学出版社，2006：439

② 肖兴志．规制经济理论的产生与发展．经济评论，2002（3）：67～69

③ Becker. A.．Theory of Competition Among Pressure Groups for Political Influence. Quarterly Journal of Economics，1983：98

必然耗费集团较多的资源，每个集团都不想提供过多的影响力；另一方面，考虑到运用影响力的收益和成本，每个集团都会选择最佳的反应函数。两个集团相互博弈，当他们都不愿改变其影响力水平时，便形成政治均衡，该政治均衡点是两个集团最佳反应函数的交叉点。也就是说，决定规制政策倾向性的利益集团竞争的结果，这一竞争不仅取决于规制的福利效应，而且也取决于多个利益集团对立法机构或执行机构施加影响力时的相对效率。与施蒂格勒和佩尔兹曼的模型相比，贝克尔模型对公共利益规制理论提供了一定的解释，但他并不认为规制是市场失灵的产物，而认为决定规制活动的是利益集团的相对影响。

总体上，规制经济理论注重了对规制实践中产生的现象的经济学解释，但是由于严格的假设条件，规制经济理论同样受到批评。规制经济理论认为政府只追求自身利益最大化，不关心公共利益，这种绝对化的观点是不完全符合事实的。如果完全从经济人的角度来考察规制行为，势必导致对政府规制存在合理性的彻底否定，因此，与公共利益规制理论一样，规制经济理论也同样存在着进一步探讨的空间。

2.4 为放松规制提供依据的可竞争市场理论

20 世纪 80 年代，美国著名经济学家鲍莫尔提出了影响深远的可竞争市场理论，在为各国政府放松规制提供了理论依据的同时，也对公共利益规制理论的核心观点提出了进一步的挑战。

2.4.1 可竞争市场理论的基本假设与主要观点

可竞争市场理论是于 1981 年 12 月 29 日由美国著名经济学家鲍莫尔在就任美国经济学会主席的演说中首次提出的，1982 年鲍莫尔（W. J. Baumol）、威力格（R. D. Willig）以及潘札（J. C. Panzar）共同出版了《可竞争市场与产业结构理论》一书，将可竞争市场理论系统化和正式化，标志着可竞争市场理论的形成，实践表明，该理论对政府规制体制改革产生了相当大的影响。

可竞争市场理论引入了"沉没成本"和"完全可竞争市场"等概念，其基本观点是：市场上的任何产业，即使是自然垄断产业，如果企业退出市场的时候可以不负担沉没成本，潜在的进入压力会约束在位者实行竞争性定价并以零利润下的最低成本进行有效率生产。这种进入、退出完全自由且无成本的市场就是"可竞争市场"①。

可竞争市场理论建立在以下几个基本条件之下：一是企业进入和退出市场不存在任何障碍，是完全自由的。相对于在位厂商，潜在进入者不存在任何劣势，他们面临相同的外部环境，拥有相同的生产成本和技术水平并生产同质产品。二是潜在进入者能够根据现有企业的价格水平评价进入市场的盈利性。三是潜在进入者能够采取"打了就跑"（Hit－and－Run）的策略，即潜在进入者对市场价格具有高度的敏感性，具有快速进出市场的能力。具体地，当潜在进入者发现市场上存在超额利润时，就进入市场参与竞争，一旦超额利润消失，价格下降到无利可图时，潜在进入者又选择迅速退出市场。

根据上面假定，可以概括可竞争市场理论的主要内容如下：一是可竞争市场上只能提供正常的利润，超额利润为零。在位厂商为防止潜在进入厂商参与竞争，只能制定超额利润为零的"可维持价格"（Sustainable Price），所以垄断并不能阻碍市场的竞争性。二是可竞争市场上不存在任何形式的生产低效率和 X 非效率（X－Inefficiency）。因为生产和管理上的低效率都会增加不必要的成本，如同超额利润一样，会吸引效率较高的潜在竞争者进入市场。因此，从长期看，潜在进入者的威胁会迫使在位企业消除生产和管理上的低效率。

可竞争市场理论可以被看成是"完全竞争市场理论"的一种延伸②。完全可竞争市场，是指市场内的企业从该市场退出时完全不用负担不可回收的沉淀成本，从而完全自由地进入或退出市场。如果市场是可竞争的，那么潜在进入者就会对在位厂商造成威胁，从而使在位厂商只能获得正常利润而超额利润为零。因此，潜在进入者的威胁是实现资源优化配置的有效机制。即使是在自然垄断行业，只要市场是可竞争的，就可以达到资源的最优配置。所以，规制机构只要降低产业的进入和退出壁垒，创造可竞争的市场环境，就可以实现经济效益最大化。

2.4.2　对可竞争市场理论的两种争议

可竞争市场理论提出以来引起了学术界的广泛争议，受到了两方面的批评：一是可竞争市场理论的沉没成本为零的假设是不符合实际的，总会有一部分固定资产沉淀下来不能完全撤走，并且新企业采取"打了就跑"的战略会引起原来在位厂商的不可维持性（Nonsustainability）。所以，这种战略是一种低效率的进入战略。二是可竞争市场理论对新企业进入后，原在位企业采取的

---

①　William J. Baumol, John C. Panzar and Robort D. Willig. Contestable Markets and Theory of Industry Structure. New York：Harcourt Brace Jovanovich Ltd.，1982：3

② 　张卫国，黄森. 西方规制理论发展演进及其启示. 重庆大学学报，2004（10）：18～21

行为的一些假定是不符合实际的。首先，可竞争市场理论假定潜在进入市场无障碍，而事实上，在位厂商为保持垄断地位，会设置一些进入障碍。例如，降低价格或通过品牌战略等来阻碍潜在进入者进入市场。其次，可竞争市场理论假定新企业能够在在位厂商做出降低价格反应前建立自己的业务。

2.4.3 可竞争市场理论与放松规制

无论怎样，可竞争市场理论对 20 世纪七八十年代西方国家放松规制产生了重大的影响。可竞争市场理论促使规制机构在实施规制时认识到潜在竞争的重要性，对自然垄断产业放松规制产生了深刻的影响。在民航业中，政府把航运服务和地面机场分为不同的公司，这样就人为地降低了进入航运服务业的难度。因此，原来往返于两城市之间的班机，可以很容易地从该航线中退出而改变飞行航线，在原有航线中并无沉淀成本。尽管民航业具有规模经济的特征，趋向于高集中度的产业结构，但由于这种规制方式增加了航空公司之间的竞争。正是因为潜在竞争压力的存在，民航业不可能存在超额垄断利润，也就是降低了航空服务的价格。可竞争市场理论对通信、铁路等很多自然垄断产业的放松规制改革都起到了直接的作用。

2.5 以激励性机制设计为特征的新规制经济学

对传统规制理论的批判促进了规制理论的进一步发展，不过，在 20 世纪 80 年代以前，这方面的研究是缺乏系统理论的，几乎所有的研究都是经验研究[①]。直到博弈论、信息经济学和机制设计理论等微观经济学前沿理论和分析方法被更多地引入产业经济研究领域，以委托—代理关系研究和激励性机制设计为特征的新规制经济学才应运而生。特别是 20 世纪 80 年代以后，垄断行业的技术迅速进步，某些部门和环节的自然垄断性质逐步趋弱，英美等发达国家放松规制的倾向开始显现，也为新规制经济学的创建提供了广泛的实践基础。

2.5.1 新规制经济学的基础

在新规制经济学这一崭新的研究领域，拉丰和梯若尔（Laffont and Tirole）以 1986 年在《政治经济学》期刊发表《运用成本观察来规制企业》这篇经典论文为开端，先后联袂发表了十几篇重要的论文，又在 1993 年出版了被誉为"规制经济学圣经"的《政府采购与规制中的激励理论》一书，从而奠

---

① Fudenberg，Tirole. Game theory. MIT Press, 1991：245

定了他们的权威地位，成为"新规制经济学"的创始人。不过，新规制经济学整个的理论与方法体系源自于非对称信息经济学和委托—代理模型分析，其研究的基本目标是，在信息不对称条件下，由政府设计出既能够给予企业提高效率的足够激励，又使企业不至于滥用剩余索取权的规制合约。

在自然垄断规制过程中，规制机构与受规制企业之间存在着信息不对称，具体说就是规制机构知道的有关企业的信息要远远少于企业自身所知道的相关信息。因此，非对称信息（Asymmetric Information）就成为激励性规制研究中最重要的假设前提。非对称信息的基本内容可以概括为两点：一是有关交易的信息在交易双方之间的分布是不对称的，即一方比另一方占有较多的相关信息；二是交易双方对于各自在信息占有方面的相对地位都是清楚的。这种对相关信息占有的不对称状况，导致了"逆向选择"和"道德风险"等一系列问题的产生，严重降低了市场运行效率。非对称信息经济学就是试图要解决由信息不对称所引起的相关问题。近年来，诺贝尔经济学奖已两次颁发给在这一领域做出卓越贡献的威廉·维克里（William Vickrey）、詹姆斯·米尔利斯（James A. Mirrlees）、乔治·阿克洛夫（George A. Akerlof）、迈可尔·斯宾塞（A. Michael Spence）和斯蒂格利茨（J. Stiglitz）等经济学家。这些学者的学术思想对新规制经济学的建立奠定了最深厚的基础。

威廉·维克里设计了一种完美的所得税体系①，试图通过这种理想体系来达到公平与效率之间的协调。他认为设计税制结构时，政府必须考虑到私人信息的存在与激励机制作用的相容问题，以便在平等与效率这两个彼此冲突的目标之间找到一个最佳的平衡。维克里最富有理论创造性的另一领域是使涉及信息不对称的拍卖理论取得了巨大进展，并创立了第二价格拍卖法（维克里拍卖法）②，即通过不公开投标，将物品拍卖给出价最高的投标者，却让他支付次于他投标价格的第二拍卖价格。这样就会诱使个人显示出他愿意支付的真实价格。因而在这种拍卖制度中，真实的出价是一种超优策略。

詹姆斯·米尔利斯探讨了政府在面临信息不对称的情况下如何设计最优税收体制的问题。他阐述了最佳所得税制将受到收入再分配改变国民收入总量大小程度的影响，其边际条件是收入平等化的所得与低效率的损失相抵③。此外，他还开创性地建立了委托—代理关系的基本模型，他在20世纪70年代中期先后完成的三篇论文奠定了委托—代理关系的基本模型框架和模型化方法。

---

① Vickrey, W.. Measuring Marginal Utility by Reactions to Risk. Econometrica, 1945 (13): 319~333

② Vickrey, W.. Counterspeculation, Auctions and Competitive Sealed Tenders. The Journal of Finance, 1961, 16 (1): 8~37

③ 张维迎. 詹姆斯·米尔利斯教授与信息经济学. 商务印书馆, 1997

乔治·阿克洛夫在哈佛大学期刊上发表的论文中提出"柠檬"（次货或二手车）模型，拉开了信息不对称在商品市场领域应用的序幕，开创了解决逆向选择问题的先河。他从分析旧车市场入手，发现在一个市场中买方如果无法观察到商品的内在质量，卖方就可以掩盖真相，以次充好，使买方处于"不利选择"的地位，这种信息的不对称最终导致高质商品从市场中退出，低质商品充斥市场，造成市场萎缩。从而得出如下结论：经济主体有强烈的激励去抵消非对称信息对市场效率的不利影响，许多市场机构都可以被看成是为了解决不对称信息问题而出现的[①]。

迈克尔·斯宾塞重点研究市场信号传递问题，即具有信息优势的个体为了避免逆向选择等相关问题的发生，如何将信息"信号"有效地传递给处于信息劣势的个体。信号要求经济主体采取观察得到且具有代价的措施，以使其他经济主体相信他们的能力，或相信他们的产品的价值和质量[②]。斯宾塞的贡献在于形成了这一思想并将之形式化，同时还说明和分析了它所产生的影响。斯宾塞的理论不仅奠定了信息经济学的基础，而且引导后来的阿罗（Arrow）、斯蒂格利茨等人在其研究成果的基础上进行了更为完善深入的研究。其中阿罗发表了大量经典论文，对信息的成本、信息的经济价值、信息对经济行为的影响、非对称信息与市场失灵、不完全信息条件下风险转移等热点问题进行了系统研究[③]。

斯蒂格利茨的贡献则主要体现在对不完全信息条件下产品市场、保险市场、信贷市场、金融市场效率和非自愿失业等方面的几篇经典学术论文中。在一篇与麦克尔·罗斯查尔德（Michael Rothschild）合著的经典论文中他指出，保险公司（信息缺乏方）可以通过信息甄别给它的客户（信息优势方）设立有效的激励机制，即通过提供低贴水的与高折扣的契约，并使得两者可自由转换以供客户选择，从而在这些保险客户的不同选择中甄别出他们不同的风险类型[④]。斯蒂格利茨与他的众多合作者反复证明，如果不考虑信息的非对称问题，经济模型会很容易让人误入歧途。而如果考虑非对称信息问题，许多市场就呈现出完全不同的形态。斯蒂格利茨的许多文献已经成为我们进一步研究的重要基石，如他与安德鲁·韦斯（Andrew Weiss）合作的关于信用市场的非

---

① Akerlof G. A. The Market for "Lemon": Quality Uncertainty and the Market Mechanism. Quarterly Journal of Economics，1970，84（3）：485~500

② Spence M. Job Market Signaling. Quarterly Journal of Economics，1973，87（3）：355~374

③ 陶长琪. 信息经济学. 经济科学出版社，2001

④ Rothschild M, J. Stiglitz. Equilibrium in Competitive Insurance Markets: An Essay on the Economics of Imperfect Information. Quarterly Journal of Economics，1976，90（4）：630~649

对称信息问题研究[①]表明，为了降低坏账造成的损失，银行的最佳选择是实行贷款配给而不是提高贷款利率。由于信用配给制度是如此普遍，因此上述的观点对于我们发展更符合信用市场现实的理论提供了重要的基础。同时，斯蒂格利茨在企业融资、货币理论和宏观经济理论等领域也做出了实质性的贡献，在同桑福德·格罗斯曼（Sanford Grossman）的合作研究中，集中阐述了金融市场的效率问题，提出了著名的"格罗斯曼—斯蒂格利茨"悖论：如果一个市场在信息上是有效率的（比如所有佃农的信息在市场上是公开的），那么将没有单个主体有足够的激励去获取价格赖以形成的信息[②]。

在上述理论研究的同时，近20多年来，委托—代理理论的模型方法发展迅速，这些模型方法可归纳为三种。第一种是由威尔逊（Wilson）[③]、斯宾塞（Spence）、泽克豪森（Zeckhauser）[④] 和罗斯（Ross）[⑤] 最初使用的"状态空间模型化方法"（Statespace Formulation），其主要的优点是模型中各种技术关系都很自然地表现出来，但该方法难以得到经济上有信息的解（Informative Solution）；第二种是由莫里斯（Mirrlees）[⑥] 最初使用，霍姆斯特姆（Holmstrom）进一步发展的"分布函数的参数化方法"（Parameterized Distribution Formulation）[⑦]，这种方法可以说已成为标准化方法；第三种是"一般分布方法"（General Distribution Formulation），这种方法比较抽象，虽然没有很清晰地解释代理人的行动及发生的成本，但能得到非常简练的一般化模型[⑧]。

2.5.2 政府规制中的激励机制设计

应该说，非对称信息理论和委托—代理问题研究为新规制经济学奠定了坚

① J. Stiglitz, Weiss A.. Credit Rationing in Markets with Imperfect Information. The American Economic Review, 1981, 71 (3)：393～410

② S. Grossman, J. Stiglitz. Information and Competitive Price Systems. American Economic Review, 1976, 66 (2)：246～253

③ Wilson, R.. The Structure of Incentive for Decentralization under Uncertainty. La Decision. 1969：171

④ Spence M. , Zeckhauser R.. Insurance, Information, and Individual Action. The American Economic Review, 1971 (61)：380～387

⑤ Ross, Steven. The Economic Theory of Agency：The Principal's Problem. American Economic Review, 1973, 63 (2)：134～139

⑥ Mirrlees, James. Notes on Welfare Economics, Information and Uncertainty, in Essays on Economic Behavior under Uncertainty. edited by Michael Balch, Daniel McFadden and Shif—yen Wu. Amsterdam：North—Holland, 1974；

Mirrlees, James. The Optimal Structure of Authority and Incentive within an Organization. Bell Journal of Economics, 1976 (7)：105～131

⑦ Holmstrom, B.. Moral Hazard and Observability. Bell Journal of Economics, 1979 (10)：74～91

⑧ 陈瑞华. 信息经济学. 南开大学出版社, 2003：143

实的基础，而从应用的角度看，新规制经济学的最大的特点是将上述理论与方法引入到规制问题的具体分析中来，将规制研究当做一个最优机制设计的问题，在规制者和受规制企业的信息结构、约束条件和可行工具的前提下，分析双方的行为和最优权衡，并对规制中的很多问题都尽可能地从本源上内生地加以分析[1]。

在规制经济学发展史上，最先将规制过程看成是委托—代理问题的是勒布与马加特（Loeb and Magat），他们于1979年在《经济法学》杂志上发表了"公共规制的分散化方法"一文，建立了与拍卖理论中的激励相容偏好显示机制及公共品理论相联系的激励契约模型，针对规制过程中的逆向选择问题构建了"说真话机制"（称为L—M机制或L—M模型），即在需求信息对称、成本信息不对称的前提下，规制者允许受规制企业制定能够保持自身经营利润的合意的价格水平（价格决定权的分散化），同时，规制者以激励受规制企业实现社会福利（消费者剩余与生产者剩余之和）最大化为目标，提出政府补贴的支付规则[2]。对该机制拉丰和梯若尔（Laffont and Tirole）提出了自己的看法，认为勒布与马加特通过向企业支付等于其他主体（这里指消费者）净剩余的报酬以达到最优福利水平的方法，没有考虑企业租金的社会成本，其分析结果与人们通常认为留给企业租金是有成本的看法是矛盾的[3]。由于这个原因，拉丰和梯若尔认为真正将机制设计用于规制研究的文献是从巴伦与梅耶森（Baron and Myerson）以及萨平顿（Sappington）的论文开始的。但不可否认的是，勒布与马加特的L—M机制启动了以非对称信息为前提条件来研究政府规制问题的历程，之后很多学者提出的激励性机制都是对L—M机制的不断批判、修正和完善。

由于L—M激励机制具有对企业进行过度补贴的倾向，虽然激励了企业降低成本的积极性，但造成了较大的收入分配的扭曲。为此，沃格尔桑和芬辛格（Vogelsang and Finsinger）仍在规制者不能掌握受规制企业成本函数的条件下，提出了对企业无补贴情况下的激励规制机制，即V—F模型[4]。该模型实质上是对勒布与马加特模型的完善和补充。L—M模型中对企业提供补贴的支付原则在V—F模型中被改进为满足企业利润非负的约束条件，因此，V—F模型实际上是一项考虑了企业预算平衡的次优的激励性规制方案。

---

① 王永钦. 评拉丰、梯若尔著《政府采购与规制中的激励理论》. 复旦大学中国经济研究中心，2004
② Loeb, Magat. A Decentralized Method for Utility Regulation. Journal of Law and Economics，1979（22）：399～404
③ 拉丰，梯若尔. 政府采购与规制中的激励理论. 上海三联书店，上海人民出版社. 2004：86
④ Vogelsang, Finsinger. A Regulatory Adjustment Process for Optimal Pricing by Multiproduct Monopoly Firms. Bell Journal of Economics，1979，10（1）：157～171

巴伦与梅耶森于 1982 年在对 L—M 等模型批判的基础上，针对成本信息不对称，提出了符合机制设计贝叶斯方法（即完全信息静态博弈纳什均衡在不完全信息静态博弈中的扩展）的最优激励机制，以克服规制过程中的逆向选择问题。B—M 模型考虑了在边际成本、固定成本信息不对称的条件下，如何规制一个垄断性企业的问题。规制者的目标是线性社会福利函数最大化，该函数中包含了消费者剩余和企业利润。其中，价格和政府补贴被设计为企业报告成本的函数，约束条件是企业的非负利润和对成本造假的约束。B—M 模型明确地给出了最优机制并对其性质进行了分析[①]。同年，萨平顿提出了线性合约菜单类型中的最优的激励方案，该方案考虑了签约阶段的信息不对称和签约后企业的学习[②]。

此后，巴伦与伯圣科（Baron and Besanko）对 B—M 机制进行了扩展，将规制者对企业成本的随机审计纳入模型[③]。在该模型中，规制者在事前将按照企业报告的成本对其允诺提供转移支付，在事后将对企业提供成本虚假信息的行为进行惩罚。由于规制者对企业虚报成本的问题格外关注，因此对高成本企业进行的审计将比低成本企业要更加严格。

1986 年，拉丰和梯若尔进一步将道德风险问题引入规制模型，建立了逆向选择与道德风险共存于委托—代理关系中的最优激励方案[④]。在该方案中，受规制企业的效率参数、努力程度都是不对称信息，并考虑了企业的参与约束和激励相容约束，从而通过求导社会福利最大化目标函数的最优解形成贝叶斯机制。他们证明当成本可观察时，在合约菜单选择中显示的信息与有效率的事后生产之间存在着一个权衡（Trade—off）；而在成本不确定条件下，最优激励方案应为线性机制。这与 L—M 方案、B—M 方案的非线性定价不同，这些非线性定价模型无一例外地把规制者看做是贝叶斯统计学家，能掌握关于成本和需求条件的先验知识，并能用深奥的激励理论来解决规制中的逆向选择问题，正是由于过于复杂和难以理解，政府部门对于学者们的建议才无法接受。而在拉丰和梯若尔的模型中，可观察成本（Cost Observability）能够帮助规制者解决逆向选择与道德风险问题。1988 年，他们又将这一机制从静态分析扩

① David P. Baron, Roger Myerson. Regulating A Monopolist with Unknown Costs. Econometrica, 1982 (4)：911~930

② Sappington D. Optimal Regulation of Research and Development under Imperfect Information. Bell Journal of Economics, 1982. (13)：354~368

③ Baron D., D. Besanko. Regulation, Asymmetric Information and Auditing, Rand Journal of Economics，1984 (15)：447~470

④ Laffont and Tirole. Using Cost Observation to Regulate Firms. Journal of Political Economy, 1986, 94 (3)：614~641

展到一个动态分析的框架下。

增量剩余补贴（The Incremental Surplus Subsidy，ISS）机制是萨平顿和希布里（Sappington and Sibley）于 1988 年提出的规制模型①，该方案假设需求是规制者和受规制企业的共同知识，规制者缺乏企业的技术成本信息，但在每期结束后可以观测到企业的会计成本和利润。在此条件下，规制者允许企业在各个时期按照自己的意愿定价，保持从生产中得到收益，并给予企业一个等于 t－1 期与 t 期之间真实的社会剩余增量的补贴，以激励企业站在社会利益的立场上行事。他们的分析得出以下结论：在多时期模型中，通过实施给予企业与各期消费者剩余的增量剩余补贴方案，就能够实现经济福利的最大化。

几乎与 ISS 方案提出的同时，刘易斯与萨平顿（Lewis and Sappington）通过增加需求信息不对称条件，对 B—M 方案进行了改进②。继一年后，希布里（Sibley）又在萨平顿和希布里（Sappington and Sibley）以及刘易斯与萨平顿两个方案的基础上，对 ISS 机制进行改进，将需求信息不对称假设条件纳入其中，形成了所谓的 ISS—R 机制③。希布利认为，需求信息不对称主要出于两种原因：其一，企业具有产品质量和可信度的信息优势，而产品质量和可信度是公用事业、交通、通信等产业市场需求的重要决定因素；其二，企业投入大量的资源进行市场分析。进一步，他证明了即使存在需求信息不对称，也能通过引导需求显示（Demand Revelation）使 ISS 机制得以实现。

20 世纪 90 年代以来，拉丰和梯若尔对激励性规制进行了更系统、全面的阐述，主要分析了信息不对称条件下激励规制机制的设计原理④。而且，拉丰和梯若尔还专门分析了规制者与受规制企业进行合谋对价格规制的影响，指出投资回报率和价格上限等规制合约在规制收买问题上各有利弊，低效能的价格规制合约可以减少"寻租"的需求，但为了降低公共会计人员和审计人员被企业收买，又需要选择高效能的价格规制合约。他们认为，利益集团会努力控制政治决策的制定，因为决策影响到产业和消费者的福利，表现的方式包括金钱贿赂，督察员和规制机构员工将来可以在受规制企业或其法律事务所或公共律师事务所谋求职位，私人关系也会使政府官员善待他们的产业伙伴，产业还会

① Sappington and Sibley. Regulating without Cost Information: The Incremental Surplus Subsidy Scheme. International Economic Review，1988，29 (2)：297～306

② Tracy R. Lewis and David E. M. Sappington. Regulating a Monopolist with Unknown Demand. American Economic Review，1988，78 (5)：986～998

③ Sibley. Asymmetric Information, Incentives, and Price—Cap Regulation. Rand Jorunal of Economics，1989，20 (3)：392～404

④ J. Laffont, Jean Tirole. A Theory of Incentives in Procurement and Regulation. MIT Press，1993

迎合规制机构对"风平浪静"的需要而不公开批评规制机构的管理问题,更重要的是产业可以通过对规制机构有影响的重要官员提供竞选的政治献金,从而获得间接的转移支付①。这些手段都能切中规制者的个人利益,使其有动机操纵信息以优惠特定的利益集团。由于规制俘虏的可能性已经被客观现实所验证,使得利益集团理论、"寻租"理论成为网络型产业规制研究中的重要内容之一。

1994 年,拉丰对新规制经济学进行了全面的阐述。他指出,新规制经济学通过将委托—代理方法应用于规制领域,从而将规制者和受规制企业间的关系合约化。通过对传统规制模式的批判,非对称信息条件下的规制理论得以发展。事实上,新的规制模式特别是线性最优合约菜单已经付诸实施②。

表 2.1 国外学者对激励性规制机制的系统研究

年份	作者	假设条件	研究成果
1979	勒布马加特	成本信息不对称	提出 L—M 机制,激励企业实现社会福利(消费者剩余与生产者剩余)最大化,开创激励性规制的先河。该方案的缺陷是,在激励企业降低成本的过程中,存在着对企业过度补贴的倾向
1979	沃格尔桑芬辛格	成本信息不对称	提出 V—F 机制,即不能对企业提供补贴情况下的规制激励方案
1982	巴伦梅耶森	成本信息不对称	提出 B—M 机制,将逆向选择问题首次引入规制模型,建立了基于贝叶斯方法的最优激励机制
1982	萨平顿	签约阶段的逆向选择和签约后的隐藏知识	提出线性合约菜单类型中的最优激励方案
1984	巴伦伯圣科	引入对企业成本进行随机审计	扩充了 B—M 机制的分析内容
1986	拉丰梯若尔	假设效率参数、努力程度等成本信息不对称,但已发生成本可观测	设计了一个克服共存于委托—代理关系中逆向选择和道德风险双重问题的最优线性规制机制,将道德风险问题首次引入规制模型

---

① 拉丰,梯若尔. 政府采购与规制中的激励理论. 上海三联书店,上海人民出版社,2004:406
② J. Laffont. The New Economics of Regulation Ten Years After. Econometrica,1994,62(3):507~537

续表

年份	作者	假设条件	研究成果
1988	萨平顿 西布利	技术成本信息不对称，企业的会计支出事后可观察	提出 ISS 机制，该方案通过允许企业自行定价，并给予企业一个等于 $t-1$ 期与 t 期之间真实的社会剩余的补贴，引导企业站在社会利益的立场上行事。即提出跨期规制合约——增量剩余补贴机制（ISS）
1988	刘易斯 萨平顿	引入需求信息不对称假设条件	扩充了 B—M 机制的假设条件
1989	西布利	在 ISS 方案基础上，引入需求信息不对称假设条件	提出 ISS—R 机制，扩充了对 ISS 方案的假设条件
1993	拉丰 梯若尔	包含各种假设条件	对激励性规制进行了更系统、全面的阐述，引入规制收买问题的研究
1994	拉丰		对新规制经济学进行了系统总结

资料来源：作者根据国外学者相关资料整理。

3 交通运输产业的运价改革与放松规制

价格规制是经济规制的核心内容，它是政府从资源有效配置角度出发，对于具有自然垄断特性的产业价格水平和价格体系进行规制。价格规制的目的是在一定程度上恢复价格的本性，使它能够确实反映资源的稀缺程度和供求关系。本章全面介绍价格规制的主要内涵和基本模式，并讨论具有不同程度垄断特性的我国铁路、民航价格规制现状以及放松规制的改革途径。

3.1 规制价格的形成与价格规制可选模式

规制价格的形成实际上是对边际成本定价和垄断定价的权衡，而价格规制模式的可选性则是通过不同的成本补偿原则来实现的。

3.1.1 基于预算平衡的规制价格

网络型产业是具有自然垄断环节的产业，对这类产业或产业中的某些环节，组织生产的最有效方式是允许某个企业或少数企业进行垄断经营。但是在这种严格的进入规制条件下，如果对企业不实行价格规制，垄断企业就会按照利润最大化原则进行价格决策。如图 3.1 所示，在没有价格规制的条件下，根据 $MR=MC$ 原理，企业会选择 MC 与 MR 曲线的交点处来确定垄断价格 P_M 和相应的产出 Q_M，此时垄断价格将高于理想价格 P_I（边际成本定价），垄断产出将低于最优产出 Q_I，资源配置效率达到最低，企业获得的超额利润也最大。因此，为提高资源配置效率，政府要对自然垄断企业实行价格规制。

根据福利经济学的基本理论，只有当价格等于边际成本时社会总福利才最大。如果竞争性业务领域的所有企业生产同一产品或服务，且在技术和成本方面相似，这些企业将会进行价格竞争直至市场中的超额利润为零，而最终用户支付的价格应等于每个企业的边际成本，这就是市场最优配置下的边际成本原则。但是，这一原则应用于铁路、民航等具有自然垄断特征的网络型产业，可能会产生一定的问题。因为在规模经济的范围内，网络型产业的平均成本是递

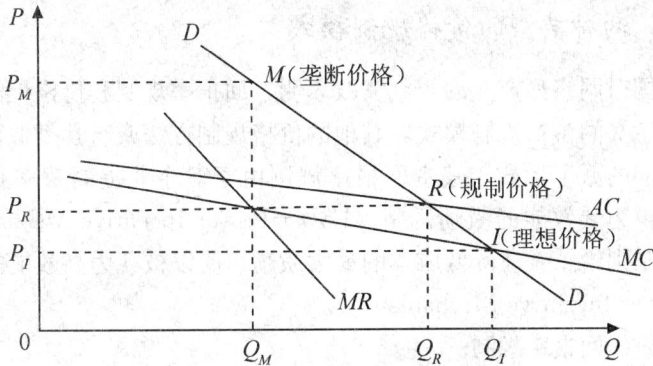

图 3.1 自然垄断企业规制价格的形成

资料来源：保罗·萨缪尔森，威廉·诺德豪斯. 微观经济学（第 16 版）. 华夏出版社，1999：248

减的，此时边际成本又低于平均成本，当按照边际成本定价时，就无法解决固定成本的弥补和分摊问题，利润就会成为负数，生产者将会蒙受亏损。这种亏损如果通过政府来补贴，一是会增加财政负担，使政府陷入困境，这正是世界各国政府对网络型产业实行放松规制改革的主要目的之一；二是政府如果为这些产业的亏损进行融资还会带来税收扭曲，即如果政府为这些产业筹集 1 元钱，社会公众就要支出 $1+\lambda$（$\lambda>0$）元的费用，参数 λ 通常称为公共资金的影子价格，相当于政府为筹集 1 元钱所需要花费的社会资金成本；三是由于规制者拥有对企业进行补贴的决定权，也会加大规制俘虏的可能性。

出于上述理由，规制价格一般采用体现预算平衡思想的平均成本定价（Average Cost Pricing），即在平均成本曲线 AC 和需求曲线 DD 的交点 R 处确定规制价格 P_R 和相应产出 Q_R（见图 3.1）。在规制价格下，一方面通过抑制垄断企业的超额利润，消费者利益得到了一定的保障；另一方面，在位企业的全部费用得到有效的回收，使其获得了持续发展的能力。因此，在实践中各国政府对自然垄断企业实行的各种价格规制基本上都是以平均成本定价作为基础的。

规制价格中的预算平衡思想在理论和实践中有着广泛的影响，FDC 定价、Ramsey－Boiteux 定价、两部定价等方式都是这种思想的集中体现。但是，这些定价方式本身并不会对企业降低成本、改善绩效（如服务质量）构成足够的激励，因此，更重要的规制任务是设计有效的价格规制模式，通过多样化的成本补偿原则来刺激企业的反应行为，从而实现政府的各种规制目标，这就是价格规制的主要目的。

3.1.2 两种典型的价格规制模式

世界各国对网络型产业的规制实践表明，回报率规制和价格上限规制是目前最具典型意义的价格规制模式，其他的价格规制方法或与其类似，或与其相关，或是它们的派生形式。其中回报率规制由于对企业提高效率几乎没有激励，因此被视为低效能的激励机制（Low－Power Incentive Mechanism），而价格上限规制则给予企业降低成本的最大激励，所以被视为高效能的激励机制（High－Power Incentive Mechanism）。

（1）传统的回报率规制

回报率规制曾是多数国家对自然垄断行业普遍采用的价格规制，目前仍在一定范围内有所应用。如在拉丁美洲国家基础设施产业的规制合同中，有56％采用的是价格上限规制，有 20％采用的是回报率规制，还有 24％属于混合规制类型[①]。我国政府除了对民航业和电信业分别于 2004 年和 2005 年部分地采用了简单的价格上下限规制和价格上限规制外，其他产业如电力、铁路以及多数城市基础设施产业的自然垄断环节仍然采用这种规制手段或类似做法。

回报率规制一般是由政府管理部门规定一个允许的资本报酬率 r，并实施以下定价规则：

$$p_t = c_{t-1} + \frac{rB}{q_{t-1}}$$

式中：p_t 为第 t 期的规制价格；c_{t-1} 为第 $t-1$ 期的单位成本；B 为总资本价值，亦称费率基础；r 为政府允许的资本回报率；q_{t-1} 为第 $t-1$ 期的生产总量。

在实际运作中通常的做法是，受规制企业首先向政府提出价格（或回报率）调整的申请，政府对该申请进行考察和评估，并根据价格影响因素的变化情况对其进行必要的修正，以作为某一特定时期（一般为一年）内的定价依据。

回报率规制虽然被认为是低激励的，但之所以能延续至今也有它存在的合理性。第一，该规制可以防止在位企业制定垄断价格损害消费者利益；第二，该规制能够保证回收投资，维持企业生存；第三，该规制在产业供给不足时，有利于快速形成生产能力和扩大规模，缓解供需矛盾；第四，在该规制下，由于受规制企业对成本业绩不负责任，从主观上不会阻碍企业为提高产品质量

---

① Antonio Estache, Sergio Perelman, Lourdes Trujillo. Infrastructure Performance and Reform in Developing and Transition Economies: Evidence from a Survey of Productivity Measures. World Bank Policy Research Working Paper, 3514, February 2005

（或服务水平）和安全性进行投资；第五，由于该规制不存在成本节约的剩余索取权问题，任意性减少，在某种程度上降低了被规制企业"寻租"的可能性[①]。当然，回报率规制也因存在许多众所周知的缺点而备受责难。从它的成本补偿机制看，首先由于全部成本都能通过价格回收，而且成本的节约不会使企业受益，成本的增加也不会使企业受损，因此企业对提高效率几乎没有积极性，即回报率规制的"成本加成"特点对降低成本几乎没有激励[②]；其次由于政府将企业投资作为计算企业回报率的基数，当回报率大于资金成本时，这种规制模式将鼓励过度的资本密集（A—J 效应）。

（2）高激励的价格上限规制

由于回报率规制的低效率有目共睹，20 世纪 80 年代，规制者的规制方向开始变化，从规制利润转向直接规制价格，价格上限规制正是在这样的背景下于 20 世纪 80 年代早期在英国应运而生。1983 年，在英国电信业民营化改革中斯蒂芬·李特查尔德（Stephen Littlechild）向政府推荐了这种规制方案，其典型的价格上限公式为：

$$p_t = p_{t-1}(1+RPI-X)$$

式中：p_{t-1}，p_t 分别为第 $t-1$ 期和第 t 期的规制价格水平；RPI 为零售价格指数即通货膨胀率；X 为由规制者规定的在一定时期内生产效率增长的百分比。

当企业提供多种产品时，从原理上讲，Ramsey—Boiteux 定价方式也可以通过价格上限规制来实现。设企业面对的平均最高限价为 p，每种服务的权重为 w_i（$i=1, 2, \cdots, n$），则：

$$\sum_{i=1}^{n} w_i p_i \leqslant p$$

显然，在最高限价 p 的控制下，企业可以自由地最大化其利润，即价格水平虽然受限，但价格结构不会受到限制。如果权重等于各种服务预期实现的数量，则企业出于最优化的考虑必然在结构上实施 Ramsey—Boiteux 定价[③]。

1989 年，埃克顿和沃格尔桑（Acton & Vogelsang）对价格上限规制的主要内涵进行了较完整的归纳：其一，规制者设定一个价格的最高限制，受规制企业可以在不高于这一价格的最高限制下自由定价，并在规制期限内保留所有可以获得的利润。其二，在多产品的情况下，规制者设定的是价格总水平上限。价格总水平上限采取的是平均价格加权的形式。受规制企业可以变化不同

① 王燕. 回报率规制中道德风险问题的模型研究. 中国软科学, 2006（5）：182～184
② 戴维·M. 纽伯里. 网络型产业的重组与规制. 人民邮电出版社, 2002: 3, 38
③ 让·雅克·拉丰, 让·梯若尔. 电信竞争. 人民邮电出版社, 2001: 59～65

产品的价格，只要价格总水平不超过最高限价即可。其三，规制者可根据一些外生的影响因子的变化随时调整价格上限。如美国的价格上限规制不仅建立起价格调整与通货膨胀率、行业生产率增长之间的关系，而且还考虑了受规制企业不可控成本因素[①]。实际上我国航空公司燃油附加费的外挂也类似于这种性质。其四，在一定的时期内，规制者可以根据成本、需求、利润条件的变化对价格上限进行重新修订[②]。

斯蒂芬·李特查尔德认为，价格上限规制不仅能对改善企业的生产效率提供合意的激励，而且与回报率规制不同，这种规制不需要对投资回报的费率基础进行精确的、频繁的、通常又是武断性的度量，而且当只对企业的某些环节或业务进行规制时，也不需要过多地考虑成本结构，因而减少了规制信息方面的负担[③]（但后来的实践证明并不像他所预料的那样简单）。这一方案很快得到英国政府的支持，1984 年英国电信法的通过进一步促成了价格上限规制在多个网络型产业中得以顺利实施。

20 世纪 80 年代末和 90 年代期间，英国的经验开始为世界各国所认识和效仿，大有取代传统规制模式之势。1989 年这种规制率先被引入美国电信业竞争性较强的长话领域；1990 年又被引入到美国电信业自然垄断性较强的本地固话领域，不过当时只有一个州采用了这种方法，但截至 1999 年已被推广到 35 个州的本地固话业务中[④]。20 世纪 90 年代，价格上限规制也越来越为发展中国家所接受，如马来西亚、墨西哥、秘鲁已将此种方法引入电信业，阿根廷将其引入电力行业[⑤]。到 90 年代末期，在拉丁美洲国家 765 例放松规制的调查项目中，已有 73.2% 的项目采用了价格上限规制[⑥]；进入 21 世纪，价格上限规制得到越来越广泛的普及，我国电信业的本地固话领域也于 2005 年实行了简单的价格上限规制（其中 $X=0$）。

从价格上限规制的成本补偿原则上看，最高限价一经确定，在某一规制期

① Gerald W. Brock. Telecommunication Policy for the Information Age: From Monopoly to Competition. Harvard University Press, 1994: 264

② Acton J, I. Vogelsang. Intruduction on Price Cap Regulation. Rand Journal of Economics, 1989 (3): 369~372

③ S Littlechild. Regulation of British Telecommunications Profitability: A Report to the Secretary of State for Trade and Industry. London: Department of Industry, 1983

④ Ai C, D Sappington. The Impact of State Incentive Regulation on the U. S. Telecommunications Industry. Journal of Regulatory Economics, 2002 (22): 133~160

⑤ Ian Alexander, Timothy Irwin. Price Caps, Rate-of-Return Regulation, and the Cost of Capital. Private Sector Development Department, The World Bank Group, 1996

⑥ J. Luis Guasch, Jean-Jacques Laffont, Stephane Straub. Renegotiation of Concession Contracts in Latin America. The World Bank's Policy Research Working Paper Series with number 3011, 2002

内一般是不可调的，只有在下一个规制期才能修正，此时企业成为本规制期内成本节约的剩余索取者，即每节约一元成本，企业就增加一元净利润。进一步看，由于最高限价是根据预算平衡原则（即平均成本定价原则）制定的，因此这一元净利润不属于合理利润而属于超额利润（经济租金），这正是该规制模式对企业形成高激励的实质所在。

3.1.3 折中的激励性价格规制模式

激励性规制是介于上述回报率规制和价格上限规制之间的一类模式，它的激励性比回报率规制要强，又比价格上限规制要弱，这种折中的思想实际上是试图克服回报率规制的低激励和价格上限规制的高租金等缺陷。在大量的规制文献中，拉丰和梯若尔所定义的激励性规制有时也称为比例规制（Sliding Scale Regulation）或回报率区间规制（ROR Bandwidth Regulation），激励性规制的形式多样，但成本分担规制和收益分享规制大体上代表了这种规制的主导方向。

（1）成本分担规制

成本分担规制的主要思想是，改变回报率规制中受规制企业对成本没有任何连带责任的状况，让企业承担一定比例的成本风险，以达到促使其必须付出相应努力的目的，否则的话，企业将不能获得预期的利润率，其或有可能造成企业亏损。当然，其前提是政府对企业的亏损不予补偿。这种规制手段是对回报率规制的一种改良，通过改良赋予了回报率规制一定程度的激励性，同时也是克服企业在运营过程中发生道德风险问题的一种应对策略。

设回报率规制中的成本 $c=\beta-e$，其中 β 是效率参数（外生变量），e 是努力成本，$e_H > e_L$（e_H 是高努力的成本，e_L 是低努力的成本）。由于回报率规制的低效率是公认的，因此我们有理由相信规制中的可观测成本 c 是低努力的产物，即 $c=\beta-e_L$，因此 c 是可以通过企业努力的提升进一步降低的。此时回报率规制变形为：

$$p=(\beta-e_H)+rB/q$$

即成本分担规制价格要比标准的回报率规制价格减少 e_H-e_L，这部分成本需要企业付出努力才能弥补，如果企业继续选择偷懒行为的话，它所获得的回报率只能降低到 r 以下。根据这一改进思路，规制实践中一般将标准的回报率规制变通为降低成本支付比例的形式：

$$p_t=bc_{t-1}+\frac{rB}{q_{t-1}}$$

其中 $0<b<1$。此时的规制价格仅能保证回收 c 中的 b 比例部分，其余 $(1-b)$ 比例的成本风险要求企业来分担，从而达到刺激企业提供努力、提高

效率之目的。从理论上说，成本分担规制将使企业放弃提供低努力的机会主义行为，大大提高了企业降低成本的激励，对克服道德风险具有明显的效用。显然，这是一种以事前惩罚为导向的激励机制。其中，b 值的确定应该与企业生产效率的潜能紧密地联系在一起，不过要做到这一点很不容易，实践中只能采用实验法，从经验的积累上寻找理想的分担率。

(2) 收益分享规制

收益分享规制也是对回报率规制的一种改进，它像价格上限规制一样允许企业获取超额利润，只不过该超额利润必须由企业和消费者按照一定比例共享。设 r 是企业的实际回报率，r_1 ($r_1 > 0$) 是政府允许的基准回报率。当 $r \leqslant r_1$ 时，企业可以全部保留其收益；当 $r > r_1$ 时，超过部分可以按一定的比例 k ($0 < k < 1$) 与消费者共享。但收益分享不是无限制的，分享高限设为 r_2 ($r_2 > r_1$)，($r_2 - r_1$) 是政府允许的收益分享空间，利润率超过 r_2 时，全部利润要返回给消费者。基本公式为：

$$p = \begin{cases} c + rB_0 & r \leqslant r_1 \\ c + r_1 B_0 + k \ (r - r_1) \ B_0 & r_1 < r < r_2 \\ c + r_1 B_0 + k \ (r_2 - r_1) \ B_0 & r \geqslant r_2 \end{cases}$$

该规制模型中 r_1 和 r_2 的取值，应全面考虑行业平均收益水平、社会平均收益水平、国内外经验等因素，并可采用听证会等形式，通过政府规制部门与受规制企业间讨价还价来最终确定。其中，收益分享比例 k 的确定则是在尽量减少分配扭曲与对企业形成适度刺激之间进行权衡。

从国外的经验看，这种激励机制已经相当普遍地应用在网络型产业的价格规制中。以美国电信业为例，1986 年纽约电话公司实施的方案思路是，设 r 是实现的收益率，如果 $r > 15\%$，收入将向下调整 ($r - 15\%$) $/2$ 的数额，即企业只能分享超额部分的一半，另一半将被要求通过降价返还给消费者；如果 $r < 13\%$，收入将向上调整 ($13\% - r$) $/2$ 的数额，即企业将被允许通过提价或补贴来弥补不足达到最低标准收益率的部分；如果 $13\% \leqslant r \leqslant 15\%$，将不加调整。

在 20 世纪 90 年代期间，美国多个地区的电信公司都采用了收益分享规制，其中佐治亚州和科罗拉多州的资料表明，收益分享规制还可以与提高生产效率的直接要求有机地结合起来。表 3.1 给出了美国部分地区电信公司实施收益分享机制的规制数据。

表 3.1　美国部分地区电信公司收益分享机制的规制数据

地　区	基本回报率（r_1）	收益分享空间（r_2-r_1）	收益分享比例（k）
佛罗里达州	12.5%	2%	40%
肯塔基州	11.61%	1.5%	50%
佐治亚州 科罗拉多州	14%	2%	25%（要求全要素生产率提高 6% 以上）； 50%（要求全要素生产率提高 7% 以上）

资料来源：David E. M. Sappington，Dennis L. Weisman. Designing Incentive Regualtion for the Telecommunications Industry. The MIT Press，1996

另外，许多对电力公用事业单位的激励方案将公司的利润与它们的燃料成本的节约部分或超支部分（如 1984 年，美国加利福尼亚公用事业委员会通过了一个方案，在这个方案下，消费者和企业平均分担或分享超出或低于"规定段"的燃料成本的超支部分或节约部分）、建筑成本、能源利用率和设备利用率联系起来。激励性合约常常运用自动费率调整机制（Automatic Rate Adjustment Mechanisms，ARAMs）来实施。在这种调整机制下，价格每三个月或每六个月随着投入品价格的变化调整一次，没有与费率审批相关的烦琐程序。为了避免成本加成的特点，相对于某个事先确定的（历史的或者预期的）目标价格，只有部分成本变化被分摊[①]。

从总体上看，成本分担规制和收益分享规制两种模式都是回报率规制的变种，但成本分担规制更接近于价格上限规制，而收益分享规制更接近于回报率规制，从成本补偿机制的角度，由于成本分担规制的风险性高，其激励性要比收益分享规制强。

3.1.4　参照性的标尺竞争规制模式

标尺竞争要求将受规制的全国性垄断企业分为几个地区性企业（横向分割），是使特定地区的企业在其他地区企业成就的刺激下提高自身内部效率的一种激励方式。这种思想最初产生于最优劳动契约的研究，后来雪理佛（Shleifer）将其应用于规制分析，提出了一个基于所有区域性垄断企业产品成

---

①　让·拉丰，让·梯若尔. 政府采购与规制中的激励理论. 上海三联书店，上海人民出版社，2004：3，13，406～415

本的激励性规制模型①。在该模型中，设各个企业在其地区市场上的需求函数为 $q(p_i)$，第 i 个地区企业的成本为 c_i，其为降低成本的投入为 R_i（$i=1$，2，…，n)，令：

$$\bar{c_i} = \frac{1}{n-1}\sum_{j\neq i}c_j, \quad \bar{R_i} = \frac{1}{n-1}\sum_{j\neq i}R_j \quad i=1,2,\cdots,n;j=1,2,\cdots,n$$

这样就为该企业降低成本提供了标准，该标准取决于其他地区 $n-1$ 个企业的平均成本，反映了这些企业为降低成本所付出的努力。

雪理佛进一步证明，在此规制机制诱导下，第 i 个地区企业的最优行为结果和利润 π_i 分别为：

$$p_i = \bar{c_i} \qquad t_i = \bar{R_i} \qquad\qquad\qquad i=1,2,\cdots,n$$
$$\pi_i = q(\bar{c_i})(\bar{c_i}-c_i) - [R(c_i)-\bar{R_i}] \qquad i=1,2,\cdots,n$$

该模型显示，只要各企业外部状况相似且没有合谋行为，一个企业的成本就不再是自身努力水平的充分统计量，其他企业的成本在一定程度上包含了有关该企业努力水平的有用信息，通过这种信息的比较机制可迫使受规制企业显示其真实的成本状况。

标尺竞争机制可以直接移植到网络型产业，使其成为价格规制的一种模式，它的成本补偿原则是根据其他地区或其他类似企业的成本作为标准的，这就促使企业不得不向标杆地区或企业看齐。

3.1.5　主要价格规制模式的特征比较

价格规制模式作为政府干预网络型产业垄断环节的工具，它们的激励程度和激励机制有所不同，因此，通过特点的比较，规制者可根据他们的偏好在各种模式中进行选择。在实践中，不同国家、不同产业、不同时期对价格规制的选择不能一概而论，但总体趋势是，无激励作用的价格规制逐渐被各种各样的激励性规制所取代。

(1) 回报率规制模式的主要特征

第一，规制的主要对象为企业的投资回报率，而不是价格。

第二，投资回报率具有全成本传递机制，即企业所发生的费用全部转移到产品或服务的价格中，与规定的回报率无关。

第三，投资回报率的制定是由规制者在综合考虑了多方因素后估计出来的，其制定过程往往是规制者与受规制企业博弈和谈判的过程。

第四，规制期时间较短，一般情况下每年都要进行必要的调整。

---

①　Shleifer A.. A Theory of yardstick Competition. Rand Journal of Economics, 1985, 16 (3): 319~327

第五，受规制企业缺乏成本节约的动力。投资回报率规制存在最为严重的问题是被规制企业缺乏降低成本的激励。企业的价格与成本直接相关，极端的情况是企业有机会收回所有的成本，即企业的收入具有完全的保证，包括资本投资的公正报酬，其结果是企业的支出越多，则价格就有可能越高。在被规制企业有机会赚得特定的投资回报率时，增加投资支出一般会提高价格，进而增加企业的总收入。这样，被规制企业在投资回报率规制下会更多地使用资本，也就是说，在既定的产出下，可能产生无效率的资本劳动比，这与竞争性市场的情况完全相反（在竞争性的市场条件下，成本与利润是负相关的，即成本越低，利润越高，这种关系会激励企业不断降低成本），这也是企业的成本需要被不断地评价与审核的原因。

第六，难以准确地估计和分摊成本。在回报率规制下，如果成本估计得过高，收入就会人为地膨胀；如果成本估计得过低，收入就会被人为地压低。因为规制的基础是成本，所以规制者与被规制企业必须能够识别与分配成本。但是，在实践中，回报率规制往往被运用于不同的产品或服务，企业发生的共同成本在不同的产品或服务之间难以分摊，此时，企业与规制者之间只能依靠估计的办法来分摊成本，在没有清晰的分配原则的情况下，这种估计很可能是武断的，而所谓公平的回报率就是在这样一个武断的成本判断基础上产生的。至于回报率的制定则是双方讨价还价的结果。

（2）价格上限规制模式的主要特征

第一，价格上限规制能够对受规制厂商提高生产效率提供更大的激励。价格上限规制在规制的对象上实现了从利润水平到价格水平的转换，使得风险与利益在受规制企业和消费者之间的分配格局发生了改变，提高成本引起的风险与降低成本带来的利益不再由消费者而是由受规制企业来承担和享受。显然，在回报率规制下，用户只能通过企业降低成本来获得利益，但是企业不仅没有降低成本的动力，反而有促使成本不断上涨的要求，因为企业只有通过提高回报率水平或扩大投资基数才能取得更多的利润；而在价格上限规制条件下，企业利润受到最高限价的制约，它们唯有通过降低成本，将生产效率提高到合约规定的水平以上才能取得更多的利润。因此，相比较而言，价格上限规制对受规制企业提高生产效率能够提供更大的激励。

第二，价格上限规制可以避免投资回报率规制下需要审查企业成本的复杂程序，既简便易行又可以显著降低企业和行政两方面的支出。王俊豪从以下几个方面分析了价格上限规制的便利性：其一，它不需要详细评估企业的固定资产、生产能力、技术革新、销售额等变化情况。其二，它不需要每年，而是3～5年作为价格调整周期。这种中期的价格调整周期具有合理性。如果调整周期过长，企业的价格就会受许多不确定因素的影响；如果调整周期过短，就使得价格规制缺乏严肃性，使企业缺乏对政府规制的可信性。其三，虽然规制者希望企业形成一个合理的价格结构，各种产品价格都能较好地反映成本，而且，规制者确实也有权力要求企业通过不断调整使价格结构合理化。但这种价格规制模型只控制多产品生产企业最高综合价格水平，并不是特定的价格结构。其四，它不直接控制企业利润。企业在给定的最高限价下，有利润最大化的自由，企业可以采取优化生产要素组合、技术创新等手段来降低成本，取得更多的利润[①]。

第三，虽然规制者希望企业形成一个合理的价格结构，各种产品价格都能较好地反映成本，而且，规制者也确实有权利要求企业通过不断调整使价格结构合理化，但这种价格规制模式只控制多产品企业最高综合价格水平，而不是特定的价格结构，这有利于企业自由选择最有效率的产品价格结构。

第四，它不直接控制企业利润，企业在给定的最高限价下，有利润最大化的自由，企业可以采取优化生产要素组合、技术创新等手段来降低成本，取得更多的利润。

第五，由于在这种规制下成本的节约就等于利润的获取，因此很有可能会产生逆向选择问题，即企业通过虚报成本来影响政府的价格决策，一旦合约关系确立以后，企业虚报的成本便可以轻而易举地转换为企业的利润。

第六，在规制执行过程中如果没有有效的监管机制的话，企业还会为了降低成本、获取利润而严重影响产品质量或服务水平，即可能产生道德风险问题。

第七，在规制即将到期时，企业为了在下一轮的规制中继续保持自身的利润空间，防止政府制定出更严苛的价格，企业会采取观望不前的行动策略，使得规制本身原有的激励作用大大降低，即产生所谓的棘轮效应（Ratchet Effects）。

(3) 激励性规制模式的主要特征

第一，这种机制具有明确的奖惩结构，即当受规制企业提高运营效率时，则企业会获得相应的高利润，而当受规制企业不思进取运营效率低下时，它也将获得相应的低收益甚至亏本的惩罚。

第二，这种机制给予了受规制企业选择其目标的机会，即政府完全可以向受规制企业提供规制菜单，如让它们在"降低5%的成本且获得50%投资收益率"以及"降低10%的成本且获得100%投资收益率"这两个目标之间进行选择。

第三，该规制也给予了受规制企业为达到自身目标采取某些行动策略的空

---

① 王俊豪. 中国政府管制体制改革研究. 经济科学出版社，1999：104

间，假设企业选择了上述的目标之一，则企业为达到该目标可采取各种策略，如可与供应商谈判降低投入品价格，降低管理费用，改善网络的可靠性，获取低成本的投资资金或者是这些方法的结合使用。

3.2　中国交通运输产业价格规制改革的制度变迁

铁路业、民航业具有不同程度的自然垄断性，因此作为本章的重点研究对象，其中铁路业包括客运运价规制与货运运价规制两部分，而民航业由于货运所占比重甚微且开放程度较高，因此这里只讨论客运的票价规制问题。

3.2.1　中国铁路运价规制改革的制度变迁

改革开放前，占主导地位的国家铁路及其运输企业是政府的附属物，高度集中的运价管理体制是整个铁路计划经济体制的基本特征之一。铁路运价的管理权集中在国务院，铁路运价是一种缺乏弹性的指令性价格，而且由于中国政府将铁路业视为关系到国计民生的基础设施公共事业，以及社会安全网、经济稳定器和大量就业位置的提供者，因此，出于政治上的考虑，当时的铁路运价水平严重偏低。改革开放以后，这种情况虽然有所改观，但铁路业与其他网络型产业相比较，其价格规制仍然是相当严格的，存在问题也是比较严重的。基于这种现状，中国政府自20世纪80年代开始对铁路运价实施了长期的调整和改革。

（1）我国铁路客运运价规制的改革

由于在长达30多年中没有调整旅客票价（自1955年以来旅客票价一直为1.755分/人公里），票价明显过低。在此背景下，从20世纪80年代末期我国铁路实施了一系列客运运价改革措施。从制度变迁的角度看，我国铁路客运运价改革经历了三个不同的阶段。

20世纪80年代中后期的价值复归阶段。这一阶段，铁路业先后经历了放权让利改革和大包干改革。在大包干改革时期，包运输任务、包机车车辆生产任务、包铁路建设规模和形成运输能力、包基本建设投资和机车车辆购置费、包缴纳税款五大任务与长期实行的低价策略形成尖锐的矛盾，因此，客运价格向其价值进行复归成为当时的客观要求，为顺应市场环境的变化，铁路客运价全面上调。

20世纪90年代初、中期的价格调节机制形成阶段。这一阶段除了在1995年又一次进行了客运基准票价率的调整外，铁路客运价格改革的突出特点是，出现了多种价格调节机制，包括优质优价、新线新价、季节运价、区域运价、特殊运价等，主要是为了更好地反映市场供求关系和进行投资补偿。尽管其中仍存在一些不合理的成分，但也预示着铁路客运运价的调节机制开始形成。

20世纪末到21世纪初的政府指导价改革阶段。1998年，国务院向铁道部下放了部分定价权，对回空方向运输以及与高速公路已形成平行竞争路段的运输，允许铁路根据市场情况的变化实行下浮运价；2000年，又对铁道部提出的部分旅客列车票价实行政府指导价的问题做出批复，允许铁路票价在特定时间和线路上根据市场情况的变化适当浮动，其中包括春运期间票价浮动；2002年正式下发《关于公布部分旅客列车票价实行政府指导价执行方案的通知》（计价格〔2002〕107号），允许铁路旅客票价在春运、暑运和"黄金周"期间根据实际情况适当浮动，自该方案实施之后，几年来的春运期间，硬座火车票价大多上浮15％，其他席别火车票价大多上浮20％。但是在民意和舆论的影响下，2006年我国铁路对以农民工、高校学生为主要客流的所有临时旅客列车实行票价不上浮政策，2007年初铁道部又宣布在更大范围内实行这一惠民政策，在各类旅客列车中均不再实行票价上浮。自此，铁路客运实行政府指导价的改革正式迈入实施阶段，初步实现了定价权和调价权的分离。

（2）中国铁路货运运价规制的改革

新中国成立初期，铁路货物运价分为东北和北南方两套体系。1955年6月，对铁路货物运价进行了全面改革，统一了东北和北南方货物运价号和运价率，统一后，货运运价平均水平为1.65分/吨公里，与当时物价及其他运输方式的价格相比，运价总水平是偏低的。在此后的近30年间，只对货物运价制度进行了简化，减少了运价号，铁路货物运价总水平不升反降，严重偏低。直到20世纪80年代初期，铁路货运价格才开始了向上调整以及价格体系改革的历程。从制度变迁的角度看，我国铁路货运运价改革也经历了三个不同阶段。

改革开放到20世纪80年代末的运价初步调整阶段。为了促进公铁分流，1982年国家对铁路110公里以内的短途货运采取临时加价措施。为了改变货物运价水平严重偏低，1983年实行了改革开放后的第一次上调，调整后的货物运价同1955年相比，每吨公里提高了10.73％。1990年国务院再次批准货物运价总水平提高0.5分/吨公里，加上内部结构理顺，实际执行后，1990年货物平均收入率为2.65分/吨公里。

20世纪90年代期间多种形式运价的频繁调整阶段。进入90年代后，社会物价逐步市场化，铁路运输成本不断增加，财务状况日益恶化。国家对铁路货物运价实行"小步快跑"的政策，不仅运价水平调整比较频繁，内容也不断翻新，1991年新设立了铁路建设基金，按铁路货运吨公里征收，标准从每吨公里0.2分开始，后经多次调整，目前的水平为每吨公里3.3分[①]；1993年随

---

①　吴文化，崔凤安．铁路建设基金的政策取向及替代方案分析．铁道运输与经济，2005（9）：1～3

着电力调价，增设了电气化附加费；1999 年将原兰新双线加价在全路均摊，产生了新路新价均摊运费；1997 年 6 月，在京广线加收京九分流运价，分流运价出现。截至 2000 年底，国铁正式营业线路货物运营价格为每吨公里 4.5 分，建设基金为每吨公里 3.3 分，新路新价均摊运费为每吨公里 0.11 分，电气化附加费为每吨公里 1.2 分，京九分流运价为每吨公里 0.6 分[①]。

进入 21 世纪运价结构趋稳、运价水平继续提高阶段。在这一时期，国家铁路货物运营价格又经历了 2003 年、2005 年、2006 年、2008 年的几次向上调整，特别是近年来除了决定适当调整货物运营价格外，还取消、合并了部分运价号，并将现行铁路货运营运杂费中的"货车中转技术作业费"并入运营价格，简化了运价体系。

3.2.2　中国民航票价规制改革的制度变迁

1997 年以前，中国民航运输市场结构是一种模拟的寡头垄断结构，需求规制放开，进入规制有较大松动，价格规制还相当严格[②]。因此，民航运输企业没有自身的价格行为，企业只是按照国家的定价进行运营而已。但从 1997年开始，我国民航运输业供过于求的态势开始显现，买方市场逐步形成，价格规制也历经了多次变革。

(1) 1997 年"一种票价、多种折扣"的政策

为了适应中国加入 WTO 的需要和加快与国际惯例接轨，同时为发挥价格的市场调节作用，民航总局决定从 1997 年 9 月起实行"一种票价、多种折扣"的政策。虽然该政策具有向国际惯例靠拢和刺激民航需求的意义，但是放松价格规制很快引起各航空公司的强烈反响。一方面，30 多家对价格竞争没有经验的国营航空公司，多年来依赖于国家的保护和支持，尚不具备价格决策手段和营销策略；另一方面，各地方航空公司的势力正在不断走强，它们将这次价格竞争视为扩大自己的市场占有率的机会。于是，为了争夺有限的客源，各航空公司竞相压低机票价格，不惜成本低价倾销，引发恶性价格战和机票代理市场失控的局面，导致 1998 年全行业亏损 24.4 亿元，结束了民航业连续 19 年盈利的历史。

(2) 1999 年的"禁折令"和 2000 年的"航线联营"

恶性价格战和全行业亏损促使原国家计委和民航总局于 1999 年初联合发出《关于加强国内航线票价管理，制止低价竞销行为的通知》。"禁折令"规定

---

① 王秀春. 铁路货物运价的沿革和发展. 铁路运输与经济，2000 (10)：26～30
② 张帆. 模拟竞争市场的建立和生长——中国民用航空运输业的规制和市场竞争. 浙江社会科学，1998 (4)：15～25

各航空公司票价按国家公布价销售，不得滥用折扣，民航总局收回了定价权，实行严厉的统一定价制度，禁止对散客打折，团体票优惠幅度有限，并对多家违反规定的航空公司给予了处罚。由于采取了机票禁折、削减运力、调整航线航班、整顿销售代理市场、加强企业管理等一系列整顿措施，国内航线低价竞销局面得到控制，当年全行业主营业务成本增长低于主营业务收入增长 3.5 个百分点，由此减少成本 27 亿元。中国民航总局的禁折政策，虽然使民航运输业实现了扭亏为盈，但也使客源减少了 5%（约 300 万人次），并引起社会各界的广泛关注和激烈争论，认为这一价格规制不仅属于限制竞争的行政性垄断，而且也造成机票暗扣销售等市场混乱现象。2000 年 4 月，中国民航总局又推出"航线联营政策"，即政府部门组织的价格联盟。该政策要求多家航空公司共同经营共飞的竞争性航线，机票价格由航空公司共同制定，经民航总局批准并备案，若要打折必须与同盟公司一起联手，各公司的收入按该公司投入在该航线上的运力比例进行二次分配。这一时期的禁折、联营及处罚等价格规制政策，并没有真正阻止航空公司间的价格竞争，而是使"明折明扣"的显性竞争转向愈演愈烈的"暗折暗扣"的隐性竞争。

(3) 2001～2002 年"禁折令"和"航线联营"的解除

进入 2001 年，民航总局批准了 20 多条国内航线可以公开实行多舱位销售，允许机票打折，对支线飞机执行的航班、独家经营的航班和省（区）内航线的价格，实行了有限定的上浮界限内由企业自行定价的政策。2002 年 4 月，民航总局再次开放了国内多条航线的禁折令，实行明折明扣。同时，民航总局加强对机场旅客吞吐量占全国 60% 以上的 10 个重点城市机票违规销售行为的监管力度。2002 年 11 月，"航线联营"解除。这些新现象说明了政府的价格规制思想逐步成熟，从非理性的限制竞争转向理性的反垄断、反不正当竞争，也标志着中国民航价格在逐步走向市场化。伴随着民航产业重组的进程，企业间的价格竞争虽然依然持续，但其中已经包含了更多经验的积累和策略性的考虑。

(4) 2003 年的价格听证和 2004 年的价改方案

2003 年 7 月由国家发改委和中国民航总局主持召开了民航机票价格改革方案听证会，主要围绕国内各航线基准价（0.75 元/平均人公里）以及可上浮 25% 和下浮 40% 的价改方案征求意见。意见主要集中在保护消费者权益、基准价和浮动幅度仍有进一步下降空间、加强民航运输成本管理、加强市场监管和民航业与国民经济协调发展问题等六个方面。2004 年 4 月，经国务院批准，国家发改委和中国民用航空总局颁布了《民航国内航空运输价格改革方案》。在该方案下，国内航空运价以政府指导价为主，政府价格主管部门由核定航线具体票价的直接管理改为对航空运输基准价和浮动幅度的间接管理。

3.3 中国交通运输产业价格规制现状分析

从我国铁路运输业和民航运输业的价格规制变迁可以看出，改革开放以来其价格体系已经经历了一系列的变革，进一步解析目前的价格规制模式将有利于研究未来改革的方向。

3.3.1 中国铁路运价规制结构与模式

从我国铁路运价改革的历程看，无论是客运运价还是货运运价都经过了多次的调整，本部分将进一步讨论我国铁路运价的规制结构、规制模式和存在问题。

（1）我国铁路的规制结构

按照《中华人民共和国铁路法》第 25 条的规定：国家铁路的旅客票价率和货物、包裹、行李的运价率由国务院铁路主管部门拟订，报国务院批准。国家铁路的旅客、货物运输杂费的收费项目和收费标准由国务院铁路主管部门规定。国家铁路特定运营线的运价率、特定货物运价率和临时运营线的运价率，由国务院铁路主管部门商得国务院物价主管部门同意后规定。地方铁路的旅客票价率、货物运价率和旅客货物运输杂费的收费项目和收费标准，由省、自治区、直辖市人民政府物价部门会同国家铁路主管部门授权的机构规定。兼办旅客、货物运输营业的专用铁路的旅客票价率、货物运价率和旅客货物运输杂费的收费项目和收费标准，以及铁路专用线共用的收费标准，由省、自治区、直辖市人民政府物价主管部门规定。即我国铁路运营主业的价格基本属于政府定价和政府指导价的范畴，定价决策权从铁道部、国家发展和改革委员会直至国务院，而名为铁路运输企业的铁路局等几乎没有什么定价权。可见，我国铁路运输企业的运价受到国务院、国务院铁路主管部门（包括综合性机构和部门性机构）的多重规制。

（2）我国铁路的运价规制模式

我国铁路运价规制机制是在计划经济体制下形成的，是一种严格的政府规制体制。改革开放以来，政府有关部门已经对其进行了一系列的调整与改革，取得了一定的成效，这为制定合理的规制机制打下了良好的基础。

1）运价水平规制模式。运价水平的制定与许多因素有关，一般需要考虑成本、运量、需求及竞争等诸多方面的情况，从而相应的定价方法有成本导向定价法、需求导向定价法和竞争导向定价法。从我国铁路经历的一系列调价过程的具体实践看，目前我国铁路客、货运的运营价格水平是每一次调价逐步累加起来的补丁价格，每次调价的方法多是将铁路亏损额分摊到运输周转量上，以此来计算需要调价多少。这种调价方式使得我国铁路的旅客票价和货物的营运价格具有了成本加成定价的特点。不过，如表3.2所示，铁路的客、货收入是分别统计的，而营运成本的边界是不清楚的，因此成本加成的价格水平规制也带有一定的随意性。即铁路运输只有总成本，货运成本与客运成本的分摊缺乏客观标准，在很大程度上依主观判断或作大致估计。需要调货运价格时就把货运成本打大一点，需要调整客运价格时就把客运成本打大一点。又因为铁路属基础设施，影响面大，调价时多是按照保本微利原则从严掌握①。

表 3.2　部分年份国家铁路运输主要财务指标　　　　　单位：亿元

指标	1990 年	1995 年	2000 年	2004 年	2005 年	2006 年	2007 年
运输总收入	411.1	632.1	1097.4	1794.4	2019.1	2364.4	2604.4
客运收入	110.9	201.5	369.3	592.9	638.1	727.9	823.9
货运收入	272.1	357.6	566.6	943.7	1105.7	1281.0	1392.5
行李包裹收入	8.6	15.8	38.1	47.6	48.8	52.2	54.1
邮运收入	1.0	1.9	3.5	3.7	3.7	3.7	3.5
其他收入	18.4	55.2	119.9	206.5	222.9	299.7	330.4
营运成本	253.9	640.6	951.1	1399.4	1589.4		
工资	42.8	139.6	197.4	323.4	354.4		
材料	32.6	85.5	76.9	163.0	222.9		
燃料	38.5	101.1	140.8	193.8	238.8		
电力	9.0	32.2	61.7	115.1	135.2		
折旧	108.8	73.7	351.4	235.8	261.6		
其他	22.3	208.5	122.9	368.3	376.5		
营业外收支净额	24.1	33.4	47.1	69.5	105.9	118.7	105.6
应缴税金	21.6	32.3	37.8	72.5	93.7	102.6	126.3
实现利润	113.1	-64.1	33.8	48.5	85.8	69.0	122.2

资料来源：2006、2008 年《中国统计年鉴》

2）运价体系规制模式。我国铁路的客运运价体系和货运运价体系由于服务的对象不同，因此表现出不同的特点。客运运价体系的形成主要反映了不同的

---

① 张光远．改进铁路客运价格管理设想．价格理论与实践，2005（9）：13～15

服务水平，货运运价体系的形成主要反映了不同的货物种类和不同的载运方式。

我国铁路客运运价体系规制。从我国现行的铁路客运运价体系看，价格规制是以 200 公里以内、普通车型（无空调）、普通旅客列车硬座票价率作为基准票价率，在基准票价率基础上，分别针对不同席别、不同速度等级、不同车型、不同运距制定具体票价（见表 3.3）。表 3.3 中的基准价为 5.861 分/人公里（1995 年制定），而其他票价的变化反映了不同的运输服务水平。

表 3.3　我国铁路客运运价体系

总类别	细分类别	定价原则
按列车席别分	硬座	基准价
	软座	基准价的 200%
	硬卧	基准价的 220%
	软卧	基准价的 385%
	高级软卧包房	市场调节价
按列车速度等级分	普通旅客列车（慢车）	基准价
	普通旅客快车（普快车）	对不同速度等级旅客列车分别收取加快附加票价
	快速旅客列车（K 字头）	
	特快旅客列车（T 字头）	
	直通特快旅客列车（Z 字头，直达不停）	
	局管内快速列车（N 字头）	
	旅游列车（Y 字头）	
	临时列车（L 字头）	
	动车组（D 字头）	
按列车车型分	普通车型（无空调）	基准价
	普通车型（有空调）	基准价的 25%
按距离分	200 公里以内	基准价
	200 公里以外	递远递减

资料来源：作者根据 1997 年 12 月 1 日铁道部发布的《铁路客运定价规则》整理。

上述各项票价率累加，构成各席别、列车速度等级和车型 200 公里以内的票价率。在铁路运输中，运输成本由车站作业成本和运行环节成本两部分构成，其中车站作业成本与运输距离关系不大。运输距离越长，平均每人每公里分摊的车站作业成本越低，即运输成本递远递减。与运输成本这一特点相适应，铁路旅客价格也实行了递远递减的计价办法。1995 年以后，铁路客运基准票价率没有调整过。但随着铁路多次提速，增开部分高等级、新型空调旅客列车，软席、硬卧等票价较高的席别比例有所增加，旅客在不同席别、列车速度等级、车型间的构成也发生了变化，铁路旅客运输每人公里单位收入率呈逐步提高的趋势。除此之外，2007 年铁路实现第六次提速后，又推出了中国铁路实现客运服务质量新突破的新品牌——时速 200 公里的国产化 CRH 系列动车组，时速 200 公里及以上动车组列车（D 字头）车票价格平均比直达列车高出很多，对此铁道部的解释是，200 公里及以上新型动车组的票价遵从了原国家计委在 1997 年制定的票价政策。

我国铁路货运运价体系规制。从铁路货运运价的改革过程可以看出，目前我国铁路货物统一运价主要包括两大部分：一是营运价格，二是铁路建设基金。从营运价格看，铁路货运目前实行按货物品类、积载包装条件、不同运输路线、运输距离等多种因素的综合计价体系。根据 2008 年调整后的铁路货物运价率表，营运价格按整车、零担、集装箱三大类分别定价，其中整车和零担主要按照货类再进行详细定价，集装箱主要按照吨位和箱型再进行详细定价。详细定价又分为基价 1（发到价）和基价 2（运行价）。2008 年铁路货物运价率见表 3.4。

表 3.4 2008 年铁路货物运价率表

办理类别	运价号	基价 1		基价 2	
		单位	标准	单位	标准
整车	1	元/吨	5.70	元/吨公里	0.0336
	2	元/吨	6.40	元/吨公里	0.0378
	3	元/吨	7.60	元/吨公里	0.0435
	4	元/吨	9.60	元/吨公里	0.0484
	5	元/吨	10.40	元/吨公里	0.0549
	6	元/吨	14.80	元/吨公里	0.0765
	7			元/轴公里	0.2445
	机械冷藏车	元/吨	11.50	元/吨公里	0.0790
零担	21	元/10 千克	0.117	元/10 千克公里	0.00055
	22	元/10 千克	0.167	元/10 千克公里	0.00075

续表

办理类别	运价号	基价 1		基价 2	
		单位	标准	单位	标准
集装箱	1 吨箱	元/箱	10.10	元/箱公里	0.0369
	20 英尺箱	元/箱	219.00	元/箱公里	1.0374
	40 英尺箱	元/箱	429.80	元/箱公里	1.6374

注：整车农用化肥基价 1 为 4.40 元/吨、基价 2 为 0.0305 元/吨。

资料来源：国家发展改革委、铁道部关于调整铁路货物运输价格的通知（发改价格〔2008〕1558 号）

运费计算方法：

整车货物每吨运价＝基价 1＋基价 2×运价公里

零担货物每 10 千克运价＝基价 1＋基价 2×运价公里

集装箱货物每箱运价＝基价 1＋基价 2×运价公里

从铁路建设基金看，根据铁路建设基金费率表，铁路建设基金按照整车、零担、自轮运装和集装箱等几大类分别计费，其中整车和零担货物还需根据货类进行详细定价。铁路建设基金费率见表 3.5。

表 3.5　铁路建设基金费率表

种类 \ 项目	计费单位	农药	磷矿石、棉花	其他货物
整车货物	元/吨公里	0.019	0.028	0.033
零担货物	元/10 千克公里	0.00019	0.00033	
自轮运装货物	元/轴公里	0.0990		
集装箱 1 吨箱	元/箱公里	0.0198		
集装箱 5、6 吨箱	元/箱公里	0.1650		
集装箱 10 吨箱	元/箱公里	0.2772		
集装箱 20 英尺箱	元/箱公里	0.5280		
集装箱 40 英尺箱	元/箱公里	1.1220		
集装箱 自备空箱 1 吨箱	元/箱公里	0.0099		
集装箱 自备空箱 5、6 吨箱	元/箱公里	0.0825		
集装箱 自备空箱 10 吨箱	元/箱公里	0.1239		
集装箱 自备空箱 20 英尺箱	元/箱公里	0.2640		
集装箱 自备空箱 40 英尺箱	元/箱公里	0.5610		

注：整车化肥、黄磷免征铁路建设基金。表中棉花仅指籽棉、皮棉。

资料来源：铁路货物运价规则（铁运〔200〕71 号）

　　铁路建设基金按国家铁路正式营业线和实行统一运价的运营临管线的运价里程计算，由发站一次核收。铁路建设基金的计算公式为：

建设基金＝费率×计费重量（箱数或轴数）×运价里程

　　3）运价浮动机制。从20世纪90年代后期起我国铁路就开始实行客运运价的浮动机制。其一，除了国家铁路的旅客票价率和行李、包裹运价率由国务院铁路主管部门拟定并报国务院批准外，经国务院铁路主管部门商国家物价主管部门同意，特殊区段可实行特殊运价，即赋予部分铁路运输企业一定的运价自主权，如对广深线、三茂线、海南岛铁路等实行高于统一运价的特殊运价，而且经营这些线路的铁路运输企业对运价有一定的上下浮动权。其二，对在铁路局管内运行的旅客列车的票、运价，可根据具体情况，赋予铁路局自行浮动的权力。其三，对近年来的空调列车、旅游列车实行了优质优价，并规定最高加价，同时可视具体情况上下浮动。其四，在国务院批准的价格内，经国家物价主管部门同意，国务院铁路主管部门可根据运输市场的需求实行浮动价格。现行旅客票价的浮动机制虽然较充分地考虑了运输市场竞争状况、铁路运输供需变化和主体消费群体的承受能力，但仍提出了较严格的时间限制和内容限制。

　　相应地，铁路货运也实行运价下浮机制，即货物运费可根据市场变化、竞争需要和运输成本，实行灵活下浮。1998年，原国家计委、铁道部《关于调整铁路货运价格规范铁路收费秩序的通知》规定，对货运回空方向运输，与高速公路平行已形成竞争路段的客货运输，允许铁路根据市场情况的变化实行下浮运价；1999年10月14日铁道部发布并实施《关于加快铁路货运改革强化市场营销工作的意见》，根据规定，铁路局管内的运价下浮由各局自主决定，跨局的运价根据铁道部规定的方向别、品类别的最大下浮幅度，各局具体审定，报部备案。运费下浮时，免收货运服务费和延伸服务费；装车费及建设基金等同比例下浮。同时，建立健全运价下浮的监督、检查和分析制度。1999年12月7日铁道部颁布《铁路货物运价下浮管理暂行办法》，规定了运价下浮应遵循的两条原则：一是下浮后的运价应高于运输成本（参考"点到点成本"系统数据进行测算）；二是必须禁止价外收费并免收货物运输服务收费和延伸服务费。同时，规定了运价下浮条件：一是轻浮货物（指每立方米重量不足300公斤的成件包装货物）采用整车运输时，运价可按不同运价号下浮35%～50%不等。二是在空车方向顺路装运轻浮货物以外的整车货物，符合新增运量条件的，新增运量部分可按不同运价号下浮10%～45%不等，空车方向按月度技术计划确定。三是集装箱回空方向顺路装运货物时，可按集装箱运价率在30%的幅度内下浮，但下浮后折合每吨货物运杂费应不低于该品类货物按整车运价率计算的每吨货物运杂费，跨局的集装箱回空方向由铁道部每季度公布，管内的集装箱回空方向由各局自定。在集装箱港站、深圳北站发出或到达和经满洲里、绥芬河、二连、阿拉山口换装进出口的国际集装箱（指海运的自备箱），经满洲里、绥芬河、二连、阿拉山口换装进出口和经深圳北与香港铁路交接的中国铁路集装箱，其运价可下浮20%。四是托运人包租货运五定班列列车或车位，时间在半年以上，列车开行密度每周不少于两列，分品类包租的，可在本办法规定的下浮幅度基础上再增加5%的优惠幅度。不分品类包租的，整车货物最低按4号运价计算，集装箱最低每车按2个20英尺箱运价优惠10%计算。五是五定班列的快运费，可在《铁路货物运价规则》规定的快运费额度内下浮。该办法于2000年1月1日开始实施。

4）其他放松运价规制的方式。铁道部在改革运价管理、建立适应市场的价格机制方面提出许多新的举措，在运价制定方面比原来更加灵活，以下对一些主要的放松运价规制的方式进行了总结。

折扣价。近年来，铁路部门推出了新型空调列车车票按照列车档次、客流状况、旅客承受能力等多角度考虑的三档票价：一是不打折的，主要是特快列车及进京、进沪、进穗的快速列车；二是折扣一档下浮6.6%的，主要是省会城市之间开行的快车；三是折扣价二档下浮13.3%的，主要是普通快车的空调列车。规定实行折扣价的列车在平时都打折，"五一"、"十一"、春运、暑运期间可取消折扣，但不再上浮。具体哪些列车票价打折，综合考虑列车档次、客流大小、运输成本等具体情况，由铁路局提出申请，铁道部审核确定。此外，平时还对空闲卧铺进行打折，主要是针对白天空闲或短途未售出的卧铺进行的一种优惠[①]。

"五定"班列优惠价。为适应市场需要，提高服务质量，确保运到期限，有效吸引货源货流，铁道部开发了货运"五定"班列运输产品。所谓"五定"班列，就是指定点、定车次、定线路、定时、定价的货物列车。这种货运列车，开行的发到站间直通，运行线和车次全程不变，发到日期和时间固定，实行以列、组、车或箱为单位报价包干办法。班列运输货物的各种费用，必须执行铁道部的有关规定，除此不得收取或代收任何其他费用。班列可采取承包经营方式，承包人必须依法取得中华人民共和国企业法人资格，必须是货源直接拥有者，铁路运输企业与承包人应签订运输合同。"五定"班列在运价上具有以下特点：一是一次收费，明码标价，价格合理；二是价格优惠，租车多运多优惠。其中托运人包租货运"五定"班列列车或车位，时间在半年以上，列车开行密度每周不少于两列，分品类包租的，可根据1999年底铁道部发布的《铁路货物运价下浮管理暂行办法》规定的下浮幅度基础上再增加5%的优惠

①　欧国立．中国铁路运价体制和运价政策的变迁．综合运输，2006（4）：22～25

幅度；不分品类包租的，整车货物最低按 4 号运价计算，集装箱最低每车按 2 个 20 英尺箱运价优惠 10％计算；"五定"班列的快运费，可在《铁路货物运价规则》规定的快运费额度内下浮。

集装箱的一口价。为增加价格透明度，规范收费行为，满足货主需要，开拓铁路集装箱运输市场，铁道部于 1999 年开始对全路集装箱运输率先实行一口价（即集装箱自进发站货场至到站货场铁路全过程各项价格的总和），这是货物运价改革的重大突破。2007 年铁道部发布了"关于发布《集装箱运输一口价实施办法》的通知"，并于 2007 年 4 月 1 日实行新的《集装箱运输一口价实施办法》，同时废止了之前发布的一系列相关条例。新的《集装箱运输一口价实施办法》对集装箱运输一口价（简称集装箱一口价，下同）进行了进一步的解释，它是指集装箱自进发站货场至出到站货场铁路运输全过程中各项运营价格的总和，包括与国铁办理直通的合资、地方铁路的到收运费等，还包括发展装卸综合作业或专用线取送车作业费用和到站装卸车综合作业费用。集装箱一口价包括运费、铁路建设基金、新路新价均摊运费、电气化附加费、特定线路运费、特定加价运费和发站实际发生的杂费等所有符合国家规定的运价和杂费，但不包括下列费用：专用线、专用铁路装卸作业的费用；集装箱在到站实际发生的杂费（已在发站核收的装卸费除外）；托运人或收货人责任发生的费用；铁路建设基金等代收款。

协议运价。我国铁路学习国外经验，一些铁路运输企业与企业间开展了协议运输，协议运输的运价一般高于统一运价。不过，多数铁路运输企业在收取基本运价的同时，也逐渐增加了价外收费，加大了货主的负担。这些做法都被政府明令禁止。

行包专列竞标价。在传统经营模式下，铁路企业以承运人身份直接与托运人签订铁路货物运输合同。随着经济的发展，运输方式日趋多元化，铁路企业面对来自航空、公路、水运等多方对手日益激烈的竞争。为广泛拓展货源，提高经济效益，铁路企业改革传统的运作模式，将铁路货车整列（或数节）承包给非铁路单位的行包快运公司，由快运公司招揽货源，直接与托运人签订行包快运合同，接受托运人托运货物。1998 年我国铁路开行了第一趟行包专列，经过多年的市场经营，行包专列已建立起稳定的客户群，形成了配套的运输网络，成为铁路知名的运输品牌。对于行包快运专列的运价，依然必须严格执行铁道部批准的运价，除按规定浮动外，不得任意减价（参见铁道部 1999 年发布的《行包快运专列管理（暂行）办法》）。但是在 2006 年初，铁道部为整合铁路运输资源，规范管理，进一步塑造行包专列这一铁路知名品牌，将 14 对行包专列移交中铁快运股份有限公司统一经营。为加强行包专列的市场化经营，增强中铁快运公司的竞争力，扩大市场占有份额，公司又决定引入竞争机制，对行包专列这一知名品牌实行了招标制度，通过招标向社会公开选择行包专列的承租人，2006 年中铁快运完成了 14 对行包专列（仓位）28 个标段的招投标工作。这意味着，行包专列的承租人在取得特许经营权后，将根据自身需要实行自主定价。

综上所述，我国铁路运营价格的规制模式是：基准价以成本加成规制为主，运价体系以费率表规制为基础，放松规制以局部的价格幅度管理以及新产品新运价为主要方式的混合型规制模式。其中成本加成规制主要考虑了预算平衡，以弥补运营成本、实现简单再生产和部分扩大再生产的保本微利为目标（铁路业的主要投资由铁路建设基金提供）；费率表规制主要考虑了客运的不同服务水平和货运的不同货物品类、积载包装条件、运输路线、运输距离等多种因素；而价格幅度管理和新产品所实行的新运价主要考虑了调节供求关系和放松规制，即通过浮动机制缓解客运生产能力在时间上或区段上的不均衡分布所造成的"瓶颈"效应，并赋予铁路运输企业一定的调价权。应该说，铁路运价经过多次改革，已经初步实现了与市场的对接，总体上处于政府规制和局部放松规制的发展阶段。

3.3.2 中国民航票价的确定和幅度管理

经国务院批准，国家发改委和中国民航总局发布了《民航国内航空运输价格改革方案（2004 年第 18 号）》，并于 2004 年 4 月 20 日起实行。这一改革方案构成了我国民航运输业现行的价格规制模式，即国内航空运价以政府指导价为主，政府价格主管部门由核定航线具体票价的直接管理改为对航空运输基准价和浮动幅度的间接管理。

（1）基准价的确定

民航基准价是价格规制的核心，基准价格的高低直接影响到航空公司的收入水平以及整个民航业的盈利状况。政府制定基准价的方法是"成本加成"定价方法，该方法属于完全成本定价法，即以平均成本 AC 为基础，追加一个按加成率计算的利润确定价格。成本加成定价法的标准公式是：

$$P = AC(1+S)$$

式中：S 为成本加成率；AC 为平均成本。

目前，"成本加成"定价法是企业最常使用的方法。在德国，70％以上的企业采用成本加成定价。美国和欧洲国家情况也较为类似[①]。在我国，成本加成定价法也是占统治地位的企业定价法。"成本加成"定价法的具体计算公式

---

① 西安交大课题组．中国民航运输价格形成机制研究，2000

如下[①]：

$$基准票价 = \frac{\dfrac{最大客公里平均成本}{R} \times S}{(1-3.3\%) \times (1-5\%)}$$

$$最大客公里平均成本 = \frac{全行业国内航线总成本 - 国内航线货运收入}{最大客运周转量}$$

其中，3.3%为营业税收及附加；5%为民航基金；R 为目标客座率；S 为目标利润率。

根据上述基准价的确定公式，2004 年的《民航国内航空运输价格改革方案》将基准价定为平均每客公里 0.75 元，对方案执行过程中发现不合理的个别航线基准价，由民航总局商国家发改委适当调整。

（2）浮动幅度管理

省、自治区内，以及直辖市与相邻省、自治区、直辖市之间的短途航线，已经与其他替代运输方式形成竞争的，实行市场调节价，不规定票价浮动幅度。具体航线目录由民航总局商国家发展改革委规定，并通过航空价格信息系统（AIRTIS. NET）对外公布。

除上述规定航线外，民航国内航空旅客运输票价实行浮动幅度管理。

票价上浮幅度最高不得超过基准价的 25%。

票价下浮幅度，根据不同航线情况，按下列规定执行：部分以旅游客源为主的航线票价下浮幅度不限，具体航线目录由民航总局商国家发展改革委规定，并通过航空价格信息系统（AIRTIS. NET）对外公布。航空运输企业独家经营的航线票价下浮幅度不限。除上述实行市场调节价和票价下浮幅度不限的航线外，其他国内航线票价下浮幅度最大不得超过基准价的 45%；少数航线因特殊情况需要突破票价统一浮动下限的，由有关航空运输企业报民航总局商国家发展和改革委批准后执行。

航空运输企业在政府规定的幅度内，自行制定具体票价种类、水平、适用条件，提前 30 天通过航空价格信息系统报民航总局、国家发展和改革委备案，并对外公布后执行[②]。

相对于我国铁路而言，我国民航运输业已经初步实现政企分开，市场开放度较高，主航线上价格竞争比较激烈，《民航国内航空运输价格改革方案（2004年第 18 号）》较充分地考虑了航空运输的社会平均成本、市场供求状况和社会承受能力，价格规制基本到位。价改方案推出前的 1～4 月，国内航线平均每

---

① 王俊豪. 现代产业组织理论与政策. 中国经济出版社，2000：134

② 中华人民共和国国家发展和改革委员会，中国民用航空总局. 民航国内航空运输价格改革方案（2004 年第 18 号），2004

客公里的票价水平为 0.572 元，价改方案推出后的 5～12 月，该票价水平提高了 0.012 元达到 0.584 元，相当于基准价的 77.9%，说明通过合理价格竞争优化资源配置的政府目的初步实现。

3.4 交通运输价格规制改革的国际经验

下放定价权是发达国家交通运输产业规制改革的最基本特征，从日本、美国、英国、德国等国家的改革经验看，通过放松价格规制，不仅不会导致价格无节制上升，而且可以促使运输企业的行为方式发生根本性的改变，并使企业的运营状态逐渐步入良性循环。

3.4.1 发达国家铁路业放松价格规制的经验借鉴

世界铁路改革在铁路规制方面提供了相当成功的经验。实施改革前，无论是前计划经济国家或市场经济国家，都与我国类似，对铁路实行严格的规制。随着其他运输方式已经在相当大的程度上对铁路运输形成替代之后，许多国家仍未放松铁路规制，导致铁路发生严重的经济危机，甚至危及自身的存在及经济的发展。于是在 20 世纪 80 年代各国开始逐步放松对铁路的规制，政府转而用间接的手段来调控运输市场，使铁路同其他行业的经济主体一样能够实现市场化经营，铁路开始逐渐恢复生机，财务状况也在较大程度上得到改善。

(1) 日本铁路的民营化与运价认可制度

改革前，日本铁路分为国铁、私铁和城市公交铁路。国铁承担城际干线运输、城内运输及货物运输，1951～1987 年完全是国有国营；私铁主要承担城市内部及城郊运输；城市公交主要是地铁。原国铁在全国铁路中占营业里程的73%，客运周转量的 63%，货运周转量的 99%，是日本交通运输的核心。20世纪 60 年代以来，日本的民航、汽车运输猛增，与铁路的竞争激化。但国铁长期形成的庞大组织机构、"铁饭碗"保障和一元化经营形态，使得其成本意识薄弱、生产效率低下，难以采取有效的应对措施，加上受到国家在运费、人事、投资计划等多方面的限制，导致铁路优势逐渐丧失，经营状况不断恶化。1964 年国铁开始亏损，在国家每年支付巨额补贴的情况下，80 年代国铁的赤字超过了 1 兆日元，1985 年达到顶峰 1.85 兆日元。为了消除赤字，国铁反复提高运费，1986 年比 1980 年上涨了 38%，同期国铁的长期债务也高达 37.1兆日元。当时，日本国铁的运价规制类似于我国目前的状况，只有经过国会的决议才能得以确定和调整，1977～1987 年间虽然进行了 13 次提价，也无法扭转亏损状态。

从 1982 年开始，经过几年的酝酿，1987 年日本政府实施了国铁民营化改革方案，首先日本国铁打破原有的全国大一统的管理模式，将其分成 6 个客运公司和 1 个货运公司，各公司自负盈亏、独立经营。所有线路按区域位置划分给 6 家客运公司，货运公司则向客运公司租用线路。与此同时，在价格规制方面采用了运输大臣认可制度，其主要定价原则包括四个方面的内容：①合理的成本加一定的利润作为运价构成的基础；②不得对特定的旅客和货主给予歧视性的待遇；③不应使铁路运输需求者负担困难；④不应与其他铁路企业发生恶性竞争。

铁路运价的认可制度标志着日本政府对铁路定价与调整限制的放宽。目前，日本铁路运价规制采取的是价格上限和运输大臣认可制，新干线特快票价采取的是运输大臣认可制，既有线路的特快票价、卧铺、对号坐席及各种票价的折扣优惠，仅仅进行备案或提出申报即可。日本铁路民营化前后运价规制变化情况见表 3.6。

表 3.6　日本铁路民营化前后运价规制的变化

类　　别	国铁时代	民营化时	目前
客运、货运运价	法定（在国铁的末期由运输大臣批准）	运输大臣批准	价格上限运输大臣批准
新干线特快票价	国铁决定	运输大臣批准	
既有线路特快票价、卧铺价等			备案
折扣优惠车票		申报	
站台票票价、退票费等			无限制

资料来源：张昕竹. 中国铁路规制与竞争：理论和政策. 国家行政学院出版社，2004：110

特别值得关注的是，价格规制改革后，并没有出现人们原先预想的运价大幅度上升的情况，本州的 3 家铁路公司运价基本维持不变，3 岛（九州、四国和北海道）的铁路运价也只是在 1996 年提高了 6.6%。在维持运费不涨的情况下，各公司都发挥各自特点，适应不同的需求，保证了较高的服务质量，取得了稳定的经营收益。旅客周转量在改革前 5 年年平均增长 0.6%，改革后 7 年年平均增长 3.4%，1997 年达到 2.477 亿人公里，是 1986 年的 1.25 倍。职工人数从 27.7 万减到 20.1 万，劳动生产率大幅度提高，以每人完成的周转量计算，1996 年是 1986 年的 1.83 倍，7 家公司在民营化后年平均创造经常利润2000 亿日元，每年平均向国家上缴 1000 亿日元税金[1]。而且，从行为方式上，

---

[1] 杨斌. 日本铁路改革及启示. 铁道经济研究，2000（2）：43～45

由被动服务转变为主动服务，服务水平不断提高，服务项目越来越多；从市场效果上看，运量有所增长，吸引了相当数量的社会资金和国际投资；从经济绩效上看，劳动生产率大幅提高，扭亏为盈，事故率降低，安全性提高。

(2) 美国铁路宽松的运价规制和科学的管理方法

美国铁路运输主要是货物运输，包括普通运输和合同运输两种，对铁路运输业实行经济规制的机构是地面运输管理局（The Surface Transportation Board，STB），其前身是美国州际商务委员会（Interstate Commerce Commission，ICC）。运价对美国铁路的兴衰有很大的影响，在严格规制时期，所有运价必须公开且监管严格，铁路应对市场的能力受限，价格投诉不断，企业成本上升，政府又间接对其他运输方式进行补贴，使铁路失去与其他运输方式进行有效竞争的优势。规制的后果是不少铁路公司纷纷破产。《铁路复兴和规制改革法》和《斯塔格斯铁路法》的出台，给美国铁路运输业一个较好的外部环境，其中主要是对运价规制松绑，全面实行合同运价。20 世纪 80 年代以后，美国铁路的运量走出低谷，不断回升。

美国铁路在发展初期处于自由放任状态。1865 年后，铁路逐渐确立了在运输业中的垄断地位，当时，价格歧视盛行，贿赂丑闻不断，社会要求对铁路进行规制的呼声日益高涨。1887 年，美国颁布了《州际商业法》，联邦政府设立了州际商务委员会（ICC），开始对铁路进行规制。随后又先后出台了多部法律，逐步加强了对铁路的规制力度。与此同时，ICC 的权力也越来越大，从制定最高限价、终止认为不合适的铁路公司定价措施，直至取消了铁路企业的自由定价权。其结果造成铁路逐渐失去活力，市场份额越来越少，20 世纪 40 年代以后美国铁路开始陷入困境[1]。

为扭转被动局面，1976 年美国的《铁路复兴和规制改革法》对铁路运费实行了部分自由化：一是规定铁路运输的变动成本为最低运价，铁路运价大于等于变动成本被视为合理；二是在没有市场势力的情况下，允许铁路运价上下浮动 7%；三是为了吸引铁路投资，要求运价不能制定得过低[2]。另外，还允许铁路和托运人为特定业务签订价格协议，以建立长期稳定的业务关系。

1980 年，美国国会又透过《斯塔格斯铁路法》进一步放松规制，约有 2/3 的铁路货运企业不再受州际商务委员会最高限价的制约，只有当运价水平超过了变动成本的 180% 时，州际商务委员会才能终止或调查该铁路费率变动的方案。同时，全面放开了铁路企业与货主之间的合同定价。虽然合同中的价格要

---

① 王全斌. 美国铁路模式研究. 中国经济时报，2001-09-25，第 6 版

② Michael W. , Babcock. Efficiency and Adjustment. The Impact of Railroad Deregulation. Cato Policy Analysis Series（33），1984

向州际商务委员会申报备案，但与普通运输的公开定价有着本质的不同，合同定价由托运人和承运人协商而定，因此，会在大、小货主之间，以致在大的货主之间出现收费不相同的情况，即差别定价。美国煤炭和谷物的铁路运输60%以上都实行了这种运价。1978年11月～1984年2月签订的铁路运输合同1300项，到1987年已达65000项①。这说明这种方法能够很好地完成这类物资运输任务，也使铁路能够合理安排运力以及提高设备使用效率。

放松规制以后，美国铁路的运输量迅速增长，市场占有率已停止下滑，铁路正在走向复兴。据州际商务委员会的统计，超过60%的煤炭和粮食的铁路运输都采用了合同定价，它不仅可以满足货主的一些特殊要求，也使铁路公司能够合理安排运力以及提高设备使用效率；而且，私人投资铁路的积极性增加，铁路企业股票价格稳定；1980～1997年间，劳动生产率大幅提高了262%，增长率超过了美国几乎所有其他产业；所有货物的平均运价都已降低，名义运价平均降低了16%，实际运价降低了55%；运量增加了40%，市场份额也从37%增加到39%；在联运市场面临激烈竞争的情况下，铁路联运运量增长了184%；资本收益率由4%大幅提高到8%；事故率和员工伤亡下降了70%。根据1994年世界银行发展报告，美国放松基础设施部门的规制所带来的效益，铁路部门每年增加收益100.4亿美元②。

美国交通部地面运输管理局（STB）于2005年12月提交了2002～2004财政年度的报告③，这是STB成立以来的第三份报告，其中有关铁路运价方面的内容，表明了美国政府对铁路运价进行规制的管理思想，主要内容包括四个方面：第一，对合同运输的运价实行较彻底的放松规制。铁路企业和货主所执行的运价既可以由他们私下秘密商议决定，也可以执行公开的运价条款。合同运价一般不受STB规制所限，但为了避免对农产品运输的价格歧视，STB有权进行规制。铁路上所有的农产品运输合同都需要在STB备案，这些文件在STB办公室可供公众查阅。第二，对普通运输的运费实行公开披露制度。铁路普通运输的运价和服务条款需要公开（农产品和化肥运价要公布），如果普通运费增加或者服务条款变动，铁路运输企业需要提前进行通告。如果在某些领域铁路运输企业没有建立公开运价，一旦货主提出这个领域的合理运输要求时，铁路运输企业就必须在该领域建立公开运价。普通运输运价的建立、披露、公布、变动通知都处于STB的监管之下。为了使铁路运输企业能够对市场变化形成灵敏的反应，STB对篷车、集装箱多式联运、大部分农产品等类

---

① 汪建丰. 美国政府铁路产业政策变迁的历史分析. 社会科学战线，2005（3）：134～138
② 世界银行. 1994年世界发展报告. 中国财政经济出版社，1994
③ STB. Surface Transportation Board FY 2002～2004 Report. http：//www.stb.dot.gov，2005

运输产品给予了这方面运价规制的豁免权。第三，对体现市场势力的运价进行限制。在铁路运输企业具有市场势力的情况下，STB可以对相关投诉进行裁决。市场势力的判定主要看在某个铁路运输企业所提供的运价水平上是否缺少来自其他铁路运输企业和其他运输方式的竞争。如果所执行运价在变动成本的180％以下的，STB不能认为被投诉企业存在市场势力。STB利用"统一成本系统"（URCS）来计量铁路不同种类运输的变动成本。第四，对铁路运输企业定价的合理性进行监测。为了考察铁路运输企业运价制定的合理性，STB运用了"约束性市场定价"（Constrained Market Pricing，CMP）的原则，该原则限制企业的运价保持在一个合理的水平上。所谓合理运价，要具备两个必要条件：一是运输者应该是有效率的；二是运输者能够得到合理的回报。STB对企业运价合理性的检验一般基于"独立运营成本"（Stand-Alone Cost，SAC）方法。在SAC的限制下，铁路运输企业向货主收取的运费不能高于假想中专为该货主建设和运营一条新铁路而产生的有效率的运价。尽管CMP原则和SAC方法很科学，但终因复杂、烦琐、耗时、成本高而难以付诸实践。为了降低成本和复杂性，STB在检验方法上进行了创新，提出了基于SAC的快速检测法，改良了规制程序。2003年4月和2004年7月STB举行了听证会，征求运输者、货主和其他相关方关于简化检测价格合理性方法的意见。

STB对美国铁路运输企业的运价规制既最大限度地发挥了市场机制的作用，同时在管理方法上又很到位和科学，充分体现了政府有所为和有所不为的思想，非常值得我国铁路运输业借鉴或参考。

（3）英国铁路的网运分离与价格上限规制

与日本、美国的区域性重组方式不同，英国铁路采用了比较彻底的网运分离模式，从1982年开始，英国用了约10年的时间完成了以地区铁路局为主的块块管理向市场业务分工的条条管理的转变，撤销了地区局，成立城市客运、东南路网客运、地方短途客运、整车货运、集装箱运输、行包快运6个业务部。从运行效果来看，这种条条分割并没有从根本上打破原有垄断的弊端，重组后的公司之间在业务上既互不重叠，也很少集中在同一区域上展开争夺市场份额的角逐。英国在专业化重组效果不佳的情况下，从1992年酝酿至1994年开始实施了新一轮的网运分离和私有化重组改革，将铁路分为1个全国性铁路公司、25个客运公司、6个货运公司、3个机车车辆租赁公司以及多家设备维修改造公司，并将线路公司上市，全部为私人股份，25家客运公司和6家货运公司全部卖给私人企业。这次重组的特点是形成多个客、货运营公司，并试图采用竞标特许经营权的方式引入内部竞争。

在重组改革的基础上，规制机构对运价的管理主要体现在三个方面：一是对铁路线路公司的收费水平按照投资回报率不超过8％进行限定，同时允许线路公司就具体收费水平与客货运营者进行协商，并计划逐步引入 RPI-X 的激励性规制方法；二是对高峰期的客运票价和通勤季票实行 RPI+2 的价格上限规制；三是对铁路吸引公路运量向铁路转移予以财政补贴或奖励。此外，各种铁路运价全部放开，包括非高峰期的客运票价和货运实行合同运价等①。

从价格结构上看，英国的铁路运价也是形式多样的，有避峰票、家庭票、老人票、孩子票、成人票、团体票、晨间票、年度票、月季票、周票以及火车、地铁和公共汽车一票通用的联票等。以避峰票为例，若乘客能避开上午九点前搭乘火车，票价则可优惠 25% 以上。相形之下，我国的运价体系规制堪称名目繁多，严重影响了运价形式的多样化，与市场的衔接性很差。

但也非常值得关注的是英国"网运分离"组建的全国性路网公司 Railtrack 的近期发展状况。该公司于 1996 年 5 月 20 日在伦敦证券交易所上市，当时每股股价 3.90 英镑，全部股份为公众持有。1998 年底，Railtrack 的股价已升至每股 15.87 英镑。1999 年，Railtrack 位列于本年度商业周刊全球市场价值最高 1000 家公司的第 449 名，市值达 104.1 亿美元。但自 1999 年下半年以来，Railtrack 经营逐渐亏损，债务不断增加，股价持续下跌，到 2001 年 10 月，Railtrack 的负债总额已达 33 亿英镑。2001 年 10 月 7 日，英国最高法院裁定 Railtrack 暂由政府管理，股市停牌。

从国外铁路运价规制模式改革的实践中，可以得出以下几点启示：第一，多数国家的民营化、重组改革与运价规制模式改革并行，几种改革相辅相成取得了良好的效果；第二，全部实行了放松运价规制的模式，而且放松规制之后，并未产生人们所担心的运价上升状态，美国铁路还出现了稳中有降的趋势；第三，运价规制政策的变革对各国铁路业的兴衰产生重大影响，放松规制的成效明显，铁路运输恢复生机，但其中也有比较失败的例证；第四，美国政府对铁路的运价规制管得最松，但其管理理念却是最科学和严谨的，而且规制目标也是最明确的。

3.4.2　发达国家民航业放松价格规制的经验借鉴

随着近年来民航业的迅猛发展以及民航业竞争的加剧，各国原来所普遍实行的价格规制政策已经不再适宜了。在这种新的情况下，各国政府都对民航价格政策进行了一系列的改革，逐步放松了价格规制。

(1) 日本的运价政策及航空公司的价格规制

1995 年之前，日本国内运价由日本政府规制，政府定价根据行业成本，参照当时的客座率水平（一般为 65%），加上适当利润，用线性回归的方法计

---

① 张昕竹．中国铁路规制与竞争：理论和政策．国家行政学院出版社，2004：115

算出不同航线的标准普通运价。运价水平一般常年固定，同一航线只有一种运价，即使折扣，也由政府统一规定折扣水平。

1995 年以后，日本政府开始对其国内运价实施放松规制政策，第一阶段为采用幅度的形式制定特殊运价，即经济舱 Y 价为上限，下限为 Y 运价的 50％，在该幅度内航空公司可以自行制定、管理特殊运价，但附有限制条件，航空公司可以随时调整运价水平，浮动后的运价报政府备案。

1996 年，日本政府将幅度运价的概念普及国内普通运价。日本政府制定标准成本价作为航线经济舱运价的上限，下限是标准成本价的 75％，在向下浮动的 25％范围内，航空公司可以自行制定符合本公司需求的运价，并无须设定任何条件。2000 年，日本政府取消了对于国内航空运价的幅度限制，允许航空公司自主确定票价，报政府备案后执行。

日本航空公司制定与管理运价的手段与美国、加拿大的航空公司基本相同，航空公司根据其政府较为灵活的运价政策，结合市场情况，可在一定权限内自行制定与管理运价。航空公司都有自己单独开发设计的计算机订座系统和收益管理系统，实施常旅客奖励制度，其制定的运价结构、种类、水平及适用条件较多，运价主要根据市场情况并由大型计算机中心来制定，日本的航空公司把运价管理融入市场的管理、收益的管理之中，在市场竞争中经常研究运价的合理分配与市场布局等，从而提高收益以刺激市场发展。日本的国内运价战并不激烈，其国内运价水平较其他国家高十几倍甚至几十个百分点，这主要是由于其国内航线大多数为短程航线所致。

(2) 德国的航空运价及其监管情况

1992 年以前，由于汉莎等德国主要航空公司和铁路均为国有，政府参照不同运输方式的比价关系，对航空运输价格进行协调。根据"欧盟市场一体化"的要求，欧盟内所有国家航空管理体制开始实施"自由化"。1997 年，德国在实现航空公司私有化的基础上，政府不再对运力、航班、运价进行直接规制，而是通过"自动审批系统"对航空运价进行管理。目前，德国民航国内航线运输价格已全部放开，由航空公司自主确定，只需通过电子表格形式向政府申报后即可执行。德国国内航空现行公布票价水平约为 0.40 美分/公里，其国内航空运价也采用收益管理系统建立多级票价体系。

票价放开后，德国政府对航空运价的监管比较宽松。其运价由德国运输部下属的民航局管理，政府机构中独立的反卡特尔局有权对运价进行必要的干预，其监管主要集中在申报手续和程序方面，以及由航空公司独家经营的航线。放开民航运价的同时，德国放开了国内航空运输市场，对航空公司实行了私有化改革。航空公司可自由进入或退出市场。由于公路、铁路运输比较发达，政府不再强制要求航空公司承担普遍服务义务，航空公司可自主选择停飞经济效益不好的航线。其监管效果表现在，随着市场的开放和价格的放开，由于新的经营者不断进入，推动德国国内航线运价逐步降低。但航空公司普遍采用了收益管理系统等现代化管理手段，能够根据市场变化随时调整价格和不同航线、机型的投入或退出，价格政策和营销策略非常灵活。

(3) 美国政府对航空运价的管理

1978 年以前，美国政府对国内航空运输业实施规制政策，国内运价由民航管理委员会制定并管理，制定运价的方法主要是成本定价法，依据航空公司的成本数据计算平均成本，通过对国内旅客运价调查确定消费能力并参照当时国内平均投资回报率（12％），最后定出各条航线的运价水平，通常运用"以长补短"的原则，民航管理委员会制定国内运价水平并对外公布后，要求航空公司必须严格执行，不能随意抬高或降低。

1978 年以后，美国政府对国内航空运输业开始实施放松规制政策。卡恩（纽约州公共服务委员会主席、前康乃尔大学经济学教授、联邦民用航空局局长）也以"开放天空"而载入美国规制改革的史册。其具体做法是，政府取消行政审批（包括听证程序）不再干预民航的票价决定和市场进入。航空公司可以自由地、竞争性地决定机票价格，也可以自行决定是否进入还是退出某个市场或某条航线。所有其他公司、新的投资人也可以决定是否组建新的航空公司。改革的结果使票价大幅度跌落，而对民航服务的市场需求量急剧上升；一些老牌航空公司走向破产，而新的成功者因为适应市场形势而欣欣向荣；美国航空业在竞争的压力下创造了"枢纽港模式"。

美国放松规制法的根本原则是自由竞争，政府不干预市场，依靠反垄断法进行平衡。另外，在对航空公司申报运价的审批方面，美国政府规定，所有航空公司只需要将自己制定的运价通过电脑传输方式通知政府指定的运价申报公布代理机构后即可在市场上销售。

在规制时期，规制与保护是主要特征，放松规制无疑彻底改变了原有航空公司的生存环境。实践证明，能否及时调整竞争战略和适应变化的环境，积极进行管理创新是航空公司生存发展的关键。美国的航空公司所制定的运价结构是全世界最复杂的，运价种类、水平及适用条件是全世界最多的。美国有的航空公司具有关于运价制定与管理的系统性观念。运价的制定与管理旨在降低成本，扩大市场占有率，最大限度地获取收益并使航空公司在市场中得以生存和发展，从美国航空公司的制定与管理运价的经验来看，它们利用专业化大型计算机中心，对每一条航线、每一个航班的每一个座位在数月甚至数年内的营运使用状况都进行详细的跟踪记录和分析，根据计算中心绘制的各种市场预期需求变化曲线，航空公司运价管理人员将运价不断予以变动，不同航线、航班以及同一航班中不同座位都根据计算结果和预期需求收取不同的运价，这种量化管理方式的目的在于从每个旅客身上赚取当时情况下最大可能的利润，最终应用到收益管理系统上。

从以上几个国家的运价管理状况可以分析得出，当前民航业正发生显著的变化，放松规制、全球化和私有化迅速地推动航空运输业改变原有的模式。在民航业处于发展时期，对运价实施的都是规制政策，这个时期对于航空公司而言，在运价相同的前提下，竞争就是产品的竞争、服务的竞争和经营管理的竞争，市场中违反运价管理的规定很少，这样有利于政府制定的运价水平到位，确保航空公司之间的公平竞争和防止低于成本的削价竞争，但同时由于政府实施的规制政策，运输市场上最活跃的因素——运价无法发挥作用，从而挫伤航空公司运价竞争的积极性。从上述几个国家航空公司运价形成机制的比较来看，运价的全面开放必须与整个航空运输管理体制放松规制同步进行。单一的运价开放而其他市场资源受到规制，必然出现不公平竞争，在航空公司产权属于国有企业的情况下，会产生激烈的价格竞争，造成票价长时间、大范围的下跌，使得航空公司成本增加、收入减少。由于受到其他方面的规制，航空公司无法对运力、航班等资源根据市场情况自由调配，造成效率低下、影响收益，因此，在我国民航业的市场化进程中，国内的航空运价将逐步开放，通过运价的开放，推进航空公司建立适应市场不同需求的多级票价体系。

3.5　中国交通运输业价格规制改革的对策建议

价格规制政策会对企业的行为产生深远的影响，同时企业价格竞争的博弈行为也直接影响到价格规制政策实施的有效性。我国铁路、民航运输业的价格规制经过多年的改革虽已有了长足的进步，但是与发达国家相比，我国政府的干预程度仍然比较深，影响了市场机制作用的发挥，因此，放松价格规制依然是交通运输产业规制改革的重点方向之一。

3.5.1　中国铁路运价规制的改革思路

目前我国铁路的运价规制，过高地体现了政府的权力，忽略了市场机制的作用，其实施结果很难兑现政府的多元化目标，因此放松规制的改革已势在必行。然而，放松规制并不意味着放弃规制，而是更多地用激励性机制替代僵硬的规制模式。为此，本部分将提出我国铁路运价规制模式改革的对策建议以及相关的配套措施。

(1) 基准价规制模式的改革建议

我国铁路现行的以成本加成为主要特点的基准价规制以及与其近似的投资

回报率规制存在较严重的道德风险问题，由此我们可以采用三种改进机制来解决这一问题。一是通过对企业施加风险分担的压力，迫使其付出相应努力的基于（RPI－X）因子的成本分担激励机制；二是通过对企业提供超额利润的刺激，诱导其付出相应努力的收益共享激励机制；三是通过不同地区企业间的绩效比较，要求它们向标尺看齐的基于区域竞争的标尺成本激励机制。比较这三种机制，基于（RPI－X）因子的成本分担激励机制事前就要根据合理的预期约定好生产效率的增长率 X，相对于收益分享激励机制而言，其合约条款比较苛刻，更接近于价格上限规制；收益共享激励机制一方面使企业依然没有承担成本的风险，另一方面又能对企业产生提高生产效率后获取更大经济效益的刺激，因而非常适合目前我国铁路运输业使用；而标尺成本激励机制，比较适宜具有地区性垄断市场结构的情况，但如果各地区外部条件差距明显，发生成本不可比的情况，这种机制将会失去效力。因此，为了既保证铁路业扩大规模的迫切需要，又能在一定程度上提高效率激励以及克服严重的道德风险问题，在近期内铁路基准价规制模式改革可考虑采用收益分享规制。

（2）客运票价体系规制模式的改进建议

我国铁路客运的票价体系本身比较复杂，老百姓一般都搞不明白，加之不断更新车辆，增开高等级列车、新型空调列车、快速列车，因此票价体系又在不断增加着新的内容，使得价格结构更加难懂。该运价体系规制虽然体现了以成本为基础的定价思想，但过于刻板的价格结构与市场的变化、不同旅客群的需求特点、运输需求在时间上的不均衡性等都不能做到很好的衔接。而国外实行的避峰票、预订票、团体票、年度票、月季票、周票等多种形式，则更多考虑的是市场的变化和用户的特征。由于我国铁路的基准价规制已经充分考虑了与成本的对接，以此为基础，我国铁路客运票价体系的改革应该更多地考虑与市场的衔接，因此提出以下建议：

首先，简化客运票价结构的形式，将原来单列的席别、车速、车型等因素综合化，按照综合服务水平分出几个档次，使消费者更易于理解所获得服务的水平。

其次，对每个档次的客运票价不规定具体费率，仅规定价格上限，并对不同的档次实行以基准价为下限的幅度管理制度，通过这种方式将在一定程度上起到按照消费水平进行市场细分的作用，使得铁路运输企业能在规制政策允许的范围内，为追求企业收益的最大化，更容易地根据不同的消费群体，实施不同的票价策略，获得更大的市场空间。

（3）货物运价体系规制模式的改进思路

与铁路客运有所区别，铁路货运因货物品类、积载包装条件等的不同，呈现出更明显的多样化特征，铁路货运的复杂性要更高，市场性也更加明显，因此，在基准价规制的基础上，我们还应区分不同情况，进一步放松货物运价体系的规制。

第一，在形成业内或方式间较激烈竞争的线路和区域上，实行以基准价为下限的市场定价模式。主要依据是这些线路或区域的垄断格局已经被打破，市场机制已经可以发挥应有的作用，因此对企业定价可以实行较大程度的放开。而对运价下限的规制主要是为了防止过度竞争，以便有利于铁路获得合理的收益来维持健康稳定的进一步发展。

第二，在货源充足但仍然具有垄断特征的线路和区域上，可推行以价格上限规制为主体的规制模式，其主要依据是通过这样的运价规制能够向运输企业下放一定的定价权，让它们能够更灵活地根据由多种因素引起的市场的变动情况来适时地调整价格策略，快速地对市场作出反应。另外，也有利于鼓励企业根据市场需求的新特点推出创新的运输产品。

第三，对于货源不足区段，可考虑实行市场定价，完全由企业根据自身利益最大化的原则来决定运价，实现优胜劣汰。因为铁路提供运输服务依靠的是运输能力，这些能力只有被客户使用时才能转化为生产力，所以，无论是空车方向还是重车方向，凡是没有充分利用的运输能力都是一种资源上的浪费，对于"未被利用的能力"都应实行灵活的运价手段，以便争取运量，增加运输收入，并在整个系统的意义上降低运输成本。

在上述区分不同情况的运价体系规制的框架内以及在不违反基准价规制的基础上，季节运价、地区运价、车种运价、多车运价、合同运价、竞标运价等的调节机制均可实现，市场作用得到较充分的发挥，以各铁路局或集团公司为主体的竞争行为也能得到施展。

(4) 我国铁路运价规制模式改革的配套措施

邓小平指出，企业下放、政企分开，是经济体制改革，也是政治体制改革。应该说，政企分开的管理体制改革是推进我国铁路市场化进程的重要前提。在此基础上，我国铁路运价规制的改革仍然不可能独立完成，需要投融资体制改革、铁路建设基金的改革、重组改革、会计制度改革等与其相互作用，才能达到较好的预期效果。基于这种考虑，提出了以下主要配套改革的建议。

第一，推进投融资体制改革，使进入规制与价格规制相互衔接。马克思曾说：假如必须等待积累去使某些单个资本增长到能够修建铁路的程度，那么恐怕直到今天世界上还没有铁路。但是，集中通过股份公司，转瞬之间就把这件事情完成了①。可见，铁路业实现投资主体的多元化是解决铁路建设资金不足的重要途径。而且，无论在理论上还是实践中，放松进入规制和放松价格规制

---

① 马克思，恩格斯．马克思恩格斯全集（第23卷）：资本论．人民出版社，1972：688~689

都是相辅相成的，铁路业如果只是放松价格规制而没有放松进入规制，那么在市场垄断无法打破的条件下，低效率的企业仍然可能长期盘踞这个市场，放松价格规制的预期效果也往往难以兑现；如果只是放松进入规制而没有放松价格规制，那么市场中的企业由于缺乏主要的竞争手段，就可能形成有竞争性的结构而没有竞争性的企业行为的糟糕局面，这些可能出现的结果在政策上都是不可取的。因此，放松运价规制的同时，也必须放松以投融资体制改革为主要表现形式的进入规制。

　　第二，进行铁路建设基金改革，将运价中的投资成本与市场对接。目前，铁路建设基金的改革方案已有多种提议，主要包括将其纳入铁路正常货运价格、直接划转为路网通行费、直接改为铁路建设税或普遍服务基金等。从更好地发挥市场机制的角度看，第一种方案比较合理，因为如果通过价格调节机制促使企业增收、改善产业绩效并形成税后利润，再以利润投入扩大再生产，是最符合市场竞争激励原则、最适用于现代企业制度建立、最有利于吸附社会资金投入铁路建设的一种选择。具体实施可按照用户总体负担不增加以及不同货种的运输成本、积载条件、承受能力合理分摊的原则，分步将铁路建设基金纳入铁路正常货运价格。这一改革途径具有平稳过渡、不影响铁路市场货源、有利于实行股份制和上市融资、可操作性强等优点。但这种改革的转换成本较高，配套措施也需要积极跟进。其一，要做好铁路历史债务的处理，对此可借鉴日本国铁民营化时的做法，将铁路建设负债暂作为中央政府财政长期负债，在以后的年度预算中作为赤字逐年摊销。亦可考虑转让部分股份，冲销铁路建设负债。其二，改革后政府必须采取相应的激励机制，如对铁路企业直接用于建设的盈利免税等办法，鼓励铁路企业增加有效供给。通过将铁路建设基金纳入正常货运价格的方法，铁路的资本性支出与费用性支出融为一体，与运价规制改革相结合，能够全面实现投资成本、运营成本与市场的对接，使市场机制对铁路投资产生引导作用。

　　第三，继续研究重组方案，逐步实现铁路组织边界的合理化。我国铁路重组方案已两次提到议事日程，但均因为种种原因未能推出，足见重组改革困难重重。不过目前世界多数国家都将铁路重组改革作为引入竞争机制的一条途径，试图通过对"马歇尔冲突"两难问题的解决，来对市场交易成本和企业组织成本进行重新权衡，让市场机制发挥其应有的作用。从这一思路出发，建议我国铁路重组可以采用逐步剥离的方式来渐进地逼近合理的组织边界[①]。

　　虽然从铁路不同于一般产业的网络特性看，重组不是引入业内竞争的必要条件（不仅要看市场中有多少厂商提供产品，还要看这些产品之间能否形成替

---

①　王燕. 逐步剥离——铁路重组合理组织边界的初步探讨. 中国工业经济，2003（8）：82～86

代，如果不能形成替代，即使有多个厂商存在，垄断性还是不能消除的），但是它是引入竞争的充分条件。其一，只有市场上存在多个企业才可能产生企业间的竞争行为；其二，企业的边界越合理，企业的竞争行为才可能越有效，业内竞争和方式间竞争才可能更加充分；其三，企业的边界越清晰，越赋予政府运用各种激励性规制模式的政策空间，使得政府能够针对不同企业的经济特性采取更加直接有效的规制手段，如实行区域竞争政策、合同菜单政策、分类规制政策、特许经营拍卖政策等。

第四，建立科学成本核算体系，实现分项成本控制。铁路运价严重偏低是业界普遍的看法，因此在政府主导下，运价经历了一系列上调过程，这种上调有其合理的一面，可以弥补历史上积累下的价格欠账和不断适应外部环境的变化，但针对不同的成本项却不能一概而论，对其实行分项治理对于更好地实现政府规制目标是极为必要的。其一，针对费用性支出，政府制定的价格规制应包含促使其向下变动的激励机制，只有这样才能刺激企业提高效率，以实现社会福利最大化的政府目标；其二，针对资本性支出，政府制定的价格规制应对铁路的有效投资给予鼓励，对无效投资要进行严厉惩处，只有这样才能防范铁路投资行为的扭曲，以实现资源配置优化的政府目标；其三，针对与企业生产效率无关的不可控成本项，政府应在价格规制中采用联动机制的手段，使铁路运价免受主要生产投入品（如电、燃油等）价格波动的影响，以便分清成本上升的责任，实现保证铁路企业财务稳定和预算平衡的政府目标。

可见，建立科学合理的成本核算体系是建立科学的运价规制的基本前提条件。在美国，铁路非常重视成本管理，所有的铁路公司（包括股份制公司）都要按照铁路的会计制度和上级主管部门的有关规定上报详细的支出项目，总计620多项，既作为改善经营的依据，又作为接受社会和政府监督的参考，非常值得我国铁路借鉴。

第五，实行严格的财务监察制度，弱化企业的信息优势。铁路运价规制无论采取何种改革模式，其机制本身并不具备自动克服成本造假的功能，如果企业虚报的成本不被察觉，就会轻而易举地转化为企业的租金，对于监管者而言这是一种失职，对于消费者而言这是一种损失，因此对铁路企业的财务状况进行有效的监督就是运价规制改革的必要的配套措施之一。财务监察制度是政府主导型的制度安排，通过查账获取有效的会计信息来加强对企业经营者的监督，一方面减少政府信息劣势的程度，另一方面也明确地向企业发出威胁信号，假如企业的经营者谎报财务状况，查出问题后应对违规的经营者进行严厉的惩处。我们可以通过构建一个简单的模型来证明加强财务监察这种制度安排的有效性。设政府对企业可采取两种策略，即监察和不监察，企业也可以采取两种策略，即谎报和不谎报，假定政府对企业的监察成本可以忽略不计的话，当企业成本造假时，监察收益为 1，成本造假被发现的收益为－1，不监察收益为－1，成本造假未被发现的收益为－1；当企业上报真实的成本时，无论政府监察与否，二者的收益皆为 0（如图 3.2 所示）。

		企业	
		造假	不造假
政府规制机构	监察	(1, −1)	(0, 0)
	不监察	(−1, 1)	(0, 0)

图 3.2　成本造假政企博弈收益矩阵

资料来源：杨瑞龙. 国有企业治理结构创新的经济学分析. 中国人民大学出版社，2001：282

从这个简化的博弈模型可以看出，对政府而言，不管企业采取何种策略，对企业进行财务监察都是较优的选择，而企业在政府明确要对其进行财务监察的条件下，采取上报真实成本也是较优的选择，因此建立财务监察制度是价格规制发挥正常功效的基本保证。

第六，规范客票、货运代理市场，治理价外收费现象。近几年，国家发改委和铁道部在对铁路运价进行结构性调整的同时，加大了治理铁路价外收费的力度。采取了包括取消不合理的收费项目、整顿铁路地方建设附加费、规范延伸服务收费、对货主收费实行一票制、强化铁路收费明码标价等措施，取得了一定的成效。但由于铁路业政企不分、高度垄断的经营管理体制和成本约束机制尚未改革，价外乱收费、乱加价的诱因并未彻底根除，严重扰乱了铁路运输的市场秩序，也很容易使政府精心设计的运价规制的政策目标被外部加价的行为所破坏，因此应把治理铁路价外收费作为一项长期和艰巨的工作来抓。具体措施包括：①改革铁路客票销售代理办法。除铁道部规定的客运杂费外，取消客票外一切加价和收费。参照民航机票销售代理办法，放开铁路客票销售经营权，建立铁路客票销售代理制，铁路企业按 3%～5%向销售代理商支付代理手续费。实行销售代理制后，票价外不允许加收任何费用，建议制定《铁路客票销售代理管理办法》。②规范货运代理市场。一是铁路货运代理企业（铁路多种经营企业从事延伸服务业务）必须与运输主业脱钩，从制度上杜绝利用垄断经营地位强制代理、强行服务的行为。二是制定《货运代理业收费管理办法》，对多式联运代理企业、社会从事铁路货运代理企业进行一次性全面的清理与整顿，重新审查其从业资格，规范其经营范围和收费标准。为不同所有制形式的货运代理企业创造公平竞争环境。三是参照国际惯例，继集装箱推出一口价运输后，在铁路的整车、零担货运中也全面推行一口价运输。

3.5.2 中国民航票价规制的改革建议

从国外民航业放松规制的实践看，我国民航业的票价规制仍有放松的空间。放松规制虽然会导致进一步的竞争，但也会起到激发企业在激烈的市场竞争中做大做强的欲望，长远地看有利于产业的良性循环和健康发展。为此，提出以下相辅相成的改革建议。一是要规范机票销售市场，以抑制恶意竞争；二是要有计划、有步骤地逐步实现价格市场化，让企业能够建立起足以实现收入最大化目标的票价差别系统和收益管理系统；三是政府要建立起政策约束机制，保持规制的稳定性，使企业在能对未来进行合理预期的条件下，制定提升竞争优势的长远战略计划。

(1) 规范机票销售市场

虽然民航总局规定了机票的幅度管理政策，但是由于控制能力不足等原因，各航空公司仍会通过机票中间代理商间接向消费者低价销售机票，市面上5折及5折以下的机票销售价普遍存在，从而突破民航总局价格规制的浮动下限。这种暗中折扣的竞争行为不仅不利于消费者进行正确选择，也使航空公司无法正确判断其竞争对手的价格行为，从而造成市场上混乱无序、暗箱操作的价格战，在一定程度上削弱了民航总局价格政策的严肃性和有效性。

为了保证价格政策的效果，需要采取必要的措施规范民航机票的销售市场，建立政府的价格信息管理系统、企业的收益管理等系统，提高价格决策的科技含量，保障价格改革顺利进行。为此，一是要建立严格审批机票代理商的资格，通过企业合并、重组等方式，适当缩减现有代理商的数目。中国民用航空局2008年5月11日下发《关于改变国内航空运输销售代理手续费管理方式的通知》，自2008年10月1日起改变现行由民航局统一规定手续费支付标准的管理方式。该通知的核心内容包括，代理费的多少由航空公司与代理人协商决定，明折明扣不得额外收取服务费，公平、公正地支付手续费并如实入账防止商业贿赂。这一新规定的出台将会使目前的航空销售代理业面临一轮优胜劣汰的洗牌。二是要通过建立类似铁路售票系统的实时出票系统来控制各个售票点销售的限额和票价。三是要通过严格的财务审查按照票面价格审查机票代理商的销售情况。四是要建立对航空公司和机票代理商勾结行为的事前监督和事后惩罚机制，增加其暗中降价的成本，并建立对守法经营的航空公司和机票代理商的激励机制。五是要应用计算机网络和系统集成技术，大力发展各个航空公司自营售票网络和利用互联网实现直接售票，通过离港系统进行查询和数据统计分析工作，提供更多、更全面、更准确的航班和票价信息。

(2) 逐步实现价格市场化

价格竞争，特别是降价竞争，虽然产生一定的负面效应，但这却是一种市场竞争、市场深化过程中的必然现象，也是在政府对市场竞争行业的控制力逐步弱化条件下，市场机制发生作用的一种必然反应。民航运输业的价格竞争是必要的，只有通过竞争才能促使企业改善经营管理，提高生产效率，降低经营成本，尽快缩小我国民航企业同国际民航企业的差距。

美国、德国、加拿大、日本等国家的民航运输业都经历了对票价的严格规制到放松规制的过程，目前这些国家的航空公司均有自由定价的自主权，这将也是我国民航业放松规制改革的方向之一。各国的发展实践证明，民航运输业是价格分散程度（Price Dispersion）最高的产业之一，让渡更多的定价空间将有利于航空公司建立起一套以收入最大化为目标的差别化定价体系。该定价体系所依据的原理是向不同的旅客采取弹性的价格，如向使用频率高、短时间内急需服务的商务旅行者收取较高的价格，而向时间充沛的提前订票的旅客收取低于平均票价的价格。一般认为，这种差别化定价不能简单地被认为是价格歧视，它的合理性在于为不同需求的顾客提供不同成本的服务。从长期看，这不仅能够提高消费者的总体福利水平，使更多的消费者能够享受航空运输服务，而且有助于航空公司收回成本，改变目前航空公司的亏损状态。

目前我国民航运输业的竞争格局已经形成，激烈的价格战使得政府幅度管理的上限规制效果并不明显，而运输产品的不可储存性以及机票代理市场的难于控制，也使得政府幅度管理的下限规制作用有限。更重要的是，现有的价格规制不利于航空公司采用机动灵活的差别定价体系及收益管理系统来维持长期发展。因此，未来民航运输业的价格规制改革方向应该是逐步放开机票价格，通过市场竞争来决定价格，即机票价格的市场化。当然，进一步放松价格规制的先决条件是政企实现真正意义上的完全脱钩，改变扭曲竞争行为的国有航空公司预算软约束，坚持优胜劣汰，实现理性竞争，为航空公司制定一个公平有效且富有激励的竞争规则，逐步放开机票价格，赋予企业经营自主权，使其能够根据自身的经营状况，按照边际成本等于边际收益的原则来自主确定机票价格，获得合理的利润，才能保证我国民航运输业长期健康的发展。

(3) 建立政策约束机制

在民航改革过程中，航空公司面临的政策风险是民航总局不遵守自己的承诺。由于航空业投资周期长，民航总局承诺的有效程度将会直接影响航空公司对未来的预期。在我国现有的制度条件下，民航总局的承诺能力是有限的。但在西方国家，由于有成熟的监督和制衡机制，所以民航总局的承诺较有保障。到目前为止，我国还未建立完善的监督规范制度，这意味着民航总局部门很容易受到利益集团或规制机构官员的政策倾向的影响。作为价格规制机构的民航总局部门如果不能以透明和民主的方式发挥它的功能，那么价格规制的不确定性就会增加，航空公司不能肯定现有的规制规则是否在将来会发生变化，如同在上面的完全信息动态博弈中所指出的,若航空公司认为民航总局价格政策缺乏可信性,航空公司就会担心它们的收益会被民航总局取走,因此不愿意进行技术改进或降低成本的投资,这样社会和航空公司就都处于一种非最优决策的状态。

现实中我国民航总局的限价—折扣—禁折—浮动的价格规制政策本身就严重影响了政府信誉,朝令夕改使得公众和航空公司容易丧失对主管部门承诺的信心,从这个意义上讲,建立政策制度的约束机制是非常重要的。根据新的价格政策,民航总局所确定的价格基准以及最高浮动上限应该保持应有的稳定性,只有在航空业的社会成本发生改变的情况下才能改变,而且政府价格政策的改变应该相当谨慎,从而维护政府承诺的效力。作为政府主管部门的民航总局一旦采取了某项政策就应当严格执行,而且一旦民航总局改变了承诺也要受到严格的惩罚。民航总局应该为航空公司发展提供一个稳定、富有激励的社会经济环境,制定完善的监督和制衡机制,进行有效的承诺保证政府政策的稳定性,使社会和航空公司达到共赢的结果。

4 交通运输产业的进入规制与改革对策

交通运输业的进入规制是政府管理和规范运输市场的重要手段，也是影响其市场结构和竞争状态的重要因素。从进入规制实践的角度看，由于我国公路、水运等交通运输行业的进入门槛较低，市场化程度已经达到较高水平，因此本章将重点分析我国铁路业和民航业的进入规制。从进入规制的研究视角分析，因为进入规制不仅与进入壁垒密切相关，而且重组改革也是放松进入规制的一条实现途径，所以本章将对这几个相关问题进行全面探讨。

4.1 进入规制基本理论

进入规制作为经济规制的一项重要内容，在世界各国经济生活中随处可见，如许可、注册、申报、资格证书等规制形式均在相应领域中发挥着重要作用。进入规制通过对企业进入市场实行某种程度的限制，以达到实现规模经济、防止过度竞争或保证有效供给等目的。

4.1.1 进入规制的内涵及类型

关于进入规制比较权威的定义是植草益提出的。所谓进入规制，是指在具有自然垄断性的产业中，从确保规模经济效益以及提高生产效率的观点出发，允许特定一家公司或极少数几家公司加入而限制其他企业参加；抑或在竞争产业中，从防止过度竞争的观点出发，由规制机构视供求的平衡情况来限制新企业的加入[1]。吉帕·维斯库斯（Kip Viscusi）认为，进入规制尽管与大多数形式的经济规制是相关的，但是它特别是和交通运输业相关[2]。

实践中，交通运输业是比较典型的自然垄断产业，尤其是铁路业和民航业，不仅具有明显的规模经济等特性，而且提供最基本的客运、货运等公共服务，因此政府有必要对交通运输行业实行一定的进入规制。从发达国家交通运输业

---

[1] 植草益. 微观规制经济学. 中国发展出版社，1992：28
[2] 吉帕·维斯库斯等著. 陈甫军等译. 反垄断与规制经济学. 机械工业出版社，2003：310

的规制历史来看，在实行严格的进入规制初期，被规制领域往往能够在一定程度上提高运行效率和改进服务质量，取得理想的规制效果；但是在实行进入规制一段时间以后，受规制企业或产业由于缺乏竞争压力，从而使得规制效果大打折扣，因此，西方国家针对铁路、民航等领域展开了各种放松进入规制的改革。

进入规制总体上可分为直接进入规制和间接进入规制。直接规制主要是为了消除和降低所谓的"过度进入"行为所带来的社会福利损失为目的，由规制机构直接控制进入一个行业的企业数目。直接规制一般发生在公共事业或网络性基础产业领域中，如电信、电力、铁路、民航、城市基础设施等，这些公用事业一般投资巨大，沉淀成本很高，规模经济和自然垄断特性比较明显，因此为了自然垄断的可维持性需要政府实行进入规制以确保社会福利最大化。间接进入规制主要是为了避免由于外部性、信息不对称及过度竞争等原因造成的市场失灵问题。间接进入规制比直接进入规制所涉及的范围要广泛得多，除了具有自然垄断性质的产业外，许多竞争性产业也是规制对象。间接进入规制采用认可、注册、申报、资格证书等形式来提高企业进入市场的门槛。由于间接进入规制并不直接控制进入厂商的数量，不会影响市场竞争关系，所以在位企业一般只能获得正常利润。

表 4.1　直接进入规制和间接进入规制的主要区别

特　性	直接进入规制	间接进入规制
规制依据	规模经济 范围经济 成本劣可加性	外部性 信息不对称 过度竞争
规制对象	自然垄断行业	一般企业
规制形式和方法	许可证、特许经营等	认可、注册、申报、资格证书等

4.1.2　进入壁垒与进入规制

进入壁垒是产业经济学中一个非常重要的概念。由于进入壁垒的存在维持了某些行业较高的利润水平而没有引起新企业的进入，因此在一定程度上进入壁垒也将会对企业进入市场的行为起到限制的作用。

(1) 进入壁垒的含义

作为产业组织理论中的重要概念，不同的产业组织流派对于进入壁垒有着不同的定义。哈佛学派的贝恩（J. Bain）最先将进入壁垒看做是影响市场结构的一个主要变量，并提出了进入壁垒的定义：某产业中的在位者相对于潜在进入者所具有的优势，这些优势反映在在位者能够把价格提高到竞争性价格水平之上，而不会招致新厂商的进入[1]。他认为，进入壁垒是指使潜在进入者与在位厂商相比处于不利竞争地位，并使在位厂商能够长期获得超额利润的那些因素，它反映的是在位厂商和潜在进入者之间的关系。他提出的经济性进入壁垒主要有绝对成本优势壁垒、产品差异壁垒、规模经济壁垒等。

以施蒂格勒为代表的芝加哥学派强调效率在反垄断政策中的作用，在进入壁垒的分析上更多地关注效率目标，而不是市场结构和支配力，因此芝加哥学派提出了与结构学派不同的进入壁垒定义，比较典型的是施蒂格勒以在位者和进入者之间成本不对称基础上提出的进入壁垒概念：新厂商进入一个市场所承担的，而这一市场中的在位者不负担的成本[2]。施蒂格勒认为规模经济、产品差异等都不构成进入壁垒，但是他特别强调政府进入规制是作为一种人为的壁垒存在的。冯·维茨塞克（C. C. von Weizäcker）认为：进入壁垒是一种生产成本，它必然由谋求进入一个行业的企业承担，而不是由已处于该行业的企业承担；并且从社会的角度看，这意味着资源配置的扭曲[3]。该观点与施蒂格勒的观点相似，但是他更强调对社会福利构成危害的进入限制才是进入壁垒。德姆塞茨（Demsetz）提出了"所有权进入壁垒"的概念，指出判断给予某一方何种保护的标准在于总效率提高与否[4]。

鲍莫尔（Baumol）等人的"可竞争市场"（Contestable Market）理论在现代产业经济学中占有重要地位，该理论认为：如果新、老厂商面对的成本和需求条件相同，新厂商完全可以采用各种手段与在位厂商竞争，实行"打了就跑"（Hit and Run）的策略，只要价格比原厂商稍低，便可实现进入。因此，问题的关键不在于规模经济的大小，而在于进退是否自由和方便，即沉淀成本（Sunk Cost）的大小。于是，鲍莫尔等人提出应该根据沉淀成本而不是一般的固定成本判断进入壁垒的高低。按照"可竞争市场"理论，良好的市场绩效可以在完全竞争市场之外的市场结构上实现。即使是寡头垄断市场，甚至是独家垄断市场，只要保持市场自由进入，不存在进入市场的沉淀成本，潜在的竞争压力就足以迫使在任何市场结构条件下的企业都不得不采取竞争性的行为，否则，便会招致进入者的袭击[5]。

---

① Bain J. S.. Barriers to New Competition. Harvard University Press, 1956：3

② Stigler G. J.. The Organization of Industry. Illinois：Irvin Press, 1968：67

③ C. C. von Weizäcker. A Welfare Analysis of Barriers to Entry. The Bell Journal of Economics, 1980（11）：399~420

④ 王述英，白雪洁，杜传忠. 产业经济学. 经济科学出版社，2006：54

⑤ Baumol W. J.. Contestable Markets：an Uprising in the Theory of Industry Structure. American Economic Review，1982，72（1）：1~15

新产业组织理论是 20 世纪 70 年代以后出现的以分析企业策略性行为为主旨的产业组织理论，它以博弈论作为最主要的研究方法。在进入壁垒的研究上，新产业组织理论将市场结构视为内生变量，并以此为出发点，分析在位企业为了减少未来的竞争，通过自己的主动性行为影响市场结构和设置人为的进入壁垒以阻止潜在进入者的进入，进行有效的进入阻拦。色罗普（Salop）提出，如果在位企业采取某项行动的目的就是为了保护自己不受进入者的威胁，把潜在的竞争对手排挤在市场之外，那么这种进入壁垒就是"策略性"的进入壁垒[①]。

（2）进入壁垒的类型

按照产生的原因和作用主体，可以将进入壁垒划分为三类：经济性进入壁垒、策略性进入壁垒和沉淀成本[②]。经济性进入壁垒是由于规模经济、产品差异化等经济性因素形成的进入壁垒；策略性进入壁垒强调在位厂商采取各种策略性行为阻止新企业的进入；而沉淀成本是指沉没在进入者而不是在位者身上的成本。

1）经济性进入壁垒。首先，在位厂商的绝对成本优势。这种低成本优势主要来源于规模经营或者是通过干中学（Learn by Doing）和研发而得到的先进技术。面对在位厂商的绝对成本优势，新进入厂商不得不对原有的技术进行革新，在生产中使用新方法、新工艺以提高生产效率，并且要不断开拓新的市场，这些均构成了新企业的进入壁垒。其次，产品差异化进入壁垒。贝恩列出了形成进入壁垒的三种产品差异：一是消费者由于信息不完全从而倾向于购买已熟悉的品牌；二是如果销售中存在着规模收益，则广告推销费用会提高最低最佳规模（Minimum Economic Scale，MES）水平，对于新进入者不利；三是进入者的促销活动面临更大的风险，所以金融市场对新进入者的融资成本就会提高。再次，规模经济带来的优势。由于规模经济特性的存在，使得在位企业大规模生产的成本降低，新进入者不得不筹集大笔资金建设相应规模的工厂，而且规模经济的存在亦使得新进入企业的生存难度加大。最后，对专利权、特许权、重要原材料等特有资源的控制也会形成新进入者的壁垒。

2）策略性进入壁垒。策略性进入壁垒强调在位企业主动利用自己的在位优势，通过各种策略性行为阻止新企业的进入，理论上把进入和进入阻挠看成是在位企业和潜在进入者之间的动态竞争过程，利用非合作博弈理论来分析能成功阻止进入的行为。如图 4.1 所示，在信息不完全的情况下，在位策略性选择行为的结果可以改变竞争者对未来事件的信念，从而使潜在进入者放弃进

① Salop S. C. . Strategic Entry Deterrence. American Economic Review Papers and Proceedings, 1979（69）：335~358

② 王述英，白雪洁，杜传忠 . 产业经济学 . 经济科学出版社，2006：58~60

人。在位厂商的策略是，一旦进入者进入就采取斗争行为，进入者和在位者的策略集（进入，斗争）的收益矩阵为（0，2），而如果进入者选择不进入可获得的收益为（1，9）。此时，进入者的明智选择是不进入。由此可见，策略性行为的有效性在于要使进入者相信，如果潜在进入者进入市场，在位厂商实施预定的策略性行为是最优的选择，从而在位者有充分的激励实施其策略性行为。要达到这一目的，必须增加其威胁的可信性，如产生沉淀成本等使新厂商不敢轻易进入。

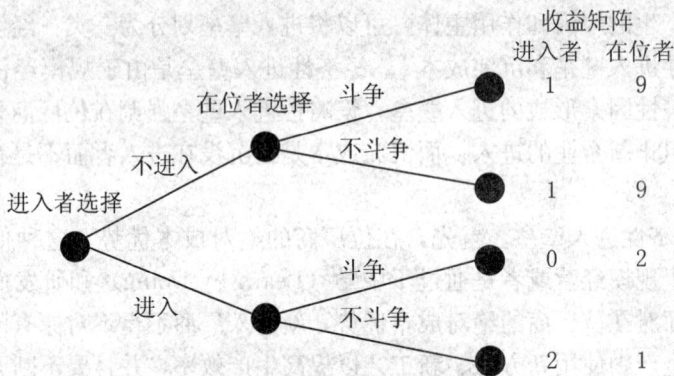

图 4.1　在位厂商的策略性博弈行为

3）沉淀成本。沉淀成本可以从进入和退出两个方面来进行定义，它既可以指沉没在新进入者而不是在位厂商身上的成本，只有在承担了这种成本之后进入者才能变客为主，成为在位企业中的一员；它还可以定义为在位厂商不能赚取到正常利润决定退出时所承担的成本，或者是已经投资还未收回并且在退出时依然还不能收回的那部分投资，如果存在沉淀成本，厂商不可能无成本地退出，高额的退出成本甚至会使得在位厂商之前所赚得的利润被吞没。

由以上分析可以得出，进入壁垒和进入规制之间的关系非常紧密。从一定程度上来讲，进入规制就是一种进入壁垒，它是由政府运用其强制力所达成的一种人为的壁垒，主要是出于规模经济和沉没成本的考虑。进入规制作为一种进入壁垒是客观存在的，但是政府进入规制存在的合理性还取决于其对社会福利的影响。关于进入壁垒虽然还没有统一的定义，但是无论是从哈佛学派的观点来看，还是以芝加哥学派的论点进行分析，进入规制都是一种典型的进入壁垒，而进入壁垒丰富的理论研究可以为我们研究进入规制相关问题提供重要的借鉴和参考，如进入壁垒中在位者和进入者之间的策略性博弈行为，以及进入壁垒对社会福利的影响等问题的研究均具有重要的启示意义。

4.1.3 进入规制的实现手段

政府为限制行业内企业的数量，必须依靠某种制度安排。这种进入规制的制度安排不仅决定了行业的竞争效率，而且对社会福利状况有着根本性的影响，因而采用何种进入规制方法便成为政府进行进入规制时首先要考虑的问题。

（1）特许经营权制度

特许经营权是特许经营权招标制度的简称，其初始理论最早由英国人查德维克（Chadwick）于 1859 年提出，后由德姆塞茨（Demsetz）于 1968 年将其作为对自然垄断的规制方法进行了理论上的升华和更新。该理论认为，由于规模经济、范围经济和密度经济等原因，有可能使得自然垄断者的生产成本最小，从而产生两个问题：其一，即使自然垄断有可能产生"生产效率"，但这并不一定能确保形成"分配效率"；其二，自然垄断也并不一定能保证出现"生产效率"。传统的方法是对价格进行规制，如回报率规制（Rate of Return）和价格上限规制（PRI－X），而德姆塞茨则建议采取特许经营权的方法，其内涵是用获得市场所进行的竞争来代替市场内的竞争，企业为获取一项业务在一定期限内的垄断经营权而参与竞标，其中要价（成本补贴）最低或报价（实现收入）最高者（假设无质量差异）被授予特许经营权。依最低价格而进行竞标的目的是使产品的价格降低到接近成本的水平，而依最高报价所进行的竞标是设法将经营者在合同期所获得的垄断性租金降到最低。这样，就可确保特许权招标当局（部门）获得大部分垄断性租金和选出最有效率的经营者[①]。

吉帕·维斯库斯（Kip Viscusi）以要价最低竞标原则来分析特许经营竞标的规制效果，最低竞价原则的特许经营竞标是将特许经营权给予以最低价格提供服务的投标者。假设拍卖商开出一个较高的标价，只要有两个或者更多的投标者，拍卖商就会不断降低拍卖价。直到价格下降到只剩一位投标者时，特许经营权就授予这位竞标者，中标者提供服务的价格就是最后的标价[②]。

应该说特许投标规制将竞争引入了自然垄断领域，用获得市场的竞争放松了进入规制，而且在特许经营权的竞标过程中也促使竞标企业较充分地显示了自身的成本信息，降低了企业获得垄断租金的可能性，因此在各国网络型产业的放松规制改革中也有很多的运用。如英国政府对同一条铁路线的经营权实行特许竞标，而且将这种经营权同时授予不同的公司（一般只授予两个公司），如在爱普斯威士至伦敦区间的线路上仅授予 FIRSTBUS 公司和 PRISM 公司经营。

然而，对于具有自然垄断性的产业而言，特许竞标模式并不是能够全面解

① 武剑红．论特许权经营和铁路改革的关系．铁道经济研究，2000（2）：20～24
② 吉帕·维斯库斯等著．陈甫军等译．反垄断与规制经济学．机械工业出版社，2003：231

决竞争问题的完善制度安排，这种机制本身仍存在着诸多值得深思的问题。首先，威廉姆森指出，由于质量的可变性，特许权拍卖不一定能产生最佳的价格—质量组合；其次，特许权拍卖属于一种竞争性进入的放松规制形式；即从指定型的垄断到事前竞争型的垄断，但是不能解决企业进入后的垄断问题，如前面提到的英国的例子，虽然他们在爱普斯威士至伦敦区间的线路上采用了特许经营权竞标，而且还引入了两个公司同时进入，特许经营权竞标一经结束，竞争也随之结束。而且获得准入的两个公司也没有形成竞争格局，因为每个公司都有各自的经营范围，真正的线上竞争（业内竞争）并未实现。这进一步证实了应该全面考察事前缔约和事后缔约的交易费用观点，除非竞争在两个阶段都能有效地进行，否则，特许经营权投标论点就会存在问题。因此，特许经营权投标制度的不完备性要求我们"在使用过程中，要精心设计一种行政管理办法，通过对有关制度方式比较来选择一种好的合约安排来保证缔约后企业严格履约"①。从规制模式改革的角度，如果特许竞标制度实施之后没有对企业产生竞争压力，那么这种规制模式需要附加必要的政策措施如重复拍卖或上限规制，以削弱在位企业在成功竞标后形成垄断势力。

(2) 许可证制度

颁发许可证（License）是一种限制进入的主要形式。企业只有在取得政府当局颁发的许可证之后，才能从事某种经济行为。但是只有当规制机构限制许可证的发放数量时，这种许可证的制度安排才能被视为一种直接的进入规制，才能对行业内的企业经营数量做出明确的限制。进入规制意义上的"许可"是国家对许可证的持有者从事某种经济活动的一种法律上的认可，同时体现了对被许可人的一种法律保护。

Mills 对许可证制度进行了深入的研究，并分析了两种不同的许可证颁发方法的规制效果：一是依据"先来先得"的原则发放进入许可证；二是采用拍卖的形式向出价最高者发放进入许可证。根据 Mills 的研究，两种许可证方式在静态的行业模型中具有同等的规制效果，但当考虑到时间因素后，两种政策的规制效果就会出现较大悬殊。按照"先到先得"的原则发放许可证，其规制效果相对于自由进入是负的。因为对规制者而言，抢先进入该行业的竞争可能耗散因限定厂商数量而可以获得的潜在利润，这必然会对消费者福利产生影响。另外，当厂商数量减少时，寡头垄断者之间可以形成共谋价格，也会对消费者福利产生不利影响。而如果通过拍卖将许可证颁发给出价最高的厂商，这种制度安排比"先到先得"的方式有更好的规制效果。因为，在存在多个竞拍

---

① 张念瑜. 国外市场经济国家公用事业价格规制的理论、实践与借鉴. 广西市场与价格，2001 (12)：3～7

者的情况下，许可证最后的均衡价格将是最后一个进入者预期利润的贴现值，这样不仅限制了厂商的过度进入，而且能够避免厂商在抢先进入过程中可能造成的潜在利润耗散，使得一部分利润得以保存[①]。

限制数量的经营许可证制度可以提高经营效率，这一点在出租车、烟草、电信、民航等经济领域得到一定程度的印证。但是，也有学者提出不同的观点。Severn Borenstein 指出，通过市场机制分配许可证，并不一定会使许可证持有者按边际成本价格收取费用或者销售产品数量。许可证的价格主要是由进入市场后所能够获得的盈利机会决定的，但是许可证拥有者的利润最大化目标，与整个社会的福利最大化目标不是总一致的。正是由于进入厂商的利润目标和社会福利最大化目标的不一致，许可证持有者并不一定进入可以产生最大福利的市场，而从这个社会角度来看，这种制度安排便存在着使许可证使用无效率的可能[②]。

许可证制度作为一种政府管理方式虽然由来已久，但是关于许可证的理论研究却比较少，与此形成鲜明对比的是，许可证制度在现代社会中随处可见，有的甚至融入人们的日常生活，并对经济活动产生极其重要的影响。如出租车行业的营运执照、律师等行业的从业资格证书等，纵然关于许可证制度的批评声不断，但是不可否认，许可证对于行业的规范发展和政府监督发挥了不可忽略的作用。许可证制度也在我国交通运输业的进入规制中发挥着重要的作用，除了铁路由于其特殊性由国家垄断外，民航、公路和水路运输等均采用营业执照等许可证的方式进行管理。

(3) 产业重组

产业重组往往意味着市场的重新洗牌，在重组过程中，有些企业被拆分形成多个企业，有些企业被兼并或被淘汰出局，有些企业得以壮大继续生存下来，而有的企业则可能抓住产业调整的机遇进入某一市场。因此，产业重组往往是和进入规制紧密相连的，尤其是在政府主导下的产业重组，其重组政策往往等同于该行业在一定时期的进入规制政策。

在经济转轨过程中，产业重组往往是政府规制经济改革的一种重要手段和内容，通过对某一产业现有的资本存量进行重新组合，来提高企业竞争力、实现有利于竞争的产业组织结构。所以，一般认为在某些产业发生集中的、大规模的资产重组与产业结构调整活动，即是产业重组。产业重组的结果往往引发

---

① David E. Mills. Untimely Entry, The Journal of Industrial Economics，Volume XXXIX，December，1991：6

② Severn Borenstein. On the Efficiency of Competitive Market for Operating Licenses. The Quarterly Journal of Economies，May，1988

市场行为和市场绩效发生很大变化，如集中度的提高、专业化程度提高、平均成本降低、产品差别化加大，也可能出现垄断、价格上升等负面的结果。同时，由于产业重组往往意味着现有利益分配格局的改变，可能遭到既得利益者的反对，产生高额的交易成本。

在市场比较完善的发达国家，产业重组一般有三种含义：一是指通过并购（M&A）实现业务扩张或通过分立（Spin‐off）和资产剥离出售（Divesti-ture）等方式，对企业的经营范围及相关资产、资产控制方式进行调整（Re-structuring）；二是指股权重组本身及其带来的治理结构的变化（Reorgniza-tion），如要约收购（Tender‐Offer）、股权回购（Share Repurchase）、上市公司转为非上市公司（Going Private）及经理层收购（MBO）、职工持股（ESOP）等；三是指对发生债务危机的企业进行资本结构的重新确定（Reca-pitalization），如将有关债务种类进行调整并重新确定偿债方式和融资方式。产业重组并没有十分标准的定义，在一般意义上，兼并和剥离是产业重组最经常用到的定义[①]。

从不同国家和地区产业重组的过程来看，按照重组主体的不同，可以划分为三种模式：一是通过政府的直接干预推动的产业重组；二是通过资本运营而进行的重组；三是由跨国公司驱动的重组。通过资本运营而进行的重组，是指企业为提高自己的竞争力，通过在资本市场出售或购买资产，实现产业重组，这种重组方式是市场经济规范企业行为的一种重要的治理机制，但是需要发达的市场经济体制作为依托。而我国正处于计划经济向市场经济转型时期，市场制度与规则严重短缺或不完善，资本市场也还不够完善。因此，在自然垄断领域和公共产品市场上，一般认为，产业重组有时还不能完全靠市场解决问题，应该发挥政府的作用，政府会从公共利益出发，主导企业进行产业重组。在这种认识下，我国通过政府的直接干预推动的产业重组较为常见，而企业的自组织过程尚未形成气候。但是，政府主导型的产业重组一般都会产生诸多弊端，通常在产业发展的幼稚期才是合理的。

世界范围内的产业重组开始于20世纪80年代的并购浪潮，并在1999年达到顶峰——并购额高达3.4万亿美元，在这股并购狂潮中跨国公司起着极其重要的作用。我国历史上曾经有过几次产业重组：最初是20世纪60年代初，在一些重要行业试办工业托拉斯，组建全国性的或区域性的总公司；然后是80年代末和90年代初的企业集团热潮，尝试"以资产为纽带"等市场方法来组建企业集团；进入21世纪，面对全球并购重组浪潮的出现和WTO对市场开放的要求，以及国内许多行业产能相对过剩、能力分散、低水平重复和过度

---

① 张文魁. 对我国产业重组问题的思考. 管理世界, 2000 (2): 58~63

竞争等问题，我国又开始了新一轮以国有企业为主要对象的产业调整，如电力、电信、民航等基础产业部门的重组，这种重组对于提高企业的财务状况，有效地解决垄断造成的效率低下等问题具有积极的作用，促进了有效竞争的形成。但是，产业重组也有一定的局限性，因此政府在考虑用产业重组方式实现有效竞争的同时，不应该忘记市场机制的发挥是促进有效竞争的重要手段。从长远讲，开放市场准入也许是促进有效竞争的最根本方式。

4.2 中国交通运输业的进入规制的现状分析

交通运输业包括公路运输、铁路运输、航空运输、水路运输和管道运输等多种方式，具体来讲，国家铁路由铁道部垄断经营，实行完全的进入规制；航空运输和水路运输实行许可营业执照制度；公路运输通过发放营业执照进行进入规制；管道运输由石油天然气总公司特许经营。从进入规制实践的角度看，由于我国公路、水运等交通运输行业的进入门槛较低，市场化程度已经达到较高水平，而管道运输的规模较小，因此本章将重点分析我国铁路业和民航业的进入规制。

4.2.1 中国铁路的高度垄断与重组方案

铁路的进入规制改革无疑是最滞后的，在民航、电信、电力等相似行业纷纷推出改革方案并付诸实施的过程中，铁路除了多次进行"提速"、推出"夕发朝至"和"朝发夕归"等新产品外，深层次的体制性改革尚没有实质性的进展。目前铁路仍维持着独家垄断的格局，虽然也有一些铁道部控股的合资铁路和地方铁路，但所占比重甚微（见表4.2）。

表 4.2　2007 年各类铁路的营业里程和机车拥有量

铁路分类	营业里程 （公里）	所占比重 （%）	机车拥有量 （台）	所占比重 （%）
国家铁路	63636.5	81.6	17311	94.7
合资铁路	9516.6	12.2	660	3.6
地方铁路	4812.8	6.2	314	1.7
合计	77965.9	100	18285	100

资料来源：作者根据铁道部提供的"2007 年铁路概况"整理而得，http：//www.china-mor.gov.cn/tdgk/tdgk _ 2008.html。

　　2005 年以前，我国铁路实行铁路局和分局两级法人的体制，铁路局和分局两级法人以同一方式经营同一资产，管理重叠、职能交叉、相互掣肘、效率不高，对铁路发展形成了严重制约。特别是随着技术装备水平的提高、运输生产力布局的调整和内涵扩大再生产的深入实施，铁路局和分局两级法人的弊端越来越突出。因此，2005 年撤销了所有铁路分局，同时根据我国铁路网布局和客流货流集散的实际情况，从优化运力资源配置、提高运输效率出发，新成立太原、西安、武汉 3 个铁路局，加上当时存在的铁路局（公司），全国铁路目前共设立 18 个铁路局（公司），所有铁路局（公司）实行直接管理站段的体制（见图 4.2）。

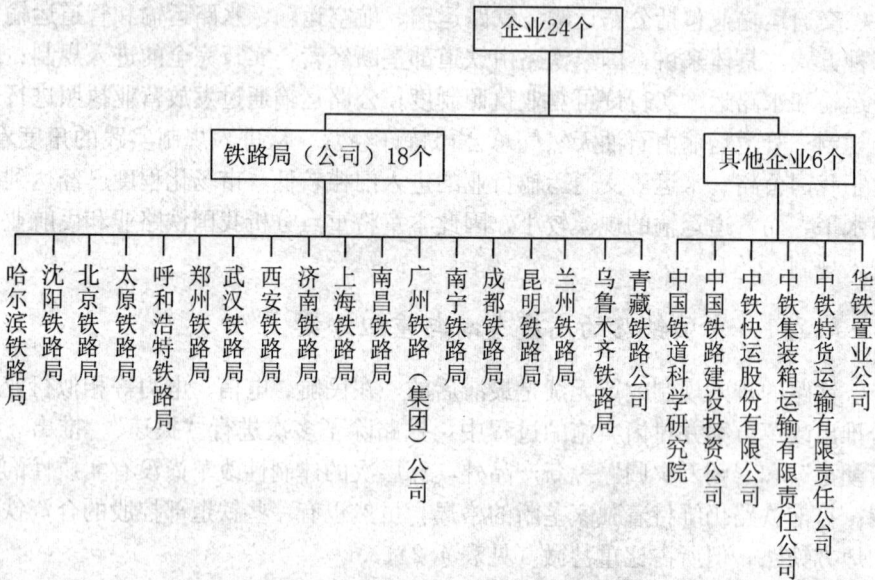

```
                        ┌──────────────┐
                        │   企业24个     │
                        └──────┬───────┘
                ┌──────────────┴──────────────┐
      ┌─────────────────┐            ┌──────────────┐
      │ 铁路局（公司）18个 │            │  其他企业6个   │
      └─────────────────┘            └──────────────┘
```

哈尔滨铁路局　沈阳铁路局　北京铁路局　太原铁路局　呼和浩特铁路局　郑州铁路局　武汉铁路局　西安铁路局　济南铁路局　上海铁路局　南昌铁路局　广州铁路（集团）公司　南宁铁路局　成都铁路局　昆明铁路局　兰州铁路局　乌鲁木齐铁路局　青藏铁路公司

中国铁道科学研究院　中国铁路建设投资公司　中铁快运股份有限公司　中铁集装箱运输有限责任公司　中铁特货运输有限责任公司　华铁置业公司

图 4.2　铁道部部属企业组织系统

　　注：①另有大秦铁路股份有限公司、广深铁路股份有限公司。②该组织系统下设运输站段 627 个。其中：直属车站 142、车务段 124 个、支线公司 2 个、客运段 33 个、机务段 57 个、车辆段 51 个、工务段 111 个、桥工段 6 个、电务段 42 个、供电段 42 个、工务机械段 17 个。

　　资料来源：铁道部.2007 年铁路概况.http://www.china-mor.gov.cn/tdgk/tdgk_2008.html

　　根据《中华人民共和国铁路法》的规定，铁路局（公司）均属于铁路运输企业，但实际上它们都隶属于铁道部，并不是实际意义上的自负盈亏、有足够的经济决策权的企业，因此，从本质上讲，我国铁路基本上属于政企不分、进入规制极为严格、市场结构高度垄断的产业。在全世界铁路放松规制的刺激下，我国铁路从 20 世纪 90 年代中后期开始讨论产业重组方案。

第一次重组方案的大讨论是从 1996 年开始酝酿，1998 年逐渐明晰，1999 年开始试点，2001 年 8 月基本终结的"网运分离"方案。该方案明确了客运、货运公司将成为铁路企业面向市场的主体，路网体现自然垄断性和公益性；网运分离从组建客运公司切入。铁道部计划改革分三个阶段分步骤推进：1999 年直管站段铁路局（昆明、呼和浩特、柳州和南昌）试点实施客运公司；2000 年广铁（集团）公司试点；2001 年在全路当时的 14 个铁路局推开，并以组建铁路局内部客运公司为重点，实施分账核算。但是到 2001 年底，仅有少数几家客运公司挂牌。2002 年，在第九届全国人民代表大会第五次会议上的《政府工作报告》提出"推进垄断行业改革。通过政企分开和企业重组，打破行业垄断，形成适度竞争。尽快实施电信、电力、民航管理体制改革，抓紧研究制定铁路管理体制改革方案"，其中唯独没有提到铁路，意味着"网运分离"改革方案没有得到中央政府的认可。

之后不久，又开始了"网运合一、区域竞争"的第二次重组方案大讨论。主要思路是，将全国性垄断企业划分为若干个区域性一体化企业。因为我国铁路的十几个局基本上是以一省或数省的行政地域作为组织边界，每一条铁路干线都被分割为数段，各路局的边界都是在一些小城镇上，造成全路一半以上的运输工作量属于跨局运量，如果将已有铁路局进行合并调整，按照规模适当、竞争适度、运输畅通、过渡平稳的原则，重新组建为几大区域性企业，一方面能减少跨局运输，另一方面也将完全垄断市场划分为寡头垄断市场。但是，这次铁路重组改革的方案最终也未被采纳。

两次重组方案被搁置以后，我国政府转换了方向，力图结合铁路主要干线客运专线和城际客运铁路等项目建设，积极寻求境内外投资者，以股份制形式聚集社会资本，探索铁路建设和运营管理的新路。

4.2.2 中国民航放松进入规制后的竞争格局

国务院 2002 年 2 月正式通过《关于深化民航体制改革的总体框架及直属航空运输企业重组方案》（国发［2002］6 号文件），对民航直属运输企业进行重大战略重组，组建以国航、南航、东航为龙首的集团公司，重新配置航空运输资源，基本上确定了民航市场化的发展方向。特别是 2004 年以来民航总局先后批准了奥凯、鹰联、春秋和华夏等多家民营航空公司进入市场，标志着我国政府在相当程度上已经放松了对航空公司设立、航线准入的进入规制。放松进入规制影响了民航运输业的市场结构，同时也引起该行业进入/退出壁垒的新变化。

（1）寡头垄断型的行业结构

2002 年我国民航业重组改革对该行业市场结构产生了明显的影响，各大航空集团与航空公司的所属情况见表 4.3。

表 4.3   2002 年改革重组后航空公司所属集团情况

航空集团	2002 年后陆续包括的航空公司
中航集团	国际航空、西南航空、浙江航空、重庆航空、国际货运航空
南航集团	南方航空、北方航空、厦门航空、新疆航空、北航天鹅航空、贵州航空、汕头航空、珠海航空、广西航空、三亚航空
东航集团	东方航空、货运航空、云南航空、西北航空、江苏航空、武汉航空、南京航空
海航集团	海南航空、新华航空、长安航空、山西航空、扬子江快运、金鹿公务机、云南祥鹏航空

资料来源：根据各航空公司网站及相关年报整理。

这里分别以运输总周转量、旅客运输量、货邮运输量为指标对 1998～2006 年民航运输市场的集中度进行测算。考虑到民航产业的特殊性，本部分计算了 CR_4、CR_8 两个集中度指标（见表 4.4）。

表 4.4   1998～2006 年我国民航运输业市场集中度情况

年度	4 家企业集中度 CR_4			8 家企业集中度 CR_8		
	运输总周转量	旅客运输量	货邮运输量	运输总周转量	旅客运输量	货邮运输量
1998	69.62	59.97	68.86	87.23	82.19	88.39
1999	69.64	57.27	67.85	86.18	80.84	86.81
2000	70.16	57.58	67.52	85.75	80.42	86.53
2001	68.78	58.90	68.06	84.86	80.60	86.64
2002	90.00	87.01	89.23	99.58	99.60	99.18
2003	89.41	85.86	87.09	99.74	99.83	98.82
2004	89.20	85.79	85.94	99.80	100.00	98.91
2005	88.01	84.35	84.35	99.51	99.62	98.57
2006	85.28	82.17	81.08	97.26	98.20	95.90

数据来源：根据《从统计看民航》（1999、2000、2001、2002、2003、2004、2005、2006、2007 卷）数据信息计算整理。

从表 4.4 可以看出，我国民航业以运输总周转量、旅客运输量和货邮运输量计算的集中度指标 CR_4 都超过了 57，CR_8 都在 80 以上。因此，按照贝恩对市场结构的分类方法，无论从运输总周转量还是从旅客运输量、货邮运输量，我国民航都属于高寡占型市场结构。

为了进一步揭示 2002 年重组后三大国有航空集团与地方、民营航空公司在我国民航业的发展情况，表 4.5 显示了分别以运输周转量、旅客运输量和货邮运输量计算的行业集中度 CR_3 的变化情况。

表 4.5　2002～2006 年我国民航运输业 CR_3 指标

年份 　　 CR_3 指标	运输总周转量	旅客运输量	货邮运输量
2002	84.46	79.16	82.85
2003	82.89	77.24	80.50
2004	82.16	76.65	78.99
2005	80.45	74.84	77.44
2006	77.45	72.49	73.16

资料来源：根据《从统计看民航》（2003、2004、2005、2006、2007 卷）数据信息计算整理。

在表 4.5 中，用于计算 CR_3 的市场份额前三的均为中航、南航、东航三大航空集团。无论从运输总周转量、旅客运输量还是货邮运输量来看，三大国有航空集团都占有我国民航业市场的绝对优势，以各项指标计算的 CR_3 都在 70% 以上，特别是 2002 年刚完成重组时，三大集团的运输总周转量总额占全行业的 84.46%，充分体现了三大集团在我国航空业的垄断地位。但是进一步分析可以发现，2002～2006 年，各项指标衡量的 CR_3 数值均呈下降趋势。分析其原因有两个方面：一是其他地方航空公司的快速发展，抢占了更多的市场份额。比如海航集团，其旅客运输量的市场份额从 2002 年的 7.85% 一直上升到 2006 年的 9.68%；二是新航空公司的进入使得我国航空市场拥有更多的竞争者。从 2004 年开始，我国开始降低民航业进入门槛，民航总局批准了多家新的民营航空公司，如春秋航空公司、奥凯航空公司、鹰联航空公司纷纷进入市场。虽然这几家新航空公司的规模和运力都无法与三大航空集团相比，但是体现了我国鼓励和支持国内投资主体投资民用航空业的倾向。另外，2005 年以来，民航总局还审批成立了东星、上海吉祥、东海货运、华夏等新航空公司。

（2）垄断竞争型的干线结构

本部分选取了 2006 年国内旅客运输量排名前 10 的航线作为样本，分析国内主要航段的竞争状况。但是由于数据可得性的限制，本部分通过查找 2007 年这些航线上各运营航空公司的航班数、对应机型的最大座位数，并且采用各航线 2006 年的平均客座率来估算各运营公司的旅客运输量。需要说明的是，对于民航运输业这样进入壁垒很高、典型的寡头垄断或完全垄断（依航线而定）的产业，在分析市场结构时往往需要把产业组织理论中通用的指标加以调整来适应其独特的行业特征。我国民航运输业在每条航线上参与竞争的通常只有几家航空公司，如果沿用 CR_4 或 CR_8 指标，则所有航线的指标值都将达到或接近 100％，无法反映各垄断寡头间的竞争关系，因此在这里选取的是 CR_2 指标。各航段的运营航空公司个数、CR_2 和 HHI 指标计算结果如表 4.6 所示。

表 4.6　2007 年主要航段旅客运输量集中度计算

航段	各航段运营航空公司	公司个数	CR_2	HHI
北京—上海	国航、南航、上航、海航、东航	5	74.20	3059
北京—广州	国航、南航、海航	3	88.98	4105
上海—深圳	南航、上航、东航、深航	4	70.04	2991
北京—深圳	国航、南航、海航、深航	4	79.20	3704
广州—上海	国航、南航、上航、东航、深航	5	68.35	3061
北京—成都	国航、南航、海航、川航	4	85.37	4585
北京—昆明	国航、南航、海航、东航	4	73.50	3092
广州—杭州	国航、南航、上航、海航、东航	5	64.61	2607
北京—西安	国航、南航、海航、东航	4	81.86	3628
北京—杭州	国航、南航、上海、海航、东航	5	75.47	3641

资料来源：根据巴西飞机公司提供的 OAG—China—Domestic 2007 数据库相关资料计算整理。

从表 4.6 中指标 CR_2 和 HHI 的数值来看，我国民航运输业航线的市场集中度是很高的，属于高度寡占的市场结构。但是前面已经提到，由于航空运输业是一个特殊的产业，它具有高投入、高技术、高风险的特点，因此不能以一般产业的衡量标准来界定它的市场结构。美国消费者协会曾在 1995 年提出，从航线角度来看，如果某航线的运营航空公司数量超过 3 个（包含 3 个），就可以视为竞争性的市场，也就是说衡量航空业的市场结构应该以 3 为临界点[①]。如表 4.6 所列，在我国 10 条主要航段中，只有北京—广州一条航线上

---

① 夏大慰，陈代云，李太勇．我国彩电工业的产业组织分析．财经研究，1998（8）：12~16

的运营航空公司为 3 家，其他航线都为 4 家或 5 家，而且 5 家以上共飞的航线
有 4 条。在作者关注的其他航线中，成都—昆明，重庆—昆明等航线都有 6 家
航空公司，另外从昆明—丽江的航线甚至有 7 家航空公司在经营。因此根据以
上定义，我国民航运输业航线的市场结构基本上可以界定为垄断竞争。而美国
大多数的航线都只有少于 4 家的航空公司在运营，在城市之间的航线上，
HHI 指数平均在 4000 左右。其他国家和地区如欧盟、日本以及中国香港等，
每条航线也多为 1～2 家航空公司经营，以防止过度竞争带来的收入流失[①]。
一项更精确的研究结果表明，美国各条航线上的 HHI 指数超过 5000，相当于
每条航线上只有两家主导性的航空公司[②]。但从表 4.6 中看，我国客运量最大
的十条航线中，HHI 数值只有北京—广州和北京—成都两条航线的 HHI 超过
了 4000，其他航线的 HHI 均在 4000 以下，甚至上海—深圳和广州—杭州这
两条航线还不到 3000。因此，对比美国数据可知，目前我国民航业的市场集
中度要远远低于美国。在主要航线上，过多的航空公司参与竞争使得市场份额
较为分散。一方面，不利于发挥民航运输业的规模经济、范围经济和网络经济
效益；另一方面，航空公司都挤在国内主要航线的市场运营，容易引发恶性价
格竞争，还会产生严重的运力虚耗问题。

(3) 完全垄断型支线结构

支线航空市场在不同国家分别有着从机型、航线距离、航线运量等方面进
行的不同界定，本书采用目前国内比较认同的对支线航空市场的划分：支线航
空市场是为枢纽和干线机场集散客（货）源的区域性航线运输量，并具有以下
特点：一是距离小于 800 公里的所有航线运量；二是航线距离在 800～1500 公里
之间、年客运量一般低于 3.6 万人次的航线运量（可以根据新支线飞机满载航程
及频率要求确定）；三是保持一定的航班频率（每周至少有一个正常航班）[③]。

由于数据可得性的限制，这里只对我国支线航空的客运市场进行研究。根
据以上对支线航空市场定义，作者从 OAG 数据库中随机抽取了 10 条支线，
由于单向航线的航班次数能更直观地表现各航线的航班密度，并且往返航段的
运营公司几乎都是一样的，所以表 4.7 统计了各支线单向航线的年班次、运营
航空公司等情况。虽然由于各航班的客座率无法得知，但表 4.7 运用总座位数
即最大的旅客运输量来替代各航线的实际旅客运输量，仍然能在一定程度上反
映我国民航运输业支线市场的垄断与竞争状况。

---

① 陈晓宁. 航线改革方案：谁做枢纽 谁做支线？. 经济观察报，2002—08—13，第 3 版
② Hayse. K. J., L. B. Ross. Discounted Fares and Route Rivalry. [dissertation]，Mimeo：
Southern Methodist University，1995
③ 胡华清. 中国支线航空运输市场分析和需求预测. 中国民用航空，2003 (5)：55～58

表 4.7　2007 年我国部分支线运营情况

航线	年班次	航距（km）	总座位数	运营航空公司
沈阳—延吉	342	502	54944	南航
武汉—福州	310	687	30248	南航、厦航
呼和浩特—天津	251	513	18314	国航、山航
银川—郑州	343	764	10633	海航
深圳—常德	109	755	15440	南航、深航
合肥—青岛	251	539	18314	国航、山航
湛江—广州	889	359	134627	南航
成都—运城	128	818	15792	国航
邦达—成都	181	669	23168	国航
丽江—景洪	879	521	119612	东航

资料来源：根据巴西飞机公司提供的 OAG—China—Domestic 2007 数据库相关资料计算整理。

　　从表 4.7 中可以看出，我国民航运输业支线市场上，大多数航线的运营都被一家航空公司垄断。并且除几条旅游航线外，其他航线每年的航班班次数都很少，比如从深圳—常德，2007 年只有 109 次航班，平均每月的航班数还不到 10 次。另外，支线航空还存在航班不稳定的问题，有些航线甚至在特定的月份中一个航班都没有安排，如武汉—福州和丽江—景洪等很多航线在 11 月份和 12 月份都没有安排航班。

　　根据以上分析可以看出，由于大多数支线运营处于独家垄断控制中，每条航线航班频率过低，因而难以吸引商务旅客乘坐飞机，无法与同距离的公路运输和铁路运输竞争。这在一定程度上反映了我国大多数航空公司都把运力投放到了干线运营上，忽视了支线运营，从而导致干线竞争过度，支线竞争不足。

　　但是近年来，随着民航总局对发展支线的重视，以及各航空公司对支线发展的重新认识，支线航空有了进一步的发展。比如说 2007 年 8 月，中国航空工业第一集团公司宣布将与中国东方航空股份有限公司联合进军国内支线航空业后，两家公司合资成立的幸福航空公司终于在 2008 年 2 月份获得中国民用航空总局的正式批准。东航幸福航空公司将以西安为基地运营，与其他支线航空最大的不同在于，幸福航空公司不考虑其他国外飞机，将完全采用国产支线飞机运营，预计未来将达到 100 架支线飞机的机队规模。

　　（4）结构性、制度性和策略性进入壁垒

　　1980 年以前，我国民航业实行军队建制，由中央完全控制和垄断，因此对中国的民航运输业来说，当时主要的进入壁垒就是制度性壁垒。1980 年民航运输业脱离军队建制后，把中国民航局从隶属于空军改为国务院直属机构，实行企业化管理。1984 年开始放松进入管制，拉开了地方兴办航空公司的序幕，制度性的进入壁垒逐渐降低。但民航业本身又是一个资本密集型、技术密集型和信息密集型的服务行业，所有这些也会对航空公司的进入形成障碍。本书拟从结构性进入壁垒、制度性进入壁垒、策略性进入壁垒三个方面分析我国民航运输业的进入壁垒状况。

1）较高的结构性进入壁垒。结构性进入壁垒主要是由行业的供给技术特点和市场需求偏好特点所形成的，客观存在的一种使进入者处于不利地位的因素或特征。这些因素一般包括规模经济、绝对成本优势、必要资本量和产品差别化等。由于我国民航运输业中，绝对成本优势主要体现在特有资源上，而常旅客计划、个性化的客舱服务等产品差别化的效果目前不是很明显，且很容易被模仿，因此，这里只分析规模经济壁垒、特有资源壁垒和必要资本量壁垒。

规模经济壁垒。规模经济是指随着产量的增加，产品的平均成本不断下降的一种状态。对于规模经济显著的产业，新进入企业在达到最低经济规模之前，平均总成本一定高于原有企业，从而处于竞争劣势；如果潜在企业试图以最低经济规模进入市场获取规模经济利益，则会导致行业总供给大量增加，进而导致产品的价格大幅度下降，甚至低于单位平均成本，新企业同样得不偿失。民航运输业的规模经济性存在于企业的各项价值活动中，如机队的规模、航线网络、营销网络的规模等都会导致生产的扩大和单位生产成本的不断下降。而新进入的航空公司由于资金实力相对较弱，初期通常只能经营 3～5 架飞机，如 2005 年奥凯航空公司只有 1 架运输飞机，而南方航空公司的飞机却有 247 架。飞机越多，飞行的班次也越多，从而覆盖的航线网络和乘客的时间选择也越多，因此小规模的航空公司在竞争中就会处于劣势。另外，民航运输业的规模经济性还体现在飞机的维修维护成本、采购、培训费用等方面。因此，对于潜在进入企业来说，产业的规模经济性越显著，进入壁垒就越大。

特有资源壁垒。对民航业来说，特有资源主要指航线经营权、航班时刻、机场设施使用和专业人才等。在位大型航空公司可以通过控制这些特有资源，阻止新公司的进入，改变产业内部企业之间的垄断与竞争关系。首先从航班时刻看，它是影响旅客选择航班的重要因素，40％～44％的旅客在购买机票时首先考虑的是航班时刻[①]，而这一比例近年来还一直在上升。因此，航班时刻是航空公司重要的特有资源，如果没有进入某一机场的航班时刻，哪怕是实力再

---

① 民航运输市场研究所．我国民航国内旅客市场特征及发展趋势研究．中国民用航空，2005（6）：36

雄厚的公司也无法运营，更别说与在位航空公司进行竞争了。我国大航空公司控制了相当部分的最佳航班时段资源，削弱了新航空公司的竞争能力。其次从航线经营权看，国内航线经营许可管理一直沿用 1996 年出台的管理规定，航线经营的准入和退出，要获得民航总局严格的审批，而民航总局主要根据航空公司总部所在基地来确定相应的航线经营权，这不可避免地凸显了中小航空公司由于基地较少而难以拓展新航线的弱势，加剧了民航运输业的进入壁垒。最后从必要资本量壁垒看，民航总局要求的最低注册资金为 8000 万元，这个进入门槛看似不高，不过航空公司要正常运行，必然要购置飞机、购买航油、招募人员，这些均需要追加大量投资。由此可见，一家航空公司从组建到日常运营需要有大量的资金支持，从而在资金规模方面对企业进入形成了一定的壁垒。

2）不稳定的制度性进入壁垒。制度性壁垒是指政府的政策法律对企业进入形成的壁垒，即进入规制。根据中国《民用航空法》规定，设立公共航空运输事业，应向国家民航总局申请领取经营许可证，并依法到国家工商总局登记。只有当申请公司具备符合国家规定的适应保证飞行安全要求的民用航空器，有必须的依法取得执照的航空人员，有不少于国务院规定的最低限额的注册资本和法律、行政法规规定的其他条件，方可从事民用航空运输服务。这从资金规模、技术水平等方面给新企业的进入设置了壁垒。

运行许可的操作方法是由航空公司主营运基地所在地的民航地区管理局对其进行运行合格审定，颁发运行合格证和运行规范。同时民航总局也通过相继公布和修改《一般飞行和运行规则》、《小型航空器公共航空运输承运人运行合格审定规则对航空营运人实施运行安全管理》、《大型飞机公共航空运输承运人运行合格审定规则》等规定国内航空公司的各类型飞机的运行规则，同时对航空营运人提出一系列审定和技术要求，对其进行运行安全管理。这些运行方面的法规也给新企业的进入增加了一定的壁垒。

从我国民航业的发展过程中，可以清晰地看到政府政策改变引起的制度性进入壁垒的变化。1980 年以前，我国民航业由中央完全控制和垄断，严格限制进入，因此制度性壁垒最高；1990～1996 年间，中国民航运输市场的需求迅速增加，但是国家没有能力解决购买飞机所需的资金缺口，因此放松了对民航运输业的进入管制，允许军队、部门和地方政府兴建航空公司①。此时，制度性进入壁垒明显降低，在中国当前的民航运输企业中，除了民航总局直属的公司外，其余基本上都是在那时建立的；自 1996～2003 年，制度性进入壁垒再次提高，除中国邮政航空公司外，民航总局再没批准成立新的航空公司；

---

①　杨秀云，冯根福．中国民航业市场结构的特征及其有效性分析．经济学家，2004（6）：76

2004 年，我国开始降低民航业进入门槛，鼓励和支持国内投资主体投资民用航空业，并且审批成立了奥凯航空、春秋航空和鹰联航空三家民营航空公司；2007 年 7 月民航总局发布《关于调控航班总量、航空运输市场准入和运力增长的通知》，表明 2010 年之前暂停受理设立新航空公司的申请，对设立新航空公司增加更加严格的审批条件，又一次提高了我国民航业的制度性进入壁垒。

我国民航业的制度性壁垒还体现在限制新企业进入一些航线。在我国，航空公司经营定期航班运输航线、暂停和停止经营航线，都必须报经民航总局批准。民航总局还通过一些行政指令对航线的经营作出了限制。如在 2002 年底民航总局就下发了一份"红头文件"：从 2003 年夏秋季起，停止非基地航空公司经营从北京、上海、广州三大机场始发的航线航班，航线经营许可相应取消。如在广州始发的航线除了南航等基地航空公司之外，其他航空公司无权进入这个市场，这无疑导致了基地航空公司的垄断。另外，还有航空公司在某一航线上增加航班班次，该航线的平均客座率必须达到 65％以上。2004 年 12 月，民航总局发文规定：由于在上海—北京、北京—广州之间空域紧张已经无法安排航班，只能允许大机型增加航班或者把现有机型换成大机型等，这些航线政策构筑了主要航线的进入壁垒。

但是政府也一直在进行对放宽国内航线经营权的探索，2006 年已经取消了航空公司经营的地域限制，到目前为止，除北京首都机场、上海浦东、上海虹桥、深圳、广州、成都、昆明、大连 8 个重点繁忙机场实施航班总量调控外，国内 115 个机场之间的航线航班也完全放开，并有望在 2010 年实现全面开放。

最后还需要指出的是，新航空公司还必须花费大量人力和物力，精心准备面对民航总局对民航企业的运行合格审定。整个审定过程划分为预先申请、正式申请、文件审查、验证检查和颁证 5 个阶段[①]。如此复杂的审定程序也使一些潜在进入企业望而却步，成为制度性进入壁垒的又一方面。

通过以上分析可以看出，制度性进入壁垒和结构性进入壁垒是密切联系的。比如准入的高门槛是必要资本量壁垒形成的主要原因之一；对航线的进入规制政策是特有资源中航线经营权存在的主要依据。

3) 以市场扩张为主的策略性进入壁垒。在一定的市场结构基础上，在位企业为了阻止潜在竞争者进入，通过有意的策略行为，使潜在进入者放弃进入或者导致其进入失败，从而主动实现遏止进入的目的。这些策略行为构成了策略性进入壁垒。

在国外，在位航空公司可以采用富有攻击性的定价策略来获得一个"强

---

① 张航挺. 航空运输业的高门槛准入. 中国民用航空，2004（12）：17～18

硬"的名声,从而遏止新航空公司的进入。比如英国航空公司(BA)就在20世纪70年代通过低价击退了莱克(Laker)航空公司企图进入跨大西洋航线市场的行为,并在80年代以同样的方式对付维珍(Virgin Altantic)航空公司。

但是在我国,政府对航空运输业的价格规制一直比较严格。1997年放松价格规制引发了航空公司竞相降价,但这并不是为了遏止新航空公司的进入,而是行业内在位企业之间的恶性竞争。对于我国民航业来说,主要的策略性行为还是以扩张生产能力为手段的进入遏止。

国航、东航、南航通过不断的市场扩张,特别是2002年市场结构重组后,在资产规模、机队规模、航线网络等方面相比于其他航空公司占有明显的优势。2006年,三大集团的运输总周转量、旅客运输量和货邮运输量分别占中国民航总运量的77.45%、72.49%和73.16%[①]。三大航空公司也都在民航业的不同领域各自取得了竞争优势。国航致力于国际航线,成为拥有最多国际航线的航空公司,国际市场份额占中国民航的一半以上;南航集团拥有最多的国内航线航班,在国内市场上具有最大的市场份额;东航集团以上海为中心,拥有完备的连接欧、美、澳、东南亚和印度的国际、国内干线网,在西部地区拥有昆明、西安两大基地,在西南和西北地区拥有较强的支线网络。

各地方航空公司也纷纷开始扩张,在重要机场所在地成立分公司,建立自己的航线网络结构。如上海航空与中国联合航空的重组,使上航成为北京的基地航空公司;深圳航空相继成立无锡和广州分公司,开通了无锡至北京、广州,广州至哈尔滨、沈阳、长春、三亚等多条航线。

航空公司构建策略性进入壁垒还体现在大量采购飞机、扩大经营规模上。2005年3月份,海航为其旗下的长安航空公司添置了一架波音737—800客机;此前,东航旗下的武汉公司、云南公司接受了2架波音737客机;南航方面则将同期到位的空客A330客机布置在京广航线上;而国航今年第三季度将会陆续把6架空客A319客机布置在西南市场。民航总局原本审批2005年国内航空公司购买飞机数为136架,但国内各航空公司已经订购并安排于2005年交付使用的运输飞机总共有147架[②]。此外,在2005年初,多家航空公司分别与空中客车公司和美国波音公司签署了购买总计25架空中客车A380和60架波音B737飞机的框架协议。虽然此次订单的交货时间为2008年之后,在短期内不会出现航空业的运力过剩,但是对潜在进入者具有很大的威慑作用。

由于我国民航业较高制度性进入壁垒的存在,在位航空公司的行为并不是以构建策略性进入壁垒为主要出发点,其主要目的还是在于增强自身的综合实

① 中国民航用航空总局规划发展财务司. 从统计看民航2007. 中国民航出版社, 2007: 114~115
② 曹阳. 国内各大航空公司扩及热潮将遭民航总局降温. 新京报, 2005—03—08, 第5版

力，以面对在位航空公司的竞争，但是无论如何，这些行为同时也使得潜在竞争者望而却步。

4.3 发达国家交通运输业放松进入规制的改革经验

纵观发达国家铁路和航空业的规制发展历程，大都经历了一个从严格规制到放松规制的相似路径，这种规制思想的转换对我国交通运输业进入规制改革具有重要的参考价值。

4.3.1 国外铁路各种重组模式的市场结构特征分析

目前世界铁路的重组主要包括横向分割和纵向分割两大类，在此基础上，还派生出一些混合模式。

(1) 横向分割

横向分割即区域分割，是指将全国性垄断企业划分为若干个区域性一体化企业，使特定地区的企业在其他地区企业成就的激励下提高自身内部效率的一种方式。这种重组方式引入了区域间的比较竞争（或称为区域间标尺竞争）机制，它不是处在特定市场中企业与企业之间的直接竞争，而是各地区垄断企业之间的间接竞争。

目前，铁路业界已经采用类似于横向分割模式的国家是日本。日本国铁打破原有的全国大一统的管理模式，将其分成 6 个客运公司和 1 个货运公司，各公司自负盈亏、独立经营。所有线路按区域位置划分给 6 家客运公司，货运公司则向客运公司租用线路。重组后的 6 家客运公司大体在各自区域内从事客运业务，与其他公司基本不存在竞争，而唯此一家的货运公司更谈不到竞争的问题。不过，日本铁路是举世公认最成功的改革实例之一，其改革的经验主要是形成了方式间的有效竞争局面，而不单纯强调行业内部竞争。日本所取得的成功经验值得我国借鉴，但也不能忽略我国与日本之间存在着很大的差异。日本的国土面积相对于我国来说非常狭小，因此不同运输方式之间比较容易形成类似于数网竞争的格局。而我国地域辽阔，各种运输方式的技术经济特点相对于日本表现得更加充分，加之路网密度较低，体制上的约束又使铁路与其他方式（特别是公路）并未处在一个统一的公平竞争环境之中，因此方式间的竞争在很大程度上不能带来内部竞争的效果。

在我国铁路既定体制约束条件下，该机制究竟能发挥多大的激励作用是值得考虑的。其一，我国经济发展在地区上的不平衡效应会比较充分地反映到这种重组方式的作用机制上，无论怎样分割都无法弥合由于经济发展基础不同在地区间造成的需求、技术等方面的差别，企业完全可以以地区差异为理由对绩效评价、讨价、还价，使引入区域间标杆竞争的激励作用大大降低。其三，如果不打破我国现存的铁路局体制，仅对 14 个铁路局重新组合，只不过是对原有铁路局规模的放大，其实质仍然是铁路局体制的延续，其地域分割的边界线也仍处于一些小城镇，某些干线系统被肢解，因此不能从根本上解决运输产品的完整性和连续性问题。其三，如果每个区域市场上仍然只有一个供应者，很可能形成地区垄断和割据的局面。地区垄断是产生地方保护主义和滋生腐败的温床，不仅会阻碍我国铁路统一市场的形成，还会破坏公平竞争的原则。

（2）纵向分割

纵向分割较之横向分割在模式上更加多样化，但均可以纳入不同层次的网运分离范围之内。网运分离是我国近年来讨论较多的重组模式，它是基于技术进步因素促使网络型产业自然垄断性质趋弱甚至消失的思想而提出的。如铁路业除了路网设施依然具有自然垄断特征外，基于路网上的客、货运服务已经成为潜在的竞争环节。因此，打破原有纵向一体化形式，在能够引入竞争的领域尽量发挥市场机制的作用就是这种重组改革的总体思路。网运分离模式的最大优点就是既保证了铁路的路网效率不被分割和破坏，又使基于网络的运营服务在该领域具备了"市场内竞争"的可能性。在网运分离的框架下，网络公司要在非歧视的条件下开放路权，为运输服务提供公共基础平台，各运营商在支付网络使用费的条件下可以在这一平台上展开市场竞争。由于该模式的层次比较宽泛，因此在实践中已经派生出多种样式。

第一种模式是纯粹的网运分离，即将路网和运输截然分开，形成"一对一"的格局。这种重组的潜在竞争环节虽然被释放，但如果不在潜在竞争环节上引入竞争激励，重组后原垄断市场就会被分解为两个互补性的垄断市场。瑞典国铁于 1988 年实行的网运分离即是如此，重组后的铁路被划分为一家线路企业、一家运输企业，其中瑞典运输运营公司（SJ）仍然在运输服务市场维持着垄断地位，只按部分成本支付线路使用费，而且至今仍保留着行车指挥的职能。瑞典政府已经规定除了大都市区域保持独家经营外，允许多家公司在其他区域进行竞争性经营。但迄今为止，由于运输服务领域仍由 SJ 垄断，在相同线路上一直未能形成多公司竞争的格局。

第二种模式是专业化的网运分离，即按业务将整个行业细分为多个定义清晰的市场。这种业务分割模式的优点在于使各个专业公司的目标市场更为集中明确，有利于从专业化的层面上实现新的规模经济。同时，由于划小了核算单位，强化了经营目标和激励机制，在一定程度上促进了组织管理效率的提升。这种分割模式存在的问题与纯粹的网运分离几乎没什么两样，如果在同一业务上没有增加竞争主体或引入其他的竞争手段，每个细分市场上仍只有一家企业保持着独家垄断地位的话，这就意味着在打破原有垄断的同时，所形成的寡头垄断结构实质上是在专业分工的基础上形成的多个完全垄断市场，市场中的企业之间不存在直接竞争，同时，由于各企业按各自业务范围独自运营，各业务之间彼此独立，业务范围之间缺乏实质性进入，所以也不会产生相互之间的替代竞争。采用这种比较彻底的网运分离模式的典型代表是英国铁路，从1982年开始，英国用了约10年的时间完成了以地区铁路局为主的块块管理向市场业务分工的条条管理的转变，撤销了地区局，成立城市客运、东南路网客运、地方短途客运、整车货运、集装箱运输、行包快运6个业务部。从运行效果来看，这种条条分割并没有从根本上打破原有垄断的弊端，重组后的公司之间在业务上既互不重叠，也很少集中在同一区域上展开争夺市场份额的角逐。英国在专业化重组效果不佳的情况下，从1992年起酝酿至1994年开始实施了新一轮的网运分离和私有化重组改革，将铁路分为1个全国性铁路公司、25个客运公司、6个货运公司、3个机车车辆租赁公司以及多家设备维修改造公司，并将线路公司上市，全部为私人股份，25家客运公司和6家货运公司全部卖给私人企业。这次重组的特点是形成多个客、货运营公司，并试图采用竞标特许经营权的方式引入内部竞争。

第三种模式是网运有限分离，主要包括客网合一、货运分离，或货网合一、客运分离。这种模式是一种理想与现实综合考虑的中间状态，因而被世界上多个国家所采用。如美国、加拿大、新西兰、阿根廷等国的铁路系统以货运为主，货运公司拥有铁路线，客运公司开行列车要租用线路。由于网运有限分离只是纯粹网运分离与专业化网运分离的某种混合模式，因此其市场结构特点及其在引入竞争过程中可能存在的障碍与前两种模式有很多相似之处。

(3) 重组模式的比较

表4.8给出了铁路业不同重组模式的市场内竞争程度及其与组织边界相关的各项因素的变动特点，一方面表现了横向分割与纵向分割对市场竞争格局的作用效果，另一方面也反映出这些作用效果在不同重组模式间的此消彼长。

表4.8 铁路业不同重组模式的比较

重组模式	市场内竞争程度	横向一体化效率	纵向一体化效率	组织成本	交易成本
一体化	弱	保持	保持	高	低
横向分割	较弱（标尺竞争）	降低	部分保持	降低	增加
纵向分割（单一主体）	弱	保持	降低	降低	增加

续表

重组模式	市场内竞争程度	横向一体化效率	纵向一体化效率	组织成本	交易成本
纵向分割 （多主体）	部分增强*	部分保持	降低	降低	增加

注：＊部分增强的条件是有多个主体在同一地区、同种服务中展开有效竞争。

资料来源：戴维·M. 纽伯里. 网络型产业的重组与规制. 人民邮电出版社，2002：5～6

综上所述，铁路重组无论是横向分割还是纵向分割，分割后的市场结构在引入内部竞争机制方面都存在相当大的困难。横向分割仅产生很弱的间接竞争，纵向分割也只是具备了内部竞争的可能性，这种可能性是否能转为现实，还要看如何打破经营范围的隔离状态以及多个竞争主体的真正形成，这在操作层面上仍是相当棘手的问题。而横向分割与纵向分割竞争不力的直接后果，就是在打破了大一统的垄断格局后却形成了新的区域性或专业性的高度垄断市场结构状态，这种垄断结构在没有打破严格的进入规制的条件下，不会对在位企业产生足够的竞争压力，使重组改革的初衷无法顺利实现。

4.3.2 中、美民航进入规制改革与市场结构变迁比较

美国的航空运输业一直是值得世界各国航空运输业学习的典范。本部分分别对放松进入规制后的中、美民航市场结构变迁进行系统梳理和比较，指出二者在演变过程中的异同。

（1）美国民航进入规制的放松与市场结构变迁

从 20 世纪初到现在，美国航空业已经形成了较为成熟的航空网络系统，建立了安全可靠、方便经济的客货运体系，并积累了丰富的网络资源和民航管理经验。纵观美国民航业进入规制演进的历史，可将其分为以下三个阶段：

1）严格规制时期（1938～1977）。1938 年美国通过了《国内航空法》，主要从以下几个方面对航空公司进行规制：①严格限制新企业的进入，控制航空运输企业的数量，当时整个航空市场只有少数几个航空公司[1]；②航空公司运营飞机的数量、座位数、运营范围及进入或退出某一市场都要得到政府的批准；③禁止航空企业合并；④控制运价及航空公司收入[2]。由此可见，该法律给予了在位航空公司垄断市场的能力。有研究表明，该时期美国民航市场

---

[1] Richard. A. A. Cerasani. Market Structure and Price Relationships In the US Airline Industry. Reno：University of Nevada，2002

[2] 江可申，李文绅. 从美国航空市场的发展看市场竞争形态的演变. 世界经济研究，2000（4）：59～63

90%的城市对航线由一家航空公司所垄断[①]。显然，通过立法，美国政府控制了民航业绝大部分的管理权，使其几乎成为一个完全垄断行业。虽然这一民航运输体制在 20 世纪 70 年代后期显现出很多问题，但是必须承认，正是这种严格的航空规制政策培育了尚处在发展初期的美国航空运输业，使这一新兴行业得以在一个相对平稳的市场环境中成熟壮大，为后来规模化、全球化的发展奠定了基础。

2）放松规制初期（1978~1984）。美国开始对民航产业实行放松规制政策，大量航空公司的进入使得美国民航市场竞争激烈。1978 年 10 月颁发的《航空公司放松规制法》标志着美国开始对航空运输管理体制进行以自由竞争为核心的市场化改造。该法取消对新进入者的限制；航空公司可自由定价，取消对营运权利、营运范围的限制；允许企业合并，给予航空运输业反托拉斯法豁免权等。放松规制后，美国航空市场上的公司数目激增，1978~1986 年间，共有 198 家航空公司进入市场，加上放松规制前的 36 家，到 1987 年初航空公司发展到 234 家。

3）放松规制后期（1985 年及之后）。放松规制后的美国航空市场掀起兼并和收购的浪潮，航空公司数目骤减。20 世纪 80 年代以来，由于信息网络技术的飞速发展，使得低成本管理、超大型信息系统成为现实，航空公司经营理念也不断进步。再加上航空运输业本身的经济特性，大型航空公司的竞争力明显强于新进入者和小公司。因此，随之而来的激烈竞争，使大多数公司走向破产或被兼并，比如从 1985 年 6 月到 1987 年 10 月，美国航空业就经历了 14 次兼并[②]。到 1997 年美国航空市场中只剩下 74 家，而干线公司仅有 12 家得以生存，也有一些较大的航空公司如泛美、东方等由于不适应形势的巨变也在日后的残酷竞争中难逃厄运。这些联合兼并活动最终导致了三大航空巨头美国航空（American Airlines）、三角航空（Delta Airlines）、联合航空（Unite Airlines）的出现，它们无论在国内还是国际航空领域都占据了统治地位，1993 年三家航空公司的运输总量超过了市场份额的 50%[③]。从制度变迁的角度看，应该说美国民航业进入规制的放松，使其市场结构完成了强制性制度变迁到诱致性制度变迁的转换过程。

（2）我国民航的放松进入规制与市场结构演变

改革开放以来，我国民航运输业的进入规制改革和市场结构演变大体经历

---

① Adams，Brock. The Structure of American Industry 9th，Prentice Hall，1995（3）：248

② Morrison，Winston. The Evolution of the Airline Industry. The Brooking Institute Report，1995（7）：9

③ Adams，Brock. The Structure of American Industry 9th，Prentice Hall，1995（3）：250

了三个发展阶段，从这些阶段性特征可以看出进入规制改革仍然任重道远。

1）企业化探索、严格规制阶段（1978～1986）。这一阶段，我国民航运输业主要进行了改变领导体制，实行企业化的尝试。从 1978 年邓小平同志指示民航要用经济观点管理开始，我国民航业开始了企业化的探索。1980 年，中国政府决定民航脱离军队建制，把中国民航局从隶属于空军改为国务院直属机构，实行企业化管理。改革的具体内容主要包括机构改革、投资体制改革、建立经济核算体制，并且初步放松了市场准入限制。这一时期我国民航业虽然强调了企业化经营，但只是在政企合一条件下对经济效益工作的重视和加强，民航总局及其他地区管理局、省（区、市）局仍然集政府和企业职能于一身，业务分工也不明确，计划经济占主体地位。

2）政企分开、进入规制放收阶段（1987～2002）。从 1987 年开始，中国民航运输业步入了政府规制改革的新阶段，即努力实现政企分开、全面放松进入规制、促进产业内企业有效竞争为目的的改革阶段。主要改革内容有：一是原中国民航总局及其地区管理机构实行政企分开，并分别组建了 6 个地区管理局和 6 家骨干航空公司。二是对各地、各部门筹办地方航空公司进一步放开。到 1996 年底，全国共有航空公司 26 家，其中民航总局直属企业 11 家，地方航空公司 15 家。三是放松航线进入和飞机购买等方面的规制，取消了需求限制。这一阶段的改革取得了一定的成效，逐步满足了急剧增长的社会需求，促进了我国民航业的快速增长，基本解决了民航运输业的"瓶颈"制约[①]。但是由于规制制度的系统性不强，配套措施协调不力，进入"九五"计划后，随着国内外环境的变化，整体性供给过剩和买方市场的出现，使得航班载运率和客座率明显下降，产业增长速度减慢，原有体制和放松规制过程中隐藏的矛盾和问题日益显现[②]。因此，民航总局又不得不采取了紧缩政策。一方面，民航总局开始收紧一度放松的进入规制，1995 年停止审批筹办运输航空公司的申请，并取消了几家企业的筹办权；另一方面，民航总局于 1997 年提出实施"大公司、大集团"战略，1999 年初步确定将直属航空公司组建为 3～4 家大型航空运输企业集团的思路，并计划实施新一轮民航体制改革。因此，从 1997 年起不仅没有新的航空公司成立，而且出现了通过联合兼并使企业数量减少的趋势。

3）大规模重组、多元化竞争阶段（2002 年至今）。2002 年 1 月 23 日，国务院正式批准了民航总局上报的《关于深化民航体制改革总体框架及直属航空

---

① 张帆．模拟竞争市场的建立和生长——中国民用航空运输业的管制改革和市场竞争．北京大学出版社，2000：309

② 秦占欣．中国民航运输业政府管制改革研究．［博士学位论文］．西北大学，2004

运输企业重组方案》，民航行政改革和机场管理体制改革以及企业兼并进入了实施阶段。2002 年 10 月 11 日，中国航空集团公司、中国东方航空集团公司、中国南方航空集团公司、中国民航信息集团公司、中国航空油料集团公司和中国航空器材进出口集团公司正式挂牌，这是新中国成立以来民航运输业范围最广、力度最大、涉及内容最多的一次改革。从结果看，这次重组改革形成了国航、南航、东航三大航空运输集团，使得我国航空市场集中度大幅度提高。而且，随着地方航空公司纷纷崛起和 2004 年民营航空公司的准入，目前我国航空市场已经形成直属航空公司、地方航空公司、民营航空公司多元化竞争的局面。虽然重组初期市场集中度一度提高，但是由于市场竞争从未间断，近几年来市场集中度仍有逐渐下降的趋势。但是为了抑制航空运输发展过快的趋势，2007 年 7 月民航总局下发《关于调控航班总量、航空运输市场准入和运力增长的通知》，再次收紧进入规制。一是从 2007 年 8、9 月至 2008 年 3 月底，对部分繁忙和资源紧张机场的航线航班总量采取调控措施；二是 2010 年之前暂停受理设立新航空公司的申请，对设立新航空公司增加更加严格的审批条件；三是在控制行业运力增长方面，明确了 7 项严格监管的条件。

(3) 中、美两国民航进入规制变迁与市场结构演变的对比分析

显然，美国民航运输业进入规制的放松比我国实行的较早而且更加彻底，在进入规制变迁的条件下，对比美国与我国民航运输市场结构的演变，可以看出两国在民航运输业发展道路上主要有以下几点异同：

第一，从总体趋势上来看，我国民航运输市场结构变化与美国有相似之处，大致都经历了高度集中、分散、再集中的演进过程。从美国航空运输业发展的三个阶段可以看出，其航空运输业的市场结构经历了政府规制到自由竞争，再到垄断竞争、寡头垄断的过程。而在航线结构方面，则经历了从点对点结构到轮辐式航线网络结构的改变。同样，我国民航运输业市场结构的发展路径也是从最初由政府完全垄断，到 1978 年开始实行企业化改革航空公司数目逐渐增多，到 1996 年底共有 26 家，之后激烈的竞争使得民航市场集中度又大幅度降低，2002 年重组后，集中度再次提高，形成了以三大航空集团为主的寡头垄断的市场结构。但是从航线结构来看，我国目前还是以点对点的城市对结构为主，尚未形成轮辐式航线网络结构。

第二，从推行改革的手段来看，美国从 1978 年放松规制以来便以市场为主导，让航空公司在自由竞争中通过兼并、收购甚至破产来实现航空运输业的整体发展。而我国对民航运输业的改革还是以行政指导为主，无论是 1987 年组建地方骨干航空公司，还是 2002 年对国有航空公司进行战略重组，政府都在我国民航运输业市场结构的形成中发挥了主导作用。虽然 2002 年三大航空企业集团重组后正式与总局脱钩，但是民航总局行政干预仍然延续，而且一旦民航市场发生问题，政府就要深度干预，如 1995 年、2007 年两次收紧进入规制，使我国民航运输业放松规制的改革处于一种不稳定状态。这是与美国民航放松进入规制改革的最大不同，说明我国民航管理体制仍然存在深层次的问题，政府缺乏利用市场机制解决问题的内在基础。

第三，从法律角度来看，美国从 1926 年颁布商业航空法开始，先后颁布了 5 部民航法规。20 世纪 70 年代放松民航业规制也是经过一个时期的准备，并在 1977 年、1978 年先后颁布了两部民航放松规制法[①]。而且，在长期的市场经济和法制建设中，社会已经形成了与之相配套的成熟的法律体制和机制，具备了适应放松规制的法律环境，这些都有效地保证了市场化顺利进行。但是，我国民航业的情况是立法工作远远落后于市场的发展，至今没有较完善和适应新形势的法律、法规去控制与规范航空市场，代之的却是以行政指令为主的朝令夕改式的人治管理，从而使我国民航运输业的改革中出现了很多本可以避免的问题。

4.4　中国交通运输业进入规制改革对策

相比较而言，我国民航的进入规制改革已经不断深入，而铁路还没有实质性进展，因此从未来的发展方向看，铁路改革的重点在于打破高度垄断的市场格局、积极引入内部竞争，民航改革的重点在于继续放松进入规制，形成有效的市场结构。

4.4.1　逐步打破铁路高度垄断格局的基本途径

引入竞争、提高效率是打破我国铁路高度垄断格局的重要目标指向，从我国铁路的竞争环境看，民航、公路等其他方式的迅速发展已经对其形成激烈的替代竞争，这种替代竞争的结果大大促进了铁路业的技术进步和运行效率的提高，如六次铁路提速、高铁的快速发展、重载技术的实现等。但是替代竞争毕竟不能完全取代行业的内部竞争，也不能很好地解决企业内部的 X 非效率等深层次问题，因此，采取重组的方式进一步打破垄断，将成为我国铁路业放松进入规制的改革途径。

（1）铁路重组的效率原则

目前，铁路业引入竞争机制的主要途径包括放松规制、私有化和重组改革

---

① Severin Borenstein. The Evolution of US Airline Competition. The Journal of Economic Perspectives, 1992, 6（2）：45～73

等。其中通过重组改革引入竞争机制的经济学理由实质上就是对"马歇尔冲突"两难问题的一种重新权衡。在铁路业的规模经济优先还是竞争优先的问题上，以前除了美国等少数国家外基本上都选择了前者，我国也是如此。应该说政府垄断国民经济的命脉部门是在一定的历史背景下发生的，有其存在的合理性。我国铁路业在垄断经营的条件下完成了铁路动脉基本构架的建设，为国民经济的发展奠定了坚实的基础，直到 20 世纪 80 年代前期，不仅实现了政府的财政目标，而且在路网整体性、安全性和社会责任等政策目标上也是相互协调的。但改革开放以后，随着经济发展、技术进步和市场环境的巨变，铁路大一统经营模式的缺陷逐渐暴露，由绝对垄断导致的竞争缺位造成了严重的效率损失和财政困难，因此，采取产业分割的方式分解原有庞大的基础设施产业，以形成有效竞争格局已成为政府从经济上和政治上解决这一难题的可行方案。

20 世纪 80 年代以来，世界各国铁路改革的一个重要内容就是铁路运输企业重组，其成功经验无一不证明将铁路从旧的国营体制重组为能够独立应对运输市场激烈竞争的真正运输企业是可取的。但究竟采用哪种重组模式则在各界争议颇多。争议的发端主要是：什么是铁路企业的最优组织边界？如何通过有效的组织边界认定，为重组改革模式的选择提供较充分的理由？综观世界各国铁路重组改革的现状，这个问题还没有得到圆满的解决。

从经济学的角度看，传统的自然垄断理论主要从规模经济的角度出发，认为企业的组织边界应由平均成本曲线的最低点来确定，超过了这个最低点说明企业的规模经济开始丧失，组织边界已经超过了最佳界限。而自然垄断的现代观点认为，传统理论对自然垄断的认识不够全面，因为它受到单一产品假设条件的限制，这在现实世界中是非常少见的。如铁路运输会用相同的路线提供旅客运输和货物运输两种服务产品（还可以细分为更多种类的产品）。因此，固守单一产品的规模经济假设已经不能适应产业分析的需要。现代观点利用成本的劣可加性（Subadditivity）对自然垄断进行了重新定义，即只要单一企业的总成本小于多企业的总成本之和，不管单一企业的平均成本是上升还是下降，就认定具有自然垄断性质，这意味着企业的最优边界应该通过单一企业的总成本与多企业的总成本之和的均衡点来划分。再从交易成本理论的角度看，科斯认为，企业在本质上是对价格机制的取代，但是这种取代是有边界的，即企业的扩张将会受到一条边界的约束，在这条边界上，企业内组织一项交易的组织成本应该等于通过市场交换的方式进行同一交易的交易成本。威廉姆森则从资产专用性的影响分析企业的组织边界问题，他认为资产专用性越高，其潜在的外部市场的交易成本越大，因此在资产呈现出高度专用性特征的行业，企业内部协调的效率高于市场的外部协调，这导致企业规模较大，甚至出现行业垄断的情况。

自然垄断与交易成本理论虽然阐明了企业与市场的相互替代关系，为铁路业组织边界的确定提供了理论上的分析框架，但对铁路业重组实践却不能提供操作层面上的帮助，因为我们无法获得按照上述理论确定铁路企业组织边界的足够信息。但是，这些理论所给出的重要启示是，无论是平均成本或总成本的最小化，还是组织成本和交易成本的边际替代率，其目标指向都是为了提高企业的运行效率，如果组织边界的重新安排能够带来企业运行效率的提高，即可认为企业的组织边界是向优化的方向移动。因此，效率原则应成为探索铁路重组模式的重要衡量标准。

（2）我国铁路重组的逐步分离方案

通过对各国铁路业不同重组模式组织边界和市场结构特征的分析可以清楚地看出，重组不是引入竞争的充要条件，无论最终确定哪种方案，仍然有一个如何采取有效手段积极引入竞争激励的问题，这个问题解决不好，我国铁路重组的新制度安排也将不会带来预想的效果。换句话说，中国铁路重组不单是一个产业分割的模式选择问题，更是一个通过产业分割寻找引入竞争途径的问题。因此，重组方案必须以分割后能够在某个领域引入竞争激励为先决条件。从这一思路出发，我们认为我国铁路重组可以采用逐步剥离的方式来渐进地逼近合理的组织边界。

铁路竞争是在一定的空间结构上形成的网络竞争，路网的规模经济性一般是铁路重组所考虑的首选要素。逐步剥离的主要思路是既要保证铁路的路网效率有所改进，又要促使新的路网组织边界能够适应具体运输市场竞争的需要。由于我国铁路主要干线上客、货运输密度很高，一些干线与干线之间的互补性和依存度较强，任何对于铁路主要干线和干线系统的分割都会破坏其运输产品的完整性，造成交易成本的增加和铁路企业运营效率的损失。这就要求铁路重组应尽可能地将各条主要干线完整地保持在各家铁路企业内部，那些前后相继的互补性较强的铁路干线也应当形成一体化组织，这是保证铁路效率的基本原则。相反地，铁路支线一般运输效率较低，局部性较强，将铁路支线保留在铁路网中并不能增加铁路企业的规模效应，而由此造成的交叉补贴在一定程度上反映了组织边界的规模不经济状态。因此，逐步剥离的第一步就是在保持铁路干线及其干线系统完整性的基础上，先将对其依存度较弱、独立性较强的支线或子网络剥离出去。剥离后，主干线系统的效率提高，经济效益增加，引入竞争激励的基础加强；支线或子网络的依赖性减弱，寻求自我发展道路的激励增强，而且真正需要国家补贴的项目也能得到直接落实。这方面美国的经验值得借鉴。美国铁路的干线都完整地保持在同一企业内部，而且很多大公司一直进行大规模兼并，I类铁路（按照 1992 年的分类标准，运行收入 2.5 亿美元以上的铁路是 I 类铁路）公司的数目从 1976 年的 52 家，减少到 1987 年的 16 家，

再到目前的 8 家，而这 8 家中现在又有申请合并者。同时一些小公司却在不断
分立，20 世纪 80 年代以来的铁路产业结构调整中，小铁路得到长足发展，公
司数目增加一倍以上，运营里程和雇员人数都有大幅度的提高。这是因为政府
放松规制，允许大铁路放弃它们不愿经营的支线，同时鼓励地方政府和承运人
支持或者购买这些对他们重要的线路，把不经济的支线变成有活力的小铁路。
政府对小铁路的规制和约束少，使小铁路的经营机制比较灵活，特别是对劳动
用工的限制少，因而劳动力成本相对较低，使小铁路能在业务量小或者货物单
一的情况下获得生存空间，在激烈的竞争中小铁路有自己的生存之道。这种变
动趋势从逆运动方向上为逐步剥离第一步运作的可行性提供了现实的论据。

　　逐步分离的第二步则是在上述支线和子网络分离的基础上，实现铁路主干
线系统的网运有限分离。主要目的是适度改进业内垄断环节与潜在竞争环节相
混淆的状态，通过市场划分针对不同领域的特点实施相应的激励政策和扶持政
策。这一步如何运作应视铁路主干线系统中路网基础设施与客、货运输的具体
相关关系而定。如美国铁路首先将旅客运输剥离了出去，主要是由于铁路公司
的客运业务从 20 世纪 30 年代开始就处于亏损之中，只是在政府的强制下才勉
强维持，所以客运的分离能使货运和路网从对客运补贴的束缚中解脱出来，货
网合一的多家公司能够更好地实行市场化经营。而客运归联邦政府所拥有，由
国家铁路客运公司（Amtrak）独家经营，它与货网合一的铁路公司签订长期
租赁合同，支付过路费。再看日本的情况，日本国铁（JNR）在第二次世界大
战后一度运行良好，但到了 20 世纪 80 年代中期已经是债台高筑（1985 年赤
字为 130 亿美元）。由于人口密度大且相对集中，铁路客运负荷非常沉重，纵
向一体化的模式也牵累了货运的发展，因此在铁路重组改革时，实行了客网合
一，将具有全国性流动特点和收支平衡的货运释放了出去。货运公司可以在所
有的客运线上运行，并向其支付使用费（与美国的 Amtrak 正好相反）。日本
的新干线（高速铁路）由于是国家出资，建成后通过资产评估租赁或出售给各
客网合一的铁路公司负责。日本铁路重组后，从 1986 年亏损 32 亿美元到
1991 年盈利 47 亿美元，改革成绩斐然。其独到之处是沿着商业性、利润导向
的原则进行管理，并促成铁路与其他运输方式之间的竞争。相比较而言，我国
铁路的客货运输结构既不同于日本，也异于美国，客货运输均表现为高运量、
高行车密度。但客运公司的运营时间和使用机车车辆一般是固定的，与线路公
司的交易频率和不确定因素相对较低。货运公司却需要与线路公司进行频繁的
谈判，相互之间的清算也较客运复杂，而且货运与路网之间还涉及建设基金的
问题。因此，美国的网运有限分离模式可能比较贴近我国的具体国情，即可以
先将客运从货网中分离出来。剥离后，客运公司成为具有相对独立而明确的经
营权责、能够实现经营自主决策、成本自控、自筹资金与政府补贴相结合的市

场主体，并可以开展不同形式的列车竞争。货网合一中的货运领域也具有了更富弹性的发展空间，在尽可能引入多个竞争主体的情况下，形成不同公司在相同路线或相同货类上的市场竞争。

随着中国铁路制度的变迁和市场化程度的提高，逐步剥离进一步的预期步骤很可能是形成少数几个相对独立的主干线路网体系和众多的支线公司，客、货、网实行全面分离，并有较多的运输企业参与形式多样的市场竞争。其中客货运输领域的竞争程度从无到有、由弱渐强，路网公司也将在激励性的制度安排下逐步走向自我完善的发展道路。逐步剥离重组后的铁路运输市场，如果在一定程度上能够打破进入壁垒并引入更有效的竞争手段，还能从根本上解决中国铁路原有的体制弊端，较好地实现诸如政企分开、企业市场化经营、引入内部竞争机制、企业直接从市场获得收入等在原有体制中难于实现的改革目标。另外，铁路业的深化改革使其与其他方式间的市场环境差异变小，并形成建立在综合运输系统基础上的、公平的方式间竞争，使铁路业在市场内和市场上的双重竞争压力下，得到更快的发展。

我国铁路重组改革是一项巨大的系统工程，其复杂程度超过其他任何行业。逐步剥离的思路不仅考虑了在重组过程中引入竞争的途径，同时也兼顾了最大限度地减少改革成本。该思路不以改革的"力度"为近期目标，因为力度需要发展基础、制度环境、监控能力等外部条件与之相配套，而是将这种"力度"蕴涵在改革的不断推进过程之中。伴随着这个过程，各国铁路重组不断深入所产生的学习效应以及我国自身探索过程所积累的学习效应，必将促使我们对铁路重组的合理组织边界有一个更加清醒的认识。

4.4.2　放松民航进入规制和调整市场结构的对策建议

我国民航运输业的制度性和结构性进入壁垒都比较高，从而在一定程度上制约了市场机制对市场结构进行有效调节的作用，因此，进入规制及其法制化建设仍需要更深层次的改革和完善。

（1）引导产业步入自组织发展轨道

我国民航运输业发展至今仍具有浓厚的行政色彩，政府深度干预企业经营活动的情况时有发生，国有企业依附于政府规制谋求自身市场势力的状态依然存在，因此，要从根本上解决民航业放松规制过程中存在的问题，必须实现彻底的政企分开，使政府、企业各司其职，让市场机制发挥更大的作用，形成公平竞争的外部环境。

从中、美两国民航进入规制变迁与市场结构演变的对比看，美国民航业在实施了一系列放松进入规制的改革后，其产业发展步入了以市场为主导的正常轨道，在激烈的市场竞争中，实现了重组、兼并甚至破产的自组织过程，最终形成了具有国际竞争力的航空巨头。而我国民航业的产业重组则更像是行政力量对市场格局的划分，尽管这在产业的成长初期无可厚非，但从产业的长远发展看，最重要的是依靠市场力量来选择。政府应该放手航空公司从事商业性质的并购和重组，通过网络结构建设和在此基础之上的产品体系差异化，达到行业资源利用的不断优化和建立良性市场秩序的基本目的。在这种具有新目的、新程序和新方法的兼并重组过程中，通过竞争、谈判、妥协甚至争议解决程序，航空公司的并购将能够对必要的股权结构、机队构成和资源分配带来符合网络结构建设的重大变革，从而为先进航空公司提供资源整合、市场拓展的新平台和新基础，由此也为民航业的成熟和发展提供新的活力。

从我国民航运输业的发展过程可以看出，政府主导的航空公司重组兼并为航空业的发展起到了奠基性的作用。但是在放松管制和开放天空的今天，以市场为主导的重组兼并将成为航空业发展的必然趋势和必经阶段。因此，在新形势下，我国航空公司特别是主要的航空集团应该逐步超越扩展规模这样单一的并购意图，开始以完善网络结构、强化战略性竞争力、完善产品体系等目的的考虑和筹划新的企业并购，从而通过市场机制，推进航空公司的自组织过程。总之，我国航空公司的发展不能够再依赖政府指定的重组兼并来实现资源优先占有和财务、债务的重组，而应该根据市场竞争来实现商业并购和组合，从而促进航空公司自身竞争能力的提升。

（2）坚持放松进入规制的大方向

我国民航业就具有较高的进入和退出壁垒，并且这些壁垒的存在在一定程度上阻碍了我国民航运输业的发展。但是，并非所有的进入壁垒都需要人为地去降低。如规模经济壁垒是由产业特性引起的，策略性壁垒是由市场竞争所引起的，只要企业行为不违反政策和法规，这些壁垒的存在是无可厚非的。因此，我们需要降低的主要是一些不合理的制度性壁垒，如对新航空公司过度复杂的审批程序，对航线进入的规制，以及航班时刻、机场设施等特有资源的管理，这些都阻碍了民航市场的正常竞争。

具体来说，对于进入壁垒方面，首先，可以降低航空公司成立的经济审批门槛，只要达到一定的标准，均可以成立航空公司从事运输经营，这样就可以充分利用民间和国外资本。其次，要加快对机场等基础设施的建设和管理，系统地培养航空专业人才，解决目前飞行员紧缺的问题，为我国民航运输业进一步快速的发展扫除"瓶颈"。再次，在航线方面，要建立健全航线资源的有偿使用制度[①]，按照市场化改革方向，改变目前以行政审批为主的航线资源配置制度，通过招投标等方式，实行航线资源有偿使用和自由转让，逐步建立起航

---

① 王志永. 中国民航市场结构重组——分类管制与协调政策研究. 中国民航出版社, 2006: 122

线、航班资源的市场化配置机制，确保航空公司的平等竞争。

在退出壁垒方面，要推行产权制度改革，建立现代企业制度，只有航空公司都成为自主经营、自负盈亏的市场主体，才能摆脱行政性退出壁垒。而对于机制性退出壁垒，就要完善生产要素市场和产权交易市场，建立健全的退出机制特别是兼并和破产机制，只有这样才能迅速加快民航业内优势企业的成长，并且从根本上解决我国航空公司普遍债务负担重、经营绩效不好的问题。

总之，建立灵活、有效的产业进入与退出机制，企业和资本可以根据市场的要求，按照一定的秩序自行决定进退分合，使航空运输资源在市场的作用下保持相对均衡并得到比较充分的利用。

(3) 建立有效竞争的寡头垄断市场结构

民航运输业是一个具有规模经济、密度经济以及网络经济的产业，因此，从行业特性以及国外航空发展的实践来看，寡头垄断已经成为大多数国家认可的市场结构。虽然我国民航业目前已经属于寡头垄断的市场结构，但是前面也已经提到，我国民航运输业的市场结构重组基本上是在政府指导下完成的，并不是市场规律作用的结果。三大航空集团只是松散地组合在一起，其内部资源没有整合，组织结构也不够协调。因此，我国航空市场只具备寡头垄断的形态而并不具备其实质。

通过对我国民航业发展过程、现存问题的分析，并且在借鉴国外民航发展的基础上，本书认为我国民航运输业应该尽可能地建立起规模经济和竞争活力两者相互兼容、互为补充的有效竞争的寡头垄断市场结构。一方面，要充分发挥市场机制的基础作用，通过航空公司之间的竞争和优胜劣汰，实现航空资源和要素向最有优势的企业转移，从而降低经营成本，最大限度地发挥规模经济的效用；另一方面，我国现阶段的市场发育尚不成熟，市场机制的作用还受到诸多因素的限制，因此在调整我国民航业市场结构时也要重视发挥政府的重要作用。

对于航空公司来说，航线结构是否合理将在很大程度上决定航空公司的经济效益。而对于一个国家来说，能否形成完善、便捷的航线网络结构将会直接影响到航空运输业的健康发展。目前，我国民航业存在着干线竞争过热，而支线竞争相对不足的情况。大多数航空公司都热衷于干线的运营，对支线市场似乎并不看好。可以说，这种支线航空发展相对滞后的局面，与目前我国的航线网络结构还不够合理有着重要的关系。

众所周知，美国作为世界上最大的航空运输国，其航线结构经历了从点对点的城市对结构发展到了目前轮辐式枢纽航线网络的过程。而我国目前的航线结构基本上还是单一的点对点结构，虽然航班的安排方面比较方便，但是这种结构只考虑两个城市间的运量，而无法顾及航线间的衔接问题，从而客座率较低，难以形成网络规模经济。因此，我国民航业航线结构的发展应该借鉴美国的航空网络。虽然这种以几个大城市为中心点、向中小城市辐射的轮辐式网络中，连接中小城市的航线必须经过中心城市转机，从而会提高运输成本，而且在 20 世纪 90 年代，美国航空业也确实出现了大型枢纽机场航班延误的连锁反应，使延误引起的成本不断增加，从而导致各骨干航空公司连续出现不同程度的亏损①，再者低成本航空公司的出现使得人们进一步怀疑轮辐式枢纽网络的优越性。但是，随着信息化技术发展得越来越成熟，枢纽机场将可以合理地调度越来越多的航班，不但能解决轮辐式网络时段紧缺、航班大面积延误等缺点，还可以进一步地显现信息技术带来的更为高效的规模经济。特别是对于我国来说，轮辐式枢纽网络结构还可以推动我国支线航空的发展，从而刺激更多的潜在需求，使整个航空业的发展达到一个新的高度。当然，我国航空业航线结构的构建也不能完全照抄照搬现成的美国模式，而要结合我国民航业发展的实际情况进行深入探索。

（4）推进规制法制化建设

参考先进国家经验，可以发现发达国家（如美国）民航市场化改革都是在比较充分的法律法规基础上实施的②。因此，我国民航运输业也应该以法律法规代替行政指令，一方面不断修订和完善航空法，使之适应市场经济体制和国际规则的要求，明确政府管制改革的基本内容和方向；另一方面加快建立、健全其他配套法规和规章体系，特别是要加强经济性管制的立法，按照《行政许可法》的要求，对政府的经济性审批项目进行清理，减少审批事项，约束政府行为，做到依法管制。

具体来说，经济性方面的法制建设可以从以下三个方面来考虑：一是制定和完善推进民航业公平竞争方面的法律法规。公平竞争是企业发展的强大动力。而 2002 年，民航总局取消非基地航空公司经停北京、上海、广州这三大城市的航班和航线经营权，明显倾向于直属航空公司的利益，而排斥了地方航空公司经营干线的可能。因此，我国民航业应对国有航空、地方航空和民营航空公司一视同仁，为民航企业的竞争创造公平的法律环境。二是加快制定和完善机场和其他辅助服务领域的经济管理规章，规范机场与航空公司和驻机场各单位的业务关系、运行关系、经济关系③。三是建立和完善消费者保护方面的规章制度，加快制定消费者知情权、服务质量投诉、航空公司赔偿责任等方面的法规规章，并在这些方面逐步与国际接轨。

---

① 张军，都业富. 发展中枢辐射航线网络战略思考. 中国民航学院学报，2004（6）：183～186

② 秦占欣. 中国民航运输业政府管制改革研究. ［博士学位论文］. 西北大学，2004

③ 刘少成，郑兴无，颜明池. 中国民航企业竞争力研究（四）. 中国民用航空，2005（10）：22

5　交通运输产业的投融资体制改革研究

交通运输业是资金密集型产业，解决资金问题成为发展交通运输业的关键。而要筹集足够的建设资金，必须要有一套行之有效的投融资机制。本章在对我国交通运输投融资体制演变、现状及存在的问题进行研究的基础上，根据有关的经济学理论，提出了建立激励性投融资体制的政策建议。

5.1　交通运输投融资有关的理论

交通运输产品具有准公共产品属性，公共产品理论、项目区分理论为交通运输投融资体制改革提供了理论依据。

5.1.1　公共产品理论

公共产品的两大特征是消费中的非排他性和非竞争性。所谓的非竞争性，是指一个人对公共产品的消费不会影响到其他人对此产品的消费；非排他性是指一个人无法维持对一件物品使用的控制，不可能阻止不付费者对公共产品的消费。满足非竞争性和非排他性的两个特征的产品是纯公共产品，实际上纯公共产品非常少，很多产品可能具有其中的一个特征，这也造成了公共产品分类的多样性。

布坎南（J. Buchanan，1965）把社会物品分为公共物品、俱乐部物品和私人物品三类，他认为可能发生拥挤的公共物品就是俱乐部物品，当消费人数低于拥挤点时，该物品是非竞争的，而消费人数超过拥挤点时，这种物品的消费就会变得拥挤[①]。他明确地把交通运输当作俱乐部物品，即拥挤性公共物品来看待，其基本特征表现在产品利益由集体消费但受拥挤约束。按照布坎南的分析，在达到运输基础设施经济运量约束 Q 之前，单位成本随运量的增加而不断降低，其中在接近 Q 点的一定区段为免费搭车者。当超过 Q 点时，就会导致拥挤，单位成本就会显著上升。因为在同一时间内，运输基础设施所能承

---

①　Buchanan J. M.. An Economic Theory of Clubs. Economica, 1965, (32): 1~14

受的载运工具是有限的，载运车辆越多，车速就越慢，这就意味着除了燃油费、维护费、车辆折旧费外，还必须支付时间损失费即拥挤费。因而运输物品是一种典型的准公共物品。

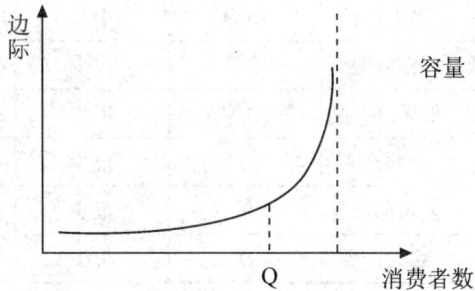

图 5.1 某些准公共产品的可拥挤性导致的额外消费者的边际成本

资料来源：王惠臣．论运输管制公共性与企业性的悖论．高等教育出版社，1997：55

很多学者对运输产品的公共性进行了研究，王惠臣认为：运输产品的拥挤临界点对运输产品的私人性、公共性有重要影响，所谓的拥挤临界点有具体而明确的定义，对列车来说，是指额定吨位或者额定载客量，而对运输线路来说，是指通行能力。运输产品未达到拥挤点之前，运输产品具有非竞争性、非排他性特点，是公共物品；运输产量在达到或者超过拥挤临界点时，运输产品的"公共性"开始弱化，私人产品的特性开始加强。因此，运输产品具有公共产品和私人产品的复合特征；运输产品的属性因需求函数的不同在公共产品和私人产品之间呈动态变化态势①。

世界银行在 1994 年的发展报告中对包括交通在内的基础设施的性质进行了详细分类。它们认为城市公交既具有排他性、又具有竞争性，属于私人产品；农村道路属于公共产品；铁路货运和客运服务属于私人产品；港口与机场设施属于准公共产品；港口与机场服务属于私人产品。

表 5.1 私人部门提供基础设施的可能性

部门和子部门	竞争潜力	商品或服务的特点	向用户收费补偿的可能性	公共服务责任（从公平角度）	外部环境性	市场化指数
铁路路基与火车站	低	俱乐部产品	高	中等	中等	2.0
铁路货运与客运	高	私人产品	高	中等	中等	2.6

---

① 王惠臣．论运输管制公共性与企业性的悖论．高等教育出版社，1997：55～58

部门和子部门	竞争潜力	商品或服务的特点	向用户收费补偿的可能性	公共服务责任（从公平角度）	外部环境性	市场化指数
城市公交	高	私人产品	高	中等	低	2.4
城市地铁	高	私人产品	中等	中等	中等	2.4
农村道路	低	公共产品	中等	很少	高	1.0
一级、二级公路	中等	俱乐部产品	中等	很少	低	2.4
城市道路	低	公共产品	中等	很少	高	1.8
港口与机场设施	低	俱乐部产品	高	很少	高	2.0
港口与机场服务	高	私人产品	高	很少	高	2.6

注：市场化指数是指各种设施的商品化程度：1.0＝不适宜在市场出售；2.0＝基本适宜在市场出售；3.0＝最适宜在市场出售。

资料来源：World Bank. World Development Report 1994；Infrastructure for Development. New York Oxford University Press，1994：115

另外，还有一些学者针对具体的运输产业分析其特性，如王振红、成小洲等均认为我国的铁路运输业属于准公共产品[①]。

5.1.2　项目区分理论

所谓项目区分理论就是根据经济学产品或服务分类理论，对基础设施可以采取不同的投资管理办法。即根据基础设施项目的性质与特征，对不同类型的项目进行区别管理。该理论将项目区分为经营性、准经营性和非经营性，根据项目属性来判定和选择项目的投资主体、运作模式、资金渠道和权益分配方式。

非经营性项目的投资通常应由政府承担，按政府投资模式运作，其资金来源以政府财政投入为主，并配以固定的税种或费种保障，其权益也归政府所有。但在投资的运作管理过程中，也要充分引入市场机制，提高投资决策的科学性和规范性，促进投资效益的进一步提高。

经营性项目则属于全社会投资的范畴，其投资主体可以是国有企业，也可以是民营企业和外资企业等，其融资、建设、管理及运营均由投资方自行决策，应有的权益也归投资方所有。在价格制定方面，政府负责监督审核；既要

---

① 王振红．从我国铁路运输产品的公共性谈及运输经济管理体制改革．中国流通经济，2000 (2)：40～42；成小洲．我国铁路运输产品公共性与铁路运输管理体制改革．铁道经济研究，1998 (4)：29～31

考虑投资方利益，又要兼顾公众的可承受能力，采取"企业报价、公众议价、政府核价"的定价方法，尽可能做到公民、投资方、政府三方都满意。这类项目又可以根据有无收益分为两小类，即纯经营性项目和准经营性项目。纯经营性项目（营利性项目），可完全通过市场进行有效配置，其动机与目的是追求利润最大化，其投资形成是价值增值过程，可通过全社会投资加以实现。准经营性项目即为有收费机制和资金流入、具有潜在的利润，但因其政策和收费价格没有到位而无法收回成本的项目。准经营性项目附带部分公益性，属于市场失效或低效的部分。

项目区分理论的目的就是将政府投资与全社会投资分开。非经营性项目由政府投资建设，政府做好规划、保证重点、量力而行、减少风险。经营性项目属于社会投资范畴，应使其真正走向市场，通过公开、公平、竞争的招投标方式运作；而准经营性项目，必须在政府适当补贴及政策优惠的前提下，按经营性项目操作模式进行。

5.2 交通投融资体制的演变

在改革开放前，我国实行高度集中的计划经济体制，投融资体制虽然有一些变化，但从总体来说，是一种完全服从于计划，投资主体、融资渠道单一的政策，作为我国整体投融资体制组成部分的交通投融资体制，随着改革开放程度的加深而逐渐完善、深化。

5.2.1 改革开放前中国交通投资体制

在改革开放前，我国对交通投资实行高度统一集中管理，交通形成了明显带有计划经济色彩的投资体制。在这种体制下，政府是唯一的投资主体，否认市场配置资源机制的存在。改革开放前，我国交通投融资体制具有以下特点：

（1）投资主体单一

政府是唯一的投资主体，交通运输建设被认为是事业性投资，无偿使用，不计成本与效益。配置资源的市场机制完全不发挥作用。

（2）投资决策权高度集中在政府

在建设项目决策方面，投资决策的权限高度集中在政府手中。一方面，投资总量、结构的决策完全控制在政府手中，以指令性计划的方式贯彻实施；另一方面，建设项目的审批权高度集中在政府手中，无论是简单再生产的项目还是扩大再生产的项目，从提出项目建议书、设计任务书，到初步设计、开工报告，都要报政府部门审查批准。

(3) 投资建设资金渠道单一

国家财政预算内拨款是唯一渠道，而且财政拨款都是无偿使用。

(4) 投资计划管理实行单一控制

在投资计划管理方面，基本上是单一的指令性计划方式和行政性的控制。对建设项目的决策、资金和物资的分配以及项目的设计、施工等活动，都按国家指令性计划行使，用行政手段分配任务，完全排斥市场的作用，这导致投资要素（包括资金、物资和劳动力）的流动性很差。

(5) 投资风险责任约束差

无论是建设投资总量结构、布局等决策发生失误，还是某个具体建设项目决策或设计、施工发生失误，都难以追究责任。

在这一时期，由于交通投资主要依靠国家投资，地方投资和自筹资金数量很少，再加上观念上对基础设施重视不够，现实中国家财政资金不足，使交通基础设施建设长期落后于经济发展，成为制约国民经济发展的"瓶颈"。

根据世界银行统计，经济发达国家对交通运输的投资一般应占总投资的 10%～14%，发展中国家对交通运输的投资一般约占总投资的 20%～28%才能适应经济发展的需要[①]。

表 5.2　我国 20 世纪 90 年代以前各个时期交通运输业基本建设投资情况

项目 时期	全社会基建投资额 （亿元）	交通运输基建投资额 （亿元）	交通投资占社会总投资的 比例（%）
"一五"	588.47	85.33	14.5
"二五"	1206.09	155.59	12.9
经济调整	421.89	51.47	12.2
"三五"	976.03	143.48	14.7
"四五"	1763.95	301.64	17.1
"五五"	2342.17	283.40	12.1
"六五"	3410.09	419.44	12.3
"七五"	7300.50	876.06	12.0

资料来源：根据《新中国交通（1949～1999）五十年统计资料汇编》汇总整理。

由表 5.2 可见，在计划经济体制下，我国交通基建投资比例长期偏低，除

---

① 郑连明，陈昆玉．新时期交通产业政策的嬗变．北京交通管理干部学院学报，1998（1）：23～31

"三五"和"四五"时期交通基建投资比例略有提高外,其他时期的比例都是下降的。

总之,在计划体制下,由于交通建设资金主要来源于各级政府,政府是交通投资的唯一主体。财政状况如何,成为制约交通基础设施投资的直接因素。我国交通基建比例长期偏低,造成了交通业极弱地位,使交通业成为我国国民经济发展的薄弱环节。

5.2.2 改革开放后中国交通投融资体制的演变

交通投资体制是全国投资管理体制的一部分,交通投资管理体制改革受到全国投资管理体制改革大框架的影响。我国交通管理体制改革大致可以划分为三阶段。

(1) 1979～1983 年期间,探索用经济办法对投融资进行管理,对财政投资实行"拨改贷"

1979～1983 年是中国经济管理体制改革的起步和试点阶段,国家对财政投资实行"拨改贷",投资体制发生了重大的变化。1979 年 8 月,国务院批准了国家计委、国家建委、财政部《关于基本建设投资实行贷款办法的报告》与《基本建设贷款试行条例》,表明我国基本建设开始实行"拨改贷"政策。1980年 6 月,财政部、国家经委发布《关于征收国营工业、交通企业固定资金占用费的暂行办法》,表明不仅建设项目的建设资金要实行有偿使用的政策,而且对国家已经投资在固定资产上的资金也要实行有偿使用的政策。但对于交通企业的投资,国家采取比其他行业相对较低的占用费率,体现了国家的倾斜政策。

1983 年,为了解决能源、交通发展滞后的问题,获得充足的资金支持能源、交通建设,国家开征能源交通重点建设基金。同年 10 月,又开征建筑税(1991 年改为投资方向税)。1983 年起各省提高了公路养路费的征收标准,扩大了征收范围,使各省能从养路费中拿出更多资金用于公路建设。从此,计划经济体制下传统的完全用行政手段分配资金的方法有了初步改变。

(2) 1984～1991 年期间,投融资政策中扩大市场机制的作用

随着我国经济体制改革的深入,以国务院发布的《关于改革建筑业和基本建设管理体制若干问题的暂行规定》、《关于改进计划体制的若干暂行规定》为标志,在投融资领域开始触及投融资决策的计划与市场问题。

1) 交通建设领域引进招投标制度。1984 年 9 月,国务院发布《关于改革建筑业和基本建设管理体制若干问题的暂行规定》,推行招标投标制度,建立工程承包,开始引进市场竞争机制。交通建设领域也全面推行国务院颁布的改革制度,推行项目监理制度,实行招投标制度。

2）出台一系列税费政策扩大交通建设资金来源。为了加快交通建设速度，解决建设资金短缺问题，国家出台了一系列扩大交通建设资金来源的政策。1985 年国务院批准征收汽车购置附加费，国产车按销价的 10％征收，进口车按销价的 15％征收，全部收入作为国家公路建设发展基金的资金来源，由交通部按国家规定统一安排使用。同时，各省（区、直辖市）政府也相继出台了征收客、货运附加费、公路建设基金等政策，形成了各种交通规费，进一步扩大了公路建设资金来源。

为调动多方投资港口建设的积极性，交通部在改革港口管理体制的过程中，大力倡导由国家、地方、企业和受益者多渠道投资港口建设，允许并支持货主自建专用码头，实行"谁建、谁用、谁受益"的政策。1985 年国务院发布了《港口建设费征收办法》，决定对进出沿海 26 个港口的货物征收港口建设费，作为国家港口建设资金的一项来源。

1986 年 2 月 3 日，国务院批准了铁道部在"七五"期间实行"投入产出，以路建路"的经济承包责任制，即"大包干"，使铁路成为相对独立的经济实体。

为了尽快解决铁路建设资金的投入问题，1991 年起国务院采取了提价收入直接设立铁路建设基金，专项用于铁路建设的措施。1991 年 3 月，国务院批准设立铁路建设基金，并先后提高征收水平。基金总水平达到每吨公里 2.7 分，每年可积累 300 多亿元的建设基金用于铁路建设。从 1991 年 4 月起国家相继批准福建、四川、山东等省征收铁路建设附加费，每年还可筹集 6 亿元资金用于铁路建设。与此同时，部分地方政府也参照中央的做法，纷纷在国铁上加收铁路地方建设附加费，用于地方铁路或中央与地方合资铁路的建设。铁路建设基金的设立，对于增加铁路建设的投入，改善铁路运力供给短缺状态有积极作用。

3）国家出台推动交通优先发展的政策。1989 年 3 月，国务院发布《关于当前产业政策要点的决定》，形成了按产业发展序列进行投融资倾斜的政策。由于交通运输项目历来被认为是应予以优先发展的产业，国家按产业发展序列进行投融资倾斜的政策，有利于交通项目的投融资，对以后交通的优先发展起到了推进作用。1991 年 4 月，国务院发布《中华人民共和国固定资产投资方向调节税暂行条例》，明确投资方向调节税根据国家产业政策和项目经济规模实行差别税率，交通运输类别的铁路线路、枢纽、客货站段的新、扩建，机车、车辆、铁路专用设备购置及机车车辆修理，沿海和内河港口、船闸、公路、客货站场的新、扩建投资项目，交通专用通讯，通讯导航及航标，船舶修理设施，打捞救助，安全监督，公路、航务工程，船舶检验，汽车、船舶、筑养路机械、港口机械、潜水，机场、通信导航设施、飞机购置，机务维修，油料供应，公安消防设备，联检设施，专用车辆购置，民航售票处、货运站，计算机系统等均属于税率为 0 的投资项目，这充分体现了国家对交通产业给予倾斜的政策。

4）国家出台系列推动投资主体多元化的政策。1987 年 3 月，国务院发布《关于加强股票、债券管理的通知》，代表了当时国家发行股票与债券筹资的政策，表明了我国投融资政策向市场化的进一步迈进。

1988 年 7 月，国务院批准并印发了国家计委《关于投资管理体制的近期改革方案》，明确了对重大建设投资实行分层次管理、扩大企业投资决策权、建立基本建设基金制、用经济办法管理投资、实行招标制等投融资政策，将投融资政策又向市场化推进了一步。

在此期间，人们对交通基础设施的先行地位有了深刻认识，尤其是公路、水运投融资体制改革更是先行一步，利用贷款、借款、集资、引进外资等途径解决资金来源建设公路，建成后收费还贷的方法在广东省已全面铺开，为此，1988 年国家批准了对贷款修建高等级公路和大型公路桥梁、隧道实行收取车辆通行费的文件。

1990 年 1 月，交通部印发《公路、水运交通产业政策实施办法》，提出在统一规划下，多方筹集和有效使用建设资金，加速交通基础设施建设；继续鼓励地方对交通投资，采取国家补助、地方集资、民工建勤、民办公助、以工代赈等办法，加快发展地方交通；本着"谁投资、谁使用、谁受益"的原则，提倡货主自建专用码头和专用航道；引导外资投向，多渠道、多形式、多层次地吸引更多的国外投资，用于重点港口的建设。

从 20 世纪 80 年代开始，铁路与地方政府、企业和有关部门共同合作，创造了集资建路、合资建路的新模式。中国改革开放后第一条合资铁路——三茂铁路，由铁道部与广东省联合投资，1990 年全线贯通。发展合资铁路是对传统的铁路建设和管理体制的一大突破，初步建立起投资主体多元化、资金多渠道、决策多层次的投资体制。

总之，这一时期国家的投融资政策在由计划经济向市场经济过渡，成为了后一个时期我国确立社会主义市场经济体制后投融资政策确定的先导。随着对市场经济认识的深入，通过政策手段来调整投资规模与投资结构，促进国民经济中基础行业与先行行业的优先发展逐渐成为了人们的共识，国家对交通投融资的倾斜政策在这一时期开始显露出来。

(3) 1992 年以来，适应社会主义市场经济发展的需要而制定一系列投融资政策

随着 1992 年初邓小平南方谈话的发展与中共中央十四大对我国社会主义市场经济体制和市场经济目标的确立，我国的经济体制由计划走向了市场，市场对资源配置的基础性作用已经明确，作为资源配置重要手段的投融资政策也相应地进行了制定与实施。

1) 出台项目分类政策。1993 年 11 月,中共中央发布了《关于建立社会主义市场经济体制若干问题的决定》。这一我国实施市场经济体制后进行经济工作的纲领性文件,将投资项目划分为竞争性项目、基础性项目与社会公益性项目三类。竞争性项目投资由企业自主决策,自担风险,所需贷款由商业银行自主决定,自负盈亏,用项目登记备案制代替行政审批制,把这方面的投融资活动推向市场,国家用产业政策予以引导;基础性项目建设要鼓励和吸引各方投资参与,地方政府负责地区性的基础设施建设,国家重大建设项目按照统一规划,由国家开发银行等政策性银行通过财政投融资和金融债券等渠道筹资,采取控股、参股和政策性优惠贷款等多种形式进行,企业法人统一筹划、筹资、建设直至生产经营、归还贷款本息以及资产保值增值全过程负责;社会公益性项目建设,要广泛吸引社会各界资金,根据中央和地方事权划分,由政府通过财政统筹安排。

2) 对外开放步伐加快,外资进入加速。交通产业较早对外开放的是公路和水运部门。最初它们利用外资的主要方式是对外借款和接受国际援助等间接投资。从 1992 年开始,我国较大幅度地放开对交通产业的限制,在铁路、收费公路、大桥、港口、机场等运输服务业方面,对外开放步伐加快,国际资金不但青睐我国的运输市场,而且普遍看好中国交通基础设施的建设市场。1993年以后,交通基建除了主要铁路和公路主干线外,基本上都对外国开放了。目前我国利用外资进行交通建设项目的主要方式有:对外借款,包括中央政府、地方政府、各部门、企业和其他经济向外贷款;合资,包括合资修建公路、铁路、港口码头、机场等设施,举办交通运输企业、交通工业企业和交通运输服务业;对外发行债券,如北京、广东、深圳、上海等地方政府在海外发行市政基建债券,其中很大部分用于城市交通建设;发行股票,即把有发展实力的交通运输企业的股票推到海外上市,进行公司化融资;BOT 和准 BOT 方式,主要用在高等级收费公路项目上,利用土地进行价外补偿。

3) 公路、水运投融资体制改革步伐较快。在这一时期,各省市对公路建设投资管理体制改革探索了不少新路子,主要做法归纳如下[1]:改革对公路的投资方式,对高等级公路和大型桥梁、隧道实行有偿使用,并建立相应风险约束机制;拓宽公路建设投资、融资渠道,除向银行借款、贷款修路筑桥外,还积极引进外资,以及发行债券、股票等多种形式筹集资金;有偿转让现有收费公路的全部或部分经营权(包括转让给外商),从获得的收入再投入新路建设,滚动发展;地方政府对辖区内原有公路(有的是国道、省道)作价入股与他人

---

① 郗恩崇. 高速公路管理学. 人民交通出版社,2003:226~227

（包括外商）合作组建法人股份公司，利用外资改建旧路或修建新路；选择经济效益前景好的高等级公路建设项目，经过明晰产权关系后，成立股份制公司，向社会发行股票，在金融市场融资；地方政府将公路建设与土地开发相结合，指定出让公路沿线或某些特定地区的土地开发使用权等条件，与他人（包括外商）合作，建设公路，即所谓的"以路换路"；少数地方政府将某些交通规费使用权（如交通建设基金、过路费、过桥费、客运附加费等）交给企业（包括中外合资企业），并由受让企业承担指定的公路建设责任或用于抵偿筑路借款；许多省市已建立或正在建立完善公路建设要素（资金、劳动力、物资、技术、信息）市场，利用市场机制完成公路建设资源的优化配置。

1995 年 11 月，国家计委与交通部联合提出《关于加强港口建设宏观管理的意见》，要求鼓励多渠道投资建设港口码头，允许货主建设企业专用码头，允许中外合资、合作建设及经营泊位，表明了多渠道投资建港的政策。同年国家税务总局发布《关于外商投资企业从事港口、码头等特定项目投资经营适用税收优惠问题的通知》，宣布了外商投资港口的税收优惠政策。1996 年 1 月，财政部颁布《港口建设费管理办法》，规定港口费是专项用于港口建设的政府性基金，纳入政府性基金预算管理，应全部用于水运基础设施建设，主要包括港口建设支出、航运支持保障系统的项目建设、专项性支出和国家批准的其他支出，表明了国家征收港口建设费专项用于港口建设的政策。2001 年 12 月，国务院办公厅转发了交通部等五部委《关于深化中央直属和双重领导港口管理体制改革的意见》，将由中央管理的以及中央与地方政府双重领导的港口全部下放地方管理。港口下放后，实行政企分开，港口企业不再承担行政管理职能。2004 年 1 月 1 日起，《港口法》开始生效，《港口法》规定：港口公用基础设施的建设与维护主要是由政府负责的。保证必要的资金投入，用于港口公用的航道、防波堤、锚地等基础设施的建设和维护，促进港口发展是相关政府的一项法定义务。《港口法》鼓励国内外经济组织和个人依法投资建设港口的经营性设施和港口基础设施。

4）铁路投融资体制改革有待进一步加快。1992 年 8 月，国务院批准中央与地方合资建设铁路的政策。合资建设铁路的政策实施，调动了中央和地方建设铁路的两个积极性，带来了铁路建设和运营体制上的变革，加快了铁路建设速度，促进了地区经济的发展。

1994 年，铁路以走向市场为主的改革全面展开，同年 11 月，为适应铁路投资体制改革需要成立了中铁建设开发中心，该中心以单独投资、参股、控股、资金有偿使用等方式参与铁路建设项目的投资和开发。

2006 年上半年，铁道部《关于鼓励和引导非公有制经济参与铁路建设经营的实施意见》的出台，在实质上鼓励社会资本进入铁路建设领域，全面开放铁路建设相关领域。

为缓解铁路货物运输价格偏低的矛盾,经国务院批准,从 2006 年 4 月 10 日起,铁路实行统一运价的正式营业线和运营临管线,货物平均运价每吨公里提高 0.44 分,即由现行平均每吨公里 8.61 分提高到 9.05 分。其中货物运营价格由平均每吨公里 5.31 分提高到 5.75 分,铁路建设基金每吨公里 3.3 分保持不变。运价调整中,大秦、丰沙大、京原、京秦四条铁路线煤炭现行运价将维持不变。铁路整车农用化肥运价将作相应调整。此次运价调整取消了集装箱运输中自备集装箱管理费等杂费项目,并将《铁路货物运价规则》中自备集装箱空箱运价率由原来重箱运价率的 50% 调整为 40%。

5.3 交通投融资体制现状与存在的主要问题

尽管在 2008 年我国新的交通运输部挂牌,但还没有完全改变我国交通运输的"条"与"块"相结合的管理模式,即一方面铁路、公路、水运、民航和管道 5 种运输方式分别由各自主管部(局)管理,其中部分部(局)既是行业行政主管部门,又直接领导和经营行业内的运输企业;另一方面中央与地方两级政府在交通运输业上的分工相对模糊。这也导致我国不同的交通方式的投融资体制的改革进程有比较大的区别,下面分方式对交通投融资体制的现状与存在的主要问题进行分析。

5.3.1 公路投融资体制现状及主要问题

从 20 世纪 90 年代以来,公路建设已形成了以利润为导向的市场化投融资体制,市场化投融资体制有力地促进了我国公路建设的发展,同时也存在着一些问题。

(1) 公路投融资体制现状

我国公路建设的投融资体制,主要归纳为以下几个方面:

1) 公路投资主体主要是地方政府。目前我国公路实行以地方为主的管理体制,所谓以地方为主的公路管理体制,就是指公路的建设、养护和管理由地方政府负责,中央主管部门负责国道的规划,省干线公路由各省规划,报中央主管部门审批。因此,在以地方为主的公路管理模式下,我国基本实行"以地方政府为主筹措公路资金"的政策,即各地(省、市、自治区)公路建设和养护事业的资金原则上由各地方政府自行筹措,交通部利用所掌握的"车购费"等根据具体情况对项目给予补助,补助的比例约为投资总额的 1/5。

2) 实行公路用户费(税)为主筹措公路资金的政策。我国公路建设、养护及管理的资金主要来自于公路用户费（税）。我国公路用户费（税）主要包括公路规费和通行费两大类。其中，公路规费包括两项：一项是燃油税，另一项是作为中央公路用户费（税）的车辆购置附加税。

燃油税。多年来，我国公路养护和建设的资金主要依赖于养路费（税）的征收，收养路费（税）是一种中央费目、地方费种的公路规费。该项费收的征收对象是使用公路的汽车及拖拉机。征收部门是各省交通厅的稽征部门。费收基准是车辆的载重吨位，但费率各省不尽统一，而且各省的养路费费率随着经济的发展而逐步提高。2003 年全国养路费的收入约为 600 多亿元。2008 年国务院出台《国务院关于实施成品油价格和税费改革的通知》，从 2009 年 1 月 1 日起，提高成品油消费税单位税额，取消公路养路费、公路运输管理费、公路客货运附加费等六项收费。新增成品油消费税连同由此相应增加的增值税、城市维护建设税和教育费附加具有专项用途，除由中央本级安排的替代航道养护费等支出外，其余全部由中央财政通过规范的财政转移支付方式分配给地方。

车辆购置附加税（简称车购税）。我国车购税始于 1985 年，它是对新购车辆开征的一个中央税种，在购置车辆时一次性交纳。目前，全国实行统一的车购税税率，税率标准为车辆购置价格的 10%。车购税主要用于国家计划内干线公路项目建设及与公路建设有关的支出，主要包括：重点用于纳入行业规划的国家干线公路、特大桥梁、隧道及重要的公路、铁路交叉道口的改建，具有重要意义的省级干线公路的建设；适当安排与上述公路相配套的重点汽车客货场、站设施的建设；用于纳入国家计划补助的建设项目所需材料，对筑路材料工业的投资及供应筑路材料所需的周转资金；用于承担征收车购税的管理和监督工作的开支；专项性支出，包括老旧汽车更新改造支出、内河航运建设基金支出、省级征收分成资金支出、省级周转性借款支出等；国务院和财政部批准的其他支出。

通行费。通行费是指经有权部门批准的收费公路（包括桥梁、隧道等），向过往车辆收取的车辆通行费。根据收费目的的不同，收费公路可划分为收费还贷公路、收费经营公路和收费控制公路，目前我国收费公路主要是收费还贷公路和收费经营公路。具体包括以下几种情况：一是收费还贷公路，是指县级以上地方人民政府交通主管部门利用贷款或者向企业、个人有偿集资建设的公路。如向国际金融组织、世界银行、亚洲开发银行、日本海外协力基金、日本输出银行等的贷款，向国内商业银行如中国工商银行、中国建设银行、中国农业银行、招商银行等的贷款，向国内政策性银行如开发银行等的贷款，以及发行债券向社会及公众的贷款等所建的收费公路均属于收费还贷公路。按照国家规定，收费还贷公路还清贷款即停止收费，公路即行自动转为自由通行的公路。在全国公路网中，95% 的高速公路，61% 的一级公路，42% 的二级公路都是依靠收费公路发展起来的[①]。根据《国务院关于实施成品油价格和税费改革的通知》，我国将从 2009 年开始逐步有序取消政府还贷二级公路收费。二是收费经营公路，是指国内外经济组织投资建设或者依照公路法的规定受让政府还贷公路收费权的公路。收费经营公路由公路经营公司依法收费经营，承担日常养护工作，并照章纳税，经营期一般为 25～30 年。转让公路收费权是在特定的历史条件下，深化公路投融资体制改革的产物。1994 年，中国十四届三中全会提出"产权交易"后，一些省市开始转让已建成公路的收费权，也就是所谓"公路经营权"，从而获得一定数额的资金，将所筹集到的资金再投入到新的公路建设上，通过这种转让公路经营权的筹资方式，滚动发展公路，加快公路建设步伐。交通部 1996 年出台了《公路经营权有偿转让管理办法》，这充分说明收费经营公路得到社会及国内外经济实体的认同。1998 年 1 月 1 日实施的《公路法》首次对公路收费权的转让以法律形式予以确立。2004 年国务院颁发了《收费公路管理条例》（国务院令第 417 号），对公路收费权益的转让管理作出原则性的规定，并明确提出收费公路权益转让的具体办法。2008 年为了落实《收费公路管理条例》的要求，解决公路权益转让中存在的一些问题，如违规或越权审批项目，部分转让项目技术等级标准不符合国家规定要求，审批转让期限过长，转让价格不合理，个别转让项目重收费轻养护等问题，交通运输部、国家发改委、财政部出台《收费公路权益转让办法》对收费公路权益转让行为进行规范。三是证券融资。证券融资就是通过项目公司组建独立的法人，然后利用股票、债券等多种金融工具筹集资金投资于高速公路建设。主要包括通过发行股票和债券筹集资金两种方式。

3）筹资方式多样化。上述三项公路用户税（费）构成了我国公路资金中最稳定可靠的部分。由于我国公路资金需求巨大，我国公路事业实行多种筹资方式并存的政策，即除以上三项公路用户税（费）外，主要还有以下几项筹资政策：

国内银行贷款政策。国内银行贷款（主要是商业银行贷款）是目前我国公路建设资金的重要来源，到 2005 年我国收费公路贷款余额累积已达到 1.2 万亿～1.5 万亿元。由于交通基础设施的国有性质和相对垄断性特点，需求旺盛，收益较为稳定且抗风险能力强，对于银行具有较强的吸引力。

引进外资的政策。我国公路事业利用外资基本可分为两种方式：一种方式是利用国际金融组织或机构的贷款建设收费还贷公路；另一种方式是吸引国外财团和企业的资本进行公路建设项目的投资或直接购买收费公路的经营权（即经营权转让）。我国主要使用的贷款大多为世界银行、亚洲开发银行等机构的贷款，这些贷款的利率一般比较低。后一种方式主要用于高速公路建设，即由

---

① 向朝晖. 对我国"贷款修路，收费还贷"公路投融资模式的探讨. 经济师，2009（3）：52

外商或国内企业直接投资于高速公路的建设，并负责高速公路项目的资金筹措、建设、经营、养护管理以及通行费的收取等，主要的形式有合资经营、合作经营、独资经营、经营权转让和项目融资等。

以工代赈的政策。以工代赈的政策，是我国对县乡公路所推行的一种行之有效的公路筹资方式。"以工代赈"在我国已成为一项行之有效的公路建养政策，长期以来，在县乡公路建设和养护中起到了很大的作用。"以工代赈"的政策部分地缓解了县乡公路建设和养护资金的紧张状况。

（2）我国公路投融资体制存在的主要问题

1）以地方为主筹措公路建设资金导致公路区域差异增大。随着经济体制改革的深入，中央政府掌握的预算内投资比重大大下降，地方经济的发展成为推动投资增长继而国民经济增长的主要力量。公路建设资金来源中，2003年国家预算内投资的比重仅为 3.8%，其中中央政府投资主要为国家主干道，以及对农村公路的补贴，政府公路投资的主要部分则来源于省、市、县三级地方政府，因此地方政府的自我发展能力以及地方财力的大小对交通基础设施的数量和质量具有至关重要的影响。

在公路投资来源中，"地方自筹"是衡量地方政府筹资和投资能力的重要指标[①]。表 5.3 是 2003 年三大区域公路资金来源的比较，从中可以反映出：地方自筹金额的区域差异要大于公路总资金来源的区域差异；就地方自筹资金而言，无论是总量还是人均筹资额，都与经济发展水平呈现出明显的正相关关系，表明地方经济发展水平是决定地方政府交通基础设施投资能力的重要因素；越是经济发达地区，地方自筹在公路资金来源中所占的比重越高，表明随着经济发展水平的提高，地方政府依靠自身力量发展交通基础设施的能力越强。

表 5.3 2003 年三大区域公路资金来源比较

区域	公路资金来源总计		地方自筹		地方自筹资金来源比重（%）
	总额（亿元）	人均（元/人）	总额（亿元）	人均（元/人）	
全国	3443.55	260	1012.78	79	29
东部	1463.42	303	523.39	108	36
中部	962.86	225	307.38	72	32
西部	1017.27	276	182.01	49	18

资料来源：根据 2004 年《全国交通统计资料汇编》整理而成。

---

① 樊桦. 区域开发中交通基础设施的发展政策. 综合运输，2005（5）：24～28

2）以公路用户费（税）为主筹措公路资金进一步加剧了区域间发展不平衡。从目前我国公路用户费（税）的构成来看，主要是燃油税、车辆购置税和通行费3种，其中通行费的融资能力最强，是当前我国公路建设资金来源的主要渠道，它实质上是建设收费公路。收费公路的建设必然要考虑建设资金的投资回报，这就导致经济发达、交通流量大的地区和线路容易吸引资金，而经济欠发达的中西部地区或广大农村交通流量相对较小，不容易吸引资金，因而进一步导致区域间公路事业发展的更加不平衡，城乡之间的公路交通发展的更加不平衡。

3）收费公路存在的问题。收费公路政策实施以来，极大地促进了我国公路建设事业的发展，但伴随着收费公路的迅猛发展，收费公路引发的问题也开始显现，主要表现在：

第一，收费公路政策淡化了公共财政的公路建设责任。收费公路是在政府财力不足、公路建设压力巨大的情况下采取的特殊政策，收费公路的存在不应淡化公路的公益性质。实际上根据我国有关的法律法规，公路发展的方向主要是非收费公路。如《公路法》第五十八条规定："国家允许依法设立收费公路，同时对收费公路的数量进行控制"；《收费公路管理条例》也指出，"公路发展应当坚持非收费公路为主，适当发展收费公路"。虽然我国相关法规中有控制收费公路数量的要求，但是没有相应的细化措施，以致在实践中收费公路政策大量被使用，目前我国公路的收费里程占公路通车里程的15％左右，超过世界1％的平均水平，也远远高于印度尼西亚、阿根廷和墨西哥等发展中国家。

第二，企业化运作影响了公路的公益性。公路经营公司实行企业化运作与公路的公益性矛盾突出。有些公路经营公司重经济效益，轻社会效益，在公路养护方面投入较少，公路的路况较差。有些公路经营公司为追求利润最大化将经营收入没有用于公路建设或养护，而是投入到其他领域，致使国家对公益性公路建设和公益性运输服务的投入或补贴不能发挥应有的社会效益。

第三，公路收费标准随意，加大了我国物流成本。我国公路收费目前尚无一套统一、完善的通行费收取标准。现行的收费标准主要是由各省市公路建设经营单位根据项目建设规模、建设资金数、贷款期限、还款要求、交通流量和道路使用者受益及承受能力等因素，提出收费标准方案后，由省级交通主管部门会同同级物价主管部门审查批准的。由于一些地方政府对收费站点的设置及收费标准审批不严，造成公路沿线收费站点过多过密、收费标准过高，这些都加大了我国交通运输的成本。2008年我国物流费用占GDP的比重达到18.1％，远高于欧美发达国家的10％左右的水平，其中交通运输费用占物流费用的比重达到 52.6%，交通通行费占我国交通运输费用的比例超过 10%①。

4）公路融资结构不合理。20 世纪以来，随着基础设施领域单一国家投资体制的逐步改变，公路建设虽然开始形成了以利润为导向，以地方集资、贷款，发行债券，利用外资，转让经营权等多种形式筹集建设资金的市场化投资建设和运作机制，但我国公路融资结构仍存在银行贷款比例过高，还款压力大，存在一定的债务负担和银行风险隐患。

表 5.4 公路融资构成　　　单位:%

年份	车购税及预算内资金占总投资比例	国内贷款占总投资比例	利用外资占总投资比例	自筹及其他资金占总投资比例
2001	20.22	43.18	3.39	33.21
2002	16.65	38.80	2.61	41.94
2003	16.20	43.84	2.36	37.60
2004	14.83	42.49	1.39	41.30
2005	13.33	40.06	1.40	45.20
2006	11.09	43.00	0.99	44.92

资料来源：根据《全国交通统计资料汇编》整理而成。

5.3.2 水运投融资体制现状及主要问题

我国水运交通投融资体制随着国家投融资体制的变化而变化，目前已经形成了投资主体多元化和融资方式多样化格局。

(1) 投融资体制现状

1）投资主体。内河航道按现行管理体制分为中央和地方管理，原中央管理的航道为长江干线（宜宾—上海）和松花江、黑龙江界河。根据中央关于部属企业与原行政部门脱钩的决定，松花江和黑龙江界河航道由地方政府管理。因此，长江干线航道的投资主体仍在交通部，地方航道的投资主体在地方交通部门，沿海航道在管理上分为两类：一类是港区内的航道现由各港务局管理；另一类是港区外的，如长江口、珠江口航道，现由中央和地方作为投资主体投资。经过 50 多年的建设，我国内河航道建设已经实施了多元化投资主体和多渠道融资政策。其中投资主体有中央政府、地方政府、企业、外资等。

---

① 根据国家发展改革委、国家统计局以及中国物流与采购联合会全国物流运行情况通报（2008）相关数据整理。

根据国务院转发的交通部等五部委《关于深化中央直属和双重领导港口管理体制改革的意见》，我国从 2002 年 3 月后，港口全部下放地方管理。港口下放后，实行政企分开，港口企业不再承担行政管理职能，并按照建立现代企业制度的要求，进一步深化企业内部改革，成为自主经营、自负盈亏的法人实体，同时，港口的资产也无偿划转地方管理，其债权、债务一并随之转移。《港口法》第二十条的规定表明：港口公用基础设施的建设与维护主要是由政府负责的。保证必要的资金投入，用于港口公用的航道、防波堤、锚地等基础设施的建设和维护，促进港口发展是相关政府的一项法定义务。随着港口管理体制的改革，投资主体多元化的格局完全形成。

2）水运基础设施建设资金来源渠道。20 世纪 90 年代以来，用于港口基础设施建设的实际使用资金主要有以下来源：国家预算；地方政府预算；国内贷款；利用外资；交通部专项资金；企事业单位自筹资金；其他渠道。其中国内贷款和企事业单位自筹资金合计超过 70%。国家预算和交通部专项资金合计约占 8%，是通过征收港口建设费取得的。基础设施维护经费则是通过征收货物港务费获得的。

目前，我国航道建设与养护资金的具体来源主要有：航道养护费；中央财政拨款；地方政府自筹资金；贷款；征收各种规费。在中央一级负责管理的航道中，财政拨款占有很大的比重，约占航道养护资金的 70%。而在地方管理的航道中，财政拨款所占比重很小，仅占航道养护资金支出的 0.7%。

(2) 水运投融资体制存在的主要问题

现行的水运投融资体制，基本上是在原有水运管理体制下逐步形成的，受到多方面的制约，矛盾仍然比较突出，主要表现在[①]：

1）部分港口公用基础设施的建设和维护资金事实上很难保证。港口公用基础设施是为所有港口使用者服务的，由于不能直接产生回报，只能靠政府投资。因此，《港口法》规定县级以上人民政府应当保证一定资金的投入。但是在实际执行中遇到很大困难，各级政府对港口公共基础设施的财政投入明显不足。港口基础设施建设与维护现在依然主要靠港口建设费和货物港务费。

2）港口建设费的使用不尽合理和规范。港口建设费作为政府性基金，理应全部用于港口基础设施的建设，但是现行的使用不够合理和规范。一方面，港口建设费的返还部分，即征收额的 20%（原直属和双重领导港口企业）至50%（其他港口企业）返还港口企业后，企业与其经营收入合并，并没有专款用于基础设施的建设，因而失去政府性基金的作用，使港口建设费的费率虚高；另一方面，港口建设费国家征留的部分以资本金的形式，与港口建设项目

---

① 彭翠红. 关于港口投融资体制和政策问题的探索. 中国港口，2004（5）：5～8

配套下达，相当比例与码头等经营项目配套，从而减少了政府对公用基础设施的投入。所谓"配套资本金"，中央政府并没有享受投资者权益，实际上是中央政府对港口建设项目的补助金，但这种补助金只投入到某些项目的建设上，形成港口企业或者码头公司之间的不平等竞争。

3）低附加值货物码头泊位的投融资渠道也不顺畅，特别是中小港口。集装箱码头的投融资渠道相对比较顺畅，其他杂货和散杂货码头的投资渠道则不太顺畅；沿海主要港口投融资难度较小，而中小港口投融资难度较大。这不利于港口的平衡发展、合理布局和结构调整。

4）主要港口的大型企业集团的国有资本比重过大。港口企业吸引外资的积极性比较高，但吸引国内其他资本较少，吸收民营资本就更少，并且，企业直接从银行贷款较多，致使主要港口的大型企业集团的国有资本比重过大，不利于市场竞争和规避风险。

5.3.3 铁路投融资体制现状及主要问题

目前我国国家铁路仍然是政企合一的管理体制，铁道部既是行业主管部门，市场规则、行业政策的制定者和监督者，又是铁路企业的直接投资者、经营参与者，铁路市场化程度低。由于国家铁路的现代企业制度建设滞后、资本结构高封闭性，网络互联互通企业间公平经营的市场化环境尚未形成，投资者权益保护不足等系统性问题，制约了非国家铁路资本的规模性进入，投资主体单一的格局没有得到根本性的改变。

（1）铁路投融资体制现状

1）向多元投资主体发展。2004年7月，国务院制定发布了《关于投资体制改革的决定》，9月，铁道部研究制定了推进投融资体制改革的实施意见，正式提出铁路鼓励社会投资、实行投资主体多元化、重组铁路优良资产上市融资、优化铁路债务性融资、进一步扩大利用外资等改革思路。2005年7月，铁道部又出台了《关于鼓励支持和引导非公有制经济参与铁路建设经营的实施意见》，全面开放铁路建设、客货运输、运输装备制造与多元经营四大领域，鼓励国内非公有资本进入。2006年6月，铁道部推出《"十一五"铁路投融资体制改革推进方案》，进一步提出了要通过改革，建立铁路投融资新体制，促进铁路体制创新、机制创新、管理创新。在投资主体上，从中央政府投资为主，转变为政府投资引导，各类投资机构、境内外企业参与的多元主体投资，加大与地方政府合作建路的力度。

2006年全国铁路基本建设投资完成1552.75亿元，其中铁道部投资完成1304.59亿元，占投资总额的84.02%。国家铁路和合资铁路在建的大中型项目119个，完成投资1525.40亿元，其中铁道部完成投资1291.37亿元，占投资总额的 84.66%。

表 5.5　2006 年铁路行业固定资产投资主体结构

项　目	完成总额（亿元）	铁道部		地方政府及企业	
		完成投资（亿元）	所占比重（%）	完成投资（亿元）	所占比重（%）
一、基本建设	1552.75	1304.59	84.02	225.66	14.53
其中：国铁及合资铁路	1525.40	1291.37	84.66	—	—
地方铁路	13.05	0	0	15.9	—
二、更新改造	191.36	191.36	100	0	0
机车车辆购置	331.8	331.8	100	0	0

资料来源：2007 年铁路行业年度报告

2）铁路建设资金来源。2006 年铁路基本建设投资中铁道部投资资金来源主要是：财政预算内资金 53 亿元，占铁道部资金来源的 4.07%；国内银行贷款 326.29 亿元，占铁道部资金来源的 25.08%；利用外资 25.95 亿元，占铁道部资金来源的 1.99%；债券 293 亿元，占铁道部资金来源的 22.52%；专项基金 446.46 亿元，占铁道部资金来源的 34.32%；企事业自筹 49.81 亿元，占铁道部资金来源的 3.83%；其他资金 106.41 亿元，占铁道部资金来源的 8.18%。

表 5.6　铁路建设资金来源　　　　　　　　　　　　单位：亿元

年度	合计	国家预算内资金	国内贷款	利用外资	债券	专项基金	企事业自筹	其他资金
2001	519.84	42.77	133.00	14.74	14.90	235.90	78.53	0
2002	576.49	59.47	124.55	34.39	18.18	248.19	91.71	0
2003	490.36	56.15	134.77	22.07	11.04	209.14	57.19	0
2004	489.36	70.00	64.88	8.77	49.34	287.50	8.48	0.39
2005	743.29	60.00	157.03	36.43	50.65	345.00	41.33	52.85
2006	1300.92	53.00	326.29	25.95	293.00	446.46	49.81	106.41

资料来源：2007 年铁路行业年度报告

在铁路基本建设投资中，地方政府和企业资金来源主要包括财政资金、国内银行贷款、利用外资、各地（省）筹资金以及企业自筹资金等，2006年铁路基本建设投资中地方政府和企业完成投资225.66亿元。2006年铁路基本建设投资中地方政府和企业资金（不含地方政府对地方铁路投资）来源主要是：国内预算内专项资金5.43亿元，占地方政府和企业资金来源的2.41%；省筹183.04亿元，占地方政府和企业资金来源的81.11%，这是地方政府和企业资金的最主要来源；企事业自筹37.19亿元，占地方政府和企业资金来源的16.48%。

表 5.7 2001～2006年铁路基本建设投资中地方政府和企业资金来源情况

单位：亿元

年度	合计	国家预算内专项资金	国内贷款	利用外资	省筹	企事业自筹	其他资金
2001	47.31	12.17	13.22	11.34	7.21	3.37	0
2002	30.57	6.76	8.42	2.90	7.53	3.86	1.10
2003	21.35	1.00	3.00	4.59	6.84	5.87	0.05
2004	26.76	0.40	3.90	4.71	11.87	5.24	0.64
2005	120.37	4.00	7.81	0	94.02	14.54	0
2006	225.66	5.43	—		183.04	37.19	—

资料来源：2007年铁路行业年度报告

（2）铁路投融资体制存在的主要问题

多年来，我国铁路投融资办法基本上还是传统的计划经济模式，国家铁路建设项目大多数仍由铁道部直接负责筹措资金，组织建设，并承担还贷责任。企业的投融资主体地位尚未确立起来，长期计划经济体制造成的铁路投资决策权高度集中、政策性亏损没有得到有效补偿。尤其是投资主体单一、融资方式单一的问题，制约了国有资本对社会资金的引导和带动作用，影响到投融资渠道和方式。

1）投资主体单一。从整个铁路系统来看，铁道部是铁路建设最大的投资主体，包括地方政府在内的其他投资主体的投资额虽有增长，但所占比重太小。建设资本金主要来源于征收的铁路建设基金以及每年几十亿的财政预算内资金，其他的建设资金基本上是债务性资金，主要是国内银行贷款、债券、国际金融组织贷款等。各铁路局不具有独立的法人财产权，因此，也不具有投资主体资格，所有基本建设的投资和融资由铁道部最终决策和作为投融资主体。所以，可以认为目前铁路的外部筹资主要还是政府行为，目前绝大多数铁路建设项目还是中央政府投资。

2）融资渠道单一。目前铁路的融资方式主要以债务融资向银行借款和每年发行经国家批准的一定额度的铁路建设债券，股权融资所占的比例很小。尽管我国铁路投融资体制在改革开放以来进行了不断的探索和调整，但总的来说，现阶段铁路投融资体制改革仍然严重滞后于其他许多行业，仍然没有从根本上摆脱计划经济的束缚。

3）投资管理方式落后。国家铁路建设项目主要由铁道部直接负责筹资、组织建设并承担还贷责任。企业的投融资主体的地位尚未确立起来，缺乏投资控制机制和滚动发展机制，不能发挥国有资本对社会资金的引导和带动作用。

5.3.4　机场投融资体制现状及主要问题

为适应机场建设的要求，民航在机场建设投资方面也进行了多方面的探索与改革，初步形成了多元化的投资格局。但随着我国经济和民航的快速发展，机场建设资金的"瓶颈"制约依然突出。

（1）机场投融资体制现状

2002 年出台《外商投资民用航空业规定》规定外商投资民航业范围包括民用机场、公共航空运输企业、通用航空企业和航空运输相关项目。2005 年出台《国内投资民用航空业规定（试行）》鼓励、支持国内投资主体投资民用航空业。

从机场投融资体制上看，我国正在改变过去以中央财政为主导的投融资体制，改由地方财政为主，中央财政撬动广泛吸纳社会民间和国外资本的投融资体制。这意味着高度集中的投资决策被分散的、多层次的投资决策所代替；单一的国家财政投资体制被多元化的投资渠道所代替；投资主体的单一化被投资活动的市场化所代替。

目前机场建设资金的五个主要来源是财政拨款、专项基金、银行贷款、外资及企业自筹。

（2）机场投融资体制存在的问题

资金来源的渠道对于盈利的机场（如首都机场、上海机场、白云机场等）而言较为畅通，但对于中小机场或者盈利能力不强的机场而言，比较难以吸引社会资本投资。

5.4　国内外交通投融资经验

受交通基础设施投资额大、建设周期长、风险大、政策性强、社会影响大的特点，各国根据自身的国情，形成了独特的交通基础设施投融资机制。

5.4.1　美国交通基础设施投融资机制

从 20 世纪 80 年代之后，美国政府放松对交通运输业的管制，充分发挥市场机制的作用，减少了对交通运输业的资助与扶持。

（1）铁路投融资机制

绝大多数发达国家的早期铁路建设是以私营开始的，美国、德国、日本等是典型代表。这一时期，铁路依靠发行股票和债券在资本市场筹得大量资金，获得了飞速发展。同时，美国政府非常重视铁路发展，从政策上给予了很多优惠政策。政府对私人修路无偿赠与土地，规定每修筑 1 英里铁路，拨给铁路公司线路两旁各 10 英里（有时甚至 30 英里）的土地。1830～1883 年政府给予铁路的土地资助占铁路建设投资的 15％左右。

美国铁路在达到顶峰之后，在政府管制下逐渐失去了融资能力。到了 20 世纪 70 年代，铁路经营和财务状况下降到了最低点，促使联邦政府开始调整对铁路产业的管制政策。放松管制以后，美国铁路的劳动生产率和经济效益得以极大提高，铁路货物运输恢复了竞争能力，铁路股票和债券重新赢得了投资者的青睐。1991～1996 年，美国铁路通过发行股票从资本市场上融资 61.055 亿美元，其中 1993～1996 年融资 41.722 亿美元；1993～1996 年，通过发行债权融资 101.808 亿美元，是同期铁路股票融资的 2.44 倍[①]。

（2）公路投融资机制

美国是联邦制国家，历史上公路建设的责任在地方政府。各州的公路管理部门及民间车辆制造及使用者组成的"好路运动"协会等方面的不懈努力，促使联邦政府逐步认识到有责任资助公路建设。从 1916 年联邦政府开始对所有州实施资助公路建设的政策，到 1956 年通过专项公路立法建设州际高速公路，期间经历了 40 年的发展。

美国州际和国防高速公路的建设资金的来源，主要是由汽车燃料特别税加重要汽车配件消费税等组成的州际公路信托基金。该基金及其税收是根据美国国会 1956 年同时通过和生效的联邦资助公路法案和公路税收法案建立的。联邦政府承担州际高速公路建设费的 90％，其他 10％由各州政府承担。此外，美国州际和国防高速公路的建设资金，还有部分来自通行费。

（3）港口投融资机制

美国除极少数的港口外，原则上联邦政府对港口建设不给补助。联邦政府

---

① 张长海，朱俊峰. 世界主要国家交通基础设施投资模式的启示. 技术经济与管理研究，2005（6）：117～118

仅负责港界线以外进港航道的建设和维护。1985 年后美国国会通过了"新资源开发法",对港口装卸的大部分货物按商品价值的 0.04％计征港口维护费税,纳入"港口维护委托基金",由财政部专用于港口航道的维护。港口建设资金由港口自己筹集,建港资金的筹集方法多种多样,但主要来自以下几个方面:课税收入;发行一般债券;发行收入债券;发行传统债券;州、市补助;港口收入。

5.4.2 英国交通基础设施投资模式

英国的资本市场发达,中介组织健全。英国的交通基础设施投资体制以私人资本为基础,以企业为决策主体,以自有资金和直接投资为主要资金来源。

(1) 铁路投融资体制

从第一次世界大战以后到 20 世纪 80 年代初期,英国政府一度将投资责任主要归到了铁路企业,导致铁路企业背负了沉重的债务负担,最终影响了铁路的良性发展。20 世纪 80 年代以来进行了铁路改革,大力改善铁路的投资政策。改革后,铁路的基本投资政策有两个方面的转变:一是加大各级政府在铁路基础设施建设投资中的责任;二是铁路企业根据对基础设施的使用承担适当的投资责任。

英国铁路在 1988 年实行事业部制改革之前,投资主要来源于财政拨款和贷款并且逐年减少。1996 年,路网公司 Rail Track 上市,英国铁路开始了正规的市场化运营,政府不再向铁路直接投资。长期投资不足导致路网状况恶化。为扶持铁路发展,1999 年政府再次直接投资铁路。2000～2004 年,铁路固定资产投资中政府直接拨款比例最高达 30％以上,且投资额度持续增长。

(2) 公路投融资体制

英国公路建设投资管理包括:一是在 18 和 19 世纪选择利用市场机制的收费路托管制度。在收费路衰落之后,道路资金筹集的责任又落到了地方政府头上。1909 年成立了道路局并建立了由车辆和燃油税收收入构成的专用基金用于道路建设和养护。这种制度到了 1920 年由于专用基金收入大大超过道路实际开支而废止,改由运输部负责,通过一般财政开支支出。二是吸引私人投资建设收费设施。1989 年 5 月英国政府出版发表了两个文件"通往繁荣之路"和"新手段建设新道路"。宣布政府将更为直接地允许私人集资建设和管理道路的政策。因此,英国收费路的特点是以私人集资,或利用私人资助和经营的模式出现的。三是利用私人投资的 BOT 模式。利用私人投资的 BOT 模式,实质上是私人投资者与政府合作建设收费设施的模式。建设资金的来源,通常包括私人资金(或称股份资金)以及政府贷款。BOT 模式通常要采用招投标方式,英国在 1995～1996 年已利用私人投资 50 亿英镑。四是特许公司、立法和介同。特许经营协议在运输部与 DRC 公司之间签订,该协议规定,一旦用通行费偿还了新桥的建设费用、购买现有隧道的租用费、贷款和利息,那么过河设施就要交还给政府。

(3) 港口投融资体制

英国将港口视同一般经营性企业。港口建设完全由企业或个人投资,也交由国外企业投资经营。如泰晤士港即由李嘉诚长江实业公司合资经营,利物浦港为股份制港口。港口在经营上自负盈亏,国家对港口无任何补贴和照顾,地方政府也不给予补助。各项资金主要由港口收入中筹集,同时还可以借款。

5.4.3 法国交通基础设施投融资体制

法国的公路主要依靠收费融资,铁路则主要由各级政府投资。

(1) 铁路投融资体制

法国铁路 1997 年改革后,国营铁路公司 SNCF 不再承担路网建设投资责任,路网建设由专门成立的国有铁路网公司 RFF 负责,RFF 根据项目回报决定投资额,不足部分由中央政府、地方政府和其他受益者投资。为了保障基础设施投资来源,2005 年法国新成立了运输基础设施建设融资机构(AFITF),AFITF 将从公路交通及其特许权所获得的收入部分投资于国家批准的铁路建设项目。2007 年通车的 TGV 东欧线一期工程,法国中央政府投资占 39%,沿线 4 个大区政府投资占 23.6%,RFF 占 21.9%。在建的莱茵河—罗讷河东线一期工程,AFITF 代表国家出资占投资总额的 32%,沿线 3 个大区政府和RFF 各出资 28%。

(2) 公路投融资体制

法国在 1955 年出台了《高速公路法》,1969 年该法被重新修订。该法规定,政府有权将建设收费公路的部分或全部特许权分配给特许经营机构。特许经营机构负责利用贷款修建公路,并通过收取通行费来偿还贷款。法国政府向该公司提供一定的预付款和担保。该法在吸引私有资金投资于公路建设方面起到了重要作用。在法国,高速公路分为 Autoroutcs 和 LACRA 两大类。其中,Autoroutcs 基本上是城市间的高速公路,除了少数经营困难的路段,所有的路段都是收费的。LACRA 则是地方路网和高速公路网间的连接路段,全部是免费的。1999 年,72% 的高速公路是收费的,这些高速公路由 10 个高速公路公司经营。

5.4.4 德国交通基础设施政府投资模式

德国投资体制运行的特点是投资主体自担风险、政府有效监督、完善服务。

(1) 铁路投融资体制

德国在 1994 年铁路改革前后，通过修改原有法律和立新法，为铁路投资提供支持。国家负责对联邦各铁路的投资，联邦投资包括铁路的新建、改扩建以及补充投资。另外，短途运输还可以按《乡镇公共交通筹资法》（GVFG）规定获得列入计划进行新建和改扩建线路的投资。此外，《公共短途旅客运输地方化法》（RegG）对各州的地方铁路投资来源进行了规定。1998～2004 年德国联邦政府对列入联邦交通线路发展规划需求计划的铁路基础设施建设项目的投资累计达 416.2 亿欧元，占总投资的 70% 以上。为支持德国铁路公司整治路网和进行现代化改造，从 2000 年起，联邦政府每年向德国铁路股份公司额外提供 20 亿～25 亿欧元的拨款。而从《乡镇公共交通筹资法》规定的财政援助和地方化资金中，铁路每年还能够得到约 10 亿欧元的投资资金。

(2) 公路投融资体制

德国是世界上修建高速公路最早的国家。德国高速公路的所有权归联邦政府，由联邦政府统投资建设，建成后委托各州管理和养护。高速公路建设费用主要来自汽车燃料税，约占该项税收的 38%。

(3) 港口投融资体制

德国港口的投资主体是地方政府，国家对港口建设不给补助，但进港航道和河流航道的建设和维护费用由国家全部负担。港区范围内的基础设施建设统由地方政府拨款。港区内陆上多式联运系统的基本框架，如高速公路和铁路接港口码头的支线，码头前沿港池等均由地方政府统规划投资建设。另外，港区内供电、供水、供气和通信设施等基础设施也由地方政府统一规划投资。

5.4.5 各国交通基础设施投融资经验的借鉴

从以上各国交通基础设施投融资体制的总结中可以看出，交通基础设施的投融资模式是动态变化的，世界主要国家的交通基础设施的投资模式与各国经济发展过程，政府对交通基础设施产品经济属性的认识，以及不同的施政方针与不同的财政体系和财力强弱有着密切关系。即使是同一个国家，在其经济发展的不同阶段，交通基础设施的投融资模式也是不同的，这也要求我国在制定交通基础设施投融资体制时，应在吸取国外经验和教训的基础上结合自己的实际情况，走出一条最适合自己的道路。总结这些国家的融资政策和融资方法，一些好的经验可供我们参考：

(1) 资本市场融资、外国资本在铁路发展过程中占据重要地位

在资本市场上通过股票、债券融资，在西方发达国家铁路发展过程中占据着重要的地位，尤其是对于较大规模铁路系统的建立。铁路作为一种重要的运输方式，需要先于或同步于国民经济的发展，因此，在资本市场上迅速筹集大量资金是铁路发展的必由之路。

许多国家在铁路系统的形成过程中，大量利用了国外资本。尤其是大型铁路系统的建立，仅仅依靠国内的私人资本和政府援助会延缓铁路网络的形成。美国、德国等国在铁路发展过程中都充分利用了多种融资渠道。

(2) 政府资助与投资对交通发展具有关键导向作用

交通基础领域的发展需要政府的干预。基础设施领域是不完全竞争的市场，政府的作用是通过适当的干预克服市场缺陷，让市场机制在基础设施建设中充分发挥作用。为了促进某种运输方式的发展，国家往往要对其制定巨额投资规划，加大政府投资力度，改善基础设施配置。如各级政府通常给予铁路建设者一定的优惠政策，如无偿赠与土地、减免税收等。这些优惠政策能够刺激私人投资的热情，保证私人投资的安全，加快铁路网络的建设速度。

(3) 对交通基础设施投资进行分类管理

在市场经济体制下，国家与市场应各自承担相应的职能，国家对公共产品具有投入并承担经营责任的职能，商业性经济活动由市场主体来承担。体现在交通基础设施建设上，就是区分交通基础设施的公益性和经营性，分别由国家和企业承担相应投资责任，由国家负责长期性、基础性投资，而经营性的交通基础设施建设，可以让市场其他主体充分进入，以扩展投资资金来源。

5.5 交通投融资体制的构建

莱斯特·C.梭罗在《中国的基础设施建设问题》(1997) 一文中认为"归根结底，要研究的问题不是在私人投资和公有投资间做简单的选择问题，而是需要建立一种包括调控管理、协作、竞争及公私投资者有效地融合到一起的复杂的体制，以便提供低成本高效率的基础设施服务系统"[①]。因此，处于单纯的公共品和单纯的私人品中间状态的"准公共品"需要综合使用财政资金和商业性资金，而且需要给出明确的制度安排，对这类"准公共品"，应如何建立具有"商业可持续性"基础，以及政府应以何种方式提供支持，值得探讨。

5.5.1 建立分类投资和运营制度，理顺政企及市场的关系

在交通设施中既有属于公益性的设施，也有属于经营性的设施，投资项目的性质不同，产生的效益不同，投资主体、投资目标、投资资金来源也不同，这需要国家通过投融资政策来明确各类投资项目的性质、投资主体、投资目

---

① 莱斯特·C.梭罗. 中国的基础设施建设问题. 经济研究，1997 (1)：59～65

标、投资资金的来源渠道。

(1) 建立分类投资制度

将投资项目划分为竞争性、基础性与公益性三大类确定其投资主体是我国当前进行投融资活动的基本政策，也是进行交通投融资活动的基本政策。

表 5.8　不同类项目的投融资方式的差异

方式 ＼ 类别	公益性项目投融资	基础性项目投融资	竞争性项目投融资
投资决策方式	主要由政府投资	政府与企业投资	主要由企业与居民投资
投资筹措方式	政策性筹资	政策性与经营性筹资结合	经营性筹资
投资使用方式	无偿投资	有偿重点投资	风险性和规模性投资

资料来源：姚振炎．中国投资体制改革．中国财政经济出版社，1994：36～40

将投资项目划分为竞争性、基础性、公益性三大类虽然能够反映出各种类别的项目在投融资上的差别，但存在的缺陷是基础性项目包含的范围太广，并且与竞争性项目存在重叠、交叉。

为解决三类项目划分中的重复问题，可将基础性项目重新归类。根据项目的性质，将全部项目分为经营性项目和非经营性项目。其中非经营性项目即公益性项目，经营性项目包括基础性项目和竞争性项目。对于基础性项目再根据其在整个社会经济中的作用划分为经营性基础设施项目和经营性一般项目。经营性一般项目具有半竞争性质，而经营性基础项目具有垄断性质。

国家对交通投融资政策的导向应该是：非经营性项目的投资主体为政府，并根据事权确定各级政府的投资范围，其中全国性的非经营性项目的投资主体为中央政府，其他为地方政府；经营性基础项目实行多元化投资主体，其中跨地区的项目应以中央政府投资为主，地区内的经营性基础设施项目应以地方政府投资为主；经营性一般项目的投资主体为企业或个人，投资资金以自筹为主，政府给予政策性贷款支持。

(2) 正确划分中央政府、地方政府以及市场职责

中央政府和地方政府应遵循以下原则划分相应职责。一是受益原则。对于受益者为全国民众的基础设施，应由中央政府负责，而受益对象为地方居民的项目则由地方政府负责。二是行动原则。凡是行动上必须统一规划的基础设施项目，都属于中央政府的职责范围；而那些在实施中必须因地制宜的项目，则由地方政府负责。三是技术原则。规模较大、需要的技术水平很高的基础设施项目，一般由中央政府负责。四是分职治事原则。凡是低一级政府能够做到的事，上一级政府就不要干预，上一级政府只处理下一级政府不能处理的事情。

地方政府在投融资体制中的职能主要是：

1）传导国家宏观调控政策。根据国家的经济发展目标、产业政策和投融资调控政策，结合本地区条件和经济社会发展规划，制定本地区投资调控目标，确定地方产业布局和结构。

2）支持地区内国家重点项目的建设，从土地征用、移民搬迁、劳动力供给等方面为重点项目的顺利建设提供保障。

3）承担区域内公益性项目投资，集中力量搞好基础项目和支柱产业的项目建设。

4）对全地区范围内投融资活动的管理。

5）创造良好的投资环境，为投资主体提供服务。地方政府要通过发展投资咨询、信息网络等中介服务体系，为投资主体提供各方面的服务。同时，通过健全法制、规范市场行为、加强基础设施建设和城市规划等措施为投资者提供良好的投资环境。

凡是项目的所有权和经营权纳入中央政府管理范围的，就应当纳入中央政府的出资范围，由中央政府负责保证资金到位。对于地方拥有项目所有权和经营权的项目，应当把投资决策权下放给地方政府，地方政府可以根据本地区财力物力的可能性，独立安排基础设施的投融资计划。凡是市场能够发挥作用的服务领域和服务业务，都应该让市场发挥作用；在市场不能发挥作用的领域，也应尽可能地模拟市场机制。对物质性基础设施而言，大部分领域和业务都可交与市场。政府的作用是对基础设施的市场运作进行必要、有效的管理，以及直接参与极少数基础设施的提供。

5.5.2 拓宽融资渠道，引入多元化资本

从长期趋势看，有的交通基础设施比如公路的公共性比较强，因此应该形成以政府投资为主，以市场投资为辅的多元投资主体格局。

但是从短期来看，我国单一政府投资主体没有能力承担交通基础设施建设的资金需要，单一政府投资主体不能适应经济发展的需要。因此，为确保我国交通基础设施建设顺利进行，积极促进我国工业化进程，应实行投资主体的多元化和市场化，允许民间资本和外国资本以市场方式组建交通项目公司，成为交通项目的投资主体，以市场融资方式筹集建设资金，形成一个以市场投资主体为主、政府投资为辅，以市场融资为主、政策性金融投入为辅的多元格局。

尤其是铁路，更应该建立市场化投融资制度，吸引多元化投资主体，引入社会资本，包括国内外各类企业资本和私人资金。多元化资本的进入可为铁路的发展带来许多好处：能够弥补政府资金投入的不足，解决铁路资金短缺的问

题；有利于引入竞争、提高铁路投资效率和服务质量；同时，社会资本是加快投资风险约束机制建立的催化剂。

按照《公路法》和《中华人民共和国收费公路管理条例》的规定，公路建设要坚持以政府投入、非收费公路（特别是经营性收费公路）为主，适当发展收费公路，发动和依靠全社会力量办交通的路子，同时发挥市场配置资源的作用，积极营造多渠道多元化投资的格局。

在进行分类建设、分类经营的基础上，广泛引入社会资本的方式是多种多样的。

第一，合资方式。合资建路将成为今后铁路建设的重要方式，不仅是中央政府和地方政府的合资，而且要鼓励和吸引国内外多方面投资者。

第二，发行股票、债券融资。在资本市场筹集资金是一种有效的方式，效益好的股份公司可以上市发行股票，迅速筹集到大量资金。

第三，建立交通产业投资基金。投资基金是国际上比较成熟、稳定的投融资方式。在我国发展交通产业投资基金，一方面可以随着国内社会保障体制改革的深入，逐步引入各种基金；另一方面也可以比较方便地吸引外资，特别是境外养老保险基金等。

第四，项目融资 BOT、TOT、ABS 等。项目融资是近年来国际上基础设施的新兴融资方式。BOT 和 TOT 实质上都属于特许经营，前者是建设—经营—转让，是政府将基础设施的经营权在一定期限内完全转让给某一公司法人，由其实行筹资、建设、经营的一体化运作，到期后，经营权无偿转让给政府，这种经营方式大大减轻了政府的财政压力。后者是将已有资产转让经营，这种方式可减少投资者的建设风险，相对易于谈判和操作。ABS 是以未来收益作为支持和保证发行证券的融资方式，这种方式主要依赖于一个发展前景良好的项目，而企业背景关系则不是至关重要。

第五，积极引入外资。落实对外开放措施，通过各种融资渠道，扩大外资投入。引进外资的渠道包括：继续向国外金融机构或外国政府贷款；项目融资；公路经营权有偿转让；向外国投资者发行股票或债券。

5.5.3　出台相关政策，鼓励全社会资本投资交通

交通运输投融资体制改革的实现，必须以一定的价格机制为支撑。如果没有一定的回报机制，就不可能吸引多元投资主体进入公共服务领域，竞争机制也不可能发挥优胜劣汰的作用，公共服务的效率和水平也无法提高。特别是对于经营性基础设施的公共产品价格，关系到投资者的积极性、消费者的承受能力和社会的整体利益，它是引入民间投资进行基础设施建设的一个重要标准。

（1）建立合理的价格形成、收费机制

打破传统的定价模式，政府除对极少数重要公共服务产品实行政府定价，对其他重要公共产品实行政府指导价之外，其余多数公共服务产品价格由市场决定。依据市场化改革的方向，按照成本加微利的原则稳步推进公共产品和服务价格改革，逐步建立起激励社会投资的科学的价格形成和风险回报机制，并用法制化手段确定下来。同时，在交通运输投资领域的制度创新过程中，不仅要考虑公共产品提供者的利益，也应照顾到公共产品消费者的利益。

铁路投融资体制还应该建立相对公平的市场交易规则和公正的监管体系，在运输政策上能够给予合资铁路运价运调和运输清算的政策支持，使合资铁路公司能实现较好的效益。

（2）出台相关政策鼓励全社会投资交通

根据《国务院关于投资体制改革的决定》关于"通过注入资本金、贷款贴息、税收优惠等措施，鼓励和引导社会资本参与基础设施项目建设"的精神，建议出台相关政策提高社会资本参与公路项目建设的积极性。

1）投资补助。根据规定，公路收费年限最长不超过25年，收费期满公路无偿移交政府。公路项目投资者拥有的只是一定年限的收费经营权，并不是公路产权本身。经营权的价值应该是一定年限内项目收益的体现，并不等同于项目的建设总投资。为此，建议对预期收益差的项目进行投资补助，补足项目收费经营权价值与建设总投资之间的差额，使投资者的实际出资能与经营权的价值基本相同，调动社会资本投资积极性。

2）贷款贴息。对于投资效益较差、建设期较长的项目，建议在项目建设期间对项目公司进行贴息，通过降低建设期利息来减少项目总投资，吸引社会资本对项目的投资。

3）税收优惠。由于公路项目建设先行于经济发展，项目建成初期大都收益较差，为此对公路项目给予一定的税收优惠政策，有利于提高项目的收益率，增强对社会资本的吸引力。

5.5.4　制定交通运输投资的区域性差别战略

投资制度的变迁导致目前我国交通基础设施形成东部地区"基本适应型"，中部地区"随后—跟进型"，而广大西部地区则处于滞后状态，面对日益拉大的交通基础设施地区差异，制定交通运输投资的区域性差别发展战略迫在眉睫。

（1）确定交通运输投资的战略目标

骆许蓓、朱农等人通过对各省份交通网络密度和长度分别增加10％和1％对区域经济增长的影响进行模拟分析，研究发现，有目标的交通基础设施投资是促进西部经济发展的有效手段①。如果投资的目标是使全国经济增长总量最大，则应当将交通运输基础设施投资集中于沿海经济中心省份；如果投资的目标是优先促进地区发展平衡，则应当将交通运输基础设施投资集中于中部交通枢纽省份。在沿海和中部枢纽地区的交通运输设施没有得到合理发展的情况下，将基础设施投资随机分散到西部省份，既不能使全国经济增长总量最大化，也不能最有效地实现促进地区发展平衡的目标。进一步投资于沿海省份虽然能在短期内更大程度上推动全国经济发展，但同时也会拉大地区发展差距。如果要优先发展西部经济并兼顾全国经济增长总量，则应当有目标地将交通基础设施投资于中部交通枢纽省份。

(2) 建立交叉补助政策，推进落后地区交通网建设

中西部地区经济比较落后，地方政府投资交通的能力较弱，同时，由于交通流量小，社会资本投资中西部地区的动力也比较弱。

为满足公路建设需求，将高收益地区的通行费收入重新分配到低收益地区。这一政策的目标是将成熟高速公路的收入，转移到欠发达省份低容量和非赢利公路的建设上去，弥补部分省份的收入不足，直到所有公路的债务完全偿清为止。据资料显示，许多国家尤其是欧洲国家运用的都是这种方法。以日本和法国为例，这类交叉补助被认为是支持公路网发展的关键手段。

---

① 沙安文，沈春丽，邹恒甫．中国地区差异的经济分析．人民出版社，2006：206～244

6 交通运输产业的数量规制及发展规划

从基础设施网络规模的控制到运营企业数量的调节，数量规制是我国交通运输领域特有的一种规制措施，主要是指政府通过规划、审批、特许等手段对交通运输服务的供给数量进行鼓励或限制的调节手段。这一机制在我国交通运输发展历史中发挥了巨大作用，在目前整个产业的规制与改革措施中占有十分重要的位置。本章仅以国家高速公路网和民航机场布局为例，研究数量规制的相关问题。

6.1 交通运输产业数量规制的动因和规制手段

政府规制的很多措施都涉及对于数量的调节和控制，广义而言，数量规制的涵盖范围很广，但这种广义上的数量规制不作为本章的讨论对象，本章更加侧重于交通基础设施这一公共品供给的数量规制问题。

6.1.1 数量规制的含义与应用的领域

数量规制在政府规制理论中历来占有十分重要的地位，很多学者在政府规制的理论分析中都涉及数量规制的讨论。如斯蒂格勒早在 1971 年"经济规制的理论"中就以美国州际汽车运输为例，讨论了货运公司数量的长期减少与整个行业的运输量不断增加之间的关系[①]。Glaeser 和 Shleifer（2001）认为，数量规制在经济领域的应用是十分普遍的，然而经济学家往往更加偏好征税的手段，并通过模型比较了数量规制和征税两种手段对社会福利的影响[②]。然而针对数量规制的内涵以及数量规制在整个规制理论体系中所处的定位，却很少有专门的讨论。

---

① George J. Stigler. The Theory of Economic Regulation. The Bell Journal of Economics and Management Science, 1971, 2 (1): 3~21

② Edward L. Glaeser and Andrei Shleifer. A Reason for Quantity Regulation. The American Economic Review. Papers and Proceedings of the Hundred Thirteenth Annual Meeting of the American Economic Association, 2001, 91 (2): 431~435

如前所述，政府规制的目的在于对"市场失灵"的矫正和完善，而数量规制，顾名思义是通过控制数量的方法来达到纠正"市场失灵"的目的的各种干预行为。政府规制涉及从宏观经济到微观企业，范围十分广泛，其中需要进行数量规制的主要有两个方面：一是在公共领域中，主要解决公共产品的"有效"提供问题，从而制定一个适度的公共产品供给水平，这部分也是政府规制理论中的一个核心组成部分；二是在不完全竞争或垄断的市场中，解决市场"有效"竞争的问题，即合理地控制市场中运营者的数量，同样也是政府规制中的核心内容。

在第一类公共领域中，数量规制主要是用于防范公共物品出现过度投资或者投资不足的问题，一方面，公共物品由于其内在的外部性特征，容易导致投资不足的问题；另一方面，在政府的直接投资或者鼓励社会投资的制度设计下，又极易发生过度投资的问题。例如，在进行基础设施规划与政策设计时，往往首先要制定规划来确定一个适度的基础设施规模，在进行排污费率设定之前，首先要对总的排放量进行估算等。无论最终采用直接的投资规制或者间接的价格规制，其最终都涉及合理规模的确定，因此在政府规制理论中，数量规制尽管很少专门述及，但其往往扮演着政府规制先决条件的角色。然而，关于基础设施投资的经济理论并没有提出适度规模的标准，以及这一标准受到哪些因素的影响[1]。实物期权方法认为在不确定环境下，即使成本不能够有效回收，延迟投资也将是有利的（Dixit 和 Pindyck，1994）[2]。在规制理论中，Averch 和 Johnson（1960）认为在自然垄断产业中，如果采用回报率管制将会导致过度投资[3]，而 Baumol 和 Klevorick（1970）则认为由于管制者的自由裁量权会导致投资不足[4]，Hausman 和 Myers（2002）也提出由于沉没成本往往没有计入回报率的计算中，也会导致投资不足的问题[5]。Helm 和 Thompson（1991）认为投资不足的社会成本要高于过度投资的社会收益[6]。还有一些文

① Christian von Hirschhausen. Infrastructure Investments and Resource Adequacy in the Restructured US Natural Gas Market – Is Supply Security at Risk? . Working Papers 0618, Massachusetts Institute of Technology, Center for Energy and Environmental Policy Research, 2006

② Dixit, Avinash, and Robert S. Pindyck. Investment under Uncertainty. Princeton University Press, Princeton, New Jersey, 1994

③ Averch, H., and L. L. Johnson, Behaviour of the Firm under Regulatory Constraint. American Economic Review, 1962 (52): 1052~1062

④ Baumol, William J., and Alvin K. Klevorick, Input Choices and Rate of Return Regulation: An Overview of the Discussion. Bell Journal of Economics and Management Science, 1970, 1 (2): 169~190

⑤ Hausman, Jerry, and Stewart Myers, Regulating the United States Railroads: The Effect of Sunk Costs and Asymmetric Risk. Journal of Regulatory Economics, 2002, 22 (3): 287~310

⑥ Helm, D., Thompson, D., Privatized Transport Infrastructure and Incentives to Invest. Journal of Transport Economics and Policy, 1991, 15 (1): 231~246

献针对外部性、产权、公司治理等问题进行了深入的讨论（Hirschhausen 等，2004）①。上述文献有助于分析数量规制对社会福利带来的影响，然而，规制数量究竟应该如何确定，在政府规制理论中则较少述及。

在第二类领域即不完全竞争市场中，政府规制的主要目的是实现市场的"有效"竞争，对市场经营者数量的控制是实现这一目的的常用手段。关于进入规制的理论与方法，第四章中已经进行了较为详细的论述。进入规制的研究主要放在如何对进入者的规模、资质进行审核评价等方面，而数量规制则更多地关注于规制数量的确定方面，即市场最优经营者数量的计算。

6.1.2　交通运输产业数量规制的动因

交通运输产业既包括从事交通基础设施的规划、建设和经营的政府与企业，也包括为人和货物提供位移服务的运输企业。前面所提到的两个需要进行数量规制的重点领域都具有实施数量规制的动因，主要包括交通基础设施自身的准公共物品属性、交通运输的政企分开制度以及规制手段的实施效力三个方面。

（1）交通基础设施的准公共产品属性

交通基础设施在使用上的非排他性使其成为公共产品的典型，公路、铁路、港口、机场等的建设带有明显的公益性特征。交通基础设施一旦建成，所耗费的大量投资以及土地资源都将成为沉没成本，而其带来的财务收益和国民经济收益也存在一定的不确定性并且难以估算，因而以价格为核心的市场机制难以实现对交通基础设施资源配置的有效调节。同时，这些基础设施赖以存在的土地、岸线、空域、航道等都属于社会公共资源，政府必须对交通基础设施的线路、场站进行科学的设计来保障这些资源的有效配置。因此，中国交通基础设施的总体规模、线网布局、建设等级都必然需要政府的规制引导。

（2）交通运输管理体制改革的必然产物

交通基础设施属于典型的准公共物品，多数是由国家直接提供，在国家统一提供的制度背景下，是不存在数量规制的问题的。随着管理体制的改革和市场化的日益深入，公路、机场、港口等基础设施的建设逐渐由中央政府下放到地方政府，世界各国都开始采取多元化的投资方式来保障公共物品的供给水平。如今港口、机场等领域都纷纷采用企业自负盈亏的方式建设经营。铁路尽管由于路网的统一性等原因，市场化进程相对较慢，但在一些发达国家也出现了铁路建设的私有化，我国近年来为加快铁路建设步伐，也采取了上市融资、

①　Hirschhausen, Christian von, Andreas Brenck, and Thorsten Beckers, Infrastructure Regulation and Investment for the Long-Term-An Introduction Utilities Policy，2004（12）：203~210

地方合资等各种多元化融资的手段。在基础设施的运营方面也都采取了"政企分离"的方式,政府仅负责行业管理和公共服务,具有经营性的生产与服务交由企业主体在市场环境下开展,在政企分开的制度环境下,政府规制特别是对市场经营者的数量控制也就成为政府保障交通运输服务供给规模和服务质量的一种必要手段。因此,由于基础设施建设和经营主体的多元化,使得政府有必要采取各种必要的手段来保障交通基础设施和运输服务的数量及质量符合国民经济发展的要求。

(3) 数量规制具有较强的可操作性和规制效力

数量规制是一种较为直接的规制方式,直接通过数量控制来有效维护公共领域的发展和竞争,在其他领域,数量规制应用得也十分广泛,并且效果显著。例如国际贸易领域的进口配额管制,要求某些货物需要首先申请配额或特别许可证或只有经授权的独家代理商方可办理进口,从而对本国相关产业起到很有效的保护作用;在很多城市已经开始实施的排污量管制,对在一定区域和时间范围内的排污量的总和和一定时间范围内某个企业的排放量之和予以控制,同时允许企业之间对排污权进行市场交易,有效地保证了环境保护目标的实现。因此,数量规制是具有较强规制效力的一种规制方式,进行交通基础设施投资建设的主体往往是具有一定规模和实力的组织或企业,采用这种规制方式将有效地抑制这些主体产生违背规制者目标的行为。

6.1.3 数量规制的基本手段

在政府规制理论中,很多的规制手段都会对市场经营者的数量具有直接或者间接的影响,如第四章所列举的特许经营权制度、许可证制度、产业重组等较为直接的通过设置进入壁垒的方式而进行规制的手段,也有通过价格干预、政府补贴等方式进行间接规制的手段。这些直接或间接的规制手段不作为本章讨论的重点,这里将主要讨论的是在公共基础设施领域中涉及数量限制的一些规制手段。

(1) 规划制定和实施机制

交通运输是国民经济中的一个重要组成部分,在其发展过程中,国家有计划、有步骤的指导尤为重要。国家在指导某一重点领域产业的发展过程当中,往往采取各种不同的方式,其中产业战略、产业规划与产业政策是最常见的文件形式,这三种文件在交通运输领域中都常常被使用。在不同的国家中,由于这三者之间的关系不同,导致资源配置的方式不是完全一样,这也使得各国政府在体现政府意志和调整经济结构时,对交通运输发展战略、交通运输规划和交通运输政策的重视程度不一样。

我国由于处于从计划经济向市场经济转轨的过程中,故较为重视交通运输规划的制定，通过规划的制定体现政府的意志，并指导企业行动。按照我国目前的规划体系，规划的分类主要有两种方式：一是按行政层次划分，可以分为国家规划、省级规划和市（县）规划；二是按规划对象的功能划分，可以分为国民经济和社会发展总体规划、专项规划和区域规划三个层次。产业规划属于专项规划，主要是研究某一产业的发展和建设问题，主要内容包括产业发展的目标、任务、重点、布局、项目、政策、措施等，侧重于解决产业发展中操作层面的问题。交通运输规划是在交通运输发展总体战略的指导下，对交通运输发展的目标、任务、重点、布局、项目、政策、措施等做出具体的部署，考虑的时间也相对较短，中期规划一般为 5 年，中长期规划一般为 10～20 年，其侧重于操作性和可落实性。

中国近年来加大了规划与政策的制定和实施的力度，在国家发展和改革委员会的指导下，先后出台了《综合交通网规划》以及《中长期铁路网规划》、《国家高速公路网规划》、《农村公路网规划》、《全国沿海港口布局规划》、《内河航道发展规划》、《民航机场布局规划》等一系列规划。规划的内容进一步细化，在规划目标和规划的理论、方法等方面都有很大突破，这些规划及政策的制定和实施，将为综合交通运输系统的建设提供重要的指导和依据。

在规划的实施过程中，各基础设施的参与主体需要按照规划进行项目的建设，例如很多地区都规定，未列入规划的政府投资项目原则上不予审批，因此，凡提交政府审批的交通基础设施建设项目往往需要有规划的支撑，从而成为政府进行数量规制的重要手段。

（2）基建项目审批与核准机制

基本建设是指利用国家预算内基建资金、自筹资金、国内外基建贷款以及其他专项资金进行的，以扩大生产能力（或新增工程效益）为主要目的的新建、改扩建工程及有关工作，列入基本建设计划的，作为基本建设项目。由于交通基础设施的建设通常需要全部或一定比例使用国家预算资金或银行基本建设贷款，因此，交通基础设施的建设也必须纳入国家基本建设程序的统一管理才能进行。交通基础设施大部分属于政府投资项目，即全部或部分使用中央预算内资金、国债专项资金、省级预算内基本建设和更新改造资金以及财政资金投资建设的地方项目，这部分项目必须经过政府的审批。政府投资项目根据建设性质、资金来源和投资规模，按照审批权限分别由各级政府投资主管部门或会同同级相关部门按照项目基本建设程序审批项目建议书、可行性研究报告、初步设计及概算。国家发改委规定，单个地方项目申请安排中央投资超过 2 亿元，或达不到 2 亿元但超过 3000 万元且占项目总投资的比例超过 50％的，按直接投资或资本金注入方式管理，由国家发改委审批；单个地方项目申请安排中央投资在 3000 万元及以下的，一律按投资补助或贴息方式管理，由各省或行业部门审批。从省内来讲，以甘肃省为例，《甘肃省政府投资项目管理暂行办法》规定，政府投资 300 万元及以上的建设项目（不考虑总投资规模），由省级投资主管部门审批项目建议书、可研报告、初步设计及概算；限额以下项目，按隶属关系由省直部门或市州审批。在执行过程中，可适当予以灵活或简化，以提高办事效率。基建项目的审批机制一直是我国政府进行数量规制的一种十分有效的手段。

对于企业不使用政府投资建设的项目，2004 年国务院发布的《国务院关于投资体制改革的决定》规定一律不再实行审批制，区别不同情况实行核准制和备案制，从而改变了过去不分投资主体、不分资金来源、不分项目性质，一律按投资规模大小分别由各级政府及有关部门审批的企业投资管理办法。其中，政府仅对重大项目和限制类项目从维护社会公共利益角度进行核准，其他项目无论规模大小，均改为备案制。同时发布《政府核准的投资项目目录》，其中关于交通基础设施需要进行政府核准的项目目录规定如下：

1）铁路。新建（含增建）铁路：跨省（区、市）或 100 公里及以上项目由国务院投资主管部门核准，其余项目按隶属关系分别由国务院行业主管部门或省级政府投资主管部门核准。

2）公路。公路中的国道主干线、西部开发公路干线、国家高速公路网、跨省（区、市）的项目由国务院投资主管部门核准，其余项目由地方政府投资主管部门核准；独立公路桥梁、隧道，跨境、跨海湾、跨大江大河（通航段）的项目由国务院投资主管部门核准，其余项目由地方政府投资主管部门核准。

3）水运。煤炭、矿石、油气专用泊位：新建港区和年吞吐能力 200 万吨及以上项目由国务院投资主管部门核准，其余项目由省级政府投资主管部门核准；集装箱专用码头：由国务院投资主管部门核准；内河航运：千吨级以上通航建筑物项目由国务院投资主管部门核准，其余项目由地方政府投资主管部门核准。

4）民航。新建机场：由国务院核准；扩建机场：总投资 10 亿元及以上项目由国务院投资主管部门核准，其余项目按隶属关系由国务院行业主管部门或地方政府投资主管部门核准；扩建军民合用机场：由国务院投资主管部门会同军队有关部门核准；项目审批与核准制度是保障交通基础设施总量规模的一种强有力的规制方式，通过中央和地方两级政府的审核机制有力地确保了交通基础设施这一公共产品适度的供给水平①。

（3）投融资机制

在计划经济时期，中国交通基础设施全部由政府提供，中央政府和地方政

---

① 政府核准的投资项目目录．http：//www.sdpc.gov.cn/，2004

府之间存在分工，铁路、民航和港口的投资都由中央政府直接提供，而公路基础设施的主要供给者则是地方政府，在公路供给的分工上，中央政府只负责建设和管理国道和重要的国防公路，而其他的公路建设和管理则都由地方政府负责。在这一阶段，交通基础设施的供给水平是由政府直接控制的。改革开放后发展至今，政府的单一投资机制逐渐被多元化的投融资机制所取代，体现在地方政府自主权的逐步扩大以及银行、私人投资、外商投资多方共同参与的局面。股份合作、发行债券、对外借款、股票上市以及各种 BOT 和准 BOT 模式纷纷出现。在这种多元化投资方式中，政府对基础设施供给的影响方式也发生了转变。

在多元化的投融资机制中，财政性资金是调节交通基础设施供给水平的主导手段，中央政府财政性资金的分配取向、国债资金的投向都会在很大程度上影响地方以及其他主体建设交通基础设施的积极性。国家每年会公布中央预算内资金和国债资金投向重点及安排原则，如在 2008 年 1500 亿元中央预算内投资和国债投资中，涉及交通基础设施建设的领域包括：用于农村公路改造工程55 亿元、西部铁路项目 22 亿元、中西部支线机场 4 亿元、国防交通 8 亿元。这些财政性投资必然会对交通基础设施建设发挥重要的引导作用。地方政府也会根据中央的部署和地方经济的发展要求，制定地方财政投资的主要领域，并提供相应的信贷支持、财税激励等措施，这些则更为直接地影响了交通基础设施的投资水平，进而影响交通服务的供给水平。

6.2 中国高速公路网络建设的发展规划

数量规制涉及五种运输方式网络和节点的布局，本章仅以国家高速公路网和民航机场布局两个领域作为代表，分析两项规划中规划目标同时也是数量规制目标的确定方法。

6.2.1 发达国家的高速公路的发展历程及规划的依据

高速公路具有能力大、速度快、经济、安全、舒适等特点，是一国综合交通运输体系中等级程度较高、承担运量较大的具有重要支撑性地位的基础设施网络。从 20 世纪 50 年代末开始，高速公路经历了有计划的大规模建设阶段，目前全世界已经有 80 多个国家和地区拥有高速公路，通车里程超过 20 万公里。

(1) 美国的高速公路

美国是目前世界上公路交通最发达、高速公路通车里程最多的国家，其高速公路里程达 8.87 万公里，约占世界总量的一半。美国的高速公路主要由州际和国防公路系统组成。该公路系统从 20 世纪 30 年代后期开始筹备和规划，50 年代中期开始大规模建设，80 年代基本建设完成，前后共经历半个多世纪。

美国最早关于高速公路系统的构想始于 1938 年，提出要建设总长度为4.3 万公里的跨区域公路系统，1941 年罗斯福提出要研究建立国家快速路系统的必要性，该研究报告将这一系统称为"国家州际公路系统"，并建议该系统总长度增加到 6.3 万公里。1944 年美国的"联邦资助公路法案"采纳了该研究成果，将总长度扩展到 6.5 万公里，正式提出"国家州际公路系统"概念，要求尽可能连接主要的大都市地区、城市和工业中心，并服务于国防，与加拿大和墨西哥连接的具有大陆交通意义的公路干线也考虑在内。但由于资金来源以及第二次世界大战的影响，直到 1953 年才完成 1.03 万公里。1956 年，美国通过《联邦资助公路法案》和《公路税收法案》，决定征收燃油税和重要汽车配件消费税，建立州际公路信托基金，使得公路建设资金问题得到有效解决。该法案还将州际公路系统扩大到 6.66 万公里，目标是服务全国，连接所有 5 万人口以上城市，并全部控制出入，消除公路和铁路的平交，绝大部分路段应不少于 4 个车道，在交通量稀少的路段允许 2 个车道，城市出入口路段应建成 6～8 个车道，并能适应未来 20 年交通需求的，可承担全美公路总量的20%～25%。此后美国州际公路系统的规模和布局不断完善，如今已达到7.46 万公里，占高速公路的主体部分。这一数量规模的确定依据主要是基于连接各州首府及所有 5 万人口以上城市，并与加拿大、墨西哥等周边国家相连接，整个高速公路网络规模为 8.87 万公里。

（2）日本的高速公路

日本在 1943 年就提出 5490 公里的高速汽车国道规划方案，随着战后日本经济的复兴和外资的引入，1955～1957 年，日本国会讨论并通过《国土开发纵贯公路建设法》、《高速公路法》和《道路公团法》，正式批准了 7 条纵贯国土、共计 3730 公里的高速公路建设计划，并成立高速公路公团专门负责高速公路的建设和管理工作。1966 年又明确提出到 2000 年建设 32 条、总长度7600 公里高速公路网的发展规划。确定这一数量的依据包括：

从高速公路开发功能考虑，以纵向贯通国土的高速公路为骨架，辅以横向高速公路并与纵向高速公路相连，形成脊椎骨与肋骨的关系；10 万人以上人口的地方中心城市、新兴产业城市、工业开发城市为主要控制点，高速公路必须连接这些城市；除边远山区外，全国各地能在 2 小时之内到达高速公路。

从高速公路布局的合理性和完善性考虑，对连接主要控制点的比较路线，计算远景交通量，选出交通量大的路线；对各条线路计算沿线城市人口，对某些单位路线长度人口城市人口多的路线，增补一些路线，对高速公路网围绕的各个区域，分析其交通量是否与高速公路能力相适应，对不适应区域再补充路线。在 1987 年 5 月，针对 21 世纪国土结构的发展趋势，又将高速公路扩展到 1.4 万公里，并更名为"高标准干线公路"。

（3）德国的高速公路

德国是世界上最早修建高速公路的国家，到 1939 年高速公路里程已达到 3440 公里，但早期主要是服务于军事目的。第二次世界大战后，前西德开始致力于恢复和重建高速公路，到 1955 年，又开始大规模修建高速公路。前西德所制定的规划中，是以人口、经济、国土开发和环境保护的发展为主要依据的，即使所有 5 万人口以上的城市及大部分人口在 5 万以下的城市连通高速公路。原则上交通量多的轴线优先规划，帮助落后地区经济开发并促进交流，加快与邻国的连接，将交通量大的交通轴线规划为复线或者多车道公路。1955～1970 年间共修建高速公路 2245 公里，主要是将已有的高速公路连接成网。1971 年后，前西德又制定了为期 15 年的高速公路网建设规划，规划目标为：全国各地都能在 30 分钟之内达到高速公路。到 1985 年，前西德高速公路总里程已达到 8198 公里。

东西德统一后，德国又进一步制定了 1991～2010 年州际高速公路发展计划，到 1999 年德国高速公路总里程已达到 1.15 万公里，形成欧洲最庞大的高速公路网，并有 9 条高速公路与邻国相通[①]。

6.2.2 高速公路网络规划目标的影响因素

高速公路领域数量规制的核心在于如何确定一个合理的规制数量，即高速公路的合理规模。影响高速公路规制数量的因素有很多，结合发达国家经验，最主要的影响因素主要包括如下几个方面：

（1）人口数量及分布

公路交通的主要功能之一是满足人们出行的需要，在经济发展水平一定的情况下，人口的数量、城市化水平以及城镇的分布，对高速公路的发展有着重要的影响。人口数量大、城市化水平高、城镇数量多且分布相对分散，则在满足同等交通水平条件下，需要的高速公路里程要长；反之，则需要的高速公路总里程要短。

（2）经济发展水平、产业结构与布局

高速公路作为国家的交通基础设施，其建设的目标是满足经济社会发展需求，改善交通运输环境和质量，为社会发展和经济建设服务是公路建设的最根本前提和出发点。因此，一个国家和地区的经济发展水平、经济结构、产业布

---

① 交通部．国家高速公路网规划．2004

局等都直接影响着对高速公路的需求程度。

(3) 土地资源及地理特征

高速公路建设成本较高，一个国家的地形条件直接影响高速公路建设的可行性。地理特征存在明显差异的不同地区，对高速公路的需求也不相同。地理特征不仅影响一个国家的交通方式，而且也影响到一个国家的城市和产业布局，因此在交通方式上，公路交通所占的份额也各不相同。而且高速公路辐射范围较大，当高速公路密度达到一定水平后，再增加路网里程，从路网效率、土地资源利用等意义上是不合理的。因此，一个国家和地区的高速公路规模不可能无限制扩大，存在着一个趋于稳定的适度规模。

在上述三方面的主要因素中，人口数量和分布、经济发展水平、产业结构与布局等因素是在不断变化的，而土地资源特征相对稳定，这些因素对高速公路网规划目标的影响相互关联。因此，规划目标的确定是针对一定时期而言的，必须考虑各方面因素综合确定①。

6.2.3 中国高速公路规划目标的测算方法

由于我国的经济发展水平、人口密度、地理条件等因素与发达国家几乎没有可直接参照的对象，无法直接类比，只能参考这些国家高速公路的发展轨迹，结合我国的具体国情和未来经济发展水平，运用类比的方法与世界主要发达国家高速公路的建设与发展水平相类比，综合分析确定我国的高速公路的合理发展规模。根据我国于 2004 年出台的《国家高速公路网规划》所使用的方法，主要包括以下几个方面的考虑：

(1) 从合理布局角度分析

从合理布局的角度分析，主要考虑了节点选择、区域分类和总体规模测算三个方面。

1) 节点选择。以一定人口规模的城市作为节点进行高速公路网的布局规划，是世界发达国家高速公路网规划的主要方法之一。美国的州际公路连接了所有 5 万人口以上的城市，而日本的高速公路网连接了所有 10 万人口以上的城市。我国的城市按城镇人口数量分为超大城市、特大城市、大城市、中等城市及小城市 5 类。目前，全国城市总数为 662 个（不含港、澳、台，下同），其中 50 万人口以上大城市（含超大城市、特大城市及大城市）的数量为 102 个，占现有城市总数量的 15%；20 万～50 万人口的中等城市 217 个，占 33%；20 万人口以下的小城市 343 个，占 52%。各类城市数量见表 6.1 所示。虽然我国中等以上的城市数量只占城市总数的 48.2%，但其城镇人口占全国

---

① 交通部. 国家高速公路网规划. 2004

城镇人口的比重却高达 82.6%，国内生产总值的比重达到 89.4%，批发零售贸易业商品销售总额的比重达到 96.4%（见表 6.2）。由此可见，我国城市人口、社会生产和消费活动主要集中在中等以上城市，中等以上城市在我国的社会经济中占有非常重要的地位和作用。因此，《国家高速公路网规划》选择现状城镇人口在 20 万以上的城市，作为测算我国高速公路规模主要连接的节点。

表 6.1 我国城市种类的划分及数量

城市分类	城镇人口	城市数量（个）	比例（%）
超大城市	200 万以上	13	2
特大城市	100 万～200 万	28	4
大城市	50 万～100 万	61	9
中等城市	20 万～50 万	217	33
小城市	20 万以下	343	52
合计		662	100

资料来源：国家统计局.2002 年中国城市统计年鉴

表 6.2 我国各类城市人口分布及生产和消费活动数量统计表

指标 城市分类	城镇人口		国内生产总值		批发零售贸易业 商品销售	
	数量 （万人）	比例 （%）	总额 （亿元）	比例 （%）	总额 （亿元）	比例 （%）
超大城市	5370	22.5	19668	30.7	19916	44.6
特大城市	3847	16.2	13280	20.8	10496	23.5
大城市	3964	16.7	10482	16.4	6263	14
中等城市	6480	27.2	13773	21.5	6361	14.3
小城市	4145	17.4	6779	10.6	1595	3.6
合计	23806	100	63982	100	44631	100

资料来源：国家统计局.2002 年中国城市统计年鉴

2）区域分类。中国幅员辽阔，不同地区的区域面积、人口密度以及地理特征等情况存在很大差异，决定了城市的空间布局也存在很大差异，进而对路网布局的形态也存在不同要求。为了使研究分析更具有针对性、更为科学合理,《国家高速公路网规划》把中国 31 个省、市、区(不含港、澳、台)分为五类,分别进行研究。各省(区、市)分类情况见表 6.3。

表 6.3 我国 31 个省(市、区)分类表

类别	人口密度范围 (人/平方公里)	省(市、区)名称
1 类	700～2400	上海、天津、北京、江苏
2 类	370～570	山东、河南、安徽、浙江、广东、重庆
3 类	170～350	河北、湖北、湖南、辽宁、福建、江西、海南、贵州、山西、广西、四川、陕西
4 类	60～140	吉林、云南、宁夏、黑龙江、甘肃
5 类	2～20	内蒙古、新疆、青海、西藏

资料来源:根据国家统计局《2002 年中国城市统计年鉴》测算。

3)总体规模测算。依据不同类别地区的地理自然环境、人口和城镇分布特点、经济发展水平等不同特点,通过定性分析和专家咨询,运用连通度法测算出高速公路网的理论规模为 8 万～9 万公里(见表 6.4)。

表 6.4 连通度法测算高速公路规模

区域类别	国土面积 (万平方公里)	节点数 (个)	变形 系数	连通度	发展规模 (万公里)
1、2 类	115.01	147		2.3～2.5	3.3～3.6
3 类	212.73	113		1.8～2.0	3.1～3.4
4 类	149.18	39	1.1	1.3～1.5	1.1～1.3
5 类	479.3	20		0.6～0.8	0.6～0.9
全国	956.22	319		—	8.1～9.2

资料来源:交通部.国家高速公路网规划.2004

(2) 从国际比较角度分析

发达国家高速公路的发展轨迹表明:土地面积大、人口密度高的国家对高速公路的需求量大;高速公路的发展规模随经济发展水平的提高而提高;当公路网发展到一定阶段时,必将出现一个高速公路的发展高峰期;在高速公路规模发展到一定水平后,其总规模逐步趋于稳定,即达到这个阶段后,经济发展

水平的进一步提高对高速公路发展的影响趋弱，或者说是变得"不敏感"。这是高速公路网已适应国民经济发展、基本达到稳定状态的表现。大多数发达国家在经过 20～30 年的快速发展之后，开始进入这种基本稳定状态。因此，可以选择发达国家高速公路基本稳定状态时的发展水平，采用类比法测算中国未来高速公路的规模。类比的基础数据见表 6.5。

表 6.5 类比的基础数据表

国家	面积（万平方公里）	人口密度（人/平方公里）	高速公路里程（万公里）	高速公路密度（公里/百平方公里）
美国	936.6	26.04	8.8	0.95
日本	37.8	322.99	0.6	1.61
英国	24.4	233.32	0.3	1.39
法国	55.2	100.78	1.1	1.99
意大利	30.1	190.53	0.7	2.33
德国	24.8	239.11	1.1	4.64
加拿大	997.1	2.57	1.6	0.16
澳大利亚	768.2	2.12	0.1	0.01
中国（2002 年）	960.0	133.9	2.5	0.26

资料来源：交通部．国家高速公路网规划．2004

表 6.5 中按人口密度分类的结果显示，我国 1 类和 2 类地区的人口密度极高，远远高于主要发达国家的人口密度；3 类地区的人口密度基本类似于日本、英国、意大利；4 类地区则与法国相近；而 5 类地区与加拿大、澳大利亚的人口密度大体相当。综合考虑各类地区的人口密度、土地资源、地理特征等，认为未来 1 类地区的高速公路密度应达到 4 公里/百平方公里以上，高于主要发达国家的平均水平；2 类地区高速公路密度应接近 3 公里/百平方公里；3 类地区高速公路密度应在 1.4～2.3 公里/百平方公里之间，大部分省区应达到 1.5～2.0 公里/百平方公里；4 类地区高速公路密度应在 1.0～1.5 公里/百平方公里之间；而 5 类地区地广人稀，高速公路密度应在 0.2 公里/百平方公里以下。累加各类地区的高速公路里程后，得到中国高速公路理论规模为 9 万～11 万公里。

(3) 从承担汽车行驶量的角度测算

2002 年，我国公路承担的旅客周转量为 7805.8 亿人公里，货物周转量为

6782.5 亿吨公里。今后 20 年我国公路客货周转量仍将保持较快的增长速度。根据前面的预测，到 2020 年，全国公路旅客周转量将达到 25000 亿人公里，货物周转量将达到 15000 亿吨公里（见表 6.6）。

表 6.6　公路运输量、车辆保有量预测

年份	客运量（万人）	旅客周转量（亿人公里）	货运量（万吨）	货物周转量（亿吨公里）	民用汽车（万辆）
1990	648085	2620.3	724040	3358.1	551.36
1995	1040810	4603.1	940387	4694.9	1040.00
2000	1347392	6657.4	1038813	6129.4	1608.91
2001	1402798	7207.2	1056312	6330.4	1802.04
2002	1475000	7805.8	1116000	6782.5	2053.2
2010	2400000	14300	1520000	9800	5660
2020	3650000	25000	1990000	15000	11000

资料来源：交通部. 国家高速公路网规划. 2004

根据我国客货车的平均客位、吨位、实载率情况，将 2002 年、2020 年公路承担的客货周转量换算为汽车行驶量，分别为 24 亿车公里（小客车，下同）和 52 亿车公里。但公路交通量调查结果显示，目前我国公路实际承担的行驶量为 62 亿车公里，与由公路客货周转量换算的行驶量有一定差距，公路实际承担的汽车行驶量是换算行驶量的 2.58 倍。究其原因，是由于我国目前公路运输量统计中未包含私人车辆和企事业单位自有车辆承担的运输量的。因此，《国家高速公路网规划》对由未来公路客货周转量换算的汽车行驶量进行了调整，调整后 2020 年全国公路汽车行驶量为 134 亿车公里。参考发达国家高速公路承担公路客货运输量的份额（发达国家的高速公路一般占路网总里程的 1%～2%，承担公路客货周转量的份额在 25% 左右），按照未来我国高速公路承担汽车行驶总量的 20%～25% 测算，2020 年高速公路承担的汽车行驶量为 27 亿～34 亿车公里。要满足未来的交通需求，我国高速公路的车道里程应达到 36 万～45 万公里。按 4 车道高速公路转换的规模为 9 万～11.3 万公里；按 6 车道高速公路转换的规模为 6 万～7.5 万公里。考虑我国高速公路以 4 车道为主体，确定未来我国高速公路的理论规模为 8 万～10 万公里。

(4) 高速公路合理规模

以上从三个不同角度测算的结果显示，《国家高速公路网规划》将我国高速公路的理论测算规模确定为 8 万～11 万公里。

1）运用连通度法测算时，主要考虑连接目前全国 319 个城镇人口超过 20 万的中等以上城市。根据全国 23 个省（区、市）的城镇体系发展规划成果，今后 20 年全国中等以上城市数量会大量增加，估计将达到 550 个。若考虑连接 2020 年的中等城市，高速公路网的规模大体需要 12 万公里。

2）从国际比较的角度测算时，我国人口密度采用的是现状值，未考虑我国高速公路发展到成熟期的人口增长情况，同时也未考虑发达国家 6 车道以上高速公路的比例大于我国的情况。若考虑以上因素，从国际比较角度测算的我国高速公路理论规模会更大。

3）汇总各省（区、市）高速公路规划成果得出的结论是，全国高速公路总规模近 13 万公里。综合考虑以上因素并经过专家咨询，《国家高速公路网规划》确定全国高速公路合理规模为 10 万～12 万公里。

6.2.4 中国高速公路网络的规划目标

根据前述的测算方法，《国家高速公路网规划》最终确定的目标包括以下 5 个方面：

(1) 连接省会城市，形成国家安全保障网络

满足国家政治、经济稳定以及国防安全和抢险救灾需要，提高军事机动性，形成首都便捷连接省会、沟通各大战区的国家安全保障网络。

(2) 连接各大经济区，形成省际高速公路网络

支撑经济增长，适应产业布局，协调区域发展，形成各大经济区之间、相邻省会城市之间的省际高速公路网络，强化西部地区、东北等老工业基地对外联系通道。实现 800～1000 公里以内相邻省会城市之间当日到达。

(3) 连接大中城市，形成城际高速公路网络

促进区域经济发展，推动城镇化进程，满足旅游需要，形成省会连接地市、覆盖重要县市和重要旅游城市以及环渤海湾、长江三角洲、珠江三角洲三大区域内城际高速公路网络。基本实现省会到地市东中部地区当日往返，西部地区当日到达。

(4) 连接周边国家，形成国际高速公路通道

适应经济全球化和对外开放需要，形成连接周边国家、与亚洲公路网相配合的国际高速公路通道。

(5) 连接交通枢纽，形成高速集疏运公路网络

满足现代物流发展，提高运输效率，保障有效衔接，形成连接主要公路枢纽、港口、机场、铁路枢纽的高速集疏运公路系统[①]。

---

① 交通部．国家高速公路网规划．2004

6.3 中国民航机场的建设与布局规划

民用航空是我国近年来交通运输发展最快的领域之一，作为民航网络的重要节点，民航机场未来发展合理规模的确定关系到未来整个综合交通体系的运作效能，机场的规模、布局也可以归纳到政府数量规制的范围，因此，本节以我国民航机场布局规划为例，讨论机场规制数量的确定方法。

6.3.1 民航机场规划目标的影响因素

民航机场是社会经济发展的派生需求，受到人口、经济发展水平、对外贸易、旅游开发、对外开放以及地理环境的综合影响，以下将对这些因素逐一分析：

(1) 人口

预计到 2010 年我国人口总量将达到 13.3 亿，2020 年达到 14.5 亿左右。中国庞大的人口基数和快速推进的城市化进程是未来经济和航空运输市场发展的基本动力，各地区间的人口流动也是影响航空运输市场需求的重要因素。

我国城市化率从 1990 年的 18.9% 上升到 2003 年的 40.53%，在不到 15 年的时间内，提高了 21.63 个百分点，平均每年提高 1.55 个百分点。未来 15 年内，如果仍维持 1% 以上的年增长率，2020 年我国的城市化率将达到 55%～60%，2020 年城市人口将达到 8 亿～9 亿人。

(2) 经济发展

预计"十一五"期间，我国 GDP 年均增长率为 8%～9%，2011～2020 年为 7%，2020 年人均 GDP 将超过 3000 美元。

参照国外航空运输的发展历程，人均 GDP 在 1000～2500 美元阶段，全社会货运需求增长较快，客运需求也有较大增长，其间航空运输的地位和作用迅速提升；人均 GDP 在 2500～4000 美元时，全社会货运强度降低，安全、时效性要求提高，客运需求对质和量的要求同步提高，航空运输在长途运输方面的优势显著增强。

(3) 对外贸易

对外贸易仍将保持较快增长速度。2004 年中国进出口总额已达 11547 亿美元，居世界第 3 位。预计 2010 年前和 2011～2020 年间，进出口总额年均增长率将分别达到 12% 和 8% 左右。

(4) 旅游开发

90 个国家（地区）成为中国公民出国旅游的目的地国。据世界旅游组织预测，2020 年我国将成为世界最大的旅游目的地国和第四大旅游客源国，预

计 2010 年前和 2011～2020 年间，国内旅游人次年均增长率分别为 10％和 8％
左右。旅游业的持续繁荣，将为快捷舒适的航空运输提供巨大的客源市场。

（5）民航对外开放

2004 年我国以高票当选为国际民航组织一类理事国，已与 93 个国家签订
了民航协定，与美、德、英、法等主要民航发达国家签署了扩大航权的协议，
在海南、南京、厦门等地进行了开放货运航权的试点。民航扩大对外开放也是
促进航空运输增长的重要因素。

（6）地理环境和地面交通

我国西部地区地域辽阔，地形地貌多样，高原、平川、河谷、沙漠、戈壁
交错分布，自然条件较差。相比较而言，机场建设投资少、难度小、见效快，
更凸显了航空运输的优势和重要性。而东中部地区人口密度大，不断完善的地
面交通运输体系将对短途航空运输形成较大冲击，但航空运输在长途客运的比
重将明显提高。

（7）特殊价值

一些特殊价值因素对民航运输的发展具有积极的影响和促进作用，如加快
发展偏远和边疆地区经济，尽快摆脱贫困的需要；确保少数民族地区稳定，促
进民族团结的需要；加强西部地区生态环境保护，实施可持续发展战略的需
要；巩固国防和维护国家安全的需要[①]。

6.3.2 民航机场的规划目标

2011～2020 年期间我国航空运输将继续保持高速增长，预计 2020 年机场旅
客吞吐量将达到 14 亿人次，年均增长 10％，总量上达到美国目前的航空运输业
务量水平，成为世界民航强国。在我国《民用航空运输机场 2020 年布局和"十
一五"建设规划》中提出了 2011～2020 年民航运输机场建设规划的目标是：

第一，进一步加强机场基础设施建设，改善安全保障条件，促进航空运输
发展，形成 3 个以上具有国际竞争力的大型复合枢纽机场，参与全球航空运输
竞争。

第二，以全面实现小康和构建和谐社会为核心，2020 年全国 80％的县级
行政单元能够在地面交通 100 公里或 1.5 小时的车程内，可享到机场的航空
服务；服务总人口达到全国总人口的 80％；航空服务区域内的经济活动总量
（GDP）达到全国总量的 95％；全国 96％的中等以上城市在 2 小时车程范围内
可以为公众提供航空运输服务。

---

① 民航总局．全国民用航空运输机场 2020 年布局和"十一五"建设规划研究报告．中国民用航
空总局航空安全技术中心，2005

第三，进一步优化完善机场体系，新增机场 58 个，2020 年机场数量达到259 个。

第四，在区域经济发展战略和综合交通运输网络规划的基础上，推进京津冀、长三角、珠三角三大经济发达、城镇密集区的机场规划布局建设，实现合理分工，协调发展。

第五，大力推进通用航空机场的建设和通用航空短途支线运输的发展①。

6.3.3　民航机场规划的总体布局

按照机场的层次体系，《民用航空运输机场 2020 年布局和"十一五"建设规划》把机场划分为大型复合枢纽机场、大型枢纽机场、中型枢纽机场、中型机场和小型机场五类，主要布局如下：

(1) 大型复合枢纽机场

2020 年，我国大型复合枢纽机场数量将增至 6 个，形成"3＋3"的东西呼应的战略格局，其中位于我国东部的首都机场、浦东机场、白云机场发展成为具有强大国际竞争力的大型复合枢纽机场，乌鲁木齐机场、成都机场、昆明机场以其快速增长的业务量和对中亚、东南亚及南亚地区所具有的较强的辐射功能，成为我国西部的大型复合枢纽机场。

(2) 大型枢纽机场

形成 19 个大型枢纽机场，包括北京第二机场、沈阳机场、大连机场、哈尔滨机场、上海虹桥机场、杭州机场、南京机场、厦门机场、青岛机场、福州机场、济南机场、无锡机场、深圳机场、武汉机场、长沙机场、海口机场、重庆机场、贵阳机场、西安机场。

(3) 中型枢纽机场

形成 20 个中型枢纽机场，包括天津机场、太原机场、呼和浩特机场、石家庄机场、长春机场、南昌机场、合肥机场、宁波机场、温州机场、晋江机场、郑州机场、桂林机场、南宁机场、三亚机场、拉萨机场、西双版纳机场、兰州机场、银川机场、西宁机场、库尔勒机场。

(4) 中型机场

中型机场的数量达到 35 个。

(5) 小型机场

小型机场的数量达到 179 个②。

---

①② 民航总局．全国民用航空运输机场 2020 年布局和"十一五"建设规划研究报告．中国民用航空总局航空安全技术中心，2005

7 交通运输产业的环境规制

交通运输业具有很强的外部经济性，既表现为正外部性，也表现为负外部性，其中负外部性的突出表现就是环境与安全。社会性规制作为解决或控制负外部性的主要规制类型，近年来在世界主要国家和地区都有加强的趋势。在一般认为的社会性规制的三大主题，环境、健康、安全中，交通运输业的负外部性表现至少与其中的两大主题密切相关，即环境和安全。

7.1 环境规制的理由与主要手段

环境规制是社会性规制中的一项重要内容，它源于解决或控制因企业生产导致的环境污染这种负外部性的需要。

7.1.1 环境规制的含义

由于生态环境具有市场机制无法有效运行的公共产品属性，很难运用私人产品适用的产权安排来维系市场机制的有效运行，因此，生态环境领域是极易导致负外部性发生的领域。环境规制就是为了在生态环境领域因为厂商的行为导致负外部性发生时，通过政府公共权力的介入部分地解决该领域的"市场失灵"问题。简单地讲，环境规制就是指当厂商生产导致的环境污染、环境破坏或生态资源掠夺等负外部效应出现，社会成本和厂商成本之间存在差异时，政府规制机构制定相应的政策与措施对厂商的经济活动进行调节，以尽可能缩短社会成本和厂商成本之间的差异，达到保护环境和经济发展相协调的目的。

7.1.2 环境规制的理由

自 20 世纪 30 年代全球先后出现"八大公害事件"以来，世界各国在经济发展的同时越来越重视环境保护问题，但由于生态环境产品所具有的外部性，导致大范围的市场失灵，需要政府公共权力的介入来维护，从而产生了环境规制。具体而言，生态环境领域的"市场失灵"表现在以下几个方面。

（1）生态环境领域产权不存在或难以安全存在

产权的存在是维护市场机制正常运行的基本条件，但生态环境由于具有很强的公共性，难以界定产权或即便界定之后也难以安全稳定的存在。公共产品所具有的非排他性、强制性、无偿性和难以分割等特点，在生态环境领域都有明显的体现，使得公共产品容易导致的所谓"公地悲剧"在生态环境领域非常普遍。对生态资源的过度开发和生态环境的无节制破坏都到了需要政府规制来约束和控制的地步。

（2）生态环境领域的无市场和薄市场状态

即便是发达国家，在其市场经济发展的相当长的时间内，部分生态环境资源也是可以无偿使用或反使用（破坏）的免费产品，如地下水源、清洁的空气等，是完全无市场的状态。生态环境领域的薄市场则表现为有些资源虽然有市场存在，但价格极低，仅仅反映劳动和资本的成本，而没有将生产中所耗费的生态环境的机会成本计算在内，如工业用水等，导致对资源的过度浪费使用。要在一定程度上改变这种生态环境领域的无市场和薄市场状态，政府规制也是解决问题的途径之一①。

（3）生态环境领域的信息不对称严重

外部性和信息不对称是政府进行社会性规制的主要原因，生态环境领域恰恰都面临。生态环境领域的信息不对称主要表现为生态知识和技术的专业性很强，以企业的排污为例，企业作为信息的优势方，对其生产过程、生产技术、污染物排放情况、污染物的危害等方面比承受污染物排放的一方（主要是社会大众），要清楚和了解得多，如果没有政府规制要求强制性的信息披露，以及借助相关专家学者的专业性知识发挥监督和约束作用，生产企业完全可以凭借信息优势侵害民众的社会福利。

（4）环境规制对中国这样的发展中国家尤显迫切

虽然"先污染、后治理"的道路在很多发达国家都曾走过，但对中国这样的发展中国家，在当前面临的紧迫的资源和环境压力下，已经不容许再重复"先污染、后治理"的老路，而事实上对生态资源的过度掠夺和环境的过度破坏还是已经走上了"先污染、后治理"的老路。据国家环境保护总局公布的《中国 2007 年环境状况公报》显示：中国水污染形势依然严峻，河流污染相当严重。七大水系中，只有珠江、长江总体水质良好，松花江为轻度污染，黄河、淮河为中度污染，辽河、海河为重度污染。城市空气污染、固体废弃物污染虽然比 2006 年有所改善，但污染程度仍比较严重。广大农村面临着环境污染和生态破坏的双重威胁，突出表现为面源污染加重，工矿污染凸显，饮用水

---

① 朱锡平．论生态环境规制改革．重庆工商大学学报（西部论坛），2007（6）

存在安全隐患，生态退化未得到有效遏制。如此急迫的客观事实促使中国开始逐步重视工业化进程中的环境问题，先后制定、修订了一系列环境保护法律、法规和标准，例如，《环境保护法》、《大气环境质量标准》、《大气污染防治法》、《水污染防治法》、《环境噪声污染防治法》等。在立法的同时，也初步建立了一套包括命令与控制政策、基于市场的规制政策、信息披露政策等各项政策相结合的环境规制政策体系。但相比实行严格的环境规制的国家，中国无论是在实行领域、方式手段、规制强度还是监督执行等方面都存在较大差距，需要进一步加强环境规制的力度。

7.1.3 环境规制的基本手段

从世界各国的规制实践来看，环境规制手段主要有两大类，即行政命令与控制手段和经济手段，每一类手段下又具备多样化的规制工具。

(1) 行政命令与控制手段

行政命令与控制手段是指政府通过立法或制定行政部门的规章、制度来确定环境规制的目标、准则，并以行政命令的方式要求企业遵守，对违反其规定的企业进行相应处罚。这类手段主要包括三种政策工具，即禁止或特许、技术标准和绩效标准。禁止或特许事实上是一种进入规制，通过限制进入来达到控制或降低对资源的掠夺与环境破坏的程度，以增强环境的自修复能力。技术标准主要指政府对企业治理污染所采用的技术做出详细规定，并强制企业去执行。这种方法有利于降低规制者的监督成本，但对企业缺乏激励作用，容易使企业造成对现有技术的路径依赖。绩效标准主要是对污染企业的产量、排污量等进行限制。这种方法具有较强的灵活性和适应性，减少了企业技术转换的成本，但增加了监管者的监管难度和成本，且由于监管者和污染企业之间存在着信息不对称，使得监管者获得有效信息的难度加大。

(2) 经济手段

与行政命令和控制手段的强制性相比，经济手段的可选择性和激励性较强。经济手段是指不规定污染技术或污染控制水平，而是通过市场信号来引导企业决策，在企业追求自身利益的过程中实现环境污染控制的目标。它赋予企业灵活选择适合自己最低污染成本控制策略的权利，提高了逃避环保责任的成本。经济手段的主要规制工具有价格配给、责任法则和可交易许可证三种。价格配给包括环境税费和补贴。环境税费可分为排污税费、使用者税费和产品税费。它有利于激励企业采用更好的控制污染技术以降低其应缴纳的费用。企业也可以在支付排污成本、减少污染从而避免缴纳税费以及缴纳税费、减少排污成本支出之间进行权衡，实现其成本最小化目标。补贴是指对直接排污成本的偿还或对每单位排污减少的固定支付。责任法则包括违约金、保证金和押金返还，其中违约金是指以补贴和随机罚款组合为基础促进企业控制污染水平的激励机制。押金返还是指在使用者购买可能会对环境造成污染的商品时对其征收一定数额的押金，当商品被交送到指定地点加以回收时再将押金返还给交送者[①]。可交易许可证是指政府在环境可容纳的限度内，界定排污的权利，并将排污权利商品化，通过排污权的市场交易来实现排污资源的最优配置。这种方法是对污染实行总量控制，能有效地避免在单个企业排污量减少或排污强度达标时总排污量增长的状况。

7.2　交通运输业环境友好的表现与影响因素

交通运输业很强的外部性既有正面表现也有负面表现，在不加以任何外部作用的条件下，交通运输业在环境方面更多地表现出负外部性的一面。但外力的作用，如技术进步、政府强制性的政策限制等可以在一定程度上缓解或削弱交通运输业的负外部性。换言之，交通运输业也可以朝着环境友好的方向发展。

7.2.1　交通运输业环境友好的表现形式

环境友好是指采取有利于环境保护的生产方式、生活方式、消费方式，建立人与自然良性互动的关系；反过来，良好的环境也会促进生产、改善生活，实现人与自然和谐。建设环境友好型社会就是要以环境承载力为基础，以遵循自然规律为准则，以绿色科技为动力，倡导环境文化和生态文明，构建经济、社会、环境协调发展的社会体系，实现可持续发展。

交通运输业是构建环境友好型社会的重要领域，其环境友好的内涵主要是指在道路等基础设施的规划、设计、施工、运营、养护、管理和交通运输服务等各个环节中，充分考虑到资源环境的承载力，提高资源的利用率，减少资源浪费；有效控制交通运输运营服务中对环境的污染，实行相应的措施使污染得到有效治理，使污染物排放达到国家的相应标准；积极开发使用新能源，促进环境保护技术的创新，加快环境保护技术成果的应用和推广，实现交通运输与自然环境和谐发展。

具体而言，交通运输业环境友好的表现形式有以下几个方面：

(1) 各类资源消耗少

交通运输业在发展过程中需要消耗大量的资源，主要包括土地资源、能源、原材料等。交通运输线路建设需要占用大量土地，其中大部分是耕地，据

---

① 张红凤. 西方国家政府规制变迁与中国政府规制改革. 经济科学出版社，2007：235

有关部门测算,每增加 20 辆汽车,大约要占用 0.4 公顷的土地用来修建停车场、道路。交通运输业的发展需要消耗大量能源,在中国主要是煤和石油。据统计资料显示:2006 年中国能源消费总量为 246270.15 万吨标准煤,其中交通运输、仓储及邮电通信业能源消费总量为 18582.71 万吨标准煤,占能源消费总量的 7.3%。因此,环境友好型的交通运输业应表现为资源消耗少、资源使用效率高,实现土地、能源、原材料的节约及高效利用。

(2) 污染物排放达到国家标准

交通运输业所造成的污染主要有水污染、大气污染、固体废弃物污染和噪声污染四种,其中最主要的是交通运输工具排放尾气带来的大气污染和交通运输建设过程中造成的固体废弃物污染。根据目前交通行业能源消耗量和消耗结构测算,2004 年全国主要运输部门二氧化碳排放量约为 32000 万吨,其中铁路系统约占 8%,道路机动车占 68%,民航系统占 5%,水系统占 19%。道路机动车占最大份额,且呈现比重不断上升的趋势①。因此,污染物排放的削减并达到国家相应标准,控制高能耗、高污染机动车的使用,开发对环境污染小的新能源替代煤、石油等化石燃料的使用,运用现代信息技术改造交通运输系统以提高交通工具的使用效率从而减少能源耗费等都是环境友好的重要表现形式。

(3) 建设过程中对环境影响小

铁路、公路等交通运输线路在建设过程中会对沿线环境造成重大影响,环境友好型的交通运输建设应表现在:在公路、铁路等线路建设的设计过程中科学地评估建设项目的环境影响,预先安排有效的环境防护措施。在建设过程中保护沿线的生态环境,耕地占用和植被破坏尽可能少;施工废料、废气、废水、噪音得到合理处置,实现废物循环利用和再生,尽量消除对当地环境的污染;注重道路沿线的绿化。港口、机场、车站等站场的建设选址科学,最大限度地降低对当地居民的居住环境所带来的不良影响。

(4) 及时有效的污染处置能力

部分交通运输服务具有时间长、地域范围广、人员密集、流动性大等特点。例如,铁路运输,在运输服务的提供过程中就会即时产生大量生活垃圾和排泄物等,如果得不到及时有效的处理将会对环境产生很大影响,且波及更广阔的区域。因此,环境友好的交通运输业还应表现在及时有效的污染处置能力上,有专门的组织机构、详细的污染处置预案和科学有效的措施保障等。

7.2.2 影响交通运输业环境友好程度的客观因素

交通运输业的环境友好是一个相对概念,既与社会的经济发展水平、技术

---

① 崔凤安. 交通运输业的节能减排. 科技咨询,1997(33):153

条件等客观因素相关，又与交通运输服务企业的主观意识、能力等因素相关，是多种因素的综合作用结果。仅就客观因素而言，至少包括经济发展水平、交通需求、基础设施建设状况、交通运输业能源消费结构和交通运输业技术装备水平等。

（1）经济发展水平

经济发展水平对交通运输业环境友好程度的影响包括正反两个方面：一方面，较高的经济发展水平有助于为改善道路建设、发展清洁能源、对交通运输工具进行节能减排改造提供充足的资金，从而增强交通运输业的环境友好程度。另一方面，伴随着经济的发展，工业化和城市化水平的提高对交通运输的需求增加，交通运输量的增加不仅加大能源消耗，而且会加重环境污染，这又会降低交通运输业的环境友好程度。经济发展水平对交通运输业环境友好的这种正反两方面作用，使得其影响结果具有一定的不确定性。

（2）交通运输服务需求

随着经济的发展，对交通运输服务的需求不断增加，进一步带动了交通基础设施建设的发展。交通运输业的快速发展需要占用更多的土地、消耗更多的能源，同时对环境带来更大的压力。根据米勒在 1995 年提出的环境影响公式，王爱民等（2001）用公式表达了交通运输需求对环境造成的影响：

交通运输业对环境的影响[①]＝交通运输总需求×满足单位交通需求使用资源的单位数×使用每一资源单位对环境的破坏和影响

（3）交通基础设施建设状况

交通基础设施建设对环境的影响主要包括对植被的影响、对土地资源的影响、对人们居住环境的影响等几个方面。从对植被的影响看，交通基础设施建设会破坏地表植被和土壤结构，降低植被覆盖率，如果保护不当，还可能造成水土流失和局部生态环境破坏。从对土地资源的影响看，交通基础设施建设会占用大量土地或使土地失去原有功能，施工过程中废弃材料的堆放、施工便道和施工营地的搭建均会对所占用的土地造成破坏。从对人们居住环境的影响看，建筑施工带来的噪声、废气和废料等可能会对当地居民的健康造成损害，影响其正常的工作和生活。

（4）交通运输业能源消费结构

在中国，交通运输业的能源消费结构以石油为主，以煤炭和电力为辅。据有关资料统计，2006 年在交通运输业的能源消费中，油品消费占行业能源消费总量的 92.4%，煤炭和电力消耗分别占能源消费总量的 3.3% 和 3.4%，天

---

① 王爱民，董俊武，黄江圳. 我国交通运输业环境损害治理的系统方法. 环境科学动态，2001
(2)：21

然气仅占 0.6%①。可以看出，中国交通运输业能源消费结构以汽油、柴油等化石燃料为主，这些燃料在燃烧时产生大量二氧化碳、硫氧化物，在直接危害人体健康的同时也对人们的居住环境带来危害。据有关资料分析，汽车尾气排放已成为全球大气污染的主要来源之一。

(5) 交通运输业技术装备水平

技术装备水平包括交通基础设施的技术水平和交通运输工具的技术水平。从基础设施的技术水平来看，新技术、新材料、新工艺、新设备的广泛使用有助于降低基础设施建设过程中的环境污染程度，节约和保护资源；高技术含量的路网建设有助于提高运速，缩短运输时间，从而减少运输过程中的能源消耗和尾气排放造成的污染。从交通运输工具的技术水平来看，新技术的应用有助于交通运输工具向低能耗、清洁化方向发展，从而降低对环境的污染水平。

7.2.3 影响交通运输业环境友好程度的非客观因素

在中国，交通运输业环境友好程度不仅受到经济发展水平等客观因素的制约，还在很大程度上受到非客观因素的制约，这些因素主要有：法律法规的制定和执行、政府激励性措施、交通运输基础设施建设和交通运输运营服务企业等相关主体的自主性、公众的环保意识等。

(1) 法律法规的制定和执行

中国的环境保护立法起步于 20 世纪 70 年代，随着工业化的发展，资源浪费、环境污染问题日益严重，环境规制开始得到重视，相关的立法逐步完善起来。目前中国已经建立起一套较为完善的环境保护法律制度，在这些法律法规中和交通运输业相关的有《大气污染防治法》、《水污染防治法》、《固体废弃物污染防治法》、《环境噪声污染防治法》、《土地管理法》、《节约能源法》、《排污费征收使用管理条例》、《全国机动车尾气排放监测管理制度（暂行）》等。这些法律法规或条例为解决交通运输业对环境带来的外部性提供了一定的依据和标准。但为确保这一系列法律法规条例的有效执行，还需要制定相应的执行措施，以保证充分有效地发挥法律、法规、条例的约束和监督作用。

(2) 政府的激励性措施

政府的激励性措施分为行政性激励和市场性激励，行政性激励主要指政府的排污收费和对污染物超量排放的罚款等，例如对机动车尾气排放进行监测并收费。这些措施在一定程度上有助于实现对污染物的控制。市场性激励主要指排污权交易制度、税收优惠等，例如政府给予生产和购买小型低能耗车辆的单位或个人一定数量的税收减免，鼓励使用乙醇等清洁燃料代替化石燃料等。

---

① 赵静. 我国交通运输业能源消费及用电分析. 研究与探讨，2008（12）：28

(3) 相关主体的自主自觉性

在交通运输业可能产生环境外部性的各个领域和环节，都有建设施工企业、交通运输服务运营企业、自驾车主等交通运输参与主体的介入，而且发挥直接的影响作用。因此，相关主体的自主自觉性也成为交通运输业环境友好程度的影响因素，即便是在法律、法规、条例已经存在的条件下，如果该法律、法规、条例的作用主体缺乏自主自觉性，也会对环境友好程度产生负面影响。例如，道路建设施工企业的野蛮作业，运营服务企业从节约成本等方面考虑减少对环保设施的投入等，都是与相关主体的自主自觉性密切相关的问题。

(4) 公众的环保意识

环保意识是指人们在认知环境状况和了解环境保护规则的基础上，根据自己的基本价值观念而发生的参与环境保护的自觉性，它最终体现在有利于环境保护的行为上。公众环境意识的增强，既会成为一种强有力的外部约束力量，对规划、建设施工、经营服务等相关主体的可能增加资源、能源消耗，加重环境污染的行为产生某种制约，而且具备了较强的环保意识的公民，当其作为交通参与主体时也会更多地考虑选择绿色出行方式，选用相对环保型的交通运输工具等。

7.3 中国交通运输业环境规制的现状与问题

确切地讲，环境规制是一种社会性规制方式，理论上是针对所有可能对环境产生外部性的产业，并不需要特别针对某一具体产业制定特别的环境规制内容。正是从这个意义上说，在探讨中国交通运输业环境规制的现状与问题之前，需要对中国环境规制的总体发展脉络加以梳理。

7.3.1 中国环境规制的发展脉络

中国的环境规制历程基本与改革开放、经济快速增长的过程同步，同时受到世界范围内环境规制的趋势影响，大体表现为以下几个发展阶段：

(1) 起步阶段（20 世纪 70 年代～80 年代末）：法律建设起步，行政性干预为主

中国真正意义上的环境规制始于 20 世纪 70 年代，随着工业化的发展特别是重工业的发展，产生的环境问题日益突出。中国"高投入、高消耗、高污染"的经济发展模式使环境污染成为制约中国经济发展的难题。同时，面临的来自国际市场的压力也越来越大，日益严峻的经济增长与环境的矛盾，以及由此产生的压力使中国政府开始重视环境规制问题。这一阶段，主要以制定和颁布与环境保护相关的法律、法规，以及行政规章和指导性原则等手段进行法律和行政性规制。

首先，从环境立法来看，20 世纪 70 年代到 80 年代末期，中国事实上只制定了一部《环境保护法》（1979），这是一部类似环境法制领域根本法的法律，可以说这部法律的作用是明确表达了政府关注环境保护问题，希望依靠法律的强制力限制污染主体的行为，达到保护环境的目的。但由于《环境保护法》的原则性远大于其实际可操作性，这部法律的象征意义也大于其实际指导意义。

其次，制定标准作为社会性规制的手段，在中国这一阶段的环境规制中也得以运用。1979 年和 1982 年，中国政府先后制定了《工业企业噪声卫生标准（试行）》和《大气环境质量标准》，在一定意义上，可以说标准是法律、法规得以贯彻落实的有效载体，特别是对环境污染这一具有较强技术性的问题，判断污染程度和治理效果都需要以标准为依据。当然随着经济社会环境变化，以及企业平均的生产技术条件变化等，标准也需要与时俱进，加以修正以适应新时期的需要。

最后，在中国环境规制的起步阶段，政府直接干预的色彩还很浓厚，其中环境保护三项基本原则的确立就是一个主要表现。形成于 20 世纪 80 年代的环境保护三项基本原则，其主要内容是预防为主、防治结合的原则，谁污染谁治理的原则和强化环境管理制度的原则。通过这些原则的建立，把环境保护纳入经济发展长远规划；着眼于分清环境污染的责任，解决治理污染的资金来源问题，鼓励通过技术改造对工业企业的污染进行防治，对工业污染的防治实现三个转变。

（2）发展阶段（20 世纪 90 年代～21 世纪初）：法律建设趋于细化，开始尝试使用经济性手段

20 世纪 90 年代，中国与环境保护相关的法律建设主要是制定了几部具体领域的污染防治法，主要包括 1991 年制定《水土保持法》，1993 年制定《城市生活垃圾管理办法》，1996 年分别制定《固体废弃物污染防治法》和《环境噪声污染防治法》，1999 年制定《海洋环境保护法》，特别是世纪之交的 2000 年，有两部重要的环境保护法律出台，即《水污染防治法》和《大气污染防治法》。至此，涉及的主要环境领域，即水、大气、噪声、固体废弃物、垃圾等环境保护法案均已制定完成，使得环境保护相关的法律建设趋于完善。与此同时，还通过制定实施《水污染防治法实施细则》（2000）、《大气污染防治实施细则》（2000）、《项目建设环境保护管理条例》（1998）等增强法律的可操作性。

在完善法律建设的同时，尝试性地将经济手段运用于环境保护领域的做法也开始出现。例如，排污收费制度的试行。早在 1979 年中国制定的《环境保护法（试行）》中就规定："超过国家规定的标准排放污染物，要按照排放污染物的数量和浓度，根据规定收取排污费"，从而确立了排污收费制度的法律地位。1982 年《征收排污费暂行办法》的颁布标志着排污收费制度的正式建立。但由于当时对污染者的收费极低，更多的只是一种象征意义。直到 1996 年，中国政府才提出"要按照'排污费高于污染治理成本的原则'，提高现行排污收费标准，促使排污单位积极治理污染"，并由国家环保总局在世界银行的援助下，制定了《总量排污收费新标准》，并据此标准在全国部分城市和地区开展试点工作。

排污交易权制度作为一项在美国等发达国家已经得到较普遍运用的一种经济性环境保护手段，首次在中国运用的标志性事件是 1999 年国家环保总局与美国环保署签署"在中国开展运用市场机制减少二氧化硫排放"的文件，并在美国环境保护协会的协助和指导下，在江苏南通和辽宁本溪开展试点工作。

总体而言，在环境规制的发展阶段，总体趋势是加强和细化法律建设，同时尝试性地运用经济手段解决环境保护问题。

(3) 相对成熟阶段（21 世纪初～至今）：加强执法，推广经济性手段

2000 年后至今，中国制定的环境保护方面的法律数量并不多，只分别在 2002 年和 2003 年制定《清洁生产法》和《放射性污染防治法》。同时，2002 年《环境影响评价法》颁布实施，标志着中国也开始迈入以法律形式约束和监督相关生产者的环境影响行为的阶段。随着环境保护相关法律的逐步健全，进入 21 世纪后中国环境保护的重点放在了执法监督上。同时，加强信息披露、公众参与等制度建设。2006 年中国颁布了《环境影响评价公众参与暂行办法》，规定了公众参与环境评价的范围、程序、组织形式等。随着环境问题的加剧和公众环境意识的提升，公众在环境监督方面的参与力度加大，对遵法执法产生了一股社会约束力量。当然，由于此项制度尚处于起步阶段，涉及的可操作性工具少，且缺乏有效的信息披露、沟通与参与渠道，发挥的作用也还非常有限。

近年来，在环境保护领域推广运用经济性手段的做法也在加强，主要表现在排污收费制度的完善化和排污许可证交易制度的建立等。

中国的排污收费制度开始于改革开放初期，2003 年《排污费征收使用管理条例》对排污收费的标准、使用、监督方式都做出了明确的规定，标志着中国的排污收费制度逐步完善。中国的排污收费体系建立起来，其主要内容有：实现排污收费标准的转变——由超标收费向总量收费转变，由单一浓度收费向浓度与总量相结合的收费方式转变，由单因子收费向多因子收费转变，由低收费标准向补偿治理成本的目标收费转变。排污收费制度是"污染者付费"原则

的体现，其目标是通过收费使污染者的边际私人成本和边际社会成本相等，以期解决外部性问题。事实证明，这一制度在促进企业进行污染治理方面起到了重要作用。但是由于费率仍然较低，以及在实施过程中的监督不力等因素的影响，使排污收费制度的作用发挥较为有限。

排污许可权交易制度是政府根据环境承载能力的限制将污染物排放进行总量控制，并将总量分解成企业的排污许可量，企业之间根据自身的需要对排污许可证进行自由交易。虽然目前排污交易许可制度在中国没有全面开展，但试点范围已经从最初的江苏南通和辽宁本溪向山东、山西、江苏、河南、上海、天津、浙江等省市扩展①。排污交易许可证制度作为市场机制参与公共环境资源定价的一种方式，不仅有利于激励企业进行排污技术创新，而且可能降低政府直接规制的失灵成本，但在许可证初次发放的有效性、企业垄断势力的过度参与等问题上也带有一些缺陷，需要今后的实践不断规范和完善。总而言之，排污许可证交易制度的确立标志着中国环境规制的经济性、市场性手段在推广与加强。

7.3.2 中国交通运输业环境规制的现状

中国交通运输业环境规制的发展历程与中国环境规制的总体历程基本吻合，始于 20 世纪 70 年代，经过 30 多年的发展，逐步在法律法规建设、规制机构和规制方式的确立、规制内容的细化等方面都取得了显著进步。

(1) 法律法规建设

在交通运输业环境规制发展的初期并没有专门针对交通运输业环境规制的法律法规，相关的法律条文散见于综合性环境规制的法律法规之中。例如，《大气污染防治法》（2000）中有专门关于防治机动车船排放污染的规定："任何单位和个人不得制造、销售或者进口污染物排放超过规定排放标准的机动车船"，"国家鼓励和支持生产、使用优质燃料油，采取措施减少燃料油中有害物质对大气环境的污染，单位和个人应当按照国务院规定的期限，停止生产、进口、销售含铅汽油"。《环境噪声污染防治法》（1996）中关于交通运输噪声污染防治的规定有："建设经过已有的噪声敏感建筑物集中区域的高速公路和城市高架、轻轨道路，有可能造成环境噪声污染的，应当设置声屏障或者采取其他有效的控制环境噪声污染的措施"，"机动车辆在城市市区范围内行驶，机动船舶在城市市区的内河航道航行，铁路机车驶经或者进入城市市区、疗养区时，必须按照规定使用声响装置"等。《固体废物污染环境防治法》（2005）规定："建设项目的环境影响评价文件确实需要配套建设的固体废物污染环境防

---

① 张红凤. 西方国家政府规制变迁与中国政府规制改革. 经济科学出版社，2007

治设施，必须与主体工程同时设计、同时施工、同时投入使用"等。《土地管理法实施条例》（1999）和《建设用地审查报批管理办法》（1999）对建设项目的耕地保护及项目审批程序等做了详细规定，防止建设过程中滥用耕地以及对生态环境造成破坏。总之，这些分散的法律法规对交通运输业工程施工、运营阶段产生的环境问题都做出了相应规制。

同时，伴随中国高速经济增长而迅猛发展的交通运输业，承受着越来越大的资源与环境压力，为了有针对性地对交通运输业进行更为细致有效的环境规制，相关的一些法规、标准也相继出台，但至今还没有一部独立的法律来规范交通运输业的环境规制，或者说交通运输业的环境规制也还不需要一部独立的法律来进行个别规制，只要在遵守相关环境规制法律的基础上，适用一些更具操作性的法规和标准，使环境规制真正能够加以落实是更关键的。

目前与交通运输业环境规制相关的法规、标准主要有：《汽车排气污染监督管理办法》（1990）、《机动车排放污染防治技术政策》（1999）、《机动车排放污染防治技术指南》（1999）、《交通部环境监测工作条例实施细则》（1987）、《交通建设项目环境保护管理办法》（2003）、《船舶载运危险货物安全监督管理规定》（2003）、《关于公路、铁路（含轻轨）等建设项目环境影响评价中环境噪声有关问题的通知》（2003）、《规划环境影响评价技术导则（试行）》（2003）、《关于开展交通部工程环境保护标准工作的通知》（2004）等。但这种以法规、标准，甚至是通知的形式来履行环境规制职能的做法，也存在一些弊端，最主要的是规制的强制力难以得到有效保障。而对环境规制这类的社会性规制，确保规制的强制力是很重要的一个方面。

（2）规制机构和规制方式的确立

在交通运输业环境规制的初期，规制权利分散在各地方政府环境保护主管部门、交通部门、渔业部门、公安部门、铁道部门等机构中，机构分散所带来的权力重叠与规制空白交织，争权与推诿相伴的情况较为普遍。有鉴于此，原交通部下设了环保委员会、环保办公室、环境保护中心三个机构行使交通运输业的项目环境评价、监督等职能。同时，地方交通管理部门和交通企事业单位也建立了相应的环保管理机构。这些机构在交通部的垂直领导下侧重于发挥其政策引导作用，从而达到环境规制的效果。其政策引导作用主要体现在：①促进交通环保方面的投资。据有关资料统计，2006年，中国公路环保总投资约73.1亿元，占公路总投资的1.84%①。②开展污染防治工作，使噪声污染、水污染、空气污染等得到了有效控制。③对生态环境的保护。据有关调查资料显示，2006年，用于公路绿化及生态恢复工程的投资占到公路环保总投资的

---

① 中国交通运输部. 中国公路水路交通环境保护状况报告，2007

69%，全国范围内已经建成多条生态型示范公路。在港口项目实施过程中都避让自然保护区和水源地等环境敏感区，沿海和内河港口平均绿化率分别达到5.4%和2.6%[①]。

虽然在原交通部下设了环境保护与规制的相关机构，使得部分规制权力具有了某种集中的趋势，但总体看来，目前中国的交通运输规制机构仍然呈现多元化、多主体的特点，各地方政府环境保护主管部门、交通部、铁道部、公安部等都行使一定的规制职能。另外，在交通部下设了三个环境保护部门，在全国范围内实行统筹规划和管理。这三个部门是：①交通部环境保护委员会，其主要职责是组织贯彻执行国家环境保护方针政策和法规，研究审定交通环境保护政策和法规，组织交通行业环境保护督查工作，决定环境保护工作的重大奖励与惩处事宜等。②交通部环境保护办公室，其主要职责是督查交通行业环保法规的贯彻实施，组织交通建设项目环境影响评价、实施和工程环境保护验收工作，督查和指导环境监测和污染治理，组织交通环境保护科研、信息和技术交流，组织环保宣传教育工作等。③交通部环境保护中心，它主要承担了公路和水路的环境保护职责，对公路建设完成环境影响评价、环境工程竣工调查等。

(3) 规制内容的逐步细化

交通运输业构成行业多样，行业之间的技术经济属性也存在较大的差异，这些都对交通运输业的环境规制带来较大的难度。从规制内容上看，在一般环境规制所涉及的大气、水、固体废气物、噪声、土地等方面，交通运输业对土地、大气和噪声的影响更直接和巨大一些，因此，在以法规、标准、条例乃至通知等形式细化规制内容时，也主要是围绕这几个方面的内容。但总体而言，目前中国的交通运输业环境规制以事前的保护为主，侧重于法规、标准的制定，对环境保护工作进行监督检查，组织建设项目环境影响评价，组织环境保护宣传教育工作等。而对有碍环境保护、损害破坏环境的交通运输中的各种行为，则较少采取有力的惩处和训诫措施，使得交通运输规制的最终效果往往与交通运输业各参与主体的遵纪守法意识、自觉自愿行为等有很大关系。与规制机构、地方政府的执法态度、严厉程度等都有很大关系，具有较强的不确定性。

7.3.3 中国交通运输业环境规制存在的问题

如果从制定中国第一部《环境保护法》算起，中国环境规制的起步时间并不晚，但与中国经济的快速增长所带来的环境与资源压力相比，中国环境规制

---

① 中国交通运输部. 中国公路水路交通环境保护状况报告，2007

的力度与效果仍是不尽如人意。交通运输业的环境规制也面临同样问题，环境规制的力度、内容、手段等难以赶上交通运输业快速发展的需要。近年来，我国交通运输业发展迅速。截至 2008 年底，全国铁路营业里程达 7.9 万公里；公路里程达 373.02 万公里，公路密度继续提高，通达水平显著提升；全国内河通航里程 12.28 万公里。2008 年底，全国机动车保有量接近 1.7 亿辆。概括而言，中国交通运输业的环境规制在法律法规、规制机构、规制手段等多个方面都存在一些亟待解决的问题。

(1) 立法不周与执法不严并存

法律法规作为一种主要的规制手段，在社会性规制领域应用得更为广泛，尤其是对环境规制这种带有较强技术性的领域，更需要法律法规和标准等作为规制的基本依据，而中国交通运输业的环境规制在法律法规和标准的建设方面，存在立法不周与执法不严并存的问题。

首先，交通业环境规制的法律散乱且很不完善。目前中国还没有专门针对交通运输业的系统的环境规制法律法规，相关的规定主要散见于综合性的环境法律法规中，这就会在一定程度上造成法律的真空。例如，各种交通工具在使用的过程中都会不同程度地造成一定的大气污染和噪声污染，但是在《排污费征收标准管理办法》(2003) 中却规定"对机动车、飞机、船舶等流动污染源暂不征收废气排污费"，"对机动车、飞机、船舶等流动污染源暂不征收噪声超标排污费"，等等，这样的情况使得机动车等交通运输工具激增带来的环境污染没有能够遵循"谁污染、谁交费、谁治理"的原则加以有效的解决，从某种意义上也助长了交通运输领域的一些非理性的消费行为。

其次，缺乏相应的法律监督制度设计，执法力度弱。中国环境规制的主要执行者环境保护机构缺乏执法的独立性，在执法过程中很容易被地方政府等所"俘获"，一旦政府所追求的经济增长目标和环境保护发生冲突，法律法规的执行效果就很难得到保证。为了防止政府机构对环保部门依法履行职责进行不恰当干预，一些发达国家都建立了相应的监督机制来约束规制者的行为。而中国交通运输业环境规制的法律法规在制度安排上主要强调了规制主体的行为，缺乏对规制者自身行为的监督。例如，《大气污染防治法》(2000) 中规定："各级公安、交通、铁道、渔业管理部门根据各自的职责，对机动车船污染大气实施监督管理"，"任何单位和个人都有保护大气环境的义务，并有权对污染大气环境的单位和个人进行检举和控告"等。这些法律条文虽然赋予各行为主体以监督权，但没有规定相应的渠道和方法来保证监督权的有效实施。还有相当数量的法律法规原本就没有关于监督方面的规定，使得有法难依的问题比较突出。

（2）规制机构职能不清且缺乏独立性

中国交通运输业环境规制的机构繁多、散乱，且规制机构之间的关系复杂，职责划分不明确，而且由于规制机构缺乏独立性，在规制的过程中极易受到政府等有关部门的影响。

目前作为中国环境规制主要执行机构的环保部门没有独立的行政地位，而是依附于地方政府，这样的制度设计不利于环保部门有效地行使其职权。具体到中国交通运输业的环境规制，涉及的规制机构就更加繁多，既包括全国性的机构，如交通环境保护办公室、交通环境保护委员会，又包括各地方的环保部门，同时，由于交通运输业中包括公路、铁路、民航等各个行政主管部门，这些部门也会参与到环境规制中来。这些机构和部门之间的关系错综复杂，职责划分不明确，容易出现"规制重叠"和"规制真空"。

同时，中国的环境规制机构相对于政府而言属于"弱势"机构，在其行使职权的过程中很容易被政府"俘获"，从而使规制失去意义。例如，在《交通建设项目环境保护管理办法》中，规定建设单位应当将环境影响报告书等交由交通环境保护机构审核，这里的交通环境保护机构是从属于政府的。这就出现了政府既是"运动员"，又是"裁判员"的现象。

（3）规制手段单一且缺乏相当的激励约束作用

规制手段从大的类型上可以分为强制性的与引导性的两类，一般而言，法律与行政规制手段大多具有强制性，而经济手段往往是引导性的。目前对中国交通运输业的环境规制，以法律和行政手段为主，换言之，强制性的色彩相对较浓，但由于总体上规制内容并不全面，规制手段也比较单调，使得真正具有强制性规制的情况也不多见。而在发达国家较为广泛运用的经济性规制手段，在中国交通运输业的环境规制中还没有发挥出应有的作用。经济性规制手段所特有的激励约束机制设计还很缺乏。例如，从排污收费制度看，中国的排污收费资费率太低，不能有效弥补污染所造成的损失。在交通运输业中，对交通工具这类流动性污染物排放又实行暂不收费的做法，出现了"有标准，无约束"的奇怪现象，排污收费制度也就不能有效地发挥控制污染的作用。从税收的作用看，政府对环境进行规制的主要激励手段是税收，但在中国的交通运输业，税收并未发挥应有的激励约束作用，其发挥作用的范围也很小。例如，《车辆购置税暂行条例》（2000）虽然规定对购置车辆征收10%的税，但并没有体现对购置轻型、环保型车的税收优惠。这一做法虽然在2009年初以促进经济增长的措施的形式，约定在2009年内购置1.6L以下的车辆实行购置税减半的做法，但由于部分汽车生产及销售厂家的一些促销手段，例如，对1.6L以上的车辆由厂家自行补贴一半的购置税等，使得这一政策的环保有效性远远低于其对经济增长的拉动作用。此外，作为一种经济性手段在2009年初所实施的燃油税政策，检验其对环境保护的影响作用尚需时日。

7.4　美国交通运输业环境规制经验借鉴

美国对交通运输业的环境管制始于 20 世纪 30 年代，当时主要是针对公路建设方面的一些环境保护措施。50 年代后，随着高速公路、地铁、航空等交通运输方式的兴起，交通运输基础设施建设和服务运营所带来的环境问题受到越来越广泛的关注，为此美国开始制定相关法律政策，并于 80 年代初基本建立起一套完善的交通环境保护法律体系和管理体制，涉及交通运输项目规划、设计、施工与运营等各个阶段的环境影响评价、污染防治以及生态恢复等内容。

随着交通运输业的发展，美国的交通运输业环境规制手段也在不断变化，并随着时间的发展逐渐走向成熟和完善，从最初的以命令控制手段为主，发展到更多地依靠市场的激励性政策，两者相辅相成、互相促进。随着法律体系的不断完善，规制机构、规制手段日益多样化，公众的环保意识日益加强，美国建立起一套完整的交通运输业环境规制体系，从一个更广泛的框架内尽可能保证规制的有效性。

7.4.1　命令与控制制度

20 世纪 70 年代之前，美国最初对交通运输业的环境规制是建立在"命令与控制"方式之上的法律政策体系，在该体系中，通过制定相应的法律法规和标准来规范规制主体的行为。命令与控制政策是指政府通过立法或制定行政部门的规章、制度来确定环境规制的目标、标准，并以行政命令的方式要求企业遵守，对于违反相应标准的企业进行处罚①。这个体系的规制者主要是美国交通部（DOTS）和美国环保局（EPA）。美国环保局于 1970 年成立，是一家独立的执行机构，直接对美国总统负责，其主要职责是制定环境政策，建立环境标准，制定有关空气、水、固体废弃物等相关法规。这一期间美国立法机构制定了一系列环境规制方面的法律，如《空气污染控制法案》（1955）、《清洁空气法案》（1963）、《机动车辆空气污染控制法案》（1965）、《空气质量法案》（1967）、《国家环境政策法》（1969）、《清洁水法》（1977）、《资源保护与恢复法》（1976）、《噪声控制法》（1972）、《综合环境资源补偿和责任法》（1980）等。另外还有一系列标准，这些标准可以分为三类，即周围环境标准、排放标

---

① 张红凤. 西方国家政府规制变迁与中国政府规制改革. 经济科学出版社，2007：228

准和技术标准，规定了法律规定的最高污染物排放量，要求被规制者必须采用一定的生产工艺和污染控制技术。同目前的中国一样，这一时期美国关于交通运输业环境规制的法律条文和政策标准也散见于总体的环境法律标准体系中。

7.4.2 基于市场的激励性政策

在 20 世纪六七十年代，美国交通运输业的环境规制虽然利用命令与控制手段取得了一定的绩效，污染物排放得到了一定程度的控制，但随着时间的推移，这种规制手段的弊端也日益显露，命令与控制手段下的统一标准虽然减轻了规制者的负担，却不能以最低的成本有效削减排污量，并且从长期看，统一的排放标准不利于提高企业治理污染的积极性。在此背景下，基于市场的激励性手段日益受到重视，美国的环境规制政策也逐渐转向以市场激励手段为主。基于市场的激励性政策是通过市场信号来激励被规制者的行为，而不规定污染控制水平或技术，使被规制者在追求自身利益的过程中实现污染控制的目标。这种基于市场的激励性政策工具主要有税收补贴和可交易许可证制度。

(1) 税收补贴

美国的环境税内容非常广泛，涉及大气、水、噪声、固体废弃物、城市环境等各个方面。美国交通运输业在很大程度上依赖于石油燃料，其在燃烧过程中排放出大量有害的气体，因此美国对空气污染控制格外重视。在美国，对二氧化硫、氮氧化物和烟尘的排放都征收排污税，对汽车等交通运输工具和汽油、柴油、压缩天然气的课税也都有详细的规定。

(2) 可交易许可证制度

可交易许可证制度始创于美国，首先被美国环保局用于大气污染源及河流污染源的治理，在此基础上逐步建立起以补偿、储存和容量结余等为核心的排污权交易政策体系，并逐步发展为环境规制的主要手段。这一制度在对交通运输业的环境规制方面起到了重要作用。例如，美国环保局从 1982 年开始推行铅的分阶段削减计划，利用可交易许可证市场，对炼油商的汽油含铅量进行交易，用大约五年的时间使含铅汽油快速淘汰，从而减少了含铅汽油的使用对空气造成的污染[1]。

7.4.3 环境规制遵守公正性原则[2]

交通运输是一个由多方主体参与的领域，交通运输的环境规制不仅是规制

---

[1] 张红凤. 西方国家政府规制变迁与中国政府规制改革. 经济科学出版社, 2007

[2] An Overview of Transportation and Environmental Justice . http：//www.fhwa.dot.gov/environment

机构与被规制企业或个人的事情，而且是交通运输业多方参与和影响的事情。为此，1994 年美国总统条例（Presidential Executive Order）制定各联邦机构要将环境公正性作为其工作的一个重要方面。环境公正性的目标是在发展交通运输项目的过程中要保护到其可能影响的社会公众，特别是弱势群体的利益，有效的交通项目决策是建立在社会公众的广泛参与之上的。美国交通部要确保在每个交通项目的规划中都要促进环境保护的公正性和无歧视待遇。

在此基础上确立的环境公正性的三项基本原则是：①避免或尽可能降低对人类健康和环境的有害影响，这种影响包括社会和经济双方面，特别关注对弱势群体的影响。②在交通建设项目规划过程中确保受影响地区的人们能够完全、公平地参与项目决策。③避免忽略、损害弱势群体的利益。

这一原则的实施受到一系列法律法规的保障。例如，1964 年人权法案的第六条（Title VI of the Civil Rights Act of 1964），关于环境公正性的 12898 号行政法令，交通部关于对弱势群体的环境公正性的法规（1997）进一步扩展了该法令。

环境公正性原则不仅是一系列法律法规组合，更旨在提高交通决策的水平。其主要体现在：使交通决策满足所有人的需要；促进社区的和谐发展；提高公众的决策参与度，为弱势群体更好地从交通运输发展中受益提供机会；避免对弱势群体权益的损害；在交通项目规划的初期就尽量避免一些对环境的不良影响。

环境公正性原则根植于美国每个交通方面的决策中，涉及交通项目从最初规划到前期监视，直至维护过程等各个阶段。美国交通部法案（The U. S DOT Order）适用于各级政府、所有交通项目以及由联邦交通管理局（FTA）等交通部直属的部门所资助的活动，并贯彻于决策的各个环节，如政策决定、系统规划、大都市和州的规划、项目开发和环境审查、初步规划、最终规划、正确的方法、建设过程、运营和维护等。

环境公正性原则非常强调社会公众的参与，并通过有效的公众参与项目使公众得到专家提供的服务和帮助，在这方面有很多成功的例子。美国政府很注重加强公众的环境意识教育，早在 1970 年，美国就制定了《环境教育法》，通过学校的教育和媒体的宣传来提高公众的环境意识，并制定了《国家环境政策法》（1970）赋予公民以保护环境的权利，进一步鼓励公民参与环境保护。在环境保护方面，公众发挥了很好的监督约束作用。例如，在美国，公路项目的立项首先要发布消息并召开听证会，在拟建公路沿线一定范围内的所有居民都被通知到，以听取公众的意见，这些意见都要纳入报告书中，并有认真的答复。

7.4.4 环境规制过程中的多方参与

美国交通运输业环境规制的参与主体主要有四个：州交通局、业务规划部门、交通机构和社会公众。它们的主要作用分别是：①州交通局主要负责各种交通方式的规划、制定、建设、项目维护工作，确保在各项活动中环境公正性原则和公民权利法案第六条得到很好的贯彻。②业务规划部门主要帮助地方官员更好地理解环境公正性原则和公民权利法案第六条的相关规定，帮助弱势群体更好地参与交通项目决策。③交通机构是交通运输服务的提供者，在其提供服务过程中要重视照顾弱势群体的利益，他们在经营过程中要确保环境公正性原则和公民权利法案第六条的实施。④社会公众包括个人、社区团体以及其他非政府机构和学术机构。这些个人和团体在促进交通环境公正性原则中起到了积极的作用，例如，参与各项公众活动（听证会、咨询小组、专责小组等）以帮助地方机构了解公众的需要和目标，参与地方机构并和其他地方机构共同参与 TEA-21 项目，基金资助项目建设和促进社会目标的实现等。

7.4.5 美国交通运输业环境规制的启示

美国交通运输业的环境规制与美国总体环境规制的逐步加强趋势相配合，在 20 世纪 70 年代以后表现出更良好的规制绩效。虽说从政治制度、社会文化、经济发展方式等方面中国与美国还存在相当的差异，不能照搬美国交通运输业环境规制的经验，但从其发展中寻找一些可资借鉴的方面，对完善中国交通运输业的环境规制还是不无裨益的。

(1) 激励性规制的有效应用

在美国交通运输业的环境规制中，基于市场的激励性规制得到越来越广泛的应用，并充分发挥了激励作用，规制的灵活性和效果得到很大提升。另外，完善的信息披露制度为税收、许可证交易等制度和政策的实施提供了有利条件，提高了环境规制的信息透明度。

(2) 完善的环境保护司法体系确保法律的有效实施

美国经过几十年的发展实践逐步建立起一套完善有效的环境保护司法体系，在交通运输业方面也充分发挥了法律法规的监督约束作用。从法律的制定方面看，涉及交通运输业需要进行环境规制的各个方面，并且上升到公民基本权利的地位；从法律法规的实施方面看，规制主体美国环保局不隶属于任何政府，直接向总统报告，具有很强的独立性，有利于职责的有效行使；从法律的监督方面看，各政府机构、社会团体、广大公众起到了有效监督的作用，对违法行为予以检举，有效保障了法律的实施；从法律程序方面看，建立了完善的环境诉讼制度，能够对污染者进行事后监督，并可以针对环境规制机构展开行政诉讼，有效地监督了规制主体和规制者的行为。另外，赋予了第三者诉讼的资格，激励社会公众参与到环境保护中来。

（3）社会公众的广泛参与

在美国交通运输业的环境规制中，社会公众起到了举足轻重的作用，从交通项目的规划到项目的施工、运行乃至维护阶段，公众都发挥了重要作用，从而有效地降低了决策者决策失误的可能性，有效地维护了公众自身特别是一些社会弱势群体的利益。各地方政府、社会组织、基金会等为公众参与决策提供了有效的途径和帮助。

7.5　增强中国交通运输业环境规制效果的对策

改革开放以来中国交通运输业的快速发展既是中国经济高速增长的推动力，也是经济增长的需求引致结果。在这一过程中，出于快速发展交通运输业的需要，在较长的一段时期内忽视了交通运输业可能产生的环境负外部性等问题的客观存在。而当前在中国面临构建"资源节约型、环境友好型社会"的大背景下，对交通运输业的环境规制给予更高度的关注，尽可能达到环境规制的有利效果就显得十分必要而迫切。

（1）确保环境规制机构的独立性、权威性

首先，要通过立法确立并提高环境规制机构的法律地位，赋予其合法性和稳定性，使其从各级政府中独立出来，便于其独立行使职权；将分散于各个交通主管部门的环境规制职权逐步集中于统一的环境规制机构——环保局，扩大其作为统一的环境规制机构的权限。

其次，通过立法赋予环境规制机构相应的执行权，提高其执法力度。目前我国环境规制部门的执法权限是很小的，即使查出某企业存在污染事实也不能责令其限期治理①。因此，要通过立法途径赋予环境规制机构相应的执行权，使其有权对违反环境法律法规的单位采取强制性措施，有效制止污染行为。

最后，通过立法协调环境规制机构之间的关系，建立有效的部门间协调机制。由于环境问题具有复杂性，特别是交通运输业的环境问题涉及公路、铁路、水运等各个方面，牵涉多个部门，且具有跨地区流动的特性，因此，需要协调行业内各个环境管理部门之间的关系。通过立法规定各个环境管理部门的权限、职责范围，并促使职权向环境规制机构——环保局集中，避免出现"规制重叠"和"规制真空"。

---

① 程启智. 政府社会性管制理论及其应用研究. 经济科学出版社，2008：164

(2) 在容易产生环境问题的领域加强和细化环境标准建设

我国的环境立法原则性条款多，细化的、具有可操作性的条款少，在环境标准建设上表现得尤为明显。环境标准是为了防治污染、维护生态平衡、保护人类健康，依照法律规定的程序，由立法机构或环保部门对环境保护领域中需要统一和规范的事项所制定的含有技术要求及相关管理规定的文件。环境标准在环境规制中具有重要作用，例如在建设项目环境影响评价、污染源治理等方面都需要环境标准为其提供法定依据。因此，要加强和细化环境标准体系的建设。

首先，提高标准的法律地位，使其真正成为具有强制约束力的法律规范。

其次，标准的制定要通过合理性认证，由权威专家结合我国经济发展水平、行业状况、环境承载能力等对标准进行严格审核，确保标准的科学性、合理性。既要避免由于标准过低对环境造成损害，又要避免过高的、不切实际的标准给环境监管带来不必要的难度。

再次，在环境标准的制定环节要特别关注一些容易产生环境问题的领域，以及缺乏标准支撑的领域。例如，在机动车等道路移动污染源治理方面推出一套合理、可行的标准，减少尾气排放污染。

最后，在执行环节上，要建立起相应的制度保证标准得到有效执行，建立相应的监督审查制度，确保标准执行环节的公正、合法。

(3) 在规制手段的选取上侧重于经济性手段

目前，基于市场的经济性环境规制手段被越来越多的国家所应用，并取得了良好的效果。我国应结合自身交通运输业发展的实际情况和需要，在规制手段的选取上更多侧重于通过税费调节、市场产权交易等经济性手段进行调节，避免过多行政性手段的使用所带来的种种弊端，并通过行政立法确保经济性手段的使用具有长期稳定性。例如，对城市中心区域的车辆实行限行或采取高收费制度，以削弱交通拥挤对大气环境造成的不良影响；通过减免税收，对相关企业提供研发支持等手段，鼓励节能环保车的生产和使用。同时，要保证这些法律、规章、制度在较长一段时间内得以贯彻实施。

(4) 通过加强引导，提高公众的环境参与意识

首先，通过相关法律建设，赋予公众一定的监督权，使其能够参与到交通项目建设的前期规划、污染治理等规制过程中，对环境规制机构进行监督；同时，建立相应的援助机构来帮助公众行使其监督权。

其次，通过宣传教育等方式，提高公众的环保意识。例如，提倡公众多乘坐公共交通工具，减少私家车的购买，以减少尾气排放对大气的污染。

最后，鼓励非政府环保组织在环境保护领域发挥积极作用，通过立法及相应制度设计解决其在注册、资金筹集等方面的困难，保障其活动的顺利开展，帮助这些组织在环境保护中发挥自己的作用。

8 交通运输产业的安全规制

交通运输业作为与民众生命财产息息相关的服务行业，具有点多、线长、面广等行业特性，因此，相比其他行业，交通运输的运营服务过程中也就蕴涵了更多一些的不确定、不安全因素，安全也因此成为交通运输业追求的永恒主题和最大效益。随着经济的迅猛发展和社会的不断进步，无论是利用公共交通方式还是私家车等自主交通方式，人们的出行范围在加大，方式多样，频次增加，随之而来的是对交通运输安全管理的难度越来越大，交通事故在中国各类安全事故中无论就发生起数还是损失程度都占最大比例，对交通运输业的安全规制也就日益成为人们关注的问题。

8.1 安全规制概述

安全规制作为社会性规制的一项重要内容，在日本学者植草益（1992）对社会性规制所作的定义中就给予特别的关注。植草益认为，社会性规制就是以保证劳动者和消费者的安全、健康、卫生、环境保护、防止灾害为目的，对产品和服务的质量以及伴随着提供它们而产生的各种活动制定一定标准，并禁止限制特定行为的规制。无独有偶，史普博（Spulber，1999）在他的《管制与市场》一书中也指出，经济学家和政策制定者称产品质量、工作场所安全和环境规制的复合物为"社会的"或"新潮的"规制，并经常把它视为一个独立的系统。

从以上两个普及度很广、认可度很高的社会性规制的定义中都可以看到，安全规制在其中占据着十分重要的地位，可以说与社会性规制中的其他主要规制内容如环境规制和质量规制相比，安全问题的影响更直接而迅速，安全规制的效应也更易于考察。

8.1.1 安全规制的含义

安全规制（Safety Regulation）是政府对直接或间接影响到公民的生命财产安全和身体健康的社会经济活动进行的规制管理行为。

（1）国外安全规制的一般内涵

安全规制概念的涵盖范围相当广泛，从广义上来讲，所有和安全相关的活动都可以纳入安全规制的范畴，国外的安全规制普遍存在于食品和药品、环境、作业场所安全与健康、道路、汽车、核电厂等领域。狭义的安全规制，其对象仅仅包括关系到生命安全的经济活动，而关系到健康的产品质量和环境则作为社会性规制的其他组成部分被单独提出。比如在美国，通常把社会性规制局限于健康、安全和环境保护这三个方面，因此，也把社会性规制称为 HSE（Health，Safety and Environmental Regulation）规制。

（2）安全规制含义在中国的演变

中国对安全规制的认识是从"安全生产"一词开始的，"安全生产"可以概括为在生产经营活动中，为避免发生造成人员伤害和财产损失的事故，而采取相应的事故预防和控制措施，以保证从业人员的人身安全，保证生产经营活动得以顺利进行。

"安全生产"一词中所讲的"生产"，是广义的概念，不仅包括各种产品的生产活动，也包括各类工程建设和商业经营活动。因此，安全生产涉及经济的方方面面，涵盖了煤矿、非煤矿山、交通运输、消防火灾、危险化学品、烟花爆竹等易于造成直接人身伤害的行业。但是"安全生产"一词并不是国际上的通用术语。"安全生产"一词自1952年在中国第二次全国劳动保护工作会议上提出以来，一直延续使用至今。在"安全生产"这一概念创立之初，"安全生产"旨在强调生产过程中人与物的安全，甚至更偏向于物的安全，注重安全生产是为了生产的顺利进行。而在国际上，与安全生产一词相近的概念是"职业安全卫生"（Occupational Safety and Health，OSH），"职业安全卫生"是西方国家的通用术语，该概念缘起于职业安全卫生权，即指劳动者在职业劳动中人身安全和身心健康获得保障，从而免遭职业危害的权利。该权利的基础是人的生命和健康的权利，是最基本人权的体现。其中的"安全"是指劳动中不发生致人体急性伤亡伤害的事故，即要保障人身安全；"卫生"是指防止劳动中人体受各种有害因素的慢性损害，即要保障人的身体健康。"职业安全卫生"更侧重强调生产过程中人的安全与健康，专门突出生产过程中人的安全和健康的重要性。

近年来，随着中国社会的发展，"以人为本"的执政理念和人本思想逐渐深入。中国对"安全生产"的认识也在不断加深，相应的"安全生产"的内涵也得到了扩充。对"安全生产"的认识已经提高到安全生产的本质在于保障劳动者人身安全与健康的高度。

具体地，安全生产的本质可以概括为在一定的历史条件下，最大限度地保护劳动者在生产过程中的生命安全和身心健康。在这种意义上，"安全生产"一词与西方的"职业安全卫生"一词有了相同的内涵。从中美两国主要的安全生产规制机构，即中国的国家安全生产监督管理总局（State Administration of Work Safety，SAWS，简称安监总局）与美国职业安全卫生署（Occupational Safety and Health Administration，OSHA，中文译作欧沙）各自的规制目标来看，都是在确保生产过程中劳动者的生命和健康不受危害，此外，两者的工作内容也基本相同。因此在这种意义上，目前中国的"安全生产"一词的概念已经等同于美国的"职业安全卫生"一词。

(3) 安全生产的意义

安全生产对经济与社会有着双重意义。在生产过程中，安全与生产具有相对矛盾性，表现为了实现安全，在生产过程中对不安全、不卫生因素采取措施时，有时会影响生产、会增加开支，与生产进度和节约成本会有一定的矛盾。此外，由于人类认识世界的有限性，在劳动者的生产过程中，不可避免地会面临各类风险。这些风险在一定条件下往往会导致生产事故的发生，危害劳动者的生命健康，同时使生产遭受重大损失。安全生产的重要意义就在于通过各种预防措施和保障手段，减少甚至消除生产过程中危害安全的各类风险，防止生产事故的发生，确保劳动者的生命安全和健康。在保护劳动者的同时，也保障了生产，使得生产能够顺利进行。劳动者在良好的劳动条件下进行生产，可以更好地发挥他们的生产积极性和创造性，促进生产的发展；生产发展了，又为进一步改善劳动条件创造了物质和技术前提，从而形成一个良性循环推动的过程。此外，安全生产还能预防事故发生对社会所产生的不良后果，是构建"和谐社会"的重要一环。

8.1.2　安全规制的理由

可以说，确保安全生产或者说确保职业安全卫生是安全规制的根本目的，但这一目的不是仅仅依靠企业或个人的自觉自愿行为就可以达到的，需要有一定的外部力量来约束，安全规制就发挥这样的约束与强制作用。

(1) 安全规制是政府履行保障公民权益职能的必然要求

人身健康与生命安全是与每个人的生活都密切相关的重要问题，保障公民的生命安全也是政府的一项基本职责，而且随着经济的发展、社会的进步和生活水平的提高，人们对安全和健康等方面的要求越来越严格，政府作为"人民利益的代言人"，有义务适应民众的要求变化，对关系到安全和健康的经济和社会活动进行规制，保障民众基本的人身健康与生命安全。

例如，早期的安全规制主要出现在食品和药品领域，因为这两种商品的质量直接关系到消费者的安全和健康。早在1931年，美国就建立了食品和药品管理局（FDA），作为一家科学管理机构，FDA的职责是确保美国本国生产或进口的食品、化妆品、药物、生物制剂、医疗设备和放射产品的安全。它是最早以保护消费者的安全和健康为主要职能的美国的联邦机构之一。后来，针对交通运输、旅游、煤炭、化工等蕴藏较大安全隐患的工业企业等都开始进行安全规制。

（2）安全规制是减少或消除负外部性的需要

外部性是指由某一经济主体的行为所引致的私人成本与社会成本、私人收益与社会收益不一致的情况。当私人成本小于社会成本、私人收益大于社会收益时，就是存在负外部性；反之，如果私人成本大于社会成本、私人收益小于社会收益时，则存在正外部性。一般而言，正外部性需要激励，负外部性需要限制，而这都需要政府规制发挥作用。

安全问题的发生带有很强的负外部性，以交通运输安全为例，交通事故的发生不仅会殃及直接相关人的生命与健康，而且会影响到多个家庭，造成巨大的人员与财产损失等，社会付出的总成本远非交通事故肇事方的成本所及，也就是说社会成本远大于私人成本，具有典型的负外部性特点。安全规制就是要通过政府各种规制手段的运用，尽量降低这种负外部性事件的发生，而消除事实上是很难达到的目标。

8.1.3 安全规制的基本手段

作为社会性规制的一部分，安全规制的实施手段也可以分为法律手段和行政手段两大类。

（1）法律手段

从经济学的角度来看，法律手段是国家通过制定和运用经济法律法规来调节经济活动的手段。具体到安全规制方面，我们可以将法律手段定义为，国家制定法律并且依据法律对影响到公民生命财产安全的生产和生活行为进行规制的手段的总称。法律手段一般具备规范性、强制性、普适性、稳定性的特点。在依法治国的方针指导下，中国近些年在安全规制方面加快了相关法律法规的制定和执行力度。国家现行的有关安全生产的专门法律有《安全生产法》（2002）、《消防法》（1998）、《道路交通安全法》（2003 年颁布，2008 年修订）、《海上交通安全法》（1984）、《矿山安全法》（1993）等；与安全生产专门法律相并列的还有一类法律，即在行业或部门专门法律中涉及有安全生产相关的内容，这类的法律主要有《劳动法》（1995）、《工会法》（1992 年颁布，2001 年修订）、《矿产资源法》（1986 年颁布，1996 年修订）、《铁路法》（1991）、《公路法》（1997 年颁布，2004 年修订）、《民用航空法》（1995）、《港口法》（2004）、《建筑法》（1998）、《煤炭法》（1996）、《电力法》（1996）等。这些法律从不同的领域对社会经济活动中的安全问题进行了规范，形成了一个比较完整的安全法律体系。

无论是从第一类专门法律还是第二类安全相关法律中都可以看出，安全问题突出的交通运输、资源开采、电力生产、建筑、消防等是安全规制的主要领域。

(2) 行政手段

行政手段是国家通过行政机关，采取行政命令、指示、指标、规定等行政措施来调节和管理经济的手段。行政手段一般具有权威性、强制性、垂直性、具体性、非经济利益性和封闭性等特征。

根据史普博（1999）的阐述，规制机构的行政手段大体有法规、许可证、命令、处罚、援助五种，而在交通运输安全规制方面大体会运用的主要有三种，即：

法规（Rule）是行政机构实施、解释或废除法律或政策，或者描述行政机构的组织、程序或实际要求的一种表述。例如，中国的《道路交通安全法实施条例》就是交通部对于《道路交通安全法》的解释和具体实施细则。

许可证（License）是行政机构颁发的一种许可状、证书、批准令、登记、特许状、会员资格、法律豁免书或其他形式的许可证明。例如，对机动车驾驶人员核准颁发机动车驾驶证就是交通运输安全规制运用许可证手段的一种表现形式。

处罚（Sanction）是行政机构针对违反相关法律、法规和命令等的行为采取的制裁措施。例如，对违反交通运输安全法的各类行为，视情节严重情况所采取的吊销驾驶证、行政拘留、罚款等一系列处罚措施。

目前中国负责安全规制的行政机构主要有：负责统筹全国安全规制的国务院安全生产委员会，负责综合监管的国家安全生产监督管理总局，以及负责各部门内部安全管理的国防科工委、公安部、建设部、交通部（包括民航总局）、铁道部、和国资委等部门，总体来说已经形成了覆盖比较全面的安全规制的行政体系。

8.2　交通运输业安全服务的表现与影响因素

综观国内外的基本情况，交通运输业的安全问题主要集中体现在公路运输方面，因此，本章的分析也以公路运输为主线，辅以对其他运输方式的分析。

8.2.1　交通运输安全的表现形式

交通运输业的安全问题的集中表现就是交通事故，交通事故被称为"现代社会的交通战争"，是和平时期造成人员伤亡最主要的因素，也是政府进行交通运输安全规制的主要对象。

根据《中华人民共和国道路交通安全法》（2008年修订版）第一百一十九条："交通事故"，是指车辆在道路上因过错或者意外造成的人身伤亡或者财产损失的事件。与原《道路交通事故处理办法》（1992）中的道路交通事故定义相比，新定义有了明显变化。首先，对交通事故发生原因的界定不仅是由于特定的人员违反交通管理法规造成的，也可以是由于地震、台风、山洪、雷击等不可抗拒的自然灾害造成；其次，对交通事故的定义和含义基本与国际接轨。

根据《公安部关于修订道路交通事故等级划分标准的通知》(1992)，交通事故按损害程度分为：轻微事故，是指一次造成轻伤 1~2 人，或者财产损失机动车事故不足 1000 元，非机动车事故不足 200 元的事故。一般事故，是指一次造成重伤 1~2 人，或者轻伤 3 人以上，或者财产损失不足 3 万元的事故。重大事故，是指一次造成死亡 1~2 人，或者重伤 3 人以上 10 人以下，或者财产损失 3 万元以上不足 6 万元的事故。特大事故，是指一次造成死亡 3 人以上，或者重伤 11 人以上，或者死亡 1 人，同时重伤 8 人以上，或者死亡 2 人，同时重伤 5 人以上，或者财产损失 6 万元以上的事故。

与公路运输相比，铁路运输、水运和航空运输虽然安全系数比较高，事故发生率很低，但是由于运输方式的特殊性，一旦发生交通事故，往往是重大或是特大事故，后果相当严重，对社会的影响也非常大。因此，对除公路运输外的其他交通运输方式的安全规制也应引起交通安全规制机构的高度重视。近年来，中国较为频繁地发生了一些铁路、水运、空运方面的交通事故。例如，2007年发生在新疆的列车因大风脱轨事故，造成 3 名旅客死亡，2 名旅客重伤，32 名旅客轻伤，南疆铁路被迫中断行车；2008 年发生在山东的火车相撞事故，造成18 人死亡，9 人受伤；2002 年国航釜山空难，共 128 人遇难；2002 年北方航空飞机在大连坠海，机组 9 人、旅客 103 人全部遇难。这些事故不仅给消费者的信心和预期带来不利影响，也令中国交通行业的国际形象受损。

由此可见，交通运输服务安全的表现就是交通运输服务企业在提供各类交通运输服务的过程中避免交通事故的发生。但由于在交通运输领域，除了专业化的交通运输服务企业外，还有相当数量的非营运主体，绝大多数集中在公路运输领域进行自我服务性质的私人驾驶，这些人员和车辆作为交通运输的参与主体是交通运输安全规制的规制对象，因此，与其他生产领域的安全规制不同，对交通运输业的安全规制，既包括企业也包括个人，从某种意义上讲规制更复杂，难度也更大。

8.2.2 影响交通运输安全的客观因素

导致交通事故发生的因素是多种多样的，从宏观层面来看，一个国家或地区的经济和社会发展水平与交通运输事故的发生概率有一定的相关性。首先是人口因素，人是产生交通运输需求的基本主体，一切交通活动都因人而生。在一般情况下，如果每一个人的交通运输需求大致相当，人口越多，总的交通需求量就越大，交通总量就越大，与之相对应，交通事故的发生概率也会加大。其次是经济发展程度，经济越发达，交通运输工具的保有量越多，而且经济越发达，社会分工越细密，经济活跃度越高，随之而来的人员与物资的流动也会频繁，同样会增加交通运输总量，从而提高交通事故的发生概率。当然，上述情况是就缺乏严格有效的交通运输安全规制而言的，反观现实，在美、欧、日等发达国家，虽然每年从交通事故发生率上看在世界上并不低，但交通事故发生后的人员伤亡率却相对较低，这与这些国家严格而有效的交通运输安全规制不无关系。而在中国，2008 年仅因道路交通事故而死亡的人数就达 73990 人[①]，交通事故的致伤致亡率非常高，也不能说与中国交通运输安全规制的有效性较低不无关系。

从微观层面上看，在造成交通安全事故的基本要素中，驾驶员是控制交通事故的关键要素，其业务水平、经验、安全意识及年龄分布等都与交通事故的发生概率密切相关。而交通基础设施的质量，以及交通运输工具的性能、可靠程度等也是安全运输的影响因素。其他还包括交通流量的大小、交通法规的适应性及普及程度、交通安全知识教育的覆盖面，以及季节、时间、气候等因素。以上各种主客观因素的综合作用可以说存在于每个即时的交通运输行为之中，达成安全或不安全的交通运输后果。一般而言，影响交通运输安全的客观因素主要包括以下几个方面：

(1) 交通基础设施

以公路运输为例，交通基础设施包括各种等级的公路以及照明、排水、警示标志等附属设施。

影响公路交通安全的道路因素主要包括道路路面、坡度，道路照明状况、车道数量、宽度及不符合设计规范的线形等。道路条件是否与人、车保持协调，对于交通安全极为重要。道路几何参数、路面附着条件、道路安全设施等方面存在问题是危害交通安全的隐患，在某些情况下甚至会成为道路交通事故的直接原因。

在道路交通环境方面，道路设计运行能力如果与实际的交通流量差距太大，道路就容易发生拥堵，增加事故发生的概率；在道路线形设计方面，如果路面坡度太大、道路弯道半径不够、上下坡太长等也会增加道路交通事故发生的隐患。此外，路面不平整、路面宽窄不一等因素也易于引发交通事故。

考察交通事故的发生，纯粹由于道路因素引起的事故相对较少，主要表现为路况不良引起驾驶行为不当而造成事故。特别是在夜晚，郊区线路路面无灯光照明的情况下，发生交通事故的比例非常高。

另外，在城区路段上，路况条件差，有些路面积水时间过长，路面排水设施位置及尺寸不当，警示标志不全、弯道处防眩设施不足等，也是造成交通事故的一个因素。

导致城市道路交通事故多发的主要原因是混合交通现象严重。城郊道路上

---

① 数据来源：公安部交通管理局．2008 年道路交通事故统计公报

摆摊设点，乱停乱放使整条道路失去交通功能、降低了道路的可使用率，各种车辆被迫在一条路上混合行驶，人车交织，易发生交通事故。

对于铁路运输而言，基础设施包括路轨、路基、信号设施、电气化铁路的供电设施等。铁路的基础设施有严格的建设标准，在正常的维护下一般不会引起交通事故的发生。而水运和民航的安全问题与其基础设施——航线、码头、机场等的关系也不大，因为这些运输方式的基础设施建设的标准化程度很高，这里不再详述。

(2) 交通运输工具

现代交通运输工具不断向着安全、快速、舒适的方向发展，交通工具的结构日趋精密，制造过程也日趋复杂。交通运输安全规制对运输工具本身的安全性也提出了更高的要求，在现实生活中，由一个小零件引起一场大的交通安全事故的事例也并不罕见。影响机动车安全性能的因素主要由转向系统、制动系统、行驶系统和电气系统组成。

1）机动车的转向系统是直接关系到车辆操纵性能的关键机构，对交通安全的影响最大。转向系统的零部件若有异常现象发生，便有可能使车辆不能保持在正常车道内行驶，或者造成翻车事故。

2）机动车的制动系统是降低车速或停止行驶的控制机构，是行车安全的核心部件之一。车辆因制动失灵或制动力不足极易导致制动距离延长、跑偏、侧滑从而引发事故。

3）机动车行驶系统中对交通安全影响最大的是车轮和轮胎，在车辆的行驶过程中，若轮胎爆裂、磨损严重、充气不足或车轮脱落都可能直接或间接地引起交通事故。对于交通安全来说，在机动车电气系统中主要是灯光和喇叭，其主要功能一是为夜间或雾天行车照明，二是作为与其他交通参与者进行联络的信号和标志。一旦车辆的电气系统出现故障，可能会不知不觉地危及行车安全，从而引发交通事故。

从铁路运输来看，机车是最核心的交通运输工具。中国的铁路运输已经经历了七次提速，主要铁路干线的电气化改造也在如火如荼地进行着，这些都对现有机车提出了新的技术要求。截至 2007 年，中国国家铁路拥有机车 17311 台，其中蒸汽机车 89 台，内燃机车 11229 台，电力机车 5993 台[①]。现有的机车水平如何在保证安全的前提下达到提速的要求，是一个亟待解决的问题。尤其是人们通常说的"绿皮车"，这种车的机车一般都是老式的内燃机车，车厢也大都年久失修，而且在春运和节假日等营运高峰期一般都会严重超员，在高速运行的情况下这种车辆相比而言存在较多的安全隐患。另外，随着技术的不

---

① 数据来源：2008 年中国统计年鉴

断进步，动车组、高速城铁等高速运力的机车已经投入运营，速度更快的磁悬浮列车也已经在上海实验运营，速度越快对交通工具的安全要求就会越高，高速铁路运输需要更高标准的机车制造水平，更高效的列车养护和维修工作。

运输速度最快的航空运输对运输工具的要求更高，飞机的每次飞行前后的检查维修工作都有严格的规定，即便如此，还有很多飞行事故是由没有检查出或者突发的飞机故障引起的。

(3) 交通环境

交通环境指交通管理水平、交通流量的大小、交通法规的制定以及交通安全知识的普及等方面的因素。其中既包含客观因素，也带有一定的主观因素。例如，交通管理水平就与交通管理技术手段这一客观因素和交通管理人员的管理理念这一主观因素都相关。但如果以驾驶员为主体来看，交通环境总体上就是一种客观存在，所以，这里将其列为客观因素。首先，交通管理的不科学、不完善会直接导致交通秩序混乱、交通堵塞，给各种交通参与者带来心理压力，从而增强交通的不安全因素。这一点在公路运输和航空运输表现得比较明显，例如大型机场飞机起降非常频繁，机场塔台对飞机起降的调度管理水平直接关系着航空运输的安全与效率。其次，交通流量越大，交通事故发生的可能性就越大。在公路运输方面，随着中国经济的迅速发展，汽车的保有量飞速增长，道路交通事故也随之增加。道路交通管理部门为应对这种情况，也采取了加宽车道、单向通行等方法来缓解交通流量过大对交通安全带来的压力，事实表明，有一定的成效。由此又可以看出，科学的交通管理手段可以对减少交通安全事故产生一定的积极作用。此外，交通法规和安全知识的普及也在很大程度上影响交通安全。交通法律法规中有关安全的规定和处罚措施与程度是否恰当，直接改变人们对交通安全问题的预期，如果有关法律法规对影响交通安全的行为进行详细描述并制定明确的行为规范，而且对造成交通事故的肇事者进行严厉处罚，人们预期发生交通事故的成本非常大，就会更加严格约束自己的行为，避免道德风险行为的大量发生；反之，模糊的规定和宽松的处罚只能助长交通参与者的疏忽大意，提高交通事故发生的概率。

(4) 自然环境

影响交通运输安全的自然环境主要是指天气。按照天气对交通运输安全的影响程度来排序，受天气影响最严重的运输方式首先是航空运输，其次是公路运输和水运，最后是铁路运输。航空运输对天气的反应极为敏感，为了保证航行安全，每当遭遇大雾、暴雪、雷电等天气时往往会推迟或者取消航班，很多空难事件也与天气原因密不可分，例如 2002 年的国航釜山空难，由于天气恶劣，首次着陆失败后，准备再次着陆时，飞机突然撞山，造成 128 人遇难的惨剧。对公路运输安全造成影响的主要是雨雪天气，由于道路湿滑，使得汽车制动效果降低从而酿成交通事故，另外，大雾天气由于影响驾驶员的可视距离，也容易造成追尾等事故。对水运造成重要影响的天气因素主要是风，尤其是远洋运输中很容易碰上风暴等天气，大风掀起巨浪，将船打翻，所幸的是现在的船舶都在朝大型化方向发展，抵御风浪的能力也大大增强。铁路运输受天气因素影响较小，几乎可以在任何天气条件下运行，但是近些年发生的一些因为极端天气引起的铁路交通事故，也引发了人们对铁路运输安全问题的新一轮思考。比如 2007 年 2 月乌鲁木齐开往阿克苏的 5807 次列车，因瞬间大风造成该次列车的 9～19 号车厢脱轨，造成 3 名旅客死亡、2 名旅客重伤、32 名旅客轻伤，南疆铁路被迫中断行车。2008 年初中国南方遭受严重的雨雪冰冻灾害，在其他交通运输方式中断的情况下，一向"风雨无阻"的火车也因为考虑到安全问题多次出现停运现象，进一步造成人们的出行困难。

8.2.3 影响交通运输安全的主观因素

主观因素就是与人员相关的因素，具体到交通运输业，主要是与各种交通运输工具的驾驶人员以及其他相关人员有关的因素。

(1) 驾驶人员的各种不当行为

从各类不同的交通运输方式来看，首先在公路运输中，人是造成交通运输事故的核心。表 8.1 是对 2007 年造成中国道路交通事故主要原因的统计，统计表明，近 90% 的道路交通事故是由驾驶人员对机动车违法操作造成的，造成的死亡人数占死亡总人数的 90% 以上，可以反映出道路交通事故的关键在于机动车驾驶员，而其中大部分是由于驾驶员存在操作失误、麻痹大意或违章行驶等情况。

表 8.1　2007 年中国道路交通事故主要原因统计

项　目	事故起数		死亡人数	
	数量（起）	构成（%）	数量（人）	构成（%）
超速行驶	33487	10.23	11478	14.06
酒后驾驶	8752	2.67	3435	4.21
逆行	14951	4.57	4228	5.18
疲劳驾驶	3349	1.02	1768	2.17
违法变更车道	9700	2.96	1388	1.7
违法超车	11438	3.5	2746	3.36
违法倒车	3952	1.21	775	0.95
违法掉头	5130	1.57	482	0.59

项　　目	事故起数		死亡人数	
	数量（起）	构成（%）	数量（人）	构成（%）
违法会车	14762	4.51	3596	4.4
违法牵引	114	0.03	40	0.05
违法抢行	1801	0.55	323	0.4
违法上道路行驶	5734	1.75	2128	2.61
违法停车	1709	0.52	554	0.68
违法占道行驶	14305	4.37	3887	4.76
违法装载	3757	1.15	2271	2.78
违法装载超限及危险品运输	75	0.02	32	0.04
违反交通信号	7151	2.19	1381	1.69
未按规定让行	61891	18.91	10226	12.52
无证驾驶	19868	6.07	6072	7.44
不按规定使用灯光	1090	0.33	288	0.35
其他影响安全行为	69327	21.19	16412	20.1
机动车违法小计	292343	89.34	73510	90.03
制动不当	1318	0.4	328	0.4
转向不当	423	0.13	132	0.16
油门控制不当	245	0.07	61	0.07
其他操作不当	14266	4.36	3370	4.13
机动车非违法过错小计	16252	4.97	3891	4.77
超速行驶	455	0.14	68	0.08
酒后驾驶	141	0.04	27	0.03
逆行	1820	0.56	198	0.24
违法超车	396	0.12	16	0.02
违法牵引	3	0	0	0
违法抢行	473	0.14	108	0.13
违法上道路行驶	309	0.09	54	0.07
违法停车	22	0.01	3	0.00
违法占道行驶	2233	0.68	354	0.43
违法装载	67	0.02	17	0.02
违反交通信号	1059	0.32	165	0.2
未按规定让行	2310	0.71	371	0.45

续表

项 目	事故起数		死亡人数	
	数量（起）	构成（%）	数量（人）	构成（%）
无证驾驶	30	0.01	8	0.01
其他影响安全行为	3154	0.96	579	0.71
非机动车违法小计	12472	3.81	1968	2.41
违法上道路行驶	629	0.19	406	0.5
违法占道	464	0.14	132	0.16
违反交通信号	1706	0.52	408	0.5
其他影响安全行为	2662	0.81	1036	1.27
行人乘车人违法小计	5461	1.67	1982	2.43
未设置道路安全设施	5	0	0	0
安全设施损坏、灭失	1	0	0	0
道路缺陷	0	0	0	0
其他道路原因	9	0	3	0
道路原因小计	15	0	3	0
意外原因小计	666	0.2	295	0.36
合 计	327209	100	81649	100

资料来源：中国交通年鉴（2008）

在公路运输中，驾驶员的心理状态、生理条件、精神情绪是促成交通事故的直接内因。驾驶员引起事故的原因大体包括：麻痹大意、占道行驶、超速超车行驶、违规让行等。①违规违章操作。违规违章驾驶，例如，在乘客没有完全下车的情况下启动车辆行走；驾驶员起动车时没有看好倒后镜，将准备上车的乘客挂倒；超车时不注意安全距离和被超车的位置；违章停车等。往往是瞬间的疏忽就导致了事故的发生。②超速行车。道路宽阔、路面平坦的良好交通条件，容易使驾驶员产生加速的心理；在交接班时间，驾驶员为了早点收工往往赶点行驶，而忽视安全，开飞车等。速度过快时，遇到紧急情况就酿成了交通事故。③疲劳驾驶。疲劳驾驶造成的交通事故占有相当大比重。长时间开车，容易造成心理上、动作上、操作上的失调，不能做出正确反应，从而导致交通事故的发生。④疏忽大意。驾驶员安全意识不强、预警意识不足，遇到突发情况，往往应急措施不当酿成事故。

与公路运输相比，铁路运输中驾驶人员不需要面对多变的道路交通状况，只需要按照事先制定好的行驶计划或者根据调度室的指挥控制列车，上述公路运输中驾驶员容易产生的一些行为在铁路运输中表现得并不完全。从这个意义上讲，铁路运输的安全性相对较高，但由于驾驶人员的不当行为造成的交通事故也并不是很少。例如，2008年的"4·28"列车相撞事故，造成70多人死亡，400多人受伤，震惊全国，其事发原因是北京到青岛的特快列车转弯时超速行驶，造成后部的车厢甩出路轨，被迎面开来的另一辆列车撞上。据调查，转弯的那段铁路限速每小时80公里，而事发时列车速度达到了每小时131公里。这明显就是由驾驶员超速行驶导致的一起人为事故。

对航空运输的飞行员来说，飞机上一般都会配备自动航行装置，对飞行员最大的挑战是遭遇飞机故障或天气变化等突发状况时，驾驶员的应变和恰当操作能力，这时飞行员的心理素质和经验起到关键性的作用。处理得当，会把乘客和飞机的损失降到最低点，一旦处理失误就很容易造成机毁人亡的惨剧。

(2) 其他交通参与人员的行为

在实际的交通运输活动中，不仅是交通工具的驾驶人员，其他交通参与人员的行为也对交通安全产生直接或间接的影响。由表8.1可见，道路交通事故中，由非机动车驾驶员和行人因素引起的事故占事故总数的5.61%，死亡人数的占比则高达10.42%。主要行为包括机动车乘坐人员干扰驾驶员的正常驾驶、行人横穿马路、跨越护栏等。

在铁路、水运、航空运输等方面，影响交通安全的其他人员主要是调度管制人员，即调度人员和驾驶人员之间的信息传递是否畅通有效，调度人员的调度指令是否合理正确等。

8.3 中国交通运输业安全规制的现状与问题

与其他社会性规制一样，安全规制在中国也缺乏专门针对某一产业的系统的法律法规和行政规制，而是大多融入总体的安全规制中，因此，有必要对中国安全规制的总体发展脉络做一回顾。

8.3.1 中国安全规制的发展脉络

如前所述，中国政府机构较少使用安全规制这一概念，而是以安全生产代之，所以对中国安全规制发展历程的回顾，实际上是对中国安全生产监管情况的回顾，两个概念在这里是混用的。

(1) 计划经济时期的安全生产监管 (1949～1978年)

从新中国成立之初到20世纪70年代末期，中国政府对安全生产规制经历了从无到有的发展阶段。这一时期公有制和国家计划一直是政府控制经济和社会运转的基本手段。当时认为只有通过公有制和国家计划，政府才能主导国民经济结构,限制有可能危害公众健康、安全和幸福的行为。因此,这一时期的安全生产规制也是贯彻这一指导思想的。

新中国成立后,党和政府对安全生产工作高度重视,于1949年11月召开的第一次全国煤矿工作会议上提出"煤矿生产,安全第一"。1950年5月,政务院批准的《中央人民政府劳动部试行组织条例》和《省、市劳动局暂行组织通则》规定:"各级劳动部门自建立伊始,即担负起监督、指导各产业部门和工矿企业劳动保护工作的任务。"1952年第二次全国劳动保护工作会议明确要坚持"安全第一"方针和"管生产必须管安全"的原则。1954年新中国制定的第一部宪法,把加强劳动保护、改善劳动条件确定为国家安全生产的基本政策。之后,中央人民政府又先后颁布了《工厂安全卫生规程》、《建筑安装工程安全技术规程》等行政法规,建立了一套由劳动部门综合监管、行业部门具体管理的安全生产工作体制。这套体系建立后,劳动者的安全状况得到了很大改善。但是这一套体系在"大跃进"时期被当做影响生产的不必要的障碍被废除了。其造成的直接后果是1958~1961年期间,工矿企业年平均事故死亡比"一五"时期增长了近4倍。1963年,鉴于安全生产的紧迫形势,国务院颁布了《关于加强企业生产中安全工作的几项规定》,恢复重建安全生产秩序,事故明显下降。但是这项规定没有执行一段时间就"文革"爆发,安全生产工作受到极"左"路线的严重冲击,在认识上,安全生产工作不受重视;在机构设置上,1970年劳动部并入国家计委,其安全生产综合管理职能也相应转移。这种变化导致了"文革"期间安全生产事故呈现明显上升的态势。

综观这一历史时期,可以看到中国的安全生产规制在新中国成立后,经历了从无到有、动荡发展的一个过程,基本确立了由劳动部门综合监管,行业部门具体管理的适应计划经济体制的安全生产规制体制。这一套安全生产规制体制在公有制和计划经济条件下正常运行时也取得了不错的规制效果。但是我们还应该看到,在当时尚未形成依法治国的社会基本条件下,这套规制体系的运行极易受到各种政治运动的影响,每当安全生产规制受到政治运动的冲击时,生产事故的发生都经历了一个高峰期。

(2) 市场经济初期——变革时期(1979~2000年)

随着中国改革开放的重大战略开始实施,中国政府重新肯定加强安全生产立法和建立安全生产监督管理制度的重要性和迫切性。1982年2月,国务院发布《矿山安全条例》、《矿山安全监察条例》和《锅炉压力容器安全监察暂行条例》,宣布在各级劳动部门设立矿山和锅炉压力容器安全监察机构。同时,相应设立了安全生产监察机构,以执行安全生产国家监察制度。1983年5月,国务院批转原劳动人事部、国家经委、全国总工会《关于加强安全生产和劳动安全监察的报告》指出:"劳动部门要尽快建立、健全劳动安全监察制度,加强安全监察机构，充实安全监察干部，监督检查生产部门和企业对各项安全法规的执行情况，认真履行职责，充分发挥应有的监察作用。"为此，国务院于同年为原劳动部门特批了 6000 名劳动安全卫生监察员的编制，另批给经委系统 2000 个安全人员编制，以从事安全专职监察、管理工作，从而全面确立了中国安全生产国家监督管理制度。1988 年，国务院批准的原劳动部"三定"方案中更进一步规定：劳动部"综合管理劳动安全卫生、矿山安全、锅炉和压力容器安全工作，实行国家监察。拟定有关法规和规划，并负责组织实施和监督检查，参与重大伤亡事故的调查，组织指导全国安全生产工作"。1993 年 8 月，原劳动部发布了《劳动监察规定》，对劳动监察的内容做出规定。1993 年 2 月，全国人大常委会通过颁布《矿山安全法》使矿山安全监督管理首次具有了法律基础。1994 年 7 月，全国人大通过了《劳动法》，进一步明确了安全生产国家监督管理体制。1995 年 6 月，原劳动部颁布了《劳动安全卫生监察员管理办法》。

1982～1995 年，中国各省、自治区、直辖市和一些城市通过地方立法，规定了劳动行政部门是主管安全生产监督管理工作的机关，行使国家监察职能，在本地区实行安全生产监督管理制度。同时，下级劳动安全卫生监督管理机构在业务上接受上级安全生产监督管理机构的指导，从而形成了中央统一领导、属地管理、分级负责的安全生产监督管理体制。据统计，1996 年，全国设立劳动安全监督管理机构 2700 多个，配备职业安全卫生、锅炉压力容器安全及矿山安全等方面的监察人员达 15400 人。此外，还建立了为监督管理提供技术支持的劳动安全卫生检测检验系统、情报信息系统、教育培训系统和科研系统。

1998 年，在国务院机构改革中成立劳动和社会保障部，将原劳动部承担的安全生产综合管理、职业安全监察、矿山安全监察职能，交由国家经济贸易委员会承担；原劳动部负责的卫生监察（包括矿山卫生监察）职能，交由卫生部承担；原劳动部承担的锅炉压力容器监察职能，交由国家质量技术监督局承担；劳动保护工作中的女职工和未成年工特殊保护、工作时间和休息休假，以及与劳动保护工作关系密切的工伤保险、劳动保护争议与仲裁等，仍由劳动和社会保障部管理。国家经贸委成立安全生产局，综合管理全国安全生产工作，对安全生产行使国家监督职权，拟定全国安全生产综合法规、政策，组织协调全国重大安全事故的处理。

1999 年国务院根据煤矿安全生产的实际情况，增设国家煤矿安全监察局，与国家煤炭工业局是一个机构、两块牌子。国家煤矿安全监察局是国家经贸委管理的负责煤矿安全监察的行政执行机构，承担国家经贸委负责的煤矿安全监察职能。国家煤炭工业局的有关内设机构，加挂国家煤矿安全监察局内设的牌子。

1979～2000 年这一时期，正是中国经济体制由计划经济向市场经济转轨时期。这期间，中国国民经济所有制形式发生了重大变化，多种形式的非公有制经济如雨后春笋般地出现在了国民经济的序列中。经过多次的政府机构改革，原来的安全生产规制机构发生了重大变化，许多以往指导生产的经济部门被撤销的同时，其原有的对安全生产的行业管理职能也不复存在。在1998年的政府机构改革中，对安全生产规制体制影响最大的当属国家把原劳动部负责的安全生产综合管理职能划给了国家经贸委。规制主体的变动给中国安全生产规制带来了较大影响。首先，国家经贸委的主要职能是负责中国经济生产，把安全生产规制的职能交给一个主管经济生产的部门，使得安全生产规制虚化，国家经贸委既负责经济生产又负责规制安全，这两个目标在一定范围内互相背离。其次，规制主体的变动，使得原有的一支成体系的安全生产规制队伍被打散，重新组成新的部门，在这一过程中造成许多富有经验的安全生产监管人员流失。从新机构成立的规制效果看，这次关于安全生产规制的机构改革可以说没有收到预期的效果。

(3) 新的规制体制形成时期（2000年至今）

2000年12月，为适应中国安全生产工作的需要，进一步加强对安全生产工作的监督管理，预防和减少各类伤亡事故，国务院决定设立国家安全生产监督管理局，国家煤炭安全监察局与其是一个机构、两块牌子。涉及煤矿安全监察方面的工作，以国家煤炭安全监察局的名义实施。国家安全生产监督管理局（国家煤矿安全监察局）是综合管理全国生产工作，履行国家安全生产监督管理和煤矿安全监察职能的行政机构，由国家经贸委负责管理。原由国家经贸委承担的安全生产监督管理职能划给国家安全生产监督管理局（国家煤矿安全监察局）。原国家煤矿安全监察局承担的职能不作调整。

2001年3月，国务院决定成立国务院安全生产委员会，委员会主任由国务院主管经济工作的副总理兼任，国家安全生产监督管理局局长任副主任兼办公室主任，委员会成员由国家经贸委、公安部、监察部、全国总工会等部门的主要负责人组成。委员会办公室设在国家安全生产监督管理局。委员会的主要职责是：定期分析全国安全生产形势，部署和组织国务院有关部门贯彻落实中共中央、国务院关于安全生产的方针、政策；研究、协调和解决安全生产中的重大问题；协调解放军总参谋部和武警总部迅速调集部队参加特别重大事故应急救援工作；完成国务院领导同志交办事项及其他有关安全生产的重大事项。

2002年11月《安全生产法》颁布实施，安全生产开始纳入比较健全的法制轨道。至此，政府对安全生产的监督管理已由过去单纯的行政管理转变为法律与行政规制相结合。

2003年以来，中共中央以科学发展观统领社会经济发展全局，坚持"以人为本"的理念对安全生产工作产生重大积极影响。在法制、体制、机制和投入等方面采取了一系列措施加强安全生产工作。2003年国家安全生产监督管理局（国家煤矿安全监察局）成为国务院直属机构，成立了国家安全生产委员会；2004 年国务院做出《关于进一步加强安全生产工作的决定》；2005 年初，国家安全生产监督管理局升格为总局（正部级）；2006 年初，成立了国家安全生产应急救援指挥中心。至此，中国新的安全生产规制体制初步形成。

目前中国国家层面上的安全生产规制格局是：国务院安全生产委员会负责指导中国的安全生产工作。国家安全生产监督管理总局负责对全国安全生产工作实施综合监管，并负责煤矿安全监察和非煤矿山、危险化学品、烟花爆竹等无主管部门行业领域的安全监管工作。国防科工委、公安部、建设部、交通部、铁道部、民航总局和国资委等部门，分别负责本系统、本领域的安全工作；质检总局负责锅炉压力容器等 4 类特种设备的安全监督检查；卫生部负责职业病诊治工作；劳动和社会保障部负责工伤保险管理，同时保留了儿童、妇女的劳动保护工作职能；到 2006 年底，各省（区、市）和新疆生产建设兵团、各市（地）以及 92％的县（市），已建立专门的安全生产监管机构。全国有 9 个省市、156 个市地和 1197 个县，建立了安全生产执法队伍。全国共有安全生产监管人员约 5.5 万人。目前已经初步形成了"政府统一领导，部门依法监督，企业全面负责，群众监督参与，社会广泛支持"的安全生产工作格局，并且"国家监察、地方监管、企业负责"的煤矿安全生产工作责任体系，已经形成并逐步完善①。

8.3.2　中国交通运输业安全规制的发展演变

直到 2008 年推行大部门制改革之前，中国交通运输业一直实行分行业部门管理的行政管理体系，即便大部门制改革完成之后，铁道部仍然作为独立的行政管理部门而存在，还是没有达到真正意义上的大部门制。在此背景下，中国交通运输业安全规制的发展演变过程依据交通运输方式的差异而不同，并不是统一的，因此需要从不同交通运输方式的视角分别加以考察。

（1）交通运输业安全规制主体的变化

总体上，中国交通运输业的规制主体的发展演变经历了"分—合—分—合"的过程。

新中国成立初期，中国成立了铁道部、交通部、邮电部、民用航空局隶属政务院的四个部门，分别管理铁路运输、公路水路运输、邮政和民航运输。1970 年 7 月，交通部、铁道部和邮电部的邮政部分合并组建为交通部，民用航空局同期隶属于中央军委，这是第一次"合"的过程。为了推进交通运输业的改革，增强各部门改革的活力，合并没多久的交通规制部门再次分开，1975 年，交通部与铁道部分开，邮电业务归还邮电部，成立了独立的交通部；1980 年，民航总局由中央军委划归为国务院的直属局。近年来，随着改革的深入，

---

① 夏新. 比较视野下的我国安全生产政府管制研究. ［硕士学位论文］. 河南大学, 2007

改革中政府职能交叉、政出多门、多头管理、行政效率低、行政成本高等问题凸显出来。为了进一步推进改革,在 2008 年的"两会"上决定进行大部制改革。其中原交通部、民航总局、国家邮政局合并组成新的交通运输部,铁道部保持不变,"合"的趋势再次出现。目前,中国交通运输业的规制主体格局是交通运输部负责公路水路运输,其下属的民航总局、国家邮政局负责民航运输和邮政运输,铁道部仍负责铁路运输的安全监管工作。

(2)道路运输业的安全规制沿革

新中国成立以来,中国经历了几次道路交通安全管理体制改革①。

新中国成立后,道路交通管理基本上是由交通部门负责。1950 年 2 月,政务院通过《关于一九五〇年公路工作的决定》确定了车辆管理、驾驶员管理及交通秩序管理的部门分工:中央及大行政区直属市的车辆行驶市内的由市政府管理;长途汽车由公路机关管理。省及下属城市的车辆管理由省公路机关负责。1950 年交通部颁布了《汽车管理暂行办法》及实施细则,使得车辆管理、驾驶员管理和行车管理有法可依,1951 年公安部也颁布了《城市陆上交通管理暂行规则》,全国的交通法规建设迈出一大步。这样,公安部门就负责 6 大行政区直属市内的交通安全管理工作,交通部门负责其他城市和地区的交通安全管理工作。

这种状况一直维持到 20 世纪 80 年代初,虽然这期间国内行政区划发生了很大的变化,由公安机关负责交通安全管理的城市上升到 39 个,但其余地区交通安全管理工作仍是由交通部门负责的。改革开放后,农用拖拉机迅速增加,上路行驶的拖拉机管理由农机监理部门负责,由此就形成了多家管理道路交通的局面。针对这种道路交通多头管理的局面,中国政府先后进行了数次改革。

第一次是 1986 年,由于城乡机动车辆大幅增长,交通事故死亡人数也大幅上升,从 1983 年的 2.4 万人增加到 1986 年的 5 万人。当时认为交通安全管理统一由公安部门负责会更有利于交通安全工作,可以减少交通事故。因此,1986 年 10 月,国务院下发了《关于改革道路交通管理体制的通知》,确定了全国城乡道路交通由公安机关负责统一管理的体制,决定将原归交通部门管理的交通监理全部成建制地交给公安部门,道路交通安全管理职能从交通部转移到公安部,这是中国道路交通安全管理体制改革力度最大的一次。但不久这次改革存在的问题就逐渐显现出来,由于对原交通部、城乡建设环境保护部、农牧渔业部、公安部等部门的职能界定不细,使各部门在行使职能时出现了职责交叉、政令不畅、机构重叠等问题,严重影响了行政执法和管理效能。

为了协调部门间工作,1993 年国务院主持了协调会议,又一次对公安部和交通部两部门的职能作了必要的调整,并形成会议纪要,明确"公安部是国

---

① 数据来源:http://www.lygjg.net/jjfc/jiaotongshihua/2009/0108/69.html

务院管理全国道路交通安全和交通秩序的职能部门",并对两部门的具体职责
进行了划分。这可以视做是第二次改革,但 1993 年的调整并没有得到认真贯
彻,道路交通安全管理体制存在的深层次的问题也未得到根本解决。1998 年
国务院批准的《公安部职能配置、内设机构和人员编制规定》进一步明确了公
安部"指导监督地方公安机关维护道路交通安全、交通秩序以及机动车辆、驾
驶员管理工作"的职责。对此,有关部门仍然对车辆及驾驶员统一管理问题提
出不同看法,2001 年 8 月国务院第 110 次总理办公会议决定,现行道路交通
管理体制维持不变,仍由公安机关部门实行统一管理。

2004 年 5 月 1 日开始实施的《道路交通安全法》肯定了 1986 年以来确立
的道路交通管理体制,第一次以国家法律的形式对道路交通安全管理体制做出
了明确的规定。

在《道路交通安全法》总则第五条第一款中规定:"国务院公安部门负责
全国道路交通安全管理工作,县级以上地方各级人民政府公安交通管理部门负
责本行政区域内的道路交通安全管理工作"。第二款规定:"县级以上各级人民
政府交通、建设管理部门依据各自职责,负责有关的道路交通工作"。

由于道路交通安全管理是一项十分复杂的系统工程,要做好道路交通安全
管理工作,需要各方面的通力配合和协作,特别是作为社会基础设施的公路和
城市道路的主管部门的大力支持。为此,《道路交通安全法》专门对公安、交
通部门在道路交通安全方面的职责做出了上述原则性规定。

《道路交通安全法》规定"公安机关交通管理部门负责道路交通安全管理
工作"的同时,交通部门"依据各自职责负责有关的道路交通工作"。这表明
两部门在各自负责范围的管理地位是"平行"或"并行"关系。"平行"或
"并行"关系对促进两部门的合理分工与合作,减少矛盾,具有重要的意义。
并且公安机关交通管理部门对道路交通安全管理是"负责",不是"主管"。这
一变化表明国家意识到道路交通安全管理工作是一项系统工程,单纯的一方主
管,其他部门处于从属地位并不一定有利于分工协作,也不利于道路交通安全
形势的改善,而且"负责"表明职能部门不仅有权利也有义务,标志着国家从
"管理政府"走向"责任政府",这是社会进步的又一佐证。

(3) 其他交通运输方式的安全规制变革

与公路运输业相比,铁路、水运、民航等运输方式的事故发生率相对较
低,但由于这三种运输方式的特殊性,一旦发生交通事故,造成的人员伤亡和
财产损失却十分严重。因此,交通运输安全规制部门对其安全运营问题也十分
关注。与公路运输不同的一点是,在这三种运输方式下,以驾驶员身份参与交
通运行的都是经过严格专业技术考核的专业驾驶人员,数量相对要少许多,而
专业技能和职业素养的平均水平也远远高于道路运输驾驶人员,因为在道路运

输中有大量的所谓非专业司机,对其技能考核和日常行为监管都相对较难。另外,铁路、水运、民航这三种运输方式的服务运营都有着严格的安全技术标准,专业的驾驶人员加上严格的安全技术标准,使得对它们的安全规制相比道路运输方式要简单一些。经过新中国成立以来几十年的发展,目前中国铁路、水运、民航各自都拥有了一套比较完备的安全规制体系。

铁路运输方面,由铁道部安全监察司统筹整个铁路系统的安全生产和基础设施建设的安全监督,各地方铁路局负责各自辖区内部的安全管理。《铁路法》、《铁路运输安全保护条例》等法律法规的颁布实施,为铁路运输的安全规制提供了法律依据。

水运方面,交通运输部水运司负责水运发展规划、安全管理,部直属的海事局、长江航务管理局、珠江航务管理局具体负责海运和主要内河运输的安全管理工作。各海事局设置船舶交通管理系统(VTS)保障船舶交通安全,提高交通效率,保护水域环境,对船舶实施交通管制并提供咨询服务。为保证水运安全,中国对航运公司和船舶有着严格的规定,尤其是远洋运输,还要受到国际海运协议的约束。对航运公司,有《国际船舶安全营运和防止污染管理规则》、《中华人民共和国船舶安全营运和防止污染管理规则》、《航运公司安全管理体系审核发证规则》等法律法规保证航运的安全;对船舶,《中华人民共和国船舶安全检查规则》、《中华人民共和国船舶最低配员规则》、《亚太地区东京备忘录》等规定更是对船舶安全检查的内容、工作程序、缺陷处理的原则,开航前检查的使用范围、目的和方式,船舶配备证书的种类都提出了具体的要求。

民航运输方面,国家民航总局下设航空安全办公室,承办民航总局航空安全委员会的日常工作,负责拟定民航安全工作规划,综合协调管理全行业的飞行安全、空防安全和航空地面安全,组织协调行业的"系统安全"管理工作。《中华人民共和国民用航空法》中对航空器的适航条件、机组人员的安全职责都有明确的规定,对规制机构的职责、事故的处理方式也有详细的阐述,为民航的安全规制提供了有力的保证。

8.3.3 中国交通运输安全的现状

随着构建和谐社会的提出,中国政府和广大民众对交通运输行业的安全问题都日益重视,运输的安全和质量也成为运输企业和消费者共同关注的热点问题。尤其是 2008 奥运年的到来,把关系到社会民生和中国国际形象的交通安全问题提升到了新的高度。为了营造一个和谐的交通运输环境,中央和各地方政府交通管理部门都采取了很多措施,开展了一系列的专题交通安全整治活动,收到了良好的效果。

近年来,交通运输事故总体上呈逐年减少的趋势:事故数量、死伤人数减少，财产损失降低。但是与发达国家相比，中国交通事故无论从发生数量还是发生率来说，都处于很高的水平，交通安全整体形势仍不容乐观。

(1) 道路运输安全状况逐年好转

据公安部交通管理局《2008 年道路交通事故统计公报》显示，2008 年，全国共发生道路交通事故 265565 起，造成 73990 人死亡、304919 人受伤，直接财产损失 10.1 亿元。与 2007 年相比，事故数减少 61644 起，下降 19%；死亡人数减少 7659 人，下降 10%；受伤人数减少 75523 人，下降 20%；直接财产损失减少 1.9 亿元，下降 15.8%。

其中，发生一次死亡 3 人以上道路交通事故 1290 起，同比减少 190 起，下降 12.9%；发生一次死亡 5 人以上道路交通事故 250 起，同比减少 17 起，下降 6.4%；发生一次死亡 10 人以上特大道路交通事故 29 起，同比增加 3 起，重大事故发生次数明显减少。道路交通事故万车死亡率为 4.3，同比减少 0.8，说明我国道路运输工具的安全系数有所提高。

中国道路交通事故的峰值出现在 2002 年。当年全国共发生道路交通事故为 773137 起，死亡 109381 人，受伤 562074 人，造成直接经济损失 332438 万元①。与之相比，2008 年的道路交通事故数量减少了近 2/3，死亡人数减少 35%，受伤人数减少 46%。这表明 2002 年以来，中国对道路交通的安全规制收到了较为明显的效果。图 8.1 为 2004 年以来，全国道路交通事故的数量和死亡人数变化情况，从中可以看出明显的下降趋势。

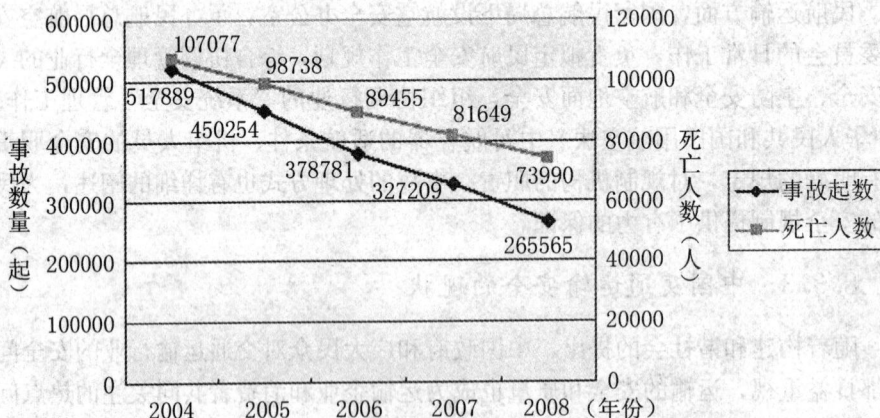

图 8.1　2004 年以来全国道路交通事故数量与死亡人数

资料来源：公安部交通管理局网站

---

①　数据来源：2004 年中国汽车工业年鉴

以上数据是所有道路运输导致的事故数量与死亡人数，换言之，包括营运与非营运两类。仅从提供交通运输服务的营运车辆来看，事故总量也呈逐年下降之势。2008 年，营运车辆肇事导致事故死亡人数同比下降 12.4%，降幅高于全国平均水平 2.4 个百分点。导致事故死亡人数所占道路交通事故总死亡人数的比例由 2004 年的 42.4% 下降至 2008 年的 39.2%。但是，由于营运车辆是交通运输服务的提供主体，由其发生的交通事故和带来的人员伤亡产生的社会影响会更大，因此，营运也成为道路交通安全规制的主要对象。

2008 年奥运会召开之前，为迎接奥运，保证奥运期间的道路交通安全，4 月 1 日~9 月 20 日，全国公安交通管理部门组织开展了"奥运道路交通安全攻坚战"。期间，共发生道路交通事故 125378 起，造成 32670 人死亡，同比分别下降 19.3% 和 11.8%。奥运结束之后的 9 月 21 日~12 月 25 日，公安部门又组织开展了"预防特大道路交通事故百日行动"。期间，全国共发生道路交通事故 68228 起，造成 22472 人死亡，同比分别下降 19.5% 和 6.5%。

道路交通事故下降的另一表现是严重交通违法行为和重点时期、重点路段道路交通事故死亡人数同比下降。2008 年，全国因超速行驶、疲劳驾驶、货车、拖拉机违法载人等交通违法行为导致的事故死亡人数同比下降 13.6%。国、省道上发生道路交通事故导致死亡人数同比下降 14.2%。元旦、春节、清明、"五一"、端午、中秋、"十一" 等主要节假日期间，全国道路交通事故死亡人数同比下降 9.8%。

(2) 铁路运输恶性事故连续发生，社会影响大

2008 年是中国铁路运输安全受到普遍质疑的一年。2008 年 1 月 23 日晚上 8 点 48 分，北京开往青岛四方的动车组 D59 次列车运行至胶济线安丘至昌邑间时，发生重大路外交通事故，造成 18 人死亡，9 人受伤。2008 年 4 月 28 日凌晨 4 时 41 分，北京开往青岛的 T195 次列车运行到胶济铁路周村至王村之间时脱线，与上行的烟台至徐州 5034 次列车相撞，造成 72 人死亡，416 人受伤。

连续两次特别重大铁路交通运输事故的发生给铁路运输的安全形象蒙上了一层阴影。对比进入新千年后的八年间（2000~2007 年），全国总共才发生了两次重大铁路交通事故，共造成 5 名人员死亡的情况，可见 2008 年的确是中国铁路运输安全史上值得铭记的一年。

据调查，D59 次列车事故是由于地面施工人员私自提前进入作业区，且施工队不具备铁路施工相关资质，而火车为正常行驶，于是事故被认定为重大"路外交通事故"。而对于更为严重的"4·28"列车相撞事故，事发后，铁道部以电报形式向全路通报了事故经过和具体原因是："济南局对施工文件、调度命令管理混乱，用文件代替临时限速命令极不严肃。济南局《关于实行胶济线施工调整列车运行图的通知》，即 154 号文件，23 日印发，距实施的时间 28 日 0 时仅有 4 天。如此重要的文件却在局网上发布，对外局及相关单位以普通信件的方式由列车传递，而且把北京机务段作为了抄送单位。文件发布后在没有确认有关单位是否接到的情况下，4 月 26 日又发布了 4158 号调度命令，取消了多处限速命令，其中包括王村至周村之间便线限速的 4240 号调度命令（154 号文件对该地段限速 80km/h 的条件并未取消），导致各相关单位在没有收到 154 号文件的情况下，根据 4158 号命令，盲目修改了运行监控器数据，取消了限速条件。"

两起事故，铁路运营管理都出现了严重的问题，如果严格执行有关规定都是可以避免的。这表明铁路运输部门的管理水平和人员素质明显跟不上近几年发展迅猛的铁路建设，铁路工作人员在安全观念上出现了疏忽大意，这与缺乏相应的职业安全教育也是分不开的。

（3）水上运输安全稳步提升

水上运输极易受到恶劣气候的影响，而且船舶驾驶员的构成复杂程度仅次于道路运输，所以也是易于产生交通安全事故的一个领域。近几年，中国水上运输的监管逐步加强，安全状况稳步提升，2008 年共发生运输船舶水上交通事故 342 件，死亡 351 人，沉船 213 艘，直接经济损失 5.19 亿元，比上年分别下降 18.6％、5.6％、14.1％和上升 29.1％。根据最近六年交通部《公路水路交通行业发展统计公报》的水运事故数据，我们制作成中国水上交通事故变化趋势图（图 8.2）。从图中我们可以看出，近年来我国水上交通事故次数、死亡人数、沉船数量都在逐年减少，经济损失略有提高，总体上看，我国水上交通的安全状况是在逐年改善的。

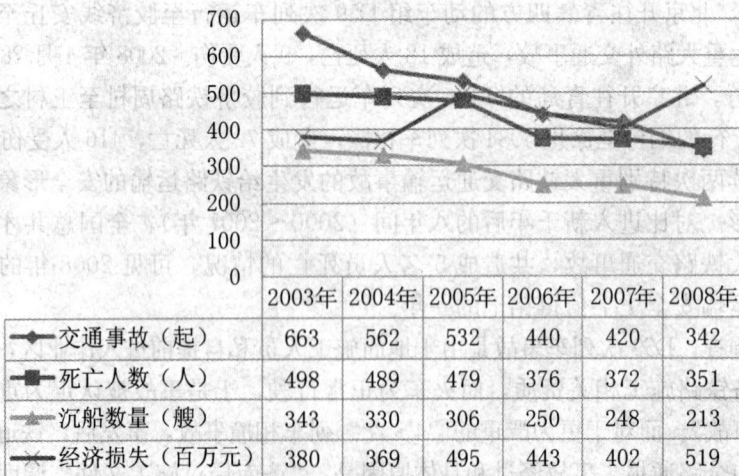

	2003年	2004年	2005年	2006年	2007年	2008年
交通事故（起）	663	562	532	440	420	342
死亡人数（人）	498	489	479	376	372	351
沉船数量（艘）	343	330	306	250	248	213
经济损失（百万元）	380	369	495	443	402	519

图 8.2　2003～2008 年中国水运事故情况变化图

同时，中国水上救助部门的救助保障能力也进一步提高。2008 年，共组织、协调、指挥搜救行动 1784 次，全年在中国搜救责任区范围内中外遇险人员 20280 人，经救助 19565 人获救，救助成功率 96.5%；遇险船舶 2045 艘，获救船舶 1620 艘，救助成功率 79.2%[①]。

(4) 连续数年民航运输保持零事故

与水上运输相比，从某种意义上航空运输对气候等自然条件的要求更高，同时近年来，由于国际恐怖主义的势力抬头，劫机、炸机等人为安全事件的发生概率提高。在这种严峻的形势下，国际航协发布的 2008 年全年航空安全状况显示，2008 年全球航空事故量上升但遇难率下降，中国零事故率、全球最佳。

2004 年 11 月 22 日至 2008 年底，中国民航创造了连续安全飞行 48 个月、1330 多万个小时的历史上最好的安全纪录。在国际民航组织 2007 年对 190 个缔约国进行的普遍安全审计中，中国民航位居前列。中国民航一跃成为世界上最安全的航空运输系统之一[②]。

2009 年中国民航的安全工作目标仍然是"零事故"。防止运输航空重大事故；防止劫机、炸机事件，杜绝空防事故；防止通用航空重大事故；防止重大航空地面事故和特大航空器维修事故；运输航空事故征候[③]万时率不超过 0.6[④]。

总体而言，近年来中国交通运输安全形势向好，但局部的重大恶性事故仍有发生，而且带来较强烈的不良后果。交通运输安全的平均水平与发达国家相比还存在较大差距，随着经济持续发展和社会进步，可以预见的对交通运输安全的挑战不减反增，这就对安全规制提出了更高要求。

8.3.4　中国交通运输安全规制存在的问题

中国交通运输的安全现状是多个主观和客观因素共同作用的结果，规制是其中的一个重要影响方面，交通运输的安全水平与规制水平也密切相关，目前中国交通运输的安全规制还存在着诸多问题。这些问题如果得不到有效解决，将对改善中国交通运输安全水平产生一定的消极影响。

---

① 数据来源：中华人民共和国交通运输部．2008 年公路水路交通运输行业发展统计公报
② 中国民航局．从简单粗放到持续安全——航空安全水平极大提高
③ 民用航空器飞行事故征候（以下统称事故征候），是指航空器飞行实施过程中发生的未构成飞行事故或航空地面事故但与航空器运行有关，影响或者可能影响飞行安全的事件。源自《民用航空器事故和飞行事故征候调查规定》（2007）。
④ 中国民航局．2009 年安全工作主要目标

(1) 规制部门职能交叉、权责划分不清

中国目前的交通管理部门有交通运输部、铁道部，以及目前隶属于交通运输部的民航总局等，负责交通安全管理的还有公安部。诸多部门共同管理虽然考虑到了根据交通运输各行业的特点进行差别管理的需要，但同时给交通运输整体规制的一致性和协调性带来了很多问题。

以道路运输业为例，目前中国道路运输的交通安全以单一管理手段为主（主要依靠警察的执法权威去纠正交通参与者的行为），以全面管理为辅（没有将安全管理纳入道路交通管理的全部过程之中）。在当前的交通安全管理体制下，一旦出现道路交通事故，驾驶员责任比较明确，但政府部门的行政管理责任不明确，交通安全管理措施难以彻底到位。

反观铁路运输，铁道部作为"大家长"，统筹整个铁路运输的规划发展、安全管理、生产经营等所有问题。在铁路系统内部出现的安全状况一般可以得到妥善处理，但是在涉及其他部门之后，部门之间的关系很难协调，整个交通运输系统权责划分不清，存在职能交叉的问题便突显出来。

(2) 交通安全法制体系不完善，公民交通安全意识差

在建设"法治社会"的指导思想下，中国的交通安全法律体系近年来逐步得到加强和完善，但是仍存在着诸多不足。

交通安全的立法体系还不完善，主要表现为在很多重要领域只颁布了一项或者几项比较笼统的基本法，缺乏对于具体违法行为的更有针对性的明确的量化规定，这势必给执法工作带来巨大困难，甚至也为"寻租"和"创租"提供了空间。

立法程序也相当不规范，在规制规则制定过程中存在的最大问题是立法过程的非程序化，主要表现为规制改革无法可依，规制规则制定无序可循。规制机构往往以文件的形式直接向公众发布规制规则，忽视了利益相关人的充分陈述意见的机会和权利，不能保证行政过程的透明和公开，当然也就不可能充分表达广大民众的利益诉求。

此外，还存在着对交通法律法规的宣传力度不够，公民的交通安全意识较差的问题。目前中国的混合交通状况十分严重，城乡居民乱穿马路以及旅客乘坐交通工具携带违禁物品等违章现象时有发生，而这些行为的纠正在很大程度上取决于公民的自觉自愿。

(3) 交通运输的行政管理目标与安全规制的目的并不十分协调

交通运输的行政管理与安全规制既相关又不能相互替代，可以说安全规制是以预防为主，确保安全事故的少发生和不发生，而交通运输的行政管理在涉及安全问题时却基本在沿用工业化国家半个世纪以前的做法，即以"事后惩治"为主，"事前预防"为辅。以道路运输管理为例，对县乡公路的管理普遍不到位。由于受警力不足以及地段偏远等因素的影响，交管部门对县乡公路、山区公路管理失控，致使这些路段农用车载客、短途客车超载、驾驶无牌无证车和报废车等问题严重，成为交通事故的严重隐患。从安全规制的角度对这类事件应该积极预防，而非事后惩治。行文至此，就提出了一个交通运输安全规制机构的独立化问题，留待以后讨论。

8.4 国外交通运输安全规制的经验借鉴

虽然近年来中国交通运输事故率明显降低，事故数量大幅下降，但不可否认，与发达国家相比，中国交通安全水平还较低，事故率仍然偏高。学习国外交通运输安全规制的先进经验，可以为中国尽快提升交通安全水平、提高交通安全规制的效率有所裨益。

8.4.1 美国交通安全规制体系

作为世界上最发达的国家，美国的交通运输系统承载着最繁重的运输任务。但是，美国交通管理体制的运转协调、交通安全管理的有效程度和科学行政与依法行政的协同程度高、政府与社会民间部门的合作机制比较合理，对中国的交通管理体制以及提高道路运输效率和安全性，有着非常积极的借鉴价值[①]。

(1) 大交通部的集中管理体制有利于政令统一

美国在联邦政府设有交通部，是14个内阁部之一，是联邦政府公路、水运、铁路、航空等多种交通运输方式的主管部门。各州设有交通厅（以及车辆管理局），各市、县政府设有交通局。交通部门的主要职责有：交通运输基础设施规划、产业政策、市场准入、运输行业管理、公路设施建设管理、交通安全、车辆管理（包括新车认证、车辆注册、发牌发证、车辆检测）、驾驶员管理（包括驾驶员考试、驾驶标准、驾照发放）、驾培行业管理、交通信号监控、道路标志标线管理等。

美国的道路交通从20世纪60年代起由分散管理模式转为集中管理模式。1966年10月美国国会通过交通部法案（Department of Transportation Act）。将原来管理交通运输事务的8个管理机构并入交通部，自此，美国的交通集中管理模式代替了分散管理模式。美国交通部采取典型的大部制结构，以适应管理大交通与综合运输的需要。

---

① 李刚. 我国道路交通管理体制改革问题研究. ［硕士学位论文］. 长安大学，2001

当前，交通部有内设职能部门 11 个，即美国海岸警备队、联邦航空管理局、联邦公路局、国家公路交通安全管理局、联邦机动商用车安全管理局、联邦铁路管理局、联邦运输管理局、航运管理局、圣劳伦斯河水道开发公司、研究与特别项目管理局、交通统计局。其主要的工作职责是：制定交通运输政策，确保交通安全，并负责制定对各种交通运输方式的扶持政策。其中，联邦公路局、国家公路交通安全管理局、联邦机动商用车安全管理局三个部门都负有道路交通安全管理的职责。这三个部门的分工也很明确，联邦公路局负责道路基础设施的安全，国家公路交通安全管理局负责交通安全事故的管理，联邦机动商用车安全管理局负责运输工具的安全管理。

美国的车辆管理权与驾驶员管理权集中在联邦交通部和州政府交通部门两级。美国交通部制定商用车（营运车辆）的车辆管理与驾驶员管理规范。各州的交通厅车辆管理局依照国会制定的法律、交通部的要求、州法律，对机动车辆和驾驶员进行统一管理。

(2) 有关道路交通安全的法制建设最为全面系统

与中国的情况类似，美国交通运输安全的重点也在于公路运输，为了加强道路交通安全的有效规制，美国有关道路交通安全的法制建设最为全面系统。主要法律有《联邦资助公路法》、《机动车运输法》、《车辆和交通法》、《国家交通和汽车安全法》、《国家公路安全法》等，美国交通部依法对道路交通安全进行规制。相对于州和地方政府而言，联邦交通部主要是通过决策（特别是制定安全法规与强制性的汽车制造及道路建设技术标准）与财政控制的方式来实施对道路交通安全的管理。具体的执行通过直属交通部的地区办公室（Field Office）、州政府交通和车辆管理部门以及警察来完成。

(3) 警察部门是道路交通安全管理的参与协作部门

警察部门的参与协作主要体现在三个方面：一是美国的警察部门不制定道路交通管理法规，是较为纯粹的现场执法部门。每一级政府都有自己的警察局。州警察中的公路巡警是一支综合执法队伍，地方政府的警察也有专门参与道路交通管理的类别。二是美国交通部的车辆和驾驶员管理、运输管理、超限运输管理以及相关的路面行政执法，都离不开警察部门的协助，而且，具有执法权威的警察是提高现场执法力度的一支重要力量。三是交通部门负责建设、管理信息系统，并有接口提供给警察部门使用，是警察部门参与道路交通安全管理的重要条件。

(4) 国家运输安全委员会是交通安全监督和咨询部门

国家运输安全委员会是对总统负责的专司交通运输安全事故调查的独立机构。其主要职责是调查重大交通安全事故的原因，通过科学的技术分析与鉴定，向总统或有关部门提出改善交通安全的建议。其突出的作用是通过科学的鉴定,分析交通安全事故原因所在,其结论具有仲裁的性质;明确交通工具、驾驶者、道路设施、生产厂家、政府管理部门各要素在导致交通事故中的责任,从而提出对策建议。这种对策建议通过总统的行政权威、立法机构的立法推动、交通部的行政规章(授权立法)、警察部门的严格执法而发挥直接的作用。该组织不直接制定交通安全规则,但它直属总统,因而具有较大的权威性。该组织不具有行政协调性质,但具有明显的科学鉴定的咨询性质,是总统与国会做出交通安全方面科学决策的重要组织基础。

8.4.2 "9·11"事件后美国运输安全规制政策走向

2001 年的 "9·11" 事件,使得美国的运输安全规制政策发生了极其深刻的变化。主要表现在从原先的致力于国内运输安全的规制转向对国际运输安全的规制;从致力于对承运人的单方规制转向对运输活动各利益相关人的系统规制;从仅仅关注运输安全转向关注供应链安全;从单纯的政府规制转向政府与企业的联合规制。总之,新的运输安全规制政策已经事关美国国土和经济安全。

除了在航空运输业开展严格的安全检查外,为了防止恐怖分子利用集装箱进行恐怖活动,美国政府把对运输安全尤其是国际运输安全规制的战略重点放在了港口,并在短期内迅速推出了一系列有关集装箱运输安全规制的法规。这些法规包括:2001 年 11 月,美国海关总署(U. S. Customs Service)提出将于 2002 年 4 月开始实施的美国海关贸易伙伴联合反恐计划(Customs Trade Partnership Against Terrorism,CTPAT);2002 年 1 月,美国海关总署提出集装箱安全倡议(The Container Security Initiative,CSI);2002 年 6 月国会通过的生物反恐法(Bioterrorism Act 2002);2002 年 11 月,美国总统布什签署的国土安全法(Homeland Security Act of 2002);2002 年 11 月,美国海关总署提出的 24 小时提前货物申报制度(24 - Hour Advance Cargo Declaration,ACD);2002 年 11 月,美国交通部运输安全管理局(Transportation Security Administration,TSA)和海关总署联合提出的商业营运安全计划(Operation Safe Commerce,OSC);2003 年 1 月 24 日,美国国土安全保障部(The Department of Homeland Security,DHS)正式成立[①]。

总之,面对全新的国际政治和经济环境,特别是恐怖主义威胁仍然很严重的形势,美国政府为了更好地维护国家安全已经通过一系列的立法、行政和技术措施直接介入全球供应链管理。可以预计,美国政府仍将不遗余力地在全球

[①] 王佐. 美国的物流相关产业政策研究——略论美国运输管制政策的演变. 现代物流,2006 (11)

推行运输安全规制计划和技术措施，力求控制整个运输过程以保护美国本土的安全。

8.4.3　主要发达国家交通运输安全规制的共同特征

英国、德国等其他西方发达国家的交通运输安全规制的体系和方法与美国大致相同，其共同特征如下：

(1) 交通部门负责交通安全管理职责

科学划分职责，将交通运输管理的内在属性定义为经济技术属性，将交通部门作为交通运输管理的主管部门，同时将管理的各项内容与不同管理主体的组织特性、管理特长相适应，进行责、权、利划分。以道路交通的安全管理为例，将道路交通管理中的行政执法部分、民事部分、刑事部分做合理划分，将决策与执行做适当划分；道路交通安全归口交通主管，车辆管理与驾驶员管理服从于交通安全主管权限。实践表明，这种职责划分使政府交通部门与警察部门在道路交通管理方面的职责分工非常明确，工作上有配合，但较少有相互推诿的情况发生。一方面，有利于政府"条条"关系的理顺，加强政府部门之间的协调沟通、政府资源的有效利用、各部门政策的整合；另一方面，政府机构和人员更加精简，促进政府职能不断向社会转移和向地方下放。例如，国外历来都把公路、铁路、水运、航空等各种运输方式的管理放在一个部门，设置大的交通部。近几年，考虑到交通与环保、建设、住房、地区发展等行业存在着密切关系，又进行了更大规模的部门合并。从分散管理走向集中管理是历史的选择，是交通运输各要素相互作用，本质属性与内在规律的一种反映，符合管理的统一性原则。

(2) 实行交通管理立法与执法、决策与执行相分离

这种立法与执法、决策与执行相分离的体制设计是西方三权分立思想在交通领域的具体体现。一方面，更有利于中央政府把力量集中于政策制定和政策协调，增强决策的科学化水平，同时可促进执行机构通过竞争向社会提供更优质的服务；另一方面，决策与执行相分离，有利于克服执法过程中的部门利益倾向，使行政执法更加公正和客观。

(3) 拥有科学、完善的依法规制体系

西方发达国家法律体系非常健全，在交通运输的安全规制方面，同样是用完善的法律体系进行依法规制。西方国家交通管理的依法规制主要有以下特点：一是有健全的法律体系。比如英国的道路交通法律主要有：《道路交通法》（Road Traffic Act，1988）、《道路交通规则法》（Road Offenders，1988）、《公路法》（Highways Act）、《运输法》（Transport Act，1980），以及《公共客运车辆法》（Public Passenger Vehicles Act，1981）、《机动车税费法》（Vehicles

Excise Act，1971）等法律。二是交通管理的立法部门设置合理，交通相关法律的起草都是由交通部门负责。在英国，交通部负责起草道路交通的法案，并征求和协调其他部门的意见，最后由英国国会通过。交通大臣负责道路交通管理法律的全面实施，并可根据法律制定有关的实施细则。有关道路交通管理和发展的政策也是由交通部发布的，警察部门只是负责执行法规并制定执法手册，并没有这方面的立法权，警察部门的意见可以通过两个部门的联席会议向交通部反映。德国的实际情况虽然与英国不同，但其交通立法也是由交通部门负责的。德国是联邦制国家，全国由 16 个州组成，联邦交通部负责的某些具体管理工作通过"委托合同"的方式由各个州政府来执行。例如，一方面依照联邦基本法规定，联邦是联邦干线公路的所有者和建设、养护费用的承担者，联邦拥有这方面的立法权；另一方面，各州拥有自己的州级公路、县市级公路、乡镇公路以及农用经济道路的立法权。正如联邦批准通过的联邦长途公路法一样，所有州都制定州公路法。三是交通警察负责道路交通的"现场执法"，而没有制定交通法律法规的权限。西方国家警察现场执法的范围相当广，除执行道路交通有关法律法规外，还要执行医疗救助、保险等有关法律法规，但执法手段一般只局限于"盘问"、"检查"、"追逃"、"拘押"、"记录"、"移交"等事项。事故的裁定结果许多都不是警察部门作出的，如医疗救助、保险索赔、机械事故调查等事项，而是由有关部门或法院根据相关法律作出裁定结果[①]。总而言之，西方发达国家的交通管理法律体系，"执法—立法—实施—裁定"各个环节有机衔接和恰当分离，职责分工明确，体现了法律的客观性和公正性，同时也提高了管理机构的规制效率。

8.5　加强中国交通运输安全规制的途径

安全的交通运输业是和谐社会的重要组成部分，是人民生活水平提高的必然要求，也是中国交通运输业迅速发展的现实需要。结合目前中国交通运输安全规制存在的问题，以及西方发达国家交通安全规制的经验和中国交通运输业的发展趋势，可以从以下几个方面加强交通运输业的安全规制。

8.5.1　继续推进大部制改革，建立统一管理的规制模式

中国综合交通体系的建立要求一个强而有力的规制机构统筹各种运输方式的规划、管理和监督。国外的经验表明，交通运输业的科学发展需要通过合理

---

① 李刚. 我国道路交通管理体制改革问题研究.［硕士学位论文］. 长安大学，2001

的规划将不同的运输方式组成一个有机的整体，各种运输方式取长补短，才更有利于发挥交通运输业的整体效能。

中国经过 2008 年的大部制改革已经将公路、水运、民航的管理职能整合到了新的交通运输部旗下，交通运输业的规制改革向前迈出了一大步。但同时可以看到，在新的交通运输部内，公路、水运、民航仍然是三方分治，真正的协调运作还需要比较长的时间。而作为中国交通运输系统重要组成部分的铁路运输，是中国目前唯一实行垂直经营的运输方式，这次的大部制改革依然没有涉及铁道部，说明铁路运输体制的改革还存在一定的困难，时机尚不成熟。但是将铁路运输管理职能划归到交通运输部，由单一部门统筹整个交通运输业的规制是大势所趋。尽快解决这个问题会对加快中国综合交通网络建设，提高规制水平和效率产生相当的促进作用。

8.5.2　明确相关机构的责、权、利，解决交通安全规制中的职能交叉现象

目前中国交通安全规制中还存在着规制部门职责不清、职能交叉的情况，尤其以公路运输中交通管理部门和公安部门之间的职能交叉现象最为典型。

现在我国公路规制机构的职责界定是："全国城乡道路交通由公安机关负责统一管理"。在现实生活中，公安部门不仅要负责维持社会治安，还要对道路交通事故进行界定和处理，而且与之相关的驾驶员管理和机动车管理也由公安部门负责，这与我国推进大部制改革、减少管理职责上的交叉的趋势相违背，给交通部门的统一管理也带来了不小的障碍。

参考国外先进经验，目前的这种管理模式应逐步转变为"全国城乡道路交通由交通部门负责统一管理"，交通部门同时承担着道路交通安全管理的主要责任，而公安部门继续作为道路交通安全的执法主体行使相应职能。为此，公安部门应当将车辆管理、驾驶员管理的职责权限转交给交通部门；道路交通管理法律法规的调研和起草工作，应主要由交通部负责；公安部门保留道路交通管理的路面执法职责。在将车辆管理和驾驶员管理权限移交给交通部门的同时，交通部门要进一步深化自身管理体制的改革，提高道路交通管理的水平。

8.5.3　加强交通运输法律体系的建设

交通运输部应具有拟定交通运输发展战略、发展规划、方针政策，研究并组织起草交通管理的法律法规，监督检查法律法规的实施等职责。

例如，在道路运输方面，交通运输部可以从人、车、路等道路交通管理的基本要素的整体性考虑出发，从法律法规的统一性出发，兼顾到其他运输方式的相关特点，对道路及道路设施建设、道路交通安全管理方面的政策制定、法

律法规的起草拟定全程负责。这样既可以避免目前《公路法》、《公路运输管理条例》、《道路交通管理条例》等相关法律法规之间存在的各种矛盾之处，实现法律法规的统一，同时也符合交通部本身的工作性质和业务特点，减轻公安部门的工作压力。

8.5.4　加强对交通运输工具生产企业的规制

交通运输工具是运输活动的主要载体，也是影响交通安全的客观因素之一。相对于交通运输活动参与人员的主观因素，交通运输工具这一客观因素更容易管理和控制。规制机构可以通过加强对交通工具生产企业的规制，建立严格的安全技术标准，完善"召回制"等来保证交通工具的安全性。

8.5.5　对交通运输各相关参与者的规制

运输活动的参与者主要可以分为两类：一是提供运输服务的企业；二是参与运输的个人，主要指驾驶员与行人。为了提高安全规制的效果，对运输活动的相关参与者的规制也是必不可少的。

对运输企业而言，一要建立和完善与安全责任事故挂钩的市场准入和退出机制，进一步深化企业安全生产状况评估和服务质量信誉考核工作，坚决淘汰不符合安全生产条件的企业。二要建立企业内部激励约束机制，着力解决企业片面追求经济效益，忽视安全生产的问题，不断完善营运车辆驾驶员安全生产奖惩制度。三要建立完善安全生产考核评价机制，采取动态考核与定期考核、平时考核与年终考核相结合的方法，形成安全工作激励惩戒机制。

对于驾驶员和行人来说，事前的宣传教育是最有效果的形式。中国目前对于驾驶员的违反交通安全的行为主要是事后惩治，而事前的宣传教育从驾驶员获得驾驶证之后就不再进行；对行人的安全教育也仅限于对未成年人开展专题的教育活动，对一般成年人的交通安全宣传教育基本缺失。事前宣传教育的缺失是中国公民交通安全意识淡薄的重要原因。因此，对症下药，加强各种形式的交通安全宣传教育，可以有效地提高公民安全意识，从而降低交通安全事故发生率。

9　交通运输产业的服务水平与质量规制

　　质量规制作为社会性规制的一项内容，相比环境规制和安全规制，其受关注的程度要低一些，这既有质量规制自身特点的原因，也与质量规制的受益对象对质量高与低、好与坏的感知程度不一，使得其标准较难统一相关，特别是在交通运输这样的服务性行业，类似问题更加突出。

9.1　质量规制概述

　　质量规制是在信息不对称情况下，对消费者这一信息劣势方实施某种信息支援的方式，以此让消费者对产品或服务的质量产生相当程度的信任。

9.1.1　质量规制的含义

　　在一个没有外部性的完全竞争市场，市场机制能够使资源达到有效配置。但是市场机制不是万能的，在造成"市场失灵"的多个因素中，信息不对称也是重要的一个方面。在现实交易的大多数市场中，卖方对交易对象的质量、性能等内在属性比买方更为了解（当然，保险市场例外），从而导致消费者在知情权和选择权等信息占有上处于劣势，对自己所选产品在质量上很难做出正确判断，导致"柠檬市场"的广泛存在。虽然广告、"三包"、信誉等可以作为传递信息的一种手段，在一定程度上缓解信息不对称的情况，但这些手段本身在市场运行中也存在着一系列问题，可能使得这些手段失效甚至再次产生"市场失灵"问题。例如，厂家以虚假广告传递信息欺骗消费者，以及虽然厂商承诺"三包"，但当发生"三包"范围的问题时，生产者又推诿责任，不兑现承诺。当依靠市场手段缓解信息不对称的方式失灵，渠道不畅时，就为政府进行直接规制提供了理由①。

　　质量规制，是指政府为了防止由于信息不对称而降低市场效率、导致"市场失灵"的情况发生时，主动利用其公共权力，以法律为基本准则，运用行政

---

① 刘清华，李海凤．食品药品质量规制必要性的经济学分析．北方经济，2008（1）：14～15

手段对产品质量和服务质量进行的直接干预。

9.1.2 质量规制在产品与服务上的不同体现

产品和服务作为市场交易的对象，虽然具有一些共同特征，但也表现出一些明显的差异，如有形与无形、时空差异等。这些差异决定了质量规制在规制产品与服务时既有共同性，也有明显不同。

(1) 质量规制在产品上的表现

产品质量是产品的安全性、有效性、耐用性、可靠性、准确性、美观性、易操作和维修性以及其他有价值的特性的组合。对于不同的产品，衡量其质量的特征和重要程度也是不同的。例如，对于药品来说，安全性和有效性是衡量其质量的最重要的特征；对于服装，特别是工艺品来说，美观性就上升到主导地位；而对于仪器、仪表来说，可靠性和准确性便成为最为重要的质量特征。同时，对于不同类型的产品的质量，其感知手段和方式也不尽相同。例如，对于服装、蔬菜、粮食和多数日用品，消费者通过看、听、闻、触、味这五个方面的感觉器官就能大致了解产品的质量，消费者通过搜寻、比较同类产品，一般就能买到符合其质量要求的产品。但也有许多产品的质量特征并不是明显感知的，或者说是后验性的，如家用电器要使用一段时间后才能准确地知晓其质量水平，病人服药后才能知道该药品的安全性和有效性，照相机等操作类产品，只有亲自使用操作一段时间后才能了解它的易操作性、可靠性和准确性等质量特征，等等。由此可见，在产品质量方面享有信息优势的生产者完全有可能凭借其信息优势对消费者享受合格优质产品的权利构成某种剥夺，这时就需要带有一定强制性的质量规制来约束生产者滥用信息优势。

在产品领域，质量规制是政府以企业及其产品为规制对象，强制企业承担有关产品质量责任（特别是产品安全责任），以保护处于信息劣势方的消费者的权益。例如，美国政府 1982 年颁布了《产品责任法》，对产品制造者和销售者的责任、消费者向产品生产经营者的索赔、政府规制机关的职责、仲裁规则等都做了较为详细的规定。此外，美国还对一些直接关系消费者安全的产品专门制定了法律，如《食品、药品和化妆品法》、《消费品安全法》、《联邦危险品法》、《易燃纤维品法》、《毒品包装法》、《电冰箱安全法》、《食品安全法》、《天然气管道和煤气安全法》、《儿童保护与玩具安全法》等。日本在产品质量规制方面也建立了比较健全的法律体系，主要法律包括：《食品卫生法》、《药事法》、《药品副作用被害救济金法》、《毒品及剧烈物品取缔法》、《煤气事业法》、《玩具安全对策法》、《纤维制品质量表示法》和《家庭用品质量表示法》等[①]。

---

① 王俊豪．政府管制经济学导论——基本理论及其在政府管制．商务印书馆，2001：404～407

(2) 质量规制在服务上的表现

由于服务产品与实体产品存在一些本质上的差别，基于有形产品来定义的质量标准，对服务质量进行规制并不一定适用。因此，Sasser 等人（1978）提出了服务质量不仅涉及结果，还包括服务交付过程的观点。Gronroos（1982）提出的顾客感知服务质量模型对服务质量问题做出了突破性研究，他认为服务质量是一个主观范畴，取决于顾客对服务质量的期望（即期望服务质量）同其实际感知的服务水平（即感知服务质量）的对比；顾客的期望是由市场沟通、口碑、企业形象和顾客需要所决定的。同年，瑞典的 Lehtinen 提出了结果质量和过程质量的概念。Lewis 和 Booms（1983）当时将服务质量定义为"一个衡量企业服务水平能否满足顾客期望程度的工具"，同时指出，服务质量是期望与实际表现的比较。因此，企业提供任何形式的服务都要尽量符合顾客的期望。从此服务质量与产品质量（只关心结果质量）从本质上区别开来。继GronrooS 之后，PZB 对顾客感知服务质量进行了更为深刻的研究。他们于1985 年提出了差距模型。他们通过对机械修理、零售银行、长话服务、证券经纪人和信用卡几个行业的研究，提出了决定顾客感知服务质量高低的 10 个维度，认为顾客主要依据可靠、方便、安全、可信、敏感、能力、礼貌、沟通、理解顾客和有形证据这 10 类要素来进行服务质量评估。而 Sasser（1978）就曾提出过服务质量维度的观点，当时他用特性（Attribute）这个概念来表述这个问题。他所提出的 7 个维度分别是：安全、服务一致性、态度、服务完整性、服务设施状况、服务的易获得性和员工培训[①]。

总体而言，消费者对服务质量感知的主观性更强，相比产品质量，对服务质量的标准设定面临更大的困难，特别是服务总体上所具有的面对面完成交易的即时性，决定了很难对存在争议的服务结果进行事后的准确公正评判。而消费者的服务感受又与消费者的个性、职业、地域乃至瞬间的情绪等主观因素密切相关，更加剧了服务质量标准设定的难度。庆幸的是，对绝大多数服务业而言，往往提供的是产品与服务的复合服务产品，例如，电信业提供的通话服务就有很强的技术性；餐饮业提供的服务附着在菜品这样的实物产品之上，而对菜品的安全性、营养程度等是可以量化处理的。因此，对服务的质量规制并非完全无影可追，在附着实物产品的方面，对其进行服务质量规制相对容易，而在具有更强主观感受的领域，质量规制执行起来的难度就相对较大。

9.1.3 质量规制的基本手段

在社会性规制的几种基本手段，如禁止特定行为、营业活动限制、执业资

---

① 岳伟. 铁路客运服务质量评价研究. ［硕士学位论文］. 大连交通大学，2007

格制度、标准认证和检查制度、信息公开制度、收费补偿制度以及经济和行政处罚等手段中，质量规制较常使用的是标准约束、信息公开、执业资格和经济与行政处罚手段。

(1) 标准约束

标准约束是质量规制运用最广泛、运用频率最高的手段，尤其是对产品质量规制而言，因为有关产品的安全性、有效性、耐用性、可靠性、准确性等是比较容易用标准来衡量的，而且易于统一标准。但对服务而言，不仅涉及结果，还包括服务交付过程，它是一个主观范畴，取决于顾客对服务质量的期望（即期望服务质量）同其实际感知的服务水平（即感知服务质量）的对比，这时标准的统一性和客观性有时就难以把握。不过，如前所述，因为大部分的服务都是附着于实体产品之上，而对实体产品的标准设定较为容易，所以，对服务的标准约束也成为主要的规制手段之一。

(2) 信息公开要求

生产者与消费者之间的信息不对称是质量规制产生的根本理由，因此，通过政府规制进行强制性的信息公开就成为削弱信息不对称程度的一种手段。信息公开要求一方面是赋予产品或服务的生产企业提供有关产品或服务生产的详细信息的义务，另一方面是赋予消费者索取自己应该知晓的有关产品或服务的信息的权利。例如，对食品的原料、生产日期、生产地、生产厂家、保质期等的标示要求，就是一种信息公开的规制手段。

(3) 执业资格认证

一般而言，产品或服务的生产或提供都需要具备相应技能的专业人员来完成，特别是对一些具有较强专业知识要求的特殊服务，如医疗、法律、会计、审计服务等，对其从业人员有严格的专业知识和技能要求，相应地，就产生了执业资格认证的需要。这种规制手段首先假定只有具备了一定专业知识和技能的人员才能生产和提供合格的产品或服务。

(4) 经济与行政处罚

质量规制的前述三种主要手段都是事前规制手段，即希望通过这样的规制使不合格的产品或服务被拒之门外。但由于规制空白（即应该规制的方面没有进行规制）、规制失灵（虽然进行了规制但是结果违背规制初衷）等情况的存在，使得经济与行政处罚作为一种事后规制手段有了其存在的必要性。经济与行政处罚在质量规制领域运用得较为普遍，其目的还是希望通过这种威慑手段对生产者的不法、不当行为予以遏制，这在产品质量规制领域更为多见。

9.2　交通运输服务水平与质量的衡量及影响因素

交通运输服务是维持经济生产和社会生活高效有序运转的基本服务内容，也是一个既古老又新鲜的服务行业。每一次大的交通运输设施与工具的革新，都会提高交通运输服务的效率与质量。这也说明，交通运输服务也是附着于一定的实体产品之上的复合型服务，因此，影响交通运输服务水平与质量既有服务提供主体的主观因素，也受运输设施、工具等客观条件的限制。

9.2.1　交通运输服务水平与质量的多重表现

服务质量是指服务的效用及其满足顾客需要的程度的综合表现。服务产品的生产由消费者介入，必须根据顾客的要求来生产，而顾客的素质，如文化修养、价值取向等，直接影响着他们对服务的需求和评价。

交通运输业是典型的服务业，供给与需求活动具有同时性，交通运输业的服务质量通常是指提供物品位移服务的安全性、稳定性、快捷性和一些具有特殊要求的物品位移的一些特殊服务；提供人员位移服务的安全性、快捷性、舒适性和一些多样化、人性化的服务内容等。

考虑到中国交通运输服务需求的国情现状，对铁路运输服务的需求量最大，其服务质量的涵盖和影响范围也最广，因此，这里简要对铁路客运服务的服务质量加以分析。

铁路客运服务系统是一个复杂的系统，服务质量的优劣是众多因素相互影响、相互作用的结果，是铁路各部门工作质量的综合体现。要使旅客对服务质量感到满意，必须使旅客在旅行前、旅行中和旅行后感受到全方位的服务。在旅行前主要是购票便捷；在旅行中主要是在列车上提供多样化的服务，最大限度地满足旅客的需求；旅行后要考虑不同客运方式的衔接，不同运输方式的联运等。因此，铁路运输服务质量的基本特性应包括安全、及时、经济、便捷、舒适等。而事实上，这些特性也适用于所有的交通运输方式。

（1）安全性

安全性是对铁路客运服务的最本质要求之一，也是铁路客运服务质量的首要特性。运输对象即旅客在全部运输过程中，在发生位置变化的同时，除了由于不可抗拒的天灾及由于旅客自身的身心素质导致意外发生外，不能出现其他任何形式的不安全因素。

（2）及时性

及时性是铁路客运服务质量的时间特征，通常包括准时和快捷两个方面。

准时是指列车按照列车运行图和旅客列车时刻表的规定时间运送旅客；快捷就是指在保证运输安全的前提下，尽可能地提高旅客的送达速度，缩短运输时间。

(3) 经济性

经济性在这里是一个成本概念，在保持一定的产出、收益或效用等不变的前提下，尽可能地缩减成本是所有生产者和消费者都会予以高度重视的问题。就铁路客运服务来说，在完成同样的运输任务的条件下，应尽量节约运输过程中的设施设备和人员的投资，以减少旅客的费用支出。因为在其他质量特性大致相同的条件下，经济性是旅客选择不同客运方式时主要考虑的因素。

(4) 便捷性

便捷性一方面要求旅客在办理旅行手续方面方便、简易，如方便多样的购票方式，快速地检票通行等；另一方面是要求铁路客运服务企业尽可能优化列车开行方案，提倡列车高密度、多等级，随时满足不同层次旅客的乘车需求。

(5) 舒适性

舒适性这一质量特性实际上更侧重于希望能进一步满足旅客在旅行中的需求。随着人民物质文化生活水平的提高和交通运输业的发展，旅客对铁路运输过程中舒适性的要求不断提高，舒适性已经成为旅客选择何种交通运输方式的一个很重要的判断条件[①]。

9.2.2 可能影响交通运输服务质量的客观因素

由于交通运输服务也是依附于一定的实体物品，如交通基础设施、交通运输工具等之上的一种服务方式，因此，不可避免地存在一些可能影响交通运输服务质量的客观因素。主要包括技术条件与水平、经济发展水平、地理条件、气候条件等。

(1) 技术条件与水平

交通运输业既是先进技术的生产和创造部门，也是先进技术的吸纳和接受部门，每一次重大的技术变革都会带来交通运输业的一次飞跃性发展。例如，最近的一次信息技术革命的发生，在交通运输业得以充分体现，并对提高交通运输服务质量产生了积极而鲜明的影响。当前的交通运输行业，运用先进的电子信息技术将人员与货物、运输工具、运输线路有机地结合起来成为一个运行有序的智能化的系统，从而使运输工具依靠自身的智能在运输线路上安全、自由地行驶；驾驶员依靠系统的智能对运输线路的交通情况了如指掌；交通和运输管理人员依靠系统的智能对运输线路的运输工具行驶和交通状况一清二楚。

---

① 张建平．铁路客运服务质量管理理论研究．［硕士学位论文］．北京交通大学，2008

这样，人、运输工具、运输线路密切结合，和谐统一，既能极大地提高运输效率，又能保障运输的安全和可靠性，提高运输服务质量。

(2) 经济发展水平

交通运输需求是典型的引致需求，不仅其需求量与一个国家或地区的经济发展水平密切相关，而且交通运输服务质量也受到经济发展水平的直接影响。随着一个国家或地区经济水平的不断提高，其对外的经济、社会、文化交流也日益频繁，从而对交通运输服务质量产生更高的要求，交通运输服务也要不断地适应不同类型客户的多样化需求，对交通运输服务企业提升服务质量产生外在压力。同时，由于经济发展水平的不断提高，用于交通基础设施建设的资金会逐渐充裕，这对改善道路运输的路况质量，提高路网之间的连接率，以及综合运输网络的建设等都会产生积极的影响，从而促进交通运输业向着更便捷、舒适、安全、经济的方向发展。

(3) 地理条件

交通基础设施的建设受到地理条件的很大制约，在一些特殊地理条件区域如山区，即便是采用最先进的生产技术与工艺，运用最先进的交通运输工具，也会对铁路、公路的时速提高等产生限制，而且相对恶劣的地理条件对交通运输服务提供人员，如驾驶员的驾驶技能、经验等也提出更高的要求。即便如此，在恶劣地理条件下提供交通运输服务的安全隐患也高于普通区域。因此，地理条件对交通运输服务质量的影响是无法回避的一个客观因素。

(4) 气候条件

交通运输服务与气候变化有着密切的关系，虽然不同交通运输方式对气候变化的敏感程度不同，例如，航空、公路的敏感程度要高于铁路。但总体上，交通运输方式对气候的变化反应敏感。大风、雨雪、雾天等恶劣天气对交通运输服务带来的不利影响，不仅表现为可能产生的经济损失，而且会严重地影响服务质量。例如在大雾、暴雪天气下，高速公路关闭，车辆停运，交通堵塞；许多航班停飞、延误，众多旅客滞留机场；铁路列车延误或停运，造成旅客与货物的滞留等。虽然这是一种不可抗力导致的交通运输服务质量下降，但仍然会对旅客心理等产生不良的影响，特别是当这种情况发生时，如果运输服务的提供主体不能及时采取有效的补救措施，将会加重旅客的不满与抱怨，产生负面的社会影响。

9.2.3　影响交通运输服务质量的非客观因素

造成交通运输服务质量不高，在一定程度上降低客户心里满意度的非客观因素有很多，如企业的经营管理效率低下、服务人员素质不高、体制机制设置不合理，乃至现行法律法规的一些漏洞等可能造成交通运输服务质量的下降。

（1）企业的经营管理能力与效率

运输服务企业的经营管理能力与效率水平是影响交通运输服务质量的最主要的非客观因素。经营管理能力强的企业可以在一定程度上化解不利客观因素的影响，而经营管理能力低的企业则会适得其反。例如，对于航空运输服务而言，最突出的就是航班延误和延误后有关部门善后处理的表现。2005 年 12 月 20 日，中国消费者协会公布的京、津、沪、渝、川五地航空服务调查结果显示，在发放的 3000 份调查问卷中，75% 的消费者表示亲历过航班延误，在经常出差的人群中，有 94% 的消费者深受航班延误之苦，43% 的消费者对航空公司在发生航班延误后所采取的补救措施感到不满意。为此造成的乘客拒绝登机、占机等恶性事件也时有发生。分析造成航班延误的原因，除了天气因素之外，一是航空公司自身管理能力的原因，二是空管流量控制的原因。这两方面都是航空企业和运管部门经营管理能力与效率的表现。

（2）服务人员的自身素质

交通运输服务中人与人面对面的交流与沟通占有较大的比例，乘客愉悦与否的一些感受是通过与服务人员的交往产生的。这就要求交通运输服务人员真正能够树立以乘客为核心的服务意识，加强服务的标准化、规范化和人性化水平，能够与乘客之间建立起良好的服务与被服务的氛围。提高服务人员的素质是一个系统工程，不仅需要严格的从业资格选拔，还需要不断地在岗培训，并辅之以富有激励性的薪酬奖励体系等。人是一切生产要素中最活跃的构成部分，因此，需要充分调动交通运输服务人员的积极性和主动性，使之成为提高交通运输服务质量的有利驱动因素。

（3）体制机制设置因素

由于技术的进步和经济的发展，伴随着一些新的交通运输需求的出现，现有的一些不合时宜的体制机制问题可能成为影响交通运输服务质量的因素。例如，收费公路规模过大、站点过多、费率较高增加了运输成本，加重了道路使用者负担；有些高速公路路段，由于道路大、中修等多种原因严重影响了行驶速度，各种运输方式之间的衔接受到体制等因素影响导致衔接不畅，出现所谓"断头路"等，给乘客和交通参与者带来不便。

（4）法律法规的不健全

市场经济是法制经济，交通运输服务是一种市场行为也要受到市场运行规律的支配，从而提出一些法制建设要求，特别是对法律法规的可操作性提出更加细致和具体的要求。但由于中国的法制建设步伐整体滞后于经济发展需要，有关交通运输服务的法律法规建设更是面临很大的空白，即便存在一些相关法律，也是原则性大于操作性。例如，有关航班延误等常见的交通运输服务纠纷问题该如何处理，就缺乏一套具有权威性、指导性和可操作性的法律法规，遇到问题时处理的随意性很大，从而导致旅客的诸多不满。因此，健全、细化有关交通运输服务的法律法规也是提高中国交通运输服务质量的必然要求。

9.3 中国交通运输服务质量规制的现状与问题

相比社会性规制中的环境规制和安全规制这两项规制，质量规制无论是在国外还是在中国都处于发展相对滞后的状态，特别是对服务业的质量规制。这一方面是因为服务业的质量规制关注的是基本服务需求满足之后的更高水平、更多样的需求，在基本服务还处于供小于求的状态下，对服务质量的关注从消费者那里就较为漠视。另一方面是因为服务质量规制中的安全性是第一特性，而这与安全规制存在较大重合，所以有时质量规制与安全规制是相交织的。这些都是质量规制相对不受重视的原因所在。在分析中国交通运输业质量规制的现状与问题之前，有必要对中国质量规制的发展脉络做一回顾。

9.3.1 中国质量规制发展的脉络

中国的质量规制是政府主动利用其公共权力，以法律为基本准则，运用行政手段对产品质量和服务质量实行的有效管制，这种规制并不是独立存在发展的，它与中国特定行业的市场结构和体制改革相联系，并作为体制改革的配套措施，随着行业的发展而发展演进。在中国质量规制发展中最具有代表性的是电信业，因此，这里以电信业为例简要回顾中国质量规制的发展历程。

中国电信业从完全垄断到引入竞争，从政企合一到政企分开，从两个竞争主体到多个竞争主体，走过了一条"在发展中改革，在改革中发展"的道路。而与此改革历程相伴随的，是对该行业质量规制的不断发展演进。

1994 年以中国联通的成立为标志，电信业打破垄断，引入竞争。1998 年后，进一步加大改革力度，实现了政企分开、邮电分设，重组了中国电信和中国联通，正式成立了中国移动。从而于 1999 年 12 月形成了由中国电信集团、中国移动通信集团、中国联通集团、中国卫星通信集团、中国网通、吉通通信组成的中国电信业新格局。在此期间，虽然市场结构发生了转变，各电信企业的业务也实现了飞速增长，但是电信企业的服务却严重滞后。尽管进行了体制改革，但是电信企业的经营和服务思路并没有得到及时调整。经营理念还没有完全从以企业为中心向以用户为中心转变；管理体制也没有完全由生产型管理向生产经营型管理转变。

面对这种情况，为了使电信企业提供的服务能够规范化，当消费者的合法权益受到侵害时有法可依，同时也为政府加强对电信业的监管力度提供重要依据，2000 年 1 月 18 日，原信息产业部颁布了《电信服务标准（试行）》，与此同时，电信用户申诉受理中心也揭牌成立。《电信服务标准》是电信企业必须执行的基本服务标准，是电信运营企业提供电信服务的下限，颁布后各电信企业还应根据实际情况，制定不低于该标准的实施细则，从而在一定程度上保障和提高电信服务的质量。

但是改革的脚步并没有停滞，时隔一年，2001 年 1 月，由铁道部控股、铁路全路 14 个铁路局等共 18 家股东共同出资组建的电信运营企业，专门从事固定电话、互联网、数据通信、IP 电话等业务的中国铁通公司挂牌成立。至此，中国电信的七雄争霸格局基本形成。与电信业体制改革和市场格局变化相伴随的是为了对电信业务经营者提供的电信服务质量实施管理和监督检查，维护电信用户的合法权益，2001 年 1 月 5 日原信息产业部又颁布了《电信服务质量监督管理暂行办法》，从对电信企业的监管角度完善了对电信企业的监督管理体制。同时，考虑到电信用户的申诉途径与处理规范，原信息产业部又于2001 年 6 月颁布了《电信用户申诉处理暂行办法》，从受理、办理、调解、调查四个方面，对电信企业提高电信服务质量明确了进一步的要求。

同样，为了适应市场需求，促进电信行业内企业之间的有效竞争，进而提高电信服务质量，2002 年，中国电信被拆分，成立了南电信、北网通，并鼓励双方互相到对方区域发展业务。2004 年初，国务院又正式决定，铁通由铁道部移交给国资委管理，并更名为中国铁通集团有限公司，作为国有独资基础电信运营企业独立经营。

伴随着电信企业的不断拆分与重组，有关电信服务质量规制的一些法规也得以进一步完善。例如，为了促进电信服务的规范性，原信息产业部于 2004年 10 月发布了《关于规范电信服务协议有关问题的通知》，对增加电信服务的透明度、保障电信消费者权益，特别是在抑制"霸王条款"方面起到了积极作用。时隔半年，原信息产业部又于 2005 年 4 月 20 日起施行了《电信服务规范》，该规范是依据《中华人民共和国电信条例》，对电信业务经营者提出了在提供电信服务时应当达到的基本质量要求，为提高电信服务的质量，维护电信用户的合法权利，保证电信服务和监管工作的系统化和规范化发挥了进一步的推动作用。

此外，作为信息产业部对电信企业进行质量规制的一大特色是，从 2001年 5 月起对电信业务经营者的电信服务质量状况实行报告制度，即《电信服务质量报告制度》，该制度一直持续至今，每季度发布一次，为及时掌握电信服务质量状况，有针对性地采取措施，促进电信服务质量的不断改善和提高，为保护电信用户的合法权益做出了贡献。

从电信业的质量规制历程可以看出，中国的质量规制大体都会经历一个从无质量规制到有质量规制、从粗质量规制到细质量规制、从弱质量规制到强质量规制的过程，而同样的过程在发达国家大体也都经历过，只不过其经历的时间要比中国早许多，这样的局面就对中国加快、加强质量规制提出了紧迫的要求。

9.3.2 中国交通运输业服务质量规制的发展演变

纵观中国交通运输业服务的质量规制历程，会发现与电信业的规律相类似，交通运输业服务的质量规制也不是独立存在发展的，它与中国交通运输业的体制改革紧密相连。

(1) 中国民航运输业的服务质量规制

中国交通运输业的质量规制中，民航业是最具代表性的一个，从民航业的质量规制发展中可以大致看出整个交通运输业的质量规制历程的特点。

1) 质量规制的起步阶段（20 世纪 50 年代后期～70 年代末期）。新中国的民航业创建于 1949 年 11 月 2 日，在 1980 年之前，民航业一直实行以军队领导为主的政企合一的管理体制。民航局身兼二职，既是政府行政管理部门，又是直接的经营主体，其行政隶属关系虽几经变化，但一直不改其政企高度统一的行业特性。从 20 世纪 50 年代后期对《中国民航国内旅客、行李及货物运输暂行规则》、《国内业务手册》和《危险品运输规定》进行修订开始，中国民航运输业的质量规制开始起步。1962 年中国原民航总局成立条例办公室，集中人力编写各业务系统的工作条例和细则。1965 年底，中国原民航总局颁发实行《中国民用航空运输业务工作条例》。同时还草拟了国内和国际客货运输规则以及客运、货运、服务和事故的处理等工作细则，但由于政治事件等历史性原因未能正式公布实施。直到 1977 年以后，才逐渐开始颁布实行一些民用航空规章。

2) 质量规制的发展阶段（20 世纪 80 年代初期～2002 年）。质量规制的发展阶段也是中国民航体制改革的活跃期。1980～1986 年民航改革启动，主要内容是改变行政隶属体制，走企业化运营道路。在此期间，中国民用航空的法制建设不断发展。为了加强对旅客、行李的国内航空运输的管理，保护承运人和旅客的合法权益，维护正常的航空运输秩序，原中国民用航空局 1985 年 1月 1 日制定施行了《旅客、行李国内运输规则》，1986 年 4 月 6 日国务院发布了《民用机场管理暂行规定》，对于加强对民用机场的管理、保障飞行安全、维护机场秩序、提高机场服务质量方面起到了促进作用。1987 年，民航业开始进行政企分开的改革，把管理局、航空公司和机场分设，并先后组建中国东方航空公司、中国国际航空公司、中国南方航空公司等六大航空公司。此时的航空业虽然执行着严格的价格规制，但对航线进入、机场建设、飞机购买等方面的政府规制开始松动，需求规制（即对乘机人资格的限制）也基本取消。到20世纪90年代初，上海、厦门、四川等地方航空公司相继成立，民航公司猛增至20多家，到1997年底达到34家。航空公司的增加，使运力增长很快，满足了当时的社会需求。伴随着民航业的迅速发展，涉及服务质量的相关法规也在不断的完善。1995年10月30日，第八届全国人大常委会第16次会议通过了《中华人民共和国民用航空法》，并于1996年3月1日起施行。《中华人民共和国民用航空法》是中国第一部规范民用航空活动的法律，是中国民航法制建设的里程碑。此后，中国民用航空法律体系不断完善，到目前为止，民用航空法律体系框架已基本建立。与此同时，为了保障航空运输的安全性和保证服务质量，原民航总局于1996年8月1日发布了《民用航空器驾驶员和飞行教员合格审定规则》，对于民航运输的驾驶员和飞行教员的资格提出了要求，使资格认证这种规制手段在中国民航业得以广泛使用。此外，1996年9月1日起实施的《公共航空运输服务质量标准》规定了公共航空运输企业、机场、代理人及相关部门的旅客、货物运输服务质量要求，从旅客和货物运输服务质量的两个角度分别制定了详细的标准。2001年10月1日原民航总局又实施了《公共航空运输服务质量评定》，对于航空运输服务质量的服务标准和评价要求做出了详细而全面的规定。

3）质量规制的完善阶段（2002年至今）。2002年10月11日，经过长时间酝酿的民航业重组方案出台，以中国国际航空公司、中国东方航空公司、中国南方航空公司为基础组建三大航空运输集团，同时，六大集团与中国原民航总局脱钩，其中三大航空集团交由中央大型企业工委管理。中国原民航总局作为国务院主管全国民航事务的直属机构，不再对企业的盈亏负责，而是承担民用航空的安全管理、市场管理、空中交通管理、宏观调控及对外关系等职能。中国原民航总局行使管理职能的方式也将发生质的变化，从主要以行政手段为主，转向以法律手段为主，辅之以行政的、经济的管理手段。在三大集团重组的同时，地方航空公司也在静悄悄地进行联合重组，并形成了两大集团：海航集团（海南航空、新华航空、长安航空）和中天航空企业集团（上海航空、山东航空、深圳航空、四川航空等6家地方航空公司）。其他航空公司在这种重组、兼并的压力下，也开始自发地寻找合作伙伴，或自行组合，或直接加入三大航空集团，以期获得规模经济与范围经济效益，在激烈的竞争中占有一席之地。随着民航业重组的完成以及民航市场的发展，涉及民航运输服务质量的相关法律法规也在进一步地完善。2004年6月下旬，原民航总局颁布了《航班延误经济补偿指导意见》，根据这份意见，当乘客在乘坐飞机时，如果是因为航空公司自身原因造成的长时间延误，乘客将可能得到相应的经济补偿，进而针对航班延误的问题，达到了经济补偿的标准化和具体化。由于航空运输服务内容的变化与调整，2007 年 7 月 1 日原民航总局实施了新的《公共航空运输服务质量评定》，本标准代替 2001 年 10 月 1 日实施的《公共航空运输服务质量评定》。本标准增加了一些新的服务内容与手段，如对电子客票的有关规定等，提高了原有的质量标准水平和评价要求。时隔不久，2007 年 9 月 1 日原民航总局又实施了新的《公共航空运输服务质量》，本标准规定了公共航空运输企业及其代理人、机场等相关服务单位的运输服务质量要求，代替了 1996 年发布的《公共航空运输服务质量标准》，使航空运输业的质量规制达到了一个新的高度。

（2）中国铁路运输业的服务质量规制

铁路运输是中国最主要的交通运输方式，对中国的经济发展和社会进步都发挥着举足轻重的作用。但铁路运输业也是中国交通运输各方式中改革步伐最为缓慢，或者说是最为稳健的一个，即便如此，铁路运输的服务质量规制也日趋完善。

1）与市场化改革相伴随的铁路运输服务质量规制。中共十四大和十四届三中全会之后，铁路运输开始走向市场化改革的战略性调整阶段。1992 年 12 月 31 日，原铁道部、国家体改委、国务院经贸办正式印发《铁路企业转换经营机制实施办法》，该办法重点在于扩大和落实铁路企业经营自主权，从而建立适应社会主义市场经济要求的铁路管理体制和运行机制，改善经营管理，提高服务质量，更好地为国民经济和社会发展服务。

伴随着铁路运输市场化改革的深入，以及《铁道部关于贯彻党的十四届三中全会〈决定〉深化铁路改革若干问题的意见》、《铁路局资产经营责任制实施办法》的相继推出，为提高货物运输服务质量，规范铁路货物运输、运输服务和运输延伸服务的收费行为，铁道部于 1998 年 5 月 28 日发布《铁路货物运输服务订单和铁路运延伸服务订单使用试行办法》，开始了服务质量规制的第一步。

时隔不久，铁道部又于 1999 年 10 月 1 日同时实施了《铁路货物运输服务质量标准》和《铁路旅客运输服务质量标准》，前者规定了铁路运输企业货物运输和相关部门货物运输的服务质量要求，而后者详细制定了铁路运输企业旅客运输的服务质量要求。

改革的程度在不断地加深，2000 年在继续铁路资产经营责任制改革、促进铁道部政企职能分开、所有权与经营权分离的同时，为提高铁路货物运输服务质量，贯彻执行《铁路货物运输服务质量标准》，促进铁路货物运输工作发展，铁道部于 2000 年 1 月 11 日颁布《铁路货物运输服务质量监督监察办法》，此办法对货运服务质量可能存在的问题进行了分类与定性，并详细制定了对货运服务质量问题的相应处理措施。

2) 铁路运输体制改革突破后的服务质量规制。2001 年，全国铁路系统通过铁路局或铁路总公司的资产剥离和重组，在各地相继成立了一批铁路客运公司和货运公司，实现了"客货分离"。同时，将铁路路网剥离出来成立一家全国性的路网公司，负责路网的建设、保养和铁路调度，实现了"网运分离"。伴随着铁路公司化改革的进行，为保证铁路旅客运输服务质量，维护旅客和行李、包裹托运人、收货人的合法权益，加强对铁路旅客运输服务质量的监督监察，依据《中华人民共和国铁路法》和《铁路旅客运输规程》、《铁路客运运价规则》、《铁路旅客运输服务质量标准》及有关规定，铁道部于 2002 年 4 月 15日重新发布了《铁路旅客运输服务质量监督监察办法》。为加强对铁路旅客运输服务质量的监督监察，加大对客运服务质量的监管力度，依据《铁路旅客运输服务质量监督监察办法》，铁道部又于 2002 年 5 月 9 日重新修订了《铁路旅客运输服务质量网络监督监察工作规定（试行）》。

为了加大对铁路客运服务质量监管的力度，及时查处运输中发生的服务质量问题，促进客运服务质量的提高，铁道部于 2002 年 7 月 1 日正式建立了全路旅客运输服务质量监督监察网络机制。在全路设立了客运服务质量监督监察网点，聘任兼职网络客运监察，形成覆盖全国的监督检查网络。客运监察网络机制的建立，使客运服务质量问题得到及时查处和整改，同时对预防出现服务质量问题也起到积极作用。

铁道部于 2003 年 1 月 1 日又重新修订实施了《铁路旅客运输服务质量标准》，本标准分为两部分，分别对车站和列车两方面的运输服务制定了详细的质量标准。同时，由于中国大多数远途旅游者出行的交通工具依然是火车，从购票、等候进站到车上服务，乘客经常是怨声载道，批评多于表扬。针对这种状况，铁道部于 2003 年 2 月 13 日发布了《铁路服务示范》，提出了改进站车服务的 10 项措施。比如确保列车正点运行，保证旅客的用水需要，保证列车上厕所、洗漱间等设施的正常使用，不得改作他用等。

2003 年下半年，铁道部推出了主辅分离的措施，扫清了铁路改革的外围障碍。2005 年，撤销了铁路分局这一层级，缩短了管理链条，对提升运营效率发挥了一定的作用。

纵观铁路市场化改革的历程可以看出，铁路通过公司化改革，建立了适应社会主义市场经济要求的铁路管理体制和运行机制，有利于加快铁路建设，扩大运输能力，在改善经营管理、提高营运绩效的同时，也完善了涉及运输服务质量的相关法规和制度，从而更好地为国民经济和社会发展服务。

(3) 中国公路运输业的服务质量规制

公路运输在中国的交通运输体系中也是一个重要的构成部分，无论是在长短途货运还是短途客运方面，公路运输都承担着重要的职能。而相比民航和铁路运输，公路运输的市场化程度最高，运输服务主体数量最多，构成最复杂，也造成公路运输服务质量规制面临的问题多而杂，影响面广，处理解决的难度也大。

为加强公路运输行业管理，保护合法经营，保障货主和旅客的正当权益，维护运输秩序，促进公路运输事业的发展，实现货畅其流、人便于行，以及提高公路运输服务的质量，原交通部和国家经贸委 1986 年联合发布了《公路运输管理暂行条例》。

1997 年 7 月 3 日第八届全国人民代表大会常务委员会通过《中华人民共和国公路法》，其中"公路养护"、"路政管理"、"收费公路"等章节对可能影响到公路服务质量的项目进行了规范和限定。随着公路运输业的发展，为了保持法律的适用性和实用性，该法案又分别于 1999 年 10 月 31 日和 2004 年 8 月 28 日进行了两次修订。

于 2004 年 4 月 30 日由国务院发布的《中华人民共和国道路运输条例》，是中国第一部全面调整道路运输法律关系的行政法规，涉及道路运输经营、道路运输相关业务、国际道路运输、执法监督、法律责任等方面，坚持科学的发展观和以人为本的思想，具有确保道路运输安全生产、维护、关心、关注群众利益，推进道路运输全面、协调、可持续发展等诸多特点。该条例的颁布实施，填补了中国道路运输管理法规的空白，进一步完善了交通法规体系，为依法行政、依法治运，实现公路基础设施建设和道路运输协调、可持续发展，推进交通健康、稳定发展提供了强有力的法律保障。

为了加强对收费公路的管理，规范公路收费行为，维护收费公路的经营管理者和使用者的合法权益，促进公路事业的发展，根据《中华人民共和国公路法》，由国务院交通主管部门于 2004 年 11 月 1 日起制定施行了《收费公路管理条例》。

为了推进依法行政，保障运输安全，规范经营行为，维护旅客权益，从而实现道路客运业全面、快速、健康、有序的发展，《中华人民共和国道路运输条例》的又一部配套规章《道路旅客运输及客运站管理规定》于 2005 年 8 月 1 日正式实施，该规定针对经营旅客运输的车辆和客运站提出了详细的要求，明确了法律责任，也成为约束道路运输业服务质量的一个基本法规。

9.3.3 中国交通运输业服务质量规制存在的问题

由以上分析可知，虽然中国交通运输业的服务质量规制已经走过了不短的一段路，相关的法律、法规、规章也基本构建出了一个质量规制的框架体系，但是仔细追究还是会发现中国交通运输业的服务质量规制存在着诸多问题。具体而言，主要表现在相关法律法规不健全、企业内部管理无效率、各运输方式之间的发展失衡和服务人员的主观问题等多个方面。

(1) 相关法律法规不健全

虽然中国交通运输业服务质量规制的法律体系已基本形成,在质量规制方面基本上可以做到有法可依,然而,中国交通运输业服务质量规制的法律体系尚不完善,相关法律条款内容少、调整范围窄,而且有些法律规章的效力不够,在实际操作中,存在着执行力度差或无法执行等问题。

以民航业的航班延误问题为例,当前之所以在造成航班延误的原因中人为因素占了很大比重,主要是因为航空公司为航班延误而承担的成本过低,要调动航空公司的主观能动性,尽可能地避免因人为因素而出现的航班延误现象,就与政府应该加强对航空运输企业的规制,加大航班延误后的经济补偿力度密切相关。2004 年 6 月下旬,原民航总局颁布了《航班延误补偿的指导意见》,根据这份指导意见,当乘客在乘坐飞机时,如果是因为航空公司自身原因造成的长时间延误,乘客将可能得到经济补偿,但该指导意见却没有对具体经济补偿给出一个统一的标准,且该指导意见既不是法律也不是行政法规,不能成为司法机关裁判航空公司与乘客之间纠纷的法律依据。

现在对民航运输业服务进行质量规制,一般参照的法律是《民用航空法》、《合同法》、《公共航空运输服务质量评定》和《公共航空运输服务质量》,虽然这些法律和规章对民航运输业服务质量的提高起到了一定的促进作用,但部分法律法规的规定又都过于笼统,不具有实用性,且在实践过程中,缺乏可操作性。而一旦消费者与航空服务企业就质量问题产生纠纷时,又都是非常具体的事件,一些大而无当的法律法规很难对解决实际问题产生真正作用。

类似的问题在铁路运输、公路运输等领域同样存在。例如,中国有关高速公路的法制建设明显滞后于高速公路产业的发展,其中就包括有关高速公路运输服务质量规制的缺乏。现有的《公路法》、《收费公路管理条例》、《中华人民共和国道路运输条例》和《道路旅客运输及客运站管理规定》等法律法规中的一些规定对高速公路运输服务而言都过于原则,缺乏可操作性。

(2) 运输服务企业内部管理的无效率

服务质量在某种意义上是企业内部管理能力的一种体现。在内部管理能力高的情况下,可以尽可能地化解一些可能影响服务质量的不利因素;反之,在内部管理能力低的情况下,哪怕遭遇外部条件细微的不利变化,都可能导致服务质量的大幅度下降。仍以飞机航班延误问题为例,除了遭遇如雾雨、风暴、低云等恶劣天气之外,另一个容易导致航班延误的原因是民航运输业服务链的脆弱性;航空运输服务需要机场、空管、油料、航空公司等各环节密切配合、紧密衔接,一个环节出现问题,其他环节都会受到影响,最终可能导致航班的延误。而目前中国的情况是除了航空公司已在竞争性市场中快速成长,具备了较强的市场应变与反应能力之外，其他一些环节由于垄断性体制依然存在，基本不面临市场竞争的压力，使得各环节之间的管理能力、市场竞争能力严重不匹配，导致整个航空运输服务链条的脆弱性。因为与民航运输业的快速增长速度相比，中国对空中管制系统的投资、空中道路的拓宽、维修能力、销售网络、管理方面的培训都没有与之相配套。此外，为了抢占市场，面对快速增长的航空运输需求，许多航空公司依靠商业贷款购买或租赁飞机，之后为了提高飞机的利用率而摊薄飞机的折旧成本，各航空公司又竞相采取各种手段，包括一些可能影响到运输服务质量的手段来提高飞机的利用率，使得民航运输业以服务质量换取经济收益的现象较为普遍。同样的问题也存在于其他运输方式之中。

(3) 各运输方式之间的服务质量规制失衡

交通运输是一项综合的系统工程，从交通运输服务的需求者来看，每一消费者都不可能唯一使用哪种交通运输方式，换言之，多种交通运输服务方式的组合利用是每个运输服务需求者都会面临的问题。这时候各运输方式之间服务质量规制水平的差异就明显显现出来。就中国目前的情况来看，以客运服务为例，对民航运输的服务质量规制相对较多，也较细密，铁路次之，公路运输较弱，而水路运输因为客运市场所占比例微乎其微，对其服务质量规制也几乎处于空白状态。这种各运输方式之间的服务质量规制失衡状态对消费者的服务满意心理会造成极大的负面影响，也不利于中国交通运输服务整体质量的提高。追究造成这一问题的原因，与方式分设、多头管理的行政管理体制有很大关系，随着2008年大部制改革的实施，虽然新成立的交通部还是没有彻底实现大部制，但起码已经走向一个过渡期，如果能够赋予新成立的交通部以质量规制机构的主体地位，将会对解决各运输方式之间服务质量失衡的问题产生一定的促进作用。话题至此，实际上有牵涉出中国交通运输业服务质量规制的另一个体制性问题，即缺乏明确的规制机构主体认定，国务院、交通运输管理部门，乃至发改委等综合管理部门，都可能在特定的情况下成为质量规制的规制机构，这种缺乏明确的单一的规制机构的状况是导致中国交通运输业质量规制问题发生的体制性根源。

(4) 交通运输服务人员的主观性问题

对于交通运输业而言，服务人员作为服务过程的直接实施者和参与者，其业务素质的高低、职业修养的好坏对服务质量结果都有直接的影响。但是在很多情况下，中国交通运输业的服务人员所具备的素质与修养并不很理想，分析其原因，又与运输服务企业在人员选拔、培训以及激励等机制设计方面存在的问题密不可分。以铁路客运服务人员为例，其问题就表现在以下几个方面。

首先是用工机制方面的制约。铁路用工机制的不合理性极大地制约了服务人员的整体素质提高。一方面在长期计划经济体制下，铁路职工队伍庞大，由于政策因素还要接受大批转业人员。基层单位作为真正意义上的用人单位，没有权限根据人员的变化、结构来决定需要补充的人数及层次。另一方面是用工形式单一，当前的用工机制形成真正意义上的优胜劣汰。在职工各方面的素质都不能很好适应企业发展要求的情况下，只要不犯大的错误，就很难被淘汰出去，这样很容易造成职工滋生懒惰思想，进而影响工作质量。

其次是培训方式滞后的制约。对服务人员的培训是人力资源管理的重要一环，培训效果直接影响到服务水平。而目前铁路客运服务人员的培训缺乏系统性、针对性，以及培训内容比较单一等问题的存在，使得铁路服务人员的整体素质不能得到飞跃性的提高，影响到服务质量。

最后是考核激励方式的不合理。铁路客运部门的考核和激励方式不合理极大地影响了服务人员的工作积极性，淡化了服务人员的服务意识，形成了所谓的"铁老大"作风。考核激励方式不合理的主要表现是薪酬设计时对基层服务人员的工作特点和劳动付出重视不够，使得服务人员的积极性和工作热情不能得到有效调动，进而影响到整个职工队伍的服务水平[1]。

9.4　改善中国交通运输服务质量规制的对策

近年来，随着公路、民航等新兴运输方式的迅猛发展，各种运输方式之间的替代和演化不断深入，市场分工日趋合理，运输结构不断完善，但总体上我国的交通运输服务与国民经济需求结构之间的适应程度仍较低，运输能力的发展虽然已经基本上满足国民经济发展的"量"的需求，但对其所提出的"质"的要求仍难以适应。当前中国正处于以科学发展观为指导的全面建设小康社会的关键时期，需要一个有序的交通运输市场为社会经济发展和人民生产生活提供更便捷、优质、安全、环保的运输服务，而有序的交通运输市场的建立离不开政府规制的必要干预[2]。

通过以上综合分析，可从以下几个途径入手，改善中国交通运输服务质量规制，提高政府规制的效率。

9.4.1　发展综合交通运输体系作为提高服务质量的物质基础

交通运输服务是依托于网络、设施、运输工具等实体之上的一种服务，均

---

① 蒋国良. 铁路客运服务人员现状及对策研究. 中国集体经济，2008（4）：137～138
② 樊一江，马天山，高睿晶. 交通运输政府规制供需特质研究. 铁道运输与经济，2008（6）：1～4

衡合理、衔接畅通的交通运输网络是实现优质服务的物质基础，如果这一基础并不坚实，纵使交通运输服务人员服务热情再高、态度再友好，也不能获得令顾客满意的效果。因此，提高交通运输服务质量首先要发展和完善综合交通运输体系。具体表现为：一是构筑区域快速交通系统，加强区域内的紧密联系，在继续完善以高速公路为主体的高等级公路建设的同时，开发各种新的快速交通运输系统，如城际快速轨道交通；二是统一规划，建设综合交通运输枢纽，提高区域综合交通运输系统的效率。

9.4.2　将科技进步作为提高服务质量的技术保障

科技进步在交通运输中的表现，一是改进交通基础设施和交通运输工具，创造更加迅速快捷的交通运输条件，例如，高速公路、快速铁路、大型船舶、飞机的发明。二是改变交通运输的运营管理条件，进而提高管理效率，例如，信息技术发展所带来的综合智能交通系统的大范围运用等。

具体而言，科技进步对交通运输业服务质量的影响主要体现在网络化、数字化、智能化和科学化四个方面。

首先，网络化将交通运输业内的各个运输方式内部的各个环节以及各个交通运输方式连接成为一个巨大的网络体系，使得交通运输业从过去静止的点到点的运输转变为动态的网络化、协同化的"线—面"运输。这将大大减少资源的浪费，缩短整个运输过程的时间，有效提高运输的安全性、可靠性，从而大大提高交通运输业的服务质量。

其次，数字化是将各种模拟式的信息转化为电脑可以识别、传输、处理的数字化信息。通过信息的传递和处理，提供实时的供求信息、运输信息和导航服务等，可以有效地降低出行的时间，使人们出行更加安全、便捷、舒适。

再次，智能化是运用先进的电子信息技术（包括传感器信息采集技术、信息传输技术、计算机数据库和数据处理技术、通信电视、广播、GIS、GPS等技术）将人（包括驾驶者和管理者）、运输工具、运输线路有机地结合起来成为一个运行有序的智能化的系统。从而使运输工具依靠自身的智能在运输线路上安全、自由地行驶；驾驶员依靠系统的智能对运输线路交通情况了如指掌；交通和运输管理人员依靠系统的智能对运输线路的运输工具行驶和交通状况一清二楚。这样人、运输工具、运输线路密切结合，和谐统一，将极大地提高运输效率，保障运输安全和可靠性，提高运输服务质量。

最后，科学化是指为了安全、通畅、快速、高速、低公害等目标，对人的交通行为进行科学的管理，从而有效地控制交通参与者的交通行为的规范性。科技进步所带来的各种成果在交通管理中的运用，使交通管理的效能大大提高。例如，自动监视（ADS）装置、全球导航卫星系统（GNSS）、自动定位系统、测速系统、车载数据库等技术，极大地提高了交通运输服务效率，降低了运输成本，堵塞了一些运输管理上的漏洞，提供了安全、可靠、方便、快捷的交通运输服务。

9.4.3 将完善相关的法律法规体系作为提高服务质量的制度保障

中国交通运输业有关质量规制方面的法律制定，尤其是有关铁路、公路等行业的大多集中在1996~2004年间，在一定程度上与近几年中国交通运输的服务需求特性出现了不相适应的方面。有必要对原有交通运输服务质量规制方面的相关法律法规加以必要的修订，并根据现实发展需要制定新的交通运输法律法规，从而形成多层次、系统化、结构严谨、操作性强的有关交通运输业服务质量规制的法律体系。当前急切需要在公路运输和民航运输方面实现法律法规建设的突破。

从公路运输业来看，现有的《公路法》、《中华人民共和国道路运输条例》、《收费公路管理条例》、《道路旅客运输及客运站管理规定》中的一些法律条款对公路运输服务质量的规定过于原则，缺乏可操作性。应尽快制定出台有关《公路货物运输服务质量标准》、《公路旅客运输服务质量标准》、《公路运输服务质量评定》、《公路路政管理规定》、《高速公路养护质量评定标准》等法律法规、行政规章和技术规范，从根本上改变有关公路运输服务质量的法律法规严重滞后于其他运输方式的失衡状态。

从民航运输来看，2004年6月下旬由原民航总局颁布的《航班延误补偿的指导意见》，虽然认可因为航空公司自身原因造成的长时间延误，乘客将可能得到经济补偿，但该指导意见却没有对具体经济补偿给出一个统一的标准，且作为一项部门文件，该指导意见不能成为司法机关裁判航空公司与乘客之间纠纷的法律依据。如何运用法律法规处理因航班延误造成服务质量下降的事件，欧盟的做法值得借鉴。欧盟于2005年2月17日正式实施了加强乘客索赔权利和提高赔偿金额的新法律。根据新的规定，如果因为航班座位订满、航班被取消或推迟使乘客无法登机，航空公司必须对乘客进行赔偿。赔偿的金额，则视航班飞行距离或延误时间的长短而定，最低为250欧元，最高为600欧元。航空公司还必须允许乘客自行选择是全额退票还是换乘别的航班。欧盟新法规还对航班无故被取消或出现两小时以上延误规定了类似赔偿标准；如果航班延误超过五小时，航空公司还必须负责乘客的食宿及交通费用。与1991年欧盟旧的赔偿标准相比，这项新法规不仅将赔偿标准提高了近一倍，而且扩大了适用范围。正如欧盟委员会负责交通事务的副主席雅克·巴洛特所说："欧洲航空业的繁荣，必须伴之以对乘客权利的适当保护。"应该说，这一理念值得中国在建立完善有关交通运输服务质量的法律法规时予以借鉴。

9.4.4　完善制度，发挥交通运输服务人员的主观能动性

服务人员是交通运输服务中最活跃的生产要素，无论交通基础设施、交通运输工具多么精良，技术条件多么先进，制度设计多么完备合理，如果缺乏一支具有高度工作责任心、训练有素的职业能力和素养、良好的职业道德以及视顾客为上帝的服务理念的服务人员队伍，所有的技术、制度支持都可能形同虚设。因此，在交通运输服务中充分调动服务人员的主观能动性是提高服务质量的关键一环，而服务人员首先也是有喜怒哀乐的普通人，要让服务人员以高度的责任心、十足的工作热情投入到工作之中，前提是要在用工、薪酬、奖惩激励等制度设计方面做到科学、合理，以此来激发交通运输服务人员的主观能动性。毋庸讳言，中国的交通运输服务人员队伍建设目前还没有达到这样一种理想的状态，尚需不断的制度改革来推进完善。

10 综合交通运输的法制化建设

法律是对社会关系的一种规范和调整，以调节权利的配置和利益的分配。中国交通运输法律近年来取得了较大进展，但与快速发展变化的交通运输实践相比，综合交通法制化建设明显滞后。本章将对中国法制化现状进行评述，并提出综合交通法律制度建设的必要性和建设内容。

10.1 中国综合交通运输法制化建设的现状与评价

改革开放以来，我国交通运输的法制化建设取得了较大的进展，各种运输方式的单方式立法取得较大突破，对于推动中国交通运输的迅速发展提供了重要的制度保障，但与此同时，随着综合交通体系的形成和方式协调问题的凸现，在综合交通立法上还存在一定的不足。

10.1.1 中国交通运输法制化建设的现状

目前，我国交通运输领域已出台的主要法律包括铁路法（1991 年 5 月 1 日开始实施）、公路法（1998 年 1 月 1 日开始实施，1999 年第一次修正，2004 年第二次修正）、港口法（2004 年 1 月 1 日开始实施）、民用航空法（1996 年 3 月 1 日开始实施）、海商法（1993 年 7 月 1 日开始实施）、道路交通安全法（2004 年 5 月 1 日起施行），其中多数法律都含有关于综合交通或联运的相关条款。

表 10.1 我国交通领域的主要法律

	法　　律	颁布时间
铁路	铁路法	1990
公路	公路法	2004
	道路交通安全法	2003
民航	民用航空法	1996

续表

	法　律	颁布时间
海商	海商法	1992
	海上交通安全法	1983
	海事诉讼特别程序法	1999
港口	港口法	2003

　　除了这些国家交通运输大法外，国务院各部委还出台了大量的交通运输法规，其中一些法规含有关于综合交通或联运的相关内容，如《中国城市道路管理条例》、《城市公共汽电车客运管理办法》、《中华人民共和国航道管理条例》、交通部《集装箱汽车运输规则》、交通部《汽车货物运输规则》、交通部《水路货物运输规则》、铁道部《铁路集装箱运输规则》等。另外，我国各省市自治区也以管理条例、管理规定、管理办法等形式，在交通运输法规建设上做出了积极的贡献，部分地区涉及综合交通体系建设的交通运输法规见表 10.2。

表 10.2　我国部分地区与交通相关的主要法规

地区	法规名称	实施时间
北京	北京市城市道路管理办法	2005 年 8 月 1 日
	北京市实施《中华人民共和国道路交通安全法》办法	2005 年 1 月 1 日
上海	上海港口条例	2006 年 3 月 1 日
	上海市城市道路桥梁管理条例	1995 年 1 月 1 日
	上海市道路运输管理条例	1996 年 5 月 1 日
	上海市公共汽车和电车客运管理条例	2001 年 1 月 1 日
	上海市水路运输管理条例	1998 年 1 月 1 日
天津	天津市城市道路管理条例	2005 年 10 月 20 日
	天津市道路交通安全管理若干规定（草案）	2006 年 1 月 1 日
	天津市公路管理条例	2005 年 9 月 7 日
	天津市轨道交通管理规定	2006 年 6 月 1 日
重庆	重庆市道路运输管理条例	2001 年 2 月 1 日
	重庆市公路路政管理条例	2002 年 5 月 1 日
	重庆市水路运输管理条例	2004 年 3 月 1 日

续表

地区	法规名称	实施时间
广东	广东省汽车货物运输规则	2000 年 1 月 1 日
	广州市公共汽车电车客运管理条例	2000 年 6 月 1 日
	深圳市宝安国际机场管理办法	2006 年 5 月 1 日
	深圳经济特区港口管理条例	1998 年 5 月 1 日
	汕头经济特区实施《城市道路管理条例》办法	1996 年 12 月 31 日
河北	河北省道路运输管理条例	2003 年 2 月 1 日
	河北省县乡公路管理规定	2000 年 9 月 19 日
	河北省公路路政管理规定	1997 年 12 月 30 日
	河北省港口管理规定	1996 年 9 月 12 日
	河北省公路条例	1995 年 5 月 7 日

10.1.2 中国综合交通立法现状评价

目前各种分方式立法模式对于促进单方式交通运输的发展发挥了一定的促进作用，并且有些法律也同时考虑到了与其他方式之间的协调问题，然而，无论从整个综合交通法律体系的建设还是综合交通一体化的落实方面来看，都还存在较大差距。

(1) 我国交通运输法律法规对综合交通体系建设的促进作用

1) 部分国家法律法规强调了各种交通规划间的协调性。我国现行《铁路法》、《公路法》、《港口法》等，均从规划的角度上制定了有利于综合交通体系建设的相关条款，强调了应当根据国民经济和社会发展以及国防建设的需要编制交通规划，强调了一种交通方式的发展规划必须与其他交通方式的发展规划相衔接、相协调。其中《公路法》还强调了公路发展规划与城市建设发展规划的关系，以及公路建设过程中与其他方式及其他部门间的相互关系，特别规定了建设过程中对其他设施造成破坏的修复责任和赔付原则；港口法也强调了港口建设规划要符合城镇体系规划，并与土地利用总体规划、城市总体规划、江河流域规划、防洪规划、海洋功能区划、水路运输发展规划和其他运输方式发展规划以及法律、行政法规规定的其他有关规划相衔接、协调。《广东省高速公路管理条例》也明确规定，高速公路规划必须服从国家高速公路的总体规划，并依据本省经济和社会发展以及国防建设的需要进行编制，与其他有关行业发展规划相协调，与城市建设发展规划相结合。这类法律法规条款从宏观上制约了单个交通方式在规划上的随意性，加强了综合交通体系建设的整体观念。

2）部分法律法规强调了多式联运的协调关系。我国部分交通运输法律法规涉及了多式联运方面的相关条款。如我国现行的铁路法规定，铁路运输企业与公路、航空或水上运输企业相互间要依照国家有关规定实行国内旅客、货物联运。这些条款对于建立多方式的协调关系奠定了良好的基础。交通部修订的《水路货物运输规则》和《水路货物运输管理规则》涉及了水路与铁路、公路、航空、管道之间的货物联运、军事运输、邮件运输、危险货物运输、集装箱运输、滚装运输等方面的内容。这些条款为多式联运的发展提供了法律依据。

3）某些法律明确了建设、运营过程中的约束性条款。如我国现行《公路法》明文规定，公路建设若影响了其他设施的正常使用或对有关设施造成损坏的，需要事先征得有关部门的同意或进行经济制裁等。《道路交通安全法》规定，机动车载运超限物品行经铁路道口的，应当按照当地铁路部门指定的铁路道口、时间通过。这类约束性条款从法律法规的角度限制了从部门利益出发所产生的破坏综合交通建设的不良行为。

4）某些法律法规明确了各交通主管部门的责任。如《北京市城市道路管理办法》规定，市内工厂、港口、铁路站场、机场内部的专用道路、桥梁，由产权单位负责养护、维修和管理。《天津市城市道路管理条例》规定，道路与铁路平交道口的养护管理，钢轨之间和距钢轨两米范围内的铺面部分，由铁路产权单位负责；距钢轨两米以外的路面，由道路产权单位负责。铁路、道路产权单位应当相互配合，保证道口路面平顺。《广东省高速公路管理条例》规定，省交通主管部门是全省高速公路的主管部门，负责本条例的组织实施和监督检查，其设置的公路管理机构负责国道、国道主干线、省道的高速公路管理。非国道、国道主干线、省道的高速公路由所在地级以上市交通主管部门负责管理。连接高速公路的城市快速及高速道路，按国务院颁布的《城市道路管理条例》的规定管理。这类条款从法律角度规范了各交通主管部门的责任，从而避免了各部门由于责任划分不明所引起的不必要的冲突。

5）相关法规强调了城市交通的立体化和技术标准。如《中国城市道路管理条例》城市道路与铁路相交的道口建设应当符合国家有关技术规范，并根据需要逐步建设立体交通设施。县级以上城市人民政府应当有计划地按照城市道路技术规范改建、拓宽城市道路和公路的结合部，同时提出了资金补助来源和原则。《上海市城市道路桥梁管理条例》规定，城市道路与铁路相交，道口技术条件必须符合城市道路与铁路双方的技术标准；在需要的地方应当逐步建设立体交通设施，城市规划应当预留建设位置。《天津市城市道路管理条例》规定，城市道路发展与建设应当坚持超前建设、协调发展、先地下后地上的原则，城市道路与铁路相交，道口技术条件必须符合城市道路与铁路双方的技术标准；应当逐步建设立体交通设施；城市规划应当预留城市道路桥梁的建设位置。这类条款从法律法规角度促进了城市综合交通体系的建设，避免了由于标准不统一造成的衔接问题。

6）某些法律法规保障了城市公共交通的优先发展权。《城市公共汽车电车客运管理办法》强调优先发展城市公共交通的政策，对城市公共汽电车客运服务设施建设和投资等方面实施相应的扶持政策。北京、上海、天津、广州等城市的相关管理条例也强调了城市公共交通的优先发展权。如《广州市公共汽车电车客运管理条例》规定，市人民政府应当根据城市发展和环境保护的需要，制定公共汽车电车客运发展规划，合理安排公共汽车电车站场、线路、运力等。公共汽车电车客运发展规划纳入城市总体规划。根据公共汽车电车客运发展规划和城市道路交通规划，制定公共汽车电车客运服务设施建设计划，按照公共客运交通优先原则，科学合理地设置公共客运交通专用车道、港湾式停靠站等客运服务设施。公共汽车电车客运服务设施建设计划纳入广州市年度国民经济和社会发展计划。城市总体规划确定的公共汽车电车停车场、车站、保修场等客运服务设施用地，城市规划行政主管部门应当按照标准预留。这类法规对促进城市公共交通发展有着深远意义。

7）某些法律法规明确了综合交通设施建设费用的承担条款。《北京市城市道路管理办法》规定，新建城市道路与铁路、城市轨道交通线路相交或者新建铁路、城市轨道交通线路与城市道路相交的，应当建设立体交叉设施，费用由建设单位承担。现有平面交叉铁路道口，应当逐步改建为立体交叉。改建费用的承担由铁路部门和城市道路建设单位按照国家有关规定协商确定。《上海市城市道路桥梁管理条例》规定，公共汽车、电车、专线客运车以及其他固定线路的客运车辆的站点设置或者移位，应当征得市政工程管理部门和公安交通管理部门同意。加固城市道路的费用由设置单位承担。《广州市公共汽车电车客运管理条例》规定，新城区开发、旧城区改造和火车站、公路客运站、客运码头、地铁总站、航空港和大型的商业区、旅游景点、文化娱乐场所、体育场馆等工程项目在规划、建设时，必须同时规划、建设公共汽车或者电车站场设施，并与主体工程同时设计、施工和验收，其建设费用纳入工程总概算。这种条款从法律法规角度划分了相关费用的承担责任，从而避免了在交通设施建设费用上可能产生的纠纷。

(2) 现行法律法规在促进综合交通体系形成方面存在的问题

1）我国交通运输法律法规框架系统性较差，缺乏一部统一性和权威性的法律。综观我国现行的交通运输法律法规，一方面，名目繁多、比较凌乱。由于没有明确的法律框架和完整的体系，法律法规之间的关系难以理顺。另一方面，在目前体制制约的条件下，分别立法、多头立法的现象比较严重。因为所有法律都属于部门法，相互之间没有制约权，所以如果在各种交通运输法律法规的执行过程中发生冲突，也没有一部统一性和权威性的交通运输法律能够进行仲裁，由此可见，我国亟待出台《综合交通促进法》以改变现有的交通运输法律法规的混沌状态。

2）现有法律法规中的规划条款缺少对综合交通体系发展规划的法律定位。我国的交通运输法律法规如《铁路法》、《公路法》、《港口法》、《民用航空法》等，大多数制定于或修订于 2000 年以前，而我国的综合交通体系发展规划从"十五"时期才开始制定与实施，因此现行的交通运输法律法规有关规划方面的内容都没有涉及关于必须服从国家综合交通体系发展规划的约束性条款，使得国家综合交通体系发展规划的贯彻执行并不存在法律上的依据，这方面的问题以及将要出台的《综合交通促进法》所引起的类似问题都应纳入现行交通运输法律法规修订的议事日程。

3）涉及各部门、各方式相互协调的交通运输法律法规难以落在实处。现行交通运输法律法规虽然多数都涉及了综合交通问题，但有关的条文内容都是粗线条的，在具体执行中缺乏可操作性，因此在实际运作中这些相关条款均难以付诸实际行动。如许多法律法规都规定了自身的发展规划要与其他方式的发展规划相衔接、相协调，但怎样才算真正落实，缺乏具体的法律保障和约束性措施。客观地讲，这些部门法也很难制定出为协调各方关系的自我约束条款，从这点看，在我国现有管理体制制约条件下，出台《综合交通促进法》是十分必要的。

10.2　综合交通运输法制化建设的必要性

法律是对社会关系的一种规范和调整，用来调节权利的配置和利益的分配。在社会主义市场经济条件下，交通运输的市场化是未来发展的必然趋势，但由于其特殊的经济和技术特性，大量外部性的存在使得通过法律规范的制定来弥补市场机制配置资源的不足十分必要。促进综合交通运输发展是在对国内外交通运输发展环境和交通需求进行分析预测的基础上所提出的交通运输的重大方针政策，阐明了未来交通运输的发展走向，表明了政府的战略意图，在这种背景下更需要强化建设综合交通体系的法律手段。而从我国交通运输发展的现实来看，尽管与市场经济相适应的法律体系正在逐步建立和完善，但在交通领域法制化建设却仍然十分滞后。同时，从综合交通运输体系长期快速健康发展的战略、加强交通运输政策的约束能力以及促进行业管理的法制化出发，加强促进综合交通立法的研究，使综合交通体系的建设实现有法可依显得十分迫切而重要。

10.2.1 交通运输市场化改革的必然要求

深化市场经济体制改革是国家整体战略之一，交通运输领域的市场化改革正是我国未来改革进一步推进的重点之一。而一个完善健全的市场经济必须以健全的法制为基础，所有的经济活动和行为一方面要遵循经济规律而运行，另一方面必须有赖于法律手段的维系和规范，交通运输市场也不例外。促进综合交通发展代表了国家对于整个交通运输发展的取向和行动纲领，而要保证政策发挥真正的指导意义，就必须有法律对其实施提供保障，才能充分体现政策的执行力，从而既弥补市场的局限性，又克服计划经济体制的弊端，达到正确引导交通运输市场主体行为的目的，并保证综合交通运输领域在放松管制后形成良好的市场秩序。交通运输领域在市场经济体制改革过程中，相应的立法保障尤其必要，通过法律保护市场主体的合法行为，惩治违法行为，促进综合交通运输体系中各种市场经济主体的健康发展、市场经济客体的健康运行。因此，制定《综合交通促进法》是深化交通运输市场化改革的必然选择和要求，将政府和市场两种制度在法律的规范作用下结合起来，以法律的形式保障综合交通体系的健全发展。加入 WTO 以后，交通运输与国际运输系统接轨也必然要求综合交通体系的建设与行业管理行为率先与国际接轨，走向法制化。在行业政策的制定与实施中应符合 WTO 的基本原则，这些基本原则对我国交通运输管理部门的行政行为产生了深远的影响。制定《综合交通促进法》不仅决定交通运输政策的内容是否与 WTO 的规则相一致，还决定中国交通运输系统能否与国际接轨，能否使中国经济最终融入世界经济的大潮中去。

10.2.2 交通运输规制政策实施的必然要求

在改革开放以前，交通运输政策的权威性在计划经济条件下主要来源于行政权威，政策主体与政策实施对象处于不平等地位而易受政策权威性的强制。经过 20 多年来的体制转轨，交通运输高度集中的计划经济体制逐渐被政企分开和放松管制所取代，市场机制取代国家计划发挥配置资源的基础性作用。在这种背景下，如何将国家的战略意图转化为现实，只有通过交通运输政策的立法途径，将国家政策的方针、原则、主要内容以及监督保障等用法律的形式固定下来，赋予其法律上的强制实施力和执行力，才能最终保证交通的法律权威性。同时，要发挥综合交通运输政策对政策对象的引导作用，必须得到政策对象对综合交通运输政策的认同和支持，要求综合交通运输政策能够满足各方面主体的利益需要，而交通运输政策的稳定性、连续性就是判断这种认可和回应程度的一个重要指标。就目前我国现有的交通运输规划与政策而言，经国务院审议通过，向社会公布后，由于没有赋予其法律地位和特定的法制效力，当规划或政策对象不遵照执行时，并没有相应的约束和救济机制。因而在发生偏离时，由于缺乏法律的规范，很容易发生权力的滥用与责任的忽视。因此，制定《综合交通促进法》有利于确保综合交通运输发展政策的稳定性、连续性，特别是在实施阶段，应按交通运输经济发展的内在规律办事，不能因行为主体的改变或制定者的想法、注意力的改变而改变。《综合交通促进法》是从制度上促进综合交通运输发展政策的稳定性、连续性的必由之路。

10.2.3　交通运输管理体制改革的必然要求

交通管理体制改革的主要内容在于政府职能的转变，以往政府直接行政干预的管理方式将越来越少，行政许可法的出台即反映了这一趋势。通过制定《综合交通促进法》来改变政府的管理模式，依法行政是交通管理体制改革的必然选择，同时也是我们依法治国、建设社会主义法治国家的一项重要内容，促进综合交通运输的立法是交通管理系统依法行政的具体体现。一方面是交通管理部门转变自身职能的必然选择，西方发达国家几百年来的发展经验表明，只有明确规范政府职能，才能有效地发挥市场经济的活力。促进综合交通的发展是政府重点领域的专项发展目标，涉及中央各部委到地方的若干政府主体，由于各交通主管部门的现有权力、职责各不相同，此类行为更应在法律的规制下进行设计与实施。因此，首先要明确各交通管理部门的职责、权限，交通管理部门的法律地位、应有的行业管理权、可以采取的调控手段以及政策实施过程中应遵循的程序等，都应由法律加以明确，而不再是政府行政行为的约定俗成，这样既能使制定的政策名正言顺，又能确保主管部门作为法定的主体依法进行管理，避免权力的滥用。另一方面也是交通管理部门依法行政的必然选择。通过《综合交通促进法》的立法与实施，将使各级政府部门在贯彻综合交通运输发展政策，行使法律所赋予的权利和义务时有法可依，政策的实施、修改还是监督检查，也都将具有法律依据，使与政策事项规定有关的部门和地方各级政府的行政行为严格按照交通运输政策组织实施，并严格按照政策内容、法定程序对政策的实施情况进行监督检查。

由此可见，进行《综合交通促进法》的立法工作是使交通运输政策所体现的国家宏观战略得以实现的必然要求，也是依照《中华人民共和国宪法修正案》中"国家加强经济立法，完善宏观调控"的重要举措。因而，必须推动和鼓励《综合交通促进法》的研究，将建设综合交通体系的相应规划和政策的指导思想纳入我国法律体系调整的范畴，使综合交通运输体系的发展建立在法律依据的基础上，有力地保证综合交通运输的快速、健康发展。

10.2.4 交通运输自身协调发展的必然要求

综合交通运输是一个复杂的巨系统，既包括铁路、公路、航道、管道、港口、车站、机场等固定设施，也包括机车、车辆、汽车、船舶和飞机等流动设施，还包括一些管理、监控、信息系统等软件设施，只有协同发挥各软硬件系统、各运输方式的作用，才能够保证综合交通运输系统的有效运行。从我国目前综合交通运输系统的运行现状来看，由于长期以来一直延续各方式从中央到地方分部门管理的格局，各方式、各环节多相对孤立，在规划、建设、运营和管理上各自为政，从单方式的部门利益出发掠夺性地占用资源的现象也客观存在，严重损害了交通运输的整体效率。在交通基础设施高速增长的同时，许多矛盾日益凸现，高投资、高能耗、高排放、多占地、低效率的问题日益严峻，已成为未来交通运输实现可持续发展的重要障碍。这种现状要求我们必须运用科学发展观，对整个交通运输体系统筹考虑，首先要求使各个相关的行为主体必须在综合交通的框架下统一进行发展方案的制定和实施。而目前综合交通发展面临的首要问题就是缺乏可依据的法律制度以及配套的规范手段，难以给综合交通体系的建设创造一个稳定的制度环境，也就难以使综合交通发展落到实处。

在当前市场经济条件下，在我国各种运输方式仍处于不同部门的管理体制之下，在中央与地方分权的制度背景下，要想避免各运输方式、各级政府部门从自身利益最大化的原则出发各自为政，只有通过立法才能有效地保证协调发展模式的实现。消除或调节方式间以及方式内部的矛盾，为实现交通运输协调发展创造条件。因此有必要通过制定《综合交通促进法》，明确规定综合交通体系协调发展这一发展方针的法律地位，赋予其特定的法律效力，保证综合运输系统协调发展的实现。

10.2.5 统筹协调交通运输发展与资源环境之间关系的必要手段

交通运输的发展需要大量的资金、土地和能源的投入，目前我国交通投资已连续3年突破1万亿元，约占全部基本建设投资的20%。而未来随着国债逐渐淡出、中央地方税权改革以及地方政府进入还本付息阶段，交通领域必须进一步节约资金的使用，而资金的调节牵涉众多行为主体的利益，有必要通过立法进行约束。交通运输与土地利用之间的矛盾也开始凸现出来，在一些重要运输通道上土地资源浪费十分严重，目前交通系统一半以上占用较为平坦的耕地，在城市中，交通设施建设与城市土地利用之间的矛盾更为明显，土地后备资源严重不足，因此必须重新考虑不同的运输方式对土地资源的占用，发挥铁路、公路、民航各自优势，实现跨部门的统筹协调。在能源消耗上，随着我国机动车数量的飞速增加和民航运输业的迅速发展，燃料成本占交通运输成本的比重不断增加，并且与国际上日益严峻的能源形势和我国作为石油净进口国的能源现状不相适应，各种运输方式的发展速度和比例关系必须通过立法来进行调整。在环境影响方面，交通运输产生的尾气、噪音和生态破坏所带来的影响愈加显著，必须协调各方式的发展关系，探索一条与环境承载能力相适应的交通运输发展模式。

在这些约束因素的作用条件下，交通运输目前这种高投入、高能耗、高排放、高污染的粗放型发展模式将无法延续下去，未来的发展趋势必须走资源集约型、环境友好型的发展模式。而交通运输的集约化发展模式在当前市场经济条件下，在我国各种运输方式仍处于不同部门的管理体制之下，在中央与地方分权的制度背景下，要想避免各运输方式、各级政府部门从自身利益最大化的原则出发各自为政，只有通过立法才能有效地保证协调发展模式的实现。

10.2.6 实现综合交通法律体系的协调与衔接的重要环节

自 20 世纪 90 年代以来，我国在交通运输领域已经进行了一系列的立法工作，从 1990 年《铁路法》正式颁布到 2004 年《港口法》和《道路交通安全法》的颁布实施，交通运输领域的法制建设已经取得一定的成就。目前交通运输本身的相关法律主要包括《铁路法》、《公路法》、《港口法》、《民用航空法》、《海商法》和《道路交通安全法》等，除此以外还有大量国务院各部委所颁发的法规以及地方性法规及规章，如《城市道路管理条例》、《中华人民共和国航道管理条例》、《集装箱汽车运输规则》、《北京市城市道路管理办法》等。从目前这些法律法规的现状来看，多数是由各方式的主管部门起草，其内容主要从本方式的视角出发，缺乏对综合交通运输体系的整体考虑。因此，目前我国交通运输的法律体系缺乏综合性，尤其是对于这些法律之间的协调关系缺乏应有的考虑，在这一背景下《综合交通促进法》的设立对于交通运输法律体系的完整性也有着重要的意义。

10.3 中国综合交通运输法律体系建设构想

综合交通运输法律体系是由从宪法关于综合交通的相关条款、基本法、普通法律、法规到部门规章条例等一系列相关的法律制度有机构成的，不仅需要进行新法的制定工作，同时还应对现有法律法规进行修订与完善。

10.3.1 综合交通法律体系的总体构想

一国的法律体系会体现出纵横交错的复杂构造。为了维持法律体系的内在统一，不但各法律部门、法律文件在横向上要相互衔接，而且各种法律渊源在纵向上要保持等级有序的协调关系。

纵向方面，从法的效力上看，一切法律渊源都具有法的形式效力，该效力本身并不存在差异；但是，不同渊源的法律规范却存在等级，即所谓法律位阶。法律位阶是指每一部规范性法律文本在法律体系中的纵向等级。下位阶的法律必须服从上位阶的法律，所有的法律必须服从最高位阶的法律。

一项法律的法律位阶主要可参考立法主体的不同等级为基准，最高国家权力机关（全国人民代表大会三分之二以上多数代表）为调整社会生活中最重要的事项而制定的最具抽象性的法律规范（如宪法）位阶最高，较低层次的国家机关（全国人民代表大会二分之一以上多数、全国人大常委会、国务院）为高速调整社会生活的某一相对具体的领域而制定的较为具体的法律规范（依次为基本法律、普通法律和行政法规）则位阶较低，而具有创制权的最低层次的国家机关（如国务院的部委）就社会生活的某一狭小领域的事项制定的最为具体的法律规范（行政规章）位阶最低。

在中国，按照宪法和立法法规定的立法体制，法律位阶共分六级，它们从高到低依次是：根本法律、基本法律、普通法律、行政法规、地方性法规和规章。在横向的结构上，中国的法律体系可划分为七个主要的法律部门：宪法及宪法相关法、民商法、行政法、经济法、社会法、刑法、诉讼与非诉讼程序法。其中，经济法是指调整国家从社会整体利益出发对经济活动实行干预、管理或调控所产生的社会经济关系的法律规范的综合。而《综合交通促进法》是国家为促进交通产业的振兴和发展的法律文件，尽管它要涉及民商法、行政法、社会法、刑法等其他法律部门的内容，但就主要属性而言，它应当属于经济法法律部门。目前中国的交通运输市场经济虽然应以市场主体的自主、自治为前提，但为了维护社会的整体利益，保障交通运输市场的健康发展，迫切需要国家制定并运用《综合交通促进法》，对交通运输市场进行适度干预和宏观调控。

《综合交通促进法》是调整交通运输的管理者、经营者和使用者在开发和利用各种物质资源发展综合交通体系的全过程中所产生的社会经济关系的法律规范的总称。由于调整对象相当宽泛和复杂，需要有一个系统的法规群来进行综合调整和规范。根据中国社会主义建设的实际需要，交通运输立法的终极目标是应逐步建立起具有中国特色的综合交通运输法律体系。

这个体系包括几个层次：①《宪法》中有关资源保护与生产效率的规范。②调整综合交通发展的基本法律。③在交通运输的综合规划、生产建设过程中物质资源的综合利用、交通运输市场开放与运营这三个方面的各种单项法律。④综合交通体系的监督管理、技术指标等法规。⑤地方性综合交通发展法规。⑥国务院部门和地方政府制定的规章。总之，从法的效力等级上看，不同的法律规范的效力往往存在着强弱高低之分，即所谓法律位阶。在这些纵向的法律位阶序列中，低位阶的法律必须服从高位阶的法律，所有的法律必须服从最高位阶的法（宪法）。在中国，《综合交通促进法》的理想目标是定位于这个体系中的核心法，主要是对发展综合交通的基本问题作出综合性、全面性和一般性的规定，对国家调控综合交通的行为作出规范。对于其中众多社会经济关系的具体调整与实施性规范，则应分别由其他单项法、细则等作出专门规定。在《综合交通促进法》起草研究过程中，要考虑与其他配套法之间的联系与分工、层次与范围，以增强立法的系统性和执法的可操作性。

10.3.2　《综合交通促进法》的立法模式选择

在这种综合交通运输的法律体系中，《综合交通促进法》是核心，该法的设立必然涉及与其他既有相关法律关系的处理问题，因此必须要考虑《综合交通促进法》的法律位阶以及立法工作的可行性问题。

(1)《综合交通促进法》可供选择的立法模式

按照中国法律的效力等级结构，考虑综合交通法的立法目标和其调整的社会关系性质，其立法模式可有四种选择：①制定一部统一各种运输方式，归总性的综合交通基本法律；②制定一部有关促进综合交通体系发展的普通法律；③由国务院制定一部有关促进综合交通发展的行政法规；④由国家发展和改革委员会制定一部有关促进综合交通发展的部门规章。

其中，第二种模式只能在中国已制定的《铁路法》、《公路法》、《港口法》、《民用航空法》、《海商法》、《中华人民共和国道路交通安全法》等单行法律的基础上，进行局部的、浅层次的修补和协调工作，中国交通运输宏观调控方面存在的深层次问题无法得到根本性的解决；第三种模式和第四种模式则因立法机关法律地位相对较低，其制定的法律文件的效力层次也较低，其立法的效果甚至要低于第二种模式。从《综合交通促进法》的立法价值讲，第一种模式应作为综合交通立法的一个理想目标，即通过全国人民代表大会制定一部规范综合交通体系的规划、建设和运营的基本法律。

(2)《综合交通促进法》定位于基本法律的原因

1) 调整范围广泛。综合交通发展涉及多种内容，如结构优化、网络整合、完善枢纽和区域协调等，因而《综合交通促进法》调整的范围包括该领域各个方面的社会关系，具有调整对象层级多、数量大、情况多样等特点，是交通运输领域的基本法律。所以，应该采用第一种模式，制定在全国范围内实施的、具有广泛适用性和普遍权威的统一规范。

2) 涉及主体类型多。《综合交通促进法》涉及的主体具有多样性，不仅包括各级各类交通行业监管机构，同时还包括土地、能源、国防、水利、国有资产等各级各类与交通运输相关的部门，因而采用基本法律的形式可提高立法的权威性，防止各类主体各行其是、各行其令，维护交通运输法制的有效实施。

3）交通运输法制的统一。从已制定的相关法律规范来看，《铁路法》、《公路法》、《港口法》、《民用航空法》、《海商法》、《道路交通安全法》等均采用法律的形式，因而《综合交通促进法》的效力层次不应低于法律，这就否决了第三种模式和第四种模式。即使采用第二种模式，在处理与交通运输相关的铁路、公路、水运、港口、民航等相关法律的关系时，有可能使《综合交通促进法》被其他单行法律所架空而形同虚设，因而采用基本法律的形式是较为妥善的办法。

4）立法价值的实现。为了提高综合交通体系的运行效率，实现交通运输与能源、环境的协调统一，体现和谐社会的立法价值，制定《综合交通促进法》是最佳的选择。无论是从法律规范的层级，还是从彰显国家对综合交通发展的重视的角度，无论是从协调各方式发展，还是从改善社会福利方面来看，第三、第四种模式均不足以实现上述立法价值。

由于我国实行"成熟一个、制定一个"的立法策略，交通领域这些单行法律先于综合交通促进法而制定，它们对调整和促进中国交通运输产业的发展曾起到积极的作用，但随着改革开放、经济发展和交通事业的腾飞，它们相互之间相互冲突、矛盾的现象日益突出，由全国人大制定一部具有基本法律性质的综合交通促进法，有助于推进交通法制建设，推动交通经济乃至国民经济的健康发展。《综合交通促进法》应作为交通运输领域的基本法律，其效力层次应高于《铁路法》、《公路法》、《港口法》、《民用航空法》、《海商法》等单行法律。

(3)《综合交通促进法》作为基本法的可行性

中国《立法法》第七条第二款规定："全国人民代表大会制定和修改刑事、民事、国家机构的和其他的基本法律。"很显然《综合交通促进法》不属于刑事、民事、国家机构的基本法律，但对其中的"其他的基本法律"的准确把握和解释，就成为直接地决定着《综合交通促进法》能否被制定基本法律之关键。从全国人民代表大会的立法实践看，迄今关于基本法律的称谓有以下做法：

1）直接称为国家的"基本法律"，如《民法通则》、《香港特区基本法》、《澳门特区特别法》、《民事诉讼法》、《刑法》等。

2）定性为某个领域的"基本法律"，如《人民法院组织法》、《人民检察院组织法》、《教育法》、《国防法》、《合同法》等。

3）虽称为"基本法律"，但不具体指明是国家的或者是某一领域的，如《民族区域自治法》、《村民委员会组织法》、《行政诉讼法》等。

4）定性为"重要的法律"，如《婚姻法》、《国籍法》、《兵役法》、《立法法》等。

　　5）不对某一法律定性，如在《全国人大议事规则》、《代表法》、《工会法》、《妇女权益保护法》、《预算法》、《行政处罚法》等法律的制定过程中，有关方面在作说明或报告时，都没有予以定性。

　　从《综合交通促进法》的性质看，它不应该属于上述 1）国家的"基本法律"；至于 2）、3）、4）、5）与《综合交通促进法》的情形都不相冲突。如果采用 2）的做法，可将《综合交通促进法》定位于交通运输领域的基本法律；如果采用 3）的做法，可称《综合交通促进法》为"基本法律"即可，而不具体说明它是哪个领域的基本法律；如果采用 4）、5）的做法，对《综合交通促进法》称为"重要的法律"或者不予定性，这可回避其是否为基本法律的争论。总之，对于《综合交通促进法》的制定工作而言，最理想的选择是 2）和3），而比较现实的做法则是 4）和 5），而不管采用上述哪种具体做法，是否具体指称为"基本法律"，但因制定机构的相关法律地位较高，都获得了"基本法律"之实。

(4)《综合交通促进法》立法模式选择的综合评价

　　由上述分析可以看出，根据中国的国情和现有法律体系架构，《综合交通促进法》定位为基本法律是根本解决中国综合交通发展问题的有效途径，其效力层次低于宪法而高于《铁路法》、《公路法》、《港口法》、《民用航空法》、《海商法》等普通法律。而从中国的立法实际来看，将《综合交通促进法》定位为一部基本法律，也意味着立法工作将面临程序复杂、出台时间长等艰巨挑战。而如果采取普通法律的立法模式，立法工作将简单得多，也能够较快得到颁布实施，但在既有诸多同位阶各方式单行法律的现实条件下，《综合交通促进法》能否发挥应有的资源整合作用，将会面临很多的法律协调障碍。两种立法模式的优缺点总结如表 10.3 所示。

表 10.3　《综合交通促进法》两种立法模式的优缺点比较

基本法律	普通法律
法律效力等级略高	法律效力等级低
可从深层次解决根本问题	与各方式现行法律法规冲突难以解决
立法程序复杂	程序相对简单
立法涉及主体众多	立法涉及主体较少，协调难度小
出台时间漫长（10 年左右）	出台时间较短（3～5 年）

　　从综合交通法律体系的建构来看，制定一部《综合交通促进法》的基本法律是十分必要的，但从中国交通运输领域现实和立法现状来看，立法工作和程

序将面临较多障碍，因而作为普通法律的《综合交通促进法》的立法模式选择将更加符合立法工作的实际，具体定位可以归结为图 10.1。

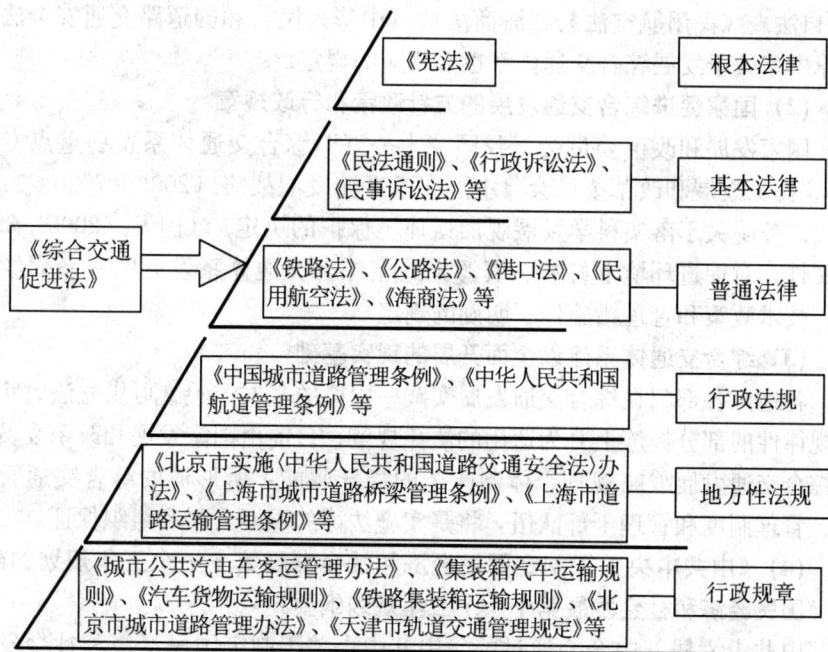

图 10.1 《综合交通促进法》的立法模式选择

10.4 《综合交通促进法》的内容设计构想

《综合交通促进法》是我国在交通运输立法上的一次重要创新，也决定了在立法前期工作中，需要进行大量的论证。该法的内容设计一方面必须有充分的依据和条件，另一方面在法律指导思想、法律属性方面也必须明确，进而才能设计相应的法律内容。

10.4.1 立法依据与条件

法律是经过法定程序把政策条文化、具体化，国家关于推进综合交通发展的相关政策为《综合交通促进法》的立法提供了充分的依据和条件。

(1) 现有法律的相关规定

我国《宪法》第十五条第二款关于国家加强经济立法，完善宏观调控的精神；《国家宏观调控》第9条关于保护和合理利用自然资源有了原则规定；第10条关于合理地利用土地资源进行了原则规定；第14条关于提高生产率和经济效益以及厉行节约，反对浪费作出了原则性规定；《铁路法》、《公路法》、《港口法》、《民用航空法》、《海商法》、《中华人民共和国道路交通安全法》等法律中，关于发展综合交通体系也有相应的规定。

（2）国家促进综合交通发展的方针政策和行政规章

国家发展和改革委员会《我国"十一五"综合交通体系发展重点专项规划》、国家发展和改革委员会《中国交通运输发展战略（2002～2020）》、国务院《国务院关于落实科学发展观加强环境保护的决定》（国发〔2005〕39号）等文件，对促进环境友好型、资源集约型综合交通体系发展的一系列经济政策、技术政策和管理措施作了明确的规定。

（3）综合交通体系建设全面开展的现实基础

各地区各部门在综合交通发展实践中取得的基本经验，可供立法时将其中带规律性的部分提炼上升为适用的法律规范；目前由国家发展和改革委员会行使综合交通发展战略规划、体制改革的指导职能，所形成的综合交通管理体制、管理制度和管理干部队伍，将是实施法律的重要力量和组织保证。

（4）《中共中央关于制定国民经济和社会发展第十一个五年规划的建议》和《国民经济和社会发展第十一个五年规划纲要》

中共十六届五中全会通过的《中共中央关于制定国民经济和社会发展第十一个五年规划的建议》（简称《建议》）和全国人大十届四次会议通过的《国民经济和社会发展第十一个五年规划纲要》（简称《纲要》）中，把转变经济增长方式，与人口、资源、环境相协调提到了重要位置。《建议》中第四条指出了要坚持以人为本，转变发展观念、创新发展模式、提高发展质量，落实"五个统筹"，把经济社会发展切实转入全面协调可持续发展的轨道的原则；第十四条明确提出"交通运输，要合理布局，做好各种运输方式相互衔接，发挥组合效率和整体优势，形成便捷、通畅、高效、安全的综合交通运输体系"。《纲要》根据《建议》中提出的原则意见，对全面落实科学发展观作了全面规划。《建议》和《纲要》中的有关规定，是立法的指导性原则和重要依据。

中华人民共和国成立后先后制定了一系列交通运输大法，主要包括《铁路法》、《公路法》、《港口法》、《民用航空法》、《海商法》等。另外，国家和一些地方政府也对交通运输进行了相关的法律法规建设。这些法律法规在满足我国社会经济发展对交通运输的需求、促进交通运输业持续发展、有效维护交通运输市场秩序、约束交通运输企业行为等方面起到了重要作用。但总体上看，这些法律与综合交通体系建设的关联度不高，尚未形成对交通运输系统协调发展的约束力。因此，有必要制定《综合交通促进法》，在一个更高的、更突出行业间衔接和地区间协调的法律平台上，进一步挖掘我国交通运输业的发展潜力和整体效率。

10.4.2 立法的指导思想与基本原则

(1) 立法的指导思想

1) 立法要从综合交通体系与国民经济的宏观发展相结合的角度，进行法的总体结构和规范内容的构思。要从国家总体交通运输需求状况及其综合交通运输体系建设全过程到具体交通资源的优化利用，在计划和政策上强化综合交通体系规划和建设的宏观调控，对企业的运营经营活动则应积极放松管制，推动统一市场的形成。

2) 立法既要考虑综合交通体系法律规范决策的先导预见性和原则指导性，又应考虑政策措施的经济合理性和现时可行性；要从我国的社会经济发展战略目标以及资源利用、环境保护状况和经济技术条件出发，既要面向未来，又应立足现实，切合目前综合交通发展工作的客观实际。

3) 立法要遵循综合交通体系发展的自然规律和经济技术规律，要充分考虑其实施的社会、经济、技术保障条件。

4) 拟制定的《综合交通促进法》是综合交通发展的基本法律，是提出的各种单项综合交通配套法规的立法依据和指导原则，是提出人们发展综合交通体系的基本行为规范。因此，应对综合交通体系的基本问题作出综合概括性和政策原则性的规定，而较具体的实施性规范则应分别由各有关的配套法规作出专门的规定。

(2) 立法的基本原则

《综合交通促进法》的原则是国家关于综合交通发展工作方针政策的集中体现，是用法律形式规范人们发展综合交通体系的基本指导思想和基本行为准则，并贯穿于综合交通体系的法律体系及其立法、执法和司法的全过程中。通过立法形式确定的基本原则主要有：

1) 坚持将综合交通纳入国民经济和社会发展规划的原则。

2) 坚持综合交通规划、建设、运营全过程调整的原则。

3) 坚持综合交通系统一体化的原则。

4) 坚持经济激励的原则。

5) 坚持经济效益、环境效益、社会效益相统一的原则。

6) 强化国家管理与社会监督相结合的原则。

7) 坚持对国土等重要资源实行统筹使用的原则。

10.4.3　促进法的属性特征与调整方法

如前所述，《综合交通促进法》在我国的法律体系中，纵向上处于基本法律的层级，横向上处于经济法的分类范畴，在这样一个基本定位的基础上，结合《综合交通促进法》的立法指导思想，就可以进一步明确《综合交通促进法》的属性特征以及在调整方法上的特点。这种属性特征决定了《综合交通促进法》的一些核心特征，包括调整的主体、调整的目的、调整的层级以及调整的方式。经济法律关系按照内容可分为宏观经济管理法律关系和市场管理法律关系。

宏观经济管理法律关系是依据宏观经济管理法而产生的具有国家宏观调节和控制内容的权利义务关系。它又可以分为计划法律关系、财政法律关系、金融调控法律关系、产业政策法律关系、物价法律关系等。宏观经济管理法律关系的确立和运行具有宏观性、指导性和政策性。市场管理法律关系是依市场管理法而产生的直接对市场进行监督管理的权利义务关系。它又可以分为反不正当竞争法律关系、反垄断法律关系、其他市场管理法律关系。市场管理法律关系的建立和运行具有微观性、直接监管性和严格法定性。

由此可见，《综合交通促进法》作为一种产业政策性、公共目的性很强的法律，应从属于宏观经济管理法的范畴。

(1)《综合交通促进法》属于经济法中的宏观经济管理法

首先，宏观经济管理法是一种确认和规范政府干预的法律。宏观经济管理是社会整体经济管理，因而只有作为整个社会总代表的政府才能胜任，所以，宏观经济管理主要是通过政府经济管理来进行的，宏观经济管理实质上就是政府经济管理即政府干预，宏观经济管理法就是政府干预法。宏观经济管理法必须依法树立和维护政府干预宏观经济的权威。要保证政府干预从正面促进经济发展，防止政府干预从反面阻碍经济发展，政府干预必须依法进行，在依法树立和维护政府干预宏观经济的权威的同时，还要依法约束限制政府干预宏观经济的权力，宏观经济管理法就是政府干预宏观经济必须遵循的法律，它以规定政府干预宏观经济的权限、范围、程序、措施及责任为核心，目的是为政府干预经济立章建制，实现政府干预宏观经济法治化。

其次，宏观经济管理法是体现社会公共利益的法律。宏观经济管理法追求的不是私法意义上的私人利益，因为那种私人利益本质上是一种特殊性的、利己性的私人利益，归根结底是极少数市场优胜者的利益；宏观经济管理法追求的也不是政府利益，它追求的是社会公共利益，这种利益是普遍性的、终极性的、全局性的、公共性的利益，社会公共利益本质上是社会成员普遍享有的。

再次，宏观经济管理法是一种中介性法律。宏观经济管理是全局性的，宏观经济管理法要调整这种全局性的社会关系，必须比一般的法律更抽象、更一般，只有这样才能涵盖整个经济全局并具有普适性，如果规定得太具体、太详尽，就无法涵盖整个宏观经济全局，也没有普遍性，而且会导致因小失大、顾此失彼、头痛医头、脚痛医脚，不可能进行宏观经济管理。宏观经济管理往往是指向未来的，具有超前性，但未来的宏观经济形势是变幻莫测的。宏观经济管理法要调整这种变幻莫测的社会关系，也必须比一般的法律更抽象、更一般，只有这样才会更灵活、更机动，才能因应未来，相机管理。

最后，宏观经济管理法是一种政策性法律。宏观经济管理深受宏观经济管理政策的影响，是一项政策性很强的工作，在很大程度上可以说，宏观经济政策是宏观经济管理的灵魂，不了解、无视、拒斥宏观经济管理政策就不可能进行宏观经济管理。宏观经济管理政策是宏观经济管理法的指南，对宏观经济管理法的制定、执行具有重要的指导作用和参考价值。宏观经济管理政策是准宏观经济管理法，可为宏观经济管理法进行有效尝试、积累经验，弥补宏观经济管理法的不足和空白。宏观经济管理法是宏观经济管理政策的法律化，为贯彻落实宏观经济管理政策提供了一套法律程式，有利于依法贯彻宏观经济管理政策。

(2)《综合交通促进法》的调整方法

《综合交通促进法》作为宏观经济管理法，其调整方法可从以下几个方面加以考虑：一是采用社会整体调整方法。宏观经济管理法贯彻社会整体要求原则，其调整方法是协调平衡，即总量协调和结构平衡，其中总量协调主要是通过协调社会总供求来实现的，结构平衡主要是通过平衡供求结构、产业结构来实现的。宏观经济管理法本质是一种采用社会整体调整方法的法，它体现社会整体调节机制，更鲜明地在整体结合上运用指导性、鼓励性和抑制性的调整方法。二是采用自觉调整方法。市场调节是一种自发调节、偶发调节、事后调节，它在微观调节上功效明显，但在宏观经济管理上力不从心，因为自发调节无法克服宏观经济的盲目性，偶发调节无法实现人们的经常目标，事后调节导致极大的浪费。作为克服市场调节缺陷的宏观经济管理是一种自觉调整、常规调整、事后调整，即根据对经济规律的正确认识，对经济趋势的科学预测，先行确立目标，主动采取措施，自觉进行调整。三是采用统制方法。宏观经济管理法是国家对确定了某种方向所施加的权力干预。统制方法是为国民经济规定方向，确立目标，制定方针，具体说来，就是掌舵而不划船，告知目标但不指手画脚，制定方针却不苟细小，这种方法的核心是自愿与强制、自由与秩序、自治与他治的统一，目的在于实行强制但尊重自愿，强调秩序但不失自由，允许他治但不拒自治。四是采用间接调整的方法。宏观经济管理法规定的不是微观主体的具体权利义务，而是宏观领域中关于宏观经济管理的权利义务，这种权利义务更为抽象，与有关主体的关系更为间接，这种权利义务要通过若干环节最终化解归属到有关主体，是一种更为抽象、更为间接的调整方法。

10.4.4　立法的主要内容

本章所构想的《综合交通促进法》是从综合交通体系整体的角度来设计，贯穿综合交通运输规划、建设、运营的全过程，突出方式优化、网络整合、改善枢纽和区域协调四个主题，通过规划程序、设计规范、运营标准、经济激励、监督机制和法律责任六个手段，旨在打破行政局限，实现各种运输方式的统筹协作，具体包括如下十个方面。

(1) 科学制定并切实执行综合交通体系发展规划和计划，保证综合交通体系有计划地持续稳定协调发展

要从立法上规定综合交通体系规划管理体制、指标体系和工作程序，并纳入衡量交通运输发展水平的指标体系，进行综合平衡与管理，以提高其计划性和法律约束力。

(2) 建立健全综合交通协调与监督管理制度，建立正常的综合交通体系规划和建设工作程序

根据综合交通运输的特点和有关规定，应当从立法上明确应建立健全的综合交通协调和监督管理制度。

(3) 确定综合交通体系建设的工作方针，规定在交通运输发展规划中必须做到综合交通体系的一体化

这是在交通运输事业上贯彻积极主动提高交通运输运行效率、节约利用和合理利用资源、控制资源流失浪费和破坏的根本性战略措施，是本质意义上的综合交通体系一体化。要在法律中明确规定，在进行区域经济建设时，必须对区域交通运输需求进行综合科学调查、普查、勘察，进行综合评价和综合规划，实行综合开发建设，形成区域综合开发建设和综合运营的综合企业群体，构成专业协作综合运营体系，从而谋取最高层次的运营效率。

(4) 确立综合交通体系的建设流程和施工规范，明确规定方式之间的衔接技术标准，促进资源合理利用

应明确建设环节中的施工规范，在网络的建设过程中优化运输线路，缩短运输历程，形成高效的综合运输网络，使各方式统筹考虑，鼓励协作，避免方式间的恶性竞争。在枢纽的建设过程中保证各种运输方式之间、城市间与城市内交通线路间的紧密衔接，制定和明确方式间、方式内衔接的技术标准，实现枢纽间和枢纽内各环节能力的协调，保证运输畅通，最终实现各种运输方式的协调和优化。

(5) 明确统一的综合交通运输运营标准及规则

应加大交通运输市场的开放力度，打破行政垄断，放松管制，加强沟通，推进统一的交通运输市场的形成。设立专项研究基金，鼓励多式联运技术标准以及运营规则的研究，研究制定多式联运的法律法规，建立一套完整的全国统一的建设运营标准。

(6) 明确规定综合交通的发展必须依靠科学技术，用科学技术进步来推动综合交通体系向智能化发展

现代化综合交通体系的建立是以信息化、智能化为前提的，为了充分发挥交通运输资源的物质功能潜力，做到物尽其用，就要求突破现时以一般常规生产技术条件为目标的综合利用科学技术的探索研究、开发及其成果的推广应用，以扩大和加深综合交通一体化的范围和程度，提高其综合效率。

(7) 建立综合交通运输发展基金

广辟基金筹集渠道，为促进综合交通发展提供必要的财力保证，应当从立法上规定基金的筹集方式、渠道、使用范围和管理办法，充分发挥其在促进综合交通发展中的作用。

(8) 实行综合交通体系发展的优惠经济政策

在税收、信贷、价格等政策方面实行鼓励与倾斜，建立综合交通发展的奖励制度，激励部门、机构和企业进行方式的整合。

(9) 建立和完善综合交通体系的管理体制，强化综合交通体系的管理

各级人民政府要设置相应的综合交通体系管理机构，配置适当数量和相应业务水平的管理人员，明确其法律地位、权限和责任及其上下级之间、平行单位之间的关系，以及相互联系协作配合的工作制度，构成统一管理、分工负责、协调配合的综合交通发展工作体系。

(10) 建立健全发展综合交通体系的法律责任制，保证《综合交通促进法》及其对策措施的有效实施

凡是违反综合交通法律规范，不履行法律规定的责任和义务，实施法律禁止的行为，或者滥用权利去牟取非法物质经济利益，侵犯他人合法权益，严重浪费、破坏国家资源者，都应依法追究法律责任。法律应当明确规定综合交通违法犯罪行为的事项、应承担的法律责任形式、制裁措施及其执法的机关、程序和制度，建立和维护综合交通法制秩序。

10.4.5　立法组织工作建议

综合交通体系能否形成和发展，在很大程度上取决于综合交通体系的法制建设。综合交通体系涉及结构优化、网络整合、完善枢纽、区域协调等诸多法律问题。总的看来，目前中国在综合交通体系方面的法律法规不够健全，还不能适应综合交通发展的需要。逐步建立和完善综合交通的法律体系，既要对现有法律条文进行适当的修改完善，又要制定新的法律。鉴于世界在综合交通运输领域发展及立法的经验和中国综合交通发展及立法的现状，建议中国在《综合交通促进法》的立法组织工作上采取以下对策。

(1) 高度重视综合交通的立法工作

当前世界的各个国家、地区为了适应交通运输需求的革新和现代物流与供应链的发展要求，纷纷采取各种强有力的立法措施，努力促进综合交通的发展，以提高整个国民经济体系的竞争力。而中国作为世界经济的重要组成部分，同时面临着人口众多、资源分布不均、制造业规模庞大和能源环境问题日益严峻的现实国情，综合交通体系的建设在中国经济发展中的作用尤为重要。因此，应积极扩大宣传和引导，推动政府对综合交通立法工作的重视程度，充分认识《综合交通促进法》立法对于交通运输发展所具有的重要意义，进一步加强对综合交通发展的宏观规划和指导，努力为综合交通体系的发展提供良好的法律法规环境，推动相关部门尽快制定和出台既符合我国国情，又满足交通运输发展需要的，以《综合交通促进法》为核心的法律体系，以促进综合交通体系在我的形成和发展。

(2) 组织权威高效的立法机构

综合交通立法工作有两个特点：一是其涉及的利益广泛，牵扯到各个部门、行业以及各种当事人的利益。二是其中的技术性较强，因此，需要由国家立法机关组织相关专家共同参与、相互配合，既要照顾社会各方面的利益需求，又要考虑到综合交通体系的技术性特点。具体而言，应改变以往由立法机关授权某一个行政部门组织立法的状况，立法机构应在体现《综合交通促进法》技术性特点的前提下，尽量反映各个方面的利益与要求，以便充分地顺应交通运输发展的规律，使之真正成为综合交通发展的促进法。

(3) 把综合交通立法纳入整个法制体系建设

综合交通立法是整个国家法制体系建设的重要组成部分，国家法制体系的建设必须考虑综合交通立法问题。随着我国客货运输需求的迅猛以及对快速、准时、舒适等方面要求的日益增加，国民经济的各种活动都无不涉及综合交通系统的高效率运行。在这种情况下，传统的法律法规需要根据综合交通的需要进行修改，同时也需要制定适应综合交通的新的法律法规，以规范综合交通市场，促进综合交通的发展。国家的法制体系是一个统一的整体，只有把综合交通立法纳入整个国家的法制体系建设，才能形成完整的国家法制体系。

(4) 高度重视与相关法律法规的协调

交通运输活动涉及五种运输方式的共同运转和多个环节之间的紧密协作，同时与国家的土地、能源、环境及国防等相关政策法规相互协调。《综合交通促进法》的立法工作不仅涉及交通运输系统内部的各个方式、环节，也涉及国家在土地、能源和环境等方面的整体规划和战略的协调。而目前我国从事客货运输业务的运输方式包括铁路、公路、民航、水运四种，水运包括海运和内陆船舶运输。在运输法制建设方面，基本上可以概括为：各自为政，自成体系，独立封闭。在国家层面上，不同的运输方式有不同的运输法律，民航有《民航法》，铁路有《铁路法》，公路有《公路法》，水运有《海商法》和《港口法》。不同的法律下面还有相应的运输法规和规章。形成了以五部法律为基础四种运输方式下的相对独立的法规体系。在这四种运输方式中，铁路、公路与水路主要是国内运输，民航涉外的因素要多一些，海上运输则主要是涉外运输。因此，在法律规范方面，铁路、公路、水运主要是国内立法，而民航和海商则偏重于涉外立法，要考虑国际通行的规则。由此可见，《综合交通促进法》与既有法律之间的协调难度是比较大的，不仅要重视国内法律体系的协调，而且要重视与国际交通运输相关立法的兼容和统一。在这一过程中重点是管理体制的改革，通过《综合交通促进法》的制定将单一的、各自为政的运输管理体制转变为整体的、全国性运输网的管理体制。

(5) 全面清理阻碍综合交通发展的现行法规

既有的交通运输法律法规大都是在单一方式发展的前提下制定的，有些已经成为综合交通发展的羁绊，清除这些法律障碍，使综合交通系统更加顺畅地进行，同样是综合交通立法不可缺少的部分。对以往法律法规中关于综合交通相关规定的修改和废止是十分必要的。因为传统的法律法规中对于综合交通的规定大多已不适用，有的甚至发生法律适用上的冲突，所以，修改和废止旧法律已刻不容缓。具体来讲，当前的综合交通立法工作应体现在"破"与"立"两个方面。既要按照综合交通活动的特点，制定与之相适应的法律制度，又要消除原有的法律体系中不适应综合交通运行的规范。具体来讲，在我国目前与综合交通相关的《公路法》、《铁路法》、《港口法》、《海商法》和《民航法》等法律中，可以适当增加对各自为政、行政垄断的处罚条款；增加对多式联运和无缝衔接的促进性条款；在衔接标准、协调机制、市场进入以及管理权责等相关方面，可以适当加以明确、补充和完善。

(6) 加强法律与技术手段的结合

综合交通体系是一个由多重技术经济特征、多样化组织形态的经济活动所组成的复杂系统，这样一个系统的高效运作必须要有技术手段的支撑才能实现。技术与法律的结合有利于保证法律的可操作性和针对性，以弥补法律的不足。而法律的制定也将有利于对促进综合交通发展的技术手段予以肯定、鼓励和补充。因为法律规定必须要与技术经济特征进行一定深度的结合，这样才能保证法律的可操作性和针对性。但同时必须认识到，二者的结合也是《综合交通促进法》立法工作中的一个难点，由于人们对于综合交通网络的复杂性和多样性的主观认识还处于不断探索的阶段，这种主观认识的有限性直接对一些法律术语的明确性、固定性和稳定性造成了冲击，产生了如何使一些法律术语适应一种动态性、复杂性更强的范畴的问题，比如无缝衔接、普遍服务等的定义中都免不了要涉及技术成分。在这样的情况下，就要求这些技术术语不仅要规范，还要与法律术语之间保留良好的接口，实现平滑的连接。

（7）综合交通立法要适合中国的国情

由于《综合交通促进法》是调整中国交通运输活动法律，所以其大前提必须是要符合中国国情。而中国现阶段工业化尚未实现：交通运输基础设施的发展，无论是线路长度、网络等级还是网络覆盖率，都与发达国家存在较大差距；中国交通运输业在资本投放、经营模式、经营理念、技术创新等方面都有很多的问题没有解决；区域和城乡之间发展程度参差不齐，通道运输能力不足，农村公路道路等级低、路况差，大部分为沙石路面，严重制约农村经济发展等诸多问题。这些实际情况都制约着综合交通的发展，在立法时也都应该考虑到其中，否则不利于健全法律制度。此外，要建设我国统一开放的综合交通运输市场，还要有自己的原则与立场，推出适合我国国情的总体方案。发展综合交通也要注重国家安全与能源安全，以保证国家利益。

参考文献

[1]［日］植草益．微观规制经济学．中国发展出版社，1992

[2]丹尼尔·F. 史普博著．管制与市场（中译本）．上海三联书店，上海人民出版社，1999

[3]王俊豪．政府管制经济学导论——基本理论及其在政府管制实践中的应用．商务印书馆，2001

[4]张红凤．西方国家政府规制变迁与中国政府规制改革．经济科学出版社，2007

[5]中国基础设施产业政府监管体制改革课题组．中国基础设施产业政府监管体制改革研究报告．中国财政经济出版社，2002

[6]马云泽．规制经济学．经济管理出版社，2008

[7]郑奇宝．从垄断到竞争．人民邮电出版社，2005

[8]于立．产业组织与政府规制研究新进展．东北财经大学出版社，2006

[9]于良春等．自然垄断与政府规制——基本理论与政策分析．经济科学出版社，2003

[10]夏大尉，史东辉等．政府规制理论、经验与中国的改革．经济科学出版社，2003

[11]约翰·穆勒．政治经济学原理（上卷）．商务印书馆，1991

[12]王雅莉，毕乐强．公共规制经济学．清华大学出版社，2002

[13]G. J. 施蒂格勒．产业组织和政府管制．上海人民出版社，上海三联出版社，1996

[14]王述英，白雪洁，杜传忠．产业经济学．经济科学出版社，2006

[15]张维迎．詹姆斯·米尔利斯教授与信息经济学．商务印书馆，1997

[16]陶长琪．信息经济学．经济科学出版社，2001

[17]陈瑞华．信息经济学．南开大学出版社，2003

[18]拉丰，梯若尔．政府采购与规制中的激励理论．上海三联书店，上海人民出版社，2004

[19]戴维·M. 纽伯里．网络型产业的重组与规制．人民邮电出版

社，2002

[20] 让·雅克·拉丰，让·梯若尔．电信竞争．人民邮电出版社，2001

[21] 王俊豪．中国政府管制体制改革研究．经济科学出版社，1999

[22] 王俊豪．现代产业组织理论与政策．中国经济出版社，2000

[23] 世界银行．1994年世界发展报告．中国财政经济出版社，1994

[24] 张昕竹．中国铁路规制与竞争：理论和政策．国家行政学院出版社，2004

[25] 马克思，恩格斯．马克思恩格斯全集（第23卷）：资本论（第1卷）．人民出版社，1972

[26] 吉帕·维斯库斯等著，陈甬军等译．反垄断与规制经济学．机械工业出版社，2003

[27] 中国民航用航空总局规划发展财务司．从统计看民航2007．中国民航出版社，2007

[28] 张帆．模拟竞争市场的建立和生长——中国民用航空运输业的管制改革和市场竞争．北京大学出版社，2000

[29] 王志永．中国民航市场结构重组——分类管制与协调政策研究．中国民航出版社，2006

[30] 王惠臣．论运输管制公共性与企业性的悖论．高等教育出版社，1997

[31] 郗恩崇．高速公路管理学．人民交通出版社，2003

[32] 沙安文，沈春丽，邹恒甫．中国地区差异的经济分析．人民出版社，2006

[33] 程启智．政府社会性管制理论及其应用研究．经济科学出版社，2008

[34] 闫海．规制机构的独立性——分权理论框架下的论证．公法研究，2007（5）

[35] 周其仁．竞争垄断和管制——"反垄断"政策的背景报告．国家体制改革办公室产业司委托研究项目，2001

[36] 张红风．利益集团规制理论的演进．经济社会体制比较，2006（1）

[37] 肖兴志．规制经济理论的产生与发展．经济评论，2002（3）

[38] 张卫国，黄淼．西方规制理论发展演进及其启示．重庆大学学报，2004（10）

[39] 王永钦．评拉丰、梯若尔著《政府采购与规制中的激励理论》．复旦大学中国经济研究中心，2004

[40] 王燕．回报率规制中道德风险问题的模型研究．中国软科学，2006（5）

[41] 吴文化，崔凤安．铁路建设基金的政策取向及替代方案分析．铁道运输与经济，2005（9）

[42] 王秀春．铁路货物运价的沿革和发展．铁路运输与经济，2000（10）

[43] 张帆．模拟竞争市场的建立和生长——中国民用航空运输业的规制和市场竞争．浙江社会科学，1998（4）

[44] 张光远．改进铁路客运价格管理设想．价格理论与实践，2005（9）

[45] 欧国立．中国铁路运价体制和运价政策的变迁．综合运输，2006（4）

[46] 西安交大课题组．中国民航运输价格形成机制研究，2000

[47] 杨斌．日本铁路改革及启示．铁道经济研究，2000（2）

[48] 王全斌．美国铁路模式研究．中国经济时报，2001—09—25

[49] 汪建丰．美国政府铁路产业政策变迁的历史分析．社会科学战线，2005（3）

[50] 王燕．逐步剥离——铁路重组合理组织边界的初步探讨．中国工业经济，2003（8）

[51] 武剑红．论特许权经营和铁路改革的关系．铁道经济研究，2000（2）

[52] 张念瑜．国外市场经济国家公用事业价格规制的理论、实践与借鉴．广西市场与价格，2001（12）

[53] 张文魁．对我国产业重组问题的思考．管理世界，2000（2）

[54] 夏大慰，陈代云，李太勇．我国彩电工业的产业组织分析．财经研究，1998（8）

[55] 陈晓宁．航线改革方案：谁做枢纽 谁做支线？．经济观察报，2002—08—13

[56] 胡华清．中国支线航空运输市场分析和需求预测．中国民用航空，2003（5）

[57] 民航运输市场研究所．我国民航国内旅客市场特征及发展趋势研究．中国民用航空，2005（6）

[58] 杨秀云，冯根福．中国民航业市场结构的特征及其有效性分析．经济学家，2004（6）

[59] 张航挺．航空运输业的高门槛准入．中国民用航空，2004（12）

[60] 曹阳．国内各大航空公司扩及热潮将遭民航总局降温．新京报，2005—03—08

[61] 江可申，李文绅．从美国航空市场的发展看市场竞争形态的演变．世界经济研究，2000（4）

[62] 秦占欣．中国民航运输业政府管制改革研究．［博士学位论文］．西北大学，2004

[63] 张军，都业富．发展中枢辐射航线网络战略思考．中国民航学院学报，2004（6）

[64] 刘少成，郑兴无，颜明池．中国民航企业竞争力研究（四）．中国民用航空，2005（10）

[65] 王振红．从我国铁路运输产品的公共性谈及运输经济管理体制改革．中国流通经济，2000（2）

[66] 成小洲．我国铁路运输产品公共性与铁路运输管理体制改革．铁道经济研究，1998（4）

[67] 郑连明，陈昆玉．新时期交通产业政策的嬗变．北京交通管理干部学院学报，1998（1）

[68] 向朝晖．对我国"贷款修路，收费还贷"公路投融资模式的探讨．经济师，2009（3）

[69] 樊桦．区域开发中交通基础设施的发展政策．综合运输，2005（5）

[70] 彭翠红．关于港口投融资体制和政策问题的探索．中国港口，2004（5）

[71] 张长海，朱俊峰．世界主要国家交通基础设施投资模式的启示．技术经济与管理研究，2005（6）

[72] 莱斯特·C. 梭罗．中国的基础设施建设问题．经济研究，1997（1）

[73] 民航总局．全国民用航空运输机场 2020 年布局和"十一五"建设规划研究报告．中国民用航空总局航空安全技术中心，2005

[74] 朱锡平．论生态环境规制改革．重庆工商大学学报（西部论坛），2007（6）

[75] 崔凤安．交通运输业的节能减排．科技咨询，1997（33）

[76] 王爱民，董俊武，黄江圳．我国交通运输业环境损害治理的系统方法．环境科学动态，2001（2）

[77] 赵静．我国交通运输业能源消费及用电分析．研究与探讨，2008（12）

[78] 中国交通运输部．中国公路水路交通环境保护状况报告．2007

[79] 王佐．美国的物流相关产业政策研究——略论美国运输管制政策的演变．现代物流，2006（11）

[80] 刘清华，李海凤．食品药品质量规制必要性的经济学分析．北方经济，2008（1）

[81] 蒋国良．铁路客运服务人员现状及对策研究．中国集体经济，2008（4）

[82] 樊一江，马天山，高睿晶．交通运输政府规制供需特质研究．铁道运输与经济，2008（6）

[83] 王娅飞．我国交通运输业的外部成本研究．铁道运输与经济，2006（10）

[84] 吴云勇，王兆生．中国交通运输业"瓶颈"问题实证分析．改革与

战略，2007（6）

[85] 沈芳．环境规制的工具选择：成本与收益的不确定性及诱发性技术革新的影响．当代财经，2004（6）

[86] 赵红．美国环境规制的影响分析与借鉴．经济纵横，2006（1）

[87] 李项峰．环境规制的范式及其政治经济学分析．暨南学报（哲学社会科学版），2007（2）

[88] 范冠峰．论科学发展观指导下和谐交通环境的构建．经济研究导刊，2009（7）

[89] 傅京燕．产业特征、环境规制与大气污染排放的实证研究——以广东省制造业为例．中国人口、资源与环境，2009（2）

[90] 郭庆．环境规制中的规制俘获与对策研究．山东经济，2009（3）

[91] 吴伟．国外政府安全管制研究综述．江海学刊，2006（1）

[92] 唐建．交通运输企业加强安全管理的探讨．中国水运，2008（8）

[93] 付晓豫．浅谈运输安全测评体系的建立．现代职业安全，2009（1）

[94] 巴兵，仝宏伟．我国当前社会性管制的问题分析．宜宾学院学报，2005（3）

[95] 闪淳昌．我国交通运输安全监管的回顾与展望．综合运输，2003（2）

[96] 程启智．政府社会性管制理论的比较研究．中南财经政法大学学报，2004（5）

[97] 夏新．比较视野下的我国安全生产政府管制研究．［硕士学位论文］．河南大学，2007

[98] 李刚．我国道路交通管理体制改革问题研究．［硕士学位论文］．长安大学，2001

[99] 岳伟．铁路客运服务质量评价研究．［硕士学位论文］．大连交通大学，2007

[100] 张建平．铁路客运服务质量管理理论研究．［硕士学位论文］．北京交通大学，2008

[101] 尹栾玉．社会性规制的经济学分析．［博士学位论文］．吉林大学，2005

[102] 肖金坚．客运企业安全运输因素分析与车辆管理信息系统研究．［硕士学位论文］．长安大学，2004

[103] 杜清华．山东市道路营运车辆运行安全管理的研究．［硕士学位论文］．吉林大学，2008

[104] 周华文．道路交通安全评价研究．［硕士学位论文］．北京工业大学，2004

［105］王春昱．道路交通安全研究．［硕士学位论文］．河北工业大学，2002

［106］尹欣道．路运输企业综合管理安全评价研究．［硕士学位论文］．西南交通大学，2007

［107］杜林．营业性道路旅客运输安全管理体系研究．［硕士学位论文］．西南交通大学，2004

［108］Frank N. Magill. Survey of Social Science-Economics Series. Vol. 4. Salem Press Inc. ，1991

［109］Viscusi W. K. ，J. M. Vernon, J. E. Harrington, Jr. ，Economics of Regulation and Antitrust. The MIT Press, 1995

［110］Meier ，K. J. Regulation ：Politics，Bureaucracy and Economics . New York ：St. Martins Press, 1985

［111］T. H. Farrer. The State in Its Relation to Trade. London：Macmillan，1902

［112］Kenneth W. Clarkson, Roger Leroy Miller. Industrial Organization：Theory，Evidence and Public Policy. McGraw-Hill Book Company，1982

［113］Baumol，W. J. J. C. Panzar and R. D. Willig. Contestable Markets and the Theory of Industry Structure. New York：Harcourt Brace Jokanovich，1982

［114］W. W. Sharkey. The Theory of Natural Monopoly. Cambridge：Cambridge University Press, 1982

［115］John C. Panzar. Technological Determinants of Firm and Industry Structure. Edited by R. Schmalensce and R. D. Willig, Handbook of Industrial Organization，Volume 1，Elsevier Science Ltd. ，1989

［116］Waterson，M. Regulation of the Firm and Natural Monopoly. Cambridge，MA：Basil Blackwell，1988

［117］John Stuart Mill. Principles of Political Economy with Some of Their Applications to Social Philosophy. Republished by W. J. Ashley, ed. Lodon：Longmans，Green，1932

［118］William J. Baumol, John C. Panzar and Robort D. Willig. Contestable Markets and Theory of Industry Structure . New York：Harcourt Brace Jovanovich Ltd. ，1982

［119］Fudenberg，Tirole. Game Theory. The MIT Press, 1991

［120］Wilson，R. . The Structure of Incentive for Decentralization under Uncertainty, La Decision，1969

[121] Mirrlees, James. Notes on Welfare Economics, Information and Uncertainty, in Essays on Economic Behavior under Uncertainty. Edited by Michael Balch, Daniel McFadden and Shif-yen Wu. Amsterdam: North-Holland, 1974

[122] J. Laffont, Jean Tirole. A Theory of Incentives in Procurement and Regulation. The MIT Press, 1993

[123] Gerald W. Brock, Telecommunication Policy for the Information Age: From Monopoly to Competition. Harvard University Press, 1994

[124] Bain J. S.. Barriers to New Competition. Harvard University Press, 1956

[125] Stigler G. J.. The Organization of Industry. Illinois: Irvin Press, 1968

[126] Adams, Brock. The Structure of American Industry 9th, Prentice Hall, 1995 (3)

[127] Dixit, Avinash and Robert S. Pindyck. Investment under Uncertainty. Princeton University Press, Princeton, New Jersey, 1994

[128] Gile H. Burgess. The Economics of Regulation and Antitrust. Portland State University, 1995

[129] Baumol, W. J.. On the Proper Cost Tests for Natural Monopoly in a Multiproduct Industry. American Economic Review, 1977 (65, 5)

[130] Barback, R. H.. On the Measurement of the Utility of Public Works. International Economics (2)

[131] Richard A. Posner. Theories of Economic Regulation. Bell Journal of Economics and Management Science, 1974, 5 (2)

[132] Leibenstein, Harvey. Allocative Efficiency vs "X-Efficiency". American Economic Review, 1966 (56)

[133] Levine, M. E.. Regulatory Capture. in New Palgrave Dictionary of Economics and the Law, 1998 (3)

[134] Becker. A.. Theory of Competition among Pressure Groups for Political Influence. Quarterly Journal of Economics , 1983

[135] Vickrey, W.. Measuring Marginal Utility by Reactions to Risk, Econometrica, 1945 (13)

[136] Vickrey, W.. Counterspeculation, Auctions and Competitive Sealed Tenders. The Journal of Finance, 1961, 16 (1)

[137] Akerlof G. A.. The Market for "Lemon": Quality Uncertainty and

the Market Mechanism. Quarterly Journal of Economics, 1970, 84 (3)

[138] Spence M.. Job Market Signaling. Quarterly Journal of Economics, 1973, 87 (3)

[139] Rothschild M. , J. Stiglitz. Equilibrium in Competitive Insurance Markets: An Essay on the Economics of Imperfect Information. Quarterly Journal of Economics, 1976, 90 (4)

[140] J. Stiglitz, Weiss A.. Credit Rationing in Markets with Imperfect Information. The American Economic Review, 1981, 71 (3)

[141] S. Grossman, J. Stiglitz, Information and Competitive Price Systems. American Economic Review, 1976, 66 (2)

[142] Spence M. , Zeckhauser R.. Insurance, Information and Individual Action. The American Economic Review, 1971 (61)

[143] Ross, Steven. The Economic Theory of Agency: The Principal's Problem. American Economic Review, 1973, 63 (2)

[144] Mirrlees, James. The Optimal Structure of Authority and Incentive within an Organization. Bell Journal of Economics, 1976 (7)

[145] Holmstrom, B.. Moral Hazard and Observability. Bell Journal of Economics, 1979 (10)

[146] Loeb, Magat. A Decentralized Method for Utility Regulation. Journal of Law and Economics, 1979 (22)

[147] Vogelsang, Finsinger. A Regulatory Adjustment Process for Optimal Pricing by Multiproduct Monopoly Firms. Bell Journal of Economics, 1979, 10 (1)

[148] David P. Baron, Roger Myerson. Regulating a Monopolist with Unknown Costs. Econometrica, 1982 (4)

[149] Sappington D.. Optimal Regulation of Research and Development under Imperfect Information. Bell Journal of Economics, 1982 (13)

[150] Baron D. , D. Besanko. Regulation, Asymmetric Information and Auditing. Rand Journal of Economics, 1984 (15)

[151] Laffont and Tirole. Using Cost Observation to Regulate Firms. Journal of Political Economy, 1986, 94 (3)

[152] Sappington and Sibley. Regulating without Cost Information: The Incremental Surplus Subsidy Scheme. International Economic Review, 1988, 29 (2)

[153] Tracy R. Lewis and David E. M. Sappington. Regulating a Monop-

olist with Unknown Demand. American Economic Review, 1988, 78 (5)

[154] Sibley. Asymmetric Information, Incentives and Price Cap Regulation. Rand Jorunal of Economics, 1989, 20 (3)

[155] J. Laffont. The New Economics of Regulation Ten Years After. Econometrica, 1994, 62 (3)

[156] Antonio Estache, Sergio Perelman, Lourdes Trujillo. Infrastructure Performance and Reform in Developing and Transition Economies: Evidence from a Survey of Productivity Measures. World Bank Policy Research Working Paper 3514, February 2005

[157] Acton J. , I Vogelsang. Introduction on Price Cap Regulation. Rand Journal of Economics, 1989 (3)

[158] S. Littlechild. Regulation of British Telecommunications Profitability: A Report to the Secretary of State for Trade and Industry. London: Department of Industry, 1983

[159] Ai C, D Sappington. The Impact of State Incentive Regulation on the U. S. Telecommunications Industry. Journal of Regulatory Economics, 2002 (22)

[160] Ian Alexander, Timothy Irwin. Price Caps, Rate-of-Return Regulation and the Cost of Capital. Private Sector Development Department, The World Bank Group, 1996

[161] J. Luis Guasch, Jean-Jacques Laffont, Stephane Straub. Renegotiation of Concession Contracts in Latin America. The World Bank's Policy Research Working Paper Series with number 3011, 2002

[162] Shleifer A. A Theory of Yardstick Competition. Rand Journal of Economics, 1985, 16 (3)

[163] Michael W. Babcock. Efficiency and Adjustment. The Impact of Railroad Deregulation. Cato Policy Analysis Series, 1984 (33)

[164] STB. Surface Transportation Board FY 2002 — 2004 Report. http: //www. stb. dot. gov, 2005

[165] C. C. von Weizäcker. A Welfare Analysis of Barriers to Entry. The Bell Journal of Economics, 1980 (11)

[166] Baumol W. J.. Contestable Markets: An Uprising in the Theory of Industry Structure. American Economic Review, 1982, 72 (1)

[167] Salop S. C. , Strategic Entry Deterrence. American Economic Review Papers and Proceedings, 1979 (69)

［168］David E. Mills. Untimely Entry. The Journal of Industrial Economics，Volume XXXIX，December，1991

［169］Severn Borenstein. On the Efficiency of Competitive Market for Operating Licenses. The Quarterly Journal of Economics，May，1988

［170］HayseK J，L B Ross. Discounted Fares and Route Rivalry ［dissertation］，Mimeo：Southern Methodist University，1995

［171］Richard A A Cerasani. Market Structure and Price Relationships in the US Airline Industry. Reno：University of Nevada，2002

［172］Morrison，Winston. The Evolution of the Airline Industry. The Brooking Institute Report，1995（7）

［173］Adams，Brock. The Structure of American Industry 9th，Prentice Hall，1995（3）

［174］Severin Borenstein. The Evolution of U. S. Airline Competition. The Journal of Economic Perspectives，1992，6（2）

［175］Buchanan J. M.．An Economic Theory of Clubs. Economica，1965（32）

［176］George J. Stigler. The Theory of Economic Regulation. The Bell Journal of Economics and Management Science，1971，2（1）

［177］Edward L. Glaeser and Andrei Shleifer. A Reason for Quantity Regulation. The American Economic Review. Papers and Proceedings of the Hundred Thirteenth Annual Meeting of the American Economic Association，2001，91（2）

［178］Christian von Hirschhausen. Infrastructure Investments and Resource Adequacy in the Restructured US Natural Gas Market—Is Supply Security at Risk？．Working Papers 0618，Massachusetts Institute of Technology，Center for Energy and Environmental Policy Research，2006

［179］Averch，H. and L. L. Johnson. Behaviour of the Firm under Regulatory Constraint. American Economic Review，1962（52）

［180］Baumol，William J. and Alvin K. Klevorick. Input Choices and Rate of Return Regulation：An Overview of the Discussion. Bell Journal of Economics and Management Science，1970，1（2）

［181］Hausman，Jerry and Stewart Myers. Regulating the United States Railroads：The Effect of Sunk Costs and Asymmetric Risk. Journal of Regulatory Economics，2002，22（3）

［182］Helm，D.，Thompson，D.．Privatized Transport Infrastructure and Incentives to Invest. Journal of Transport Economics and Policy, 1991, 15 (1)

[183] Hirschhausen, Christian von, Andreas Brenck and Thorsten Beckers, Infrastructure Regulation and Investment for the Long-Term—An Introduction Utilities Policy , 2004 (12)

[184] An Overview of Transportation and Environmental Justice . http: //www. fhwa. dot. gov/environment

中国现实经济热点问题系列

主编 刘秉镰

南开大学交通经济研究丛书

中国交通运输产业的改革与发展

Reform and Development on Chinese Transportation Industry

白雪洁 王 燕 著

经济管理出版社

ECONOMY & MANAGEMENT PUBLISHING HOUSE

图书在版编目(CIP)数据

中国交通运输产业的改革与发展/白雪洁,王燕著.—北京:经济管理出版社,2009.9

(南开大学交通经济研究丛书)

ISBN 978－7－5096－0631－5

Ⅰ.中…　Ⅱ.①白…②王…　Ⅲ.交通运输业－经济发展－研究－中国　Ⅳ.F512.3

中国版本图书馆 CIP 数据核字(2009)第 169847 号

出版发行:经济管理出版社

北京市海淀区北蜂窝 8 号中雅大厦 11 层

电话:(010)51915602　　　邮编:100038

印刷:北京银祥印刷厂　　　　　　经销:新华书店

组稿编辑:郭丽娟　　　　　　责任编辑:郭丽娟

技术编辑:杨国强　　　　　　责任校对:陈　颖

720mm×1000mm/16　　　18 印张　　328 千字

2010 年 1 月第 1 版　　　2010 年 1 月第 1 次印刷

定价:150.00 元(共四册)

书号:ISBN 978－7－5096－0631－5

总　序

　　自古以来，人类文明的进步与交通运输的发展密切相关，交通运输承载着人们每天的生产和生活，交通运输的每一次革命，都拓展了人类活动的时空，推动着人类的全面解放和社会财富的迅速增长。在现代社会中，交通运输虽然是一个有着悠久历史的传统产业，但同时也是蕴涵着无限生命力并不断发展的战略性基础产业。交通运输中系统发展规律不仅要从技术进步的角度加以了解，还需要从经济学的视角去探寻、去发现、去揭示。

　　1987 年，由旅美华人、哈佛大学博士、前联合国交通运输署高级专家桑恒康先生创办的南开大学交通经济研究所是我国综合性高校中首个从事交通运输经济研究的学术机构，依托南开大学雄厚的经济学研究基础和力量，开辟了从交通的角度研究经济发展、从经济发展的角度看交通的研究风格，并注重发挥交通经济研究理论联系实际的特点，直接参与国家层面交通运输发展战略决策咨询，成为国内高校中承担国家级和省部级交通研究项目最多的研究所之一。

　　南开大学交通经济研究所从成立开始就瞄准国内外重大理论和应用中的前沿问题开展研究工作。1989 年，刚成立两年的交通所就成功主办了我国第一次交通运输项目评估国际研讨会，同年开始承担一系列前沿性交通重大攻关项目，如世界银行"中国国际集装箱多式联运系统研究"、"新亚欧大陆桥地区国际集装箱中转站综合规划"等，到 1998 年开始成为国家交通运输与物流最高战略决策部门的咨询支持单位，以及 2000 年交通经济研究在现代物流、产业经济和区域经济领域进一步延伸，成立现代物流研究中心和产业经济研究所。南开大学交通经济研究所的每一步成长，都是全体同仁在老所长"做人、做事、做学问"的精神感召下，勇于探索与辛勤付出的结果。而今日呈现在读者面前的这套"南开大学交通经济研究丛书"也是我们发展的又一次印证。

　　本套丛书包括《中国交通运输产业的改革与发展》、《城市群空间结构演化——交通运输业的作用及机理》、《中国交通运输产业的政府规制改革》和《中国交通运输业生产力与技术变动研究》等，全部由南开大学交通经济研究所的中青年教师撰写。丛书内容的总体安排是在全程扫描中国交通运输业改革与发展的基础上，分别从交通运输对城市群发展的作用、交通运输产业的规制改革以及交通运输产业的效率评价方面对交通运输业做更深入的理论与实证研究。

与以往的交通运输产业研究著作相比，本套丛书具有以下几个特点：

第一，注重对交通运输产业研究热点问题的深入剖析。交通运输作为国民经济发展的基础性产业，其发展与经济社会发展紧密相随并息息相关，由此衍生出一系列值得探讨的理论和实践问题。例如，城市群发展与交通运输的关系，以及对交通运输产业的规制演进等，这些在以往研究中较少涉及的内容，均成为本丛书的研究主题。

第二，以实证研究丰富交通运输产业研究的内容。以往我国对交通运输产业的研究，理论分析重于实证分析，而交通运输作为占用大量经济和社会资源，同时又产生广泛经济和社会效益的产业，对其运行绩效进行评价，并指出提升其经济运行效率的途径是必要而迫切的。因此，本丛书中专设一本来研究交通运输产业的生产力与技术变动，希望借此弥补以往研究中对实证分析的不足。

第三，着眼加强我国交通运输产业发展的对策研究。对交通运输产业研究的根本目的还在于促进交通运输业自身以及与我国经济社会的协调发展，在发展的主题下，无论是理论研究还是实证分析都只是工具，目的是提出有针对性的促进我国交通运输业高效、协调、有序发展的对策。因此，本套丛书特别注重对策研究。

交通的发展是人类社会普遍的、永恒的现象，也是经济学永恒的研究领域。南开大学交通经济研究所愿意与国内外同仁一道，在这条充满艰辛与乐趣的研究之路上持之以恒、孜孜不倦地探索下去。

前　言

改革开放以来，中国经济的快速增长过程也是中国交通运输业的持续发展过程，即便如此，交通运输业在中国经济发展的很长一段时间内都属于"瓶颈"产业，直至今日，部分运输方式仍难以适应不断增长的交通运输需求。而在可以预见的将来，交通运输业作为国民经济发展的重要基础性产业，在中国经济和社会发展中仍将扮演重要角色，发挥重要作用，从这个意义上说，中国交通运输业发展的"黄金期"还将持续多年。但交通运输作为一个复杂的产业系统，单纯依靠量的增长来消除"瓶颈"，完成对国民经济增长和复杂社会活动的支持是远远不够的，而是需要各运输方式都提高运行效率，更需要各运输方式之间的协调合作，促进系统效率的提升。这是本书从改革与发展的视角研究中国交通运输业发展的根本目的所在。

交通运输业与一国经济和社会发展的基本互动规律在国外多个国家的发展实践中都有充分的体现，但同时每个国家又有各自发展的特殊性。本书首先对中国交通运输业在国民经济中的地位与作用进行梳理，在此基础上阐释中国交通运输业发展的阶段性特征，并对未来可能影响中国交通运输业发展的环境因素和约束条件进行分析，然后将交通运输作为一个产业系统，分别就其技术经济特性、交通运输业的一般特性和中国交通运输业的特殊性，包括不同运输服务产品的私人性和公共性发展不平衡、各种运输方式间协同水平低、交通运输业的负外部效应显著、网络效应不明显等问题加以分析。

当把交通运输作为一个产业来审视时，它与其他产业一样面临供给和需求的问题。本书分别用两章来研究中国交通运输业的供给和需求。在从总体上把握中国交通运输业的供给和需求特点、现状及存在的问题之后，分别对公路、铁路、民航和港航业的改革与发展、竞争力水平、增强竞争力的途径与对策等进行深入分析，由此确立中国交通运输业改革与发展的总体轮廓。在本书的最后一章，特别运用生产力与效率的研究方法，分别对中国铁路、航空公司、高速公路企业和港口的生产效率和技术进步状况等进行测度，增强本书实证研究的现实性。

中国交通运输业的改革与发展是一个深刻的历史过程，理论研究有时很难迅速而准确地把握实践脉搏。本书作为南开大学交通经济、产业经济学术团队多年来从事交通运输产业系统研究的一项成果，虽然具有一定的理论高度和重要的应用价值，可作为交通运输经济专业、产业经济专业研究生的教学参考书，但也难免存在疏漏与不妥之处，敬请各位读者不吝赐教。本书是集体智慧的结晶，全书共 11 章，第 1、2、4、6、7 章由白雪洁主笔，第 3 章由刘维林主笔，第 5 章由杜传忠主笔，第 8、9 章由王燕主笔，第 10 章由杨静蕾主笔，第 11 章由庞瑞芝主笔。另外，刘文玲、陈思如、张东崴、傅军军、张艳、侯雪丽、翁嘉辉、华怡婷、郑梅、王愉超等研究生也参与了部分章节的写作工作，在这里一并向他们表示衷心感谢。

作　者

2009 年 7 月于南开园

目 录

1 中国交通运输产业的地位与作用

　　交通运输业是人员、货物和信息流通的物质基础，在国民经济中占据重要地位，是国民经济的基础性部门。当今世界上，经济发达国家无一例外地重视交通运输业的发展，美、英、法、德、日等国家都已经建立了发达而完善的综合交通运输体系和交通运输网络，为经济发展奠定坚实基础。根据西方发达国家的经验，经济发展初期各国都曾把相当比例的投资用于修建铁路，在其后的运输网络完善中，也持续投入巨额资金。一般在经济进入高速发展前后，交通运输投资在总投资中的比例会超过 20%，有些国家甚至高达 40%～50%；另有研究表明，很多发达国家在经济起飞阶段交通运输和其他基础设施投资占国民生产总值的比例都达到 10%，而目前发达国家的运输邮电业的产值占 GDP 的比重大多在 6%～7%。如果剔除邮电业，发达国家的运输业占 GDP 的比重也接近或超过本国农业占 GDP 的比重。原苏欧国家和一些新兴发展中国家运输业产值占 GDP 的比例也大多超过 6%。除此之外，在经济发达国家，与交通运输业直接或间接相关的就业人数占劳动力就业总数的比例也相当高，交通运输业是吸纳劳动力的重要部门。同时，交通运输业还是能源和物资消耗的重要载体，发达国家的运输能耗要占总能耗的 15%～25%。从产业关联的角度看，交通运输业是钢铁、机械、电力、水泥、橡胶等工业产品的最大消耗者之一。从居民消费支出来看，交通费支出占居民平均生活费支出的比重在发达国家已普遍接近或超过 10%。而根据世界银行按各国人均收入分组，交通费占居民消费支出比例最低的也有 5.5%。据统计，美国每年支出的客货运费总额相当于其国民生产总值的 20% 以上，运输及与运输有关的各类资产总值约占美国国民财富的 1/3，其他发达国家的水平也基本与美国相当。① 由此可见交通运输业在一国经济和社会发展中的基础性地位和发挥着不可或缺的作用。

---

① 许庆斌，荣朝和，马运．运输经济学导论．中国铁道出版社，1995

1.1 中国交通运输在国民经济中的地位

交通运输业在一国经济发展中的地位和作用与经济发展阶段和水平密切相关。随着经济的不断发展，交通运输业的作用将不仅仅是为了满足特定旅客和货主的运输需求，降低旅客和货主的运输费用支出，而且是从整个社会与经济发展的角度，最大限度地降低国民经济体系运转总成本与人民生活在流通领域里的费用支出总水平，提高国民经济系统的整体运转效益，对国民经济的健康、快速发展发挥更重要的作用。

1.1.1 交通运输业是国民经济的重要职能部门

交通运输业为整个社会提供运输服务，是国民经济中不可或缺的重要经济部门。马克思在阐述其经济思想时充分肯定了交通运输业在国民经济中的地位。他说："除了开采业、农业和加工制造业，还有第四个物质生产部门⋯⋯这就是运输业。"① 交通运输业具有物质性特征，是生产在流通领域的继续。在物质生产过程中，需要通过运输把生产过程中需要的原材料、半成品运送到需要的地方。没有运输活动，工农业生产就很难进行。产品生产出来后，也需要通过运输进行分配和交换才能参与到社会消费领域。随着经济全球化的发展，各种物资和人员的国际性往来与交流日益活跃频繁，跨越国境的交通运输组织活动也日益增多，交通运输条件和手段的改善，缩短了时空距离。在世界迈向一个"地球村"的进程中，交通运输业发挥着举足轻重的作用。另外，交通运输业通过广泛的产业关联机制作用，在国民经济生产和消费的多个领域扮演着或是供给方或是需求方的关键角色，是一国经济正常、健康、有序发展的重要保证。

与交通运输业发展的一般规律相吻合，我国交通运输业在居民生活、国民收入和国家固定资产投资中都是一种不可忽视的存在力量。

1.1.1.1 交通运输与居民生活

交通运输业是使人员和物资发生位移活动的基本载体，因此成为社会赖以存在和发展的必要条件之一，特别是随着全球化、便捷化、舒适化、低成本化社会经济发展的需要，交通运输业的服务供给必须能够满足这一需求发展趋势，否则就会影响到人们的正常工作和生活。

---

① 马克思恩格斯全集（第 26 卷 1 分册）. 人民出版社，1973

交通运输业与居民生活的密切相关性，首先体现在它是实现人员流动的基本手段。经济的发展与人们生产和生活空间的扩展，对人员流动，特别是远距离、跨越国境或国内省际间的流动提出更多更高要求。据统计，2000 年，我国客运总量是 1478573 万人，而到 2007 年，客运总量达 2227761 万人，年平均增长率为 6.03%。其中，公路客运量为 2050680 万人，铁路客运量为 135670 万人，民航客运量为 18576 万人，水路客运量为 22835 万人。从表 1.1 中可以看出，从 2000 年到 2007 年，客运总量和各种运输方式承担的客运量均呈上升趋势。旅客周转量也从 2000 年的 12261 亿人公里上升到 2007 年的 21592.6 亿人公里。

表 1.1 2000～2007 年全国客运量变化

年份	客运量总计（万人）	公路客运量（万人）	水路客运量（万人）	铁路客运量（万人）	民航客运量（万人）	旅客周转量总计（亿人公里）
2000	1478573	1347392	19386	105073	6722	12261
2001	1534122	1402798	18645	105155	7524	13155.1
2002	1608150	1475257	18693	105606	8594	14125.7
2003	1587497	1464335	17142	97260	8759	13810.5
2004	1767453	1624526	19040	111764	12123	16309.1
2005	1847018	1697381	20227	115583	13827	17466.7
2006	2024158	1860487	22047	125656	15968	19197.2
2007	2227761	2050680	22835	135670	18576	21592.6

注：旅客周转量＝∑（实际运送的每一旅客×该旅客出发站与到达站间距离）

资料来源：中经网 http://cedb.cei.gov.cn/

其次，交通运输业与居民生活的相关性还体现在其为居民提供所有消费品从生产到流通全过程的运输服务。虽然从生产用途上，社会产品可以大致划分为中间生产品和最终消费品，但所有的中间生产品最终都会以不同形式体现为最终消费品，而人类是一切最终消费品的最大消费者，所以与居民物质产品消费相关的直接或间接货运活动都是交通运输业与居民生活相关性的体现。即使在居民精神产品的消费领域，虽然现代化的信息传播与交流技术和手段使得其对运输部门的依赖程度有所下降，但仍有大量的信息载体，如信函、报纸、杂志和其他印刷品需要通过货运完成从生产到流通的过程，以满足精神产品的消费需求。如表 1.2 所示，2000 年我国货运总量已达 1358682 万吨，而到 2007

年这一数字增长到 2275822 万吨，年平均增长率为 7.7%。其中铁路承担了 314237 万吨，公路承担了 1639432 万吨，水路承担了 281199 万吨，民航承担了 401.8 万吨。这一期间我国货运周转量也从 44321 亿吨公里上升到 101419 亿吨公里，增加一倍以上。

表 1.2　2000～2007 年全国货运量变化

年份	货运量总计（万吨）	公路货运量（万吨）	水路货运量（万吨）	铁路货运量（万吨）	民航货运量（万吨）	货物周转量总计（亿吨公里）
2000	1358682	1038813	122391	178581	196.7	44321
2001	1401786	1056312	132675	193189	171	47710
2002	1483446	1116324	141832	204955	202.1	50686
2003	1561422	1159957	158070	221178	219	53859
2004	1706412	1244990	187394	249017	276.7	69445
2005	1862066	1341778	219648	269296	306.7	80258
2006	2037060	1466347	248703	288224	349.4	88840
2007	2275822	1639432	281199	314237	401.8	101419

注：货物周转量 = $\sum$（每批货物重量 × 该批货物的运送距离）

资料来源：中经网 http://cedb.cei.gov.cn/

　　最后，交通运输业与居民生活的相关性还体现在随着居民收入水平的提高，消费需求层次和水平也不断提升：2004 年全国出境旅游组团旅行社共组织出境游 2811.72 万人次，2005 年出境旅游人数达 3100 万人次，比上年增长 7.5%。我国是亚洲第一大客源输出国，出境旅游市场发展规模、速度和前景为世界各国所关注。另外，中国也是世界上最大的国内旅游市场，2006 年国内旅游人数达 13.94 亿人次，比上年增长 15.0%。2007 年度国内旅游总人次（包括国外入境旅游人次）为 16.1 亿人次，比上年增长 15.5%。我国私家车拥有量也呈逐年增长趋势。从"八五"计划初到"十五"计划末，15 年间我国私人汽车拥有量占汽车保有量的比例从 15.8% 上升至 58.5%。从"十五"期间我国汽车平均增长率看，私人汽车拥有量比汽车保有量多 10 个百分点。部分经济发达地区已开始步入汽车社会。2006 年我国汽车市场超过了日本，稳居世界第二。预计 2012 年左右，我国汽车市场的规模会超过 1000 万辆。[①]

---

① 中国汽车工业年鉴（2006）．中国汽车工业年鉴编辑部，2006

交通运输在确保社会正常的生活和工作秩序等方面起着十分重要的作用。随着国民经济的发展和旅游业的逐步发达，客运量不断提高，居民的平均旅行里程也逐年上升，居民对高速便捷的交通运输业将会有更高的要求。

1.1.1.2 交通运输业与国民经济增长

交通运输虽不能创造新物质产品，不增加社会产品的总量，但却是参与社会产品生产活动的必要环节。运输从业人员和运输设备直接参与物质产品的创造过程，属于生产性运输；把产品运送到消费市场，则是一个必要的追加生产过程，属于流通领域的运输。产品经过运输环节虽然其使用价值没有发生任何变化，但由于运输过程中消耗的生产资料价值及运输职工新创造的价值追加到产品的价值中去，使产品的价值量增加了；反之，如果没有运输，产品的使用价值就难以实现。因此，运输保证了社会产品的供给并参与了国民收入的创造过程。

作为国民经济的一个重要部门，交通运输业的产值直接作为国民经济的一个组成部分。交通运输业对国民经济的直接贡献率，在发达国家一般为 7%～8%。表 1.3 是 1987～2007 年我国交通运输、仓储及邮电通信业对 GDP 的贡献率。① 交通运输、仓储及邮电通信业的增加值从 1987 年的 568.3 亿元增加到 2007 年的 14604.1 亿元，增长了 25.7 倍。交通运输、仓储及邮电通信业对 GDP 的贡献率从 1990 年以后也始终保持在 5% 以上，在 20 世纪 90 年代初和 21 世纪初，还有数年达到 6% 以上的水平。

表 1.3　1987～2007 年交通运输、仓储及邮电通信业对 GDP 的贡献率

年份	国内生产总值（现值）（亿元）	交通运输、仓储及邮电通信业增加值（现值）（亿元）	对 GDP 的贡献率（%）
1987	12058.6	568.3	4.71
1988	15042.8	685.7	4.51
1989	16992.3	812.7	4.78
1990	18667.8	1167.0	6.25
1991	21781.5	1420.3	6.52
1992	26923.5	1689.0	6.27
1993	35333.9	2174.0	6.15

---

① 因为统计年鉴的关系，无法直接剥离出交通运输业对 GDP 的贡献率，所以这里只能以交通运输、仓储及邮电通信业来替代。

年份	国内生产总值（现值）（亿元）	交通运输、仓储及邮电通信业增加值（现值）（亿元）	对 GDP 的贡献率（％）
1994	48197.9	2787.9	6.01
1995	60793.7	3244.3	5.78
1996	71176.6	3782.2	5.31
1997	78973	4148.6	5.25
1998	84402.3	4660.9	5.52
1999	89677.1	5175.2	5.77
2000	99214.6	6161.0	6.21
2001	109655.2	6870.3	6.27
2002	120332.7	7492.9	6.23
2003	135822.8	7913.2	5.83
2004	159878.3	9304.4	5.82
2005	183217.4	10835.7	5.91
2006	211923.5	12481.1	5.89
2007	249529.9	14604.1	5.85

资料来源：中经网 http://cedb.cei.gov.cn/

1.1.1.3　交通运输业与固定资产投资

交通运输业的发展，有赖于国民经济其他部门的发展，反过来交通运输业又会促进其他部门的发展。运输业为了完成国民经济增长和居民生活产生的运输需求，必须有足够的运输能力作为保证。而要增强运输能力就必须有足够的资金投入，进行基础建设与技术改造，形成固定资产。因此，分析运输业所占用的投资比例及其所形成的固定资产比例，便于考察交通运输业对国民经济发展的适应程度。

交通运输基础设施建设资金长期投入不足，是新中国成立后相当一段时期内我国加快交通运输业发展的最大障碍。据世界银行统计，经济发达国家对交通运输基础设施建设的投资，一般占国家基建总投资的 10％～14％；发展中国家对交通运输基础设施建设的投资占基建总投资的 20％～28％。我国改革开放以来，逐步加大了对交通运输业的投资力度，1993～2001 年，交通运输投资率从 13.95％上升到 17.82％。由于多年来我国的经济增长更多地依靠固定资产投资拉动,消费的拉动作用不是十分明显。2000 年后,我国经济政策转向促进国内消费以拉动经济增长,因此,2001～2005 年对交通运输业的投资比例有所下降。2002～2007 年,我国交通运输、仓储及邮电通信业投资额占全国固定资产投资额的比例分别为 15.68％、11.32％、10.85％、10.83％、11.03％和 10.31％。国内外关于交通运输与经济互动机制的研究表明,交通运输基础设施作用的发挥要以经济、社会和环境的协调发展为前提。交通运输基础设施投资项目必须由政府系统规划、统筹安排,交通运输基础设施建设项目的立项要严格按照规划执行,这样才能在宏观上取得明显的经济效益和社会效益。政府应利用各种经济杠杆并采取必要的行政手段对交通运输基础设施建设进行宏观调控,充分合理地利用土地、海岸线和资金等各种资源,有效制止盲目建设和重复建设,以求资源的最大利用。图 1.1 是 1990～2005 年我国交通运输、仓储及邮电通信业的投资状况。

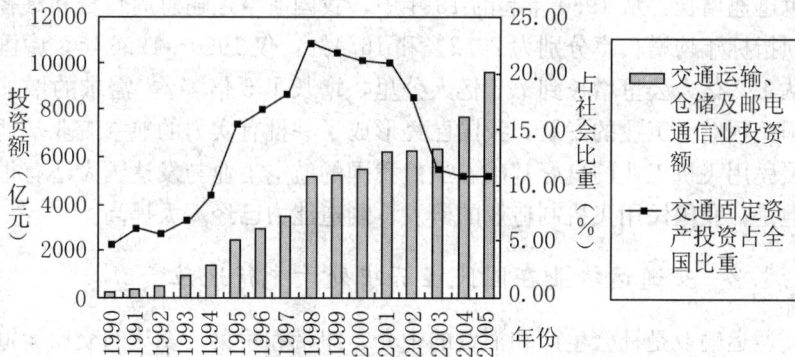

图 1.1   交通运输、仓储及邮电通信业投资占全社会固定资产投资的比重

资料来源: 中经网 http://cedb.cei.gov.cn/

1.1.1.4   交通运输业与相关产业发展

交通运输业具有明显的产业关联效应。随着交通运输业的腾飞和交通运输工具的变革,港口、航道、铁路、公路、车站和机场的大规模建设带动了建筑业的兴盛;铁路、管道、汽车、船舶、火车、飞机制造对金属的大量消耗促进了采矿业与冶金工业的崛起;交通运输业对能源的大规模需求引致煤炭、石油等能源工业的发展。部分发达国家如美国、法国、日本、德国,运输机械制造业是机械工业中发展最快、比例最大、出口最多、地位最重要的部门之一,其产值已占全部制造业的 10％以上,成为各国经济发展的支柱产业之一,强烈地刺激了相应的配套经济体系的发展,成为工业化的动力源和新的经济增长点之一。我国加大了交通运输基础设施投资建设力度后，汽车工业、造船工业和飞机制造业等运输机械制造业也大规模兴起。20 世纪 80 年代初期，中国汽车工业不但产品数量不能满足要求，产品结构也以中型载货车为主，为适应市场需求的变化，汽车工业及时调整了产品结构，注重了微型车、轻型车和重型车的产品开发。1992 年我国汽车年产量首次突破 100 万辆。加入 WTO 后，中国汽车工业的发展显著加速。2004 年，中国共生产汽车 507.4 万辆，其中轿车 231.4 万辆；至 2004 年底，全国民用汽车保有量达到 2742 万辆，其中轿车 920 万辆。目前，汽车工业已成为中国的支柱产业。① 近年来我国船舶工业发展迅速，2000～2004 年的 5 年间，中国的造船产量年均增长 26%。2004 年，造船产量达到 880 万载重吨，占世界造船份额的 14%，连续 10 年列世界第三位；2005 年我国造船完工量 1212 万吨，占世界造船份额的 18%。我国的船舶工业企业已经由新中国成立初期的 20 多家发展到 700 多家，拥有近百个专业齐全的科研机构，科研技术人员近 7 万人。② 改革开放以来，我国民航运输需求量也迅速增长，从 1980 年起的 18 年中，我国航空运输总周转量和旅客运输量两项指标年均增长率分别为 20.2% 和 16.4%，仅 1990～1996 年，中国民航客运从 1.2 亿人公里增长到 7.5 亿人公里，增长了 5 倍多。③ 需求的增加带动了我国民用航空工业的发展，我国已经形成了一批有实力的航空工业基地，具备发展民用飞机工业的良好基础。虽然我国的航空工业与发达国家还有很大差距，但是，我国民用飞机制造业的研发、制造能力已经大大提高。

1.1.2　交通运输业在国民经济中处于先行地位

交通运输业是社会生产和消费的中介、纽带和桥梁。发达的交通运输业是工农业发展的基础，同时交通运输业的发展也将带动其他相关产业的发展，从而促进整个国民经济的增长。

1.1.2.1　交通运输业是工农业快速发展的基础

随着经济的发展和活跃程度的提高，农业生产早已经走出了小农经济、自产自销的阶段，而工业生产也摆脱了作坊时代。农业的耕作，需要把肥料和种子运到田间，农作物收获后要将大量的农产品（粮食、蔬菜、水果等）运到仓库或市场，满足消费者的需要。在工业生产中，运输的作用就更加突出了。无论是采掘业还是钢铁、冶炼、化工和加工制造业，都要产生大量的运输需求，要把无数的原材料由开采地或生产地运送到加工基地，又要把大量的产品由生

---

① 中国汽车工业年鉴（2005）．中国汽车工业年鉴编辑部，2005
② 中国船舶工业年鉴（2005）．中国船舶工业年鉴编辑部，2006
③ 中国民航统计年鉴．中国民航出版社，2005

产地（工矿企业）运送到消费地。在工农业生产中，为了保证一定规模的生产正常运行，其前提就是要完成生产资料和产成品的运输活动。

在正常的情况下，发展生产首先要考虑运输条件，运输是生产的"先行官"。国内外经验证明，经济要发展，要实现工业化，交通运输业必须先行。19 世纪末到 20 世纪初，西方许多国家曾掀起筑路高潮，铁路成为工业化的先驱。美国最突出，在工业化之前大搞铁路建设，使之成为工商业大发展的开路先锋。新中国成立以后，我国从经济恢复到建设的实践中，总结出"路、电先行"的经验。交通运输作为国民经济的"先行官"，在建设时间上应该适度超前，以避免"瓶颈"的发生。因为一旦交通运输业成为"瓶颈"产业，要削弱这种"瓶颈"影响需要付出相当的代价。同时，交通运输业的适度超前发展，也是为了增强交通运输基础设施和服务的承受能力，以满足经济快速增长的需要。但纵观我国交通运输与经济发展的关系，交通运输的"先行官"作用并没有完全发挥出来，反而在一些时期，交通运输的"瓶颈"作用比较明显。新中国成立初期，我国许多工厂实行停三开四或停四开三，表面上是能源、电力供应不足，实际上是受制于交通运输能力。矿区煤炭大量积压，无法运出。由于历史原因，虽然自 1998 年以来我国实施了积极的财政政策，一段时期内加快了交通基础设施建设，但综合交通与经济社会协调发展的问题并未从根本上得到解决，综合交通仍滞后于经济发展，综合交通网络还很薄弱，综合运输系统十分脆弱。交通运输的"瓶颈"制约作用只是由显性变为隐性，一旦经济增长新周期形成、经济增长速度加快，交通运输的不适应性立即便会显现。比如，2003 年下半年开始，"非典"疫情过后，随着经济的快速发展，能源供应短缺、突击抢运就引发了严重的交通运输能力短缺。要实现经济高速度的持续增长，能源、原材料等主要产品的需要量将大量增加，各地区物资交通运输流量也将大幅度提高。所有这些都要经过运输才能实现。因此，能不能实现经济发展目标，关键要看作为国民经济基础的交通运输业能不能加快建设，为经济持续、快速增长提供足够的运输保证。

1.1.2.2　交通运输业是具有强大产业关联效应的基础性产业

以交通运输业为核心，形成无数条的产业链，产生巨大的供给和需求，又会带动和刺激其他产业部门的扩张，推动产业技术进步。交通运输业的发展为上游的能源产业和机器制造业带来了巨大的需求，同时作为供给方也为其下游的分销和物流产业提供了充足的供给。

（1）交通运输业与能源产业。交通运输与能源存在着非常密切的关系，运输业是能源的主要消耗者之一。现代运输主要依赖石油，虽然目前在铁路运输中电气化里程开始明显增加，但石油及其制品仍是现代交通运输业主要消耗的能源。不同的运输方式单位客货运量的能耗差别很大，但这并不意味着所有运输都必须采用燃料利用效率最高的运输方式。在选择运输方式时，需要考虑供给、需求、费用、服务等多方面的因素，并不仅仅取决于燃料利用效率。目前交通运输业消耗了全国汽油消耗总量的 39.6%、柴油的 37.6%、煤油的 63.0%和燃料油的 21.3%，这中间有相当部分是进口的。随着 2003 年美伊战争的爆发和随之而来的国际油价飙升，运输耗能问题引起了政府和公众的极大关注。从长期来看，运输肯定还是一个能源消耗大户，但随着运输工具和运输方法的改进，能源的单位消耗量将降低，运输效率将得到提高。

（2）交通运输业与设备制造业。现代化的交通工具是交通运输业现代化的决定因素。从需求的角度看，交通运输业的发展决定了交通运输设备制造业的市场规模及其增长，反过来，交通运输设备制造业又影响交通运输业的供给能力和生产能力。我国汽车工业、船舶工业和飞机制造业正以年平均超过 20%的速度高速增长，这对交通运输业的产业规模和装备技术水平等方面必将产生巨大的推动作用。

（3）交通运输业与分销产业。交通运输业的发展带来了"分销革命"，这场革命已涉及生产领域、流通领域以及消费领域，它带来了社会经济生活的综合性变化。目前，中国百货商店已经进入成熟期，超级市场、仓储商店进入发展期，便利商店、购物广场进入起步期。迅速发展的交通运输业，是分销零售业发展的基础，也是其最重要的前提条件。

（4）交通运输业与物流业。世界物流业的快速发展可以追溯到 20 世纪末期，尤其是在 20 世纪 90 年代以后，世界物流业连续 10 年保持了每年 20%～30%的高速增长。从全球来看，物流业高度发达的国家无一例外地都拥有很高的交通运输水平。近年来，随着交通运输业的发展和科学技术水平的进步，我国的物流业也迅速发展起来。但是，由于目前我国的交通运输业"瓶颈"问题依然存在，物流业的发展也不尽如人意。交通运输作为现代物流发展的基础，要适应现代物流的发展需要必须进一步快速提高其发展水平。

1.1.2.3 交通运输业是城市兴起和发达的推动力量

综观世界经济发展，依托便利的交通运输条件发展起来的城市比比皆是。第一次工业革命后，由于经济活动范围的扩大和海上运输费用相对低廉，世界上最大最繁华的城市多是港口城市，如纽约、伦敦、东京和上海，其余的大城市也多处于陆路交通较发达的地区，也就是说，拥有优越的交通区位条件。而自然资源相对匮乏的日本和德国之所以能够后来者居上，取得飞跃性的经济增长，与它们充分重视和发挥交通区位优势，创造条件促使交通运输产业先行有密切的关系。与此相对，由于交通运输"瓶颈"的出现对经济发展造成阻碍，是几乎所有经济欠发达国家经济发展中面临的普遍问题。投资这一经济增长的主要拉动力量，是与便利的交通条件相伴而存在的。大量的历史事实和经验表明，交通运输是商品生产和交换得以实现的基础，是人类社会不断发展的重要推动力，从其自身的性质和作用来看，已成为经济发展的"先行官"。

1.1.3 交通运输是流通的物质载体

商品流通中交通运输的产生源于现代商品的特性，即大量的产品的生产场地同消费场地在空间上总是分开的，不可能就地转入消费领域。因此，伴随着商品流通，即从商品生产系统转至商品消费系统时，商品实现了空间上的位移，而其支撑手段就是交通运输。交通运输是专门从事运送旅客和货物运输的产业，《中国大百科全书·交通卷》把交通运输和邮电通信统称为交通，交通运输和邮电通信系统作为国民经济的"循环系统"和"神经系统"，共同担负完成商品和信息的流通功能。从微观角度考察，交通运输业主要担负流通节点之间以及与生产者和消费者之间联系的任务，如图 1.2 所示。从宏观角度考察，现代城市由于生产和消费集中，自然成为流通中心，交通运输业和邮电通信业主要担负作为流通中心的城市与区域之间以及城市之间联系的任务。城市之间的专业分工随着经济发展水平的提高，城市自给率越来越低，商品的外销率越来越高，对交通的依赖性也越来越强。总之，生产力和科学技术的发展为交通的发展奠定物质基础，交通的发展反过来又作用于商品流通。

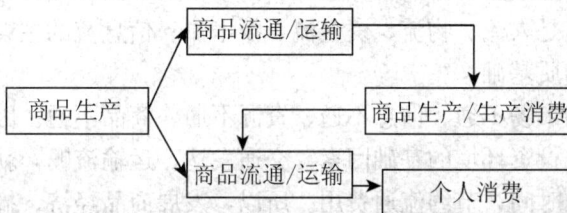

图 1.2　商品生产、运输和消费的关系

资料来源：李苗夏，朱晓立，胡思继. 货物运输快捷性、准时性的经济分析. 交通运输工程学报，2001（4）

运输费用的差异能够改变交易结构和比较优势。交通运输网络将通过交通运输节点的合理分布和交通运输线路的有机组织以降低交通运输的整体费用，而且交通运输业作为商品流通领域中的基础条件和核心产业还担负着有效加速资本周转、提高经济运行效率、提高资本流通速度和降低生产成本的责任。具体表现在：一是交通运输业必须提供相适应的运输能力和运输质量保证资本在流通过程中的效率，提高整个经济的运行效率；二是交通运输业作为社会生产过程中的生产性服务业，必须通过科学的组织与管理，使企业内部的资本周转效率不断提高；三是运输费用是企业生产成本的重要组成部分，高效的运输体系可以有效地降低企业的生产成本。

18 世纪工业革命前后出现的运河建设高潮，利用廉价的水运可以用较少的投入发展运输，水运推动当时的工业集中和市场扩展，工业和城市主要沿通航江河分布。随着海洋运输业的发展，特别是当轮船等大吨位、远距离航海运载工具出现后，大海成了加快世界各地沟通的坦途，加快了对外经济、文化、技术的交流。19 世纪以后，铁路以其快速、能力大、连续性好、运价低、适合大宗货物中长距离运输等优点显示出强大的生命力，在世界各地得以迅速发展。而 20 世纪由于汽车的普及，公路网的密度大大高于铁路，通用性更强。随着经济节奏的加快和区域经济联系的加强，增加了快捷、通达的交通运输需求，城市内以及城际间的快速交通体系迅速发展起来。随着工业化的发展，产业链条的延伸和产品结构的深加工化，加之商品经济的发达，更增加了对方便迅速的运输服务的需求。随着微电子技术和信息技术的发展，交通运输的发展不仅仅是有形线路的延长和扩能，更借助于信息高速公路不断增强信息服务功能，使运输成本大幅度降低，贸易通路更加便捷。在工业化后期，空间运输联系与区域经济的协调关系体现在交通运输、信息高速公路一体化建设促进经济的发展上。通过交通运输联系的作用把区域与海外、内陆腹地相连，拓展经济发展的空间，打通国际、国内两种资源和两个市场，实现资源的优化配置。便捷、畅通的通道是人流、物流、资金流、技术流、信息流的主渠道，是经济发展不可或缺的物质基础。

交通不通即市场不通、信息不通、资源不通、商品不通。因此，交通运输条件被列为优化投资环境的基础因素。交通发达、运输流畅，就可以减少商品在流通过程中的时间，节约流通费用。所以，发展商品经济、搞活流通，就必须加强交通运输这个物质基础的建设。

1.2　中国交通运输业对国民经济发展的作用

一方面，交通运输业对一国经济发展的一般作用带有很强的共性特征，也就是说，一定意义上可以超越社会经济体制、经济发展阶段等差异，表现出较强的一致性。但另一方面，毕竟不同国家的不同经济发展阶段、交通运输业的作用大小和方式等还存在差异，因此，具体到我国交通运输业对国民经济发展的作用，需要将其置于我国特定的经济社会发展阶段来研究。

1.2.1 交通运输是国民经济发展的前提条件

纵观世界经济发展史，可以发现凡是工业化水平高、技术先进的国家都拥有发达的交通运输体系的支持，交通运输业的发展又促进和刺激工业增长和技术进步。从普遍规律来看，任何一个国家在经济发展过程中都经历一个交通运输业超前发展的时期。以美国为例，19 世纪到 20 世纪美国铁路经历了大发展时期，到 1926 年铁路总里程达 40 多万公里。之后，随着科学发展和技术进步，以及经济结构、产业结构、产品结构的变化，经济的进一步发展对交通运输业提出了更高的要求，公路、航空、管道等运输方式相继发展起来，直至建立起一个强大的综合交通运输体系，为美国的经济社会快速发展奠定了坚实的基础。

交通运输业是社会生产的必要条件，是保证国民经济正常运行的重要环节，在现代经济条件下，没有交通运输业的参与就不能进行正常的生产活动。经济全球化和全球产业分工对一国交通运输业的发展提出更高要求。对交通通达能力的要求已经跨越国界，遍及全球的便捷交通运输网络为确保全球资源和商品、人员的方便流动提供了可能性，使全球经济活动更加紧密。随着现代化大生产的发展，生产专业化与协作的加强，一国国内各地区之间的经济联系也更加广泛和密切。交通运输业成为联系农业、工业和商业的纽带，也是生产、交换、分配、消费之间建立有机联系的必不可少的中间环节，是地区、部门、国家之间进行经济交流的桥梁。

另外，交通运输基础设施建设是国家经济活动的重要支撑点。加强交通运输业的投资，就等于社会资本积累的增加，社会资本积累越多，社会经济发展的物质基础就越强大、越稳固，而且交通运输基础设施的投资本身也能够带来较高的经济效益。以京津塘高速公路为例，该高速公路自 1991 年建成通车以来，除带来了高速公路收费的直接收入以外，还带动了沿线高新技术产业经济带的发展，在 5 公里范围内形成国内经济增长带，新增就业人数达 60000 人，成为该地区的一个新兴的经济增长点。此外，就铁路、公路等基础设施自身建设来说，因其工程量大、建设周期长，不仅需要大量的劳动力，创造了大量就业机会，而且也是建筑材料、机械设备等产品的巨大需求市场，从而带动这些产业的发展。

我国正处在改革开放的重要时期，在实现国民经济增长过程中，无论是国土资源的开发，各种资源的有效利用和合理配置，还是发展城乡经济、扩大对外开放，都需要发达的交通运输业与之相匹配。改革开放以来，在我国所有经济发展较快的地区，所有各类市场的形成和发育无一不是伴随着交通的快速发展而发展。近年来，我国交通运输能力建设步伐加快，客货运量快速增长，但是我国在计划经济体制下长期形成的交通运输业发展的滞后现象还未得到根本解决，不能适应建立市场经济体制、开拓各类市场、建立全国统一市场，以及经济结构、产业结构、产品结构变化的需要。以我国的煤炭运输为例，大秦铁路和秦皇岛港是目前我国北煤南运的主力，经过技术改造，目前大秦铁路运力已达到 2 亿吨，秦皇岛港装运能力达 1.5 亿吨，但仍满足不了需求。2004 年我国 24 个省级电网先后出现不同程度的拉闸限电，"电荒"背后的原因是"煤荒"，而"煤荒"背后则是铁路运力不足。目前中国主要产煤区的装车率仅为 30％左右，铁路运输"瓶颈"严重制约了煤炭的外运。另外，我国港口运输能力缺口很大，设备超负荷运转，煤炭、原油、铁矿石、集装箱等出现了压船压港现象，在东部沿海发达地区，一些重要城际快速通道交通饱和。2003 年我国按国土面积计算的铁路和公路运网密度分别为 76.04 公里/万平方公里和 18.85 公里/百平方公里，按人口数量计算的铁路和公路运网密度分别为 0.56 公里/万人和 14 公里/万人，远远低于美国、日本等发达国家，甚至低于印度等发展中国家，与我国的人口、国土面积和经济发展不相适应，尤其是西部地区交通欠发展，严重制约着一些地区的经济发展。据测算，预计 2010 年和 2020 年我国全社会旅客运输需求总量将达到 250 亿人和 400 亿人，货物运输需求总量为 190 亿吨和 260 亿吨。[①] 为此，必须进一步加强交通基础设施建设，扩大运网规模，优化运网结构，加强各种运输方式衔接配合，推进交通运输技术进步，实现协调发展。必须更加强调"交通先行"，以及"适度超前"的指导思想，加速交通基础设施建设，发展交通运输业。

总之，交通运输业是经济发展的物质基础，是国民经济的基础产业，加强交通运输业发展可以为国民经济的健康发展提供坚实的保障。

1.2.2　交通运输业能够推动生产力的合理布局

经济活动在一个国家内部各地区间的差异是各国政府主要关心的问题。失业、收入、移民和工业结构等方面的地理差异之所以重要，是因为它们会导致福利分配的空间不均衡，这种不均衡会降低整个国民经济运行的综合水平。经济布局在很大程度上是一个空间运输状况的概念。一定的资源和生存空间在不同水平的交通运输系统支持下，其可承受的经济总量是不同的，交通运输系统越强，经济规模也越大。原因是某地理位置的经济通达性一旦提高，就可以促

---

① 中国统计年鉴（2005）. 中国统计出版社，2005

使其资源和空间得到充分利用，对社会来说，则可以将各地的资源和空间更大程度地吸引到全社会的经济循环中来。运输在一定程度上能够促进生产力的合理布局。国家和地区的工业布局，首先要考虑原材料运进和产品运出方面所具备的交通条件。从工业布局的厂址选择看，加工工业的选址是否具有经济性，主要考虑原料、燃料产地和消费市场，这些方面综合体现在总的运输消耗上。特别是在一些生产规模大、运输量大的企业选址时，一定要充分考虑它在运输费用上的经济性。比如，美国的钢铁工业大多分布在水运便利的五大湖沿岸。

　　大多数国家的自然资源在地理上的分布是不均匀的，交通运输状况和距离市场的远近对资源的开发及经济价值提升往往具有决定性的影响。但是，随着交通运输业的发展，新的、速度更快、价格更低廉的运输方式可以改变传统的经济地理概念，即扭转自然力量规定的资源分配状况，使缺少资源的国家或地区处于使用资源的优越地位。根据国外几十年高速公路发展经验，一条高速公路建成3～5年后，其两端的大城市沿高速公路走向延伸发展，在各出入口附近形成一系列卫星城镇或经济开发区，并以高速公路为轴线，形成"经济走廊"或"通道经济"，直接形成经济、旅游产业带。比如前面提到的京津塘高速公路，沿线先后兴建了10个经济技术开发区，吸引了数百亿投资，其中，大部分为外资，引入大量高新技术产业，逐步形成了一条高速公路布局的产业带。

　　建立社会主义市场经济，就要充分发挥市场机制在资源配置中的作用，通过资源的优化配置，达到提高经济效益，发展国民经济的目的，就必须建立分布均匀、通畅的交通运输网。我国的资源分布在空间上很不平衡，煤炭、石油、矿产、森林等资源大都集中在内蒙古、山西及西北、西南广大地区，西部地区占有我国资源总量的68%，而加工工业、对外贸易等多集中在东南沿海地区，工业商品产地远离原料和燃料生产基地，提高了工业生产的运输成本。交通运输除了对工业资源配置和利用具有约束作用外，对农业生产也具有影响，目前我国许多边远地区的农村仍然处于简单的个体耕作状态，农业产业化的水平非常低，究其原因，交通运输条件的落后是一个重要方面。只有改善运输条件，才能提高农产品生产的产业化水平，最终促进农业的稳定发展。交通运输业发展状况对劳动力资源这一活跃的经济资源的影响也是显而易见的。总之，要逐步减缓经济空间结构的不平衡性，加强区域性交通基础设施建设，提高经济欠发达地区的交通可达性，降低运输能力短缺对经济带来的不利影响，促进社会经济资源的合理配置是一条重要的途径。2000年初，我国政府明确提出了西部大开发战略，而加强西部地区的公路建设作为实施这一战略的首要任务被提出就充分验证了上述结论。

1.2.3　交通运输是联系城市和农村发展区域经济的纽带

交通运输是区域经济发展的必要条件，是区域开发和生产发展的前提，因此，交通基础设施的合理建设和网络化发展必须要走在区域开发之前。

每个区域都有货流发生地、货流汇集地、集散中转地，在这些地点分别形成规模不等的城镇，随着工业的扩散和专业化的发展，这些城镇逐渐发展成为一个或几个工业中心城市，可以说这是世界城市发展的一般现象。而城市形成之后，区域内的运输联系则主要取决于中心城市的数量、规模与分布状况。例如，我国的京津唐"金三角"地区，区域内部通过京津塘高速公路、京津高速铁路，以及四通八达的公路运输系统紧密联系起来，对外有京沈、京沪等高速公路与国内各大城市相联系，又有天津港、京唐港、曹妃甸港等海上对外联系通道，把这一地区与世界各国联系起来。区域内部经济以北京、天津、唐山等城市为中心，在发达的交通联系下正在进行着紧密合作，促进区域经济协同发展。

甚至可以说，对区域经济发展而言，便捷的交通条件比丰富的资源更重要。我国以上海、苏州、杭州、无锡、南京等城市为中心的长江三角洲工业区的发展就验证了这一点。这一区域得益于优越的地理位置和便利的交通条件，开发历史悠久，具备雄厚的技术力量和工业基础，加工工业十分发达，然而当地缺乏工业生产所需的矿产等大量资源，以及煤炭等燃料供应，但这并没有阻碍当地的经济快速发展。这是因为该区域面临的有利市场区位条件、雄厚的技术基础、丰富的信息，加之便利的交通运输条件带来的运输费用下降，都加速推动该地区的工业发展，促成更大程度的工业集聚，并形成了以几个大城市为中心的高度发达的工业经济带。同时这一区域城市的发展壮大，也带动了周边农村经济的发展。由于区域内发达便捷的交通网络，在城市周围出现了许多专门从事经济类农作物生产的乡镇。这些农村专注于一种或几种经济作物，比如蔬菜、水果、花卉等，这些产品通过发达的交通网络，以最快的速度运送到附近的城市，能够保持产品的新鲜。种植经济作物具有的高附加值特性，使得在此基础上发展起来的现代化农产品加工业也渐成规模，实现了城乡经济的协调发展。

另外，交通运输为发展区域经济联合，构建区域经济合作网络创造了必要条件。如以长江为纽带，以浦东为龙头，以上海、南京、武汉、重庆四大城市为中心，联合其他中等城市，发展长江产业经济带。以陇海—兰新铁路为纽带，沿线十个省区及连云港、徐州、郑州、洛阳、西安、兰州、乌鲁木齐等城市的经济合作。以环渤海湾的港口、铁路、公路为纽带，把大连、营口、秦皇岛、天津、烟台、青岛等城市联合起来，发展环渤海经济圈等，这是交通运输促进区域经济合作发展的有力证明。

1.2.4 交通运输是建立健全社会主义市场经济的必要前提

市场经济是以商品交换为基础，通过市场供给和需求配置资源的经济。市场经济虽然是实现经济资源有效配置的一个有利机制，但也存在着天生的缺陷，市场机制的发挥并不必然带来资源配置优化和社会福利增加。法国年鉴学派的第二代代表人物 F. 布罗·代尔（Brown Dale）在其提出的市场经济结构论中对交通运输给予充分关注。他认为，在市场经济体系的底部，是面对面的交易，这是市场经济的基本背景；在市场经济体系上层，首先是商人的独立，随之还出现期货交易等。布罗·代尔进一步认为，在整个市场经济的发展过程中，随着市场规模的不断扩大，市场经济体系的上层组织扮演着越来越重要的角色，关键的原因是上层组织聚集了更多的现金和信息及网络化优势，主要是运输和通信优势。市场经济体系的下层结构越庞大、其所占的比重越高，表明市场经济体系处于相对落后的状态，与之相伴的是经济发展的相对滞后。但上层组织结构不是在所有国家都能顺利（或轻易）产生、发展并完善的，而交通运输作为市场经济的最重要组成部分，是上层组织结构发展的物质基础和前提条件。

14～15 世纪，在欧洲和亚洲交通条件便利的区域都形成了许多贸易中心，比如欧洲的地中海、北海和波罗的海沿岸，亚洲的马六甲海峡等，这个时代的欧洲与亚洲的早期市场经济的发展水平处于同一层次，可是随着时间的推移，只有欧洲的一些国家率先进入了现代市场经济或市场经济的上层组织结构。这主要是由于欧洲国家大力发展交通基础设施，较早建立起了完善高效的交通运输网，为现代市场经济的发展奠定了必要的物质基础。更值得探讨的是美国在早期市场经济条件都不甚具备或相对落后的条件下，仍然建立起了相当发达的现代市场经济体系，也与其在 19 世纪末到 20 世纪初，大力发展铁路运输业密不可分。铁路为美国的经济发展提供了迅速、定期并可靠的运输条件，铁路公司成为最早出现的现代工商企业，而且铁路的出现打破了经济活动产生的货物运输只能利用传统的能源——风力和畜力的格局，促进了现代工商业的形成和工、农业的重新布局，同时也带来了金融业和建筑业的发展。运输技术的创新，迅速带来了经济的突破性发展。

目前，我国还处在社会主义市场经济建设的关键时期，市场经济发展的部分基础性条件，比如交通运输基础设施还存在很多不完善、不平衡、部分领域发展滞后等问题。改革开放以来，我国交通运输部门一直在积极探索交通运输业如何由计划经济体制向社会主义市场经济体制转轨这一深层次的问题，但相对于国民经济其他行业，交通运输市场化进程仍显滞后。市场经济发展需要大流通、产品的整合及资源的全球化配置，这都需要发达的交通运输条件做支撑。

面临这种发展环境要求，交通运输业必须要加快市场化进程，加大科技创新能力，根据社会经济发展的要求及市场需求，不断调整交通网络的规模结构、区域结构、运力结构、技术结构和投资结构，在调整中实现交通与经济同步发展，实现交通运输基本适应国民经济和社会发展及国防现代化需要的目标。

发达的交通运输业，对建立社会主义市场经济体制，发挥市场机制的作用，发展大商业，搞活大流通，都十分必要。因为交通发达、运输畅通，可以打破市场分割，促进统一市场的形成和发展，有利于市场机制作用的发挥。交通滞后、运输阻塞，市场经济发育和发展就会遇到很大的障碍。我国发展社会主义市场经济，需要重视市场机制作用，更应重视交通运输业发展。

1.2.5 交通运输是扩大对外贸易、发展外向型经济和吸引外资的基本条件

开放的经济需要一个全球化、网络化的交通运输体系，有无完善的内外连接的交通运输系统，是一国经济开放程度和发达程度的一个标志。战后的欧洲各国为了复兴欧洲，大力建设欧洲统一运输网络，经过几十年的努力已统一了欧洲的航道标准，四通八达的欧洲大陆公路运输网更是在战后欧洲的联合和经济振兴中发挥了积极作用。

国际商品贸易中的一切商品都必须通过运输才能从出口地到达进口地，国际运输是国际商品贸易业务过程中必不可少的重要环节之一，是国际商品贸易的桥梁和纽带。运输环节开展得顺利与否，运输的快速性、准确性、安全性、可靠性以及运价的高低，都对商品贸易的范围与规模产生影响。随着科学技术和技术密集型产业的迅猛发展，以重量和体积为支配变量的国际贸易品运输，开始出现以价值为支配变量的发展趋势，这对交通运输手段的配比方式提出了新的要求，也促进了一系列运输技术的革新和运输组织方式的变革，例如，集装箱运输和多式联运的快速发展。这也反过来促进了国际贸易的大规模、全方位发展。

自 20 世纪 80 年代后半期以来，世界经济全球化趋势日益明显，并成为当前经济发展的潮流。经济全球化是世界各国经济生产、分配、消费环节的全球一体化趋势，是资源和生产力存量在全球范围的转移和配置活动。经济全球化意味着国家之间的相互依存加强，资源在全球范围内更有效地配置，有利于促进世界生产的加速发展和世界市场的开拓。经济全球化也要求能在全球范围内提供便利、快捷的交通运输服务体系。未来我国的经济发展，一方面要大力吸引海外资本，参与我国的社会主义市场经济建设；另一方面，我国的各个产业也已经广泛参与到国际竞争与分工合作中。目前国际资本在决定投资地时已经

不再单纯考虑投资所在国劳动力的低廉与税收政策的优惠等，而是更注重投资目的地的总体竞争力，其中包括金融服务体系是否完善，通信是否畅通，交通运输是否便利以及公共设施是否齐全等，良好的交通运输等基础设施条件对吸引外资的作用不亚于特殊的优惠政策。

目前我国已经初步建立起由五种现代化运输方式组成的，具有一定规模和运输能力的综合运输系统，对加快国民经济和社会发展起到了重要作用。从对外开放的发展过程和形成的开放格局来看，交通运输起到了关键性的作用。我国改革开放初期实行的开辟沿海经济特区、沿海开放城市和沿海经济开发区的制度安排，就与沿海地区交通发达、通往国际市场便利等条件密切相关。目前的开放格局由沿海向沿江、沿边、沿路等内地区域扩展，便利的交通运输条件仍是考虑的主要方面。但总体而言，目前我国的交通运输基础设施建设和组织运转水平与经济发达国家相比还有一定的差距，在国家综合经济实力竞争中交通运输条件还不具有明显的优势。建立现代化交通运输系统是适应21世纪社会经济发展的迫切需要。为了能及时抓住世界经济一体化带来的机遇，我国应充分吸取发达国家建立现代化交通运输体系的经验和教训，充分发挥"后发优势"，提高我国交通运输基础设施的网络化、现代化水平，增强我国交通运输组织的管理和运转水平，实现交通运输的现代化和国际化，增强我国在经济全球化竞争中的竞争优势。

1.2.6 交通运输业能够为社会提供大量就业岗位

交通运输业是吸纳劳动力的重要产业部门之一，在交通运输业的一些环节部门，如场站搬运作业、仓储、司乘、邮轮服务、货运中介，尤其是交通运输基础设施建设都是劳动密集型的生产和服务行业。同时，多数的运输设备操作则需要大量的高技术人才，如航空、航海、机车驾驶和设备运行管理都需要大量高度专业化人才。从事运输业及其相关产业的劳动力，在经济发达国家和地区的劳动力总数中的比例也相当高，如美国约占到11%，苏联为10%，中国香港约12%，加拿大为5.2%，法国宣称以运输业为生的劳动力约占全国人口的1/7，运输业为国民提供了相当数量的就业岗位。[①]

交通运输的发展不仅促进经济发展，改变社会文化，对劳动就业的促进也是显而易见的。交通运输业兴起带动了运输工业、加工工业、农业、通信业等发展，交通运输的改善促进经济发展，扩大社会需求，促进就业需求，大量增加就业。交通运输的发展促进旅游业的发展，提高服务业的地域覆盖范围，促

---

① 李永生等. 运输经济学. 机械工业出版社，2004

进服务业的发展。在所有经济体中，服务业是就业面最广的领域。通过这种产业波及作用，交通运输业的发展对缓解就业压力的作用大大加强。交通便利使得人们的就业范围更为广阔，农村人口在农闲时间能外出劳务，降低隐性失业。良好的交通条件使得劳动人口的流动更为便捷，减少流动性失业时间。

当前我国劳动就业岗位分布情况如表 1.4 所示，交通运输、仓储和邮电通信业在整个就业岗位中所占比例不到 3%。在扣除第一产业外的产业中，所占比例为 5.3%。但在就业总数上处在制造业、贸易业、建筑业之后的第四位。这也说明我国的运输业还有较大的就业空间，仍然可以作为增加就业的主体产业来发展。

表 1.4　1996～2002 年按行业分就业人员数　　　　　单位：万人

年份	1996	1997	1998	1999	2000	2001	2002
合计	68950	69820	70637	71394	72085	73025	73740
农、林、牧、渔业	32910	33095	33232	33493	33355	32974	32487
采掘业	902	868	721	667	597	561	558
制造业	9763	9612	8319	8109	8043	8083	8307
电力、煤气及水的生产和供应业	273	283	283	285	284	288	290
建筑业	3408	3449	3327	3412	3552	3669	3893
地质勘察业、水利管理业	129	129	116	111	110	105	98
交通运输、仓储和邮电通信业	2013	2062	2000	2022	2029	2037	2084
批发零售贸易和餐饮业	4511	4795	4645	4751	4686	4737	4969
金融、保险业	292	308	314	328	327	336	340
房地产业	84	87	94	96	100	107	118
社会服务业	747	810	868	923	921	976	1094
卫生体育和社会福利业	458	471	478	482	488	493	493
教育、文化艺术和广播电影电视业	1513	1557	1573	1568	1565	1568	1565
科学研究和综合技术服务业	183	186	178	173	174	165	163
国家机关、党政机关和社会团体	1093	1093	1097	1102	1104	1101	1075
其他	4563	4862	5118	4969	5643	5852	6245

资料来源：中国统计年鉴（2005）

从内部就业结构来看，表 1.5 是 2007 年底我国交通运输、邮电通信各行业的职工人数。

表 1.5 2007 年底交通运输、邮电通信业职工人数

行业细分	铁路运输业	道路运输业	城市国内公共交通业	水上运输业	航空运输业
职工人数（人）	1741029	1495349	925750	456608	231127
百分比（%）	26.43	22.70	14.05	6.93	3.51
行业细分	管道运输业	装卸搬运和其他运输服务业	邮政业	电信和其他信息传输服务业	总　计
职工人数（人）	17661	261236	477638	980431	6586829
百分比（%）	0.27	3.97	7.25	14.88	—

资料来源：中国统计年鉴（2008）

从表 1.5 中可以看出，2007 年底交通运输和邮电通信部门解决就业总人数为 6586829 人，其中铁路运输、道路运输行业和城市公交系统就业人数分别占总职工人数的 26.43%、22.70%和 14.05%。作为我国目前最主要的两种运输方式，铁路运输和公路运输吸纳了交通运输、邮电通信业总就业量 50%的劳动力。另外，虽然目前装卸搬运和运输服务业的就业人数比例仅为 3.97%，但随着我国交通运输业的进一步发展，这一领域所吸纳的劳动力也会大大增加。

我国是人口大国，有丰富的劳动力资源，特别是农村剩余劳动力较大的特点，发展交通运输是现阶段解决这类劳动力就业的重要途径。因此，我国现阶段要充分利用社会劳动力来加速发展铁路、公路、港口、场站等重要基础设施，满足社会经济不断增长的需要，加速中国现代化建设，减少社会就业压力，实现社会稳定，同时这也是加快发展交通运输的一个大好时机。

2 中国交通运输业发展的阶段性特征

　　研究中国的交通运输产业必须首先从中国交通运输业本身的基本特点入手，充分了解其演进的历史与现状，进而总结中国交通运输产业发展的总体特点与阶段性特征。只有深刻把握交通运输产业的总体演进规律，才能更加深入地理解交通运输的产业特性、市场结构以及竞争特点。因此，本章将系统总结自新中国成立以来中国交通运输业的发展历程，以及在不同时期下所表现的阶段性特征。

2.1　中国交通运输业的发展历程

　　交通运输是经济发展的"先行官"，中国交通运输业的发展历程是与中国国民经济的发展历程密切相关的。从新中国成立初期国民经济的恢复和建设到20世纪五六十年代的"大跃进"、经济调整以及曲折发展阶段，再到七八十年代的动荡与复苏阶段，以及90年代至今的大发展时期，交通运输业的成长也基本上与经济增长的总体趋势保持一致。从交通运输业本身的发展历程来看，基本上可以从交通运输业产值增长、客货运输量增长、各方式市场结构变动、各运输方式营业线路里程增长、交通固定资产投资增长以及交通运输市场制度变迁六个方面来反映。

2.1.1　中国交通运输业产值的增长趋势分析

　　交通运输业属于第三产业，是一个国家重要的物质生产部门，从国际经验来看，交通运输业所创造的价值往往占据着整个国内生产总值的相当比例。我国的交通运输业在新中国成立前薄弱的基础上得到较快的发展，如表2.1所示，1952年交通运输及相关产业的产值还仅为29亿元，到2005年已经突破10000亿元，年均增长率约为7%，基本上相当于新中国成立以来GDP的年均增长率。交通运输产业占GDP的比例稳中有增，新中国成立初期，这一比例仅为4.27%，进入20世纪90年代后有所提升，近年来逐渐超过GDP总量的7%。

表 2.1　新中国成立以来中国交通运输业产值及与国民经济的比例关系

单位：亿元

年份	GDP	第一产业	第二产业	第三产业	交通运输、仓储及邮电通信业	所占比重（%）
1952	679.0	342.9	141.8	194.3	29.0	4.27
1955	910.0	421.0	222.2	266.8	39.0	4.29
1960	1457.0	340.7	648.2	468.1	104.0	7.14
1965	1716.1	651.1	602.2	462.8	77.4	4.51
1970	2252.7	793.3	912.2	547.2	100.2	4.45
1980	4545.6	1359.4	2192.0	994.2	205.0	4.51
1985	9016.0	2541.6	3866.6	2607.8	406.9	4.51
1990	18667.8	5017.0	7717.4	5933.4	1147.5	6.15
1995	60793.7	12020.0	28679.5	20094.3	3424.1	5.63
2000	99214.6	14716.2	45555.9	38942.5	7333.4	7.39
2005	183084.8	23070.0	87046.7	72967.7	10526.1	5.75
2006	211923.5	24040.0	103162.0	84721.4	12481.1	5.89
2007	249529.9	28095.0	121381.3	100053.5	14604.1	5.85

注：表内数据均按当年价格计算。

资料来源：根据《中国统计年鉴（2008）》、《新中国五十五年统计资料汇编（1949~2004）》整理。

如果仅从数字的变化来看，我国交通运输业与国民经济的发展是基本协调的，但如果结合中国的工业化进程以及国际相关经验来分析，中国的交通运输与国民经济的发展关系则是严重失调的。按照发展经济学的观点，交通运输产业的发展是一国工业化进程中应当先行发展的产业，因而罗丹（1943）、[①] 赫希曼（1958）[②] 都认为交通运输业应率先于一国的工业化部门发展，以便为国民经济的起飞提供基础性条件。因此，许多发达国家交通运输与邮电业的产值在工业化前后都呈现出先高后低的趋势，如英国在 1900 年交通运输占 GDP 的比重高达 25%，到 1985 年下降到 6%，而新中国的工业化从起步到快速发展阶段，交通运输业的产值却呈现出先低后高的趋势。这种关系在现实中就表现为交通运输业在工业化发展的相当长时期内一直成为国民经济的"瓶颈"产

---

① 转引自张培刚. 发展经济学教程. 经济科学出版社，2001

② 艾伯特·赫希曼著，曹征海，潘照东译. 经济发展战略. 经济科学出版社，1991

业，客运站、港拥挤，车船超员，物资运输紧张等问题自新中国成立初期到20世纪90年代中期一直长期存在，到90年代末，随着交通运输的投入状况逐渐改善，交通运输的供给能力得到提升，长期积累的供需矛盾在21世纪初开始得到释放，交通运输产业的比重开始有所提升，但与发达国家在同一工业化发展时期相比，这一比例仍然略显偏低。即使是已进入后工业化时期的美国和欧盟，交通运输业近年来的产值比例也分别维持在11%和10%左右。

2.1.2　客货运输量的增长状况

交通运输业的产值反映了交通运输产品的价值指标，运输量则反映了交通运输业产品的产量指标。运输量与国民经济之间也存在着一定的比例关系，这种比例关系反映了国民经济的发展对运输的需求，以及运输业能否适应这种需求的程度。自新中国成立以来，我国采取了优先发展DPA部门（直接生产性活动部门）的不平衡增长战略，使得基础部门的落后成为我国经济增长中结构变动不协调的一个重要表现。由于交通运输业的落后，运能扩张滞后于国民经济的发展需要，客货运输量受到明显的抑制作用，以致交通运输一度成为国民经济发展的"瓶颈"产业。运输量增长与国民经济发展二者的比例关系常常用客货运输弹性系数来反映，这种比例关系是制定交通运输业战略规划的重要依据。

表2.2反映了新中国成立以来各个时期的GDP、客运量和货运量三项指标的增长率，在客运方面，20世纪80年代以前，除了"三年调整"时期外，客运量基本上保持了较快的增长速度，客运量的增长率大于GDP的增长率，客运弹性系数超过1，但进入"七五"时期，交通运输发展滞后的效应显现，客运弹性系数有所下降，一度低于0.5，这与我国所处的城市化发展阶段是不相适应的。直到近年来，随着交通运输步入快速发展时期，运输能力不断提高，客运弹性系数又有所回升。同时这一趋势也反映了由于居民收入增加，在就业、生活方式上发生的重大变化，表现在劳动力流动规模和范围增大以及对旅游需求的增加。伴随着我国未来城市化的发展和城市群的出现，城市之间的商务出行和通勤出行还将继续增长，这些因素必然导致我国未来客运需求仍将保持较快发展。

在货运方面，新中国成立初期，结合工农业生产建设需要，交通基础设施超前建设，使得"一五"时期的货运量的增长率大大超过GDP的增长率，货运弹性系数为2.23。从"二五"以后以及"三年调整"时期，交通运输的发展开始落后于国民经济的发展，出现运力不足。到"三五"以后，运能与运量之间的矛盾愈加突出，货运弹性系数已下降到0.64，运输日趋紧张。而到

"四五"、"五五"期间，这种紧张状况总体来说是进一步加剧的，由于1979年起公路统计口径的变化，因而"五五"时期的货运弹性系数较高。改革开放后，我国进入经济持续高速增长阶段，而由于不平衡增长战略下滞后型的交通运输业供给的增长速度并未跟上需求的高速增长，货运弹性进一步下降，这种状况一直持续到21世纪初。随着人均GDP在2003年底首次超过1000美元，我国国民经济步入快速发展的阶段，伴随交通基础设施的大量建设运营，我国长期积压的交通运输需求在这一阶段开始释放，货运弹性系数呈现出上升的趋势（见表2.2），2004年更达到0.92的高比例，这种现象在国际上并不多见。

表 2.2　我国客货运输量的增长状况及弹性系数

时　间	GDP 增长率（%）	客运量增长率（%）	客运弹性系数	货运量增长率（%）	货运弹性系数
"一五"时期 1953～1957	9.23	21.09	2.28	20.59	2.23
"二五"时期 1958～1962	−2.02	13.86	6.86	1.25	0.62
三年调整 1963～1965	15.11	−7.61	−0.50	12.29	0.81
"三五"时期 1966～1970	6.92	6.19	0.89	4.43	0.64
"四五"时期 1971～1975	5.91	8.21	1.39	6.13	1.04
"五五"时期 1976～1980	6.52	12.11	1.86	21.97	3.37
"六五"时期 1981～1985	10.70	12.66	1.18	6.41	0.60
"七五"时期 1986～1990	7.87	4.49	0.57	5.41	0.69
"八五"时期 1991～1995	12.26	8.70	0.71	4.94	0.40
"九五"时期 1996～2000	8.63	4.75	0.55	1.93	0.22
2001	8.30	3.76	0.45	3.17	0.38
2002	9.08	4.83	0.53	5.83	0.64

时　间	GDP 增长率（%）	客运量增长率（%）	客运弹性系数	货运量增长率（%）	货运弹性系数
2003	10.03	−1.28	−0.13	5.26	0.52
2004	10.09	11.34	1.12	9.29	0.92
2005	9.58	4.55	0.47	6.51	0.68
2006	11.09	9.59	0.87	9.44	0.85
2007	11.9	10.06	0.85	11.72	0.98

资料来源：根据《新中国五十年统计资料汇编（1949～1999）》、《中国统计年鉴（2008）》整理。

2.1.3　各方式市场结构变动

自新中国成立以来，客货运输量的变化不仅仅体现在总量的增长上，更体现在各种运输方式的分工结构上。一个国家各运输方式的市场分工结构不仅反映了该国所处的运输化阶段，更反映了该国的产业结构和居民的消费水平。我国各种运输方式分工结构的变动具有显著的趋势性。总体而言，基本上旅客和货物运输都体现为铁路、水运市场份额的下降和公路、民航市场份额的上升。从客运来看，新中国成立初期，铁路占客运量比例为 66.7%，公路仅为 18.6%，周转量中铁路更是居于主导地位，占总周转量的 80.9%，公路仅占 9.1%；到 20 世纪 60 年代初，公路的客运量比例就已经超过铁路，90 年代初旅客周转量也超过铁路。到 2007 年底，铁路的客运量份额已经下降到 6.1%，公路份额上升到 92.1%；在周转量方面，铁路则仅占 33.4%，公路为 53.3%。而发展速度最快的为民航运输在旅客周转量中的比重，如今已达到 12.9%，预计到 2020 年，民航旅客周转量将超过铁路，成为我国旅客运输第二大主要运输方式。水运则由于运输路径和速度的限制，所占比重日趋萎缩。从货运方面来看，新中国成立初期铁路的货运量和货物周转量比例分别为 41.9% 和 79%，公路所占比例分别为 41.8% 和 1.9%，到 2007 年铁路在货运量和货物周转量中所占的比例分别下降到 13.8% 和 23.5%，公路则上升到 72% 和 11.2%。在这一过程中，水运充分发挥了运量大、运距长的优势，大量原材料、煤炭、矿石等资源性产品通过水路运输，在货物周转量中所占的份额稳步上升，由新中国成立初期的 19.1% 上升到 2007 年底的 63.4%。

通过各运输方式的比例结构可以看出，在旅客运输方面，随着我国居民收入的增加，居民出行偏好逐渐向门到门、个性化、快速化的需求方向发展，从而使公路、民航的出行比例日益增加。而在货物运输方面，占据货物周转量绝对比重的仍然是资源性产品，反映了我国在工业化快速发展下对能源物资运输需求急剧增加，铁路、水运运能中一半以上都被用于这类物资的运输，而多品种、小批量的短途运输服务则多由公路运输承担。可以预见，随着我国产业结构的调整和现代物流的发展，这种分工趋势还将进一步被强化。

表 2.3　我国旅客运输需求增长及市场结构变化

年份	客运量（万人）	客运量结构（%）				旅客周转量（亿人公里）	客运周转量结构（%）			
		铁路	公路	水运	民航		铁路	公路	水运	民航
1952	24518	66.7	18.6	14.7	0	248	80.9	9.1	9.9	0.1
1955	36764	56.6	28.0	15.4	0	353	75.8	14.2	10.0	0.2
1960	106700	57.9	30.5	11.6	0	883	76.3	16.5	7.0	0.2
1965	96334	42.8	45.4	11.8	0	697	68.7	24.1	6.8	0.4
1970	130056	40.3	47.5	12.1	0	1031	69.7	23.3	6.9	0.2
1975	192969	36.5	52.5	10.9	0.1	1435	66.5	26.1	6.3	1.1
1980	341785	27.0	65.2	7.7	0.1	2281	60.6	32.0	5.7	1.7
1985	620206	18.1	76.8	5.0	0.1	4437	54.5	38.9	4.0	2.6
1990	772682	12.4	83.9	3.5	0.2	5628	46.4	46.6	2.9	4.1
1995	1172596	8.8	88.8	2.0	0.4	9002	39.4	51.1	1.9	7.6
2000	1478573	7.1	91.1	1.3	0.5	12261	37.0	54.3	0.8	7.9
2005	1847018	6.3	91.9	1.1	0.7	17467	34.7	53.2	0.4	11.7
2006	2024158	6.2	91.9	1.1	0.8	19197	34.5	52.8	0.4	12.3
2007	2227761	6.1	92.1	1.0	0.8	21592	33.4	53.3	0.4	12.9

资料来源：根据《新中国五十年统计资料汇编（1949～1999）》、《中国统计年鉴（2008）》整理。

表 2.4　我国货物运输需求增长及市场结构变化

年份	货运量（万吨）	货运量结构（%）					货物周转量（亿吨公里）	货物周转量结构（%）				
		铁路	公路	水运	航空	管道		铁路	公路	水运	航空	管道
1952	31516	41.9	41.8	16.3	0.001	0	762	79.0	1.9	19.1	0.00	0.0
1955	56891	34.1	45.3	20.6	0.001	0	1320	74.4	2.6	23.0	0.00	0.0
1960	170563	39.4	41.5	19.1	0.002	0	3667	75.5	3.6	20.9	0.01	0.0

年份	货运量(万吨)	货运量结构（%）					货物周转量（亿吨公里）	货物周转量结构（%）				
		铁路	公路	水运	航空	管道		铁路	公路	水运	航空	管道
1965	121083	40.6	40.5	19.0	0.002	0	3464	77.9	2.7	19.3	0.01	0.0
1970	150359	45.3	37.8	16.9	0.002	0	4566	76.6	3.0	20.4	0.01	0.0
1975	202478	43.9	35.8	17.3	0.002	3.0	7296	58.3	2.8	35.3	0.01	3.6
1980	546537	20.4	69.9	7.8	0.002	1.9	12026	47.5	6.4	42.0	0.01	4.1
1985	745763	17.5	72.1	8.5	0.003	1.8	18126	44.8	9.2	42.5	0.02	3.3
1990	970602	15.5	74.6	8.3	0.004	1.6	26207	40.5	12.8	44.2	0.03	2.4
1995	1234937	13.4	76.1	9.2	0.008	1.2	35909	36.3	13.1	48.9	0.06	1.6
2000	1358682	13.1	76.5	9.0	0.014	1.4	44321	31.1	13.6	53.6	0.11	1.4
2005	1862066	14.5	72.1	11.8	0.016	1.7	80258	25.8	10.8	61.9	0.10	1.4
2006	2037892	14.1	72.0	12.2	0.017	1.7	88952	24.7	11.0	62.4	0.11	1.9
2007	2275822	13.8	72.0	12.4	0.018	1.8	101419	23.5	11.2	63.4	0.11	1.8

资料来源：根据《新中国五十年统计资料汇编（1949～1999）》、《中国统计年鉴（2008）》整理。

2.1.4　各运输方式营业线路里程增长

我国的交通运输是在基础较为薄弱，同时其先导性作用被长期忽视的背景下发展起来的。从新中国成立初期一直到 20 世纪 80 年代初，国家的发展战略更多地放在工农业的振兴上，交通运输作为经济发展的"先行官"并未赋予其应有的地位，同时在一穷二白的基础上建立起来的国民经济所能够用于交通运输发展的资源也十分有限，这种状态长期积累形成了交通运输长期制约国民经济发展的局面。由图 2.1 也可以看出，直到 20 世纪 80 年代末乃至 90 年代初期，各种运输方式都一直处于稳步增长的阶段，1978～1995 年间铁路、公路和内河的年均增长率分别仅为 0.8%、1.5% 和 0.15%，远低于同一时期国民经济的发展速度。

从"九五"时期开始，交通运输的发展才开始真正步入快车道，五种运输方式都得到快速的发展，这种转变的原因主要来自于两个方面：一方面来自于交通运输的长期"瓶颈"效应开始得到国家和社会的普遍关注，从中央到地方都意识到交通运输发展对于国家和地区经济和社会发展的重大战略意义，"要致富，先修路"成为社会各界的共识，国家和地方纷纷扩大交通运输建设的投

入，为交通运输的发展提供先决条件；另一方面也来自于交通运输自身的合理
规划，先后制定和实施了一系列全国性的发展规划和重大项目工程，如国家干
线公路网、国道主干线系统规划以及长江口深水航道治理工程、京杭运河苏南
段整治工程等，有步骤、有阶段地实现了交通运输从"数量少、质量差、能力
低、布局偏"的面貌到一个颇具规模的现代交通运输系统的转变。到"十五"
以及"十一五"初期，在从中央到地方各级政府部门的不断努力下，交通运输
的发展潜力得到进一步的释放，交通运输总体规模迅速扩张，并呈现出加速增
长的态势。经过十多年来大量建设干线公路和干线铁路，运力全面紧张的局面
已得到明显缓解。

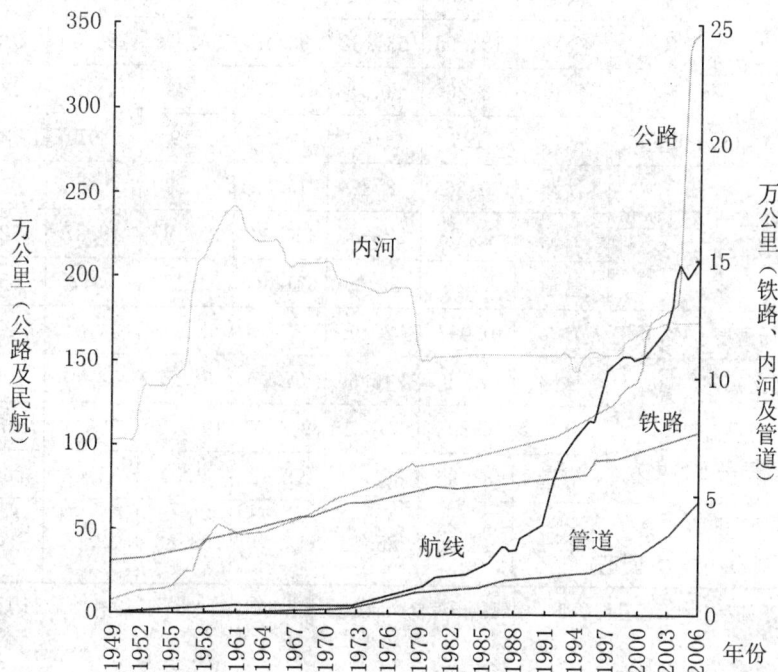

图 2.1　各运输方式营业线路里程增长趋势

资料来源：根据《新中国五十年统计资料汇编（1949～1999）》、《中国统计年鉴（2007）》整理。

　　尽管在纵向的时间对比上我国交通运输基础设施得到了较快的增长，但如
果与国际上具有代表性的大国进行横向比较，我国交通基础设施总体规模仍然
很小，不能满足经济社会发展对交通运输不断增长的需求。无论是按国土面积
和人口数量计算，我国的运输网络密度和机场枢纽都远远落后于欧美等经济发
达国家，即使与印度、巴西等发展中国家相比（见表 2.5）也存在较大差距。

例如，世界第一经济大国美国，各种运输方式的发展指标无论在总量上还是密度上都远远超过我国数倍，说明我国交通基础设施发展仍然有很长的路要走。而与同为发展中国家的巴西相比较，我国在铁路、管道和机场总规模上都明显落后，而国际上公认的基础设施十分落后的印度在公路总规模上也领先于我国，这些都说明现阶段我国交通基础设施的规模仍然处于一个相对较低的水平。

表 2.5　2003 年主要国家交通基础设施密度

国　家		中国	美国	加拿大	俄罗斯	印度	巴西
运输网总规模 （万公里）	铁路	7.3	23.12	6.19	6.27	2.78	8.62
	公路	180.98	634.82	90.19	331.96	198.00	91.60
	管道	3.26	80.75	9.85	1.69	1.19	22.16
机场（座）		126	804	—	579	101	332
按人口计算的运网密度 （公里/万人）	铁路	0.56	8.32	19.79	4.29	0.28	5.86
	公路	13.83	228.35	288.32	227.37	19.87	62.31
	管道	0.25	29.05	31.50	1.16	0.12	15.08
机场密度（座/百万人）		0.097	2.89		3.94	0.101	2.26
按国土面积计算 运网密度 （公里/万平方公里）	铁路	74.9	246.68	62.05	36.73	32.76	101.29
	公路	1838.54	6773.15	904.07	1944.70	2326.13	1076.38
	管道	33.96	861.56	98.78	9.90	14.08	260.40
机场密度 （座/百万平方公里）		14.96	85.78	—	33.86	33.95	39

资料来源：中国工程管理学部．构建我国综合交通运输体系的研究．2004 年 12 月，第 11 页

2.1.5　交通固定资产投资增长

交通运输的发展必须建立在一定交通基础设施规模的基础上，而交通基础设施的建设需要巨额的资金投入。在我国交通运输发展历程中，资金投入长期不足是我国交通产业加快发展的最大障碍。交通投资的规模主要由投资体制和资金来源渠道所决定。发展交通产业必须有高投资政策来支持，这被世界各国的发展经验所验证。目前经济发达国家对交通运输的投资一般占总投资的 10%～14%，而发展中国家一般在 20% 以上。世界银行建议发展中国家交通投资的最低限度为 20%～28%，在发达国家经济快速发展时期交通投资甚至

达到 30% 以上的比重。而我国 1990 年以前的交通投资情况则远未达到发展中国家应有的投资水平，如表 2.6 所示。

表 2.6 我国 20 世纪 90 年代以前各个时期交通运输业基本建设投资情况

时期 \ 项目	全社会基建投资额（亿元）	交通运输基建投资额（亿元）	交通投资占社会总投资的比例（%）
"一五"	588.47	85.33	14.5
"二五"	1206.09	155.59	12.9
经济调整	421.89	51.47	12.2
"三五"	976.03	143.48	14.7
"四五"	1763.95	301.64	17.1
"五五"	2342.17	283.40	12.1
"六五"	3410.09	419.44	12.3
"七五"	7300.50	876.06	12.0

资料来源：根据《新中国五十年统计资料汇编（1949～1999）》汇总整理而成。

"一五"时期，交通运输业基础建设投资占全国基础建设投资的比重为 14.5%，当时国民经济经过三年恢复时期，大规模建设开始，交通运输投资效果较好，交通运输超前发展并有一定的后备能力，基本适应国民经济发展的需要。然而这种状况未能继续维持下去，到"二五"时期交通投资较"一五"时期明显下降，交通运输开始出现紧张状况。三年调整时期较"二五"时期又有下降，运力不足尤其是压船、压港、压车的现象开始出现。"三五"时期比重有所提高，但由于国民经济持续发展，且交通基础设施建设随经济建设一道重点转移到西南地区，尤其是放松了水运方面的港口建设，使得运力紧张，局面未能缓解，运输供求矛盾愈加突出。"四五"时期为 17.1%，为各时期之最，交通投资力度加大，尤其是港口建设投资大增。但由于交通建设周期较长，投资效果尚未显现，运输依然紧张，其中以沿海地区最为严重。"五五"时期比重急剧下降，导致铁路干线和沿海港口的运输能力更加难以适应国民经济发展的需要。"六五"时期，国家重新调整产业政策，决定集中力量搞好以交通为中心的重点建设，这是使整个国民经济转向主动的重要决策。但实际上，由于这一时期交通基础建设投资比重未变，交通运输仍呈现全面紧张状态。"七五"时期比重不但未能提高，反而还低于前几个五年计划。

总体上看，这一阶段交通投资的紧缺与政府单一主体的投资体制密切相

关。在传统的投资体制下，固定资产投资是政府行为，政府是唯一的投资主
体，全国实行计划经济，淡化了市场资源的配置作用，投资决策权高度集中在
政府手中。对交通建设投资所需要的资金、设备、建筑材料和劳动力等实行计
划分配使用，投入要素市场不发达，这也制约了交通运输的扩大投入。

　　20 世纪 90 年代是交通运输开始步入快速发展的关键时期，以邓小平同志
南方讲话为标志，各地政府开始在改革与建设的过程中对原有的思维模式进行
反思和突破，探索交通建设筹集资金的新办法，扩大了交通建设资金来源，加
速了交通设施的发展步伐。"八五"时期交通投资比例增幅较大，但由于时间
尚短，还不足以从根本上摆脱交通产业积弱状态，并且按国际经验衡量还有很
大差距。"八五"时期我国交通产业投资比例的较大幅度增长，使整个时期交
通基建投资占全国基建投资的比重达到 15.7%，到"九五"阶段更达到
20.9% 的前所未有的高比例。"十五"阶段基本保持了交通运输投资快速增长
的趋势，尽管相对比例略有下降，但基本保持在 20% 左右，交通投资占社会
投资比重的变化趋势参见图 2.2。这一阶段交通投资的迅速增长主要得益于交
通投资体制改革后交通投融资改革政策的出台，国家相继出台了一系列新规
定、新政策，中央和地方逐渐形成广开渠道、多方筹资、讲求实效、方式灵活
的新筹资方针，特别是在公路、港口等领域已经形成"国家投资、地方筹资、
社会集资、国内贷款、利用外资"等多种资金来源的新格局。

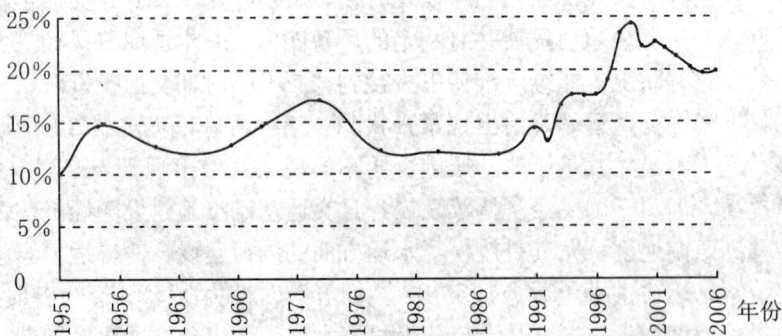

图 2.2　交通运输业基建投资占全国基建投资的比重变动趋势图

资料来源：根据《新中国五十年统计资料汇编》以及历年《中国统计年鉴》汇总测算。

2.1.6　交通运输市场制度变迁

　　由于交通运输市场具有很强的外部性和自然垄断性特征，制度安排一直在
中国交通运输的发展历程中占有重要的位置，尤其是关于市场机制的地位和作

用一直是学界和政府研究与实践中的焦点。由于交通运输长期被视为关系国计民生的重要行业，从 1956 年建立社会主义计划管理体制直到改革开放初期，我国交通运输长期处于严格的计划经济体制制约下，指令性计划管理占主导地位，市场调节范围极小。特别是铁路、民航、管道等部门的市场主体只有国营一家，国家实施统一货源、统一调度、统一运价的"三统一"政策，市场运作完全由行政部门直接指挥，形成了全封闭型的运输市场。这种体制在新中国成立初期为调动全社会建立社会主义经济基础做出了很大贡献，但也因此产生了各种弊端，严重束缚了运输生产力的发展。计划统得过宽、过多、过死，完全剥夺了运输企业的经营自主权，使运输生产缺乏积极性。同时由于单一市场主体缺乏竞争压力，企业对于运输服务质量不重视，交通投资无法实现良性循环。

随着改革开放条件下商品经济的活跃与发展，全封闭式的交通运输市场已成为运输生产力发展的障碍。从 20 世纪 80 年代开始，公路、水路运输市场率先打破全封闭状态，而铁路、民航市场由于具有较强的"天然"垄断性和军事性，改革相对滞后。交通部在 1982 年就提出"要努力把交通搞通、搞活、搞上去"，1983 年又进一步提出"有河大家行船，有路大家走车"的口号。国务院 1984 年发布了《关于农民个体或联户购置机动车船和拖拉机经营运输的若干规定》，允许个体运输进入市场。随后，交通部进而推出实行多家经营，鼓励竞争，支持个体运输发展的政策。经过 20 多年的推行与实践，公路与水运行业已呈现出重大变化，主要表现为如下四个方面：①封闭的运输管理模式被打破，基本实现包括运力进入市场放开，经营线路放开，货源管理放开，维修市场放开，港口、车站的建设与使用放开以及搬运、装卸、货运代理等运输服务业放开在内的"六放开"制度；②单一所有制主体的经营模式被打破，民营资本、外资都进入到运输市场，多形式、多层次、多主体的运输市场新格局开始形成；③打破了航区限制和地区分割模式，统一运输大市场建设的不断推进，覆盖全国、通达城乡的公路运输网和江海直达、干支直达的水系运输网络已基本形成；④公路和水路运输市场对外开放程度逐渐提高。铁路尽管未能打破"政企合一"的管理体制，但也进行了大量积极的探索。在 21 世纪初，客运开始实行政府指导价，货运价格尽管尚未放开，但透明度有所增强。民航在"十五"时期体制改革也取得巨大成效，形成以三大集团公司为主体的市场结构，2003 年出台了价格体制改革方案，实行多级票价体系，民航市场逐步规范。

然而，随着交通运输市场的局部放开，在增加市场活力、促进竞争、方便群众出行和货主运货的同时，也产生了一些混乱无序的现象。包括：①部分运输市场出现恶性竞争的状况，运输质量下降，服务水平降低，使一些企业无法发展壮大，缺乏增值服务能力；②在运输紧张的领域，仍存在部分企业凭借垄断地位，收取不合理费用，增加使用者负担；③价格的制定缺乏稳定性，导致部分地区相关重要生产资料和基本消费品价格的波动；④价格决策过程有待于进一步透明化、科学化，企业定价缺乏有效的监督与规范；⑤部分地区仍存在地方保护主义，人为分割、封锁运输市场。随着市场经济体系的培育与完善，这些问题如今正在得到有效的治理。

2.2 我国交通运输业发展的阶段性特征

自新中国成立至今，中国交通运输业的发展已有近 60 年的历史，在这一过程中，随着国家战略重心的阶段性转移以及制度环境的深刻变迁，交通运输业的发展经历了曲折的发展历程，在不同时期表现出鲜明的阶段性特征。按照各个时期的发展重点、发展速度，可以将其基本划分为如下五个阶段。

2.2.1 交通运输系统创建初期的阶段性特征（1949～1957 年）

这一阶段主要包括新中国成立后国民经济三年恢复期和第一个五年计划时期，在这一阶段政府将恢复交通作为经济恢复的重点，其中铁路交通是交通发展的重中之重。在新中国成立后的三年时间里，各种交通线路都做了全面与大量的修复。如公路仅 1949 年就修复了 4 万多公里，铁路在 1950 年修复了旧线 1005 公里；同时也着手建设了一些新的交通线，如成渝铁路就于 1952 年建成通车。远洋航运与波兰共同创办"中波轮船公司"，开拓了通往国外的远洋运输航线。民航也与苏联合作，开辟了通往苏联的三条国际航线。从建设重点的区域分布来看，主要为长江以北、兰州和包头一线以东的地区，也兼顾了其他地区一些必要的交通工程项目的建设。在"一五"计划时期（1953～1957 年），建设方针是充分发挥东北和沿海原有工业基地的作用，积极进行关内中北部新区的建设，为西南等内地建设做准备，以建立起我国社会主义工业化的初步基础，主要任务是保证 156 个重点工程项目为中心的各项建设的顺利进行。

在"一五"计划时期，计划基本建设投资总计 427.4 亿元，其中运输和邮电部门是 82.1 亿元，占 19.2%。在这一阶段，交通运输的发展较好地处理了交通建设与国民经济发展、交通路网的扩大与既有线路的改造、沿海与内地之间的布局、各种运输方式之间的结构等关系，基本满足了国民经济发展的需要，又使整个交通运输得到了较快的发展。

到 1957 年底，各种运输方式总线路长度为 1949 年的 2.5 倍，全社会客运量、旅客周转量、货运量和货运周转量分别为 1949 年的 2.6、2.0、2.55 和 2.37 倍。尽管在绝对数量上还很落后，但还是完成了国家困难时期的主要运输任务。

2.2.2 交通运输业曲折发展时期的阶段性特征（1958～1978 年）

这一阶段是国民经济跌宕起伏和徘徊不定时期，也是中国交通运输业的曲折发展时期，交通运输由基本适应逐渐转变为制约国民经济的"瓶颈"产业的"拐点"。按照我国交通运输发展的速度和布局重点，又可以进一步细分为两个时期，即 1958～1970 年和 1971～1978 年两个阶段。

在"二五"期间，受到"大跃进"运动的影响，交通运输业的发展也开始不顾客观条件，提出高指标与大发展，交通建设规模迅速扩大，但由于战线拉得过长，致使线路实际建设效率明显下降。在"三年调整"时期，按照"调整、巩固、充实和提高"的要求，交通运输逐渐回到健康发展的道路上。然而到 1966 年以后，交通运输的发展又开始受到"文化大革命"的干扰，致使许多工程建设无法如期进行或完工。这一时期的交通建设布局，由于主要力量集中在"二线"地区，所以无论是投资还是建成投产的重要交通干线的分布，与前一时期相比，均明显西移，特别是移向西南地区，该地区现有的主要铁路干线，如川黔、贵昆、成昆等线，基本上都是在该时期修建与投产的。到 1970 年底，各种运输方式总线路长度为 1957 年的 1.9 倍，全社会客运量、旅客周转量、货运量和货运周转量分别为 1957 年的 2.0、2.1、1.87 和 2.52 倍。

到 1970 年以后，随着国际环境和对外关系发生的重大变比，交通运输业开始得到一定的复苏和发展，总体运输量增长幅度加快，特别是 1975 年以后发展更快，10 年间全社会货物周转量和旅客周转量分别增长了 1.63 倍和 1.21 倍。交通线路建成投产的里程有较快的增长，为 1970 年的 1.44 倍。交通的部门结构发生了较大的变化，管道、民航、港口与远洋运输的发展均明显加快。如管道里程增加了 6.25 倍；民航航线长度（按不重复计）、客运量和旅客周转量分别增长 3.8 倍、14.8 倍和 21.1 倍；水运在港口建设、沿海与远洋运输方面也成效卓著。交通建设布局重点也开始东移，主要体现在铁路、公路和水运方面逐渐增加对沿海地区的投入。

整个这一时期交通运输的发展路径尽管十分曲折，但交通建设还是取得了较大成就，我国的运输网向全国各地延伸，综合交通网雏形初步形成。到 1978 年五种运输方式线路长度合计达到 123.50 万公里，交通网络的技术水平也有一定程度的提高。

2.2.3 交通运输业缓慢发展时期的阶段性特征（1979～1992 年）

随着十一届三中全会的召开，我国国民经济开始步入新的发展时期，客货需求也随之猛增，从而导致国民经济快速发展与运输供给不足的矛盾凸显，在中共"十二大"上，交通运输业正式被认定为严重制约经济发展的"瓶颈"产业。

为了改善交通运输发展的滞后形势，国家开始着力加强以铁路为中心的运输基础设施建设，对公路建设事业也给予相当重视，国务院授权当时的国家计委、经委及交通部联合制定颁布了《国家干线公路网（试行方案）》，简称国道网规划，为扩大国家干线公路通过能力，提高经济效益发挥了重要作用。到"八五"初期，又进一步在国道网规划基础上形成了"五纵七横"12 条国道主干线规划，构成今天我国公路网络的主骨架。在布局上为适应国民经济战略重点的发展需要，这期间交通建设无论是修建新线还是既有线改造，都是围绕着能源、外贸、旅游、港口货物集疏等的运输需要而进行的，因而交通线的建设必然大多集中在东部沿海地区和中部一些省份。

这一阶段总体来说，尽管从"六五"开始，国家就重新调整产业政策，决定集中力量搞好以交通为中心的重点建设。但实际上交通基建投资比重基本未变，到"七五"时期投入比重不升反降，使整个这一阶段交通基础设施基本呈缓慢增长的态势。到 1992 年底各种运输方式线路总长度为 207.70 万公里，14 年间年均增长率仅为 3.7%。

表 2.7 我国公路"五纵七横"一览表

类别	路线名称	走　向	里程（公里）
五纵	同江—三亚	同江—哈尔滨（含珲春—长春支线）—长春—沈阳—大连—烟台—青岛—连云港—上海—宁波—福州—深圳—广州—湛江—海安—海口—三亚	5700
	北京—福州	北京—天津（含天津—塘沽支线）—济南—徐州（含泰安—淮阴支线）—合肥—南昌—福州	2540
	北京—珠海	北京—石家庄—郑州—武汉—长沙—广州—珠海	2310
	二连浩特—河口	二连浩特—集宁—大同—太原—西安—成都—昆明—河口	3610
	重庆—湛江	重庆—贵阳—南宁—湛江	1430

类别	路线名称	走　向	里程(公里)
七横	绥芬河—满洲里	绥芬河—哈尔滨—满洲里	1280
	丹东—拉萨	丹东—沈阳—唐山（含唐山—天津支线）—北京—集宁—呼和浩特—银川—兰州—拉萨	4590
	青岛—银川	青岛—济南—石家庄—太原—银川	1610
	连云港—霍尔果斯	连云港—徐州—郑州—西安—兰州—乌鲁木齐—霍尔果斯	3980
	上海—成都	上海—南京—合肥—武汉—重庆—成都（含万县—南充—成都支线）	2970
	上海—瑞丽	上海—杭州（含宁波—杭州—南京支线）—南昌—贵阳—昆明—瑞丽	4090
	衡阳—昆明	衡阳—南宁（含南宁—友谊关支线）—昆明	1980

资料来源：高峰．交通基础设施投资与经济增长．中国财政经济出版社，2005

在这一阶段，交通运输供给在制度上开始进行了一系列重要的探索和创新。1984 年底，国务院对公路建设做出三项重大决策：①提高养路费征收标准；②开征车辆购置附加费；③允许集资或者贷款修建的高速公路和交通建筑物收取过路费和过桥费等。与此同时，通过民办公助、民工建勤和多方集资的措施，调动各方面的积极性，实现了公路建设投资主体多元化、资金来源多样化，为后来中国公路建设的大发展奠定了重要的制度基础。此外，从 1989 年开始，全国对加快交通运输建设对国民经济的重要性认识进一步加深，开展了以"如何改变交通运输滞后局面"为主题的大讨论，提高了全社会对交通运输地位和作用的认识，加强了各级政府和社会各界加快发展交通运输的积极性。尽管这一时期交通运输业发展步伐放缓，这些体制和观念上的变革为 20 世纪90 年代中后期交通运输快速发展提供了重要的制度条件。

2.2.4　交通运输业快速发展时期的阶段性特征（1993 年至今）

这一阶段是我国经济建设步入健康发展的新时期，在以经济建设为中心和改革开放方针的指引下，我国的经济实力和在国际上的竞争力迅速增强，国内生产总值、国民收入、工业产值和外贸出口额等都成倍增长。这使得全社会的交通运输需求迅速增加，也为交通运输业的发展带来了新的机遇。国家在交通运输领域重点实行了两大策略：一是加快运输能力在数量和质量上的增长；二是加速运输产业结构的改革，使运输紧张状况有所缓解。特别是从 1998 年以后，由于受到东南亚金融危机的影响，国家为了扩大内需、刺激经济增长，实行了积极的财政政策，加强基础设施建设，交通运输进一步加快发展，无论在发展规模、设施现代化水平、部门结构调整和合理布局方面，均获得了明显成效。

第一，交通网的总体规模大幅提高。到 2007 年底，我国各种运输方式线路总长度已经达到 618.27 万公里，15 年间各种交通线路共增加了 410.58 万公里，比 1992 年全部运输线路总长度还多，年均增长率为 7.5%。交通运输各部门都有了相当规模的发展，特别是原来较薄弱的民航、管道、港口和海运的发展更快，铁路和公路虽然新增里程不多，但在旧线改造和其能力的提高方面，却取得了前所未有的巨大成就，改变了我国交通运输发展落后的面貌。

第二，设施与装备的等级与技术水平显著提高。例如，铁路的电气化率水平，1992 年仅为 14.4%，到 2007 年底已达到 37.8%，年均增长 10.8%；标志着现代化水平的高速公路，里程从不到 1 万公里迅速增长到 4.53 万公里，跃居世界第二位；沿海港口已建成一批技术先进、效率很高的大型专业化泊位，集装箱总吞吐量居世界第一；民航干线运输普遍采用波音系列等较先进的大型与较大型的客机，增长率居世界前列；管道运输也采用了高节能的输油设备、加热设备和清管设备，明显地提高了输送效率。

第三，交通网基本形成"东密西疏"的格局。沿海地区是我国 20 世纪 90 年代以来经济发展最为迅速的地区，交通运输需求也随之增长最快，因此，这一阶段总体来说交通运输能力的扩张重点仍然在东部地区。尽管在 1999 年国家实施西部大开发战略后，投资比重逐渐向中西部地区倾斜，但从整体来看，由于外向型经济增长模式已经形成，东部沿海地区仍然是交通基础设施投资的重点地区，从而形成目前"东密西疏"的格局。

第四，运输市场结构逐渐完善。以往由于运价不合理等一系列原因，过多的客货运量都是由铁路所承担，铁路运力过于紧张，而其他运输方式的潜力和作用又没有得到应有的发挥，市场结构长期不合理。20 世纪 90 年代开始，随着社会商品流通结构的转变和公路、民航的迅速发展，铁路客货运量的承担比例明显下降，而公路、民航则迅速上升，各种运输方式的分工日趋合理，同时通过经济和行政等多种调节手段，深化交通体制改革，改进交通运输市场结构，取得了明显的成效。

2.2.5　交通运输业未来发展阶段特征及趋势展望

中国共产党第十七次全国代表大会明确提出到 2020 年将实现人均 GDP 比2000 年翻两番，超过 3000 美元的战略目标，并提出实现这一目标的关键在于转变经济发展方式，实现国民经济又好又快发展。在这种宏观环境下，交通运输业的发展也将面临双重任务：一方面是进一步加快发展，满足国民经济快速增长的需要；另一方面是转变发展方式，优化结构、提高效益，构建资源集约型的综合交通体系。因此，在未来相当长的历史时期内，规模扩张与协调发展并举将是这一阶段的典型特征。

我国在"十五"末期和"十一五"初期制定了一系列单方式的交通运输发展规划，其中《中长期铁路网规划》提出到2020年全国铁路营业里程将达到10万公里，主要繁忙干线实现客货分线，复线率和电化率均达到50%的目标；《国家高速公路网规划》提出到2020年形成由7条首都放射线、9条南北纵线和18条东西横线组成的"7918"高速公路网，总规模约8.5万公里，连接所有目前城镇人口超过20万的中等及以上城市，形成高效运输网络；《农村公路建设规划》提出到2020年，具备条件的乡（镇）和建制村通沥青（水泥）路，基本形成较高服务水平的农村公路网络，全国农村公路里程将达到370万公里，形成以县道为局域骨干、乡村公路为基础的干支相连、布局合理、具有较高服务水平的农村公路网，适应全面建设小康社会的要求；《全国沿海港口布局规划》提出未来将形成一个布局合理、层次分明、功能明确、节约资源、安全环保、便捷高效、衔接协调、市场有序的沿海港口运输体系。除此以外，环渤海京津冀、长江三角洲、珠江三角洲等地区也制定了区域性城际轨道交通规划。这些规划的目标表明，未来我国各运输方式都将进一步加快基础设施网络规模的扩张，交通运输仍将进一步延续目前阶段下快速发展的趋势。

在加快交通基础设施建设的同时，未来将更加注重综合运输效率的提高，更加注重交通资源的优化配置和各种交通方式的优化衔接，实现交通运输"又好又快"发展。近年来，国家发改委等部门从运输通道、枢纽建设、制度保障和体制改革等方面进行了大量研究，同时《综合交通网中长期发展规划》也于2007年10月31日由国务院审议并原则通过，成为我国第一个全国性的，综合衔接铁路、公路、水路、民航及管道五种运输方式的综合交通规划。该规划提出到2020年建成各种运输方式有机衔接、便捷通畅、安全可靠，基本满足经济社会发展要求的现代化综合交通网，其中铁路通车里程10万公里以上，包括1万公里高速铁路客运专线和4000公里轻轨与地铁；公路通车里程350万公里以上，二级以上高等级公路50万公里，高速公路9万公里；沿海港口吞吐能力40亿吨以上；内河航道13万公里；民用机场300个左右；输油气管道5万公里；形成"五纵五横"10条综合运输大通道和4条国际区域运输通道，并规划了42个全国性综合交通枢纽节点城市。该规划的审议通过意味着未来交通运输的发展将以综合一体化为主要方向，使各种运输方式之间的组合效率和整体优势得到充分的发挥，建立资源集约型和环境友好型的综合交通运输体系。

3　中国交通运输业发展的环境因素

产业作为生产相同或相似产品或服务的企业集合，是一个有着自身成长、发展、变化规律的有机组织体，而且其成长、发展和变化不仅取决于其自组织内部的作用，还与产业发展环境密切相关。各种环境因素通过影响产业自组织来对产业发展施加影响。

3.1　影响中国交通运输业发展的主要环境因素

与所有产业发展的环境影响相似，影响我国交通运输业发展的主要环境因素也分为经济、社会、技术、体制、自然条件等多个层面，它们相互交织发生作用，对交通运输业的发展产生系统性的影响。

3.1.1　经济增长与经济发展对交通运输业的总量与结构性影响

经济因素对交通运输业的影响是双向的。一方面，经济增长所带来的经济发展和经济结构的转换，特别是产业结构的转换会促进交通运输业内部结构的加速转变，以适应已经变化了的产业结构和经济结构；另一方面，经济增长可以在资金、物力等方面为交通运输业的发展提供必要的支持，推动交通运输业的发展速度，而快速发展的交通运输业又会成为重要的经济增长的支撑性要素，加快经济增长的速度。

经济增长与经济发展是两个相互关联又相互区别的概念。经济增长一般是指一个国家或地区的总量或人均国民生产总值（GNP）或国内生产总值（GDP）的增长，简而言之，是以数量的增长来衡量的。而经济发展通常是指由经济增长所带来的产业结构的调整和优化、社会制度的变迁和完善、社会成员福利水平的普遍提高等，简而言之，是基于数量增长基础上的结构调整与改善。

3.1.1.1　经济高速增长对交通运输业产生"拉拔"与"推动"效应

从宏观上讲，经济的高速增长是整个社会生产力不断提高的过程。生产力水平越高，越要求相关的经济基础结构的适应性乃至超前发展，而经济基础结构的主要构成因素之一就是交通运输业。因此，任何一个经济增长过程，都要求交通运输业有很强的适应性乃至超前发展能力。特别是在当今这样一个经济全球化、经济一体化的发展背景下，一国要想维持经济的高速增长，需要交通运输业具有较强的可持续发展能力，只有这样，才能对经济的高速增长发挥基础性的支撑作用。如图 3.1 所示，中国近年来的经济增长，除了在 1997 年和 1998 年因受亚洲金融危机的影响而增长率放慢之外，其他年份都保持着较高的增长率。再由图 3.2 可以看出，中国近年来交通运输业的发展也是突飞猛进的，并与经济增长表现出很强的相关性。

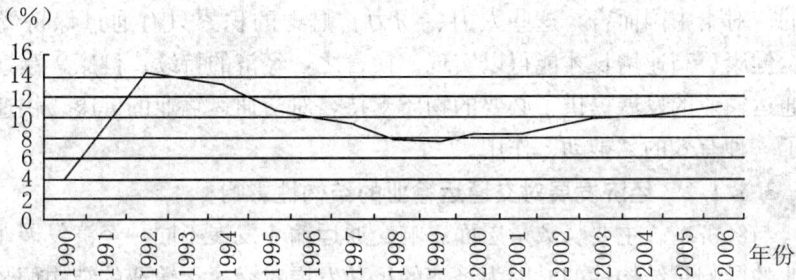

图 3.1 中国经济发展速度

资料来源：作者根据《中国统计年鉴》（历年）整理。

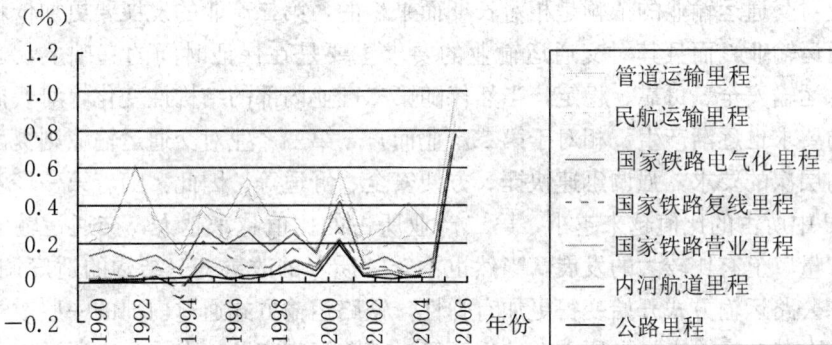

图 3.2 中国交通运输业发展速度

资料来源：作者根据《中国统计年鉴》（历年）整理。

经济高速增长所提供的物质条件是支撑交通运输业发展的前提，交通运输业是发展成本巨大的一个产业，其成本包括直接成本和间接成本。直接成本是指对各种交通运输方式的基础设施及相关配套设施的设计、建设和维护所产生的一切成本，以及对各种交通运输工具的研发、制造和维护所产生的成本等，即与交通运输业自身发展直接相关的一切成本。而间接成本是指交通运输业的发展给整个社会带来的外部成本，比如粉尘污染、噪声污染、水污染、大气污染等，这些污染给周边地区居民的生产、生活带来各种负面效应，同时也给维护周边地区的自然生态平衡带来巨大的压力。要消除这些负面效应需要付出相当大的财力，而且有些还是无法弥补的不可逆的后果。如果再加上发展交通运输业的机会成本，即由于资金和资源被用于发展交通运输业而放弃的在其他方面可能产生的效益。那么，交通运输业发展所需要的巨额成本，如果没有经济高速增长所产生的巨大人力、物力和财力所折合成的资金支持是绝对不可能负担的。对于中国而言，这些人力、物力、财力的积累只有通过保持经济的持续、健康、高速增长才能得以实现。换言之，经济的持续、健康、高速增长为交通运输业的发展提供了必要的物质支持，对交通运输业的健康、快速发展起到了一种有效的"推动"作用。

3.1.1.2　经济发展对交通运输业的结构性影响

与经济增长主要从数量层面影响交通运输业发展不同，经济发展对交通运输业的影响是结构性的，因为经济的迅猛发展对交通运输业的结构调整提出深层次要求。伴随经济发展所必然出现的产业结构转换是这种结构性影响的动力源。当产业结构比例关系从"一、二、三"到"二、三、一"再到"三、二、一"而演变时，不同时期对交通运输业的结构要求是不同的。一般而言，第一产业对交通运输业的依赖是相对长期而平稳的，第二产业的发展要更加依赖于交通运输业，而且其对交通运输业的要求主要是在保证时间的基础上，运量大、运输安全、可靠、稳定，当然伴随第二产业内部的结构性变化，对快捷运输的要求也逐渐产生。相对于第二产业而言，第三产业对交通运输业则提出了更高层次的要求，强调迅速快捷、方便安全、舒适等。因此，随着第一产业在GDP中所占的比值越来越小，第二产业所占的比值越来越大，交通运输业会在"量"上有比较大的发展，当然也不乏"质"的改善——结构的适度调整，比如公路运输方式开始变得更加有弹性，铁路运输方式通过内部的一些改革措施加大其在运输市场上所占有的份额等。随着第三产业的发展，交通运输业开始了"质"的飞越，更加注重快捷、可靠、稳定、舒适，开始向现代服务业转型。这是从宏观角度所看到的经济发展对交通运输业产生的结构性影响。

从微观角度来看，经济迅猛发展还催生了交通运输业的一些新领域和新的服务形式。经济快速发展，人们生活、工作节奏越来越快，传统的交通运输方式在某些情况下已经不再能够满足人们的要求，由此产生了一些新的交通方式。近年来，经济的发展以及城乡二元结构的逐渐解体，农村大量的剩余劳动力流向城市，再加上城市间的人口流动速度加快，这些都给城乡之间、城市间和城市内部交通带来巨大影响。城乡之间开始出现快速公路班车，与以往不同的是，其每天往返的频率加大，时间间隔缩短。相邻城市之间出现了城际快车和轻轨，其最大的优点是，与铁路相比，时间上比较灵活，方便快捷，为一些频繁流动人员提供了较为方便的出行方式。而在城市内部，城市开始向周边郊区延伸，使得原来的郊区成为了城市的一部分，原来的非郊区部分成为了新的郊区，平面交通显然无法满足如此之大的城市结构变化以及由此产生的人口流动需要，于是诸如快速公交和导轨交通系统（这是一种在专用的轨道线路上运行的电动车辆交通，橡胶轮胎，特殊混凝土轨道，日本称之为新交通系统。它也可以利用现有的公共汽车在专用的轨道上运行。其特点是客运量大，客运能力为 5000～15000 人/小时，建设成本比地铁低，一般城市的经济能力基本上都能承受，因而易于建成）在发达国家开始出现。另外，空间交通方式的开拓，将交通发展空间向天上和地下延伸。例如，在一些较为特殊的城市，如我国重庆，高空缆车甚至成为了一种交通方式。而在更多的城市，地铁已不罕见。所有这些都是经济发展对交通运输业产生的结构性影响的重要表现形式。

3.1.2 技术进步对交通运输业发展的革命性影响

技术进步一般有广义与狭义之分，广义的技术进步包含了政策、社会和自然条件改进等多个因素，而狭义的技术进步一般是指由科学理论创新所推动的科学技术的发展及其成果的运用，在交通运输领域，狭义的技术进步则指科技进步不断转化为现实的交通运输生产力，推动交通基础设施（包括交通通道，如道路、航道、管道，以及通信、信号、导航设施等）的发展、交通工具性能（如速度、安全性、体质和重量等）的提高和增强，加快交通方式的发展与完善，促进交通运输布局的合理化，交通管理效能提高以及交通管理体制的改革和交通从业人员素质的增强，从而大大地提高交通运输业的服务效率和质量。技术进步对交通运输业发展产生的往往是革命性或变革性的影响，主要表现在以下几个方面：

3.1.2.1 对交通运输基础设施建设的影响

交通基础设施主要是指公路、铁路、机场、港口、航道等。无论哪种交通基础设施的建设都是一项巨大的系统工程。中国的地形地貌特殊，工程地质极为复杂，任何一项交通基础设施的建设都面临极为复杂的技术问题。这些技术问题唯有依靠科技进步才能解决。非但如此，科技进步还带来了新材料的面世、新技术的采用、新能源的利用、新工艺的成熟以及在此基础之上产生的一些新的设计和建设理念等，这些都可以大大降低交通运输基础设施建设的成本，有效提高交通运输基础设施运行的稳定性、安全性和使用寿命，并使得过去无法实现的一些交通运输基础设施建设概念成为可能。可以说，技术进步对交通运输基础设施建设的每一次推动都是关键性的。

3.1.2.2　对交通运输工具的影响

科学技术的进步在很大程度上都反映在运输工具的改进和新型交通运输工具的创新上。随着科学技术的发展，各种特种车辆、船舶、专用车辆、现代化装卸机械和检测保修设备应运而生，使运输方式逐渐多样化，运输规模从小到大，运输工具从落后到先进，运输效率从低到高，充分满足了社会经济发展对运输工具的需求。

首先，技术进步为传统交通运输工具的改造、优化和升级提供了技术上的支撑。传统交通工具的改造、优化和升级主要是指其原有性能的完善和一些新的性能的增加，能耗的降低，制造成本更加低廉等。而这些指标的实现无不需要技术进步作为技术上的支撑。随着技术进步，出现了一些新材料、新工艺、新能源等，使得传统交通运输工具的制造成本大大降低、构成更加合理、环境的影响日益减少，性价比大大提高。另外，科技进步带来的一些新的技术系统，如卫星定位系统、刹车防抱死系统等，这些应用于交通运输工具，使得其安全性大大加强。

其次，随着经济的发展和科技的进步，出现了一些新的交通运输工具，如磁悬浮高速列车、电动汽车、太阳能汽车、超大型客机等。这些新型交通工具的发明无不是科技进步的结晶。目前，尚处在研发和试运行阶段的新型交通工具技术有高速轨道交通系统、低能耗与新能源汽车、高效运输技术与装备等。其中，高速轨道交通系统，重点研究开发高速轨道交通控制和调速系统、车辆制造、线路建设和系统集成等关键技术，形成系统成套技术。低能耗与新能源汽车，重点研究开发混合动力汽车替代燃料汽车和燃料电池汽车，整车设计、集成和制造技术，动力系统集成与控制技术，汽车计算平台技术，高效低排放内燃机、燃料电池发动机、动力蓄电池、驱动电机等关键部件技术，新能源汽车实验测试及基础设施技术等。高效运输技术与装备，重点研究开发重载列车、大马力机车、特种重型车辆、城市轨道交通、大型高技术船舶、大型远洋渔业船舶以及海洋科考船等，低空多用途通用航空飞行器、高黏原油及多相流管道输送系统等新型运载工具。随着科技的进步，阻碍这些新型交通运输工具研发成功和推广应用的难题将会被一一破解，从而使得交通运输业内交通运输方式多样化，交通运输方式之间的替代关系加强，这会引入竞争，促进业内资源的有效配置和产业结构的调整，促进交通运输业的发展。

3.1.2.3 对运营组织方式的影响

运营组织方式是指对企业经营过程的计划、组织、实施和控制的方式，是与产品生产和服务创造密切相关的各项管理工作方式和方法的总称。科技进步使交通运输的运营组织手段和方式发生转变。从粗放型经营向集约型经营转变，现代交通运输业的发展不单是交通运输规模和场所的扩大，更重要的是依靠高科技，以高效率和高质量作为其生存、发展的方向。

首先，技术进步对交通运输运营组织方式的影响是促进运输结构的调整。运输结构是交通运输行业内外相互联系的各个方面和环节的有机联系和比例构成。根据耗散结构理论，各种运输方式的竞争实质是指各个行业科学技术之间的竞争，这种竞争的加剧最终会改变原有的运输结构，打破原有平衡，建立一种新的运输结构。例如，高速铁路的修建、磁悬浮技术的运用使得铁路恢复了生机；在现代海运技术中，涡轮增压技术和水上喷汽发动机的应用将大大提高船舶的航行速度，促进海上快速货运业的发展；4 万多公里的高速公路也正为中国经济社会的发展提供便捷、高效的运输服务，已经体现出巨大的经济社会效益。各种交通运输方式在不断采用新技术的同时，对运输结构调整提出必然要求。

其次，技术进步可以促进现代化交通运输体系的形成。交通运输体系是指公路、铁路、水运、航空等各种运输方式协同运行，成为一个完整的体系。科技进步使运输方式日益多样化，水运、公路、航空运输技术的进步使得客、货位移的替代性增强，消费者的选择余地加大，各种运输方式之间既存在激烈竞争，又因为它们都是提供运输服务的主体，具有组合起来发挥各自的技术经济优势，产生互为补充或互相加强的协同作用的可能性，构成统一、协调、现代化的综合运输网。可以说，科技进步是现代化综合运输体系形成和发展的前提条件。

3.1.2.4 对交通运输业服务质量的影响

交通运输业是典型的服务业，供给与需求活动具有同时性。交通运输业的服务质量通常是指提供物品位移服务的安全性、稳定性、快捷性和一些具有特殊要求的物品位移的一些特殊服务以及提供人员位移服务的安全性、快捷性、舒适性和一些多样化、人性化的服务内容等。科技进步对交通运输业服务质量的影响主要体现在网络化、数字化、智能化和科学化四个方面。

首先，网络化是指将交通运输业内的各个运输方式内部的各个环节以及各个交通运输方式连接成为一个巨大的网络体系，为信息数据的数字化传输、信息资源的共享、服务的协同奠定坚实的基础，使得交通运输业从过去静止的点到点的运输转变为动态的网络化、协同化的"线—面"运输。这将大大减少资源的浪费，缩短整个运输过程的时间，有效提高运输的安全性、可靠性，从而大大提高交通运输业的服务质量。

其次，数字化是指将各种模拟式的信息转化为电脑可以识别、传输、处理的数字化信息。通过信息的传递和处理，提供实时的供求信息、运输信息和导航服务等，可以有效地降低出行的时间，使人们出行更加安全、便捷、舒适。

再次，智能化是指运用先进的电子信息技术（包括传感器信息采集技术、信息传输技术、计算机数据库和数据处理技术、通信电视、广播、GIS、GPS等技术）将人（包括驾驶者和管理者）、运输工具、运输线路有机地结合起来成为一个运行有序的智能化的系统，从而使运输工具依靠自身的智能在运输线路上安全、自由地行驶。驾驶员依靠系统的智能对运输线路交通情况了如指掌；交通和运输管理人员依靠系统的智能对运输线路的运输工具行驶和交通状况一清二楚。这样人、运输工具、运输线路密切结合、和谐统一，将极大地提高运输效率，保障运输的安全性和可靠性，提高运输服务质量。

最后，科学化是指为了安全、通畅、快速、高速、低公害等目标，对人的交通行为进行科学的管理，从而有效地控制交通参与者的交通行为规范性。交通运输管理的难度与水平、要求及其手段，在不同的历史时期有不同的要求，但都需要科技进步的支撑。如今，科技进步所带来的各种成果在交通管理中的运用，使交通管理的效能大大提高，如自动监视（ADS）装置、全球导航卫星系统（GNSS）、自动定位系统、测速系统、车载数据库等技术。这些技术极大地提高了交通运输服务效率，降低了运输成本，堵塞了一些运输管理上的漏洞，提供了安全、可靠、方便、快捷的交通运输服务。

3.1.3　社会发展对交通运输业的深远性影响

一般而言，"社会发展"是一个包含"经济发展"但又不局限于"经济发展"的概念，或者说是以经济发展为基础的，包含社会多方面、多层次因素的发展概念。一般来讲，它也有广义和狭义之分。广义的社会发展被认为是包括经济发展在内的社会总体发展，而狭义的社会发展则把社会发展看做是除经济、技术以外的其他方面的发展，它主要以城市化程度、整个社会的可持续发展和生态环境、居民生活质量和人们的价值观念、教育水平和社会保障等指标来衡量。这里从狭义的社会发展角度探讨其对交通运输业的深远影响。

3.1.3.1　城市化战略实施和进程加快对交通运输业的结构性影响

城市化实质上是一个以人为中心、受众多因素影响的、极其复杂多变的系统转化过程，包括硬件结构和软件结构两大系统的更替和提升，是从传统社会向现代文明社会全面转型和变迁的过程。城市化不仅是农业人口转化为非农业人口，并向城市（镇）集中的聚集过程，而且是城市（镇）在空间数量上的增多、区域规模上的扩大、职能和设施上的完善和城市（镇）的经济关系、居民的生活方式以及人类的社会文明广泛向农村渗透的过程。城市化过程既是越来越多的农民从土地解放出来的过程，也是广大农村居民物质生活和精神生活得到极大提高，逐步实现城乡协调发展，最终实现消除城乡差别和工农差别的过程。由此可知，城市化首先带来的是农业人口向非农业人口的转移和向城市的聚集，然后，在此基础之上开始原有城市的规模扩张以及一些新兴中小城市的出现。这些就是通常所谓硬件结构上的城市化，在这个过程中，同时发生着人们思想观念的变化、人与人之间经济关系的调整，人们生活方式的改变和新的一些价值观念的形成，也就是所谓的软件结构上的城市化。

从硬件结构上的城市化来看，由于城市的对外扩张和辐射能力的增强，人流、物流、信息流在城市地区汇集和流动的规模越来越大、频率越来越高，对各种交通运输方式的需求都呈上升趋势，要想保障这种人、物、信息的顺畅沟通，就必须加大交通运输业的发展速度。城市化对交通运输业的更深层影响则体现在软件结构的城市化上，即人们生产、生活方式的变化，新的价值观念的形成，对快捷、舒适、安全交通运输服务的需求不断增强。例如，我国长三角城市带的崛起对该区域的交通运输业发展就产生了巨大的影响。

3.1.3.2 可持续发展要求对交通运输业发展的约束性影响

通俗地讲，可持续发展是指既满足现代人的需求又不损害后代人满足需求的能力。换言之，就是指经济、社会、资源和环境保护协调发展，既达到发展经济的目的，又能保护好人类赖以生存的大气、淡水、海洋、土地和森林等自然资源和环境，使子孙后代能够永续发展和安居乐业。可持续发展与环境保护既相联系又不等同。环境保护是可持续发展的重要方面。可持续发展的核心是发展，是在保护环境、资源永续利用的前提下实现的经济和社会的持续发展。

交通运输活动及其相关活动（主要是指交通基础设施建设等）不但造成了大量的生态破坏和环境污染（大气污染、水污染、噪声污染、固体废弃物污染、电磁污染等），而且消耗了大量的不可再生能源（如石油制品、天然气等），占用了大量的土地。在21世纪的今天，交通运输业的发展必须要坚持可持续发展观，只有这样才能延续我国的持续发展能力，不仅功在当代，更利在千秋。可持续发展要求对交通运输业的影响体现在以下几个方面：

首先是对交通运输结构的影响，不同的运输方式在不同程度地消耗着自然资源并对生态环境造成不同程度的破坏。我国是一个人口众多、资源相对短缺的国家，人均资源拥有量仅及世界平均水平的1/3，在世界各国的排序中列80位之后。因此，在未来交通运输业发展的过程中，必须充分考虑各种运输方式的运输资源合理配置问题，应重视发展那些对环境危害小、产生污染少、消耗自然资源少而运输效益相对较大的交通运输方式。

例如，铁路方面，国家应适应可持续发展的要求，大力发展电气化铁路。电气化铁路的各项指标（如运输能力、列车运行速度、列车平均载重量以及由此产生的宏观投入产出比）都优于传统铁路，因此，近年来我国加大了对内燃机车组的电气化改造力度。2006 年，我国电气化铁路里程突破 20000 公里，2007 年已达到 24047 公里，而且我国的 5 条主要繁忙干线——京哈线、京广线、京沪线、陇海线和沪杭浙赣线都将全线实现电气化，"八纵八横" 16 条主通道将有 12 条基本建成电气化铁路；还将建成京沈、京津、沪杭、长衡 4 条电气化客运专线；我国 6 个大区——西南、西北、华北、中南、东北和华东的电气化铁路将基本连接成网。届时，我国铁路的电气化率预计将达到 34.6%，电气化铁路复线率将增加到 68.9%，电气化铁路承担的客货运量将占铁路总运量的 65% 以上。电气化铁路改造力度的加大，一方面大大减少了对非可再生资源石油的消耗，同时也将大大减少内燃机燃烧尾气的排放，使交通运输业的能源需求结构发生深刻的变化；另一方面，电气化铁路在铁路总里程中所占的比重增大，也极大地改变了铁路这种运输方式的内部结构，内部结构的改变将会增强其在整个交通运输业中的竞争力，从而可能影响到整个交通运输市场的结构。

再如，就城市交通而言，分为城市内部交通和城市间交通两个部分。可持续发展的要求对于城市内部交通的影响主要体现在城市内地铁、有轨电车的快速发展，这些新兴的交通方式耗能低、占用空间相对较小，所用资源也是可再生资源（主要是电能），更符合可持续发展的要求，而且这些交通方式具有一些传统交通运输方式所无法比拟的特点，如更加快捷、安全、高频性等，这些特点符合现代社会人们生活和工作节奏对交通运输服务的要求。可持续发展的要求对于城市间交通运输的影响主要体现在发展城市间高速有轨电车、磁悬浮列车等高技术水平的现代交通运输方式上。

其次，是对交通运营组织方式的影响。为适应可持续发展的要求，交通运输业在运营组织方式上由粗放型经营向集约型经营转变。如果说技术进步是促进该转变发生的基础，那么可持续发展的要求就是推动该转变发生的强大动力。就交通运输业而言，粗放型经营模式是指以简单增加运力、增加交通运输工具、增加交通运输从业人员等扩大规模手段来获得收益和发展的经营方式，这种经营方式虽然是交通运输业在发展初期可能要必经的一个阶段，但在可持续发展的要求下，这种不具有可持续发展特征的经营模式必须要向集约型发展模式转型。交通运输业的集约型经营模式是指通过结构优化、技术创新、管理创新、体制创新等手段来提高全要素生产率，一方面使交通运输业能够高效率地满足产业发展的需要，另一方面实现交通和资源、环境的和谐发展，提高交通在满足人们出行需求方面的适应性，以最高的效率和最低的资源、环境代价实现交通运输业的可持续发展，并尽快形成综合运输体系。

再次，是对交通运输工具提出高效、节能、环保等新要求。交通运输业的污染有 80% 以上来自于交通运输工具。因此，实现交通运输工具的高效、节能、环保是可持续发展趋势对交通运输业发展的必然要求。近几十年来，世界各国已经开始通过各种途径来降低交通运输工具的能耗、提高交通运输工具的效率、减轻交通运输工具对环境和社会的压力。以我国的公路运输为例，自 1999 年 1 月 1 日起，北京、上海、广州、武汉和天津等大城市均已执行新的汽车排放标准，新标准比现行标准的排放要求提高了 80%，大致相当于欧洲 20 世纪 90 年代中期的排放标准。新标准从 2000 年起在全国实施。此外，从 2001 年起，中国又开始执行更为严格的欧洲现行排放标准（即欧洲 2 号标准），这标志着中国对汽车排放要求的进展速度要大大快于发达国家曾经有过的速度，这既是后发国家享有跨越式发展机遇的体现，更说明像我国这样的后发国家不可能再重复发达国家曾经走过的先污染、后治理的老路，不能以牺牲环境为代价换取发展之果。

因为可持续发展对交通运输工具的环境标准要求日益提高，大大刺激了交通运输工具的技术创新和发明。例如，世界各国纷纷利用现代化技术改善汽车工业，制造出在尾气排放、噪声、振动和其他性能方面完全符合环境标准的新型汽车。美国在 20 世纪 80 年代末已开始制订清洁燃油和低排放汽车计划（CF/LEX），并开始制造零排放汽车（ZEV）。除此之外，与新能源密切相关的各种新型动力装置的交通工具在试验的基础上也已经进入应用阶段。汽油和电力合成发动机、双燃料发动机的交通工具已经引起了广泛的关注。

最后，可持续发展要求对社会的交通运输组织系统提出重组要求，公共交通服务的重要性大大增强。公共交通是指利用公共汽车、公共电车、轻轨、地下铁道以及轮渡等交通工具实现交通出行服务的方式，综合而言，是一种相对安全、方便、舒适、低廉，并能够实现高效率服务的交通手段，可以吸引更多的使用者，使个人交通手段相对减少，从而提高道路的利用率，减轻道路的拥挤程度和降低排放量。

公共交通是一个城市的重要基础设施，人们的生产、生活和社会交往都离不开公共交通。公共交通系统相对于私人交通具有运量大、效率高、耗能少、污染小、道路利用率高等多项优点。据统计，北京私人小汽车的动态占地面积为道路总面积的 77%，但只承担了 12% 的出行量。与小汽车相比，如果用公共交通工具运输 100 名乘客，会节省 90％的道路空间，同时减少 80％的环境污染。由此可见，在发展可持续交通的背景下，大力发展公共交通是一个必然趋势。

3.1.3.3   社会及个人价值观念变化对交通运输业的先导性影响

狭义的社会发展因为剔除了经济因素而更多地关注人的主观意识和价值判断的变化以及其对社会总体格局的影响。一般而言，随着社会的发展，人们对生活质量和精神生活的追求程度大幅度提高。在我国，伴随着经济发展，最明显的价值观念变化，宏观上表现在与市场经济体制相联系的社会基本价值取向的确定，如竞争观念、公平观念、法制观念的树立等。微观上则表现在个人对与自身密切相关的利益观念、竞争观念、独立观念等的强调上。其中对时间的价值性的高度认可、对身心愉悦的追求等个人价值观念的树立，当其成为一种普遍的社会潮流时，就会对交通运输业产生重要的先导性影响，而且主要体现在对交通运输业客运结构的影响上。

除了在出行方式上人们更加依赖于航空、快速铁路、高速公路等运输方式外，在出行中，人们由过去的只希望得到安全的保证，变成除了安全之外开始追求更高层次的服务，比如舒适、快捷、方便等，从而对交通运输业有了更高层次上的要求。例如，在公路客运方面，人们由过去的只强调安全，不重视时间效率和舒适度等各种因素，转变为如今在保证安全的基础上更加重视快捷、舒适。在公路货运方面，除了安全性之外，更加注重快捷性和对运输产品的差异化服务。对于一些具有特殊性质，要求特别对待的一些运输产品（如鲜奶、绿色蔬菜、鲜肉等一些农产品），必须采取冷藏运输等方式。

由此可见，人们生活质量的提高和价值观念的巨大变化对交通运输业结构、运营效率、服务质量等都产生了很大的影响。

3.1.4   国际竞争对交通运输业的连带性影响

与一般性产品生产行业相比，交通运输业参与国际竞争的形式有其特殊性。加之交通运输业关乎国计民生的重要性，一直以来受到政府的高度关注与保护，其参与国际竞争的时间和程度与一般性产业相比都相对滞后。但伴随全球一体化的发展浪潮，交通运输业也不可避免地被卷入其中，面临更多层面、更深层次的国际竞争。国际竞争对交通运输业的影响更为基础和长远，主要表现在以下几个方面。

3.1.4.1   经济全球化和中国加入 WTO 对交通运输业的直接影响

经济全球化实质上是世界各国的经济活动和经济过程都被纳入一个以通信技术和网络技术为纽带联结起来的全球化网络，在全球范围内寻求资源的最佳配置的过程。经济全球化使世界经济以全球为版图配置资源，表现出了极强的经济活力。经济全球化和中国加入 WTO 对交通运输业发展的影响是直接而明显的。

首先，带来了交通运输需求的持续增长，在"量"的方面对交通运输业提出更多更高要求。经济全球化的潮流正以前所未有的深度和广度支配着世界经济的发展，在今后数十年中，经济全球化对各国来说已经不是一种选择，而是一种现实。这种现实带来运输需求的持续增长。在客运方面，世界范围内的人员流动量大大增加，流动速度大大提高，国家和地区之间的空间概念变得日益模糊，这就要求交通运输业成为缩短空间距离，加强国与国、地区和地区之间联系的纽带。在货运方面，中国加入 WTO 后对外贸易大幅度增长，对与之相适应的交通运输服务提出必然要求。如图 3.3 所示，中国在 2001 年"入世"后，其进出口额呈现出空前的增长速度，与此同时，交通运输业、仓储业的投资总额也随之大幅度增长，而到 2005 年，进出口额有所下降时，交通运输业的投资增长速度也呈现了一定的下滑，可见二者表现出很强的正相关性。

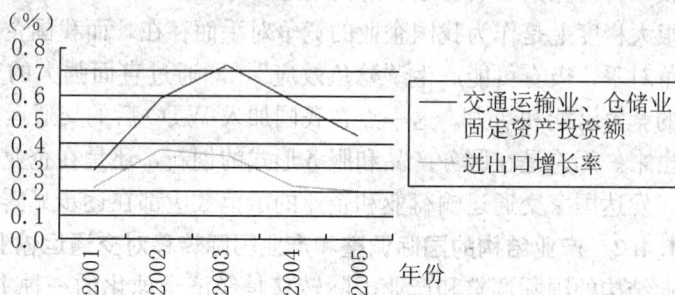

图 3.3　进出口额增长和交通运输产业发展速度

资料来源：作者根据 2001～2005 年《中国统计年鉴》整理

其次，对交通运输业的服务质量提出了更高层次、更富内涵的要求。在客运方面，不仅带来人员流动数量的增多、频率的增加，更主要的是使得世界各个国家和各地区的不同人种、不同民族、不同宗教信仰、不同文化习俗的人员融入了一个大环境中，这就要求交通运输业提供多样化、人性化的服务，除了方便、快捷、安全，还要求在舒适、体现人文关怀、尊重个性要求等方面提供较好的服务。在货运方面，经济全球化使货运需求对快捷、安全、受理手续简单等方面提出更高要求，要求货运快速化、集装化。水运、铁路、公路联合完成整个运输过程，能更充分地发挥各种运输方式的优势，以实现互补，经济全球化要求"多式联运"的大发展，要求实施"面向货主、优化核心任务、物流化、国际化"的发展战略。这些都使得交通运输业从过去坐等旅客和货主的卖方市场向迎合需求者的多元化需要,受市场因素驱动的高质量的运输服务提供者转变。

再次,为我国原有的交通基础设施投融资体制注入新的活力。我国交通基础设施的投融资曾经长期保持国有经济一统天下的格局,造成融资困难、融资效率低下等一系列问题。经济全球化,特别是中国加入 WTO 以后,随着对外开放领域的拓宽和程度的加深,包括外资在内的多种所有制形式的资金开始大举进入公路、港口等交通基础设施建设市场中,不仅在一定程度上缓解了交通基础设施建设资金匮乏的问题,更为确立现代化的投融资体制和投融资管理模式创造了机遇。在多元化的投融资主体发展较快的交通基础设施建设领域,也是投融资效率较高、管理更加科学化现代化的领域,这说明包括外资在内的多元化资金注入我国的交通基础设施建设领域,不仅带来投融资资金的增加,更从制度、管理等软环境方面为我国的交通基础设施建设领域注入活力。

最后,经济全球化对我国交通运输业的影响还体现在制度、管理、服务创新等软领域,而且其影响将是长期而渐进的。经济全球化以后国外的交通运输企业在很大程度上是作为我国企业的竞争对手而存在,而我国企业面对如此强大的竞争对手,极有可能产生"鲶鱼效应",即通过直面强大的竞争对手而激发自身的竞争潜能和活力。这一点在我国加入 WTO 后的交通运输业中已经逐渐显露出来。无论是在服务产品和服务形式的创新,还是在企业管理与体制改革方面,发达国家交通运输行业和企业的示范效应都在逐步显露。

3.1.4.2 产业结构的国际调整和产业国际转移对交通运输业带动影响

产业结构的国际调整和产业国际转移是经济全球化的一种主要表现形式,是指产业突破原来的国家和地区之间的界限,开始在世界范围内进行产业结构的调整,以在最大程度上实现资源的优化配置。产业结构的国际调整必然伴随着产业的国际转移。到目前为止,全球已经经历了三次大规模的产业结构的国际调整和产业国际转移。第一次是发生在 20 世纪 80 年代,产业结构国际调整的主要对象是劳动密集型产业。西方发达国家将本国内的技术已经相当成熟,进入标准化生产阶段的劳动密集型产业转移到次发达国家或者是发展中国家。紧随而至的第二次产业结构的国际调整和转移是以石油化工、原料和燃料动力工程等一些建设周期长、固定资产投资量大、回报周期长的基础性产业为主,建立在被转移对象国家已经初步建立起了较为完备的工业体系,以及这些国家的基础设施尤其是交通运输基础设施已经有了一定的发展的基础之上。并且这些产业都有一个显著的特点,即其投入品和产出品一般都具有体积大、质量大等特点,这必然对这些国家的交通运输业承载能力提出了更高的要求。几乎就在第二次产业国际转移发生的同时，第三次国际产业转移也已拉开了序幕。这次国际产业转移是建立在被转移国家具备了一定的科技研发能力和创新能力的基础之上的。被转移的对象主要是具有更多技术内涵的，较为成熟的中间型、非核心复杂技术工序和零部件等相关产业，这些产业的特点是产品体积小、质量小，内部构造相对复杂，产品本身容易因外界影响而受到损害。这就对被转移国的交通运输业提出了一些新的要求，如运输安全可靠、运输过程稳定、运输时间快捷、服务内容多样化、附加服务增多等。

而在这三次大规模的国际产业转移中，我国都作为一个主要的被转移国而引起国际社会的关注。撇开其他因素不谈，我国的交通运输业如何在这种背景下适应国际产业转移的要求，成为我国吸引国际产业转移，特别是第三次国际产业转移的有利条件而不是成为一种制约因素，是摆在我国交通运输行业和企业面前的一项重要课题。从目前来看，我国的交通运输业至少在服务内容、服务能力、管理体制和水平、法制化程度、标准化、信息化、网络化建设等方面都亟待提升。

3.1.5 体制因素对交通运输业的根本性影响

体制是多方面制度安排的一种集合表现形式。一方面，体制一旦形成就具有相当的稳定性；但另一方面，为适应其他环境、制度、条件的变化，体制改革也是一个常态过程。特别是伴随我国基本经济制度的变革，即社会主义市场经济体制的建立，经济、社会等方方面面的体制改革都在进行之中。具体到交通运输业，其体制改革主要包括对交通运输业的基础设施建设投融资结构和体制、交通运输业管理运营模式、交通运输产品价格体制等环节进行市场化的改革，这些体制改革都可能对交通运输业产生根本性的影响。

3.1.5.1 基础设施建设的投融资结构和体制改革从根本上打造交通运输业的竞争力

虽然交通基础设施具有一定的"准公共品"特性，难以适应完全市场化的投融资体制，但从发达国家已经走过的路来看，因为完全的政府公共投资既面临无力承担的问题，又可能产生体制弊端，所以建立适应交通基础设施建设要求的混合式投融资体制仍然是有必要和可行的。当前，我国交通基础设施建设的投融资体制改革目标是按照市场经济的要求，改革投融资方式，充分发挥市场对投融资活动的调节作用；建立投资的风险约束机制，确立企业是基本的投资主体，自主决策投资并承担投资风险；完善与社会主义市场经济体制相适应的投资总量和结构的间接调控体系；建立与投资活动有关的服务体系和要素市场，形成在法律规范下的公平竞争机制。通过这样的体制改革，旨在解决如下几个问题：

首先是通过确立多元化的投资主体，为交通基础设施建设开辟资金来源，弥补单纯政府投资的资金不足问题。其次是引进多样化的投融资形式，如PPP，即"公司合伙制"模式；BOT，即"建设—经营—移交"模式；TOT，即"转让—经营—移交"模式；PFI，即"民间主动融资"模式，规范投融资活动，提高投融资效率。再次，使交通基础设施建设投资的结构和规模更趋合理化，让私人资本成为带有营利性的交通基础设施建设的主体，而政府公共资金则主要投入公共服务性交通基础设施的建设，解决目前这种营利性领域资本大量涌入，而公共性领域资金严重匮乏的结构性矛盾。最后，是有利于形成责任约束和有效监管体制，因为多元化投资主体的存在是形成利益制衡与约束机制的前提。

3.1.5.2 交通运输产品的价格体制改革助推交通运输业的市场化改革进程

在我国，交通运输业一度是实行严格的价格规制的领域，而且规制与价格规制这种传统的经济性规制手段最为普遍。但随着我国市场经济体制改革的不断推进，交通运输领域的价格改革已经逐渐破冰，一些交通运输服务领域的事实上的市场化价格形成机制已经初步确立，如公路运输。目前，交通运输领域价格改革的最大难点在于铁路运价的改革。我国的铁路运输依然实行计划价格，由国家统一管理，实行低价运行政策。尽管近几年为了弥补物价上涨和成本上升，价格有所上调，旅客运输还实行了优质优价，部分新线实行了新线新价政策等，但运价扭曲的问题仍然没有得到根本性解决。价格既不能真实地反映运营成本，也不能真正体现运输的供求关系，因此，也无法达到激发企业节约成本、通过经营管理创新增强企业竞争能力的改革目的。在目前的交通运输业服务水平下，服务内容和手段的多样化已经日益显现，与之相适应，应有一个多元化的价格体系，这也是交通运输产品价格体制改革的一个目标。

3.1.5.3 交通运输行业管理体制改革对交通运输业的关键性影响

所谓交通运输业的管理体制是指参与交通管理的政府机构的组织制度。交通管理体制直接影响到交通运输活动中所涉及的各种复杂关系，是保证交通运输和经济社会协调发展的关键性因素。交通管理体制对综合交通运输体系的作用方式、效果以及影响程度，受到不同的经济制度和交通运输发展阶段制约。目前，随着中国市场经济的日趋完善，现有管理体制越来越不适应交通运输业的发展需要，改革现行交通运输业管理体制势在必行，从改革思路上看，至少有以下几个方面需要明确：

（1）管理主体明晰。目前，中国尚未建成一个全国统一的大交通市场的一个重要的制度性因素就是交通运输业管理主体多头，从而导致了政出多门、政令不一、管理低效等现象。首先，集多种交通运输方式管理于一体的大交通部尚未形成，不同运输方式的主管部门不同，管理体制不一，运输方式之间的协调缺乏制度性的保障，导致综合交通运输体系的形成面临诸多意想不到的难题。其次，在某一交通运输方式内部，管理职能分散、权责不一的现象也很普遍。例如，在公路运输领域，车辆管理、运营管理、交通管理等职能分别属三个不同的行政部门是我国的一个常态，而实际上，如果尊重客观经济规律，把人、车、路三要素纳入一个行业管理部门进行统筹协调管理，走"一城一交一管"之路，不仅管理效率会大幅提升，而且有利于道路运输市场体系的建立和完善。

（2）管理立法与执法、决策与执行相分离。权力正当、有效运行的关键在于监督与制约，这是一个具有普遍适用性的制度建设理念。而我国多数领域的制度建设并没能遵循这一原则，使得部分权力的运用缺乏有效的监督与制约，权力失控问题时有发生。具体到交通管理方面，管理立法与执法、决策与执行合一的问题也比较突出。因此，我国的交通运输管理体制改革，应遵循管理立法与执法、决策与执行分离的原则，一方面这将更有利于中央政府把力量集中于政策制定和政策协调，增强决策的科学化水平，同时可促进执行机构通过竞争向社会提供更优质的服务；另一方面，决策和执行相分离，有利于克服执法过程中的部门利益倾向，使行政执法更加公正和客观。

（3）纵向权责分工明确。所谓纵向权责分工明确，是指在管理主体明晰统一的基础上，中央管理机构和地方管理主体之间的纵向分工明确。一般而言，以交通基础设施建设为例，中央政府通常围绕在整个交通运输体系中发挥重大作用的交通基础设施进行规划、投融资管理和建设监督、维护管理等，对于区域性的交通基础设施则由地方政府负责。例如，在公路管理方面，英国公路总局代表运输部负责全国 6500 英里的高速公路和国家干线公路网的运营、管理和养护工作，尽管该网络承担了全国 1/3 的客运量和一半以上的货运量，但里程只占全国公路的 4%，其他公路则全部由地方当局管理。这种纵向的权责分工，既可以避免由中央政府大一统管理的弊端，又可以避免中央政府的管理权失控现象发生。

（4）横向管理协调顺畅。交通运输是涉及范围广泛、影响波及效应大的一个产业，因此，交通运输业的发展需要诸多相关部门的协调与配合。在管理上也面临横向协调问题，为此需要制度上的保障。例如，建立相关部门之间的联动、互相备案、协调管理等制度，以便于相近或相关业务部门之间的协调和政府资源合理有效地使用。同时，促进政府职能不断向市场和地方政府转移。再如，部分国家在综合运输部的基础上继续考虑将环保、住宅建设和地区发展等与交通存在密切关系的行业逐步纳入运输部中，开始进行更大规模和更高一体化程度的机构合并与管理合一。

3.1.6 地理因素对交通运输业发展的客观性影响

交通运输业的发展需要一个巨大的载体，这就是一个国家和地区的地理环境。一个国家和地区的地理因素，是指该国家和地区的地理、地质状况，主要包括该国家和地区的地理构成、地质构成以及各种地貌、地质在构成中所占有的比例和分布的状况。具体来讲，是指一个国家和地区的平原、高原、盆地、丘陵、河流、湖泊、沙漠等地貌的比例和分布状况，以及一个国家和地区的地质结构。从某种意义上讲，地理因素直接决定着交通运输业发展的进程。公路、铁路、水运、航空和管道五大主要交通运输方式发展都直接受到地理因素的影响，而且这种影响是客观存在，有时难于甚至根本无法改变。

3.1.6.1 地理因素会直接影响到交通运输业的内部结构

交通运输业中的各种交通运输方式都有其各自的载体，如公路、铁路的载体是陆地，水运的载体是海洋、河流和湖泊，航空业的载体是天空中的平流层和陆地。没有了相应的载体，一种交通运输方式就无法存在。例如，在一个内陆国家没有海洋，那么该国的交通运输业中就不会出现海运；在一个岛国（菲律宾、印度尼西亚等）陆地面积占国土总面积的比例很少，而海洋所占的比例很大，那么该国的海运将会很发达，而公路和铁路的发展会受到一定的限制；在一些高原国家，航空业的发展常常受到限制。可见，一个国家的地理因素会直接影响到某种交通方式的存在，进而影响到交通运输业的内部结构。

3.1.6.2 地理因素会直接影响到交通基础设施建设的成本和技术难度

一个国家的地理因素复杂与否直接对交通基础设施建设的成本和技术难度产生影响。复杂的地理因素，如高原戈壁、喀斯特地形、丘陵山区等，地貌参差不齐，地质结构不利于进行大规模的交通基础设施建设，这就增加了建设的成本和技术难度。例如，对于高等级公路和铁路建设而言，丘陵山区与平原地区相比，桥梁、隧道的数量和规模都大大增加；复杂的地理、地质因素也不利于管道的铺设。值得一提的是中国青藏铁路二期工程的建设，为格尔木至拉萨段，全长 1118 公里，青藏铁路是世界上海拔最高、线路最长的高原铁路。翻越唐古拉山的铁路最高点海拔 5072 米，经过海拔 4000 米以上地段 960 公里，连续多年冻土区 550 公里以上。沿线地质复杂，滑坡、泥石流、地震、雷击等灾害严重，工程艰巨，要求很高，这无疑都大大增加了建设的成本和技术难度。

此外，气候因素在某种程度上也会影响到交通基础设施建设的成本和技术难度。例如，高寒区铁路、公路的建设，冻土区管道的铺设等。

3.1.6.3 地理因素会直接影响整个交通运输体系运营和维护的成本

地理因素不但对交通基础设施建设有影响，而且对于整个交通运输体系的运行和维护也同样有着较大的影响。恶劣复杂的地质环境常常是地震、泥石流、山洪、山体滑坡等恶劣地质灾害的多发区，这就会对交通基础设施（公路、铁路、隧道、桥梁、管道等）带来潜在的威胁，一旦某处的交通基础设施遭受到了恶劣地质灾害的破坏，对其进行修复需要大量的人力、物力和财力，同时，与之相关的整个交通运输体系都必须进行重新调整以保证体系的正常运转，这也需要大量的人力、物力和财力支持。据统计，中国每年因恶劣复杂地理因素而导致的地质灾害所造成的交通基础设施损坏，以及由此造成的直接和间接的经济损失高达近千亿元。另外，在内河航运中，受地理因素影响较大的河道条件会直接影响到航运的运营和维护成本。

3.1.6.4 地理因素会直接影响交通运输业服务的质量水平

复杂的地理因素会使得交通基础设施变得复杂化，从而影响交通运输工具的运行，进而对交通运输的服务质量造成影响。例如，地理因素造成的公路、铁路多弯道和多倾斜角，这必然会增加公路、铁路的实际长度和交通运输工具操作人员的操作难度，从而影响到运输服务便捷性、安全性、可靠性和舒适性。实际上，复杂地形地貌的区域，往往是交通事故多发区。另外，复杂地理因素造成的内河航道的多弯道、多高落差，也会对运输服务质量产生影响。

此外，气候因素也是影响交通运输服务质量的一个因素，主要体现在对航空运输、公路运输以及海洋运输等方面。在航空运输方面，气候因素是一个较为重要的影响因素，因气候原因而造成的飞机晚班、晚点甚至是航班取消等都很平常，这不但造成巨大的经济损失，更为严重的是给广大旅客造成了不便，影响了航空运输的便捷性、可靠性。即使在飞机的飞行过程中，也往往会因气候原因迫降，甚至发生恶性事故，降低航空运输的安全性。在公路运输方面，恶劣的气候条件，如降雪、降雨、大雾等，也对公路运输的安全性、可靠性、便捷性造成了很大的影响。在海洋运输方面，飓风、巨浪往往是海洋运输所面临的"头号大敌"，对海洋运输的服务质量和安全性产生严重影响。

3.1.7 国家安全因素对交通运输业的战略性影响

简而言之，国家安全就是国家不存在危险或不面临威胁，它是保障国家生存与发展、社会安定和人民安居乐业的基本条件，是国家利益的重要方面。国家安全问题古已有之，但现代意义上的国家安全概念和国家安全学说，则是在第二次世界大战期间以及战后逐步产生和发展起来的。1943 年，美国专栏作家李普曼在其著作中首次使用了国家安全（National Security）一词。第二次世界大战后到 20 世纪 60 年代，国家安全主要是指军事安全。70 年代后，随着国际形势的发展变化，安全观念逐步由军事安全向综合安全、共同安全、合作安全扩展，特别是经济安全、信息安全的重要性日益上升，以合作求安全的观念逐步得到世界各国的认同。但是，只要霸权主义和强权政治依然横行于国际社会，只要战争威胁依然存在，那么军事安全在国家安全体系中永远都占有不可替代的重要地位。

交通运输是确保国家安全的一个重要手段，交通运输业的发展必须要考虑到国家安全对其的要求和影响。中国 960 万平方公里的国土总面积中，陆疆总长 2 万多公里，与 12 个国家相邻：东北面为朝鲜，北面是原苏联地区和蒙古，西和西南面为阿富汗、巴基斯坦、印度、尼泊尔、锡金、不丹、缅甸和老挝，南面是越南；海疆长达 32000 公里，与中国隔海相望的国家有日本、菲律宾、文莱、马来西亚、新加坡和印度尼西亚等。南北相距 5500 公里，东西相距 5200 公里。地势西高东低，高低悬殊。在如此复杂的地理条件下，要保证国家安全，没有强大的交通运输业做保障绝非易事。另外，一旦发生边境局部战争，战争所需的人员、轻重武器以及作战给养都得依靠交通运输业来完成。国家安全因素对交通运输业的影响具体体现在下面几个方面：

3.1.7.1　影响到交通运输业基础设施的布局和规模

一些地区和城市，因其军事上具有重大的战略意义，考虑到国家安全的需要，即便在其他方面的效益很低，也必须建设高等级的交通基础设施，以备于战争的需要。另外，一些军事基地、地下军事工程等，也必须通过较高等级的公路、铁路等交通方式与国家的主干交通运输网络相连接，这些都会影响交通运输基础设施的布局和规模。

3.1.7.2　要求交通运输业有系统完善的运输网络和高等级的基础设施

考虑到我国疆域广阔的领土面积和长长的陆疆与海疆，出于保障国家安全的需要必然要求交通运输业在全国范围内建立起系统完善的高等级公路、铁路运输网络，这样会大大增强部队的机动性和灵活性。例如，我国青藏铁路的建设除了具有因之而带来的各种经济效益外，更重要的是，其在巩固国防安全，加强民族团结等方面的作用也是不可低估的。

另外，要在系统完善的交通运输体系的基础上，对网络内的一些具有极其重要战略意义的公路和铁路基础设施进行升级，以具备运载重型武器、降落军用飞机等条件。例如，国防公路的建设，国防公路是具有国防功能的特高等级公路，对其宽度、直线度都有特定的要求。一旦爆发边境性局部战争，国防公路将会迅速由民用转为军用，成为战争最重要的生命补给线。

综上所述，影响交通运输业发展的环境因素是一个构成复杂，相互影响的缜密的体系，其中任何一个方面因素的变化，都可能牵一发而动全身，引起整个交通运输环境体系的变化，进而对交通运输业产生直接而深远的影响。因此，全面而审慎地追踪影响交通运输业发展的环境因素的变化趋势，是保持交通运输业持续、健康、有序发展的必然要求。

3.2　中国交通运输业未来发展面临的主要约束条件

如前所述，交通运输业是涉及因素众多、产业关联效应大，对经济和社会发展发挥基础性作用的重要产业领域，同时，因其具有上述特征，它的发展也不是一个孤立的过程，而是受到社会、经济等多方面因素的制约。在 21 世纪的今日，对我国交通运输业的发展而言，有几个刚性的约束条件是无法回避的。也就是说，未来我国交通运输业的发展必须在以下几个约束条件的制约下，寻找可行的路径。

3.2.1　能源缺乏的刚性约束

交通运输系统运行所依赖的能源主要是矿物燃料（石油、天然气和煤），其中公路运输中主要使用的是石油，因而整个交通运输系统能源消耗的 90%都来自于石油。目前根据最乐观的统计，地球上的石油储量按现在的消耗速度只能维持 150 年的使用，而事实上能源消耗的速度还在不断加快。从国际能源供需形势来看，1998 年国际市场原油价格仅为 10 美元/桶，从 2003 年、2004年起不断上扬，截至目前，原油价格已经突破 60 美元/桶。况且中国面临的能源形势远比发达国家严重得多，我国自 1993 年首次成为原油净进口国以来，目前进口依存度已超过 40%，预计到 2020 年将达到 60%。

近几年我国交通运输业的能源消耗速度增长很快，2000 年我国交通运输业能源消耗量为 9721 万吨标准煤，2004 年迅速上升到 14783 万吨标准煤，年均增长 11%，占全部能源消耗量的 7.3%，比 2003 年增长 18.2%。我国各种运输方式完成等量换算周转量所要消耗的能源，在公路、民航、铁路三种运输方式的比较中，民航最多，公路次之，铁路最少，民航、公路、铁路三者单位运输量平均能耗之比为 11∶8∶1。而民航和公路恰恰是我国近年来发展速度最为迅猛的两种运输方式。我国已经明确在"十一五"规划中提出单位国内生产总值能源消耗要比"十五"期末降低 20%的硬指标，交通发展也要实现降低能耗 20%的指标，而如果中国的交通运输结构完全按照目前的这一格局和趋势发展，交通运输系统的能源消耗问题以及由此引发的与国家工业发展战略的协调问题、能源安全问题等将是不可忽视的。

　　纵观欧美发达国家的交通运输能源消耗结构的变迁，交通方式的比例也经历了公路、航空快速扩张而铁路、水运逐渐萎缩的历程，世界各国交通运输方式能源消费现状如图3.4所示。但近年来，由于国际能源供需形势不容乐观，铁路和水运的地位又重新被社会所认识，政府将大量的资金预算投入到铁路和水运系统的恢复和重建中。而我国是人口众多、资源贫乏的发展中大国，在交通运输的发展过程中及时结合国情和世界局势审时度势，避免走发达国家的弯路，是我国交通运输保持快速健康发展的关键，也是贯彻国家科学发展观的重要举措。

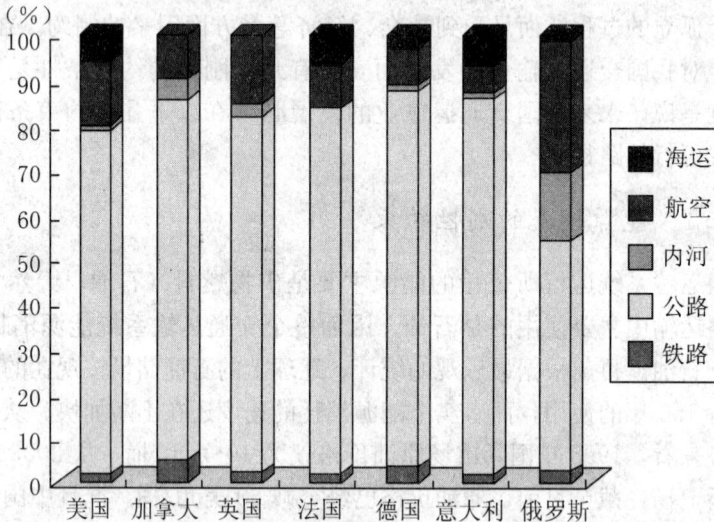

图3.4　世界各国交通运输方式能源消费现状
资料来源：作者根据《世界统计年鉴》整理。

3.2.2　资金匮乏及融资渠道不畅的客观与制度性约束

　　交通运输的发展必须建立在一定交通基础设施规模的基础上，而交通基础设施的建设需要巨额的资金投入。交通运输基础设施建设具有投资额大、建设周期长、占用资金量大、需要持续的资金保障等特点，必须在充裕的资金供给基础上才能满足国民经济对交通运输发展的要求。而在我国交通运输发展历程中，资金投入长期不足一直是我国交通运输业加快发展的最大障碍。目前经济发达国家对交通运输的投资一般占总投资的10%～14%，而发展中国家一般在 20% 以上。世界银行建议发展中国家交通投资的最低限度为 20%～28%，而在发达国家经济快速发展时期交通投资甚至占到社会总投资的 30% 以上。

我国 1990 年以前的交通投资情况远未达到发展中国家应有的投资水平，交通运输建设投资的不足造成我国交通运输的供给能力严重紧张。20 世纪 90 年代以后，我国开始加大交通基础设施投资力度，"八五"时期交通基建投资额达到 4006 亿元，是前 40 年总和的 2.2 倍，占全国基建投资比重达 17.0%，到"九五"阶段更达到 20.9% 的前所未有的高比例。进入到 21 世纪初，由于我国国民经济的持续高速增长，交通运输对于国民经济的"瓶颈"制约作用在很多局部领域又再一次凸现，如 2003 年、2004 年一度出现的煤电油运紧张以及"五一"、"十一"和"春运"等特殊时段运力严重紧张等现象，使交通运输的发展面临更加紧迫的任务。随着我国未来工业化、城市化进程的加快，客货运输需求都将面临较大增长，加快综合交通体系的发展仍然是未来交通运输发展最迫切的任务，而要完成这一任务需要巨额的资金投入。

尽管近年来随着交通运输体制改革的不断深化，交通运输的资金供给得到很大的改善，但是具体分析各种运输方式的资金来源，资金供给仍然存在许多十分紧迫的问题。首先就铁路而言，铁路建设资金总量不足，多年来一直维持着投资主体一元化、筹资依靠举债的格局；公路尽管已经形成了多元化的投资主体，但这种多元化投融资表象下依然存在着高度的政府依赖，未来地方政府还本付息将面临很大压力，由于多元化经营收费公路过多也引发一系列问题，同时资金的流向也不尽合理；民航机场的建设绝大多数还是以国家投资为主，国有股占绝对比例；城市交通中道路和轨道交通的建设也基本依赖于政府预算和贷款，有些地方甚至已经超过政府还债能力。由此可以看出，未来我国交通投资的状况仍然不容乐观，各种运输方式平均造价大幅提高，尤其是随着国债逐渐淡出、中央地方税权改革以及地方政府进入还本付息阶段，必须进一步节约资金的使用，防止交通运输项目盲目建设和重复建设，避免资金、资源的浪费，这是构建节约型社会，使交通运输合理、有序、持续健康发展的内在要求。

3.2.3 土地短缺的不可逆性约束

土地是人类赖以生存和发展的物质基础和环境条件，是社会生产中最基础的生产资料。在交通运输的发展过程中，土地是交通系统建设所需的最基本要素，尤其是铁路和公路的发展必须有大量的土地资源为基本前提。近年来，我国的工业化、城镇化加速发展，土地作为基本生产要素日渐稀缺。我国以占世界 7% 的耕地生产着占世界 21% 的粮食，养活着占世界 22% 的人口，我国人均耕地已减少到 1.4 亩,还不到世界平均水平的 40%,土地后备资源严重不足,日趋逼近粮食安全底线,土地供求关系日渐紧张。

交通运输建设占用了大量的土地资源,例如,铁路、公路基础设施、客货运站场、港航岸线码头、机场以及运输服务区等交通基础设施的建设,都需要占用土地。而各种运输方式在土地占用的情况上有很大的不同,目前通常建设 1 公里铁路需占地 4.4 公顷~6.0 公顷;四车道高速公路每公里占地 4 公顷,六车道 8.2 公顷;水运一般利用天然河道,可以不占地或少占地,港口占地有限。我国的交通运输网络目前基本形成了东密西疏的格局,而东部地区恰恰是我国的主要产粮区,目前交通系统 1/2 以上占用较为平坦的耕地。在这种情况下,必须重新考虑不同的运输方式对土地资源的占用,构建节约型社会,促进交通运输的可持续发展。考察国际经验,世界各国公路和铁路的占地与利用效率情况如表 3.1 所示。由表中可以看出,无论是单位运输量还是单位里程的占地面积,铁路都明显更优于公路。据欧盟 1995 年出版的一项研究指出,为完成相同的运输量,建设公路需要占用的土地比铁路所需的多 3.5 倍。一条双向四车道的高速公路占地约为一条复线铁路的 1.6 倍,但其运输能力仅为铁路的 20%~30%。如果铁路通行能力能肩负起经济发展对交通运输的需求,那么我国就可以节约大量的耕地。例如,基本平行的胶济铁路与济青高速公路,京沪铁路与京沪高速公路,在主要运输通道上,应选择土地资源占用少、使用效率高的运输方式和工程项目。

表 3.1   世界有关国家公路、铁路占地及利用效率对比

国　　别		美国	加拿大	英国	法国	德国	意大利	日本	中国
占地面积 (平方公里)	公路	49944	6792	2928	6496	5088	2440	8920	256
	铁路	2152	710	210	414	358	196	294	491
	比例	22.89	9.57	13.94	15.69	14.21	12.45	30.34	0.52
单位换算周转 量占地	公路	0.79	2.84	0.39	0.82	1.78	0.28	0.95	1.00
	铁路	0.14	0.40	0.35	0.22	0.27	0.28	0.07	0.04
总长度 (万公里)	公路	624.3	84.9	36.6	81.2	63.6	30.5	111.5	115.7
	铁路	19.3	6.2	1.7	3.3	2.8	1.6	2.4	5.5
总长度之比		32.35	13.69	21.53	24.61	22.71	19.06	46.46	21.04
单位换算周转量之比		5.64	7.1	1.11	3.73	6.59	1.0	13.57	25.0

资料来源:据铁道经济规划院《可持续发展与我国铁路发展战略》研究报告计算。

3.2.4　环境保护要求的底线约束

在交通运输基础设施的建设、交通运输服务的供给过程中都会对生态环境产生极大的负面影响，而随着交通运输的快速发展，这种影响已经成为交通运输未来发展亟待解决的问题。交通运输基础设施的建设会对区域的水土、植被、动物生存环境及人们的居住、生活环境与人文景观带来影响，在运输服务过程中更是会造成大气污染、水污染、噪声污染，影响人们的生活质量。

由于我国近年来生态环境的严重恶化，人们越来越关注环保的问题。必须探索一条与环境承载能力相适应的交通运输发展模式，国际上许多研究者对不同运输方式产生的污染物做了比较研究，虽然所得出的数据有较大差别，但可以从中得到以下几个一般意义上的结论：①客运（人公里）所造成的单位污染强度，公路运输是空运的 1～2 倍，是铁路运输的 10 倍左右；②货运（吨公里）所造成的单位污染强度，公路是铁路的 10 倍；③货运所造成的污染强度超过客运的污染强度。通过对不同交通运输方式所造成的噪声污染强度的对比研究发现，噪声污染平均强度以汽车为重，次噪声强度以飞机为最。据对德国西部的统计，在运输量相等的情况下，公路的噪声比铁路高出 2 分贝。欧盟 13 国 90％的噪声来源于汽车和飞机，运输等量货物或旅客，铁路的噪声只有公路的 1/2～3/4，日本铁路、公路和航空单位运输量所产生的噪声之比为 0.1：1：1。由此可见，协调与优化我国交通运输的方式结构具有充分的紧迫性和必要性。

总之，土地、资金、能源等稀缺性资源的供给能力，以及生态环境的承受能力，对交通运输发展具有重大的影响。长期以来，我国交通运输的快速发展，在很大程度上是靠高投入和高资源消耗推动的，发展过程中存在着强调不断加大对交通建设投入而对节约资源保护生态环境重视不够的问题。构建节约型社会，要求交通运输的发展必须与可持续发展理念和要求相适应，转变外延式、粗放化的发展模式，减少交通对空气、环境、安全和生态的影响，解决土地、能源和资金等资源的有效利用问题，走内涵式、集约化的资源节约型可持续发展之路。

4 中国交通运输产业特性

一般而言，产业特性是指由产业的技术经济特点、生产运营属性决定的一个产业区别于另一个产业的带有自身独特属性的特征总和。可以说，任何一个产业都存在基本不依托具体发展环境的固有产业特性，如交通运输产业的网络性，在任何国家任何发展阶段都有体现，只是程度不同而已。同时，也都存在与产业具体发展环境紧密相关的产业特性，如中国交通运输产业的强大外部性。

4.1 交通运输产业的技术经济特性

交通运输业在物质上是由各种各样的运输线路、场地设施、运输工具、通信设备以及大量为使作业效率更高或迎合客、货运特殊需要的附属设备所组成。交通运输业根据运输方式的不同可以分成公路运输、铁路运输、航空运输、水路运输和管道运输五大类。各种运输方式之间虽然在生产运营方面存在或多或少的共同点，但每一种运输方式都有各自的业务、运营、经济方面的特点，即具有不同的技术经济特性以及合理的使用范围。

运输方式的技术经济特点可以从运输能力、运输成本、运输速度、运行的连续性、能源消耗、基础设施占地、建设成本、安全舒适性、环境污染等方面进行综合考虑。其中运输能力是指运输线路上的客货运输通过能力；运输成本是指单位产品运营支出的成本；运输速度是指客货的运送速度；运行的连续性是指运输方式在自然环境和线路状况约束下表现出来的运输连续状况；灵活性是指线路、场站及活动范围的机动性，运载工具能力变更机动性等；安全性是指运输过程中运输主体和运输客体的安全程度；土地占用是指在相近运输能力条件下，各种运输方式占用的土地；环境污染是指运输服务过程中产生的噪声污染、空气污染、固体污染等。

综合运用这些评价指标，可以判别五种运输方式的主要技术经济特性及其适用范围。

4.1.1 公路运输的技术经济特性及适用范围

4.1.1.1 公路运输的特点[①]

（1）运输工具机动灵活、适应性强，可以实现门对门的运输。公路运输的主要运载工具是汽车，汽车的技术特性决定了其可以最大限度地接近客货源，从而缩短装卸作业时的搬运距离，减少装卸作业量，降低装卸费用，以及缩短客源、货源的集散距离和时间。而铁路、水路和航空运输囿于基础设施网络和运载工具的限制，都无法做到这一点。稠密的公路网和城市道路使汽车的机动灵活性得以充分发挥，其便捷性是其他任何一种运输方式都不可比拟的。

公路运输受地形、气候限制小。汽车的行驶，可逢山过山，较少受地形限制，对恶劣气候的适应性也比航空、水运等方式要强。此外，公路运输的直达性好，可以实现门对门的运输，运输过程不需其他运输方式协助就可以实现。而铁路运输、水路运输、航空运输往往离开公路运输为其集散客货就很难进行。

（2）运送速度较高。汽车的技术速度在各种运输工具中并不是最快的，它比航空运输的飞机和铁路运输的火车速度都要慢。但由于汽车可以实现门到门的直达运输，运输过程的独立性较强，可以不需要其他运输方式的配合与协调，而且公路运输网络的密集程度要远远高于航空运输网和铁路运输网，因此，公路运输的运送速度总体而言比铁路运输高，特别是200公里以内的短途运输，其运送速度可以达到铁路运输的5倍左右。

（3）初始投资相对较少，资金周转快，资金转移的自由度大。公路运输投资主要分为两部分：一是公路基础设施建设投资，虽然从绝对数量上看并不很低，但相对铁路和水运基础设施投资而言还属低的。二是公路运输企业的固定资产投资，主要是各种车辆、装卸机械和汽车场站等，相比铁路、航空、水运等其他运输方式，公路运输企业的固定资产投资是最少的。因此，总体而言，公路运输的初始投资相对较少，特别是从运营的角度看，公路运输企业资产折旧快，而且因其生产过程中对协作的要求比其他运输方式都低，公路运输企业的规模可大可小。所用车辆设备用途相对广泛，转移的自由度大，沉没成本相对较小，因此供给的弹性比其他运输方式都大。

（4）运输工具载运量小，持续性相对较差。汽车的单位工具载重量相比铁路列车和船舶要小得多，运输能力上远远低于铁路和水路运输，而平均每单位运距的人力消耗则比较大。由于技术原因，汽车可持续行驶的里程也比铁路、水路运输小得多，因此，长距离运输时公路运输的劣势比较突出。

---

① 胡思继. 交通运输学. 人民交通出版社，2001

（5）运输成本高。公路运输成本中燃料消耗、车辆折旧两项远远高于铁路和水路运输，导致每单位运距的平均成本较高，因此尤其不适合长距离运输。

（6）安全性差，环境污染严重。公路运输的交通事故无论在数量上还是在造成的损失上，都比其他运输方式多。此外，汽车的尾气、噪声对环境的污染也很严重。在各种运输工具中，对大气造成严重污染的首推汽车排放的一氧化碳、碳氢化合物、氮氧化合物和铅微粒，这些物质对人类和生物造成了严重危害。据有关资料显示，美国每年汽车排放到大气中的污染物质达 2 亿吨左右，约占各种污染源排放量的 60%。

4.1.1.2　公路运输的适用范围

公路运输的适用范围与各国经济和技术发展水平、经济结构、自然地理条件，以及居民收入和消费水平都有着密切的关系。美国是公路运输高度发达的国家，由于有广阔的国土面积、高质量的公路网、高比率的家庭汽车保有量以及大型载重汽车的普及化，短距离的客运以公路运输为主，铁路几乎不具备客运功能。同时，公路运输作为铁路货运的一种集疏运手段，在美国也运用广泛。相反，在国土面积小、地形复杂的日本，虽然也拥有高标准的公路运输网络，但客运却以铁路和城际轨道交通为主，公路运输主要承担货运功能，这与日本城市和人口密集，土地资源有限，公路客运的成本相对较高有很大关系。目前我国的公路运输是承担短途客货运输任务的主要运力，同时承担着为其他运输方式集散客货的任务。随着我国经济体制改革开放程度的深化，市场经济和外向型经济迅猛发展，高等级公路的建设和汽车技术经济性能都有很大提高，公路运输的适用范围可能会有所扩大，并在我国综合运输体系中发挥更大的作用。

4.1.2　铁路运输的技术经济特性及适用范围

4.1.2.1　铁路运输的特点

（1）运输能力大，受气候限制小。铁路机车单位运输工具载重量比汽车和飞机都大得多。但其运输能力除受运输工具影响外，还受线路通过能力的限制。目前复线铁路每昼夜可通过货物列车 140 对左右，每列货车可运载 3000 吨左右的货物，每列客运列车可装载旅客 2000 人，是陆上运输的主要运力。铁路运输由于具有高度导向性，所以只要行车设施无损坏，对气候条件的要求较低，可以在恶劣的气候条件下安全行驶，这是除管道运输外的其他运输方式都不可比拟的一个优势。

（2）行驶具有自动控制性，安全程度高。铁路运输由于具有专用路权，而且在列车行驶上具有高度导向性，因此可以采用列车自动控制方式控制列车运行，以期达到车辆自动驾驶的目的。目前最先进的列车已经可以通过高科技计算机系统的控制，使列车的运行达到全面自动化，甚至无人驾驶的地步，从而可以减轻司机劳累强度，保障提高运输安全性。同时铁路运输采用了大量的先进技术用于行车控制，有效地防止了列车冲突事故和旅客的伤亡事故，大大地提高了铁路运输的安全性，其事故率远低于公路运输。

（3）运输能耗小，成本低。铁路利用钢质轮轨滚动摩擦，其行驶阻力较小，可以有效地降低能耗，其能耗较航空运输和公路运输的能耗要低得多。铁路运输成本在各种运输方式中也是较低的，仅高于海洋运输。

（4）有较高的技术速度和运送速度。常规铁路列车的技术速度可达 60 公里/小时、80 公里/小时，准高速列车可达 160 公里/小时，高速铁路可达 200公里/小时以上。但高速化会加大铁路运输的燃料消耗和运输成本。在长距离运输中，铁路的技术速度可以得到充分发挥，但在短途运输中受其自身技术组织因素的影响，运送速度仅是公路运输速度的 1/5 左右。

（5）作业量大、时间长、灵活性差。铁路运输的装卸作业量和成本都较公路运输要高，此外还要进行编组作业，作业量大、时间长，对铁路运送速度影响较大。这一点在短途运输上的表现尤为突出，造成短途运输无论是在成本上还是在运送速度上，都较公路运输差。

从技术上讲，铁路沿线的运输需求铁路虽可满足，但过密的站点会大大降低铁路线路的通过能力和运送速度，铁路的站距应适当扩大。铁路列车的运量较大，除少数有专用线的单位外，大多数货物和旅客的集散功能必须由公路运输来完成，而且受发车时间、车次等的限制较多，灵活性相比公路运输要低很多。

（6）投资多、建设周期长，营运弹性低。铁路运输基础设施建设周期长，资本密集且存在大量的沉没成本，设备庞大不易维修，营运缺乏弹性，例如，易产生空车回送现象，造成营运成本的增加。

4.1.2.2 铁路运输的适用范围

铁路运输主要适用于中长距离的运输。货运方面适合大宗货物和一般货物的中长途运输，特别是对大宗散货、资源型产品的长距离运输最为适用。客运方面，铁路主要用于城市间客运、大城市和市郊客运，从经济学角度来讲，铁路运输对价格需求弹性较高、时间需求弹性较低的人群比较适合，因此，在一国经济发展的初期对铁路客运的依赖会较大。铁路运输在多式联运中发挥积极作用，在陆上多式联运中发挥骨干和纽带作用。

4.1.3 航空运输的技术经济特性及适用范围

4.1.3.1 航空运输的特点

（1）高速性。高速度是航空运输的最大优势，喷气式飞机时速在 900 公里左右，是铁路运输的 10 倍。尤其是在长距离运输上，其速度优势更能得以充分发挥。但如果运输距离较短，由于航空运输集散客货需要时间，而且成本相对较高，对运送速度的影响也较大，高速性则难以发挥，因此航空运输一般不适合短距离的运输。

（2）不受地形限制可以取最短路径。飞机在空中飞行，不受地面障碍物的限制，可在两点之间开辟直线航线运行，运输距离最短。在发生极端情况如抢险救灾时，其他运输方式因线路破坏无法到达，航空运输可将人员、物资送达，体现很强的便利性。

（3）客运的舒适性强。航空运输的舒适性主要表现在可以大大缩短旅客的在途时间。

（4）运输成本高。航空运输所需的飞机等运载工具，所需建设的航空站点、导航设施等都需要大规模的投资，同时航空运输燃料消耗量很大，其运输成本在各种运输方式中是最高的，经济性较差。

4.1.3.2 航空运输的适用范围

航空运输是跨越国境运输的一种主要形式，在对外经济贸易与对外经济联系中发挥着重要作用。客运方面主要适合旅行时间价值高的旅客运输；货运方面主要适用于对时间要求高、单位体积价值含量高的中长距离货物运输和贵重货物的运输。航空运输也是紧急抢险救灾物资运输所采取的主要方式。

4.1.4 水路运输的技术经济特性及适用范围

4.1.4.1 水路运输的特点

（1）运输量大。水路运输与其他运输方式比较，其优越性之一是运量大、效率高，一艘万吨轮的货运量可抵 4 列火车。无论内河运输还是海洋运输，水路运输工具的运载能力都很大，例如，我国长江干线上的大型顶推船队，其载货量已达 3 万吨，相当于 10 列火车。航道的通过能力也居各种运输方式之首，例如，长江下游的年通过能力可达 11 亿吨。

（2）能源消耗小、成本低、投资少。水运的港口服务费用相对较高，但其船舶运输费用很低。这主要是因为船舶的装载量大，燃料消耗量小所致。总体而言，水路运输成本在各种运输方式中是最低的。据美国测定，同样消耗 1 公斤燃料，大型柴油卡车可运货 25 吨公里，火车可运货 93.4 吨公里，内河驳船则为 218 吨公里，我国内河运输的单位能耗约为铁路的 2/3。对于煤炭、石油、矿石、木材、粮食、化肥、钢铁、盐、集装箱等大宗货物运输，利用水路比铁路、公路、航空运输，具有更大的优越性。

水路运输航道一般天然形成，不需要太多投资。海上运输航道一般不需支付费用，内河流域的投资相比公路也要低许多。水路运输的投资主要集中在港口建设和船舶的购置上。

（3）技术速度和运送速度较低。水路运输无论在技术速度还是在运送速度上，都较公路运输和铁路运输低，这是由其阻力特性决定的。船舶要提高航速，其燃料消耗和成本都会大幅度上升。水路的运送速度仅是铁路的1/3～1/2，因此不宜运输对时间效益要求高的货物。

（4）续航能力大。一艘商船出航，所携带的燃料、粮食及淡水可历时数十日，绝非其他运输工具可比，且商船具有独立生活的种种设备，如发电、制造淡水、储藏大量粮食的粮舱、油槽等，方便航行人员的生活，运输的持续性强。

（5）受气候和港口等条件限制，准时性差且可及性低。商船航行海上，遇暴风雨需及时躲避，遇大雾需按避碰章程办理，以防损害，这都是气候对水运的限制。另外，商船到达港口时，会因港湾水深或装卸设备的缺乏而限制商船的入港与作业，造成运输时间上及时准确性较差。

4.1.4.2　水路运输的适用范围

水路运输是成本最低廉的运输方式，对大宗原料性物资的运输有着明显优势，我国有丰富的水运资源可以利用，在综合运输体系中水路运输应成为主要运力。其适用范围主要为国际货物运输和长途大宗货物的运输。水路运输受航道限制，灵活性较差，可及性不高，且因其装载量大，往往需要地面运输系统的配合才能完成客货运输过程。

4.1.5　管道运输的技术经济特性及适用范围

4.1.5.1　管道运输特点

（1）运输量大。一条管道的运输能力，根据其管径大小的不同，每年的运输量可达数百万吨至数千万吨。

（2）占用土地少。管道埋于地下的部分占其总长度的95%，并且可以埋入农作物种植所需深度以下，占地少，受地形、地物限制少，宜选取短捷路径，缩短运输距离。

（3）能耗低、运输费用低。管道运输在大量运输时其运输成本与水路运输接近，燃料消耗量也比铁路运输低得多，原油管道的单位能耗只相当于铁路的1/12～1/7。

（4）污染小。管道运输无噪声污染，且管道的漏失量极小，基本上不产生废渣废料，不会对环境造成污染。

（5）安全性好。在管道运输的货物中，危险品占有较大比重。易燃的油料在管道中运输既可以减少挥发，又能保证运输安全性。管道运输完全密封，基本上不受恶劣气候的影响，能够长期安全稳定地运行。

（6）灵活性差。管道运输只能完成两点之间单一品种货物的单向运输，很难适应运量、货种的变化。设施转移的自由度低，一旦停运，只能报废，不像其他运输方式还可以移作他用。

4.1.5.2 管道运输的适用范围

管道运输主要适用于总运量及日运量大的不间断的液体和气体货物及固体悬浮物的运输，一般固体物资不适宜采用管道运输。目前管道运输主要适用于原油、成品油、天然气及煤炭等几种特定货物的运输上。

4.2 交通运输产业的一般特性

如前所述，交通运输产业作为有其特定产业边界的提供相同或相似服务的企业集合体，具有一些不依外部环境不同而改变的一般属性，或者说是任何经济、社会制度下，任何经济社会发展阶段都会存在的一般特性。当然，所谓一般特性是就其根本而言，在不同的经济社会制度和不同的经济社会发展阶段，一般特性的表现程度还可能有所差异。

4.2.1 交通运输业具备公共性和私人性的双重属性

经济学把产品分为私人产品和公共产品两大类，从产品属性上看，私人产品和公共产品存在清晰的界限，但在实际经济活动中，一些产品或服务却兼备私人产品和公共产品的属性，提供该产品或服务的产业也因此具有了公共性和私人性的复合特性，交通运输业就属于此类产业。交通运输业具有公共性的观点在早期经济学家的著述中就曾提及。然而，运输服务产品并不能作为纯粹的公共产品完全由政府提供，运输服务活动和服务产品在生产经营过程中，还表现出一定的私人性。更进一步地，从各国经济和交通运输产业发展史中可以看出，在每个国家的不同发展阶段中，交通运输业的公共性和私人性的表征也有强弱变化，交通运输产业具有的这种复合特性，对制定交通运输产业政策等具有重要的指导意义。

4.2.1.1 公共产品和准公共产品

（1）公共产品含义及其特征。[①] 1954 年，美国著名经济学家萨缪尔森发表

---

① 王惠臣．论运输管制：公共性和企业性的悖论．高等教育出版社，1997

了一篇著名的论文《公共支出的纯粹理论》，该论文利用数学表达式给公共产品下了精确而深刻的定义，并被后来的经济学家们广为引用。他认为，某种私人产品的总消费量等于全部消费者对私人产品消费的总和，用公式表示即：

$$X_j = \sum_{i \in I} x_j^i \quad (j = 0, 1, \cdots, J) \tag{4.1}$$

式中：x 为最终消费品；i 为消费者人数；j 为私人物品投入量。

从式（4.1）可知，x_j 是最终消费品的 j 项私人产品投入量，显然它应该等于全体消费者 I 的总投入量。而对于公共产品来说，其消费总量则等于任何一位消费者的消费量。用公式表示即：

$$X_k = X_k^i \quad (k = J+1, \cdots, J+K) \tag{4.2}$$

根据萨缪尔森的定义，公共产品具有两个本质特征：非排他性和消费上的非竞争性。非排他性指的是不可能阻止不付费者对公共产品的消费，对公共产品的供给不付任何费用的人和支付费用的人一样能够享有公共产品带来的益处；消费上的非竞争性是指一个人对公共产品的消费不会影响其他人从对公共产品的消费中获得的效用，即增加额外一个人消费该公共产品不会引起产品成本的任何增加。最能说明这个问题的例子莫过于国防事业。中华人民共和国的国防建设是保卫全体中国公民的，在这种前提下，不可能排除在这片国土之上生活的任何一个公民享有接受人民军队保护的权利。

因为公共产品具有上述本质特征，其社会成本或收益与某个消费者的私人成本或收益之间必然存在不一致的情况，也就是说社会成本或收益与私人成本或收益之间产生了偏离，即产生了外部性。因此，从某种意义上讲，公共产品是存在消费方面的特殊外部性，尤其是正外部经济性。

（2）准公共产品含义及其特征。前述公共产品的基本特征有一个重要的前提条件，即这种情况只发生在"纯粹"的公共产品中，然而在现实生活中，能够使式（4.2）成立的情形实在是太少了，更多的情形是 $X_k > X_k^i$，即所必备的基本特征体现并不那么充分。很多产品只有公共产品特征之一或在不同程度上具有这些特征。这些产品形成了准公共产品的集合。准公共产品是指处于纯公共品和纯私人品之间的一种产品，是现实经济生活中更为常见的一种产品类型。准公共产品一般具有如下特征：消费部分可以分割；生产具有不可分性；政府和市场均可提供；消费者对其使用时存在外部经济正效应；消费者基本不可独享；购买方式为部分间接、部分直接；可用金钱买到；个人几乎没有选择自由；不购买部分可以享用；不太容易鉴定其优劣程度；使用时浪费较多等。

除上述特点以外，准公共产品还具有一个特征——"拥挤性"，即在准公共产品的消费中，当消费者的数目从零增加到拥挤点时，就显得十分拥挤。在达到拥挤点之前的范围内，可以增加额外的消费者而不会发生竞争。当超过拥挤点以后，增加更多的消费者将减少全体消费者的效用。

4.2.1.2 运输产品的复合特性

（1）"公共产品"特性。如前所述，公共产品最基本的特征是非竞争性和非排他性。交通运输业的公共产品特性主要体现在运输产品消费的非竞争性上，即一个人对运输产品的消费不会影响其他人从运输产品的消费中获得的效用，换言之，增加额外一个人消费该运输产品不会引起产品成本的任何增加。比如，对于一辆尚未满员的公共汽车来说，再增加一位旅客并不会减少其他旅客所得到的运输效用。同时，交通运输产品的消费也具有非排他性，排除特定对象的消费既不合理，也无必要。另外，运输的外部经济性也使得运输产品表现出公共产品的特征，对此，后面将做详细论述。

当然，运输产品呈现公共产品特性是有一定条件的，那就是要在运输产品达到或超过拥挤临界点之前，只有在这种情况下，公共产品所具有的非排他性和消费非竞争性两个特征才能在交通运输产业中得以满足。

（2）"私人产品"特性。运输产品达到或超过拥挤临界点时，继续提高运输能力的边际成本可能会很大，因为政府要达到这个目的就必须要继续投资，此时运输产品的"公共性"开始弱化，相应地，私人产品的特性开始加强。这种变化首先表现在运输产品由非排他性转向具有一定程度的排他性。例如，一辆满载的客车对于尚未上车的旅客就具有排他性。若要增加消费数量，就得增加车辆，从而引起边际成本的上升。在这种状态下，运输产品消费的竞争性也就出现了。又如，我国铁路运输能力多年来处于紧张和短缺状态，正常运输市场之外的运输黑市悄然形成并发展壮大，黑市价格受供需调节，具有明显的私人产品属性。

（3）"准公共产品"特性。运输产品的准公共性是决定运输产业属性的核心和基础，是交通运输业诸多特征的综合体现。运输产品的准公共性主要体现在"拥挤性"上，对于交通运输产业来说，拥挤"临界点"有着具体而明确的内容。例如，一列列车的"临界点"指的是额定载客量或额定吨位。一条运输线路的"临界点"指的是通行能力，因为正是在这一点上，运输生产的边际成本开始上升。又如，货运量超过了列车的额定吨位，就需增挂车辆或增开车次。当一条运输线路的通行能力不能满足在这条线路通过的客货运输的需求，就需增加投资，新建或改造原有线路。而对于达到拥挤"临界点"之前的运量来说，其边际成本几乎为零。

（4）复合特性的变化。交通运输产品具有公共性和私人性的复合特性，这两种特性是交叉渗透在一起的。交通运输产品的供给大多需要基础设施网络的支撑，如铁路网、公路网，这些基础设施具有明显的公共产品，或至少是准公共产品特性，因此，政府投资在基础设施网络建设中应该发挥重要作用；而交通运输服务的供给和消费则具有很强的私人产品特性，并且随着市场经济的发展，运输服务市场化程度的加深，这种私人性特征将越趋明显。比如，在公路运输系统中，汽车与公路就是一对非常恰当的例子，前者以后者作为网络支撑，后者用于前者。但前者是典型的私人产品，而后者则具有公共产品的特性。

运输产品的公共性和私人性特征随着运输量的变化而变化，如前所述，在运输量达到拥挤点以前，运输产品的公共产品特征明显，在运输量超过拥挤点之后则具有了很强的私人产品特征。同时，运输产品的属性不仅在不同的运量层次上表现出不同的性质，即使在同一运量上也表现出复合特征。例如，在拥挤点上，运输产品具有一定程度的私人产品特征，但运输系统的外部经济效应并不会因此受到较大影响，反而使运输对经济发展的作用更加突出了。

从前面的分析可知，运输产品是一种准公共产品，一方面运输产品具有公共产品和私人产品的复合特征；另一方面运输产品的属性因需求函数的不同在公共产品和私人产品之间呈现动态变化。

4.2.2 交通运输业是一种网络型产业

网络由多个节点的连接构成，自身形成一个网状配置系统。网络这一概念目前应用很广，从其内涵与外延的角度可分为三类：第一类是实体网络，即以物质网络作为实体的社会基础设施，包括交通运输、电力、邮电、供水、供气等以实际的点线连接组成的网络；第二类是虚拟网络，包括信息、管理、组织、关系、营销等组成的网络；第三类是因特网，它与完全实体网络和完全虚拟网络都不一样，形成了依靠实体但又超越实体的特定信息网络。[①]

网络型基础产业是指在产品或服务的生产、传输、分销和消费等环节必须依靠一个具有空间分布的物理网络的基础设施产业。生产厂商必须借助于传输网络才能将其产品或服务传递给用户，用户也必须借助于传输网络才能使用厂商生产的产品或服务的产业，这些产业长期以来受到政府的规制，市场准入、产品或服务的价格以及经营方式受到严格控制，市场结构呈现为独占垄断、区域垄断或寡头垄断的特征。网络型结构的产业要求其各个部分之间要密切协作以发挥网络的整体功能，特别是内部技术联系较强的网络系统，如通信业各部分之间协作的要求就更强烈，以致在网络内形成了纵横两个方向的一体化组织结构。

交通运输业是以交通运输网络为基础的产业。运输服务中每一个客货位移都具有不同的运输对象，不同的运距和起讫点等要素，运输生产过程又分别体

---

① 王庆云．交通运输发展理论与实践．中国科学技术出版社，2006

现到可移动载运设备和作为运输基础设施的固定网络、线路以及各个节点上面，因此，交通运输业是一种典型的网络型产业。

交通运输网络从其组成来讲，可分为三部分：[①] 一是由交通运输固定设施组成的运输实体网络，也就是通常所指的交通运输基础设施网络；二是由交通运输线路与运输移动设备共同组成的交通运输运营网络；三是由各种交通运输资源信息组成的交通运输信息资源网络。从空间分布讲，交通运输网络是以城市为中心的交通运输枢纽和各种交通运输线路共同布局连接构成的网络系统，为社会经济提供客货运输服务，属于双向网络系统。因而交通运输网络具有网络与运输系统赋予的双重属性，既具有网络孳生的一般特性，又具有交通运输网络的系统特性。

对于实体网络而言，交通运输网络无疑是最重要和最复杂的网络。它主要由各种交通运输工具和其所依附的基础设施在空间中通过各种组织方式所形成。从交通运输网络的服务对象来看，它是各种以实物形式存在的物质在空间内实现位移的载体。交通运输网络同时也包含了虚拟网络的一些重要特征，例如，运输组织和管理上的协调。此外，交通运输网络服务对象众多，人员、原材料和制成品等都是运输的对象，这远远超过了诸如电力、通信、供水和供气等只是单一服务于一种或几种物质组织形式的实体网络。

交通运输业的网络经济性主要体现为运输密度的变化、运输幅员的变化和引起的运输产品、运输生产规模和运输成本的变化。例如，铁路的网络经济性是指当铁路线路成网及路网密度增加时，由于扩大运输需求范围、调剂各线路负荷从而提高整个路网能力利用程度和效率的现象。当两条互不相连的线路端线连成一体时，将大大增加两条线路之间的过境运量，提高整个路网的利用效率。因此，在分割路网时，应充分考虑分割对路网的网络经济性的破坏。为此需要通过规划不同的运输方式、运输线路，有利于实现运输系统的优化。

4.2.3 交通运输业各种运输方式间竞争与协同共存

各种运输方式在计量其提供的服务量时均采取复合重量和运距的办法，这表明不同运输方式在提供服务产品时具有相似性甚至同一性，因此说各种运输方式之间具有很强的替代性。运输方式的替代性主要受运输成本的影响，而运输成本在很大程度上又受运输效率的影响。例如，相对于高速公路、民航等运输方式，水路运输的客运业务由于在效率上存在较大差距，大大增加了消费者使用此类运输方式的机会成本，因而水路客运业务日益萎缩，而高效率客运业

---

① 黄静兰. 交通运输网络特性分析. 综合运输，2003（6）

务的市场份额逐步提高。运输方式之间的这种替代关系决定了交通运输业内部的业务结构和市场竞争结构。

同时，各种运输方式因其技术经济特性不同而具有不同的优势。例如，在短途运输上，公路运输由于其灵活的上下客方式、密集的发车数量等占据着便利性强的优势，而航空运输在长距离运输上有着不可抗拒的时间优势，水路运输在局部区域有着价格优势，铁路运输则有着一定的价格优势和安全优势。各种运输方式所具有的不同优势带给消费者选择的多样性，也促进了各种运输方式之间的竞争。各种运输方式因优势不同而具有相应的适用范围，但这种适用范围并不是绝对的，为了追求自身效益的最大化，各种运输方式都在不断努力扩展其适用范围，以吸引更多的消费者，致使彼此之间的竞争不断加剧。

各种运输方式虽然竞争激烈，但因其自身技术经济特性决定，每种运输方式在具有某种优势的同时也存在不同的缺陷，因此，需要各种运输方式在一定范围内进行分工与相互配合，形成统一的运输体系。例如，民航、水运往往只能采取港（站）到港（站）的运输方式，不能像公路运输那样直接将货物运送到目的地，因此需要公路运输为其集散客货；铁路运输的运输量大但不够灵活，也离不开公路或水路为其组织旅客和货源。因此，多式联运作为综合考虑了运输产品需求者对运输成本、效率、安全和便利等多样化要求下的一种运输服务方式，在促进各种运输方式之间的协作、降低运输成本、提高运输效率等方面发挥着越来越重要的作用。

4.2.4 交通运输业外部经济性显著

交通运输业的外部性表现为正外部性和负外部性两部分。交通运输业为社会提供了相当大的经济和社会效益，它为追求生产专业化以及规模经济、密度经济和范围经济的实现提供了可能。对个人而言，交通运输业提供了流动的可能性，使人们能够在更大的区域里获得更多更好的居住、就业和发展机会，而且为人们享受各种娱乐和参与社会活动提供了方便。交通运输业还可以使土地等自然资源增值，可以为实现劳动分工和社会化大生产提供保证，可以带动地区经济的繁荣，这些都是交通运输业带来的正外部效应。

在上述情况下，运输活动带来的收益超过了人们直接对其支付的费用，所以是正外部性的表现。然而交通运输业的发展有时也产生明显的负外部性，例如，当今交通运输事业的发展大大增加了交通事故、噪声污染、空气污染、水污染及气候变化等不良影响，而且如果交通拥挤的程度超过了临界点，运输服务自身也不能以一种完全有效率的方式提供给人们。交通运输活动引起的成本不仅包括可以通过市场价格体现的财务成本，而且也包括那些非市场力量能够调节的影响，包括死亡、疾病、资源的过度消耗、对自然和大气环境的破坏等。这些都涉及交通运输的负外部性。

单就运输基础设施来讲，其供给和使用两个方面都体现了不同的正负外部性。运输基础设施供给的正外部性主要体现为交通运输基础设施的公共物品性质，包括消费的增加和生活水平的提高；收入效应和增加就业机会；拉动经济增长，优化产业结构；促进地区间商品流通；开发边远落后地区。交通基础设施存在正外部性是政府作为其供给主体的主要理由。而交通基础设施的负外部性则主要表现为环境污染、生态破坏以及人类沟通的隔离等。

交通运输基础设施使用的正外部性可以分为金钱正外部性和技术正外部性。金钱正外部性主要是由于运输成本降低所带来的一些额外收益，比如劳动力市场扩大、产品市场扩大等；技术正外部性主要是指由于运输设施提供了诸如便捷快速的运送病人的条件而使病人减少的痛苦和伤残程度等。运输设施的负外部性主要包括四个层面：交通拥挤带来的时间和运营成本的额外增加；运输设施供给中没有包含的费用，即纳税人与使用者的现金流错位；运输活动带来的对环境的影响；交通事故造成的人员损失。

4.2.5　交通运输业具有一定的自然垄断特性

自然垄断是经济学中一个传统概念。早期的自然垄断概念与资源条件的集中有关，主要是指由于资源条件的分布集中而无法竞争或不适宜竞争所形成的垄断。在现代经济条件下，由资源集中所引起的垄断已不多见。而传统意义上的自然垄断则与规模经济紧密相连，指一个企业能以低于两个或者更多企业共同生产的成本为整个市场供给一种物品或者劳务，在存在规模经济的产量范围内就会产生自然垄断。

但到 20 世纪 80 年代，西方经济学对自然垄断的认识发生了重大的变化。1982 年，鲍莫尔（Baumol）、潘泽（Panzar）和威利格（Willig）用部分可加性（subadditivity，又称为次可加性、劣可加性）重新定义了自然垄断。假设在某个行业中有 X 种不同产品，Y 个生产厂商，其中任何一个企业可以生产任何一种或者多种产品。如果单一企业生产所有各种产品的成本小于多个企业分别生产这些产品的成本之和，该行业的成本就是部分可加的。如果在所有有关的产量上企业的成本都是部分可加的，该行业就是自然垄断的。换言之，即使平均成本上升，只要单一企业生产所有产品的成本小于多个企业分别生产这些产品的成本之和，由单一企业垄断市场的社会成本依然最小，该行业就是自然垄断行业。平均成本下降是自然垄断的充分条件，但不是必要条件。新定义扩大了自然垄断的范围，它不仅包括传统的自然垄断即强自然垄断，还包括了所谓的弱自然垄断。

4.2.5.1 自然垄断的基本特性

自然垄断具有几个明显的特征：一是成本效率主导性。从自然垄断的经济学理论基础来看，无论是规模经济还是范围经济或者是成本的次可加性，自然垄断取决于成本效率而不是其他因素。规模经济意味着生产更多产品时固定成本被逐渐摊薄，越来越低；范围经济意味着在追加生产相关新产品和服务时进行联合生产要比单独生产的成本低；成本次可加性则意味着独家垄断经营的总成本小于多家分散经营的成本之和。无论在哪种情况下，自然垄断都建立在成本效率提高的基础之上。二是网络经济特征。综观世界各国的自然垄断产业，如供水、电力、煤气、热力供应、电信、铁路、航空等，不难发现采取自然垄断经营的产业一般具有网络经济的特征，即依赖一定的产业基础网络为市场提供商品和服务。如果离开这些产业基础网络，企业所生产或者提供的商品和服务就无法流转到社会消费领域。衡量这些产业基础网络作用的最佳指标是网络上的流量（交通、电力、通信信号等），而网络上的流量将以网络节点的几何级数增加。网络节点数量越多，边际投资收益越大，因此也对自然垄断产业的规模扩大提出必然要求。三是资产具有沉淀性与专用性。由于自然垄断产业依赖于基础网络为整个市场提供产品和服务，因而企业在经营自然垄断行业时，将要投入大量的资金进行产业基础网络的建设。这些产业网络形成了大规模的固定资本，它们折旧时间长，变现能力差，从而导致了整个自然垄断产业大量的资本沉淀。另外，由于产业基础网络占有的资产往往具有相应产业或者行业的专用性，所以资金一旦投入也就很难收回，所形成的企业资产也难以改做他途，造成大量的沉淀成本。

4.2.5.2 交通运输业的自然垄断属性

对照自然垄断产业的特性，可以看出交通运输产业具有较强的自然垄断特性。

（1）规模经济效应是交通运输业最显著的特征之一。以铁路运输为例，铁路交通运输业作为网络型基础产业，其规模经济是指随着网络上运输总产出的扩大，平均运输成本不断下降的现象。这种网络系统的规模越扩大，越需要庞大的固定资本投资，随着需求量扩大，固定成本就可以分摊在每一需求量上，从而越能收到规模经济效益。

铁路的规模经济可以从路网企业和线上运输企业的角度分别定义。从路网企业的角度看，规模经济由运输密度经济和幅员经济共同构成。运输密度经济是指当运输网络在幅员上保持不变（以线路长度及服务节点数等衡量）的条件下，运输产出扩大引起平均成本不断下降的现象；运输网络的幅员经济是指在网络上的运输密度保持不变的条件下，与运输网络幅员同比例扩大的运输总产出引起平均成本不断下降的现象。从运输企业的角度看，规模经济包括载运工具载运能力经济、车队规模经济、运输距离经济。载运工具载运能力经济，是指随着单个载运工具的载运量增加而平均运输成本逐渐降低的现象；车队规模经济，是指随着车队规模扩大而平均运输成本逐渐降低的现象；运输距离经济，是指随着距离延长而平均运输成本不断降低的现象。

作为规模经济效应的另外一个方面，"网络的外部经济效益"也是交通运输业的重要特性。发展交通运输业的重要标志之一就是扩大运输系统，从而刺激一个自力更生的增长过程。一个运输网络的形成和扩大可以把国民经济的不同地区市场连接起来，通过更合理的劳动分工改进资源配置。运输网络的扩大和完善，大大增加了客货运输的通达性，从而在更广阔的范围上诱发运输需求，促进经济的发展。交通运输业的这种正的外部效应，也是使其具有公共性的原因之一。

（2）范围经济也是交通运输业的显著特征之一。范围经济也是一种规模经济，是指当两种以上的产品或服务由一个企业提供时，其成本比由不同企业单独提供单一服务的成本总和要低。仍以铁路为例，铁路运输的范围经济主要来自于共用路网设施，因此，路网设施的供给能力决定了利用范围经济的程度。如果路网供给不足，运输企业不会提供多种运输产品，而只提供利润率高的产品；反之，运输企业就会提供尽可能多的产品，以充分利用基础设施。

（3）交通运输业存在大量的"沉淀成本"。交通运输业存在大量的"沉淀成本"，也就是说，要建成一定的运输规模，必须先期在基础设施的建设上投入大量的资本。一旦退出经营，这些物化其中的资金几乎不可能抽回。这一点对于铁路、公路和管道运输尤为突出。如果多家规模相近的运输企业在同一个运输区域内自由竞争，两败俱伤是最可能的结局。从沉淀成本的概念还可以推知，由于建设运输系统的初始规模往往十分巨大，因此对于新企业来说，形成了较高的进入壁垒。其结果是，即使运输需求超过了拥挤点，边际成本开始上升，原有企业仍可能在一定范围内不会受到潜在竞争的威胁，仍然保持着垄断地位。这在客观上也符合成本的部分可加性。另外，运输基础设施网络的专用性也是造成大量沉淀成本的原因之一。

4.3　中国交通运输产业发展的特殊性

中国交通运输业作为一种规范的产业形态，无疑具有前面提到的交通运输产业的所有一般特性。但当这些一般特性与我国经济社会发展背景与环境、经济社会发展阶段等具体运行条件相结合时，又会产生一些有别于一般特性的特殊性。而这些特殊性的存在正是我国交通运输业发展必然要经历的一个阶段的特有表现，虽不能在短期内彻底消除，但应是我国交通运输业未来发展值得关注的一些方面，也是在可能的情况下需要尽力去解决的问题。

4.3.1 不同运输服务产品的私人性和公共性发展不平衡

如前所述，交通运输产业中，在基础设施供给领域具有明显的公共产品属性，而各种交通产品或服务的运营方面却具有明显的私人产品属性。

在我国的交通运输业中，无论是基础设施供给的公共性还是运营服务的私人性，在各种运输方式上的体现都有所不同，公共性和私人性程度分布并不均衡，具体来讲主要体现在以下几个方面：

首先，从交通运输基础设施供给的角度看，我国的交通基础设施大部分是由政府投资建设，这进一步说明了交通基础设施的公共产品的特性。但各种运输方式的基础设施公共性程度有所不同。例如，铁路基础设施主要指铁轨铺设、铁路列车等，由于历史传统、铁路运输自身的技术经济特性等原因，我国的铁路基础设施几乎完全是由政府投资的，公共性最强；公路基础设施虽然大部分也是由政府主导建设的，但公共性相对铁路要低很多，多元化的公路建设投资主体已经形成，使得我国的公路基础设施更多的带有准公共产品甚至是私人产品的特性。

其次，从运输服务供给的角度看，我国的交通运输服务呈现市场化经营和垄断性的国有经营并存的局面。目前交通运输各行业管理体制不同，市场化程度也有所不同。铁路部门仍为政企合一的管理体制，市场结构基本上处于完全垄断状态并存在严格的政府规制，价格机制、竞争机制等无法充分发挥配置市场资源、促进优胜劣汰的作用，从根本上看，运输企业也缺乏改善经营管理、提高经营效率的压力和动力。航空业内部的行政垄断也比较严重，形成较高进入退出壁垒的原因之一即政府的行政干预。例如，在进入方面，公共航空运输企业的设立，航空公司经营定期航班运输的航线、暂停、终止经营航线等应报经民航总局批准；在退出方面，由于航空公司在经营管理上受民航总局干预过多，企业亏损多以政策性亏损进行解释，即使出现严重亏损的情况往往也无企业破产退出的结果发生。由较高的进入退出壁垒构筑的市场结构虽然可维持行业内竞争的稳定性，但由于我国航空企业在经营上受民航总局或地方政府干预过多，以及国有企业体制固有的产权弊端，我国民航交通运输业反而表现出过度竞争、低利润率等不甚理想的经营绩效。公路交通运输业由于本身具备点多面广、机动灵活的特点，比其他运输方式如铁路、民航更具市场特性。然而，目前我国的公路交通运输业由于政府缺乏有效的宏观调控和监管，运输市场主体"多、小、散、弱"，市场集约化程度非常低，出现了过度市场化的现象。我国的海运业，由于对外开放较早，市场化程度相对较高，形成了较为合理的管理体制和市场结构。

最后，各种运输方式的公共性与私人性比例特征并非一成不变，而是处于此消彼长的状态。运输企业的市场化程度随着市场经济的发展逐渐加强，对应的公共性必然有所下降。例如，我国的公路交通运输业，自 20 世纪 80 年代开始，实行简政放权、承包经营、鼓励多种经济成分共同发展，市场化程度迅速提高，相应的公共属性迅速削弱。然而，根据交通运输业的特性和各种运输方式承担的基本经济职能和社会职能，如普遍服务义务，交通运输服务还需具备一定的公共属性，如政府仍应是农村公路等基本公路基础设施的主要投资主体。也就是说，在交通运输服务领域，应有一个相对合理的私人性和公共性的配比，而这种合理性目前在我国的交通运输业还没有明显的体现。

4.3.2　我国交通运输业存在供需不平衡现象，各种运输方式间协同水平低

我国的交通运输业存在供需不平衡的现象，主要体现在以下几个方面：

首先，我国客货运输对各种运输方式的需求不平衡。因为各种运输方式具有不同的技术经济特性和具有不同的适用范围，所以带来的运输成本也有很大的差别。目前，无论是客运还是货运，对铁路运输的需求都高于其他运输方式，已经严重超过了铁路运输的供给能力。这种现象对于各种运输方式效用的最大发挥造成了很大的障碍。

其次，每种运输方式内部存在严重的供需不平衡。一方面，运输能力在客运与货运之间的分配较不均衡，如我国的铁路运输，货运需求的被满足程度严重低于客运需求。2004 年，《中长期铁路网规划》获国务院通过后，铁路系统的投资出现了飞速增长，运输"瓶颈"问题来了一次总爆发。到 2005 年，煤炭产运系数下降到 0.58，钢铁产运系数下降到 0.42，这意味着接近一半的钢、煤无法通过铁路有效运出。目前，全国铁路货运遇到了空前的紧张局面，各地铁路部门的车皮需求量由平均每天的 16 万辆增加到 28 万辆，而能够满足的运力不足 10 万辆，缺口接近 2/3。煤炭、粮食、种子、化肥、农机等物资的运输受到严重影响。另一方面，各种运输方式内部基础设施结构存在不平衡，例如，我国的内河航运业，基础设施建设薄弱，企业小而散，距离集装箱化、专业化、大型化的船舶航运仍有较大的差距。

再次，我国的交通运输产业还存在基础设施和营运能力之间的不平衡，表现尤为突出的是公路运输，我国的公路基础设施总体上还处于不足状态，但营运能力却已经出现过剩的趋势。

这些供需不平衡现象的发生，一方面是由于我国运输基础设施的供给不足，另一方面是由于我国运输企业的营运因市场化程度不高造成效率低下，营运能力比较低，无法满足我国这样一个人口大国的运输需求。此外，长期以来我国各种运输方式之间缺乏协调配合、有效衔接的机制，交通运输基础设施的规划、建设和管理很难做到统筹协调、一体化运作，运输方式和运输枢纽各自为政，既不是综合的又不是优化的，既浪费资源、增加污染，又降低了运输效率。而在各种运输方式内部也存在干线和支线、场站和枢纽以及重点和一般的协调发展问题。总体而言，目前在我国交通运输产业发展中存在具有综合交通功能的枢纽尚未形成，运输通道能力不足，尤其是铁路能力短缺，港口集装箱和大型散货泊位能力严重不足，高等级内河航道比重低，高速公路、国省干线、农村公路不协调等一系列因为缺乏协调配合而产生的问题。同时，由于现有管理体制的制约，直接影响交通运输结构的优化，导致多式联运效率不高。

最后，我国的交通运输业还存在网络分布不均现象，尤其是不同运输方式之间的网络节点连接不畅，致使各种运输方式之间协作水平低、协同效率差，多式联运发展滞后。

4.3.3 我国交通运输业的负外部效应显著

如前所述，交通运输业是具有很强外部性的产业，而且正外部性与负外部性同样显著。具体到我国的交通运输产业，在发挥其正外部性的同时，负外部性的表现更为突出，尤以环境污染严重、交通事故频发、土地过度占用等最为引人关注。

我国是世界上车辆尾气排放最严重的国家之一。20世纪90年代初以前，我国的大气污染属于煤烟型，主要污染源来自工业排放。90年代后期，机动车增长引起的尾气型污染在很多城市逐渐取代煤烟型污染成为首要污染源。近年来，我国城市公路车辆增长很快，虽然在总量上仍比世界许多大中城市少得多，但由于我国国产车辆环保质量要求不高，加之老旧车辆较多，据资料报道，我国单车排放的有害物质平均相当于发达国家10～15辆汽车的排放量，因此造成的空气污染比国外大中城市要严重得多。据世界卫生组织（WHO）公布的一份资料，在全世界污染最严重的50个城市中我国占了30个，污染最严重的10个城市中我国占了8个。根据2003年底国务院正式批准的《大气污染防治重点城市划定方案》，全国包括北京、上海在内共有113个城市被划定为大气污染防治重点城市，其中仅 39 个城市虽已达标但需继续改善，74 个城市因未达标而被勒令限期达标。

交通运输产业发展的另一个明显的负外部性是加大交通安全事故及隐患，其中尤以公路为甚。2005 年我国公路交通事故死亡人数虽已降到 10 万人以下，但同国外尤其是发达国家相比，我的公路交通安全水平还很低。我国事故死亡率远远高于世界平均水平，更高于发达国家水平。全世界每万辆汽车事故死亡人数平均为 10 人，发达国家一般为 1～2 人，而我国约为世界平均水平的 3 倍多，发达国家的 15 倍。即便按机动车保有量计算，我国的公路事故死亡率也是发达国家的 4 倍左右。

交通基础设施建设基本上都是占用土地资源巨大的项目，但各种运输方式之间有所不同。以运输能力占地相比，一条复线铁路与一条 16 车道的公路具有相同的运输能力，而铁路占地为 15 米宽，公路占地为 122 米宽，铁路占地约为公路的 1/8，水运和航空则占用土地较少。占用土地往往造成植被破坏，自然生态环境和农业生态环境都会受到影响。目前，在我国大规模交通基础设施建设带来的占用甚至滥用农田，以及缺乏科学合理规划导致的土地过度使用等问题都比较严重，带来了严重的负效应。未来的交通运输体系建设要综合各种交通运输方式的优、劣势，朝着占地更为节省的方向发展。

导致我国交通运输产业具有很强负外部性的原因之一是制度缺位。对某些稀缺资源，如土地的使用，没有建立有效的监督约束制度，使得对这些资源的使用缺乏有效的调节机制，造成无序滥用就是一种表现。再如，因对有效控制环境污染的制度安排缺位，造成低排放量标准的交通工具大量存在等。

中国交通运输产业具有很强负外部性的另一直接原因，是没有建立起合理的价格调节机制来控制负外部性的发生，如没能实现"谁污染，谁付费"的价格调节机制，造成私人净收益和社会净收益、私人净成本和社会净成本的背离，这种背离使资源无法得到有效配置和合理利用，或是无法有效控制负外部性的发生。

4.3.4　我国交通运输产业的网络效应不明显

交通运输业是一种网络型产业，其网络经济性主要体现在运输密度的变化、运输幅员的变化引起运输产品、运输生产规模和运输成本的变化方面。当运输网络出现密度经济和幅员经济时，运输平均成本下降，从而会降低价格，提高消费者福利，即运输网络的经济性。

运输网络建设的完备是路网利用高效性的前提与保障，当线路成网及路网密度增加时，由于扩大运输需求范围、调剂各线路负荷，从而可以提高整个路网能力、路网利用程度和效率。当两条互不相连的线路端线连成一体时，也将大大增加两线路之间的过境运量，提高整个路网的利用效率，即网络经济的高效性。

网络经济的另一效用即其外部经济性。一个运输网络的形成和扩大可以把国民经济的不同地区市场连接起来，通过更合理的劳动分工改进资源配置。从短期看，由运输系统的扩大带来的运输成本降低，会造成对某一个地区的产品更大的需求。由于运输价格降低，自然也使消费者获益。从长期看，运输网络扩大会鼓励不同地区（特别是落后地区）进行新的投资，这其中的部分原因是工业被其他地区吸引过去，部分原因是闲置（或使用时无利可图）的资源转向新企业。更具有普遍意义的是，运输网络的扩大和完善，大大增加了客货运输的通达性，从而在更广阔的范围上诱发运输需求，促进经济的发展。

交通运输产业的网络效应既体现在单一交通运输方式内部的网络，也更体现在几种交通运输方式联合产生的网络效应方面。然而，在我国，交通运输业的这种网络经济特性却体现得并不明显。

仍以铁路为例，[①] 1949 年，我国共有铁路营运里程 21810 公里，集中分布在东北地区和东部沿海地区。50 多年来，为开发内地，在西南和西北地区新建了较多的铁路，使我国铁路网布局逐渐趋于均衡。目前东北和华北地区铁路里程所占的比重仍比较大，西北和西南地区的铁路里程比重也有所增长。比较各地区的铁路里程和所承担的客货运比例可以看出，华北地区的货运任务过重，中南和华东地区的客运负荷过重，而西北和西南地区的客货运输负荷较轻。

我国的交通运输网络在各区域分布也很不均衡，东、中、西部三大地带交通设施依次弱化，部分区域运网稀疏、运能严重不足，即使在经济相对发达地区，由于客货运输繁忙，主要干线运能也十分紧张，运输通道建设有待大力加强。

此外，由于我国交通运输在线路建设与枢纽建设上的投资分配不尽合理，使运输系统点、线协调能力差，交通运输网络出现了网络节点连接不顺畅的现象，无论是各种交通运输方式内部还是各种运输方式之间，这种节点连接不畅问题都很严重，大大限制了运输组织效率和综合运输效率的提高，导致我国交通运输业网络经济效应发挥不明显。

---

① 郭忠印．交通运输设施与管理．人民交通出版社，2005

5 中国交通运输产品与服务
市场的供给分析

衡量一国交通运输业发展水平的重要指标是该国交通运输产品与服务市场的供给状况。交通运输产品与服务市场供给品种的多寡、便捷程度的高低、质量的优劣直接决定了该国交通运输市场发展程度的高低。同时，一个国家交通运输产品与服务市场的供给水平与该国经济发展水平、地形地貌特征、居民消费习惯等因素紧密相关。因此，从供给的角度去探讨交通运输市场能够比较全面地把握该国交通运输产业发展的总体状况及存在的问题。

5.1 交通运输产品与服务市场供给的基本概念

交通运输产品与服务市场的供给与一般产品市场的供给相比，既具有相同的特征，又有其特殊性。本节基于这种一般性和特殊性的统一，对交通运输产品与服务市场供给的一些基本概念进行界定和分析。

5.1.1 交通运输产品与服务市场供给的内涵

交通运输产品与服务的供给是指运输生产者在某一时刻，在各种可能的运输价格水平上，愿意并能够提供的各种运输产品和服务的数量。供给在市场上的实现要同时具备两个条件：一是生产者有出售商品的愿望；二是生产者有供给产品和服务的能力。

具体来说，运输供给包含如下四个方面的因素：一是运输供给量，通常用运输工具的运输能力来表示能够承运的货物和旅客的数量与规模；二是运输方式，指公路、铁路、航空、水运和管道五种不同的运输方式；三是运输布局，指各种运输方式的基础设施在空间的分布和活动设备的合理配备及其发展变化的状况；四是运输经济管理体制，指用于指导运输业发展所相应建立的运输所有制结构、运输企业制度、运输资源配置方式以及相应的宏观调节机构、政策和法规等。

5.1.2 交通运输产品及服务的供给体系

交通运输供给体系有广义和狭义之分：狭义的运输供给体系是以不同供给方式的技术经济特点及相互间的分工协作关系为基础，在具体运输生产实践中将协作系统进行优化而形成的"一体化"运输体系；广义的运输供给体系则是根据不同供给方式的技术经济特点和相互间的分工协作关系，在宏观经济领域构造的综合运输体系。

5.1.2.1 "一体化"运输体系

"一体化"运输体系是在具体的运输生产实践中通过先进技术和先进的经营管理方式，将两种以上供给方式联结在一起，把多环节、多区段、跨地区、跨国界的运输生产过程组织在一起，使其紧密衔接、相互协调、相互配合而形成的运输供给体系，它是运输供给结构优化的结果，是"组合供给"的高级化形式。"一体化"运输的出现，标志着运输业的发展已经彻底突破了各种运输方式单一发展的模式，进入相互衔接、协作、协调发展和结构优化的时代。

"一体化"运输体系的两种基本方式是集装箱运输和运输代理制。

集装箱运输和多式联运的发展是"一体化"运输的标志，也是运输供给结构优化的标志。以集装箱为主体的国内国际多式联运，通过两种和两种以上运输方式的有效衔接，实现了"门到门"的运输，使运输供给结构得到了优化。

集装箱运输的产生及其各种配套设施的发展，一方面可以十分便捷地进行搬运、堆存、装卸和运输货物，便于组织多种运输方式之间的联合与协作，开展"门到门"运输；另一方面，集装箱运输所具有的节省包装材料，保证货物安全，减少货差、货损，提高运输效率等一系列优势，也只有在组织多式联运、实行"门到门"运输的情况下，才能得到充分发挥。

如果说集装箱运输在运输技术领域的协调方面保证了"一体化"运输的实现，促进了"一体化"运输的发展，那么运输代理制则在经营方式上保证了"一体化"运输的实现，促进了"一体化"运输的发展。

运输代理制是在整个运输生产过程中，作为货物所有者（货主）的实际托运人同拥有运输工具的实际承运人之间不直接接触，而是以各种不同的方式分别通过其代理人开展运输业务活动的一种经营方式。在这种经营方式下，代理人既是托运方的代理人又是承运方的代理人，具有双重地位：对于实际托运人来说，他处于承运人的地位，享有并承担承运人的权利和义务；对于实际承运人来说，他又处于托运人的地位，又享有并承担托运人的权利和义务。

运输代理制通过提供"一次托运、一次付费、一次签单、一票到底、全程负责"的运输代理业务，将多种运输供给方式结合成为一个整体。运输代理制所具有的上述优势，使它能够和以集装箱为载体的多式联运相配合，在国内国际"一体化"运输方面发挥着越来越大的作用。

5.1.2.2　综合运输体系

"综合运输体系"可以理解为五种运输供给方式有机结合而形成的运输供给体系。从系统论的角度来看，综合运输体系是指各种运输供给方式之间在宏观经济领域中相互协作、相互贯通、有机结合的交通运输综合供给系统。它是一个复杂的、多层次的运输经济系统，是"组合供给"的最高级、最完备的形式，是比"一体化"运输更为广泛、全面、复杂、完善的运输供给大系统。

综合运输体系主要由三个子系统组成：

（1）具有一定技术装备的综合运输网及其结合部系统。它要求在运输网络的布局上合理协调，运输环节相衔接，技术装备相配套，使运输网四通八达。

（2）综合运输生产系统，即各种运输方式联合运输系统。它要求高效率、低能耗、高质量、低成本，充分发挥各种运输方式的能力及优势。

（3）综合运输组织、管理和协调系统。它要求既要有宏观上的管理、统筹规划，又要发挥每种运输方式在微观上的基础作用。

5.1.3　交通运输产品及服务的供给弹性及其特点

供给弹性是指由产品或服务的价格变化所引起的国际量的变动幅度。产品或服务的供给弹性不同，决定了市场上的供给特性不同。

5.1.3.1　交通运输产品及服务的供给弹性

运输产品及服务的供给弹性是指在其他条件不变的情况下，运价变动所引起的供给量变动的灵敏程度。灵敏程度表示为：

$$E_s = \frac{\Delta Q/Q}{\Delta P/P} = \frac{\Delta Q}{\Delta P} \times \frac{P}{Q} \tag{5.1}$$

运输供给弹性也可以表达为运输价格变动1单位时，运输供给量变动的程度。供给曲线上某一特定点处的价格弹性称为这一点的点弹性。点弹性可以表示为：

$$E_s = \lim_{\Delta p \to 0} E_s = \frac{dQ}{dP} \times \frac{P}{Q} \tag{5.2}$$

供给曲线上某一段弧处的价格弹性称为这段弧的弧弹性。弧弹性可以表示为：

$$E_s = \frac{Q_2 - Q_1}{P_2 - P_1} \times \frac{P_2 + P_1}{Q_2 + Q_1} \tag{5.3}$$

由于运价与运输供给量同方向变动，所以供给弹性值为正值，这样供给量对运价变化的反应可以用供给弹性值的大小衡量。当 $E_s > 1$，供给量富有弹性；当 $E_s<1$，供给量缺乏弹性；当 $E_s=1$，供给量是单位价格弹性。

5.1.3.2 交通运输产品及服务的供给弹性的特点

与一般性产品相比，交通运输产品及服务的供给弹性大小不能一概而论，而是与考察期间、范围等很多方面的因素相关，需要视具体情况而定。

(1) 同考察期间的长短有关。运输业是资金密集型产业，初始投资大，建设周期长，运力储备风险较大，所以短时间内调整运力不易做到，供给价格弹性较小。但从长期考察，运输市场在运价的作用下供给与需求会趋于相互适应，这表明在长期内运输供给具有较充分的弹性。

(2) 同运输市场上供需的相对状况有关。当需求量低时，通常运输市场供给过剩，因此具有较大的供给价格弹性；当需求量增高时，通常运输市场供给紧张，即使价格上升，也无力进行大量的供给投入，因此供给弹性较小。

(3) 同运价波动的方向有关。运价朝向不同方向变化时，运输供给价格弹性大小也不同。一般而言，当运价上涨时，刺激供给增加，运输供给弹性较大；当运价下跌时，供给并无意愿自动退出市场，只有在难以为继的情况下，才会被迫退出市场，因此，供给弹性较小。

(4) 同运输供给方式有关。不同的运输供给方式的价格弹性也存在着差异性。当公路、内河小型船舶运输市场价格发生变动时，运输工具投资额度低和民营化程度高的特点可以使这些运输的供给灵活地进行转移，因此，此类运输供给弹性相对较大。而航空、铁路、管道和海运等运输市场存在着运输工具沉淀成本高、国家政策性导向强等特点，当市场价格发生变动时，运输产品和服务的供给不能够及时、灵活地反映市场的变化，因此，供给弹性较小。

5.2 中国交通运输产品与服务供给的现状与问题

改革开放以来，中国的交通运输产业取得了快速发展，各种运输方式的运力有了很大程度的提高，供给状况得到了极大的改善。但是，制约运输产品和服务进一步发展的矛盾依然存在。因此，本节着重对中国主要交通运输产品与服务的供给状况及存在的问题进行分析。

5.2.1 中国交通运输产品及服务的供给现状

20 世纪 80 年代以来，国家在政策和投资等方面采取了一系列重大举措，加快交通运输发展。不仅使交通运输产品与服务供给在总量方面有了较大的增长，而且在技术装备水平、服务质量等方面都得到较大提高，具体情况如表 5.1 所示。

表 5.1 中国交通运输基础设施建设情况（1980～2007 年）

年份	铁路里程（万公里）	较1980年增加倍数	公路里程（万公里）	较1980年增加倍数	内河里程（万公里）	较1980年增加倍数	航空里程（万公里）	较1980年增加倍数	管道里程（万公里）	较1980年增加倍数
1980	5.33	1	88.3	1	10.85	1	19.53	1	0.87	1
1985	5.7	1.07	94.2	1.07	10.91	1.01	27.72	1.42	1.17	1.34
1990	5.78	1.08	103	1.16	10.92	1.01	50.68	2.59	1.59	1.83
1995	5.97	1.12	116	1.31	11.06	1.02	112.9	5.78	1.72	1.98
1996	6.49	1.22	119	1.34	11.18	1.03	116.7	5.97	1.93	2.22
1997	6.6	1.24	123	1.39	10.98	1.02	142.5	7.3	2.04	2.34
1998	6.64	1.25	128	1.45	11.03	1.02	150.6	7.71	2.31	2.66
1999	6.74	1.26	135	1.53	11.65	1.07	152.2	7.79	2.49	2.86
2000	6.87	1.29	140	1.59	11.93	1.1	150.3	7.7	2.47	2.84
2001	7.01	1.32	170	1.92	12.15	1.12	155.4	7.95	2.76	3.17
2002	7.19	1.35	177	1.99	12.16	1.12	163.8	8.39	2.98	3.43
2003	7.3	1.37	181	2.05	12.4	1.14	175	8.96	3.26	3.75
2004	7.44	1.4	187	2.12	12.33	1.14	204.9	10.5	3.82	4.39
2005	7.54	1.41	193	2.19	12.33	1.14	199.9	10.2	4.4	5.06
2006	7.7	1.44	346	3.91	12.34	1.14	211.4	10.8	4.96	5.7
2007	7.8	1.46	358	4.05	12.35	1.14	234.3	12.0	6	6.9

资料来源：中国统计年鉴（2008）．中国统计出版社，2008

5.2.1.1 铁路运输业供给能力显著提升

2002～2007 年是新中国成立以来中国铁路建设投资最多的时期，特别是2007 年铁路基本建设投资达到 1772.1 亿元，比 2002 年增长 184%，年均增长23.2%。巨大的投资完善了铁路基础设施，实现了中国铁路机车和客、货车的更新换代。截至 2007 年底，全国铁路营业里程达到 6.36 万公里，位居世界第三。铁路机车拥有量达到 17311 辆，比 1985 年增长了 47%。在全国铁路机车中，内燃、电力机车比重达到 99.5%，主要干线全部实现内燃、电力机车牵引；国家铁路电气化里程达到 2.4 万公里，电气化铁路比重提高到了 37.8%。2007 年全国铁路客货运输量、国家铁路运输收入、运输生产主要指标在连续三年大幅度增长的高起点上再创历史新高，客运量、货运量、换算周转量、运输密度均位居世界第一，中国铁路以占世界铁路 6％ 的营业里程，完成了世界铁路约 1/4 的换算周转量。

表 5.2 中国国家铁路主要指标统计（1985～2007 年）

项目		1985 年	1990 年	1995 年	2000 年	2007 年
国家营业铁路基本情况	营业里程（公里）	52119	53378	54616	58656	63637
	复线比重（％）	19.2	24.4	31.0	36.5	40.5
	电气化比重（％）	8.0	13.0	17.8	25.3	37.8
	内燃机牵引线路比重（％）	20.8	30.2	45.3	67.3	62.2
	无缝线路里程（公里）	16.7	21.7	40.0	51.1	62.8
国家铁路机车拥有量	总计（辆）	11772	13592	15146	14472	17311
	蒸汽机车（辆）	7674	6279	4347	601	89
	内燃机车（辆）	3511	5680	8282	10355	11229
	电力机车（辆）	587	1633	2517	3516	5993
客、货车拥有量	客车（辆）	20872	27261	32404	35989	42471
	货车（辆）	300886	364966	432731	439943	571078

资料来源：中国统计年鉴（2008）．中国统计出版社，2008

5.2.1.2 高速公路和农村公路运输供给增强

自 1988 年中国首条高速公路通车之后，高速公路的建设便进入了一个飞速发展的时期，至 2007 年末，中国高速公路里程达 5.4 万公里，现居世界第二位，全国除西藏自治区外，各省（区、市）都建有高速公路，其中高速公路里程突破 2000 公里的省（区、市）达到 11 个。预计 2010 年全国高速公路通车里程将达到 6.5 万公里。在高速公路服务方面，实现高速公路收费的 29 个省、市、自治区，已经有 27 个实现了不同范围的联网，并且向智能化集成应用转变。

20 世纪 90 年代以来，交通部对公路建设投资政策进行了重大战略调整，加大了农村公路建设投资力度，将农村公路建设作为交通工作的重中之重。截至 2006 年末，全国农村公路（含县道、乡道、村道）里程已达到 302.6 万公里，全国通公路的乡（镇）占全国乡（镇）总数的 98.3％，通公路的建制村占全国建制村总数的 86.4％。由于农村公路建设的飞速发展，2007 年末中国公路密度达到 3637.3 公里/百万平方公里，比 2002 年末增长 95.8％，年均增长 18.3％。农村公路的发展大大改善了农村基础设施条件和出行环境，有力地促进了农村经济的发展和农民生活的改善，为加快推进城镇化和社会主义新农村建设做出了重大贡献。

表 5.3　中国"十五"期间公路基本情况统计（2001～2005 年）

年份	总计 （公里）	高速公路 （公里）	等级公路 （公里）	县乡公路 （公里）	乡镇通达率 （%）	公路桥梁 （个）
2001	1698012	19437	1336044	1277364	99.33	284117
2002	1765222	25130	1382926	1336874	99.55	299397
2003	1809828	29745	1438738	1371235	99.57	310773
2004	1870661	34288	1515826	1424552	99.58	321626
2005	1930543	41005	1591791	1475706	99.81	336648

资料来源：中国交通年鉴（2006）. 中国交通年鉴社，2006

5.2.1.3　水运供给能力快速提高，港口吞吐能力大幅提升

近几年中国水运基础设施建设步伐加快。到 2007 年底，中国共拥有生产性泊位 3.5 万个，其中万吨级以上泊位 1200 多个。沿海拥有生产性泊位 4511 个，其中万吨级以上泊位 978 个；内河拥有生产性泊位 3.1 万个，其中万吨级以上泊位 255 个。中国内河航道通航里程达 12.34 万公里，其中等级航道 6.11 万公里。另外，"十一五"期间，中央政府将筹集至少 400 亿元的资金，重点用于内河和沿海航道、水上支持保障系统等项目的建设，比"十五"翻一番。其中，用于内河航运的投资将超过 200 亿元。在巨资扶持之下，中国相对落后的内河航运的局面即将改观，运力水平将在现有基础上再提升 40%，预计船舶平均吨位达到千吨以上。

表 5.4　中国沿海主要港口码头泊位数统计（1997～2007 年）

指标 年份	总　计			生产用			非生产用	
	码头长度 （米）	泊位个数 （个）	万吨级	码头长度 （米）	泊位个数 （个）	万吨级	码头长度 （米）	泊位个数 （个）
沿　海								
1997	179921	1606	449	159507	1330	449	20414	276
1998	187261	1608	468	166035	1321	468	21226	287
1999	196281	1686	490	173929	1392	490	22352	294

续表

指标 年份	总　计			生产用			非生产用	
	码头长度（米）	泊位个数（个）	万吨级	码头长度（米）	泊位个数（个）	万吨级	码头长度（米）	泊位个数（个）
沿　海								
2000	205042	1772	518	182856	1454	518	22186	318
2001	212290	1772	527	189738	1443	527	22552	329
2002	219150	1790	547	196942	1473	547	22208	317
2003	280756	2562	650	256748	2238	650	24008	324
2004	316520	2849	687	286566	2438	687	29954	411
2005	378678	3641	769	340727	3110	769	37951	531
2006	417749	3804	883	382492	3291	883	35257	513
2007	456632	3970	967	420245	3453	967	36387	517
内　河								
1997	331183	7489	47	325680	7409	47	5503	80
1998	405049	8575	47	399538	8493	47	5511	82
1999	326350	7908	52	321763	7826	52	4587	82
2000	259116	6306	55	251540	6184	55	7576	122
2001	299461	7070	59	294065	6982	59	5396	88
2002	310790	6677	62	305540	6593	62	5250	84
2003	283699	5887	121	275026	5759	121	8673	128
2004	351643	698	150	342856	6792	150	8787	146
2005	366387	7011	186	354147	6833	186	12240	178
2006	389353	7044	225	379669	6880	225	9684	164
2007	471029	8161	250	455492	7951	250	15537	210

资料来源：中国统计年鉴（1998～2008）．中国统计出版社

5.2.1.4　航空运输能力迅速提升

近年来，我国航空运输事业发展迅速，保持了 16% 以上的年均增长率。2007 年以来，航空运输总周转量累计同比增长 19.6%，达到近年来的最高水平。中国飞机数量迅速增多，航线里程和民航网络进一步扩大。截至 2007 年底，民

用航空航线总条数达到 1506 条，比 1990 年底增长 245％，年均增长 14.4％；民用航空航线里程为 234.3 万公里，比 1990 年底增长 362％，年均增长 21.3％；全国民用飞机达 1813 架，比 1990 年底增长 260％，年均增长 15.3％。

表 5.5　中国主要年份民用航空航线及飞机架数统计（1990～2007 年）

指　标	1990 年	1995 年	2000 年	2005 年	2006 年	2007 年
民用航空航线条数（条）	437	797	1165	1257	1336	1506
国际航线	44	85	133	233	268	290
国内航线	385	694	1032	1024	1068	1216
港、澳地区航线	8	18	42	43	43	48
民用航空航线里程（公里）	506762	1128961	1502887	1198501	2113505	2342961
国际航线	166350	348175	508405	855932	966168	1047418
国内航线	329493	750794	994482	1142569	1147337	1295543
港、澳地区航线	10919	29992	55759	61056	62846	71169
民用航班飞行机场（个）	94	139	139	135	142	148
民用飞机期末架数（架）	503	852	982	1386	1614	1813
运输飞机			527	863	998	1134
其中：大中型飞机	11		462	785	921	1050
通用飞机			301	383	457	457

资料来源：中国统计年鉴（2008）. 中国统计出版社，2008

5.2.1.5　管道运输里程增加，运输供给能力提升

2007 年末，全国输油（气）管道里程为 5.45 万公里，比 2002 年增长 82.9％，年均增长 16.6％。其中，输油管道 2.4136 万公里，输气管道 2.409 万公里，分别比 2002 年末增长 61.3％和 62.7％。2006 年底，管道输油（气）能力为 6.6948 亿吨/年，比 2002 年增长 68.4％，年均增长 13.9％。

未来 10 年是我国管道工业的黄金期。"十一五"期间，我国将加快油气干线管网和配套设施的规划建设，逐步完善全国油气管线网络，建成西油东送、北油南运成品油管道，同时适时建设第二条西气东输管道及陆路进口油气管道。另外，建设的中俄输气管线、内蒙古苏格里气田开发后将兴建的苏格里气田外输管线、吐库曼和西西伯利亚至中国的输气管线等，不仅为中国，也为世界管道业提供了发展机遇。

表 5.6　中国 1998～2005 年输油（气）管道长度和运输量统计

年份	输油（气）里程 （公里）	输油（气）能力 （万吨/年或 千万立方米/年）	输油（气）量 （万吨或 千万立方米）	输油（气）周转量 （万吨公里或 千万立方米公里）
1998	23062.9	38967.5	17419.4	6057630
1999	24886.6	43964.0	20231.7	6279263
2000	24659.2	33688.8	18700.3	6361503
2001	27555	37971.5	19438.7	6527545
2002	29766	39752.6	20132.8	6827830
2003	32592	42550.7	21997.5	7393937
2004	38204	54750.4	24733.8	8149168
2005	43981	61635.1	31037.1	10876585

资料来源：中国交通年鉴（1999～2006）. 中国交通年鉴社

5.2.2　中国交通运输产品与服务供给存在的问题

　　经过改革开放 30 年的交通基础设施建设和结构调整，中国综合交通运输产品与服务的供给已经迈上一个新的台阶，运输能力紧张状况和运输结构失衡状况有所缓解。但是在总体上交通运输供给不足仍是制约国民经济发展的关键问题，无论在交通基础设施总体规模还是局部结构和投资结构等方面，都不能完全适应国民经济和社会发展的正常需要。

5.2.2.1　基础设施总体规模不足

　　（1）运网密度偏小，运输负荷过重。改革开放以来，中国交通基础设施建设规模虽然得到长足的发展，但作为一个幅员辽阔、人口众多的大国，现有的交通基础设施供给远不能满足需求，运网密度无论按国土面积还是人均水平，在世界上均处于落后地位，单位交通基础设施所承担的运输负荷过重，很难满足国民经济发展和经济全球化对交通运输提出的更高层次的需求。在 1978～2005 年的 27 年间，国内生产总值平均每年以 15.6% 的速度递增，而交通基础设施增长相对缓慢，铁路营业里程仅增长 45.9%，公路里程仅增长 116.9%，内河航道里程反而减少 9.4%。中国已有城市近 700 个，而民航能通航的城市仅 128 个，不足城市总数的 1/5，与经济发展仍不同步。承担中国主要运力的铁路网络如果按照国土面积和人口密度进行计算，同发达国家之间仍存在着较大的差距，甚至还落后于同等发展程度的发展中国家，远远无法适应经济与社会发展的要求,详见表 5.7。

表 5.7 中外铁路路网密度及运输密度比较（2003 年）

国　别	铁路线长度 （公里）	铁路网密度		铁路货运密度 （万吨/公里）
		按国土面积 （公里/万平方公里）	按人口密度 （公里/万人）	
中　国	73000	76.04	0.56	2362.56
日　本	20096	531.79	1.57	108.98
印　度	63140	192.07	0.59	527.76
韩　国	3129	315.23	0.66	344.65
德　国	35868	1004.62	4.35	206.23
英　国	17052	701.99	2.87	114.85
法　国	29352	532.22	4.88	170.47
美　国	141961	147.43	4.83	1549.81

资料来源:中国物流行业发展报告（2005）.中国物资出版社,2006

(2) 运输大通道能力仍显紧张。中国自"八五"时期就开始集中资金进行几大运输通道的建设,这对缓解交通运输的紧张状况,促进沿线地区资源开发和经济发展发挥了巨大作用。但是,由于运输大通道位于经济发达地区,客货流量集中,增长速度快,质量要求高,通道运输需求增长速度远超过运输能力的提高,目前中国交通运输大通道的能力仍不能满足运输市场的需要,通常运输能力利用率超过 85％以上,将不适应需求增长的变化,而中国繁忙通道长期处于饱和、超饱和状态。例如,在铁路的"八纵八横"运输通道中,能力利用率达 100％以上的线路区段营业里程高达 5723 公里,占通道线路营业里程的 18.2％,能力利用率达 90％以上的线路区段营业里程高达 12428 公里,占39.5％。京沪、京广、哈大、京沈、陇海五大干线平均运输密度为全路平均负荷的 3 倍多,长期处于超负荷状态。

(3) 主要方式运力仍然不足。铁路运输主要干线能力紧张,部分地区进出通道不畅,季节性运输紧张问题突出,六大铁路干线能力基本饱和;货物运输速度慢,运输质量尚待提高。铁路货运作为中国货运的骨干、区际物资调运的主力,供求矛盾更为突出,成为交通运输主要的"瓶颈"。例如,2004 年煤炭、石油、粮食、棉花、"农资"等重点物资需求大幅增长,全国重点物资供应不断告急,各类重点物资需求高峰形成"叠加"态势,使铁路承受着近十年来最大的运输压力，铁路运输能力短缺现象十分严重，货运需求的持续增长和重点物资的不断突击抢运，一再打乱正常的运输秩序，以铁路为主的各交通运输方式运能不足成为社会和政府关注的焦点。

公路总里程虽然增加较快，但在全国至今尚未形成一条横连东西纵贯南北的高等级公路大通道，无论在全国还是区域范围均未形成具有规模效益的公路网。公路国道平均车速每小时 40 公里，大大低于汽车行驶的经济车速，主要干线通行能力严重不足，约有一半以上主要公路干线交通量超过设计通行能力，公路国道网中约 70％ 路段属拥挤、堵塞状况，加之民用汽车以年均 12％以上的速度递增，使公路通行能力难以满足交通量增长的需要。

中国沿海港口设计吞吐能力只有 11.6 亿吨，而实际吞吐量已达 13.8 亿吨，能力缺口达 2 亿多吨，其比例已达 1：1.2，而发达国家的这一比例仅1：0.7，尤其是集装箱泊位能力严重不足，箱运能力与吞吐量之比高达1：1.47。港口基础设施薄弱、通过能力不足，再加上产运销脱节、不均衡运输加剧等原因，使得港口甚至一度出现了近 20 年来少见的压船压港现象，主要表现在煤炭、石油、粮食、铁矿石等几类大宗散货的运输上。

民航则主要是基础设施不足，尤其是旅游支线机场能力严重不足，另外技术水平、空域资源的可使用状况、专业人员的数量和素质以及现阶段的综合管理水平依然制约着民航发展。

交通基础设施的缺乏，将对中国国民经济的高速发展造成严重障碍，特别是在主要运输通道上，客货运输能力严重不足，若不能尽快加以改善，国家提出的发展经济，保持经济持续稳定增长和提高人们生活水平战略，将会因交通的限制而减缓实现。

5.2.2.2　交通运输供给结构不尽合理

交通运输供给结构既可以通过综合运输系统的五种运输方式（公路、铁路、水运、航空、管道）之间的比例关系来反映，又可以通过各个子行业内部的技术结构、投资结构等直接或间接地反映出来。一国交通运输供给结构主要受以下几方面影响：经济发展水平，特别是产业结构以及产业布局等；经济发展战略；自然经济地理分布及资源禀赋情况；运输技术水平。除此之外，还会受到投资、环保等相关政策及其他一些因素的影响。

经过多年的建设，中国交通运输业的供给结构已发生了很大的变化，技术水平不断提高，运输结构日趋合理，运网布局不断改善，但从社会效益和经济效益的总体角度来看，系统结构方面还不尽合理。

（1）运网布局不平衡。交通运输线路综合密度能够较准确地反映出一个地区的交通基础设施的水平。新中国成立初期，为改变中国交通基础设施偏于东北及沿海一隅的极不合理的布局状况，20世纪五六十年代中西部地区交通基础设施建设得到了重点发展，初步改变了西南、西北等地区交通闭塞、运输困难的状况。改革开放以来，特别是国家实施西部大开发政策以后，加大了中西部地区交通设施建设的投入力度，西部地区交通基础设施建设得到了加强，但相对于东部沿海地区，西部运输网布局仍不平衡，交通基础设施落后状况仍然突出。全国尚有460多个乡镇、7万多个行政村不通公路，大多分布在中西部边远地区。区域间除了在综合运网密度和铁路公路运网密度上不平衡外，东部地区的运网技术水平也较高，西部地区的交通基础设施则比较落后，运输网的密度只有全国平均水平的1/3左右，县乡公路无路面和等外公路里程所占比重分别是东部地区的2倍和3倍。与此同时，东中部地区繁忙干线负荷过重，城市交通拥塞问题严重，而西部地区路网骨架还未形成。我国交通运输运网密度的地区间差异如表5.8所示。

表5.8　中国交通运输地区运网密度比重（2003年）　　　　　　单位:%

	铁路运网密度比重	公路运网密度比重	内河运网密度比重	综合运网密度比重
东部	46	56	69	57
中部	42	34	27	34
西部	12	10	4	10

资料来源：中国物流行业发展报告（2005）．中国物资出版社，2006

　　（2）运输基础设施存在结构性失衡。中国的交通基础设施的发展速度之快令人称道，但奇怪的是，路网规模的不断扩大和路网等级的大幅度提高，却没有带来交通运输业的协同发展。以公路为例，长期的"重路轻运"导致了运输基础设施中的道路设施与场站、服务区等其他设施配置不合理，道路设施建设难以实现与运输生产的有效衔接。产生这一现象的原因之一是各级政府部门在建设项目（如兴建高速公路）立项论证过程中，往往都是以交通量预测为依据进行项目决策。在道路规划建设过程中，也是以满足日益增长的交通量需求为出发点展开。道路建设的目标是有效解决行人和车辆的通行问题，而不是更好地实现人和货物的位移。这样一来，由于缺乏对运输需求的关注，对于促进运输发展有着重要意义的场站、服务区、运输信息网络等运输基础设施及其功能配套的供给往往就被忽略了，而这种运输基础设施配置上的结构性失衡又必将限制道路效益的充分发挥，阻碍基础设施建设与道路运输业的同步协调发展。
　　（3）技术水平较低。从技术结构来看，总体来说，基本上除了航空基础设施之外，中国交通基础设施技术装备绝大多数都落后于国际先进水平。从各种运输方式内部来看，技术等级和结构档次也很低，分别存在着以下特点：

第一，铁路密度小，复线率、电气化率低，行车速度慢，高速铁路才刚刚开始建设，运输信息化程度不高，集装箱、冷藏箱等现代运输方式发展缓慢，货运重载、客运高速、运营管理自动化等方面尚处于起步阶段。

第二，公路混合交通严重，道路总体技术标准偏低，通行能力差，抗灾能力弱，高等级公路比重小，二级以上公路仅占公路总里程的 18.9%。从车辆水平来看，总体水平尚不能适应公路特别是高等级公路的要求：货运车辆以中型普通敞篷货车为主，高效低耗的重型货车、厢式货车、集装箱拖挂车和各类特种专用汽车所占比重低；客运车辆老旧车辆多，安全性能差，高档客车所占比例不高；农村公路线路上运力相对缺少，缺乏适合农村出行需要的车辆；随意改装车辆和超载运输现象普遍。

第三，船舶总体技术水平低，船舶老化，船队结构不合理，普通干散货船比重高，液体散货船比重远低于世界平均水平，超大型油轮、液化天然气船（LNG）几乎是空白，船舶大型化发展缓慢，船舶平均载重吨位低，内河运输船舶技术状况落后等。而港口大部分装卸设备、工艺、效率也比较落后，一些主要海港通海航道水深不足，难以适应船舶大型化、现代化发展需要，万吨级以上泊位只有 650 个左右，仅占 13.8%，其中 5 万吨级以上泊位 70 个左右，不足万吨级以上泊位占 11%，而且至今还没有形成世界级国际集装箱枢纽港（中国港口集装箱化率仅 60%，而世界级国际集装箱枢纽港集装箱化率为 90%），这与中国的综合国力和航运大国的地位极不相称。内河航道总里程虽居世界第一，但航道等级低，可通航 300 吨级以上船舶的航道仅占通航里程的 15% 左右，千吨级以上航道所占比重仅为 7%，而美国高达 61%，欧洲干线航道及其主要支流均已实现千吨级船舶畅通无阻，中外差距悬殊。

第四，航空方面，尽管能够购得与发达国家相同型号的新型飞机，但民航空管、通信导航技术装备仍比较落后，普遍不能适应飞机全天候起降要求。

（4）运输效率低下。目前的运输结构格局是在运输资源严重短缺的情况下形成的，交通运输技术和运力结构的不合理，各种运输方式在市场分工上没有充分发挥各自的比较优势，存在盲目竞争和无序竞争，这种结构性矛盾又进一步影响了运输效率的提高，降低了交通运输基础设施的供给能力，并带来造成运输紧张的另一问题，即运输的低附加值和低效率问题。

2004 年中国货运总量虽然超过了美国的货运总量，但中国货运量的每一吨价值量平均只有 2060 元，而美国货运量每一吨平均价值达到 6000 元，是中国的三倍。从运输效率来看，国外发达国家平均物流成本是 10%，而中国平均物流成本则要高出一倍，达到 20%。造成这种高成本低效率的原因很多，其中一个重要原因就是运输资源分散问题，据有关部门对中国公路运输方面的调查，平均每个运输公司车辆的占有率只有 1.5 辆；再有空驶率问题，据调查，美国公路运输车辆的空驶率是 20%，而我国的空驶率则达到 40%～50%。此外，综合运输体系尚未构建起来，不同运输方式的联结仍然是困扰客、货运输发展的关键问题之一，这也在一定程度上降低了运输效率，提高了运输成本。

5.2.2.3　投资结构不尽合理

交通运输供给，特别是交通基础设施供给的投资资金主要来自以下几个方面：国家预算内投资、国内贷款、利用外资、自筹资金和其他资金。众所周知，交通运输业除了管道只需要固定设施即可运作之外，其余几种方式都需要投入固定设施和移动设备才能对交通运输产品进行供给。移动设备的添置与更新尚可通过短期融资的方式来解决，但固定设施投资却对资金的需求量巨大，且资金回收速度较慢，这就使得在中国，交通运输产业主体的投资方多为资金雄厚的国有企业，或者本身就是由国家来集资兴办，如国有铁路。

改革开放以前，中国交通投资建设基本上由国家拨款，国家投资占 80% 以上，仅有少量的自筹资金。交通运输的所有制结构单一，筹资渠道单一，资金短缺严重。20 世纪 80 年代以后，国家投资大部分转为"拨改贷"，并积极引进外资，鼓励地方自筹，逐步放开社会资金进入的条件限制。当然，不同的交通方式的差别也很大，投资主体逐步走向多元化。到 2001 年中国基本上形成了"国家投资、地方筹资、社会融资、引进外资"的投资多元化格局，如公路交通投资方面，全社会、各部门、各行业、各地区的积极性越来越高，民航业管制在一定程度上的开放，也促进其实现了较大的发展。但我们必须看到，交通运输的供给仍然面临以下挑战：

第一，国家预算内投资日渐减少，严重制约交通基础设施建设。作为一种公共产品，或者说准公共品，国家投资和地方自筹资金在我国交通运输系统固定资产投资的资金来源中所占比重仍然是比较高的。当前，我国交通基础设施建设规模日益扩大，而政府储蓄份额下降，预算内资金逐年减少、财政收入占比逐年下降，无法满足日益增长的交通需求。

第二，尚未形成银行存款和自筹资金向交通基础设施转换的内在机制。长期以来，由于认识上的问题，政府对居民储蓄存款能否用于交通基础设施投资一直心存疑虑，把它看成是有着极大的不确定性的综合购买力或未实现的购买力，随时可能冲击市场，因此认为不宜从事长期性的交通基础设施。这一部分资金沉淀量很大，且绝大部分为短期信贷资金，因而限制了其对交通基础设施的投资。

第三，财政投资资金信用化。由于基础设施的价格扭曲，资金利润率低于加工产业，因而投资回流能力和增值能力较低，客观上决定了财政投资难以实现较大的盈利。国家基本建设基金是财政资金，但在设立基金时，却强调了其增值保值能力的功能，必然驱使基金的使用向经营性项目偏移。

第四，交通基础设施产业自身的经济技术原因和经济体制原因也限制了社会资金的吸收能力和还贷能力。由于交通基础设施产品价格偏低的状况一直没有得到根本改变，在利益机制的驱动下，大量预算外资金流向价高利大的行业；从体制上看，交通基础设施的垄断经营，严重阻碍了外部资金的流入和经济效益的提高，没有建立起严格、有效的监督体系，也没有最大限度地引入竞争机制。

除了投资资金来源方面存在上述问题之外，各种运输方式之间、各个区域之间的投资也呈现不均衡的状态，这一方面是由自然经济地理因素引起，但政策及利益驱使也是十分重要的原因所在。

5.2.2.4 服务质量有待提高

随着公路、民航等新兴运输方式的迅猛发展，各种运输方式的替代和演化不断深入，市场分工日趋合理，运输结构不断完善，但与国民经济需求结构之间的适应程度仍较低，运输结构的发展虽然已经基本上满足国民经济的"量"的需求，但对其所提出的"质"的要求仍难以适应。具体体现在：一方面，目前中国交通运输软件建设仍处于较低水平，服务人员素质不高、运输中转衔接不协调、公众运输信息不及时、客货代理机制不健全、旅客及货物托运人的权益不能有效保证等现象屡见不鲜，尚不能为用户提供更为安全、快捷、方便、舒适、全方位的服务。在货物运输方面，目前仍然是以提供单纯的运输服务为主，仅有少数企业能够提供增值服务。另一方面，随着人民生活水平提高和城镇化进程不断加快，人们的收入水平、消费理念、时间价值、出行目的不同，对交通工具的选择、服务水平的高低和旅行时间的要求等也各不相同，货主对货物运输的要求也越来越多样化，这就更加需要建立一个由各种运输方式有机组合的交通体系，而在这方面，中国尚处于起步阶段，可以说，中国的交通运输供给在一定程度上仍滞后于经济结构调整变化的步伐，联运发展缓慢，导致各种运输方式的运输潜能及其作用得不到充分发挥，运输方式之间缺乏协作与衔接，综合运输体系尚未构建起来，距离"点到点"的客货一体化运输水平还相距甚远。

5.3 改善中国交通运输产品与服务供给状况的对策分析

改善中国交通运输产品与服务的供给状况，必须从多个方面入手，采取多种方式，本节着重对其中较为重要的几个方面和应采取的措施进行分析。

5.3.1 着力提高交通运输基础设施总量

在当前，交通基础设施总量不足与需求快速增长之间的矛盾还未得到根本解决之前，提高交通基础设施的总量规模是必需的策略，因为不可能压抑日益增长的需求。

5.3.1.1 继续加大交通基础设施投资力度，挖掘现有设施潜能

从长期来看，运能供需矛盾不会在短时期内得到解决，尤其在经济较快增长的情况下，运力运能不足的矛盾将依然突出，而运输能力的增长只有通过长期建设的积累才有保障。因此，在今后相当长一段时期内，交通建设只能加强，不能放松，仍然需要保持一定的建设规模和投资力度，才能真正解除对经济发展的"瓶颈"制约。同时，鉴于交通建设投资大、周期长、形成能力慢，当前尤其要重视充分利用现有运输设施能力，加以必要的扩能改造，进一步挖掘运输潜力，以充分利用现有运输资源。因此，各级政府需要通过少量投资改造运输的薄弱环节，尽快形成运输能力，可以在短时期内达到扩大运能的成效。

5.3.1.2 完善综合交通网络的空间布局，缓解超饱和状态

交通网络的建设目标是彻底扭转我国经济运行中频频出现的运输"瓶颈"制约局面，缓解主干交通网络的超饱和状态。因此，保持交通资源在线路建设和枢纽建设上的合理配置，促进运输体系点、线能力协调发展对于交通运输增长方式转变具有重要意义。在主干交通网络建设过程中，需要进行综合考虑枢纽功能的多元化，进行合理的空间布局、资源配置，提高交通的衔接综合性能。一方面，对现有的主干交通网络进行升级改造，提升交通设施的运载能力；另一方面，构架现代化的组织管理模式，对交通系统进行信息化指导，采用现代信息系统对主干网络进行科学安排和配置，提高交通网络的利用效率。

5.3.1.3 因地制宜，发展多种形式的交通系统

交通运输形式有许多种，不同的运输形式适应不同的运量规模。应针对不同需求条件，在不同地区采用不同形式的交通方式，做到经济、有效、可行。

例如，在我国煤炭运输基地的外运通道中，重载运输发挥了重要的作用。电力机车可以不用石油，是适应我国能源特点的运输方式。电力牵引具有运输能力大、行驶速度快、消耗能源少、运营成本低、工作条件好的特点，对运量大的干线和山区铁路实现电气化，在技术上和经济上均有明显的优越性。同时，鼓励内河水路运输。水路运输单位运输成本低，运输能力大，虽然船舶的能源消耗量大，但是单位能耗低。相对于公路、铁路运输，在运送时效性不强的大宗散货时，具有很好的竞争优势。针对目前能源紧缺的现状，必然需要调整运输结构，充分合理利用运输资源，主要发展低能耗运输方式，解决能源紧缺给交通运输业带来的一些问题，为社会经济的发展提供更广阔的空间。调整政府交通投资的行业结构，政府应加大对铁路、水运等投入相对较少、资源消耗少、环境影响小的运输方式的投入。

5.3.2 合理调整交通供给结构

中国交通运输供给结构中的不合理因素已经成为制约交通运输产业以及整个经济社会进一步发展的结构性障碍。要突破这一层障碍的限制，就必须在分析供给结构不合理状况的基础上，有针对性地进行结构性调整和优化设计。

5.3.2.1 从全局视角设置交通运输网络，缩小地区运能差距

交通基础设施是为全社会服务的永久性设施，它的建设需要投入大量的资金和占用大量的土地、岸线等稀缺资源，而中国的人口、资源分布和经济发展又很不平衡，东、中、西地区对交通运输的要求在数量、质量以及迫切程度上都有很大差别。因此，非常有必要根据国民经济中长期发展目标、全局性要求及各地区的特点，对交通基础设施进行统筹规划、合理布局。这样才能使交通运输的整体布局与建设适应全国经济和地方经济发展的需求，充分发挥交通运输网络整体功能的作用，达到有限资源的最佳利用和促进产业布局的合理化。一方面既要继续扩大东部地区交通网络的建设，缓解交通过度拥挤的状况；另一方面也不能忽视交通基础设施建设对中、西部地区经济发展的巨大推动作用。

5.3.2.2 科学性、全局性设计交通相关基础设施

目前由于已经形成投资主体多元化，各地方为促进本地区经济发展，对加快交通基础设施建设的积极性和愿望非常高，争着上项目、上大项目。有些项目虽有规划，但是在实施过程中却缺乏约束力、全面性、系统性，致使部分地区的交通建设出现了交通相关设施配置不合理的现象。因此，非常有必要加强交通基础设施的规划工作，尽快编制一套约束力强、比较全面系统的全国性交通发展规划准则，并提高规划的科学性和权威性，坚持"先规划、后建设"的

原则，从长远、全局的视角对交通配套设施进行合理、科学的设计，以保证交通基础设施建设的有序发展并且符合经济社会发展的需要。

5.3.2.3　从投入型增加向技术型增长转变

技术进步是提高交通投入全要素生产率的重要手段，对于交通增长方式转变具有至关重要的作用。在投入水平不变的情况下，技术进步可以促进交通运输业劳动生产率及资本产出率的提高，从而推动集约化增长。因此，随着交通运输发展进入结构优化和服务水平提高阶段，交通供给能力和服务水平将从主要依靠扩大交通投资转向主要依靠技术进步上来，技术进步对交通运输业增长的贡献率将显著提升。

对交通运输领域而言，先进实用技术更加重要，并且应用与开发同样重要。一是采用新材料、新工艺，提高交通运输车辆的设计制造水平，包括高速列车、重载列车、节能环保型汽车、大吨位汽车、集装箱和冷藏专用运输车辆、LPG 船、LNG 船、滚装船和专用化学品船等，同时加快淘汰车型老、能耗高的车辆和老旧船舶，提高运输设备的能源利用率。二是应用新材料和新技术，提高运输设备的燃油经济性。例如，采用高效柴油添加剂和各种节油技术及装置，逐步减少和取消柴油发电车等。三是发展应用智能交通技术，提高交通运输运营水平和管理水平。

5.3.2.4　从各种运输方式各自增长向追求综合运输集约增长转变

长期以来，由于交通运输能力严重不足，致使各种运输方式追求量的扩张，交通运输发展方式粗放，这在当时的条件下，通过发挥各种运输方式的积极性，采取自我发展模式，有利于快速改变交通运输供给能力严重短缺的局面，具有积极意义。但随着中国交通运输发展规模的不断扩大，这种发展模式必然带来了各自为政、条块分割、各种运输方式难以协调发展的矛盾，以及运输一体化目标无法实现，并成为交通运输实现可持续发展的障碍。所以，从现在起要向追求综合运输集约增长转变，主要注重综合运输通道和综合运输枢纽的建设，同时关注各种运输网络的衔接以及干支能力的匹配。另外，建立反映市场供求状况和资源稀缺程度的价格形成机制，更大程度地发挥市场在资源配置中的基础性作用，提高资源效率。

5.3.3　深化交通运输投资体制改革，实现投资主体多元化

针对目前中国交通建设资金短缺的问题，需要政府部门进行投融资体制改革，广开筹资渠道，加大投资力度，完善"国家投资、地方筹资、社会集资、利用外资"的投资机制，更好地发挥市场机制的作用，探索筹集建设资金、有偿使用的新方法。从现实看，根据不同交通基础设施的经济特性，可分别采用

政府直接投资模式；政府投资、由法人团体经营的运作模式；政府与民间共同投资模式；政府管制下的民间投资模式。干线铁路、内河航道等具有投资数额巨大、建设周期长、投资回报低、社会效益显著等特点，并且在国家综合运输网络中具有特别重要的意义的交通基础设施，以及很难争取民间投资的不发达地区公路和机场等交通基础设施的建设，应以政府直接投资模式为主。对于港口、机场等交通基础设施，不仅具有运输枢纽功能，而且具有地区经济"发展极"的功能，其投资数额巨大，民间资本一般难以承担。但是，民间资本具有经营上的灵活性和有效性，这样民间资本就可以通过租用港口、机场等设施从事经营。对于该类设施，采用政府投资、法人团体经营一般能取得较好的投资效果。对于那些具有明显的外部性、投资盈利较低或风险较大的项目，可以采取政府与民间共同投资的方式。而对于不存在直接收费困难和具有竞争性的项目完全可以由民间投资，政府可不予直接投资和资助。

交通基础设施建设应推行政府与市场相结合的多元供给模式，在投融资方式上，ABS 方式与 BOT 方式，对拓宽中国交通基础设施的投融资渠道，具有重要的意义。ABS（Asset-Backed Securitization）即以资产为支持的证券化，是指以项目所属的资产为基础，以该项目资产所能带来的预期收益为保证，通过在资本市场发行证券来募集资金的一种项目融资方式。目前，这种方式在美洲、欧洲及亚洲许多国家已得到推行，形成了比较完善的运行机制。中国交通基础设施项目融资中，至今还没有真正引入 ABS 运作。从现实看，ABS 应是中国交通基础设施投融资方式创新的现实选择之一。因为，中国交通基础设施建设所需资金缺口巨大，仅靠银行贷款、发行债券等融资方式仍难以满足投资需求。尤其是交通基础设施具有投资数额大、建设周期长等特点，一般情况下民间资本很难涉足或不愿涉足该领域。例如，在西部大开发中仅仅依靠政府财政投入是不能满足资金需求的，因而要求西部交通基础设施投融资方式进一步创新。此外，就基础设施控制权而言，ABS 能在有效保持国家对基础设施所有权的基础上解决资金问题。因此，ABS 是一种可供利用的新的投融资方式。当然，ABS 模式能否运作成功，关键在于资产项目的未来收益能力，项目收益应能足以还本付息。对于高速公路、机场、专业化码头等具有盈利能力的项目，一般较适合采用 ABS 方式。

5.3.4 进一步提升交通运输服务水平

5.3.4.1 引导企业深化"两个根本转变"，建立现代化的企业制度

建立较完善的内部管理制度，使企业充分进入市场，从根本上转变经济增长方式，成为真正的自主经营、自负盈亏、自我发展、自我约束、自我完善的

法人主体和竞争主体。把提高服务质量作为在市场竞争中战胜对手、提高企业知名度、提高企业经济效益的主要手段，促进企业的生存与发展。提倡树立"以人为本"的服务意识观念，以提高顾（乘）客的满意度为追求目标，实行服务质量与经济收入和职位调整等利益挂钩的策略，建立包括运输服务工作程序和工作规范、安全操作规程、服务质量考核指标、员工培训的制度。重视服务质量正、反两方面的反馈信息，建立包括公用投诉电话、恳谈会、书面征求意见、聘请社会监督员、舆论监督等多种渠道的服务质量反馈监督机制。

5.3.4.2　建立和健全培训教育机制

科技进步、管理和教育这三者是建设现代化社会的三大支柱。只有通过建立和健全培训教育机制，通过多种途径的人才培训教育，提高政府机关工作人员、企业管理人员、企业员工的思想素养、文化水平、科学技术业务水平、道德水平、服务意识和法律水平，加强社会主义精神文明建设，才能促进全社会整体文化水平的提高，有利于较快地提高交通运输服务质量。

6   中国交通运输市场的需求分析

供给和需求就像一把剪刀的双刃，共同决定市场的价格和产量。供给和需求分析因此成为产业分析不可缺少的内容，这一点在交通运输产业也不例外。

6.1   交通运输需求的一般特性

与一般性物质产品相比，交通运输是一种服务，对产品与服务的需求虽然存在很多共性特征，但也存在某些明显的差异。相应地，表现出一些不同于一般产品需求的特点。在探讨交通运输需求特点之前，首先需要对交通运输产品的内涵有清晰的了解。

6.1.1   交通运输产品的内涵

在我国由于受计划经济的影响，在很长一段时期内，人们对产品的理解仅限于劳动的"有形实物"。但随着我国的经济体制由计划经济向有计划的商品经济，进而向社会主义市场经济变革，对产品是一种"有形实物"的理解显得越来越狭隘和缺乏科学性。现代经济理论的发展，使得产品的概念已经远远超越了传统的"有形实物"的范围，而是指能提供给市场，用于满足人们某种欲望和需要的任何事物，包括实物、服务、场所、组织、思想、主意等。产品的概念是一个整体，它包括核心、形式、延伸产品三个层次。一般来讲，服务产品是一种无形的商品，而一般意义上的产品则是有形的。服务产品的生产和消费在时间和地点上，通常是一致的。而一般产品的生产时间和消费时间基本上是分开的，地点也不一致。交通运输产品就是一种不同于一般产品的服务产品。

交通运输产品，也称为交通运输服务产品，按照通常的理解，是指运用交通运输工具实现的人或物的位移。交通运输产品的生产过程与消费过程高度一致。同一时间、同一空间的交通运输服务产品，对交通运输服务的供给方来说是生产，对接受交通运输服务的需求方来说是消费。从产生的时序来看，交通运输服务的需求过程先于生产过程，只有先有人购买交通运输服务，才会产生交通运输服务生产，无人购买则交通运输服务无法形成。

6.1.1.1 基于整体观的交通运输服务产品概念

从产品概念的整体观来看，运输服务产品应包含三个层次：

（1）运输服务核心产品。它是指旅客或托运人（即运输服务产品的消费者）为达到位移，即出行或货物运送的目的时所追求的利益，是旅客或托运人真正需要的东西，是交通运输服务产品整体概念中最主要、最基本的部分。如果运输服务产品缺少了核心层，它就不成为运输服务产品。从运输服务核心产品的角度，它要求提供运输服务产品的企业保证旅客或货物安全到达目的地，使旅客或托运人感到放心。

运输服务核心产品可按多种形式分类。按照运输对象的不同，运输服务产品可分为客运、货运服务产品。按照运输组织方式的不同，客运服务产品又可分为班车客运、出租客运、包车客运、旅游客运服务产品；按照乘坐舒适性及所需时间的多少等，客运服务产品还可分为高速客运、普通客运服务产品等。

（2）运输服务形式产品。它是运输服务核心产品借以实现的形式，即企业向市场提供运输服务产品时，向消费者展示的运输服务产品的形象，主要是运输服务质量。运输服务形式产品有助于运输服务核心产品的实现，在运输市场供不应求的年代，它的作用体现不出来，但是在运输市场供大于求的年代，其作用越来越重要，它要求提供运输服务产品的企业运送及时、安全可靠，使旅客或托运人不仅感到放心而且感到舒心。

（3）运输服务延伸产品。它是指旅客或托运人消费运输服务核心产品时所获得的全部附加服务和利益。运输服务延伸产品不仅有助于运输服务核心产品的实现和运输服务形式产品的确立，而且在某些情况下成为企业重要的竞争手段，决定着企业的生存和发展。它要求运输服务产品的供给企业提供运输咨询、电话订票、上门服务、接送服务、运输途中娱乐、特殊顾客和长期客户优惠等延伸服务内容，比如乘客在航空订票地点凭借机票可以乘坐免费到达机场的客车等均属于运输服务企业的运输服务延伸产品，使旅客或货主感到经济、方便、舒适，获得更多的服务附加收益。

6.1.1.2 基于商品属性特征的交通运输服务产品内涵

交通运输服务作为一种商品，可以从它的价值、价格和质量等方面来剖析其内涵。

（1）交通运输产品的使用价值是其服务对象使用价值实现的桥梁，是客货的位移。这种使用价值不能离开客货自身的使用价值而独立存在，如果客货自身没有使用价值，这种客货的位移就毫无意义。交通运输服务产品的使用价值不是原有商品使用价值的追加，只是在原有商品使用价值的实现过程中发挥桥梁作用。如果某地生产的产品不能及时运送到消费地，就不会有什么价值，因此，空间位移产生价值。

交通运输服务的价值是其服务对象价值的追加，是客货位移的劳动量。这种价值同样不能离开客货自身的价值而独自存在，原有商品的价值是交通运输服务价值存在的基础。原有商品通过运输发生增值，增值的大小由其运输服务的劳动量来决定，如果运送的货物原先不是商品，而是自然物，交通运输的劳动量就构成该自然物成为商品之后的主要价值量，但这是极端例外的情况，现实中几乎不存在。

（2）商品质量在交通运输服务中体现为交通运输对象在位移过程中的安全舒适与正点。安全舒适，就客运而言，是指确保旅客生命财产不受损害，并提供优质服务，使其平安地、愉快地到达目的地；就货运而言，是指确保货物不丢失、不损坏，使其保质保量到达目的地。正点，无论对客运还是货运而言都是指按规定或合同约定时间将旅客或货物准时运送到目的地。

（3）商品价格在交通运输服务中体现为同一时空范围内的均质性和不同时空范围内的巨大差异性。一般而言，商品价格除了由基本的价值量决定外，更受到供求关系的影响。供不应求，价格上涨；供过于求，价格下跌。在供求关系一定的情况下，普通商品的价格，在同一时间、同一地点在一定程度上还受交易双方经营素质与承受能力等因素的影响。而且由于信息不对称、不完全等原因，在同一时空条件下的商品针对不同顾客可能采取一定的歧视性定价。而交通运输服务的价格则不同，它在同一时间、同一地点面对不同的顾客是完全均质的价格。

此外，普通商品的供求受时空条件的限制相对较少，特别是在交通、信息环境高度发达的现代社会更是如此。受市场价格的驱动，供给企业可以比较容易地调节商品分布的时空不平衡关系。但在交通运输市场却不同，交通运输服务的供求受到时空的严格限制。就我国目前的情况看，沿海地区、平原地区的城市交通运输比较发达，内地、山区和农村相对比较落后，存在着空间上的不平衡；春节期间客运运力明显供不应求，货运特别是农副产品运输也有明显的季节性运力短期和过剩问题，存在着时间上的不平衡。这种时空上的不平衡关系，不大可能由交通运输市场本身来调节。交通运输服务的供给以交通运输基础设施的存在为前提条件，铁路、公路的修建，航道、航线的开通，以及站场港口的建设需要大量投资，这种投资要以国家工农业生产的发展为基础，单靠交通运输部门自我发展、自我完善，并不能取得有效改善供需不平衡的效果。

6.1.2 交通运输产品的需求特点

交通运输产品或服务的需求与其他商品需求相比有其特殊性，这种特殊性主要体现在以下几方面：

第一，广泛性。交通运输需求产生于人类生活和社会生产的各个方面和角落，运输业作为一个独立的产业部门，任何社会活动都不可能脱离它而独立存在，因此，与其他商品和服务的需求相比，交通运输服务需求具有广泛性，是一种带有普遍性的需求。

第二，多样性。货物运输服务提供者面对的是种类繁多的货物。承运的货物由于在重量、体积、形状、性质、包装上各有不同，因而对运输条件的要求也不同。在运输过程中，必须相应采取不同的技术保障手段。对旅客运输需求而言，对服务价格、质量等方面的要求也存在多个层次。这是由于旅客的旅行目的、收入水平、身份等不同，对运输服务的需求自然呈现多样性。

第三，空间特定性。运输需求是对位移的要求，而且这种位移是运输消费者指定的两点之间带有方向性的位移，也就是说运输需求具有空间特定性。例如，市场需求在城市 B，而农产品产地在 A 地，这就决定了农产品的运输需求必然是从 A 地到城市 B，带有确定的空间要求。旅客运输需求也是同样。从这个意义上，交通运输需求被看做是一种派生需求。

第四，时间特定性。客货运输需求在发生的时间上有一定的规律性。例如，周末和重要节日前后的客运需求明显高于其他时间，市内交通的高峰期是上下班时间，蔬菜和瓜果的收获季节也是这些货物的运输繁忙期。这些反映在对运输需求的要求上，就是时间的特定性。运输需求在时间上的不平衡引起运输生产在时间上的不均衡。时间特定性的另一层含义是对运输速度的要求，客货运输需求带有很强的时间限制，即运输服务需求者对运输服务的起运和到达时间有各自特定的要求。从货物运输需求看，由于商品市场千变万化，货主对起止的时间要求各不相同，各种货物对运输速度的要求相差也很大。对于旅客运输来说，每个人出于不同的出行目的对旅行时间等的要求也各不相同。

第五，部分可替代性。一般而言，不同的运输需求之间是不能互相替代的。例如，人的位移显然不能代替货物位移，由北京到兰州的位移不能代替从北京到广州的位移，运输水泥也不能代替运输水果，等等，因为这些是明显不同的运输需求。但在另一些情况下，人们却可以对某些不同的物质位移做出替代性的安排。再如，煤炭的运输部分地可以被长距离高压输电线路的输电替代；在工业生产方面，当原料产地和产品市场分离时，人们可以通过确定生产位置，在运送原料还是运送半成品或产品之间做出选择；由于现代通信技术的发展，以往一些必须以面对面形式来完成的交易和交流活动可以利用更方便的信息传输手段来完成，这可能替代部分的客运需求。

第六，派生性。在经济生活中，如果一种商品或服务的需求是由另一种或几种商品或服务派生出来的，则称该商品或服务的需求为派生需求，引起派生需求的商品或服务需求为本源需求。运输需求是由社会经济活动的需求派生出来的，派生性是运输需求的一个重要特点。显然，货主或旅客提出位移要求的最终目的往往不是位移本身，而是为了实现其生产、生活中的其他需求，完成空间位移只是中间的一个必不可少的环节。所以，相对运输需求而言，社会经济活动是本源需求，运输需求是派生需求。因此，研究运输需求要以社会经济活动为基础。

第七，规律性。运输需求起源于社会经济活动，而社会经济的发展及增长速度具有一定的规律性，因此，运输需求也具有规律性。通常经济繁荣带来运输需求的增长，经济萧条带来运输需求的下降。在国际运输中，由于运输需求是由世界经济和国际贸易派生出来的，其发展变化同世界经济与国际贸易的发展形势密切相关，但由于国际贸易和国际运输的特点，往往世界经济活动的兴衰反映到国际运输需求上有一定的时间滞后。

第八，不平衡性。运输需求的不平衡性体现在时间、空间和方向上。时间上的不平衡主要起因于农业生产的季节性，贸易活动的淡季、旺季，节假日及旅游季节等。空间和方向上的不平衡主要起因于资源分布、生产力布局、地区经济发展水平、运输网络布局等。例如，盛产煤炭的地方多为煤炭运输需求的起始地；具有大型钢铁冶炼企业的地区通常是铁矿石运输需求的目的地等。

第九，个别需求的异质性。这种异质性指的是个别运输需求对运输质量管理和工艺要求不同；对运输方向和运输距离要求不同；对运输时间和运输速度要求不同；对运价水平要求不同等。例如，煤炭、石油、小汽车这些不同种类的货物对运输质量和运输工艺要求不同；鲜活易腐货物同一般货物在运输速度上要求不同；高价值货物与低价值货物能够承担的运价水平的能力不同等。

6.2 中国交通运输需求的影响因素分析

像对任何产品或服务的需求一样，交通运输需求也不能脱离需求主体所处的社会经济背景、经济发展阶段和水平以及社会民俗文化等多种环境而存在。因此，对我国交通运输需求的分析应从剖析其影响因素入手。

6.2.1　中国交通运输需求的产生

交通运输需求按服务对象可分为货物运输需求和旅客运输需求。这两种需求的来源存在着明显的差异。

6.2.1.1　货物运输需求的产生

货物运输需求是一个种类繁多、构成复杂的体系，既可以根据运输客体，即所运输货物的不同区分为原材料运输、半成品运输、产成品运输，或是更加细化的产品种类；又可以根据运输主体，即不同的运输方式分为公路运输需求、铁路运输需求、水路运输需求、航空运输需求、管道运输需求等；还可以根据运输范围的不同分为国际运输、国内运输，以及内部更加细分的不同方向运输需求等。更为复杂的是，以上几类运输需求相互之间是以排列组合形式存在的，以细分出无数种具体运输需求来。究其根源，货物运输需求的产生至少源于以下几个方面：

（1）资源地区分布不均衡，生产力布局与资源产地的分离。自然资源是人类生活和生产活动赖以存在的基础，也是大自然赋予人类的巨大财富，然而，自然资源分布不均衡是一种自然地理现象。但人类的生活、生产活动不能因为自然资源分布的不均衡而呈现过度集中状况，为了保证大致均匀分布于地球表面的人类的生活、生产活动能够延续，无论在国际还是一国范围内都具有生产力大致均匀布局的要求和结果。这就势必使得生产力布局与资源产地的分离成为一种常态。例如，我国煤炭探明储量绝大部分集中在北方，北方省区的煤炭储量占全国总储量的87％，其中山西、内蒙古、陕西三省就占全国总储量的68％；铁矿石则集中在河北、辽宁、四川三省，储量合计占全国探明储量的52％。我国的生产力布局虽然要考虑自然资源的分布状况，但不可能完全与自然资源产地相配合，现实的情况恰恰是大量需要自然资源从事生产活动的区域与自然资源的富集区域是分离的，这样就必然产生运输需求，并决定了运输需求的方向。

为了减少大量资源性产品的运输需求，在生产力布局时有目的地向资源富集区靠近也是一种解决手段。例如，我国在计划经济时期实行的"三线"布局政策，除了国防军事等方面的考虑外，靠近资源产地也是一个目的。但毕竟经济的发展，市场经济的作用是不以外力为转移的，改革开放后，我国珠江三角洲、长江三角洲和环渤海经济圈等经济快速发展区域，都不是典型的资源富集区域，而这些区域产业和经济的迅猛发展对资源性产品所产生的大量需求，必然派生从资源富集区域向经济发达区域的资源性产品的运输需求，这是由资源产地与经济发展区域的分割导致的货物运输需求。

（2）生产活动与消费群体的空间分离。由于自然地理环境，主要是资源禀赋条件的不同和社会经济基础的差异，国家与国家间，以及一国内部地区间的产业结构和经济发展水平也存在很大差异，这决定了生产活动与消费群体的空间分离也是一种常态。换言之，不仅在生产产品时因为原材料和零部件半成品与产成品生产地的分离导致生产性产品的运输需求，而且产成品生产出来以后，由于与消费市场的分离又带来大量产成品运输需求。特别是伴随生产的社会化、专业化、区域经济的分工与合作、生产要素的进一步优化组合，某些商品（包括中间商品）的生产将日益集中在某个或某些区域，而消费的均质性相对较强，因此，生产与消费的空间分离将可能日益增大。由于生产活动与消费活动的空间分离所产生的运输需求也会大量增加。

（3）地区间产业结构与产品结构的差异。不同国家或一国内不同地区之间在资源禀赋、技术水平、产业优势等方面存在的差异决定了产业结构的差异。我国中西部地区的产业结构体系总体上以农业和资源性产业占主体，而东部地区的加工制造业相对发达，这样就形成一个又一个产业聚集区。例如，我国的汽车生产主要集中在以上海为中心的长江三角洲，以天津和北京为中心的环渤海，以长春为中心的吉林省，以及以广州为中心的华南地区；电子信息产品的生产也同样呈现区域性聚集，以及聚集区域间的产品结构差异等问题。所谓产品结构差异是指不同地区生产的同类产品在品种、质量、性能、价格等方面都存在较大差距，而各地区的消费需求是多层次、多样化的。因此，即便在生产同类产品的区域之间，因为消费结构的作用，也会产生同类产品间的运输需求。例如，北京和天津均生产汽车，但也会产生两地间对汽车的运输需求，因此，运输需求这种由产业和经济活动所产生的派生需求量，有时可能是经济活动量的累加。

6.2.1.2 旅客运输需求的产生

旅客运输需求一般可分为四类：公务、商务、探亲、旅游。一般而言，公务和商务旅客运输需求大多来源于生产领域，而探亲和旅游性旅客运输需求大多来源于私人消费领域。当然，在实际旅客运输需求中这两类并不能截然区分开来，而且这两类需求都会随着经济活跃程度和经济发展水平的提高而增加。

（1）生产性旅客运输需求的产生。以公务和商务为目的的旅客运输需求绝大部分来源于生产领域，是与人类生产、交换、分配等活动有关的需求，因此被称为生产性旅行需求。生产性旅行需求量与社会的经济发展水平和经济活跃程度密切相关。从经济意义上讲，生产性旅行需求是社会生产活动在运输领域的继续，运输费用计入产品或劳务成本。改革开放以来，中国经济总量的迅速扩张，企业数量的急剧增加，企业之间交易活动的日益复杂与多样，特别是外资企业进入中国，中国企业"走出去"，使得企业之间的交往范围扩张到全球，不仅大量增加了国内的生产性旅行运输需求，而且跨越国境的生产性旅行运输需求也迅速攀升。

（2）消费性旅客运输需求的产生。以探亲、旅游为目的的旅客运输需求主要来源于私人消费领域，以满足人类的社会交往、情感追求和精神愉悦为主要目的，因此被称为消费性旅行需求，其运输费用主要来源于个人收入，其需求量与个人收入水平增加成正比。由于社会的进步，人们社会交往范围的扩大，收入和生活水平的提高，消费性旅行需求也呈迅猛增长之势。例如，2007年我国国内旅游总人次达16.10亿人次，全国平均每人因旅游目的出行一次，来华入境旅游人次达1.32亿人次，如此庞大的旅游消费人群，无论采取何种交通方式都会产生相当数量的旅客运输需求。而且，从发展趋势看，基于马斯洛的需求层次理论，人们在满足了基本物质层面的消费需求后会越来越注重精神上的享受，旅游是最具代表性的一种精神消费行为，因此，未来中国庞大的人口群所产生的休闲旅游、度假旅游、蜜月旅游等都会产生大量的旅客运输需求。加之中国幅员广阔，因为生活工作范围分散所产生的探亲、访友等旅客运输需求也会逐日增加。

6.2.2　中国交通运输需求的主要影响因素

作为服务需求的一种，影响运输需求的因素与影响一般性产品需求的因素相比，既有一致的方面，也有不同的方面。总体而言，收入、价格、可替代商品价格等一般性需求影响因素对交通运输需求同样会产生影响。但除此之外，有一个重要的影响因素，即国民经济发展水平和结构对运输需求的影响非常大，而它只是一般性产品需求的间接影响因素。这是因为交通运输需求是国民经济发展的派生性需求，所以，国民经济发展状况对其影响是直接而巨大的。具体到中国的交通运输需求，其影响因素集合在不同阶段的侧重点虽然不尽相同，但都脱离不开以下的因素集合。

6.2.2.1　影响货物运输需求的主要因素

（1）经济因素。运输需求是派生需求，是由社会经济活动这一本源需求引起的。因此，经济因素对需求的影响是不言而喻的。自然资源分布、生产力布局产生了运输需求，比如晋煤外运、西气东输；中国近年来经济的高速增长，经济活动规模的扩大，经济活动范围的扩张，都会产生强劲的运输需求；国内不同地区经济发展水平的不均衡，导致运输需求的不平衡性；国民经济产业结构和产品结构不同，对运输需求的数量与质量要求也不同，比如东北老工业基地的重工业、汽车产业发展对钢铁产生大量需求，使得对铁矿石、煤炭等货物运输的需求急剧增加；交通运输基础设施的分布状况也会影响到运输需求的数量与结构，比如集中在东部沿海地区的港口群，承担我国外贸进出口运输的绝大部分需求量；在同一地区经济发展的不同时期，运输需求结构也有相应变化。例如，在东部沿海地区的货物运输需求中，对航空运输需求的增长速度明显高于中西部地区对航空运输需求的增长速度，这与东部沿海地区的经济发展和产业结构提升的阶段性是相吻合的。中西部地区在经济发展水平和产业结构水平上都与东部地区存在一定的差距，因此，货物运输需求结构现状和发展趋势也与东部地区有明显差异。

（2）政治、体制、政策因素。政治、体制、政策因素包括国与国之间的关系、国家内部的政治态势、国家的经济体制与经济立法等。通常两国关系向友好方向发展时，进出口贸易将会增长；反之，进出口贸易会急剧减少，甚至中断。尤其在当今国际政治生活中，某些发达国家常常运用贸易限制等经济手段来达到其政治目的，如战略性物资、国防技术产品的进出口限制或最惠国待遇的附加条件等，从而直接影响与国际贸易相联系的国际运输需求。在国际关系中，不同国家对外开放程度的不同，对国际贸易采取的不同政治态度与经济措施，都会影响到国际贸易的发展水平，进而对国际货物运输需求产生影响。资料显示，2007 年我国对外贸易规模高达 21738.3 亿美元，比上年净增 4131.8 亿美元，增长 23.47％，实现贸易顺差 2621.9 亿美元。对外贸易发展增速连续 5 年保持在 20％以上。在对外贸易规模增长的背后，不仅预示着我国经济的良好发展态势，而且意味着我国处于大体友好的国际政治与外交环境中。而这样大量的对外贸易规模是靠国际货物运输来支撑的，所以，这说明这些年来我国的对外运输需求处于不断且迅速的扩张中。

国家内部政治局势常常体现在政局的稳定性，以及随之产生的对经济稳定性的影响上。改革开放以来，中国持续保持的政通人和、欣欣向荣的发展态势对我国的交通运输需求产生良好的促进作用。

不同经济体制对运输需求的影响也是显而易见的。例如，我国改革开放以前，社会经济中的产品交流主要通过计划分配来实现，运输需求带有很强的计划性，运输需求的方式、规模、方向等都是可以预见的，运输组织活动也因此带有很强的计划性。经济体制改革以来，市场调节社会产品的比例日益增大，在竞争机制的作用下，产品在市场上相对自由地流动，商品交换的范围迅速扩大，带来运输需求迅速增长，但相比计划经济时期而言，运输需求的规律性弱化。在市场经济下，一些在计划经济时期被视为"不合理运输"或"违反流向"的运输需求时有发生，运输需求的多样性、复杂性都大大增强。这对运输供给和运输组织能力提出更高的要求。

　　经济立法与经济政策对社会经济活动发挥规范保障或促进协调作用，是为经济活动服务的，因其会对社会经济活动产生影响，从而也会间接影响到货物运输需求。

　　（3）运输网的布局与运输能力。交通运输产业是以基础设施，特别是网络化的基础设施存在为前提来经营运转的，运输网的布局和运输能力直接影响对货源的吸引范围和对运输需求的适应程度。例如，国际航空线路的开辟，为鲜活易腐货物以及对时间要求很高的高附加值货物的国际运输需求提供了质量保证，因此，会吸引这类货物的运输需求。地处优越的交通地理位置、高质量、高效率的运输网络不仅能满足本地区运输需求，而且还可以吸引过境货物、中转货物。例如，中国香港是名列世界前茅的集装箱大港，其特点是半数以上的集装箱吞吐量来自其他港口的中转箱。完善、合理的运输网布局，方便、快捷、高质量的运输能力无疑会大大刺激运输需求。而滞后的运输网络与运输能力会抑制或转移运输需求。因此，交通运输网布局和质量，直接影响线路货物的吸引范围和各线路的通过能力与需求的适应程度。

　　（4）市场价格因素。运输价格和运输商品的市场价格变动，也会引起运输需求的变动。一般来说，运价下降，运输需求上升，而运价上涨时，短期内需求会受到一定抑制。但对货物运输需求而言，因其绝大部分产生于生产活动需要，虽然对不同运输方式的需求上有一定的替代性，比如用铁路运输需求替代公路运输需求等，但需求总量本身不大可能被削弱，相比客运需求的价格弹性要低。具体到对某一特定运输方式的需求，其对替代运输方式的价格需求弹性会比较大。因此，运输价格的变化往往带来的是运输需求结构的变化而非运输需求量本身的很大变化。以上是从运输价格角度看到的其对运输需求的影响。此外，从作为运输对象的商品的价格角度来看，如果同类商品在不同地区间存在价格差就会产生流通需求，而运输是实现流通的手段，因此运输需求会先于流通需求而产生。例如，我国一年四季南方水果向北方市场的运输，在两地之间价格差距最大的冬季，对航空运输这一高价快速运输方式的需求会增加，而在夏季，可能就会转而采用公路运输。因为运输成本会参与商品的价值增值过程，所以运输需求对同一商品在不同地区间的价格差别也是反应敏感的。

　　（5）国民经济产业结构和产品结构。产业结构是通过产品结构表现出来的，而不同产品的物质构成和形态不同，对运输需求的影响也不同。首先，生产不同产品所引起的厂外运量（包括所有原材料、附料、能源、半成品和产成品等的运量）差别很大。例如，生产1吨棉纱引起的外运量为2.5～3吨，而生产1吨钢材会引起50～100吨的外运量。其次，不同产品利用某种运输方式的产运系数（或称运输系数，即产品的运输量与其总产量的比值）也是不同的。例如，煤炭和基础原材料工业对铁路的依赖性比较大，近年我国煤炭的铁路运输系数均为0.58，而粮食仅为0.12，相差悬殊。最后，不同的产品构成在运输需求的数量与质量要求上也不尽相同。如果用单位GDP所产生的货物周转量来表示货运强度，则重工业的货运强度远大于轻工业，轻工业的货运强度又大于服务业。但货运需求除了数量之外，还有质量要求。例如，一些新兴产业的产品运输需求虽然数量较小，但质量要求很高，像精密电子产品对运输的时间性、抗震性、乃至温度、湿度等都有很高的要求。一般而言，随着产业结构层次的提高，货运强度会有逐步下降的趋势，但对货运质量的需求会逐渐提升。

6.2.2.2 影响旅客运输需求的主要因素

（1）经济发展水平。客运需求的很大一部分来自生产性旅行需求。生产发展水平的高低，生产发展速度的快慢、市场交易网络的大小直接影响生产性旅行需求的数量。中国近年来经济的快速增长，细密的产业分工，遍布全球的市场交易网络，使得生产性旅行需求的数量、频次、广度都大为扩展。而且经济发展对时间机会成本的进一步重视，使得对航空等快捷客运服务的需求大幅提升，对铁路、公路等客运服务方式也提出更短时间、更快速度、更高舒适度与安全度的需求。经济发展水平的提高还通过改善消费需求结构，提升消费需求层次来增加私人旅客运输需求。

（2）居民消费层级。根据马斯洛的需求层次理论，吃、住、穿、健康以及满足工作和生活所需的基本的"行"只是人们起码的生存和安全需要。为此所产生的各类需求是最低程度的需要，包括基本出行需求所产生的运输服务需求，比如市内公共交通运输服务等。当人们的基本需要得到满足后，随着可支配收入水平的提高，就会产生友谊和社交的需要，即为满足心理需求而产生的"出行"需要。一般而言，这种高水平的"出行"需要与基本"出行"需要相比，范围更广、方式更多样、对服务质量的要求更高，而且与基本"出行"需求相比，这种为提高心理满足度而产生的探亲、休养、旅游、访友等出行需求，收入需求弹性更大，随着收入水平的提高，对高水平出行的需求数量和质量都会产生更急剧的变化。

（3）人口数量及城市化水平。旅客运输服务的对象是人，一般而言，人口数量越多对旅客运输需求越大。但值得注意的是，这里的人口主要不应是自然意义上的人口，而应是参与社会生产和生活的社会意义上的人口。换言之，如果人口数量很大，但却在各自的居住地过着自给自足的封闭生活，也不会产生大量的旅客运输需求。就像改革开放前我国占人口绝大多数的农民都被桎梏在土地上，很多人一辈子都没有离开过居住的村庄，这样自然状态的人口数量即使再多，也不会产生多少有效的旅客运输需求。反观今日，每年春节的"民工潮"在显露其巨大运输需求的同时，也说明我国的大部分农民已经走出封闭自守的状态，成为社会人。我国近年来旅客运输需求的不断增长，既得益于我国是一个人口众多的大国，更得益于近年来经济的不断发展，城市化水平的不断提升，城乡割据的状态逐渐被打破，人口流动更加自由和多样，而且由于收入水平、需求预期等不同，我国庞大的人口群促成了多元化的旅客运输需求结构。可以预期，随着我国城市化及小城镇建设的迅猛发展，城镇人口数量增长将明显加快。但在 2000～2015 年间，我国预计每年新增的 1000 万人口中，因为农村的人口出生率显著高于城市，而目前我国农村居民的收入绝对数仅为城市居民的 1/3，受收入水平的约束，未来我国人口增长对运输需求结构的影响可能会强于对运输需求数量的影响，对长距离、低成本的铁路客运需求短期内将不会减少。

（4）运输服务价格。运输服务价格是一个结构性的体系，不同运输方式的价格不同，同一种运输方式内不同运输服务内容的价格也不同。例如，铁路运输中动力车组、特快、普快、普通车的价格就有很大差别。对旅客运输服务需求来讲，运输服务价格不仅影响该价格所特指的运输服务需求，而且可以通过交叉价格需求弹性影响到对替代性运输服务的需求。因此，运输服务价格对运输需求的影响是复杂而多样的。

从运输需求的价格弹性，即运输需求量对运输价格变动的反映程度，或者说运价变动百分之一，使运输需求量变动百分之几的比例变化来看，其计算公式如下：

$$价格弹性 E_p = \frac{运输需求量变动\%}{运价变动\%} = \frac{\Delta Q}{\Delta P} \times \frac{P}{Q} \tag{6.1}$$

式中：Q 为运输需求量；ΔQ 为运输需求量变动的绝对量；P 为运价；ΔP 为运价变动的绝对量。根据价格弹性的不同，可以将需求分为三类：当 $E_p > 1$，称为价格需求弹性大的弹性需求，比如度假、旅游等消费性旅行需求，可能因为运输价格的提升或下降在较短的时间内引起运输需求的减少或增加，对这类需求而言，提高运价增加的收入将可能小于运输需求下降减少的收入；当 $E_p < 1$，称为需求价格弹性小的非弹性需求，如公务、商务出行，它表明运输服务价格的高低对运输需求产生的影响较小，在这种情况下，如果运输服务价格提高 10%，运输需求的减少将小于 10%，因此，对此类需求而言，提高运输服务价格所增加的收入将可能大于运输需求下降所减少的收入；当 $E_p = 1$ 时，称为单元弹性，这时运输服务价格提高 10%，运输需求将减少 10%，现实中，这类需求很难存在。

以上有关价格需求弹性对运输服务需求量的影响是就单一运输方式，或者说单一运输服务内容而言的，而事实上，因为交通运输需求的部分可替代性，当一种运输服务价格变化时，会通过替代效应影响到对其他运输方式的需求量。

（5）运输服务的质量。安全、迅速、方便的运输服务网络将刺激旅客运输需求，反之则抑制需求。随着经济发展水平的提高和需求层次的提升，人们对运输服务的需求不再仅仅满足于提供一种位移服务，而是更注重在这一过程中所附着的服务的舒适度和安全度。像京津之间铁路动力车组的开通，从旅行时间上并没有太大节约，但乘坐的舒适度却大幅度提升，因此可以吸引更多的需求向此类服务转移。随着各种交通运输方式间的竞争日趋激烈，围绕服务质量的竞争将成为焦点，类似京沪航空运输绿色通道的开通，就是航空运输在保持其优势的同时，借鉴铁路和公路运输为消费者提供更大程度便利的经验产生的一项服务新举措。

（6）经济、社会环境。旅客运输服务需求是由人的流动产生的，越大范围、越高频次的人口流动越会带来旅客运输需求的增长。在计划经济体制下，我国实行严格的户籍管理和就业制度，人口流动量小，流动范围狭窄，相应地对运输服务的需求无论从数量还是结构上都与今日不可同日而语。在市场经济体制所创造的开放、自由、竞争的经济和社会环境下，人们开始摆脱多种体制束缚，人口的流动范围从地区走向全国、从国内走向国际，流动也更加频繁，因此客运需求量必然随之增大。

6.3 中国交通运输需求的结构特征

运输需求结构是国民经济结构的客观反映，经济结构的变化必然带来交通需求模式的变化。近年来，我国旅客及货主对交通模式的选择观念及行为开始发生重大变化：方便、快捷、舒适、安全、自主等价值取向明显趋强，休闲性出行比例增加；货运需求呈现多批次、小批量、高价值、随机、分散化特点；区域间主要通道的交通压力日益增大，中短途运输需求增长加快。由于运输生产的特殊性，一个时期发生的运输量是运输服务供给与运输服务需求相互作用的结果。当运输服务供给大于需求时，运输量结构主要反映的是运输需求结构；当运输服务供给小于需求时，则主要反映的是运输供给结构。在完全市场经济条件下，运输服务供给与运输服务需求将最终实现一个动态平衡。从根本上讲，运输服务需求结构应带动运输服务供给结构的变化，并且通过运输服务供给结构充分反映运输服务需求结构。但因为运输服务供给与一般性的服务供给相比，具有调整时间长、周期慢、所需资金量大、关联效应广泛等特点，所以运输服务供给具有较大的刚性，也就是说，运输服务供给的增长速度往往滞后于需求的增长速度，表现在运输服务市场上就是往往会出现运输服务的"瓶颈"性制约。因为运输服务供给与需求的这一特性，由运输供给表现出来的运输需求自然会与实际运输需求产生一定的偏差，可能有部分因为没有相应的供给而被掩藏或转移。例如，对煤炭的运输需求有一部分从铁路运输转移到公路运输上来，或是春节、"黄金周"等客运高峰期间，因火车票一票难求转而选择其他运输方式等。但现实中很难测度那些没有实现或被转移的运输需求，这是因为观测运输服务需求的途径是运输服务供给，而供给是已经实现的量，所以二者之间难免有些偏差，是一种次优选择结果的反映。

6.3.1　不同运输方式的货物运输需求结构

1985～2007 年，我国公路运输一直占据全社会货运量的 72% 以上，公路运输成为最重要的交通运输部门之一；铁路运输占全社会货运量的 13.82%，较之 1985 年的 17.5% 下降了约 3 个百分点，其中 1998 年、1999 年达到最低点 12.96%，近年有微升的趋势；水路运输的货运量比例自 1985 年以来呈逐年缓慢上升趋势，2007 年占全社会货运量的 12.36%，与 1985 年的 8.49% 相比上升了近 4 个百分点；航空运输运量增长很快，但是到了 2007 年底也不过占到全社会货运量的 0.018%；管道输油（气）量随着中国管道长度的增加逐年提高，但在全社会总货运量的比重呈下降趋势，2002 年只占到 1.45%，近几年也有微升的趋势，2007 年达到了 1.72%。

从货运周转量来看，水路运输是最大的交通部门，2007 年水路运输周转量占全社会货运周转量的 63.4%，并有不断提高的趋势；铁路运输 2007 年占全社会货运周转量的 23.47%，较之 1985 年的 44.25% 下降了 20.78 个百分点，显示铁路运输在中国交通运输业中的地位不断下降；公路运输中虽然货运量占了绝大部分，但是由于平均运距最短，2007 年货运周转量占全社会的比重为 11.2%，呈现先上升又回落的过程；航空货运周转量 2007 年仅占全社会货运周转量的 0.11%，但上升势头明显；管道运输周转量在全社会货运周转量中的比重呈现总体下降又稍有回升的趋势，2004 年最低为 1.17%，较之 1985 年的 3.28% 下降了 2.11 个百分点，2007 年又回升至 1.81%。

交通运输需求结构呈现的上述变动趋势，与五种主要运输方式的技术经济特性及经济、社会、产业的变化特点等密切相关。例如，对铁路运输这种适合在幅员辽阔的大陆国家发展的陆地运输方式，同时也是一个国家工业化特别是重化学工业化阶段需求的主要运输方式，因为其适合经常性、稳定性大宗货物的中长途运输的技术经济特性，决定了重化学工业化阶段的一些主导产业的生产以铁路运输方式最为经济和简便。又如，公路运输所体现出的"门到门"运输的优越性，时间灵活的便利性，以及对铁路和水路运输进行补充和衔接的集疏运特点，决定了经济社会越是向前发展，人们的需求越是呈现多频次、小批量、多样化的特点，对公路运输的需求也越会增加。而水路运输以其适合于大宗货物的长途运输，尤其是远洋运输，并且费用低廉的特点，决定了它是实现国际间贸易的主要运输方式。航空运输的高效性是其他任何一种运输方式都无法比拟的，虽然相比之下费用也较高，但随着社会的经济发展，人们对时间价值的高度重视，以及追求舒适安全运输服务的需求增强，对航空运输的需求增长将是持续性的。上述交通运输量和周转量的变化背后隐藏的就是交通运输需求的结构性变化特点。但同时，如前所述，因为交通运输的潜在需求与通过货运量和周转量表现出来的实际需求之间具有一定的偏差，而这种偏差的纠正还需假以时日，所以当前我国各种交通运输方式的货运需求结构上还存在一些问题。

例如，目前我国铁路货物运输的供需缺口仍然很大，铁路货运的供给能力尚不能满足全部需求，更不适应国民经济持续增长的需要，主要体现在"货主要车皮难"。每天货主车皮需求只能满足 40%，这种局面多年来一直没有改观。尤其在春节、"五一"、"十一"长假期间，为了满足旅客运输的紧迫需求，只能将大部分货运列车停运，增开大量的临时客车。长假期过后，货运又积压严重，煤炭、石油、矿石、化肥、农药、粮食、食盐等这些关系到国计民生的重要物资又亟待运输，又不得不全力组织抢运，尤其煤炭是我国发电的主要能源品种，它的运输成为重中之重，每年铁路运煤量始终占据全部铁路货运量的 40% 以上，即便如此，还有大批煤炭不得不转以公路等其他运输方式解决运输需求。我国铁路运输供需的巨大缺口和"瓶颈"形成的根本原因是铁路运输能力严重不足。

我国铁路网人均密度极低，按 2004 年统计，人均占有铁路仅为 5.7 厘米，为美国的 1/14，瑞典的 1/33，在世界有铁路的 134 个国家和地区中排名第 116 位，倒数第 19 位。按国土面积计算，每万平方公里只有铁路 77.51 公里，仅为印度的 40.4%，世界排名第 73 位，与欧、美、日等发达国家的差距更大。改革开放以来我国铁路平均年增长率只有 1.4%，但国民经济平均增长率达到 8%～9%，铁路的增长速度远远赶不上国民经济的发展要求。而支撑我国国民经济实现快速增长的产业目前仍以重化学工业为主，这使得产业结构对货物运输需求中铁路运输的要求也更迫切，而目前我国受资金、体制等多方面因素的制约，铁路基础设施的供给速度相比其他几种运输方式是滞后的，多年供需缺口的累积，直至形成目前这种供需失衡的矛盾状态。

在基础设施供给严重不足的情况下，我国铁路运输服务以特有的运输组织方式在一定程度上弥补了一些不足。我国铁路以占全世界6.47%的铁路总里程完成世界铁路货运总周转量的24.8%，但这也导致我国铁路长期超负荷运行，线路负荷率过大，运输密度过高，运输能力持续紧张。我国铁路每辆货车每年完成的货运周转量是366.08万吨公里/辆，是以货运为主的美国铁路的1.99倍，俄罗斯铁路的1.37倍。这说明，以拼线路、拼设备形式缓解我国铁路运输供需失衡的矛盾，短期内可能有所成效，但并不是长久之计，也不可能维持铁路运输的持续发展。要从根本上解决我国铁路运输的供需矛盾，打破体制坚冰，引进多方投资主体，进行政企分开的市场化改革，从源头上增加铁路基础设施和服务的供给能力才是长久之路。

与铁路运输存在供需缺口且供给严重小于需求相比，我国还存在需要培育和挖掘市场需求，以拉动运输服务供给快速增长的领域，最典型的是航空货运业。近年来，航空货运已经成为我国航空运输发展的新增长点，特别是我国产业结构和外贸进出口结构的转变，对快速、高质、高价的航空运输需求增长。2007年航空运输完成货运总量达402万吨，比上年增长15.19%；货运周转量达到116亿吨公里，比上年增长23.04%。但无论与国际平均水平相比，还是与我国航空货运业的供给能力相比，我国航空货运的需求仍然很小。开发航空货运需求是我国航空运输业目前面临的一个首要课题。

在几种主要运输方式中，水路运输最能体现我国改革开放后对外经济联系的密切与参与国际经济活动的活跃程度。连年持续增长的对外贸易规模产生大量的水路运输需求，相应地拉动水路运输供给的增加，水路运输也成为我国交通基础设施建设领域吸引多元化资本最充分，投融资形式更多样，经营管理体制改革更彻底的行业之一。持续多年的水路运输增长，使得水路运输的基础性地位不断得以巩固。"十五"期间，水路运输客运量、旅客周转量、货运量、货物周转量和沿海港口货物吞吐量年均增长分别为4.6%、5.6%、6.7%、6.6%和8%。进入"十一五"以来增长更快，2007年水路运输完成货运量、货物周转量分别为28.1亿吨和64285亿吨公里，同比分别增长12.85%和19.25%；全国港口完成吞吐量64.1亿吨，同比增长18.7%，完成集装箱吞吐量11400万标准箱，同比增长22.3%；上海港货物吞吐量达到4.92亿吨，连续三年保持世界第一的排名。日照港、南通港进入亿吨港行列，我国目前已经有12个亿吨大港。我国港口货物吞吐量和集装箱吞吐量连续四年稳居世界第一。而且可以预期，随着我国参与国际经济活动的程度更加深化，对我国水路运输需求的增长将可能持续相当长的时间。

随着我国经济增长方式从粗放型向集约型的转变，以及走新型工业化发展道路的战略举措的逐步落实，我国的货物运输需求结构还将发生深刻变化。从总量上看，工业化的快速发展必将带来货运需求量的大幅度增长。同时，随着产业结构的调整和能源结构的改善，以及技术手段的不断提升，比如以坑口发电输电代替部分煤炭运输等，运输需求结构将随之变化，大宗货物的运输比重会逐步下降，而高技术含量、高附加值、时效性强的货物运量增长幅度将加大加快，这对安全、及时、快速的运输服务提出了更高要求。因此，必须加快集装化、专业化运输系统的发展。为了满足个性化、专业化的运输需求，降低成本，提高效率，各种交通运输方式都应不断地完善各自的运输体系，而且以多式联运的形式加强各种运输方式之间的协调与整合，适应经济发展社会进步要求的合理的运输需求结构需要不断形成和完善。

6.3.2 不同运输方式的旅客运输需求结构

与货物运输相比，旅客运输的需求和服务方式更为集中，至少没有对管道运输的需求，对水路运输的需求也因为水路运输在客运领域所具有的相对劣势，如所需时间长、受基础设施条件限制较大等，仅在国内客运及极小范围的国际客运领域存在，不构成主体的客运方式。主体的客运方式以公路、铁路和航空为主。

2007 年，公路运输占据了全社会客运量的 92.1%，较之 1985 年的76.83% 上升了近 15.28 个百分点，处于绝对主体地位，成为旅客运输最重要的服务部门；铁路运输占全社会客运量的 6.1%，较之 1985 年的 18.08% 下降了 11.98 个百分点；水路运输的客运量下降幅度较大，在全社会客运量的比重由 1985 年的 4.98% 下降到 2007 年的 1.03%，下降了 3.95 个百分点；航空运输客运量增长迅速，由 1985 年的 747 万人上升到 2007 年的 18576 万人，增长了 24.87 倍，在全社会客运量的比重由 1985 年的 0.12% 上升到 2007 年的0.83%，增加 0.71 个百分点。

从客运周转量来看，公路运输仍然是最大的运输需求方式，2007 年公路客运周转量占全社会客运周转量的 53.3%；铁路运输为第二大客运需求方式，2007 年占全社会客运周转量的 33.42%，较之 1985 年的 54.46% 下降了近 20个百分点，显示铁路运输客流呈大幅度下降的趋势；水路运输客流流失十分明显，2007 年仅占全社会客运周转量 0.36%，与 1985 年的 4.03% 相比呈现明显下跌的势头；航空客运周转量增长最为迅速，2007 年为 2792 亿人公里，较1985 年增长 22.75 倍，年平均增长 24.4%，在全社会客运周转量中的比重由1985 年的 2.63% 上升到 2007 年的 12.93%，成为中国居民重要的交通运输方式之一。

公路客运在我国占据着主力军的地位，并有不断上涨的趋势，主要是国民经济的持续健康发展为公路客运提供了有利的外部环境。另外，经过改革开放后20余年的建设，特别是近年来的加快建设与发展，我国公路里程大幅度增加，路网结构明显改善，特别是高速公路和农村公路的加快建设，为公路客运发展提供了重要的基础设施保证和发展空间，同时多元化运输服务市场的形成，使得运输需求的层次性得以最大程度的满足，进一步刺激公路运输需求的增长。此外，近年来随着人们生活水平的提高和需求层次的提升，日益火暴的假日休闲旅游等，也对公路客运增长起到了积极的推动作用。而且公路客运需求的这种增长势头短期内不会削弱，这是因为：一方面全国总旅客周转量随经济发展继续上升的势头不会减弱；另一方面铁路运输网络建设的周期性，适应需求的能力不足，留有相当大的空白市场，对这部分运输服务的需求转向公路运输的比例不会很小。此外，与铁路客运受到较大的线路、时间、运输能力限制不同，公路客运具有灵活、机动性强，运输服务能力提升快速，特别在中等运输距离以下的市场具有很强的竞争优势，可以吸引和接纳相当数量的铁路客运需求。从公路运输内部的需求结构来看，其层次性不如铁路运输那么大，也就是说消费者的可选择性较少，而事实上公路客运的需求结构也是分层的，如何适应高中低不同层次的公路运输需求，提供不同层次的可选择服务是公路客运今后面临的一个课题。此外，与铁路普通客运相比，公路客运的相对高价格，也是其在与铁路客运的竞争中需要给予特别关注的一个方面。

现阶段我国铁路客运无论从客运量还是周转量方面看，都呈现明显的下降趋势，如同铁路货运进入了"瓶颈"状态一样，目前铁路客运能力也不能适应国民经济持续增长和社会向前发展的需要，集中体现在"旅客买票难、乘车难"这一痼疾上。在铁路客货运输全面紧张的状态下，目前旅客运输只能放弃短途保长途，停开了许多短途列车，旅客运输的平均运距已由1985年的218公里跃升到2004年的511公里。而从产生的社会效应来看，"放短保长"的弊端还是很明显的。因为对从前能够享有短途旅客运输服务的公众而言，他们的价格弹性一般较高，也就是说，铁路运输相比公路运输的低价格对他们很具吸引力，特别是在公路短途运输的时间节省效果并不明显的情况下，他们更愿意选择铁路这种运输服务方式。但是因为铁路运输服务供给部门放弃了这一领域部分市场，需求只能被迫转移到公路运输领域。可以说这种社会效益的损失与铁路运输服务能力的不足有很大关系。当然，除此之外，其他交通运输方式以其明显的竞争优势吸引走部分铁路客源的事实也不容忽视。例如，在短途客运中，公路具有时间灵活、购票方便、旅途舒适度较高的优点；在长途客运中，航空客运在时间、舒适度、方便以及一些附加服务方面都略胜一筹，特别是当前随着航空业内部的激烈竞争，航运价格也在不断下降，对铁路客运需求的冲击是十分明显的。

从铁路运输内部结构来看，我国地区铁路的发育程度还很低，存在许多空白领域，这也是造成铁路运输服务不能有效地满足需求，使得对其部分需求被动地转移到对其他运输方式的需求的原因之一。一般而言，轨道交通分为三个层次，干线铁路网是国民经济发展的主动脉，地区铁路网是国民经济发展的支动脉，城市轨道交通网则是城市交通体系的骨干。地区铁路是以跨省的经济区域内或省内的重要城市为中心，连接各县级市以及重要城镇建成的铁路网。从一般的发展经验来看，万人以上城镇均应有地区铁路通过并设有车站，以方便城镇居民快捷进出各类城市。发达国家的地区铁路特别发达。例如，德国全国人口相当于我国江苏省人口，其铁路总里程近 4 万公里（39898 公里），干线铁路 1 万多公里，其余不到 3 万公里铁路均属地区铁路，有 4000 多个车站，地区铁路通达每个城镇，这对德国客货运输畅通，地区经济快速均衡发展发挥了极其重要的作用。又如，日本国土面积 37 万平方公里，铁路总里程 2.7 万公里，干线铁路 0.5 万多公里，其余 2 万多公里都是地区铁路。法国也是类似的情况。然而对我国铁路系统来说，铁路网都是干线，地区铁路尚存在很大的空白。例如，我国长江三角洲属我国经济最发达的地区，大中小型各类城市上百个，还有大量城镇，可是只有津浦、沪宁、沪杭、浙赣、胶忻等有限的几条干线铁路连通，根本没有形成地区铁路网络。美国经济史学家福克纳认为，铁路的经济意义不仅仅是提供运输，它在打破农村的孤立状态和连接城市与乡村的利益方面所产生的便利与社会利益是无法估计的。而这正是我国铁路运输发展今后需要承担的一项重要社会责任。

由于水路运输的技术经济特性相比其他运输方式在客运领域并不具有优势，特别是与人们追求快速、便捷的需求取向很不吻合，使得我国水路客运的下降趋势明显，客源流失严重。一些地区水运优势甚至逐渐消失，航线航班大量萎缩，客运量大幅下降，比如大运河的北运河区段，至 20 世纪 90 年代水上客运已基本消失。曾在沿海客运中占举足轻重地位的南北航线也萎缩严重，客运量急剧下滑，国内长途干线航线已仅剩申连（上海—大连）、申青（上海—青岛）两条。探求水路客运急剧萎缩的原因，水路客运行业自身结构的非协调性是一个方面。首先，交通部门水运企业发展落后于非交通部门水运企业发展，在客运市场全面开放的条件下，水路客运市场已从原来交通部门一家独占演变成为全社会参与，交通部门大型骨干企业由于其传统经营理念和经营方式不能完全适应激烈的市场竞争，加之企业自身负担较重，导致其骨干作用日渐衰弱。而航运管理的法律法规又不是很完善，客运市场准入与经营运作规则的欠缺，使得大量进入这一市场的非交通系统的中小企业在无序的市场竞争中彼此消耗严重，无力填补骨干企业退出的空白并导致运力发展与运量需求失衡。其次，水路客运船队的结构很不合理，船队船型陈旧，船龄老化，已经不能适应现阶段旅客对客船的要求，特别是大型骨干企业的客船大多为传统的常规客货船，航速低、舒适性差，无力吸引更多的客流，而企业经营状况的下滑又造成船队的更新与技术进步难以为继。再次，由于各种其他运输方式的线路与走向分布很多也是在沿海沿江方向，由此对于水路客运业构成了巨大的竞争压力。除此之外，宏观经济社会背景、国家对航运业的扶持措施不力等都是造成水路客运急剧下降的原因所在。

　　与水路运输恰好相反，航空运输的高速性、不受地形限制可以取最短路径、客运的舒适性强等特性决定了航空客运的明显优势，虽然存在相对价格较高等竞争的不利因素，但一方面随着我国人均收入水平的不断提高，另一方面航空运输的相对价格也在下降，使得对航空运输的需求快速增长，客运量、客运周转量都逐年增长。此外，在我国几种客运方式中发展最晚的航空运输，近年来基础设施建设和运营能力提高都很显著，航空运输网络更加细密，机场布局更趋合理，陆路集疏运系统日臻完善，航空运输的网络效益得到显著提高。其主要表现在：一是旅客往返于城市与机场间的时间大大缩短。根据历史资料统计分析，平均缩短30％左右。二是运输航线密度的提高也促进了旅客旅行时间的节省和行程时间的合理安排。从政策角度上来看，改革开放以来，政策变革打破了中国航空业垄断经营的局面，促进了运输价格的下降和服务质量的提高，与经济快速增长带来的航空运输需求增长相互作用，形成良性互动，使得客运规模迅速扩大。

　　总体而言，我国客运需求的多样化发展体系日渐形成，其中又以铁路、公路、航空三种主体运输方式占支配地位。而且运输需求的多样性不仅表现在多种运输方式上，也体现在各种运输方式内的需求呈现多元化的特点，引起需求结构的长期持续变化。与此同时，各种客运方式之间的竞争也日趋激烈，一个相对长期稳定的客运需求结构短期内很难形成。这与我国交通运输业总体所处的发展阶段特征相适应。

7 中国公路运输业的市场结构与竞争

"发展经济，交通先行"这一经济规律的正确性已经被各国的经济发展实践所验证。随着我国经济与社会的快速发展，公路运输业在经济与社会发展中的基础地位日益巩固。近年来，中国公路运输行业整体的增长已经趋于缓和，行业内大量中小规模竞争者的加入导致行业无序竞争状况严重，企业的利润率不断降低。一些外部环境的变化，如中国加入世界贸易组织，对公路运输行业的竞争力提出更高要求。在"十一五"我国进入经济、社会与环境全面、协调、快速发展的新时期，以及"全面建设小康社会"的关键阶段，公路运输业也必将承担更大的历史使命，提高公路运输企业的竞争力迫在眉睫。

公路是公路运输功能发挥的设施载体，当前我国公路基础设施建设正处于扩大规模、提高质量的快速发展时期。但由于基础十分薄弱，其总体发展水平还不能完全适应国民经济和社会发展的需要，与发达国家的先进水平相比还有较大差距。例如，从公路技术等级看，在全国公路总里程中还有近 20 万公里等外公路，等外公路占公路总里程的比重达到 14.4％，西部地区更高，达到 21.8％，技术等级构成仍然不理想。再如，东部地区无论是公路密度还是高等级公路的比例都明显高于全国平均水平，更高于中、西部地区的水平。这种基础设施载体的发展状况对我国公路运输业的市场结构和企业竞争行为也会产生影响。

7.1 中国公路运输业市场结构演变

市场结构是指市场主体的构成、市场主体之间的相互作用及相互关系。关于公路货运业的技术经济特性与行业发展的关系，西方学者认为"零担运输体现出一些规模经济特性"，[1] "汽车运输技术和服务特性的改善促进了汽车运输业的发展"。目前，中国公路货运行业属于"完全竞争的市场结构"，[2] 竞争过

---

[1] 荣朝和. 西方运输经济学. 经济科学出版社，2002
[2] 约翰·科伊尔. 运输管理. 机械工业出版社，2004

于激烈，存在大量小规模企业，长期以来没有出现能够实现规模经济的大型企业，行业技术进步举步维艰。国内有关研究已经认识到实现市场集中对提高中国公路运输业绩效的作用，认为市场结构优化目标是垄断性竞争；[①] 我国交通部 2001～2010 年道路运输业政策目标是促进经营主体集约化、规模化经营和规范化服务，提高市场集中度，形成以优势企业集团为主导的市场格局，其实质是确定了公路运输业的市场结构优化目标——垄断性竞争的市场结构。[②] 因此，如何实现市场结构优化是当前我国公路运输业面临的紧迫课题之一。依据经济学标准，市场结构优化是指企业能够按照技术经济特性配置资源，使得企业具有合理生产规模并占有恰当的市场份额，整个行业能够实现生产效率，在行业内部形成有效竞争，用竞争促进企业提高经济效益，提高行业整体效益和社会福利。

7.1.1　公路运输业市场结构的影响因素

早在改革开放之初，我国公路运输业就引入了市场竞争机制。明确划分基础设施供给和运输服务供给领域，基础设施的供给如公路、桥梁等主要由中央或地方政府供给和所有，而公路运输业务基本上是完全竞争的。目前我国的公路运输突出地表现为：市场上存在许多的运输业务卖者和买者，其中任何卖者和买者都没有占据很大的市场份额；各运输服务商提供的服务产品基本上同质，在同一地区经营相同范围的运输服务提供商之间具有很高的可替代性；任何卖者集团或买者集团都不存在或很难形成"合谋"行为；新、老企业能够在市场上较自由地进入和退出。

以上诸特征表明，我国的公路运输，除石油、化工等少数产品具有垄断经营特性外，其市场结构具有典型的垄断竞争特点。垄断竞争的特点决定了运输提供商之间具有相互依存性，正因为存在这种相互依存性使得市场竞争更加激烈，而竞争的结果是运输服务商在"4Ps"，即产品、价格、渠道、促销的营销策略中，更偏好采取价格营销策略，即竞相降价，以超载运输抵消单位价格低于成本的非合理定价损失，这已成为当前我国公路运输企业普遍采取的行为。

然而，从资源配置的效率角度来看，过剩的生产能力和过小的生产规模必然造成较高的平均成本。当前，公路运输产业内部运力资源浪费严重，竞争过度无序，过多的组货联络费用致使运输成本上升，同时也降低了运输业经营者

① 陈引社. 我国道路运输的规模经济问题. 综合运输，2004（7）
　　 张建仁，严新平，王炜等. 中国交通研究与探索. 人民交通出版社，2003
② 多纳德·海著，钟鸿钧译. 产业经济学与组织. 经济科学出版社，2001

的利润率，从业人员长期处于相对低收入状态等，这些都已是公认的事实。

总体而言，目前我国的公路运输业是一个进入退出壁垒较低、市场集中度和市场占有率低、存在过度竞争的行业。然而，从公路运输业自身的经济发展规律和部分发达国家所走过的道路来看，公路运输业的过度竞争并不是一个必然结果。

7.1.1.1　公路货运业的技术经济特性及其决定的市场结构

公路货物运输有三个主要的运输经营领域：普通货物整车运输、网络型公路货物运输（包括零担运输、集装箱运输、公路快件运输等）和特种货物运输（大件、冷藏、鲜活等）。由于特种货物运输一般来讲所占市场份额较小，以下主要对公路整车运输和网络型货运的技术经济特性加以阐述。

成本结构是决定规模经济性进而影响市场结构的一个主要因素。从成本结构上看，公路运输的固定成本占总成本的 10%～30%，固定成本比例较低，这是因为公路系统建设资金的主要来源是国家财政的公共投资。若收费公路占有较大的比例，则会增加运输企业的固定成本支出。这种较低比例的固定成本和较高比例的可变成本的成本构成状况，决定了公路运输的规模经济特性并不十分明显。但当公路运输具有网络特性后，这也是公路运输的一种常态形式，与普通的整车运输相比网络型运输的技术经济特性发生了明显的变化，进而对市场结构也产生了不同的影响。其主要变化如表 7.1 所示。

表 7.1　公路货运的技术经济特性与市场结构特点

特性	比较项目	货物运输经营领域	
		普通货物整车运输	网络型货物运输
技术经济特性	成本结构	固定成本较小（10%左右）	固定成本较大（30%左右）
	资产特征	资产专用性低	资产（场地、车辆）专用性高
	运输产品特征	产品无差异	产品有差异
	生产经营方式	单车经营、分散生产	网络化经营、集约化生产
	生产技术	工艺简单、生产组织技术水平低	生产流程复杂、组织技术水平高
	生产的经济特性	长期供给曲线完全有弹性	长期平均成本递减，具有规模经济性、范围经济性和网络经济性
	运输对象	散货、大批量、低附加值	小批量、单件、高附加值
	经济运输距离	800km	800～2400km

特性	比较项目	货物运输经营领域	
		普通货物整车运输	网络型货物运输
市场结构特性	集中度	集中度低	集中度高
	竞争手段	价格	广告、质量、服务范围
	提高绩效途径	运输装备	设施、装备、管理和业务创新
	进入壁垒	进入壁垒低、信息不对称	进入壁垒高（投资、技术、管理）
	退出	沉没成本小、退出容易	沉没成本大、退出困难

资料来源：马银波．中国道理货运市场结构优化途径与对策．长安大学学报（社会科学版），2006（1）

　　公路运输的成本结构、产品特性和生产方式在很大程度上决定了其生产的经济特性。整车运输的成本结构包括较高的可变成本和较低的固定成本，固定成本主要是移动设备成本，一般整车运输固定成本占10％左右，资产专用性低；对于网络型货物运输来讲，需要运输网络集散货物，固定成本占总成本比重较大，除包括专用车辆、货运站（场）、运输组织与管理技术装备和运输网络（线路）外，还包括货运组织、信息收集、组织管理以及运输单证处理等费用，因此其固定成本大约占总成本的30％左右，资产专用性高。

　　从运输经济性上看，整车运输的经济性主要体现在装载量经济性，通过提高单车装载量降低运输成本，企业规模对运输成本影响较小，例如，对于整车运输企业，拥有1辆汽车与拥有100辆汽车的长期总成本（ATC）曲线基本相同，一家企业与多家企业的ATC曲线基本相同。因此，整车运输行业属于长期平均总成本不变行业，长期供给曲线是完全有弹性的，规模经济范围很小，其最小有效规模（MES1）可以认为是单车生产量（见图7.1）。企业在超过MES1以后很大的产量区间内同样有生产成本。由于整车运输行业MES1较小且规模报酬不变的范围很宽，所以规模大不相同的整车运输企业可以共同存在，并且同样可以有效经营。网络型运输的经济性主要体现在随生产规模扩大，单位运输成本会降低，能通过大范围组织货源、集运和配送、提高运输密度，来降低单位运输成本。另外，劳动力专业化、管理专业化、线路资本（利用场站可以扩大货源组织范围、使用大型车辆、服务网络的异地组货，减少返程空驶）以及网络规模扩大带来的正外部性、运输服务产品组合带来的范围经济性等都会降低企业的平均总成本。因此，网络型运输具有规模经济性、网络经济性和范围经济性，长期平均总成本递减，长期供给曲线向右下倾斜。有关整车运输和网络型运输的成本曲线形状如图 7.1 所示。由于网络运输企业有较高的固定成本，且长期 ATC 递减的模式发生在大的产量范围（规模经济范围较大），只有生产规模大到能够克服最小有效规模（MES2）后，才能够获得低成本的优势，在竞争性市场中生存下去。所以在运输需求给定的情况下，网络型运输的有效生产将主要由几家大规模的生产厂商来实现。

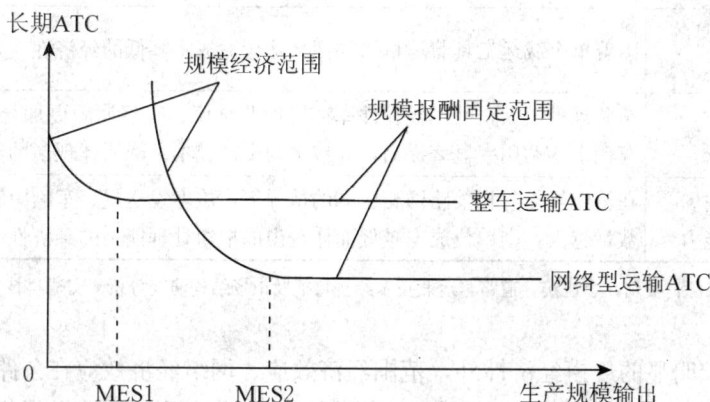

图 7.1 整车运输和网络型运输的长期 ATC 比较

资料来源：马银波. 中国道路货运市场结构优化途径与对策. 长安大学学报（社会科学版），2006（1）

7.1.1.2 公路客运业的技术经济特性及其决定的市场结构

公路客运业是政府承担的交通运输普遍服务义务的基本体现，简单地讲，就是为偏远地区居民提供基本的出行服务基本是由公路客运来完成。而这种普遍服务义务在公路货运领域并不明显。由于公路客运业与人们日常生活息息相关，并随着社会经济发展及人均消费水平的提高而增长，因而具有需求弹性小及部分公共产品的属性特征，要求供给的稳定性和价格的适中性。此外，不同旅客对运输服务水平要求各不相同，可承受的票价水平也各不相同，这决定了公路客运需求的差异化程度较高。这也会对公路客运业的技术经济特性产生一定的影响。

从技术经济特性中首要的规模经济性来看，公路客运业的生产经营特点决定了其具有较明显的规模经济效应，主要表现在表 7.2 所列的价格方面。①

---

① 荣朝和. 关于运输业规模经济和范围经济问题的探讨. 中国铁道科学，2001（4）

表7.2　公路客运业的规模经济效应

经济特性	规模经济效应
线路通过密度	在某一条具体线路上由于运输密度增加引起平均运输成本不断下降所体现出的经济性
运输网络幅员	客运企业能够随着运输网络空间幅员规模的扩大、营运线路的增长、网络节点的增多，即在服务覆盖范围区域不断扩大的情况下，合理调配运力，使得单位运输成本随之下降所体现出的经济性
载运工具的载运能力	随着单个载运工具载运量增加而平均运输成本降低的经济性
车队规模	车队规模扩大，因车辆配件库存增加及维修、车型调配更加合理等原因，车辆平均利用率显著提高，导致平均生产成本下降所体现出的经济性
枢纽站场处理能力	在枢纽规模与相关路网相协调的情况下，旅客发送量、车辆中转、配载的数量越大，则单位成本越低而体现出的枢纽处理能力的经济性

资料来源：黄莉，李旭宏．道路客运业技术经济特征及市场结构演变分析．交通科技，2005（5）

　　除较明显的规模经济性外，范围经济效应、网络经济效应在公路客运行业均有所体现。就范围经济性而言，如果把运输企业在不同线路上提供的运输服务看做不同的产品，则当一个企业在多条线路上运营时，随着线路增多，每条线路上客运量的增长使总运输量得以递增速度增长的同时，车辆平均利用率提高及使用更大车型等因素将使客运企业单位运输成本下降。[①] 网络经济性则表现为在多个区域性市场之间，区域间节点相互联系增强所形成的庞大网络，为利用网络形成中转运输提供了可能。一旦经过中转，就会包括起讫点不同的运输对象。中转结构范围越大，网络上不同起讫点的运输对象就越多，利用多产品的范围经济便提高了设备的实载率。伴随实载率提高，规模经济越显著，整个行业总成本得到进一步节约，这就是网络经济效应。网络经济效应可看成是规模经济与范围经济共同作用的结果。

　　首先，规模经济、范围经济以及作用于二者之上的网络经济等都是推动市场结构趋于集中和垄断的力量。此外，还存在推动市场结构趋于分散和竞争的因素，在公路运输业主要表现在资产的专用性很低，即对公路运输企业而言，投入的专用资产基本上就是车辆等载运工具，相比巨大的基础设施建设投入，公路运输企业的专用资产投资很少，而且如果企业从市场退出，车辆等载运工具也可以转售，基本不具有资产专用特征。以上两种作用方向相左的力量的均

---

①　秦占欣．航空运输业的产业特征与规制改革．北京航空航天大学学报，2004（1）

衡决定公路运输业的市场结构，显然推动市场结构趋于集中和垄断的力量占据主导。例如，由于网络经济性的存在，要求企业能够依靠线路网络而不是仅仅凭借单条或互不相关的若干条线路进行运输生产活动，并且能够依托网络节点的扩充，通过中转配载提高设备利用率、线路客流量，充分发挥载运工具的载运能力，这就要求单个企业的运营线网能够保证一定的服务覆盖范围。再如，在客运需求不断增长的前提下，提高服务频率，缩短候车间隔，可充分发挥规模效应。服务频率提高有赖于企业车队规模或依靠多家企业共同合作完成。这些因素都要求客运企业具备一定的规模，即公路客运业应具有较高的集中度。这也从理论上说明了我国公路运输业目前的小规模企业数量众多，价格竞争激烈状况具有很大的不合理性。

其次，从公路运输所部分具有的公共产品属性和承担公共运输的最低普遍服务义务来看，为了克服资产专用性低使得客运企业自由进入和退出容易，从而降低服务稳定性和适时性的弊端，需要政府通过运输线路供给等形式对企业的进入和退出加以必要的控制，在维持竞争的基础上，保证服务的稳定有序。

最后，因运输网络跨越不同地域，线路及所经区段地理位置、经济发展水平各异产生的多样化运输需求，以及公路级差效应导致的相同服务供给产生不同效益的状况，使得公路运输服务在速度、舒适度、准时性等方面可以做更细的划分。这也是公路客运业在区域性市场内部与区域性市场之间大多会形成分层竞争市场结构的主要原因之一。

7.1.2 中国公路运输业市场结构演变的主要阶段

依据产业经济理论，一个行业的技术经济特性是决定其市场结构的重要因素之一，并且具有规模经济特征的行业在市场机制作用下，最有可能形成垄断或垄断竞争型的市场结构。前面的分析已经表明，公路运输业具有一定的规模经济性、范围经济性和网络经济性，但与铁路运输业、航空运输业等相比，其规模经济性等的水平要低很多，因此，在市场机制作用下更易于偏向竞争型市场结构演变。我国公路运输业的发展基本经历了这样的阶段。

7.1.2.1 公路货运业的市场结构演变

按照市场集中度指标，我国公路货运业市场结构演变大致可分为两个阶段：垄断市场结构阶段和完全竞争性市场结构阶段。

第一阶段：交通部门汽车运输企业垄断市场结构阶段。在1952～1978年的计划经济时期，我国的公路货运业形成了交通部门汽车运输企业垄断市场的阶段。这一时期，存在两种性质的汽车货运运力，即企事业单位的自备运力和交通部门的公用运力。自备运力不能从事营业性运输业务，交通部门的汽运企业在营业性货运市场中具有完全垄断地位。全国各省、地市和县的交通部门汽车运输企业，实行"统一计划、统一调度、统一运输组织"的经营管理体制，省总公司负责组织协调省内各地市运输公司的运输生产，国家统一运价。形成了国有经济一统公路货运市场的高度垄断的市场结构。

　　第二阶段：完全竞争性市场结构阶段。1978年实行改革开放政策开放运输市场后，行业的进入壁垒大幅度削弱，在市场机制作用下，运力短缺促使大量个体车辆、企事业单位自备车辆进入货运市场，载货汽车数量大幅增加，货运能力有了很大提高，基本解决了运输供应短缺问题。同时，汽车运输生产方式从企业组织生产演变为个人承包经营的单车生产，国有大型汽车货运企业的解体，使得货运市场结构发生了重大变化，从计划经济下的国有专业运输企业"垄断市场"到市场经济下的近乎完全竞争市场结构。目前，我国汽车货运业的主要特征是，企业众多且规模小，车辆、货源渠道、货运站场等运输生产要素的组织化程度低，运输生产方式以单车分散经营为主，运输服务项目单一，市场竞争激烈，竞争焦点是价格，新企业很容易进入公路货运市场，车辆的增长主要受市场调节，超载运输是较为普遍的现象，长期以来并没有能够形成集约化经营的大型货运企业。表7.3为公路货运业垄断性阶段和竞争性阶段的货运车辆数和货运量增长情况。从中可以看出，在垄断性阶段，货运车辆的年均增长率略高于货运周转量的年均增长率，但在竞争性阶段，货运车辆的年均增长率却远低于货运周转量的年均增长率，这说明平均货运生产效率可能有所提升，但更暴露出在激烈的价格竞争压力下，公路货运的超限超载问题严重，通过超载抵消部分货运周转量增长对货运车辆的需求，也以此弥补货运企业因价格竞争导致的成本亏损。而超限超载可能引发严重的社会问题已是有目共睹的事实。

表7.3　公路货运车辆数和公路货运量增长情况

指　标	年均增量		年均增长率（%）	
	货车 （万辆）	货运周转量 （亿吨公里）	货车	货运周转量
垄断性阶段 （1952～1978年）	3.68	9.99	12.77	11.97
竞争性阶段 （1978～2005年）	22.18	259.53	9.52	15.57

　　资料来源：根据《中国交通统计年鉴》有关数据计算。

7.1.2.2　公路客运业的市场结构演变

市场结构除了取决于行业的技术经济特征，还受到宏观经济环境、政府规制等多方面因素的影响，结合我国公路运输行业的改革进程及市场集中度指标，可以将公路客运业的市场结构演变划分为三个阶段。

第一阶段：国有汽运企业垄断市场阶段。与公路货运业的发展阶段相似，在1952～1978年的计划经济时期，公路客运业也形成了交通部门的国有汽运企业垄断市场阶段。此时，公路客运业处于行政垄断状态，市场集中度处于极端的高水平，社会经济发展水平及户籍制度抑制了客运需求，同时处于垄断地位的国有企业缺乏足够的降低成本和推进技术进步的动力，运力供给一直短缺，服务质量低劣，从而导致这一时期我国公路客运量及周转量增长缓慢。

第二阶段：垄断型向竞争型市场结构过渡阶段。1978～1990年国家开放道路运输市场，是公路客运业由垄断型向竞争型市场结构过渡阶段。由于提出"有河大家行船，有路大家走车"的行业准入政策，以及国民经济迅速发展及"需求释放效应"的共同推动，这一时期客运量及客运周转量迅速增长。

市场进退的自由化导致客运主体性质的多元化。这一阶段，由于市场结构的不合理和政府规制的无效率，使公路客运业在经历10年较快增长后，重新陷入生产低效、服务产出量下滑且后续增长缓慢的困境。

第三阶段：竞争型市场结构调整阶段。1991年至今为公路客运业竞争型市场结构调整阶段。自1990年以来，伴随高速公路兴起的高速快客新型服务方式，形成新的产品差异化，公路客运从传统的主要承担中短途和集疏运输一跃成为干线运输和集疏运输相结合的混合运输方式，扩大了公路客运的市场容量，使公路客运量占总客运量的比重达到90%以上。

此后，"按经营资质等级确定经营线路"政策的出台，使客运行业资产重组和企业并购频繁出现，而完善市场择优机制，促进存量资产优化配置，逐渐形成适度规模和适度竞争相结合的分层竞争性市场结构趋势也逐渐明朗，竞争型的市场结构调整正在进行之中。

7.2 政府规制对中国公路运输业市场结构演变的影响

一个行业或产业的市场结构演变是一个融内、外部因素作用于一体的，自动与他动交叉存在的过程。但从根本上讲是自发作用占主导。从一般意义上，推动公路运输业市场结构演变的力量主要包括自然条件、社会生产力布局和产业部门结构、国民经济发展水平和需求状况、技术进步以及政府政策等。其中，政府规制是最典型的一种外部作用因素，而且其对市场结构的影响又最直接和迅速。本节将剖析政府规制对我国公路运输业市场结构演变的影响。

7.2.1 市场准入规制

市场准入规制是传统经济性规制中最严厉的一种规制手段，对市场结构的影响也最直接，因为它可以通过限制企业进入来控制市场内的企业数量，以促成期望的市场集中度和竞争状态等。作为经济性规制的一种典型方式，除了关系国防安全等部分极特殊的产业外，目前市场准入规制正在逐渐淡出政府规制领域。但回顾我国公路运输业的发展历程，准入规制对公路运输业市场结构的影响还是相当清晰和强烈的。

7.2.1.1 公路货运业的市场准入规制

公路货运是综合运输体系的重要组成部分，具有批量小、易组织、机动灵活、中转环节少、可实现"门到门"运输等优势。它是以车辆为工具，以公路为运行基础，以场站为作业基地，以实现货物位移为目的的生产活动。它包括整车货运、零担货运、特种货运、集装箱货运和包车货运，属于竞争性产业，但是兼有行业垄断的性质。货物零担运输的经营类别、区域、线路、班次、停靠站点，由交通行政主管部门审查批准。

根据我国公路货运业的政府规制程度不同，到目前为止，它的市场准入规制过程大致可分为四个阶段，见表 7.4。

表 7.4 中国公路货运市场准入规制过程

阶　段	货运规制的主要内容和特点
严格规制时期 （改革开放之前）	在严格的计划经济体制下，投资渠道单一，建立运输企业、购置车辆或增加运力都由政府控制，不存在经济学意义上的市场进入问题
自由进入市场时期 （1978～1986 年）	伴随着经济的快速发展，出现了交通运输供不应求的状况。为了解决运力紧张问题，市场规制开始放松，形成自由进入市场的制度供给。投资主体多元化，运输企业数目和运力供给不断增加，供求环境得到改善
再度较严格规制时期 （1987～1992 年）	随着运输企业和运力供给的不断增加，运输设备的运输效率开始下降，企业的经营状况开始恶化，于是政府部门开始酝酿对市场进行再度严格规制。1987 年国务院颁布《中华人民共和国道路运输管理条例》，标志着较为严格市场准入规制时期的开始。这一时期主要实行"经营许可证"的规制方法①

---

① 隽志才，冯君霞. 公路货运行业政府规制的变迁. 数学的实践与认识，2002（4）

阶 段	货运规制的主要内容和特点
经济转轨，对内对外开放的新时期（1992年至今）	明确了计划和市场都是资源配置手段。政府交通主管部门必须由部门管理转变为行业管理，由直接管理转为间接管理。虽然有从业技术经济条件的限制，但是伴随公路货运市场对内对外开放的力度不断加大，准入规制基本消失，过度竞争问题凸显

在规制过程的最后一个阶段，公路运输业不仅实现对内开放，而且伴随着"入世"谈判进程，对外开放的力度也在加大。在"入世"谈判中，公路运输尤其内陆集装箱货运服务业，是谈判的"重中之重"。根据我国的"入世"承诺，① 公路运输业将面临更开放的市场和更激烈的竞争。"入世"对与汽车相关的服务贸易领域的市场准入将产生直接影响，因为公路运输业属服务业，将受到《服务贸易总协定》的约束，所以我国在"入世"的过程中除了做出一般的市场开放承诺之外，在公路货运方面还做了进一步开放市场的特别承诺，具体内容是：从"入世"起，允许外商设立合营企业从事道路货物运输，但进入第一年内外资比例不得超过49％；加入后2年内，允许外资控股；加入后3年内，允许外商独资经营；合营和独资企业可享受国民待遇。可见，我国公路运输市场必将由部分开放迅速转变为全面开放，经营主体包括国内外运输企业。为配合我国"入世"，2001年11月20日交通部和原外经贸部联合发布《外商投资道路运输业管理规定》，其内容比交通部1993年发布的《暂行规定》有了重大的修改、充实与突破。一是对我国承诺开放的道路货物运输、装卸、仓储和其他辅助性服务及车辆维修，外商可以独资形式投资经营，不再受股权比例等限制；二是进一步简化了审批环节，规定设立外商投资道路运输企业，可向所在地级市交通主管部门申请，经地级市交通主管部门、省级交通和外经贸主管部门审批，立项审批的合计期限最长不能超过105个工作日。

当前，我国对内资企业进入公路运输市场的规制实行的是审批制，但门槛很低。尽管如此，目前我国原则上还是实行审批制度，审批条件有：①有与其经营规模相适应的货运站房、生产调度办公室、信息管理中心、仓库、仓储库棚、场地和道路等设施，并经有关部门组织的工程竣工验收合格；②有与其经营规模相适应的安全、消防、装卸、通讯、计量等设备；③有与其经营规模、

---

① 根据中国的"入世"承诺，中国在公路交通行业主要在四个方面对有关政策进行调整：一是逐步降低关税，到2006年7月1日整车关税降到25％，零部件关税降到10％；二是非关税壁垒逐步降低直到2005年1月1日取消，配额在一个固定基数上逐步增加；三是放宽和调整与汽车有关的投资管理措施；四是逐步放宽与汽车相关的服务贸易领域的市场准入。

经营类别相适应的管理人员和专业技术人员；④有健全的业务操作规程和安全生产管理制度。满足以上审批条件的企业或个人，需要提交以下一些审批材料：①道路运输站（场）经营申请表；②负责人身份证明，经办人的身份证明和委托书；③经营道路货运站的土地、房屋的合法证明；④货运站竣工验收证明；⑤与业务相适应的专业人员和管理人员的身份证明、专业证书；⑥业务操作规程和安全生产管理制度文本。具体的审批程序：准备申请材料（申请人）→申请→窗口受理→审查（所运管科）→审核（分管所长）→审批（所长）→下达许可决定书→颁发《道路运输经营许可证》。

总而言之，在准入规制经历四个发展阶段后，我国公路货运市场结构从一个高度垄断的状态演变为一个过度分散的状态。在改革开放前（严格规制时期），我国实行严格的计划经济体制，公路货运完全由国家有关部门提供，根本不存在公路货运市场。改革开放以后，为了迅速扭转当时货物运输能力严重不足的局面，国家出台了一系列鼓励市场进入的政策，降低进入门槛，在加快基础设施建设的同时，提出了"有路大家行车，有水大家行船"，极大地调动了全社会投资兴办道路运输企业的积极性。由于与其他行业比较，进入公路货运市场的资金和技术门槛相对较低，社会上许多企业、个人和其他组织大量涌入公路货运市场。由于进入和退出门槛较低，虽然在改革开放初期促进了公路货运市场的快速发展，但到目前为止，过低的门槛导致了企业或个体货物运输户进入过度，市场结构过于分散的现状。

7.2.1.2　公路客运的市场准入规制

公路客运包括班车客运、包车客运以及行包运输。与公路货运业的准入规制历程基本相似，我国公路客运的市场准入规制也大致经历了四个阶段，直到形成目前这种由于较高的市场开放程度，吸引了大量的进入者，成为国有企业、集体企业、合资企业和个体运输户之间激烈竞争的市场格局。

公路客运以其开行班次多、站点分布面广、旅客候车时间短、可以随到随走、与市内交通衔接方便、选择余地大等优越性成为现代交通运输的重要力量。公路客运经营方式可分为区域运输和线路运输两种。区域运输多为专业企业在一定经营线路范围内轮流倒班；线路运输基本是个体户在指定线路上运输，相对固定。旅客运输的经营类别、区域、线路、班次、停靠站点等，由交通行政主管部门审查批准。中国公路客运市场准入规制的历程可用表7.5加以说明。

表 7.5　中国公路客运市场准入规制历程

阶　段	客运规制的主要内容和特点
严格规制时期 （改革开放前）	公路客运市场主体只有国营企业，市场主体单一。政府规制严格
自由进入市场时期 （1978～1988 年）	1982 年交通部提出"要努力把交通搞通、搞活、搞上去"，1983 年提出支持"各部门、各行业、各地区一起干，国营、集体、个体一起上"，运输市场随之放开。社会各部门和各方面兴办运输的积极性空前高涨，形成了多种经济成分、多种经营主体、多种经营模式齐头发展的新格局。运力得到空前快速的提高，缓解了"乘车难"，许多地方出现了"买方市场"
较为严格的规制时期 （1989～1993 年）	改革开放使公路客运市场空前活跃，但是无序竞争的问题比较突出。从 1989 年起，我国用将近 4 年的时间对道路运输市场进行全面整顿，并建立了一系列规章制度，使市场秩序大为好转，取得了显著成绩
公路客运市场对内对外开放时期 （1993 年至今）	公路客运已经形成国有企业、集体企业和个体运输户之间激烈竞争的市场格局。对内开放力度不断加大，但是对外开放还在谨慎进行中。虽然有从业技术经济条件限制，但是过度竞争问题依然严重

　　自规制的第二阶段起，我国公路客运业取得了巨大发展，公路运输基础设施有了明显改善，运输生产力和旅客运输量有了很大增长，公路运输行业管理工作得以加强。但要建成"统一、开放、竞争、有序"的客运市场还有较大难度。

　　到第四阶段，公路客运市场表现出过度竞争的特征，主要表现在：①在培育和发展运输市场方面，缺乏一个全面、系统、具体的操作办法，政府主管部门转变职能远没有到位，管理体制不顺，政出多门。②宏观调控乏力，市场准入把关不严，缺乏比较完备的准入条件。③不同经济成分的经营业主互相争客源、争线路，客运干线、热线抢着跑，山区支线不愿跑，"乘车难"的问题在边远山区仍未得到很好解决。④社会化组织化程度还处在粗放阶段，运输行业管理不够规范，依法管理运输市场的力度不够。⑤交易秩序混乱，有的经营者为了追逐利益不择手段违法经营，地区封锁等不正当竞争的经营行为在不少地方存在。⑥客运服务质量不高，误点、"宰"客、甩客等现象时有发生。⑦运输市场资源配置不尽合理，生产力水平和劳动生产率不高，一些地方出现运力盲目发展问题，车辆运用效率偏低。⑧基础设施建设滞后。客运站点布局与城镇的规划、建设不够协调，部分停发车场过小，旅客候车环境较差。①

　　尽管公路客运未被列入"入世"后对外开放之列，但是国外资本早在 10 年前就已经开始进入这个市场，而且集中在高速公路客运领域。通常采取中外合资的形式，外资所占股份普遍达到 50%。外资得以进入高速公路客运领域，主要是因为该领域对从业方的车辆技术和运营管理等要求很高，而国内企业的自身条件很差，需要引进资金和技术。但是有资格与外方合作的通常都是国有企业，而且是交通系统的国有企业。因为同普通公路客运相比，高速公路客运利润率较高。这又体现出不同类型经济主体的地位不对等的问题。民营客运企业很少有机会参与高速公路客运项目。例如，纵贯南北、连接环渤海和长江三角洲两大经济区域的国道主干线——京沪高速公路的经营权受到许多公路客运企业关注，但是最后交通部确定其运营商为新组建的企业——新国线运输有限公司。这是一家全资国有企业，而且是交通系统的国有公司，由北京华通企业经济发展公司、上海长途汽车运输公司以及深圳中南实业股份有限公司三家组成。这三家公司都是交通局所属企业。由此可见，我国在公路客运准入规制中存在对不同所有制成分企业的差别待遇问题，这也造成了某种程度的非公平竞争。

7.2.2　价格规制

　　理论上讲，在实行市场进入规制的同时，就必须实行价格规制，以避免因准入规制而享有一定垄断势力的市场进入者行使垄断权力，制定垄断性价格。从我国公路运输业的规制实践来看，也的确走过了准入规制与价格规制并行的时期。因为公路运输的客运与货运价格规制阶段很相似，所以将二者合并来看，均可分为三个阶段。

　　第一阶段是从新中国成立到改革开放之前。政府对公路运输价格实施严格规制，即采取政府定价形式。政府定价是指由政府价格主管部门或者其他有关部门，按照定价权限和范围制定的价格，价格不能反映企业成本和市场供求的变化，公路运输企业是价格的被动接受者，因此政府定价压制了企业的生产和经营积极性。在该阶段，我国执行的是不分车型、道路、货物以及不同运输条件的"一刀切"公路运价，具体来说，是国家通过估算公路运输的平均运输费用，然后采取平均成本定价方法确定统一的价格。国家直接规定从一个地方到另一个地方的运输价格，是一个非常严格不容突破的价格体系。

　　第二阶段是从改革开放到 20 世纪 90 年代初。公路运输实行计划价和基准

价，即企业根据市场的供求状况，在计划价的基础上，可在一定范围内自由浮
动定价。在该阶段，随着经济的发展和改革的深入，公路运输行业得到了长足
发展，市场分工越来越细，逐步组建了整车运输、零担运输、集装箱运输、特
货运输等专业运输公司。为了适应这些新变化，交通部颁发了《集装箱汽车运
输收费规则》、《零担汽车运输计费办法》等各项专业公路货运收费规则。另
外，根据当时的形势，交通部提出了以国家计划为主，市场调节为辅的运价结
构模式，即放权和集权相结合的管理办法。考虑到物价上涨，汽车运输成本上
升因素，1989 年第四季度，政府提高公路客运票价，在原来的基础上运价上
调 60％，并且考虑到不同的运输条件和车辆情况，采取差别价格。在公路货
运方面，全国货运价格平均提高 42％，同时给出了基本运价平均水平不超过
0.28 元/吨公里的最高限价。

　　第三阶段是 1993 年至今。其间实行计划指导价，即由政府价格主管部门
或者其他有关部门指导经营者制定价格，但不是固定价格，而是按照定价权限
和范围规定基准价及其浮动幅度。在该阶段，虽然各地采取了以收取燃料附加
费形式提高运价，对价格体系进行了有限的调整，但总的来说，公路客货运输
价格的市场调节程度不断提高，政府的强制性干预开始大大弱化。在货运方
面，虽然交通部门仍然执行原有的运价规则，但是市场已经开放多年，具备了
市场调节的基础，所以大部分省份开始放开运价，即使没有明确放开，实际上
也已处于以市场调节为主的状态。根据有关调查，目前全国公路货运价格水平
从普通货物 0.30 元/吨公里到特种货物的 0.70 元/吨公里不等，平均为 0.55
元/吨公里左右。公路客运在实际中仍然执行政府规制价格，具体采用政府指
导价还是政府定价由各省、自治区、直辖市自行决定。综合来看，全国公路旅
客运价水平介于普通客车 0.07 元/人公里到豪华客车 0.20 元/人公里之间，平
均为 0.10 元/人公里左右。

　　综上所述，20 世纪 90 年代之前，公路运输基本实行政府定价，随着该市
场的进一步开放，形成了国有、集体、个体共同经营公路运输的局面，公路运
输实现了由短缺的卖方市场向过剩的买方市场转变。政府定价的问题是，企业
虽然是市场经营的主体，但是却没有自主定价的权力，政府对运价管得过多、
过死，已经不适应公路运输发展的要求，建立合理的价格形成机制迫在眉睫。
因此，到 20 世纪 90 年代初，许多省市开始逐步实行政府指导价，例如，明确
春运期间实行最高限价，经营者可在不突破最高限价的基础上自行定价。这在
一定程度上赋予了经营者自主定价的权利，发挥了市场经济条件下价格机制的
作用。1994 年交通部发布了《关于公路汽车运价改革有关问题的通知》，进一
步明确公路客运价格主要采取指导价格形式，对于高档豪华汽车、包车运输，

经省级物价主管部门批准后实行市场调节价。① 当前，公路客运运价实行政府指导价已成为大家的共识，在 1998 年新的汽车运价规则颁布实施后，各省进一步完善了政府指导价这一价格形成机制。然而在政府指导价的实施过程中，其存在的问题也逐步暴露出来，建立怎样的运价形成机制，以适应市场经济的客观要求，是当前迫切需要研究、解决的问题。②

7.3 中国公路运输业的市场竞争特点及问题

在放松规制之后，多种经济成分积极投资参与公路运输，公路运输运力得到极大提高，公路运输业得以空前发展，伴随着这一过程，公路运输市场又出现过度竞争的特征。而过度竞争也是市场失灵的一种表现形式。

7.3.1 公路货运市场竞争

1989 年交通部发布的《关于整顿治理道路、水路市场的决定》及 1990 年交通部和国家物价局联合发布的《关于整顿公路汽车货物运价的通知》，部分地影响到 1990 年的公路货运市场，当年个体货运量下降了 8.5％，但是公路运输营运车辆仍达到 20.22 万辆。虽然 1990～1998 年，公路运输营运载货车辆数量每年都有小幅减少，但是 1999 年的公路营运载货汽车却急剧增加到 409.62 万辆。车辆数量有了极大增加，而全国货物运输经营业户也达到 301.8 万户。到 2000 年底，全国营运载货汽车达 444 万辆，而货运企业达 310 万家，平均每一家企业拥有的车辆不超过 2 辆，基本无企业规模可言，市场集中度极低。

1990～2007 年中国公路运输载货汽车数量如图 7.2 所示，从中可以大致看出我国公路货运市场的发展变化。

尽管我国公路货运正朝着信息化、物流化的方向发展，但是该市场仍处于初级发展阶段，既存在经济体制转轨时期所必然带有的旧体制的干扰因素，又存在市场主体及管理主体面对新的市场竞争形势无所适从而表现出的被动和盲目性等问题。首先，随着运力短缺矛盾的缓解，国家对企业物资调度计划的取缔，运输企业的生产活动完全纳入市场竞争轨道，但作为生产对象的货源却没有作为生产要素完全进入市场，因而难以形成公开、公正、公平的市场制度性准则，而这正是保证公路货运市场竞争有序发展的重要前提。其次，经营方式

---

① 市场调节价是指由经营者自主制定，通过市场竞争形成的价格。
② 宋健．公路客运价格改革探讨．公路与汽车，2003（4）

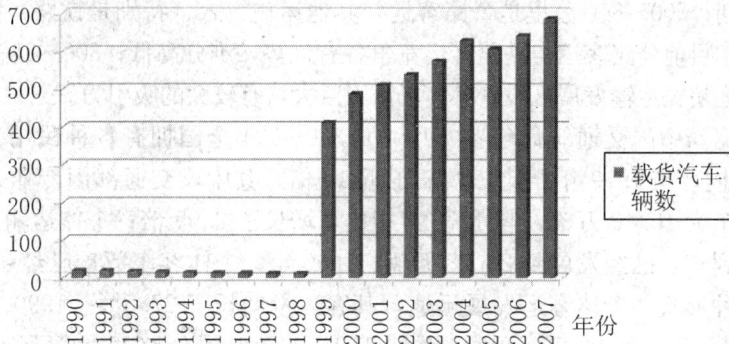

图 7.2　中国公路运输载货汽车数量（1990～2007 年）（单位：万辆）

注：1999 年以前数据仅为公路部门营运汽车，1999 年为全国营运汽车，2000 年起为全国运输汽车（含营运和非营运汽车），2005 年起为全国营运汽车（不含非营运汽车）。

资料来源：中国统计年鉴（2008），中国统计出版社，2008

落后，市场经营主体组织松散，与社会化大生产、现代公路运输业及市场经营所要求的集约化、适度规模经营相背离。公路货运企业从总体上说仍然没有改变单纯提供运输服务的传统经营格局，围绕多种运输方式衔接，围绕产、供、销连接的运输综合服务功能发展滞后。最后，市场组织化低，自我调节功能滞后。市场对资源的优化配置，是通过对占有各种资源的市场主体发挥调节作用来实现的。[①]

反观其他国家，在美国 1000 多家零担货运企业中，黄包货运系统公司、联合货运公司、公路快件运输公司三家企业承担的货运量就占 50％以上，营业收入占 80％以上。这表明在美国，零担货运是公路货运的主要运输形式，且零担货运业务集中于少数大型企业经营。整车货运收入都不算高，所以一般都由没有能力建立货运站设施或收发服务网络的小型运输企业承担。两者相比较，我国的公路货运虽然竞争主体数量众多，但仍处于低水平竞争状态，企业竞争力薄弱。

7.3.2　公路客运市场竞争

目前我国的公路客运已从传统的主要承担中短途和集疏运输而一跃成为干线运输和集疏运输相结合的运输方式。由于公路快速客运在干线运输中的崛起，公路客运的有效运输距离已大大提高。目前，居民出行距离在 200 公里内的市场，已成为传统公路客运（主要是普通客运）市场占有率非常高的服务区段，而 200～500 公里已成为高速公路客运的黄金服务区段，其市场占有率也处于高

---

① 张行安．公路货运资源合理配置理论研究（硕士学位论文）．西安公路交通大学，2000

速增长期；500～800 公里是公路客运与其他运输方式（特别是铁路）的激烈竞争区段，目前公路客运与铁路客运竞争各有优势，难分高低；800～1500 公里是公路客运超长运输发展区段，其市场潜力巨大，有较大的吸引力。[①]

    根据《中国交通统计年鉴（1990）》，1989 年全国拥有各种民用营运客车30 多万辆，与 1979 年相比，增长了近 10 倍。其中，交通部门专业运输企业营运客车为 10.49 万辆，与 1979 年相比，增长了 2.95 倍；个体运输户营运客车从无到有，已经发展到 20.28 万辆。1990 年，个体客车数量已经超过国有、集体两种形式。个体客运发展迅速，其客运量增长了 27.5%。1990 年全国公路客运营运车辆 10.76 万辆，而到 1999 年，中国公路客运营运车辆已达92.14 万辆。2000 年全国营运载客汽车 130 多万辆。到 2002 年则达到 289.55万辆。虽然从 2000 年起运输统计口径发生变化，营运与非营运载客汽车都被统计在内，但是从这一数字也可以看出公路运输载客汽车数量加速增长的大致趋势。图 7.3 是中国公路运输载客汽车数量在 1990～2007 年间的变化情况，从中可以看出这一领域的持续快速发展态势。

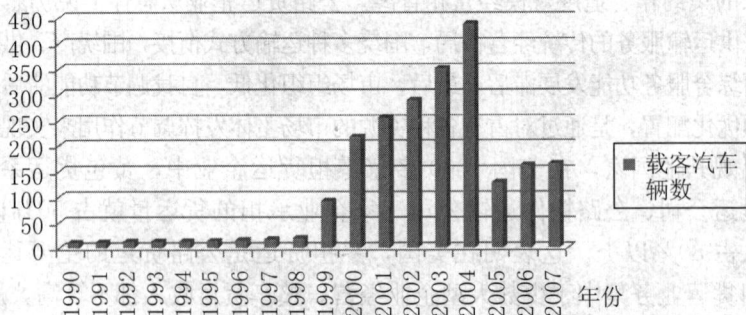

图 7.3　中国公路运输载客汽车数量（1990～2007 年）（单位：万辆）

    注：1999 年以前数据仅为公路部门营运汽车，1999 年为全国营运汽车，2000 年起为全国运输汽车（含营运和非营运汽车），2005 年起为全国营运汽车（不含非营运汽车）。

    资料来源：中国统计年鉴（2008）. 中国统计出版社，2008

    虽然公路客运有了以上发展，但是我国公路客运业经营主体分散、整体素质不高。国有、集体和个体等多种类型的经济主体都积极参与公路客运，而且参与公路客运经营的企业普遍实行单车承包的方式。这样一来，拥有一辆车就可以成为一个独立的经营主体，参与市场竞争的企业数量基本可以等同于车辆数量，市场的集中度呈现过低之势。我国客运市场规模的增加主要源于经营者

---

    ① 陈引社. 加入 WTO 对中国公路客运市场的影响. 客车技术与研究，2001（6）

数量的增加，而非源于经营者平均规模的扩大和经营效率的提高，整个公路客运市场基本上呈现出高度分散的粗放式经营状态。个体客运经营者数量增加过快、比例过大，是导致行业经营者平均经营规模不断下降的重要因素，也反映了运输资源流向的不合理性。

由于经营主体分散，企业规模小，导致资本市场与经营市场运作脱节，无法按经营需要调度资金，众多的小规模经营主体都陷入资金短缺困境，抗风险能力低，且无法形成行业竞争优势。企业间的竞争主要集中于传统客运服务，代表公路客运发展方向的服务形式只占有较小的比例。大量企业同时提供差异较小的服务又导致企业盈利水平过低，甚至亏损。而这又引发公路客运市场营运车辆运用效率不断下降。有研究表明，由于客运市场竞争加剧，客运车辆运用效率相比 20 世纪 80 年代中期已下降了 30％～50％。[①]

7.3.3 公路运输竞争效果与问题

竞争是市场经济运行的本质特征，但竞争也是一把双刃剑，并不必然产生良好的绩效，综观我国公路运输业逐步走向市场化的过程，可以充分体现竞争的双面效应。

7.3.3.1 竞争效果

公路运输曾被认为是具有自然垄断属性的准公共产品，为了实现效率与公平，其供给受到政府规制，但是规制的结果导致运力严重不足。因此，改革开放以来，我国放松了对公路运输的规制，进入公路运输行业的门槛被设置得很低，导致公路运输业进入过度，竞争异常的激烈。本书从公路运输的价格、服务水平、服务的可选择性等方面来看公路运输业改革开放以来取得的竞争效果。

从公路运输的价格水平来看，我国公路运输业的价格指数总体上有升有降，但其上升的幅度远远低于国民经济发展水平。而且值得关注的是，单位运输成本的下降趋势是很明显的。到目前为止，我国公路运输价格平均在 0.2～0.3 元/吨公里，处于 10 年来最低点。造成这种状况的原因是放松规制后的过度进入导致公路运输行业运力大于运输需求，这样，在大多数省份开始实施市场化定价的情况下，运输户之间展开了激烈的恶性竞争和不公平竞争。由于超载运输，使得运力大于运量的矛盾突出，导致运输市场形成以降价为主要手段的恶性竞争。据资料显示，一辆载重 5 吨的货车，从广东满载货物到上海，10年前的运费在 1 万元以上，目前则已降到 2000 元。加之 10 年间的物价变动因素，公路货运的绝对价格水平下降更为剧烈。

---

① 徐同连. 辽宁高速公路客运经营模式研究（硕士学位论文）. 西安公路交通大学，2000

从公路运输的服务水平来看，服务水平是公路使用者根据交通状况，由公路上所能接受的服务程度和行车速度、通行时间、行车的通畅和交通中断及受阻、安全性、行车的舒适性等因素共同决定。我国目前的公路运输服务水平总体上处于不断提升的状态。对于普通道路而言，随着经济的快速发展，路面状况明显改善，行车速度明显提高，通行时间也相应地缩短，行车舒适性也得到一定的改善，这是普通公路运输服务水平的集中体现。对于高速公路而言，除了具有普通公路的服务水平外，高速公路的交通中断及交通受阻较少、行车通畅性高、服务区的定点服务等都说明高速公路运输较普通公路运输的服务水平高。但是，当前我国公路运输安全性问题比较严重，增强安全性也应该成为公路运输企业提高自身服务水平的努力方向之一。

从服务的可选择性来看，改革开放以来，我国居民的交通可选择性明显增加。当前，消费者不仅可以选择不同运输公司提供的不同种类的运输服务，而且还可以根据自己的消费水平选择不同的车型、不同的运输服务内容。例如，在公路客运中，我国目前在省内、省际运输中不仅有大、中、小型客车可供选择，还有高、中、低档客车可供选择。

7.3.3.2　竞争中存在的问题

对于我国公路的客、货运输，从总体上看，由于客货运输特点不同，因此竞争中存在的问题也不尽相同。就公路货运而言，主要的问题是：①公路建设总量不足；②货运车辆发展相对滞后；③运输的组织效率普遍较差；④利益驱动和管理的缺位导致超载现象屡禁不止；⑤多头管理缺乏协调性；⑥为了获得货源，有一定的不正当竞争行为的存在。

而公路客运竞争过程中的主要问题则表现在：①公路客运服务质量不高；②客运车辆发展滞后；③客运市场的运输组织效率较差；④由于一些地方市场进入受到隐性限制，票价偏高；⑤长途客运存在过多载客的现象。

对于竞争中产生的上述问题，有些是企业自主经营行为导致的，有些则与政府的不当规制或是管理缺位、制度缺位相关。对于企业的自主经营行为调试，政府可采取适当的间接手段加以引导，但作用有限。而由于政府规制不当或管理、制度缺位所造成的问题，则可以期待政府有所作为。

7.4　中国公路运输业实现有效竞争的途径

有效竞争是一个含义并不特别清晰，理解也存在较大分歧的概念，但理论研究及实践发展都表明，竞争并不是万能的，竞争无效或低效的情况同样可能发生。自 20 世纪 30 年代有效竞争这个概念被克拉克提出以来，有关什么是有效竞争，有效竞争的标准是什么等问题的讨论就没有终止过，直到今日，无论是把有效竞争理解为一个"区域"，还是一个"点"，如何在现实的产业发展中确定有效竞争还是一个难解之题。但这并不妨碍人们把有效竞争作为产业组织的理想状态，以其为目标进行产业组织状态调整和政策实施。具体到我国公路运输业的有效竞争状态，虽然我们也无法指出明确的"点"或"区域"在哪里，但至少是上述竞争中存在的问题能够得到大部分解决以后才会出现有效竞争的格局。而如上所述，找寻解决问题的途径时政府是一个不容忽视的主体。本节以政府为核心，探讨实现我国公路运输业有效竞争的途径。

7.4.1　公路运输业通向有效竞争的起点

中国公路运输行业，被业界形象地概括为"多、少、散、乱"四个字。所谓"多"，就是经营主体多，由于从事传统道路货物运输进入成本低，进入壁垒小，一个人、一辆车就可以营运，因而经营主体迅速增加。所谓"小"，就是经营主体规模偏小，以广东为例，2000 年平均每个经营业户拥有营运车辆仅 1.4 辆，绝大部分为个体户，占所有经营业户的 83% 左右。所谓"散"，就是行业集中度低，几乎没有核心企业，最大的道路货运企业拥有货物运输车辆也不过一两百辆，单个企业市场占有率极低。所谓"乱"，就是行业经营几乎处于无序竞争的状态，车辆乱停乱放、无证经营、超载现象普遍且严重，八吨车装载二三十吨的事情司空见惯；市场竞争不平等，偷漏税费，假军警车牌及各地税费标准不一致等，使从业企业系统成本不一，运能利用率低，运力过剩，竞争激烈，运价畸低，导致不超载不能盈利，而行业管理又严重缺位。

造成公路运输业的上述不合理运营状态的根本原因除了规模经济不明显、进入退出壁垒低等基本经济因素外，市场运营环境不完善、供需不均衡、信息不完全以及缺少网络化组织等都是主要原因。而要解决这些问题，政府的作用不可或缺。政府以及行业主管部门除了以法律及行政执法手段等规范市场运营，禁止超载和偷逃税费等行为外，还需要加强信息服务功能，尽量削弱信息不对称带来的市场供需严重失衡，网络化运营无法实现，造成大量过剩运力等不经济现象。相应地，建立一套满足中国公路运输业发展需求的交通运输管理体制是政府实行促进有效竞争政策的前提。

7.4.2　公路运输业实行有效竞争的借鉴：国外公路运输市场的管理体制

中国改革开放以来所取得的令世人瞩目的快速经济增长验证了新制度经济

学的一个重要命题，即制度是经济增长的重要源泉。同样，交通运输业发展的核心之一也是进行制度创新，交通运输管理体制是制约运输系统运行的所有制度中的核心要素，中国未来交通运输发展的关键之一是推进交通运输管理体制改革。

目前我国对公路运输的管理涉及车辆生产监督、交管、路政、工商等多个部门，但每个部门都只管理各自职能范围内的事情，而且职能范围的划分又过于细化，由于体制的限制，政府管理失控，不能对目前的运输市场形成一个强大的管理监督体系，运输管理体制已成为制约中国公路运输业发展的主要障碍。这里重点比较中外公路运输管理体制，为中国的运输管理体制改革提供借鉴。

7.4.2.1　美国道路运输市场管理体制

经过不断的改革，美国已经形成了一套比较成熟的道路运输市场管理体制。目前，美国和其他西方发达国家都采用了基本一致的道路运输市场管理体系框架，如图 7.4 所示。美国联邦一级主管包括道路运输在内的交通运输机构曾经有两个，即联邦政府运输部（DOT）和州际商务委员会（ICC），但 ICC 已于 1995 年被撤销，其职能的一部分（管理交通运输的职能）已转到运输部。联邦政府运输部主要管理交通运输基础设施等有关资金的使用和技术与安全等问题。曾经存在的州际商务委员会独立于政府，主要负责制定国际、州际运输政策和规章制度，审查运输企业准入或退出运输市场，核发或撤销营业执照，监督法规的实施，调解纠纷等。

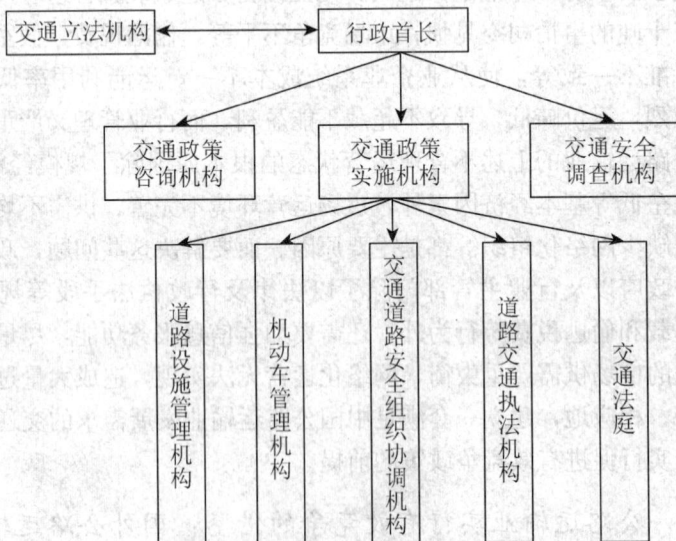

图 7.4　美国道路运输管理框架

资料来源：祝昭，郭洁. 道路运输市场管理体制面临的问题与对策. 公路交通科技，2005（4）

在美国，营业执照的审批制是对道路运输企业的主要调控与管理手段。政府运输行政管理机构对申请都按照开业标准衡量，发给符合标准的企业以相应的营业执照。至于开业标准，则由政府根据不同时期运输市场的供求状况制定，以此来调控市场。美国实行法规改革的领域，如州际道路运输，只有亚利桑那等8个州的道路运输申请条件很宽松，其他州对执照发放仍然控制很严，实行申请者必须证明自己开业对公众明显有利或者征得运输协会同意方予批准。

虽然美国的人口数量比中国少许多，但国土面积却与中国相差不多，广阔的国土面积上公路四通八达，管理机构却极为精简，全国的道路行政办事处不足百处。综观其管理过程，具有如下几个特点：

（1）管理模式比较科学，以经济、技术管理为主。美国的州际商务委员会主要行使运输经济管理职能，委员会向国会负责，受总统的间接约束，负责根据国会授权制定公路运输的规章和政策等。而美国运输部则是以技术管理为主，主要从规划、技术、安全等角度，对道路运输进行管理。

（2）职责分明、相互制衡，行政管理、交通执法与交通司法分离。美国地方道路运输管理机构十分精简，但却非常完整，有明确的法律分工，加上强有力的法制和社会舆论监督，所以很少有因为职能不清或交叉而引发的部门争执。对于法律上没有规定的新问题，涉及部门争端的，则由它们共同的上级，即商务、运输与防务大臣协调解决。以交通安全管理而论，对于这样一项综合管理，很容易产生交叉管理、多头管理的问题。这就要求国家把涉及交通安全的各个环节所应负的职责给予总体的划定，并从国家立法角度对各部门应承担的责任进行总体协调。

（3）相互依存，互相配合，共同构成一个有机的整体。美国的运输市场管理高效的原因之一，是因为市场运行机制良好，而确保市场机制良好有效运转的原因之一是信息化程度高，组织协调、配合得当。美国运输部成立以前，交通运输的管理职能都分散在商务部、财政部或一些独立的机构。这种分散的管理体制很难对交通运输进行综合协调，对交通设施及交通安全管理也难以进行统一规范管理。而目前这种机构重置后的状况更便于统一、协调、规划、监督全国的交通运输事务。例如，美国大部分的运输企业已发展成为综合的物流企业，企业规模不断扩大，信息化程度高。各部门组织工作的合理安排共同构成一个有机整体，使运输效率大大提高，从而便于管理。

（4）以法制为主要管理手段。美国联邦和地方法律互为补充，构成了完整的道路运输管理法律体系。这些法律有粗有细，具有很强的可操作性。联邦法律多是政策性规定，但对于涉及联邦政府直接管辖的事务，都一一作了详细规定。地方法律则非常详尽，与道路运输管理有关的所有问题，包括管理机构的设置、职能分工等都可以在法律中找到答案，使道路运输参与各方和政府各部门都有章可循。

7.4.2.2　英国道路运输市场管理体制

英国的公路运输管理实行中央政府和地方政府二级管理体制。运输部直接负责高速公路和干线公路的修建和经营，同时对道路运输的各个方面进行管理，包括投资控制、设计标准以及科研工作等。

英国地方政府目前分为两级：郡和区。全国共有 56 郡，342 区。在大城市，如伦敦、曼切斯特等只设有一级地方政府。地方政府在公路运输管理方面的作用主要有：

（1）作为中央政府设计、修建、维修干线道路时的代理机构。

（2）负责除干线公路、高速公路以外所有公共道路的修建与养护。

（3）全面负责道路运输管理，包括道路照明、安全设施、停车场建造以及交通管理。

（4）制定地区结构规划，包括工业布局、住宅建造、空场地和交通运输网的规划。这些规划由地方政府官员起草，经过公众咨询修改后由地方议会批准通过。对于 10 年期战略性规划必须由中央政府批准。

（5）编制公路运输项目支出计划，包括基建支出计划和养护管理支出计划，计划为 5 年期，每年需复核计划，并由中央政府批准。

7.4.2.3　日本的道路运输市场管理体制

日本与公路管理有关的两个中央政府机构是运输省和建设省。运输省负责全国陆海空运输业务的管理，统一领导全国交通建设事业，并负责运输政策及法规的制定和监督执行，以及交通设施的规划和建设，资金的筹措、分配和使用管理，下设主管公路的一个半局，即道路局和都市局的部分科室。建设省下属机构为设在全国的 8 个负责公路建设和养护的地方分局，还包括直接管辖的 4 个公路建设公团；各地方则设有一些公路建设公社。建设省与运输省在公路的规划、建设、维护方面有密切的纵向合作关系，例如，公路的整体规划和实施、收费公路的收费标准及期限等都需要得到运输省的同意。

7.4.2.4　国外道路运输管理体制的共同特点

美、英、日等国政府的行政体制分别属于联邦制和单一制，但其公路管理体制却有着许多相同或相似的特点。

（1）各种交通运输方式的统一归口管理。国外历来都把公路、铁路、水路、航空等各种运输方式的管理放在一个部门。设置大的交通部，由一个主管机关实行统一管理。政出一门、政令统一，没有扯皮现象。近年来，很多国家考虑到交通与环保、建设、住房、地区发展等行业存在着密切关系，又进行了更大规模的部门合并。从分散管理走向集中管理是历史的选择，是公路交通各要素相互作用本质属性与内在规律的一种反映，符合管理的同一性原则，从而能避免部门管理交叉和缺位问题，能充分发挥国家宏观调控职能。

（2）实行公路管理立法与执法、决策与执行相分离。各国在管理过程中，都逐步形成了适应本国特点的管理法规体系，法制化管理已成为公路管理的一个鲜明特征。国家立法的目的就是把涉及公路管理的各个环节所应负的职责给予总体的规定，并从国家立法的角度对各部门所应承担的责任进行总体的协调。然后根据各部门的组织特点与管理优势，确定所承担的具体职责。随着"大部制"改革的推进，政府部门尤其是中央政府部门的职责也发生了很大的变化，政府核心部门只负责政策的制定和政策的监督实施，而将大量的执行性工作和公共服务的提供转交给核心部门以外的机构承担。这一改革，一方面有利于中央政府把力量集中于政策制定和政策协调，增强决策的科学化水平上，同时可促进执行机构通过竞争向社会提供更优的服务；另一方面，决策与执行相分离，有利于克服执法过程中的部门利益倾向，使行政执法更加公正、客观。

（3）中央与地方职责分工明确。尽管工业化国家政体结构截然不同，或联邦制或单一制，但在中央与地方的关系上却存在一个共同点，即"中央政府只负责全国性的公共物品和服务提供，而地方性公共物品和服务的提供主要由地方政府负责"。有关公路管理的政策、法规、技术标准的统一，政策的监督实施，财政拨款等事宜，必须要由交通部负责；而且国家交通部只负责长途公路的修建和养护，具体管理权则委托州政府承担，至于州级以下公路则完全由州政府或地方政府来承担。对于地区发展不平衡问题，中央政府以及中央政府各部门可以通过财政拨款、财政补贴、地方项目等财政转移支付手段来解决。分级管理有利于各级管理部门分清职责与权力范围，相互补充、相互促进，各司其职，形成高效率、高质量的管理系统。

（4）高速公路普遍实行现代化管理手段。由于高速公路在构造、功能上与普通公路有质的区别，各国都采用"集中统一，高效特管"的原则。为保证高速公路"快捷、安全、经济、舒适"的功能得到充分发挥，给高速公路配备现代化监控系统、计算机收费系统、机械化养护设备、全方位服务设施都是必不可少的。

7.4.3 政府推动实现有效竞争市场状态的途径

英国经济学家马歇尔于1890年出版了《经济学原理》一书，首次创造性地提出了产业组织的概念，还提出了"规模经济"问题。他认为，追求规模经济的结果是导致垄断的产生，而垄断则是阻碍和破坏价格机制作用的罪魁。垄断使价格受到人为因素的控制，扼杀自由竞争这一经济发展的原动力，使经济运行失去活力，破坏社会资源的合理配置。因此，规模经济与竞争活力成为两难选择，这一矛盾被后人称为"马歇尔冲突"。为了解决这一矛盾，美国经济学家克拉克于 1940 年在《有效竞争的概念》一文中明确给出了有效竞争的定义，使规模经济和竞争活力二者有效地协调起来，从而形成一种有利于长期均衡的竞争格局。

有效竞争作为规模经济和竞争活力二者的协调，存在一个"度"的问题，即需要有一个有效竞争的标准。经济学家索斯尼科依据标准的结构—行为—绩效分析范式概括出了有效竞争的标准：①结构标准，包括存在对市场上销售的产品差异的价格敏感性，交易者的数量必须符合规模经济的要求，不存在进入和流动的资源限制。②行为标准，包括厂商间不存在相互勾结，不使用排外的、掠夺性的或共同限制新企业进入的策略，不存在有害的价格歧视，竞争者对于其对手是否会追随其价格调整没有完全信息。③绩效标准，不存在长期的超额利润，厂商不存在过度的销售开支，积极引进先进的技术和流程，每个厂商的生产过程都是有效率的，价格的变化不会加剧经济周期的不稳定性。这些标准在一定程度上可以作为实现道路运输有效竞争市场的依据。

按照克拉克的解释，有效竞争就是"可行的"、"有用的"、"健康的"、"起积极作用的"竞争。从市场机制的作用规律来看，任由市场机制的自发作用并非一定不能达到这种有效竞争状态，但对我国公路运输市场这种曾经因为制度和政策等原因形成带有一定扭曲性的市场结构，就需要政府外力的推动，建立统一、完善、竞争、有序的公路运输市场体系。只有这样，才有利于优化企业规模结构，提高规模经济水平；有利于提高企业专业化水平；有利于消除各种行政性垄断，让市场发挥资源配置的主导性作用。我国目前的公路运输规制框架是在计划经济体制基础上发展起来的，曾经发挥过重要作用。但现在已经难以适应社会主义市场经济的发展要求，迫切需要做出调整。

与美、英、日等国的道路交通管理现状相比，我国在许多方面还存在着差距。造成这种落后局面的原因，一方面是因为我国经济发展水平低，科技实力、政府依法行政水平和管理能力的落后，但更深层的原因则是体制方面的问题。目前，道路交通管理体制上的弊端是制约道路交通管理水平乃至国家运输事业发展的一个极为关键的因素。国外先进的管理实践和改革经验对我国的道路交通管理体制改革有重要的启示，但任何制度都受其产生环境的制约。很难具有普遍的适用性。结合我国的公路运输发展现实，政府推动我国公路运输业形成有效竞争市场格局的路径至少可以包括以下几个方面：

7.4.3.1 建立健全相关的法律法规体系

公路运输业是国民经济的基础产业，关系着国家的战略布局、经济增长、国防安全和经济社会的可持续发展。因此，需要在国家发展战略的指导下，从服从、服务和促进国民经济及社会发展的大局出发，遵循长远性、全局性、可持续发展和促进有效竞争的原则，建立健全符合国家可持续发展要求的、有利于提高综合运输能力的、有利于促进有效竞争市场形成的法律法规体系。

公路运输市场应该在法制轨道上运行。用法律和法规来界定和调整各种关系，规范市场主体经营行为，维护市场经济秩序，使非法经营者或者非法经营行为受到约束。

当前，我国公路运输进入退出门槛过低，导致公路运输业内存在较为严重的不正当竞争行为，特别是要根据当前市场竞争中出现的新情况和新问题，依照《中华人民共和国反垄断法》，探索适合我国公路运输业的具有更强可操作性的执法原则和标准。

相对于发达国家而言，我国针对公路运输业的法律法规贫乏、层次低、体系不健全，这种局面长期以来没有得到根本性的改观。就是与国内其他运输方式相比，有关公路运输的法律、法规也相对滞后。目前出台的《公路法》，仅适用于公路基础设施，而铁路、民航和水运都已经出台了关于运营方面的法律或法规。在行政性条例方面，全国许多省、自治区和直辖市都出台了公路运输管理条例，但全国性的条例至今还未出台，这种局面在很大程度上影响了公路运输业的发展，使各级公路运输管理部门在利用法律手段解决实际问题时缺乏高层次的法律依据。同时也不利于当前公路运输行业的整体统一管理。所以，当前我国应尽快启动公路运输业的立法程序，争取在较短的时间内解决公路运输业法律匮乏、层次低的问题。

在不断完善我国公路运输相关法律的基础上，加强市场监管，对违法行为加大执法力度也是不可缺少的。具体而言，为了达到有效竞争状态必须建立适宜的体制环境（包括经济法律环境），借助有效的经济发展政策，消除差别对待、经济分割和激励扭曲等市场经济运行中存在的问题，建立统一、完善、竞争、有序的公路运输市场体系，创造有利于形成要素能够自由流动、要素使用效率最优的环境，最终形成各种交通运输方式的统一归口管理，实行公路管理立法与执法、决策与执行相分离，中央政府与地方政府职责分工明确的管理体系。

7.4.3.2 适时调整行政管理体制

一般而言，行政管理体制是指一个国家的行政机构设置、行政职权划分以及为保证行政管理顺利进行而建立的一切规章制度的总称。是国家公共权力参与社会、经济运行的一种制度保证，是在任何社会制度和经济体制下都会存在的一种体制安排。但在不同的经济基础、不同的政治制度和不同的社会文化环境等条件下，行政管理体制的具体内容是不同的。而且行政管理体制还因领域和管理对象不同而有所差异，一套行之有效的行政管理体制应该能够促进经济效率提升，促进社会进步与和谐。在借鉴前面提到的西方发达国家的道路运输管理的内容和方式基础上，对我国的公路运输行政管理体制改革可提出以下一些建议：

（1）政府必须在重新确立道路交通安全主管部门的基础上，明确交通部门和公安部门在道路交通管理体制上的职责分工问题。以交通部门为主对道路交通的各要素进行统一规划、统一管理。由交通部门承担经济技术性工作职责，将车辆管理与道路运输管理划归交通部门，让交通部门成为集道路建设管理、道路运输管理等职责于一身的真正的道路交通主管部门。

（2）必须切实理顺交通系统内部的管理体制问题，转变政府职能，加强依法行政。目前，交通系统内部的管理体制存在着诸多问题，在运输方式上"重水路轻陆路"，在公路运输上"重建设轻运营"，在行政管理内容上"重业务轻法律"等。理顺交通系统内部的管理体制，是进行道路交通管理体制改革的一个重要环节。

（3）建立统一的高速公路管理模式，应考虑高速公路管理主要由中央政府负责。由于我国的高速公路建设资金主要以外商和企业投资为主，现行管理模式主要是以省级政府为主，限制了公路建设事业的发展，这种模式不利于将来国家高速公路和主干线公路网的运输能力的有效发挥。因此，应借鉴国外的管理经验，从网络布局规划、公路建设养护、交通基础设施的设置，到收费管理方法、公路运营办法、交通控制手段、交通安全执法等各个方面，建立起全国统一的标准。在现行的道路交通体制没有进行改革的情况下，高速公路体制改革应是一个突破口。

7.4.3.3 推动政府规制改革的步伐

在政府、企业、市场所组成的三要素体制中，由于公共产品、外部性和市场失灵的存在，政府为了提高市场效率和维护社会公平等原因对部分产业实行一定的规制是必要的。道路运输由于具有一定的公共产品和外部性等特性，且政府为了维持公平地参与道路运输市场竞争的机会，也有必要对公路运输业实行一定的规制。

当前，我国道路运输业存在严重的不正当竞争行为，究其原因主要是进入过度导致市场集中度过低，从而发生"过度竞争"。从短期来看，"过度竞争"使企业无法获得合理利润，正常的经营运作得不到保证，市场竞争秩序的破坏使资源的配置效率降低，企业的盈利能力变弱；从长期来看，"过度竞争"使企业不得不把注意力集中在眼前的生存问题上，无暇顾及诸如产品创新、管理科学等长远问题，产业的升级和健康发展会受到严重影响，并且由于造成这种局面不仅仅是信息传导失灵等原因，因此就不能只依赖改善信息机制、提高市场完全性来消除。

首先，在解决由长期的较低进入门槛导致的我国道路运输业的"过度竞争"问题时，可以考虑借鉴日本的特殊产业政策。日本政府通过实行特殊产业政策诱导造就一批大型企业，以提高市场集中度。通过企业股权结构构筑企业之间的竞争与合作关系。但是鉴于国情、发展环境、产业特征等的差异，我国不能简单套用日本的经验。就企业间合作关系而言，我国的特点在于，在企业法人所有权中有大量的国有股，因此单纯地依靠法人相互持股形成的企业间联系会产生特有的问题。同时，我国政府与企业之间的经营联系和人事联系仍十分复杂，企业之间有可能不是出于各自的利益而是出于行政指令进行企业间合作，那么随着改革的深入，原有的行政权力的作用减少或消失，企业间的合作关系就会解体。因此，要借鉴日本的经验，首先就得继续对企业进行现代企业制度改革，实现企业持股主体的多元化，并解决"国有股一股独大"的问题。然后在此基础上应用法人交叉持股等措施，创造有利于道路运输企业兼并重组的环境，促进企业兼并重组提高市场集中度，改善我国公路运输业的"过度竞争"局面。

其次，应进一步完善公路运输市场的进入退出机制。如前面所述，由于极低的进入壁垒，我国道路运输业一度产生过度市场进入，导致并不理想的市场绩效。因此，为了提高市场准入"门槛"，交通部应该修改1993年颁布的《公路旅客货物运输开业技术经济条件》，对车辆、资金、场地、人员提出相应的数量要求，车辆没有达到一定的数量的，不能进入公路运输市场，资金、站场、人员等达不到要求的也不能进入市场运营，做到严格限制。在建立准入机制的基础上，要建立市场退出机制，对资质达不到要求、发生严重违规行为的道路运输经营者责令其退出市场，收回公路运输经营执照。尽快建立和完善公路运输年审管理办法和质量信誉考核办法，定期进行审核，对那些审核不合格者，按照相关规定严格处理，从而形成优胜劣汰的市场机制。

通过提高进入门槛，可以阻止一些新的、未达到进入标准的道路运输企业进入道路运输业，从而可以在一定程度上减少进入。但是即使没有新企业的进入，当前的在位道路运输企业已经过多，在实施严格的年审制度后，对不合格的或者违规经营的道路运输企业责令其退出，虽然这样的政策力度短期内效果可能并不十分明显，但配合实施一些特殊的产业政策，如鼓励兼并等，从长期来看还是可以发挥效果，提高市场集中度。

再次，完善公路运输市场的价格形成机制。根据新制度经济学的观点，公路运价改革实质上是一个制度变迁的过程。制度变迁或制度创新是制度的转换、替代过程，也可以被理解为对一种更有效的制度的生产过程。道格拉斯·C. 诺斯在分析西方世界兴起的原因时指出，有效率的经济组织是增长的关键因素，而有效率的经济组织需要使个人收益率不断接近社会收益率。根据诺斯的定义，当某个人的行动所引起的个人成本不等于社会成本、个人收益不等于社会收益时，就存在外部性。制度创新有利于外部收益内部化，从而提供激励机制，促进经济的增长。

交通运输业具有很强的价格波及效应，所以我国在很长时间内对道路运输实行低价政策，并严格实现价格规制，导致公路运价水平总体偏低，存在明显的外部收益。道路运输企业的资金盈利率远远低于全国工业企业平均水平。尽管当前有部分省份基本上完全放开了对道路运价的规制，但是国家指导价依然存在。对中央政府来说，实行价格规制，一方面因为运价涉及面广、复杂零星且随着道路运输市场的多元化，执行成本在提高；另一方面，放松运价规制也有许多好处。比如，有利于利用价格杠杆，合理调节道路运输资源的配置，有利于消费需求的更好满足，有利于公路运输与其他运输方式比价的合理化，有利于促进运输企业竞争，提高效率。所以中央政府应该放松运价规制，逐步缩小指导价的范围，扩大市场调节价格范围。至于与价格规制并列存在的因为过度竞争而产生的事实上的低价运营，甚至以超载超限弥补运价与成本的差距等，也应以政府严格管理等措施予以解决，最终回归到由市场决定的能够反映社会成本的价格体系上。

最后，加强政府对公路运输领域的社会性规制。社会性规制是指以保障劳动者和消费者的安全、健康、卫生、环境保护、防止灾害为目的，对产品和服务的质量以及伴随着它们而产生的各种活动制定一定标准，并禁止、限制特定行为的规制。与经济性规制相比较，社会性规制的发展较晚。20 世纪 70 年代，美国设立了许多有关健康、安全和环境保护的政府规制机构，如美国环境保护局、国家高速公路交通安全管理局、消费品安全委员会、职业安全与健康管理局和原子能规制委员会等政府规制机构都是在这一时期产生的。20 世纪80 年代以来，在西方国家规制中社会性规制所占的比重越来越大。我国公路运输存在一些严重的社会问题，如道路交通安全事故频发、运输服务质量无章可依等。而要解决这类问题都需要政府以社会性规制的方式来进行标准、规范的设计，相应的惩罚制度安排等。我国政府以往对社会性规制认识不足，今后应逐渐学会运用社会性规制手段来维护公众利益，保护公众安全，而公路运输业应是重视社会性规制的一个主要领域。

8 中国铁路运输业的发展与改革

铁路作为我国交通的主要大动脉，曾在我国运输业中占有绝对的控制地位。但是，进入 20 世纪 80 年代后，铁路的"瓶颈"作用逐渐凸现出来，铁路在运输市场中的份额逐渐下降，其主要原因表现在两个方面：一是铁路传统的高度集中的管理方式与市场经济的内在要求越来越不适应；二是公路、航空等其他运输方式的发展替代了部分铁路运输的业务。在新的环境下，如何引入竞争获得进一步发展的空间是摆在我国铁路运输业面前的一个重要课题。

8.1 中国铁路运输业的市场结构与重组改革方案

中国铁路业的体制改革已进行多年，但大一统的市场格局仍未被打破，在高度垄断的市场结构条件下，行业内的竞争格局很难形成，促使铁路业产生竞争行为的力量主要来自方式间的竞争。为打破垄断，铁路业的重组方案的讨论仍在进行中。

8.1.1 铁路运输业的市场结构

多年来，铁道部以实行政企分开、社企分开、事企分开和减员提效为重点，积极地推进改革。从 1999 年开始，全国 14 个铁路局确立了资产经营制，组建了运输公司，增强了运输企业自主经营的动力和活力，同时，铁道部大力推进了主附分离、干支分离。2000 年，铁路工程等五大公司和铁路部门脱钩，10 所普通高校和一批中专院校交给了地方。2001 年，全路约有 100 条支线实现了单独核算与考核，取得了减亏、减员的明显成效。2005 年 3 月，铁道部正式对外宣布了"实行铁道部—铁路局—站段三级管理模式"的改革方案，我国 15 个铁路局（含青藏公司）中设有分局的哈尔滨、沈阳、北京、郑州、济南、上海、广铁、成都、兰州和乌鲁木齐 10 个铁路局撤销其下属的 41 个铁路分局。同时，增设武汉铁路局、太原铁路局和西安铁路局。机构变化后，全路共计 18 个铁路局或公司。这次撤销铁路分局，实行铁路局直接管理站段的体制改革，覆盖面之广、力度之大、挑战之严峻，是铁路运输业前所未有的。实施这一改革方案后，铁路局（集团公司）实行直接管理站段的扁平化管理体制。

由于铁道部进行了一系列的管理体制的改革，一些新型的铁路运输企业相继成立，使得国铁的铁路运输企业的内涵已经有所扩充，国家铁路局和国家铁路与地方铁路组建的若干具备法人实体的合资铁路公司，以及为数不多的地方铁路公司，均可称为铁路运输企业。其中，合资铁路公司均由国家铁路控股，行政管理和运输生产经营指挥权限归属各铁路局，而地方铁路公司运输生产经营尚不成规模。因此，目前的铁路运输企业主要是指各铁路局、广铁集团及其所属企业、中铁快运股份有限公司、中铁集装箱运输中心、中铁特货运输中心等。

虽然我国铁路已拥有多个铁路运输企业，但是我国铁路系统仍然处于严重的政企不分状态。其一，铁道部的政府属性和企业属性含混不清。铁道部不仅是我国名正言顺的国务院铁路主管部门之一，同时还兼具很多生产性职能，在政企合一的管理体制下，铁道部是国家公益性和商业竞争性等各种不同类型铁路建设的主要筹资主体、投资主体、决策主体和偿债主体。[①] 其二，虽然多年来铁道部一直在国铁系统推行"资产经营责任制"和下放经营权，但也一直是所有铁路运输企业的掌门人，在相当大程度上控制着运输能力分配权，使得铁路运力资源的配置带有很浓的行政化色彩，没有体现出运力配置市场化的原则，致使铁路企业有相当大一部分客货运输业务无法自主决策，运力没有得到有效保障，影响了企业的正常经营。其三，国铁一直在采用生产高度集中管理和财务"收支两条线"的体制，铁道部实际上是一个总的核算单位。[②] 企业经营的盈亏责任理所当然地应由企业自身承担，但在铁路部门却由铁道部承担着铁路运输全行业的最终盈亏责任。以上种种均说明，铁道部不仅是一个政府部门，同时还是一个巨型企业的高层管理者。因此可以说，我国铁路的管理体制改革一直停留在企业内部组织层面，并没有真正触动铁路业政企不分的大一统的经营模式，目前我国铁路业仍然维持着高度集中的市场结构格局，铁路局等企业并未真正成为市场中的竞争主体。

8.1.2　铁路重组的组织边界理论及效率原则

目前，世界各国铁路业引入竞争机制的主要途径包括放松规制、私有化和重组改革等。其中，通过重组改革引入竞争机制的经济学理实质上就是对"马歇尔冲突"两难问题的一种重新权衡。在铁路业的规模经济优先还是竞争

---

① 国建华. 铁路管理体制改革的两个关键问题. 科技导报，2001（9）
② 荣朝和. 从产权关系入手推进我国铁路投资体制改革. 综合运输，2006（1）

优先的问题上，以前除了美国等少数国家外基本上都选择了前者，我国也是如此。应该说政府垄断国民经济的命脉部门是在一定的历史背景下发生的，有其存在的合理性。我国铁路业在垄断经营的条件下完成了铁路动脉基本构架的建设，为国民经济的发展奠定了坚实的基础，直到20世纪80年代前期，不仅实现了政府的财政目标，而且在路网整体性、安全性和社会责任等政策目标上也是相互协调的。但改革开放以后，随着经济发展、技术进步和市场环境的巨变，铁路大一统经营模式的缺陷逐渐暴露，由绝对垄断导致的竞争缺位造成了严重的效率损失和财政困难，因此，采取产业分割的方式分解原有庞大的基础设施产业，以形成有效竞争格局已成为政府从经济上和政治上解决这一难题的可行方案。

20世纪80年代以来，世界各国铁路改革的一个重要内容就是铁路运输业重组，其成功经验无一不证明将铁路从旧的国营体制重组为能够独立应对运输市场激烈竞争的真正运输企业是可取的。但究竟采用哪种重组模式则在各界争议颇多。争议的发端主要是：什么是铁路企业的最优组织边界？如何通过有效的组织边界认定，为重组改革模式的选择提供较充分的理由？纵观世界各国铁路重组改革的现状，这个问题还没有得到圆满的解决。

从经济学的角度，传统的自然垄断理论主要从规模经济的角度出发，认为企业的组织边界应由平均成本曲线的最低点来确定，超过了这个最低点说明企业的规模经济开始丧失，组织边界已经超过了最佳界限；而自然垄断的现代观点认为，传统理论对自然垄断的认识不够全面，因为它受到单一产品假设条件的限制，这在现实世界中是非常少见的。例如，铁路运输会用相同的路线提供旅客运输和货物运输两种服务产品（还可以细分为更多种类的产品）。因此，固守单一产品的规模经济假设已经不能适应产业分析的需要。现代观点利用成本的劣可加性（Subadditivity）对自然垄断进行了重新定义，即只要单一企业的总成本小于多企业的总成本之和，不管单一企业的平均成本上升还是下降，就认定具有自然垄断性质，这意味着企业的最优边界应该通过单一企业的总成本与多企业的总成本之和的均衡点来划分。再从交易成本理论的角度看，科斯认为，企业在本质上是对价格机制的取代，但是这种取代是有边界的，即企业的扩张将会受到一条边界的约束，在这条边界上，企业内组织一项交易的组织成本应该等于通过市场交换的方式进行同一交易的交易成本。威廉姆森则从资产专用性的影响分析企业的组织边界问题，他认为资产专用性越高，其潜在的外部市场的交易成本越大，因此在资产呈现出高度专用性特征的行业，企业内部协调的效率高于市场的外部协调，这导致企业规模较大，甚至出现行业垄断的情况。

　　自然垄断与交易成本理论虽然阐明了企业与市场的相互替代关系，为铁路业组织边界的确定提供了理论上的分析框架，但对铁路业重组实践却不能提供操作层面上的帮助，因为我们无法获得按照上述理论确定铁路企业组织边界的足够信息。但是，这些理论所给出的重要启示是，无论是平均成本或总成本的最小化，还是组织成本和交易成本的边际替代率，其目标指向都是为了提高企业的运行效率，如果组织边界的重新安排能够带来企业运行效率的提高，即可认为企业的组织边界是向优化的方向移动。因此，效率原则成为探索铁路业重组合理组织边界的重要衡量标准。

8.1.3　铁路重组改革方案及市场结构特征

　　由于市场竞争激励是提高企业运行效率的最佳手段，因而我们可以通过考察世界各国铁路不同重组模式的垄断与竞争格局，对企业组织边界的合理性进行实证分析。从世界范围的铁路重组看，可供选择的方案包括横向分割和纵向分割两种基本模式。

8.1.3.1　横向分割

　　横向分割即区域分割，是指将全国性垄断企业划分为若干个区域性一体化企业，使特定地区的企业在其他地区企业成就的激励下提高自身内部效率的一种方式。这种重组方式引入了区域间的比较竞争（或称为区域间标尺竞争）机制，它不是处在特定市场中企业与企业之间的直接竞争，而是各地区垄断企业之间的间接竞争。但在我国铁路既定体制约束条件下，该机制究竟能发挥多大的激励作用是值得考虑的。其一，我国经济发展在地区上的不平衡效应会比较充分地反映到这种重组方式的作用机制上，无论怎样分割都无法弥合由于经济发展基础不同在地区间造成的需求、技术等方面的差别，企业完全可以以地区差异为理由对绩效评价讨价还价，使引入区域间标杆竞争的激励作用大大降低。其二，如果不打破我国现存的铁路局体制，仅对 14 个铁路局重新组合，只不过是对原有铁路局规模的放大，其实质仍然是铁路局体制的延续，其地域分割的边界线也仍处于一些小城镇，某些干线系统被肢解，因此不能从根本上解决运输产品的完整性和连续性问题。其三，如果每个区域市场上仍然只有一个供应者，很可能形成地区垄断和割据的局面。地区垄断是产生地方保护主义和滋生腐败的"温床"，不仅会阻碍我国铁路统一市场的形成，还会破坏公平竞争的原则。

　　目前，铁路业界已经采用类似于横向分割模式的国家是日本。日本国铁打破原有的全国大一统的管理模式，将其分成 6 个客运公司和 1 个货运公司，各公司自负盈亏、独立经营。所有线路按区域位置划分给 6 家客运公司，货运公司则向客运公司租用线路。重组后的 6 家客运公司大体在各自区域内从事客运业务，与其他公司基本不存在竞争，而唯此一家的货运公司更谈不到竞争的问题。不过，日本铁路是举世公认最成功的改革实例之一，其改革的经验主要是形成了方式间的有效竞争局面，而不单纯强调行业内部竞争。日本所取得的成功经验值得我国借鉴，但也不能忽略我国与日本之间存在着很大的差异。日本的国土面积相对于我国来说非常狭小，因此，不同运输方式之间比较容易形成类似于数网竞争的格局。而我国地域辽阔，各种运输方式的技术经济特点相对于日本表现得更加充分，加之路网密度较低，体制上的约束又使铁路与其他方式（特别是公路）并未处在一个统一的公平竞争环境之中，因此方式间的竞争在很大程度上不能带来内部竞争的效果。

8.1.3.2　纵向分割

纵向分割较之横向分割在模式上更加多样化，但均可以纳入不同层次的网运分离范围之内。网运分离是我国近年来讨论较多的重组模式，它是基于技术进步因素促使网络型产业自然垄断性质趋弱甚至消失的思想而提出的。例如，铁路业除了路网设施依然具有自然垄断特征外，基于路网上的客、货运服务已经成为潜在的竞争环节。因此，打破原有纵向一体化形式，在能够引入竞争的领域尽量发挥市场机制的作用就是这种重组改革的总体思路。网运分离模式的最大优点就是既保证了铁路的路网效率不被分割和破坏，又使基于网络的运营服务在该领域具备了"市场内竞争"的可能性。在网运分离的框架下，网络公司要在非歧视的条件下开放路权，为运输服务提供公共基础平台，各运营商在支付网络使用费的条件下可以在这一平台上展开市场竞争。由于该模式的层次比较宽泛，因此在实践中已经派生出多种模式。

第一种模式是纯粹的网运分离，即将路网和运输截然分开，形成"一对一"的格局。这种重组的潜在竞争环节虽然被释放，但如果不在潜在竞争环节上引入竞争激励，重组后原垄断市场就会被分解为两个互补性的垄断市场。瑞典国铁于 1988 年实行的网运分离即是如此，重组后的铁路被划分为一家线路企业和一家运输企业，其中瑞典运输运营公司（SJ）仍然在运输服务市场维持着垄断地位，只按部分成本支付线路使用费，而且至今仍保留着行车指挥的职能。瑞典政府已经规定除了大都市区域保持独家经营外，允许多家公司在其他区域进行竞争性经营。但迄今为止，由于运输服务领域仍由 SJ 垄断，在相同线路上一直未能形成多公司竞争的格局。

第二种模式是专业化的网运分离，即按业务将整个行业细分为多个定义清晰的市场。这种业务分割模式的优点在于使各个专业公司的目标市场更为集中明确，有利于从专业化的层面上实现新的规模经济。同时，由于划小了核算单位，强化了经营目标和激励机制，在一定程度上促进了组织管理效率的提升。

这种分割模式存在的问题与纯粹的网运分离几乎没什么两样，如果在同一业务上没有增加竞争主体或引入其他的竞争手段，每个细分市场上仍只有一家企业保持着独家垄断地位的话，这就意味着在打破原有垄断的同时，所形成的寡头垄断结构实质上是在专业分工的基础上形成的多个完全垄断市场，市场中的企业之间不存在直接竞争，同时，由于各企业按各自业务范围独自运营，各业务之间彼此独立，业务范围之间缺乏实质性进入，所以也不会产生相互之间的替代竞争。采用这种比较彻底的网运分离模式的典型代表是英国铁路，从 1982 年开始，英国用了 10 年左右的时间完成了以地区铁路局为主的块块管理向市场业务分工的条条管理的转变，撤销了地区局，成立城市客运、东南路网客运、地方短途客运、整车货运、集装箱运输、行包快运 6 个业务部。从运行效果来看，这种条条分割并没有从根本上打破原有垄断的弊端，重组后的公司之间在业务上既互不重叠，也很少集中在同一区域上展开争夺市场份额的角逐。英国在专业化重组效果不佳的情况下，从 1992 年起酝酿至 1994 年开始实施了新一轮的网运分离和私有化重组改革，将铁路分为 1 个全国性铁路公司、25 个客运公司、6 个货运公司、3 个机车车辆租赁公司以及多家设备维修改造公司，并将线路公司上市，全部为私人股份，25 家客运公司和 6 家货运公司全部卖给私人企业。这次重组的特点是形成多个客、货运营公司，并试图采用竞标特许经营权的方式引入内部竞争。但英国政府在同一条线路上一般只授予两个公司的经营权，如在爱普斯威士至伦敦区间的线路上仅授予 FIRSTBUS 公司和 PRISM 公司经营。产生的问题是，这些公司只是在竞标经营权时有竞争，特许经营权竞标一经结束，两个公司之间的竞争也随之结束。因为每个公司都有各自经营范围，区域性或专业性垄断的格局依然残留在这种重组的具体方案中，真正的线上竞争到目前为止仍未实现。

第三种模式是网运有限分离，主要包括客网合一、货运分离，或货网合一、客运分离。这种模式是一种理想与现实综合考虑的过渡状态，因而被世界上多个国家所采用。如美国、加拿大、新西兰、阿根廷等国的铁路系统以货运为主，货运公司拥有铁路线，客运公司开行列车要租用线路；日本等国的铁路以客运为主，货运公司使用线路要向相应的客运公司支付使用费。由于网运有限分离只是纯粹网运分离与专业化网运分离的某种混合模式，因此，其市场结构特点及其在引入竞争过程中可能存在的障碍与前两种模式有很多相似之处。

8.1.3.3　不同重组模式的比较

从提高效率与降低成本的角度考虑，以上几种重组模式各有其特点。表8.1 给出了铁路业不同重组模式的市场内竞争程度及其与组织边界相关的各项因素的变动特点，一方面表现了横向分割与纵向分割对市场竞争格局的作用效果，另一方面也反映出这些作用效果在不同重组模式间的此消彼长关系。

表 8.1 铁路业不同重组模式的比较

重组模式	市场内竞争程度	横向一体化效率	纵向一体化效率	组织成本	交易成本
一体化	弱	保持	保持	高	低
横向分割	较弱（标尺竞争）	降低	部分保持	降低	增加
纵向分割（单一主体）	弱	保持	降低	降低	增加
纵向分割（多主体）	部分增强*	部分保持	降低	降低	增加

注：*部分增强的条件是有多个主体在同一地区、同种服务中展开有效竞争。

综上所述，铁路重组无论是横向分割还是纵向分割，分割后的市场结构在引入内部竞争机制方面都存在较大的困难。横向分割仅产生很弱的间接竞争，而且容易造成协调上的困难，不利于干线运输的通畅，虽然可以形成区域性竞争，但由于地域上的差异很难进行细致的区分，使得这种竞争难以建立绩效评价的标准；纵向分割的分歧主要集中在是设立一家路网公司还是几家路网公司？路网公司与运输公司的关系怎样界定？路网公司权力过于集中，会不会滋生新的腐败？等等。同时这种分割模式也只是具备了内部竞争的可能性，这种可能性是否能转为现实，还要看如何打破经营范围的隔离状态以及多个竞争主体的真正形成，这在操作层面上仍是相当棘手的问题。而且，无论是横向分割还是纵向分割竞争，都有可能在打破了大一统的垄断格局后却形成了新的区域性或专业性的垄断市场结构状态，这种垄断结构在没有打破严格的进入规制的条件下，不会对在位企业产生足够的竞争压力。显然，仅仅通过产业重组是不能从根本上解决我国铁路业复杂的问题的。

8.2 中国铁路运输业的竞争行为

中国铁路运输业在高度垄断的市场结构条件下，行业内的竞争格局很难形成，促使铁路业产生竞争行为的力量主要来自方式间的竞争。

8.2.1　主要竞争形式

铁路业高度垄断的市场结构和政企不分的体制特征决定了在行业内部很难形成真正含义的市场竞争。但是从另一个角度看，由于交通运输业有多种运输方式，各种方式提供的运输产品具有较高的替代性，特别是高速公路的快速发展以及民航业的高速成长，使得铁路业面临着难以回避的方式间竞争，这种竞争在很大程度上弥补了铁路业缺乏内部竞争的不足，近年来，我国各种交通运输方式市场份额的变动情况在第 1 章中已有阐述，从中可以看出，方式间竞争是铁路业发展的重要推动力之一。

铁路业市场份额的丧失，一方面是公路、民航业高速发展所导致的各方式重新定位的结果，即随着我国综合交通运输体系的不断完善，铁路客、货运输实现了向其他运输方式的合理转移；另一方面也说明现有铁路运输业面临着许多问题。从表面上看，由于现存的系统供给紧张，已经有很多铁路用户因不满于长时间的等候而另寻其他替代交通工具，如目前铁路货运每天申请的车皮数能够得到满足的不到一半；从深层次上看，更大的危机在于以目前我国铁路的管理体制，能否足以将其有限的容量以有效的方法予以配置，从而达到最高价值的利用，能否可以有效地扩充其容量从而对我国的经济增长提供支持而非限制，这些都是关系到铁路业长远发展的严峻课题。

8.2.2　基本竞争策略

近些年来，为应对激烈的替代竞争，铁道部以及各铁路局也采取了多种积极的竞争策略，主要包括发展高速铁路和开发新产品。

8.2.2.1　发展高速铁路和高速列车

自 1964 年 10 月世界第一条高速铁路在日本正式运营以来，高速铁路在世界范围内获得了广泛重视，日本、法国、德国、西班牙、意大利、英国、比利时、丹麦、韩国等国已先后开通高速铁路，瑞典、美国等国通过摆式列车技术实现既有线上的高速行车，高速铁路在这些国家的经济发展中确立了不可动摇的位置。在这种形势下，我国也开展了相关研究，并在既有线上进行了提速，目前，我国已经完整地掌握了 160 公里/小时的铁路技术，基本掌握 200 公里/小时的铁路技术。我国铁路技术装备业已经研制出"奥星"、"中华之星"等高速机车车辆，其中"中华之星"的最高试验速度达到了 321 公里/小时。我国铁路现有的技术不亚于发达国家开始研制高速铁路技术时的铁路技术能力；而且，我们现在研制高速铁路技术的外围环境，如相关工业的配套能力、其他国家的经验等条件显著优于日、法、德等国开发高速铁路技术时的外围环境。因此，发展我国的高速铁路和高速列车，用技术进步的手段提升铁路优势已经是铁路实现跨越式发展的一种必然选择。

从 1997 年开始，我国铁路已经连续进行了六次提速：

1997 年 4 月 1 日，以沈阳、北京、上海、广州、武汉等大城市为中心，将列车时速由 60~90 公里/小时，提高到 140 公里/小时。

1998 年 10 月 1 日，北京到广州、上海、哈尔滨的列车时速由 140 公里/小时提高到 160 公里/小时，广州到深圳提高到 200 公里/小时。

2000 年 10 月 21 日和 2001 年 11 月 21 日中国铁路进行了第三次和第四次大面积提速，提速范围基本覆盖全国较大城市和大部分地区。

2004 年 4 月 18 日，中国铁路通过第五次大面积提速调图，形成基本覆盖全国大部分省区市的既有线"四纵两横"提速网络，中国将又有 28 条铁路线上的列车时速达到 200 公里/小时，时速 160 公里/小时及以上提速线路达到 7700 公里，高速线路总里程也将达到 2 万公里左右。经过第五次大面积提速调图，全路图定客运能力和货运能力分别增加 18.5％和 15％。

2007 年 4 月 18 日，全国铁路正式实施第六次大面积提速和新的列车运行图。第六次大提速将使我国形成以北京、上海为中心的快速客运通道和全国货运快捷运输网络。一方面，京沪快速客运通道形成。第六次提速前全国铁路每天提供的席位为 242 万个，提速后增加到 276 万个席位，增加了 34 万个，这意味着铁路部门每年为社会公众增加了近 2 亿人次的乘车机会，客运能力将增加 18％以上。按照新的列车运行图，我国铁路将在环渤海、长三角、珠三角城市群和华东、中南、西北、东北地区的重点城市间，大量组织开行高密度、高速度、高等级的时速 200 公里/小时及以上动车组旅客列车，形成以北京、上海为中心的快速客运通道。另一方面，大能力运输网络基本形成。第六次提速也快速提升了全国铁路的货运能力，提速后新的列车运行图确定跨铁路局大宗直达及重来重去直达列车 406 条运行线，比 2004 年运行图增加 226 条、增长 125.6％。而在直达方案中，煤炭直达运行线 264 条，其中电煤 167 条，金属矿石 89 条，石油 26 条，钢铁 11 条，焦炭、非金属等 16 条，由此覆盖了全国主要煤矿、电厂、钢厂、炼油厂以及港口等重点企业。这次提速后，基本形成了大宗货物大能力运输网络，为国家重点物资的运输提供了更加坚实的保障，并极大地促进了我国物流行业的发展。[①]

8.2.2.2 开发运输新产品

在铁路提速的基础上，我国铁路企业为了应对方式间激烈的竞争，还从自

---

① 上海证券报，2007 年 4 月 17 日

身的优势出发，不断开发新产品，积极拓展运输市场。

从货运看，由于铁路运量 40％多是煤炭，百分之十几是大宗的散装货物，包括水泥、粮食等，对这些产品的运输可以充分体现铁路的优势，因为铁路运输价格便宜，而且运能又大。但在灵活性和高附加值货运上，铁路却处于劣势，"门到门"运输竞争不过公路运输，高附加值运输竞争不过航空运输。为了扬长避短，我国铁路企业相继推行"五定"班列（指定点、定车次、定线路、定时、定价的货物列车）、行包快运等产品策略，以方便货主、巩固大宗货物运输的市场份额。

从客运看，我国铁路运输的优势在中长途运输、安全性、舒适性上，在短途运输上基本处于劣势。因此，除了采取提速策略外，还推出如朝发夕至、夕发朝至、城际特快等多种新服务产品，并进行公交化的尝试。

8.3 中国铁路运输业的经济规制改革

除了运用运营手段和技术手段发展我国铁路运输业外，放松经济规制的改革也是极为重要的。铁路运输企业只有成为真正的市场行为主体，生产效率、技术效率才可能得到有效的发挥。在放松经济规制的改革中，目前最为引人注目的就是铁路的投融资体制改革，可以说这种改革是放松进入规制的开端，而多年来一直持续进行的放松价格规制的改革也应引起政府的高度重视。

8.3.1 放松投融资体制的改革

我国铁路的投融资体制改革于 20 世纪 80 年代就已经开始，通过放松进入规制，现在已形成国家铁路、合资铁路、地方铁路共同构成多元化投资主体的格局。

8.3.1.1 我国铁路投融资体制改革的历史沿革

相比公路运输等其他运输方式的投融资体制改革，我国铁路投融资改革的步伐较为缓慢。但早在"七五"期间，也开始了合资铁路建设的探索起步阶段。当时，在改革开放方针指引下，国民经济持续快速增长，铁路成为制约国民经济和社会发展的"瓶颈"。一些省、市、自治区政府为发展经济，修建铁路的愿望十分迫切，这是合资铁路建设的良好机遇。20 世纪 80 年代初期，在南防铁路建设中，广西壮族自治区政府与铁道部共同探索了合作途径，出现了合资建路的雏形。"七五"末期，在三茂铁路建设中，广东省政府与铁道部合作，组建了三茂铁路公司，共同出资建成了我国第一条中央政府与地方政府合资的铁路。

"八五"期间是合资铁路快速发展的阶段。1991 年，原国家计委、铁道部在广东省联合召开了全国合资铁路工作会议，肯定了合资铁路发展的方向。1992 年，国务院对合资铁路建设提出了"统筹规划、条块结合、分层负责、联合建设"的方针，并颁发了《关于发展中央和地方合资建设铁路意见的通知》，明确指出："修建合资铁路是对传统的建设和管理体制一大突破，是深化铁路改革的一条新路"，"国家对合资铁路实行特殊运价，并给予其他必要的优惠政策"。这有力地推进了合资铁路的发展。这一时期，先后有达成、广大、广梅汕、邯济、合九、石长、横南、金温等 13 个合资铁路项目开工建设，并建成了合资铁路中最长的集通铁路以及连接亚欧第二条铁路大陆桥的重要组成部分北疆铁路以及连接海南岛的粤海铁路。

到 2005 年，全国铁路营业里程 75438 公里，其中合资铁路 8462 公里，占总营业里程的 11.22%。合资铁路打破了多年来我国铁路建设投资主体单一的局面，调动了中央和地方两方面的积极性，拓宽了筹资渠道，铁路建设初步形成了投资主体多元化的格局。

8.3.1.2 我国铁路新一轮投融资体制改革的特点

如何有效地吸引铁路建设资金的问题，是我国政府目前着重考虑的问题，主要是因为国务院批准了《中长期铁路网规划》后，要在 2020 年顺利实现规划目标，每年铁路需要投入 1000 多亿元，而现在的投资资金主要来源是铁路建设基金，每年只有 400 亿～500 亿元，远远不能满足需求。因此，必须引进一些新的改革思路，比如将新建的线路包装成独立的公司，以权益性融资的方式来吸引各方资本，自主运营、自负盈亏。铁道部即将推出 70 个项目，价值数千亿元人民币，这些新项目全部面向社会资本开放，原则上由铁道部控股，但不排除特殊情况。

新成立的公司将按照《公司法》进行运营，但与普通公司不同，合资公司除了公司的注册资本金外，还需要一笔"建设基金"来进行铁路路网的建设。一是可以依靠获得的资金扩大铁路运力，解决运力不足的老问题；二是可以在新线路上采用新的管理机制，当新线路达到现有线路的 20%～30%后，就可以形成线路之间互相竞争的局面，改变"铁老大"的垄断体制。

改革的主要依据是中央集权向地方分权转化，采取了类似于发展高速公路的手法。因此，铁道部的这一新做法得到了地方政府的响应，目前 31 个省市自治区都同铁道部签订了合作协议。双方的合作模式是：当一条新建线路确定后，铁道部与当地政府签订"部省协议"，将线路占用的拆迁补偿工作交给当地政府。之后，当地政府用拆迁补偿的花费来代替资金入股。这样一来，一方面铁道部把拆迁这个大包袱甩给了当地政府；另一方面，铁路的开通又可以带动当地经济的发展，调动地方政府的积极性。

铁路建设需要非公资本的参与。与地方政府的积极态度相比，非公资本对于这一新生事物所持态度有所不同。对于某些本身就拥有大批量需要铁路运输的产品的企业来说，态度是积极的，如 2005 年底开工的衢常铁路，常山水泥有限公司占到了 34％的股份；而对于手中并没有需要交换货量的企业来说，态度是狐疑的，其主要原因在于，我国铁路一直采用生产高度集中管理和财务"收支两条线"的体制，铁道部实际上是一个总的核算单位，并仍未能实行政企分开。而且在这些年已经实行的铁路改革中，服从统一指挥调度一直是作为运输企业的各铁路局必须承担的义务，铁道部不但不愿放弃统一的运行指挥权，而且一直强调和强化"统一路网、集中指挥"。① 这就会产生几个方面的问题：其一，统收统支的财务管理体制能否保证新进企业的合理预期收益。其二，铁路作为基础设施产业，一般被认为应该有虽然不会太高但却长期稳定的合理收益率，可是目前国铁系统中被视做运输企业的铁路局，彼此之间有很多交叉补贴，铁道部本身都核算不清楚某条线路的成本和收益，对民营资本投资铁路就比较缺乏利益驱动上的说服力。其三，合资公司的另一大障碍在于如何平衡与现有铁路局的利益关系。铁路的车辆调度、时刻等方面都必须由铁道部统一管理，合资公司遭受歧视性待遇的可能性依然存在。例如，目前新建的客运专线有很多是与既有的大铁路平行，一旦客运专线投入运营后，肯定会与原有的铁路线形成竞争关系，在操作过程中能否避免遭受排挤是一个悬而未决的问题。总之，新的改革方案能否解决铁路建设资金严重不足的问题，还有待于实践的检验。

8.3.2　放松价格规制的改革

改革开放前，占主导地位的国家铁路及其运输企业是政府的附属物，高度集中的运价管理体制是整个铁路计划经济体制的基本特征之一。铁路运价的管理权集中在国务院，铁路运价是一种缺乏弹性的指令性价格，而且由于我国政府将铁路业视为关系到国计民生的基础设施公共事业，以及社会安全网、经济稳定器和大量就业位置的提供者，因此，出于政治上的考虑，当时的铁路运价水平严重偏低。改革开放以后，这种情况虽然有所改观，但铁路业与其他网络型产业相比较，其价格规制仍然是相当严格的，存在的问题也比较严重。基于这种现状，我国政府自 20 世纪 80 年代开始对铁路运价实施了长期的调整和

---

① 荣朝和．从产权关系入手推进我国铁路投资体制改革．综合运输，2006（1）

改革。

8.3.2.1 我国铁路运价改革的制度变迁

（1）客运运价改革的制度变迁。从制度变迁的角度看，我国铁路客运运价改革经历了三个不同的阶段。

第一个阶段是 20 世纪 80 年代中后期的价值复归阶段。在这一阶段，铁路业先后经历了放权让利改革和大包干改革。在大包干改革时期，包运输任务、包机车车辆生产任务、包铁路建设规模和形成运输能力、包基本建设投资和机车车辆购置费、包缴纳税款五大任务与长期实行的低价策略形成尖锐的矛盾。因此，客运价格向其价值进行复归成为当时的客观要求，为顺应市场环境的变化，铁路客运运价全面上调。1989 年经国务院批准硬座基价率由 1.755 分/人公里调整为 3.861 分/人公里，提价幅度 120%（100 公里以内的短途票价，1985 年已上调，这次只上调 60.8%），各种票价总平均上浮度为 112.79%。

第二个阶段是 20 世纪 90 年代初中期的价格调节机制形成阶段。1995 年为了进一步缓解铁路客运价格偏低、企业严重亏损的问题，旅客票价基价率从 3.861 分/人公里调整到 5.861 分/人公里，快车和行李、包裹等运价同幅度调整。硬座、软座、硬卧、软卧的席别比价由原来的 1∶1.75∶1.8∶3.85 调整到 1∶2.0∶2.2∶3.85，中外旅客实行同一票价。除此之外，铁路客运价格改革的突出特点是，出现了多种价格调节机制，包括优质优价、新线新价、季节运价、区域运价、特殊运价等，主要是为了更好地反映市场供求关系和进行投资补偿。尽管其中仍存在一些不合理的成分，但也预示着铁路客运运价的调节机制开始形成。

第三个阶段是 20 世纪末到 21 世纪初的政府指导价改革阶段。1998 年，国务院向铁道部下放了部分定价权，对回空方向运输以及与高速公路已形成平行竞争路段的运输，允许铁路根据市场情况的变化实行下浮运价；2000 年，又对铁道部提出的部分旅客列车票价实行政府指导价的问题做出批复，允许铁路票价在特定时间和线路上根据市场情况的变化适当浮动，其中包括春运期间票价浮动；2002 年正式下发《关于公布部分旅客列车票价实行政府指导价执行方案的通知》（计价格［2002］107 号），允许铁路旅客票价在春运、暑运和"黄金周"期间根据实际情况适当浮动，自此，铁路客运实行政府指导价的改革正式迈入实施阶段，初步实现了定价权和调价权的分离。

（2）货运运价改革的制度变迁。从制度变迁的角度看，我国铁路货运运价改革也经历了三个不同的阶段。

第一个阶段是改革开放到 20 世纪 80 年代末的运价初步调整阶段。1983

年铁路货运价格在原有基础上第一次上调。80 年代后期，由于经济的发展带动了物价的大幅上涨，但是铁路的运价却没有随市场的价格而作相应的调整。直到 1990 年，国务院批准货物运价总水平向上调整，加上内部结构理顺，实际执行后，1990 年货运平均价格为每吨公里 2.65 分。

第二个阶段是 20 世纪 90 年代期间多种形式运价的频繁调整阶段。进入 90 年代后，社会物价逐步市场化，铁路运输成本不断增加，财务状况日益恶化。国家对铁路货物运价实行"小步快跑"的政策，不仅运价水平调整比较频繁，内容也不断翻新，1991 年新设立了铁路建设基金，按铁路货运吨公里征收，标准从每吨公里 0.2 分开始，后经多次调整，目前的水平为每吨公里 3.3 分；[①] 1993 年随着电力调价，增设了电气化附加费；1999 年将原兰新双线加价在全路均摊，产生了新路新价均摊运费；1997 年 6 月，在京广线加收京九分流运价，分流运价出现。截至 2000 年底，国铁正式营业线路货物运营价格为每吨公里 4.5 分，建设基金为每吨公里 3.3 分，新路新价均摊运费为每吨公里 0.11 分，电气化附加费为每吨公里 1.2 分，京九分流运价为每吨公里 0.6 分。[②]

第三个阶段是进入 21 世纪运价结构趋稳、运价水平继续提高阶段。在这一时期，国家铁路货物运营价格又经历了 2003 年、2005 年、2006 年的几次向上调整，截至目前，统一运价（含运营价与铁路建设基金）已达到每吨公里 9.05 分。特别是在 2005 年 3 月，国家发改委、铁道部发出的《关于适当调整铁路货运价格的通知》（发改价格〔2005〕477 号），除了决定自 2005 年 4 月 1 日起适当调整货物运营价格外，还取消、合并了部分运价号，并将现行铁路货运营运杂费中的"货车中转技术作业费"并入运营价格，简化了运价体系。

8.3.2.2　我国铁路的运价规制模式

我国铁路运价规制机制是在计划经济体制下形成的，是一种严格的政府规制体制。改革开放以来，政府有关部门已经对其进行了一系列的调整与改革，取得了一定的成效，这为制定合理的规制机制打下了良好的基础。

（1）运价水平规制模式。运价水平的制定与许多因素有关，一般需要考虑成本、运量、需求及竞争等诸多方面的情况，从而相应的定价方法有成本导向定价法、需求导向定价法和竞争导向定价法。从我国铁路经历的一系列调价过程的具体实践看，目前我国铁路客、货运的运营价格水平是每一次调价逐步累加起来的补丁价格，每次调价的方法多是将铁路亏损额分摊到运输周转量上，以此来计算需要调价多少。这种调价方式使得我国铁路的旅客票价和货物的营运价格具有了成本加成定价的特点。不过，我国铁路的客、货收入是分别统计

---

① 国建华．铁路管理体制改革的两个关键问题．科技导报，2001（9）
② 王秀春．铁路货物运价的沿革和发展．铁路运输与经济，2000（10）

的，而营运成本的边界是不清楚的，因此成本加成的价格水平规制也带有一定的随意性，即铁路运输只有总成本，货运成本与客运成本的分摊缺乏客观标准，在很大程度上依主观判断或作大致估计。需要调货运价格时就把货运成本打大一点，需要调整客运价格时就把客运成本打大一点。又因为铁路属基础设施，影响面大，调价时多是按照保本微利原则从严掌握。[①]

（2）运价体系规制模式。我国铁路的客运运价体系和货运运价体系由于服务的对象不同，因此表现出不同的特点。客运运价体系的形成主要反映了不同的服务水平，货运运价体系的形成主要反映了不同的货物种类和不同的载运方式。

首先来看客运运价体系规制。从我国现行的铁路客运运价体系看，价格规制是以200公里以内、普通车型（无空调）、普通旅客列车硬座票价率作为基准票价率，在基准票价率的基础上，分别针对不同席别、不同速度等级、不同车型、不同运距制定具体票价（见表8.2）。表8.2中的基准价为5.861分/人公里（1995年制定），而其他票价的变化反映了不同的运输服务水平。

表8.2 我国铁路客运运价体系

总类别	细分类别	定价原则
按列车席别分	硬座	基准价
	软座	基准价的200%
	硬卧	基准价的220%
	软卧	基准价的385%
	高级软卧包房	市场调节价
按列车速度等级分	普通旅客列车（慢车）	基准价
	普通旅客快车（普快车）	对不同速度等级旅客列车分别收取加快附加票价
	快速旅客列车（K字头）	
	特快旅客列车（T字头）	
	直通特快旅客列车（Z字头，直达不停）	
	局管内快速列车（N字头）	
	旅游列车（Y字头）	
	临时列车（L字头）	
	动车组（D字头）	

---

① 张光远. 改进铁路客运价格管理设想. 价格理论与实践，2005（9）

续表

总类别	细分类别	定价原则
按列车车型分	普通车型（无空调）	基准价
	普通车型（有空调）	基准价的 25%
按距离分	200 公里以内	基准价
	200 公里以外	递远递减

资料来源：作者根据 1997 年 12 月 1 日铁道部发布的《铁路客运定价规则》整理。

上述各项票价率累加，构成各席别、列车速度等级和车型 200 公里以内的票价率。在铁路运输中，运输成本由车站作业成本和运行环节成本两部分构成，其中车站作业成本与运输距离关系不大。运输距离越长，平均每人公里分摊的车站作业成本越低，即运输成本递远递减。与运输成本这一特点相适应，铁路旅客价格也实行了递远递减的计价办法。1995 年以后，铁路客运基准票价率没有调整过。但随着铁路多次提速，增开部分高等级、新型空调旅客列车，软席、硬卧等票价较高的席别比例有所增加，旅客在不同席别、列车速度等级、车型间的构成也发生了变化，铁路旅客运输每人公里单位收入率呈逐步提高的趋势。除此之外，2007 年铁路实现第六次提速后，又推出了中国铁路实现客运服务质量新突破的新品牌——时速 200 公里的国产化 CRH 系列动车组。[①] 第六次铁路提速后，时速 200 公里及以上动车组列车（D 字头）车票价格平均比直达列车高出很多，对此铁道部的解释是，200 公里及以上新型动车组的票价遵从了原国家计委在 1997 年制定的票价政策。

其次，从货运运价体系规制来看，目前我国铁路货物统一运价主要包括两大部分：一是营运价格，二是铁路建设基金。

从营运价格看，铁路货运目前实行按货物品类、积载包装条件、不同运输路线、运输距离等多种因素的综合计价体系。根据 2006 年调整后的铁路货物运价率表，营运价格按整车、零担、集装箱三大类分别定价，其中整车和零担主要按照货类再进行详细定价，集装箱主要按照吨位和箱型再进行详细定价。详细定价又分为基价 1（发到价）和基价 2（运行价）。铁路货物运价率见表 8.3。

---

① 动车组指第六次铁路提速后，时速 200 公里及以上的 D 字头列车。

表 8.3 调整后的铁路货物运价率表

办理类别	运价号	基价 1		基价 2	
		单位	标准	单位	标准
整车	1	元/吨	5.60	元/吨公里	0.0288
	2	元/吨	6.30	元/吨公里	0.0329
	3	元/吨	7.40	元/吨公里	0.0385
	4	元/吨	9.30	元/吨公里	0.0434
	5	元/吨	10.20	元/吨公里	0.0491
	6	元/吨	14.60	元/吨公里	0.0704
	7			元/轴公里	0.2165
	加冰冷藏车	元/吨	9.20	元/吨公里	0.0506
	机械冷藏车	元/吨	11.20	元/吨公里	0.0730
零担	21	元/10 千克	0.115	元/10 千克公里	0.0005
	22	元/10 千克	0.165	元/10 千克公里	0.0007
集装箱	1 吨箱	元/箱	10.00	元/箱公里	0.0336
	10 吨箱	元/箱	118.50	元/箱公里	0.4234
	20 英尺箱	元/箱	215.00	元/箱公里	0.9274
	40 英尺箱	元/箱	423.00	元/箱公里	1.4504

资料来源：国家发改委、铁道部关于调整铁路货物运输价格的通知（特急 发改价格［2006］510 号）

营运价格的计算方法为：

整车货物每吨运价＝基价 1＋基价 2×运价公里 (8.1)

零担货物每 10 千克运价＝基价 1＋基价 2×运价公里 (8.2)

集装箱货物每箱运价＝基价 1＋基价 2×运价公里 (8.3)

从铁路建设基金看，根据铁路建设基金费率表，铁路建设基金按照整车、零担、自轮运装和集装箱几大类分别计费，其中整车和零担货物还需根据货类进行详细定价。铁路建设基金费率见表 8.4。

表 8.4　铁路建设基金费率表

项目 种类	计费单位	农药	磷矿石、棉花	其他货物
整车货物	元/吨公里	0.019	0.028	0.033
零担货物	元/10 千克公里	0.00019	0.00033	
自轮运装货物	元/轴公里	0.0990		
集装箱　1 吨箱	元/箱公里	0.0198		
集装箱　5、6 吨箱	元/箱公里	0.1650		
集装箱　10 吨箱	元/箱公里	0.2772		
集装箱　20 英尺箱	元/箱公里	0.5280		
集装箱　40 英尺箱	元/箱公里	1.1220		
集装箱　自备空箱　1 吨箱	元/箱公里	0.0099		
集装箱　自备空箱　5、6 吨箱	元/箱公里	0.0825		
集装箱　自备空箱　10 吨箱	元/箱公里	0.1239		
集装箱　自备空箱　20 英尺箱	元/箱公里	0.2640		
集装箱　自备空箱　40 英尺箱	元/箱公里	0.5610		

注：整车化肥、黄磷免征铁路建设基金。表中棉花仅指籽棉、皮棉。

资料来源：铁路货物运价规则（铁运 [200] 71 号）

　　铁路建设基金按国家铁路正式营业线和实行统一运价的运营临管线的运价里程计算，由发站一次核收。铁路建设基金的计算公式为：

　　　　建设基金＝费率×计费重量（箱数或轴数）×运价里程　　　　　　　（8.4）

　　(3) 运价浮动机制。从 20 世纪 90 年代后期起，我国铁路就开始实行客运运价的浮动机制，除了国家铁路的旅客票价率和行李、包裹运价率由国务院铁路主管部门拟定并报国务院批准外，经国务院铁路主管部门和国家物价主管部门同意，特殊区段可实行特殊运价，即赋予部分铁路运输企业一定的运价自主权，如对广深线、三茂线、海南岛铁路等实行高于统一运价的特殊运价，而且经营这些线路的铁路运输企业对运价有一定的上下浮动权；对在铁路局管内运行的旅客列车的票、运价，可根据具体情况，赋予铁路局自行浮动的权力；对近年来的空调列车、旅游列车实行了优质优价，并规定最高加价，同时可视具体情况上下浮动；在国务院批准的价格内，经国家物价主管部门同意，国务院铁路主管部门可根据运输市场的需求实行浮动价格。现行旅客票价的浮动机制虽然较充分地考虑了运输市场竞争状况、铁路运输供需变化和主体消费群体的承受能力，但仍提出了较严格的时间限制和内容限制。

相应地，铁路货运也实行运价下浮机制，即货物运费可根据市场变化、竞争需要和运输成本，实行灵活下浮。1998年，原国家计委、铁道部《关于调整铁路货运价格规范铁路收费秩序的通知》规定，对货运回空方向运输，与高速公路平行已形成竞争路段的客货运输，允许铁路根据市场情况的变化实行下浮运价；1999年10月14日铁道部发布并实施《关于加快铁路货运改革强化市场营销工作的意见》，根据规定，铁路局管内的运价下浮由各局自主决定，跨局的运价根据铁道部规定的方向别、品类别的最大下浮幅度，各局具体审定，报部备案。运费下浮时，免收货运服务费和延伸服务费；装车费及建设基金等同比例下浮。同时，建立健全运价下浮的监督、检查和分析制度；1999年12月7日铁道部颁布《铁路货物运价下浮管理暂行办法》，规定了运价下浮应遵循的两条原则：一是下浮后的运价应高于运输成本（参考"点到点成本"系统数据进行测算）；二是必须禁止价外收费并免收货物运输服务费和延伸服务费。同时规定了运价下浮条件，轻浮货物①采用整车运输时，运价可按不同运价号下浮35％～50％不等；在空车方向顺路装运轻浮货物以外的整车货物，符合新增运量条件的，新增运量部分可按不同运价号下浮10％～45％不等，空车方向按月度技术计划确定；集装箱回空方向顺路装运货物时，可按集装箱运价率在30％的幅度内下浮，但下浮后折合每吨货物运杂费应不低于该品类货物按整车运价率计算的每吨货物运杂费，跨局的集装箱回空方向由铁道部每季度公布，管内的集装箱回空方向由各局自定。在集装箱港站、深圳北站发出或到达和经满洲里、绥芬河、二连浩特、阿拉山口换装进出口的国际集装箱（指海运的自备箱），经满洲里、绥芬河、二连浩特、阿拉山口换装进出口和经深圳北与香港铁路交接的中国铁路集装箱，其运价可下浮20％。

（4）其他放松运价规制的方式。铁道部在改革运价管理、建立适应市场的价格机制方面提出许多新的举措，在运价制定方面比原来更加灵活。

一是折扣价。近年来，铁路部门推出了新型空调列车车票按照列车档次、客流状况、旅客承受能力等多角度考虑的三档票价：①不打折的，主要是特快列车及进京、进沪、进穗的快速列车；②折扣价一档下浮6.6％的，主要是省会城市之间开行的快车；③折扣价二档下浮13.3％的，主要是普通快车的空调列车。规定实行折扣价的列车在平时都打折，五一、十一、春运、暑运期间可取消折扣，但不再上浮。具体哪些列车票价打折，综合考虑列车档次、客流大小、运输成本等具体情况，由铁路局提出申请，铁道部审核确定。此外，平

---

① 轻浮货物是指每立方米重量不足300公斤的成件包装货物和组成的汽车、摩托车、拖斗车。

时还对空闲卧铺进行打折，主要针对白天空闲或短途未售出的卧铺进行的一种优惠。[①]

二是五定班列优惠价。为适应市场需要，提高服务质量，确保运到期限，有效吸引货源货流，铁道部开发了货运五定班列运输产品。这种货运列车，开行的发到站间直通，运行线和车次全程不变，发到日期和时间固定，实行以列、组、车或箱为单位报价包干办法。班列运输货物的各种费用，必须执行铁道部的有关规定，除此不得收取或代收任何其他费用。班列可采取承包经营方式，承包人必须依法取得中华人民共和国企业法人资格，必须是货源直接拥有者，铁路运输企业与承包人应签订运输合同。五定班列在运价上具有以下特点：一次收费，明码标价，价格合理；价格优惠，租车多运多优惠。其中托运人包租货运五定班列列车或车位，时间在半年以上，列车开行密度每周不少于两列，分品类包租的，可根据1999年底铁道部发布的《铁路货物运价下浮管理暂行办法》规定的下浮幅度基础上再增加5%的优惠幅度；不分品类包租的，整车货物最低按4号运价计算，集装箱最低每车按2个20英尺箱运价优惠10%计算；五定班列的快运费，可在《铁路货物运价规则》规定的快运费额度内下浮。

三是集装箱的一口价。为增加价格透明度，规范收费行为，满足货主需要，开拓铁路集装箱运输市场，铁道部于1999年开始对全路集装箱运输率先实行一口价，这是货物运价改革的重大突破。2007年铁道部发布了关于发布《集装箱运输一口价实施办法》的通知，并于2007年4月1日实行新的《集装箱运输一口价实施办法》，同时废止了之前发布的一系列相关条例。新的《集装箱运输一口价实施办法》对集装箱运输一口价（简称集装箱一口价，下同）进行了进一步的解释，它是指集装箱自进发站货场至出到站货场铁路运输全过程中各项运营价格的总和，包括与国铁办理直通的合资、地方铁路的到收运费等，还包括发展装卸综合作业或专用线取送车作业费用和到站装卸车综合作业费用。集装箱一口价包括运费、铁路建设基金、新路新价均摊运费、电气化附加费、特定线路运费、特定加价运费和发站实际发生的杂费等所有符合国家规定的运价和杂费，但不包括下列费用：专用线、专用铁路装卸作业的费用；集装箱在到站实际发生的杂费（已在发站核收的装卸费除外）；托运人或收货人责任发生的费用；铁路建设基金等代收款。

四是协议运价。我国铁路学习国外经验，一些铁路运输企业与企业间开展了协议运输，协议运输的运价一般高于统一运价。不过，多数铁路运输企业在

---

①　欧国立.中国铁路运价体制和运价政策的变迁.综合运输，2006（4）

收取基本运价的同时，也逐渐增加了价外收费，加大了货主的负担。这些做法都被政府明令禁止。[①]

五是行包专列竞标价。在传统经营模式下，铁路企业以承运人身份直接与托运人签订铁路货物运输合同。随着经济的发展，运输方式日趋多元化，铁路企业面对来自航空、公路、水运等多方对手日益激烈的竞争。为广泛拓展货源，提高经济效益，铁路企业改革传统的运作模式，将铁路货车整列（或数节）承包给非铁路单位的行包快运公司，由快运公司招揽货源，直接与托运人签订行包快运合同，接受托运人托运货物。1998 年我国铁路开行了第一趟行包专列，经过多年的市场经营，行包专列已建立起稳定的客户群，形成了配套的运输网络，成为铁路知名的运输品牌。对于行包快运专列的运价，依然必须严格执行铁道部批准的运价，除按规定浮动外，不得任意减价。[②] 但是在 2006 年初，铁道部为整合铁路运输资源、规范管理，进一步塑造行包专列这一铁路知名品牌，将 14 对行包专列移交中铁快运股份有限公司统一经营。为加强行包专列的市场化经营，增强中铁快运公司的竞争力，扩大市场占有份额，公司又决定引入竞争机制，对行包专列这一知名品牌实行了招标制度，通过招标向社会公开选择行包专列的承租人，2006 年中铁快运完成了 14 对行包专列（仓位）28 个标段的招投标工作。这意味着，行包专列的承租人在取得特许经营权后，将根据自身需要实行自主定价。

综上所述，我国铁路运营价格的规制模式是：基准价以成本加成规制为主，运价体系以费率表规制为基础，放松规制以局部的价格幅度管理以及新产品新运价为主要方式的混合型规制模式。其中，成本加成规制主要考虑了预算平衡，以弥补运营成本、实现简单再生产和部分扩大再生产的保本微利为目标（铁路业的主要投资由铁路建设基金提供）；费率表规制主要考虑了客运的不同服务水平和货运的不同货物品类、积载包装条件、运输路线、运输距离等多种因素；而价格幅度管理和新产品所实行的新运价主要考虑了调节供求关系和放松规制，即通过浮动机制缓解客运生产能力在时间上或区段上的不均衡分布所造成的"瓶颈"效应，并赋予铁路运输企业一定的调价权。应该说，铁路运价经过多次改革，已经初步实现了与市场的对接，总体上处于政府规制和局部放松规制的发展阶段。

8.3.2.3 我国铁路运价规制的问题识别

在我国自然垄断产业放松规制的改革中，铁路可以说是推进速度较慢的产业。高度垄断的市场结构，使其无法形成有效的内部竞争；严格的运价规制又

---

① 欧国立. 中国铁路运价体制和运价政策的变迁. 综合运输，2006（4）

② 参见铁道部 1999 年发布的《行包快运专列管理（暂行）办法》。

使其在激烈的方式间竞争中处于不利地位。由于缺乏竞争机制，导致本该保持住的某些市场份额逐步丧失。目前，集中统一同时一定程度的放松规制是中国铁路运价体制的最重要特征，但我国铁路的统一运价仍受到国务院、国务院铁路主管部门及其物价主管部门的较严格的规制，其运价调整的幅度和时间受到规制部门相当程度的控制，大多数铁路运输企业仍是统一运价的接受者，而且规制内容繁多，表面上看事无巨细、面面俱到，但实际上由于没有明确的规制操作模型，规制目标相当模糊，其中还存在着诸多需要面对的问题。

（1）铁路企业缺乏市场竞争的基本手段。我国铁路运价的基本定价权高度集中在中央政府（包括国务院和国务院铁路主管部门），而且从铁道部的职能看，它只有研究并向国家提出关于铁路运价、税收、财政、信贷和金融方面的政策建议并进行相应的协调工作的权限，这说明即使是铁道部所掌握的运价决策权也相当有限，至于作为市场主体的铁路运输企业在定价方面更是没有什么自主权可言，局部的浮动机制也受到政府相当程度的控制，地方政府更是完全没有国家铁路运价的管理权。这样一方面不利于调动铁路企业和地方政府参与铁路建设、经营的积极性；另一方面容易出现信号传递失真、价格变动决策相对于运输市场变化反应迟缓，不能及时处理市场中出现的新情况、新问题等弊端。更值得关注的是，由于政府对铁路运价统得过细、管得过死，这就使铁路企业缺乏了"价格竞争"这一市场竞争的最基本手段，使得铁路无法与其他方式在市场上形成合理比价，建立公平竞争的格局，致使部分本该把握住的市场份额或者说能够获得的合理收益也逐步流失。这里虽然有各种运输方式分工不断合理化的因素，但不可否认的是，在严格的价格规制局限下，铁路企业相对于其他方式的运输企业而言，其市场行为空间被压抑到极小的范围内。如果对铁路运价继续按计划经济的办法进行行政控制，就会使价格这种重要的市场调节手段在铁路运输经营活动中丧失其应有的功能，使铁路企业在竞争中陷于很深的被动局面。

当然，经过多年的铁路运价改革，我国政府已经有了一些放松价格规制的举措，国务院已开始向铁道部下放了相当有限的定价权和部分浮动机制，但在实际执行中，灵活性仍不高。例如，由基层站段了解到货源情况，逐级上报到铁路局或铁道部，再由铁道部或铁路局给予批复，一上一下，手续多，周期长，与市场供需变化不能实现同步。另外，由于目前乱收费现象并未根本消除，铁路与货主之间还有多道环节，运价下浮的优惠有时未能落实到真正的用户身上，[①] 仅有的价格浮动权难以发挥与其他运输方式竞争的有效作用。

---

① 陈牛生．我国铁路货运价格改革初探．综合运输，2005（11）

（2）运价制定缺乏合理性和科学性。合理的运价水平只有在合理的成本核算的基础上才能产生，定价的根本目的之一是弥补企业经营成本，并获得合理利润，因此定价不低于成本是一条基本原则。但对我国铁路而言，这样一条看似简单的原则实现起来也并不容易。我国铁路运价的制定是铁路主管部门和运价监管部门在信息不完备条件下的博弈过程。对铁路主管部门来说，说不清楚制定铁路运价的基本依据——成本；对运价监管部门来说，更是无从了解铁路成本问题，也就难以给出权威性的意见。① 双方博弈的结果不是均衡结果，而仅是在行政控制下的妥协结果，其合理性和科学性很令人质疑。其一，以财务总成本核算为主要依据，主观经验性较强，成本结构的划分缺乏客观标准，在很大程度上只是大致的估计；其二，调价的随意性较强，多是按照保本微利原则，根据铁路亏损额和运输周转量大小，计算需要调价多少，多次提价形成补丁价格，定价中的成本结构被进一步模糊和扭曲；其三，我国铁路运价体系过于复杂，除少数专业人员外，其他人基本上是摸不着头脑，因此透明度很低，非对称信息严重。这样既不利于用户和社会对铁路运输价格的监督（即便召开价格听证会，除了专家能发表意见外，老百姓也只能发发牢骚），也不利于主管部门对运输价格进行有效的管理。

（3）市场对铁路建设的反馈作用被割裂。目前，铁路建设基金是我国铁路投资的主要资金来源之一，它在现行货运运价中占有很大的比重，由货主提供，但并不构成铁路收入，也不作为盈利的基础，即铁路所需要的建设基金由国家财政下拨，超支包补，铁路的经营状况与铁路的发展建设不发生直接联系，它与市场的对接几乎是完全割裂的。从资源配置效率的角度看，这样的制度安排将可能引发两个方面的问题。一是铁路建设基金属于国家财政，政府参与程度很高，作为铁路运输企业的各铁路局和集团公司不具有真正独立的法人财产权，所有基本建设的投资和融资都由政府部门和铁道部最终决策。因此，市场引导的作用被弱化，加上政府投资具有无偿性，政府又不可能对自己的投资失误设计相关的惩罚措施，导致无效投资的风险增加。二是铁道部是铁路建设最大的投资主体，占总投资的90%左右。建设资本金主要来自铁路建设基金以及每年几十亿元的财政预算内资金，其他建设资金基本上是债务性资金。国铁中的其他投资主体主要是合资铁路，即使在合资铁路中，其中铁道部的出资也占到60%左右，省、市、自治区各级政府及国有企业出资占40%左右，几乎没有非国有资本进入。由于与国家铁路之间的网络性经营等问题没有很好地解决，大部分"合资铁路"经营处于比较尴尬状况，70%的合资铁路公司亏

---

① 黄茵，王怀相. 从成本的角度谈我国铁路运价. 铁道运输与经济，1999（12）

损。[①] 投资主体的这种极为不对等关系，使我国铁路不能有效地吸引民间或国外资金进入铁路建设、运营领域，甚至铁路投资贷款的还本付息责任也要部分地转嫁给铁路建设资金。[②] 截至 2004 年底，铁路长期债务余额已达 2322 亿元，当年还本付息 642.3 亿元，而当年的铁路建设基金收入 446.1 亿元，已低于还本付息额，形成恶性循环。

（4）运价规制对提高效率没有明确的要求。从目前我国铁路运价规制的现状看，政府规制部门将其主要的精力放在价格体系的制定和调价上，这样确实进一步保证了企业预算平衡目标的实现，但对其他一些同等重要的目标，如采取更加有效的手段实现资源配置优化、提高企业生产效率等方面，没有做出相应的制度安排。特别是后者，政府有关部门对运营成本只是一味的提价，而没有严格区分可控成本和不可控成本，导致企业对生产效率、管理效率等方面的关心远远不够，从而使政府监管最重要的效率激励目标无从实现。

8.3.2.4　我国铁路运价规制的渐进式改革思路

从我国铁路运价规制的现状看，存在的问题是多方面的；从国外发达国家铁路放松运价规制的经验看，我国铁路运价规制改革是相当滞后的；但是从运价规制改革的影响因素看，我国铁路运价规制改革所具备的条件又是不够充分的。基于这种复杂的现实环境和改革条件上的矛盾冲突，可以说，铁路运价的改革并不像想象的那么简单和容易实现，也不大可能一蹴而就，因此，在坚持放松规制的大前提下，需要采取渐进式的改革模式。

（1）对现行基准价规制模式进行改造。现阶段我国铁路立即全面采取高激励性的运价规制的条件还不够充分，最主要的理由是我国铁路面临规模扩张的严峻局势，资金不足与效率低下相比，前者已经成为当前需要全力解决的主要矛盾，如果在现阶段推出价格上限规制，由于这种规制机制相应可能会导致企业产生惜投现象，就会进一步影响我国中长期铁路网规划的顺利实施，加重目前资金紧张的状况。正如 Schmalensee（1989）所证明的那样，在不确定条件下——很多发展中国家就是如此——主要根据生产实际成本，特别是根据消费者剩余最大化来制定价格机制胜过纯粹的价格上限机制。这是因为不确定性程度越高，为保证受规制企业的投资意愿需要确定的价格上限越高。这将导致更高的价格—成本差，从而比根据实际成本定价更糟糕。[③] 另一个重要理由是，我国政府监管部门还不具备实行高激励价格规制的能力以及与受规制企业之间进行规制博弈的基础，这种规制能力和博弈能力的提高需要有一个准备过程。

---

①　罗仁坚. 铁路投融资体制改革研究. 宏观经济研究，2006（5）

②　邹斯林. 我国铁路建设基金改革的选择. 综合运输，2003（11）

③　Schmalensee, R. Good regulatory regimes. RAND Journal of Economics，1989，Vol. 20（3）

可见，铁路运价规制的改革绝非一日之功，急于求成只能进一步激化目前已经面临的多方面的矛盾，因此需要理性地分清主次，并留有时间对实行价格上限规制所需要的资源和条件进行全面的整合，有序地、有效地逐步推进改革进程。

但是由于目前我国铁路以成本加成为主要特点的基准价规制模式确实存在很多问题，因此，近期改革可以考虑将其改造为近似的投资回报率规制。这种改革的功效可以通过对纯粹的成本加成规制模型和投资回报率规制模型进行比较来加以说明。

目前我国铁路运价中基准价的规制方式主要是成本加成规制，其规制模型为：

$$p_t = c_{t-1} \ (1+r) \ = c_{t-1} + rc_{t-1} \tag{8.5}$$

其中，p_t 为第 t 期的每人公里或每吨公里的基准价，c_{t-1} 为第 $t-1$ 期按每人公里或每吨公里核算的单位运营成本，r 为加成率。

上述模型说明了两个问题：首先，模型中的单位运营成本 c 包含了工资、材料、燃料、电力、折旧、其他等支出项目，按照"财政部关于印发《铁路运输企业会计核算办法》的通知"（财会〔2004〕4号）中的规范性说法，c 中既包含了费用化支出也包含了资本化支出。因此，从理论上讲，通过实施基准价规制，铁路运输企业发生的全部费用均获得了补偿。其次，根据上述规制模型，企业除了获得全部费用的补偿外，还可以获得一笔以 r 为回报率，以费用化支出和资本化支出为基数的收入。因此，该规制模型的成本补偿机制的主要特点是：①对资本化支出具有激励作用，因为全部投资都将通过基准价进行回收，而且投资越多成本加成的基数越大，铁路获得的回报越大，几乎不存在投资风险，这对于目前规模扩张任务艰巨的铁路来说应该可以看做正面效应，当然还应该采取手段克服无效投资的问题；②在对资本化支出给予回报的同时，也对费用化支出给予了同样的回报，或者说对平均成本不但没有向下的激励，甚至具有鼓励提高费用化支出的潜在刺激，因为成本不仅得到合理的补偿，而且也作为加成计算的基数，获得了不合理的回报，这种价格规制机制对于铁路运输企业的低效率不能说毫无责任，不仅有悖于激励原则也对有效的资本扩张不产生任何正面影响。

再看投资回报率规制模型：

$$p_t = c_{t-1} + rB/q_{t-1} \tag{8.6}$$

其中，B 为资本性支出，q_{t-1} 为第 $t-1$ 期的客货周转量。

该规制模型的成本补偿机制的主要特点是：①对费用化支出给予完全的成本补偿但不给予任何奖励，克服了纯粹的成本加成规制中提高费用化支出的潜在刺激；②对资本化支出不仅进行完全的成本补偿，而且还将以其作为基数提供报酬率为 r 的奖励，起到了鼓励投资的作用。

基于上述分析，由于投资回报率规制恰恰能克服纯粹的成本加成规制的某些缺陷，因此可将其作为近期改革的一种可选模式。

推行投资回报率规制模型，值得探讨的一个问题就是如何确定合理的投资回报率 r。铁路业特别是客运领域虽有较明显的社会公益性，但它的本质仍然是企业，这一点在我国铁路法中有明确规定，所以企业的收入在弥补成本的基础之上，获得一定的收益率是保证其持续发展的必然要求。依照其他国家和其他产业的规制经验，r 的确定可参考以下公式：

$$r = a_1 \times i + a_2 \times i \times 110\% \tag{8.7}$$

式中：r 为合理的投资报酬率，a_1 为借贷资金在资本性支出中的百分比，a_2 为自有资金在资本性支出中的百分比，i 为当期中央银行核定的一年期存款利率上限，110%（可调）是对自有资金投入的一项鼓励机制。

如果铁路建设资金中 70% 为自有资金，30% 为借贷资金，银行存款利率上限为 2.25%，则：

$$r = 30\% \times 2.25\% + 70\% \times 2.25\% \times 110\% = 2.4075\%$$

在上述公式的基础上，可根据现有收益率水平、其他方式收益率水平、国际比较以及当期规制目标导向等方面的考虑对其进行必要的调整。

（2）择机采取高激励的价格上限规制。进一步考虑，我们可视《中长期铁路网规划》在"十一五"期间的完成情况，以及投融资体制改革情况和政府规制能力的提高情况，在适当时机开始全面推行以价格上限为主的铁路运价规制。因为回报率运价规制改革虽然充分考虑了目前铁路投资资金不足的主要矛盾，以及一定程度上回避了我国政府规制部门规制能力不强、谈判博弈处于明显劣势等现实问题，但它对促进我国铁路业持续、健康发展的效率激励几乎没有什么贡献，与我们的改革目标还存在相当一段距离。因此，当一些主要矛盾得到缓解，规制环境得到好转的条件下，回报率规制应尽快向激励性强的价格上限规制模式过渡。其规制模型及其参数解释如下：

$$p_t = p_{t-1}(1 + RPI - X) + \frac{z}{R_{t-1}} \tag{8.8}$$

其中，p_t 是政府认可的第 t 期价格上限，p_{t-1} 为第 $t-1$ 期的价格上限。为避免价格波动造成经济运行的不稳定，铁路价格上限的初始值应贴近原有的制度基础，因此，可通过对近期方案回报率规制中的运价体系以及幅度管理中的浮动价进行加权处理，寻求一个合理的均衡值作为该方案实施初期的最高限价。而且在一定的时期内，规制者可以根据成本、需求、利润条件的变化对价格上限进行重新修订。[①] 价格上限确定之后，受规制企业可以在不高于这一价格的条件下自由定价，并在规制期限内保留所有可以获得的利润。

RPI 为零售价格指数，即通货膨胀率，它反映零售的生产资料价格和主要生活消费品价格的综合变动情况。总体而言，*RPI* 的增长会引起企业建设、运营成本的增加，因此，在价格上限规制中实行价格与 *RPI* 挂钩的方法是合理的，尤其是对企业提出效率改进方面的具体要求时，这一指标的纳入更具现实意义。该指数属于政府统计部门公布的数据，无须自行测定。

X 为由政府确定的在一定时期内要求受规制企业生产效率增长的百分比。由于 *RPI* 反映的是宏观经济层面平均价格水平的变动情况，不能确切地刻画受规制企业个体真实成本的变化，因此，在价格上限规制中还必须含有这一重要的效率指数。可以通过以下几个步骤对 *X* 指数进行确认：一是对铁路业生产效率的历史数据进行分析，掌握其变动的趋势；二是对铁路业内各企业的生产效率进行横截面数据的比较，为使这种比较具有可比性，要处理某些不可比的因素，不同的生产运营环境、不同的路线、不同的对象、不同的成本条件、不同的供需状况等，在此基础上，选择标杆企业，将修正的标杆企业生产效率水平作为 *X* 值设定的参照值之一；三是计算铁路标杆企业生产效率水平与相关运输方式的先进生产效率的差距，差距越大 *X* 值越应向上调整；四是计算铁路的技术进步率，将其导致的铁路成本降低的可能性纳入到 *X* 值中；五是对企业进一步提升管理效率的潜力进行分析。目前，许多发展中国家普遍的做法是将 *X* 初始值设计为零，这从激励的角度看是可取的，因为它一方面可以给予企业更多的定价权；另一方面可以刺激企业降低成本。但从监管的角度看，它是不足取的，这是因为一方面它使企业几乎成为提高效率的唯一受益者，成本节约完全转换为经济租金，而消费者没有得到任何好处；另一方面，它很可能是一个创租的过程，并为企业实施规制收买留下了太大的空间。因此，这种做法仅能在价格上限改革的一个很短的过渡期内采用。

z 为铁路运输的动力投入品价格，R_{t-1} 为 $t-1$ 期的总收入。对我国铁路企业来说，运输所需的燃油、电力等能源价格已经实行市场价，这些价格的波动对铁路运输产生很大的影响。例如当油价、电价上涨时，运价不能及时上调，增加的成本支出必须完全依靠铁路企业自身消化；当油价、电价回落时，运价也不能及时下调，使铁路企业获得额外收益。对于这类铁路企业自己很难控制又占相当比例的成本因素，可通过联动机制纳入运价规制模型之中。

（3）未来改革展望。从长期看，到 2020 年我国《中长期铁路网规划》完

---

① Acton J，I Vogelsang. Introduction on Price Cap Regulation. Rand Journal of Economics，1989（3）

成，综合交通运输体系的关系理顺而且系统完善之时，如果条件成熟，就可以更彻底地推行全面的放松规制政策，并实行科学、严谨的管理方式。

虽然我们很难预期未来具体的环境变化对铁路运价规制改革进程的影响，但仍然可以根据国外经验展望将来可能的发展趋向，其中美国铁路应该是一个较为恰当的案例。

总体上看，目前美国铁路运价管理以不破坏公平竞争为基本原则。STB受理投诉的重要条件之一就是货主对运输企业利用市场势力提出质疑，对于铁路运输企业之间的运价投诉不受理。美国铁路允许采取差别定价的方式，但是，要求这种差别是适当的，对于歧视运价的判定主要是判断铁路公司是否获得了不符合法律规定的利益。在美国，STB 价格监管范围分为三部分，其中有 67% 为运价水平控制在变动成本的 180% 以内这个范畴，有 21% 为竞争激烈自主定价部分，还有 12% 的部分需要判断是否需要对其进行价格监管（见图 8.1）。

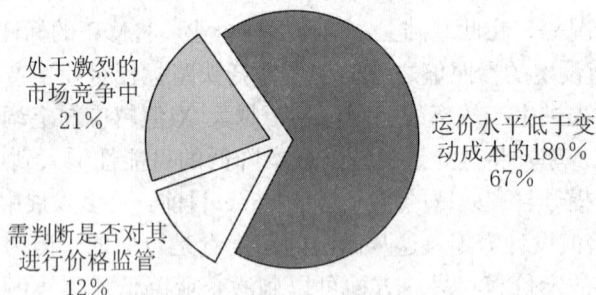

图 8.1　美国 STB 价格监管范围

资料来源：王杨堃. 铁路运价，2005（4）

从美国的案例中我们可以估计出我国铁路运价规制未来变动的可能性。一是监管范围逐步缩小，在很大程度上由企业自主定价，市场机制成为规范企业行为的主导力量；二是规制手段越来越偏向保护竞争而不是保护竞争者，如美国对体现市场势力的运价仍然进行限制；三是规制政策的法制化，规制方法的科学化、严谨化和公开化。

9 中国民航运输业的市场结构 与竞争行为

自 20 世纪 80 年代以来，我国民航运输业进入了持续快速发展的时期，经过 20 多年的改革，我国民航业从小到大、由弱到强，取得了巨大的成就。目前，我国民航定期航班运输总周转量（不含香港地区、澳门地区、台湾地区）在国际民航组织缔约国中的排名由 1978 年的第 37 位上升到 2005 年的第 2 位（2006年、2007 年继续保持世界第 2 位），并于 2004 年首次以高票当选国际民航组织第一类理事国。民航运输业的快速成长，与产业重组后市场结构的变动以及由此引起的行业内激烈竞争的企业行为密切相关。

9.1 中国民航运输业的重组改革与市场结构

本节在回顾我国民航业重组改革过程、总结改革成效的基础上，分别从行业和航线角度对我国民航运输业的市场结构进行实证分析，并通过对进入壁垒的剖析，试图指出我国民航运输的市场结构现状及其形成原因。

9.1.1 民航运输业的重组改革过程及成效

我国民航业的市场化改革从 1980 年就拉开了序幕，然而在 1987 年以前的改革只是把民航从军事建制中脱离出来，真正具有突破性进展的是 1987 年和 2002 年的两次市场化改革和市场结构重组。

9.1.1.1 两次重组改革过程

从 1987 年起，我国民航业进行了以航空公司与机场分设为特征的体制改革，组建了中国国际航空公司、中国东方航空公司、中国南方航空公司、中国西南航空公司、中国西北航空公司、中国北方航空公司六大国家骨干公司，实行自主经营、自负盈亏、平等竞争。组建了华北、华东、中南、西南、西北和东北六个地区管理局，对各地区的民航事务和机场实行管理和运作。此后，以经营通用航空业务为主并兼营航空运输业务的中国通用航空公司也于 1989 年 7 月成立。同时，航空运输服务保障系统也进行了改革。1990 年组建了中国航空油料总公司，该公司通过设在各机场的分支机构为航空公司提供油料供应。属于这类性质的单位还有从事航空器材进出口业务的中国航空器材公司；从事全国计算机订票销售系统管理与开发的计算机信息中心；为各航空公司提供航空运输国际结算服务的航空结算中心以及飞机维修公司、航空食品公司等。

以上阶段的改革确定了我国民航企业化和市场化改革的框架和方向，基本上解决了我国航空运输业不能适应国民经济快速发展要求这一突出矛盾。但是，这次改革没有涉及产权方面，也没有真正实现政企分开。特别是民航总局直属的九大国有航空公司在不同程度上都存在着机型混杂、资产负债率过高、管理机构臃肿、航线配置不合理等现象。这些问题造成了航空公司的经营成本太大、经济效益不高、管理涣散等问题。因此，为了优化国有直属航空公司的机队结构和航线资源配置，2002 年，我国开始对航空运输市场结构进行第二次战略重组。[①]

2002 年 1 月，国务院正式通过《关于深化民航体制改革的总体框架及直属航空运输企业重组方案》（以下简称《重组方案》），标志着民航新一轮的改革拉开了序幕。这一方案的主要内容和基调可概括为以下三个方面：

首先是直属航空运输企业的重组。民航总局直属航空公司及服务保障企业从 2002 年 10 月开始，历经 3 年的时间，组建了中国航空集团公司、中国东方航空集团公司和中国南方航空集团公司三大集团。2002 年 10 月 11 日，以中国国际航空公司为基础，联合中国航空总公司（主要运营公司为浙江航空公司）和中国西南航空公司，正式成立了中国航空集团公司，并以联合三方的航空运输资源为基础，组建了新的中国国际航空公司；2004 年 9 月 30 日，中国国际航空公司在北京正式改制创立中国国际航空股份有限公司。2002 年 10 月，经国务院批准，南航集团与中国北方航空公司、新疆航空公司实现联合；南航股份公司在 2004 年正式审议通过了关于南航股份购买南航集团北方航空、新疆航空的与航空业务相关的资产和负债的议案，并签订《资产买卖合同》；2004 年 12 月 31 日，该议案的通过标志着南航股份与北方航空、新疆航空的核心业务重组正式完成。2005 年 5 月 19 日，中国东方航空股份有限公司宣布向东航集团收购其全资下属子公司——中国东方航空西北公司和中国东方航空云南公司，并拥有其全部航空主业及关联资产。至此，中国三大民用航空运输集团主业重组工作全部完成（见表 9.1）。

---

① 王志永．我国航空运输业的市场结构重组政策分析．中国民用航空，2005（1）

表 9.1　重组后三大民航运输集团情况对比

企 业 项 目	中国航空 集团公司 中国国际航空公司 中国航空总公司 西南航空公司	中国东方航空 集团公司 东方航空公司 西北航空公司 云南航空公司	中国南方航空 集团公司 南方航空公司 北方航空公司 新疆航空公司
资产总额（亿元）	560.5	473	501
运输飞机（架）	174	197	247
航线（条）	339	437	606
国内航线（条）	286	383	512
国际航线（条）	53	54	94
员工人数（人）	38157	40913	42005

资料来源：作者根据《从统计看民航》（2006）整理。

其次是行业管理体制重组，即上述三大航空集团与民航总局脱钩，民航总局的企业职能和国有资产所有者职能全部被剥离，并成为国务院执行民用航空行业管理职能的机构，将原有的民航总局—地区管理局—省（区、市）局三级行政管理改为民航总局—地区管理局两级管理。民航总局下属 7 个地区管理局（华北地区管理局、东北地区管理局、华东地区管理局、中南地区管理局、西南地区管理局、西北地区管理局、新疆管理局）和 26 个省级安全监督管理办公室，对民航事务实施监管。民航总局作为国务院主管全国民航事务的直属机构，不再代行脱钩企业的国有资产所有者职能，承担民用航空的安全管理、市场管理、空中交通管理、宏观调控及对外关系等方面的职能，并赋予地区管理局相应的职能。2003 年，地区管理局的改革基本完成。[①]

最后是民用机场的属地化管理改革。机场实行属地管理，按照政企分开、属地管理的原则，对 90 个机场进行了属地化管理改革，民航总局直接管理的机场下放所在省（区、市）管理，相关资产、负债和人员一并划转；民航总局与地方政府联合管理的民用机场和军民合用机场，属民航总局管理的资产、负债及相关人员一并划转所在省（区、市）管理。2003 年 9 月 4 日，国务院批复民航总局《省（区、市）民航机场管理体制和行政管理体制改革实施方案》。该方案明确规定，除首都国际机场集团公司所属机场、西藏自治区内的民用机场由民航总局管理，中国民航飞行学院所属机场继续由其管理外，其他民用机

---

① 秦占欣．中国民航运输业政府规制改革研究［博士学位论文］．西北大学，2004

场全部移交地方政府管理。2004 年 7 月 8 日，随着甘肃机场移交地方，机场属地化管理改革全面完成。[①]

9.1.1.2　重组改革后的绩效表现

重组改革后，我国民航运输业在各个方面的发展都取得了比较显著的成效，相关指标对比见表 9.2，主要体现在以下三个方面：

一是运输量迅速增长。截至 2005 年末，国内民航航空运输飞机 863 架，运输总周转量达到 252 亿吨公里，旅客运输量 13318 万人，货邮运输量 289 万吨。总周转量、旅客运输量和货物运输量年均增长速度分别达到 13.1％、14.1％和 10.8％。航空运输总周转量在国际民航组织缔约国（共有 189 个成员国）的排名由 2000 年的第 9 位跃升至第 2 位，[②] 中国民航已成为仅次于美国的第二大航空运输系统，成功当选为国际民航组织第一类理事国。另外，定期航班旅客周转量和货邮周转量分别在国际民航组织缔约国中排名第 2 和第 4。

二是运输网络不断扩大。截至 2006 年底，我国 35 家航空运输企业定期航线数量达到 1336 条，其中国内航线（包括香港、澳门航线）1068 条，通航国内 140 个城市，已基本形成以北京、上海、广州、成都、西安、沈阳等大城市为中心枢纽，连接全国各地的航线网络；国际航线 268 条，通航 42 个国家的 91 个城市，到 2006 年末，我国已与 106 个国家建立了民航双边关系。我国事实上已经成为名副其实的航空大国。[③]

2006 年 12 月 30 日，中国南方航空公司开通了北京—迪拜—拉各斯航线，这条贯通两洲三国，连接中国、中东和西非的新航线是目前中国民航首条中非航线。至此，我国民航的运输网络进一步扩大。

三是机场建设成就显著。在过去的十几年中，民航加强机场和基础设施建设。改建、扩建、迁建和新建多个大中型机场。截至 2005 年末，我国民航机场数量达到 142 个，其中能起降波音 747 机型的机场 25 个，能起降波音 737 机型的 53 个。2005 年全国机场旅客吞吐量 2.8 亿人次，货邮吞吐量 289 万吨。自 2000 年以来，5 年间旅客吞吐量、货邮吞吐量平均增长率分别高达 16％和 15％。从中国主要机场在世界前 30 位排名变化情况来看，自 2000 年来，首都机场、上海机场旅客吞吐量、货邮吞吐量增长迅速。

---

① 中国民航发展概况．中国民用航空总局网：http：//www.caac.gov.cn
② 我国航空运输总周转量上升至世界第 2 位．中国民用航空总局网：http：//www.caac.gov.cn
③ 民航资源网：http：//news.carnoc.com/list/83/83094.html

表 9.2 我国民航运输业两次重组前后相关指标对比

项目 \ 年份	1986	2001	2005
运输总周转量（万吨公里）	91901	1351466	2523215
旅客运输量（万人）	831	7100	13318
货邮运输量（吨）	155809	1627018	2897921
国内航线（条）	253	967	981
国际航线（条）	27	134	233
机场旅客吞吐量（亿人）		1.49	2.8

资料来源：作者根据《从统计看民航》（1987、2002、2006）整理。

从以上两次市场结构重组，特别是 2002 年第二次重组前后的对比分析可以看出，我国民航运输业在运输量、运输网络和机场建设等方面都取得了举世瞩目的成就。同时，从市场结构角度来看，这一系列的重组改革措施充分体现了我国政府追求民航业寡头垄断市场结构的目标，以及通过联合兼并，做大做强航空公司的总体思路。

9.1.2 民航运输业的市场结构分析

在产业组织理论中，通常将市场结构按其不同的竞争程度分为完全竞争、垄断竞争、寡头垄断和完全垄断四大类。市场结构的主要决定因素有市场集中度、产品差别化、进入壁垒等，本部分主要从行业和航线两个角度对我国民航运输业的市场集中度进行了实证分析，并论述了我国民航业存在的进入壁垒。

9.1.2.1 市场集中度

（1）以行业集中度 CR_n 衡量。市场集中度是产业组织理论考察市场结构的首要指标，它表示在特定产业或市场中，卖者或买者具有怎样的相对规模结构。[1] 为便于分析，我们采用行业集中度 CR_n 来进行分析，其计算公式是：

$$CR_i = \sum X_i / X \tag{9.1}$$

式中：X_i 是某一指标的第 i 家企业的总量，X 是以某一指标衡量的整个产业的总量。在这里，分别以运输总周转量、旅客运输量、货邮运输量为指标对 1998～2005 年民航运输企业进行测算，考虑到民航产业的特殊性，本书分别计算了 CR_4、CR_8 两个集中度指标进行分析。

---

[1] 苏东水．产业经济学．高等教育出版社，2000：125～126

由于 1997 年前我国民航运输企业没有自主的价格行为，只是按照国家的定价经营，所以在数据上选取 1997 年以后的数据作为分析重点，见表 9.3 和图 9.1。

表 9.3 我国民航运输业市场集中度情况

年度	4 家企业集中度（CR₄）			8 家企业集中度（CR₈）		
	运输总周转量	旅客运输量	货邮运输量	运输总周转量	旅客运输量	货邮运输量
1998	69.62	59.99	68.86	87.23	82.19	88.39
1999	69.64	57.27	67.85	86.18	80.84	86.81
2000	70.16	57.58	67.52	85.75	80.42	86.53
2001	68.78	58.90	68.06	84.86	80.60	86.64
2002	90.00	87.01	89.23	99.58	99.60	99.18
2003	89.41	85.86	87.09	99.74	99.83	98.82
2004	89.2	85.79	87.09	99.80	1	98.91
2005	88.01	84.35	84.35	99.51	99.62	98.57

资料来源：根据《从统计看民航》（1999～2006）数据信息整理。

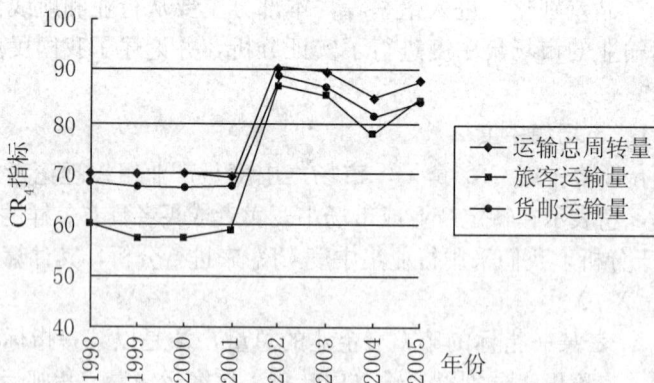

图 9.1 我国民航运输市场 CR₄ 指标趋势图

资料来源：根据《从统计看民航》（1999～2006）数据信息整理。

从表 9.3 中可以看出，我国民航业以运输总周转量、旅客运输量和货邮运输量计算的集中度指标 CR_4 都超过 57，CR_8 都在 80 以上。按照贝恩对市场结构的分类方法，$50 \leqslant CR_4 < 75$，$75 \leqslant CR_8 < 85$ 的产业市场结构为寡占Ⅲ型；$75 \leqslant CR_4 < 85$，$85 \leqslant CR_8 < 95$ 的产业市场结构为寡占Ⅱ型；$85 \leqslant CR_4$ 的产业市场结构为寡占Ⅰ型。无论从运输总周转量，还是从旅客运输量、货邮运输量，我国民航都属于高寡占型市场结构。特别是 2002 年民航业的重组后，民航总局直属的九家航空公司重组为三大集团，再加上各集团对其他非直属航空公司的兼并，我国民航运输业的集中度进一步提高，这点从图 9.1 中可以看出，2002 年各指标的 CR_4 都有大幅度的上升。特别是以 CR_8 来看，重组后的值都接近于 1，尤其是 2004 年的旅客运输量 CR_8 值等于 1，这说明整个客运航空市场上最多只有 8 家公司在运营。

这似乎与实际情况不相符，事实上，本书在计算 2002 年后的市场集中度时是按照集团来分的，也就是说所有由集团控股的航空公司都纳入了集团之内。具体来说，除前面提到的直属航空公司的重组外，南航集团还包括厦门、贵州、珠海和广西航空有限公司；东航集团还包括中国货运航空有限公司和南京航空有限公司；海航集团除海南航空股份有限公司外，还有中国新华、长安、山西航空有限责任公司和金鹿公务、扬子江快运有限公司。因此，从整个行业来看，2002 年开始重组的三大航空运输集团，以及各集团对航空公司的联合兼并是导致我国民航运输业集中度大幅度上升的主要原因。

当然，如果将各集团的公司分开来计算，则重组后的集中度指标没有这么高，如表 9.4 和图 9.2 所示。

表 9.4 我国民航运输业市场按公司计算的集中度情况

年度	4 家企业集中度（CR_4）			8 家企业集中度（CR_8）		
	运输总周转量	旅客运输量	货邮运输量	运输总周转量	旅客运输量	货邮运输量
2002	57.78	46.44	56.59	72.35	66.57	73.90
2003	63.17	53.95	61.48	77.64	78.11	79.08
2004	61.68	53.68	61.12	76.79	71.35	78.08
2005	72.35	67.15	69.88	86.39	83.65	86.11

资料来源：根据《从统计看民航》（2003～2006）数据整理。

如表 9.4 所示，如果按公司来计算我国航空运输业运输总周转量、旅客运输量和货邮运输量的 CR_4 和 CR_8 值，则结果范围基本在 $50 \leqslant CR_4 < 75$，$75 \leqslant$

$CR_8 < 85$，也就说是寡占Ⅲ型的市场结构。并且除 2004 年集中度略微下降之外，2002～2005 年，我国民航运输业的市场集中度有着明显的上升趋势。

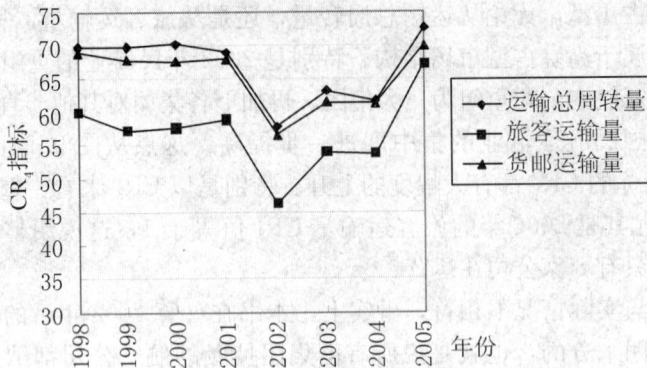

图 9.2　我国民航运输市场按公司计算的 CR_4 指标趋势图

资料来源：根据《从统计看民航》（2003～2006）数据整理。

　　通过以上分析，可以发现无论按集团还是按公司来测算，我国民航运输市场都属于寡头垄断的市场结构。寡头市场是一种比较普遍存在的市场结构组织形态，而中国民航业形成寡占的市场结构有其复杂的原因。首先，航空业具有基础性、准军事性等特征。世界上大多数国家政府为了有效维护国家主权和航空公司权益，都对航空运输业实行规制，促进企业间的联合兼并。其次，航空运输业是发展旅游业、商业的重要交通基础设施。航空业对人员流动、货物运输等都意义重大，是经济迅速发展的重要支持力量。航空业实施兼并重组，构建寡占市场结构，将更加有利于发挥航空运输业对国民经济和社会发展的基础性、先导性作用。最后，航空业是一个资金、技术、劳动密集的行业，需要具有规模经济才能在高风险高成本下实现效益优化。只有联合兼并，走规模经济之路，组建大型企业集团，加强企业内部改造，形成合力，才能与国际跨国集团相抗衡。由此可见，航空业因其特殊的行业性质决定了它必然选择寡头垄断的市场结构形态。[①]

　　（2）以赫芬达尔—赫希曼指数 HHI 衡量。赫芬达尔—赫希曼指数（HHI）是另一种衡量市场集中度的综合指标，其计算公式是：

$$HHI = \sum (X_i/X)^2 \tag{9.2}$$

　　式中：X_i 是某一指标的第 i 家企业的总量，X 是以某一指标衡量的整个

---

① 马莉. 民航业市场结构及竞争策略分析. 学海，2004（4）：137

产业的总量（实际中通常以 10000HHI 表示）。

为了便于对比分析，本书分别以运输总周转量、旅客运输量和货邮运输量计算了我国民航运输业 1998～2005 年的 HHI 指数，结果列入表 9.5 中，图 9.3 为我国民航运输业 HHI 指数趋势图。

表 9.5 我国民航运输业 1998～2005 年赫芬达尔—赫希曼（HHI）指数情况

年度 HHI 指数	1998	1999	2000	2001	2002	2003	2004	2005
运输总周转量	1516	1550	1555	1478	2478	2397	2342	2262
旅客运输量	1244	1148	1162	1211	2291	2211	1758	2095
货邮运输量	1457	1422	1406	1446	2373	2255	2016	2124

资料来源：根据《从统计看民航》（1999～2006）数据信息整理。

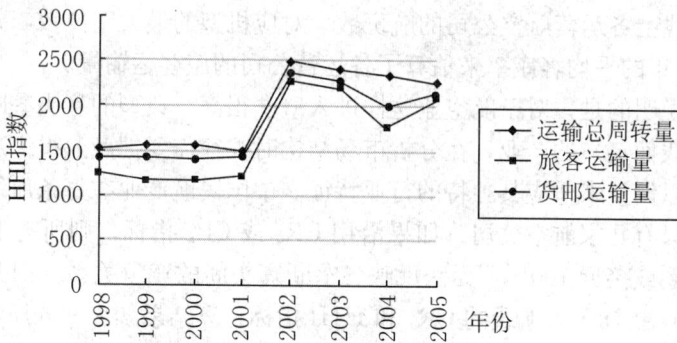

图 9.3 我国民航运输业 HHI 指数趋势图
资料来源：根据《从统计看民航》（1999～2006）数据信息整理。

从表 9.5 中可以看出，1998～2001 年，我国民航运输业的 HHI 指数为 1100～1500，到 2002 年重组后跃升为 2000 以上，按照日本公正交易委员会公布的分类方法，1000≤HHI<1400 的市场结构为低寡占Ⅱ型，1400≤HHI<1800 的为低寡占Ⅰ型，1800≤HHI<3000 的为高寡占Ⅱ型，因此以 HHI 指数来看，2002 年以前我国民航业的市场结构接近于低寡占Ⅱ型，2002 年后为高寡占Ⅱ型，但是 HHI 指数都在 2500 以下，并没有出现以 CR_4 指标衡量时的 2002 年以后几乎全是垄断程度最高的寡占Ⅰ型。其实，由于 HHI 指标有"平方和"计算的放大作用，它对规模最大的前几个企业的市场份额的变化反映特别敏感，因此 HHI 能够真实地反映市场中企业之间规模的差距大小。也

就是说，对于两个由相同数量的企业组成的市场而言，企业间（尤其是最大的几个企业）市场份额的差距越大，HHI 的值就越大，表明市场集中度就越高，而行业集中度 CR_n 就无法反映企业规模之间的这种差异。[①]

总结以上分析，我国民航业虽然以 CR_n 指标来衡量集中度比较高，但是在这些市场占有率较高的企业当中，它们单个企业的规模差别并不大，也就是说能发挥规模效应的企业还很少，行业集中度反映的高垄断来源于多个企业规模的加总。这在实际中也有表现，例如，各航空公司的机队规模还较小，机型结构也不合理（过分追求大机型比例的提高，造成一定程度的座位虚耗），另外航空枢纽的网络性也还未形成等。

9.1.2.2　主要航线集中度

民航产业的市场结构分析还可以从航线竞争的角度来考察。在航空业中，某条航线上的竞争状况如何，主要是由该航线上的竞争者数量及其规模对比所决定。本书选取了 2006 年国内旅客运输量排名前十位的航线作为样本，分析国内主要航段的竞争状况。但是由于数据可得性的限制，作者通过查找 2006 年这些航线上各运营航空公司的航班数、对应机型的最大座位数，并且采用各航线 2006 年的平均客座率来估算了各运营公司的旅客运输量。

需要说明的是，对于航空业这样进入壁垒很高、典型的寡头垄断或完全垄断（依航线而定）的产业，在分析市场结构时往往需要把产业组织理论中通用的指标加以调整来适应其独特的行业特征。中国民航产业在每条航线上参与竞争的通常只有几家航空公司，如果沿用 CR_4 或 CR_8 指标，则所有航线的指标值都将达到或接近 100%，无法反映各垄断寡头间的竞争关系，因此在这里选取的是 CR_2 指标。各航线的 CR_2 和 HHI 指标计算结果如表 9.6 所示。

表 9.6　2006 年我国主要航线旅客运输量集中度计算

航线	各航段运营航空公司	公司个数	CR_2	HHI
北京—上海	国航、南航、上航、海航、东航	5	74.20	3059
北京—广州	国航、南航、海航	3	88.98	4105
上海—深圳	南航、上航、东航、深航	4	70.04	2991
北京—深圳	国航、南航、海航、深航	4	79.20	3704
广州—上海	国航、南航、上航、东航、深航	5	68.35	3061
北京—成都	国航、南航、海航、川航	4	85.37	4585

---

① 苏东水. 产业经济学. 高等教育出版社，2000

航线	各航段运营航空公司	公司个数	CR₂	HHI
北京—昆明	国航、南航、海航、东航	4	73.50	3092
广州—杭州	国航、南航、上航、海航、东航	5	64.61	2607
北京—西安	国航、南航、海航、东航	4	81.86	3628
北京—杭州	国航、南航、上海、海航、东航	5	75.47	3641

资料来源：根据巴西飞机公司提供 OAG－China－Domestic 2007 数据库相关资料计算整理。

从表 9.6 中指标 CR₂ 和 HHI 的数值来看，我国民航业的市场集中度是很高的，属于高度寡占的市场结构。但是前面已经提到，由于航空运输业是一个特殊的产业，它具有高投入、高技术、高风险的特点，因此不能以一般产业的衡量标准来界定它的市场结构。美国消费者协会曾在 1995 年提出，从航线角度来看，如果某航线的运营航空公司数量超过 3 个（包含 3 个），就可以视为竞争性的市场，也就是说衡量航空业的市场结构应该以 3 为临界点。[①] 如表 9.6 所列，在我国 10 条主要航线中，只有北京—广州一条航线上的运营航空公司为 3 家，其他航线都为 4 家或 5 家，而且 5 家共飞的航线有 4 条，占了相当大的比重。因此，根据美国的经验指标，我国民航业的市场结构基本上可以界定为垄断竞争。而美国大多数的航线都只有少于 4 个的航空公司在运营，在城市之间的航线上，HHI 指数平均在 4000 左右。一项更精确的研究结果表明，[②] 美国各条航线上的 HHI 指数超过 5000，相当于每条航线上只有 2 家主导性的航空公司。但从表 9.6 中看，我国客运量最大的 10 条航线中，只有北京—广州和北京—成都两条航线的 HHI 指数达到 4000，且上海—深圳和广州—杭州这两条航线的 HHI 指数还不到 3000。因此，对比美国数据可知，目前我国民航业的市场集中度要远远低于美国。在主要航线上，过多的航空公司参与竞争使得市场份额较为分散，一方面，不利于发挥民航运输业的规模经济、范围经济和网络经济效益；另一方面，航空公司都挤在国内主要航线上运营，容易引发恶性价格竞争，还会产生严重的运力虚耗问题。

对于我国民航业支线市场的竞争状况，几乎每条航线运营都被一家航空公司垄断。并且除几条旅游航线外，其他航线每周航班班次很少。由于大多数支线运营处于独家垄断控制中，每条航线航班频率过低，因而难以吸引商务旅客

[①] 夏大慰，陈代云，李太勇．我国彩电工业的产业组织分析．财经研究，1998（8）

[②] Hayse，K. J. and L. B. Ross，1995，Discounted Fares and Route Rivalry，Mimeo，Southern Methodist University，1995

乘坐飞机，无法与同距离的公路运输和铁路运输竞争。这在一定程度上反映了我国大多数航空公司都把运力投放到了干线运营上，忽视了支线运营，从而导致干线竞争过度，支线竞争不足。[①]

9.1.2.3 我国民航运输业的进入壁垒

在影响市场结构的诸多因素中，市场进入壁垒是一个重要的因素，贝恩在他《对新竞争者的壁垒》一书中指出，进入壁垒（Barriers to Entry）是"一个产业中原有企业相对于潜在企业的优势。这些优势体现在原有企业可以持续的使价格高于竞争水平之上而又不会吸引新的企业加入该产业"。[②] 构成进入壁垒的因素有很多，一般可以分为经济性进入壁垒和非经济性进入壁垒两类。经济性壁垒包括绝对成本优势、规模经济、特有资源、产品差别化等，非经济性壁垒主要包括政策法律制度和阻止进入的策略性行为等。[③] 不同产业进入壁垒的构成因素差别很大。对于民航业这样一个资本、劳动、技术和信息密集型的服务行业，它的进入壁垒主要集中在必要资本、规模经济和特有资源上，但是对于我国来说，根据《民航法》规定，设立航空公司应当具备符合国家规定的适应保证飞行安全要求的民用航空器，有必需的依法取得执照的航空人员，有不少于国务院规定的最低限额的注册资本和法律、行政法规规定的其他条件。因此，在我国民航运输业的进入壁垒中，政策法律制度等非经济性壁垒也是不可忽视的因素。以下分别从这四个方面分析我国民航运输业的进入壁垒。

第一，必要资本壁垒。必要资本是指新企业进入市场时所必须投入的资本。必要资本量越大，筹资越不容易，新企业进入市场的难度也就越大，从而形成必要资本壁垒。民航运输企业创业所需的最低必要资本是极其庞大的，例如，购置1架空中客车A330需耗费1亿美元以上，一架波音777价值1.5亿美元，一架波音747货机1.6亿美元以上。如果要组建航空机队，则需要数十亿元的资金。[④] 当然，购买飞机可采用融资租赁等方式，但其所需资金也是非常可观的，截至2003年，我国采用租赁方式从国外引进的客机有400多架，涉及的租赁金额约有300多亿美元，国内每年要为此付出数十亿美元租金。[⑤] 这些巨额资金的要求，对新企业的进入形成障碍。

第二，规模经济壁垒。民航运输业是一个高风险、高资金密集度的行业，

---

① 杨秀云，冯根福. 中国民航业市场结构的特征及其有效性分析. 经济学家，2004（6）

② G. J. 施蒂格勒. 产业组织和政府规制. 上海人民出版社，1996

③ 谌夏. 中国民航业的产业组织研究［硕士学位论文］. 武汉大学，2004

④ 李菲. 我国民航运输产业组织研究：［硕士学位论文］. 长安大学，2005

⑤ 黄尉. 国内航空公司的飞机融资. 中国民用航空，2003（4）

因此具有规模经济效应的大型企业，同本行业内其他较小企业相比具有明显的成本优势，这将会在客观上阻止新航空公司的进入。比如在我国，三大航空集团无论从飞机拥有规模上，还是航线网络的覆盖规模上，都远远大于其他航空公司。因此，新航空公司要进入必然在成本上具有很大的压力，特别是在目前信息技术高度发展使得大型航空集团具备了高速处理信息的能力，使得上百个航班的合理调度成为可能，航空运输业的管理运作成本将大为降低，从而使平均成本曲线的最低点右移，导致最佳规模点也往右移动，从而规模经济性更为明显。当然，总体来说，规模经济壁垒在我国相对其他壁垒还是比较小的。

第三，特有资源进入壁垒。在实际运作中，航空公司所提供的运输服务具有同质性，产品差异度不明显，因此特有资源成为阻碍新企业进入的一大障碍。对民航业来说，特有资源主要包括航班时刻、航线经营权、机场设施使用权等。[1] 其一，航班时刻是航空公司特有的资源，如果没有进入某机场的航班时刻，哪怕是实力再雄厚的公司也只能"望场兴叹"，更不用说与在位航空公司进行竞争了。老牌公司不仅占有最佳的航班时刻，而且占有大量的航班时刻资源。例如，我国的春秋航空公司虽然将上海虹桥机场作为基地，但是由上海始发的航线却只有14条，而根据民航总局的统计数字，2005年上海浦东和虹桥两家机场的旅客吞吐量为4146.23万人次，航班起降总数为37.5万架次，平均每天1027架次。春秋航空公司之所以难以立足，一大原因就是虹桥机场已经不可能申请到新的航班时刻，迫使春秋航空将新接收的飞机转向三亚作为基地。国外的情况也是如此，以美国为例，在华盛顿国立机场（Reagan Washington National）、纽约肯尼迪机场（New York Kennedy）和纽约拉瓜迪亚机场（New York laGuardlia）三个机场，老牌航空公司继续扩大占有起飞和降落时刻的范围。相比之下，放松管制后成立的公司所占有的时刻份额依然很低。到1999年，在纽约肯尼迪机场，达美、美利坚两家公司垄断了84％的时刻，而放松管制后成立的航空公司只占有该机场1％的时刻。同期，在华盛顿国立机场，达美、美利坚和合众航空等公司垄断了65％的时刻，而放松规制后成立的航空公司只占有该机场3％的时刻。其二，国家对于航线市场准入采取了强化规制的政策，民航总局控制航线经营的审批权，并通过行政指令的方式改变航线市场的竞争格局。例如，2002年再重组的同时，民航总局出台了一项政策，取消非基地航空公司经停三大基地城市的航班和航线经营权。[2]

---

[1] 邓戬. 民航业进入壁垒与票价管制. 价格理论与实践，2002（11）

[2] 周望军，王伟. 从美国西南航空公司成功经验看中国民航的发展方向. 价格理论与实践，2001（10）

这样，在航线飞行中，只有在干线航线两端的航空公司具有该航线经营权，其他航空公司很难进入，到现在为止，三大航空集团一直垄断盈利效率比较好的干线航线。这种特有资源的占有，构成了我国民航业的进入壁垒。当然，从2005年开始，民航总局就逐步放松国内航线航班市场准入。目前，除北京首都机场、上海浦东、上海虹桥、深圳、广州、成都、昆明、大连8个重点繁忙机场实施航班总量调控外，民航总局放宽其他机场的航线准入。国内航线航班经营权有望3年后全面开放，民航总局正计划2010年，将航线经营权的管理由部分审批核准过渡到全面登记备案，以给企业航线航班经营更多的自主权。[①] 到时，航线市场准入壁垒将会大大降低。其三，航空公司即使有了起飞、着陆时刻，还必须向旅客提供登机的设施，这要求其具备登机门和登机桥。仍以美国为例，美国大型机场的不少登机门往往处于闲置锁闭状态，因为有经济实力支付高额租金的大型航空公司长期租下这些登机门，并将其长期锁闭，以防止其竞争对手利用。在不少机场，设施租用合同的有关条款往往使大型航空公司有权否决机场扩建计划。这些手段均被用来遏止竞争对手的进入。[②] 我国登机门和登机桥的垄断现象与美国类似。

第四，政策法律制度等非经济性壁垒。以上三点均属于经济性壁垒，而大部分行政性、法律性和制度导致的进入壁垒往往属于非经济性进入壁垒。我国《民用航空法规定》规定，设立公共航空运输企业，应当向国家民航总局申请领取经营许可证，并依法办理工商登记。此外，前面已经提到，民航总局控制航线经营的审批权，航空公司经营定期航班运输的航线暂停、终止经营航线应当报经民航总局批准。更多时候，由于缺少明确的相关法律依据，中国民航业的非经济性壁垒由行政机关颁布的政策所产生，变动性更强。比如，前两年，航线经营权方面规定，不参加联营协议的公司取消航线经营权；航空公司在某一航线上增加航班班次，该航线的平均客座率必须达到65％以上；取得航线经营权后的航空公司还必须向空管局和空军申请航班时刻；在流量大的机场，如广州白云机场，白天起降的航班时刻基本被分配完毕，要增加航班原则只能在晚上等。[③] 此外，从保护环境角度出发，国外也对一些机场的航班起降做了限制。如在美国，为减少噪音影响，受联邦法律限制，华盛顿国立机场每小时营运航班的数量受到限制，并且禁止航距超过1250英里的航班在该机场起降。

通过以上分析可以发现，较高的市场进入壁垒是形成我国民航运输业寡头垄断市场结构的重要原因之一。必须指出，我国民航运输业的政策法律、行政

---

① 到2010年中国国内航线航班经营权有望全面开放．中国证券报，2007（5）

② 黄尉．国内航空公司的飞机融资．中国民用航空，2003（4）

③ 谌夏．中国民航业的产业组织研究 ［硕士学位论文］．武汉大学，2004

性法规等非经济壁垒是非常高的，这从另一个侧面反映了我国民航运输业的寡头垄断市场结构主要是在政府主导而非市场主导下形成的，从而寡头垄断市场结构的有效性没有得到很好的发挥。对于这种不利于竞争的局面，我国民航总局也在寻找对策，2007 年 9 月 1 日出台了《民航航班时刻管理暂行办法》。新办法将成立由航空公司、机场、民航地区空管局等多方参与组建的航班时刻协调委员会，把各方代表吸纳到决策和监督机构中来，以此建立一个利益协调、争端解决的机制。新办法还规定，以后将在换季航班时刻协调中分配给新进入航空公司一定比例的时刻，在日常定期时刻协调中新进入航空公司申请时刻可优先。同时，在新开航线的航班时刻优先。新办法在第四十八条指出，航空公司不能达到全航季 80％使用率的航班时刻，由航班时刻协调机构取消其历史时刻优先权。这将在一定程度上削弱民航业在这方面的进入壁垒。

9.2 中国航空公司竞争的影响因素

我国民航业经过多年来的运价改革、市场重组和放松规制，已经逐步形成了较典型的寡头垄断市场结构，航空公司间的竞争态势也日趋激烈。不过，由于缺乏其他有效的手段，航空公司间的竞争主要表现为价格竞争。1997 年是我国航空公司价格竞争的分水岭。在这之前，中国民航运输市场结构是一种模拟的寡头垄断结构，需求规制放开，进入规制有较大松动，价格规制还相当严格。[①] 因此，民航运输企业没有自身的价格行为，企业只是按照国家的定价进行运营而已。1997 年，我国民航运输业的买方市场逐步形成，从此航空公司之间的价格竞争就一直没有停止过。除了供求关系变化对航空公司价格竞争行为的刺激外，这种竞争还受到外部环境和内部条件的影响，其主要因素表现为政府规制、成本结构和网络结构等方面。

9.2.1 放松规制及其对航空公司竞争行为的影响

我国政府对民航运输业的放松规制旨在有效地引入市场竞争，但是每次规制政策的出台都会引起航空公司不同的反响，根据企业的反应行为，政府又会进一步调整规制政策，在这种不断磨合的过程中，虽然有过反复和失败，但政府的规制政策逐渐趋于合理，航空公司之间的竞争性市场基本建立。

---

① 张帆. 模拟竞争市场的建立和生长——中国民用航空运输业的管制和市场竞争. 浙江社会科学，1998（4）

9.2.1.1　1997 年的"一种票价、多种折扣"政策

从 1997 年开始，我国民航运输业供过于求的态势开始显现，为了适应中国加入 WTO 的需要，加快与国际惯例接轨，同时为发挥价格的市场调节作用，民航总局决定从 1997 年 9 月起实行"一种票价、多种折扣"的政策。虽然该政策具有向国际惯例靠拢和刺激民航需求的意义，但是放松价格规制很快引起各航空公司的强烈反响。当时的 30 多家对价格竞争没有经验的国营航空公司，尚不具备价格决策手段和营销策略，同时各地方航空公司的势力正在不断走强，它们将这次价格竞争视为扩大自己的市场占有率的机会。于是，为了争夺有限的客源，各航空公司竞相压低机票价格，不惜成本低价倾销，引发恶性价格战和机票代理市场失控的局面，导致 1998 年全行业亏损 24.4 亿元，结束了民航业连续 19 年盈利的历史。

9.2.1.2　1999 年的"禁折令"和 2000 年的"航线联营"

恶性价格战和全行业亏损促使原国家计委和民航总局于 1999 年初联合发出《关于加强国内航线票价管理，制止低价竞销行为的通知》。"禁折令"规定各航空公司票价按国家公布价销售，不得滥用折扣，民航总局收回了定价权，实行严厉的统一定价制度，禁止对散客打折，团体票优惠幅度有限，并对多家违反规定的航空公司给予了处罚。由于采取了机票禁折、削减运力、调整航线航班、整顿销售代理市场等一系列整顿措施，国内航线低价竞销局面得到控制，当年全行业主营业务成本增长低于主营业务收入增长 3.5 个百分点，由此减少成本 27 亿元。中国民航总局的禁折政策，虽然使民航运输业实现了扭亏为盈，但也使客源减少了 5%（约 300 万人次），并引起社会各界的广泛关注和激烈争论，认为这一价格规制不仅属于限制竞争的行政性手段，而且也造成机票暗扣销售等市场混乱现象。2000 年 4 月，中国民航总局又推出"航线联营政策"，要求多家航空公司共同经营共飞的竞争性航线，机票价格由航空公司共同制定，经民航总局批准并备案，若要打折必须与同盟公司一起联手，各公司的收入按该公司投入在该航线上的运力比例进行二次分配，又一次运用行政手段干预市场，形成政府部门组织的价格联盟。这一时期的禁折、联营及处罚等价格规制政策，并没有真正阻止航空公司间的价格竞争，而是使"明折明扣"的显性竞争转向愈演愈烈的"暗折暗扣"的隐性竞争。

9.2.1.3　2001～2002 年"禁折令"和"航线联营"的解除

进入 2001 年，民航总局批准了 20 多条国内航线可以公开实行多舱位销售，允许机票打折，对支线飞机执行的航班、独家经营的航班和省（区）内航线的价格，实行了有限的上浮界限内由企业自行定价的政策。2002 年 4 月，民航总局再次开放了国内多条航线的禁折令，实行明折明扣。同时，民航总局

加强对机场旅客吞吐量占全国60％以上的10个重点城市机票违规销售行为的监管力度。2002年11月，"航线联营"解除。这些新现象说明了政府的价格规制思想逐步成熟，从非理性的限制竞争转向理性的反垄断、反不正当竞争的正途，也标志着中国民航价格在逐步走向市场化。

9.2.1.4 2003年的价格听证和2004年的价改方案

2003年7月由国家发改委和中国民航总局主持召开了民航机票价格改革方案听证会，主要围绕国内各航线基准价（0.75元/平均人公里）以及可上浮25％和下浮40％的价改方案征求意见。意见主要集中在保护消费者权益、基准价和浮动幅度仍有进一步下降空间、加强民航运输成本管理、加强市场监管和民航业与国民经济协调发展问题几个方面。2004年4月，经国务院批准，国家发改委和中国民用航空总局颁布了《民航国内航空运输价格改革方案》。在该方案下，国内航空运价以政府指导价为主，政府价格主管部门由核定航线具体票价的直接管理改为对航空运输基准价和浮动幅度的间接管理。具体措施包括：国内短途航线实行市场调节价，不规定票价浮动幅度；除上述规定航线外，票价上浮幅度最高不得超过基准价（0.75元/平均人公里）的25％，票价下浮幅度一般不得超过基准价的45％，旅游航线（242条）、独家经营航线（225条）票价下浮幅度不限。价改方案推出前的1～4月，国内航线的票价水平为0.572元/平均人公里，价改方案推出后的5～12月，该票价水平提高了0.012元达到0.584元/平均人公里，相当于基准价的77.9％，说明通过合理价格竞争优化资源配置的政府目的初步实现。

但价改方案推出以来，航空公司之间的价格竞争从未停止过，在一些特定的运输季节部分航线票价下浮超出规定幅度；部分公务机航空公司以旅游包机的形式进入公共航空运输市场，以低于其他航空公司正常航班的票价水平销售；部分实行市场调节价的航线票价水平增幅较大；航空公司协商定价现象时有发生；航空公司向代理人超标准支付代理手续费的情况仍然存在。

9.2.2 成本结构及其对航空公司竞争行为的影响

企业的成本结构是指企业各成本要素在总成本中所占的比例。通过分析航空公司成本结构，可以探讨它对竞争行为的影响关系。

航空公司运输总成本分为直接运营成本和间接运营成本两大部分。直接运营成本包括人工成本，燃油成本，飞机、发动机的维修费用等，间接成本主要包括管理费用、财务费用和销售费用。其成本结构体系如图9.4所示。

航空公司的成本结构体系有其自身的特殊性，一般70％～80％的成本在中短期内为固定成本，其中包括航油、起降服务费、折旧和租赁费用以及人员、

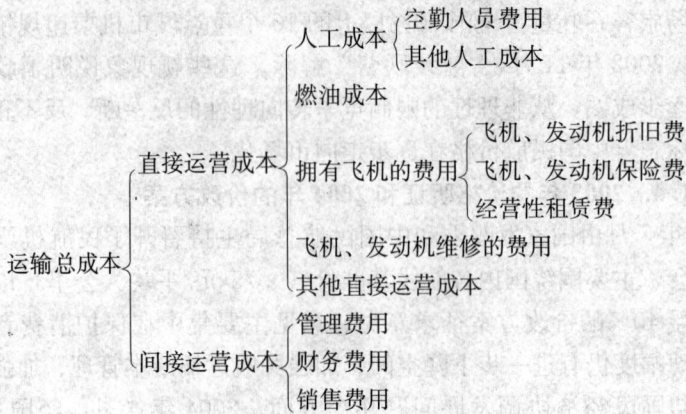

图 9.4　航空公司成本结构体系

资料来源：于新才，王娟．中美航空公司成本结构比较研究．民航经济与技术，2000（9）

维修费用。以 2004 年为例，中国和美国主要航空公司的运营成本比例构成如表 9.7 所示。

表 9.7　中美航空公司成本结构比较　　　　　　　　　单位：%

		美国航空公司		中国航空公司	
		SWA/（美元）	Jet Blue/（美元）	国航/（人民币）	东航/（人民币）
飞行运营成本	工资、奖金与权益	40.88	29.24	10.06	9.46
	燃油成本	16.73	22.15	28.77	27.54
	维修材料与费用	7.66	3.89	9.77	7.08
	飞机租金	3.00	6.09	3.69	8.66
	折旧摊销	7.21	6.64	11.93	12.48
地面运营成本	销售费用	0.03	5.48	4.78	3.92
	航路费			9.29	8.06
	机场起降服务费	6.83	7.91	14.57	15.32
系统运营成本	航空餐饮费用	—	—	4.04	3.85
	其他运营费用	17.65	18.60	3.11	3.62
总经营成本		100.00	100.00	100.00	100.00

资料来源：招商证券——航空业 2005 年投资策略报告

从成本的发生状况来看，无论是国内航空公司还是国外航空公司，人工成本、燃油成本、折旧摊销、机场起降服务费以及飞机和发动机的维修费用都是总成本结构中最重要的几个部分。但是对于美国航空公司来说，成本结构中比例最大的部分是人工成本，其中工资性费用的支出占总成本费用的30％，西南航空公司的比例更是超过了总成本的40％，而国内航空公司在该部分的成本支出仅占总成本的10％左右。

燃油成本是航空公司另一大成本支出，但是在这部分成本上，国内外航空公司也存在着较大的差异。对于国内的航空公司来说，燃油成本占其总成本比重接近30％，而国外航空公司的这一比例基本保持在20％左右（由于近两年来世界航油价格的急速上涨，该比例也会有一定程度的增加）。这主要是由目前我国航空公司的航油供应机制所决定。目前航空公司所使用的航油都由中航油集团统一供应出售，航油价格形成存在两个层次——出厂价和销售价。出厂价全国统一，由发改委决定，基本上由中石油和中石化决定按照新加坡上月平均离岸价（FOB）加上运杂费、贴水、港口费、6％的关税和17％的增值税计价，由于各项税费导致目前我国航油基本上高出国外20％～30％，在执行上则普遍滞后国际油价1～2个月，造成油价不同步的现象。而销售价由民航总局统一制定，以出厂价加上"航油进口差价"得出，其中包括航油国内运费、储存设备设施管理费、加注油服务费和国家各种税费，对比普通加油站10％左右的毛利水平，中航油在转手油上获得的利润空间是相当惊人的，这也造成了中国航油高出国际市场60％～100％，航空油料占航空公司飞行成本的2/3，航油成本占到航空公司运输成本的30％～40％。① 由此可以得出，通过控制航油成本以进行价格竞争的切入点应该是重点提高航油的利用效率，并实施全面的节油策略，而试图降低航油购进成本的实际意义并不大。

由上面成本结构的对比分析我们还能看出，国内航空公司和国外航空公司成本差异的另一重要部分是飞机的折旧摊销以及维修费用。这一方面是由于飞机的购置价格相当高，加之中国民航的行业会计准则规定飞机、发动机的折旧期限是10～15年，远低于国际通行会计准则的20～25年，由此仅直属航空公司每年的成本增加十几亿元。另一方面，国内航空公司与国外航空公司的维修管理费用也存在一定的差距，由于国外航空公司基本选择比较单一的机型，例如美国西南航空公司选择单一机型波音B737，Jet Blue则使用单一机型空中客车A320，而我国航空公司对于飞机的选择则是从多机型、大容量以及长距离飞行战略方面考虑的，导致了各种机型采购规模不够大，不具备讨价还价的能

---

① 招商证券——航空业2005年投资策略报告

力，同时，在 2002 年完成集团重组后，由于不同航空公司在飞机型号、人员技能等方面存在较大差异，因此在整合的过程中，增加了每种机型的零备件成本、配套地面设施以及相应的维修、培训成本，存在较高的整合成本。由此可以看出，高额折旧加上由于管理粗放高居不下的管理、维修费用，形成航空公司巨大的成本费用。其他诸如航材、备件等相应供应链企业设立和业务由于受到严格规制和高关税政策，价格居高不下（飞机维修的航材成本占到飞机价格的 1/3，部件的维修成本更高，库存占用资金和成本都很大），造成我国民航企业单次飞行成本处于较高水平。

此外还需特别注意的一点是，以美国西南航空公司为代表的低成本运作航空公司在销售成本上保持了一个非常低的水平（不足 0.5％），而国内的航空公司普遍处于 4％～5％的较高水平上。这与美国西南航空公司独特的销售方式和渠道是分不开的。传统上，航空公司的销售成本包括代理人佣金、CSR费用、订座人员人工开支和广告促销费用等。根据 IATA（国际航空运输协会）估计，这一系列的销售费用大约占航空公司总运营成本的 17.5％。而西南航空公司从一开始，就竭力摆脱与代理人之间的复杂关系，避免代理人佣金和 CRS（代理人分销系统）费用，而以全美 9 个订座中心取而代之，加大直销力度。随着航空公司直销网络和电子票务系统的发展，我国航空公司在这一部分上的支出应该存在着不小的压缩空间。

因此，对于航空公司来说，通过控制航油成本、销售费用以及航材的引进、维修、管理、库存费用等方面的成本支出来进行竞争具有非常重要的意义。但是由前面的分析不难得出，从长期来看，除非中国民航的油料供应体制、行业会计准则以及国家对民航引进飞机和航材的关税政策等作出一定调整，否则，中国航空运输成本以及航空运输价格的下调空间是相对有限的。

9.2.3 网络扩张及其对航空公司竞争行为的影响

我国航空公司在重组改革后都实行了网络扩张战略，这实质上是对市场份额的竞争，这种竞争改变了原有航空公司之间的空间格局，从而影响到它们之间的价格竞争行为。

在网络扩张的驱使下，三大航空集团无论是基地、通航城市、航线条数以及网络连通性均有明显的上升。于是，各个航空公司在网络扩张过程中由于受到整个网络资源空间结构的限制，必然会出现契合和互补的情况。契合程度越高，通航点重叠越多，已有网络的内部连通性提升越大；互补程度越高，网络重叠越少，空间范围拓展大，但是连通性提升少，甚至可能下降。其中，契合程度的提高，是引发航空公司之间价格竞争的原因之一，因为契合程度高表明在同一市场上竞争对手的增多，这一点可以通过各个航空公司选择枢纽城市的枢纽结构变化来进行说明。在重组前，国内航空网络的空间格局中，北京、上海、广州三大航空枢纽占绝对统治地位，而国航、东航、南航则分别占据其中一个枢纽，单一枢纽的结构比较明显。[①] 虽然重组后这三大枢纽在各自航空公司网络中仍占据着显要的地位，枢纽度指数也高于其网络内的其他节点，但各航空公司枢纽结构开始向多枢纽转变（见表 9.8）。

表 9.8　我国主要航空公司十大枢纽及其枢纽度指数

排名	国航集团		东航集团		南航集团	
	城市	枢纽度指数	城市	枢纽度指数	城市	枢纽度指数
1	北京	1.61	上海	1.15	广州	1.16
2	成都	1.40	武汉	1.38	沈阳	1.55
3	重庆	1.60	南京	1.42	长沙	1.57
4	杭州	1.68	昆明	1.48	大连	1.59
5	贵阳	1.76	西安	1.52	海口	1.59
6	上海	1.78	北京	1.56	郑州	1.63
7	长沙	1.82	重庆	1.58	上海	1.63
8	西安	1.84	海口	1.67	北京	1.65
9	广州	1.86	广州	1.67	深圳	1.65
10	桂林	1.86	成都	1.69	贵阳	1.69

资料来源：金凤君，孙炜，萧世伦. 我国航空公司重组及其对航空网络结构的影响. 地理科学进展，2005（2）

表 9.8 中的枢纽度指数计算公式为：

$$S_i = \frac{\sum_{i=1}^{n} D_{ij}}{V - 1} \tag{9.3}$$

式中：D_{ij} 代表节点 i 和 j 的最短拓扑距离，V 代表网络中的节点总数。如果节点 i 和 j 之间有直接的连接，则两节点的拓扑距离为 1；如果节点 i 和 j 之间需要通过一次中转才能连通，则两节点的拓扑距离为 2；以此类推。[②] 因此，枢纽

[①]　金凤君. 我国航空客流网络发展及其地域系统研究. 地理研究，2001（1）：31～39
[②]　金凤君，孙炜，萧世伦. 我国航空公司重组及其对航空网络结构的影响. 地理科学进展，2005（2）

度越接近1，说明该节点对其他节点的聚集程度越高，枢纽地位就越明显。

　　表9.8表明，重组改革后，国航、东航、南航三大航空公司的枢纽重叠现象日益增强，在三大航空公司的前10名枢纽节点中，有三个节点是完全重叠的（北京、上海、广州），有六个节点是两个航空公司重叠的（成都、重庆、贵阳、西安、长沙、海口）。不仅如此，三大航空公司的航线重叠度也是非常明显的。根据《从统计看民航》（2006）中提供的运输总周转量看，排名前10位的航线见表9.9。从表9.9中可以看出，三大航空公司完全重叠的航线有5条（北京—上海、上海—深圳、广州—上海、昆明—北京、广州—杭州），两大航空公司完全重叠的航线有5条（广州—北京、北京—深圳、成都—北京、海口—深圳、北京—西安）。这种枢纽重叠程度和航线重叠程度的提高，必然激发各大航空公司的价格竞争行为。

表 9.9　2005 年总运输周转量排名前 10 位的航线中三大航空公司的情况

单位：万吨公里

航　　线	国　航	东　航	南　航
北京—上海	26980	31613	2005
广州—北京	12044	0	15060
上海—深圳	3361	7238	10252
北京—深圳	12613	0	7586
广州—上海	1117	8419	12513
成都—北京	15554	0	2005
海口—深圳	0	899	1763
昆明—北京	6905	8824	1943
北京—西安	8875	7921	0
广州—杭州	6527	2670	8450

资料来源：根据《从统计看民航》（2006）整理得出。

9.3　中国航空公司价格竞争模型分析

　　我国航空公司无论是在规模上还是在具体的航线上，都呈现出较明显的寡头垄断市场结构，因此可采用伯川德、豪泰林等价格决策模型进行行为分析。

虽然在市场中的航空公司不止两家，但由于双寡头垄断的分析结论可以直接推广到 n 家公司的情况，因此以下模型分析均采用双寡头的结构模式。

9.3.1 航空公司价格竞争静态分析

9.3.1.1 服务无差异条件下的价格竞争

假设市场上只有两家航空公司（公司1和公司2）进行竞争，两家航空公司提供的是具有替代性的运输服务，两个公司同时作出价格决策，各公司的运输能力总是能够满足市场需求，市场需求函数为 $q_i = D(p_i, p_j)$，各公司的边际成本为常数 c，固定成本为0，公司利润为 $\pi_i(p_i, p_j) = (p_i - c) D_i(p_i, p_j)$。此时，伯川德模型中价格和市场需求的关系式[1]为：

$$D_i(p_i, p_j) = \begin{cases} D(p_i) & \text{如果 } p_i < p_j \\ \dfrac{1}{2} D(p_i) & \text{如果 } p_i = p_j \\ 0 & \text{如果 } p_i > p_j \end{cases} \qquad (9.4)$$

该模型说明，由于寡占市场中的两个公司提供的服务产品相同，因而具有完全的替代性，$p_i^* = p_j^*$ 是两个公司定价决策的均衡解，且它们将平分市场。而且两个公司之一如果定价比另一个公司低的话，它将获得所有的市场份额，定价高者将会失去整个市场。

在这种情况下，最优定价取决于一个公司对另一个公司的定价推测，最优反应函数为 $p_i^*(p_j)$，指公司 i 针对公司 j 确定的每个价格而制定的最优价格（$i, j = 1, 2; i \neq j$）。

假设公司1预计公司2的定价为垄断价格 $\bar{p}$，那么公司1的最优战略是按照低于 $\bar{p}$ 但高于边际成本的水平定价，此时它将获得所有的需求和一定的垄断利润。相应地，当公司2预期公司1将低于 $\bar{p}$ 但高于 c 定价时，它会把价格压得更低些。因此，在两公司运输服务同质且边际成本不变的条件下，伯川德模型存在唯一的纳什均衡 $p_i^* = p_j^* = c$，即都将实行边际成本定价。

9.3.1.2 服务差异化条件下的价格竞争

根据服务无差异条件下的伯川德模型的推导可知，超过边际成本的价格都不是均衡价格，因为至少有一家公司存在以更低的价格出售其产品或服务从而获得所有市场份额的动机。但在现实市场上，航空公司的价格常有高于边际成本的情况发生，这与伯川德模型得出的结论相悖。理论界对"伯川德悖论"有多种解释，其中之一就是受到产品差异化的影响。实际上，我国各大航空公司的服务水平虽然雷同，但总存在一些差别，如公司航班的安全性、航班正点

---

[1] 泰勒尔．产业组织理论．中国人民大学出版社，1997

率、机票改签、机上服务质量、品牌形象等，所以消费者对航空公司仍然存在基于服务水平的选择偏好。仍以伯川德模型作为分析手段，考虑两个航空公司提供的运输服务水平有差别的情况，设两公司之间没有任何正式的或非正式的合谋行为，选择的价格分别为 p_1 和 p_2，消费者对公司 i（$i=1,2$；$i\neq j$）的需求函数为：

$$q_i(p_i,p_j)=a-p_i+bp_j \tag{9.5}$$

其中 b（$b<2$）反映公司 i 服务水平对公司 j 服务水平差异程度，$c<a$，则公司的利润函数为：

$$\pi_i(p_i,p_j)=q_i(p_i,p_j)(p_i-c)=(a-p_i+bp_j)(p_i-c) \tag{9.6}$$

对航空公司 i（$i=1,2$）而言，p_i^* 应是以下最优化问题的解：

$$\max_{0<p_i<\infty}\pi_i(p_i,p_j^*)=\max_{0<p_i<\infty}(a-p_i+bp_j^*)(p_i-c) \tag{9.7}$$

利用一阶条件推出最优解为：

$$p_i^*=\frac{1}{2}(a+bp_j^*+c) \tag{9.8}$$

考虑对称性，可得均衡解为：

$$p_i^*=p_j^*=\frac{a+c}{2-b} \tag{9.9}$$

（p_1^*，p_2^*）即是伯川德博弈的唯一纳什均衡，将 p_1^*、p_2^* 代入收益函数，即可得到均衡时两公司的收益。由于 $b<2$ 和 $c<a$，可以推出，当两家公司存在服务水平差异的情况下，有 $p_i^*=p_j^*>c$，b 越大说明两个公司之间的差异性越大，均衡价格越高。可见，如果航空公司实行服务差异化战略，将会提高各自的利润水平。

9.3.1.3 空间差异化条件下的价格竞争

如上所述，服务水平的差异化对航空运输的消费者偏好产生影响，从而可以改变航空公司在价格竞争中的定价水平和竞争地位。但运输产品毕竟与一般产品有很大的不同，在基础设施网络的限制下，消费者不是在任何地点、任何路线、任何时间都能够随时得到服务的。因此，消费者对某航空公司的偏好除了受到其服务水平差异化的影响，还要受到诸如地点、航线、航班等可得性的影响。本书仅对航线的空间差异化问题进行研究，分析的方法采用豪泰林价格竞争模型。

考虑两个公司的豪泰林价格竞争模型。[①] 在此模型中，产品或服务具有可替代性，但在空间位置上存在差异，因为不同位置上的消费者要支付不同的运输成本，因此它们关心的不仅有价格，还有运输成本。假定有一个长度为 1 的

[①] Hotelling H. Stability in Competition. Economic Journal，1929（39）

线性区域，消费者均匀地分布于 [0, 1] 区间内，分布密度为1；两个航空公司分别位于区域的两端，服务水平是无差别的；每个公司的单位成本为 c；消费者获得服务的旅行成本与距离公司的远近相关，单位距离成本为 t。此时位于线性区域 x 处的消费者若去公司1购买服务要支付 tx 的运输成本；若去公司2购买服务要花费 $t(1-x)$ 的运输成本；设 $D_i(p_1, p_2)$ 为需求函数($i=$ 1, 2)，为简单起见，假定消费者具有单位需求；两个公司同时选择自己的价格 p_1 与 p_2。

在该博弈中，若位于 x 的消费者与两个公司之间距离相同，则所有在 x 左边的消费者都将在公司1购买，所有在 x 右边的消费者将在公司2购买，需求分别为 $D_1=x$，$D_2=1-x$，这里，x 满足：

$$p_1+tx=p_2+t(1-x) \tag{9.10}$$

由上式得两公司的需求函数分别为：

$$D_1(p_1, p_2) = x = \frac{p_2-p_1+t}{2t} \tag{9.11a}$$

$$D_2(p_1, p_2) = 1-x = \frac{p_1-p_2+t}{2t} \tag{9.11b}$$

利润函数分别为：

$$\pi_1(p_1, p_2) = (p_1-c)D_1(p_1, p_2) = \frac{1}{2t}(p_1-c)(p_2-p_1+t) \tag{9.12a}$$

$$\pi_2(p_1, p_2) = (p_2-c)D_2(p_1, p_2) = \frac{1}{2t}(p_2-c)(p_1-p_2+t) \tag{9.12b}$$

利用一阶条件求得两公司的纳什均衡解：

$$p_1{}^* = p_2{}^* = c+t$$

两公司的均衡收益为：

$$\pi_1 = \pi_2 = \frac{t}{2}$$

根据豪泰林模型可以得出这样的结论，即均衡价格等于平均生产成本加上以单位距离成本 t 表述的空间差异量。在平均生产成本不变的情况下，这种空间差异量越大，均衡价格就越高，公司利润就越大，原因在于空间的差异化降低了消费者对两个公司进行选择的任意性，或者说消费者对离他近的公司产生了基于降低出行成本的依附性。具体到航空公司的情况，模型中两个公司所处的地点可引申为两个航空公司分别进入的两条航线，两条航线如果不重叠，可视为二者之间的距离较远，在一定范围内形成各自的垄断市场，其均衡价格可位于边际成本之上，此时两个航空公司均可获得较高的垄断利润。而当两个公司的航线完全重叠时，相当于模型中的两个公司聚集在一个点上，在空间无差异（$t=0$）、服务水平差别不大的情况下，企业间的竞争加剧，其价格竞争的均衡结果将是单位成本定价甚或低于边际成本定价。

静态分析的结论表明，在我国航空公司缺乏其他竞争手段的条件下，激烈的价格竞争是一种必然现象，而产品差异化包括服务水平差异化、空间差异化等均能在一定程度上降低价格竞争的程度。

9.3.2 航空公司价格竞争动态分析

可以说，静态模型分析所得出的结论与现实情况相差甚远，即使可以用差异化对此结果进行解释，仍有另一个原因不容忽视，即航空公司之间的价格竞争绝非是一次性的，而是以动态的重复性博弈为特征。对航空公司价格竞争的动态分析表明，一次性的伯川德价格竞争均衡结果只是重复性的伯川德价格竞争的特殊解而已。

9.3.2.1 价格竞争的有限重复博弈

设 π_i (p_{it}, p_{jt}) 表示航空公司 i 在第 t 期 $(t=0, 1, 2, \cdots, T)$ 的利润，其中 p_{it}、p_{jt} 分别为公司 i 和公司 j 制定的第 t 期的价格决策，其价格的选择依赖于以前各时期的价格，即公司 i $(i=1, 2)$ 的价格策略 p_{it} 依赖于 $H_t \equiv$ $(p_{10}, p_{20}; p_{11}, p_{21}; \cdots; p_{1, t-1}, p_{2, t-1})$。在上述条件下，可采用逆向归纳法求解该重复博弈的均衡解。

当 $T < +\infty$ 时，因为 T 时期的利润只受到 T 期价格的影响，不受过去价格的影响，因此，各公司在 $H_T \equiv (p_{10}, p_{20}; p_{11}, p_{21}; \cdots; p_{1, T-1}, p_{2, T-1})$ 给定的情况下，第 T 期的价格决策必将制定在自身利益最大化的水平上，各公司都希望通过制定低于竞争对手或等于竞争对手的价格，来获得整个市场或一半的市场的收入。由此可以推出，对任何 H_T 而言，均衡都是伯川德均衡，即 $p_{1T} = p_{2T} = c$，这里 c 为不变的边际成本；当 $t = T-1$ 时，由于各公司第 $T-1$ 期的价格决策不过是第 T 期价格决策的简单重复，因此仍有 $p_{1, T-1} = p_{2, T-1} = c$。依此类推，对任意 t $(0 \leqslant t \leqslant T)$，$p_{1t} = p_{2t} = c$。也就是说，当两个公司提供的产品或服务可以互相替代且它们之间进行有限次的重复价格竞争博弈时，其各期的均衡结果与一次性的均衡结果完全一致。

9.3.2.2 价格竞争的无限重复博弈

在现实的经济生活中，竞争对手的博弈一般都是有限次的，但若各公司不知道博弈会在什么时候结束，每一次阶段博弈之后都有可能再一次进行博弈时，则各公司实际上会认为博弈是可能无限重复进行的。设 δ 为贴现因子($\delta = e^{-r}$，r 为利率)，则公司 i $(i=1, 2)$ 的贴现值为 $\sum_{t=0}^{T} \delta \pi_i(p_{it}, p_{jt})$。我们将表明，当 δ 充分大时，两公司合作博弈均衡结果每阶段都为 $(p_i, p_j) = (\overline{p}, \overline{p})$ 将是一个子博弈精炼均衡。

首先，当重复博弈的 $T=+\infty$ 时，一方面伯川德均衡仍然是这一重复博弈的均衡结果，另一方面它已不再是该重复博弈唯一的均衡解。以垄断价格 $\bar{p}$ 作为每个航空公司最初（第 0 期）时的定价，相应的总利润水平有 $\bar{\pi}=(\bar{p}-c)D(\bar{p})$。若在 t 以前各时期每个公司均坚持采取定价决策 $\bar{p}$，则在第 t 期它或者继续坚持定价决策 $\bar{p}$，或者从此以后永远将价格定在边际成本 c 上。换句话说，若 $H_t\equiv(\bar{p},\bar{p};\bar{p},\bar{p};\cdots;\bar{p},\bar{p})$，则 $p_{it}(H_t)=\bar{p}$，否则 $p_{it}(H_t)=c$（$i=1$，2）。该定价策略即为触发策略，它的基本含义是只要有一次的价格背离，将使高价合作停止。实际上，如果贴现因子 δ 足够高，它们就构成一个博弈均衡。因为当公司将价格定为上限价格 $\bar{p}$ 时，各公司在每个时期都获得 $\bar{\pi}/2$ 的垄断利润，当背离这个价格时，公司将永远只有零利润。因此，如果 $\dfrac{\bar{\pi}}{2}(1+\delta+\delta^2+\cdots)\geqslant\bar{\pi}$，即 $\delta\geqslant\dfrac{1}{2}$ 时，触发策略就是均衡策略。这个结果是两个公司默契合谋的一种表现形式，这种合谋完全是在非合作基础上实现的。

根据模型分析结果可进一步推导，两个航空公司在上述重复博弈的过程中，只要满足 $\delta\geqslant\dfrac{1}{2}$ 的条件，任意一个价格 p（$0<p<\bar{p}$），都可以持续地成为均衡价格，相应的利润 π（$0<\pi<\bar{\pi}$）则为均衡利润。

9.3.2.3 价格竞争重复博弈的现实解释

根据我国航空公司价格竞争的实际情况，考察上述动态重复博弈的过程可以发现，动态分析结果比静态分析结果对现实具有更强的解释力，即在航空公司之间的价格竞争中可能有多个均衡结果，使得模型分析更加贴近于现实中航空公司价格是在不断变动的这样一个事实。但仍需指出的是，动态分析的结果只表明了竞争引起价格由高向低变动的趋势，而没有任何证据可以证明这种价格变动是可逆的。这又与航空公司的价格并非单向变化而是呈现周期性波动的真实情况不相符合。对此，我们可以用另一个"伯川德悖论"的解释——生产能力约束（Capacity Constraints）理论来加以分析。

生产能力约束理论最早是由埃奇沃斯（Edgeworth）提出来的，其原意是，由于现实中企业的生产能力是有限的，所以只要一个企业的全部生产能力可供量不能全部满足社会需求，则另一个企业对于尚未满足的那部分社会需求就可以收取超过边际成本的价格。而伯川德模型的一个重要假定是企业没有生产能力约束。因此，模型的结论与现实存在一定的差异也就是很自然的了。[①]

---

① Edgeworth F. Y. The Pure Theory of Taxation. Economic Journal，1897（7）

对这一结论加以引申，结合民航业技术经济特点，可以解释现实中航空公司的
价格决策发生周期性波动的原因。主要是由于运输产品具有不可储存性，而且
航空运输有比较明显的淡季和旺季之分。一般而言，航空公司的生产规模会低
于旺季的需求量。因此，当需求低于供给（即生产能力过剩或淡季）时，航空
运输各航班中的空座被白白浪费掉了，而运营成本几乎不会由此而降低，此时
航空运输市场的竞争性加强，降低价格减少空座率对于航空公司而言是理智的
选择。可以说，这种情况验证了前面模型的均衡结果。但是，当需求大于供给
（即受到生产力约束或旺季）时，相对而言，航空运输市场竞争性减弱，垄断
性增强，除了加大航班密度，挖掘生产潜力外，提高价格理应是航空公司的必
然选择。比如航空旅游热线，节日期间价格高居不下，节日一过立即大幅降价
就是一个明显的例证。对于这种生产能力受到约束的情况，已超出上面模型分
析的前提假设范围，因此模型分析的结果并不适用。这同时也解释了为什么我
国航空公司的定价会呈现周期性波动。

9.3.3　基本结论

通过上述分析我们可以得出几个方面的结论：第一，在我国航空公司缺乏
其他竞争手段的条件下，激烈的价格竞争是一种必然现象。从积极意义看，它
使消费者得到了实惠，同时价格的降低转移和诱发了更大的航空运输需求，增
强了民航业扩大产业规模的动力，从而使航空运输业在与其他运输方式的替代
过程中形成了越来越明显的竞争优势和发展潜力。从不利影响看，我国航空公
司目前还远未达到规模经济的水平，全国几大航空公司拥有的飞机数和运输量
仅能与发达国家的一般航空公司相提并论，在巨大的潜在市场空间条件下，规
模扩张和技术升级的任务比较艰巨，而恶性价格战不利于迅速积累必要的建设
资金，因此，为了尽快地形成自我发展能力，同时也为了满足消费者对服务水
平越来越高的要求，航空公司必须继续开发价格战以外的其他竞争手段。第
二，伯川德模型和豪泰林模型分析都说明了差异化战略的可行性，前者表明服
务差异化对提高航空公司竞争优势具有正向影响，后者表明航空公司的空间差
异性同样能影响航空公司价格竞争的均衡结果，如果各航空公司能想方设法地
扩大所在位置的吸引半径，减少消费者到达机场的出行成本或出行时间，或提
供便捷的零换乘一条龙服务，就会对消费者的地点偏好产生积极影响，从而获
得更大的市场份额。第三，与美国等发达国家的航空公司相比，目前中国民航
业的市场集中度要低得多。在主要的热门航线上，过多的航空公司进入同一市
场，导致市场份额较为分散，这样的市场结构加大了航空业的不稳定性，也是
引发恶性价格竞争的重要原因之一。因此，我国有实力的航空公司还需要在市

场机制的作用下，通过优胜劣汰和兼并重组来不断强化自身的竞争地位。

9.4 中国航空公司非价格竞争策略

当前，中国民航已经处于超优势竞争环境之中。竞争性质从不规范、无秩序竞争上升到理性竞争；竞争层次从低层次的价格竞争上升到高层次的能力竞争；竞争内容从谋求资源优势、产品优势、技术优势上升到谋求人才优势、文化优势和品牌优势；竞争手段从以价格手段为主上升到以非价格手段，即品牌、质量、服务等为主；竞争结构从主要局限于国内各航空公司之间的竞争上升到国内外民航企业之间多向的竞争；竞争格局从名牌产品与杂牌产品之间的竞争上升到名牌产品与名牌产品之间的竞争。

由于民航运输业的寡头竞争属性，因此对于航空公司来说，非价格竞争的意义更加重大。[①] 本节主要探讨我国航空公司的非价格竞争策略，其基本框架见图 9.5。

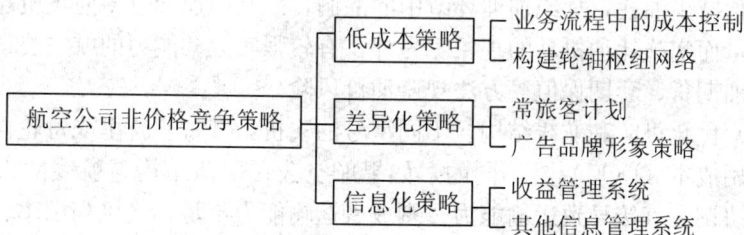

图 9.5 航空公司非价格竞争策略框架

9.4.1 航空公司的低成本策略

降低成本不仅是航空公司盈利的直接来源，而且可以使运输价格相应地降低，增加运输产品的竞争力。应该说，实施低成本战略是实现航空公司盈利目标最主要最可靠的途径，对航空公司的发展和竞争优势的提升都有着非常重要的意义。

---

① 邱连中，黄为，谢立. "强秦梦"——中国民航重组后的竞争战略和定位（下）. 中国民用航空，2002（8）

9.4.1.1 业务流程中的成本控制

正如前面分析的那样，由于我国民航业政府规制制度上的一些约束限制，航空公司在业务运营过程中的成本费用控制必须找准切入点，提出具有现实意义的可操作性建议，方能取得较好的效果。对于航空公司来说，控制航油成本的重点应该是如何提高航油利用效率以及实施更有效的节油策略。此外，提高航材管理的现代化水平，改变粗放式的管理模式，从而降低折旧损耗，以减少相应的维修费用和库存管理支出。

(1) 全方位的节油措施。由于受我国民航业航油定价机制的限制，我国航空公司在控制航油成本方面必须侧重提升航油的利用效率，减少浪费，通过全方位的节油措施在一定程度上降低油料成本。首先是在机型的选择上，各航空公司应该进行有效的机队调整，在可能的情况下，将耗油大的机型调整为节油型飞机。其次在日常飞行过程中，应该要求飞行员选择合理的飞行高度和速度，充分利用飞行高度、飞行速度和经济航路，减少 APU（辅助动力装置）的使用时间等技术手段来减少油耗，应该加强与空管部门的联系，减少飞机地面和空中等候时间，在执行任务、排故、试车、定检维修等方面，尽可能使用地面电源车和起源车。[1] 此外，还应该对航线燃油消耗进行合理的统计、计算和配载，减少油耗，杜绝加油环节中的漏洞，以及因加油过多使飞机超过最大着陆重量而实施耗油机动的现象。另外，有较强实力和能力的航空公司还可以尝试航油期货、套期保值等方法规避油价风险。[2]

(2) 优化机队和航线结构。不同型号的飞机，其每座公里或每轮档小时的直接使用成本（DOC）是不同的，如果航空公司机队结构与航线的市场需求之间不协调会直接导致运输能力过剩或者运输能力不足，飞机利用率、客座率和载运率就会降低，从而不能实现机队资源的优化配置。如何让机队和航线最佳组合，达到机队效率的最大化是降低航空公司成本的一个重要方面。因此，航空公司应该根据自身的情况，通过详细的成本测算和分析，来确定机型与航线的合理搭配，同时必须注意的是，机队的调整和航线结构的优化两个方面应该是相互结合、同时考虑的，单纯地为了适应航线来调整机队，或者根据机队来选择航线都难以达到最优的配置效率。

另外，航空公司的机队结构取决于市场需求、O&D（Original and Destination，始发地和目的地）组合和航班密度。在很多情况下，航空公司的机队增长极其不平衡。如果一个航空公司所拥有的机型种类过多，则会大大增加管理的复杂程度、维护成本、零件成本和人力成本，就很难建立清晰的机队战略

---

① 杜丽萍. 油价飙升背景下中国民航业的对策分析. 中国民用航空, 2004 (11)

② 曾子祥. 论航空公司的成本控制. 民航经济与技术, 2000 (10)

或者机队结构。

因此，优化机队和航线结构是降低机队成本最有效的措施。航空公司应该从市场的角度正确评估现有的机队结构和机型，将降低或者调整机队运输能力与提高机队标准化程度相结合，以此达到机队资源的优化配置，实现运营成本的降低。

（3）加强航材的采购和维修管理等工作。科学、合理地确定航材采购、储备计划，航空公司之间应该进行联合采购和航材共享。对多余的航材进行处理，减少资金的占用。建立、健全维修管理制度，加强送修和维修的管理。提高机务维修人员的业务素质和工作责任心，降低故障诊断错误率，杜绝航材使用中的浪费现象。在维修管理的过程中，应该特别注意信息化水平的应用。目前国内航空公司维修管理的信息化与发达国家的差距，主要表现在维修企业中的各系统之间是相互独立运作的，资源不能有效的共享和合理利用，最终变成了"信息孤岛"，严重制约维修水平的发展。

目前国外典型航空公司机务维修企业大多使用企业资源管理系统（ERP）。通过 ERP 系统把航空维修中的工程技术管理、维修生产管理、质量管理、航材管理、人力资源管理和财务管理等信息集成起来，从而实现信息的高度共享，其结果能使航空公司在拥有几百架飞机、多机种和跨地区（洲际间）的大范围的运营时，其机务维修能运作自如，从而大大提高生产效率和管理水平。[①] 这些信息化应用实践对国内航空公司有着不少的借鉴意义。

（4）人员的精简和提高员工劳动生产率。由上面的成本结构可以看出，工资性支出的人力成本在航空公司的总成本中占据很高的比例，因此减员增效、提高员工的劳动生产率，对降低人工成本起着非常重要的作用。在绝大多数情况下，裁员对于航空公司持续削减成本是至关重要的。通过减员增效，将员工从效率低的地方减下来，进行培训，优化管理组织和模式，实现人力资源的重新配置。

在提高人员效率方面，由于航行时刻表本身有着高度的不确定性，因此航空公司不得不建立员工储备以应对不确定情况的发生。航空公司应对这一问题的最优办法应该是运用最佳顾客导向的计划工具进行有效的员工计划，同时直接与网络管理相结合，以合理配置员工成本。另外，航空公司应该引入严格的变动管理，由于航行时刻表的变动对整体的运营会产生巨大的影响，因此航空公司应该将不稳定的变动降低至最低限度，从而避免因额外飞行时间而支付高昂的加班费。同时，航行的变动决定必须考虑到每一个相关的人员。这样才能

---

① 陈锡辉. 南航维修业的信息化实践. 航空维修与工程，2005（1）

最大限度地提高员工的劳动生产率。①

　　（5）强化渠道控制，降低营销费用。正像前面分析的，与以美国西南航空公司为代表的低成本运作航空公司相比，我国航空公司在市场促销、营销方面的费用较大。目前我国国内航空公司的主要销售渠道还是通过电话预订、代理点售票以及旅行社等方面进行间接销售，以上的几种销售方式存在的最大不足是销售成本较高。如果采用直销方式，不但可以减少中间环节、节约开支，还可加强公司对销售渠道的控制力度，杜绝将中间环节的费用转嫁给消费者，向顾客让渡更多的价值。其具体方式包括：一是强化计算机订座系统，重构销售体系，航空公司可以采取多种形式来实现对销售渠道的控制。对于 CRS 系统的拥有者来说，在市场销售过程中占有更多的优越性。它具有很高的航班显示优先权控制能力以提高航班的出现频率，使得在市场销售中拥有较高的成交可能性。通过计算机订座系统，航空公司可以预先了解客流信息，及时依据市场需求做出准确地判断，对旅客人数的构成进行分析制定最佳的营销策略，有效地控制在营销环节中所花费的成本。二是使用电子客票使购票过程、支付手段更加便捷、高效。电子客票的好处就是可以把旅行销售业务的一部分由代理人分销渠道转移到航空公司自身的一些直销渠道中，这不仅省去了支付中间代理人的手续费，而且免去了纸质机票的印刷、打印、邮寄、结算处理等人力成本，提高了经济效益。2007 年底，我国航空公司已经全部出售电子客票，由此带来的成本节约效应会逐渐显现出来。

　　航空公司大力完善其电子票务系统，加强渠道建设对于控制成本具有重要的意义。而在促销手段上必须走出单纯依靠票价打折来扩大市场份额的误区，而应在提高航空安全、正点和服务水平等综合服务质量上下工夫，从而更好地树立航空服务品牌以吸引大量的顾客群体。

9.4.1.2　构建轮轴枢纽网络

　　民航运输业是资本密集型产业，需要大量巨额的初始投资，固定成本在总成本中所占的比重很大，只有大规模的生产经营（即大量的机队、密集的航线和航班）才能发挥出成本优势，因此，对于那些资金充裕、资源丰厚的大规模航空公司而言有着先天的竞争优势，而对于小规模的公司想要在竞争中立足，采用低成本战略，利用网络化特征，参与航空枢纽网络可能是一项颇具成效的举措。

　　航空枢纽网络运输最早出现在 20 世纪 90 年代，当时美国国内航空业因为世界石油危机导致运营成本大幅上升，从而使得运输量急剧下降，各大航空公

---

① 罗兰贝格．航空公司的再造——中国航空公司走向成功的必由之路

司在严重的财务困境中举步维艰。为此，美国国会通过了放松航空规制的法案，取消了航空业的准入控制，在随后的10年中，先后有198家各种规模的航空公司进入到美国的航空业市场，并最终形成了稳定、合理的状态：原先少数的几家航空公司凭借自身原有的航线、机队以及市场资源和资金实力的优势，纷纷攻城略地，将那些旅客需求量大、盈利能力强的主要干线飞行作为主要经营方向。由于这些大公司在资源和成本等各个方面都具有明显的优势，因此对于那些新加入的航空公司，不得不与大的航空公司结成联盟专飞支线，最终形成了一种分工明确、协作紧密、结构合理、互惠互利的网络化合作模式。随后出现的"代码共享"和"航空联盟"的合作方式，使得各大航空公司都认识到这不仅是有效的竞争武器，也在相当程度上遏制了航空公司在重叠航线上的针锋相对、你死我活的竞争态势。可以说，在当今的竞争环境中，特别是在国际市场上，如果没有网络化的联盟，航空公司将很难确立单独航线的航班优势。

建立枢纽网络也将是我国民航运输业的一大发展方面，但目前国内航空公司要实施网络化枢纽联盟首先要冲破以下种种障碍。①

首先，国家民航主管部门对民航业相关政策的限制，在航线计划安排、航班的票价制定、运力的使用调配等方面，都没有给予航空公司足够的自主权，因此对于航空公司来说，要通过发展枢纽网络运输系统来进一步扩大市场规模，提高市场占有率，从而获得更多的收益从一开始就显得困难重重。

其次，建立枢纽网络的一个显而易见的缺陷就是，旅客中转航班比直达航班要耗时多。为了弥补这一不足，航空公司只有通过增加中转机会，提供每天一班甚至几班的中转服务来满足旅客的需求。但足够的中转机会又需要一定密度的支线飞机的支持和航班之间顺利衔接的保证，否则如果中转时间过长，旅客就有可能选择点对点的直飞航线，甚至是其他的替代交通工具。

最后，国内航空公司的运力规模也是制约国内航空业网络化枢纽运输建立的重要因素。尽管中国民航业近年来发展迅速，但是航空运输规模仍然比较小。中国民航企业收入仅相当于世界总量的2.8%，占国际航线市场的1.1%，在国际民航市场份额甚至不如人口仅为1700万人的澳大利亚民航市场。虽然2002年重组改革后，已经形成三大航空运输集团以及中、小航空公司共存的局面，奠定了网络化运营的初步基础，但由于三大航空集团在资源、机队等方面相对于国外大型航空公司仍然有非常大的实力差距，因此建立规模化、集约化经营的网络化枢纽联盟仍显底气不足。

---

① 文可. 航空公司枢纽辐射运输体系规划设计研究［博士学位论文］. 南京航空航天大学，2005

　　总之，在航空公司的业务模式上，全方位的轮轴枢纽网络模式占据着主导地位，但是以美国西南航空公司和深圳航空公司为代表的低成本运作模式已经对传统的枢纽网络模式构成了很大的冲击。尽管传统的枢纽网络模式有利于实现航空运输业的密度经济和范围经济，有利于资源的合理配置，使新进入者很难进入市场，但是对于枢纽网络性公司而言，成功的关键在于航线网络的设计和收益管理系统的建立。由于飞机架数和管理的复杂程度之间的关系不是线性的，而是指数关系，飞机架数越多，管理复杂程度增加得越多，因此由于飞机数量的增加，网络型航空公司管理的复杂程度会大大增加。如果各航空公司的管理能力不能得到很大提升，轮轴枢纽网络的建立也不一定能够取得良好的效果。

9.4.2　航空公司的差异化策略

　　航空公司进行市场营销有两个根本目的：一是增加航空公司的旅客市场需求份额；二是使旅客需求的价格弹性降低。其经济学原理如图 9.6 所示。

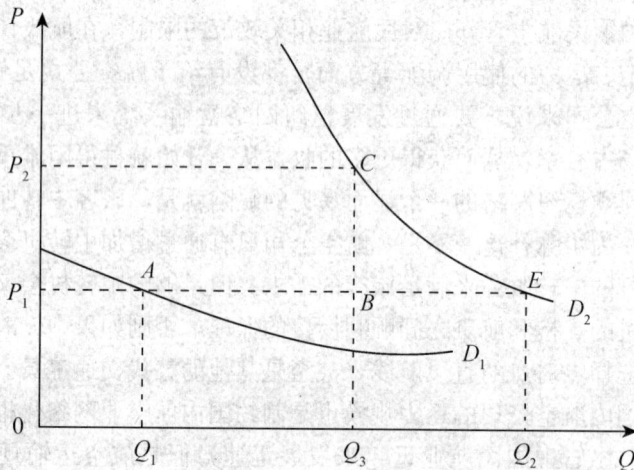

图 9.6　航空公司市场营销对旅客需求的影响

　　资料来源：Pat Hanlon. Global Airlines（Second edition）. Reed Educational and Professional Publishing Ltd，1999

　　假设初始市场需求曲线为 D_1，当航空公司的机票市场价格为 P_1 时，航空公司面临的旅客需求数量为 Q_1。随着航空公司采取一定的市场营销手段，需求曲线会向右移动，同时斜率增大，如需求曲线 D_2 所示。在新的市场需求条件下，如果航空公司保持初始的价格不变，则旅客需求量会大幅增加至 Q_2

（即 E 点所示）。当然航空公司也可以选择将市场价格提高至 P_2 处，根据新的需求曲线 D_2 所示，此时的市场需求为 Q_3，仍然高于初始的市场需求数量 Q_1。航空公司的收益也会随之增加，航空公司收益的增加来自两个方面：一是由于旅客需求量增加导致收益的增加，即图中 Q_1Q_3BA 部分；二是由于市场价格增加带来收益的增加，即图中 P_1BCP_2 部分。此时对于航空公司来说，只要增加的总收益大于企业进行市场营销所支出的成本时，航空公司就是盈利的。[①]

和采取广告策略一样，实施旅客"忠诚方案"（Loyalty Schemes）战略的一个最主要目标就是为了降低需求的价格弹性。广告策略是通过劝说，使旅客相信某航空公司的服务是优于其他航空公司的，以此来降低需求的价格弹性；旅客"忠诚方案"战略则是通过提高旅客的转换成本（Switching Costs）来达到相同的目的。对于航空公司来说，创造新的旅客需求通常会比保持现有旅客需求花费的成本更高，而旅客"忠诚方案"战略的一个主要优点就是它针对那些能够带来最多收益的旅客，为他们提供相应的数据来源支持，使得航空公司可以更有效率地针对这部分旅客提供服务，获得更高的收益。

航空公司实施旅客"忠诚方案"战略的主要目标对象是那些本身需求价格弹性较低的客户群，也就是那些愿意为旅行的特定要素支付一定溢价的旅客群，因为对于这部分旅客来说，诸如航班的频次、舱位的等级、预订机票的便捷性、旅行的舒适度等服务质量要素往往比价格要素更加重要，因此他们也愿意为这部分要素支付一定的溢价。常旅客计划（Frequent Flyer Programmes，FFP）是一种最主要的旅客"忠诚方案"战略。

9.4.2.1　推行常旅客计划

所谓常旅客是指一部分为数不多的公务、商务旅客，他们经常乘坐航班，在航空公司的整个旅客运输收入中始终占有较高的比率。而常旅客计划是指航空公司通过里程累计等方式来吸引这部分经常乘坐飞机出行的旅游者，达到增加或保持公司顾客、提升公司竞争力的目的。通过常旅客计划，旅客可以累计飞行里程数（根据所购买的机票等级和种类，一等舱和商务旅客可能获得翻倍的里程数累计），累计到一定里程数之后，旅客可以获得折扣甚至是免费的机票优惠，或者旅客可以选择享受提升舱位等级、优惠的车辆租赁、旅店服务、免费礼品等其他形式的各种优惠活动。

常旅客计划最早出现在 20 世纪 70 年代末的美国，当时由于美国放松了航空规制，引发激烈的市场竞争，各大航空公司为保持和争夺客源，纷纷开始寻

---

① Pat Hanlon. Global Airlines（Second edition）. Reed Educational and Professional Publishing Ltd，1999

求新的生存和竞争战略。在此背景下，1981 年美国航空公司（AA）首先推出了常旅客计划。随后世界上几乎所有的航空公司都竞相效仿，1998 年，美国西北航空公司及其联盟伙伴荷兰皇家航空公司共同推出名为"环宇遨游里程累积计划"的常旅客计划，目的是为了让更多的中国乘客了解这类计划。航空公司的常旅客计划被认为是民航史上最成功的市场创新活动。

在国内，随着航空市场的发展，各大航空公司也逐渐推出自己的常旅客系统。国内第一个常旅客计划——"国航知音奖励计划"于 1994 年 3 月推出，随后南方航空公司推出南航明珠俱乐部会员卡并发行了工行牡丹南航联名卡，东方航空公司推出了"金燕卡"，厦门航空公司推出了"白鹭卡"等旅客奖励计划，其目标直指航空商务市场。在短短 10 年间，中国航空公司已建立了数十个常旅客系统，其中中国航空公司仅 2001 年会员累计里程总额折算人民币约为 30 亿元，相当于公司总收入的 30％，南方航空公司会员销售额累计 16 亿元。[①] 应该说国内航空公司推行常旅客计划已初见成效，但是相比国外成熟的常旅客计划，国内航空公司在系统开发及其配套设施方面，还有相当多的工作需要完成。

首先，构建常旅客计划管理信息系统，与其他系统实现全面对接。由于实施常旅客计划需要对旅客的大量乘机记录进行跟踪和处理，因此，建立庞大有效的常旅客管理信息系统是该计划运作的基本前提，而且常旅客管理信息系统还需要与收益管理系统（RMS）、计算机订座系统（CRS）、客户关系管理系统（CRM）、销售与结算计划系统（BPS）、计算机离港系统（DCS）进行数据交换，[②] 但是目前国内的这些系统或者是直接从国外购买的（如离港系统），或是由民航总局分步建设的（如订座、财务结算系统），这些系统有的是得不到源代码，有的没有数据接口，导致它们互相独立，不能连接。[③] 因此，如何建立和维护好常旅客系统，使之与各个系统实现实时数据共享功能就显得非常重要，这些将是我国相关计算机应用开发人员所面临的一个新的课题。

其次，深入了解消费者偏好，提升常旅客计划的层次。常旅客计划的核心理念是"以客户为中心"，因此，它不仅仅是一个对最终用户的销售折扣模式和一个简单的记录统计系统，而应该成为航空公司与客户建立良好关系的平台及培养客户忠诚度的有效途径。要做到这一点，就必须对客户的需求以及客户的消费行为进行全面的了解。目前国内航空公司对会员的奖励普遍是提供免票或免费升舱等服务，而对不同类别会员的真实需求了解不足，提供的产品与服

① 邱思宁等 . 常客计划——腾飞的起点 . 中国第三产业，2002（9）

② 踪家峰 . 航空公司常旅客计划研究 . 中国民航学院学报，2002（10）

③ 李明业 . 我国民航常旅客计划的发展 . 中国民用航空，2001（6）

务雷同，对会员缺乏吸引力，这是导致会员忠诚度不高的原因之一。另外，作为航空公司还应该考虑它们在旅客航空消费中的份额，对于那些经常出行的旅客，往往同时是三四个航空公司的常旅客，因此航空公司还应该了解旅客在其他航空公司的消费行为，进一步细分常旅客群体，发现最有价值客户和真正的常旅客。

最后，以常旅客计划为基础，推行顾客关系管理。顾客关系管理（Customer Relationship Management，CRM）的目的是把以顾客为中心真正落实到航空公司的所有经营活动中，运用 CRM 的方法，可以帮助航空公司分析常旅客的特性、价值敏感点及其收益状况，挖掘其客户价值，对不同价值的客户实行有针对性的服务，从而以更高效率去满足旅客需求，提高客户的满意率和忠诚度，更好地维护客户关系，达到保留、发展有价值客户的目的，最终实现客户价值和企业利润的最大化。[①] 在这方面，美利坚航空公司（AA）常旅客计划运作的成功案例值得借鉴。

美国航空公司（AA）的主要做法有：建立常旅客数据库，通过销售与服务环节收集常旅客姓名、住址、行程、舱位等级、座位、租车公司、吃素否、信用卡、特殊偏好等；区分不同价值客户，依据常旅客的利润贡献将客户分为三级；对不同等级的客户提供不同的服务，如对利润贡献最大的 A 级会员，可以享有专属网页，可上网查询过去的里程记录、里程累积数，享有经航空公司量身定做的套装行程或旅游建议，享有折扣预告或特惠方案，定位确认 E-mail，享有里程累积与免票等个性化的服务；依托互联网，与会员进行网上互动。通过推行细致全面的常旅客计划，截至 2000 年底，美国航空公司（AA）的常旅客会员已超过 3000 万人，成为公司收入的主要来源，约占运输收入的 50%，收益的 80%。[②]

9.4.2.2　重视广告战略、培养公司品牌

随着知识经济和服务经济的大力发展，我国民航业已经进入品牌竞争时代，市场需求逐步向名牌集中，品牌已成为航空公司宝贵的无形资产，成为航空公司参与当代市场竞争的战略武器。以品牌来建立服务产品在市场上的地位，树立服务形象，已经成为航空公司积累优势、跨越发展的战略重点。

当前，面临严峻的竞争态势，我国三大航空集团从战略高度整合自身品牌，相互之间展开了激烈的品牌争夺战。2005 年，国航在世界品牌实验室评选的中国 500 家最具价值品牌排名中位居第 32 名、国内航空公司品牌第 1 名，品牌价值 162.38 亿元。国航以旅客需求为中心，推行了"放心、顺心、舒心、

---

① 邵梅．基于客户关系管理的航空公司常旅客计划研究［硕士学位论文］．四川大学，2004
② 朱稼兴．浅谈航空常旅客系统．民航经济与技术，2001（6）

动心"的"四心服务工程",向打造国际化品牌的道路迈出了坚实的步伐。国航以"服务至高境界,公众普遍认同"为价值观,以"做主流旅客认可、中国最具价值、中国盈利能力最强、具有世界竞争力的航空公司"为战略目标,全面建设完整顺畅的内、外部服务体系,以服务带动经营,以经营促进服务,精心铸造国航世界主流航空公司的服务品牌,增强国航的国际竞争能力。目前,国航的综合实力已经跻身世界航空企业前20位。

近些年来,我国民航业越来越重视广告战略和品牌建设在航空运输市场竞争中的重要性,逐步加大了广告的投入,利用各种媒体加强企业的宣传,树立企业良好的公众品牌形象。由于航空公司提供的运输产品具有极高的同质性,为了获得竞争优势,航空公司只有顺应市场的变化和服务对象的新要求,不断推陈出新才能逐渐确立品牌优势,很多航空公司推出了诸如"微笑服务"、"优质套餐"或"赠送礼品"等各种措施,使自己的产品和服务与其他供应者区分开来。但同时由于这种服务极易被模仿学习,很快就会被其他航空公司竞相采用,很难获得长久的竞争优势,因此对于航空公司来说,只有通过塑造品牌差异、个人差异与沟通差异,突显出差异性的品牌形象,实现服务延伸,增加公司价值创造、创造与顾客的独特沟通,增加品牌资产,以品牌来建立服务产品在市场上的地位,树立服务形象,才是长久提升企业形象的关键所在。为了强化品牌竞争力,各主要航空公司都特别注意宣传自身形象的广告;针对某个新推出的产品也会适时推出专门的有针对性的宣传,在第一时间告知旅客,满足其需求;各航空公司也注重建立与媒体的良好关系,充分利用现代社会媒体宣传的导向作用。① 而我国民航企业在利用广告进行宣传的同时,必须树立正确的价值观念,即使企业广告战略的实施与企业的战略定位、营销策略以及企业文化紧密结合,将公司的战略定位和品牌形象的建立贯穿于广告战略中,坚持广告创新,全方位多渠道地对企业形象进行宣传。在我国民航企业内部,还没有一个专门负责制定实施企业广告战略的部门,这是我们民航企业经营上的一个薄弱环节。在美国,航空公司面对激烈的市场竞争,为了能在市场上站稳脚,都有自己专门的广告策划部门,负责企业广告战略的制定和广告策略的实施。香港港龙航空公司就有着自己精干的广告策划机构,它们专门负责航空公司广告宣传上的整体策划和具体实施,公司每增开一条新的航线或者推出一项新的服务,都会经过广告策划部门的精心策划,安排最优秀的机组执行任务,并通过各种媒体向公众推介,这样使得公众提前接受信息,极大地提高了公司

---

① 曹建海. 自然垄断行业的竞争与规制问题——以中国民航运输业为例. 中国工业经济,2002(11)

的经济效益。①

9.4.3 航空公司的信息化策略

信息化是 21 世纪经济社会发展的根本特征，是任何企业都要面临和适应的发展趋势，航空公司的信息化策略主要包括建立收益管理系统等，我国航空企业目前在这方面还面临较大差距。

9.4.3.1 建立使用收益管理系统

收益管理（Revenue Management，RM）于 20 世纪 80 年代在美国民用航空业兴起，各大航空公司为了在激烈的市场竞争中实现收益最大化，逐渐形成了一种"在合适的时间将合适的座位以合适的价格出售给合适的旅客"的经营思想，即收益管理。它主要包括超售、价格与座位的优化组合和网络化全程收益管理三类可控的问题。它一般由计算机订座系统、座位分销系统、收入结算系统、离港系统、预测与优化系统、决策支持系统等子系统组成，其中预测与优化系统、决策支持系统是收益管理系统的核心系统。收益管理的产生和发展与运筹学和管理科学等理论、计算机技术、行业政策和市场发展密切相关。收益管理主要包括超售、座位分配控制技术及数据库与网络技术三个方面。

（1）超售。超售是航空公司最早使用的收益管理方法，同时也是最基本、最主要的收益管理方法。它是指航空公司在飞机离港前出售的座位超出了实有的座位，其目的是为了减少空位损失。由于总存在一部分旅客订了座位却没有登机（No-Show）或者在飞机离港前又取消了订座（Cancellation），浪费的空位给航空公司造成了经济损失。然而超售又会带来另一种潜在的风险，即当因超售而使部分旅客不能登机时（Denied Boarding），航空公司必须为此做出赔偿。就理论而言，超售越多，座位虚耗的可能性越小，但拒绝登机的可能性越大；超售越少，拒绝登机的可能性越小，但空位的可能性越大。超售的目的就是为航班设一个最佳的 AU 值（即可售座位数），以期在两者之间取得均衡。为此需要计算机通过搜集历史数据、建立模型，从而算出将来某一航班某一等级的旅客需求。目前，超售做得好的航空公司都是通过收益管理电脑系统计算和确定超售额。航班开放前，系统便会根据预测，为每个子等级确定一个合适的 AU 值。航班开放后，电脑系统会根据实际定座情况，对这个数额进行不断的修订，直到航班起飞。② 国外有不少学者都在致力于静态单次处理模型以及动态超售模型的研究，并取得不错的研究成果。

（2）座位分配控制。航空公司一般需要为一些订票较晚的旅客预留一部分

---

① 张宇蔚．论民航企业广告战略．民航管理，2002（5）
② 李慧兰．浅析收益管理在航空公司客运销售中的应用．沈阳航空工业学院学报，2004（6）

机票，因为这部分机票往往能够获得更高的价格，为了给不同票价等级预先分配合理的可销售座位数，以达到整体收益最大化的目的，航空公司必须对座位进行分配控制。在此过程中必须考虑一系列的因素：首先是运价等级的划分及使用条件的确定。划分运价等级并确定使用条件是为了保证不存在低票价等级的旅客挤占高票价等级的旅客座位的问题。因此，就必须保证在订座过程中遵循嵌套原则，即高等级的旅客可以挤占任何分配给较低等级的座位；反之，则是不允许的。其次是各舱位等级的需求量预测。预测是收益管理的关键部分，预测的结果直接影响座位保护数的设定，航空公司必须根据预测的结果在尽可能多的高运价旅客和运力满足之间寻求平衡，以谋求收益的最大化。Viswanathan 的研究表明，[①] 航班需求预测的精确度每提高 10%，则收益管理的收益将提高 50%。常用的预测技术包括回归（REG）、时间序列（TSM）、神经网络（NN）、旅客选择模型（PCM）、增量法（Additive 或 Pick-up）等。最后是座位数分配的动态调整。在激烈的市场竞争中，各舱位等级的价格和需求都是不断变化的，因此座位的分配结果也应该是动态变化的，航空公司必须随时掌握市场需求状况，实时动态地调整不同等级舱位的座位。

（3）数据库与网络技术。民航的收益管理是一个大型的、综合性的系统，而计算机数据库和网络技术的发展是其各项工作的基础保障，为民航收益管理的发展提供了一个非常重要的技术支持。由于民航各级单位正在积极建设计算机网络，因此如何保证各种软硬件平台的兼容性，并将 SMTP、HTML、URML、WWW 等新技术和标准融入，是一个必须解决的问题。多年来民航各级单位引进、吸收和自主开发了众多的计算机系统，积累了不少成功的经验，如计算机订座系统、收入结算系统等。这些计算机系统大多缺乏大系统的观念，基本上是各自独立的分系统或者系统容量过小，导致各系统之间数据的共享性较差。对这些计算机系统中数据格式必须进行规范，使得相同的事物在数据形式、数据精度等方面取得一致的格式，即规范数据源。[②]

9.4.3.2　其他信息管理系统

除了新近发展的收益管理系统，在"十五"期间，我国民航业集中了大量人力、物力和财力建设民航全球分销系统、电子商务和电子客票系统、机场的离岗系统、电子政务、信息网络基础设施、空管信息系统集成、航空运输企业信息化和中航油 ERP 系统八大工程项目，这标志着我国民航的信息化建设已经进入了快速发展期。

随着中国民航运输经营规模不断扩大，航空市场竞争日趋激烈，为了保持

① 樊玮，吴桐水．航空公司收益管理研究综述．中国民航学院学报，2006（10）
② 冉建令．航空公司的收益管理．经营管理者，1999（10）

自身的竞争优势，许多航空公司围绕企业管理和市场营销开发了飞行运行管理、财务管理、机务航材管理和常旅客等信息系统。各主要航空公司都相继在国内航线推出电子客票业务，电子客票系统与航空公司的订座系统、运价系统、离岗系统、财务系统、结算系统、常旅客系统和银行支付系统等多个计算机系统直接关联，同时也与客运的相应业务和服务直接相关，有关的运作是一个相当复杂的过程，必须有足够的系统支持。应该说，对于当前的各航空公司来说，信息系统的发展和成熟状态与航空公司的经营绩效有着密切的联系。

目前，尽管各大航空公司都认识到信息化的重要性，但实际实施中各个企业的差别较大。首先是基础应用的普及面较宽，重大信息工程建设相对滞后。目前中国民航绝大部分单位都能利用计算机技术进行信息处理和辅助管理。但重大信息工程建设，如 SOC（运行控制中心）、ERP（企业资源计划系统）等普及率较低，水平也相对落后，应用效果并不是很好。其次是"信息孤岛"现象比较严重，我国一些航空公司拥有先进的服务器和世界一流软件公司提供的应用系统，但却经常使用传统的厚厚的打印件进行数据交换，甚至在很小的范围内都无法进行信息共享，出现了互相独立的"信息孤岛"，使企业间几个民航部门间的信息资源不能充分共享，系统之间的互联程度差。此外，我国民航信息化缺乏统一规划和管理，标准化和规范化水平低，将直接影响系统之间信息的共享以及系统之间的协同运作效率，也使系统难以推广和集成，给企业乃至行业信息化带来了诸多不利的限制。

可以说，在现在这个面临超竞争的时代，如何更有效地运用非价格竞争策略是我国民航企业获得持久竞争优势的关键点，也是未来努力的方向。

10　中国港航业的成长与竞争力培育

　　港航产业不仅是国民经济的重要组成部分，而且与一国的对外贸易息息相关。虽然航运与港口在世界范围内经历了一次放松规制的市场化改革，但就目前看来，各个国家对港口和航运业的一定程度和形式的保护依然存在，目的是培育其在全球竞争中的竞争优势。改革开放后我国港口和航运业是在十分薄弱的基础上发展起来的，虽然其成长过程也是一个竞争力提升的过程，但受多方因素的影响，目前我国港口和航运业的竞争力水平还很低下，培育港航业的竞争力仍是我国交通运输发展面临的一个紧迫课题。

10.1　中国港航业的发展现状

　　随着我国国民经济的发展和对外贸易额的增长，我国港航产业也取得了长足的发展，上海港、青岛港和宁波港等港口的货物吞吐量都跻身世界前十强，中远集运和中海集运的船队规模也居世界前十强。面对产业全球布局、供应链管理和现代物流的发展，以及中国经济对全球经济影响力不断增加的新形势，我国航运业和港口业也面临着新的机遇和挑战。

10.1.1　我国港航业发展环境分析

　　作为国民经济的派生产业，航运业和港口业的发展与我国经济、政治的发展紧密相连，同时运输业内部的竞争与合作因素，也影响了作为运输方式之一的港口业与航运业的发展。

10.1.1.1　经济因素

　　经济全球化和区域经济一体化，以及我国改革开放的进一步加深，使我国进出口贸易也在不断加强。自 2001 年起，我国进出口总额每年的增长率均在20％以上，2003 年和 2004 年进出口总额增长率更是达到了 30％左右。我国不但进出口总额增长率高，而且总量增长巨大，2007 年的进出口总额已经突破了 21000 亿美元大关，货物贸易进出口总额居世界第三位。① 目前我国的外贸进出口运输主要依靠海运，据《中国公路水路交通"十五"规划》统计，海运运量占我国外贸进出口运输总量的 85％。我国高速发展的进出口贸易带来的如此巨大的海运运量，为我国港航运业的发展提供了广阔的市场前景。

10.1.1.2 政治因素

石油等战略性物资直接关系着国家命脉，其运输安全性也是国家安全的重要组成部分。目前国内进口石油近九成依靠国外油轮运输，其不经济性与非安全性显而易见。为此国家有关部委曾多次召集国内三大石油公司和五大石油运输商，讨论"国油国运"问题，并制定了初步的发展规划：2010 年建成运输7500 万吨进口原油的船队，2020 年建成运输 1.3 亿吨进口原油的船队。并据挪威船级社（DNV）2006 年 8 月发布的报告，今后 5～6 年内，中国大型航运公司将增加 50 艘超大型石油运输船，以满足其日益增加的进口原油运输服务需求。这些都对港航业的发展提出更高要求。

10.1.1.3 运输业内的竞合因素

当前我国各种运输方式间的替代性竞争日趋激烈，与水路运输具有很强竞争关系的公路运输，由于油价上涨，以及全国各省的相关公路货运政策大多由以往收取过桥费和过路费转而向计重收费转变，同时对于车辆超载处罚相当严厉。这些因素都导致了公路运费的大幅上涨，使大量运输需求向水运运输转移，为港航业的进一步发展创造了更广阔的需求空间。

综合运输效益的提升是以各种运输方式间的合作为基础，港航运输业与其他交通运输方式紧密联系、相互合作，而且从整体协调、低成本、高收益的发展要求看，海运和内河运输因为具有投资小、能力大、运输成本低、占地少、能耗低等特点，决定了这种运输方式在我国综合交通体系中的地位会越来越重要，也是促进港航业快速发展的一个利好因素。

10.1.2 我国港航运业在国民经济中的地位和作用

近年来，我国经济高速发展，国内生产总值一直保持高速增长的态势。同时，港航运业也得到了快速发展，港航运业的发展进一步促进了我国经济的增长与繁荣，形成了良性互动关系。

10.1.2.1 GDP 与港口吞吐量和水路货物运输量的关系

港口的货物吞吐量和水路货物运输量与 GDP 的增长关系密切，经济的持续快速增长，正是港口与水运发展的直接推动力，同时港口和水运的发展也是

---

① 中国统计年鉴（2008），www.stats.gov.cn

经济持续快速发展的必要保证。我国经济的持续快速增长也需要通过不断发展的港口和水运业来得到满足。资料显示,我国GDP每增加1亿元,就需要增加3.2万吨的港口吞吐量和1.19万吨的水运货运量来保证GDP的增长。[①]

10.1.2.2　我国进出口总额与港口吞吐量及水路货物运输量的关系

全球的产业结构调整及制造业的梯度转移,加上我国经济的高速增长,都推动着我国进出口贸易的持续快速发展。同时,我国的进出口贸易主要依靠海运来完成。每年增长速度高达20%以上的进出口贸易对我国的港航运业提出了更高的要求。我国进出口总额每增长1亿美元,港口吞吐量就要相应地增加25.41万吨,水路货运量要增加9.43万吨。[②]

10.1.2.3　我国GDP与水运投资建设发展的关系

由于我国整体经济的持续发展对我国港航运业提出了更高的要求,目前的港航运业发展在一定程度上不能完全满足我国经济发展的要求。所以我国在经济高速增长的同时,加大了水运投资建设的力度,水运投资增长最高的年份增长率已经达到了68.9%,我国国内生产总值每增加1亿元,就会增加73.6万元的水运建设投资,以保证我国港航运业的发展适应满足我国经济发展的需要。[③]

10.1.3　我国航运业的发展现状特点

港航运输业包括港口和航运业两部分,港口既是航运业的基础设施载体,自身又面临经营问题,且生产经营具有自身的特点和独立性,所以,需要将港口和航运业分开来讨论,本节集中探讨航运业的发展现状特点。

10.1.3.1　我国航运业的发展历程

广义上的航运业包括航运企业、船舶代理、航运交易所、二手船买卖市场、造船业、拆船业、船舶供给以及航运相关协会等。我国的航运业在这其中经历了从无到有、从弱到强的发展过程。

新中国成立以来,我国航运企业的发展大体分为两个历史时期:1949~1978年为计划经济体制时期;1978年后为改革开放时期。在计划经济体制时期,为建立国有远洋运输企业和远洋运输船队,于1958年成立了交通部运输局,并在此基础上,于1961年4月27日正式成立了中国远洋运输总公司和广州分公司,组建了第一支自营的远洋船队,共有5条船舶、34000载重吨,开启了我国国际航运的发展时代。1978年十一届三中全会以后,中国的经济体制发生了重大而深刻的变革,以建设统一开放、竞争有序的水运市场为目标,

---

①②③　根据统计局与交通部公布GDP和港口吞吐量数据,由作者整理而得。

中国的航运业不断深化体制改革，积极对内对外开放，航运业得以空前迅速的发展。中国远洋运输（集团）总公司和中国海运运输（集团）总公司进入全球二十大班轮公司排名榜。

航运企业的发展必然需要造船业为其提供船舶来完成水运业务，同时，对拆船业和对报废船舶进行处理等业务都产生相应的影响。造船业不但为水运交通、能源运输和海洋开发提供装备，而且是海军舰船装备的主要提供者，因此也是国防安全的需要。我国最早的造船业始于洋务运动的造船机械厂，目前我国很多的大型造船厂都脱胎于此。正在兴建全国最大造船基地的江南造船（集团）有限责任公司的前身，即是洋务运动中集军事工业、科技研究和造船为一体的江南机器制造总局。改革开放以来，我国造船业整体都在突飞猛进的发展，自 20 世纪 90 年代中期超过德国以来，已经连续 12 年处于世界第三大造船国的位置。2006 年我国船舶完工量达 1452 万载重吨，新承接船舶订单达到 4251 万载重吨，手持船舶订单 6872 万载重吨，完成工业总产值 1722 亿元，实现利润 96 亿元，稳居世界第三大造船国的地位。

相比于我国发展很早的造船业，我国拆船业的发展较晚，自 1983 年起步以来，1985 年成立了拆船领导小组和中国拆船总公司，在全国沿江沿海组织布点了 120 余家拆船厂，高峰期全国 16 个省市沿海沿江有 200 余家拆船工厂，年拆解能力超过 200 万轻吨。现在，我国拆船业形成了以珠江三角洲和长江三角洲两大拆船基地为龙头、其他沿海少量拆船厂为补充的合理格局，年拆解能力已达到 250～300 万轻吨。拆船业的发展与税收优惠政策息息相关。1983～1994 年，国家大力扶持拆船业发展，给予该行业免征关税和工商（统一）税的优惠政策，同时给予免息优惠，国家每年拨给一定数额的平价外汇额度和相应配套人民币作为流动资金，当时整个拆船业发展迅猛。而到了 1994 年，我国进行了税制改革，并开始对进口废船征收 3% 的关税和 17% 的进口环节增值税。同时，国家采取了紧缩银根、严控信贷等一系列手段进行宏观经济调控，致使国内钢材价格下滑，拆船企业陷入困境。到 1998 年初时，拆船企业由 120 余家缩减到 20 余家，其中只有个别的拆船企业在艰难地维持生产，整个行业陷入瘫痪状态。直到 1998 年中期，我国更改了拆船业的相关征税规定，对中国拆船协会核定的拆船企业进口废船，进口关税照章征收，进口环节增值税予以先征后返的优惠，使整个行业又重新焕发出生机。

与此同时，我国与航运相关的协会也发展迅速，其中最具影响力的包括中国船东协会、中国船东互保协会、中国船级社、中国造船工程学会等。中国船东协会成立于 1993 年 4 月，自其成立以来一直在政府与船公司间起到桥梁、纽带作用，在转达政府的要求，反映船公司的愿望，维护中国船东的正当权益，维护公平竞争的市场环境，协助政府进行行业管理，协调船公司的经营活动，促进我国船运事业的发展等诸多方面，都起到了不可替代的重要作用。中国船东互保协会则是一个船东之间相互保险的组织，成立于 1984 年 1 月，旨在维护与保障其会员的信誉与利益，并为之提供各项专业性保赔业务与补偿服务。十多年来中国船东互保协会不断发展壮大，截至 2007 年协会会员和入会船舶已由 1984 年成立之始的 3 家会员、47 万总吨发展到 120 余家会员、1450万总吨，成为中国大陆三家最大的船险承保人之一。中国船级社则成立于 1956 年，是中国唯一一家从事船舶入级检验业务的专业机构，是国际船级社协会（IACS）10 家正式会员之一，在国内外设有逾 60 家检验网点，形成了覆盖全球的服务网络，通过对船舶和海上设施提供合理和安全可靠的入级标准，通过提供独立、公正和诚实的入级及法定服务，为航运、造船、海上开发及相关的制造业和保险业服务，为促进和保障人身和财产的安全、防止水域环境污染服务。中国造船工程学会成立于 1943 年，是依法登记的全国船舶与海洋工程科技工作者自愿组成的公益性、学术性法人社会团体，是发展我国船舶与海洋工程科技事业的重要社会力量，也是中国最早成立的学术团体之一。其与中国船舶工业集团公司、中国船舶重工集团公司等单位主办的中国国际海事技术学术会议和展览会从 1981 年开始已连续举办了 13 届，成为国际海事界四大知名会展之一，极大地增进了中国海事界与国际海事界的交流与合作。

10.1.3.2　我国航运市场发展的现状特点

（1）国际航运市场发展，中国因素作用凸现。航运业作为国际贸易中不可或缺的一环，其发展受到国际贸易发展的直接影响，全球贸易量的增长直接影响着国际航运业的发展。近几年来，整个国际航运市场呈现出一派繁荣景象，运费与租金都不断创出历史新高。而对于航运市场的高速发展，中国因素在其中起到了举足轻重的作用。

以 2004 年为例，当时中国的进出口总额位居世界第三，占世界出口总额和进口总额的比重分别为 6.5% 和 5.9%。虽然比重并不是很大，但受贸易结构的影响，我国进出口货物对海上运输的需求量极大，已经占据了航运市场近20% 的船只。在国际干散货运输市场过去十年中，中国大宗干散货海运量的年增长率是 17.2%，日本是 5.4%，欧盟是 2.3%，美国是负增长。过去三年，中国的需求加速增长，平均增长率为 19%，中国占世界干散货市场净增量的50%。以铁矿石为例，2000～2006 年我国进口铁矿石的数量年均增长 29.3%。2003 年中国进口铁矿石 1.48 亿吨，比上年净增 3700 万吨，而当年世界干散货海运量净增 9100 万吨，中国仅铁矿石进口的增量就占据了世界干散货海运量增量的 40%；2004 年我国进口铁矿石 2.08 亿吨，约占世界海运贸易量的

1/3，而到 2006 年我国的铁矿石进口已经达到了 3.26 亿吨，增长了 1.6 倍，占全球总进口量的 45％。① 这些都说明了中国因素在国际海运市场中占有越来越重要的地位。

（2）航运企业发展壮大，整体实力增强，但国内市场竞争加剧。随着我国航运企业不断发展壮大，部分企业规模已达到世界水平，其中中国远洋运输（集团）总公司和中国海运运输（集团）总公司均名列全球二十大班轮公司前列。仅以中国远洋公司为例，其在中国集装箱航运公司排名第一，世界排名第五。公司的子公司中远集运的船队经营 139 艘船舶，总运力达 399237TEU，在全球超过 40 个国家和地区的 120 多个港口挂靠，经营 74 条国际航线、12 条国际支线、17 条中国沿海航线及 52 条珠江三角洲和长江支线。各主要航线的货运量均保持快速增长，其中亚欧航线增长最为明显，年复合增长率达到 26％，2006 年中远集运收入 349 亿元，营业利润 3.55 亿元。②

同时，我国航运企业数量大量增加，目前从事国内沿海运输的船公司有 1300 多家，从事内河运输的船公司有 5700 多家，从事国际航运的船公司有 310 多家，从事国际船舶代理的公司达 190 多家。民用船舶已发展到 36 万艘，5000 多万吨载重吨，其中从事外贸运输的船队达 2300 多万吨载重吨；从事沿海运输船队规模为 6820 艘，911 万载重吨；从事内河运输船队总规模为 190174 艘，1843.8 万载重吨。③ 这既是我国航运业实力增强的表现，同时也导致我国航运市场的竞争加剧。整体上运力过剩，部分水运市场出现恶性竞争，许多班轮公司船舶舱位利用率低下。长期以来形成的船多货少局面，导致了航运企业航运成本上扬，运价下跌，效益滑坡，极大地削弱了国内航运企业的竞争力。

（3）我国航运企业角逐国际航运市场，机遇与风险同在。目前我国航运企业虽然具备了一定的竞争实力，但是在参与国际市场的角逐时，仍然面临着较大压力。既有来自企业内部的问题，也有来自外部的市场压力。

一方面，从企业内部来看，国有航运企业的经营管理还处在传统的、常规型的经营管理阶段，还没有完全实现向现代的、创新型经营管理的转变，没有将企业建成基于不断自我超越、不断创新的经营管理体制之上的，可以适应市场经济和知识经济时代要求的"学习型组织"上来。另一方面，船舶技术性能随着科学技术的发展不断提高，操控船舶需要的人员数量减少，同时，国际STCW95 公约在我国的生效，使得专业技术老化的船员不能满足公约要求，

---

① 中国港口协会. 中国港口发展报告（2006）. 中国港口杂志社，2007
② 金元证券. 中国远洋：最具实力的集装箱航运公司. 中国财经信息网
③ 我国港口业现状与发展趋势分析. 德惠时代

各航运公司都出现了大量不符合公约要求的富余船员，占到企业全部富余人员的绝大多数和职工总数的较大比例，使得国有大型航运企业背上了沉重的包袱。

从整个市场环境来看，全球经济一体化的兴起使航运市场一体化进程加快，航运市场竞争日益激烈。我国航运业不仅要在本国市场与国外竞争者争夺有限的市场份额，同时还不得不在国际航运市场上与其竞争对手展开市场争夺战，尤其是全球航运市场一直存在着运力与运量失衡造成的"粥少僧多"的局面，更是加剧了航运市场竞争的激烈程度。在许多中小公司纷纷倒闭的同时，大企业的实力进一步增强，使国际航运市场明显存在着寡头垄断的特征。

（4）我国造船业大规模发展，虽大但不强，技术实力有待提高。中国造船业自1995年以来连续保持世界第三大造船国的位置，但在造船数量大增的同时，我国的造船技术实力却并不领先，中国整体造船水平大致只相当于20世纪90年代初的国际水平，不少高科技、高附加值船型，包括超大型集装箱船、大型液化石油气船、天然气船、豪华旅游船等尚处于开发阶段。配套行业水平较低，已成为制约中国造船业未来发展的最大障碍。日本、韩国等世界主要造船国家无一例外都拥有门类齐全、实力雄厚的船舶配套工业。日本船用设备业国产化率不仅高达97.8%，而且还有大量出口，年产值达80亿美元。韩国船用设备业发展历史不长，但发展速度很快，国产化率已达到80%左右。[①] 由于配套行业水平低，中国造船业不得不从欧洲、日本、韩国等国家进口配套产品，从而大大压缩了中国造船业的利润空间。

（5）拆船业发展进入"瓶颈"时期。自1983年实施政策扶植以来，我国的拆船业发展迅猛，全亚洲最大的拆船厂即是我国的广东江门双水拆船钢铁有限公司，其废船拆解量一度达到世界第一。但是，目前我国拆船业发展却处在"瓶颈"期，由于世界海运市场的持续繁荣，船东大幅推迟船舶报废时间，致使报废船舶逐年减少；同时，孟加拉、印度等国家的拆船厂商大幅提高报废船进口购买价格，抢夺报废船资源，致使目前我国拆船业几乎达到"无船可拆"的局面。为此，大部分拆船企业进行转产，或是发展下游产业链来谋求发展。但是随着我国《绿色拆船通用规范》的行业标准的实施，以及2008年左右的新一轮报废船增多，我国拆船业将可能迎来一个新的发展时期。

10.1.3.3　我国航运政策的开放性

在航运市场相关政策方面，我国与发达国家相比，政策更为开放，航运市场的市场化程度更高，使得我国的航运企业在国际市场与国内市场的竞争中，

---

① 汪传旭. 国际航运市场与政策. 人民交通出版社，1999

都面临巨大压力。我国航运市场政策的开放性，主要体现在三个方面：

一是外商国民待遇。我国现行政策法规对外商均无歧视性规定，如在港口服务上，1997年4月1日起，中国政府统一了中外籍船舶港口收费标准。而在此以前，对外籍船舶的收费比中国籍船舶高；在税收方面，外商投资的航运业不但享受国民待遇，而且还享受优惠政策。根据《中华人民共和国企业所得税暂行条例》，中资企业所得税税率为33％，而这是对外资企业（包括航运业）规定的最高税率。《中华人民共和国外商企业和外国企业所得税法》规定：如果外商投资企业设在特定地区，如沿海城市和经济特区，税率则分别降为24％和15％。

二是允许市场准入。我国航运市场已基本实现对外开放，允许外商投资、合资企业进入我国航运业市场。1995年国务院通过并于1997年修订的《指导外商投资方向暂行规定》和《外商投资产业指导目录》中，货运代理、船舶代理等航运业从政府保护中脱离出来，允许外商投资合作经营。

三是缺乏政府支持。目前我国对航运业实行无补贴政策，对于GATS（服务贸易协定）中可优先照顾本国政府采购的政府货物，我国也无此规定，所有商业货物均由市场自由竞争承运。原有的货载保留政策也于1998年正式取消。由此可见，我国在航运政策开放程度、广度上甚至与发达国家相比都有过之而无不及。这虽然对航运业发展起到了一定的积极作用，加快了我国航运业改革进程和管理模式创新，但不可否认的是我国航运政策的过度开放与目前我国航运业所处的发展阶段和竞争力水平是不相适应的。

相对于我国航运市场的开放性政策，外国航运市场的政策保护主义十分明显。例如，美国依然对本国航运业实行现金补贴、特殊的税收优惠和信贷担保等补贴政策。1936年美国《商船法》中规定两种形式直接现金补贴，以减少航运服务竞争。第一种形式的补贴是建船差异补贴（CDS），这种补贴是为抵消造船厂造船的高成本，为此建立了CDS基金。第二种形式的补贴为经营差异补贴（ODS），以弥补美国航运服务经营者之间经营成本差异，1985年这样的补贴为3.3亿美元，1986年分配给ODS补贴为3.57亿美元，补贴111只船，每只船年均为320万美元，每天每只船补贴约9000美金，[①] 这无疑对美国航运业的竞争力增强发挥了一定的作用。虽然这些年来国外航运大国从表面上看其直接补贴逐渐减少，但其间接补贴保护度却日益提高。这不能不看做是我国航运业市场份额逐渐缩小、经济效益下降的原因之一。

---

① 杨靳，邵哲平. 自由主义航运政策对中国航运业的影响. 中国水运，2006（9）

10.1.4　我国港口业发展历程与现状特点

港口是港航业的主要组成部分，目前，世界经济和产业正处于调整期；我国已经抓住了世界产业转移的重大机遇，并因此催生了众多原材料和产成品的运输，直接推动了港口外贸吞吐量特别是集装箱业务的高速增长。

10.1.4.1　我国港口业发展历程

新中国成立近 60 年来，我国港口业的发展大体上经历了三个阶段。

1949～1972 年为恢复发展阶段。解放初期，我国仅有大小泊位 200 多个，其中仅沿海 6 个港口拥有深水泊位，码头长度 3 万多米，各类装卸机械 200 余台。经过 20 多年自力更生、艰苦创业，到 1972 年全国主要港口泊位数增加到 617 个，其中沿海深水泊位增加到 92 个，码头长度增加到 5.1 万米，各类装卸机械增加到 7200 台，新增吞吐能力 6384 万吨。[①]

1973～1978 年为起步发展阶段。随着我国国民经济和对外贸易的发展，港口吞吐能力日显不足、压船压货现象日益突出。为此，周恩来同志曾于 1973 年发出三年改变港口面貌的号召，交通系统以此为契机，港口建设进入起步发展阶段，经过三年大建港口，港口吞吐能力有了大幅提高。到 1978 年底，全国主要港口泊位数增加到 735 个，其中沿海深水泊位增加到 133 个，码头长度增加到 6.5 万米，各类装卸机械增加到 9800 台，6 年间新增吞吐能力 1 亿多吨。港口吞吐能力的提高及其功能结构的改善，为下阶段的大发展奠定了良好基础。[②]

1979～20 世纪末为快速发展阶段。在改革大潮的洗礼和推动下，港口迎来了快速发展的新时期。20 年来，沿海和内河共新建改建泊位 1523 个，其中深水泊位 360 个，拥有万吨级泊位的港口增加到 45 个，新增码头长度 14.2 万米，净增各类装卸机械 1.6 万台，新增吞吐能力 6.2 亿吨。港口建设规模和发展速度远远高于前 30 年。[③]

到目前为止，我国港口正向大型化、规模化和专业化方向发展。2006 年，沿海及内河建设完成 869.18 亿元，同比增长 26.2%，新（扩）建泊位 183 个，新增万吨级深水泊位 13 个，新增吞吐能力 2040 万吨。[④]

10.1.4.2　我国港口发展的现状特点

我国经济的快速发展，是我国港口业繁荣发展的根本所在。而随着我国改革开放的深化和重化工业时代的来临，我国对外贸易量呈现了高速发展的势头，

---

①　于汝民. 港口规划与建设. 人民交通出版社，2003
②　叶红军. 港口法解析. 人民交通出版社，大连海事大学出版社，2003
③　李永生等. 运输经济学. 机械工业出版社，2004
④　中华人民共和国交通部. 2006 年公路水路交通行业发展统计公报，2007

与此同时，我国港口业正逐步由低水平重复建设阶段迈向内涵式发展的道路。

（1）三大港口群雏形显现。随着我国港口吞吐量的快速增加和规模的不断扩大，我国港口不仅在东北亚、东南亚地区的竞争力不断提高，在全球的竞争力也不断提升。中国在港口投资等方面的高瞻远瞩的政策和管理体制的不断完善，使我国港口与拥堵缠身的欧美港口形成了鲜明对比。

为了进一步提升我国港口的国际竞争力，在新一轮国际枢纽港的竞争中取得有利地位，我国港口在规模扩张的同时，也强化了港口业的结构调整和优化。2004 年上海、宁波、天津、广州、青岛、秦皇岛、大连、深圳八个亿吨级港口共完成货物吞吐量 16.19 亿吨，占沿海规模以上港口货物吞吐量的 66%。在集装箱方面，2004 年上海港和深圳港集装箱吞吐量分别达到 1455 万 TEU 和 1365 万 TEU，两港之和是全国总吞吐量的 46%。[1] 这表明港口市场集中度正在提高，沿海已初步形成了干线港、支线港和喂给港层次分明的格局，三大港口群雏形显现。

近期我国政府相继制定了《全国沿海港口发展战略》和《长江三角洲、珠江三角洲和渤海湾区域沿海港口建设规划》，进一步明确了今后一个时期我国港口发展的重点是加快煤炭、石油、矿石和集装箱等大型专业化港口码头和进出港深水航道的建设；在华南地区形成以香港为国际航运中心的珠三角港口群，华东地区形成以上海为国际航运中心的长三角港口群，北方形成以大连、天津、青岛为主的环渤海湾港口群，逐步形成布局合理、功能完善的沿海港口体系。规划的三大港口群将从全国港口发展的角度，本着保护海岸资源，提高岸线使用效益的原则，以市场为导向，统筹规划，防止低水平重复建设，实现港口发展的规模化、集约化和现代化目标；在港口管理方面，建立政企分开、市场化运作的建设和管理机制；同时，不断完善港口功能，运用先进科学技术，加强港口建设和改造，扩大港口吞吐能力，提高技术装备水平，走内涵式发展道路。

（2）港口物流得到快速发展。由于现代物流和供应链管理的不断深入，我国港口业也积极发展现代物流，不断扩展港口的利润空间。

2004 年 8 月 16 日，国务院办公厅下发了《关于同意扩大保税区与港区联动试点的复函》，批准青岛、宁波、大连、张家港、厦门象屿、深圳盐田港、天津保税区与其邻近港区开展联动试点。这是继国务院办公厅 2003 年 12 月 8 日正式批准上海外高桥保税区和外高桥港区作为第一批港区联动试点以来，8 个月后批准的第二批港区联动试点。至此，中国内地港区联动试点已达 8 个。

所谓港区联动，是指保税区与临近的港口合作，在毗邻保税区的港区划出

---

[1] 中华人民共和国交通部. 2004 年公路水路交通行业发展统计公报，2005

专门供发展仓储物流产业的区域（不含码头泊位），实行保税区的政策，充分发挥保税区的政策优势和港口的区位优势，形成"前港后区"格局的一种联系紧密的区域经济安排。"港区联动"的保税物流园区大体集成了国际物流的四大功能：一是国际中转。对国际、国内货物在园区内进行分拆、集拼后，转运至境内外其他目的港。国际中转是世界各大自由港的主体功能产业，也是航运中心实力的体现。二是国际配送。对进口货物进行分拣、分配或进行简单的临港增值加工后，向国内外配送。国际配送为保税物流园区发展增值服务创造了一个重要平台。三是国际采购。对采购的国际货物和进口货物进行综合处理和简单的临港增值加工后，向国内外销售。四是国际转口贸易。进口货物在园区内存储后不经加工即转手出口到其他国家或地区。

　　目前，具备发展优势条件的港口，如上海、深圳和天津等，在"港区联动"试点的基础上，正在积极探索建立自由贸易港，以充分发展港口的辐射和资源配置作用。截至2006年，上海港大小洋山、天津港东疆港和大连大窑湾相继建设了三个保税港区，[①] 是在"区港联动"的基础上的进一步探索。保税港口目前已经成为中国对外高度开放的示范区，是集保税区、出口加工区、保税物流区和港口功能于一身的中国海关监管的特殊区域。

　　港口物流在区港联动和保税港区的大平台上也得到了快速发展，正从传统的货物集散中心，向信息聚集中心、贸易交易中心和金融中心发展。

　　（3）内河港口开始加速发展。长期以来"重陆轻水"的思想导致了内河航运和港口的发展疲软无力，使得我国内河航运在运输业中的地位与它在经济中应起到的作用极不相称。例如，在1998年，内河航运完成货物周转量只占全国综合交通运量的3.67%，而美国在20世纪80年代就达到12.5%，德国则稳定在20%左右。[②]

　　为了充分发挥我国江河、湖泊的水运资源，发挥内河水运运量大、成本低、能耗少、占地少、对环境污染少的优点，"十五"期间，交通部针对水运资源的特点，按照科学发展观的要求，结合全面建设小康社会的目标，构建和谐发展的内河交通，使内河航运向着协调发展和可持续发展的方向迈开了可喜的步伐。长江三角洲水运货量已占全社会运输总量的20%～30%，周转量已占全社会总量50%多；重庆市内河水运货物周转量已居全社会各种运输方式之首；珠江三角洲水运货量已占全社会总量的20%；西江航运干线的货运量已超设计能力。[③]

　　① 人民网．中国保税港区增至3个．时政综合报道
　　② 原国锋．内河航运是"夕阳产业"吗？人民网，2000年9月
　　③ 中华人民共和国交通部．公路水路交通行业发展统计公报（2000～2005）

2000~2004 年我国内河港口货物吞吐量和内河万吨级码头泊位数也呈现了快速发展势头，如表 10.1 所示。

表 10.1 全国内河港口完成吞吐量与万吨级码头泊位变化表

年度 \ 项目	内河港口完成吞吐量（亿吨）	吞吐量年增长率（%）	内河港口万吨级码头泊位数（个）	泊位增长数量（个）
2000	9.17	—		
2001	9.50	3.6	133	—
2002	10.80	13.7	135	2
2003	12.33	14.2	151	16
2004	16.34	32.5	154	3

资料来源：交通部统计数据。

从表 10.1 中可以看出，"十五"期间我国内河港口的货物吞吐量一直呈加速发展的趋势，2001 年货物吞吐量年增长率为 3.6%，而 2004 年就比 2003 年增加了 32.5%，其变化幅度提升了 28.9 个百分点。与货物吞吐量加速发展相呼应，2003 年内河港口万吨级码头泊位数也上了一个台阶，由 2002 年的 135 个增长为 2003 年的 151 个。

（4）港口安全日益得到重视。在国际联合"反恐"的大背景下，我国政府支持采取必要的措施，加强船舶和港口设施的保安，以防成为恐怖分子威胁的对象或被恐怖分子利用。为履行《国际船舶和港口设施保安规则》规定的义务，我国交通部和港航业做出了很多努力，在我国 132 个对外开放港口和所有国际航行船舶建立了保安体系，发放了国际保安证书。[①] 同时，愿意继续与世界各国、各地区港口和船舶保安机构加强合作，共同防范和打击运输领域内的恐怖主义。

10.2 中国航运业市场竞争分析

航运与贸易是息息相关的，在航运业发展的初级阶段，航运与商品贸易活

---

① 中国港口年鉴编辑部．中国港口年鉴（2006）．中国港口杂志社

动是合二为一的。随着社会生产和商品交换的发展，海运贸易的规模也空前扩大，航运市场随之逐步形成。改革开放之后，我国航运业取得了长足的发展，航运市场逐步与国际接轨，但是航运市场在航运要素集散、航运信息聚集和航运增值服务功能等方面的竞争力还有待于进一步提升。

10.2.1 航运市场的主要特性

国际航运市场不仅仅受到全球经济和国际贸易的影响，而且由燃油价格、政治因素、地理因素、供给状况和平均运程等多方面因素所决定，是推动世界经济一体化、国际贸易全球化的基础性产业。因此，航运业呈现出一些与一般产业不同的特性。

10.2.1.1 航运市场的周期性

国际航运市场受到国际贸易的制约，世界经济增长直接影响着国际贸易，而世界经济增长又具有明显的周期性波动特点，这种周期性波动间接影响到航运市场也呈现周期性的变化。运输产品的季节性和时效性、国际产业结构的变化、反复无常的石油市场及由此而带来的燃料和其他投入物价格的变动等因素，都使航运市场表现出强烈的周期性。[①]

10.2.1.2 运输能力建设的超前性

船舶建造往往需要较长的建设期，因此，当航运市场从低谷向高峰变化，航运需求不断增加时，运输能力建设需要适当的超前期，以便在航运高峰到来时能够满足航运需求的增长。

10.2.1.3 运输的不平衡性

在航运市场中，货物运输大多采用批量运输，即以整船为单位进行运输。货物在港口集聚一定的批量后装船出运，并且大多数的货物运输存在运输方向的单向性，如石油的运输等。这种性质使得往返航程的运量分布上存在明显的不平衡性。

以集装箱运输为例，集装箱货流在东西、南北方向上存在明显的不平衡性，且不同航线其货流的不平衡性也有较大的差异。东西方向的货流不平衡性更严重，而且有扩大的趋势。这种不平衡性反映在货流往返舱位利用率变化上，造成船舶实际营运中的空载损失及运力浪费。表 10.2 就反映了这种不平衡性。

---

① 汪传旭. 国际航运市场与政策. 人民交通出版社，1999

表 10.2   2002~2006 年国际航线舱位利用率

航线舱位利用率 (%) 年份	亚洲北美航线		亚洲欧洲航线		跨大西洋航线	
	东航	西航	东航	西航	东航	西航
2002	97.2	57.6	90.9	85.6	79	53.9
2003	96.8	54.4	98.9	90.4	82.3	56.5
2004	94.5	52	99.9	89	87.8	60
2005	94.9	52	95.4	84.8	86.2	60.8
2006	97.8	49.3	91.7	80.6	83.6	61.7

资料来源：国际航运报告（2002~2006）

10.2.1.4   航运不同细分市场的竞争关系不同

在不定期船即期租船市场上，由于市场上有为数众多的船公司（代理人）和租船人（代理人），单个主体的交易额相对于整个市场的交易规模而言是微不足道的，个别租船人或者船东都只能接受市场价格，而不能影响价格；以散杂货船为主要交易产品，产品同质化程度高，船舶出租人进出市场自由，门槛相对较低，因此，不定期船即期租船市场一般被定义为完全竞争的市场。而期租船市场则属于不完全竞争市场。因为在期租市场上，一般期租合同期都比较长，船东与货主在一定程度上可以控制和影响市场租金水平，但是由于它与完全竞争的市场一样，有许多的船公司和租船人，所以从长期来看，市场竞争将逐渐削弱个别船东和货主对市场的控制力，而船东也只能获得"正常利润"。同时，班轮运输市场又是一个寡头垄断市场，虽然近年来班轮公会的控制力有所削弱，该市场开始向"半垄断化"方向过渡，但是市场上某一航线由少数几个公司（联盟）垄断的现象依然普遍。

10.2.2   航运市场结构分析

2007 年，世界经济仍然处于上升周期，总体发展态势依然良好，世界经济和我国经济基本稳健运行，这为航运业的健康发展提供了较好的经济基础。同时随着整体航运市场的不断发展，整个航运市场的结构也处在不断变化中。

10.2.2.1   国际航运市场掌握在少数航运大国手中

从国家的角度来看，目前整个国际航运市场，基本掌控在少数几个航运大国手中。根据 ISL（Institute of Shipping Economics and Logistics）就世界商船队的发展提出的分析报告显示，截至 2006 年 7 月 1 日，世界航运大国（地区）前十名依次为希腊、日本、德国、中国、挪威、美国、中国香港、韩国、新加坡、英国。这 10 个国家（地区）可控商船队保有总量达到 6.64 亿 DWT（统计船舶在 1000 GT 及以上吨位），占到世界已知商船队总量的 72.2%。①由此可见，目前的国际航运市场被少数寡头所垄断，同时这种垄断程度还有进一步加强的趋势，在 2005 年 7 月～2006 年 7 月这一年间，船队新增运力最大的依次是日本、希腊、德国、中国。十大航运国船队新增量占到世界新增运力总量的 73.5%。②

同时，在三大主力船型中，希腊在油船领域、日本在散货船领域、德国在集装箱船领域各占有绝对优势，各自运力新增量占该型船世界新增运力总量的比例依次为 25.2%、48.7%、47.6%。③各航运大国占据的市场份额的提高，一方面是由于竞争导致的必然现象，另一方面则因为海运实力是一个国家综合实力的体现，同时也是国家安全的重要保障，所以在各国都努力提升其海运实力的同时，航运要素也逐步向航运大国聚集，形成垄断。

10.2.2.2　集装箱市场运力向少数航运巨头集中

随着船舶大型化和货物运输集装化，国际海运集装箱市场得到了快速发展。1980～1990 年，全球集装箱航运业年均增长率为 8.9%。1990～2000 年，全球集装箱航运业年均增长率为 9.1%，而同期全球海运业的整体年均增幅仅有 2.9%，干散货海运业仅有 3.3%。④

我国国际集装箱海运量也呈现强劲增长势头，2000～2004 年我国远洋运输集装箱量年均增长为 10%，而中远集运和中海集运作为我国集装箱运输的两个大型企业，其运力在全球的排名也从 2005 年第八位、第九位升至 2007 年第六位、第七位。⑤虽然我国的集装箱运力在不断增加，但是集装箱市场向航运大国集中的趋势却更加明显。据《Containerization International Yearbook》公布的数据，1997～2006 年期间，国际集装箱运力居前 4 位的班轮公司占市场份额的比重从 17.04% 增加为 38.3%，增长 21.36 个百分点。

收购与兼并使得集装箱运力逐步向实力雄厚的航运巨头集中。例如，作为班轮公司巨头的马士基，就先后收购兼并了海陆和铁行渣华等其他大型班轮公司，从而在船队规模以及市场份额上迅速扩大。目前马士基的运力已超过中远集运、中海集运和中外运三家的总和，占据中国市场份额的 30% 多，其作为市场领导者的地位已经无人能及。

---

①　大公报．九国占世界船队量 72.2%．大公网，2007 年 4 月 12 日
②　荣朝和．西方运输经济学．经济科学出版社，2002
③　中国海洋报．航运大国急速扩军 逐鹿海洋．航海日网，2007 年 4 月 10 日
④　麦伯良．新世纪 新挑战 新机遇．2001 年 Intermodal 讲坛主体演讲
⑤　航运数据．海运纵览，2008（1）

10.2.2.3 竞争激烈的干散货运输市场中国因素凸现

全球经济和中国经济继续保持高增长，是全球大宗货物运输需求旺盛的根本原因。例如，国际钢协在《钢消费量短期展望与中期预测》中认为，2007年世界钢的表观消费量将持续增长，但增长率将有所降低，预计为5.2%。中国仍然是钢铁生产和需求的大国，2006年钢铁的表观消费量占世界总量的33.3%，而增长速率也是世界平均水平的1.62倍。中国成为了国际干散货市场的中坚力量。其他的干散货，如铁矿石、动力煤、炼焦煤和谷物等的海运量也稳步增加，国际平均增长率为4.5%，其中铁矿石海运量增长速度最快为10.7%。[①]

世界海运量的增长，中国成为了重要的驱动因素，以铁矿石为例，中国铁矿石进口量从2004年的2.08亿吨增长到2006年的3.26亿吨，增长了1.6倍，2006年铁矿石进口量占全球总进口量的45%。[②]

由于国际干散货航运市场的主要货物铁矿石、煤炭等属于能源物资，在各国基本都带有一定的垄断性，这就造成了干散货航运市场的货主集中度相对较高。根据联合国贸发会议（UNCTAD）的调查表明，绝大部分的铁矿石运输都与大型跨国公司有关，它们主要是钢铁巨头，有的拥有铁矿，有的通过长期合同控制铁矿；而一部分煤炭运输也同钢铁巨头有关；由于炼铝工业的横向一体化的程度要高于钢铁工业，因此铝矾土的运输更是与跨国公司有关；粮谷贸易也由少数几家跨国公司操纵，它们拥有全球的销售网络，专业化的码头和仓储设施；磷灰石的生产则主要由发展中国家的国有公司掌握，但销售和运输也由几家大化肥制造商控制。正是由于货主方的市场集中度较高，使得在干散货运输市场中，买方的垄断性较强，市场控制力大于提供干散货运输服务的船东。同时，这些跨国公司为了保证原料运输的顺利进行并控制运输成本，有的索性自己投资造船、买船成为船主并从事船舶的营运；有的与船东签订中期和长期租船合同，取得较长时期的船舶使用权。通过这些手段，这些跨国公司控制了大量船舶，从而进一步增强了影响市场的能力。

相对于货主方的高市场集中度而言，干散货运输市场的卖方市场集中度相对较低，竞争较为激烈。国际干散货航运公司不像班轮公司，为了维持规则的运输，保持一定的发船密度，必须要求一定的船队规模，对于国际干散货航运公司，只要有一艘船即可投入运营，对投资的要求相对较小，而且对新的供给者不存在市场进入障碍，新的供给者只要筹措相对较低的资金购置到船，或在租船市场租到船舶，即可进入市场，因此市场上有着众多的船东或船舶运输经

---

① 张海陪，杨玉．2007年国际干散货运输市场预测．世界海运，2007（4）

② 中国港口协会．中国港口发展报告（2006）．中国港口杂志社，2007

营者，从而使竞争更加趋向于完全竞争。

由于在国际干散货运输市场上船东这一方的市场集中度远低于货主方，所以干散货运输企业往往缺乏相应的议价能力。为了应对干散货货主的高市场集中度，大量干散货运输公司开始进行联营合作来提高服务水平和自身在同大宗干散货托运人谈判中的地位。其中比较著名的事例有，Bocimar 在对 Zodiac-ABC 做了长期不懈的努力争取后，最终达成的好望角型船联营体——Capes International 公司，其中包括 A. P. Moeller、Belships 等船东的运力；在巴拿马型船方面，有由 Baumarine、Bocima 和希腊船东组成的巴拿马型船联营体；Lauritzen 与 IVS（Island View Shipping）联合建立了世界上最大的小灵便型船队等。尽管这些联合体与大货主的集中度有一定差距，但船东的联合发展还是一种趋势。

10.2.2.4 原油运输市场规模逐步增加

随着世界经济的发展，原油作为能源必需品的消费量也在不断上涨。同时，由于国民经济的快速增长和环境保护要求的提高，我国早就从原油出口国转变为原油进口国，且进口量不断上涨，中国原油消费的年复合增长率为 7.3%，远远高于世界平均水平，由于同一时间我国原油产量的年复合增长率只有 1.6%，巨大的消费缺口导致原油进口需求逐年快速增长，过去十年的年复合增长率为 21%，目前的进口依存度已经达到 42.3%。[①]

虽然我国原油进口量极大，每年净进口原油上亿吨，但是其中由内地运输企业承运的原油份额却只有 15%左右，[②] 其余部分都被国外的大型航运企业所垄断。其原因是多方面的：一是我国缺乏足够的远洋油轮运输船队。目前我国的大型油船保有量约为 26 艘，1000 万载重吨。[③] 二是我国石油公司和油轮公司缺乏合作，没有建立起长期合作的伙伴关系。三是我国油船船队自身经营能力有限。由于油船偏小偏老，并且行业分割，分散经营，资源整合不力，国内油运企业缺乏大型油船管理经验和行之有效的管理体系，在高标准、高质量的船舶经营管理和服务方面还存在较大距离，与国际先进企业相比还不具竞争优势。四是运输能力和需求上出现严重的"错配"：一方面，中国大量的石油进口是由外国船东承运的；另一方面，中国油船的运力很多时候是在为国际油运市场提供服务，例如招商局的明华，其 90%的运力都在为国际原油运输市场提供服务。

然而，原油作为战略性物资，其重要意义非同一般，出于国家安全的考

---

① 苏德勤，朱迈进，张永欣. 世界石油市场和中国海运量现状及发展预测. 世界海运，2006（10）
② 宋健. 公路客运价格改革探讨. 公路与汽车，2003（4）
③ 中国港口年鉴编辑部. 中国港口年鉴（2006）. 中国港口杂志社

虑，我国必须要改变目前的原油运输局面。实施"国油国运"策略，大力发展我国自身的油船船队，不仅可以确保原油安全，而且可以对我国的航运业发展起到积极的促进作用。

10.2.2.5 驳船、滚装和内支线运输市场有待进一步提升

在内河与沿海航运市场上，截至 2006 年底，全国拥有内河运输船舶 18.29 万吨；载客量 90.26 万客位，比上年末增加 4.26 万客位；集装箱箱位 6.35 万艘，比上年末减少 1.29 万艘；净载重量 4942.32 万吨。全国沿海运输船舶 9213 艘，比上年末减少 196 艘；净载重量 2253.49 万吨，比上年末增加 205.73 万吨；载客量 13.98 万客位，比上年末增加 0.31 万客位；集装箱箱位 10.17 万 TEU，比上年末增加 1.71 万 TEU；滚装吞吐量 2.43 亿吨，比上年增长 18.2%，在港口货物吞吐量中所占比重为 4.4%。[①]

我国滚装船运输始于 1977 年，发展于 20 世纪 90 年代中期，已在南海、东海、渤海、黄海的海湾、海峡和岛屿海域形成了一定规模的市场和船队。目前，我国滚装船队的船型以车客滚装船和车客滚渡船为主，约占总数 97%，其他船型约占 3%。船龄结构各个海域各不相同，东海和南海偏低，平均船龄分别为 9.4 年和 13.3 年，而渤海、黄海海域高达 22.7 年。全国老龄船和超期服役船约占 45%，船龄偏高。[②]

在我国滚装船运输与滚装船队发展过程中，形成了三大市场：以琼州海峡为中心的南海市场，以长江三角洲和舟山群岛为中心的东海市场，以渤海湾为中心的渤、黄海市场。南海滚装船市场是我国起步最早、发展较快、船舶成交量较多的滚装船市场，目前有客滚船 50 多艘。该市场是在海南省经济发展带动下发展起来的。滚装船航线较少，集中于海口至海安附近，二手船成交船龄较低，从事滚装运输的单船公司相对较少。但是，船员素质也低，多是渔民或其他行业改行过来，真正航海科班出身的较少。目前该市场接近饱和，运力趋于过剩。同时，琼州海峡粤海铁路通道的开通对该市场的车客滚渡运输产生了较大冲击。火车轮渡分流 43% 以上的旅客和 15% 以上的车辆。这必然会促使滚装船队结构发生变化。因此，南海市场未来的兴衰将会依赖于周边经济的发展、新航线的开辟和旧船的更新。东海滚装船市场是航线较多、船队较少、船龄较低、发展比较健康的市场。该市场是在我国华东沿海经济发展带动下发展起来的。在东海市场中，陆—岛、岛—岛间的短程航线较多，船舶总量以及二手船量都较少，在航滚装船队的平均船龄低于南海和渤、黄海市场，船型种类相对较多，其中车—客滚渡船约占七成，单船公司少于南海和渤、黄海市场。

① 中华人民共和国交通部．公路水路交通行业发展统计公报（2006）
② 吕希安．我国滚装船市场剖析．同济大学杨东援教授个人主页

目前该市场在平稳发展中保持低速增长，随着经济的进一步发展和新航线的开发，市场容量将逐步增加。渤、黄海滚装船市场是起步最晚、发展较快、船队老龄化最严重的市场。该市场 1985 年开始滚装运输，10 年内增加滚装船航线 11 条，增加滚装船公司 18 家，成交滚装船 45 艘，发展速度仅次于南海市场。该市场是我国连接东北和华北的蓝色高速公路，是适应环渤海湾地区经济发展的产物。该市场也存在不少问题：滚装船盲目增加，导致运力过剩，不少航运公司经营效益不佳；二手船成交量大，来自十多个国家的船只技术状况复杂，存在着安全隐患；在航滚装船船龄较高，需要及时更新；从事滚装运输的单船公司众多，竞争实力较弱等。目前，该市场的滚装船运输不景气，复苏有赖于东北和环渤海湾经济的发展以及现有船舶的更新。此外，胶州湾滚装船市场又在环胶州湾公路的开通中面临着挑战。[①]

10.2.3　航运市场竞争行为特点

在国际航运市场上，市场环境的变化导致经营者的经营策略也随之变化。竞争行为呈现出一些明显特征。

10.2.3.1　激烈的竞争作用下企业间的联营成为一种首选的合作形式

在当前航运市场竞争激烈的情况下，国际 20 家大航运公司加紧了联营的进程。不同形式的联营纷纷出台，大大小小的联营体、联合体不下数十家。有的公司一家与多个公司组成联营体。例如，由日本大阪商船三井（MOL）、美国总统轮船公司（APL）、中国香港东方海外轮船公司（OOCL）及荷兰渣华（Nedlloyd）四家公司组成的全球联营体；新加坡东方海皇公司（NOL）、日本邮船公司（NYK）、英国铁行公司（P&O）及马士基（M. earsk）组成的超级全球"Grand 联营体"等。上述两家联营体几乎占领了全球航线。[②] 而企业成立联营体的主要目的就是占领和扩展其航线的势力范围，尽量降低成本开支，瓜分和垄断航运市场。这种"合纵连横"战略，还在于排挤异己，转嫁风险。这给世界航运业发展带来不利因素，同时也压制了发展中国家航运业的发展。

10.2.3.2　国内航运企业的恶性竞争依然普遍

运力过剩，导致部分水运市场出现恶性竞争，国内相关企业出现"兄弟相残"的局面。许多班轮公司船舶舱位利用率低下，有的甚至无货可运。长期以来形成的船多货少局面，导致了航运企业运价不断下跌，效益滑坡。而在此期间，航运成本却持续上扬，使航运企业经营雪上加霜。国内航运企业的迅速增多，使原本有限的货运市场瞬时变得更为狭窄，激烈竞争不可避免。我国海运

①　吕希安. 我国滚装船市场剖析. 同济大学杨东援教授个人主页
②　顾元通. 全球联营体现状及其发展. 集装箱化，1998（5）

市场开放后，国有大型船公司已没有任何货载保留制度和优惠政策，已完全成为市场主体，而地方公司为求生存和发展，不惜工本与国有企业开展竞争，不仅对公平竞争的市场秩序有所破坏，而且很容易造成"鹬蚌相争，渔翁得利"的局面，让外国船公司坐收渔利。

国外船公司打入国内市场，世界各大航运公司在国际航线上联营的同时，还纷纷在我国境内设立航运办事处，或以合作、合营形式，或以互租舱位形式挤入我国航运市场。例如，马士基公司与中外运达成互租舱位协议，韩进公司以租用中外运中国至欧洲直达航线的舱位形式，中国台湾长荣海运、万海航运公司也以多种方式进入大陆航线等。随着我国海运市场的进一步开放，允许国外船公司在国内投资，创办合作公司、全资子公司。外资班轮大举进入中国市场，对中国航运企业产生的冲击将更大。

10.2.4　开放市场中快速提升航运业竞争力的主要途径

改革开放以来我国航运政策不断变化，对航运企业由国家完全扶植到减弱扶持，至今保护政策几乎为零，航运业成为了我国改革最早、开放程度最高的产业之一。在造船融资方面，自 1980 年起，国务院决定凡是实行独立核算、有偿还贷款能力的航运企业，包括造买船在内的基建投入由原先的计划拨款改为企业贷款；在货载保留方面，自 1988 年下半年起，中国在国际航运中的货载保留政策已经基本取消；[①] 在海运补贴方面不如美国、欧盟等国家的政策明确，基本没有明文规定的营运补贴。中国国际海运市场已经成了服务贸易范畴内开放程度最广、最深的一个行业，开放程度达到世界发达国家的水平。

目前，我国国际海运公司规模偏小、船队结构不平衡、船型偏小、船龄较高，在日益激烈的国际航运市场竞争中缺乏抵御风险的能力。而世界各国国际航运政策，无论以何种形式出现，实质上均是以谋求本国或本集团的最优经济利益为根本目的。同时，随着世界经济一体化的进程不断加速，各国海运市场更加开放将是必然趋势。因此，如何以航运保护为基点，根据他国的国际航运经济政策的保护程度或是开放程度，制定本国国际航运经济政策，谋求我国国际海运业在新一轮竞争中快速提升竞争优势，将是我国航运政策优化的目标。为此有必要借鉴国外先进经验，对我国航运业实行适度的政策保护。

10.2.4.1　适度货载优先

对政府物资、外援物资、军用物资以及某些关系到国计民生国家能源安全的重要战略物资，以国家购买服务的方式将其部分份额优先配给国轮承运，同

---

① 叶红军. 港口法解析. 人民交通出版社，大连海事大学出版社，2003

时为鼓励竞争，引进运价招标制，降低运输成本，避免保护落后。

10.2.4.2 适度的造船融资担保政策

由于船舶建造需要巨额的资金，航运企业建造船舶通常需要融资。为了进一步快速扩大我国航运业船队规模和技术结构，建议参照美国的做法，确立我国航运企业造船融资担保政策，主要用于国内航运企业能够利用国外银行优惠造船贷款时，由我国国有商业银行为我国航运企业提供这种担保。

10.2.4.3 反保护规则

借鉴欧盟航运立法，以专项立法形式，明确规定国际航运反保护规则。例如，针对国外航运大企业在我国市场或在世界航运市场对我国进行的某些不正当竞争行为，制定反倾销、反保护条例，以利于我国大型远洋运输企业实施全球承运人发展战略。

10.3 中国港口业市场竞争分析

近年来我国港口业取得了长足的进步，沿海一些大型综合性港口，如上海港、宁波港、广州港、青岛港、天津港、大连港等都跻身于世界港口业前列。不断增加的竞争实力，使得我国许多沿海大型综合性港口的竞争视野，从中国扩展到了亚太地区甚至于全球，港口之间的竞争正逐步转向港口群间竞争与合作并举的良好发展态势。

10.3.1 港口业的主要特性

港口是国民经济和社会发展的重要基础设施，在政治经济贸易诸多领域发挥着战略性作用。港口一般是凭借天然岸线航道，依水而建。它具有特殊的地理位置和自然条件，与地理位置相关联的港口腹地更是大多数港口兴起和发展的基础。一般来说，港口除具备服务的无形性、差异性，生产与消费的不可分割性等一般服务业的基本性质外，还具有区别于其他行业的独特的经济技术特性和市场结构特性。

10.3.1.1 港口具有地理位置和自然条件的独特性

港口一般是凭借天然岸线、航道，依水而建，世界上各个港口的地理位置和自然条件各不相同。港口的地理位置决定了其可能吸引的货源范围，同时也决定了港口可能的竞争对手和发展方向。例如，我国港口大多数为腹地型港口，以争夺本地区的货源为主，竞争对手主要是国内周边港口。

10.3.1.2 港口生产经营需要巨额资本

现代港口普遍采用专业化、自动化、现代化的生产方式，港口的基础设施，如防波堤、码头、泊位等所需资金巨大，建设周期长，且一旦投入，便很难挪作他用。因此从根本上来说，现代港口仍然是典型的资本密集型产业。

10.3.1.3 港口生产具有规模经济性

港口生产总成本中固定成本所占比重极大，随着吞吐量的增加，边际成本递减，平均成本下降，因此港口生产具有明显的规模经济性。大型港口一般有能力利用天然或挖掘的深水航道和港池来接纳大型船舶，建设专用码头，使用专业化的大型设备。而且大港一般泊位数较多，泊位之间可替代性较大，不易发生港口拥挤而造成压船压港。这使得大型港口的泊位利用率明显高于小港，这一方面有利于成本的降低，另一方面可以通过减少船舶在港停留时间而降低用户成本，从而吸引大型船舶和航运公司来港挂靠，带来更多的航班航线，形成港口生产的良性循环，在竞争中取得优势地位。

10.3.1.4 港口市场结构具有寡头垄断的特点

首先，由于港口地理位置的不可挪移性，它只能与其周边少数几个港口争夺所在区域范围内的货源，竞争范围受到局限。这与某些工业品的全球性竞争明显不同。其次，港口经营面临高进入和高退出壁垒。再次，港口生产的规模经济性使得在同一货源市场上相互竞争的港口规模相对于市场规模来说都比较大，每个港口都只具有一定的市场力量。最后，港口服务产品的同质性与异质性并存。从根本上来说，港口服务所提供的是货物的空间位移，因此，港口服务具有一定的同质性。但是由于不同港口地理位置、作业效率、服务水平以及港口外部集疏运条件等的不同，货物空间位移的速度、可靠性、成本等存在很大差异，这使得港口用户在进行港口选择时具有更大的余地，也为港口竞争提供了更多途径。

10.3.2 我国港口业的市场结构

通过对《中国统计年鉴（2006）》、《公路水路交通航运发展统计公报（2001～2005）》进行整理，可以计算出我国港口货物总吞吐量和集装箱吞吐量市场集中度系数，如表 10.3 和表 10.4 所示。

表 10.3 2001～2005 年我国港口货物吞吐量市场集中度一览表

年度 市场集中度	2001	2002	2003	2004	2005
C_5	49.39%	49.35%	48.54%	48.31%	47.47%
C_{10}	69.69%	68.31%	67.15%	66.60%	66.58%

表 10.4　2001～2005 年我国港口集装箱吞吐量市场集中度一览表

年 度 市场集中度	2001	2002	2003	2004	2005
C_5	64.41%	65.43%	66.96%	66.84%	66.89%
C_{10}	81.41%	81.81%	84.29%	83.11%	83.59%

资料来源：经 2001～2005 年公路水路交通行业发展统计公报整理

10.3.2.1　我国港口市场结构处于稳定期

在 2000～2005 年间，我国港口无论是货物吞吐量集中度系数还是集装箱吞吐量市场集中度系数，变化都不是很大，平均离差为 0.011。这表明在"十五"期间，我国港口经历了一个稳定快速发展时期，这也是我国港口竞争力快速提升的一个关键时期。

10.3.2.2　港口集装箱吞吐量的市场集中度高于货物总吞吐量的市场集中度

我国对外贸易 80% 的货物依靠水路运输，由于一般外贸货物运输量大等原因，出于成本等因素的考虑，货主一般都会选择区域内港口完成运输，从而促进各地港口都得到了大规模的发展，使得一般港口货物吞吐量市场集中度低，竞争相对激烈。而集装箱港口由于当地经济中心的形成，班轮航线在该港口长期挂靠，从而保证了该港口的集装箱货源充足，而且绝大部分大型集装箱港口都有大型班轮公司投资其中，也就进一步保证了该港口的集装箱市场份额。因此，集装箱港口市场的寡头垄断现象更突出。

10.3.3　港口企业竞争行为分析

港口之间的竞争通常可以分成三个层次，即不同的港口群之间的竞争、同一港口群内不同港口之间的竞争、同一港口内不同港口企业间的竞争。不同层次间的竞争的主要内容是争夺货源，由于港口内船舶到达密度和服务水平是吸引货源的重要条件，因而港口之间的竞争还意味着对船舶的吸引。在港口竞争行为上，各港口采用的竞争手段大致可分为以下几类。

10.3.3.1　政府参与港口竞争的行政手段和经济手段

港口的发展对国民经济和地区经济增长具有重要贡献，因而各国的中央政府和地方政府非常重视港口的发展。对于像新加坡和中国香港这样的以港口为国民经济支柱产业的国家和地区更是如此。新加坡政府和中国香港地区政府都不遗余力地支持本国（地区）港口成为世界第一大集装箱港口。类似行为在我国各地方政府也有充分体现。政府参与港口的竞争除了采取财政手段支持港口的建设和经营外，还可以采取行政和经济的手段对不使用本国或本地区的港口的货物进行歧视。

10.3.3.2 价格竞争手段

港口竞争最主要的是服务和价格的竞争。在几个港口拥有相同的腹地或者各港口的腹地之间存在相互交叉的情况下，如果货源距各港口之间的距离相差不大，且到达各港口的内陆运输条件和内陆运输成本也基本相似，那么港口的收费就成为港口之间竞争的主要手段。随着货物运输集装箱化的发展，港口服务的同质性越来越强，服务质量的差别越来越小。另外，港口的服务质量并不是港口（企业或当局）能够在短期内提高的，因而港口收费就越来越成为港口企业或港口当局在腹地货源竞争中使用的主要手段。对于货物价值不高或对港口服务要求不高的货物尤其是这样。

10.3.3.3 市场营销的竞争手段

管理者通过加强港口宣传和港口促进以提高港口的知名度，从而间接地吸引货主或船东。港口促进（Port Promotion）就是在国内和国际上对港口的运输功能、物流功能、贸易功能和工业功能进行宣传。其目的是使港口的海向腹地和陆向腹地的有关国家、地区的政府、企业、社区知道港口的存在，并对港口有一个全面的了解，知道港口的优势和以怎样的价格提供怎样的服务。在促进的手段上，港口当局虽然也使用媒体广告等方法宣传港口，但更多却是使用诸如召开有关本港发展的研讨会、举办港口日、出版有关港口的刊物或音像制品、举办展览、邀请有关单位和部门的代表参观本港口、为国外政府部门和企业提供培训机会、在国外召开新闻发布会等更加多样和灵活的方式。

10.3.3.4 港口服务的竞争

港口一味依靠商业性的促销行为或自我压价只能换来短期的不稳定货源，对于一些腹地交叉的货主而言，港口往往通过提供个性化服务，依靠港口自身的优良素质来吸引更多的货源。个性化服务的内容主要包括：建设物流园区、拓宽港口功能、建立综合性物流服务体系，向第三代港口转型。例如，天津港依托滨海新区"天津国际贸易与航运服务中心"与"天津电子口岸"的建设，改善天津港的口岸服务环境，实现向现代化口岸、服务型口岸的转变，提高运作效率。

10.3.4 我国港口业进一步引入竞争的主要途径

基于港口业集中程度的进一步提升，以及竞争能够给港口业的发展带来诸多的正面效应，我国港口业应该进一步引入竞争，而当前引入竞争的途径有以下几种。

10.3.4.1 政府采取严厉的措施制止在港口规划和经营中的地方保护主义

由于港口的竞争在很多情况下牵涉到国家或地区的经济利益，有些港口的竞争就是不同国家港口之间的竞争，有些竞争是同一国家不同地区港口之间的竞争。因此，为了港口所在国的利益，中央政府对本国港口参与国际间港口的竞争一般都给予鼓励和支持。而中央政府在处理国内各港口之间相互竞争的难题时既要充分考虑到地方经济发展的需要，更应该将港口的发展和整个国民经济的发展联系起来，充分认识到不同的港口对国民经济发展的不同作用，对全国港口进行等级划分，统筹协调。

10.3.4.2 鼓励不同港口之间各种不同形式的联合

港口产业的规模经济性决定了港口之间的过度价格和服务竞争，往往会迫使港口不得不增加港口投资。有些港口为了在竞争中处于有利的地位，盲目地投资码头的集装箱化改造，有些港口甚至不顾周边已有的港口设施，企图用港口的码头设施和机械设备的优势取得港口之间竞争的胜利。这势必会造成港口资源不能被充分利用，从而使港口的生产能力得不到有效配置和提升，港口总体的规模经济性大为削弱。为此，应鼓励不同港口之间各种不同形式的联合，比如山东省各港口之间形成了以青岛港为龙头，以日照港、烟台港为两翼，以山东半岛港口群为基础的港口分工与协作群，这样会在一定程度上破解港口间恶性竞争的难题。

11　中国交通运输产业的绩效分析

按照现代产业组织理论的 SCP 分析范式，市场结构、市场行为和市场绩效三者之间具有一定的联动关系，虽然芝加哥学派和新制度学派的产业组织理论打破了市场结构—市场行为—市场绩效之间的单方向决定关系，但也并未从根本上否定三者之间的联系。前面几章已经分别讨论了铁路、公路、航空和水运等行业的市场结构以及企业行为问题，这一章将围绕几个代表性行业的市场和经营绩效展开讨论。现代产业组织理论通常采用资源配置效率、技术进步和企业利润率及生产效率来衡量某一行业的市场绩效。目前对我国交通运输各行业的市场绩效研究非常少，因此，本章的研究也可能相对粗浅，但还是试图通过这样一种定量研究方法对我国主要交通运输行业的生产效率做出初步分析，虽然是以企业为主体的生产效率分析，但仍然可以从另一个侧面探讨我国交通运输行业存在的一些问题和解决的路径。

11.1　生产效率和生产力变动研究方法简介

效率一词在各个领域中所涵盖的范围很广，其基本概念是用来描述资源使用的特征。经济学上对于效率有着较严谨的定义。所谓效率（Efficiency），着重于厂商生产投入与产出之间的关系，而生产函数正是反映要素投入与产出之间的技术关系。假设一个厂商或生产单位利用现有生产技术，在定量的要素投入下，若能成功地达到其潜在的最大产出水平，则称这个厂商的生产行为具有经济意义上的生产效率（Production Efficiency）；反之，若一个厂商或生产单位的生产未能达到其潜在的最大产出水平，就被认为是处于生产无效率状态。Farrell（1957）最早从微观层面探讨了企业效率研究的方法，第一次引入了前沿生产函数（Frontier Production Function）的概念，并以此作为资源利用的评价标准。前沿分析方法的核心是根据已知的一组投入产出观察值，定义出所有可能的投入产出组合的外部边界，即生产前沿面，使得所有观察值都落在边界之内，每个观察值与边界的距离即是该生产点的效率。前沿效率是一种相对效率概念，效率前沿面始终由样本中最佳企业或单位构成，目前前沿分析方法已经成为微观效率研究中最普遍采用的方法之一。

前沿分析方法分为参数法和非参数法。非参数法是以线性规划和对偶原理，通过对企业的投入、投入价格及产出指标的组合来评价效率水平。非参数法无须设定函数形式。参数法需要事先假设生产函数或者成本函数形式，利用多元统计分析技术，估计出前沿函数中的未知参数，继而计算出各个决策单元成本效率或技术效率值的一种计量经济学方法。参数方法又进一步分为确定性前沿方法和随机前沿方法（SFA），二者最大的差异是，确定性前沿将观察值与效率前沿面的差异全部视为技术无效率或者成本无效率，而随机前沿方法则将无效率分为随机误差项和非效率项。下面简要介绍本章分析交通运输各行业的企业生产效率时采用的三种主要的前沿分析方法。

11.1.1 数据包络分析法（DEA）

数据包络分析法属于非参数法，最初由 Charnes，Cooper 和 Rhodes（1978）提出，这就是 CCR 模型。随后该模型不断得到发展，在很多研究中使用。该模型是将 Farrell（1957）所提出的"两项投入一项产出"的模型，推广至"多投入多产出"的模型，并利用线性规划和对偶定理，求出受评估单位（DMU）的生产前沿，凡落在边界上的 DMU 称为 DEA 有效率，其效率值为1；而其他未落在边界上的 DMU 则称为 DEA 无效率，其效率值介于 0 与 1 之间。据此来利用线性规划方法求得并计算每一决策单位（DMU）的相对效率。基本模型如下：

假设有 n 家企业，每家企业均使用 m 种投入生产 s 种产出；令 B_j 表示第 j 家企业，$j=1，\cdots，n$；$[x_{ij}]$ 表示 B_j 的 $m \times 1$ 投入变量，$i=1，\cdots，m$；$[y_{rj}]$ 表示 B_j 的 $s \times 1$ 产出向量，$r=1，\cdots，s$。某一特定企业 B_{j0} 的相对效率可由以下原始模型求得：

$$\max h_{j0} = \frac{\sum_{r=1}^{s} u_r y_{rj0}}{\sum_{i=1}^{m} v_i x_{ij0}} \tag{11.1}$$

$$s.t. \quad \frac{\sum_{r=1}^{s} u_r y_{rj}}{\sum_{i=1}^{m} v_i x_{ij}} \leqslant 1, \quad j=1,\cdots,n$$

$$u_r, v_i \geqslant 0, \quad i=1, \cdots, m, \quad r=1, \cdots, s$$

（11.1）式中：x_{ij} 表示第 j 家企业的第 i 项投入值；y_{rj} 表示第 j 家企业的

第 r 项产出值；u_r，v_i 分别表示第 r 个产出项与第 i 个投入项的权数；h_{j0} 表示第 j 家企业的相对效率值。

(11.1) 式是目标函数，是求第 j 家企业的相对最大效率。该式是一个分数线性规划模型 (Fractional Linear Programming)，其解 (u_r^*，v_i^*) 可能有无穷多组解。为了解决这一问题，Charnes，Cooper 和 Rhodes (1978) 将其转化为线性规划模型 (Linear Programming) 以便于求解。如 (11.2) 式：

$$\max h_{j0} = \sum_{r=1}^{s} u_r y_{rj0} \tag{11.2}$$

$$s.t. \sum_{i=1}^{m} v_i x_{ij0} = 1$$

$$\sum_{r=1}^{s} u_r y_{rj} - \sum_{i=1}^{m} v_i x_{ij} \leqslant 0, \quad j = 1, \cdots, n$$

$$u_r, \ v_i \geqslant 0, \quad i = 1, \cdots, m, \quad r = 1, \cdots, s$$

(11.2) 式是考虑投入加权总和为 1 的限制后，使产出加权总和最大化。由于 (11.2) 式的限制式个数大于变量个数，因此可将上式转换成其对偶模型 (Duality)，转换后可表示为唯一的包络形式 (Envelopment Form)。此对偶模型如下：

$$h_{j0} = \theta \tag{11.3}$$

$$s.t. \sum_{j=1}^{n} \lambda_j x_{ij} \leqslant \theta x_{ij0}, \quad i = 1, \cdots, m$$

$$\sum_{j=1}^{n} \lambda_j y_{rj} \geqslant y_{rj}, \quad r = 1, \cdots, s$$

$$\lambda_j \geqslant 0, \quad j = 1, \cdots, n$$

(11.3) 式中：θ 即为第 j 家企业的相对效率值，而 λ_j 代表非负向量，由 (11.3) 式可知 $\lambda_j \neq 0$ 所对应的所有企业正好是第 j 家企业 B_j 的参考集合。另外，根据所参考的权数比重之和 $\sum_{j=1}^{n} \lambda_j$，可以判断各家企业的规模报酬处于何种状态，其判断如下：$\sum_{j=1}^{n} \lambda_j > 1$ 代表该家企业 B_j 为规模报酬递减；$\sum_{j=1}^{n} \lambda_j = 1$ 代表该家企业 B_j 为规模报酬不变；$\sum_{j=1}^{n} \lambda_j < 1$ 代表该家企业 B_j 为规模报酬递增。

DEA 方法的特点或者说优势在于：首先，它是一种可以用于评价具有多投入、多产出的决策单位的生产（或经营）效率的方法。由于 DEA 方法不需要指定投入产出的生产函数形态，因此它可以评价具有较复杂生产关系的决策单位的效率。其次，它具有单位不变性 (Unit Invariant) 的特点，即 DEA 方法衡量的 DMU 的效率不受投入产出数据所选择单位的影响。再次，DEA 模型中投入、产出变量的权重由数学规划根据数据产生，不需要事前设定投入与产出的权重，因此不受人为主观因素的影响。最后，DEA 方法可以进行差异分析、敏感度分析和效率分析，可以进一步了解决策单位资源使用的情况，可以为管理者的经营决策提供参考。

DEA 方法的缺点在于它衡量的生产函数边界是确定性的，因此，它无法分离随机因素和测量误差的影响。同时，该方法的效率评价容易受到极值的影响。

11.1.2 Malmquist 生产力指数

Malmquist 生产力指数用来衡量一个行业内部企业效率的变动和行业技术进步的结果，它建立在 Farrell 所提出的效率衡量方法基础之上。Farrell (1957) 所提出的效率衡量方法，是在特定期间生产技术不改变的前提下，衡量厂商的产出投入距离生产边界的程度，并将所估计的生产效率指标作为评估厂商生产营运绩效的指标。但是如果加入"时间"因素，即考虑多期模型，生产技术可能发生变动，因此如果以某数据期间第一年所评估出的效率值与第二年所评估出的效率值进行比较，因其生产前沿不同，所以没有比较的基准，若直接将第一年与第二年分别求出的效率值相比，将会产生偏差。为了客观衡量综合技术效率变动、技术变动与全要素生产率的关系，本书使用 Färe 等 (1992) 定义的 Malmquist 生产力指数 (Malmquist Productivity Index, MPI)，也就是 Caves, Christensen 和 Diewert (1982) 所提出的第 t 期及第 $t+1$ 期的 Malmquist 生产力指数的几何平均数来衡量跨期的效率变动情况。

Malmquist 生产力指数是假设固定规模报酬下所衡量的指数，它可以分解为综合技术效率变动及行业技术变动的乘积：

$$M_o (X^{t+1}, Y^{t+1}, X^t, Y^t) = EC (CRS) \times TC (CRS)$$

其中，EC (CRS) 代表综合技术效率变动，TC (CRS) 代表技术变动。若 EC (CRS) >1，代表效率改善；若 EC (CRS) <1，代表效率恶化。此效率变动表示产业管理方法的优劣与管理层决策的正确与否：当效率改善时，表示管理方式与决策正确、得当，使得 EC (CRS) 大于 1；反之，如果管理方式与决策不当，会使 EC (CRS) 小于 1。此外。如果 TC (CRS) >1，代表技术进步；TC (CRS) <1，代表技术退步。

11.1.3 基于随机前沿分析法（SFA）的企业成本效率分析法

随机前沿分析法属于参数法，参数法相对于非参数法的优点是使用统计方法构建的前沿函数，其结果可以做进一步统计推论，而且随机前沿方法由于考虑了随机误差对于效率的干扰，使得前沿面随着样本点的不同而不同，避免了统计误差对效率的影响。

Aigner，Lovell 和 Schmidt（1977）等人最早提出了具有符合扰动项的随机前沿模型，认为误差项是由无效率项与随机干扰项两部分组成，称为混合误差项（Error Component）。无效率项由相对于效率边界的效率差异所构成，是厂商可控制的误差；随机干扰项可解释为统计上衡量的错误，亦即厂商无法控制的因素，如政治局势、天灾、机器运作状况等。随机前沿分析法根据函数形式可以分为随机生产效率边界模型和随机成本效率边界模型。本书使用了随机成本效率边界模型（Stochastic Frontier Cost Model），该模型为成本函数的形态，故所估算出的产业或厂商的无效率指标便包含了技术无效率和分配无效率两部分。

我们根据 Battese 和 Coelli（1995）建立随机成本边界模型，并依据 Altunbs 等人（2000）衡量技术变动的方式，在模型中加入 $1+t+t^2$ 构建企业随机成本边界模型，该实证模型如下：

$$\ln\left(\frac{TC_{it}}{P_{Lit}}\right) = \beta_0 + \beta_1\ln\left(\frac{P_{Kit}}{P_{Lit}}\right) + \beta_2\ln Q_{it} + \frac{1}{2}\beta_3\left[\ln\left(\frac{P_{Kit}}{P_{Lit}}\right)\right]^2 + \frac{1}{2}\beta_4(\ln Q_{it})^2$$
$$+ \beta_5\ln\left(\frac{P_{Kit}}{P_{Lit}}\right)\ln Q_{it} + \beta_6 t + \beta_7 t^2 + v_{it} + u_{it} \qquad (11.4)$$

（11.4）式为随机成本边界函数。其中，i 为企业或者机构的数量，$i=1$，2，$\cdots$，n；t 为时间，$t=1$，2，$\cdots$，T；TC_{it} 为总成本；P_{Kit} 为资本投入要素价格；P_{Lit} 为劳动投入要素价格；Q_{it} 为企业总产出；v_{it} 为企业 i 在第 t 年的随机误差项，呈正态分布，即 $v_{it}\sim N(0，\sigma^2)$；u_{it} 为企业 i 在第 t 年的无效率误差项，代表成本无效率的程度，为非负的正态分布，方差为 σ^2，$u_{it}\geqslant 0$。

这个模型除了估计投入与产出的关系外，还加入了技术变动的分析。

11.2 中国各地区铁路经营效率分析

由于我国铁路经营还没有实现企业化管理，因此，对我国铁路行业经营效率的分析可以从各省市区域角度入手。这里我们采用数据包络分析法对我国31 个省市的铁路行业从投入与产出角度对其经营效率进行总体分析与评价，并对我国铁路业区域发展差异和生产力变动进行分析讨论。

11.2.1 样本与投入产出指标选取

首先，我们选择我国 31 个省（自治区、直辖市）作为分析样本，来考察我国铁路业的经营效率。分析现有国内外对铁路运输业生产效率的研究文献可以发现,铁路运输业的产出指标有两类:一类是可得性产出指标(如车—公里、座—公里等),另一类是收入性产出指标。可得性产出指标主要衡量铁路的供应能力,收入性产出指标则更侧重于使用者对于铁路运输的实际消费以及由此产生的收益。根据我国实际情况,可得性产出指标无法真实、准确地衡量铁路生产效率,因此本书采用收入性指标;铁路投入指标主要考虑采用资本和劳动。例如,Oum 和 Yu(1992,1994)在对 OECD 国家铁路系统进行分析比较的研究中就曾经用劳动力数量代表劳动指标;用燃料消耗、道路长度与结构、其他物质投入、客车数量、货车数量、拖车数量等来代表资本投入。根据现有文献研究成果和我国铁路行业相关统计数据的可得性,本书选择客运周转量(人公里)、货运周转量(吨公里)作为产出指标,选择铁路从业人员、铁路营业里程作为投入指标。相关数据来源于《中国统计年鉴(2001~2005)》,限于数据的可得性,本书剔除青藏这一无效数据,共有 30 个省(自治区、直辖市)的有效决策单位,总计 5 年,150 个投入、产出观测值。

11.2.2 我国 30 个省(自治区、直辖市)铁路运输业的总体效率评价

本书同时采取数据包络分析中的两个基本模型(CCR 和 BCC),应用Deap 2.1 软件对我国 30 个省(自治区、直辖市)2000~2004 年的投入产出数据进行计算,得到中国各省份、各年度的铁路综合技术效率值、纯技术效率值和规模效率值。对 2000~2004 共 5 年的运行结果进行整理,得到中国铁路的平均生产效率值,如表 11.1 所示。

表 11.1 中国各区域的铁路平均生产效率值(2000~2004 年)

效率值 \ 年度	2000	2001	2002	2003	2004
综合技术效率值	0.613	0.680	0.679	0.645	0.640
纯技术效率值	0.702	0.737	0.725	0.696	0.697
规模效率值	0.891	0.933	0.944	0.932	0.923

研究发现:首先,2000~2004 年中国铁路的综合技术效率值偏低,一直徘徊在 0.60 左右,说明中国铁路总体效率偏低;其次,2000~2004 年中国铁路的规模效率值明显高于纯技术效率值,规模效率基本达到 0.90 以上,这说明中国铁路的规模已经接近最佳规模,规模无效率并不是影响中国铁路总体效

率的主要因素，纯技术效率比较低是影响我国铁路综和技术效率的主要原因。纯技术效率衡量的是以现有投入获取最大产出的能力，纯技术效率偏低说明我国铁路行业经营存在对投入资源利用效率比较低的问题。

综上所述，从全国平均水平来看，为实现提高铁路生产效率的目标，提高现有铁路投入资源的利用效率远比增加铁路投入资源更加重要、更加有效。

11.2.3 我国铁路业生产效率的区域差异分析

从区域的角度看，我国铁路运输业的发展并不均衡，为研究中国铁路生产效率的区域差异，本书在 Deap2.1 软件计算结果的基础上，按照东部、中部、西部三大区域①的划分方法对其进行整理，结果列于表 11.2 中。

表 11.2　中国铁路生产效率的区域差异分析（2000～2004 年）

	东部地区			中部地区			西部地区		
	TE	PTE	SE	TE	PTE	SE	TE	PTE	SE
2000 年	0.659	0.822	0.831	0.642	0.711	0.900	0.547	0.576	0.946
2001 年	0.778	0.892	0.884	0.725	0.751	0.958	0.550	0.571	0.962
2002 年	0.795	0.892	0.901	0.744	0.756	0.975	0.516	0.535	0.965
2003 年	0.767	0.863	0.899	0.742	0.756	0.972	0.452	0.484	0.936
2004 年	0.746	0.843	0.898	0.734	0.757	0.958	0.466	0.507	0.922

研究发现：第一，从综合技术效率来看，2000～2004 年东部地区一直雄踞首位，其次是中部地区，再次是西部地区；从纯技术效率来看，东部地区也是效率最高的区域，其次是中部地区，再次是西部地区。这说明东部地区不仅是中国铁路运输最为发达的区域，而且也是铁路经营管理水平最高的区域。第二，2000～2004 年中部和西部的综合技术效率和纯技术效率远远落后于东部地区，但其规模效率却明显高于东部地区，这说明中西部地区的生产无效率主要是由纯技术无效率所造成的。第三，2000～2004 年中部和西部的规模效率均高于 0.90，而同期中部和西部地区的纯技术效率分别徘徊在 0.70 和 0.50 左右，纯技术效率明显低于规模效率，这也再次说明纯技术无效率是中西部地区铁路生产效率低下的关键症结所在。

---

① 东部包括北京、天津、河北、山东、辽宁、上海、江苏、浙江、广东、福建和海南 11 个省市；中部包括山西、吉林、黑龙江、安徽、江西、河南、湖北、湖南 8 省；西部包括广西、内蒙古、重庆、四川、贵州、云南、西藏、陕西、甘肃、青海、宁夏、新疆 12 个省、市、自治区。

　　基于上述分析，本书认为因地制宜地为各区域制定不同的发展策略是提高中国铁路总体效率的关键：对于东部地区而言，应在有效改善纯技术效率的基础上，理性地进行规模投资，进一步改善规模效率状况，从而使铁路运输能够更好地为区域经济服务；对于中西部地区而言，其发展的重点不应该盲目地扩大投资规模，而是应该通过提高管理水平来改善这两个区域的纯技术效率。

11.2.4　我国铁路运输业的生产力及技术变动分析

　　本书利用 Malmquist 生产力指数对我国铁路运输业总体生产力变动及技术变动进行测评。由于 Malmquist 生产力指数可以进一步分解为综合技术效率变动和技术变动；综合技术效率变动又可以进一步分解为纯技术效率变动和规模效率变动。因此，使用该方法能够从中剖析出铁路生产力变动产生的源泉。本书利用 Deap2.1 软件，对 2000～2001 年、2001～2002 年、2002～2003 年、2003～2004 年各期间生产力及相关效率和技术水平的变动予以测算，相关整理结果见表 11.3。

表 11.3　我国铁路业生产力及效率和技术变动（2000～2004 年）

	生产力变动	技术变动	综合技术效率变动	纯技术效率变动	规模效率变动
2000～2001 年	1.011	0.907	1.115	1.061	1.051
2001～2002 年	1.039	1.049	0.991	0.982	1.009
2002～2003 年	1.049	1.130	0.929	0.945	0.983
2003～2004 年	1.108	1.125	0.985	1.011	0.975
2000～2004 年平均变化率	1.052	1.049	1.003	0.999	1.004

　　研究发现，2000～2004 年间中国铁路生产效率的 Malmquist 生产力指数都大于1，这表明中国铁路运输业的生产率从总体上呈现出改善的趋势。但是，进一步分析可以发现，生产效率的总体改善主要源于铁路运输业的技术进步，除了 2000～2001 年技术进步率小于1、综合技术效率变动大于1之外，2001～2002 年技术进步率为 1.049，2002～2003 年技术进步率为 1.130，2003～2004 年技术进步率为 1.125，而同期的综合技术效率变动分别为

0.991、0.929、0.985，2001~2004 年间技术在进步，综合技术效率非但没有提高，反而有所下降。这表明中国各省市铁路的综合技术效率呈现出下降的趋势。

11.3 中国航空业的经营绩效分析

为了分析我国航空业的总体经营绩效，本书采用数据包络分析法从我国主要航空公司的经营效率和行业的技术变动两个角度进行衡量。为了能够获得进行量化分析的实际数据，本书采用上市航空公司的数据进行分析。同时，为了更好地对比说明我国航空公司的经营能力和水平，以及获得更多的研究样本，本书决定对大陆和台湾地区两岸的航空公司经营效率进行测评与衡量。

11.3.1 样本和投入产出指标选取

本书选取两岸 11 家上市航空公司作为研究样本，包括中国国际航空、中国南方航空、中国东方航空、上海航空、山东航空、海南航空、中华航空、长荣航空、远东航空、立荣航空及复兴航空。虽然这 11 家航空公司在经营规模、飞行目的地、地区特性等方面存在明显差异，但是这些航空公司同属大中华地区，管理层具有相近的社会文化属性，并且两岸经济的逐渐融合发展，现在已经成为不可分割的经济共同体，因此可以选择作为数据包络分析法的研究样本。从资料来源看，分别来自上海证券交易所、深圳证券交易所和相关证券交易所公开发布的上市公司年度报告和财务报告（2003~2005 年）以及中国民航出版社出版的《从统计看民航》（2004~2006 年）一书。

关于投入产出指标的选择，根据国内外对航空公司经营效率的研究文献，考虑到研究样本的经营特性和数据可得性，本书采用固定资产、员工人数和营业成本作为航空公司的投入指标，选取营业收入作为产出指标。

11.3.2 两岸航空公司总体效率比较

本书采用数据包络分析法的基本模型（BCC）和 Deap 2.1 软件对这 11 家航空公司的效率进行了测评，两岸航空公司的技术效率、规模效率和纯技术效率平均值如表 11.4 所示。

表 11.4　两岸航空公司总体效率对比

		技术效率	纯技术效率	规模效率
2003 年	大陆航空公司	0.912	0.993	0.918
	台湾航空公司	0.930	0.971	0.959
	总体平均值	0.922	0.974	0.947
2004 年	大陆航空公司	0.934	0.998	0.936
	台湾航空公司	0.963	1.000	0.963
	总体平均值	0.949	0.999	0.950
2005 年	大陆航空公司	0.959	0.991	0.968
	台湾航空公司	0.956	1.000	0.956
	总体平均值	0.957	0.995	0.962

从总体上看，台湾航空公司的平均效率要略微高于大陆航空公司的总体效率水平。具体来看，在 2003～2005 年间大陆航空公司的规模效率保持相对稳定，这说明大陆航空公司的规模效率的高低对其技术效率的波动影响微乎其微。但是，这并不代表大陆航空公司的技术无效率仅仅来源于纯技术无效率，恰恰相反，其技术无效率在 2004 年、2005 年两年，更大程度上来源于规模无效率。台湾航空公司的纯技术效率要远远高于规模效率，也就是说，在整个样本期间内，其技术无效率更大程度上是由于规模无效率造成的。从这一点看，两岸航空公司的技术效率表现有一个共性，就是与纯技术效率相比，规模效率相对低一些。所以两岸航空公司当前要想提升技术效率，更需要做的是调整生产规模，使之达到成本最低的最佳规模点。

11.3.3　两岸航空公司的投入拥挤分析

数据包络分析法是将具有技术效率的点连接起来，形成一条效率前沿，再以这条效率前沿曲线作为衡量效率的标准，可以求出每家航空公司的投入产出项的冗余数量，并且通过冗余数量与投入要素总量进行比较，可以分析航空公司的投入拥挤程度。通过投入拥挤分析，可以看出航空公司对投入资源的有效利用情况，并且为航空公司改进经营效率提供具体目标和方向。为此，本书采用投入导向的 CCR 模型计算出 11 家航空公司的投入拥挤数量及拥挤程度，如表 11.5 所示。

表 11.5 2003～2005 年两岸航空公司投入拥挤情况比较（按地区）

	投入项	大陆地区		台湾地区		11 家航空公司总体	
		平均值	百分比（%）	平均值	百分比（%）	平均值	百分比（%）
2003 年	营业成本（万元）	890.273	9.16	115.874	1.80	538.273	6.55
	固定资产（万元）	7374.799	34.23	194.994	1.77	4111.251	24.53
	员工人数（人）	8070	42.40	108	3.13	4451	37.25
2004 年	营业成本（万元）	824.475	6.36	96.017	1.17	493.358	4.57
	固定资产（万元）	1623.342	6.15	140.639	1.08	949.386	4.67
	员工人数（人）	4624	25.52	79	2.18	2558	22.18
2005 年	营业成本（万元）	1015.747	5.59	71.363	0.73	586.482	4.09
	固定资产（万元）	1793.469	5.53	97.483	0.64	1022.567	4.16
	员工人数（人）	5956	25.75	54	1.45	3273	22.87

从表 11.5 可以发现，一个明显的特点是，大陆航空公司总体上投入拥挤数量和程度都远远高于台湾航空公司。具体来看，有以下几个特征：

第一，从航空公司的三项投入来看，在样本期间的任何一年，大陆航空公司的投入拥挤绝对数量和比值都分别远远高于台湾航空公司。但两岸航空公司的投入拥挤程度均呈下降趋势。2003 年，大陆航空公司在营业成本、固定资产及员工人数三种投入上的投入拥挤程度分别比台湾航空公司高 7.36%、32.46% 和 39.27%。尽管 2004 年和 2005 年大陆航空公司的投入拥挤程度有所改观，但是仍然比台湾航空公司高很多。

第二，大陆航空公司在固定资产投入项的投入拥挤程度在 2004 年和 2005年比 2003 年的状况有很大改善，固定资产的投入拥挤由 2003 年的 34.23%一下子降低到 2004 年的 6.15% 和 2005 年的 5.53%。这说明大陆航空公司的固定资产调整方向是正确的，有利于降低投入拥挤程度，从而促进了 2004 年和 2005 年的规模效率提升。

第三，大陆航空公司三种投入要素中拥挤程度最大的就是人员投入，而且样本期间人员投入拥挤状况普遍很严重。尽管 2004 年人员拥挤程度与 2003 年相比有了比较大的改善，但是依然存在较多的冗员。而 2005 年与 2004 年相比不仅没有任何进步，反而有所恶化。以 2005 年的人员拥挤状况作为分析切入点，这意味着大陆航空公司平均每家应该裁员 5956 人，而不会影响其产出水平。如此严重的人员投入拥挤在很大程度上暴露出大陆经营管理体制存在的弊端。

总体来看，大陆航空公司在降低投入拥挤方面还是有比较大的进步，尤其是在固定资产和营业成本方面。这意味着大陆航空公司提高了资源利用效率，并且使资源浪费程度大幅度下降。

11.4 中国高速公路企业经营绩效分析

随着我国高速公路建设规模和运营里程的不断发展，高速公路经营公司也随之发展起来，截至 2005 年底，我国已拥有 300 多家公路经营企业，到 2004 年 3 月底，我国共设立了 19 家高速公路上市公司，通过发行股票，市场融资净额达到 273.44 亿元人民币，为我国高速公路建设事业的快速发展做出了重要贡献。本书将通过分析我国上市高速公路企业的经营效率作为切入点来衡量我国高速公路业的生产效率。在分析高速公路企业的经营绩效时，企业的成本控制是关键一环，因此本书采用随机前沿分析法来分析高速公路企业的成本效率。

11.4.1 样本和投入产出指标选取

本书以 2004 年 3 月底之前上市的 19 家高速公路企业，即东北高速、福建高速、赣粤高速、宁沪高速、山东基建、深高速、皖通高速、五洲交通、西藏天路、中原高速、重庆路桥、ST 延边、海南高速、湖南投资、华北高速、厦门港务、现代投资、粤高速和漳州发展作为研究对象。这些上市的高速公路企业大多成立时间较早，资本比较雄厚，比较具有代表性。通过对这 19 家上市高速公路企业成本效率的研究，能够基本了解整个高速公路行业的经营状况。限于数据的可得性，本书选取了 2001～2005 年五年的数据作为样本，这些数据主要来自各家上市公司历年公布的财务报告。

本书采用 Battese 和 Coelli（1995）建立的随机成本边界模型来分析高速公路企业的成本效率。根据国内外文献和高速公路经营企业的特性，本书选择员工人数和固定资产作为投入指标，企业经营收入作为产出指标。根据模型要求，还需要两项投入的价格，各项指标及其计算方法如表 11.6 所示。

表 11.6　各变量的定义和说明

变　量	定　义	单　位	说　明
TC	总成本	元	利润表中的营业费用、管理费用和财务费用之和
Q	总产出	元	利润表中的主营业务收入加上营业外收入、投资收益、补贴收入
K	资本量	元	资产负债表中的固定资产总额
L	劳动量	个	财务报告中的员工总人数
P_K	资本价格	元	$P_K = \dfrac{折旧 + 利息支出}{固定资产}$
P_L	劳动价格	元	$P_L = \dfrac{薪资支出}{员工人数}$

11.4.2　我国高速公路上市企业成本效率实证模型估计结果及含义

本书对大陆高速公路 19 家上市企业的成本效率进行测评，分别采用 2001～2005 年的财务数据，利用 Frontier 4.1 软件，对前面已经设定的随机成本边界模型进行实证研究与分析。随机成本边界函数的实证模型如下：

$$\ln\left(\frac{TC_{it}}{P_{Lit}}\right) = \beta_0 + \beta_1 \ln\left(\frac{P_{Kit}}{P_{Lit}}\right) + \beta_2 \ln Q_{it} + \frac{1}{2}\beta_3 \left[\ln\left(\frac{P_{Kit}}{P_{Lit}}\right)\right]^2 + \frac{1}{2}\beta_4 (\ln Q_{it})^2$$

$$+ \beta_5 \ln\left(\frac{P_{Kit}}{P_{Lit}}\right) \ln Q_{it} + \beta_6 t + \beta_7 t^2 + v_{it} + u_{it} \tag{11.5}$$

其中，i 为上市高速公路企业的数量，$i = 1, 2, \cdots, n$；t 为时间，$t = 1, 2, \cdots, T$；TC_{it} 为总成本；P_{Kit} 为资本投入要素价格；P_{Lit} 为劳动投入要素价格；Q_{it} 为总产出，在无效率模型中代表高速公路企业的规模；v_{it} 为上市高速公路企业 i 在第 t 年的随机误差项，呈正态分布。

表 11.7 列出实证模型中各参数的估计结果，并将 19 家上市企业五年的无效率指标进行比较。

表 11.7　随机成本边界函数估计结果

解释变量	参数	参数估计值	标准差	T 统计量
常数项	β_0	58.1648	0.9978	58.2939*
$\ln\left(\dfrac{P_{Kit}}{P_{Lit}}\right)$	β_1	1.7518	0.9630	1.8190*
$\ln Q_{it}$	β_2	−4.6694	0.6576	−7.1005*
$\ln\left(\dfrac{P_{Kit}}{P_{Lit}}\right)^2$	β_3	0.2961	0.0458	6.4657*
$(\ln Q_{it})^2$	β_4	0.3552	0.0607	5.8551*
$\ln\left(\dfrac{P_{Kit}}{P_{Lit}}\right)\cdot\ln Q_{it}$	β_5	0.1224	0.0462	2.6492*
t	β_6	−0.1803	0.1746	−1.0328
t^2	β_7	0.0213	0.0280	0.7630

注：* 表示在 1% 水平下显著。

通过上面的实证结果，可以得到以下几点结论：

第一，参数 β_1 的 T 统计量为 1.8190，即资本与劳动力投入的相对要素价格同成本呈正相关。相对要素价格的二次式中，参数 β_3 的 T 统计量为 6.4657，即相对要素价格造成成本增加的速度是显著递增的。也就是说，在相对要素价格增加的幅度不变的情况下，成本随着相对要素价格提高而增加的幅度越来越大。

第二，参数 β_2 的 T 统计量为 −7.1005，即总产出同成本呈显著的负相关。总产出的二次式中，参数 β_4 的 T 统计量为 5.8551，即总产出增加造成成本递减的速度是显著递增的。从而得到，总产出的增加，使资源更有效的配置，要素利用率得到提高，成本则降低，且随着总产出的增加成本降低的幅度越来越大。

第三，参数 β_5 的 T 统计量为 2.6492，即产出同相对要素价格的复合效果与成本呈现出显著的正相关。也就是说，产出与相对要素价格同时增加或减少，成本必定增加或减少；产出与相对要素价格一个增加一个减少，只要二者之积增加，则成本增加。

第四，参数 β_6 的 T 统计量为 −1.0328，即时间变动与成本呈现出不显著的负相关，表明在 2001～2005 年的五年间，成本效率并未随时间的变化表现出显著的变化。虽然五年的平均成本效率总体上看是提高的，但是这一变化并不明显。一个可能的解释是，五年的样本期间对于研究一个行业来说，尚显短暂，从而成本效率的变化情况还不显著；另一个可能的解释是，虽然这五年经历了高速公路行业的改革，但是存在着政策的延续性和效果的滞后性，改革的效果在日后会日益显现。

11.4.3 我国高速公路上市企业成本效率评价

使用 Frontier 4.1 软件对随机成本边界模型进行估计，得到 19 家上市的高速公路企业五年间的成本效率值，如表 11.8 所示。

表 11.8 2001~2005 年高速公路企业的成本效率值及排名

企业	2001 年 成本无效率值	排名	2002 年 成本无效率值	排名	2003 年 成本无效率值	排名	2004 年 成本无效率值	排名	2005 年 成本无效率值	排名
ST 延边	2.00	6	9.12	19	14.35	19	2.76	8	3.36	11
东北高速	3.22	9	6.30	16	4.35	14	8.42	18	6.51	18
福建高速	4.99	16	2.05	4	1.34	1	1.24	2	1.00	2
赣粤高速	2.23	7	2.76	8	4.27	13	3.45	13	3.18	10
海南高速	3.83	12	3.57	10	6.53	17	3.65	14	4.87	16
湖南投资	1.72	4	2.55	7	1.24	3	3.02	10	10.17	19
华北高速	4.96	15	4.35	12	3.33	10	2.83	9	1.37	3
宁沪高速	1.47	1	1.61	1	1.40	4	1.94	4	3.99	14
山东基建	3.81	11	1.96	3	2.50	7	1.89	3	1.00	1
深高速	4.74	14	4.35	13	3.99	12	3.23	11	4.99	17
皖通高速	1.68	2	2.08	5	2.26	6	3.34	12	1.99	6
五洲交通	1.91	5	5.23	14	2.63	8	2.68	7	3.59	12
西藏天路	1.71	3	2.19	6	1.15	2	2.29	6	1.85	5
厦门港务	13.64	19	8.50	18	4.88	16	4.82	15	2.83	8
现代投资	3.63	10	6.47	17	12.83	18	9.05	19	4.63	15
粤高速	5.18	17	3.50	9	4.82	15	5.61	16	3.62	13
漳州发展	8.25	18	5.86	15	3.59	11	7.18	17	2.43	7
中原高速	4.53	13	4.36	11	2.77	9	1.00	1	1.63	4
重庆路桥	2.75	8	1.83	2	1.67	5	2.03	5	2.87	9
平均值	4.01		4.14		4.19		3.71		3.47	

　　通过表 11.8 可以清楚地看到我国上市的高速公路企业 2001～2005 年的成本效率变化情况，并得到如下结论：

　　第一，这 19 家上市的高速公路企业五年间的成本效率均有增有减，但总体上呈上升的趋势。企业的成本效率值越接近 1，其成本效率越高。这 19 家企业五年间大都经历了成本效率相对有效到效率变差，再到成本效率改善的过程。究其原因，高速公路行业作为上市较早的行业之一，在改革之初也出现了诸多问题，使资源未得到充分利用，成本效率恶化。但随着高速公路企业改进生产技术，改善资源利用水平，并通过股权结构优化调整，适度扩大企业规模等努力，使企业的成本效率得到改善。可见，高速公路行业的改革还是富有成效的。

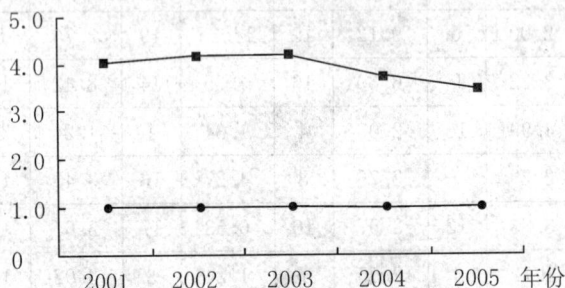

图 11.1　2001～2005 年高速公路企业的平均成本效率变化

　　第二，上市的高速公路企业的平均成本效率总体上经历了先降低再逐渐改善的过程，2003 年的成本效率最差。在图 11.1 中，成本效率值在 2003 年最远离 1 值，而随后成本效率值逐渐降低，成本效率逐年提高。这其中一个主要的原因是 2003 年非典的爆发，给高速公路行业带来影响，人们出行的减少极大地降低了该行业的收入。总的来说，高速公路行业的成本效率较高，但仍有改善的空间。

　　第三，通过对上市高速公路企业的成本效率进行排名，发现企业的排名变化较大，特别是湖南投资、福建高速、ST 延边、宁沪高速和中原高速这五家企业的成本效率排名变化较为明显。一个可能的解释是，高速公路行业正处于扩张期，企业每年的投资项目变化很大，导致企业的排名不稳定。随着高速公路行业从行业扩张期向稳定发展期转变，企业更多地将面临路面维护、收费管理等运营问题，届时企业的成本效率将可能逐渐趋于改善。

11.5 中国主要港口经营绩效评价

在经济全球化和我国经济快速增长的大背景下，我国沿海港口发展也一直处于上升时期。本书通过对我国沿海主要港口的生产效率进行评价，以期对整个港口行业的经营效率做出大致判断。港口主要是为航运服务商、货主以及运输企业等提供多样化的服务，提供的服务具有复杂性的特点，很难用单一的绩效指标来衡量，因此，本书采用多投入多产出的行业绩效评价方法，即数据包络分析方法来衡量我国沿海主要港口的经营绩效。

11.5.1 样本和投入产出指标选取

关于港口效率分析，几乎所有的研究都将货物吞吐量作为一个重要的产出指标，也有一些研究将其他项目列为产出指标，如用户满意度或者港口利润等。对于港口投入指标，主要从资本、劳动和土地三个角度去衡量。根据国内外研究文献和数据可得性，本书选取两个投入指标：港口泊位长度和港口泊位数量，一个产出指标，即港口吞吐量。本书选取 28 家主要沿海港口作为样本，研究它们 2002～2005 年间的经营效率及其生产力和技术变动。数据主要来源于《中国海洋经济年鉴》(2003～2006) 和《中国交通年鉴》(2003～2005)。

11.5.2 我国主要沿海港口总体效率分析

本书采用数据包络分析法中的 BCC 模型和 Deap 2.1 软件对我国 28 家沿海主要港口 2002～2005 年的生产效率进行测评，结果整理见表 11.9。

表 11.9 2002～2005 年我国沿海主要港口的平均效率值

指标 ＼ 年份	2002	2003	2004	2005
综合技术效率平均值	0.334	0.314	0.329	0.399
纯技术效率平均值	0.416	0.413	0.424	0.49
规模效率平均值	0.782	0.801	0.815	0.848

从表 11.9 中的结果可以发现：首先，我国沿海港口业的综合技术效率平均值都比较低，2002～2005 年分别为 0.334、0.314、0.329 和 0.399，这说明我国沿海港口业的整体经营效率比较差，并且从 2002 年以来，我国港口业整

体效率低的状况没有得到明显的改善。另外，从纯技术效率和规模效率两个指标的对比来看，各年度中纯技术效率的平均值都低于规模效益，因此可以得出，我国沿海港口的无效率主要是由纯技术无效率造成的。我国沿海港口业的技术效率低可能是因为港口基础设施投入相对于港口吞吐量而言过多，或者运量不足及经营不力所造成。

其次，虽然我国沿海港口业的无效率主要来源于纯技术无效率，但也存在着一定程度的规模无效率，由此可以推断，我国大部分沿海港口还未达到最佳规模。这一结论与我国沿海港口业的实际情况是相符合的。我国的沿海港口数目众多、分散，且大多数港口规模较小，而港口业是一个具有规模经济的行业，只有在强大的货物吞吐量支撑下的较大规模港口才会达到更高的规模效率，所以我国港口业还需进一步扩大规模。另外，我国沿海港口业的规模效率呈上升的趋势，也就是说，近年来我国在整合港口资源、规划港口发展、安排港口整体布局方面取得了一定的成就，从而节约了资源，提高了规模效率。

11.5.3　我国沿海港口业生产力变动及技术进步分析

为了分析我国沿海港口业的生产力变动及技术进步情况，本书采用Malmquist 生产力指数方法和 2002～2005 年 28 家港口的投入产出数据，并利用 Deap 2.1 软件来进行运算，结果见表 11.10。

**表 11.10　2002～2005 年各期间内我国沿海港口业的
Malmquist 生产力指数及效率变动**

效率评价期间	综合技术效率变动	技术变动	纯技术效率变动	规模效率变动	Malmquist生产力指数
2002～2003 年	0.930	0.969	0.910	1.023	0.902
2003～2004 年	1.074	1.084	1.056	1.016	1.164
2004～2005 年	1.194	0.842	1.153	1.036	1.006
2002～2005 年	1.060	0.960	1.035	1.025	1.018

从表 11.10 可以得出以下几点结论：

第一，我国沿海港口业从总体上看生产力呈现改善趋势。除 2002～2003年外，其他各期间内我国沿海港口业的 Malmquist 生产力指数都大于 1，这表明我国沿海港口业的生产力从总体上呈现改善的趋势。前面已经指出，Malmquist 生产力指数可以分解为综合技术效率变动及技术变动的乘积，因此可以从这两个方面来分析我国沿海港口业生产效率改善的原因。从表中可以看出，在 2002～2003 年、2003～2004 年、2004～2005 年间我国港口行业的综合技术效率变动分别为 0.930、1.074 和 1.194，除 2002～2003 年外，综合技术变动都大于 1，并且 2002～2005 年的平均综合技术效率变动为 1.060，也大于 1；而技术变动指标除了 2003～2004 年大于 1 之外，其他都小于 1，特别是 2004～2005 年间，技术变动为 0.842，远远小于 1。对比以上两个指标，可以发现我国港口业的生产率改善主要源于综合技术效率的改进，而行业技术变动的情况却令人担忧。

第二，沿海港口业的行业技术进步情况堪忧。技术变动代表的是行业整体的技术变动情况，如果其值大于 1，代表技术进步；小于 1，则代表技术退步。从表 11.10 所列数据可以看出，只有 2003～2004 年技术变动率大于 1，其他期间技术都处于退步状态，特别是 2004～2005 年间，技术变动率仅为 0.842，退步较大。分析其原因，一方面，现代科学技术发展日新月异，对港口传统的运输方式和技术装备提出了新的要求，而新技术的创造、引进和应用，需要花费巨大的资金投入，因此，我国港口业，特别是一些发展较慢的老港口在港口的建设技术、货物的装卸技术，特别是目前新兴的港口物流信息化技术方面都没有取得显著突破，而随着港口其他基础设施投入的增加，新技术未能发挥出应有的效用，因而技术变动必然就表现为退步。另一方面，用现代技术改造我国港口的传统产业是一个比较长期的过程，很多新技术从投入到全面发挥效用有一定的时滞，因此在考察期间内未能得到充分反映。另外，值得注意的是，目前我国大多数港口正处于传统的装卸服务单一功能向贸易、加工、信息等现代物流的多元服务功能拓展的转型期，而在这一转型未完成之前，我国港口行业整体的技术进步很难实现大的突破。

第三，港口经营的综合技术效率状况有所改善。如前所述，综合技术效率变动表示产业管理方法的优劣与管理层决策的正确与否。因此，从本书的研究来看，我国港口业的管理当局在 2003 年之后已经意识到了存在已久的盲目扩张、只注重增加基础设施投入等问题，采取了正确得当的管理方法，使得我国港口业的纯技术效率和规模效率都有了进一步的提高，从表 11.10 中可以看出，除 2002～2003 年外，各期间的纯技术效率变动和规模效率变动的值都大于 1。而从各个港口本身的角度来看，目前港口业日趋激烈的竞争是刺激各港口提高自身管理效率的主要因素，各港口为了在区域竞争中获得优势，必须不断改进管理方法，提高管理服务水平，这从客观上促进了我国港口业整体综合效率的不断提高。但是必须指出，综合技术效率变动指数衡量的只是各期间内的相对情况，并不能说明我国港口业的综合技术效率已经达到很高水平（这点前面已经分析过，事实上我国港口业的综合技术效率还很低），它只能说明

2002～2005 年间我国港口业的综合技术效率在不断提高，因此，我国港口业仍需要在当前的基础上继续改进管理层的决策能力，注重资源的合理配置，提高单位投入的产出效率。

当然，以上分析仅是在本研究所获得的数据基础上得出来的结论。事实上，目前有很多因素在制约着港口发展和港口经营效率的提高。首先，我国各沿海港口在集疏运系统方面不同程度地存在"瓶颈"，港口经营效率受到"瓶颈"制约难以大幅度提高。集疏运系统的"瓶颈"一方面会降低对货源的吸引力（这间接影响港口的经营效率），另一方面会直接影响港口的经营效率。其次，跟国际一流口岸相比，我国沿海港口口岸的通关效率较低（如海关通关效率）。这也直接影响着港口经营效率。此外，统计数据跟实践相比存在滞后、有失客观的问题。例如，我国沿海港口的一些非专业码头存在闲置、改用和占用的现象，这些近几年发生的现象有时在统计数据上难以反映出来，因此会影响到本研究效率的评价。总之，港口经营效率的提高还受到很多环境因素、市场因素和其他相关系统因素的影响。

参考文献

［1］国家信息中心中国经济信息网．CEI 中国行业发展报告——交通运输业．中国经济出版社，2004

［2］胡晓林，龚莉．交通经济．人民出版社，1994

［3］胡思继．交通运输学．人民交通出版社，2001

［4］刘统畏．交通通讯与国民经济．重庆出版社，1988

［5］刘庆斌，荣朝和，马运．运输经济学导论．中国铁道出版社，2000

［6］李永生，黄君麟．运输经济学．机械工业出版社，2004

［7］赵淑芝．运输经济分析．人民交通出版社，2003

［8］成耀荣．综合运输学．人民交通出版社，2003

［9］管楚度．新视域运输经济学．人民交通出版社，2001

［10］荣朝和．西方运输经济学．经济科学出版社，2002

［11］［英］肯尼迪·巴顿．运输经济学．商务印书馆，2001

［12］刘秉镰．现代经济增长与交通运输产业发展研究．中国经济出版社，1998

［13］熊永钧．运输与经济发展．中国铁道出版社，1998

［14］陈贻龙，邵振一．运输经济学．人民交通出版社，1999

［15］桑恒康．中国的交通运输问题．北京航空航天大学出版社，1991

［16］王展意．当代中国的公路交通．当代中国出版社，1991

［17］李京文．中国交通运输要览．当代中国出版社，1991

［18］高峰．交通基础设施投资与经济增长．中国财政经济出版社，2005

［19］王庆云．交通运输发展的理论与实践．中国科学技术出版社，2006

［20］现代交通远程教育教材编委会．运输经济学．清华大学出版社，北京交通大学出版社，2004

［21］张薰华，俞健，朱大．交通经济学．上海社会科学院出版社，1992

［22］［美］罗依·桑普森，马丁·法雷斯，戴维·夏克．运输经济——实践、理论与政策．经济管理出版社，1989

［23］郭忠印．交通运输设施与管理．人民交通出版社，2005

［24］王惠臣．论运输管制：公共性和企业性的悖论．高等教育出版

社，1997

　　[25] 杨洪年．交通经济．人民出版社，1993

　　[26] 王明志．运输供给与运输需求．人民交通出版社，1996

　　[27] 中华人民共和国交通部科技教育司．社会主义市场经济与交通运输经济．人民交通出版社，2003

　　[28] 王成钢．交通运输市场概论．人民交通出版社，1999

　　[29] [美] 约翰·科伊尔．运输管理．机械工业出版社，2004

　　[30] 张建仁，严新平，王炜等．中国交通研究与探索．人民交通出版社，2003

　　[31] [美] G.J. 施蒂格勒．产业组织和政府规制．上海人民出版社，1996

　　[32] [法] 泰勒尔．产业组织理论，中国人民大学出版社，1997

　　[33] 张瑞，张秋生．WTO 与中国交通运输业的发展．经济师，2002（12）

　　[34] 李玲琴．中国交通运输业与国民经济发展相关性探讨．青海师范大学学报（哲学社会科学版），2001（4）

　　[35] 李阳，吴群琪．我国交通运输可持续发展的战略研究．综合运输，2006（10）

　　[36] 吴文化．坚持科学发展观完善综合交通运输体系．宏观经济管理，2004（12）

　　[37] 刘建强．交通运输业对国民经济的拉动作用分析．江苏交通科技，2002（1）

　　[38] 刘建强，何景华．交通运输业与国民经济发展的实证研究．交通运输系统工程与信息，2002（1）

　　[39] 唐国光，杨佩昆．交通运输产业在国民经济中的作用和地位．同济大学学报，1989（4）

　　[40] 汪传旭．交通运输业对国民经济贡献的衡量方法．中国公路学报，2004（1）

　　[41] 王瑛．发展通道经济的理论探讨．改革与战略，2004（10）

　　[42] 李夏苗，朱晓立，胡思继．货物运输快捷性、准时性的经济分析．交通运输工程学报，2001（4）

　　[43] 郑连明．新时期交通产业政策的变革．中国经济史研究，1998（1）

　　[44] 刘秉镰．论我国交通运输政策的框架设计与未来走势．综合运输，2007（4）

　　[45] 刘秉镰，刘维林．准公共物品私人供给机制的博弈分析——以中国交通基础设施投资为例．中国软科学，2007（8）

［46］成耀荣．公路运输业集约型经营的研究．公路交通科技，1999（4）

［47］樊桦．交通运输业增长方式转变的影响因素分析．综合运输，2006（11）

［48］一舟．节能是交通运输业的生命线．中国水运，2007（6）

［49］边远明，陈思中，罗汉军．智能交通系统（ITS）及其发展．武汉理工大学学报，2001（1）

［50］冯晓宇．交通运输基础设施建设融资浅谈．金融观察，2005（3）

［51］王庆云．世贸规则与我国交通运输业及交通融资政策．交通运输系统工程与信息，2002（4）

［52］肖翔．新形势下铁路运输业发展的融资创新．综合运输，2007（6）

［53］顾孟迪，费一文．"长三角"交通运输发展中的问题和对策．上海管理科学，2003（6）

［54］苗春阳．长三角一体化发展与政府职能转变．江南论坛，2005（8）

［55］于良春，彭恒文．中国铁路运输供需缺口及相关产业组织政策分析．中国工业经济，2005（4）

［56］黄静兰．交通运输网络特性分析．综合运输，2003（6）

［57］樊桦．交通运输业增长方式转变的内涵及途径．综合运输，2006（5）

［58］冯建梅．公路运输的负外部性及其治理研究［硕士学位论文］．长安大学，2006

［59］刘斌．我国交通运输的八大问题与八个答案——"十一五"期间我国交通运输发展的前瞻．中外物流，2006（8）

［60］荣文芋，史和平，杨俊峰．关于理顺城市交通基础设施投融资体制的建议．现代情报，2004（3）

［61］张长海，朱俊峰．世界主要国家交通基础设施投资模式的启示．技术经济与管理研究，2005（6）

［62］樊桦．区域开发中交通基础设施的发展政策．综合运输，2005（5）

［63］李茜．我国交通基础设施的投资格局及政策建议．综合运输，2005（8）

［64］侯立文，蒋馥．增加交通供给与改善城市交通．现代城市研究，2000（6）

［65］陈绪明，陈俊材．城市交通供需平衡的影响及对策分析．交通标准化，2006（11）

［66］王东明．交通运输增长方式转变的基本思路．综合运输，2007（2）

［67］王庆云．需求侧管理是缓解交通供给不足的捷径．综合运输，2004（11）

［68］孙湘海，刘潭秋．中国交通运输业发展的实证研究．统计与信息论坛，2002（3）

［69］魏际刚．制度激励与中国运输结构变迁．中国软科学，2001（7）

［70］魏连雨，马永锋．城市道路交通系统供需协调发展．交通运输工程学报，2004（4）

［71］谢雨蓉．国外交通运输增长阶段分析及对我国的启示．综合运输，2007（2）

［72］熊永钧．交通运输需求的综合预测分析．北方交通大学学报，1993（1）

［73］陶维号．运输服务产品整体概念浅析．交通企业管理，1999（5）

［74］张国玉，刘谦．浅谈市场经济条件下的运输需求．辽宁工学院学报，2002（3）

［75］冯浩．改革开放 20 年我国水路客运发展回顾及展望．回顾与展望，1999（4）

［76］陈引社．我国道路运输的规模经济问题．综合运输，2004（7）

［77］马银波．中国道路货运市场结构优化途径与对策．长安大学学报（社会科学版），2006（1）

［78］荣朝和．关于运输业规模经济和范围经济问题的探讨．中国铁道科学，2001（4）

［79］秦占欣．航空运输业的产业特征与规制改革．北京航空航天大学学报，2004（1）

［80］隽志才，冯君霞．公路货运行业政府规制的变迁．数学的实践与认识，2002（4）

［81］祝昭，郭洁．道路运输市场管理体制面临的问题与对策．公路交通科技，2005（4）

［82］行安．公路货运资源合理配置理论研究［硕士学位论文］．西安公路交通大学，2000

［83］国建华．铁路管理体制改革的两个关键问题．科技导报，2001（9）

［84］荣朝和．从产权关系入手推进我国铁路投资体制改革．综合运输，2006（1）

［85］王秀春．铁路货物运价的沿革和发展．铁路运输与经济，2000（10）

［86］张光远．改进铁路客运价格管理设想．价格理论与实践，2005（9）

［87］欧国立．中国铁路运价体制和运价政策的变迁．综合运输，2006（4）

［88］陈牛生．我国铁路货运价格改革初探．综合运输，2005（11）

［89］黄茵，王怀相．从成本的角度谈我国铁路运价．铁道运输与经济，1999（12）

［90］罗仁坚．铁路投融资体制改革研究．宏观经济研究，2006（5）

[91] 邹斯林. 我国铁路建设基金改革的选择. 综合运输, 2003 (11)

[92] 王志永. 我国航空运输业的市场结构重组政策分析. 中国民用航空, 2005 (1)

[93] 马莉. 民航业市场结构及竞争策略分析. 学海, 2004 (4)

[94] 杨秀云, 冯根福. 中国民航业市场结构的特征及其有效性分析. 经济学家, 2004 (6)

[95] 邓戬. 民航业进入壁垒与票价规制. 价格理论与实践, 2002 (11)

[96] 周望军, 王伟. 从美国西南航空公司成功经验看中国民航的发展方向. 价格理论与实践, 2001 (10)

[97] 张帆. 模拟竞争市场的建立和生长——中国民用航空运输业的规制和市场竞争. 浙江社会科学, 1998 (4)

[98] 金凤君. 我国航空客流网络发展及其地域系统研究. 地理研究, 2001 (1)

[99] 金凤君, 孙炜, 萧世伦. 我国航空公司重组及其对航空网络结构的影响. 地理科学进展, 2005 (2)

[100] 曾子祥. 论航空公司的成本控制. 民航经济与技术, 2000 (10)

[101] 曹建海. 自然垄断行业的竞争与规制问题——以中国民航运输业为例. 中国工业经济, 2002 (11)

[102] 樊玮, 吴桐水. 航空公司收益管理研究综述. 中国民航学院学报, 2006 (10)

[103] 秦占欣. 中国民航运输业政府规制改革研究 [博士学位论文]. 西北大学, 2004

[104] Schmalensee, R. Good regulatory regimes. RAND Journal of Economics, 1989, Vol. 20 (3)

[105] Acton J, I Vogelsang. Introduction on Price Cap Regulation. Rand Journal of Economics, 1989 (3)

[106] Hayse, K. J. and L. B. Ross, 1995, Discounted Fares and Route Rivalry, Mimeo, Southern Methodist University

[107] Pat Hanlon. Global Airlines (Second edition). Reed Educational and Professional Publishing Ltd, 1999